Maja Winkler

Schöningh
westermann

W0198996

P.A.U.L. D. Oberstufe

Persönliches Arbeits- und Lesebuch *Deutsch*

Herausgegeben von:
Johannes Diekhans und Michael Fuchs

Erarbeitet von:
Markus Apel, Thomas Bartoldus, Dirk Bauer, Johannes Diekhans, Michael Fuchs, Dietrich Herrmann, Nadja Lamberty-Freckmann, Jürgen Möller, Martin Pohl, Melanie Prenting, Siegfried G. Rojahn, Luzia Schünemann, Judith Schütte, Timotheus Schwake, Achim Sigge, Alexandra Wölke, Martin Zurwehme

westermann *GRUPPE*

Druck A[14] / Jahr 2022
Alle Drucke der Serie A sind im Unterricht parallel verwendbar.

Illustrationen: Reinhild Kassing, Kassel
Umschlaggestaltung: Nora Krull, Hamburg; Fotos: © Jonathan Smith/Lonely Planet Images/Getty Images (v. l.), © Thomas Willemsen (v. r.), © Fotex Rainer Drechsler (h. l.), © Peter Peitsch/peitschphoto.com (h. r.)
Druck und Bindung: Westermann Druck GmbH, Georg-Westermann-Allee 66, 38104 Braunschweig

ISBN 978-3-14-**028261**-1

Inhaltsverzeichnis

Ein zeitloses Thema – Liebesgedichte aus verschiedenen Epochen 60

- Einen literaturgeschichtlichen Überblick vom Mittelalter bis zur Gegenwart am Beispiel einer Textgattung und eines Motivs gewinnen
- Einen Einblick in den Wandel eines zentralen literarischen Motivs gewinnen
- Die in literarischen Werken enthaltene Fremdheitserfahrung in Bezug setzen zu eigenen Wertvorstellungen, Welt- und Selbstkonzepten

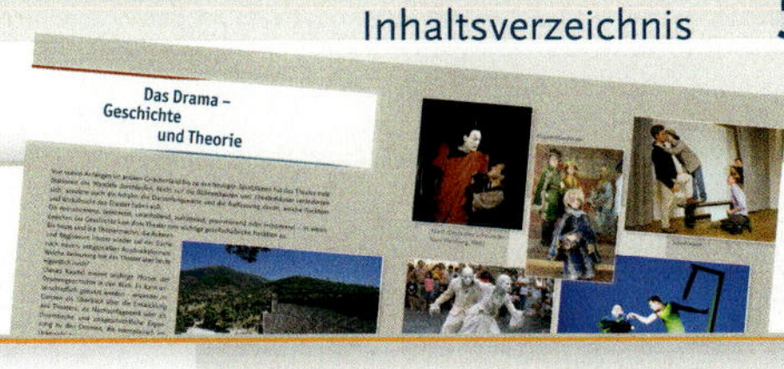
Das Drama –
Geschichte
und Theorie

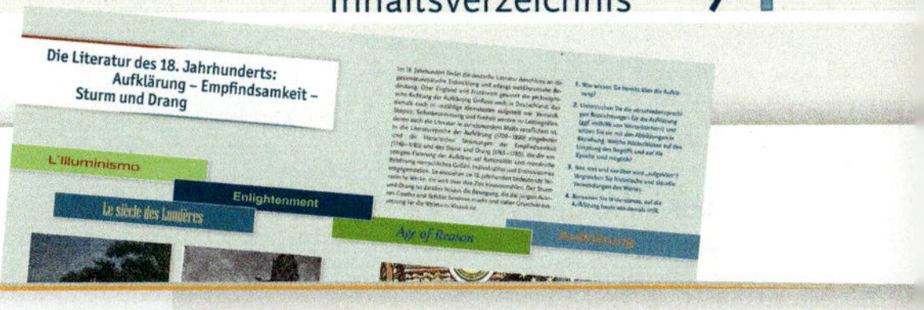
Die Literatur des 18. Jahrhunderts: Aufklärung – Empfindsamkeit – Sturm und Drang
L'illuminismo
Enlightenment
Le siècle des Lumières
Age of Reason

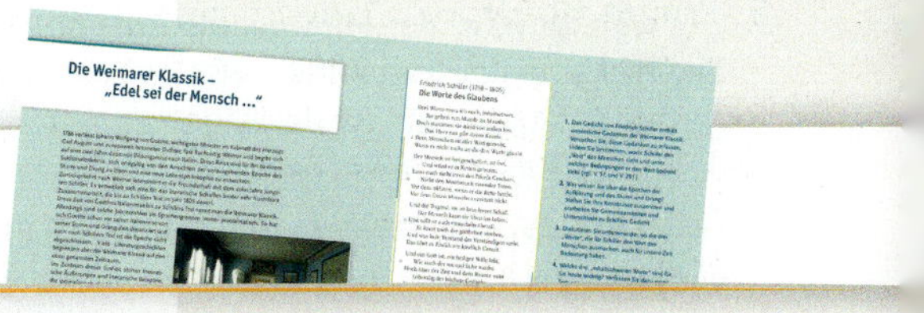
Die Weimarer Klassik – „Edel sei der Mensch ...“

Vormärz,
Junges Deutschland und
die Zeit des Biedermeier

Theodor Fontane –
Dichter des
„Poetischen Realismus“

„Je länger man vor der Tür zögert, desto fremder wird man“ – Das Rätsel Franz Kafka

Neue Sachlichkeit

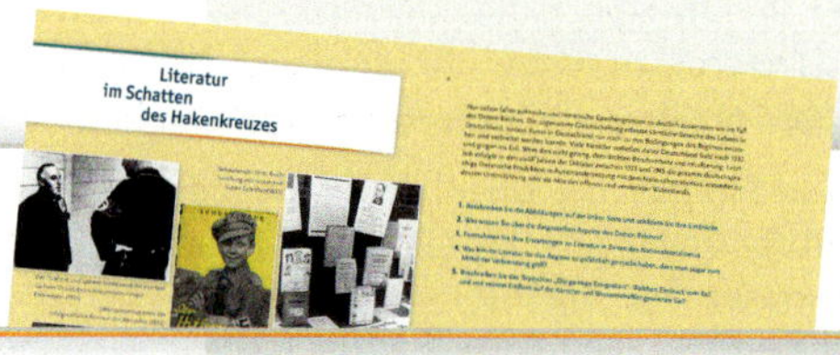
Literatur
im Schatten
des Hakenkreuzes

- Die unterschiedlichen Strömungen der Lyrik der Nachkriegszeit in ihren historischen Zeitbezügen untersuchen

- Die Literatur der unmittelbaren Nachkriegszeit untersuchen

- Die Lyrik der 50er- und 60er-Jahre untersuchen

- In der DDR entstandene Gedichte untersuchen

- Die Lyrik der 70er-Jahre untersuchen

- Lyrische Strömungen der unmittelbaren Gegenwart untersuchen

„Wir leben nicht in einem Land, sondern in einer Sprache" – Reflexion über Sprache

Rhetorik –
Die Kunst der Rede

Miteinander verbunden im globalen Dorf –
Medienlast und Medienlust
im digitalen Zeitalter
Web

- Einen Film in seiner erzählerischen Struktur und ästhetischen Gestaltung analysieren

- Einen Film im Hinblick auf die Wirkung auf die Zuschauer beurteilen
- Sich mit Filmkritiken auseinandersetzen

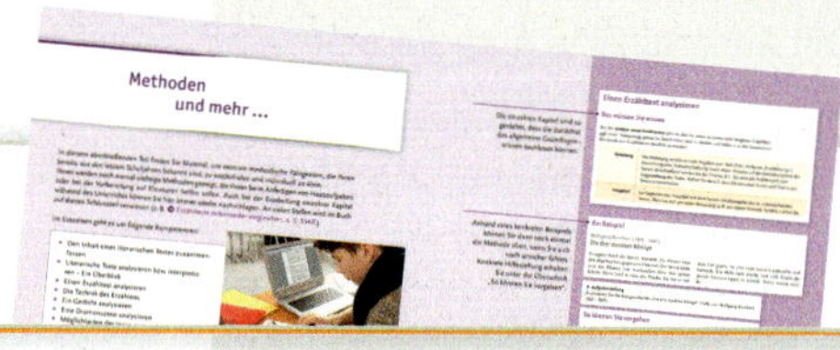

- Schreibstrategien für die Produktion informierender, erklärender und argumentativer Texte entwickeln und üben

Vom Lesen, Schreiben und Erzählen

Das Lesen und Schreiben begleitet uns (fast) unser ganzes Leben lang; auch das Erzählen, mündlich wie schriftlich, gehört zu unserem Leben und zu menschlichen Gesellschaften dazu. Die Erfahrungen, die wir damit machen, können sehr unterschiedlich sein.
In diesem Kapitel geht es darum, Erfahrungen, die andere Menschen mit dem Lesen und Schreiben gemacht haben, kennenzulernen und mit den eigenen Leseerfahrungen zu vergleichen. Weiterhin wird genauer untersucht, mit welchen Mitteln literarische Texte erzählt und wie sie einem Leser vermittelt werden.

„[...] durchs Lesen erfährt einer von anderen Möglichkeiten, Mensch zu sein, von Erlebnissen und Gedankengängen, die zwar nicht die seinen, die aber auch in ihm angelegt sind – lesender Weise übersteigt er seinen individuellen Erfahrungsbereich, der notgedrungen limitiert ist.“
(Hugo Loetscher)

„Lesen gehört zu meinem Leben, lesend kann ich dieses Leben besser verstehen.“
(Alfred A. Häsler)

Pierre Bonnard (1867–1947): Schreibende Frau (1900)

Gerard ter Borch: Lesender junger Mann (um 1680)

„Mal ehrlich, Bücher sind besser als alles andere. Wenn man Bücher über fünfzehn Runden gegen das Beste in den Ring schickt, was andere Kunstformen zu bieten haben, gewinnen die Bücher eigentlich immer.“
(Nick Hornby)

Winslow Homer:
The New Novel (1877)

„Jeder Leser, der eine gute Geschichte liest, schreibt sich im Grunde eine neue hinzu: Je mehr er in die fremde Geschichte hineingeht, desto näher kommt er seiner eigenen."
(Ulla Hahn)

„Was bedeutet Schreiben heute für Sie?"
„Eine Freiheit, die sich mir aufzwingt, und ich lasse den Zwang geschehen."
(Aus einem Interview mit Herta Müller)

Ernst Barlach: Lesender Klosterschüler (Holzplastik, 1930)

1. Welches der Bilder oder Zitate spricht Sie besonders an? Begründen Sie Ihre Entscheidung.

2. Beschreiben Sie, welche Bedeutung des Lesens bzw. Schreibens in den Bildern bzw. Zitaten deutlich wird.

3. Berichten Sie von Ihren Erfahrungen mit dem Lesen und ggf. Schreiben von Literatur.

4. Führen Sie ein von der Schriftstellerin Christa Wolf (1929–2011) vorgeschlagenes Gedankenexperiment durch. Stellen Sie sich dazu vor, es gäbe keine Literatur. Alles, was Sie bisher gelesen haben – angefangen mit Kinderbüchern –, hätte es in Ihrem Leben nicht gegeben. Was wäre in Ihrem Leben anders?

1 Bücher für das ganze Leben

Niklas Kamp (geb. 1992)

Mit einem Lustigen Taschenbuch fing alles an

Das erste Buch, das ich in meinem Leben gelesen habe, war das Lustige Taschenbuch[1] Nr. 248 „Gefangen im Fürchtelforst". Meine Eltern hatten es mir im Jahre 1999 auf dem Weg zu Freunden gekauft, um mich mit den Bildern des Comics abzulenken und ruhigzustellen. Ich kam im selben Jahr in die erste Klasse und konnte mir mithilfe dieses Comics das Lesen auf eine sehr lustige Art und Weise selbst beibringen. Bei diesem einen Comic ist es bis heute natürlich nicht geblieben – es sind inzwischen 148 Lustige Taschenbücher. Ich könnte mich auch nicht daran erinnern, dass ich während meiner Grundschulzeit etwas anderes gelesen hätte, da mir viele Dinge einfach noch zu langweilig erschienen und man in den Comics mit seinen ersten Helden, also einem tapferen Micky oder einem tollpatschigen Donald, mitfiebern konnte.
Dies änderte sich einige Jahre später mit meinem aufkommenden Interesse für Fantasy-Literatur. Als ich ungefähr elf Jahre alt war, begann ich damit, die „Der Herr der Ringe"-Trilogie[2] zu lesen, und war schlichtweg nur begeistert. Es war im Gegensatz zu meinen Comics eine völlig neue Art zu lesen. Zwar gab es keine Bilder mehr, um die Handlung des Romans besser zu verstehen, aber meine Neugier half mir, diese Aufgabe zu bewältigen. Die drei Romane waren sicherlich sehr viel ernsthafter als meine Comicgeschichten, und so weckte das Lesen meine ganz persönliche Fantasie und Kreativität. Ich fing an, eigene kleine Geschichten zu den Figuren zu schreiben, malte Bilder und Landkarten zu den Erlebnissen der Hobbits im „Herr der Ringe" oder versuchte, die Hintergründe, vielleicht sogar die „Moral" zu verstehen. Beim „Herr der Ringe" gelang es mir allerdings erst später, einen aus meiner Sicht tieferen Sinn zu finden. Denn was wahre Freundschaft bedeutete, wie sie zwischen Frodo und Sam, ohne den Frodo seine Reise wahrscheinlich niemals vollendet hätte, existierte, verstand ich beim ersten Lesen des Buches noch nicht. Es war und ist auf jeden Fall faszinierend zu erkennen, dass solch eine „Moral" einer Geschichte auch auf das eigene Leben übertragbar ist. Ohne diesen Lese-Anfang im Alter von sechs bzw. elf Jahren wäre ich wohl heute nicht der, der ich bin. Am liebsten lese ich übrigens immer noch abends im Bett vor dem Schlafen. Wenn ich aus heutiger Sicht über die Frage, was Lesen für mich bedeutet, nachdenke, so bin ich schnell bei der Art von Literatur, die ich bevorzugt lese: Biografien oder politische bzw. geschichtliche Sachbücher, die definitiv meiner eigenen Weiterbildung zugutekommen. Zum einen bin ich generell an geschichtlichen Ereignissen interessiert, und zum anderen ist es bemerkenswert, was Menschen vor Jahrhunderten gedacht oder mit welchen Problemen sie sich beschäftigt haben. Bildung ist für mich das Leitmotiv, weshalb Lesen eine meiner wichtigsten Freizeitbeschäftigungen, neben Fußball und Filmen, geworden ist. Es heißt, man lerne im ganzen Leben immer noch dazu, und dieser Lernprozess, der meiner Meinung nach einen wesentlichen Anteil an der menschlichen Charakterbildung hat, ist sehr vom Lesen abhängig.

(2012)

1. Der Autor hat diesen Text als Schüler geschrieben. Was bedeutet das Lesen in den einzelnen Lesephasen für ihn?
2. Vergleichen Sie die Entwicklung des Autors mit Ihrer eigenen Lesebiografie. Welche Themen haben Sie beim Lesen besonders interessiert, welche Bücher haben Sie besonders beeindruckt?

[1] **Lustiges Taschenbuch:** deutschsprachige Comic-Publikation, erscheint seit 1967, mit Geschichten rund um die Figuren Micky Maus sowie Donald und Dagobert Duck – [2] **„Der Herr der Ringe":** Klassiker der Fantasy-Literatur von J.R.R. Tolkien, auf Englisch 1954/55, auf Deutsch 1969/70 zuerst erschienen, zwei der Hauptfiguren heißen Frodo und Sam

Alan Bennett (geb. 1934)

Die souveräne Leserin

In seiner Erzählung „Die souveräne Leserin" schildert der englische Autor, Schauspieler und Regisseur Alan Bennett die fiktive Entwicklung der englischen Königin Elisabeth II. zur begeisterten Leserin und Buchliebhaberin. Nachdem die Königin auf der Suche nach ihren Hunden entdeckt hat, dass hinter ihrem Palast regelmäßig ein Büchereibus hält, beginnt sie, dort Bücher auszuleihen, und sie verwendet immer mehr Zeit auf das Bücherlesen. Dem Küchenjungen Norman, den sie in dem Büchereibus getroffen hat, gibt sie die Aufgabe, ihr Bücher für ihre Lektüre vorzuschlagen und diese zu besorgen.

Wo schon vom Herzog[1] die Rede ist – wie kam die Familie mit all dem zurecht? Wie sehr schränkte sie das Leseverhalten der Queen ein?

Hätte es zu den Pflichten der Queen gehört, Essen zu kochen, einzukaufen oder, unvorstellbar, das Haus beziehungsweise die Häuser staubfrei zu halten, so wäre der sinkende Standard sofort aufgefallen. Doch sie musste natürlich nichts dergleichen tun. Zwar erledigte sie ihre Aufgaben weniger sorgfältig, doch das betraf weder ihren Gatten noch ihre Kinder. Es betraf allerdings (oder „hatte negative Auswirkungen auf", wie Sir Kevin[2] sich ausdrückte) die Öffentlichkeit, denn sie kam ihren offiziellen Verpflichtungen mit sichtbarem Unwillen nach: Grundsteine wurden weniger schwungvoll gelegt, die wenigen Schiffe, die noch zu taufen waren, sandte sie mit kaum mehr Zeremoniell auf hohe See hinaus, als man ein Spielzeugboot auf den Teich setzt, denn immer wartete ein Buch auf sie.

Das bereitete vielleicht ihrem Hofstaat Sorge, ihre Familie jedoch war eher erleichtert. Sie hatte immer alle auf Trab gehalten, und das Alter hatte sie nicht nachsichtiger gemacht; das Lesen wohl. Sie ließ die Familienmitglieder in Frieden, wies sie kaum noch zurecht, und alle waren entspannter. Ein Hoch auf die Bücher, so war die allgemeine Familienstimmung, es sei denn, man sollte welche lesen, oder Großmutter bestand darauf, über sie zu sprechen, fragte die Enkel über ihre Lesegewohnheiten aus oder, das war am schlimmsten, drückte ihnen Bücher in die Hand und prüfte später nach, ob sie auch gelesen worden waren.

Derzeit stieß man oft in seltsamen und selten betretenen Winkeln ihrer verschiedenen Wohnsitze auf sie, die Brille auf der Nasenspitze, Notizbuch und Bleistift neben sich. Sie schaute dann kurz hoch und hob vage grüßend die Hand. „Schön, wenn immerhin eine glücklich ist", grummelte der Herzog und schlurfte weiter durch den Korridor. Und das stimmte: Sie war glücklich. Das Lesen machte ihr mehr Freude als alles andere, und sie verschlang in erstaunlichem Tempo Bücher. Auch wenn, abgesehen von Norman, niemand staunte.

Und anfänglich sprach sie auch mit niemandem über ihre Lektüre, auf gar keinen Fall in der Öffentlichkeit, denn sie wusste, eine derart spät erblühte Begeisterung, so löblich sie auch sein mochte, konnte sie der Lächerlichkeit preisgeben. Es wäre kaum anders, dachte sie, wenn sie eine Leidenschaft für Gott oder Dahlien entwickelt hätte. Warum, dachten die Leute dann, fing sie in ihrem Alter noch damit an? Sie selbst jedoch konnte sich keine ernsthaftere Beschäftigung vorstellen, und sie dachte vom Lesen das Gleiche wie manche Schriftsteller vom Schreiben, dass man es nämlich unmöglich nicht tun konnte und dass sie in ihrem fortgeschrittenen Alter zum Lesen berufen war, so wie andere zum Schreiben.

Zugegeben, sie hatte eher furchtsam und mit Unbehagen zu lesen begonnen. Die schiere Unendlichkeit der Literatur hatte sie eingeschüchtert, sie wusste nicht, wie sie die Sache angehen sollte; ihre Lektüre folgte keinem System, ein Buch führte zum anderen, oft las sie zwei oder drei gleichzeitig. In der nächsten Phase hatte sie angefangen, sich Notizen zu machen, und bald schon las sie nie mehr ohne Bleistift. Sie fasste das Gelesene nicht etwa zusammen, sondern schrieb einfach Stellen ab, die sie ansprangen. Erst nach einem Jahr Lesen und Notieren versuchte sie gelegentlich vorsichtig, eigene Gedanken zu formulieren. „Für mich", so schrieb sie, „ist Literatur ein riesiges Land, zu dessen fernen Grenzen ich mich aufgemacht habe, die ich aber unmöglich erreichen kann. Und ich bin viel zu

[1] **Herzog:** Gemeint ist der Mann der Königin, Prinz Philipp, Herzog von Edinburgh. – [2] **Sir Kevin:** der fiktive Privatsekretär der Königin

spät aufgebrochen. Ich werde meinen Rückstand niemals aufholen." Und dann (ein damit nicht zusammenhängender Gedanke): „Etikette mag schlimm sein, aber Peinlichkeit ist schlimmer." Auch eine gewisse Traurigkeit lag im Lesen – zum ersten Mal in ihrem Leben hatte sie das Gefühl, etwas verpasst zu haben. Sie hatte eine der zahlreichen Lebensgeschichten Sylvia Plaths[1] gelesen und war ehrlich gesagt recht froh darüber, Derartiges größtenteils versäumt zu haben, doch als sie Lauren Bacalls[2] Memoiren las, musste sie sich eingestehen, dass Ms. Bacall sich doch einen viel größeren Bissen gegönnt hatte und dass sie die Schauspielerin zu ihrer leichten Überraschung darum beneidete.

Dass die Queen so unbeschwert von der Autobiografie einer Leinwandgröße zu den letzten Tagen einer selbstmörderischen Dichterin wechseln konnte, mag unpassend und achtlos wirken, doch besonders in den Anfangstagen ihrer Lesebegeisterung waren für sie alle Bücher gleich, und sie fühlte sich verpflichtet, ihnen ebenso wie ihren Untertanen vorurteilsfrei gegenüberzutreten. So etwas wie pädagogisch wertvolle Bücher gab es für sie nicht. Bücher waren unkartiertes Gebiet, jedenfalls zu Beginn ihrer Reise, und sie machte keine Unterschiede. Mit der Zeit wuchs ihre Urteilskraft, doch abgesehen von gelegentlichen Bemerkungen Normans sagte ihr niemand, was sie lesen sollte und was nicht. Lauren Bacall, Winifred Holtby[3], Sylvia Plath – wer waren sie? Nur durch Lesen konnte sie es herausfinden.

(2007, Dt. 2008)

1. Wählen Sie ein Zitat aus, das die Einstellung der Königin zum Lesen Ihres Erachtens besonders deutlich macht, und erläutern Sie es.
2. Beschreiben Sie die Wirkung, die die Darstellung der Königin auf Sie hat.
3. Stellen Sie dar, welche Rolle die Königin im Staat, am Hof und in ihrer Familie einnimmt und welche Folgen ihre Lesebegeisterung für ihre Position hat.
4. Erläutern Sie den im Text vorgenommenen Vergleich des Leseprozesses mit der Tätigkeit der Schriftsteller (vgl. Z. 51–55).
5. Entwickeln Sie Ideen für eine mögliche Fortsetzung der Handlung der Erzählung.
6. Vergleichen Sie die dargestellten Leseerfahrungen mit Ihren eigenen.
7. Diskutieren Sie, wie angesichts der „Unendlichkeit der Literatur" (Z. 57 f.) schulische oder private Lektüre ausgewählt werden kann.

Nick Hornby (geb. 1957)

Mein Leben als Leser

Der britische Schriftsteller und Bestsellerautor Nick Hornby (z. B. „About a Boy") schrieb regelmäßig in einer Kolumne für die amerikanische Literaturzeitschrift „The Believer" über Bücher, die er gekauft und/oder gelesen hatte. Der vorliegende Textauszug stammt aus einer Folge seiner Kolumne, in der er sich mit dem Roman „No Name" (1862) des englischen Schriftstellers Wilkie Collins (1824–1889) beschäftigt, dessen literarische Tätigkeit in die Herrschaftszeit der britischen Königin Viktoria fällt.

Vorweg eine Entschuldigung. Letzten Monat könnte ich den Eindruck vermittelt haben, *No Name* von Wilkie Collins sei ein zu Unrecht vergessener Klassiker der viktorianischen Ära (ein Missverständnis, das durch meine unbedachte Formulierung „verschollener Klassiker" zustande gekommen sein mag), und jeder solle alles stehen und liegen lassen, um sich ein Exemplar zu sichern. Nach der Lektüre von zweihundert Seiten hatte ich mein Urteil guten Glaubens abgegeben. Leider hätten mich die folgenden vierhundertundacht-

[1] **Sylvia Plath:** deutsch-amerikanische Schriftstellerin (1932–1963), führte ein sehr unglückliches Leben und starb durch Selbstmord – [2] **Lauren Bacall:** amerikanische Schauspielerin (geb. 1924) – [3] **Winifred Holtby:** britische Schriftstellerin und Feministin (1898–1935)

zehn Seiten beinahe umgebracht, und das meine ich fast wörtlich. Wir haben miteinander gerungen, Wilkie Collins und ich. Drei Wochen lieferten wir uns einen erbitterten Kampf, in Zügen und Flugzeugen und an Hotel-Swimmingpools. Manchmal – gewöhnlich spätabends im Bett – hat er mich mit einem einzigen Absatz auf die Bretter geschickt. Wenn ich zwanzig oder dreißig Seiten geschafft hatte, meinte ich, ich hätte es ihm gezeigt, aber es kostete mich sehr viel Kraft und ich musste jedes Mal zurück in meine Ecke, um mir Blut und Schweiß von der Lesebrille zu wischen. Und trotzdem kam er immer wieder auf die Beine. Erst auf den letzten fünfzig Seiten, nachdem ich mehrere schwere Treffer gelandet hatte, zeigte der alte Collins erste Zeichen von Schwäche. Hut ab, für einen Mann von fast hundertachtzig Jahren war er ein ziemlich harter Knochen. Jedenfalls tut mir die Fehleinschätzung leid, und Leser dieser Kolumne, die so verrückt waren, aufgrund meiner Empfehlung zur nächsten Buchhandlung zu laufen, sollten an *The Believer* schreiben und ihre Buchquittung beilegen. Wir erstatten dann die 14 Pfund. Es muss aber schon *No Name* auf der Quittung stehen, wir sind ja nicht so dumm, für Ihre Patricia-Cromwell-Romane[1] aufzukommen. Die bezahlen Sie mal schön selbst.

Im Vorwort zu meiner Penguin[2]-Ausgabe führt Mark Ford aus, dass Collins die letzten Kapitel des Romans „unter starken Schmerzen und in verzweifelter Sorge wegen der Abgabetermine“ verfasste. (Tatsächlich hat Dickens[3], der Herausgeber von *All The Year Round*, dem Magazin, in dem *No Name* erstmals abgedruckt wurde, ihm sogar angeboten, kurz in London vorbeizuschauen, um das Buch für ihn zu Ende zu bringen: „Ich kann das jederzeit übernehmen ... ganz in Ihrem Stil, sodass niemand einen Unterschied bemerkt.“ So viel zu großer Literatur.) Sich nun zu fragen, warum Collins diese Qual überhaupt auf sich nahm, wäre ungerecht: *No Name* hat durchaus seine Qualitäten, zum Beispiel eine getriebene, vielschichtige und moralisch ambivalente weibliche Hauptfigur und tolle erste zweihundert Seiten. Aber man darf sich sicherlich fragen, was einen kranken Mann bewogen hat, ein relativ schlankes Melodram zu einem Umfang aufzublasen, dass man ihn dafür prügeln möchte. *No Name* handelt von einer jungen Frau, die gegen grausame und herzlose Verwandte um ihr rechtmäßiges Erbe kämpft.

Das Buch hat mich unter anderem deswegen nicht gefesselt, weil es vom Leser anhaltende Empörung verlangt bei der Vorstellung, das arme Mädchen könnte etwa für seinen Lebensunterhalt arbeiten müssen, als Gouvernante oder etwas ähnlich Erniedrigendes. Vielleicht ist das Buch auch nur deshalb so aufgebläht, weil Collins bei Fortsetzungsromanen einfach nicht so geschickt war wie Dickens. Gut möglich, dass weite Teile des Romans, der in 44 Episoden abgedruckt wurde, nur geschrieben wurden, damit zwischen dem Ende und dem Anfang auch schön viele Seiten liegen. Ich kann nur mutmaßen, aber ich könnte mir vorstellen, dass viele Abonnenten von *All The Year Round* zwischen Mai 1862 und Januar 1863 ähnlich empfanden. Ich vermute sogar, dass einige Abos gekündigt wurden und dass *No Name* der Hauptgrund ist, warum man *All The Year Round* heute nicht mehr neben *Believer* am nächsten Kiosk findet.

(2005)

1. Finden Sie Gründe dafür bzw. dagegen, den Roman von Wilkie Collins nach der Lektüre dieser Kolumne zu lesen.
2. Nennen Sie die Kriterien, die der Autor für die Beurteilung des Romans verwendet hat. Zitieren Sie Textstellen, die diese Kriterien deutlich machen.
3. Beschreiben Sie, wie der Autor seinen Leseprozess charakterisiert und wie er ihn sprachlich darstellt. Achten Sie dabei z. B. auf die Stilebene und auf die sprachlichen Bilder, die er verwendet.
4. Vergleichen Sie die Darstellung des Leseprozesses bei Nick Hornby und bei Alan Bennett.
5. Sammeln Sie weitere mögliche Kriterien, die sich zur Beurteilung von Literatur eignen könnten. Bringen Sie diese Kriterien anschließend in eine Reihenfolge von wichtigen bis zu weniger wichtigen und diskutieren Sie diese Gewichtung im Kurs.
6. Schreiben Sie eine Rezension zu einem literarischen Werk, das Sie in den zurückliegenden Jahren gelesen haben.

[1] **Patricia Cromwell:** vermutlich Anspielung auf die amerikanische Krimiautorin Patricia Cornwell (geb. 1956) – [2] **Penguin:** bekannter englischer Taschenbuchverlag – [3] **Charles Dickens:** englischer Schriftsteller (1812–1870), schrieb unter anderem den Roman „Oliver Twist“

Ulrich Greiner (geb. 1945)

Bücher für das ganze Leben

Im Jahr 1997 führte die Wochenzeitung „DIE ZEIT" eine Umfrage unter ausgewählten Persönlichkeiten durch, welche literarischen Werke ihrer Meinung nach zu einem Literaturkanon, einem Bestand von als erinnerungswürdig bezeichneten Werken, gehören sollten. In einem Artikel für „Die Zeit" äußerte sich der Journalist und Literaturkritiker Ulrich Greiner anlässlich dieses Projekts zur Frage des Literaturkanons.

In Peter Handkes jüngstem Drama „Zurüstungen für die Unsterblichkeit" tritt der Dichter in Gestalt einer spöttischen Erzählerin auf die Bühne und herrscht das Volk an, also uns alle: „Du sollst mich anschauen, Volk, wenn ich noch zu dir spreche – oder weißt du nicht einmal mehr, was schön ist?"

Gute Frage. Und was wäre es, das Schöne? Bei Rilke, in den „Duineser Elegien"[1], ist das Schöne „nichts als des Schrecklichen Anfang, den wir noch grade ertragen,/ und wir bewundern es so, weil es gelassen verschmäht,/ uns zu zerstören".

Reden wir mal zur Abwechslung über Literatur. Sie ist der Ort des Schönen, wenn damit nicht das Gefällige und das Geläufige gemeint sein soll, sondern der Hereinbruch des erschreckend Anderen. Dieses Andere kann das Verdrängte sein und das Vergessene, die nachtschwarze Fantasie ebenso wie das helle Entzücken, das Abenteuer der Seele ebenso wie der heldenhafte Konflikt des Individuums mit der Gesellschaft. Wissen wir das noch? Oder sind wir, wie Hölderlin klagte, nur noch Handwerker und keine Menschen, nur noch blind beschäftigt mit den Kleinlichkeiten und Widrigkeiten des schieren Augenblicks? Es ist wahr: Hölderlins „Brod und Wein" helfen nicht gegen die Arbeitslosigkeit, und Goethes Mondlied ist kein Beitrag zur Lösung der Rentenkrise. Wer sich heutzutage beruflich behaupten will, tut besser daran, Englisch zu lernen, Computertechnik und Mathematik. Belesenheit ist eine Zier, doch weiter kommt man ohne ihr. Die Schüler lesen im Deutschunterricht eher BILD als „Faust", und sie diskutieren lieber „Liebe Sünde"[2] als „Kabale und Liebe". Das ist ein Fehler.

Die weiland untergegangene DDR hatte sich die Pflege und Aneignung des „kulturellen Erbes" zum Ziel gesetzt. Dies geschah bekanntlich mit dem Vorsatz der Parteilichkeit und mit dem Zusatz der Zensur. Aber es entsprang auch dem Willen, die Überlieferung nicht abreißen zu lassen. Geschichte ist nicht nur die Geschichte der Könige und der Generäle und nicht nur die der Bauern und der Arbeiter, sie ist auch die Geschichte der Dichter und der Philosophen, die Geschichte von Büchern, von Dramen, von Gedichten. Darin sind die Träume aufbewahrt, die Ängste und die Hoffnungen der Menschen.

Wer diese Geschichte nicht kennt, der kennt die Kultur nicht, der er angehört, der kennt sich selber nicht. „Besinn dich. Entsinn dich. Lass dir erzählen", sagt Handkes Erzählerin. Aber hört noch jemand zu? Wen kümmert das kulturelle Erbe?

[...] Wir brauchen einen neuen Kanon. Allein schon deshalb, damit man über ihn streiten und das Gespräch über Literatur wieder beginnen kann. Wo kein gemeinsamer Gegenstand mehr ist, gibt es keine Diskussion. [...] Nun aber, da es schon lange keine Verbindlichkeit mehr gibt und da ein Zeugnis der Reife auch jenen erteilt wird, die weder „Faust" noch „Effi Briest", noch „Mutter Courage" je gelesen haben, scheint die Lektüre dem Privatvergnügen neugieriger Schüler und der Privatinitiative gebildeter Deutschlehrer überlassen. Ja, es wird noch gelesen, vielleicht nicht weniger als früher, aber die Geschichte der Literatur als Geschichte des Geistes und seiner Höhepunkte hat kaum mehr einen festen Ort im Deutschunterricht. Dort müsste doch die Liebe zu Poesie und Sprache, die den Anfang wirklicher Sprach- und Denkfähigkeit begründet, gepflegt werden. Stattdessen studiert man die Sprache der Werbung. Das ist Betrug an einer ganzen Generation. Unter dem Anschein von Modernität und Liberalität wird den Schülern Beliebigkeit vorgetäuscht, und nur jene, die aus einem gebildeten Haushalt mit Büchern kommen, wissen Bescheid. Aber literarische Maßstäbe gelten auch dann, wenn sie nicht mehr gewusst werden. [...] Der Höhenkamm der großen Werke besteht auch dann, wenn er zeitweise im Nebel modischer Relativierung unsichtbar geworden ist. [...]

(1997)

[1] **Duineser Elegien:** Sammlung von zehn Elegien (= Klagegedichten) des Schriftstellers Rainer Maria Rilke – [2] **„Liebe Sünde":** 1997 von einem privaten Fernsehsender gezeigte Talkshow

1. Worin sieht der Autor die Aufgabe der Literatur?

2. Fassen Sie zusammen, welche Forderung der Autor vertritt und mit welchen Argumenten er sie begründet. Wie bewerten Sie seine Haltung?

3. Informieren Sie sich über die Reaktionen, die Greiners Artikel auslöste. Ordnen Sie die Stellungnahmen nach zustimmenden und ablehnenden und stellen Sie die jeweils genannten Argumente zusammen. Leserbriefe zu dem Artikel finden Sie unter www.zeit.de/1997/24/Buridans_Esel_in_der_Bibliothek (aufgerufen am 1.3.2013).

4. Erörtern Sie die von Greiner vertretene Forderung. Nutzen Sie die bei Aufgabe 3 gesammelten Argumente für Ihre Erörterung. Schlagen Sie ggf. im Methodenteil im Kapitel „Textgebundene Erörterung“ nach.

➔ Die textgebundene Erörterung/Die Erörterung im Anschluss an die Bearbeitung eines Sachtextes, s. S. 574 ff.

➔ Einen weiteren Text zum Thema „Literaturkanon“ finden Sie auf S. 569 f. (Ulrich Greiner: Die ZEIT-Schülerbibliothek).

5. **Was Sie noch machen können:**
Führen Sie in Ihrem Kurs ein Projekt zu Ihren individuellen Lesebiografien durch. Gehen Sie dabei folgendermaßen vor:
– Beantworten Sie zunächst für sich selbst die folgenden Fragen: Welche Bücher habe ich als Kind/als Jugendlicher (gerne) gelesen? Wo, wie und wann lese ich am liebsten bzw. wo, wie und wann habe ich früher am liebsten gelesen? Lese ich anderen Menschen vor bzw. haben mir andere Menschen vorgelesen? Welche positiven und negativen Leseerlebnisse sind mir in Erinnerung geblieben? Was bedeutet Lesen für mich? Welches ist mein Lieblingsbuch? Wie sieht mein Bücherregal aus?
– Bereiten Sie Ihre individuellen Antworten in angemessener Weise für eine Präsentation vor, z. B. in Form eines Erfahrungsberichts, eines Erzähltextes, eines Plakats (evtl. mit einem Zeitstrahl, der Ihre individuelle Lesebiografie deutlich macht), eines Büchertisches oder einer PowerPoint-Präsentation.
– Präsentieren Sie anschließend im Kurs Ihre Lesebiografien und vergleichen Sie Ihre Eindrücke und Erfahrungen.

Literarisches Erzählen als Kommunikationssituation

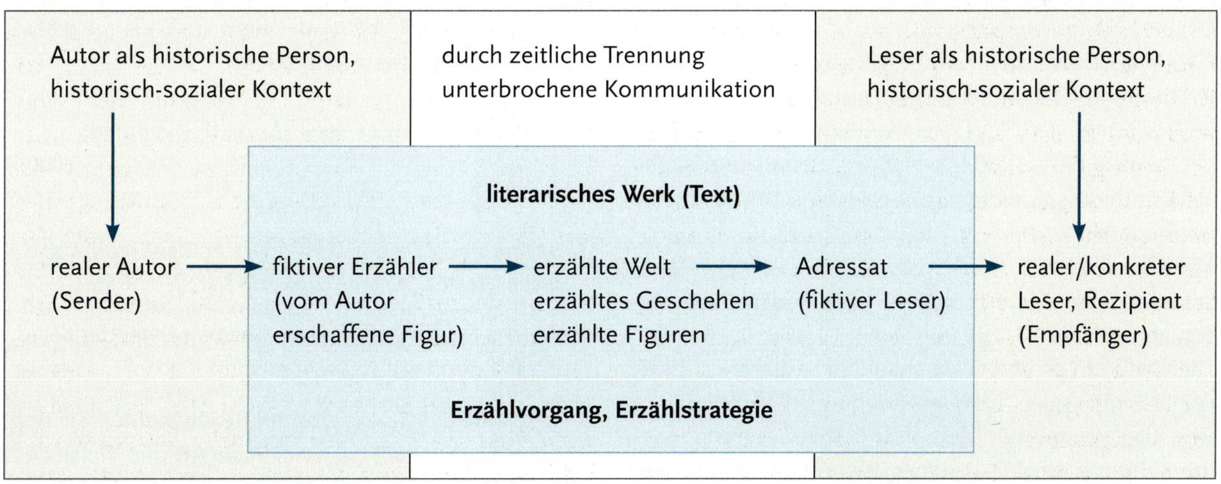

1. Beschreiben Sie das Schaubild.

2. Erläutern Sie das Schaubild am Beispiel des Textes von Alan Bennett (S. 21 f.).

3. Vergleichen Sie dieses Modell literarischen Erzählens mit Ihnen bekannten Kommunikationsmodellen (vgl. S. 39 ff.).

2 Der Erzähler und die von ihm erzählte Welt

Marc-Uwe Kling (geb. 1982)

Perspektivische Verzerrungen

Marc-Uwe Kling ist ein deutscher Autor, Kabarettist und Liedermacher. Er tritt u. a. bei Poetry Slams auf. Seit 2008 wird sein Programm „Neues vom Känguru" im Radiosender RBB ausgestrahlt, in dem er von einem fiktiven Känguru, das als Klings Mitbewohner auftritt, erzählt. 2009 erschienen die Texte unter dem Titel „Die Känguru-Chroniken" in Buchform.

„Kannst du heute mal bezahlen?", fragt das Känguru nach dem Essen. „Heute?", frage ich. „Mal?", frage ich. „Ich muss immer bezahlen, weil du nie Geld mitnimmst."

„Tja", sagt das Känguru lächelnd. „So ist das in der Welt. Der eine hat den Beutel, der andere hat das Geld."

„Ja, aber vielleicht hat der andere irgendwann keine Lust mehr, den einen durchzufüttern." „Welcher andere?", fragt das Känguru.

„Na ich!", sage ich.

„Ach du immer mit deinem ich. Ich, ich, ich, ich ich. Wie in deinen Geschichten: Ich wache auf. Ich gehe ans Telefon. Ich fahre Bahn. Ich sage, ich frage, ich denke, ich will."

„Willst du damit kritisieren, dass ich nur Ich-Erzähler-Geschichten schreibe?"

„Nein, nein", sagt das Känguru. „Jeder wie er's kann. Das ist halt am einfachsten."

„Ich könnte auch die Erzählperspektive wechseln", sagte Marc-Uwe aufgebracht. „Jetzt bist du der Erzähler."

Ich schüttelte den Kopf, steckte heimlich den Aschenbecher des Restaurants in meinen Beutel und sagte: „Das ändert doch nichts. Immer noch schreibst du als Ich-Erzähler."

Marc-Uwe stutzte.

„Kein Problem. Kein Problem", sagte er dann. „Allwissender Erzähler."

Die Kritik an seinem Werk hatte die Aufmerksamkeit des braunhaarigen, mittelgroßen jungen Mannes so in Beschlag genommen, dass ihm darüber entging, dass das Känguru, welches in naher Zukunft eine böse Überraschung erleben würde, einmal mehr geschickt das Thema gewechselt hatte, um von seinen eigenen – finanziellen – Unzulänglichkeiten abzulenken. „Moment mal!", rufe ich. „Du willst doch hier bloß ablenken."

Aber das Känguru hatte das Restaurant schon längst unauffällig verlassen.

Lange noch saß Marc-Uwe an seinem Tisch, dachte über das Geschehene nach und verfluchte seinen Kompagnon. Er konnte ja nicht wissen, dass das Känguru in diesem Moment auf der Straße von einem Bus, nein, einem Truck, einem 40-Tonner, dessen übermüdeter Fahrer immer wieder in Sekundenschlaf verfiel ...

„Untersteh dich!", rief das Känguru, welches plötzlich wieder zur Tür reinstürmte und zehn Euro auf den Tisch knallte.

„Hier! Und jetzt lass diesen ‚allwissend, allmächtig'-Scheiß."

„‚Okay', sage ich", schrieb Marc-Uwe. Aber in Wahrheit hatte er Blut geleckt. Die nächste Geschichte würde er aus der Perspektive eines Aschenbechers schreiben. Eines heldenhaften Aschenbechers in Gefangenschaft eines heimtückischen Beuteltiers.

---

[3] Das war alles ganz anders! (Anm. d. Kängurus)

(2009)

1. Beschreiben Sie das Besondere an der Erzählweise dieses Textes. Welche Wirkung hat sie auf Sie?
2. Welche Fachbegriffe des Erzählens verwendet der Erzähler und wie versteht er sie?
3. Teilen Sie den Text in Abschnitte ein; richten Sie sich dabei jeweils danach, wo sich die Art und Weise des Erzählens ändert. Erklären Sie in diesem Zusammenhang auch die Bedeutung des Titels.
4. Erzählen Sie, so wie am Ende des Textes vorgeschlagen, die Handlung aus der Sicht des Aschenbechers.

Jens Sparschuh (geb. 1955)

Der Zimmerspringbrunnen (Romanauszug)

Jens Sparschuh wurde 1955 in Karl-Marx-Stadt (heute Chemnitz) geboren und studierte in Leningrad (Russland; heute St. Petersburg). Er war zunächst Assistent an der Humboldt-Universität in Berlin und ist heute freiberuflich tätig. Der Roman „Der Zimmerspringbrunnen" spielt zu Beginn der 1990er-Jahre in (Ost-)Berlin, wo der Ich-Erzähler, Hinrich Lobek, mit seiner Frau Julia lebt. Da er arbeitslos ist, bewirbt er sich bei der Firma PANTA RHEIn[1], die Zimmerspringbrunnen vertreibt, als Vertreter. Seiner Frau misstraut er, da er glaubt, sie habe ein Verhältnis mit ihrem Abteilungsleiter Hugelmann.

– Soll ich oder soll ich nicht? Antworten über Antworten –

Als ich ungefähr einen Monat später den Antwortbrief der PANTA RHEIn auf mein Bewerbungsschreiben erhielt, zuckte ich innerlich zusammen. Eigentlich hatte ich fest damit gerechnet, nichts mehr von der Firma zu hören, bestenfalls vielleicht eine Absage. Und nun das! Eine Einladung, und zwar nach Bad Sülz, in den Hochschwarzwald, zur alljährlichen Vertreterkonferenz, „eine gute Gelegenheit, einander in aufgeschlossener Atmosphäre kennenzulernen" und zu überprüfen, ob nicht auch ich „ein neues Mitglied unserer großen, überaus erfolgreichen PANTA RHEIn-Familie" werden könnte. Vom Direktor persönlich unterschrieben: Ihr Alois Boldinger. *Mein* Alois Boldinger.

Ich wankte zum Fahrstuhl.

In der Wohnung angekommen, ging ich ins Wohnzimmer, zog die Gardinen vor und legte die Neunte[2], meine Lieblingssinfonie, auf den Plattenteller. Mich selbst legte ich aufs Sofa. Die Platte drehte sich. Alles drehte sich. Alles drehte sich um mich. Ich schloss die Augen und besah mich von innen. Die letzten Wochen und Monate, die ganzen Jahre (und die kaputten) zogen an mir vorüber. Sie verschwanden auf Nimmerwiedersehen im Dunkel der Vergangenheit, im Licht einer neuen Zukunft ... Zum Schlusschor stand ich auf, stellte mich vor die Schrankwand und dirigierte, innerlich bewegt, bis zum Ende durch.

Danach, gegen alle Gewohnheit, wählte ich Julias Büronummer an, hatte aber, als sie sich meldete, plötzlich das Gefühl, sie sei nicht allein im Zimmer; Hugelmann ist bei ihr, dachte ich und legte sofort wieder auf. (Am Abend würde sie mir wieder sagen: Irgend so ein Idiot hat angerufen und gleich aufgelegt.)

Am nächsten Tag fuhr ich in die Innenstadt. Zu dem entscheidenden Treffen wollte ich nicht unbedingt in meinen ausgebeulten Jeans oder in Freizeitkleidung fahren (seit der Wende hatten sich pinkfarbene Blousons, giftgrüne Jogginghosen und andere Sonderangebote bedrohlich und wie von selbst in den Fächern meines Kleiderschranks vermehrt). Direkt gegenüber von Julias Bürogebäude gab es die Boutique „Avantgarde". Ich wollte mich dort postieren, auf Julia warten und auf diese Weise das Unangenehme (Kauf einer Herrenhose) mit dem Nützlichen (Recherchen in Sachen Julia/Hugelmann) verbinden. Einige Kundinnen durchstreiften die unübersichtliche Verkaufsetage. Lustlos, aber mit Kennerblick durchblätterten sie die ausgehängten Kleider und Blusen. Diskomusik. Ein Spiegelkabinett und der herumirrende Affe im Spiegel: ich.

Endlich hatte ich entdeckt, was ich suchte. Ein verchromtes Hosenkarussell: Von diesem Standort aus hatte ich, ohne selbst gesehen werden zu können, optimale Einblickmöglichkeiten in die Straße und vor allem auf den Gebäudekomplex, aus dem Julia ungefähr gegen halb fünf kommen musste. Ich tauchte probehalber unter ...

„Kann ich Ihnen helfen?", fragte mich von oben herab eine Verkäuferin. Ich richtete mich rasch auf und sah sie unschlüssig an. Ich schüttelte den Kopf.

„Suchen Sie vielleicht eine Bundfaltenhose?", half sie mir weiter. „Nein, das weniger", raunte ich zurück, und ich fügte leise hinzu: „Ich suche die Wahrheit."

Die Verkäuferin nickte freundlich und wiederholte ihr Angebot, mir bei der Auswahl zu helfen. Sie taxierte mich noch mit einem kurzen Blick und wies mich dann auf die besonders preisgünstigen Modelle im Nebenständer hin. Ich aber hielt mich an meinem Hosenkarussell fest und murmelte etwas von „Preis-Leistungs-Verhältnis". Blindlings griff ich mir ein paar Hosen heraus und hielt sie mir an.

[1] **panta rhei** (griech.): alles fließt – [2] **die Neunte:** Beethovens Neunte Sinfonie, enthält im letzten Satz den Schlusschor „An die Freude"

„Sie müssen sie aber schon mal anprobieren", riet mir die Verkäuferin, und da sie selbst jetzt anderweitig zu tun hatte, rief sie durch den Laden: „Frau Schröder, kommst du bitte mal rüber, der Herr hier sucht eine preisgünstige Hose." Mich trafen, kurz und vernichtend, die Blicke der Kundinnen, am liebsten wäre ich gleich wieder abgetaucht ... Schließlich hatte ich mich mit Frau Schröder – sie war schon etwas älter und im Umgang mit mir wohltuend mütterlich – auf ein brombeerfarbenes Modell geeinigt.

(1995)

1. Wie wirkt der Ich-Erzähler auf Sie?
2. Charakterisieren Sie den Ich-Erzähler und seine Situation. Berücksichtigen Sie dabei auch die Erzählhaltung, die der Erzähler einnimmt. Nutzen Sie hierfür den Info-Kasten auf dieser Seite.
3. Schreiben Sie die Passage in der Boutique (Z. 41–82) um und verändern Sie dabei die Erzählhaltung, die der Erzähler einnimmt. Wie verändert sich die Wirkung des Textes?
4. Zeigen Sie an Beispielen aus dem Text auf, welche Darbietungsformen genutzt werden und welche Wirkung und Funktion diese jeweils haben.

Information

Erzählhaltung

Der Erzähler kann dem von ihm erzählten Geschehen und den von ihm dargestellten Figuren **neutral** gegenüberstehen, er kann aber auch eine **wertende Einstellung** einnehmen. Sie kann z. B. zustimmend oder ablehnend, ironisierend, satirisch, kritisch oder humorvoll sein.

Information

Darbietungsformen (Arten der Darbietung)

Der Erzähler kann das Geschehen auf verschiedene Weise darbieten; grundlegend ist hier zu unterscheiden zwischen dem **Erzählerbericht** und der **Figuren-/Personenrede**.

- **Erzählerbericht:** Diese Passagen sind als **Äußerungen des Erzählers** erkennbar (z. B. Beschreibungen, Berichte, Kommentare).
- **Figuren-/Personenrede:** Diese Äußerungen sind erkennbar **einer Figur der Handlung zuzuordnen**; dies kann auf unterschiedliche Art geschehen (vgl. hierzu den Info-Kasten auf S. 31).

Wilhelm Genazino (geb. 1943)

Ein Regenschirm für diesen Tag (Romanauszug)

Der Ich-Erzähler in Wilhelm Genazinos Roman „Ein Regenschirm für diesen Tag" arbeitet seit Kurzem als freier Mitarbeiter für eine lokale Zeitung, deren Chefredakteur, Messerschmidt, ihm den Auftrag gegeben hat, einen „luftigen" Artikel über das Sommerfest in der Innenstadt zu schreiben. Der Ich-Erzähler wird bei seinem Besuch des Sommerfestes von seiner Freundin Susanne begleitet.

Der honigfarbene Himmel ändert bis zum Abend nicht seine Farbe. Susanne trägt ein einfach geschnittenes, hellgraues Kleid aus Chintz[1] mit freien Schultern und halb freiem Rücken. Um den Hals weht ein schwarzrotes Tuch. Kein Schmuck, keine Ohrringe, nicht einmal ein Armreif. Sie ist zurückhaltend geschminkt und gut gelaunt. Auf dem Marktplatz wird es als Höhepunkt des Sommerfestes eine Laser-Show geben. Susanne hat noch nie eine Laser-Show gesehen. Ich auch nicht, was ich Susanne nicht sage. Ich behalte außerdem für mich, dass ich nie eine Laser-Show habe sehen wollen. Ich nehme an, meine lebhaft empfundene Zwiespältigkeit macht mich moderner als die meisten anderen Sommerfestbesucher. Die gewaltige Lichtanlage, die auf der Mitte des Marktplatzes auf der Ladepritsche eines Sattelschleppers aufmontiert ist, macht Susanne und mich eine Weile stumm. Von hier aus werden in ein oder zwei Stunden bunte Lichtkegel in den Himmel ge-

[1] **Chintz:** bunt bedrucktes Baumwoll-, Polyester- oder Mischgarngewebe, einseitig mit einer Wachsschicht überzogen

schickt. Rund um den Marktplatz stehen Sektbuden, Grillstände und Brezelhäuschen. An der linken Seite ist ein Open-Air-Kino aufgebaut. Die GANZE NACHT werden hier LUSTIGE ZEICHENTRICKFILME gezeigt. Am gegenüberliegenden Ende steht eine LIVE-BÜHNE, auf der später die WAVES spielen werden. Ein Organisator ergreift ein Mikrofon und nennt das ganze Gelände die PARTYMEILE. Mehr und mehr Menschen kommen aus den Seitenstraßen und verteilen sich auf dem Platz. Es sind vermutlich die Leute, die Frau Balkhausen das Erlebnisproletariat genannt hat. Ich schaue mir die Menschen an und schaue sie nicht an. Ich kenne sie und ich kenne sie nicht. Sie interessieren mich und sie interessieren mich nicht. Ich weiß schon zu viel von ihnen und ich weiß immer noch nicht genug. Susanne betrachtet braun gebrannte Kellner. Sie sehen aus, als hätten sie alle eine Yacht am Mittelmeer, die sie im Augenblick gerade vermietet haben. Sie gehen vorsichtig, damit ihre weißen, fast bis auf den Boden reichenden Schürzen nicht beschmutzt werden. Junge Leute lachen mit dem Gesicht, ältere mit dem Körper. Wenn die Welt noch kritisiert werden könnte, müsste ich jetzt wahrscheinlich herausfinden, wer wen betrügt, benützt, täuscht, ausbeutet. Aber Messerschmidt will nur einen luftigen Artikel. Ein anderer Organisator nennt den Marktplatz die SPASSZONE. Zwei tätowierte Männer in Unterhemden und zerlumpten Hosen leeren gemeinsam eine Flasche Orangensaft. Die Männer tragen Ohrringe und Nasenringe und haben glatt rasierte Schädel. Ihre Arme sind so dick wie die Plastikflasche, aus der sie Orangensaft trinken. Das Umherschweifen mit halb vollen Gläsern scheint ein einschneidendes Erlebnis zu sein. Es ist mit Händen zu greifen, dass die meisten Besucher das künstliche Leben für das wirkliche halten wollen. Eine an Susanne und mir vorüberziehende Frau schreit ihrem Begleiter ins Ohr: Ich mag es nicht, wenn sich mein Leben in eine Untersuchung meines Lebens verwandelt. Eine andere Frau sagt: Ich hatte überhaupt keine Jugend, weißt du das nicht? Ein Mann bezeichnet sich als monogamen[1] Fantasten und beißt dann in eine Bratwurst. Ein anderer Mann sagt milde zu seiner Begleiterin: Du hast Glück, dass du mich kennst. Susanne schaut mich an und zuckt mit den Schultern. Langsam senkt sich die Abenddämmerung herab. Die WAVES besteigen die Bühne und stimmen ihre Instrumente. Im Open-Air-Kino läuft ein Tom-und-Jerry-Film[2]. Ich mache zahllose Beobachtungen und sortiere die aus, die nicht luftig sind. Vermutlich trete ich heute Abend in den großen Stab der Weltfriseure ein. Die Ermahnung folgt sogleich: Meine Güte, du wolltest doch von diesen bombastischen Empfindungen loskommen. Jeder will nur denken, was er für alarmierend hält, weiter nichts. Alle arbeiten an der Erfindung des Glücks, zur Welt zu gehören. Susanne bringt zwei Gläser Sekt. Wir lehnen uns, um Schutz zu finden vor dem Gedröhn der WAVES, gegen die Rückwand einer Steakhütte. Susanne und ich plaudern über unsere Verwunderung, dass die zeitgenössischen Vergnügungen und die zeitgenössischen Menschen immer so gut zusammenpassen.

(2001)

1. Zeigen Sie Unterschiede zwischen dem Auftrag des Ich-Erzählers und seinem Erleben auf:
- Wie müsste der verlangte „luftige" Artikel aussehen?
- Wie erlebt der Ich-Erzähler das Sommerfest? Welche seiner Eindrücke sind nicht „luftig"?
- Erklären Sie seine Aussage, er trete „in den großen Stab der Weltfriseure" ein (Z. 67 f.).
- Erläutern Sie die Funktion der Wörter, die nur mit Großbuchstaben gedruckt sind, und der wörtlich wiedergegebenen Äußerungen der Besucher.

Information

Erzählformen und Erzählerperspektive/Sichtweise

- In der Regel kommen zwei unterschiedliche Erzählformen vor, die **Ich-Erzählform** und die **Er-/Sie-Erzählform**. Der zentrale Unterschied liegt darin, dass der Ich-Erzähler (vor allem) von sich selbst erzählt, während der Er-Erzähler von jemand anderem berichtet.

Bei der **Ich-Erzählform** kann man zwischen **erzählendem** und **erlebendem Ich** unterscheiden. Diese unterscheiden sich durch die zeitliche Distanz (erzählendes Ich) bzw. Nähe (erlebendes Ich: Eindruck der Unmittelbarkeit) zu der erzählten Handlung.

- Bei der **Erzählerperspektive** unterscheidet man zwei Sichtweisen, die der Erzähler einnehmen kann. Er kann sich auf das beschränken, was er als Betrachter von außen wahrnehmen kann (**Außensicht**); er kann aber auch in die Figuren hineinsehen und ihre Wahrnehmungen, Gedanken und Gefühle mitteilen (**Innensicht**).

[1] **monogam:** nur an einen einzigen Partner gebunden – [2] **Tom und Jerry:** US-amerikanische Comic-Serie; Handlung der Serie sind fortlaufende Verfolgungsjagden zwischen dem Kater Tom und der Maus Jerry

2. Vergleichen Sie die Nutzung und Wirkung der Ich-Erzählform in dem vorliegenden Romanauszug und in dem Romanauszug aus „Der Zimmerspringbrunnen“. Nutzen Sie hierzu die Informationen im Info-Kasten.

3. Schreiben Sie den Abschnitt von Z. 26 („Mehr und mehr ...“) bis Z. 62 („... Schultern.“) neu; wählen Sie dabei die Er-Erzählform und die Außensicht. Wie verändert sich die Wirkung des Textes?

4. Vergleichen Sie Ihre Erfahrungen beim Besuch eines Volksfestes mit denen des Ich-Erzählers. Verarbeiten Sie anschließend Ihre eigenen Erfahrungen in einem kurzen Erzähltext. Entscheiden Sie sich für eine Erzählform (Ich- oder Er-/Sie-Erzählform) und für eine Erzählperspektive (Innen-/Außensicht).

Ulrich Plenzdorf (1934 – 2007)

kein runter kein fern (Erzählung, Auszug)

Der Schriftsteller und Drehbuchautor Ulrich Plenzdorf wurde in Berlin geboren, wo er auch aufwuchs. Er studierte und arbeitete in der damaligen DDR. Bekannt geworden ist Ulrich Plenzdorf durch seinen Roman „Die neuen Leiden des jungen W.“ (1972), der auch erfolgreich verfilmt wurde.
Die Erzählung „kein runter kein fern“ spielt im Jahr 1969, als im Osten des geteilten Berlins die Militärfeiern zum zwanzigsten Jahrestag der Gründung der DDR stattfinden und im Westteil der Stadt – in der Nähe der Berliner Mauer – angeblich ein Konzert der Rockband „Rolling Stones“ vorbereitet wird; hierbei handelt es sich allerdings nur um ein Gerücht.
Der Ich-Erzähler Abl Fleischmann ist ein 10-jähriger Junge, der aufgrund seiner Lernschwäche eine sogenannte Hilfsschule besucht. Seine Mutter hat „Republikflucht“ begangen, d. h., sie ist nach Westdeutschland geflohen. Der Vater ist staatstreu und von seinem Sohn wegen dessen Lernschwäche enttäuscht. Er erzieht ihn sehr streng („kein runter“: er darf nicht zum Spielen auf die Straße; „kein fern“: er darf nicht fernsehen). Der Bruder Manfred ist Polizist bei der Volkspolizei.

sie sagn, dass es nich stimmt, dass MICK[1] kommt (und die Schdons[2]) rocho aber ICH weiß, dass es stimmt rochorepocho ICH hab MICK geschriebn und er kommt rochorepochopipoar ICH könnte alln sagen, dass MICK kommt, weil ICH ihm geschriebn hab aber ICH machs nicht ICH sags keim ICH geh hin ICH kenn die stelle man kommt ganz dicht ran an die mauer[3] und DRÜBEN ist das Springerhaus[4] wenn man ganz nah rangeht, springt es über die mauer Springerhaus Ringerhaus Fingerhaus Singerhaus Mick hat sich die stelle gut ausgesucht wenn er da aufm dach steht, kann ihn ganz berlin sehn und die andern Jonn und Bill und die und hörn mit ihre anlage die wern sich ärgern aber es ist ihre schuld, wenn sie MICK nicht rüberlassn ich hab ihm geschriebn aber sie habn ihn nicht rübergelassn aber MICK kommt trotzdem so nah ran wies geht auf MICK ist verlass sie sagn, die DRÜBEN sind unser feind wer so singt, kann nicht unser feind sein wie Mick und Jonn und Bill und die aber MICK ist doch der stärkste EIKENNGETTOSETTISFEKSCHIN[5]! ICH geh hin dadarauf kann sich MICK verlassn ich geh hin Mfred[6] muss inner kaserne bleibn und DER hat dienst ICH seh mir die parade an KEIN FERN und dann zapfenstreich[7] KEIN RUNTER und dann das feuerwerk und dann MICK parade ist immer schau die ganzen panzer und das ICH seh mir die parade an KEIN FERN

[1] **MICK:** Mick Jagger (geb. 1943), britischer Rockmusiker, Gründungsmitglied der Rockband „Rolling Stones“ – [2] **Schdons:** Gemeint ist die Rockgruppe „Rolling Stones“, bestehend aus den Musikern Mick Jagger, Keith Richards, Bill Wyman, Charlie Watts und Brian Jones. – [3] **mauer:** Gemeint ist die Berliner Mauer, die Ost- und Westberlin von 1961 – 1989 trennte. – [4] **Springerhaus:** Zentrale des Axel Springer-Verlages in Berlin – [5] **EIKENNGETTOSETTISFEKSCHIN:** „(I Can't Get No) Satisfaction“, bekannter Titel der „Rolling Stones“ – [6] **Mfred:** Manfred, der Bruder des Ich-Erzählers – [7] **Zapfenstreich:** militärmusikalische Zeremonie zu besonderen Anlässen

dann zapfenstreich KEIN RUNTER dann feuerwerk KEIN RUNTER dann MICK KEIN RUNTER arschkackpiss ICH fahr bis schlewskistraße vorne raus zapfenstreich stratzenweich samariter grün frankfurter rot strausberger blau schlewski grau vorne raus zapfenstreich stratzenweich mit klingendem spiel und festem tritt an der spitze der junge major mit seim stab der junge haupttambourmajor fritz scholz, der unter der haupttribüne den takt angegeben hat mit sein offnes symp warte mal symp gesicht und seim durchschnitt von einskommadrei einer der besten er wird an leunas komputern und für den friedlichn sozialistischen deutschen staat arbeitn denn er hat ein festes ziel vor den augen dann feurwerk dann MICK ICH weiß wo die stelle ist ubahn bis spittlmarkt ICH lauf bis alex dann linje a kloster grau märk mus weiß spittlmarkt vorne raus Springerhaus MICK und Jonn und Bill und die aufm dach EIKENNGETTOSETTISFEKSCHIN rochorepochopipoar! *Schweigen. Sonne. Rote Fahnen. Die Glockenschläge der neunten Stunde klingen über der Breiten Straße auf. Und da beginnt mit hellem Marschrhythmus unter strahlend blauem Himmel der Marsch auf unserer Straße durch die zwanzig guten und kräftigen Jahre unserer Republik, unseres Arbeiter-und-Bauernstaates, die großartige Gratulationscour unserer Hauptstadt zum zwanzigsten Geburtstag der DDR auf dem traditionellen Marx-und-Engels-Platz in Berlin. Auf der Ehrentribüne die, die uns diese Straße immer gut und klug vorangegangen sind, die Repräsentanten der Partei und Regierung unseres Staates, an der Spitze Walter Ul*[1] jetzt komm sie aber bloß fußtruppn panzer noch nicht *NVA*[2] *mit ausgezeichneter Kampftechnik, die unsere gute Straße hart an der Grenze des imperialistischen Lagers sicher flankiert, bildet den Auftakt der Kampfdemonstration. Die Fußtruppen der Land- und Luftstreitkräfte sowie der Volksmarine, in je drei Marschblöcken, ausgerichtet wie straffe Perlenschnüre, paradieren mit hellem Marschtritt unter winkenden Blumengrüßen der Ehrengäste an der Haupttribüne vorbei* Mfred wird sich in arsch beißn, dass er da nicht bei ist er ist bloß BULLE BULLN marschiern nicht – Aber Junge, dein Bruder ist kein Bulle, er ist Polizist wie viele andere – MAMA – Wenn er nochmal Bulle zu seinem, dann weiß ich nicht, was ich! Den Bullen kriegst du noch wieder! – Mfred der B! B marschiern nicht Mfred rocho ist rochorepocho B rochorepochopipoar! wenn ICH dran bin mit armee und dem, geh ICH als panzermann, wenn sie mich nehm das ist die einzige scheiße, wenn man gestört ist sie nehm ein nicht zur armee aber wenn man sich freiwillig meldet, müssen sie ein nehm [...]

(1984)

1. Versuchen Sie, den Text anschaulich vorzutragen. Was ist das Ungewöhnliche an der Darstellungsweise?
2. Sammeln Sie die Informationen, die der Leser über den Ich-Erzähler und dessen Familie erhält.
3. Beschreiben Sie, wie die Innensicht des Ich-Erzählers wiedergegeben wird. Nutzen Sie dafür den Info-Kasten auf dieser Seite. Berücksichtigen Sie in diesem Zusammenhang auch die Satzzeichen und die verschiedenen Drucktypen.

Information

Formen der Figurenrede in Erzähltexten

Neben dem Erzählerbericht kann der Erzähler die ausgesprochenen und unausgesprochenen Äußerungen seiner Figuren auf verschiedene Art und Weise darstellen:

- **direkte Rede** (mit einleitendem Verb): Er dachte: „Das Konzert beginnt bald, die Stones werden auf dem Dach des Springerhochhauses auftreten."
- **indirekte Rede** (Konjunktiv): Er dachte, dass das Konzert bald beginne und die Stones auf dem Dach des Springerhochhauses auftreten würden.
- **erlebte Rede** (3. Person, Präteritum, zwischen direkter und indirekter Rede, Gedanken einer Figur, die aber nicht in der 1. Person und nicht in direkter Rede wiedergegeben werden): Er wusste es. Die Stones würden kommen. Er kannte den Ort. Das Springerhochhaus. Ganz nahe bei der Mauer würde es sein.
- **innerer Monolog** (1. Person, Präsens, ohne einleitendes Verb): Ich weiß, die Stones kommen. Ich kenne den Ort. Aufm Springerhochhaus. Ganz nahe bei der Mauer. (Im sog. **Bewusstseinsstrom** wird der innere Monolog in extremer Form bis hin zur Auflösung sprachlicher Zusammenhänge weitergeführt.)

4. Erklären Sie, welche Funktion diese Art der Darstellung hat und wie sie auf Sie wirkt.
5. Vergleichen Sie den Ich-Erzähler in Plenzdorfs Text mit denen in den anderen Texten dieses Unterkapitels.

[1] **Walter Ul:** Gemeint ist Walter Ulbricht, der damalige Staatsratsvorsitzende der DDR. – [2] **NVA:** Nationale Volksarmee der DDR

Thomas Coraghessan Boyle (geb. 1948)

Das wilde Kind (Erzählung, Auszug)

Die Hauptfigur in T. C. Boyles Erzählung „Das wilde Kind“, die in Frankreich im 18. Jahrhundert spielt, ist ein später Victor genannter Junge, der als Fünfjähriger von seiner Familie im Wald ausgesetzt wird und erst mehrere Jahre später – 1797 – von Holzfällern im Wald eingefangen wird, wo er bis dahin allein gelebt hat. Die Erzählung beruht auf einer wahren Begebenheit.

Im ersten heftigen Herbstregen, als die Blätter wie Münzen zu Füßen der Bäume lagen und die Zweige schwarz vor einem tief hängenden Himmel glänzten, kehrten einige Männer aus dem Dorf Lacaune in der Languedoc[1] frierend und nass und ohne Beute von der Jagd zurück, als sie vor sich im trüben Licht eine menschliche Gestalt erblickten. Es schien sich um ein Kind zu handeln, um einen vollkommen nackten Jungen, dem Kälte und Regen offenbar nichts ausmachten. Er war mit etwas beschäftigt – wie sich herausstellte, hatte er Eicheln zwischen zwei Steinen geknackt – und bemerkte die Männer zunächst nicht. Doch dann trat einer – Messier, der Dorfschmied, dessen Hände und Unterarme durch die harte Arbeit so dunkel geworden waren wie die eines Indianers – in ein Loch, verlor das Gleichgewicht und stolperte ins Blickfeld des Jungen. Die plötzliche Bewegung schreckte ihn auf. Eben war er noch da und hockte über seinem kleinen Vorrat an rohen Eicheln, und im nächsten Augenblick war er mit der Gewandtheit eines Marders oder Wiesels im Unterholz verschwunden. Nachher war sich keiner der Männer ganz sicher – die Begegnung hatte nur Sekunden gedauert –, doch stimmten alle überein, dass die Gestalt auf allen vieren geflohen war.

Eine Woche darauf wurde der Junge abermals gesehen, diesmal am Rand eines Feldes, wo er Kartoffeln ausgrub und, ohne sie zu kochen oder auch nur abzuspülen, an Ort und Stelle hinunterschlang. Der erste Impuls des Bauern war, ihn zu verscheuchen, aber er hielt inne, denn er hatte Gerüchte von einem wilden Kind gehört, einem Kind des Waldes, *un enfant sauvage*[2], und schlich dann näher, um dieses Phänomen besser in Augenschein nehmen zu können. Er sah, dass der Junge tatsächlich noch klein war, höchstens acht oder neun Jahre alt, und mit bloßen Händen und abgebrochenen Nägeln in der Erde wühlte wie ein Hund. Äußerlich schien er normal zu sein, er konnte seine Glieder und Hände gebrauchen und war zu geschmeidigen, selbstständigen Bewegungen imstande, dabei aber erschreckend mager. Als der Bauer auf etwa zwanzig Meter herangekommen war, hob der Junge den Kopf und sah ihn an. Wegen des wilden Haarschopfs, der ihm ins Gesicht hing, waren seine Züge nur schwer zu erkennen. Nichts regte sich, nicht die Schafe auf dem Hügel und nicht die Wolken am Himmel. Eine unnatürliche Stille lag über dem Land: Die Vögel in den Hecken hielten den Atem an, der Wind erstarb, ja selbst die Insekten verstummten. Dieser unverwandte Blick – die Augen, so schwarz wie frisch gebrühter Kaffee, das Fletschen bräunlich verfärbter Zähne – war der Blick eines Wesens aus dem *Spiritus Mundi*[3]: fremd, gestört, hassenswert. Es war der Bauer, der sich abwenden musste.

So begann es. Eine Legende entstand; sie dampfte und köchelte im Herbst des Jahres 1797, des fünften Jahres der neuen Republik, und bis ins Frühjahr des darauffolgenden Jahres in jedem Topf des Distrikts. Der Terror war vorüber, der König war tot, und das Leben kehrte – insbesondere in der Provinz – zur Normalität zurück. Die Menschen brauchten ein Geheimnis in ihrem Leben, den Glauben an etwas Unerklärliches, Wunderbares, und viele von ihnen – Pilzsammler und Trüffelsucher, Eichhörnchenjäger und Bauern, gebeugt unter der Last von Reisigbündeln oder Körben voller Zwiebeln und Rüben – hielten im Wald die Augen offen, doch erst im nächsten Frühjahr wurde der Junge erneut gesehen, diesmal von drei Holzfällern, angeführt von dem Schmied Messier, und diesmal verfolgten sie ihn. Sie jagten ihn, ohne nachzudenken, ohne einen Grund, sie jagten ihn, weil er vor ihnen davonrannte. Sie hätten ebenso gut etwas anderes jagen können, eine Katze, eine Hirschkuh, ein Wildschwein. Schließlich kletterte er auf einen Baum, wo er fauchend an den Ästen rüttelte

[1] **Languedoc:** Region in Südfrankreich – [2] **un enfant sauvage** (franz.): ein wildes Kind, d. h. ein Kind, das ohne menschlichen Kontakt in der Natur aufgewachsen ist – [3] **Spiritus Mundi** (lat.): wörtlich übersetzt: der Geist der Welt, vermutlich Anspielung auf das Gedicht „The Second Coming“ von W.B. Yeats (1865–1939)

und die Männer mit Zweigen bewarf. Jedes Mal, wenn einer von ihnen versuchte, den Baum zu erklettern und den schwieligen Fuß des Jungen zu packen, wurde er getreten und gebissen, bis sie beschlossen, ihn auszuräuchern. Unter dem Baum wurde ein Feuer entzündet, und aus dem tiefen Schlupfwinkel seiner Augen heraus beobachtete der Junge die drei Zweibeiner, diese zottigen, gewalttätigen, seltsam bepelzten, plappernden Tiere. Man stelle sich ihn vor, wie er auf den höchsten Ästen saß, die Haut so zerkratzt und zerschunden, dass sie wie ein schlecht gegerbtes Stück Leder wirkte, die Narbe an der Kehle wie ein gebleichter Riss, sichtbar sogar vom Boden aus, mit baumelnden Beinen und schlaff herabhängenden Armen, während rings um ihn der Rauch aufstieg.

Man stelle ihn sich vor, denn er selbst war dazu nicht in der Lage. Er kannte nur das Unmittelbare, spürte nur, was seine Sinne ihm mitteilten.

(2010)

1. Beschreiben Sie, wie die Menschen auf das Auftauchen des „wilden Kindes" reagieren.

2. Wie beschreibt der Erzähler hier den Jungen, wie die Männer, die ihn fangen wollen?

3. Unterscheiden Sie, an welchen Stellen der Erzähler von außen erzählt und wo er die Perspektive einer der Figuren einnimmt.

4. Bestimmen Sie den Standort, den der Erzähler zum erzählten Geschehen einnimmt. Nutzen Sie hierfür den Info-Kasten auf dieser Seite.

Information

Erzählerstandort

Der Erzähler kann zu dem Erzählten **unterschiedliche Standorte** einnehmen; die zentrale Frage ist hier die der **zeitlichen und räumlichen Nähe bzw. Distanz** des Erzählers zu der von ihm erzählten Welt. Bei dem **allwissenden** oder **olympischen Standort** hat der Erzähler räumlich und zeitlich den **Überblick** über die Figuren und die Handlung. Er erzählt aus **großer Distanz**. Auf der anderen Seite kann der Erzähler den Eindruck vermitteln, dass er sich **nahe am bzw. mitten im Geschehen** befindet. Zumeist befindet sich der Erzähler zwischen diesen beiden Polen Nähe und Distanz.

5. Erläutern und deuten Sie den Satz „Man stelle ihn sich vor, denn er selbst war dazu nicht in der Lage" (Z. 90 f.). Bestimmen Sie mithilfe des Info-Kastens auch das Erzählverhalten.

6. Vergleichen Sie diese Er-Erzählung mit den Ich-Erzählungen in diesem Kapitel. Welche Möglichkeiten bietet die jeweilige Erzählform?

7. Schreiben Sie den Auszug aus der Erzählung um, indem Sie die Passage ab Z. 67 aus der Sicht des Schmieds Messier in der Ich-Form erzählen; vergleichen Sie Ihre Version mit dem Original.

➔ Zwei Romananfänge von Thomas Mann, die Sie unter dem Aspekt der Erzähltechnik miteinander vergleichen können, finden Sie auf S. 555 ff.

Information

Erzählverhalten

Man unterscheidet zwischen **auktorialem, personalem** und **neutralem Erzählverhalten**.

- Beim **auktorialen Erzählverhalten** tritt eine Erzählerfigur deutlich hervor, die das erzählte Geschehen arrangiert und kommentiert und sich dabei auch direkt an den Leser wenden kann. Der Erzählerstandort des auktorialen Erzählers ist oft der des allwissenden Erzählers.
- Beim **personalen Erzählverhalten** beschränkt sich der Erzähler auf die Sicht einer oder (im Wechsel) mehrerer Figuren, hinter die der Erzähler weitgehend zurücktritt.
- Beim **neutralen Erzählverhalten** wird das Geschehen wie von einem unbeteiligten Beobachter dargestellt, der sich auf die äußerlich wahrnehmbaren Vorgänge konzentriert.

Das Erzählverhalten kann **innerhalb eines Textes** wechseln.

Uwe Timm (geb. 1940)

Die Entdeckung der Currywurst

Die Novelle „Die Entdeckung der Currywurst“ des deutschen Schriftstellers Uwe Timm spielt in Hamburg. Der Erzähler erinnert sich an seine Kindheit, die er dort verbracht hat, und an Lena Brücker, eine ehemalige Nachbarin seiner Tante. Der folgende Text ist der Anfang der Novelle.

Vor gut zwölf Jahren habe ich zum letzten Mal eine Currywurst an der Bude von Frau Brücker gegessen. Die Imbissbude stand auf dem Großneumarkt – ein Platz im Hafenviertel: windig, schmutzig, kopfsteingepflastert. Ein paar borstige Bäume stehen auf dem Platz, ein Pissoir und drei Verkaufsbuden, an denen sich die Penner treffen und aus Plastikkanistern algerischen Rotwein trinken. Im Westen graugrün die verglaste Fassade einer Versicherungsgesellschaft und dahinter die Michaeliskirche, deren Turm nachmittags einen Schatten auf den Platz wirft. Das Viertel war während des Krieges durch Bomben stark zerstört worden. Nur einige Straßen blieben verschont, und in einer, der Brüderstraße, wohnte eine Tante von mir, die ich als Kind oft besuchte, allerdings heimlich. Mein Vater hatte es mir verboten. Klein-Moskau wurde die Gegend genannt, und der Kiez[1] war nicht weit.

Später, wenn ich auf Besuch nach Hamburg kam, bin ich jedes Mal in dieses Viertel gefahren, durch die Straßen gegangen, vorbei an dem Haus meiner Tante, die schon vor Jahren gestorben war, um schließlich – und das war der eigentliche Grund – an der Imbissbude von Frau Brücker eine Currywurst zu essen.

Hallo, sagte Frau Brücker, als sei ich erst gestern da gewesen. Einmal wie immer? Sie hantierte an einer großen gusseisernen Pfanne.

Hin und wieder drückte eine Bö den Sprühregen unter das schmale Vordach: eine Feldplane, graugrün gesprenkelt, aber derartig löchrig, dass sie nochmals mit einer Plastikbahn abgedeckt worden war.

Hier geht nix mehr, sagte Frau Brücker, während sie das Sieb mit den Pommes frites aus dem siedenden Öl nahm, und sie erzählte, wer inzwischen alles aus dem Viertel weggezogen und wer gestorben sei. Namen, die mir nichts sagten, hatten Schlaganfälle, Gürtelrosen[2], Alterszucker bekommen oder lagen jetzt auf dem Ohlsdorfer Friedhof. Frau Brücker wohnte noch immer in demselben Haus, in dem früher auch meine Tante gewohnt hatte.

Da! Sie streckte mir die Hände entgegen, drehte sie langsam um. Die Fingergelenke waren dick verknotet. Is die Gicht[3]. Die Augen wollen auch nicht mehr. Nächstes Jahr, sagte sie, wie jedes Jahr, geb ich den Stand auf, endgültig. Sie nahm die Holzzange und griff damit eine der selbst eingelegten Gurken aus dem Glas. Die haste schon als Kind gern gemocht. Die Gurke bekam ich jedes Mal gratis. Wie hältste das nur in München aus? Imbissstände gibts dort auch.

Darauf wartete sie. Denn dann, und das gehörte mit zu unserem Ritual, sagte sie: Jaa, aber gibts da auch Currywurst?

Nein, jedenfalls keine gute.

Siehste, sagte sie, schüttete etwas Curry in die heiße Pfanne, schnitt dann mit dem Messer eine Kalbswurst in Scheiben hinein, sagte Weißwurst, grausam, und dann noch süßer Senf. Das veddelt einen doch.[4] Sie schüttelte sich demonstrativ: Brrr, klackste Ketchup in die Pfanne, rührte, gab noch etwas schwarzen Pfeffer darüber und schob dann die Wurstscheiben auf den gefältelten Pappteller. Das is reell. Hat was mitm Wind zu tun. Glaub mir. Scharfer Wind braucht scharfe Sachen.

Ihr Schnellimbiss stand wirklich an einer windigen Ecke. Die Plastikbahne war dort, wo sie am Stand festgezurrt war, eingerissen, und hin und wieder, bei stärkeren Böen, kippte eine der großen Plastik-Eistüten um. Das waren Reklametische, auf deren abgeplattetem Eis man die Frikadellen und, wie gesagt, diese ganz einmalige Currywurst essen konnte.

[1] **Kiez:** in Hamburg umgangssprachlicher Ausdruck für das Vergnügungsviertel, in dem u. a. Prostitution betrieben wird – [2] **Gürtelrose:** Viruskrankheit mit Nervenentzündung – [3] **Gicht:** Stoffwechselkrankheit, oft verbunden mit schmerzhaften Gelenkschwellungen – [4] **Das veddelt einen doch:** Dialektausdruck, gemeint ist hier: „Das ist widerlich.“

Ich mach die Bude dicht, endgültig.

Das sagte sie jedes Mal, und ich war sicher, sie im nächsten Jahr wiederzusehen. Aber in dem darauffolgenden Jahr war ihr Stand verschwunden.

Daraufhin bin ich nicht mehr in das Viertel gegangen, habe kaum noch an Frau Brücker gedacht, nur gelegentlich an einem Imbissstand in Berlin, Kassel oder sonstwo, und dann natürlich immer, wenn es unter Kennern zu einem Streit über den Entstehungsort und das Entstehungsdatum der Currywurst kam. Die meisten, nein, fast alle reklamierten dafür das Berlin der späten Fünfzigerjahre. Ich brachte dann immer Hamburg, Frau Brücker und ein früheres Datum ins Gespräch.

(1993)

1. Beschreiben Sie die Beziehung zwischen dem Erzähler und Frau Brücker.
2. Stellen Sie Vermutungen darüber an, warum der Erzähler von Frau Brücker erzählt.
3. Beschreiben Sie die Gestaltung und Funktion der Zeitstruktur am Anfang der Novelle. Nutzen Sie hierfür die Informationen in dem Info-Kasten.
4. Welche Bedeutung haben die Rückblenden für das Erzählen am Anfang dieser Novelle?
5. Informieren Sie sich über den Fortgang der Handlung in dieser Novelle. Sie können den Text auch in Form einer Buchvorstellung in Ihrem Kurs präsentieren.

Information

Zeitstruktur

Viele erzählende Texte sind gekennzeichnet von einer **chronologischen Abfolge** der Handlungsschritte. Die chronologische Ordnung des Geschehens kann der Erzähler aber durch **Rückblenden** bzw. **Rückwendungen** und **Vorausdeutungen** durchbrechen. Die Zeitspanne, die man braucht, um einen Text zu lesen, bezeichnet man als **Erzählzeit**; die **erzählte Zeit** dagegen ist die Zeitspanne, über die sich das erzählte Geschehen erstreckt. Man spricht von **zeitraffendem Erzählen**, wenn die erzählte Zeit größer ist als die Erzählzeit (z. B. durch Aussparungen und Zeitsprünge); es kann aber auch **zeitdeckend** (Erzählzeit und erzählte Zeit ungefähr gleich, z. B. bei der szenischen Darstellung von Dialogen) oder **zeitdehnend** (erzählte Zeit kleiner als Erzählzeit) erzählt werden.

Erzähltechnik im Überblick

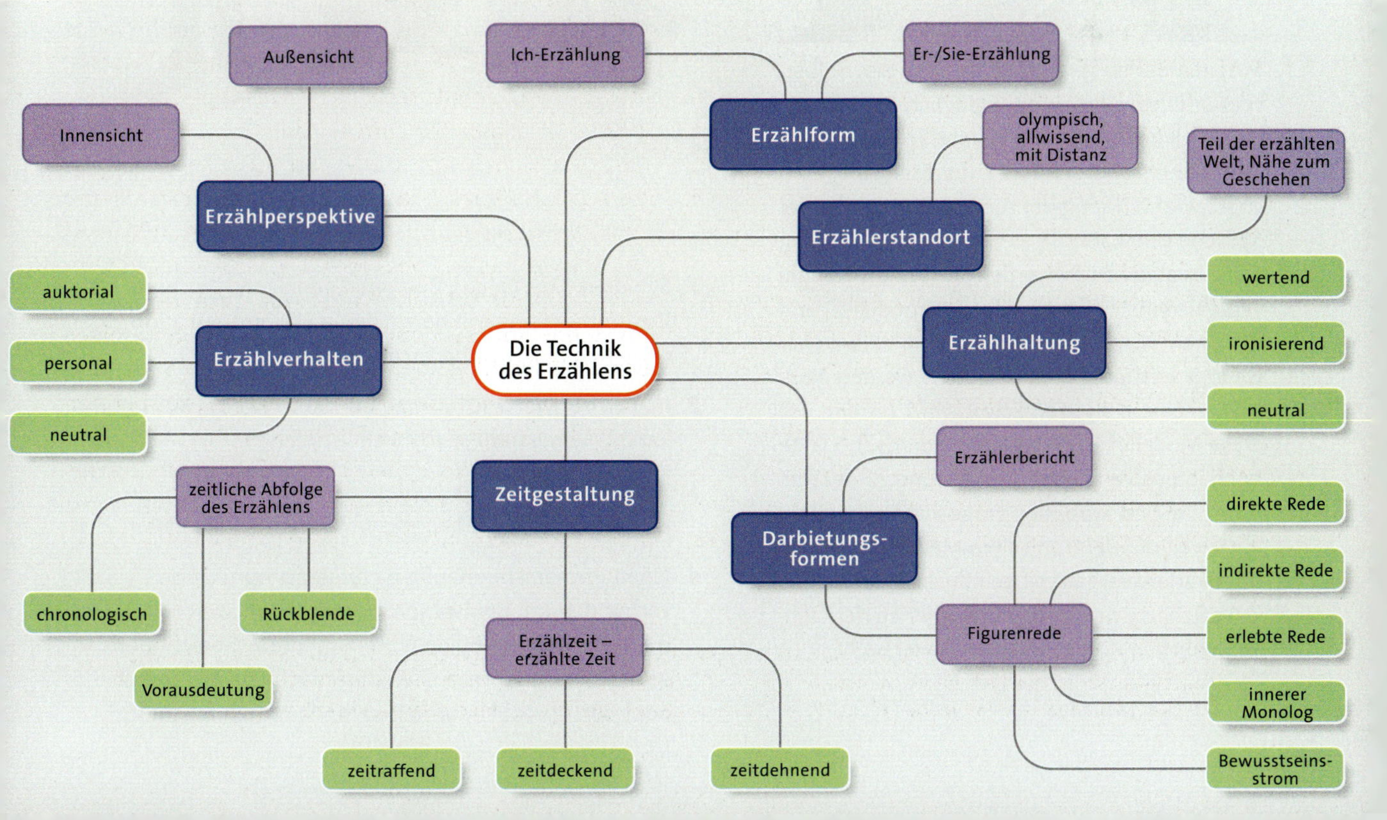

„Kannst du mich verstehen?“ – Im Labyrinth der Kommunikation

Miteinander zu sprechen gehört zu den Selbstverständlichkeiten des alltäglichen Lebens. Dennoch kann man in den unterschiedlichsten Situationen immer wieder die Erfahrung machen, wie schwierig der Austausch mithilfe der Sprache sein kann.
Ganz systematisch werden in diesem Kapitel verschiedene Kommunikationsmodelle und -theorien vorgestellt, die anhand alltäglicher Gesprächssituationen überprüft werden können. In einem zweiten Schritt wird gefragt, wie diese Modelle helfen können, literarische Texte noch intensiver zu beschreiben und zu deuten. Anschließend wird der Frage nachgegangen, inwieweit die elektronischen Medien das Kommunikationsverhalten beeinflussen.
Zum Schluss werden Besonderheiten der fachsprachlichen Kommunikation untersucht.

1. Schauen Sie sich das Bild oben genau an, welchen Zusammenhang mit dem Thema „Kommunikation“ erkennen Sie? Welche Facetten sind sichtbar?
2. In welcher Weise kann man bei dem Thema „Kommunikation“ von einem „Labyrinth“ sprechen?
3. Haben Sie in der Sekundarstufe I bereits Kommunikationsmodelle kennengelernt? Berichten Sie davon.
4. Nicht immer, aber häufig ist die Kommunikation verbunden mit dem gesprochenen Wort. Welchen Wert misst die Autorin Hilde Domin in ihrem Gedicht dem gesprochenen Wort zu? Worauf macht sie die Sprecherin oder den Sprecher aufmerksam? Stimmen Sie ihr zu?

Hilde Domin (1909 – 2006)

Unaufhaltsam

Das eigene Wort,
wer holt es zurück,
das lebendige,
eben noch ungesprochene
Wort?

Wo das Wort vorbeifliegt,
verdorren die Gräser,
werden die Blätter gelb,
fällt Schnee.

Ein Vogel käme dir wieder.
Nicht dein Wort,
das eben noch ungesagte,
in deinen Mund.

Du schickst andere Worte
hinterdrein.
Worte mit bunten, weichen Federn.
Das Wort ist schneller,
das schwarze Wort.

Es kommt immer an,
es hört nicht auf
anzukommen.

Besser ein Messer als ein Wort.
Ein Messer kann stumpf sein.
Ein Messer trifft oft
am Herzen vorbei.
Nicht das Wort.

Am Ende ist das Wort,
immer
am Ende
das Wort.

(1962)

1 Sprachfunktionen und Kommunikation

Spanien, ein unvergessliches Land

Spani|en, span. España, amtl. Reino de España, dt. Königreich Spanien, Staat in SW-Europa, auf der Iber. Halbinsel, drei Küstenstreifen stehen zu Ihrer Wahl, am Mittelmeer an der Biskaya und am Atlantik, grenzt im NO an Frankreich und Andorra, im W an Portugal, im S an Gibraltar mit privilegierten klimatischen Verhältnissen und unzähligen Möglichkeiten der Freizeitgestaltung für alle, die der Ansicht sind, dass der Strand nicht nur zum Sonnenbaden da ist. Landesnatur: Das Gebiet des festländ. S. nimmt über 4/5 der Iber. Halbinsel ein. Den Kernraum bildet die Hochfläche der Meseta, Abenteuer im Gebirge, Löcher mit Blick aufs Meer, spannende Wettkämpfe, aber der Ernst und die Schwermut der spanischen Berge, der Ernst und die Schwermut der vegetationslosen Landschaft, trauen Sie sich. Sie wird unterteilt vom Kastil. Scheidegebirge (in der Sierra de Gredos 2592 m ü. M.) in die N-Meseta (rd. 800 m hoch), die sich nach Portugal hinein fortsetzt, und in die S-Meseta (650 m hoch), die sich nach W entlang dem Tajo und Guadiana abdacht. Der Ernst und die Schwermut noch in den Tälern üppiger Fruchtbarkeit mit grellgrünen Kaktusfeigen und flammendroten Blüten, fast allseits ist die Meseta von Randgebirgen umgeben, die meerwärts nur schmalen Küstentiefländern Raum geben, in Spanien erwarten Sie der Ernst und die Schwermut der kalkweißen Häuser im grellen Sonnenlicht, der Ernst und die Schwermut der verbrannten apokalyptischen Städte auf den Bergkuppen, der Ernst und die Schwermut in den Augen der spanischen Kinder, spannende sportliche Herausforderungen, sie und die Schatten, die Vielgestaltigkeit der spanischen Landschaften ist immer wieder überraschend, die Schatten in den dunklen spanischen Kirchen, die Schatten in den dunklen spanischen Zimmern hinter den geschlossenen Jalousien, die Küstenlänge (ohne Inseln) beträgt 3144 km, davon 1663 km am Mittelmeer, ein immerfeuchter Klimabereich ist der N-Saum der Iber. Halbinsel, die Natur besitzt in Spanien einen wahrhaft privilegierten Status, dies und die Laute der Städte, im Land, das auf der UNESCO-Liste der Biosphärenreservate an dritter Stelle steht, finden Sie Seen, Berge, Vulkane, Feuchtgebiete, Flüsse, Täler, Schluchten und vieles mehr, der ewige Ruf der blinden Losverkäufer, das Tappen des Stockes dieser Unglücklichen auf dem Pflaster der Straße, Westwinde bringen ganzjährige Niederschläge; die Temperaturen sind durch die Meeresnähe sehr ausgeglichen, das dürre Klappern der Dominosteine in der Hand der Männer am Nachmittag zur Zeit der Siesta in den Kaffeehäusern und in den Hotelhallen, brechen Sie aus der Routine aus, atmen Sie tief durch und vergessen Sie den Alltag. Die Meseta (Sommer bis 40 °C, Winter bis −8 °C) wird vom mediterranen Niederschlagsrhythmus geprägt, die Sommer sind trocken, die Winter feucht; das ist Spanien, ein unvergessliches Land.

1. Hier ist etwas durcheinandergeraten. Versuchen Sie, den Text zu entwirren, indem Sie mit unterschiedlichen Markierungen arbeiten. Beachten Sie auch, dass die Zeichensetzung der zugrunde liegenden Texte zum Teil aufgehoben wurde.
2. Vergleichen Sie Ihr Ergebnis mit Ihrem Partner bzw. Ihrer Partnerin. Sprechen Sie darüber, wie Sie vorgegangen sind.
3. Tragen Sie Ihre Lösungen vor und diskutieren Sie sie.
4. Benennen Sie jeweils die zentrale Funktion der einzelnen Textteile bzw. die Intention der jeweiligen Verfasser.

Karl Bühler. Bühler arbeitete als Mediziner, Philosoph und Psychologe. In seinem umfangreichen Werk befasste er sich sowohl mit Studien zur Denk-, Wahrnehmungs- und Entwicklungspsychologie als auch mit Fragen der Sprachtheorie. Bühler lehrte als Professor für Philosophie und Psychologie u. a. in Dresden und Wien, bevor er 1938 gemeinsam mit seiner Frau, der Kinder- und Jugendpsychologin Charlotte Bühler, nach Norwegen und anschließend 1940 in die USA emigrierte, um der Verfolgung durch die Nationalsozialisten zu entgehen. Dort arbeitete er bis 1955 als Professor für Psychiatrie. Bühler starb 1963 in Los Angeles.

Karl Bühler (1879 – 1963)
Das Organonmodell der Sprache

Karl Bühler gilt als einer der wichtigsten Sprachtheoretiker des 20. Jahrhunderts. In Anlehnung an Platons Auffassung der Sprache als ein „Werkzeug“ (griech. organon) entwickelt er in seiner „Sprachtheorie“ (1934) ein einfaches Modell der Kommunikation:

Ich denke, es war ein guter Griff Platons, wenn er [...] angibt, die Sprache sei ein organum (lat. Werkzeug), um *einer dem andern etwas mitzuteilen über die Dinge.* [...] Die Aufzählung – einer dem andern – über die Dinge nennt nicht weniger als die Relationsfundamente. Man zeichne ein Schema auf ein Blatt Papier, drei Punkte wie zu einem Dreieck gruppiert, einen vierten in der Mitte und fange an darüber nachzudenken, was dies Schema zu symbolisieren imstande ist.

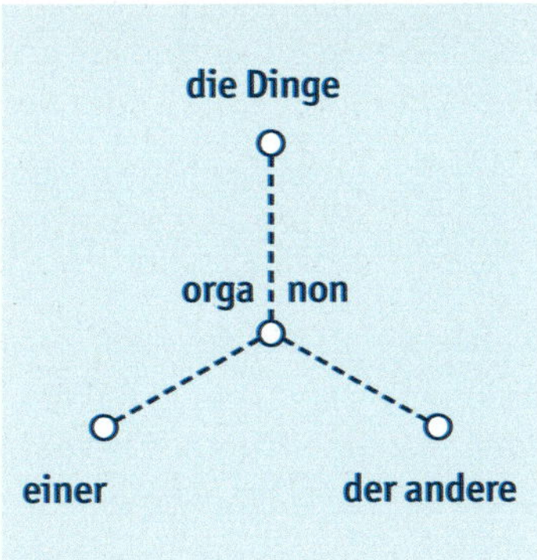

1. **Greifen Sie Bühlers Aufforderung auf und diskutieren Sie darüber, was dieses Schema leisten kann.**

2. **Erläutern Sie, inwieweit sich Sprache als ein „organon“ charakterisieren lässt.**

Bühler entwickelt dieses einfache Schema zu einem komplexen Modell der Kommunikation weiter, bei dem unterschiedliche Funktionen der Sprache berücksichtigt werden. Im Mittelpunkt seines Organon-Modells befindet sich das (Sprach-)Zeichen (Z). Es steht in Relation zu drei Elementen: Sender, Empfänger und Gegenstände bzw. Sachverhalte.
Bühler erläutert sein Organon-Modell (s. die nachfolgende Grafik) folgendermaßen:

Der Kreis in der Mitte symbolisiert das konkrete Schallphänomen. Drei variable Momente an ihm sind berufen, es dreimal verschieden zum Rang eines Zeichens zu erheben. Die Seiten des eingezeichneten Dreiecks symbolisieren diese drei Momente. Das Dreieck umschließt in einer Hinsicht weniger als der Kreis (*Prinzip der abstraktiven Relevanz*[1]). In anderer Richtung wieder greift es über den Kreis hinaus, um anzudeuten, dass das sinnlich Gegebene stets eine *apperzeptive Ergänzung*[2] erfährt.
Die Linienscharen symbolisieren die semantischen Funktionen[3] des (komplexen) Sprachzeichens. Es ist *Symbol* kraft seiner Zuordnung zu Gegenständen und Sachverhalten, *Symptom* (Anzeichen, Indicium) kraft seiner Abhängigkeit vom Sender, dessen Innerlichkeit es ausdrückt, und *Signal* kraft seines Appells an den Hörer, dessen äußeres oder inneres Verhalten es steuert [...].
Dieses Organon-Modell mit seinen drei weitgehend unabhängigen variablen Sinnbezügen steht vollständig, wie es ausgeführt werden muss, zum ersten Mal in

[1] Unter dem Ausdruck **„abstraktive Relevanz“** versteht Bühler die Fähigkeit des Empfängers, nur das Relevante einer Äußerung zu berücksichtigen und irrelevante Teile, z. B. die individuelle Aussprache eines Wortes, unbeachtet zu lassen. Das Prinzip der abstraktiven Relevanz ist ein Prinzip, das für alles Zeichenhafte, also auch für nicht sprachliche Zeichen, gültig ist. So ist etwa bei einer Verkehrsampel die Unterscheidung zwischen Rot und Grün relevant; Größe und Materialbeschaffenheit des Zeichens sind in diesem Fall irrelevant. – [2] Unter dem Begriff **„apperzeptive Ergänzung“** versteht Bühler die Fähigkeit des Empfängers, fehlende Teile einer Nachricht, wenn z. B. einzelne Silben verschluckt werden oder undeutlich übermittelt werden, zu komplettieren, sodass die Nachricht dennoch verstanden wird. – [3] **semantische Funktionen:** Gemeint ist die *Bedeutung* eines sprachlichen Zeichens.

meiner Arbeit über den Satz (1918), die mit den Worten beginnt: „Dreifach ist die Leistung der menschlichen Sprache, Kundgabe, Auslösung und Darstellung“. Heute bevorzuge ich die Termini: *Ausdruck, Appell* und *Darstellung*, weil „Ausdruck“ im Kreis der Sprachtheoretiker mehr und mehr die hier geforderte präzise Bedeutung gewinnt und weil das lateinische Wort „appellare“ (englisch: appeal, deutsch etwa: ansprechen) treffend ist für das zweite.

(1934)

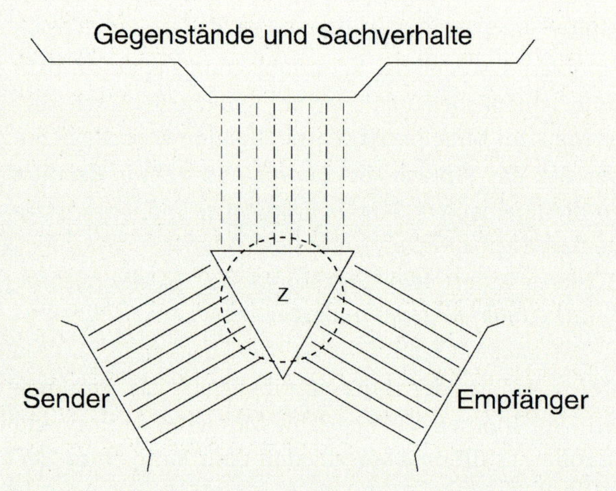

1. Beschriften Sie mithilfe des Textes die oben stehende Abbildung, indem Sie die im letzten Teil kursiv gedruckten Begriffe in das Schaubild integrieren.
2. Erklären Sie die einzelnen Elemente des Organon-Modells.
3. Setzen Sie die von Bühler unterschiedenen Sprachfunktionen in Beziehung zu dem Text „Spanien, ein unvergessliches Land“ (S. 38). Beschreiben Sie, wie die jeweilige Funktion dort sprachlich zum Ausdruck kommt.
4. Verfassen Sie drei kurze Spielszenen (z. B. unterschiedliche Paare am Frühstückstisch), in denen der Satz „Ein Kaninchen sitzt im Garten und frisst Salat“ gesprochen wird. Rücken Sie dabei jeweils die Darstellungsfunktion, die Appellfunktion und die Ausdrucksfunktion in den Vordergrund.
5. Ordnen Sie den Sprachfunktionen des Organon-Modells verschiedene Ihnen bekannte Textsorten zu, z. B.: Nachricht, Kommentar, Referat, Tagebucheintrag, Wahlkampfrede, Einkaufszettel, Heiratsanzeige, Gebrauchsanweisung usw. Erläutern Sie, welche Sprachfunktion jeweils dominant ist. In welcher Weise spielen auch die anderen beiden Funktionen jeweils eine Rolle?
6. Bühlers Modell wird vielfach auch zur Klassifizierung von Reden herangezogen. In diesem Sinne spricht man von Reden mit darstellendem, appellativem oder expressivem Charakter (Ausdruckscharakter). Sammeln Sie Beispiele.
7. Diskutieren Sie, ob die von Bühler festgestellten Sprachfunktionen auch auf die Tierwelt übertragbar sind.

Paul Watzlawick. Watzlawick (geb. 1921) war ein aus Österreich stammender Psychotherapeut, Soziologe und Kommunikationswissenschaftler. In seiner Forschung befasste er sich u. a. mit der Bedeutung der Kommunikation für zwischenmenschliche Beziehungen und psychische Erkrankungen. Er hatte mit seinen Arbeiten maßgeblichen Einfluss auf die Entwicklung der Psychotherapie, insbesondere der Paar- und Familientherapie. Watzlawick starb 2007 in Kalifornien, wo er seit den 1960er-Jahren gelebt und gearbeitet hatte.

Paul Watzlawick (1921 – 2007)
Menschliche Kommunikation

Watzlawicks Überlegungen zur menschlichen Kommunikation basieren auf mehreren Grundsätzen, die er als „pragmatische Axiome“ bezeichnet. Er meint damit bestimmte Grundannahmen, mit denen menschliche Kommunikation erfasst werden kann. Im folgenden Text sowie in dem anschließenden Interview erläutert er seine Axiome:

Die Unmöglichkeit, nicht zu kommunizieren

Verhalten hat vor allem eine Eigenschaft, die so grundlegend ist, dass sie oft übersehen wird: Verhalten hat kein Gegenteil, oder um dieselbe Tatsache noch simpler auszudrücken: Man kann sich nicht *nicht* verhalten. Wenn man also akzeptiert, dass alles Verhalten in einer zwischenpersönlichen Situation Mitteilungscharakter hat, d. h. Kommunikation ist, so folgt daraus, dass man, wie immer man es auch versuchen mag, nicht *nicht* kommunizieren kann. Handeln oder Nichthandeln,

Worte oder Schweigen haben alle Mitteilungscharakter: Sie beeinflussen andere, und diese anderen können ihrerseits nicht *nicht* auf diese Kommunikation reagieren und kommunizieren damit selbst. Es muss betont werden, dass Nichtbeachtung oder Schweigen seitens des anderen dem eben Gesagten nicht widerspricht. Der Mann im überfüllten Wartesaal, der vor sich auf den Boden starrt oder mit geschlossenen Augen dasitzt, teilt den anderen mit, dass er weder sprechen noch angesprochen werden will, und gewöhnlich reagieren seine Nachbarn richtig darauf, indem sie ihn in Ruhe lassen. Dies ist nicht weniger ein Kommunikationsaustausch als ein angeregtes Gespräch. [...] Aus dem oben Gesagten ergibt sich ein metakommunikatives[1] Axiom: *Man kann nicht* nicht *kommunizieren.*

Die Inhalts- und Beziehungsaspekte der Kommunikation

Wenn man unterscheidet, was jede Mitteilung enthält, so erweist sich ihr Inhalt vor allem als Information. Dabei ist es gleichgültig, ob diese Information wahr oder falsch, gültig oder ungültig oder unentscheidbar ist. Gleichzeitig aber enthält jede Mitteilung einen weiteren Aspekt, der viel weniger augenfällig, doch ebenso wichtig ist – nämlich einen Hinweis darauf, wie ihr Sender sie vom Empfänger verstanden haben möchte. Sie definiert also, wie der Sender die Beziehung zwischen sich und dem Empfänger sieht, und ist in diesem Sinn seine persönliche Stellungnahme zum anderen. Wir finden somit in jeder Kommunikation einen Inhalts- und einen Beziehungsaspekt.

[...] Wenn Frau A auf Frau B's Halskette deutet und fragt: „Sind das echte Perlen?", so ist der Inhalt ihrer Frage ein Ersuchen um Information über ein Objekt. Gleichzeitig aber definiert sie damit auch – und kann es nicht *nicht* tun – ihre Beziehung zu Frau B. Die Art, wie sie fragt (der Ton ihrer Stimme, ihr Gesichtsausdruck, der Kontext usw.), wird entweder wohlwollende Freundlichkeit, Neid, Bewunderung oder irgendeine andere Einstellung zu Frau B ausdrücken. B kann ihrerseits nun diese Beziehungsdefinition akzeptieren, ablehnen oder eine andere Definition geben, aber sie kann unter keinen Umständen – nicht einmal durch Schweigen – nicht auf A's Kommunikation antworten. Für unsere Überlegungen wichtig ist die Tatsache, dass dieser Aspekt der Interaktion zwischen den beiden nichts mit der Echtheit von Perlen zu tun hat (oder überhaupt mit Perlen), sondern mit den gegenseitigen Definitionen ihrer Beziehung, mögen sie sich auch weiter über Perlen unterhalten.

[...] Im Allgemeinen ist es so, dass die Definition der Beziehung umso mehr in den Hintergrund rückt, je spontaner und „gesunder" die Beziehung ist, während „kranke" (d. h. konfliktreiche) Beziehungen u. a. durch wechselseitiges Ringen um ihre Definition gekennzeichnet sind, wobei der Inhaltsaspekt fast völlig an Bedeutung verliert.

[...] Da der Beziehungsaspekt eine Kommunikation über eine Kommunikation darstellt, ist unschwer zu erkennen, dass er mit dem [...] Begriff der Metakommunikation identisch ist. [...] Dieser Ausdruck [wurde] für den Begriffsrahmen unserer Untersuchung und für die Sprache verwendet, die der Kommunikationsforscher gebrauchen muss, wenn er mit anderen über Kommunikation kommunizieren will. Nun sehen wir, dass nicht nur er, sondern grundsätzlich jedermann Metakommunikationen verwenden muss. Die Fähigkeit zur Metakommunikation ist nicht nur eine *Conditio sine qua non* [= unerlässliche Bedingung] aller erfolgreichen Kommunikation, sie ist überdies für jeden Menschen eng mit dem enormen Problem hinlänglichen Bewusstseins seiner selbst und der anderen verknüpft.

[...] Vorläufig wollen wir das oben Gesagte zu einem weiteren Axiom unseres hypothetischen Kalküls zusammenfassen: *Jede Kommunikation hat einen Inhalts- und einen Beziehungsaspekt, derart, dass Letzterer den Ersteren bestimmt und daher eine Metakommunikation ist.*

(1967)

„Sind das echte Perlen?" ...

[1] **Metakommunikation:** Kommunikation über Kommunikation

Das dritte, vierte und fünfte Axiom – Interview mit Paul Watzlawick

Watzlawick: Das dritte Axiom nennen wir Interpunktion. Damit ist gemeint, dass jeder der Beteiligten die Kommunikationsabläufe individuell gewichtet. Ein Beispiel dafür ist die weitverbreitete Annahme, dass man nur reagiert auf den anderen und alles, was geschieht, die Schuld des anderen ist. Der andere denkt dasselbe.
P. M.: Das ist vermutlich einer der häufigsten Gründe, warum Gespräche oft völlig sinnlos erscheinen?
Watzlawick: Zweifelsohne. Viertens gibt es für uns zwei unterschiedliche Kommunikationsweisen, die stets gleichzeitig ablaufen: analoge und digitale Kommunikation. Analog ist hauptsächlich meine averbale Kommunikation: meine Stimmlage, die Pausen, die Schnelligkeit meines Sprechens, mein Herumfuchteln. Die digitale Kommunikation besteht im Gegensatz dazu nur aus der Bedeutung der Worte, die in grammatikalischer Folge übermittelt werden. Und auch hier gilt wieder: Im zwischenmenschlichen Verkehr ist es unmöglich, die analoge Kommunikation zu vermeiden.
Fünftens: Zwischenmenschliche Kommunikationsabläufe sind entweder symmetrisch oder komplementär, je nachdem, ob die Beziehung zwischen den Partnern auf Gleichheit oder Unterschiedlichkeit beruht. In einer symmetrischen Beziehung tauschen die Beteiligten gleichartiges Verhalten aus. Wenn zum Beispiel ein Partner eine Position der Stärke einnimmt, dann tut dies der andere auch. Wenn einer Hilfe verlangt, verlangt auch der andere Hilfe. In der komplementären Struktur sind die Verhaltensformen und damit auch die Kommunikation unterschiedlich. Der eine Partner ist in der sogenannten Primärposition, der andere in der Sekundärposition. Musterbeispiele wären Mutter und Kind, Arzt und Patient.
P. M.: Die Geheimnisse der Kommunikation sind ja, nicht zuletzt durch Sie, ganz gut erforscht. Dennoch machen wir ständig schlimme Kommunikationsfehler.
Watzlawick: Das stimmt leider. Der häufigste Fehler in der Kommunikation ist die – meist falsche – Annahme: „Ich weiß genau, was der andere denkt.“ Der andere nimmt natürlich dasselbe an. Und auf diese Weise haben wir Situationen, wie sie nicht nur in zerrütteten Ehen oder zwischen Eltern und Kind bestehen, sondern auch zwischen den Supermächten. Keiner geht auf den anderen wirklich ein. Kaum einer erkennt, dass es verschiedene Wirklichkeiten gibt. Das sind selbst gebaute Fallen, aus denen wir uns nur mühsam oder gar nicht befreien können. [...] *(1989)*

1. Fassen Sie die zentralen Axiome Watzlawicks mit Ihren eigenen Worten zusammen.
2. Diskutieren und prüfen Sie die pragmatischen Axiome Watzlawicks vor dem Hintergrund Ihrer eigenen Erfahrungen. Nennen Sie konkrete Beispiele.
3. Entwerfen Sie ein Schaubild, mit dem sich Watzlawicks Kommunikationstheorie veranschaulichen lässt.
4. Entwickeln Sie, ausgehend von den Axiomen, eine kleine Alltagssituation (z. B. Menschen in einem Fahrstuhl, Begegnung mit einem Türsteher am Einlass einer Diskothek) und spielen Sie diese Szene. Die jeweils Zuschauenden analysieren das Kommunikationsverhalten mithilfe ausgewählter Axiome.
5. Erläutern Sie die pragmatischen Axiome anhand der folgenden Momentaufnahmen aus Pepe Danquarts Film „Der Schwarzfahrer“.
6. Entwickeln Sie, ausgehend von einem der beiden Bilder, eine kleine Spielszene. Berücksichtigen Sie dabei Ihre Ergebnisse aus Aufgabe 4.

7. Schauen Sie sich gegebenenfalls den Kurzfilm „Schwarzfahrer“ an und analysieren Sie ausgewählte Szenen oder Einstellungen unter kommunikationsanalytischen Aspekten (z. B. den Monolog der alten Frau, das Verhalten der Fahrgäste, den Dialog zwischen dem Kontrolleur und der Frau).

Friedemann Schulz von Thun. Von Thun ist ein deutscher Psychologe und Kommunikationswissenschaftler. Seine Arbeiten zur zwischenmenschlichen Kommunikation, die vom Bestreben geprägt sind, eine Brücke zwischen wissenschaftlicher Forschung und Lebenswirklichkeit zu schlagen, gehören zum Grundlagenwissen in der Kommunikationspsychologie.
Als Professor für Psychologie lehrte Schulz von Thun bis zu seiner Emeritierung im Jahr 2009 an der Universität in Hamburg. Zurzeit leitet er das Institut „Schulz von Thun-Institut für Kommunikation".

Friedemann Schulz von Thun (geb. 1944) – Institut für Kommunikation

Das Kommunikationsquadrat

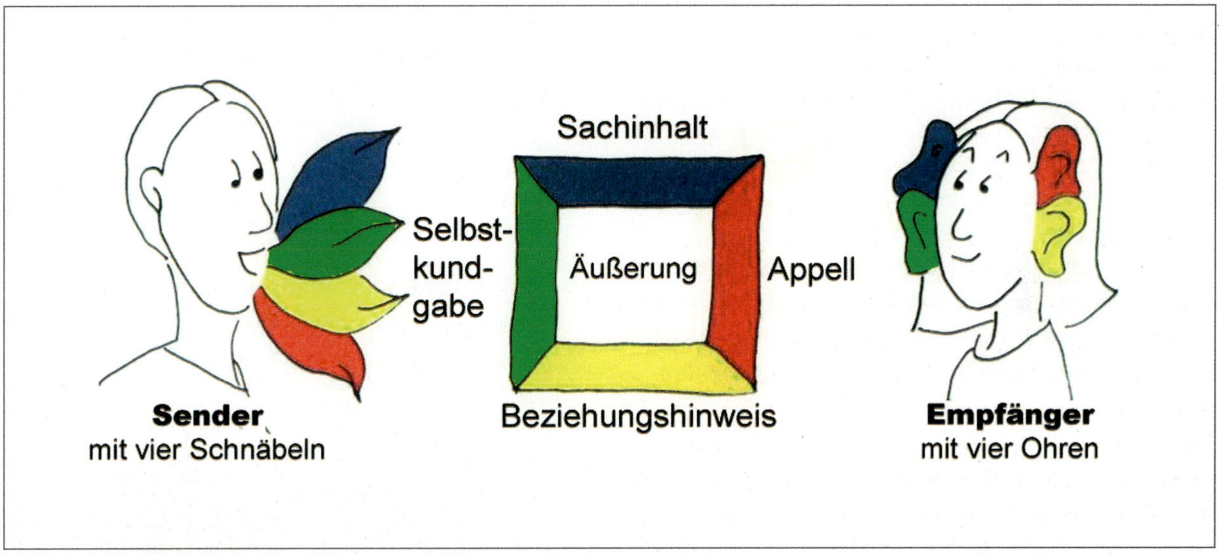

Das Kommunikationsquadrat ist das bekannteste Modell von Friedemann Schulz von Thun und inzwischen auch über die Grenzen Deutschlands hinaus verbreitet. Bekannt geworden ist dieses Modell auch als „Vier-Ohren-Modell" oder „Nachrichtenquadrat".

Wenn ich als Mensch etwas von mir gebe, bin ich auf vierfache Weise wirksam. Jede meiner Äußerungen enthält, ob ich will oder nicht, vier Botschaften gleichzeitig:

- eine Sachinformation (worüber ich informiere) – **blau**,
- eine Selbstkundgabe (was ich von mir zu erkennen gebe) – **grün**,
- einen Beziehungshinweis (was ich von dir halte und wie ich zu dir stehe) – **gelb**,
- einen Appell (was ich bei dir erreichen möchte) – **rot.**

Ausgehend von dieser Erkenntnis hat Schulz von Thun 1981 die vier Seiten einer Äußerung als Quadrat dargestellt. Die Äußerung entstammt dabei den „vier Schnäbeln" des Senders und trifft auf die „vier Ohren" des Empfängers. Sowohl Sender als auch Empfänger sind für die Qualität der Kommunikation verantwortlich, wobei die unmissverständliche Kommunikation der Idealfall ist und nicht die Regel.

Die vier Ebenen der Kommunikation

Auf der **Sachebene** des Gesprächs steht die Sachinformation im Vordergrund, hier geht es um Daten, Fakten und Sachverhalte. Dabei gelten drei Kriterien:

- wahr oder unwahr (zutreffend/nicht zutreffend?)
- relevant oder irrelevant (sind die aufgeführten Sachverhalte für das anstehende Thema von Belang/nicht von Belang?)
- hinlänglich oder unzureichend (sind die angeführten Sachhinweise für das Thema ausreichend, oder muss vieles andere zusätzlich bedacht werden?)

Die Herausforderung für den Sender besteht auf der Sachebene darin, die Sachverhalte klar und verständlich auszudrücken. Der Empfänger kann auf dem Sachohr entsprechend den drei Kriterien reagieren.

Für die **Selbstkundgabe** gilt: Wenn jemand etwas von sich gibt, gibt er auch etwas von *sich*. Jede Äußerung enthält gewollt oder unfreiwillig eine Kostprobe der Persönlichkeit – der Gefühle, Werte, Eigenarten und Bedürfnisse. Dies kann explizit („Ich-Botschaft“) oder implizit geschehen.

Während der Sender mit dem Selbstkundgabe-Schnabel implizit oder explizit, bewusst oder unbewusst, Informationen über sich preisgibt, nimmt der Empfänger diese mit dem Selbstkundgabe-Ohr auf: Was ist das für einer? Wie ist er gestimmt? Was ist mit ihm? usw.

Auf der **Beziehungsseite** gebe ich zu erkennen, wie ich zum anderen stehe und was ich von ihm halte. Diese Beziehungshinweise werden durch Formulierung, Tonfall, Mimik und Gestik vermittelt.

Der Sender transportiert diese Hinweise implizit oder explizit. Der Empfänger fühlt sich durch die auf dem Beziehungsohr eingehenden Informationen wertgeschätzt oder abgelehnt, missachtet oder geachtet, respektiert oder gedemütigt.

Die Einflussnahme auf den Empfänger geschieht auf der **Appellseite**. Wenn jemand das Wort ergreift, möchte er in aller Regel etwas erreichen. Er äußert Wünsche, Appelle, Ratschläge oder Handlungsanweisungen.

Die Appelle werden offen oder verdeckt gesandt. Mit dem Appell-Ohr fragt sich der Empfänger: Was soll ich jetzt (nicht) machen, denken oder fühlen?

(2011)

1. Erklären Sie mithilfe des Textes das auf S. 43 abgedruckte Modell mit Ihren eigenen Worten.
2. Untersuchen Sie den folgenden Beispieldialog zwischen zwei jungen Menschen mithilfe des Modells: Die beiden kommen abends spät von einer Party. Der junge Mann begleitet das Mädchen bis vor deren Haustür. Es kommt zu folgendem Dialog:

Nächtlicher Dialog vor der Haustür

Er: „Du hast wunderschöne Augen“.
Sie: „Nee, meine Eltern sind zu Hause.“

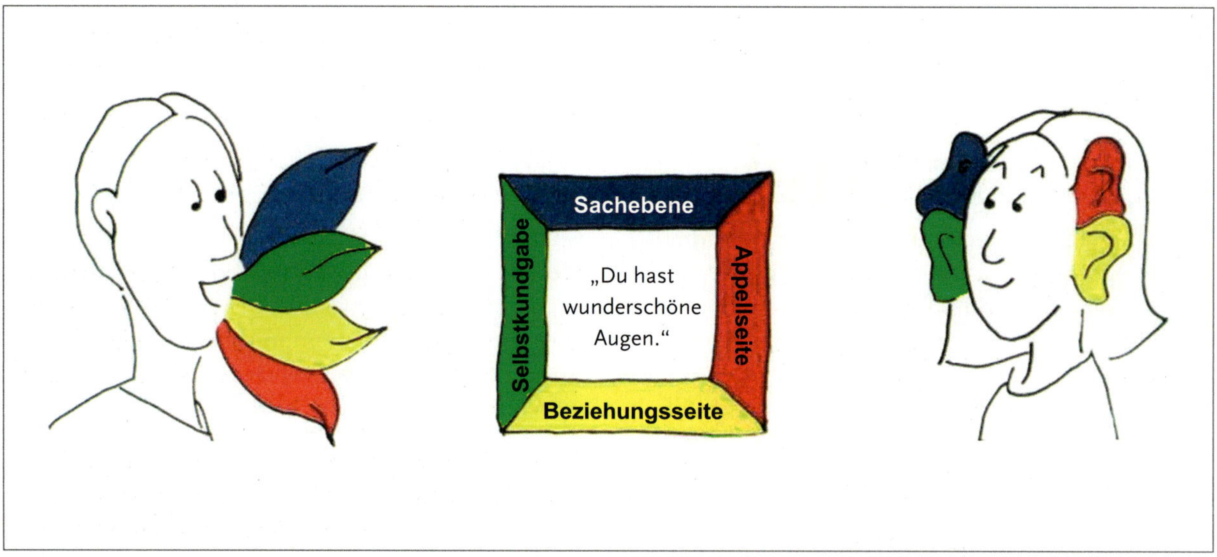

3. Welche anderen Reaktionen des Mädchens sind denkbar, je nachdem, mit welchem Ohr es die Aussage des jungen Mannes wahrnimmt?

4. Legen Sie folgende Dialoge jeweils unter die „kommunikationsanalytische Lupe“:

Dialog im Lehrerzimmer

Müller: „Ich bin ganz fertig mit den Nerven, die 8 b ist immer so chaotisch und laut.“
Meier: „Komisch, bei mir sind sie ruhig.“

Bertolt Brecht (1898–1956)
Das Wiedersehen

Ein Mann, der Herrn K. lange nicht gesehen hatte, begrüßte ihn mit den Worten: „Sie haben sich gar nicht verändert.“ „Oh!“ sagte Herr K. und erbleichte.

(1930)

(Aus lizenzrechtlichen Gründen ist dieser Text nicht in reformierter Rechtschreibung abgedruckt.)

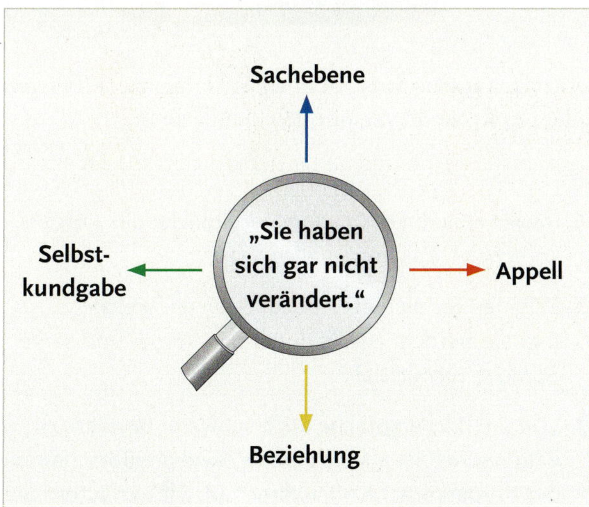

5. Die folgende Gesprächssituation beinhaltet einen Konflikt. Erläutern Sie, wodurch er zustande kommt. Setzen Sie den Dialog so fort, dass die Situation sich entspannt.

Auf dem Schulhof

Junge: „Du trägst einen Rock?“
Mädchen: „Bin ich etwa zu dick dafür? Du bist einfach unmöglich!“

6. Schreiben Sie aus der Sicht einer Freundin dem Mädchen eine E-Mail, in der Sie ihm einen Rat geben, wie sie sich in einer solchen Situation verhalten sollte.

7. Überlegen Sie, wie es zu Konflikten in Gesprächssituationen kommen kann. Diskutieren Sie mögliche Lösungsstrategien, um Konflikte dieser Art zu vermeiden oder zu entlasten.

8. Schulz von Thun spricht in seinen frühen Arbeiten von den vier Seiten einer Nachricht. Später spricht er davon, dass jede „Äußerung“ vier „Typen von Botschaften“ enthält. Erklären Sie den Unterschied der Begriffe „Nachricht“ und „Botschaft“.

9. Vergleichen Sie abschließend die Kommunikationsmodelle Bühlers, Watzlawicks und Schulz von Thuns. Worin ähneln sie sich, worin unterscheiden sie sich? Zeichnen Sie das Kommunikationsquadrat (Vier-Schnäbel/Vier-Ohren-Modell) und versuchen Sie, zentrale Begriffe Bühlers und Watzlawicks darin zu integrieren.
Alternativ können Sie mithilfe der Materialien einen informierenden Sachtext schreiben. Stellen Sie sich dabei einen Parallelkurs vor, der sich mit dem Thema „Kommunikation“ noch nicht beschäftigt hat.

➔ Einen informierenden Text mithilfe von Materialien verfassen, s. S. 573 f.

Dieter E. Zimmer (geb. 1934)

Körpersprache

Auch wenn wir den Mund halten, spricht der Körper weiter. Er ist niemals stumm; zum Mindesten teilt er mit den Signalen der Selbstversunkenheit, der Abschirmung mit, dass uns zurzeit Kontakte unerwünscht sind. Der Eindruck, den die Körpersprache macht, ist mächtig: Worte haben es schwer, ihn zu dementieren. Da die Körpersprache auch schwerer bewusst zu beherrschen ist als die verbale, sind die Botschaften der Körpersprache oft wahrer. Und eben weil sie sich dem Willen weitgehend entzieht, und zwar das Aussenden wie der Empfang der Signale gleichermaßen, erscheint sie uns selbstverständlicher, irrationaler, wird sie einfach bewusst weit weniger bemerkt als die Sprache der Wörter. Sie regelt aufs Feinste unseren Verkehr untereinander. Erving Goffman meinte geradezu: „Die Beherrschung und das Verständnis einer gemeinsamen Körpersprache ist ein Grund dafür, eine Ansammlung von Individuen als Gesellschaft zu bezeichnen."
So viel steht fest: Wo wir die Körpersprache nicht mehr selbstverständlich verstehen, fühlen wir uns verwirrt und fremd. Von ein paar Haustieren abgesehen, verstehen Tiere unsere Körpersprache überhaupt nicht. Es nützt uns nichts, uns vor einer Schlange zu verbeugen oder ein Krokodil versöhnlich anzulächeln.

(1978)

1. Inwieweit kann man von einer Sprache des Körpers sprechen? Was gehört alles dazu?
2. Schauen Sie sich die Abbildungen an. Welche Signale werden jeweils durch den Körper und seine Sprache vermittelt?
3. „Da die Körpersprache auch schwerer bewusst zu beherrschen ist als die verbale, sind die Botschaften der Körpersprache oft wahrer." (Z. 7 ff.) Erläutern Sie dieses Zitat und veranschaulichen Sie es mit Beispielen.
4. Setzen Sie die Aussagen Zimmers zur Körpersprache in Beziehung zu den Axiomen Watzlawicks und zum Modell von Schulz von Thun.
5. Betrachten Sie noch einmal die Fotos auf S. 42 und erläutern Sie, welche körpersprachlichen Signale dort deutlich werden.

2 Kommunikation in literarischen Texten

Marie Sabine Roger
(geb. 1957)
Das Labyrinth der Wörter

Germain ist ein Bär von Mann und nicht der Schlauste. Außer für seinen Gemüsegarten und das Schnitzen von Holzfiguren interessiert er sich nur für die Tauben im Park. Als er dort eine reizende alte Dame kennenlernt, wird sein Leben auf den Kopf gestellt. Denn die feinsinnige Margueritte beschließt, den ungebildeten Hünen für die Welt der Bücher zu gewinnen. (Klappentext)

1. Nennen Sie Voraussetzungen dafür, damit eine Annäherung zwischen zwei so unterschiedlichen Menschen gelingen kann.
2. Berichten Sie ggf. von eigenen Erfahrungen.

Aber an diesem Montag, wo ich Margueritte kennengelernt habe, da dachte ich nicht an das Gefallenendenkmal, da hatte ich andere Sachen im Kopf. Ich hatte beschlossen, Blumensamen zu kaufen und auf dem Rückweg dann im Park vorbeizugehen, um die Tauben zu zählen. Das ist viel schwieriger, als es aussieht: Auch wenn man sich ganz vorsichtig nähert und sich kein bisschen rührt, während man sie zählt, flattern sie ständig rum, alle durcheinander. Dagegen kann man nichts machen. Ein bisschen nerven sie, diese Tauben. Wenn das so weitergeht, werde ich nur noch die Schwäne zählen. Erstens bewegen die sich weniger, und außerdem ist es einfacher: Es sind nur drei.

Margueritte saß also auf dieser Bank unter der Linde, vor der Rasenfläche. Als ich die kleine Alte gesehen habe, die so aussah, als wäre sie eine von denen, die den Tauben Brot zuwerfen, um sie anzulocken, ist mir fast die Lust vergangen. Wieder ein Tag im Eimer, habe ich gedacht. Meine Vogelzählung kann ich auf morgen verschieben. Oder auf jeden anderen Tag, der dem Herrn in Seiner Gnade recht sein wird.

Um die Tauben zu zählen, braucht man Ruhe. Wenn da jemand kommt und sie stört, kann man es gleich vergessen. Sie reagieren sehr empfindlich auf Blicke, diese Vögel. Es ist unglaublich, wie sie darauf anspringen! Eingebildet sogar, könnte man sagen. Kaum interessiert sich jemand für sie, fangen sie an rumzuhüpfen, rumzuflattern, den Kropf aufzublasen ...

Aber dann war es gar nicht so. So kann man sich täuschen. Über die Leute, den Herrn im Himmel, alte Frauen und die Tauben.

Sie haben ihr nicht ihr Theater vorgespielt. Sie sind alle schön zusammengeblieben, ganz brav. Sie hat ihnen keine Zwiebackkrümel hingeworfen und nicht mit zittriger Stimme *putt-putt-putt* gerufen.

Sie hat mich nicht aus dem Augenwinkel gemustert, wie es die Leute sonst immer tun, wenn ich zähle.

Sie ist ganz still sitzen geblieben. Erst in dem Moment, wo ich gerade wieder gehen wollte, hat sie gesagt: „Neunzehn."

Da ich nur ein paar Meter entfernt war, habe ich sie genau gehört. „Reden Sie mit mir?"

„Ich sagte, es sind neunzehn. Die Kleine da, mit der schwarzen Feder an der Flügelspitze, sehen Sie die? Das ist eine Neue, stellen Sie sich vor. Sie ist erst seit Samstag da."

Das fand ich ziemlich stark: Ich war auf die gleiche Zahl gekommen wie sie.

„Sie zählen die Tauben also auch?"

Sie hat die Hand an ihr Ohr gehalten und gefragt: „Wie meinen?"

Ich habe gebrüllt: „Sie-zäh-len-die-Tau-ben-al-so-auch?"

„Natürlich zähle ich sie, junger Mann. Aber Sie brauchen nicht so zu schreien, wissen Sie? Es genügt, wenn Sie langsam mit mir reden und deutlich artikulieren ... nun ja, aber doch laut genug, wenn es Ihnen nichts ausmacht!"

Ich musste lachen, weil sie mich „junger Mann" nannte. Obwohl es eigentlich gar nicht so daneben war, wenn ich es mir richtig überlege. Man kann mich jung oder alt finden, je nachdem. Es hängt alles davon ab, wer spricht.

[...]

Als ich mich neben sie gesetzt habe, ist mir aufgefallen, dass sie wirklich eine ganz kleine Oma war. Man benutzt manchmal Ausdrücke wie „Winzling" oder „Zwerg", ohne darüber nachzudenken. Aber in ihrem Fall war das nicht übertrieben: Ihre Füße reichten nicht mal bis auf den Boden. Während ich meine langen Knochen immer weit vor mir ausstrecken muss.

Ich habe sie höflich gefragt: „Kommen Sie oft hierher?“ Sie hat gelächelt. „Fast jeden Tag, den der liebe Gott werden lässt.“

„Sind Sie Nonne?“

Sie hat erstaunt den Kopf geschüttelt: „Ordensschwester, meinen Sie? Himmel, nein! Wie kommen Sie denn darauf?“

„Ich weiß nicht. Sie haben vom lieben Gott geredet, deshalb ... Ist mir nur so eingefallen.“

Ich bin mir ein bisschen dumm vorgekommen. Aber Nonne ist ja kein Schimpfwort. Jedenfalls nicht für jemanden, der so alt ist, meine ich. Aber sie sah auch nicht beleidigt aus. Da habe ich gesagt: „Komisch, ich habe Sie hier noch nie gesehen.“

„Gewöhnlich komme ich etwas früher. Aber, wenn ich mir erlauben darf, ich habe Sie meinerseits schon ein paar Mal bemerkt.“

„Ach!“ Ich wusste nicht, was ich sonst hätte sagen sollen.

„Sie haben die Tauben also gern?“

„Ja. Vor allem zähle ich sie gern.“

„Ja, ja ... Das ist eine fesselnde Beschäftigung. Man muss unablässig wieder von vorn beginnen.“

Sie redete kompliziert, umständlich und irgendwie verschroben, so wie feine Leute. Aber die Alten sind ja sowieso viel höflicher und drücken sich viel geschliffener aus als die Jungen.

Ulkig: Während ich das sage, denke ich an Bachkiesel, die auch ganz *geschliffen* sind, und zwar genau deshalb, weil sie *alt* sind. Manchmal meinen die gleichen Wörter verschiedene Sachen, die aber doch irgendwie gleich sind, wenn man lange genug darüber nachdenkt.

Sie verstehen schon, was ich meine.

Um ihr zu zeigen, dass ich kein Volltrottel bin, habe ich gesagt: „Ich hatte sie auch bemerkt, die Kleine da mit ihrer schwarzen Feder. Deshalb habe ich sie auch Schwarze Feder genannt. Die anderen lassen sie beim Fressen nicht so ran, haben Sie gesehen?“

„Das stimmt. Sie geben Ihnen also Namen?“

Sie schien interessiert.

Ob Sie es glauben oder nicht, in dem Moment habe ich entdeckt, was es für ein Gefühl ist, wenn sich jemand für einen interessiert. *(2010)*

1. Lesen Sie den Romanauszug mit verteilten Rollen. Welchen Eindruck haben Sie von den beiden Protagonisten?
2. Untersuchen Sie das Gesprächsverhalten der Figuren.
3. Inwieweit trägt dieses Gesprächsverhalten im Sinne Watzlawicks zu einer positiven Gestaltung der Beziehungsebene bei?
4. Wählen Sie eine konkrete Situation aus und stellen Sie diese mithilfe eines Standbildes dar. Achten Sie dabei sowohl bei der Gestaltung als auch bei der Besprechung der Standbilder auf köpersprachliche Nuancen.
   ➔ Ein Standbild bauen, s. S. 552 f.
5. „Natürlich zähle ich sie [...] wenn es Ihnen nichts ausmacht!“ (Z. 53–57) Untersuchen Sie diese Aussage der alten Dame mithilfe des Kommunikationsmodells von Schulz von Thun.
6. Beurteilen Sie die Reaktion Germains auf diese Äußerung Marguerittes (vgl. Z. 58 ff.).
7. Erläutern Sie, inwieweit dieser Gesprächsausschnitt exemplarisch ist für das gesamte Gesprächsverhalten der beiden Figuren.
8. Schreiben Sie diese Szene aus der Perspektive Marguerittes neu auf. So können Sie beginnen: „Aber an diesem Montag, als ich Germain kennengelernt habe ...“

Nils Mohl (geb. 1971)

Tanzen gehen

Nils Mohl belegte beim 11. MDR-Literaturwettbewerb 2006 mit der Kurzgeschichte „Tanzen gehen“ einen vorderen Platz.

Er steht im Badezimmer vor dem Spiegel, öffnet die oberen vier Knöpfe seines Hemdes, schiebt den Kragen des T-Shirts zur Seite und betrachtet die streichholzlange, strichartige Stelle zwischen Schlüsselbein und Brustwarze. Er berührt die Narbe und streicht sanft mit den Fingern darüber hinweg. Die Narbe fühlt sich glatt an, ein bisschen wie Plastik. Wenn er dagegendrückt, verfärbt sie sich. In ein paar Monaten wird er sie vermutlich kaum noch wahrnehmen. Er hat eine ganz ähnliche Narbe am Kinn, seit über fünfzig Jahren schon, und eine viel größere am Unterschenkel. Überhaupt ist sein Körper voll von Narben. Die meisten sind für ihn inzwischen unsichtbar.

Er beugt sich vor, betrachtet seine Augen im Spiegel. Die Pupillen weiten sich ein Stück, dann ziehen sie sich wieder zusammen. Er streicht den Kragen seines T-Shirts glatt, knöpft das Hemd zu, betätigt die Klospülung. Er hat die Toilette nicht benutzt. Die Klospülung betätigt er, weil er nicht möchte, dass seine Frau Verdacht schöpft.
Gus Bloch schaltet das Licht aus und verlässt das Bad. Er weiß an diesem Samstag wenig mit sich anzufangen. Er könnte im Garten arbeiten, aber es nieselt draußen. Er könnte die Steuererklärung machen, er hat sich extra ein entsprechendes PC-Programm bestellt, und der Rechner läuft auch, doch er ist mit den Gedanken irgendwie gerade woanders und biegt deshalb auch vom Flur nicht in Richtung Arbeitszimmer ab, sondern landet im Wohnzimmer.
Ob er wieder vor dem Spiegel gestanden habe? Das ist die Frage, die Gus von Ella, seiner Frau, eigentlich erwartet, aber Ella sagt bloß: „Hier, Gus, der Sportteil."
Ella sitzt am Wohnzimmertisch, vor ihr ausgebreitet liegt der Lokalteil der Tageszeitung. Hochzeitsanzeigen, Geburtsanzeigen, Todesanzeigen. Gus fragt sich stumm und wie immer ratlos, was seine Frau an dieser Art Bekanntmachungen wohl findet. Was ist der Reiz? Wie kann man bloß so ausdauernd Namen, Daten und standardisierte Formeln studieren.
„Eine Liza mit Zett", murmelt Ella vor sich hin, „seltsam sieht das geschrieben aus, ganz ungewohnt." Gus nimmt den Sportteil zur Hand, setzt sich Ella gegenüber in den Sessel, liest aber nicht. Er blickt, die Zeitungsseiten auf den Knien, zu Ella und beobachtet, wie diese mit wachen Augen die Spalten mit den Hochzeits- und Geburtsanzeigen abfährt. Sie lacht des Öfteren leise auf oder quittiert hier und da einen ihrer Meinung nach allzu extravaganten Namen mit einem halb verblüfften, halb ironischen „Wie kann man das seinem Kind nur antun?" Um dann nach kurzer Pause meist auch noch ein „Also wirklich!" oder „Ist das zu glauben?" hinzuzufügen.
Gus räuspert sich. Er sagt aber nichts. Ella blättert die Seite um. Das Zeitungspapier knistert. Gus fragt: „Warum schaust du dir das eigentlich immer an?" Ella ist bei der Seite mit den Todesanzeigen angekommen. „Was meinst du? Die Todesanzeigen?" „Ja, überhaupt", sagt Gus, „diese Anzeigen eben."
„Kann ich nicht erklären, ich gucke, wie alt diese Leute geworden sind, ob man vielleicht jemanden davon gekannt hat ..."
Ella macht eine Pause, dann sagt sie: „... aber warum?" Sie schaut Gus an, zuckt mit den Schultern. Gus schaut zurück. „Schon gut, nicht so wichtig", sagt er und blickt in Richtung Fenster. Er sagt: „Eigentlich wollte ich ja noch in den Garten, aber ..."
Gus beendet den Satz nicht. Ella sagt: „Morgen." Sie sagt: „Vielleicht ist das Wetter morgen besser." Dann blickt sie wieder auf die Zeitungsseite, auf die vielen, unterschiedlich großen, schwarz umrandeten Kästchen.
Gus erhebt sich vom Sessel. Er geht in Richtung Fenster, macht aber nach ein paar Schritten vor dem Regal halt. Ella hat kürzlich die gerahmten Fotos, die dort stehen, neu arrangiert. Gus betrachtet ein Porträt von sich, das er seit Jahren nicht mehr betrachtet hat. Es zeigt ihn als Mann von knapp dreißig Jahren.
„Hier, diese Anzeige zum Beispiel", sagt Ella, „da ist eine Frau ums Leben gekommen bei einem Unfall, mit 57."
Gus starrt auf das Glas des Bilderrahmens, das Glas spiegelt die Silhouette seines Kopfes. Gus lehnt sich mit dem Oberkörper ein Stück zurück, neigt den Kopf, versucht den Umriss der Silhouette mit dem Umriss des Porträts in Übereinstimmung zu bringen. Ella liest: „‚Es war ein Leben, ausgefüllt mit viel Arbeit, Freude und Erfüllung in 27 wunderbaren Ehejahren. Sie war ein wunderbarer Mensch. Sie war mein Leben.'"
Gus nimmt den Bilderrahmen vom Regal, dreht sich zu seiner Frau um. Ella schaut auf, sagt: „Ist das nicht schön?"
Gus antwortet nicht. Dann, nachdem er den Rahmen zurück ins Regal gestellt hat, sagt er: „Lass uns tanzen gehen."
Er hat die Hände in den Hosentaschen vergraben. Er steht mit dem Rücken zum Regal, hat den Kopf geneigt, betrachtet die Armlehne des Sessels, das Teppichmuster, wirft dann einen Blick in Richtung Ella. Sie sitzt wie zuvor auf dem Sofa, schaut ihn an. Gus meint etwas wie Traurigkeit oder vielleicht auch Mitleid in ihren Augen zu lesen. Er wendet seinen Blick ab.
„Tanzen gehen?" Ella macht eine kurze Pause. „Vor oder nach dem Essen?", fragt sie dann.
Gus tritt einen Schritt zur Seite, stockt in der Bewegung, verlagert das Gewicht zurück auf das Standbein. „Ach, vergiss es", sagt er und ist über die Schärfe des Tons selbst ein wenig überrascht. Ruhiger setzt er deshalb noch hinzu: „War ja nur ein Gedanke."
Ella seufzt. „Gus ...", sagt sie.
„Ist schon in Ordnung." Gus zieht die Mundwinkel gequält nach oben, geht zum Wohnzimmerfenster. Er sagt: „Ich wüsste auch gar nicht, keine Ahnung ... Disco, Seniorentanz?", Gus lacht kurz auf, „mal ehrlich, wo geht man denn heute hin? Wo könnte man denn hingehen? Leute wie wir, meine ich."

Ella faltet die Zeitung zusammen. Gus hört das Knistern der Seiten. Ella sagt: „Aber die Idee ist schön, Gus.“
Gus steht dicht vor dem Fensterglas. Er starrt hinaus, auf die Bewegung der Nieselregenschleier. „Quark“, sagt er leise, „es ist eine alberne Idee gewesen.“ Gus schiebt seine Lippen vor, haucht einen kräftigen Stoß Atem gegen die Scheibe. Sie beschlägt. Er fragt: „Soll ich Kartoffeln schälen?“
„Du könntest Musik auflegen“, sagt Ella.
Gus beobachtet das Verschwinden des Hauchflecks. Er fragt: „Kartoffelschälmusik?“
Aber er weiß natürlich, was Ella meint. Er hat sich zu ihr umgedreht. Sie sitzt nach wie vor auf dem Sofa, hat sich aber jetzt gegen die Rückenpolster zurückgelehnt und die Hände im Schoß liegen. Gus sagt: „Komm her.“
Ella lächelt.
„Na, komm schon.“ Gus macht eine auffordernde Bewegung mit dem Kopf. Ella erhebt sich vom Sofa.
Gus kommt ihr entgegen. Er winkelt seinen rechten Arm an, streckt seinen linken zur Seite hin aus. Ella steht vor ihm und amüsiert sich. Gus sieht die Grübchen in ihren Wangen tiefer werden, aber sie legt die eine Hand auf seine Schulter und greift mit der anderen nach seiner Linken. So stehen sie da, in Tanzhaltung, und dann führt Gus Ella rechtsherum und immer weiter im Eins-zwei-drei eines unhörbaren Walzertakts, und weder er noch Ella sagen irgendetwas. Schließlich streifen sie mit den Ellbogen leicht die Stehlampe, die bedenklich kippelt, aber nicht fällt, und Gus ruft ein „Ups!“ und Ella ein „Oh!“, und dann lachen beide, drehen sich ein letztes Mal und bleiben stehen.
Gus spürt seinen Puls schlagen. Ella wischt sich eine Strähne Haar aus dem Gesicht. Beide atmen sie flach.
„Puh, ich bin richtig aus der Puste“, sagt Ella und lacht.
Gus sieht die kleinen Schweißperlen auf ihrer Oberlippe.
„Ja“, sagt er. Er küsst Ella auf die Stirn. Sie streichelt ihm über die Wange. Gus hat in diesem Moment das Gefühl, etwas Wichtiges loswerden zu müssen. Er sagt: „Ella?!“
Seine Frau guckt ihn an. Aber Gus weiß plötzlich gar nicht mehr, was genau er hat sagen wollen, weshalb er seine Frau einfach noch einmal küsst, diesmal auf die Lippen. Erst als Ella dann längst in der Küche ist, da fallen Gus doch ein paar Dinge ein, die er gerne gesagt hätte. Nichts Großartiges, aber er formuliert sie sogar in seinem Kopf. Er steht im Flur vor dem Garderobenspiegel, hört aus der Küche das Geräusch des Wasserhahns, hört, wie Ella Wasser in einen Kochtopf fließen lässt und hinterher den Wasserhahn wieder zudreht. Gus berührt einmal kurz durch Pullover und T-Shirt hindurch die Stelle zwischen Brust und Schlüsselbein. Anschließend lässt er die Hand sinken und betrachtet sich im Spiegel, sein Gesicht, schaut sich in die Augen. Er beugt sich vor, bis seine Nase fast das Glas des Spiegels berührt. Seine Pupillen weiten sich ein Stück, dann ziehen sie sich wieder zusammen.

(2006)

1. Welchen Eindruck haben Sie von dem Paar und seinem Kommunikationsverhalten?
2. Untersuchen Sie den Abschnitt Z. 73–99. Berücksichtigen Sie dabei im Einzelnen:
   - Worüber sprechen die beiden?
   - Worüber sprechen sie nicht?
   - Welche körpersprachlichen Signale tauschen sie aus und welche Bedeutung haben diese Signale?
   - Was ist auffällig an ihrer Sprechweise und welche Beziehung zwischen den beiden wird dadurch deutlich?
   - Wie beurteilen Sie das Gesprächsverhalten?
3. Analysieren Sie detailliert die folgenden drei Aussagen. Sie können dabei z. B. auf das Modell von Schulz von Thun zurückgreifen.
   - „Er sagt: ‚Eigentlich wollte ich ja noch in den Garten, aber …‘“ (Z. 64 f.)
   - „Ella sagt: ‚Morgen.‘“ (Z. 66)
   - „‚Tanzen gehen?‘“ (Z. 100)
4. Erläutern Sie die Bedeutung des Tanzens für die beiden Protagonisten.
5. Beschreiben Sie detailliert den Prozess von der ersten Idee zu tanzen bis zu dem Zeitpunkt, zu dem sie tatsächlich tanzen. Stellen Sie dabei vor allem das Gesprächsverhalten in den Mittelpunkt.
6. Als die Frau in der Küche ist, „da fallen Gus doch noch ein paar Dinge ein, die er gerne gesagt hätte“ (Z. 156 ff.). Schreiben Sie diese möglichen Gedanken des Mannes auf und erläutern Sie, warum er sie möglicherweise nicht ausspricht.
7. Im Folgenden finden Sie zwei Kurzgeschichten abgedruckt, die Sie sich selbstständig erschließen sollen. Bilden Sie Gruppen, legen Sie Bearbeitungsschwerpunkte fest und präsentieren Sie Ihre Ergebnisse in geeigneter Form.

➔ Weitere Kurzgeschichten von W. Borchert und Jagoda Marinić finden Sie auf S. 533 ff. und 539.

Gabriele Wohmann (1932 – 2015)

Ein netter Kerl

Gabriele Wohmann wurde 1932 in Darmstadt geboren. In ihrem umfangreichen Werk, das Kurzgeschichten, Romane, Gedichte, Hörspiele und Essays umfasst, thematisierte sie immer wieder die Problematik der herkömmlichen Paarbeziehung und traditioneller Familienstrukturen.

Ich habe ja so wahnsinnig gelacht, rief Nanni in einer Atempause. Genau wie du ihn beschrieben hast, entsetzlich.

Furchtbar fett für sein Alter, sagte die Mutter. Er sollte vielleicht Diät essen. Übrigens, Rita, weißt du, ob er ganz gesund ist?

Rita setzte sich gerade und hielt sich mit den Händen am Sitz fest. Sie sagte: Ach, ich glaub schon, daß er gesund ist. Genau wie du es erzählt hast, weich wie ein Molch, wie Schlamm, rief Nanni. Und auch die Hand, so weich.

Aber er hat dann doch auch wieder was Liebes, sagte Milene, doch, Rita, ich finde, er hat was Liebes, wirklich.

Na ja, sagte die Mutter, beschämt fing auch sie wieder an zu lachen; recht lieb, aber doch gräßlich komisch. Du hast nicht zuviel versprochen, Rita, wahrhaftig nicht. Jetzt lachte sie laut heraus. Auch hinten im Nacken hat er schon Wammen[1], wie ein alter Mann, rief Nanni. Er ist ja so fett, so weich, so weich! Sie schnaubte aus der kurzen Nase, ihr kleines Gesicht sah verquollen aus vom Lachen.

Rita hielt sich am Sitz fest. Sie drückte die Fingerkuppen fest ans Holz.

Er hat so was Insichruhendes, sagte Milene. Ich find ihn so ganz nett, Rita, wirklich, komischerweise.

Nanni stieß einen winzigen Schrei aus und warf die Hände auf den Tisch; die Messer und Gabeln auf den Tellern klirrten.

Ich auch, wirklich, ich find ihn auch nett, rief sie. Könnt ihn immer ansehn und mich ekeln.

Der Vater kam zurück, schloß die Eßzimmertür, brachte kühle nasse Luft mit herein. Er war ja so ängstlich, daß er seine letzte Bahn noch kriegt, sagte er. So was von ängstlich.

Er lebt mit seiner Mutter zusammen, sagte Rita. Sie platzten alle heraus, jetzt auch Milene.

Das Holz unter Ritas Fingerkuppen wurde klebrig. Sie sagte: Seine Mutter ist nicht ganz gesund, soviel ich weiß.

Das Lachen schwoll an, türmte sich vor ihr auf, wartete und stürzte sich dann herab, es spülte über sie weg und verbarg sie: lang genug für einen kleinen schwachen Frieden. Als erste brachte die Mutter es fertig, sich wieder zu fassen.

Nun aber Schluß, sagte sie, ihre Stimme zitterte, sie wischte mit einem Taschentuchklümpchen über die Augen und die Lippen. Wir können ja endlich mal von was anderem reden.

Ach, sagte Nanni, sie seufzte und rieb sich den kleinen Bauch, ach ich bin erledigt, du liebe Zeit. Wann kommt die große fette Qualle denn wieder, sag, Rita, wann denn? Sie warteten alle ab.

Er kommt von jetzt an oft, sagte Rita. Sie hielt den Kopf aufrecht.

Ich habe mich verlobt mit ihm.

Am Tisch bewegte sich keiner. Rita lachte versuchsweise, und dann konnte sie es mit großer Anstrengung lauter als die anderen, und sie rief: Stellt euch das doch bloß mal vor: mit ihm verlobt! Ist das nicht zum Lachen!

Sie saßen gesittet und ernst und bewegten vorsichtig Messer und Gabeln.

He, Nanni, bist du mir denn nicht dankbar, mit der Qualle hab ich mich verlobt, stell dir das doch mal vor!

Er ist ja ein netter Kerl, sagte der Vater. Also höflich ist er, das muß man ihm lassen.

Ich könnte mir denken, sagte die Mutter ernst, daß er menschlich angenehm ist, ich meine, als Hausgenosse oder so, als Familienmitglied.

Er hat keinen üblen Eindruck auf mich gemacht, sagte der Vater.

Rita sah sie alle behutsam dasitzen, sie sah gezähmte Lippen. Die roten Flecken in den Gesichtern blieben noch eine Weile. Sie senkten die Köpfe und aßen den Nachtisch.

(Aus lizenzrechtlichen Gründen ist dieser Text nicht in reformierter Rechtschreibung abgedruckt.)

(1978)

[1] **Wammen:** Hautfalten

Stefanie Dominguez (geb. 1996)

Partnerarbeit

Tessa Fuchs war die Einzige, die nicht mit ihrem Banknachbarn redete – es gab keinen. Und sie war die Einzige, die nicht über den Witz von Simon Bösenecker lachte, weil der Witz wieder einmal auf ihre Kosten ging.

„Hey, Tessa! Woher hast du denn die Jacke? Aus der Kleidersammlung?“

Das hatte er sie schon einmal gefragt, damals in der fünften Klasse, aber die anderen lachten trotzdem. Wahrscheinlich hatten sie vergessen, dass der Spruch nur eine Wiederholung war. Tessa hatte es nicht vergessen, auch das Lachen nicht. Sie lachten immer.

Sie zuckte zusammen, als sich der Stuhl neben ihr bewegte, und beobachtete aus den Augenwinkeln, wie sich jemand darauf niederließ.

Ein Räuspern, das nach dem verstummten Gelächter so furchtbar laut klang. „Maik ist krank, deshalb dachte ich, wir könnten ja heute nebeneinandersitzen?“

Es kam als Frage heraus. Immer stellten sie ihr Fragen. Tessa schielte zu der Person neben ihr herüber. Die moosgrünen Augen konnten nur Ben Wolf gehören, dem netten, unscheinbaren Jungen aus ihrer Straße. Nicht dass er zu ihr nett war, aber zu den anderen war er es. Zu ihr war niemand nett, die meisten ignorierten sie, und das war gut so. Besser als die Witze von Simon und seinen Freunden, aber auch darüber konnte sie mittlerweile hinwegsehen. Sie hätte nicht gedacht, dass Ben auch einer von denen war.

„Lass mich in Ruhe“, sagte Tessa und wandte sich wieder ihrem Religionsbuch zu.

„Aber in dem Buch steht, dass wir die Aufgabe mit unserem Partner lösen sollen. Meiner ist krank, du hast keinen, also ...“

„Es ist mir egal, was in dem Buch steht. Du schaffst diese dämliche Aufgabe auch alleine.“

Ben schüttelte den Kopf, sodass ihm eine kommaförmige Strähne ins Gesicht fiel. „Ich möchte aber neben dir sitzen.“

Tessa war versucht zu schnauben, aber dann hätte man sie nur wieder als Schwein bezeichnet. Und es dauerte doch immer so lange, bis Simon aufhörte, Nachrichten auf ihrem Tisch zu hinterlassen, wenn er eine neue Beleidigung gefunden hatte.

„Tessa“, flüsterte er, und sie erschrak darüber, wie nah er ihr plötzlich war. „Es tut mir leid, wenn ich früher über dich gelacht habe. Lass es mich wiedergutmachen.“

Entschlossen rückte sie ein Stück von ihm weg und konzentrierte sich darauf, ihm nicht in die Augen zu blicken. „Ich will kein Mitleid. Und es stört mich nicht, wenn du lachst. Alle lachen.“

„So war das doch gar nicht gemeint.“ Bens Stimme wurde lauter, viel zu laut. Die anderen sahen bereits zu ihnen herüber und Tessa versuchte, weiterhin auf ihr Buch zu starren.

„Geh weg! Bitte. Sonst fangen sie wieder an.“

Ben berührte sie leicht am Arm, aber sie entzog sich seinem Griff. Trotzdem blieb er sitzen und redete weiter, als hätte sie nichts gesagt. „Zeig her, was steht denn da? Hm, okay ... Wir müssen also fünf verschiedene Phasen der Freundschaft festlegen. Die erste ist bestimmt ...“

„Das findest du lustig, was?“, fuhr sie ihn an. Ihre Unbeherrschtheit würde ihr zwar wieder einige Lacher einbringen, aber sie konnte sich einfach nicht zurückhalten. „Das findest du lustig, *oder*? Ausgerechnet mit *mir* über Freundschaft zu reden, wo ich ja so viele *Freunde* habe!“

Tessa stellte sich vor, wie sie ihm das letzte Wort vor die Füße spuckte. Das half, wenn auch nur ein bisschen.

Ben hob die Hände und machte große Augen. „Nein, das ... Ich wollte doch nur ... Ich dachte, wir machen das zusammen, als Fuchs und Wolf sozusagen.“

Der Witz war so erbärmlich, dass Tessa kichern musste. Es war ein leises Kichern, so als wüsste sie nicht, wie Lachen überhaupt funktionierte.

Sie dachte daran, wie die Augen der anderen immer aussahen, wenn sie lachten. Wie die Kieselsteine, die ihr Bruder manchmal sammelte. So blitzend. Ihre Augen sahen bestimmt nicht so aus. Höchstens wie Kieselsteine, die ins Wasser fielen, weil niemand sie mit nach Hause nehmen wollte, nicht einmal ihr Bruder.

„Siehst du, so schlimm bin ich gar nicht“, meinte Ben und schob das Buch in die Mitte. Es lag jetzt genau zwischen ihnen.

Tessa öffnete den Mund, aber Simon kam ihr zuvor. „Fuchs und Wolf? Benny, flirtest du gerade etwa mit unserer *Klassenschönheit*?“

Die anderen brachen in Gelächter aus. Es schmerzte in ihren Ohren.

Bens Miene war vollkommen ausdruckslos. Er lachte nicht, er zog bloß eine Augenbraue hoch und wandte sich an Simon. „Ja, tue ich, was dagegen?“ *(2012)*

1. Was Sie noch machen können:
In Ihrem Deutschbuch finden Sie Auszüge aus den Dramen „Woyzeck“ (S. 230 f.), „Iphigenie auf Tauris“ (S. 108 f.), „Emilia Galotti“ (S. 158 f.). Überprüfen Sie, inwieweit Sie sich diese Auszüge mithilfe kommunikationstheoretischer Modelle erschließen können.

3 Kommunikation in einer elektronisch gesteuerten Welt

Daniel Glattauer (geb. 1960)

Gut gegen Nordwind

Der folgende Auszug stammt aus dem fiktiven E-Mail-Verkehr zwischen Emmi Rothner und Leo Leike.
Die beiden treffen durch Zufall im Internet aufeinander und führen über einen längeren Zeitraum einen intensiven E-Mail-Austausch, ohne sich jedoch jemals persönlich zu begegnen, obwohl der Wunsch, sich zu treffen, immer wieder angesprochen wird.
Leo geht aus beruflichen Gründen für längere Zeit nach Boston und möchte diese Gelegenheit nutzen, um den E-Mail-Verkehr zu beenden. Es kommt zu folgendem Dialog:

Fünf Stunden später
AW:
Liebe Emmi, und abschließend schlage ich Ihnen vor, dass wir uns treffen!

Fünf Minuten später
RE:
Aber nicht im Ernst.

Eine Minute später
AW:
Doch. Damit würde ich nicht spaßen, Emmi.

Zwei Minuten später
RE:
Was soll ich davon halten, Leo? Ist das eine Laune? Hatte ich Ihnen ein gutes Stichwort geliefert? Habe ich Sie mit meinen Worten vom Melodramatiker zum Realsatiriker bekehrt?

Drei Minuten später
AW:
Nein, Emmi, das ist keine Laune, das ist gut überlegte Absicht. Sie sind mir einfach nur zuvorgekommen. Also noch einmal: Emmi, ich würde unsere E-Mail-Beziehung gerne mit einem Treffen ausklingen lassen. Es soll eine einmalige Begegnung sein, bevor ich nach Boston übersiedle.

50 Sekunden später
RE:
Einmalig treffen? Was versprechen Sie sich davon?

Drei Minuten später
AW:
Erkenntnis. Erleichterung. Entspannung. Klarheit. Freundschaft. Auflösung eines herbeigeschriebenen, aber doch unbeschreiblich überdimensionierten Persönlichkeitsrätsels. Beseitigung von Blockaden. Ein gutes Gefühl danach. Das beste Rezept gegen Nordwind. Einen würdigen Abschluss einer aufregenden Lebensphase. Die simple Antwort auf tausend komplizierte, noch offene Fragen. Oder, wie Sie selbst es gesagt haben: „Wenigstens ein witziges Ende."

Fünf Minuten später
RE:
Vielleicht wird es aber gar nicht witzig.

45 Sekunden später
AW:
Das hängt von uns beiden ab.

Zwei Minuten später
RE:
Von uns beiden? Im Moment sind Sie da sehr alleine, Leo. Ich habe noch keineswegs „Ja" zur Last-Minute-Begegnung gesagt und bin, ehrlich gestanden, derzeit auch ziemlich weit davon entfernt. Ich möchte erst einmal mehr über dieses skurrile „The-first-date-must-be-the-last-date"-Treffen wissen. Wo wollen Sie mich treffen?

55 Sekunden später
AW:
Wo Sie wollen, Emmi.

45 Sekunden später
RE:
Und was machen wir?

40 Sekunden später
AW:
Was wir wollen.

35 Sekunden später
RE:
Was wollen wir?

30 Sekunden später
AW:
Das wird sich zeigen.

Drei Minuten später
RE:
Ich glaube, ich will lieber E-Mails aus Boston. Da muss sich nicht erst zeigen, ob wer von uns beiden was will. Da weiß zumindest ich schon, dass ich was will und was ich will: eben E-Mails aus Boston.

Eine Minute später
AW:
Emmi, ich schreibe Ihnen keine E-Mails aus Boston. Ich möchte das abschließen, ehrlich. Ich bin überzeugt davon, dass es gut für uns beide sein wird.

50 Sekunden später
RE:
Und wie lange gedenken Sie mir noch zu mailen?

Zwei Minuten später
AW:
Bis zu unserem Treffen. Außer Sie sagen, Sie wollen sich definitiv nicht mit mir treffen. Dann wäre das quasi so eine Art Schlusssatz.

(2006)

1. Klären Sie den Inhalt des „Gesprächs“.
2. Was verspricht sich Leo von so einem Treffen und warum reagiert Emmi möglicherweise so zurückhaltend darauf?
3. Worin unterscheidet sich ein Dialog dieser Art von einem Gespräch einerseits und von einem traditionellen Briefaustausch andererseits? Diskutieren Sie die Vor- und Nachteile.

Internet, Ort der Einsamkeit – Interview mit William Deresiewicz

Der Kulturkritiker William Deresiewicz lehrte von 1998 bis 2008 Literaturwissenschaft an der Universität Yale. Im vergangenen Jahr veröffentlichte er im „Chronicle of Higher Education“ zwei viel beachtete Essays. „The End of Solitude“ beschäftigt sich damit, wie das Echtzeit-Internet uns der Selbstreflexion beraubt. In „Faux Friendship“ vertritt Deresiewicz die These, dass soziale Netzwerke unsere Freundschaftserfahrungen negativ beeinflussen.

SZ: Ihre beiden Essays beschäftigen sich mit Abgeschiedenheit und Freundschaft im digitalen Zeitalter. Die beiden Konzepte scheinen auf den ersten Blick jeweils am entgegengesetzten Ende des Spektrums zu liegen.

William Deresiewicz: Das denken wir, doch beides hängt eng miteinander zusammen: Wer ein echter Freund sein möchte, braucht Abgeschiedenheit, um über sich selbst zu reflektieren. Um aber ein ehrliches Verhältnis zu mir selbst zu haben, muss ich wahre Freundschaft kennen, weil ich mich im Gespräch mit dem Freund selbst entdecken kann. Unsere gegenwärtige Online-Welt macht jedoch sowohl Abgeschiedenheit als auch echte Freundschaft zunehmend schwieriger.

SZ: Aber die erfüllte Utopie des Internets ist doch, dass wir überall Freunde entdecken können.

Deresiewicz: Das Internet ist Teil einer Entwicklung, bei der wir die Qualität der Freundschaft durch Quantität ersetzen. Wir können mit hundert Menschen gleichzeitig kommunizieren, mit Menschen, die wir kennen oder die wir nie getroffen haben. Aber worüber tauschen wir uns aus? Facebook besteht nur aus schnellen kleinen Botschaften zu meist trivialen Dingen. Für mehr gibt es keinen Platz. Und weil die Qualität dieses Austausches so unbefriedigend ist, bekommt man bei genauerem Nachdenken ein Gefühl der Einsamkeit, der negativen Form der Abgeschiedenheit.

SZ: Soziologen haben den Begriff der „Ambient Awareness" geprägt, eine Art elektronisch vermittelter Nähe. Über die Statusnachrichten sieht der Nutzer im Augenwinkel, wie es seinen Freunden geht. Das hört sich nicht nach Einsamkeit an.

Deresiewicz: Das Merkwürdige ist doch, dass wir immer glauben, dass eine neue Technik ein vorhandenes Bedürfnis befriedigt. Tatsächlich schafft sie dieses Bedürfnis oft erst. In diesem Fall ist das der Wunsch, 24 Stunden am Tag zu wissen, was unsere Freunde machen. Aber darum geht es in zwischenmenschlichen Beziehungen nicht. Ein Freund ist nicht der, der mir jeden blödsinnigen Gedanken mitteilt, der ihm im Kopf herumgeht –, ein Freund ist der, den ich sechs Monate nicht sehe, für den ich mir aber dann ein ganzes Wochenende Zeit für Gespräche mit ihm nehme.

SZ: Liegt Ihre Kritik vielleicht darin begründet, dass wir das Wort „Freund" im Internet falsch verwenden? „Kontakt" würde es in vielen Fällen vielleicht besser treffen.

Deresiewicz: Natürlich ist es Unsinn, jeden als Freund zu betrachten. Das Problem ist: Indem wir unsere bestehenden Freundschaften zu Facebook umziehen lassen, gibt es kaum noch Abstufungen. Unsere öffentlichen Statusnachrichten gehen an den besten Freund und den entfernten Bekannten. Wir beschäftigen uns so sehr mit trivialer Kommunikation, dass wir immer weniger verstehen, was es ausmacht, ein Mensch zu sein. *(2010)*

So verbunden und doch so allein

1. Fassen Sie die zentralen Thesen des amerikanischen Kulturkritikers Deresiewicz zusammen und diskutieren Sie diese. Gehen Sie dabei auch in besonderer Weise auf den letzten Satz ein.

2. Welchen Zusammenhang sehen Sie zwischen der Abbildung und den Thesen? Erklären Sie in diesem Zusammenhang auch die Bildunterschrift.

3. **Was Sie noch machen können:**
Zu den modernen Kommunikationsformen gehören z. B. das Chatten, Twittern, Mailen, Simsen und Skypen sowie der Informationsaustausch in sozialen Netzwerken.

- **a)** Überprüfen Sie, ob und in welcher Weise die erarbeiteten Modelle diesen Formen der modernen Kommunikation gerecht werden.
- **b)** Welche Erfahrungen haben Sie selbst damit gesammelt?
- **c)** Welche Chancen und Nachteile bieten diese Kommunikationsformen?
- **d)** Sind Gefahren damit verbunden?
- **e)** Auf welchem Weg werden Beziehungsbotschaften ausgetauscht?
- **f)** Wie werden Stimmungen ausgedrückt?
- **g)** Verändern sich tatsächlich die Bedeutungen von Begriffen wie „Liebe", „Freundschaft"... (vgl. das vorausgehende Interview)?

➔ Weitere Texte zum Thema „Kommunikation in einer elektronisch gesteuerten Welt" finden Sie im Kapitel „Miteinander verbunden im globalen Dorf – Medienlast und Medienlust im digitalen Zeitalter", S. 484 ff., vor allem auf S. 492 – 503, sowie auf S. 630 f. und 632.

4 Experten unter sich? – Fachsprachliche Kommunikation

Hallo Suni – Eine Radiowerbung

„Hallo Suni, hier ist Mama. Da du ja nur noch über das Internet kommunizierst, dann eben auf diesem Weg: @Super_Suni96, räum endlich dein Zimmer auf!
Bei dem Saustall hilft ja kein Virenscanner mehr. Ich wär fast abgestürzt, als ich das gesehen habe. Der Speicherplatz vom Papierkorb ist voll, dein Bett braucht ein Upgrade, alle Fenster sind offen und das Backend sieht erst aus. Ich sag nur: DISLIKE! Papa kann auch nicht mehr darüber „ROFLn“. Der ist kurz vorm Ausloggen! Also, wenn du dich jetzt nicht mit High Speed zu Hause anmeldest, dann „followed“ dir deine Mutter und dann twitterts aber mal richtig im Karton!

Mit Radio erreichen Sie immer die Richtigen. Radio. Geht ins Ohr. Bleibt im Kopf.

1. Wie wirkt dieser Radiowerbespot auf Sie? Wodurch entsteht die Komik?
2. Untersuchen Sie die sprachliche Gestaltung der „Ansage“ von Sunis Mutter und erläutern Sie deren Funktion.
3. Welche Voraussetzungen müssen erfüllt sein, damit diese Form der Kommunikation möglich ist?
4. Stellen Sie sich vor, Suni habe statt des Internets ein völlig anderes Interesse (z. B. könnte sie eine passionierte Pferdenärrin, eine Fußballspielerin, eine Musikerin, ein Sciencefiction-Fan, eine Pop-Musik-Kennerin ... sein). Natürlich kann der Adressat auch ein Junge sein. Formulieren Sie eine analoge „Ansage“ der Mutter und greifen Sie dabei auf ein Vokabular zurück, das dem jeweiligen Interessenbereich entstammt.

Günter Lietzmann

Tarnung durch Bombast

Kürzlich hatte ich Gelegenheit, den folgenden Dialog zwischen (dem damaligen) Regierungssprecher Grünewald und seinem Sohn zu belauschen:
„Papa, unser Lehrer hat mir heute zu verstehen gegeben, dass er nicht ausschließen will, dass ich das Klassenziel unter den derzeit gegebenen Umständen möglicherweise nicht voll erreichen könnte. Er hat dabei angedeutet, dass dieses besonders im fremdsprachlichen Bereich auch durch einen Mangel an gezielten Maßnahmen meinerseits verstärkt worden sei. Außerdem hat er durchblicken lassen, auch andere Lehrer hätten ihm signalisiert, meine verbale Beteiligung sei noch außerordentlich ausbaufähig.“
Der einigermaßen erschütterte Vater verlor schnell die

sonst übliche Zurückhaltung. „Soll das heißen, dass du sitzen bleibst, weil du in Englisch und Latein nichts getan hast und dich insgesamt zu wenig am Unterricht beteiligst?“

„Diese Formulierung, Papa, ist sicherlich überspitzt. Ich würde meinen, dass die auf uns zukommenden Probleme auch durch eine sehr undifferenzierte Analyse meiner Zurückhaltung seitens der mich unterrichtenden Lehrer zu erklären ist. Natürlich übersehe ich dabei nicht, dass mir unreflektiertes Auswendiglernen von Wörtern einer fremden Sprache, die völlig beziehungslos nebeneinanderstehen, nicht eben liegt.“

„Du hast also zu wenig Vokabeln gelernt?“

„Ich bin der Auffassung, dass man mit dieser sehr pauschalen Fragestellung dem doch sehr komplizierten Problem kaum gerecht wird. Diese Ansicht wird übrigens von allen meinen Freunden geteilt. Wir sind auch der Meinung, dass die anstehende Problematik nicht durch unglaubwürdiges Moralisieren oder gar Drohen gelöst werden kann. Dagegen versprechen wir uns eine motiviationsfördernde Wirkung von finanziellen Anreizen, die natürlich nur langsam greifen würden. Wir überschätzen die bildungspolitischen Auswirkungen solcher finanziellen Stimulantien durchaus nicht, sehen zum gegenwärtigen Zeitpunkt aber keine praktikableren Möglichkeiten.“

„Du möchtest also nicht nur deine Ruhe, sondern auch noch eine Erhöhung des Taschengeldes?“

(Süddeutsche Zeitung vom 1.10.1977)

1. Spielen Sie den Dialog zwischen Vater und Sohn dem Kurs vor und benennen Sie die Wirkung, die davon ausgeht.
2. In welcher Weise spricht der Vater, in welcher der Sohn? Wodurch entsteht die Komik?
3. Untersuchen Sie die sprachliche Gestaltung des Textes. Gehen Sie dabei auf die syntaktische Gestaltung und auf verwendete Stilmittel ein.
4. Welche Rolle spielt der Beruf des Vaters (er ist Regierungssprecher) in dem Dialog?
5. Vergleichen Sie diesen Dialog mit dem Radiospot. In welcher Weise geht es in beiden Texten um fachsprachliche Kommunikation?

Internet-Blog in einer Ratgeber-Community

Hallo, benötige dringend eine Info. Von meinem Hausarzt habe ich eine Überweisung zum Knochendoc bekommen, darauf steht: diskrete thoralcolumbale Skoliose; Blockierung Th 5/6 li. – Diskret? Darf das keiner wissen? Ich will es aber wissen! Was habe ich denn nun? Kann mir einer das schreiben? Ist das gefährlich? Bin ich richtig krank?

Wünsche euch beste Gesundheit, Paul.

1. Könnten Sie dem Hilfe suchenden Fragesteller eine Antwort geben? Recherchieren Sie im Internet und formulieren Sie die Diagnose so, dass er sie möglicherweise versteht.
2. Welche Aussagen über die Kommunikation zwischen dem Arzt und seinem Patienten lassen sich ableiten? Warum verwendet der Hausarzt die auf der Überweisung stehende Formulierung? Welche Vor- und Nachteile ergeben sich daraus?
3. Betrachten Sie die drei vorangegangenen Texte: Was ist ihnen gemeinsam? Berücksichtigen Sie dabei auch die Überschrift dieses Kapitels: „Experten unter sich? – Fachsprachliche Kommunikation“.
4. Welche Probleme menschlicher Kommunikation werden thematisiert? Worin liegen die Ursachen für mögliche Störungen?

Alexandra Wölke (geb. 1978)

Was ist Fachsprache?

Fachsprachen haben sich unter dem Einfluss einer immer stärkeren Spezialisierung menschlicher Kenntnisse und Tätigkeiten gebildet. In Bereichen wie beispielsweise dem Handwerk, der Technik, der Medizin, der Wirtschaft, der Kultur, der Verwaltung und der Politik entstanden neue Bedingungen der Verständigung dadurch, dass über einen bestimmten fachlichen Gegenstand sachgerecht kommuniziert werden sollte und musste.

Die Menschen, die in einem dieser bestimmten Bereiche tätig sind, benötigen eine Sprache, mit deren Hilfe sie sich adäquat über die ihr Fach betreffenden Angelegenheiten austauschen können. Soziale und funktionale Aspekte der Sprache stehen somit im Vordergrund der Fachsprachen.

Eine Fachsprache, die als eine Varietät von Sprache gilt, wird in besonderer Weise durch ihren jeweiligen Wortschatz (Fachwörter) bestimmt. Die Fachsprache der Medizin greift dabei z. B. auf das Griechische und Lateinische zurück. Das gilt ebenfalls für die Sprach- und Literaturwissenschaft. Begriffe wie Nomen, Substantiv, Verb, Attribut, Prädikativum gehen auf das Lateinische, Begriffe wie Metapher, Asyndeton, Symbol, Parabel auf das Griechische zurück. Die Sprache der modernen Informationstechnologien bedient sich vielfach der englischen Sprache.

Zwischen der Gemeinsprache und den Fachsprachen gibt es eine Wechselbeziehung. So können fachsprachliche Begriffe allmählich in die Gemeinsprache übergehen. Formulierungen wie „etwas nicht auf dem Schirm haben“ (etwas nicht bedacht, vergessen haben), „ein Vorhaben torpedieren“ oder „mein Akku ist leer“ belegen dieses. Umgekehrt bedient sich eine Fachsprache immer wieder auch der Gemeinsprache, was Fachausdrücke wie „Maulschlüssel“, „Faradaykäfig“, „Zylinderkopf“ oder „Netz“ zeigen.

Neben den Fachausdrücken spielen in der Fachsprache aber auch textuelle, stilistische und syntaktische Merkmale eine wichtige Rolle. So kommen beispielsweise Nominalisierungen und komplexe Satzgefüge häufiger vor und es herrscht die Tendenz zur Anonymisierung (Passivformen). Fachtexte verlangen einen sachlichen Stil und sind zumeist im Präsens verfasst.

Die Vorteile der Fachsprache bestehen darin, dass durch sie ein möglichst adäquater sprachlicher Bezug zu den fachlichen Gegenständen und Sachverhalten, Abläufen und Verfahren hergestellt werden kann. Wenn ein Mediziner ein bestimmtes Fachwort, beispielsweise die Bezeichnung für eine Krankheit, hört, so kann er aufgrund seines Fachwissens sich hierunter sogleich Konkretes (z. B. Symptome, Heilungschancen, Behandlungsmethoden) vorstellen, während ein Laie zunächst einmal aus diesem Kommunikationsrahmen ausgeschlossen bleibt. Während die Fachsprache daher für diejenigen, die sie sprechen können, identitätsstiftend wirkt, kann sie andererseits für alle anderen exklusiv wirken.

Die Fachsprache ist nicht nur für den mündlichen, sondern besonders auch für den schriftlichen Sprachgebrauch relevant. So sind für jeden Fachbereich bestimmte Textsorten wichtig. Im Bereich der Wissenschaft sind dies beispielsweise Aufsätze, Rezensionen oder Protokolle. Auch Institutionen benötigen fachliche Textsorten wie beispielsweise Gesetze, Erlasse, Verträge oder Urkunden. Unter „fachbezogenen Vermittlungstexten“ werden Texte wie z. B. der Wetterbericht, eine Bedienungsanleitung, ein Werkzeugkatalog oder auch ein Beipackzettel für ein Medikament verstanden.

(2013)

1. Fassen Sie Ursachen, Merkmale und Funktionen von Fachsprachen und mögliche Probleme, die damit verbunden sein können, in eigenen Worten zusammen.

2. Nennen Sie Bereiche in Ihrem Alltag, in denen Ihnen Fachsprachen begegnen. In welcher Weise spielen sie in der Schule eine Rolle?

3. Im Folgenden sind einige Formulierungen aus Deutsch-Klausuren abgedruckt. Ersetzen Sie diese durch geeignete fachsprachliche Formulierungen. Was wird hierdurch erreicht?

- Die Verse der ersten Strophe sind so aufgebaut, dass sich jeweils eine unbetonte und eine betonte Silbe abwechseln und immer fünf betonte Silben zu erkennen sind.
- Auffällig ist, dass der Abschnitt ausschließlich aus vielen kurzen, abgehackten Hauptsätzen besteht.
- Unvermittelt beginnt der Abschnitt mit dem Wörtchen „Das“ vor dem Ausdruck „Eigenheim“.
- Am Anfang der Sätze wird immer wieder das Wort „Dann“ wiederholt, was die Langeweile des Mannes ausdrückt.
- Der Satz besteht aus einem Hauptsatz und vielen Nebensätzen, wobei die Nebensätze wiederum voneinander abhängen.

Redensart kontra Fachsprache

Die Expansion der Solanum tuberosum steht in inverser Proportionalität zur intellektuellen Kapazität des kultivierenden Agronoms.

Die oral durchgeführte visuelle Inspektion eines unter Verzicht auf Rückfluss des adäquaten Wertes transferierten unpaarhufigen Mammaloiden der Gattung Equus konterkariert die kulturellen Konventionen des sozialen Umfeldes.

1. Wie wirkt die Verwendung der Fachsprache in den beiden Sätzen auf Sie? Versuchen Sie, herauszubekommen, um welche Sprichwörter aus unserer Gemeinsprache es geht.
2. Sammeln Sie selbst Ihnen geläufige Redensarten und versuchen Sie, diese in ähnlicher Weise in einen fachsprachlichen Jargon spielerisch zu „übersetzen".
3. Warum passen Redensarten und Fachsprachen nicht zusammen?

Rotkäppchen 1

Im Kinderanfall unserer Stadtgemeinde ist eine hierorts wohnhafte, noch unbeschulte Minderjährige aktenkundig, welche durch ihre unübliche Kopfbekleidung gewohnheitsrechtlich Rotkäppchen genannt zu werden pflegt. Der Mutter besagter R. wurde seitens deren Mutter ein Schreiben zustellig gemacht, in welchem dieselbe Mitteilung ihrer Krankheit und Pflegebedürftigkeit machte, worauf die Mutter der R. dieser die Auflage machte, der Großmutter eine Sendung von Nahrungs- und Genussmitteln zu Genesungszwecken zuzustellen. [...] (Thaddäus Troll)

Rotkäppchen 2

Es war einmal ein Mädchen, dem wurde eindeutig eine rote Kappe zugeordnet, wodurch es als Rotkäppchen definiert wurde.

„Kind", argumentierte die Mutter, „werde kreativ, mathematisiere die kürzeste Verbindung des Weges zur Großmutter, analysiere aber nicht die Blumen am Wege, sondern formalisiere deinen Weg in systematischer Ordnung." [...] (Friedrich Wille u. a.)

1. In welcher Weise wird hier das Märchen „Rotkäppchen" parodiert? Informieren Sie sich im Anhang Ihres Deutschbuchs (S. 660) über den Fachbegriff der Parodie.
2. Begründen Sie jeweils mit Textbelegen, welchen Fachsprachen die Auszüge zuzuordnen sind.
3. Worauf zielt Ihrer Meinung nach die Kritik der Textauszüge?
4. **Was Sie noch machen können:**
   a) Schreiben Sie den Beginn des Märchens um, indem Sie die Fachsprache eines Ihrer Schulfächer verwenden (Sport, Religion, Physik ...).
   b) Besorgen Sie sich die Gebrauchsanweisungen ausgewählter elektronischer Geräte und untersuchen Sie diese im Hinblick auf fachsprachliche Wendungen.
   c) Überprüfen Sie, in welcher Weise diese Gebrauchsanweisungen unterschiedlichen Zielgruppen gerecht werden.
   d) Schreiben Sie gegebenenfalls Passagen so um, dass sie verständlicher werden bzw. anderen Zielgruppen gerecht werden.

➔ Sprache im Wandel – Sprachvarietäten, s. S. 439.

Ein zeitloses Thema – Liebesgedichte aus verschiedenen Epochen

Zu allen Zeiten und in allen Kulturen haben Menschen ihrer tief empfundenen Liebe in vielfältiger Weise Ausdruck verliehen. Dies taten sie häufig in kreativer, künstlerischer Form, um ihre Emotionen auszudrücken und oft auch anderen Menschen mitzuteilen.
In diesem Kapitel werden als Beispiele der Liebeslyrik verschiedene Gedichte vorgestellt, die im deutschsprachigen Raum in den Jahrhunderten vom Mittelalter bis in die Gegenwart hinein geschrieben wurden. Dabei haben die verschiedenen Dichter das Thema „Liebe" in ganz unterschiedlicher, jeweils zeittypischer Weise behandelt, sodass die einzelnen Texte häufig für ihre Epoche charakteristische Merkmale aufweisen. So unterscheiden sich die thematisch verwandten Gedichte im Hinblick auf die in ihnen artikulierte Liebesauffassung und das mit ihnen verbundene Rollenverständnis von Mann und Frau.

Wagner: Liebe (musikalisches Leitmotiv aus dem Opernzyklus „Der Ring des Nibelungen", ca. 1884–1876)

Ballettszene aus „Romeo und Julia" (Madrid, 2012)

Elisabeth von Senitz: Schönste Sonne, meine Wonne (ca. 1676)

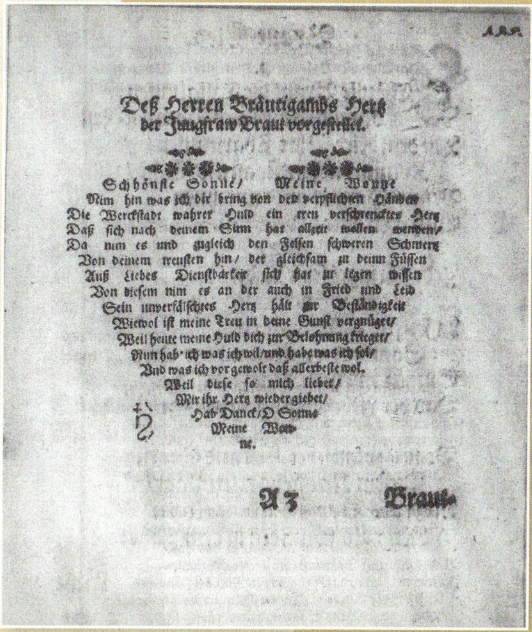

Deß Herren Bräutigambs Hertz
der Jungfraw Braut vorgestellet.

Schöhnste Sonne/ Meine Wonne
Nim hin was ich dir bring von den verpflichten Händen
Die Werckstadt wahrer Huld ein treu verschrenckter Hertz
Daß sich nach deinem Sinn hat allzeit wollen wenden/
Da nim es und zugleich den Felsen schweren Schmertz
Von deinem treusten hin/ der gleichsam zu deinn Füssen
Auß Liebes Dienstbarkeit sich hat zu legen wissen
Von diesem nim es an der auch in Fried und Leid
Sein unverfälschtes Hertz hält zur Beständigkeit
Wiewol ist meine Treu in deine Gunst vergnüget/
Weil heute meine Huld dich zur Belohnung krieget/
Nun hab' ich was ich wil/und habe was ich sol/
Und was ich vor gewolt daß allerbeste wol.
Weil diese so mich liebet/
Mir ihr Hertz wieder giebet/
Hab Danck/O Sonne
Meine Won-
ne.

Az Braut.

Auguste Rodin: Der Kuss (1886)

1. Betrachten Sie die auf dieser Doppelseite zusammengestellten Abbildungen: Warum wird das Thema „Liebe“ in so vielfältiger Form und mit so unterschiedlichen künstlerischen Ausdrucksmitteln dargestellt? Welche anderen Möglichkeiten kennen Sie, um Liebe in künstlerischer Form auszudrücken?
2. Tragen Sie bereits jetzt oder zu einem späteren Zeitpunkt Gedichte und Liedtexte zum Thema „Liebe“ zusammen und stellen Sie sich gegenseitig Ihre Auswahl vor.
3. Untersuchen Sie dabei auch, welches Bild von „Liebe“ jeweils vermittelt wird.

Gustav Klimt: Die Erfüllung (1910)

1 „Ich freue mich darüber, dass ich ihr dienen darf" – Mittelalter

Heinrich von Morungen (ca. 1150 – 1222)

Owê, sol aber mir iemer mê

Heinrich von Morungens Lyrik gilt als Frühstufe des Minnesangs, der mittelalterlichen Liebeslyrik. In seinem dichterischen Werk, von dem uns 35 Minnelieder mit 115 Strophen in der Sammlung des „Codex Manesse" überliefert sind, wird die Minne (Liebe) häufig als magisch-dämonische Macht dargestellt, die den Liebenden blenden und ihn der Sinne berauben, ja sogar zu Krankheit und Wahnsinn führen kann.

„Owê, sol aber mir iemer mê
Geliuhten dur die naht
– noch wîzer danne ein snê –
ir lîp vil wol geslaht?
der trouc diu ougen mîn;
ich wânde, es solde sîn
des liehten mânen schîn.
Dô taget ez."

„Owê, sol aber er iemer mê
den morgen hie betagen?
als uns diu naht engê,
das wir niht durfen klagen:
‚owê, nu ist es tac',
als er mit klage pflac,
do er iungest bi mir lac.
Dô taget ez."

„Owê, si kuste âne zal
in dem slâfe mich.
dô vielen hin ze tal
ir trêne nider sich.
iedoch getrôste ich sî,
daz sî ir weinen lî
und mich al ummevî.
Dô taget ez."

„Owê, daz er sô dicke sich
bî mir erseên hât!
als er endachte mich,
sô wolt er sunder wât
mîn arme schouwen blôz.
ez was ein wunder grôz,
daz in des nie verdrôz.
Dô taget ez."

„O weh, soll mir denn nie mehr
leuchten durch die Nacht
noch weißer als der Schnee
ihr schöngestalter Leib?
Der trog meine Augen:
Ich wähnte, es sei
des lichten Mondes Schein –
Da ward es Tag."

„O weh, wird er denn nie mehr
hier bis zum Morgen weilen?
So mög die Nacht vergehn,
dass wir nicht klagen müssen:
‚O weh, nun ist es Tag',
wie er es klagend tat,
als er jüngst bei mir lag.
Da ward es Tag."

„O weh, sie küsste ungezählt
im Schlafe mich.
Da fielen niederwärts
die Tränen ihr dahin,
doch tröstete ich sie,
dass sie ihr Weinen ließ
und mich ganz umfing.
Da ward es Tag."

„O weh, dass er so oft
In meinen Anblick sich verlor!
Wie er die Decke mir nahm,
da wollte er unbekleidet
meine Arme ganz bloß sehen.
Es war ein Wunder groß,
dass er's nicht müde ward.
Da ward es Tag."

(um 1190/1200)

Liebe im Rosengarten (Codex Manesse 1330). Der Codex Manesse ist die berühmteste und umfangreichste Sammlung von Liederhandschriften des Mittelalters, die zahlreiche dichterische Werke in mittelhochdeutscher Sprache und 138 gemalte Miniaturen enthält.

1. In welcher Situation befinden sich die beiden Liebenden? Welche Emotionen äußern sie?
2. Wie ist das Gedicht aufgebaut? Beachten Sie dabei, wer jeweils in den einzelnen Strophen spricht. Warum wird möglicherweise der Vers „Da ward es Tag" am Ende jeder Strophe wiederholt?
3. **Was Sie noch machen können:**
   a) Informieren Sie sich mithilfe des Textes „Der Minnesang" auf S. 123 f. über das Tagelied als besondere Textart der mittelalterlichen Liebeslyrik und beziehen Sie die Informationen auf das Gedicht von Heinrich von Morungen.
   b) Vergleichen Sie Morungens Gedicht mit Walther von der Vogelweides Gedicht „Under der linden" auf S. 126. Legen Sie nach dem Lesen Vergleichsgesichtspunkte fest, z. B.: Sprecher des Gedichts, Zeitpunkt ... Halten Sie Ihre Ergebnisse stichpunktartig in einer Tabelle fest.

➔ Gedichte miteinander vergleichen, s. S. 558 ff.

Reinmar der Alte (um 1160/1170 – ca. 1210)

Ich wirbe umbe allez, daz ein man

Reinmar der Alte, der als Vertreter der Hochphase des Minnesangs (1170–1220) gilt, lebte wahrscheinlich als Hofdichter seit etwa 1190 am Wiener Hof. In seinen Liedern geht es häufig um das Liebesleid und den Schmerz, der daraus resultiert, dass die Liebe des lyrischen Ichs unerfüllt bleibt, weil die Angebetete einem höheren gesellschaftlichen Stand angehört.

Ich bemühe mich um alles, was ein Mann
als Gipfel weltlichen Glücks jemals haben kann:
Das ist eine Frau, deren hohen Wert
ich mit Worten nicht ausdrücken kann.
Lobe ich sie so, wie man es bei anderen Damen macht,
so nimmt sie das von mir niemals für etwas Gutes.
Doch schwöre ich: Sie steht auf einer Stelle,
von wo sie nie einen Fußbreit aus weiblicher Vollkommenheit gewichen ist.
Das ist für die anderen ein „Matt"[1]!

Wenn mir gelegentlich mein Leib
in seiner bösen Unbeständigkeit den Rat gibt, dass ich hingehe
und eine andere Frau zur Geliebten suchen soll,
dann will jedoch das Herz nirgendwohin als dort.
Gepriesen sei es, dass es so richtig zu wählen vermag
und mir den süßen Schmerz vergönnt!
Ich habe mir doch eine Liebe erwählt,
für deren Dienst ich geboren sein will
– und wäre es zum Ärger der ganzen Welt.

Und geschieht es, dass mir mein Glück es vergönnt,
dass ich von ihrem so schön redenden Mund einen Kuss stehlen kann,
und gewährt es Gott, dass ich den Kuss wegtragen kann,
dann will ich ihn heimlich (bei mir) tragen und immer verbergen.
Und geschieht es, dass sie es für eine schlimme Untat hält
und mich wegen meines Vergehens befeindet,
was mache ich dann, ich unglückseliger Mann?
Da nehme ich ihn und trage ihn wieder dorthin, wo ich ihn weggenommen habe,
– so gut ich es eben kann.

Sie ist mir lieb, aber ich glaube,
dass ich ihr völlig gleichgültig bin.
Was soll's? Das ertrage ich:
Ich habe mich stets in beständiger Treue um sie bemüht.
Was aber, wenn vielleicht ein Wunder mit ihr geschieht,
sodass sie mich manchmal gerne sieht?
Dann werde ich demjenigen nicht neidig sein,
der behauptet, ihm sei eine noch größere Freude zuteilgeworden:
Soll's ihm doch!

[1] Sie ist durch ihre Vollkommenheit allen anderen Frauen als mögliche Konkurrentinnen so weit überlegen wie die Dame im Schachspiel den anderen Figuren.

Wie viele Jahre es auch sein mögen, die ich noch
zu leben habe: Ihr soll kein (einziger) Tag davon genommen werden.
Ich bin ihr so vollständig untertan,
dass ich nicht so leicht aus der Herrschaft ihrer Gnade kommen kann:
Ich freue mich darüber, dass ich ihr dienen darf.
Sie lohnt es mir gut mit kleinen Dingen,
(und) sie soll mir glauben, wenn immer ich ihr
von dem Schmerz berichte, den ich
oft am Tag im Herzen trage.

(um 1185)

1. Welches Verhältnis zwischen Mann und Frau wird in der Abbildung aus der Manessischen Handschrift deutlich? Zeigen Sie Parallelen zu dem Gedicht Reinmars auf.
2. Wie wird in diesem Gedicht die Geliebte des lyrischen Ichs dargestellt? Tragen Sie mithilfe des Textes Eigenschaften zusammen, die es der Frau zuschreibt.
3. Wie sieht das lyrische Ich seine eigene Rolle innerhalb dieser Beziehung? In welcher Stimmung befindet es sich, welche Erwartungen hat es, welche Hoffnungen hegt es? Stellen Sie die Ergebnisse Ihrer Untersuchung in einem Schaubild dar.
4. Beurteilen Sie die hier dargestellte Beziehung zwischen Mann und Frau.
5. Vergleichen Sie dieses Gedicht mit dem Gedicht von Heinrich von Morungen.
6. Untersuchen Sie mithilfe des Textes auf S. 123 f. das Gedicht im Hinblick auf Merkmale des Minnesangs.

➔ Weitere zusammenfassende Hinweise zur Epoche des Mittelalters finden Sie auf S. 130 f.

Ein Kranz für den Geliebten (Codex Manesse 1330)

2 „Wie reimt sich Lieb' und Tod zusammen?" – Barock

Johann Christian Günther. Auf Drängen des Vaters begann Johann Christian Günther, der als bedeutendster deutscher Lyriker des frühen 18. Jahrhunderts gilt, 1715 zunächst ein Medizinstudium in Wittenberg. Da er aber den Wunsch hatte, sich seinen Lebensunterhalt als freischaffender Dichter zu verdienen, kam es zum Bruch mit dem Elternhaus. Aufgrund der immer drängenderen finanziellen Schwierigkeiten kam Günther 1717 ins Schuldgefängnis. In den folgenden Jahren scheiterten sowohl seine Bemühungen, am Hof Augusts des Starken in Dresden eine Anstellung als Dichter zu finden, als auch sein Versuch, sich als Arzt in Kreuzburg niederzulassen. Bereits im Alter von 27 Jahren starb Günther in Jena an Tuberkulose.

Johann Christian Günther (1695 – 1723)

Als er der Phyllis[1] einen Ring mit einem Totenkopf überreichte

Erschrick nicht vor dem Liebeszeichen,
Es träget unser künftig Bild,
Vor dem nur die allein erbleichen,
Bei welchen die Vernunft nichts gilt.
Wie schickt sich aber Eis und Flammen?
Wie reimt sich Lieb' und Tod zusammen?
Es schickt und reimt sich gar zu schön,
Denn beide sind von gleicher Stärke
Und spielen ihre Wunderwerke
Mit allen, die auf Erden gehn.

Ich gebe dir dies Pfand zur Lehre:
Das Gold bedeutet feste Treu',
Der Ring, dass uns die Zeit verehre,
Die Täubchen, wie vergnügt man sei;
Der Kopf erinnert dich des Lebens,
Im Grab ist aller Wunsch vergebens,
Drum lieb und lebe, weil man kann,
Wer weiß, wie bald wir wandern müssen!
Das Leben steckt im treuen Küssen,
Ach, fang den Augenblick noch an!

(um 1720)

1. Stellen Sie sich die in dem Gedicht beschriebene Situation vor. Was ist merkwürdig daran? Versuchen Sie eine Erklärung.

2. „Wie reimt sich Lieb' und Tod zusammen?" (V. 6) Erklären Sie, in welchem Zusammenhang nach den Aussagen des lyrischen Ichs die Liebe und der Tod stehen.

3. In barocker Kunst und Literatur waren mit den verwendeten Bildern und Symbolen jeweils bestimmte Vorstellungen verknüpft, da deren Bedeutung konventionell durch die Tradition festgelegt war (z. B. eine Sanduhr als Symbol der Vergänglichkeit oder eine Laute, ein Weinbecher oder Spielkarten als Symbole des Lebensgenusses). Erläutern Sie im Einzelnen die im Gedicht verwendete Symbolik.

4. Analysieren Sie die lyrische Form des Gedichts. Welche Regelmäßigkeiten erkennen Sie? Wo finden Sie Ausnahmen? Versuchen Sie jeweils eine Erklärung.
➔ Ein Gedicht analysieren, s. S. 541 ff.

5. Analysieren Sie ebenfalls die sprachliche Gestaltung, indem Sie die verwendeten rhetorischen Figuren beschreiben und deuten. Berücksichtigen Sie dabei z. B. den Satzbau, auffällige Anaphern, Alliterationen ...
➔ Rhetorische Figuren, s. S. 586 ff.

6. Untersuchen Sie den Text mithilfe der Info-Kästen auf die epochentypischen Motive der „Vanitas" (S. 141) und des „Carpe diem!" (S. 145) hin. Erklären Sie in diesem Zusammenhang, welche Bedeutung das Geschenk des Rings in diesem Gedicht hat.

7. Was Sie noch machen können:
Vergleichen Sie das Gedicht mit Opitz' Gedicht „Ach Liebste, lass uns eilen" (S. 145).
➔ Gedichte miteinander vergleichen, s. S. 558 ff.

[1] **Phyllis:** Gestalt der griechischen Mythologie: Tochter des thrakischen Königs Sithon, die sich aus Kummer über die lange Abwesenheit ihres Geliebten Demophon selbst tötete und dann in einen Mandelbaum verwandelt wurde. In der damaligen „Schäferdichtung" wird „Phyllis" daher häufig als Name einer liebeskranken Schäferin verwendet.

Andreas Gryphius (1616 – 1664)
An eine Jungfrau

Was ist eur zarter Mund? Ein Köcher voller Pfeile/
Dadurch manch weiches Herz wird bis in Tod verletzt/
Der hellen Augen Glanz/ist Flammen gleich geschätzt/
An welchen jeder sich verbrennt in kurzer Weile/

Die wunderschönen Haar sind lauter Liebesseile.
Wer durch der Stirnen Glanz/Nicht wird in Euch verhetzt[1];
Wer sich den Lilien des Halses widersetzt/
Muss doch gewärtig sein/dass ihn der Blitz ereile/

Der von der bloßen Brust herstrahlt so unverdeckt/
So sprecht Ihr/und ist wahr/wer voll von Zunder steckt/
In dem kann auch ein Funk leicht großes Feur erregen.

Wer aber bei sich selbst/dies was ihr so hoch acht/
Die schöne Nichtigkeit/und was ihr seid/betracht/
Den sollt Ihr/glaubt mir's fest/zu keiner Brunst[2] bewegen.

(1637)

➔ Zur Biografie Andreas Gryphius' s. S. 134.

Vanitas-Motiv

1. Wie wirkt das Gedicht auf Sie? Besprechen Sie Ihre Eindrücke in Ihrem Kurs.
2. Tragen Sie zusammen, wie die Frau in diesem Gedicht gekennzeichnet wird. Welches Frauenbild lässt sich daraus ableiten? Untersuchen Sie in diesem Zusammenhang die einzelnen sprachlichen Bilder, mit denen in diesem Gedicht die Schönheit der Frau veranschaulicht wird. Achten Sie dabei auch auf die Verwendung bestimmter Bildbereiche und auf den antithetischen Aufbau.
3. Erklären Sie, welche Wirkung diese Schönheit auf andere Menschen ausübt. Stellen Sie dafür die beiden im Gedicht dargestellten Möglichkeiten einander gegenüber.
4. Analysieren Sie die äußere Form, den inhaltlichen Aufbau und die sprachliche Gestaltung des Gedichts und verdeutlichen Sie deren Funktion für die Gesamtaussage. Über die Gedichtform des Sonetts können Sie sich auf den Seiten 140 und 661 informieren.
5. Erläutern Sie, inwiefern das epochentypische Vanitas-Motiv in diesem Gedicht von Bedeutung ist.
6. **Was Sie noch machen können:**
   Vergleichen Sie das Gedicht mit Hofmannswaldaus Gedicht „Vergänglichkeit der Schönheit" (S. 146 f.) hinsichtlich der äußeren Form und zentraler Textaussagen.

➔ Weitere zusammenfassende Hinweise zur Epoche des Barock finden Sie auf S. 150 f.

[1] **in Euch verhetzt:** von euch verführt, manipuliert, „eingewickelt" – [2] **Brunst:** Begierde, Sinnenlust

3 „Alle das Neigen von Herzen zu Herzen“ – Sturm und Drang

Johann Wolfgang von Goethe (1749 – 1832)

Willkommen und Abschied (frühe Fassung)

Mir schlug das Herz; geschwind zu Pferde,
Und fort, wild, wie ein Held zur Schlacht!
Der Abend wiegte schon die Erde,
Und an den Bergen hing die Nacht;
Schon stund im Nebelkleid die Eiche,
Ein aufgetürmter Riese, da
Wo Finsternis aus dem Gesträuche
Mit hundert schwarzen Augen sah.

Der Mond von seinem Wolkenhügel
Schien kläglich aus dem Duft hervor;
Die Winde schwangen leise Flügel,
Umsausten schauerlich mein Ohr;
Die Nacht schuf tausend Ungeheuer –
Doch tausendfacher war mein Mut;
Mein Geist war ein verzehrend Feuer,
Mein ganzes Herz zerfloss in Glut.

Ich sah dich, und die milde Freude
Floss aus dem süßen Blick auf mich.
Ganz war mein Herz an deiner Seite,
Und jeder Atemzug für dich.
Ein rosenfarbes Frühlingswetter
Lag auf dem lieblichen Gesicht,
Und Zärtlichkeit für mich, ihr Götter!
Ich hofft’ es, ich verdient’ es nicht.

Der Abschied, wie bedrängt, wie trübe!
Aus deinen Blicken sprach dein Herz.
In deinen Küssen, welche Liebe,
O welche Wonne, welcher Schmerz!
Du gingst, ich stund, und sah zur Erden,
Und sah dir nach mit nassem Blick;
Und doch, welch Glück! geliebt zu werden,
Und lieben, Götter, welch ein Glück.

(1775)

1. Erarbeiten Sie einen Vortrag des Gedichtes und stellen Sie ihn Ihren Mitschülern vor. Sie können sich dabei auch für eine „moderne“ Form (z. B. einen Rap) entscheiden.

2. In welcher Stimmung befindet sich das lyrische Ich des Gedichts? Beschreiben Sie, wie sich die Stimmung im Laufe des Gedichts entwickelt, und erklären Sie einzelne Veränderungen.

3. Wie nimmt das lyrische Ich die Natur wahr, die es umgibt? Erklären Sie die Bedeutung der wahrgenommenen Naturbilder.

4. Erläutern Sie, wie das lyrische Ich die Liebe empfindet. Verfassen Sie einen möglichen Tagebucheintrag.

5. Analysieren Sie das Versmaß des Gedichts. Versuchen Sie, die Abweichungen vom regelmäßigen Metrum im Zusammenhang mit dem Inhalt zu erklären.
➔ Ein Gedicht analysieren, s. S. 541 ff.

6. **Was Sie noch machen können:**
   a) Vergleichen Sie Goethes Gedicht mit dem Gedicht „Owê, sol aber mir iemer mê“ von Heinrich von Morungen (S. 62 f.).
   b) Recherchieren Sie zu Goethes Jugendzeit und insbesondere zu seinem Verhältnis zu Friederike Brion. Zur Biografie des Dichters können Sie sich auch die moderne Interpretation in Philipp Stölzls Film „Goethe!“ aus dem Jahr 2010 ansehen.

Filmplakat zu „Goethe!“ (2010, Regie: Philipp Stölzl)

Johann Wolfgang von Goethe (1749 – 1832)

Rastlose Liebe

Dem Schnee, dem Regen,
Dem Wind entgegen,
Im Dampf der Klüfte,
Durch Nebeldüfte,
Immer zu! Immer zu!
Ohne Rast und Ruh!

Lieber durch Leiden
Möcht ich mich schlagen,
Als so viel Freuden
Des Lebens ertragen.
Alle das Neigen
Von Herzen zu Herzen,
Ach, wie so eigen
Schaffet das Schmerzen!

Wie soll ich fliehen?
Wälderwärts ziehen?
Alles vergebens!
Krone des Lebens,
Glück ohne Ruh,
Liebe, bist du!

(1776)

➔ Zur Biografie Johann Wolfgang von Goethes s. S. 180 ff.

1. In welcher Stimmung befindet sich das lyrische Ich?
2. Erläutern Sie, wie das lyrische Ich die Natur wahrnimmt und welches Verhältnis es zu ihr hat. Wie lässt sich diese Beziehung zur Natur erklären?
3. Erklären Sie den Titel des Gedichts „Rastlose Liebe“.
4. Untersuchen Sie die sprachliche Gestaltung des Gedichts und erklären Sie jeweils die Wirkung der verwendeten Gestaltungsmittel. Berücksichtigen Sie dabei auch die syntaktische Ebene.
5. Analysieren Sie das Versmaß des Gedichts (Hilfen finden Sie auf S. 544). Deuten Sie anschließend die Funktion des Metrums im Kontext des Gedichtinhalts.
6. Verdeutlichen Sie die Stimmungslage des lyrischen Ichs, indem Sie aus dessen Perspektive einen Tagebucheintrag (in Prosa) schreiben. Berücksichtigen Sie dabei den Inhalt aller drei Strophen.
7. Untersuchen Sie mithilfe des Infotextes auf S. 176, inwiefern die beiden Gedichte Merkmale des Sturm und Drang aufweisen.
8. **Was Sie noch machen können:**
   a) Besorgen Sie sich die Vertonung dieses Gedichts von Franz Schubert (1815) und untersuchen Sie, wie durch die Musik der Text Goethes umgesetzt wird. Achten Sie dabei auch auf die Klavierbegleitung.
   b) Vergleichen Sie die hier abgedruckten Gedichte des Sturm und Drang in inhaltlicher und formaler Hinsicht mit den beiden Barockgedichten (S. 66 f.). Sie können dafür auch eine Gegenüberstellung in Tabellenform erarbeiten. Überlegen Sie zunächst, welche Vergleichskriterien Sie zugrunde legen wollen.

➔ Gedichte miteinander vergleichen, s. S. 558 ff.

➔ Weitere zusammenfassende Hinweise zur Epoche des Sturm und Drang finden Sie auf S. 176 f.

4 „Tropftest Mäßigung dem heißen Blute" – Klassik

Johann Wolfgang von Goethe (1749 – 1832)

Warum gabst du uns die tiefen Blicke

Warum gabst du uns die tiefen Blicke,
Unsre Zukunft ahndungsvoll zu schaun,
Unsrer Liebe, unserm Erdenglücke
Wähnend selig nimmer hinzutraun?
Warum gabst uns, Schicksal, die Gefühle,
Uns einander in das Herz zu sehn,
Um durch all die seltenen Gewühle
Unser wahr Verhältnis auszuspähn?

Ach, so viele Tausend Menschen kennen,
Dumpf sich treibend, kaum ihr eigen Herz,
Schweben zwecklos hin und her und rennen
Hoffnungslos in unversehnen Schmerz;
Jauchzen wieder, wenn der schnellen Freuden
Unerwart'te Morgenröte tagt.
Nur uns armen liebevollen Beiden
Ist das wechselseit'ge Glück versagt,
Uns zu lieben, ohn uns zu verstehen,
In dem andern sehn, was er nie war,
Immer frisch auf Traumglück auszugehen
Und zu schwanken auch in Traumgefahr.

Glücklich, den ein leerer Traum beschäftigt!
Glücklich, dem die Ahndung eitel wär!
Jede Gegenwart und jeder Blick bekräftigt
Traum und Ahndung leider uns noch mehr.
Sag, was will das Schicksal uns bereiten?
Sag, wie band es uns so rein genau?
Ach, du warst in abgelebten Zeiten
Meine Schwester oder meine Frau.

Kanntest jeden Zug in meinem Wesen,
Spähtest, wie die reinste Nerve klingt,
Konntest mich mit einem Blicke lesen,
Den so schwer ein sterblich' Aug durchdringt;
Tropftest Mäßigung dem heißen Blute,
Richtetest den wilden irren Lauf,
Und in deinen Engelsarmen ruhte
Die zerstörte Brust sich wieder auf;

Hieltest zauberleicht ihn angebunden
Und vergaukeltest ihm manchen Tag.
Welche Seligkeit glich jenen Wonnestunden,
Da er dankbar dir zu Füßen lag,
Fühlt' sein Herz an deinem Herzen schwellen,
Fühlte sich in deinem Auge gut,
Alle seine Sinne sich erhellen
Und beruhigen sein brausend Blut!

Und von allem dem schwebt ein Erinnern
Nur noch um das ungewisse Herz,
Fühlt die alte Wahrheit ewig gleich im Innern,
Und der neue Zustand wird ihm Schmerz.
Und wir scheinen uns nur halb beseelet,
Dämmernd ist um uns der hellste Tag.
Glücklich, dass das Schicksal, das uns quälet,
Uns doch nicht verändern mag!

(1776)

1. Wer wird in der ersten Strophe des Gedichts mit „du" (V. 1) angesprochen? Formulieren Sie mit eigenen Worten die Fragen, die das lyrische Ich hier stellt.
2. Wie stellt das lyrische Ich die Gefühle anderer Menschen dar? Erklären Sie mithilfe der zweiten und dritten Strophe auch, wie deren Liebeserlebnis beurteilt wird.
3. Durch welche Eigenschaften wird das eigene Liebeserlebnis des lyrischen Ichs geprägt? Wie empfindet es seine Beziehung zur geliebten Frau?
4. Welches Bild entwirft das lyrische Ich von seiner Geliebten? Verfassen Sie eine Kurzcharakteristik, indem Sie zusammenstellen, welche Eigenschaften diese Frau haben könnte.

Woldemar Friedrich: Goethe und Frau von Stein

5. Goethe hat das Gedicht am 14. April 1776 als Brief an die acht Jahre ältere Frau von Stein gerichtet. Wie wird in dem Bild Woldemar Friedrichs die Beziehung Goethes zu Frau von Stein dargestellt?

6. Vergleichen Sie die Vorstellung von Liebe, die in diesem Gedicht Goethes deutlich wird, mit dem Liebesbegriff seiner „Sturm und Drang"-Lyrik. Sie können dafür die unterschiedlichen Auffassungen in tabellarischer Form gegenüberstellen.

Johann Wolfgang von Goethe (1749–1832)

Römische Elegien V

Das folgende Gedicht ist einem Zyklus entnommen, der im Zusammenhang mit Goethes italienischer Reise (1786–1788) entstanden ist. Welche Bedeutung diese Reise für den Dichter hatte, können Sie auf S. 186 ff. nachlesen.

Froh empfind ich mich nun auf klassischem Boden begeistert;
Vor- und Mitwelt spricht lauter und reizender mir.
Hier befolg ich den Rat, durchblättre die Werke der Alten
Mit geschäftiger Hand, täglich mit neuem Genuss.
Aber die Nächte hindurch hält Amor mich anders beschäftigt;
Werd ich auch halb nur gelehrt, bin ich doch doppelt beglückt.
Und belehr ich mich nicht, indem ich des lieblichen Busens
Formen spähe, die Hand leite die Hüften hinab?
Dann versteh ich den Marmor erst recht; ich denk und vergleiche,
Sehe mit fühlendem Aug, fühle mit sehender Hand.
Raubt die Liebste denn gleich mir einige Stunden des Tages,
Gibt sie Stunden der Nacht mir zur Entschädigung hin.
Wird doch nicht immer geküsst, es wird vernünftig gesprochen;
Überfällt sie der Schlaf, lieg ich und denke mir viel.
Oftmals hab ich auch schon in ihren Armen gedichtet
Und des Hexameters Maß[1] leise mit fingernder Hand
Ihr auf den Rücken gezählt. Sie atmet in lieblichem Schlummer,
Und es durchglühet ihr Hauch mir bis ins Tiefste die Brust.
Amor schüret[2] die Lamp indes und denket der Zeiten,
Da er den nämlichen Dienst seinen Triumvirn[3] getan.

(1788–1790)

1. Um welches Erleben des lyrischen Ichs geht es in diesem Gedicht? Untersuchen Sie in diesem Zusammenhang die Bedeutung von körperlicher Liebe für das Verstehen der Kunst.

2. Veranschaulichen Sie zentrale Textaussagen mithilfe eines Schaubilds, in dem Sie u.a. die Begriffe „Kunst", „Literatur", „Antike", „Gegenwart", „Bildung", „Liebe", „Vernunft" und „dichterisches Schaffen" verwenden. Stellen Sie sich anschließend Ihre Schaubilder im Plenum gegenseitig vor.

3. Untersuchen Sie die sprachliche Gestaltung des Gedichts (lyrische Form und rhetorische Figuren) und erläutern Sie jeweils die Wirkung der verwendeten Gestaltungsmittel.

[1] **Hexameter:** antikes Versmaß – [2] **Schüren:** anfachen, verstärken – [3] **Triumvirn:** Als Triumvirat wird ein enger Bund von drei Männern ohne gesetzliche Grundlage bezeichnet, wie z. B. in der römischen Geschichte das Bündnis von Cäsar, Pompeius und Crassus (60–53 v. Chr.). Hier sind allerdings die römischen Liebeslyriker Catull, Tibull und Properz gemeint.

4. Was Sie noch machen können:

a) Informieren Sie sich über die Biografie Goethes. Stellen Sie anschließend Bezüge her zwischen seinem Leben und den hier abgedruckten Gedichten.

b) Informieren Sie sich auf den Seiten 189 ff. über das Menschenbild und das Kunstideal der Weimarer Klassik sowie über die Rezeption der Antike vor allem durch Goethe und Schiller. Deuten Sie danach das Gedicht vor diesem literaturgeschichtlichen Hintergrund.

Eros, den Bogen spannend. Abguss (um 1800) der röm. Marmorkopie (1.–2. Jh. n. Chr.) nach einer griechischen Bronzestatue des Lysipp (um 330 v. Chr.), Bronze, H. 130 cm

Information

Elegie

Die Elegie ist eine aus der Antike stammende Gedichtform, die in Doppelversen (elegischen Distichen) verfasst ist. Ein Distichon besteht aus einem überwiegend im Daktylus verfassten Hexameter mit sechs Hebungen (betonten Silben) und einem ebenfalls daktylischen Pentameter, der auch sechs Hebungen und eine deutliche Zäsur nach der dritten Hebung aufweist.[1]

Beispiel:

„Ím Hexámeter stéigt des Spríngquells flüssige Säule,

Ím Pentámeter dráuf/fällt sie melódisch heráb."

(Friedrich Schiller: Das Distichon)

Charakteristisch für die Elegie ist ein klagender, wehmütiger Grundton. Besonders bekannt geworden sind die Liebeselegien der römischen Dichter Catull, Tibull, Properz und Ovid (1. Jh. v. Chr.), bei denen vor allem die Sehnsucht nach der unter einem Decknamen angeredeten Geliebten im Mittelpunkt steht. Häufige Themen sind die unerfüllbaren Ansprüche der Geliebten, Liebesleid und Untreue.

Die Übernahme antiker Gedichtformen und -inhalte ist typisch für die Weimarer Klassik, da zu dieser Zeit die klassische Antike, aus der die Ideale der Harmonie und Regelmäßigkeit abgeleitet wurden, von vielen Dichtern als Vorbild verehrt wurde (vgl. S. 185 f.).

Weitere zusammenfassende Hinweise zur Epoche der Klassik finden Sie auf S. 196.

[1] Die irreführende Bezeichnung „Pentameter" (Vers mit fünf Metren) stammt noch aus der Antike und beruht auf einer anderen Zählweise der Versfüße.

5 „Ich sing und möchte weinen" – Romantik

Clemens Brentano (1778 – 1842)

Der Spinnerin Nachtlied

Es sang vor langen Jahren
Wohl auch die Nachtigall,
Das war wohl süßer Schall,
Da wir zusammen waren.

Ich sing und kann nicht weinen
Und spinne so allein
Den Faden klar und rein,
Solang der Mond wird scheinen.

Als wir zusammen waren,
Da sang die Nachtigall,
Nun mahnet mich ihr Schall,
Dass du von mir gefahren.

Sooft der Mond mag scheinen,
Denk ich wohl dein allein,
Mein Herz ist klar und rein,
Gott wolle uns vereinen.

Seit du von mir gefahren,
Singt stets die Nachtigall,
Ich denk bei ihrem Schall,
Wie wir zusammen waren.

Gott wolle uns vereinen,
Hier spinn ich so allein,
Der Mond scheint klar und rein,
Ich sing und möchte weinen.

(ca. 1802)

➔ Zur Biografie Brentanos vgl. S. 208.

Girolamo Induno (1827 – 1890): Frau am Spinnrad

1. Lesen Sie das Gedicht laut vor: Welche Wörter behalten Sie von dem Text in Erinnerung?

2. Versuchen Sie, sich in die Situation der Spinnerin hineinzuversetzen. Schreiben Sie dafür in der Ich-Form einen „inneren Monolog", in welchem ihre Gedanken und Gefühle deutlich werden.

3. Untersuchen Sie das Gedicht auf seine Wiederholungen hin. Fertigen Sie dafür eine Kopie des Textes an und bringen Sie Unterstreichungen in verschiedenen Farben an, durch die Sie diejenigen Verse markieren, die ganz oder teilweise wiederholt werden. Erklären Sie auch, welche Funktion die von Ihnen festgestellten Wiederholungen im Kontext des Gedichtinhalts haben.

4. Untersuchen Sie (ggf. arbeitsteilig) folgende Aspekte des Gedichts: die Verwendung der Motive „Mond" und „Nachtigall", den Wechsel zwischen verschiedenen Zeitebenen, den Gebrauch unterschiedlicher Personalformen (z. B. lyrisches Ich, angeredetes Du) und die verwendeten Vokale in den Reimen und Binnenreimen.

5. Inwiefern nimmt die letzte Strophe des Gedichts eine Sonderstellung ein? Achten Sie in diesem Zusammenhang vor allem auf Satz- und Versbau. Ist nach dieser Strophe eine Fortsetzung des Gedichts möglich?

6. Welche Bedeutung hat es, dass die Spinnerin gerade in der Nacht an ihren Geliebten denkt? Informieren Sie sich auf S. 209 über die Bedeutung der Nacht in romantischer Dichtung.

Joseph von Eichendorff (1788 – 1857)

Jahrmarkt

Sind's die Häuser, sind's die Gassen?
Ach, ich weiß nicht, wo ich bin!
Hab' ein Liebchen hier gelassen,
Und manch Jahr ging seitdem hin.

Aus den Fenstern schöne Frauen
Sehn mir freundlich ins Gesicht,
Keine kann so frischlich schauen,
Als mein liebes Liebchen sicht.

An dem Hause poch' ich bange –
Doch die Fenster stehen leer,
Ausgezogen ist sie lange,
Und es kennt mich keiner mehr.

Und ringsum ein Rufen, Handeln,
Schmucke Waren, bunter Schein,
Herrn und Damen gehn und wandeln
Zwischendurch in bunten Reih'n.

Zierlich Bücken, freundlich Blicken,
Manches flücht'ge Liebeswort,
Händedrücken, heimlich Nicken –
Nimmt sie all' der Strom mit fort.

Und mein Liebchen sah ich eben
Traurig in dem lust'gen Schwarm,
Und ein schöner Herr daneben,
Führt' sie stolz und ernst am Arm.

Doch verblasst war Mund und Wange,
Und gebrochen war ihr Blick,
Seltsam schaut' sie stumm und lange,
Lange noch auf mich zurück. –

Und es endet Tag und Scherzen,
Durch die Gassen pfeift der Wind –
Keiner weiß, wie unsre Herzen
Tief von Schmerz zerrissen sind.

(1811)

➔ Zur Biografie Eichendorffs vgl. S. 202.

1. Versetzen Sie sich in die Situation, die auf dem Gemälde dargestellt ist, hinein und schildern Sie Ihre Eindrücke auf dem Jahrmarkt: Was sehen, hören und riechen Sie? In welcher Stimmung befinden Sie sich?
2. Vergleichen Sie anschließend Ihre Vorstellungen mit der Darstellung des Jahrmarkts in Eichendorffs Gedicht.
3. In welcher Situation befindet sich das lyrische Ich? Vergleichen Sie diese mit der Situation der anderen Menschen in den Straßen der Stadt (z. B. hinsichtlich der Stimmung, der Tätigkeiten, der sozialen Beziehungen). Erarbeiten Sie dafür eine Gegenüberstellung.

Johann Georg Sauter (1782 – 1856): Oberschwäbischer Jahrmarkt (1836)

4. Welche Bedeutung hat das Vergehen der Zeit in dem Gedicht?

5. Verfassen Sie im Anschluss an die siebte Strophe („Seltsam schaut' sie stumm und lange,/Lange noch auf mich zurück", V. 27 f.) einen inneren Monolog der Frau, in dem Sie deren Gedanken und Gefühle verdeutlichen.

6. Untersuchen Sie das Gedicht auf seinen Volksliedcharakter hin und weisen Sie Merkmale der Philisterkritik nach (vgl. den Info-Kasten unten). Berücksichtigen Sie in diesem Zusammenhang auch den Titel des Gedichts.

7. Vergleichen Sie die Liebe des lyrischen Ichs mit der Liebe der Spinnerin in Brentanos Gedicht. Welche Gemeinsamkeiten lassen sich feststellen? Inwiefern ist diese Liebesauffassung epochentypisch? Beziehen sie auch den Info-Kasten auf S. 76 in Ihre Überlegungen mit ein.

Heinrich Heine (1797 – 1856)

Die blauen Veilchen der Äugelein

Die blauen Veilchen der Äugelein,
Die roten Rosen der Wängelein,
Die weißen Lilien der Händchen klein,
Die blühen und blühen noch immerfort,
[...]

(1822)

➔ Zur Biografie Heines vgl. S. 226.

1. Bei diesem Gedicht fehlt der letzte Vers. Versuchen Sie, ihn zu ergänzen.

2. Vergleichen Sie Ihre Ergebnisse mit dem Original (s. S. 663). In welcher inhaltlichen Beziehung steht der letzte Vers zu den übrigen Versen? Berücksichtigen Sie auch die Metaphorik.

3. Welches Verhältnis hat das lyrische Ich zu der im Gedicht dargestellten Frau?

4. Stellen Sie Vermutungen darüber an, in welcher Beziehung die Gedichte Heinrich Heines zur Tradition romantischer Lyrik stehen.

5. Halten Sie die auf S. 76 abgebildete Illustration zu Heines „Romanzen" für passend?

Information

Verklärung des einfachen Volkes und Philisterkritik in der Romantik

Im Gegensatz zu den Vertretern der Weimarer Klassik wandten sich viele Dichter der Romantik dem einfachen Volk zu, dessen Lebensweise und Charakter von ihnen in idealisierter Weise wahrgenommen und poetisch überhöht dargestellt wurde. So wurden den Vertretern der auf dem Lande lebenden unteren Bevölkerungsschichten Eigenschaften zugeschrieben wie Einfachheit, Schlichtheit, Ehrlichkeit und Natürlichkeit, aber auch ein unmittelbares Verständnis für Poesie. In der seit Jahrhunderten überlieferten „Volksdichtung" sahen nämlich viele Romantiker einen unmittelbaren Ausdruck der „Volksseele" (Herder), weswegen sie die von Generation zu Generation mündlich weitergegebenen Märchen (Brüder Grimm) oder Volkslieder sammelten (Arnim/Brentano: Des Knaben Wunderhorn). Auch in den eigenen Gedichten verwendeten viele Dichter wie Eichendorff oder Brentano häufig die Volksliedstrophe (einfache Wortwahl, schlichter Satzbau, regelmäßige Reime, teilweise Refrains, liedartig) und imitierten Themen und Sprache der Volkslieder.

Im Gegensatz zum einfachen Volk wurden die in der Stadt lebenden Bürger gesehen, deren Leben von oberflächlicher Hektik, Orientierung am materiellen Gewinn sowie Verstellung und Heuchelei geprägt zu sein schien. Mit der Bezeichnung „Philister" kritisierten daher viele Autoren der Romantik einen Menschentyp, der in oberflächlicher Weise ohne echten Sinn für höhere Dinge wie Dichtung oder Religion ganz auf das Diesseitige hin orientiert und mit seinem kleinbürgerlichen, von Alltagspflichten bestimmten Leben zufrieden ist.

Heinrich Heine (1797–1856)

Ein Jüngling liebt ein Mädchen

Ein Jüngling liebt ein Mädchen,
Die hat einen Andern erwählt;
Der Andre liebt eine Andre,
Und hat sich mit dieser vermählt.

Das Mädchen heiratet aus Ärger
Den ersten, besten Mann,
Der ihr in den Weg gelaufen;
Der Jüngling ist übel dran.

Es ist eine alte Geschichte,
Doch bleibt sie immer neu;
Und wem sie just passieret,
Dem bricht das Herz entzwei.

(1822)

Illustration aus dem 19. Jahrhundert zu Heinrich Heines Gedichtsammlung „Romanzen" (1817–1821)

1. „Es ist eine alte Geschichte,/Doch bleibt sie immer neu" (V. 9f.): Beschreiben Sie, welche Auffassung von Liebe hier zum Ausdruck kommt. Gehen Sie auch auf die Frage nach der Aktualität dieser Liebesauffassung ein.
2. Untersuchen Sie, in welcher Weise die sprachliche Gestaltung des Gedichts diese Darstellung der Liebesthematik verdeutlicht. Achten Sie dabei vor allem auf Wortwahl und Satzbau.
3. Wie beurteilt das lyrische Ich die Liebesbeziehungen der im Gedicht erwähnten Personen?
4. Erläutern Sie mithilfe des Info-Kastens, inwiefern dieses Gedicht typisch für die Liebeslyrik Heinrich Heines ist.

Information

Das Liebesmotiv zur Zeit der Romantik (ca. 1795–1830)

In der Epoche der Romantik stellten viele Dichter das Liebeserlebnis in übersteigerter Form als völlige Hingabe an die eigenen Emotionen dar, als Symbol höchster Harmonie und Abbild der göttlichen Liebe. Allerdings ist auch typisch für romantische Liebesdichtung, dass häufiger die Erfahrung unglücklicher Liebe dargestellt wird, der gerade die Erfüllung versagt bleibt, sodass diese lediglich in die Fantasie verlegt oder sehnsuchtsvoll erträumt wird. Diese Unerfüllbarkeit der „typisch romantischen" Liebe entspricht der ebenso unerfüllbaren romantischen Sehnsucht (vgl. etwa Eichendorffs Gedicht „Sehnsucht" auf S. 216) und wird daher besonders häufig in der Nacht als Zeitraum magischer „Entgrenzung" erlebt (vgl. S. 209).

Heinrich Heine (1797–1856) gilt einerseits als Spätromantiker und als „Vollender" dieser Epoche, mit der er sich aber andererseits auch immer wieder kritisch auseinandergesetzt hat. Daher hat er sich selbst spöttisch als „entlaufenen Romantiker" bezeichnet. In seinen Werken greift er immer wieder gängige Themen und Motive der Romantik auf, ironisiert sie aber gleichzeitig auch, weswegen in den letzten Strophen seiner Gedichte häufig eine ernüchternde Desillusionierung stattfindet. Das in seiner Liebeslyrik dargestellte Liebesleid entspringt durchaus dem eigenen authentischen Erleben des Dichters, der aber keinen unmittelbaren Zugang zur verklärenden Weltsicht romantischer Dichtung mehr fand, da ihm diese bereits als realitätsfern und sinnentleert erschien. Zudem waren viele romantische Motive durch häufige Wiederholung sehr volkstümlich und zunehmend trivial geworden und drohten zum Klischee zu erstarren. Heine gilt heute auch als „Überwinder" der Romantik und als einer der ersten „modernen" Dichter. Bekannt geworden ist Heinrich Heine nicht nur durch seine Sammlungen von Liebesgedichten, sondern auch durch seine politische Lyrik (vgl. S. 226).

➔ Weitere zusammenfassende Hinweise zur Epoche der Romantik finden Sie auf S. 221.

6 „Wie soll ich meine Seele halten ...?“ – Die Wende zum 20. Jahrhundert

Rainer Maria Rilke (1875 – 1926)

Liebes-Lied

Wie soll ich meine Seele halten, dass
Sie nicht an deine rührt? Wie soll ich sie
Hinheben über dich zu andern Dingen?
Ach gerne möchte ich sie bei irgendwas
Verlorenem im Dunkel unterbringen
An einer fremden stillen Stelle, die
Nicht weiterschwingt, wenn deine Tiefen schwingen.
Doch alles, was uns anrührt, dich und mich,
nimmt uns zusammen wie ein Bogenstrich,
der aus zwei Saiten *eine* Stimme zieht.
Auf welches Instrument sind wir gespannt?
Und welcher Geiger hat uns in der Hand?
O süßes Lied.

(1907)

➔ Zur Biografie Rilkes vgl. S. 283.

1. Dieses Liebesgedicht Rilkes wird auch heute noch häufig gelesen. Welche mögliche Erklärung dieser Popularität können Sie sich vorstellen?
2. Erläutern Sie mit eigenen Worten, welche inhaltliche Bedeutung die das Gedicht einleitenden Fragen haben.
3. Welchen Wunsch artikuliert das lyrische Ich in der ersten Hälfte des Gedichts (V. 1–7)?
4. Erläutern Sie das sprachliche Bild, das in der zweiten Gedichthälfte ausgeführt wird. Untersuchen Sie auch, inwiefern dieser Bildbereich bereits in der ersten Hälfte des Textes angedeutet wird.
5. Erklären Sie zusammenfassend, welche Vorstellung von Liebe in Rilkes Gedicht deutlich wird.
6. Vergleichen Sie Rilkes Gedicht mit dem Bild Marc Chagalls.

Marc Chagall: Das Konzert (1957)

Stefan George (1868–1933)

Wir schreiten auf und ab im reichen flitter

Wir schreiten auf und ab im reichen flitter[1]
Des buchenganges beinah bis zum thore
Und sehen aussen in dem feld vom gitter
Den mandelbaum zum zweiten mal im flore[2]

Wir suchen nach den schattenfreien bänken
Dort wo uns niemals fremde stimmen scheuchten
In träumen unsre arme sich verschränken
Wir laben uns am langen milden leuchten

Wir fühlen dankbar wie zu leisem brausen
Von wipfeln strahlenspuren auf uns tropfen
Und horchen nur und blicken wenn in pausen
Die reifen früchte an den boden klopfen.

(1895)

➔ Zur Biografie Georges vgl. S. 295.

1. Handelt es sich Ihrer Ansicht nach bei Georges Text überhaupt um ein Liebesgedicht? Begründen Sie Ihre Auffassung.

2. Analysieren Sie das Gedicht und berücksichtigen Sie dabei vor allem folgende Aspekte:
- die im Gedicht vermittelte Stimmung,
- die Beziehung des lyrischen Ichs zu der anderen Person,
- die Wahrnehmung der Außenwelt durch das Paar,
- die Bedeutung der Natur,
- die sprachliche Gestaltung des Gedichts (z. B. Wortwahl, Metaphorik) und die Funktion der verwendeten rhetorischen Mittel.

3. Informieren Sie sich im folgenden Info-Kasten über typische Merkmale der Literatur um 1900. Deuten Sie anschließend die Gedichte Rilkes und Georges vor diesem Hintergrund.

➔ Weitere Informationen zur Literatur der Jahrhundertwende finden Sie auf S. 298 f.

Information

Liebesdichtung der Jahrhundertwende

In der Lyrik um 1900, die sich aufgrund der vielen unterschiedlichen künstlerischen und literarischen Strömungen kaum unter einem passenden Begriff zusammenfassen lässt (Symbolismus, Fin de Siècle („Ende des Jahrhunderts"), L'art pour l'art („Die Kunst um der Kunst willen"), Dekadenz, Neuromantik ...), kann man dennoch als gemeinsames Merkmal häufig eine Abkehr von der sinnlich wahrnehmbaren und wissenschaftlich erklärbaren Realität und eine Wendung nach innen, in die „Tiefen der Seele" feststellen.
Dabei wird die Außenwelt entweder weitgehend ausgeblendet oder „ästhetisiert", also mit künstlerischen Mitteln verklärt. Aufgrund dieser Flucht aus der Wirklichkeit in eine Welt des schönen Scheins kann die verklärt dargestellte Natur bisweilen durchaus künstliche Züge aufweisen. Die Liebe wird häufig als Seelenverwandtschaft zweier harmonisch gleich gestimmter Menschen dargestellt. Die körperliche Liebe tritt dabei in den Hintergrund.
Auch in sprachlicher Hinsicht wendet sich die Dichtung der Jahrhundertwende häufig von der Alltagssprache und dem gewöhnlichen Vokabular ab, da der veränderte Wirklichkeitsbegriff auch die Suche nach einer neuen Sprache mit sich bringt. Daher werden von vielen Dichtern seltene, hochpoetisch klingende, teilweise veraltete Wörter, kunstvolle Metaphern und (manchmal schwer erklärbare) Symbole verwendet. Die Stimmung vieler Gedichte ist geheimnisvoll, träumerisch, bisweilen auch geprägt von Tod und Verfall.

[1] **Flitter:** kleine, glänzende Metallstückchen zum Aufnähen auf die Kleidung (als Dekoration oder Blickfang) – [2] **Flor:** 1. Blüten; 2. feines, zartes Gewebe, meist Seide. Die zweite (herbstliche) Blüte eines Mandelbaumes bringt keine Frucht, sondern hat nur Zierfunktion.

7 „Dein Blick versargt" – Expressionismus

Max Herrmann-Neisse. Herrmann-Neisse, der schon zu Schulzeiten durch seine schriftstellerische Begabung auffiel, wurde vor allem durch seine Gedichte bekannt. Seit 1911 veröffentlichte er zunächst einzelne Texte in den Zeitschriften „Die Aktion" und „Pan", die beide zu den führenden Publikationsorganen der modernen Literatur gehörten, 1914 erschien dann sein erster großer Gedichtband „Sie und die Stadt". Die schriftstellerisch erfolgreichsten Jahre erlebte Herrmann-Neisse von 1919 bis 1933, in denen neben drei weiteren viel beachteten Gedichtbänden auch einzelne Prosawerke erschienen. Nachdem der Autor zunächst dem Expressionismus nahegestanden hatte, wendete er sich in den 1920er-Jahren stilistisch der Neuen Sachlichkeit zu. Nach der nationalsozialistischen Machtergreifung ging Herrmann-Neisse ins Exil und floh über die Schweiz, die Niederlande und Frankreich schließlich nach London, wo er 1941 an den Folgen eines Herzinfarkts starb.

George Grosz: Schriftsteller Max Herrmann-Neisse (1925)

Max Herrmann-Neisse (1886–1941)
Nacht im Stadtpark

Ein schmales Mädchen ist sehr liebevoll
Zu einem Leutnant, der verloren stöhnt,
Ein Korpsstudent[1] mokiert sich[2] frech, verwöhnt,
Und eine schiefe Schneppe[3] kreischt wie toll.

Ein Refrendar bemüht sich ohne Glück
Um eine Kellnerin, die Geld begehrt,
Ein Abgeblitzter macht im Dunkel kehrt,
Und eine Nutte schwebt zerzaust zurück.

Zwei Unbestimmte prügeln einen Herrn,
Mit Uniformen zankt ein Zivilist,
Ein Jüngling merkt, dass er betrogen ist,
Und zwei Verschmolzne haben schnell sich gern.

Ein starker Bolzen[4] und ein Musketier[5]
Sind ganz in eine graue Bank verwebt,
Ein Gent[6] an einem Ladenfräulein klebt,
Ein greiser Onkel schnuppert geil und stier.

Ein Weib mit bloßem Kopf wird sehr gemein,
Ein Louis[7] lauert steif und rührt sich nicht,
Ein Frechdachs leuchtet jeder ins Gesicht,
Und ein Kommis[8] umfasst ein weiches Bein.

Es raschelt in den Sträuchern ungewiss
Und tappt gesträubt auf einen steifen Hut,
Die Bäche liegen still wie schwarzes Blut,
Und Bäume fallen aus der Finsternis.

Ein Johlen rollt die Straße hin und stirbt,
Ein Wurf ins Wasser, irgendwo, ganz dumpf,
Ein Mauerwerk wächst wie ein Riesenrumpf,
Ein unbekanntes Tier erwacht und zirpt.

Zwei Männer flüstern einen finstern Plan,
Ein welkes Wesen wehrt sich hoffnungslos,
Ein Schüler hat ein Bahnerweib im Schoß,
Im Teich zieht schwer ein ruheloser Schwan.

Und Sterne stolpern in die tiefe Nacht,
Und Obdachlose liegen wie erstarrt,
Und bleiern hängt der Mond, und hohl und hart
Glotzt breit ein Turm, verstockt und ungeschlacht.

(1914)

1. Welches Verständnis von „Liebe" wird in dem Gedicht Herrmann-Neisses deutlich?

[1] **Korpsstudent:** Burschenschaftler, Angehöriger einer studentischen Verbindung – [2] **sich mokieren:** sich abfällig oder spöttisch äußern – [3] **Schneppe:** kunstlose Kopfbedeckung für Frauen, häufig als Teil der Trauerkleidung – [4] **Bolzen:** ein zur Befestigung dienendes zylindrisches Verbindungselement; hier sexuelle Anspielung – [5] **Musketier:** mit einer Muskete (Handfeuerwaffe) bewaffneter Fußsoldat – [6] **Gent:** Kurzform für „Gentleman", feiner Herr, oft ironisch gebraucht – [7] **Louis:** Zuhälter (ugs.) – [8] **Kommis:** Handlungsgehilfe, kaufmännischer Angestellter

2. Vergleichen Sie das Gedicht mit dem Bild von Otto Dix.
3. Untersuchen Sie, wie das Thema „Liebe" in diesem Gedicht dargestellt wird. Berücksichtigen Sie in diesem Zusammenhang auch die Darstellung einzelner Menschen.
4. Wie wirkt die Schilderung der Umgebung auf den Leser? Gehen Sie insbesondere auf die einzelnen Naturbilder ein.
5. Erläutern Sie, welches Menschenbild und welche Weltsicht in dem Gedicht deutlich werden.
6. Vergleichen Sie das Gedicht Max Herrmann-Neisses mit romantischer Liebeslyrik (S. 73–76). Stellen Sie insbesondere die unterschiedliche Gestaltung der Themen „Liebe" und „Natur" einander gegenüber.
7. Untersuchen Sie mithilfe des Info-Kastens auf S. 76, welche Bedeutung die Übernahme „typisch romantischer" Motive in das expressionistische Gedicht haben könnte.

Otto Dix: Mädchen und Matrose (1925)

August Stramm. Stramm gilt in sprachlicher Hinsicht als einer der konsequentesten und radikalsten Vertreter des Expressionismus. Der zunächst als Postsekretär tätige Autor entwickelte ab 1912 seinen eigenen, von Sprachexperimenten geprägten dichterischen Stil, der großen Einfluss auf andere Künstler des Expressionismus hatte. Bekannt wurde er vor allem durch seine Gedichte, die er in Herwarth Waldens angesehener Zeitschrift „Der Sturm" veröffentlichte. Ab 1914 war sein Leben geprägt durch die Ereignisse des Ersten Weltkriegs, bei einem Sturmangriff auf russische Stellungen am 1. September 1915 fiel er.

August Stramm (1874–1915)
Untreu

Dein Lächeln weint in meiner Brust
Die glutverbissnen Lippen eisen
Im Atem wittert Laubwelk!
Dein Blick versargt
Und
Hastet polternd Wörter drauf.
Vergessen
Bröckeln nach die Hände!
Frei
Buhlt dein Kleidsaum
Schlenkrig
Drüber rüber!

(1915)

1. Geben Sie den Inhalt des Gedichts mit eigenen Worten wieder. Benennen Sie möglichst genau die Schwierigkeiten, mit denen Sie dabei konfrontiert werden.
2. Analysieren Sie die sprachliche Gestaltung des Gedichts und erläutern Sie die Wirkung der verwendeten sprachlichen Mittel. Achten Sie dabei besonders auf Wortwahl, Metaphorik und Satzbau.

Edvard Munch: Mann und Frau (1898)

3. Vergleichen Sie das Gedicht mit dem Bild Edvard Munchs (z. B. unter den Aspekten „Beziehung der Personen zueinander“, „Atmosphäre“, „Bedeutung der Liebe“).

4. Erläutern Sie mithilfe des Info-Kastens, inwiefern Stramms Gedichte typisch für den Expressionismus sind.

5. **Was Sie noch machen können:**
Vergleichen Sie „Untreu“ mit anderen Gedichten August Stramms (z. B. „Schwermut“, „Trieb“, „Vorfrühling“, „Krieg“, „Patrouille“ (s. S. 318) oder „Sturmangriff“) hinsichtlich gemeinsamer Merkmale. Besorgen Sie sich Textfassungen aus der Bibliothek oder dem Internet.

➔ Weitere Hinweise zur Epoche des Expressionismus finden Sie auf S. 320 f.

Information

Expressionistische Dichtung

In der „Epoche“ des Expressionismus (ca. 1905–1925) fand ein radikaler Bruch mit den überlieferten ästhetischen Normen statt: Die Dichter dieser Zeit waren geprägt von einem Gefühl tiefer Verunsicherung und Desorientierung und litten unter einem als umfassend empfundenen Sinn- und Werteverlust. Als Reaktion auf diese allgemeine Krise machten sich Pessimismus und Weltuntergangsstimmung breit, die noch weiter verstärkt wurden durch das Erlebnis des Ersten Weltkriegs, das von vielen als Zeichen des drohenden Weltuntergangs gedeutete Auftauchen des Halleyschen Kometen und den Untergang der „Titanic“, die als Symbol technischen Fortschritts und des menschlichen Triumphs über die Naturgewalten angesehen worden war. Andererseits wuchs das Verlangen nach einem völligen Neuanfang, das sich im Bereich der Literatur als vehemente Ablehnung des tradierten Dichtungsverständnisses äußerte und zu teilweise revolutionären Sprachexperimenten führte (z. B. Aufbrechen des grammatischen Systems, Neologismen). Themen wie Weltuntergang, Ich-Zerfall, Krankheit, Wahnsinn und Tod wurden in der Dichtung des Expressionismus ausführlich dargestellt, eine provokante und teilweise schockierende „Ästhetik des Hässlichen“ entstand. Manche Gedichte des Expressionismus bestehen lediglich aus einer Aneinanderreihung disparater (unzusammenhängender) Bilder.

8 „Man lernt sich irgendwo ganz flüchtig kennen" – Neue Sachlichkeit

Bertolt Brecht (1898 – 1956)

Erinnerung an die Marie A.

1

An jenem Tag im blauen Mond September
Still unter einem jungen Pflaumenbaum
Da hielt ich sie, die stille bleiche Liebe
In meinem Arm wie einen holden Traum.
Und über uns im schönen Sommerhimmel
War eine Wolke, die ich lange sah
Sie war sehr weiß und ungeheuer oben
Und als ich aufsah, war sie nimmer da.

2

Seit jenem Tag sind viele, viele Monde
Geschwommen still hinunter und vorbei
Die Pflaumenbäume sind wohl abgehauen
Und fragst du mich, was mit der Liebe sei?
So sag ich dir: Ich kann mich nicht erinnern.
Und doch, gewiß, ich weiß schon, was du meinst
Doch ihr Gesicht, das weiß ich wirklich nimmer
Ich weiß nur mehr: Ich küßte es dereinst.

3

Und auch den Kuß, ich hätt ihn längst vergessen
Wenn nicht die Wolke da gewesen wär
Die weiß ich noch und werd ich immer wissen
Sie war sehr weiß und kam von oben her.
Die Pflaumenbäume blühn vielleicht noch immer
Und jene Frau hat jetzt vielleicht das siebte Kind
Doch jene Wolke blühte nur Minuten
Und als ich aufsah, schwand sie schon im Wind.

(1920)

(Aus lizenzrechtlichen Gründen ist dieser Text nicht in reformierter Rechtschreibung abgedruckt.)

➔ Zur Biografie Brechts vgl. S. 361.

1. Stellen Sie sich vor, Marie A. liest dieses Gedicht. Wie könnte sie es aufnehmen?

2. Das Gedicht Brechts trägt den Titel „Erinnerung an die Marie A.". Woran erinnert sich das lyrische Ich und woran kann es sich nicht mehr erinnern? Wie lässt sich diese Erinnerung erklären?

Christian Schad: Sonja (1928)

3. Welche Stimmung wird in der ersten Strophe beim Rückblick auf das vergangene Liebeserlebnis erzeugt? Untersuchen Sie das Gedicht auch daraufhin, ob diese Stimmung erhalten bleibt oder sich ändert.

4. Wie wirkt die Vermutung des lyrischen Ichs „Und jene Frau hat jetzt vielleicht das siebte Kind" (V. 25) auf den Leser?

5. Untersuchen Sie die Bildhaftigkeit des Gedichts. Berücksichtigen Sie dabei auch mögliche symbolische Bedeutungen (z. B. Mond, Pflaumenbaum, Wolke).

Mascha Kaléko. Kaléko, 1907 als uneheliches Kind geboren im heutigen Polen, wurde von ihrem jüdisch-russischen Vater zunächst nach Frankfurt, dann nach Marburg und schließlich nach Berlin gebracht, wo sie eine Bürolehre absolvierte und zusätzlich Abendkurse in Philosophie und Psychologie belegte. In den 20er-Jahren lernte sie im Romanischen Café, in dem die künstlerische Avantgarde Berlins verkehrte, u. a. Else Lasker-Schüler, Erich Kästner und Joachim Ringelnatz kennen. Ab 1929 verfasste sie eigene Gedichte, in denen sie in ironisch-melancholischem Tonfall das Berliner Stadtleben darstellt. Während der nationalsozialistischen Diktatur emigrierte Kaléko zusammen mit ihrer Familie in die USA, wo sie ihren Lebensunterhalt u. a. mit dem Verfassen von Reklametexten bestreiten musste. Mascha Kaléko starb 1975 in Zürich.

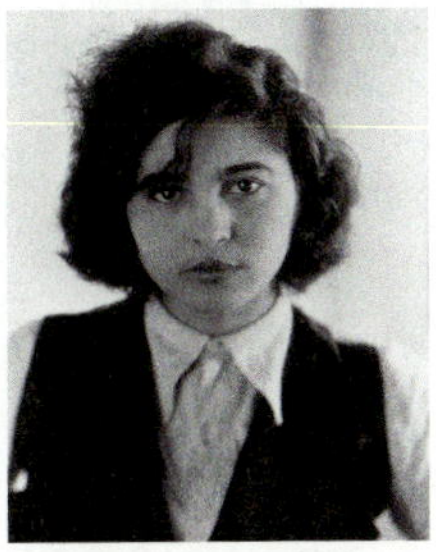

Mascha Kaléko (1907 – 1975)

Großstadtliebe

Man lernt sich irgendwo ganz flüchtig kennen
Und gibt sich irgendwann ein Rendezvous.
Ein Irgendwas – 's nicht genau zu nennen –
Verführt dazu, sich gar nicht mehr zu trennen.
Beim zweiten Himbeereis sagt man sich ‚du'.

Man hat sich lieb und ahnt im Grau der Tage
Das Leuchten froher Abendstunden schon.
Man teilt die Alltagssorgen und die Plage,
Man teilt die Freuden der Gehaltszulage,
... Das Übrige besorgt das Telephon.

Man trifft sich im Gewühl der Großstadtstraßen.
Zu Hause geht es nicht. Man wohnt möbliert.[1]
– Durch das Gewirr von Lärm und Autorasen,
– Vorbei am Klatsch der Tanten und der Basen[2]
Geht man zu zweien still und unberührt.

Man küßt sich dann und wann auf stillen Bänken,
– Beziehungsweise auf dem Paddelboot.
Erotik muß auf Sonntag sich beschränken.
... Wer denkt daran, an später noch zu denken?
Man spricht konkret und wird nur selten rot.

Man schenkt sich keine Rosen und Narzissen,
Und schickt auch keinen Pagen[3] sich ins Haus.
Hat man genug von Weekendfahrt und Küssen,
Läßt mans einander durch die Reichspost wissen
Per Stenographenschrift[4] ein Wörtchen: „aus"!

(1933)

(Aus lizenzrechtlichen Gründen ist dieser Text nicht in reformierter Rechtschreibung abgedruckt.)

1. Beschreiben Sie die auf dem Bild von Christian Schad (S. 82) dargestellte Person. Sprechen Sie auch darüber, wie diese Darstellung auf Sie wirkt. Vergleichen Sie anschließend das Gemälde mit dem Gedicht Mascha Kalékos.

2. Wie wird die Beziehung der beiden Personen in dem Gedicht Kalékos dargestellt? Gehen Sie dabei auch auf die Bedeutung des Alltagslebens und auf die Darstellung der Großstadt ein.

3. Untersuchen Sie, mit welchen sprachlichen Mitteln diese Beziehung in dem Gedicht gestaltet wird.

4. Vergleichen Sie dieses Verhältnis der beiden Personen mit der Liebesauffassung romantischer Dichtung (vgl. S. 76).

5. Untersuchen Sie das Gedicht Kalékos auf Merkmale der Neuen Sachlichkeit hin. Berücksichtigen Sie dabei auch den unten abgedruckten Info-Kasten. Wie beurteilen Sie die Darstellung der Liebesthematik in dieser literarisch-künstlerischen Strömung?

Information

Neue Sachlichkeit

Als „Neue Sachlichkeit" bezeichnet man eine um 1920 einsetzende künstlerische und literarische Gegenbewegung gegen den Spätexpressionismus, der von extremer Emotionalität und übersteigertem Pathos geprägt war, und gegen die ästhetisierende Darstellungsweise der Jahrhundertwende (vgl. die Info-Kästen auf S. 78 und S. 81). Sie konzentriert sich auf eine ernüchternde Darstellung der Wirklichkeit. Daher gehen auch viele Gedichte der Neuen Sachlichkeit eher kühl und distanziert auf Alltagsverhältnisse ein.

➔ Weitere Hinweise zur Epoche der Neuen Sachlichkeit finden Sie auf S. 348 f., ein weiteres Gedicht von Mascha Kaléko finden Sie auf S. 559.

[1] **Man wohnt möbliert:** Man wohnt in einer möblierten Wohnung zur Untermiete. – [2] **Base:** Cousine – [3] **Page:** junger uniformierter Diener, Laufbursche (eines Hotels) – [4] **Stenografie:** eine Kurzschrift, die eine hohe Schreibgeschwindigkeit ermöglicht

9 „Da spucktest du mich aus mit Haut und Haar" – Gegenwart

Ulla Hahn. Hahn, die nach einer abgebrochenen Bürolehre 1964 auf dem Zweiten Bildungsweg ihr Abitur erworben hatte, studierte Germanistik, Soziologie und Geschichte an der Universität Köln. Nach ihrer Promotion im Jahr 1978 erhielt sie Lehraufträge an den Universitäten Hamburg, Oldenburg und Bremen und wurde später freie Schriftstellerin. Der Durchbruch als Autorin gelang ihr 1981 mit dem Lyrikband „Herz über Kopf", dem später weitere mit mehreren Auszeichnungen versehene Gedichtbände folgten. 1994 übernahm Ulla Hahn eine Professur für Poetik an der Universität Heidelberg („Heidelberger Poetik-Vorlesungen", 2006). Ein großer Erfolg wurde ihr viel beachteter Roman „Das verborgene Wort", der 2001 als erster Teil einer Romantrilogie erschien.

Ulla Hahn bei einer Lesung auf dem Erlanger Poetenfest 2009

Ulla Hahn (geb. 1946)
Mit Haut und Haar

Ich zog dich aus der Senke deiner Jahre
und tauchte dich in meinen Sommer ein
ich leckte dir die Hand und Haut und Haare
und schwor dir ewig mein und dein zu sein.

Du wendetest mich um. Du branntest mir dein Zeichen
mit sanftem Feuer in das dünne Fell.
Da ließ ich von mir ab. Und schnell
begann ich vor mir selbst zurückzuweichen

und meinem Schwur. Anfangs blieb noch Erinnern
ein schöner Überrest der nach mir rief.
Da aber war ich schon in deinem Innern
vor mir verborgen. Du verbargst mich tief.

Bis ich ganz in dir aufgegangen war:
da spucktest du mich aus mit Haut und Haar.

(1981)

1. Erstellen Sie ein Schaubild, in dem Sie die Entwicklung der Beziehung des lyrischen Ichs zu der im Gedicht angesprochenen Person darstellen. Berücksichtigen Sie dabei die verwendete Metaphorik. Besprechen Sie anschließend Ihre Schaubilder im Plenum.
2. Erklären Sie, wie sich die Beziehung des lyrischen Ichs zu seiner eigenen Persönlichkeit entwickelt und wie diese beiden Entwicklungen zusammenhängen.
3. Erläutern Sie im Einzelnen die im Gedicht verwendete Metaphorik.
4. Untersuchen Sie den Zusammenhang des Gedichtinhalts mit seiner äußeren Form.

Sarah Kirsch. Kirsch wuchs in Halberstadt auf und studierte nach einer Forstarbeiterlehre Biologie in Halle (Saale). In den 1960er-Jahren veröffentlichte sie zunächst unter einem Pseudonym einzelne Gedichte in Lyrik-Sammlungen und Zeitschriften; ihr erster eigener Gedichtband erschien 1967 („Landaufenthalt“). Nachdem sie sich erst im Schriftstellerverband der DDR engagiert hatte, wurde sie 1976 aus diesem und aus der SED ausgeschlossen, da sie eine Protesterklärung gegen die Ausbürgerung Wolf Biermanns unterschrieben hatte; 1977 zog sie dann nach West-Berlin, später nach Schleswig-Holstein. Bekannt ist Sarah Kirsch vor allem für ihre sehr emotionale, häufig auch melancholische Natur- und Liebeslyrik.

Sarah Kirsch (1935 – 2013)
Dreistufige Drohung

Du willst jetzt gehen?
Das sag ich dem Mond!
Da hat sich der Mond
Im Großen Wagen verladen,
der fühlt mit mir, weißzahnig
rollt er hinter dir her!

Die Klinke drückst du?
Ich sag es dem Wind!
Er schminkt dich
Mit Ruß und Regen
Peitscht dich mit Hagelkörnern,
glasmurmelgroß.

[...]

(1978)

(Aus lizenzrechtlichen Gründen ist dieser Text nicht in reformierter Rechtschreibung abgedruckt.)

1. Verfassen Sie selbst eine mögliche dritte Strophe des Gedichts von Sarah Kirsch, in der Sie die „dreistufige Drohung“ zu Ende führen.
2. Vergleichen Sie die von Ihnen geschriebenen Strophen zunächst im Plenum und dann mit der Originalfassung im Anhang auf S. 663. Erklären Sie, worin in der Version Sarah Kirschs die letzte, stärkste Drohung besteht. Berücksichtigen Sie auch den Satzbau und die Vers-Aufteilung.
3. Erläutern Sie die in den ersten beiden Strophen verwendete Metaphorik. Gehen Sie dabei insbesondere auf die Bedeutung der Natur ein.
4. Vergleichen Sie die Beziehung des lyrischen Ichs zu seinem Partner mit der in Ulla Hahns Gedicht „Mit Haut und Haar“ dargestellten Beziehung.
➔ Gedichte miteinander vergleichen, s. S. 558 ff.
5. **Was Sie noch machen können:**
Vergleichen Sie die Darstellung des Mondes in Kirschs Gedicht mit anderen Verwendungen dieses Motivs in Texten aus früheren Epochen (z. B. Eichendorffs „Mondnacht“ auf S. 211 oder Brentanos „Der Spinnerin Nachtlied“ auf S. 73).

➔ Ein weiteres Gedicht von Sarah Kirsch finden Sie auf S. 393.

Erich Fried (1921–1988)
Aber

Zuerst habe ich mich verliebt
in den Glanz deiner Augen
in dein Lachen
in deine Lebensfreude

Jetzt liebe ich auch dein Weinen
und deine Lebensangst
und die Hilflosigkeit
in deinen Augen

Aber gegen die Angst
will ich dir helfen
denn meine Lebensfreude
ist noch immer der Glanz deiner Augen

(1983)

Peter Maiwald (1946 – 2008)
Über die Liebe

Wer liebt macht lachhaft sich und blind zum Narrn.
Er sieht nicht (sagst du) sondern: Dass er glotzt.
Er weint nicht (sagst du) sondern, geht sie, rotzt.
Er fährt nicht, sondern zieht in Dreck den Karrn
worauf sich seine Liebe lachend flezt.
Der Undank ist zu Recht der Liebe Lohn.
Man mache besser sich bei Zeit davon
Bevor der Jammer Tisch und Bett besetzt
und aus den Tränen seinen Honig saugt.
Die Rechnung, ruft die himmlische Geduld.
Aus jeder Unschuld wird am Ende Schuld.
Nichts an der Liebe ist, was lange taugt.
Nun auf zum nächsten Bett und unbeschwert.
Wir lieben sie, dass sie uns Bessres lehrt.

(1992)

Ulla Hahn (geb. 1946)
Ein Gedicht für dich?

Ein Gedicht
für dich?
So einfach ist das
nicht. Jetzt
wo du wirklich da bist.
Kein Mann: mein Wort
Mein Mann: kein Wort
Gingest du fort so
fort gäb es wieder ein Wort
für Wort und eines
das andere.
Bleib!
Ich versprech dir
dich nie zu zer
reib
en
zwischen den Zei
len
in
ein Gedicht
für dich
sind sie alle.

(2004)

Patrick Salmen (geb. 1985)
Nur eine Zeile

Eine Postkarte
gestanzter Wellenrand
gelblich eingefärbt, ihre Oberfläche
leicht gekörnt
gefunden, in einer staubigen Schachtel
in Schuhkartonvergangenheit
vergraben

Nur eine Zeile, die ich lese

Und in diesem Moment spüre ich deine Finger
auf meinem Rücken, es ist, als zeichneten sie
Buchstaben
auf meine Haut, und ich höre dich flüstern, dass du
…

Nur eine Zeile, die ich lese

Und in diesem Moment sagt sie mir mehr
als abertausende Seiten von Büchern
denn nicht das Wort selbst, welches bloß
Sprache ist, sondern die Geschichte seiner
Niederschrift
erhebt jedes einzelne
Pigment jedes einzelnen Buchstabens
in diesem Moment
zur Chronik der Welt

(2009)

Reiner Kunze (geb. 1933)
Die Liebe

Die Liebe
ist eine wilde rose in uns
Sie schlägt ihre wurzeln
in den augen,
wenn sie dem blick des geliebten begegnen
Sie schlägt ihre wurzeln
in den Wangen,
wenn sie den hauch des geliebten spüren
Sie schlägt ihre wurzeln
in der haut des armes,
wenn ihn die hand des geliebten berührt
Sie schlägt ihre wurzeln,
wächst wuchert
und eines abends
oder eines morgens
fühlen wir nur:
sie verlangt
raum in uns

Die liebe
ist eine wilde rose in uns,
unerforschbar vom verstand
und ihm nicht untertan
Aber der verstand
ist ein messer in uns
Der verstand
ist ein messer in uns,
zu schneiden der rose
durch hundert Zweige
einen himmel

(1963)

(Aus lizenzrechtlichen Gründen ist dieser Text nicht in reformierter Rechtschreibung abgedruckt.)

➔ Zur Biografie Reiner Kunzes s. S. 391.

Heiner Müller (1929 – 1995)
Ich kann dir die Welt nicht zu Füßen legen

Ich kann dir die Welt nicht zu Füßen legen
Sie gehört mir nicht. Ich werde dir keinen Stern
Pflücken:
Ich habe kein Geld für Blumen und keine Zeit
Verse zu machen nur für dich: mein Leben
Wird so und so zu knapp sein für ein ganzes.
Wenn ich dir sage: für dich werd ich alles tun
Werde ich dir eine Lüge sagen. (Du weißt es)
Ich liebe dich mit meiner ganzen Liebe.

(Aus lizenzrechtlichen Gründen ist dieser Text nicht in reformierter Rechtschreibung abgedruckt.)

1. Die auf dieser Doppelseite abgedruckten Gedichte gehören zur Literatur der „Gegenwart". Suchen Sie sich ein Gedicht aus, das Sie besonders anspricht. Stellen Sie es Ihren Mitschülern vor und begründen Sie Ihre Auswahl.

2. Welche unterschiedlichen Tendenzen moderner Liebesgedichte lassen sich erkennen? Sie können die Gedichte z. B. auf die Darstellung der Liebesthematik oder auf die sprachliche und formale Gestaltung hin untersuchen.

3. Was Sie noch machen können:

a) Besorgen Sie sich verschiedene Gedichtsammlungen zum Thema „Liebe". Wählen Sie einige Gedichte aus, die Ihnen besonders gut gefallen. Tauschen Sie Ihre persönliche Auswahl mit den anderen Kursteilnehmerinnen und Kursteilnehmern aus.

b) Heute gibt es (gerade durch die Möglichkeiten der neuen Medien) eine unüberschaubare Vielzahl selbst verfasster Gedichte. Suchen Sie entsprechende Seiten im Internet und wählen Sie einige Gedichte aus, die Sie persönlich ansprechen. Diskutieren Sie anschließend in Ihrem Kurs darüber, nach welchen Kriterien Sie Gedichte beurteilen.

c) Sehen Sie sich den Film „POEM" (2003) von Ralf Schmerberg an. Sprechen Sie anschließend über die Verfilmung einzelner Gedichte. (Was hat Ihnen gefallen, was nicht? Was hat Sie überrascht? Was hätten Sie anders gemacht?) Sie können auch selbst ausgewählte Gedichte verfilmen.

➔ Weitere Hinweise zur Lyrik der Gegenwart finden Sie auf S. 416 f.

Das Drama – Geschichte und Theorie

Von seinen Anfängen im antiken Griechenland bis zu den heutigen Spielplänen hat das Theater viele Stationen des Wandels durchlaufen. Nicht nur die Bühnenbauten und Theaterhäuser veränderten sich, sondern auch die Inhalte, die Darstellungsweise und die Auffassung davon, welche Funktion und Wirkabsicht das Theater haben soll.

Ob moralisierend, belehrend, unterhaltend, aufrüttelnd, provozierend oder kritisierend – in vielen Epochen der Geschichte kam dem Theater eine wichtige gesellschaftliche Funktion zu.

Bis heute sind die Theatermacher, die Autoren und Regisseure immer wieder auf der Suche nach neuen, zeitgemäßen Ausdrucksformen. Welche Bedeutung hat das Theater aber heute eigentlich noch?

Dieses Kapitel nimmt wichtige Phasen der Dramengeschichte in den Blick. Es kann unterschiedlich genutzt werden – entweder im Ganzen als Überblick über die Entwicklung des Theaters, als Nachschlagewerk oder als theoretische und zeitgeschichtliche Ergänzung zu den Dramen, die exemplarisch im Unterricht gelesen werden.

Antikes Theater von Epidauros

Adam Frans van der Meulen: Der alte Pferdemarkt in Brüssel, um 1666

Royal Opera House, Stockholm

Faust (Deutsches Schauspielhaus Hamburg, 1960)

Marionettentheater

Schultheater

Straßentheater

Szene aus „Woyzeck“ (Kopenhagen 2000)

Schauspielhaus Bochum

1. Schauen Sie sich die Bilder auf dieser Doppelseite an: Welche Aspekte von Theater sehen Sie?
2. Berichten Sie von Ihren Erfahrungen mit dem Theater – entweder als Zuschauer im Publikum oder als Mitglied eines (Schüler-)Schauspielensembles.
3. Kino oder Theater – was ziehen Sie vor? Begründen Sie Ihre Meinung.
4. Der große russische Dramaturg Anton Tschechow hat einmal gesagt: „Alles, was auf der Bühne geschieht, muss zu irgendetwas gut sein.“ – Diskutieren Sie diesen Gedanken.

1 Was ist Theater heute noch wert?

Joachim Lux (geb. 1957)

Drei Cent pro Tag

Wir haben in diesen Tagen am Thalia Theater einen Test auf all diese Mutmaßungen, die das Theater irgendwo zwischen Kunst, Quote und Elite verankern, durchgeführt und im Rahmen unseres Festivals „Um alles in der Welt – Lessingtage 2010“ gefragt: „Was ist Kultur uns wert?“ Die Idee: Jeder zahlt, so viel er will, zwischen null Euro und ad libitum[1]. Der Arme, der Schnorrer und der Schnupperer kriegen also für null Euro auch noch eine im Preis enthaltene Nahverkehrskarte obendrauf.

Die Erfahrungen in Kürze: Schnorrer gab es nicht. Die meisten orientierten sich an den sonst üblichen Preisen, einige zahlten mehr, wie z. B. eine Schulklasse, die per Gruppenrabatt normalerweise nur 5,50 Euro zahlen müsste, sich aber, mit dem Solidarprinzip auseinandersetzend, entschloss, erheblich mehr zu zahlen. Das Bewusstsein dafür, dass etwas etwas kosten darf und auch soll, ist also ganz gut entwickelt.

Selbst die von uns veröffentlichte Tatsache, dass das Thalia Theater die mit Abstand höchsten Preise in Deutschland hat, hat das Publikum nicht geschockt, zumal es auf der anderen Seite ein großes Instrumentarium sozialer Preise bereithält. Alle waren am Schluss zufrieden: das Theater über die Einnahmen, die sogar höher lagen als sonst im Schnitt, und das Publikum, das bis spät in die Nacht diskutierte und über die basisdemokratische Preisbestimmung möglicherweise eine intensivere Bindung ans Theater erfuhr.

Diese Erfahrung ist für das Theater sehr stabilisierend und entspricht letztlich den positiven Erfahrungen, die auch in der freien Wirtschaft mit Pricing-Modellen gemacht wurden. Aber es gab auch eine andere bedenkenswerte Erfahrung: Von knapp 1000 verfügbaren Plätzen blieben ca. 250 leer. Es bestand in der Zufallssituation dieses Abends keine ausreichende Nachfrage nach dem Klassiker „Nathan der Weise“ – auch nicht für null Euro. Es macht also weit mehr Sinn, Brot und Milch zu verschenken als Theater, auch das eine Erfahrung.

Das Theater bleibt also das Angebot für eine Partikulargesellschaft und nicht für die Gesellschaft als Ganzes, die es dennoch finanziert. Und auch finanzieren muss: Denn die Besucher haben gut gezahlt, aber nur auf der Basis gleichbleibender Subvention. Müsste das Theater ohne Subventionen ausschließlich von Besuchern finanziert werden, gäbe es in Hamburg nicht mehr die Möglichkeit, einen Shakespeare, Molière oder Lessing zu sehen. Damit sind wir wieder beim gesellschaftlichen Grundkonsens, der eben dies als „Wert“ behauptet. In Bezug auf das Thalia Theater kostet der Konsens die Bevölkerung pro Kopf zehn Euro jährlich, also eine Pizza oder drei Cent pro Tag ...

(2010)

Thalia Theater, Hamburg

1. Erarbeiten Sie aus dem Text: Welches Experiment hat das Thalia Theater durchgeführt? Zu welchen Ergebnissen führte es? Welche Schlussfolgerungen zieht der Autor (der Intendant des Theaters) daraus?
2. Führen Sie in Ihrem Kurs eine Befragung durch: Wer von Ihnen hätte das Angebot des Thalia Theaters wahrgenommen? Wie viel Eintritt hätten Sie gezahlt?
3. Vergleichen Sie Ihre Ergebnisse mit denen der tatsächlichen Aktion. Kommentieren und diskutieren Sie die Ergebnisse unter der Fragestellung: Was ist Theater heute (noch) wert?

[1] **ad libitum** (lat.): nach Belieben

Daniel Kehlmann (geb. 1975)

Einfach das Fernsehen einschalten

Daniel Kehlmann ist ein deutscher Schriftsteller. Bekannt wurde er mit Romanen wie „Die Vermessung der Welt“ oder „Ruhm“. Sein Vater war der Theaterregisseur Michael Kehlmann.

Unterdessen bleibt der Großteil der interessierten Menschen, die einstmals Publikum [im Theater] gewesen wären, daheim, liest Romane, geht ins Kino, kauft DVD-Boxen mit den intelligentesten amerikanischen Serien und nimmt Theater nur noch als fernen Lärm wahr, als Anlass für wirre Artikel im Feuilleton, als Privatvergnügen einer kleinen Gruppe folgsamer Pilger, ohne Relevanz für Leben, Gesellschaft und Gegenwart. „Das traurigste Gewerbe“, sagte Reinhardt[1] – und nicht selten ist man versucht, ihm zuzustimmen, sich abzuwenden und einfach das Fernsehen einzuschalten.

An die wundersamen Widersprüche denke ich, die jedes Mal von Neuem auf der Bühne zusammenfinden: Etwas, das jeden Abend passiert, passiert gerade in dem Moment zum ersten Mal und nie wieder genau so; es wird Gegenwart und ist doch pure Wiederholung; Figuren stehen vor uns und tun es doch nicht, sodass wir Zeugen sind bei einem Ereignis, das nicht wirklich geschieht, und zwar in einer Spontaneität, wie sie nur nach langem Proben möglich wird.

Film ist magisch, Theater aber ist paradox. Und das bleibt es selbst in der albernsten Gestalt, und das wird es noch sein, wenn man sich so mancher hochsubventionierten Absurdität nur noch mit amüsiertem Lächeln erinnert. „Nicht Verstellung ist die Aufgabe des Schauspielers“, so Reinhardt, „sondern Enthüllung.“ Die Wahrheit auszusprechen also über unsere von Konvention und Gewohnheit eingeschnürte Natur, die Wahrheit über das eine kurze Leben, das wir führen. Und über die unzähligen Leben, die wir darüber versäumen und denen wir nirgendwo anders begegnen können als in unserer Fantasie und in der Kunst.

(2009)

1. Wenn Sie im Unterricht vor der Wahl stünden, sich die Verfilmung eines literarischen Werkes anzuschauen oder eine Theateraufführung zu besuchen, für welche Möglichkeit würden Sie sich entscheiden?

[1] **Max Reinhardt** (1873–1943): österreichischer Theaterregisseur

2. Wofür plädiert Daniel Kehlmann und wie begründet er seine Haltung? Erläutern Sie in diesem Zusammenhang seine Aussage: „Film ist magisch, Theater aber ist paradox.“ (Z. 22) Welche Vorzüge und Nachteile der verschiedenen Darbietungsformen Theater und Film sehen Sie selbst?

3. Der von Kehlmann zitierte Max Reinhardt hat einmal gesagt: „Ich glaube an die Unsterblichkeit des Theaters. Es ist der seligste Schlupfwinkel für diejenigen, die ihre Kindheit heimlich in die Tasche gesteckt und sich damit auf und davon gemacht haben, um bis an ihr Lebensende weiterzuspielen.“ Diskutieren Sie diese Einschätzung.

4. Verdrängt der Film das Theater? Nehmen Sie begründet Stellung und fassen Sie Ihre Überlegungen in Form einer schriftlichen Erörterung zusammen.
   ➔ Argumentieren – Erörtern – Ein Überblick, s. S. 579 f.

Theater – heute und morgen

1. Äußern Sie Ihre Assoziationen zum Plakat der Schultheatertage sowie zu dem Foto, mit dem für die Theaterprojekte im Rahmen der „Ruhr 2010“ (Kulturhauptstadtjahr) geworben wurde. Überlegen Sie, welche Einschätzung von Theater jeweils zum Ausdruck kommt.

2. Stellen Sie sich vor, Sie sollten ein Werbeplakat für die Schultheatertage Ihrer Schule oder Stadt entwerfen. Skizzieren Sie Motiv und Slogan. Begründen Sie Ihren Vorschlag in einigen Sätzen.

2 Die Anfänge – das antike Theater

In jeder größeren Stadt gibt es heute einen Theaterbau, oft mit einem professionellen Ensemble, in manchen kleineren Orten existieren Volksbühnen und Laienspielscharen, an vielen Schulen werden Theater- und Schauspiel-Arbeitskreise angeboten. Aber woher kommt diese Tradition eigentlich? Wie entstand das Theater?

Die ältesten bekannten Wurzeln liegen in religiösen Ritualen der Frühzeit. Zur Verehrung von Ahnen oder zur Anbetung von Göttern vollführte ein Priester kultische Handlungen, die Gemeinde schaute dabei wie ein Publikum zu.

Genauere Kenntnisse über die Geburt des Theaters lassen sich erst aus Belegen der griechischen Antike ableiten, konkret aus Athen zur Zeit des 6. bis 5. vorchristlichen Jahrhunderts. Im Rahmen eines kultischen Festes zu Ehren des Gottes Dionysos führte man eine Art Dichterwettstreit durch:

Peter Simhandl (geb. 1939)

Dichterwettstreit im antiken Athen

Bevor das Fest begann, versicherte man sich durch einen symbolischen Akt der „Anwesenheit" des Dionysos[1]. Aus einem Dorf in der Umgebung holte man sein Kultbild, brachte es in einen kleinen Tempel außerhalb der Stadtmauern und geleitete es dann nach Einbruch der Dunkelheit mit einem Fackelzug zum Heiligentum in der Nähe des Theaters. Am Morgen des ersten Festtages fand eine prächtige Opferprozession statt, in der hölzerne Phalloi[2] mitgeführt wurden. Der Nachmittag war dem Wettkampf von Männerchören im Vortrag des Dithyrambos[3] vorbehalten. Die folgenden vier Tage standen ganz im Zeichen des Theaters. Am ersten kamen fünf, später nunmehr drei Komödien, an den folgenden jeweils eine Tragödien-Trilogie mit abschließendem Satyrspiel[4] zur Aufführung. Vor Beginn wurde ein Ferkel geschlachtet und sein Blut versprengt, um den Spielort und die versammelten Zuschauer zu entsühnen. Dann wurden aus den Vertretern der Stadtbezirke durch das Los die Schiedsrichter für den Wettkampf bestimmt. Am Schluss des Tragödien-Agon[5] entschieden sie über den Sieg und die Plätze. Der Chor wurde ausgezeichnet; der siegreiche Autor wurde bekränzt und erhielt einen staatlichen Ehrensold, wie auch die übrigen im Wettkampf vertretenen Dramatiker. Ihre Namen wurden in Stein gehauen und so der Nachwelt überliefert. Am Tag nach dem Dionysos-Fest wurde eine Volksversammlung abgehalten, in der man den ganzen Ablauf diskutierte und Änderungsvorschläge beschloss. Wie alle wichtigen Vorgänge in der Polis[6] von Athen unterlagen also auch die Theaterfeste der Kontrolle durch die Öffentlichkeit.

Die Dionysien waren ein Ereignis, an dem ein großer Teil der freien Bürger von Athen sowie Gäste aus den verbündeten Städten teilnahmen. Ob Frauen dabei waren, ist bis heute nicht geklärt. Sklaven hatten nur in Begleitung ihrer Herren Zutritt. Die männlichen Vollbürger saßen getrennt vom Rest des Publikums auf den besseren Plätzen, und zwar geordnet nach Stadtbezirken. Alle Zuschauer kamen bekränzt und in Festtagskleidern. Man brachte sich etwas zu essen mit und einen gehörigen Vorrat Wein; schließlich war dieser Saft dem Gott geweiht, dessen Fest man feierte. Es herrschte eine recht gehobene Stimmung und eine große Bereitschaft mitzugehen; Zeitgenossen berichten von häufigem Szenenapplaus und Zwischenrufen.

Antikes Theater in Ephesus

[1] **Dionysos:** Gott des Weines, der Freude, der Fruchtbarkeit und der Ekstase – [2] **Phalloi:** stilisierte Darstellung des männlichen Geschlechtsteils – [3] **Dithyrambos:** kultisches Weihelied auf Dionysos; im allgemeineren Sinne: Loblied, begeisternde Würdigung – [4] **Satyrspiel:** heiter-groteskes mythologisches Nachspiel einer Tragödientrilogie, dessen Chor aus Satyrn (Waldgeister, Begleiter des Dionysos in der griechischen Sage) bestand – [5] **Tragödien-Agon:** Wettkampf – [6] **Polis:** Stadtstaat

Aus dem Publikum kamen sachkundige Kommentare, denn die in den Tragödien[1] behandelten Mythen waren ja allgemein bekannt und ebenso die aktuellen Themen der Komödien. Die Leistungen der Schauspieler wurden streng kritisiert; spielte einer besonders schlecht, drohte man ihm Prügel an. Der Eintrittspreis wurde von einem Privatunternehmer erhoben, der mit dem Ordnungsdienst betraut war. Weil Geldmangel kein Hindernis sein sollte, den Aufführungen beizuwohnen, wurde unter Perikles das „Theorikon" eingeführt, ein staatliches Ausgleichsgeld für den Verdienstausfall während der im Theater verbrachten Zeit.

(2001)

Dionysostheater in Athen mit Orchestra, Proskenion und Skene (Zeichnung aus dem Jahr 1891)

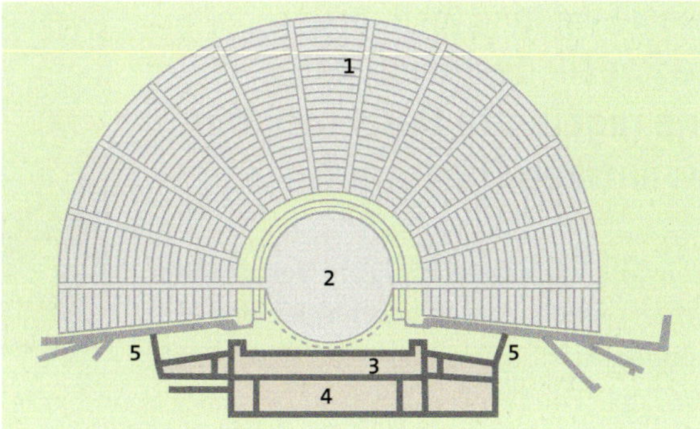

Skizze eines antiken Theaterbaus
1 – Theatron, die Zuschauerränge
2 – Orchestra, Bühne, Spielplatz für den Chor
3 – Proskenion, fassadenartiger Vorbau, der auch als Kulisse genutzt wurde
4 – Skene, Bühnenhaus
5 – Parados, Eingang zur Bühne und zum Zuschauerraum

1. Beschreiben Sie die Charakteristika des antiken Theaters. Legen Sie dazu Oberbegriffe fest, ordnen Sie die Detailinformationen des Textes diesen Oberbegriffen zu und erstellen Sie eine Mindmap. Benutzen Sie diese für einen kurzen mündlichen Vortrag.

2. Welche Elemente des antiken Theaters haben sich bis heute erhalten und was hat sich verändert?

3. Entwerfen Sie einen fiktiven Programmzettel für ein antikes Theaterfest.

Information

Theatermasken

Im antiken griechischen Theater benutzten die Schauspieler Masken, um den Charakter ihrer Figur zum Ausdruck zu bringen. Der Darsteller selbst verschwand so hinter seiner Rolle. Es gab tragische und komische Maskengesichter, die ausdrucksvoll, aber einfach gehalten waren, sodass auch die Zuschauer in den hinteren Rängen sie erkennen konnten. Neben der Typisierung der Rollen hatten die Masken darüber hinaus weitere Vorteile: Zum einen konnten mit einer begrenzten Anzahl von Schauspielern (traditionell nur drei Darsteller) mehrere Charaktere besetzt werden. Durch den Maskenwechsel konnte der Schauspieler schnell in eine andere Rolle schlüpfen – und auch Frauenrollen konnten durch das rein männliche Ensemble so übernommen werden. Zum anderen hatten die Masken den Effekt, durch den offenen Mundbereich die Stimme des Schauspielers zu verstärken und besser hörbar zu machen. Das lateinische Wort *personare* bedeutet *hindurchtönen*.

Der Dichter Euripides überreicht Skene, dem personifizierten Theater, eine Schauspielermaske.

[1] Das Wort **„Tragödie"** entstammt dem Theater der griechischen Antike und bezeichnet einen „Bocksgesang" bzw. „Gesang um den Bockspreis", griech. τραγωδια, *tragodía*. Beim Dionysoskult wurden Umzüge mit Maske und Bocksfell, griech. τραγοζ/*tragos*, zur Darstellung des Gottes selbst oder eines der ihn begleitenden Satyrn aufgeführt.

Melanie Prenting (geb. 1971)

Die Poetik des Aristoteles – Eine regelhafte Beschreibung des antiken Theaters

Das wohl wichtigste Zeugnis des antiken Theaters sind die Aufzeichnungen des Philosophen Aristoteles (384–322 v. Chr.) unter dem Titel „Poetik“. Diese Schrift begründete und prägte das Verständnis und die Theorie des Dramas über viele Jahrhunderte bis in die Neuzeit hinein und wurde zur Vorlage, auf die sich zahlreiche spätere Theoretiker beriefen oder von der sie sich abgrenzten. Aristoteles fasst in seiner Poetik die üblichen Gestaltungsmerkmale von Dramen seiner Zeit, wie er sie aus dem Werk berühmter Autoren wie Sophokles, Euripides und Aristophanes ableitet, zusammen. Er beschreibt also eher, als dass er Regeln aufstellt. Vermutlich gab es zwei Teile des Werks, von denen bis heute jedoch nur der erste erhalten ist, in dem Aristoteles über die Tragödie (und das Epos) nachdenkt. Dass es wohl noch einen zweiten Teil zur Komödie gab, ist nur aus Aristoteles' eigenen Verweisen zu erkennen.

In seiner Poetik definiert Aristoteles die Tragödie als Nachahmung (Mimesis) „einer guten und in sich geschlossenen Handlung von bestimmter Größe, in anziehend geformter Sprache“[1]. Die Schauspieler auf der Bühne „ahmen handelnde Menschen“ und deren gute oder schlechte Charakterzüge nach. Die Tragödie unterscheide sich dabei von der Komödie darin, dass in ihr „bessere Menschen, als sie in der Wirklichkeit vorkommen“, nachgeahmt würden, in der Komödie hingegen schlechtere. Ein tragischer Held in einer antiken Tragödie ist idealtypisch ein Mensch, der einen schicksalhaften Fehler (gr. *harmatia*) begeht.

Ödipus ist ein Beispiel für solch eine Figur: Ohne zu wissen, wer ihm gegenübersteht, tötet er seinen Vater und heiratet später ebenso unwissend seine Mutter. Gezeigt wird ein tragischer Konflikt, eine Verstrickung, in die der Held aufgrund seiner falschen Einschätzung geraten ist und aus der er sich selbst nicht mehr befreien kann. Die Handlung führt unweigerlich zur Katastrophe.

Diese „Zusammenfügung der Geschehnisse“ zu einer Handlung macht die Tragödie aus. Alle Charaktere und Ereignisse sollen auf den einen Handlungsstrang, Aristoteles nennt ihn auch die „Fabel“, ausgerichtet sein.

Als wesentliche Elemente des Dramas benennt Aristoteles die Handlung (gr. *mythos*), die Charaktere (gr. *ethos/ethe*), ihre Figurenrede (gr. *lexis*), dazu den „Gedanken“, die Absicht des Stückes (gr. *dianoia*), und die sinnliche Darbietung (gr. *opsis*), ergänzt durch Gesang und Musik (gr. *melodia*).

Aristoteles grenzt die Aufgabe des Dichters von der eines Geschichtsschreibers ab. Ein Dichter habe nicht die Aufgabe, „mitzuteilen, was wirklich geschehen ist, sondern vielmehr, was geschehen könnte, d. h. das nach den Regeln der Wahrscheinlichkeit oder Notwendigkeit Mögliche. Denn der Geschichtsschreiber und der Dichter unterscheiden sich nicht dadurch voneinander, dass sich der eine in Versen und der andere in Prosa mitteilt [...] sie unterscheiden sich vielmehr dadurch, dass der eine das wirklich Geschehene mitteilt, der andere, was geschehen könnte. Daher ist Dichtung etwas Philosophischeres und Ernsthafteres als Geschichtsschreibung; denn die Dichtung teilt mehr das Allgemeine, die Geschichtsschreibung hingegen das Besondere mit.“

So geht es in antiken Dramen in der Regel um grundlegende Fragen und Konflikte. Die Protagonistin in Sophokles' Drama „Antigone“ etwa sieht sich in der Zwickmühle zwischen menschlichem Gesetz und religiös begründeter moralischer Pflicht. Sie beerdigt ihren Bruder, der im Kampf um die Macht vor den Toren der Stadt getötet worden ist. Damit stellt sich Antigone gegen die Anweisung des Herrschers von Theben, der das Bestattungsverbot gegen den mutmaßlichen Landesverräter ausgesprochen hat, um die staatliche Ordnung zu garantieren.

Der Zuschauer dieser antiken Tragödien durchlebt laut Aristoteles Gefühle von „Schauder“ (gr. *eleos*) und „Jammer“ (gr. *phobos*). Durch dieses Miterleben und Mitleiden werde er von den Gefühlsregungen befreit. Diese Wirkung des Theaters nennt Aristoteles Katharsis, was so viel bedeutet wie innere Reinigung.

Die Übersetzung und Deutung des Katharsis-Effekts und der griechischen Begriffe *eleos* und *phobos* sind nicht unumstritten. Lessing übersetzte sie als *Mitleid* und *Furcht* und betonte so die moralische Läuterung und Besserung des Zuschauers als gewünschte Wirkung der Tragödie (siehe S. 102). Dadurch, dass der Zuschauer mit den Figuren auf der Bühne leide, falle es ihm anschließend leichter, selbst ethisch zu handeln.

➔ Lessings Dramentheorie, s. S. 101 ff.

[1] Zitate aus: Aristoteles: Poetik, übers. von Manfred Fuhrmann, Reclam, Stuttgart 1994

Modernere psychologisierende Deutungen verstehen Katharsis eher im Sinne eines Abbaus psychischer Spannungen, der zu einer Neuorientierung der Lebensgrundsätze sowohl bei Zuschauern wie auch Protagonisten führen soll.

Vor allem Bertolt Brecht hingegen wandte sich in seiner Theatertheorie (Episches Theater, siehe S. 111 ff.) gegen die Katharsis-Lehre, die ein emotionales Miterleben voraussetzt, und forderte einen distanzierten, kritischen Zuschauerblick.

➔ Brechts Dramentheorie, s. S. 111 ff.

Auch die Lehre von den drei Einheiten geht auf Aristoteles und das antike Theater seiner Zeit zurück. Man versteht darunter:

1. Die Einheit der Handlung: Jedes Drama soll eine einheitliche, geschlossene Handlung mit Anfang, Mitte und Ende besitzen.
2. Die Einheit der Zeit: Die Handlung findet in einer begrenzten Zeit statt, bei Aristoteles ist es ein einziger Sonnenumlauf.
3. Die Einheit des Ortes: Das Drama soll in der Regel an einem einzigen überschaubaren Ort spielen. Es finden sich zwar frühe antike Dramen, die an unterschiedlichen Handlungsorten spielen. Allerdings waren die Darstellungsmöglichkeiten für Ortswechsel begrenzt, da noch nicht in der Form mit mobilen Kulissen gearbeitet wurde, wie wir es heute kennen.

Diese poetologische Vorgabe der drei Einheiten behielt bis ins 18. Jahrhundert hinein ihre Gültigkeit. Erst Gotthold Ephraim Lessing löste sich von ihr und betonte den natürlichen Gang der Handlung, der sich nicht schematisch in die Formvorgaben setzen lasse.

(2012)

1. Stellen Sie aus dem Text eine Übersicht der wichtigsten Fachbegriffe und ihrer Erläuterungen zusammen.
2. Informieren Sie sich näher über den Inhalt einiger antiker Dramen, zum Beispiel der genannten „Antigone" und „König Ödipus", und weisen Sie die Merkmale der antiken Tragödie nach.
3. Verfassen Sie ein fiktives Gespräch zwischen Aristoteles und einem jungen, ambitionierten Schriftsteller seiner Zeit. Der angehende Dichter möchte von dem Philosophen einige Tipps bekommen, wie er gelungene und erfolgreiche Tragödien schreiben kann.
4. Auch heute noch gehört die Poetik des Aristoteles zu den Grundlagenwerken, mit denen sich auch angehende Drehbuchautoren befassen (siehe z. B. www.drehbuchwerkstatt.de). Finden Sie Gründe, warum diese antiken Regeln bis heute solche Relevanz haben.
5. Überlegen Sie, ob und wann auch heute ein Theater- oder Kinobesucher einen kathartischen Effekt der Aufführung erleben kann. Inwieweit kann z. B. ein Kriminalfilm diesen Effekt erzeugen?

Stefan Scherer (geb. 1961)

Rückgriff auf das aristotelische Formprinzip durch Gustav Freytag

Der Literaturwissenschaftler und Schriftsteller Gustav Freytag (1816–1895) beruft sich in seiner Schrift „Die Technik des Dramas" (1863) auf Aristoteles' Theorie. Das darf allerdings nicht so verstanden werden, dass er Aristoteles übersetzt hätte, schließlich ist dessen Konzeption nur in Fragmenten erhalten. Freytag setzt eigene Schwerpunkte, indem er idealtypisch den fünfaktigen Aufbau beschreibt und jedem Akt eine besondere Funktion für das Handlungsgefüge zuweist.

Gustav Freytag hat die „Technik" der geschlossenen Form nach dem Schema einer Pyramide visualisiert, das den fünfaktigen Ablauf der Tragödie abbildet:

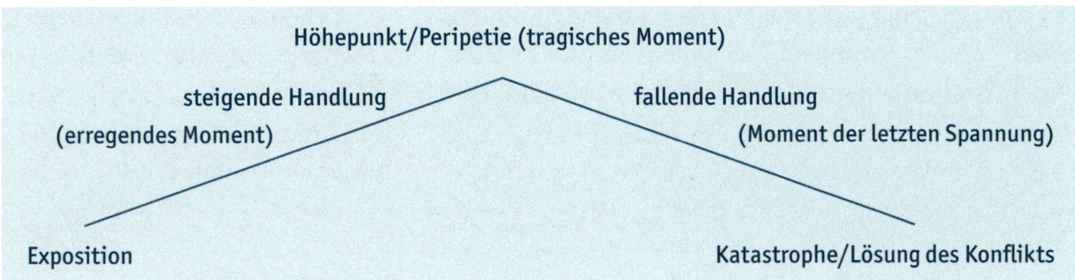

Die Exposition liefert zu Beginn des Dramas, genauer vor dem ersten Impuls einer Veränderung, dasjenige Wissen nach, das zum Verständnis der Handlung nötig ist: v.a. was die Voraussetzungen betrifft, die zur Beurteilung der aktuellen Situation relevant sind und so den daraus entstehenden Konflikt begründen. Die Exposition informiert zudem über die Konstellationen des Konflikts, u.a. dergestalt, dass Figuren in der Ausgangssituation darüber reden. Nach Begründung der Ausgangslage setzt die steigende Handlung die entscheidenden Aktivitäten der Hauptfiguren, des Protagonisten und des Antagonisten als Gegenspieler, in Gang. Dadurch tritt das „erregende Moment" in Kraft, indem sich im Für und Wider von Impulsen der dramatische Konflikt aufbaut – etwa durch die Intrige, also durch ein die Handlung begründendes Komplott, das deren Fortgang organisieren wird. In diesem Abschnitt wirkt damit ein erstes, handlungsveränderndes Moment. Es erregt beim Zuschauer gespanntes Interesse und kulminiert in der Peripetie als Höhepunkt der Spannungskurve im dritten Akt. An dieser Stelle scheint der Konflikt entschieden, weil die Handlung die entscheidende Wendung, die auf das katastrophale Ende hinführt, erfährt. Das retardierende Moment bezeichnet dann eine Verzögerung dieser Katastrophe, die nach den Regeln des französischen Klassizismus in den Tod des Protagonisten mündet: Kurzfristig scheint eine Lösung in Sicht, die aber tatsächlich nicht besteht. Das retardierende Moment verheißt damit noch einmal, dass dem bereits entschiedenen Ausgang zu entkommen sei, weil ein Ausweg aufscheint. Es bewirkt einen Spannungsabfall, der dennoch auf die Katastrophe hin zustrebt. Freytags Schema erscheint v.a. mit der Metapher der fallenden Handlung problematisch, zumal die Katastrophe „Teil des Falles ist, und zwar der gewichtigste" […].

Die Komödie ist im Unterschied zur Tragödie weniger streng organisiert, und zwar allein aufgrund des stärkeren Situationsbezugs ihrer komischen Episoden, sodass sich hier der Ablauf der Handlung offener gestalten kann.

Auf die Formel gebracht, basiert die Organisationslogik des Dramas der geschlossenen Form auf der Funktionalität aller Teile: Sämtliche Elemente sind unselbstständig, mit anderen Worten eingespannt zwischen einem Vorangehenden und Nachfolgenden. Die Handlung ist daher final (zielgerichtet), kausal-linear und vollständig durch die Ganzheit von Anfang, Mitte und Schluss (Aristoteles). Sie ist zudem einsträngig, d.h., es gibt keine Episoden und möglichst keine Nebenhandlungen. Die Geschlossenheit zeigt sich insgesamt in einer stringenten Abfolge der Sequenzen, bestehend aus einer voraussetzungslosen Exposition, einem Konflikt und dem Finale, das die endgültige Lösung des Konflikts herbeiführt. In der Exposition wird die Handlung kunstförmig aus einer Ausgangssituation heraus entwickelt. Sie muss nicht notwendig sogleich die gesamte Vorgeschichte liefern, denn die sukzessive Enthüllung wichtiger Elemente zum Verständnis der Handlung erweist sich als dramaturgisch geschickter, weil sie den Zuschauer durch gezielte Informationslenkung bei der Stange hält. *(2010)*

1. Überprüfen Sie ein Drama, das Sie im Unterricht lesen oder gelesen haben, inwiefern es Freytags Formprinzip entspricht oder nicht.

2. Inwiefern folgen auch Spielfilme oder Krimis den Grundprinzipien von Freytags Beschreibung des idealtypischen Aufbaus eines Dramas?

3. Der strenge Aufbau, wie Freytag ihn beschreibt, wird in vielen modernen Dramen aufgehoben. Diskutieren Sie mögliche Gründe dafür.

4. **Was Sie noch machen können:**
   a) Sie haben im vorangehenden Kapitel viele Informationen über das antike Theater erarbeitet und erhalten. Gestalten Sie eine Mindmap oder planen Sie die Struktur einer Homepage, auf der alle Informationen noch einmal stichwortartig zusammengefasst und vernetzt werden.
   b) Recherchieren Sie im Internet oder in Lexika zu einem der drei großen griechischen Tragödiendichter Aischylos, Sophokles und Euripides oder zu dem Komödiendichter Aristophanes. Stellen Sie Ihrem Kurs den Dramatiker Ihrer Wahl und ein oder zwei seiner bekanntesten Werke vor
   c) Verfassen Sie einen informierenden Sachtext zum Thema „Das antike Theater".

➔ Einen informierenden Text mithilfe von Materialien verfassen, s. S. 573 f.

3 Das deutsche Theater im 18. Jahrhundert

Seit seiner Entstehung in der Antike hat sich das Theater immer wieder verändert. Im Mittelalter etwa waren Mysterienspiele die wichtigste Theaterform. Vor einem frommen Publikum wurden Bibel- und Heiligenlegenden aufgeführt. Später, etwa ab dem 13. Jahrhundert, kamen Passionsspiele hinzu. Diese geistlichen Darbietungen wollten die christliche Lehre sowohl in unterhaltender als auch in moralisch-belehrender Form vermitteln. Im Barock erlebte die Theaterkultur einen Aufschwung: Das einfache Volk ergötzte sich an den derben Stücken von Wanderschauspielern, die oberen Schichten erfreuten sich an den aufwendig in Szene gesetzten Bühnenwerken, weniger in deutscher Sprache als mehr von italienischen oder französischen Autoren, die am Hofe gut gelitten waren. An den prunkvollen barocken Theaterbauten und Opernhäusern erkennt man zum Teil noch heute den repräsentativen Charakter des Theaters der damaligen Zeit – vor allem in der höfischen Gesellschaft und in den Städten. Wie für den Barock typisch, zeigt sich jedoch auch hier die Dichotomie[1] von Lebenslust und Bewusstsein der Vergänglichkeit. So wurde in Märtyrerdramen die Standhaftigkeit im Glauben bis in den Tod hinein als Ideal gezeigt – und selbst die Komödien dieser Zeit haben einen moralisierenden Grundton, wenn am Ende Hochmut bestraft und Tugenden belohnt werden.

Mit der Reformation fand ein Wandel im Zeitgeist statt, Auswüchse religiöser Volksfrömmigkeit wurden infrage gestellt. Das Theater gewann erst nach und nach wieder an Bedeutung und gelangte im 18. Jahrhundert mit der Aufklärung wieder zur Blüte.

Schlosstheater Schwetzingen

Theo Herold, Hildegard Wittenberg

Die Situation des deutschen Theaters im 18. Jahrhundert

[Zum Beispiel] Mannheim war eines der deutschen *Hoftheater*, wie es sie in vielen Fürstentümern gab. Neben dem französischen Drama war vor allem die italienische Oper ein Lieblingskind der Hofgesellschaft, stellte sie doch eine glanzvolle Repräsentationsform höfischen Lebens dar. Selbst die Architektur diente diesem Zweck mit ihrer Anordnung der Ränge und Sitze, die je nach gesellschaftlicher Stellung am Hofe vergeben wurden. Wer nicht zum Adel oder zum Hofstaat gehörte, hatte nur in Ausnahmefällen das Glück, eine Opern- oder Theateraufführung bei Hofe mitzuerleben. Getragen wurden Oper und Theater am Hof in der Regel von fest engagierten französischen und italienischen Schauspielergesellschaften. Ihre finanzielle Sicherheit stand als verlockendes Ziel vor den deutschen Schauspielergesellschaften.

Neben dem Hoftheater gab es in Deutschland das *Wandertheater*. Der soziale Unterschied zwischen Wander- und Hoftheater war vor allem durch das Publikum bestimmt. In beiden Fällen handelte es sich um Berufsschauspieler. Die einen traten jedoch vor dem „Pöbel“ auf, die anderen vor der höfischen Gesellschaft. Dieser Unterschied wirkte sich auf das Sozialprestige der Schauspieler aus.

Immer wieder bemühten sich Schauspielergesellschaften darum, „hoffähig“ zu werden; denn das bedeutete zugleich auch ihre finanzielle Sicherung. Aber Erfolg hatten die wenigsten. Die Schwierigkeiten dieser Gesellschaften, am Hofe zu spielen, hingen damit zusammen, dass die italienische Oper und das französische Drama bevorzugt wurden. Gespielt wurde in französischer Sprache und nach französischer Manier. Und die

[1] **Dichotomie:** Gliederung in einen Begriff und dessen Gegenteil

Schauspieler des Wandertheaters scheiterten oft an der Unkenntnis der fremden Sprache und des Darstellungsstils.

Die Wanderbühnen arbeiteten mit wenig Aufwand. Sie spielten in Bretterbuden, Wirtshaussälen oder gar unter freiem Himmel und waren technisch nur mit dem Notwendigsten ausgerüstet, mussten ihre Kostüme selbst nähen, die Kulisse malen und die Textbücher herstellen. Nur die größten Schauspielergesellschaften wie die Neuber'sche, Schonemann'sche, Ackermann'sche erlangten überregionale Bedeutung.

Die Prinzipale [d.h. die Leiter der Gesellschaften], durchweg selbst Schauspieler, betrieben das Theater als Geschäft. Sie versuchten, so effektiv wie möglich das Unterhaltungsbedürfnis ihres Publikums zu befriedigen. Der Staat kontrollierte das Wandertheater lediglich hinsichtlich der Privilegien. Ein Privileg war nichts anderes als ein Gewerbeschein, der erlaubte, in einem bestimmten Gebiet zu spielen. Wer kein Privileg besaß, durfte nicht auftreten. Der Aufenthalt an einem Spielort richtete sich nach den Einnahmen. Gingen sie zurück, wurde der Ort gewechselt. Die durchschnittliche Größe einer Schauspielergesellschaft betrug zwischen 15 und 20 Mitgliedern. Nicht jeder Schauspieler war für alle Rollen verwendbar, sondern jeder Schauspieler beherrschte bestimmte Rollenfächer, die durch eine lange Bühnentradition typisiert waren. Dass auf der Bühne des Wandertheaters durchgängig Hochdeutsch gesprochen wurde, war bis in die zweite Hälfte des 18. Jahrhunderts nicht selbstverständlich. Dialekt war keineswegs verpönt.

(1983)

1. Stellen Sie die Unterschiede zwischen Hoftheater und Wandertheater in einer Tabelle dar. Wählen Sie dazu geeignete Vergleichsaspekte.
2. Was bedeutete die beschriebene Situation für das am Theater interessierte Bürgertum? Inwiefern fanden sich die Bürger in dieser Theaterlandschaft wieder?

Hoftheater Kassel (18. Jahrhundert)

Adam Frans van der Meulen: Der alte Pferdemarkt in Brüssel, um 1666 (Wanderbühne)

Melanie Prenting (geb. 1971)

Eine Reform der Theaterlandschaft im 18. Jahrhundert

Die Aufführungen der Wanderbühnen, wie sie der Schriftsteller, Dramaturg und Literaturtheoretiker Johann Christoph Gottsched (1700–1766) noch zu Beginn des 18. Jahrhunderts erleben konnte, beschreibt dieser als „schwülstige, mit Harlekinslustbarkeiten untermengte Haupt- und Staatsaktionen, lauter unnatürliche Romanstreiche und Liebesverwirrungen, lauter pöbelhafte Fratzen und Zoten“. Die Stücke wurden von fahrenden Bühnen etwa zur Volksbelustigung auf Jahrmärkten aufgeführt. Es handelte sich eher um eine Art Improvisationstheater, bei dem die Schauspieler sich nicht an literarische Vorlagen hielten, sondern spontan und oft überzeichnet bestimmte Charaktertypen darstellten. Die Witze waren derb, die Darstellung eher körper- als textbetont.

Als Aufklärer stand Gottsched dem übertriebenen, sinnlichen und improvisierten Theater mehr als skeptisch gegenüber. Er strebte eine umfassende Reform der Theaterlandschaft an: Die Stücke sollten sich an strengen literarischen Regeln orientieren und einen vernünftig-logischen Gehalt mit einer moralischen Lehrabsicht haben. Die Figuren sollten nicht überzeichnet-karikiert sein. Gottsched fand seine Vorbilder in den Formvorgaben der Antike und des französischen Theaters. Sein Kritiker Gotthold Ephraim Lessing hingegen suchte seine Vorbilder in der englischen Theatertradition, namentlich bei William Shakespeare.
Als eine der Maßnahmen zur Verbesserung der Qualität und des Niveaus der Stücke versuchte Johann Christoph Gottsched, die typische Figur des Hanswurst, der im Wandertheater in oft derber Sprache die Handlung kommentierte und vorantrieb, von der deutschsprachigen Bühne zu verbannen. Er arbeitete daran gemeinsam mit der Schauspielerin und Theaterleiterin Friederike Caroline Neuber, die aber auch feststellen musste, dass der Verzicht auf die beliebte und bekannte Figur wirtschaftliche Einbußen mit sich brachte. Dennoch wurde der Hanswurst im Jahr 1737 symbolisch auf der Bühne ihres Theaters in Leipzig verbrannt. Dieser Akt gilt als eine Art Wegmarkierung des bildungsbürgerlichen deutschen Stadttheaters.

Gottsched, Neuber, Lessing und ihre Zeitgenossen versuchten, trotz unterschiedlicher Akzentsetzungen mit ihren neuen Vorstellungen vom Theater auch der zunehmenden Bedeutung und dem stärker werdenden Einfluss des Bürgertums nachzukommen. Weder in den Spektakeln der Wandertheater noch in den Darbietungen des Hoftheaters fand diese Schicht sich wieder. Vom „Pöbel“ grenzte man sich ab, und zu den Aufführungen der Hoftheater – hauptsächlich italienische Opern und Stücke der französischen Klassik – hatte man keinen Zugang, da das Publikum überwiegend auf Adelige und Hofangehörige beschränkt war.
Das so entstehende bürgerliche Theater verstand sich mehr und mehr auch als Medium, eine nationale Identitätsbildung der Deutschen zu unterstützen. Ziel war es, eine Bühne für alle Deutschen zu schaffen und so auch die soziale Aufspaltung in Hof- und Wandertheater aufzuheben. Transportiert werden sollte eine sittliche Bildung, die über weltliche Gesetze hinausging und die Werte und Moralvorstellungen des Bürgers vertrat. Friedrich Schiller entwirft in seiner Rede „Was kann eine gute stehende Schaubühne eigentlich wirken?“ ein programmatisches Bild der Wirkung eines solchen Nationaltheaters.
Der Aufstieg der Nationaltheater (in Wien, Mannheim, Berlin und München etwa) ging letztlich jedoch von den Höfen aus. Die Gründe hierfür sind vielfältig: Zum einen hatten sie die finanziellen Mittel zur Einrichtung solcher Bühnen, zum anderen hatten die Herrschenden auch ein politisches Interesse daran, das bürgerliche Theater nicht allzu unkontrollierbar sich selbst zu überlassen.

(2012)

1. Listen Sie auf, welche Ansprüche Gottsched an das Theater stellte.
2. Überlegen und diskutieren Sie, inwieweit in dieser Zeit einer fehlenden nationalen Einheit das Theater zu einer „nationale[n] Identitätsbildung der Deutschen“ (Z. 64 ff.) beitragen kann.

Johann Christoph Gottsched (1700–1766)

Versuch einer kritischen Dichtkunst vor die Deutschen

Johann Christoph Gottsched war ein deutscher Schriftsteller, Dramatiker und Literaturtheoretiker. Er war unter anderem Professor für Poetik an der Universität Leipzig und setzte sich als leitendes Mitglied der „Deutschen Gesellschaft" für eine umfassende Reform des Theaters ein.

Wie eine gute tragische Fabel gemacht werden müsse ...

11. §. [...] Der Poet wählet sich einen moralischen Lehrsatz, den er seinen Zuschauern auf eine sinnliche Art einprägen will. Dazu ersinnt er sich eine allgemeine Fabel, daraus die Wahrheit eines Satzes erhellet. Hiernächst sucht er in der Historie solche berühmte Leute, denen etwas Ähnliches begegnet ist: und von diesen entlehnet er die Namen, für die Personen seiner Fabel, um derselben also ein Ansehen zu geben. Er erdenket sodann alle Umstände dazu, um die Hauptfabel recht wahrscheinlich zu machen, und das werden die Zwischenfabeln, oder Episodia nach neuer Art, genannt. Dieses teilt er dann in fünf Stücke ein, die ohngefähr gleich groß sind, und ordnet sie so, dass natürlicher Weise das letztere aus dem vorhergehenden fließet; bekümmert sich aber weiter nicht, ob alles in der Historie wirklich so vorgegangen, oder ob alle Nebenpersonen wirklich so, und nicht anders geheißen haben. [...]

13. §. Diese Fabel ist nun geschickt, Schrecken und Mitleiden zu erwecken, und also die Gemütsbewegungen der Zuschauer auf eine der Tugend gemäße Weise zu erregen. [...]

20. §. Ich komme nunmehro auf die Charaktere der Tragödie, dadurch die ganze Fabel ihr rechtes Leben bekömmt. [...] Es muss also der Poet seinen Hauptpersonen eine solche Gemütsbeschaffenheit geben, daraus man ihre künftigen Handlungen wahrscheinlich vermuten, und wenn sie geschehen, leicht begreifen kann. Sogleich in dem ersten Auftritte, den sie hat, muss sie ihr Naturell, ihre Neigungen, ihre Tugenden und Laster verraten; dadurch sie sich von andern Menschen unterscheidet. [...]

21. §. [E]in Poet [muss] die Personen, die aus der Historie schon bekannt sind, genau bei dem Charaktere lassen [...], den man von ihnen längst gewohnt ist. [...] Ein widersprechender Charakter ist ein Ungeheuer, das in der Natur nicht vorkömmt: daher muss ein Geiziger geizig, ein Stolzer stolz, ein Hitziger hitzig, ein Verzagter verzagt sein und bleiben; es würde denn in der Fabel durch besondere Umstände wahrscheinlich gemacht, dass er sich ein wenig geändert hätte. Denn eine gänzliche Änderung des Naturells oder Charakters ist ohnedies in so kurzer Zeit unmöglich.

22. §. Nichts ist von Charakteren mehr übrig zu sagen, als dass nur die Hauptpersonen dergleichen haben müssen. Die Bedienten derselben, die fast allezeit in fremdem Namen handeln oder tun, dürfen keine besondere Gemütsart haben: zum Wenigsten haben sie selten Gelegenheit, dieselbe blicken zu lassen. Doch ist es in solchen Fällen, wo sie Gelegenheit dazu hätten, auch unverboten. [...]

(1730)

1. Stellen Sie dar, worin Gottsched die Hauptaufgabe des Theaters sieht.
2. Was verspricht er sich von seiner Poetik?
3. Welche Funktion kommt der Gestaltung der Charaktere in diesem Zusammenhang zu?
4. Weisen Sie nach, in welchen Punkten Gottsched die Tragödientheorie des Aristoteles wieder aufnimmt.

➔ Die Poetik des Aristoteles, s. S. 94 f.

Gotthold Ephraim Lessing (1729–1781)

Siebzehnter Brief die neueste Literatur betreffend

Gotthold Ephraim Lessing war der wichtigste Dichter der deutschen Aufklärung. Mit seinen Dramen und theoretischen Schriften, die vor allem dem Toleranzgedanken verpflichtet waren, hat er der weiteren Entwicklung des Theaters einen wesentlichen Weg gewiesen und die öffentliche Wirkung von Literatur nachhaltig beeinflusst.
Lessing ist, neben dem Verleger und Schriftsteller Friedrich Nicolai sowie dem Philosophen Moses Mendelssohn, einer der drei Autoren, der sich in den „Briefen die neueste Literatur betreffend" in manchmal aggressiv-polemischem Ton zur Diskussion über die Literatur seiner Zeit äußert. Im 17. Brief wendet Lessing sich scharf gegen Gottsched und dessen Theaterauffassung.

16. Februar 1759

„Niemand", sagen die Verfasser der Bibliothek[1], „wird leugnen, dass die deutsche Schaubühne einen großen Teil ihrer ersten Verbesserung dem Herrn Professor Gottsched zu danken habe." Ich bin dieser Niemand; ich leugne es geradezu. Es wäre zu wünschen, dass sich Herr Gottsched niemals mit dem Theater vermengt hätte. Seine vermeinten Verbesserungen betreten entweder entbehrliche Kleinigkeiten, oder sind wahre Verschlimmerungen.

Als die Neuberin[2] blühte, und so mancher den Beruf fühlte, sich um sie und die Bühne verdient zu machen, sah es freilich mit unserer dramatischen Poesie sehr elend aus. Man kannte keine Regeln; man bekümmerte sich um keine Muster. Unsre Staats- und Helden-Aktionen waren voller Unsinn, Bombast, Schmutz und Pöbelwitz. Unsre Lustspiele bestanden in Verkleidungen und Zaubereien; und Prügel waren die witzigsten Einfälle derselben. Dieses Verderbnis einzusehen, brauchte man eben nicht der feinste und größte Geist zu sein. Auch war Herr Gottsched nicht der Erste, der es einsah; er war nur der Erste, der sich Kräfte genug zutraute, ihm abzuhelfen. Und wie ging er damit zu Werke? Er verstand ein wenig Französisch und fing an zu übersetzen; er ermunterte alles, was reimen und „Oui, Monsieur" verstehen konnte, gleichfalls zu übersetzen; er verfertigte, wie ein Schweizerischer Kunstrichter sagt, mit Kleister und Schere seinen „Cato"[3]; [...] er legte seinen Fluch auf das Extemporieren[4]; er ließ den Harlekin[5] feierlich vom Theater vertreiben, welches selbst die größte Harlekinade war, die jemals gespielt worden; kurz, er wollte nicht sowohl unser altes Theater verbessern, als der Schöpfer eines ganz neuen sein. Und was für eines neuen? Eines Französierenden; ohne zu untersuchen, ob dieses französierende Theater der deutschen Denkungsart angemessen sei, oder nicht.

Er hätte aus unsern alten dramatischen Stücken, welche er vertrieb, hinlänglich abmerken können, dass wir mehr in den Geschmack der Engländer, als der Franzosen einschlagen; dass wir in unsern Trauerspielen mehr sehen und denken wollen, als uns das furchtsame französische Trauerspiel zu sehen und zu denken gibt; dass das Große, das Schreckliche, das Melancholische, besser auf uns wirkt als das Artige, das Zärtliche, das Verliebte; dass uns die zu große Einfalt mehr ermüde, als die zu große Verwickelung etc. Er hätte also auf dieser Spur bleiben sollen, und sie würde ihn geraden Weges auf das englische Theater geführet haben. – Sagen Sie ja nicht, dass er auch dieses zu nutzen gesucht; [...]

Wenn man die Meisterstücke des Shakespeare, mit einigen bescheidenen Veränderungen, unsern Deutschen übersetzt hätte, ich weiß gewiss, es würde von bessern Folgen gewesen sein, als dass man sie mit dem Corneille und Racine[6] so bekannt gemacht hat. Erstlich würde das Volk an jenem weit mehr Geschmack gefunden haben, als es an diesen nicht finden kann; und zweitens würde jener ganz andere Köpfe unter uns erweckt haben, als man von diesen zu rühmen weiß. Denn ein Genie kann nur von einem Genie entzündet werden; und am leichtesten von so einem, das alles bloß der Natur zu danken zu haben scheinet, und durch die mühsamen Vollkommenheiten der Kunst nicht abschrecket. [...]

[1] **Bibliothek:** Gemeint ist die Zeitschrift „Bibliothek der schönen Wissenschaften und freien Künste". – [2] **die Neuberin:** Friederike Caroline Neuber (1697–1760), Schauspielerin und Leiterin eines Theaterensembles – [3] **Cato:** Gemeint ist das Werk „Sterbender Cato", ein Trauerspiel von Gottsched. – [4] **extemporieren:** Improvisation, Stegreifspiel auf der Bühne – [5] **Harlekin:** lustige Bühnenfigur aus der Tradition der Commedia dell'Arte – [6] **Corneille** (1606–1684) und **Racine** (1639–1699): französische Dramatiker

Dass aber unsre alten Stücke wirklich sehr viel Englisches gehabt haben, könnte ich Ihnen mit geringer Mühe weitläuftig beweisen. Nur das bekannteste derselben zu nennen; „Doktor Faust“ hat eine Menge Szenen, die nur ein Shakespeare'sches Genie zu denken vermögend gewesen. Und wie verliebt war Deutschland, und ist es zum Teil noch, in seinen „Doktor Faust“! Einer von meinen Freunden verwahret einen alten Entwurf dieses Trauerspiels, und er hat mir einen Auftritt daraus mitgeteilt, in welchem gewiss ungemein viel Großes liegt.

(1759)

1. Gliedern Sie den Text in Sinnabschnitte und fassen Sie den Inhalt jedes Abschnitts in einer Zwischenüberschrift zusammen.
2. Welche Unterschiede zwischen dem englischen und dem französischen Theater sieht Lessing? Mit welcher Begründung gibt er dem englischen den Vorzug?
3. Untersuchen Sie, welche rhetorischen Mittel Lessing verwendet, um seine Kritik zu formulieren.
4. Formulieren Sie mit eigenen Worten, was Lessing an Gottsched kritisiert. Schreiben und spielen Sie ein Streitgespräch zwischen beiden.

Gotthold Ephraim Lessing (1729 – 1781)
Hamburgische Dramaturgie

Die Hamburgische Dramaturgie ist eine Sammlung von dramentheoretischen Beiträgen Gotthold Ephraim Lessings. Sie wurde veröffentlicht in den Jahren 1767 – 69 anlässlich der Gründung des Hamburger Nationaltheaters, als dessen Dramaturg der Autor berufen wurde. Ursprünglich sollte es sich um ein „kritisches Register“ aller aufzuführenden Stücke handeln. Nach Differenzen mit den Schauspielern ging Lessing jedoch dazu über, grundsätzliche Probleme des Theaters zu erörtern.

Über das Mitleid

Die Namen von Fürsten und Helden können einem Stücke Pomp und Majestät geben; aber zur Rührung tragen sie nichts bei. Das Unglück derjenigen, deren Umstände den unsrigen am nächsten kommen, muss natürlicherweise am tiefsten in unsere Seele dringen; und wenn wir mit Königen Mitleiden haben, so haben wir es mit ihnen als mit Menschen, und nicht als mit Königen.

Mitleid und Furcht

Denn er, Aristoteles, ist es gewiss nicht, der die mit Recht getadelte Einteilung der tragischen Leidenschaften in Mitleid und Schrecken gemacht hat. Man hat ihn falsch verstanden, falsch übersetzt. Er spricht von Mitleid und Furcht, nicht von Mitleid und Schrecken; und seine Furcht ist durchaus nicht die Furcht, welche uns das bevorstehende Übel eines andern, für diesen andern, erweckt, sondern es ist die Furcht, welche aus unserer Ähnlichkeit mit der leidenden Person für uns selbst entspringt; es ist die Furcht, dass die Unglücksfälle, die wir über diese verhängt sehen, uns selbst treffen können; es ist die Furcht, dass wir der bemitleidete Gegenstand selbst werden können. Mit einem Worte: diese Furcht ist das auf uns selbst bezogene Mitleid.

Katharsis

Da nämlich, es kurz zu sagen, diese Reinigung in nichts anders beruhet, als in der Verwandlung der Leidenschaften in tugendhafte Fertigkeiten, bei jeder Tugend aber, nach unserm Philosophen, sich diesseits und jenseits ein Extremum findet, zwischen welchem sie innestehet: so muss die Tragödie, wenn sie unser Mitleid in Tugend verwandeln soll, uns von beiden Extremis des Mitleids zu reinigen vermögend sein; welches auch von der Furcht zu verstehen. Das tragische Mitleid muss nicht allein, in Ansehung des Mitleids, die Seele desjenigen reinigen, welcher zu viel Mitleid fühlet, sondern auch desjenigen, welcher zu wenig empfindet.

(1769)

1. Wie steht Lessing zur sogenannten Ständeklausel, d. h. zu der Regel aus der Tradition des Hoftheaters, dass die Charaktere eines Stücks adelig sein müssen?
2. Beschreiben Sie, worin Lessing die Funktion und Wirkabsicht des Theaters sieht.
3. Zeigen Sie, wie Lessing auf die Dramentheorie des Aristoteles zurückgreift.

➔ Die Poetik des Aristoteles, s. S. 94 f.

4. In einem Brief an den Schriftsteller und Verlagsbuchhändler Friedrich Nicolai vom 13.11.1756 schreibt Lessing: „Der mitleidigste Mensch ist der beste Mensch, zu allen gesellschaftlichen Tugenden, zu allen Arten der Großmut der aufgelegteste.“ Erklären Sie, welchen Beitrag das Theater dazu leisten kann, solche Charaktereigenschaften hervorzurufen und zu formen.

Jörg von Brincken (geb. 1969), Andreas Englhart (geb. 1964)

Theater als Medium der bürgerlichen Öffentlichkeit im 18. Jahrhundert

Um die Mitte des 18. Jahrhunderts entstand mit dem bürgerlichen Trauerspiel eine neue dramatische Form, die sich vor allem dadurch auszeichnete, dass sie, was die Handlung und die Figuren betrifft, die Lebenswelt des bürgerlichen Publikums abbildete. Mit der vertrauten Lebenswelt war vor allem der familiär-häusliche Bereich gemeint. Die Kleinfamilie entzog sich dabei als Refugium des Bürgers zunehmend dem Herrschaftsbereich des Adels. Zugleich wurde jedoch der Hausvater als neuer „Herrscher" eingesetzt.

Eigentlich ist der Begriff des bürgerlichen Trauerspiels früher eingeführt worden als die dramatische Form, wie wir sie heute kennen. Schon in den 30er-Jahren des 18. Jahrhunderts sprach man in Frankreich von der *tragédie domestique et bourgeoise*, [...] Johann Christoph Gottsched empfahl dieses 1751 in seiner *Critischen Dichtkunst* als bürgerliches Trauerspiel; heute würden wir dieses als Tragikkomödie bezeichnen. Gottsched installierte das französische klassische Vorbild vor dem Hintergrund des stärker werdenden rationalistischen Denkens. Er forderte, dass die Handlung an den angeblichen Regeln der aristotelischen Poetik Maß nehmen und von einem moralischen Lehrsatz her entwickelt werden sollte. Gotthold Ephraim Lessing widersprach dem Professor Gottsched, der auch der Herausgeber einer „Moralischen Wochenschrift" war, heftig. Er bevorzugte die regellosen Dramaturgien der Shakespeare'schen Dramen.

Entscheidend für das bürgerliche Trauerspiel war dann nicht Frankreich, sondern das sich empirischer[1] ausrichtende England. [...] Dass England eine Vorreiterrolle übernahm, war keineswegs ein Zufall, da sich dort das Bürgertum schon im 17. Jahrhundert mit der *Declaration of Rights* und der konstitutionellen Monarchie seinen Aufstieg früh erkämpfte. Neu war, dass in den Dramen bürgerliche Helden, von ihrem Beruf her Kaufleute, agierten, die sich über ihren persönlichen wirtschaftlichen Erfolg definierten und innerhalb der Gemeinschaft der Händler auf ihr Ansehen achteten.

Dass etwas Neues für die bürgerliche Bühne gesucht wurde, hatte seinen Grund auch darin, dass den bürgerlichen Zuschauern die Haupt- und Staatsaktionen zunehmend fremd wurden; sie hatten Mühe, sich damit zu identifizieren, denn sie entsprachen immer weniger ihrer sich verändernden Lebenswelt. Die Ständeklausel, welche die dramatische Gattung definierte, fiel. Der Bürger, bis dahin nur Held der Komödie, wurde tragödienfähig. Das hatte er sich auch aufgrund seiner wirtschaftlichen Tüchtigkeit, seines individuellen Erfolgs, seiner Intelligenz und seiner überlegenen Moral verdient.

In Deutschland war es dann Lessing, der die Ständeklausel verabschiedete. Damit die bürgerlichen Zuschauer sich mit dem Helden des Dramas identifizieren konnten, war es seiner Meinung nach notwendig, dass der Held vollkommen so denken und handeln müsste, wie es der Zuschauer in derselben Situation gedacht oder getan hätte. Das betraf den gesellschaftlichen, insbesondere den beruflichen Alltag, aber auch den innerfamiliären Bereich. In diesem suchte der bürgerliche Held seinen Halt: Die bürgerliche Familie fundierte seine eigene Welt, daher war sie zu schützen, ihr Zusammenhalt durfte nicht gefährdet sein.

Verallgemeinernd lässt sich feststellen, dass sich im bürgerlichen Trauerspiel und seinen trivialen Nachahmerstücken die Handlung vom öffentlichen, gesellschaftspolitischen Leben in die familiär-häusliche Welt verlagerte, während paradoxerweise die Diskussion darüber in der gerade entstehenden bürgerlichen Öffentlichkeit der Lesezirkel, der Salons, des zunehmenden Buchmarktes und des sich dem bürgerlichen Publikum öffnenden stehenden Theaters stattfand. Mit dem Wandel der dramatischen Form veränderte sich der Begriff des Tragischen. War es bis dahin so, dass der Held in der klassischen Tragödie ein grausames Schicksal erlitt, das sich weitgehend seinem Einfluss entzog, so wurde der bürgerliche Held und damit auch der Zuschauer nun zunehmend damit konfrontiert, dass ein ungünstiges Schicksal auf den eigenen Charakter und dessen eigenes Verhalten zurückzuführen war. Das bedeutete für den Bürger ganz konkret eine wachsende Zuschreibung an Eigenverantwortlichkeit.

(2008)

[1] **empirischer:** hier: am konkreten Leben orientiert

1. Stellen Sie zusammen, welche Neuerungen das Theater durch das bürgerliche Trauerspiel erfährt.
2. Verfassen Sie einen kurzen Lexikonartikel über die Theaterauffassung im Sinne Lessings, in dem Sie die wesentlichen Aussagen der Textauszüge dieses Kapitels zusammenfassend darstellen.

➔ Einen informierenden Text mithilfe von Materialien verfassen, s. S. 573 f.

➔ Die Epoche der Aufklärung, s. S. 152–162.

4 Die Stürmer und Dränger: Goethes und Schillers Sicht des Theaters

Johann Wolfgang von Goethe verfasste und hielt die „Rede zum Shakespeares-Tag“ im Jahr 1771. Sie gilt als einer der bedeutendsten theoretischen Texte des Sturm und Drang. Goethe formuliert hier seine frühe Kunstauffassung. Mit pathetischen Worten „entsagt“ er einer streng reglementierten Theaterform, von dessen Regelwerk er sich in seinem Schaffen eingeengt fühlt. Nur durch Befreiung von diesen – willkürlich geschaffenen – Reglements könne sich das Genie in seiner ganzen Kraft und Größe entfalten. Seine Vorstellung vom Theater verwirklicht Goethe später in seinem Drama „Götz von Berlichingen“ in der Gestalt des Protagonisten, der ein nach Freiheit strebender, sich selbst helfender, kraftvoller Mann ist.

Johann Wolfgang von Goethe (1749 – 1832)

Rede zum Shakespeares-Tag

Wir ehren heute das Andenken des größten Wandrers und tun uns dadurch selbst eine Ehre an. Von Verdiensten, die wir zu schätzen wissen, haben wir den Keim in uns.

Erwarten Sie nicht, dass ich viel und ordentlich schreibe, Ruhe der Seele ist kein Festtagskleid; und noch zur Zeit habe ich wenig über Schäkespearen gedacht; geahndet, empfunden, wenn's hoch kam, ist das Höchste, wohin ich's habe bringen können. Die erste Seite, die ich in ihm las, machte mich auf zeitlebens ihm eigen, und wie ich mit dem ersten Stücke fertig war, stund ich wie ein Blindgeborner, dem eine Wunderhand das Gesicht in einem Augenblicke schenkt. Ich erkannte, ich fühlte aufs Lebhafteste meine Existenz um eine Unendlichkeit erweitert, alles war mir neu, unbekannt, und das ungewohnte Licht machte mir Augenschmerzen. Nach und nach lernt ich sehen, und, dank sei meinem erkenntlichen Genius, ich fühle noch immer lebhaft, was ich gewonnen habe.

Ich zweifelte keinen Augenblick, dem regelmäßigen Theater zu entsagen. Es schien mir die Einheit des Orts so kerkermäßig ängstlich, die Einheiten der Handlung und der Zeit lästige Fesseln unsrer Einbildungskraft. Ich sprang in die freie Luft und fühlte erst, dass ich Hände und Füße hatte. Und jetzo, da ich sahe, wie viel Unrecht mir die Herrn der Regeln in ihrem Loch angetan haben, wie viel freie Seelen noch drinne sich krümmen, so wäre mir mein Herz geborsten, wenn ich ihnen nicht Fehde angekündigt hätte und nicht täglich suchte ihre Türme zusammenzuschlagen. [...]

Schäkespears Theater ist ein schöner Raritätenkasten, in dem die Geschichte der Welt vor unsern Augen an dem unsichtbaren Faden der Zeit vorbeiwallt. Seine Plane sind, nach dem gemeinen Stil zu reden, keine Plane, aber seine Stücke drehen sich um den geheimen Punkt (den noch kein Philosoph gesehen und bestimmt hat), in dem das Eigentümliche unsres Ichs, die prätendierte[1] Freiheit unsres Wollens, mit dem notwendigen Gang des Ganzen zusammenstößt. Unser verdorbener Geschmack aber umnebelt dergestalt unsere Augen, dass wir fast eine neue Schöpfung nötig haben, uns aus dieser Finsternis zu entwickeln. [...]

Die meisten von diesen Herren stoßen auch besonders an seinen Charakteren an.

Und ich rufe Natur! Natur! nichts so Natur als Schäkespears Menschen! Da hab ich sie alle überm Hals.[2]

Lasst mir Luft, dass ich reden kann!

Er wetteiferte mit dem Prometheus[3], bildete ihm Zug

[1] **prätendierten:** Anspruch erheben, fordern – [2] Gemeint sind die Kritiker Shakespeares. – [3] Die Sage erzählt, dass Prometheus sich von Zeus und der Götterwelt losgesagt hat und auf der Erde die Menschen erschaffen hat. Gegen den Willen der Götter brachte er ihnen das Feuer, womit er den Zorn des Zeus auf sich zog. Zur Strafe wurde er an den Kaukasus gefesselt, wo ein Adler täglich von seiner Leber fraß. Goethe hat den Stoff in seiner Hymne „Prometheus“ verarbeitet, die zum Leitmotiv für das schöpferisch-geniale Selbstbewusstsein des Sturm und Drang geworden ist. Prometheus' Protest gegen und Emanzipation von Autoritäten wurden zum Vorbild der jungen Generation.

vor Zug seine Menschen nach, nur in kolossalischer Größe; darin liegt's, dass wir unsre Brüder verkennen; und dann belebte er sie alle mit dem Hauch seines Geistes, er redet aus allen, und man erkennt ihre Verwandtschaft. [...]

(1771)

1. Arbeiten Sie heraus, was Goethe am Werk Shakespeares fasziniert.
2. Auf welche Weise stellt Goethe die Neuerungen des Theaters sprachlich dar und grenzt sie vom Herkömmlichen ab?
3. Informieren Sie sich genauer über die Epoche des Sturm und Drang (s. S. 163–172). Untersuchen Sie, wie sich das Selbstbewusstsein der Zeit auch sprachlich in der Rede Goethes zum Shakespeares-Tag manifestiert.
4. Bereiten Sie einen Vortrag der Rede vor. Machen Sie sich zunächst Besonderheiten und Wirkung von Goethes Ausdrucksweise (z. B. Wortwahl, Satzbau) bewusst und überlegen Sie, wie Sie sich den Redner in seiner Sprechweise und Gestik vorstellen.

➔ Zur Biografie Johann Wolfgang Goethes s. S. 180 ff.

Friedrich Schiller (1759–1805)

Die Schaubühne als moralische Anstalt betrachtet

Unter dem Titel „Die Schaubühne als eine moralische Anstalt betrachtet" wurde eine Rede Friedrich Schillers veröffentlicht, die er am 26. Juni 1784 vor der kurpfälzischen „Deutschen Gesellschaft" hielt und in der er sich die Leitfrage stellte: „Was kann eine gute stehende Schaubühne eigentlich wirken?"

Die Gerichtsbarkeit der Bühne fängt an, wo das Gebiet der weltlichen Gerichte sich endigt. Wenn die Gerechtigkeit für Gold verblindet und im Solde der Laster schwelgt, wenn die Frevel der Mächtigen ihrer Ohnmacht spotten und Menschenfurcht den Arm der Obrigkeit bindet, übernimmt die Schaubühne Schwert und Waage und reißt die Laster vor einen schrecklichen Richterstuhl. Das ganze Reich der Fantasie und Geschichte, Vergangenheit und Zukunft stehen ihrem Wink zu Gebot. Kühne Verbrecher, die längst schon im Staub vermodern, werden durch den allmächtigen Ruf der Dichtkunst jetzt vorgeladen und wiederholen zum schauervollen Unterricht der Nachwelt ein schändliches Leben. Ohnmächtig, gleich den Schatten in einem Hohlspiegel, wandeln die Schrecken ihres Jahrhunderts vor unsern Augen vorbei, und mit wollüstigem Entsetzen verfluchen wir ihr Gedächtnis. [...] So gewiss sichtbare Darstellung mächtiger wirkt, als toter Buchstabe und kalte Erzählung, so gewiss wirkt die Schaubühne tiefer und dauernder als Moral und Gesetze.

Aber hier unterstützt sie die weltliche Gerechtigkeit nur – ihr ist noch ein weiteres Feld geöffnet. Tausend Laster, die jene ungestraft duldet, straft sie; tausend Tugenden, wovon jene schweigt, werden von der Bühne empfohlen. Hier begleitet sie die Weisheit und die Religion. Aus dieser reinen Quelle schöpft sie ihre Lehren und Muster und kleidet die strenge Pflicht in ein reizendes, lockendes Gewand. Mit welch herrlichen Empfindungen, Entschlüssen, Leidenschaften schwellt sie unsere Seele, welche göttlichen Ideale stellt sie uns zur Nacheiferung aus! [...]

Nicht bloß auf Menschen und Menschencharakter, auch auf Schicksale macht uns die Schaubühne aufmerksam und lehrt uns die große Kunst, sie zu ertragen. Im Gewebe unsers Lebens spielen Zufall und Plan eine gleich große Rolle; den Letztern lenken wir, dem Ersten müssen wir uns blind unterwerfen. Gewinn genug, wenn unausbleibliche Verhängnisse uns nicht ganz ohne Fassung finden, wenn unser Muth, unsre Klugheit sich einst schon in ähnlichen übten und unser Herz zu dem Schlag sich gehärtet hat. Die Schaubühne führt uns eine mannigfaltige Szene menschlicher Leiden vor. Sie zieht uns künstlich in fremde Bedrängnisse und belohnt uns das augenblickliche Leiden mit wollüstigen Tränen und einem herrlichen Zuwachs an Muth und Erfahrung. [...]

Unmöglich kann ich hier den großen Einfluss übergehen, den eine gute stehende Bühne auf den Geist der Nation haben würde. Nationalgeist eines Volks nenne ich die Ähnlichkeit und Übereinstimmung seiner Meinungen und Neigungen bei Gegenständen, worüber eine andere Nation anders meint und empfindet. Nur der Schaubühne ist es möglich, diese Übereinstimmung in einem hohen Grad zu bewirken, weil sie das ganze Gebiet des menschlichen Wissens durchwandert, alle Situationen des Lebens erschöpft und in alle Winkel des Herzens hinunterleuchtet; weil sie alle Stände und Klassen in sich vereinigt und den gebahntesten Weg zum Verstand und zum Herzen hat. Wenn in allen unsern Stücken ein Hauptzug herrschte, wenn unsre Dichter unter sich einige werden und einen festen Bund zu diesem Endzweck errichten wollten – wenn strenge Auswahl ihre Arbeiten leitete, ihr Pinsel nur Volksgegenständen sich weihte, – mit einem Wort, wenn wir es erlebten, eine Nationalbühne zu haben, so würden wir auch eine Nation. [...]

Die Schaubühne ist die Stiftung, wo sich Vergnügen mit Unterricht, Ruhe mit Anstrengung, Kurzweil mit Bildung gattet, wo keine Kraft der Seele zum Nachteil der andern gespannt, kein Vergnügen auf Unkosten des Ganzen genossen wird. Wenn Gram an dem Herzen nagt, wenn trübe Laune unsere einsamen Stunden vergiftet, wenn uns Welt und Geschäfte anekeln, wenn tausend Lasten unsre Seele drücken und unsre Reizbarkeit unter Arbeiten des Berufs zu ersticken droht, so empfängt uns die Bühne – in dieser künstlichen Welt träumen wir die wirkliche hinweg, wir werden uns selbst wiedergegeben, unsre Empfindung erwacht, heilsame Leidenschaften erschüttern unsre schlummernde Natur und treiben das Blut in frischeren Wallungen. Der Unglückliche weint hier mit fremdem Kummer seinen eignen aus – der Glückliche wird nüchtern und der Sichere besorgt. Der empfindsame Weichling härtet sich zum Manne, der rohe Unmensch fängt hier zum ersten Mal zu empfinden an. Und dann endlich – welch ein Triumph für dich, Natur! – so oft zu Boden getretene, so oft wiederauferstehende Natur! – wenn Menschen aus allen Kreisen und Zonen und Ständen, abgeworfen jede Fessel der Künstelei und der Mode, herausgerissen aus jedem Drange des Schicksals, durch eine allwebende Sympathie verbrüdert, in ein Geschlecht wieder aufgelöst, ihrer selbst und der Welt vergessen und ihrem himmlischen Ursprung sich nähern. Jeder Einzelne genießt die Entzückungen aller, die verstärkt und verschönert aus hundert Augen auf ihn zurückfallen, und seine Brust gibt jetzt nur einer Empfindung Raum – es ist diese: ein Mensch zu sein.

(1784)

1. Die Rede Schillers steht unter der Leitfrage: „Was kann eine gute stehende Schaubühne eigentlich wirken?" – Geben Sie, Abschnitt für Abschnitt, Schillers Antwort auf diese programmatische Frage mit eigenen Worten wieder.

2. Schiller nennt eine Reihe von Aufgaben und Wirkungen des Theaters sowohl für den einzelnen Zuschauer als auch für das Nationalgefühl der Deutschen. Finden Sie jeweils Beispiele für diese beiden Kategorien.

3. Gestalten Sie das Layout des Redemanuskripts mit heutigen technischen Möglichkeiten. Scannen Sie den Text dazu ein oder laden Sie ihn aus dem Internet herunter und lassen Sie Gliederung und Hauptaussagen optisch erkennbar werden. Unterstreichen Sie dazu zum Beispiel Schlüsselwörter, fügen Sie Zwischenüberschriften ein, drucken Sie besonders zu betonende Passagen kursiv, markieren Sie rhetorische Pausen usw.

4. Schreiben Sie Schillers Text in einen informierenden Text in heutiger Sprache um.

➔ Einen informierenden Text mithilfe von Materialien verfassen, s. S. 573 f.

➔ Zur Biografie Friedrich Schillers s. S. 180 ff.

➔ Weitere Hinweise zur Epoche des „Sturm und Drang" finden Sie auf S. 176 f.

5 Die Erziehung zum guten Menschen – Das Theater der Klassik

„Edel sei der Mensch, hilfreich und gut", formuliert Johann Wolfgang von Goethe in einem Gedicht aus dem Jahr 1783. Die Schriftsteller der Klassik (Goethe, Schiller u. a.) und die Philosophen ihrer Zeit (Kant, Herder u. a.) waren der Überzeugung, dass es – nicht zuletzt mithilfe der Literatur – gelingen kann, den Menschen zur Humanität zu erziehen. In ihren Werken führen sie den Lesern ein beispielhaftes Verhalten vor Augen, das zum Vorbild für das eigene Handeln werden sollte.
Eine solche Idealfigur ist Iphigenie, die Goethe in seinem Schauspiel „Iphigenie auf Tauris" zeigt. In höchster Bedrängnis, in der ihr eigenes Leben und das ihres Bruders und ihres Cousins in Gefahr sind, entschließt sie sich zu moralischem Handeln, obwohl sie dabei riskiert, dass sie und ihre Angehörigen getötet werden.
Friedrich Schiller bezeichnete solche Charaktere mit dem Ausdruck „Schöne Seele". Sie war das Ziel einer ästhetischen Erziehung, einer Vervollkommnung zur harmonischen Menschlichkeit durch die Versöhnung von Pflicht und Neigung, von Vernunft und Sinnlichkeit, die sich sogar auch in der äußeren Erscheinung eines Menschen zeigt.

Friedrich Schiller (1759 – 1805)

Über Anmut und Würde

Eine schöne Seele nennt man es, wenn sich das sittliche Gefühl aller Empfindungen des Menschen endlich bis zu dem Grad versichert hat, dass es dem Affekt die Leitung des Willens ohne Scheu überlassen darf und nie Gefahr läuft, mit den Entscheidungen desselben im Widerspruch zu stehen. Daher sind bei einer schönen Seele die einzelnen Handlungen eigentlich nicht sittlich, sondern der ganze Charakter ist es. Man kann ihr auch keine einzige darunter zum Verdienst anrechnen, weil eine Befriedigung des Triebes nie verdienstlich heißen kann. Die schöne Seele hat kein anderes Verdienst, als dass sie ist. Mit einer Leichtigkeit, als wenn bloß der Instinkt aus ihr handelte, übt sie der Menschheit peinlichste Pflichten aus und das heldenmütigste Opfer, das sie dem Naturtrieb abgewinnt, fällt wie eine freiwillige Wirkung eben dieses Triebes in die Augen. Daher weiß sie selbst auch niemals um die Schönheit ihres Handelns und es fällt ihr nicht mehr ein, dass man anders handeln und empfinden könnte […].
In einer schönen Seele ist es also, wo Sinnlichkeit und Vernunft, Pflicht und Neigung harmonieren und Grazie ist ihr Ausdruck in der Erscheinung. […]
Von der Sanftmut des Herzens wird der Mund eine Grazie erhalten, die keine Verstellung erkünsteln kann. Keine Spannung wird in den Mienen, kein Zwang in den willkürlichen Bewegungen zu bemerken sein, denn die Seele weiß von keinem.

(1793)

1. Fassen Sie mit eigenen Worten und in heutiger Sprache zusammen, was eine „Schöne Seele" ausmacht.
2. Inwieweit geht Schiller mit diesem Konzept über zentrale Anliegen der Aufklärung hinaus?
3. Halten Sie ein solches Erziehungsziel in unserer Gegenwart für erstrebenswert?

Johann Wolfgang von Goethe (1749–1832)
Iphigenie auf Tauris (Auszüge)

Iphigenie, Tochter des Agamemnon, lebt nach ihrer Errettung vom Opfertod durch die Göttin Diana als deren Priesterin auf der Insel Tauris. Dort ist es ihr gelungen, das Vertrauen von Thoas, dem Herrscher der Insel, zu gewinnen. Sie hat ihn davon überzeugt, einen alten, barbarischen Brauch nicht mehr auszuüben, nämlich jeden auf der Insel ankommenden Fremden der Göttin Diana zu opfern.

Thoas, der Frau und Sohn verloren hat, hält um Iphigenies Hand an. Iphigenie aber will nicht seine Frau werden, da sie weiß, dass sie dann nicht mehr in ihre Heimat und zu ihrer Familie zurückkehren kann. Auf ihre Weigerung hin befiehlt Thoas im Zorn, die Menschenopfer wieder einzuführen. Iphigenie soll das Opfer gleich an zwei Griechen vollziehen, die auf der Insel festgenommen worden sind.

Im Gespräch Iphigenies mit den beiden Griechen wird enthüllt, dass es sich bei ihnen um ihren Bruder Orest und ihren Cousin Pylades handelt. Orest berichtet ihr vom Ende des Trojanischen Krieges und davon, dass er ihrer beider Mutter Klytämnestra und deren Geliebten Äghist ermordet hat – als Rache für deren Mord an Agamemnon, dem Vater. Seitdem fühlt er sich von Furien, den Rachegöttinnen, verfolgt. Ein Orakelspruch des Gottes Apoll (in der Mythologie der Bruder der Göttin Diana) hat ihm Rettung versprochen, wenn er „die Schwester" von Tauris nach Griechenland bringt. Orest und Pylades verstehen den Orakelspruch dahingehend, dass sie das Bild der Göttin Diana nach Griechenland bringen sollen. Pylades schmiedet einen Fluchtplan, bei dem Iphigenie eine zentrale Rolle spielen soll, indem sie Thoas belügt. Von schweren Gewissensnöten geplagt, entschließt sich Iphigenie jedoch, Thoas den Betrug zu entdecken, auch auf die Gefahr hin, ihr eigenes und das Leben ihres Bruders und ihres Cousins zu gefährden. Ihr gelingt es aber, Thoas davon zu überzeugen, dass sie mit Orest und Pylades in Frieden die Insel verlassen darf. Das Schauspiel endet mit Thoas' Worten: „Lebt wohl!"

Szene aus „Iphigenie auf Tauris" (Städtische Bühnen Münster, 2010)

IV. 1
Iphigenie.
Ach! Ich sehe wohl,
Ich muss mich leiten lassen wie ein Kind.
Ich habe nicht gelernt zu hinterhalten
Noch jemand etwas abzulisten.
Weh!
O weh der Lüge! Sie befreiet nicht
Wie jedes andre, wahr gesprochne Wort
Die Brust; sie macht uns nicht getrost, sie ängstet
Den, der sie heimlich schmiedet, und sie kehrt,
Ein los gedruckter Pfeil, von einem Gotte
Gewendet und versagend, sich zurück
Und trifft den Schützen.

IV. 3
Iphigenie (allein).
Von dieses Mannes Rede[1] fühl' ich mir
Zur ungelegnen Zeit das Herz im Busen
Auf einmal umgewendet. Ich erschrecke! –
Denn wie die Flut mit schnellen Strömen wachsend
Die Felsen überspült, die in dem Sand
Am Ufer liegen: So bedeckte ganz
Ein Freudenstrom mein Innerstes. Ich hielt
In meinen Armen das Unmögliche.
Es schien sich eine Wolke wieder sanft
Um mich zu legen, von der Erde mich
Emporzuheben und in jenen Schlummer
Mich einzuwiegen, den die gute Göttin
Um meine Schläfe legte, da ihr Arm
Mich rettend fasste. – Meinen Bruder
Ergriff das Herz mit einziger Gewalt:
Ich horchte nur auf seines Freundes Rat;
Nur sie zu retten, drang die Seele vorwärts.
Und wie den Klippen einer wüsten Insel
Der Schiffer gern den Rücken wendet: So
Lag Tauris hinter mir. Nun hat die Stimme
Des treuen Manns mich wieder aufgeweckt,
Dass ich auch Menschen hier verlasse, mich
Erinnert. Doppelt wird mir der Betrug
Verhasst. O bleibe ruhig, meine Seele!
Beginnst du nun zu schwanken und zu zweifeln?
Den festen Boden deiner Einsamkeit
Musst du verlassen! Wieder eingeschifft,
Ergreifen dich die Wellen schaukelnd, trüb
Und bang verkennest du die Welt und dich.

V. 3
Iphigenie (nach einigem Stillschweigen).
[...] Auf und ab
Steigt in der Brust ein kühnes Unternehmen:
Ich werde großem Vorwurf nicht entgehn
Noch schwerem Übel, wenn es mir misslingt;
Allein euch[2] leg' ich's auf die Knie! Wenn
Ihr wahrhaft seid, wie ihr gepriesen werdet,
So zeigt's durch euern Beistand und verherrlicht
Durch mich die Wahrheit! – Ja, vernimm, o König,
Es wird ein heimlicher Betrug geschmiedet:
Vergebens fragst du den Gefangnen nach;
Sie sind hinweg und suchen ihre Freunde,
Die mit dem Schiff am Ufer warten, auf.
Der ältste, den das Übel hier ergriffen
Und nun verlassen hat – es ist Orest,
Mein Bruder, und der andre sein Vertrauter,
Sein Jugendfreund, mit Namen Pylades.
[...]
Verdirb uns – wenn du darfst.

(1797)

1. Zeichnen Sie Iphigenies Ringen um Wahrheit mit eigenen Worten nach.
2. Sammeln Sie Argumente für und gegen Iphigenies Entscheidung. Diskutieren Sie diese und stellen Sie heraus, nach welchen Prinzipien sie schließlich handelt.
3. Iphigenie – ein Vorbild des guten Menschen? Nehmen Sie Stellung zu dieser Frage.
4. Das Schauspiel sollte zur Erziehung der Menschen zur Humanität beitragen. Überlegen und diskutieren Sie, ob und, wenn ja, welche Medien heutzutage zur moralischen Erziehung des Menschen beitragen können.

➔ Zur Epoche der Klassik s. S. 196 f.

[1] Gemeint ist Arkas, Thoas' Vertrauter, der Iphigenie an ihre Wohltaten auf Tauris erinnert und sie dazu anhält, Thoas' Heiratsantrag anzunehmen. – [2] Gemeint sind die Götter.

6 Die Entwicklung offener Dramenformen – Büchner, Brecht …

Den gesellschaftlichen Veränderungen in der Mitte des 19. Jahrhunderts, die einen tief greifenden Wandel der Lebens- und Arbeitswelt mit sich brachten, entspricht auch eine Veränderung in der literarischen Welt. Die fortschreitende Industrialisierung und Verstädterung führte für breite Bevölkerungsschichten zu elenden Lebensumständen, die soziale Frage stellte sich angesichts dieser Massenarmut (Pauperismus) immer drängender. In Anbetracht dieser Lebensumstände wurden die herkömmlichen Ideale als nicht mehr angemessen empfunden. Viele Schriftsteller der Zeit verarbeiteten in ihren Werken das gesellschaftliche Geschehen, sie legten die Missstände offen und kritisch dar. Die Literatur und mit ihr auch das Theater wurden politisch.
Auf unterschiedliche Weise setzten die Dramatiker des 19. und später auch des 20. Jahrhunderts ihre Gesellschaftskritik in ihren Stücken um und versuchten dabei, das Publikum von ihrer politischen Meinung zu überzeugen, etwa indem sie eine Figur der untersten gesellschaftlichen Schicht in ihrem Scheitern verfolgten (Büchners „Woyzeck“) oder indem sie durch den Einsatz von zusätzlichen Medien wie dem Film dokumentarisches Material einarbeiteten (Erwin Piscator) oder den Zuschauer bewusst auf Distanz zum Dargestellten hielten und zur Meinungsbildung und Veränderung der Verhältnisse aufforderten (Bertolt Brecht).

Das soziale Drama Büchners

Georg Büchner (1813 – 1837)

Brief an die Familie

Georg Büchner (1813–1837) studierte Medizin und Naturwissenschaften in Straßburg und Gießen. Angesichts der drängenden sozialen und politischen Probleme seiner Zeit wurde er 1834 Mitbegründer der „Gesellschaft für Menschenrechte“ in Gießen, mit dem Ziel, einen Volksaufstand der Bauern und Handwerker zu organisieren.
Zusammen mit dem Theologen Ludwig Weidig verfasste Büchner die Flugschrift „Der Hessische Landbote“.

➔ Zur Epoche des Vormärz, des Jungen Deutschland s. S. 246 f.

Mit dem folgenden Brief reagiert Büchner auf die Kritik an seinem Drama „Dantons Tod“:

Straßburg, 28. Juli 1835
[…] Was übrigens die sogenannte Unsittlichkeit meines Buchs angeht, so habe ich Folgendes zu antworten: Der dramatische Dichter ist in meinen Augen nichts, als ein Geschichtsschreiber, steht aber über Letzterem dadurch, dass er uns die Geschichte zum zweiten Mal erschafft und uns gleich unmittelbar, statt eine trockne Erzählung zu geben, in das Leben einer Zeit hineinversetzt, uns statt Charakteristiken Charaktere, uns statt Beschreibungen Gestalten gibt. Seine höchste Aufgabe ist, der Geschichte, wie sie sich wirklich begeben, so nahe als möglich zu kommen. Sein Buch darf weder sittlicher noch unsittlicher sein, als die Geschichte selbst; aber die Geschichte ist vom lieben Herrgott nicht zu einer Lektüre für junge Frauenzimmer geschaffen worden, und da ist es mir auch nicht übel zu nehmen, wenn mein Drama ebenso wenig dazu geeignet ist. Ich kann doch aus einem Danton und den Banditen der Revolution nicht Tugendhelden machen! Wenn ich ihre Liederlichkeit schildern wollte, so musste ich sie eben liederlich sein, wenn ich ihre Gottlosigkeit zeigen wollte, so musste ich sie eben wie Atheisten sprechen lassen. Wenn einige unanständige Ausdrücke vorkommen, so denke man an die weltbekannte, obszöne Sprache der damaligen Zeit, wovon das, was ich meine Leute sagen lasse, nur ein schwacher Abriss ist. Man könnte mir nur noch vorwerfen, dass ich einen solchen Stoff gewählt hätte. Aber der Einwurf ist längst widerlegt. Wollte man ihn gelten lassen, so müssten die größten Meisterwerke der Poesie verworfen werden. Der Dichter ist kein Lehrer der Moral, er erfindet und schafft Gestalten, er macht vergangene Zeiten wieder aufleben, und die Leute mögen dann daraus lernen, so gut, wie aus dem Studium der Geschichte und der Beobachtung dessen, was im menschlichen Leben um sie herum vorgeht. Wenn man so wollte, dürfte man keine Geschichte studieren, weil sehr viele unmoralische Ding darin erzählt werden, müsste mit verbundenen Augen über die Gasse gehen, weil man sonst Unanständigkeiten sehen könnte, und müsste über einen Gott Zeter schreien[1], der eine Welt erschaf-

[1] **Zeter schreien:** protestieren

fen, worauf so viele Liederlichkeiten vorfallen. Wenn man mir übrigens noch sagen wollte, der Dichter müsse die Welt nicht zeigen, wie sie ist, sondern wie sie sein solle, so antworte ich, dass ich es nicht besser machen will, als der liebe Gott, der die Welt gewiss gemacht hat, wie sie sein soll. Was noch die sogenannten Idealdichter anbetrifft, so finde ich, dass sie fast nichts als Marionetten mit himmelblauen Nasen und affektiertem Pathos, aber nicht Menschen von Fleisch und Blut gegeben haben, deren Leid und Freude mich mitempfinden macht, und deren Tun und Handeln mir Abscheu oder Bewunderung einflößt. Mit einem Wort, ich halte viel auf Goethe oder Shakespeare, aber sehr wenig auf Schiller.

(1835)

1. Auf welche Kritikpunkte an seinem Werk reagiert Büchner in dem Brief?
2. Stellen Sie vergleichend dar, wie Büchner die Aufgaben eines Geschichtsschreibers und eines Dichters voneinander abgrenzt.
3. Inwiefern ist die von Büchner beschriebene dichterische Tätigkeit dazu geeignet, insbesondere gesellschaftskritische Themen auf die Bühne zu bringen?
4. Erläutern Sie das Fazit des Briefes: „Was noch die sogenannten Idealdichter anbetrifft, so finde ich, dass sie fast nichts als Marionetten mit himmelblauen Nasen und affektiertem Pathos, aber nicht Menschen von Fleisch und Blut gegeben haben" (Z. 46 ff.). Vergleichen Sie diese Haltung mit Schillers Konzept von der „Schönen Seele" (S. 107).

➔ Zur Biografie Georg Büchners s. S. 228.

➔ Einen weiteren Text zum literarischen Selbstverständnis Georg Büchners s. S. 240.

Das epische Theater Brechts

Bertolt Brecht (1898 – 1956) war ein deutscher Dramatiker und Lyriker. In Abgrenzung zum aristotelisch geprägten Theater entwickelte er seine Idee des epischen Theaters.

Georg Patzer

Das epische Theater

Der Begriff verweist auf die Herkunft des neuen Ansatzes: Statt der relativ strengen Struktur des klassischen Theaters zu folgen, übernahm Brecht für das Theater die erzählende Struktur der epischen Dichtung. Obwohl Elemente daraus schon ab und an benutzt wurden, war Brecht der Erste, der die Struktur selbst übernahm und konsequent ausbaute. Es gab dem Theater bis heute eine neue Qualität. Um die Erzählerinstanz der epischen Struktur übernehmen zu können, baute er gewisse Distanzierungen in seine Stücke und Inszenierungen ein, verfremdende Elemente. Eines betraf die Kühlheit des Schauspielers selbst, der sich mit seiner Rolle nicht identifiziert, wie das später im berühmten New Yorker Actor's Studio auch Marlon Brando und Dustin Hoffman lernten, sondern sich von ihr distanziert und deutlich macht, dass er eine Rolle spielt. Brecht verlangte einen einfachen, direkten Stil vom Schauspieler, kein Pathos. Der Schauspieler sollte im Spiel zeigen, dass er spielt. Wichtig war auch der soziale Gestus, die Schauspieler sollten exemplarisch zeigen, zu welcher Klasse sie gehörten.

Andere Elemente der Verfremdung sind die Distanzierung von Handlung und Gefühlen auf der Bühne durch Kommentare eines Erzählers oder Chors, vorangestellte Titel, Projektionen oder Prologe, die die Handlung vorwegnehmen und so das Interesse des Publikums von der Spannung weg zur Inszenierung selbst führen. Die Zuschauer sollten sich nicht mitreißen lassen, sondern ebenso distanziert bleiben wie die Schauspieler. Dazu zählt auch, dass die Bühne nicht versteckt, hinter einem Vorhang, umgebaut wird, dass das Publikum direkt angesprochen wird, dass die Musik das Geschehen kommentiert und die Schauspieler aus ihren Rollen fallen.

Ziel der sogenannten Verfremdungseffekte war die Entlarvung der Illusionen, Abstand von der Verführung zu Gefühlen, Fremdmachung des Bekannten und Zusammensetzung in einer neuen, ungewohnten Sichtweise, die Vorgänge unter den Menschen, ihr Verhalten zueinander sollen dem Befremden der Zuschauer ausgeliefert werden. Brecht glaubte nicht an die Trennbarkeit von Kunst und Belehrung. Die Freude an neuen Erfahrungen und neuen Kenntnissen, besonders Kenntnissen über das menschliche Zusammenleben, sei eine der Hauptquellen des Kunstmachens und des Kunstgenießens, sagte er.

(2001)

1. Entnehmen Sie dem Text, welche Zielsetzungen das epische Theater hat und welcher Mittel es sich bedient.

Bertolt Brecht (1898 – 1956)

Die dramatische und die epische Form des Theaters

Folgendes Schema zeigt einige Gewichtsverschiebungen vom dramatischen zum epischen Theater:

Dramatische Form des Theaters	**Epische Form des Theaters**
Die Bühne „verkörpert" einen Vorgang	sie erzählt ihn
verwickelt den Zuschauer in eine Aktion und	macht ihn zum Betrachter, aber
verbraucht seine Aktivität	weckt seine Aktivität
ermöglicht ihm Gefühle	erzwingt von ihm Entscheidungen
vermittelt ihm Erlebnisse	vermittelt ihm Kenntnisse
der Zuschauer wird in die Handlung hineinversetzt	er wird ihr gegenübergesetzt
es wird mit Suggestion gearbeitet	es wird mit Argumenten gearbeitet
die Empfindungen werden konserviert	sie werden bis zu Erkenntnissen getrieben
der Mensch wird als bekannt vorausgesetzt	der Mensch ist Gegenstand der Untersuchung
der unveränderliche Mensch	der veränderliche und verändernde Mensch
Spannung auf den Ausgang	Spannung auf den Gang
eine Szene für die andere	jede Szene für sich
die Geschehnisse verlaufen linear	in Kurven
natura non facit saltus[1]	facit saltus
die Welt, wie sie ist	die Welt, wie sie wird
was der Mensch soll	was der Mensch muß
seine Triebe	seine Beweggründe
das Denken bestimmt das Sein	das gesellschaftliche Sein bestimmt das Denken

(1938)

(Aus lizenzrechtlichen Gründen wird dieser Text nicht in reformierter Rechtschreibung abgedruckt.)

1. Erläutern Sie sich in Partnerarbeit wechselseitig einzelne Aspekte dieser Gegenüberstellung.

Bertolt Brecht (1898 – 1956)

Die Straßenszene als Grundmodell für episches Theater

Es ist verhältnismäßig einfach, ein Grundmodell für episches Theater aufzustellen. Bei praktischen Versuchen wählte ich für gewöhnlich als Beispiel allereinfachsten, sozusagen „natürlichen" epischen Theaters einen Vorgang, der sich an irgendeiner Straßenecke abspielen kann: Der Augenzeuge eines Verkehrsunfalls demonstriert einer Menschenansammlung, wie das Unglück passierte. Die Umstehenden können den Vorgang nicht gesehen haben oder nur nicht seiner Meinung sein, ihn „anders sehen" – die Hauptsache ist, dass der Demonstrierende das Verhalten des Fahrers oder des Überfahrenen oder beider in einer solchen Weise vormacht, daß die Umstehenden sich über den Unfall ein Urteil bilden können.

Dieses Beispiel epischen Theaters primitivster Art scheint leicht verstehbar. Jedoch bereitet es erfahrungsgemäß dem Hörer oder Leser erstaunliche Schwierigkeiten, sobald von ihm verlangt wird, die Tragweite des

[1] Die Natur macht keine Sprünge.

Entschlusses zu fassen, eine solche Demonstration an der Straßenecke als Grundform großen Theaters, Theater eines wissenschaftlichen Zeitalters, anzunehmen. [...]

Man bedenke: Der Vorgang ist offenbar keineswegs das, was wir unter einem Kunstvorgang verstehen. Der Demonstrierende braucht kein Künstler zu sein. Was er können muß, um seinen Zweck zu erreichen, kann praktisch jeder. Angenommen, er ist nicht imstande, eine so schnelle Bewegung auszuführen, wie der Verunglückte, den er nachahmt, so braucht er nur erläuternd zu sagen: er bewegte sich dreimal so schnell, und seine Demonstration ist nicht wesentlich geschädigt oder entwertet. Eher ist seiner Perfektion eine Grenze gesetzt. Seine Demonstration würde gestört, wenn den Umstehenden seine Verwandlungsfähigkeit auffiele. Er hat es zu vermeiden, sich so aufzuführen, daß jemand ausruft: „Wie lebenswahr stellt er doch einen Chauffeur dar!“ Er hat niemanden „in seinen Bann zu ziehen“. Er soll niemanden aus dem Alltag in „eine höhere Sphäre“ locken. Er braucht nicht über besondere suggestive Fähigkeiten zu verfügen.

Völlig entscheidend ist es, daß ein Hauptmerkmal des gewöhnlichen Theaters in unserer Straßenszene ausfällt: die Bereitung der Illusion. Die Vorführung des Straßendemonstranten hat den Charakter der Wiederholung. Das Ereignis hat stattgefunden, hier findet die Wiederholung statt. Folgt die Theaterszene hierin der Straßenszene, dann verbirgt das Theater nicht mehr, daß es Theater ist, so wie die Demonstration an der Straßenecke nicht verbirgt, daß sie Demonstration (und nicht vorgibt, daß sie Ereignis) ist. Das Geprobte am Spiel tritt voll in Erscheinung, das auswendig Gelernte am Text, der ganze Apparat und die ganze Vorbereitung. Wo bleibt dann das Erlebnis, wird die dargestellte Wirklichkeit dann überhaupt noch erlebt?

Die Straßenszene bestimmt, welcher Art das Erlebnis zu sein hat, das dem Zuschauer bereitet wird. Der Straßendemonstrant hat ohne Zweifel ein „Erlebnis“ hinter sich, aber er ist doch nicht darauf aus, seine Demonstration zu einem „Erlebnis“ der Zuschauer zu machen; selbst das Erlebnis des Fahrers und des Überfahrenen vermittelt er nur zum Teil, keinesfalls versucht er, es zu einem genußvollen Erlebnis des Zuschauers zu machen, wie lebendig er immer seine Demonstration gestalten mag. Seine Demonstration verliert zum Beispiel nicht an Wert, wenn er den Schrecken, den der Unfall erregte, nicht reproduziert; ja, sie verlöre eher an Wert. Er ist nicht auf Erzeugung purer Emotionen aus. Ein Theater, das ihm hierin folgt, vollzieht geradezu einen Funktionswechsel wie man verstehen muß.

Ein wesentliches Element der Straßenszene, das sich auch in der Theaterszene vorfinden muß, soll sie episch genannt werden, ist der Umstand, daß die Demonstration gesellschaftlich praktische Bedeutung hat. Ob unser Straßendemonstrant nun zeigen will, daß bei dem und dem Verhalten eines Passanten oder des Fahrers ein Unfall unvermeidlich, bei einem andern vermeidlich ist, oder ob er zur Klärung der Schuldfrage demonstriert – seine Demonstration verfolgt praktische Zwecke, greift gesellschaftlich ein.

(1938)

1. Spielen Sie eine kurze Szene: Ein Augenzeuge eines Unfallgeschehens demonstriert einer Menschenansammlung, wie das Unglück passierte.
2. Auf welche Weise und mit welchen Mitteln stellt ein Augenzeuge einen Unfallhergang dar?
3. Erklären Sie, inwiefern eine solche Straßenszene ein „Grundmodell“ für episches Theater ist. Stellen Sie dazu zunächst heraus, wie Theater in den Augen des Autors *nicht* sein soll.
4. Formulieren Sie auf der Grundlage der beiden vorangegangenen Texte eine Definition des epischen Theaters nach Brecht.

Bertolt Brecht (1898 – 1956)

Was ist mit dem epischen Theater gewonnen?

Damit ist gewonnen, daß der Zuschauer die Menschen auf der Bühne nicht mehr als ganz unveränderbare, unbeeinflußbare, ihrem Schicksal hilflos ausgelieferte dargestellt sieht. Er sieht: dieser Mensch ist so und so, weil die Verhältnisse so und so sind, und die Verhältnisse sind so und so, weil der Mensch so und so ist. Er ist aber nicht nur so vorstellbar, wie er ist, sondern auch anders, so wie er sein könnte, und auch die Verhältnisse sind anders vorstellbar, als sie sind. Damit ist gewonnen, daß der Zuschauer im Theater eine neue Haltung bekommt. Er bekommt den Abbildern der Menschenwelt auf der Bühne gegenüber jetzt dieselbe Haltung, die er als Mensch dieses Jahrhunderts der Natur gegenüber hat. Er wird auch im Theater empfangen als der große Änderer, der in die Naturprozesse und die gesellschaftlichen

Prozesse einzugreifen vermag, der die Welt nicht mehr nur hinnimmt, sondern sie meistert. Das Theater versucht nicht mehr, ihn besoffen zu machen, ihn mit Illusionen auszustatten, ihn die Welt vergessen zu machen, ihn mit seinem Schicksal auszusöhnen. Das Theater legt ihm nunmehr die Welt vor zum Zugriff.

(1939)

(Aus lizenzrechtlichen Gründen sind die Texte von Bertolt Brecht nicht in reformierter Rechtschreibung abgedruckt.)

1. Setzen Sie das beschriebene Verhältnis von „Mensch“ und „Verhältnissen“ in eine grafische Darstellung um.
2. Erläutern Sie den Unterschied zwischen epischem (erzählendem) Theater und dem herkömmlichen dramatischen Theater.
3. Brechts Stück „Der gute Mensch von Sezuan“ endet mit den Worten: „Der Vorhang zu und alle Fragen offen. [...] Verehrtes Publikum, los, such dir selbst den Schluß! Es muß ein guter da sein, muß, muß, muß!“ – Beschreiben Sie, mit welchen Eindrücken ein Zuschauer die Aufführung eines Brecht-Stückes verlässt.
4. Die folgenden Szenenfotos sind aus einer Inszenierung von Brechts Stück „Der gute Mensch von Sezuan“. Welche Gestaltungselemente des epischen Theaters entdecken Sie auf ihnen wieder?
5. Verfassen Sie auf der Grundlage der vorausgehenden Materialien einen informierenden Text zum Thema „Das epische Theater“.

➔ Einen informierenden Text mithilfe von Materialien verfassen, s. S. 573 f.

Das Groteske hält Einzug auf der Bühne – Friedrich Dürrenmatts Komödientheorie

Der Schweizer Dramatiker Friedrich Dürrenmatt (1921–1990) wählte ab der Mitte des zwanzigsten Jahrhunderts das Groteske als zentrales Darstellungsmittel seiner Stücke. Den Durchbruch erlangte er 1956 mit dem Theaterstück „Der Besuch der alten Dame“. Dürrenmatt distanzierte sich von der Lehrhaftigkeit des Brecht'schen Theaters und entwickelt seine eigene Form. Er stellte die Welt, im Gegensatz zu Brecht, als nicht veränderbar dar, bezeichnete sich aber trotzdem als Moralist.

In seinem Essay „Theaterprobleme“ benennt er die Komödie als angemessene Theaterform für die Menschen seiner Zeit in einer Welt, die er als ungestaltet und im Umbruch begreift. Die Komödie halte den Zuschauer auf Distanz – wie in Brechts epischem Theater – und locke sie in eine „Mausefalle“, indem sie ihn dazu verleite, sich mit Themen zu beschäftigen, die sonst nicht in seinem Interesse liegen. Die Folgerungen und die Entscheidung für Aktivität oder Gleichgültigkeit jedoch – und darin unterscheidet sich Dürrenmatt von Brechts didaktischer Zielsetzung – habe der Zuschauer selbst zu ziehen.

Friedrich Dürrenmatt (1921–1990)

Modell Scott[1]

Shakespeare hätte das Schicksal des unglücklichen Robert Falcon Scott doch wohl in der Weise dramatisiert, daß der tragische Untergang des großen Forschers durchaus dessen Charakter entsprungen wäre; Ehrgeiz hätte Scott blind gegen die Gefahren der unwirtlichen Regionen gemacht, in die er sich wagte, Eifersucht und Verrat unter den anderen Expeditionsteilnehmern hätten das übrige hinzugetan, die Katastrophe in Eis und Nacht herbeizuführen; bei Brecht wäre die Expedition aus wirtschaftlichen Gründen und Klassendenken gescheitert, die englische Erziehung hätte Scott gehindert, sich Polarhunden anzuvertrauen, er hätte zwangsläufig standesgemäße Ponys gewählt, der höhere Preis wiederum dieser Tiere hätte ihn genötigt, an der Ausrüstung zu sparen; bei Beckett[2] wäre der Vorgang auf das Ende reduziert, Endspiel, letzte Konfrontation, schon in einen Eisblock verwandelt säße Scott anderen Eisblöcken gegenüber, vor sich hin redend, ohne Antwort von seinen Kameraden zu erhalten, ohne Gewißheit, von ihnen noch gehört zu werden: Doch wäre auch eine Dramatik denkbar, die Scott beim Einkaufen der für die Expedition benötigten Lebensmittel aus Versehen in einen Kühlraum einschlösse und in ihm erfrieren ließe. Scott, gefangen in den endlosen Gletschern der Antarktis, entfernt durch unüberwindliche Distanzen von jeder Hilfe, Scott, wie gestrandet auf einem anderen Planeten, stirbt tragisch, Scott, eingeschlossen in den Kühlraum durch ein läppisches Mißgeschick mitten in einer Großstadt, nur wenige Meter von einer belebten Straße entfernt, zuerst beinahe höflich an die Kühlraumtüre klopfend, rufend, wartend, sich eine Zigarette anzündend, es kann ja nur wenige Minuten dauern, dann an die Türe polternd, darauf schreiend und hämmernd, immer wieder, während sich die Kälte eisiger um ihn legt, Scott, herumgehend, um sich Wärme zu verschaffen, hüpfend, stampfend, turnend, radschlagend, endlich verzweifelt Tiefgefrorenes gegen die Türe schmetternd, Scott wieder innehaltend, im Kreise herumzirkelnd auf kleinstem Raum, schlotternd, zähneklappernd, zornig und ohnmächtig, dieser Scott nimmt ein noch schrecklicheres Ende und dennoch ist Robert Falcon Scott im Kühlraum erfrierend ein anderer als Robert Falcon Scott erfrierend in der Antarktis, wir spüren es, dialektisch gesehen ein anderer, aus einer tragischen Gestalt ist eine komische Gestalt geworden, komisch nicht wie einer, der stottert, oder wie einer, der vom Geiz oder von der Eifersucht überwältigt worden ist, eine Gestalt komisch allein durch ihr Geschick: Die schlimmstmögliche Wendung, die eine Geschichte nehmen kann, ist die Wendung in die Komödie. *(1967)*

(Aus lizenzrechtlichen Gründen ist dieser Text nicht in reformierter Rechtschreibung abgedruckt.)

1. Was ist das Spezifische an Dürrenmatts Modell gegenüber anderen Theaterkonzeptionen?
2. Erläutern Sie, was im Sinne von Dürrenmatts Darstellung „grotesk“ ist.
3. Dürrenmatt schrieb im Anhang an sein Drama „Die Physiker“ unter anderem folgende Punkte auf:
   - (3.) „Eine Geschichte ist dann zu Ende gedacht, wenn sie ihre schlimmstmögliche Wendung genommen hat.“
   - (4.) „Die schlimmstmögliche Wendung ist nicht voraussehbar. Sie tritt durch Zufall ein.“
   - (8.) „Je planmäßiger die Menschen vorgehen, desto wirksamer vermag sie der Zufall zu treffen.“
   - (9.) „Planmäßig vorgehende Menschen wollen ein bestimmtes Ziel erreichen. Der Zufall trifft sie dann am schlimmsten, wenn sie durch ihn das Gegenteil ihres Ziels erreichen: Das, was sie befürchten, was sie zu vermeiden suchen [...].“
   - (10.) „Eine solche Geschichte ist zwar grotesk, aber nicht absurd (sinnwidrig).“

   Überprüfen Sie, inwiefern das „Modell Scott“ diesen Punkten folgt.
4. Erläutern Sie die im Modell genannten unterschiedlichen dramatischen Darstellungsformen.
5. Klären Sie Dürrenmatts Verständnis von „Komödie“.
6. Erläutern Sie das folgende Dürrenmatt-Zitat und nehmen Sie Stellung dazu:
   „Die Tragödie setzt Schuld, Not, Maß, Übersicht, Verantwortung voraus. In der Wurstelei unseres Jahrhunderts [...] gibt es keine Schuldigen und auch keine Verantwortlichen mehr. Alle können nichts dafür und haben es nicht gewollt. [...] Uns kommt nur noch die Komödie bei.“

[1] **Robert Falcon Scott** (1868–1912): britischer Polarforscher, verlor 1912 den Wettstreit mit Roald Amundsen, als Erster den Südpol zu erreichen. Er erfror auf dem Rückweg – [2] **Samuel Beckett** (1906–1989): irischer Schriftsteller; er prägte das „absurde Theater“, in dem die Sinnfreiheit der Welt und die darin orientierungslosen Menschen dargestellt werden.

7 Das Theater der Gegenwart – Regietheater?

Der Schriftsteller Daniel Kehlmann hat zum Auftakt der Salzburger Festspiele im Jahr 2009 das deutsche Regietheater scharf kritisiert und die Verfechter traditioneller Inszenierungen in Schutz genommen. Er bezieht sich dabei auf die Arbeit seines Vaters, des Regisseurs Michael Kehlmann (1927–2005).

Daniel Kehlmann (geb. 1975)

Die Lichtprobe

[Mein Vater] sah [er] im Regisseur [vor allem] einen Diener des Autors. Jawohl, einen Diener – so sagte er, und an dieser Auffassung lag es, dass er auf den deutschsprachigen Bühnen in den letzten zwei Jahrzehnten seines Lebens, trotz zunächst noch guter Gesundheit, nicht mehr arbeiten durfte. In einem Bereich, wo es keinen Vorwurf gibt als das Wort altmodisch, galt er plötzlich als eben dies, und wohl auch deswegen war ich zunehmend entschlossen, mich vom Theater fernzuhalten und lieber Bücher zu schreiben.

Was immer einem Romancier[1] zustößt, so dachte ich und denke es immer noch, es kann ihn doch keiner daran hindern, seine Arbeit zu tun. Schlimmstenfalls bleiben seine Werke ungedruckt, aber schreiben darf er sie doch, und niemand hält ihn davon ab, auf eine gewogenere Zukunft zu hoffen. Der Regisseur aber, der sich herrschenden Dogmen[2] verschließt, hat diese Chance nicht. Als mein Vater durch den Wandel der Umstände seine Arbeit nicht mehr ausüben konnte, senkte sich allmählich die Krankheit des Vergessens auf ihn herab, bis ihn ganz zuletzt die Demenz vom Bewusstsein der Enttäuschungen befreite.

Ich bin also, ich leugne es nicht, voreingenommen, aber andere sind es nicht. Spricht man mit Russen, mit Polen, mit Engländern oder Skandinaviern, die deutschsprachige Lande besuchen und hier ins Theater gehen, so sind sie oft ziemlich verwirrt. Was das denn solle, fragen sie, was denn hier los sei, warum das denn auf den Bühnen alles immer so ähnlich aussehe, ständig Videowände und Spaghettiessen, warum sei immer irgendwer mit irgendwas beschmiert, wozu all das Gezucke und routiniert hysterische Geschrei? Ob das denn staatlich vorgeschrieben sei?

Was soll man darauf antworten? Aus rein familiären Gründen – weil ich erlebt habe, dass einer, der es anders machen wollte, es gar nicht mehr machen konnte – und weil es mich außerdem jedes Mal mit Melancholie erfüllt, im Ausland grandiose Stücke lebender Dramatiker zu sehen, die bei uns praktisch unaufführbar sind, weil ihre Autoren keine verfremdenden Inszenierungen gestatten, antworte ich diesen Verwunderten dann nicht, dass es nun einmal so sein müsse, dass sie keine Ahnung hätten, wie schlimm verstaubt das Theater in ihren Heimatstädten sei und wir eben mal wieder einen Sonderweg gefunden hätten, zu speziell und verschlungen, um von anderen Völkern verstanden zu werden. Sondern ich sage in etwa Folgendes:

Bei uns ist etwas Absonderliches geschehen. Irgendwie ist es in den vergangenen Jahrzehnten dahin gekommen, dass die Frage, ob man Schiller in historischen Kostümen oder besser mit den inzwischen schon altbewährten Zutaten der sogenannten Aktualisierung aufführen solle, zur am stärksten mit Ideologie befrachteten Frage überhaupt geworden ist. Eher ist es möglich, unwidersprochen den reinsten Wahnwitz zu behaupten, eher darf man Jörg Haider einen großen Mann oder George W. Bush intelligent nennen, als leise und schüchtern auszusprechen, dass die historisch akkurate Inszenierung eines Theaterstücks einfach nur eine ästhetische Entscheidung ist, nicht besser und nicht schlechter als die Verfremdung, auf keinen Fall aber ein per se reaktionäres Unterfangen.

(2009)

1. Was kritisiert Daniel Kehlmann in dieser Rede?
2. Beschreiben Sie den Stil dieser Rede.
3. Auf der folgenden Seite sehen Sie zwei Bilder einer Essener Inszenierung des Dramas „Woyzeck" durch den Regisseur David Bösch. Ein Kritiker schreibt darüber:

[1] **Romancier:** Romanautor – [2] **Dogmen:** grundlegende, unhinterfragbare Lehrmeinung

„Böschs Stück ist grell und laut, er versetzt Büchners Textfragment in eine schrille Welt, die direkt aus Clockwork-Orange, Rocky Horror Picture Show *und* Dawn of the Dead *geschält zu sein scheint. Sein Franz Woyzeck ist ein Verwundeter in einer verwundeten Welt, die postapokalyptisch wirkt, in der die Experimente seines Arztes, mit denen Woyzeck sich den Unterhalt für Marie und sein uneheliches Kind verdient, larger than life wirken, Woyzeck als eine elektrogeschockte Puppenmarionette auftritt. Der Hauptmann, den Woyzeck hier nicht rasiert, sondern dessen Urineimer er wechselt, ist ein Krüppel, der seinen Untergebenen immer noch sadistisch verhöhnt. Der Tambourmajor und seine Militärkapelle mutieren zu Skinheads, die lauten Punk herunterzimmern, während der Major Woyzeck verprügelt. Es mag einigen Leuten leichtfallen, diese Eingriffe von Regie und Dramaturgie als typisches modernistisches Regietheater abzutun, und die üblichen Verdächtigen haben so auch das Stück an den entsprechenden Schock-Stellen verlassen. Aber Bösch und Dramaturg Olaf Kröck bleiben der Stimmung – oder vielmehr einer möglichen Stimmung – des Textes treu."*

Nehmen Sie Stellung zu der Frage, ob klassische Theaterstücke heute in historischen Kostümen oder in aktualisierter Version aufgeführt werden sollten.

4. Was Sie noch machen können:

Halten Sie noch einmal Rückschau auf die einzelnen Stationen der Entwicklung des Dramas, die Sie auf den vorhergehenden Seiten kennengelernt haben. Stellen Sie den Wandel zusammenfassend dar, indem Sie *entweder*

- die verschiedenen Entwicklungstendenzen in einer Tabelle zusammenstellen. Überlegen Sie sich dazu geeignete Vergleichskategorien (z. B. Absicht, Wirkung auf das Publikum etc.).
- *oder* einen Zeitstrahl anlegen, der illustriert, welche Wandel sich wann ergeben haben und welche Zusammenhänge zwischen den einzelnen Dramentheorien bestehen (mögliche Kategorien sind z. B. Form, Inhalte, Intention). Sie können den Zeitstrahl auch noch durch die Zuordnung von Autoren und Werken ergänzen.
- *oder* ein Gespräch oder eine kleine Szene zwischen Theaterbesuchern schreiben, die sich unterschiedliche Stücke, denen verschiedene Konzepte zugrunde liegen, angeschaut haben. Lassen Sie die Vertreter des Publikums ihre jeweiligen Eindrücke von den Inszenierungen austauschen.
- *oder* eine Szene schreiben, in der die unterschiedlichen Dramatiker zu Wort kommen und ihre Auffassung von Theater prägnant und im Vergleich zu und in Abgrenzung von den anderen zum Ausdruck bringen. Überlegen Sie sich dazu auch eine fiktive und unterhaltsame Rahmenhandlung, die es ermöglicht, dass die Autoren der verschiedenen Epochen zu Wort kommen.

Information

Regietheater

Das Regietheater entstand zu Beginn des 20. Jahrhunderts infolge des Naturalismus, der die Darstellung einer naturgetreuen Wirklichkeit auf der Bühne forderte. Zugleich konstituierte sich das Theater als autonome Kunstform: Nicht mehr der Dramatiker, der Autor, sondern der Regisseur galt als eigentlicher Schöpfer des Kunstwerks. Auf der Suche nach neuen Erkenntnis- wie Darstellungsmöglichkeiten mit den Mitteln des Theaters ist Regie von der bloßen Rekonstruktion eines Textes zu dessen Veränderung durch Interpretation übergegangen. Regietheater ist also Interpretationstheater, das an der Erkenntnis der Gegenwart mit zeitgenössischen Stücken ebenso arbeitet wie mit tradierten Werken, die es auf neue Perspektiven hin zu befragen gilt. Interpretation ist nun nicht mehr verstanden als Nachzeichnung, als Intonieren, Einfühlen, Ausarbeiten von Vorgefundenem, sondern als Herausziehen dessen, was uns angeht.

Der freie Umgang mit Stücken und die Überwindung konventioneller Spielformen haben den Vertretern des Regietheaters den Vorwurf der Untreue am Werk eingetragen. Kritiker sprechen von Regiewillkür, die zum Selbstzweck und damit letztlich auch beliebig wird.

Das Mittelalter – Ansichten einer Epoche

Die Wartburg bei Eisenach (erbaut um 1067)

Mittelaltermarkt

„Ritterturnier“ auf einem Mittelaltermarkt

Darstellung der mittelalterlichen Ständegesellschaft (1492):
Tu supplex ora (Du bete demütig!) –
Tu protege (Du beschütze!) – Tuet labora (Und du arbeite!)

Das Mittelalter ist eine Epoche, die uns zugleich vertraut und zutiefst fremdartig ist: Vertraut sind uns die touristischen Überreste, die sich in vielen deutschen Städten finden lassen, zudem scheint das Mittelalter auch sonst zu boomen: Mittelaltermärkte mit Ritterturnieren sowie Filme und Bücher mit mittelalterlichen Inhalten sind allgegenwärtig. Gleichzeitig zeugen geflügelte Worte wie „das finstere Mittelalter" und das Klagen über „mittelalterliche Zustände" von einem tief sitzenden Überlegenheitsgefühl gegenüber dieser Epoche, die voller Gewalt, Intoleranz und Unbildung gewesen zu sein scheint. Tatsächlich entwickelten sich im Mittelalter die Grundlagen unserer heutigen Welt, indem etwa die Staaten Europas Gestalt annahmen und viele uns bekannte Städte als kulturelle und wirtschaftliche Zentren gegründet wurden. Aber auch für die Entstehung und Entwicklung der deutschen Sprache ist diese Epoche von großer Bedeutung, auch wenn die überlieferten Texte auf den ersten Blick nur wenig mit dem heutigen Deutsch gemeinsam zu haben scheinen.

Der Sängerkrieg auf der Wartburg (Fresko auf der Wartburg aus dem Jahr 1885)

1. Assoziieren Sie frei zu Ihren Vorstellungen über diese Epoche und sammeln Sie Ihre Ergebnisse in einem Cluster oder einem Ideenstern.

2. Warum erfreuen sich Ihrer Meinung nach Mittelaltermärkte, Filme und Bücher einer solchen Beliebtheit?

3. Beschreiben Sie das Historiengemälde und erschließen Sie aus ihm, unter welchen Bedingungen mittelalterliche Literatur entstanden und rezipiert worden sein könnte. Informieren Sie sich im Internet über den hier dargestellten „Sängerkrieg".

4. Recherchieren Sie im Internet die Herkunft und Bedeutung heutiger Begriffe wie „Höflichkeit", „eine Lanze für jemanden brechen", „Champion", „in die Bresche springen", „seinen Hut ziehen" u. Ä. Versuchen Sie ausgehend hiervon eine erste Erklärung, worin eine Bedeutung des Mittelalters für uns bestehen könnte.

1 Lyrik des Hohen Mittelalters (1050 – 1250)

Liebeslyrik im Mittelalter – eine Annäherung

Gedicht einer anonymen Verfasserin

Dû bist mîn, ich bin dîn,
des solt dû gewis sîn.
dû bist beslozzen
in mînem herzen,
verlorn ist daz slüzzelîn –
dû muost ouch immer dar inne sîn.

(entstanden um 1180)

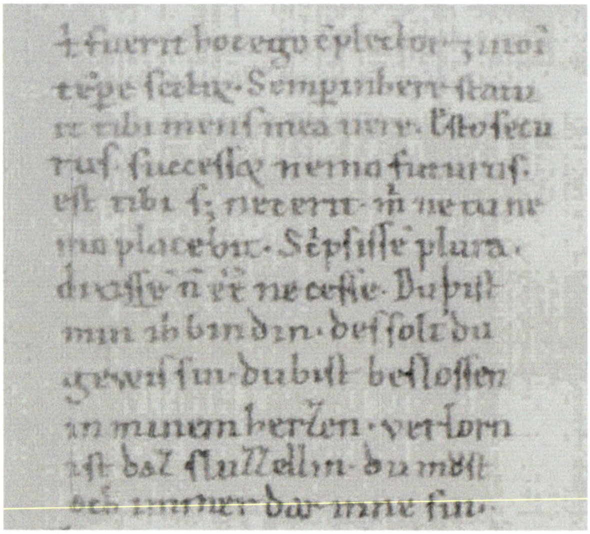

1. Versuchen Sie, den Inhalt des Gedichts zu erschließen. Das Gedicht ist eines der ältesten Liebesgedichte in deutscher Sprache und war Teil eines Briefes. Erscheint es Ihnen fremdartig oder vertraut? Begründen Sie Ihre Entscheidung.

2. Unterstreichen Sie im ersten und letzten Vers alle Worte, deren Schreibweise sich gegenüber dem heutigen Deutsch verändert hat. Versuchen Sie, diese Veränderungen in Regeln zu fassen.

3. Bereiten Sie das Gedicht mit den Aussprachehilfen (S. 121) für einen mündlichen Vortrag im Kurs vor.

Der von Kürenberg

Ich zôch mir einen valken

Ich zôch mir einen valken mêre[1] danne ein jâr.
dô ich in gezamete[2], als ich in wolte hân,
und ich im sîn gevidere mit golde wôl bewant,[3]
er huop sich ûf vil hôhe und flouc in anderiu lant.

Sît sach ich den valken schône fliegen.
er fuorte an sînem fuoze sîdîne riemen[4],
und was im sîn gevidere alrôt guldîn[5].
got sende sî zesamene, die gelieb[6] wellen gerne sîn.

(2. Hälfte 12. Jh.)

Der von Kürenberg. Miniatur aus der Großen Heidelberger Liederhandschrift (Codex Manesse)

[1] **mêre:** länger – [2] **gezamete:** gezähmt hatte, zu eigen gewonnen hatte – [3] **mit golde wol bewant:** mit einem Ring geschmückt hatte – [4] **sîdîne riemen:** Seidenbänder – [5] **alrôt guldîn:** über und über mit Gold geschmückt – [6] **gelieb:** gegenseitig in Liebe verbunden

Kriemhilds Falkentraum (Nibelungenlied, um 1200)

Das Nibelungenlied ist ein um 1200 entstandenes höfisches Epos, das den Untergang des Volkes der Burgunder zur Zeit der Völkerwanderung (4.–6. Jh. n. Chr.) beschreibt. Motor der Handlung ist die burgundische Prinzessin Kriemhild, die ihre eigenen Brüder aus Rache für die Ermordung ihres Ehemannes Siegfried vernichtet. Dieser war an den burgundischen Königshof gezogen und hatte dort um Kriemhild geworben. Als Bedingung für die Hand Kriemhilds musste Siegfried versprechen, Kriemhilds Bruder bei dessen Werbung um Brunhilde zu unterstützen. Mithilfe einer magischen Tarnkappe und seinen riesigen Kräften gelang Siegfried dies. Jahre später wird der Betrug jedoch aufgedeckt, sodass es zum Mord an Siegfried kommt. Um ihre Rachepläne umzusetzen, heiratet Kriemhild den Hunnenkönig Etzel und lädt Jahre später ihre Brüder mitsamt deren Gefolge an den Hof Etzels ein. Dort werden nach langen Kämpfen alle Burgunder getötet.
Zu Beginn des Nibelungenepos wird ein Traum Kriemhilds geschildert, den diese nicht zu deuten weiß und sich von ihrer Mutter erklären lässt.

In disen hôhen êren   tróumte Kriemhíldè,
wie si züge einen valken,   starc, scœn' und wíldè,
den ir zwêne arn[1] erkrummen[2].   daz si daz muoste sehen,
ir enkúnde[3] in dirre werlde   leider nímmér gescehen.

Den troum si dô sagete   ir muoter Úotèn.
sine kúndes niht besceiden[4]   baz[5] der gúotèn:
„der valke, den du ziuhest,   daz ist ein edel man.
in welle got behüeten,   du muost in sciere[6] vloren hân.“

(um 1200)

Kriemhild und ihre Mutter (Nibelungen-Festspiele in Worms, 2003)

1. Formulieren Sie ein erstes Verständnis des Inhalts des Gedichts „Ich zôch mir einen valken“. Gehen Sie hierbei besonders auf das lyrische Ich und die mögliche Bedeutung des Falken ein. Wie deuten Sie den Schlussvers in diesem Zusammenhang?

2. Fertigen Sie eine angemessene neuhochdeutsche Übersetzung des Gedichts an.

3. Übersetzen Sie anschließend den Auszug aus dem Nibelungenlied und erläutern Sie vor diesem Hintergrund die Bildsprache des Gedichts.

4. Weisen Sie am Text das Rollenverständnis von Mann und Frau nach.

5. Erläutern Sie, welchen Stellenwert dem Falkentraum Kriemhilds im Zusammenhang des Nibelungenliedes zukommt.

Information

Zur Aussprache des Mittelhochdeutschen

Das Mittelhochdeutsche ähnelt dem heutigen Deutsch in vielerlei Hinsicht. Folgende Unterschiede zum Neuhochdeutschen sind aber besonders hervorzuheben:

- Alle Vokale und Umlaute ohne Längenzeichen werden kurz gesprochen. Nur die mit Zirkumflex gekennzeichneten Vokale werden lang gesprochen.
- Die Diphthonge (Doppellaute) ie, ue, uo sind getrennt zu lesen, das heißt, man hört beide Laute. Beim Übergang zum Neuhochdeutschen werden diese zu langen Vokalen.
- Der Diphthong iu entspricht dem Neuhochdeutschen ü.
- Die Konsonanten werden im Wesentlichen wie im Neuhochdeutschen ausgesprochen, mit folgenden kleinen Ausnahmen: h entspricht in der Wortmitte und am Wortende dem ch, z nach Vokal ist als s zu lesen, ph ist als pf zu lesen.

[1] **arn:** Adler – [2] **erkrummen:** zerhackten – [3] **enkúnde:** konnte – [4] **besceiden:** erklären – [5] **baz:** besser – [6] **sciere:** bald, schnell

Die Minnelyrik: Liebe als Dienst?

Albrecht von Johansdorf
Ich vant si âne huote

Ich vant si âne huote
die vil minneclîche eine stân.
jâ, dô sprach diu guote:
„waz welt ir sô eine her gegân?“
„frowe, ez ist alsô geschehen.“
„sagent, war umbe sint ir her? daz sult ir mir verjehen.“

„Mînen senden kumber
klage ich, liebe frowe mîn.“
„wê, waz sagent ir tumber?
ir mugent iuwer klage wol lâzen sîn.“
„frowe, ich enmac ir niht enbern.“
„so wil ich in tûsent jâren niemer iu gewern.“

„Neinâ, küniginne!
daz mîn dienst sô iht sî verlorn!“
„ir sint âne sinne,
daz ir bringent mich in selhen zorn.“
„frowe, iuwer haz tuot mir den tôt.“
„wer hât iuch, vil lieber man, betwungen ûf die nôt?“

„Daz hât iuwer schœne,
die ir hânt, vil minneclîchez wîp.“
„iuwer süezen dœne
wolten krenken mînen stæten lîp.“
„frowe, niene welle got.“
„wert ich iuch, des hetet ir êre; sô wær mîn der spot.“

[...]

„Sol mich dan mîn singen
und mîn dienst gegen iu niht vervân?“
„iu sol wol gelingen,
âne lôn sô sult ir niht bestân.“
„wie meinent ir daz, frowe guot?“
„daz ir dest werder sint und dâ bî hôchgemuot.“

(um 1200)

Ich fand sie unbewacht,
alleine stehn, die Liebste.
Wirklich, da sagte die Gute:
„Warum kommt Ihr so allein hierher?“
„Herrin, es ergab sich so.“
„Sagt, warum seid Ihr hier? Das sollt Ihr mir gestehen.“

„Meinen Liebeskummer
klage ich Euch, meine liebe Herrin.“
„Ach, was sagt Ihr da, Törichter?
Hört auf mit Eurer Klage.“
„Herrin, ich kann nicht davon lassen.“
„So werde ich Euch auch in tausend Jahren nicht erhören.“

„Nicht doch, Königin!
Mein Dienst darf doch nicht vergebens sein!“
„Ihr seid von Sinnen,
dass Ihr mich so zornig macht.“
„Herrin, Euer Hass bringt mir den Tod.“
„Wer hat Euch, lieber Mann, dies Leid aufgezwungen?“

„Es war die Schönheit,
die Euch eigen ist, allerliebste Frau.“
„Eure süßen Lieder
möchten gerne meine Standhaftigkeit erschüttern.“
„Herrin, das verhüte Gott.“
Gäbe ich nach, hättet Ihr die Ehre, doch ich den Spott.“

[...]

„Soll denn mein Singen
und mein Dienst bei Euch erfolglos bleiben?“
„Erfolg sollt Ihr schon haben
und nicht ohne Lohn ausgehen.“
„Wie meint Ihr das, edle Herrin?“
„Dass Ihr an Wert gewinnt und dabei froh seid.“

1. Bereiten Sie das Gedicht für einen Vortrag mit verteilten Rollen vor. Achten Sie hierbei auf eine angemessene Betonung.
2. Welches Bild zeichnet das lyrische Ich von der verehrten Dame? Welches Verhältnis besteht zwischen den beiden?
3. Erklären Sie die Äußerung der Frau: „Gäbe ich nach, hättet Ihr die Ehre, doch ich den Spott.“ (V. 24)
4. Erläutern Sie vor dem Hintergrund des folgenden Sachtextes die Bedeutung des Schlussverses. Deuten Sie in diesem Zusammenhang auch die Abbildung auf S. 123 oben.
5. Dieses Gedicht wird der „Hohen Minne“ zugerechnet. Weisen Sie die Merkmale dieser Minnekonzeption an diesem sowie den Gedichten „O we ...“ und „Ich wirbe umbe allez ...“ (S. 62 ff.) nach. Beziehen Sie dabei auch den folgenden Sachtext mit ein.

Minnesiegel des französischen Ritters und Dichters Conon de Béthune (13. Jh.). Das Wort „merci“ ist hier kein Ausdruck des Dankes, sondern eine Bitte um Gnade und Lohn.

Jürgen Möller (geb. 1969)

Der Minnesang

Unter der Bezeichnung Minnesang werden verschiedene Formen mittelhochdeutscher Dichtung des 12. bis 14. Jahrhunderts zusammengefasst. Er hat seinen Ursprung in der in dieser Zeit entstehenden südfranzösischen Lyrik, die von den Dichtern (Troubadouren) an den Höfen vorgetragen wurde und die dann vorbildhaft auf die deutsche Lyrik einwirkte. Im Mittelpunkt des Minnesangs steht die Beziehung zwischen dem Sänger, der zumeist dem niederen oder dem Dienstadel (Ministeriale, meist Ritter) entstammt, und seiner dem Hochadel zugehörigen, meist verheirateten *frouwe* (Herrin). Allein aus diesen Gründen war ein reales Liebesverhältnis zwischen dem Minnesänger und der Frau seines Herren undenkbar. Stattdessen wird der Minnesang zum Teil des „Frauendienstes“ erhoben, zu dem der ideale Ritter verpflichtet war. In diesem erdachten Dienstverhältnis, das der sittlichen Erziehung des Mannes dienen sollte, wirbt der Mann öffentlich um die Frau, erwartet aber im Regelfall nicht, erhört zu werden. Gestaltet ist dieses Verhältnis nach dem Muster der Lehnsherrschaft, die das Leben am Hofe in einem komplexen Verhältnis aus Leistungs- und Treuepflichten regelte: Zentrale Begriffe waren dabei *triuwe* (Treue), *mâze* (Selbstbescheidung) und *hoher muot* (Tapferkeit). Das Wissen um die Unerfüllbarkeit seines Werbens führt zur sogenannten Minneklage, in der der Wunsch nach Erhörung ebenso thematisiert wird wie der Lobpreis der *frouwe*.

Über die Ursachen und den Zweck dieses auf den ersten Blick merkwürdig erscheinenden gesellschaftlichen Spiels ist viel gerätselt worden. Wahrscheinlich nahmen hier Sänger und Adressatin öffentlich genau festgelegte Rollen ein und führten auf diese Weise vorbildliches Verhalten vor, dem die Zuschauer so weit wie möglich folgen sollten. So trug der Minnesang auch zur Ausprägung des ritterlichen Verhaltenskodex bei.

Neben der sogenannten *hohen Minne* tritt auch die *niedere Minne* auf, in der der Minnesänger die beglückende (meist sexuelle) Beziehung zu einem Mädchen niederen Standes preist. Auch diese Lyrik gehorcht gewissen Regeln und beruht nicht notwendigerweise auf eigenem Erleben des Dichters. In Form der Lyrik des späten Walther von der Vogelweide begegnet darüber hinaus noch die Konzeption der *ebenen Minne*, die versucht, die beiden gegensätzlichen Positionen zu vereinen.

Darstellung eines Minnesängers aus der Manessischen Liederhandschrift (Konrad von Kirchberg überreicht seiner Dame ein Schriftband)

Als Sonderform der Minnelyrik kann das Tagelied gelten: Thema dieser Gedichte ist die Gestaltung des Abschieds zweier nicht miteinander verheirateter Liebender nach einer gemeinsam verbrachten Nacht. Trotz dieses scheinbar brisanten Inhalts wurden auch diese Gedichte zur Unterhaltung des Hofes von den gleichen Sängern vorgetragen, die ansonsten auch die Konzeption der hohen Minne vertraten. Die Rollenhaftigkeit dieser Lyrik muss also stets beachtet werden. Das Tagelied gestaltet die Dramatik des Augenblicks (es droht Entdeckung mit allen damit verbundenen Folgen) unterschiedlich. Die häufigste Form ist hierbei das Wächterlied, in der die Liebenden durch den Ruf des (Nacht-) Wächters geweckt und zum Aufbruch gedrängt werden. Formale Charakteristika sind das Vorliegen eines Dialogs (Wechsel) der beiden Liebenden, der Tagesanbruch, der durch Vogelgesang, den Sonnenaufgang oder den Morgenstern gestaltet wird, sowie die Klage der Liebenden, die als dritte Strophe meist den Abschluss bildet.

Stilistisch und durch die unterschiedlichen Minnekonzeptionen lassen sich insgesamt drei Phasen der Entwicklung unterscheiden. In der ersten Phase, dem donauländischen Minnesang (1150–1170), herrschen noch weitgehend Vorstellungen von einer ungekünstelten, auf Gegenseitigkeit beruhenden Liebe vor. Wichtige Dichter dieser Phase sind beispielsweise der Kürenberger oder Dietmar von Aist.

In der zweiten Phase (1170–1220) tritt demgegenüber die Konzeption der hohen Minne in den Vordergrund, die von Dichtern wie Heinrich von Veldeke, Heinrich von Morungen und Reinmar weiter verfeinert wurde. Damit war die Minnelyrik in gewisser Weise erstarrt, sodass sich Themen und Motive dieser Gedichte immer mehr zu wiederholen begannen. Daher wandten sich Dichter wie Walther von der Vogelweide von dieser erstarrten Form der Lyrik ab und propagierten das Ideal der niederen Minne, das von Walther nach Meinung einiger Wissenschaftler zum Konzept der ebenen Minne verfeinert wurde. Die Spätphase des Minnesangs (ab 1220) zeichnet sich durch die Variation des vorhandenen Bild- und Formenmaterials aus, wobei die Ideale des Hohen Minnesangs teilweise karikiert bzw. persifliert werden. *(2012)*

➔ Weitere Beispiele für die Minnelyrik der Epoche des Mittelalters s. S. 62 ff.

Dietmar von Aist

Slâfest du, friedel ziere?

„Slâfest du, friedel ziere?
man wecket uns leider schiere.
ein vogellîn sô wol getân
daz ist der linden an daz zwî gegân."

„Ich was vil sanfte entslâfen,
nu rüefestu, kint, wâfen.
lieb âne leit mac niht sîn.
swaz du gebiutest, daz leiste ich, mîn friundîn."

Diu frouwe begunde weinen:
„du rîtest hinnen und lâst mich eine.
wenne wilt du wider her zuo mir?
owê, du füerest mîne fröide sant dir!"

„Schläfst du, mein schöner Liebster?
Ach, man weckt uns schon;
ein Vöglein, so wunderschön,
ist auf einen Zweig der Linde geflogen."

„Ich habe so sanft geschlafen,
nun rufst du, Kind: ‚Steh auf!'
Freude ohne Leid kann nicht sein.
Was du verlangst, das tu ich, liebe Freundin."

Die edle Frau begann zu weinen:
„Du reitest weg und lässt mich allein.
Wann wirst du wieder zu mir kommen?
Ach, du nimmst meine Freude mit dir!" *(um 1150)*

1. Ermitteln Sie, in welcher Situation sich die Liebenden befinden. Beachten Sie, dass das mittelalterliche Wort „frouwe" die adelige Frau (Herrin) bezeichnet.
2. Mit welchen sprachlichen Mitteln wird diese Situation gestaltet?
3. Welche Gefühle bringen die Liebenden jeweils zum Ausdruck? Welche Haltung zur Liebe nehmen die beiden Sprecher ein?
4. Weisen Sie mithilfe des obigen Sachtextes die Gattungsmerkmale des Tageliedes an diesem Gedicht nach.

2 Ein Dichter in seiner Zeit: Walther von der Vogelweide

Jürgen Möller (geb. 1969)

Walther von der Vogelweide

Obwohl über das Leben Walthers (ca. 1170 – ca. 1230) mehr bekannt ist als über die meisten anderen mittelalterlichen Dichter, bleibt doch vieles im Dunkeln. So ist beispielsweise sein Geburtsort nicht mit Sicherheit zu bestimmen, da die Ortsbezeichnung Vogelweide im Mittelalter sehr häufig war. Als Geburtsstädte wurden unter anderem Bozen, Frankfurt und verschiedene Orte in der Schweiz bzw. Franken genannt. Möglich ist auch, dass der Name von der Vogelweide nur eine Art Künstlername war, der auf den Beruf seines Trägers verweisen sollte. Eindeutig ist jedoch, dass Walther nicht dem höheren Adel angehörte, der sich meist nach Burgen o. Ä. benannte, sondern aus dem Stand der Ministerialen stammte, d. h. aus dem niederen Dienstadel. Er ist der erste für uns greifbare Berufsdichter. Dies lässt sich aus dem Reiserechnungsbuch des Passauer Bischofs Wolfger von Erla entnehmen, in dem unter dem 12.11.1203 vermerkt ist, dass dem „cantor Walther von der Vogelweide fünf Schillinge für einen Pelzrock“ ausgehändigt wurden. Die Bezeichnung *cantor* weist dabei am ehesten auf einen fahrenden Sänger hin, der an verschiedenen Höfen seine Kunst darbot. Eine solche Tätigkeit blieb natürlich auf die Unterstützung durch adelige Gönner angewiesen. Dennoch fehlte es Walther keineswegs an Selbstbewusstsein, wie der Anfang eines seiner berühmtesten Gedichte verdeutlicht: „Ihr sollt sagen: Seid willkommen,/der euch Neuigkeiten bringt, das bin ich./Alles, was ihr bisher gehört habt,/ist ein Nichts: Jetzt fragt mich./Doch will ich Lohn dafür.“

In die Zeit kurz vor seinem Tod fällt ein Ereignis, das Walther selbst in einem seiner Sprüche feiert, die Belehnung durch Friedrich II. Ob es sich dabei um ein Geldgeschenk oder um ein Landgut in der Nähe von Würzburg handelte, wie vielfach gemutmaßt wurde, ist nicht mehr zu ermitteln. Mit ziemlicher Sicherheit starb er jedoch in Würzburg, wo sich auch heute noch sein Grab befindet.

Walther hat mit insgesamt über 500 Strophen ein außergewöhnlich umfangreiches lyrisches Werk hinterlassen. Trat er in jüngeren Jahren vor allem als Minnesänger in Erscheinung, so verlagerte sich seine Tätigkeit im Alter auf die politisch geprägte Spruchdichtung, mit der er auf die Krise des Heiligen Römischen Reiches am Ende des 12. Jahrhunderts reagierte.

1197 war Heinrich VI., der Sohn Barbarossas, ohne mündigen Erben gestorben. Sein Sohn, der spätere Kaiser Friedrich II. (1215–1250), war beim Tod seines Vaters erst drei Jahre alt. Das Streben der deutschen Fürsten nach möglichst großer Souveränität ihrer sich herausbildenden Territorialstaaten führte zu einer Kette schwerer Auseinandersetzungen, die zu einem umfassenden Gefühl der Rechtlosigkeit und der Gewalt führten, das auch in den Werken Walthers seinen Niederschlag fand.

(2012)

Moderne Statue Walther von der Vogelweides in Bozen

Walther von der Vogelweide

Under der linden

Under der linden
an der heide,
dâ unser zweier bette was,
Dâ mugt ir vinden
schône beide
gebrochen bluomen unde gras.
Vor dem walde in einem tal,
tandaradei,
schône sanc diu nahtegal.

Ich kam gegangen
zuo der ouwe:
dô was min friedel komen ê.
Dâ wart ich enpfangen,
hêre frouwe,[1]
daz ich bin saelic iemer mê.
Kuste er mich? wol tûsentstunt:
tandaradei,
seht wie rôt mir ist der munt.

Dô het er gemachet
alsô rîche
von bluomen eine bettestat.
Des wirt noch gelachet
inneclîche,
kumt iemen an daz selbe pfat.
Bî den rôsen er wol mac,
tandaradei,
merken wâ mirz houbet lac.

Daz er bî mir laege,
wessez iemen
(nu enwelle got!), sô schamt ich mich.
Wes er mit mir pflaege,
niemer niemen
bevinde daz wan er und ich –
Und ein kleinez vogellîn,
tandaradei,
daz mac wol getriuwe sîn.

Unter der Linde
auf der Heide,
wo unser beider Lager war,
da kann man sehn
liebevoll gebrochen
Blumen und Gras.
Vor dem Wald in einem Tal
tandaradei
sang schön die Nachtigall.

Ich kam gegangen
zu der Wiese,
da war mein Liebster schon vor mir gekommen.
Da wurde ich empfangen
– Heilige Jungfrau! –
dass es mich immer glücklich machen wird.
Ob er mich küsste? Wohl tausendmal,
tandaradei,
seht wie rot mein Mund ist.

Da hatte er bereitet
in aller Pracht
von Blumen ein Lager.
Daran wird sich freuen
von Herzen,
wer daran vorübergeht.
An den Rosen kann er noch
– tandaradei –
sehen wo mein Kopf lag.

Dass er bei mir lag,
wüsste es jemand
(das verhüte Gott!), so schämte ich mich.
Was er tat mit mir,
niemals soll jemand
das erfahren als er und als ich –
und die liebe Nachtigall,
tandaradei;
die wird gewiss verschwiegen sein.

(um 1200)

1. Ermitteln Sie den lyrischen Sprecher und den Anlass dieses Gedichts.

2. Mit welchen sprachlichen Mitteln wird angedeutet, dass es sich um eine Liebesbegegnung handelt? Wie wird der Ort der Liebesbegegnung beschrieben?

[1] Dieser Vers wird von Übersetzern zum einen als Ausruf (s. o.), zum anderen aber auch als (erinnerte) Anrede der Frau durch den Mann verstanden. Im zweiten Fall müsste die Übersetzung etwa „Erhabene Herrin" lauten.

3. In welchem Verhältnis stehen die Liebenden zueinander und zur Gesellschaft?

4. Vergleichen Sie dieses Gedicht mit Dietmar von Aists „Slâfest du, friedel ziere?“.

5. Welcher Minnekonzeption zählen Sie dieses Gedicht zu? Beachten Sie, inwiefern die Beantwortung dieser Frage von der für Vers 14 gewählten Übersetzung abhängt.

Walther von der Vogelweide

Ich saz ûf eime steine

Ich saz ûf eime steine,
und dahte bein mit beine,
dar ûf satzt ich mîn ellenbogen.
ich hete in mîne hant gesmogen
daz kinne und ein mîn wange.
dô dâhte ich mir vil ange,
wie man zer werlte solte leben.
deheinen rât kond ich gegeben,
wie man driu dinc erwurbe,
der deheinez niht verdurbe.
diu zwei sint êre und varnde guot,
der ietwederz dem andern schaden tuot,
daz dritte ist gotes hulde,
der zweier übergulde.
die wolde ich gerne in einen schrîn.
jâ leider desn mac niht gesîn,
daz guot und weltlich êre
und gotes hulde mêre
zesamene in ein herze komen
stîge und wege sint in genomen,
untriuwe ist in der sâze,
gewalt ist ûf der strâze.
fride und reht sint beidiu wunt.
diu driu habent geleites niht,
diu zwei enwerden ê gesunt.

(um 1200)

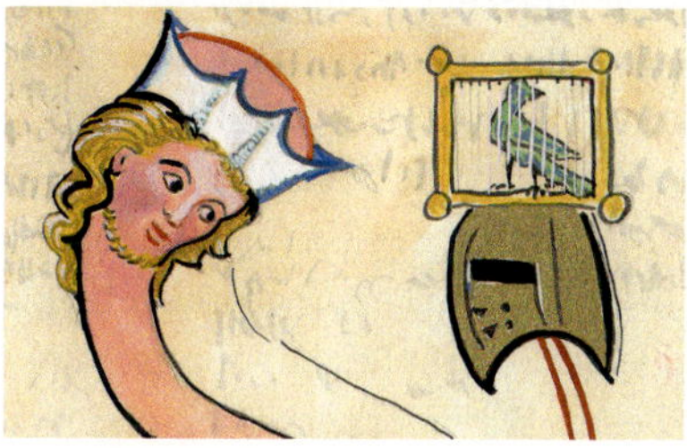

Walther von der Vogelweide
(Zeichnung von Martin Mißfeld)

Ich wusste mir keinen Rat zu geben,
wie man drei Dinge so gewinnen könnte,
dass keines von ihnen zu Schaden käme.
Zwei davon sind Ehre und irdischer Besitz,
die sich gegenseitig schaden,
das Dritte ist Gottes Gnade,
die beide überstrahlt.
Die hätte ich gerne beisammen in einem Schrein.
Doch ach, das kann nicht sein,
dass Besitz und weltliche Ehre
und dazu Gottes Gnade
zusammenkommen in einem Herzen.
Wege und Stege sind ihnen versperrt,
Untreue lauert im Hinterhalt,
Gewalt herrscht auf der Straße.
Friede und Recht sind verletzt.
Bevor die zwei nicht gesunden,
haben die drei keinen Schutz.

1. Übersetzen Sie die ersten sieben Verse des Gedichtes und stellen Sie die Situation in Form eines Standbildes dar. Was bringt die Körperhaltung des lyrischen Ichs zum Ausdruck?

2. Erläutern Sie den Aufbau des Gedichts.

3. Stellen Sie unter Berücksichtigung der Informationen zum historischen Kontext (s. S. 125) die von Walther dargelegte Problematik dar und benennen Sie seinen Lösungsansatz.

4. Diskutieren Sie die Aktualität der in dem Gedicht dargestellten Problematik.

3 Ursprünge und Entwicklung der deutschen Sprache

Jürgen Möller (geb. 1969)

Deutsche Sprache(n) im Mittelalter

Die deutsche Sprache entstand in ihren ersten Formen in der Völkerwanderungszeit (4.–6. Jahrhundert), als sich die vielen kleinen germanischen Stämme zu Großverbänden zusammenschlossen und schließlich das Weströmische Reich eroberten. Völker wie die Goten, die Vandalen, die Burgunder, die Franken, die Sachsen, die Alemannen und die Thüringer gründeten in der Folge eigene Reiche auf meist ehemals römischem Gebiet. Im Zuge dieser Wanderungsbewegungen und Volksbildungen kam es auch zu großen Veränderungen der europäischen Sprachen sowie der bisher bestehenden germanischen Dialekte. Insbesondere die fränkische Reichsbildung übte auf die germanischen Dialekte einen entscheidenden Einfluss aus, die starken Veränderungen ausgesetzt waren: In weiten Teilen des germanischen Sprachraums wurden die Laute p/t/k, nach der Art ihrer Erzeugung auch Verschlusslaute genannt, in vielen Fällen zu den Lauten f bzw. pf, s/ss und ch „verschoben“ (zweite oder althochdeutsche Lautverschiebung). So wird etwa das germanische Wort *holta* in der nun Althochdeutsch genannten Sprache zu *holza* (Holz), aus dem *appla* wird der *apful* (Apfel), aus *taiknam* wird *zeihhan* (Zeichen). Die Beispiele zeigen bereits, dass die Worte nach der Lautverschiebung trotz aller Unterschiede bereits erhebliche Gemeinsamkeiten mit unseren heutigen deutschen Wörtern aufweisen. Die Ursachen für diese plötzlich einsetzende Veränderung sind nicht mehr zu bestimmen, nachweisbar ist jedoch, dass sie regional unterschiedlich stark umgesetzt wurde. Während im Süden alle Laute „verschoben“ wurden, schwächte sich die Tendenz in Richtung Norden immer mehr ab, sodass schließlich im heutigen Norddeutschland überhaupt keine Veränderungen mehr stattfanden. Ebenso wie die Entstehung gibt es

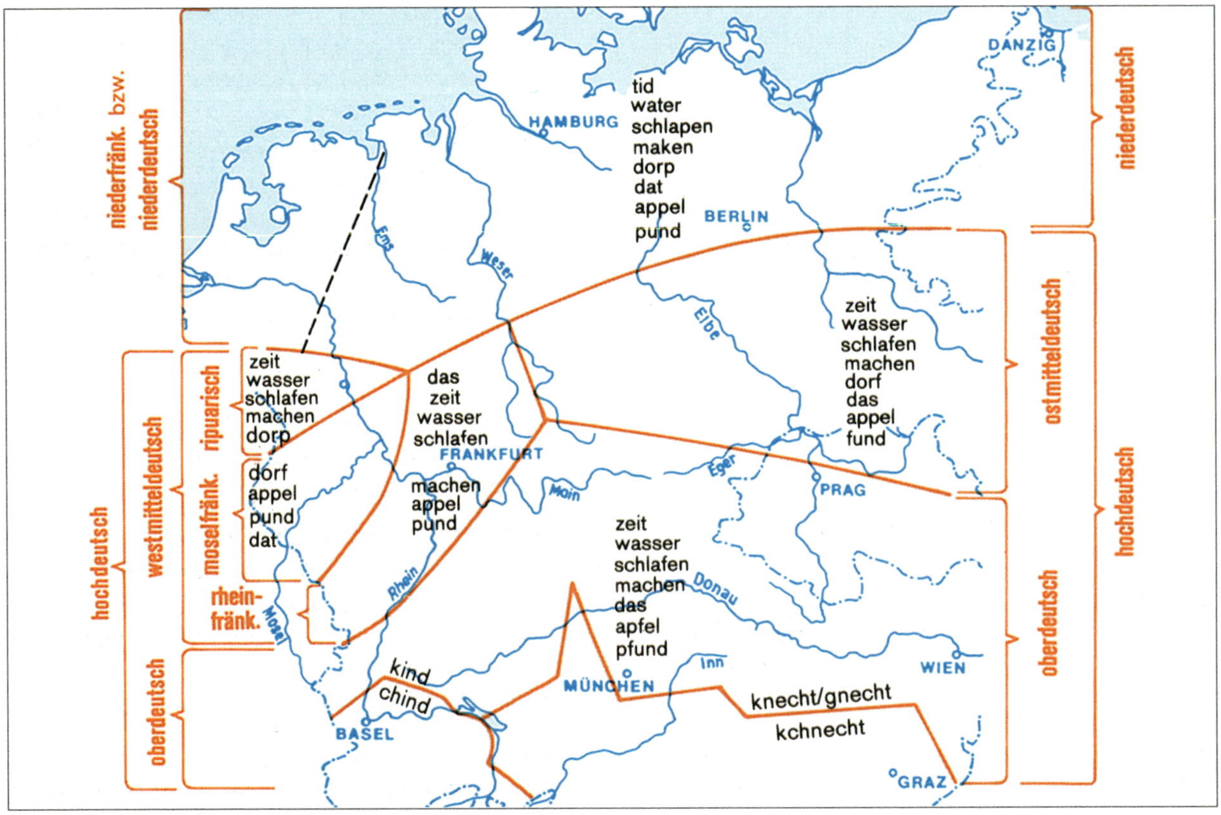

Die zweite Lautverschiebung

auch für das Nachlassen der Lautverschiebung keine eindeutige Erklärung. Dennoch ist die Lautverschiebung eindeutig messbar. In einem aufwendigen Verfahren wurden im 19. Jahrhundert etwa 40 000 Fragebögen an alle Dorfschulmeister verschickt, in denen diese gebeten wurden, eine Liste von deutschen Wörtern in ihren jeweiligen Dialekt zu „übersetzen". Die Auswertung dieser Listen zeigte, dass der deutsche Sprachraum aufgrund dieser Lautverschiebung bis heute von unsichtbaren Grenzen durchschnitten wird, wie die Karte auf Seite 128 verdeutlicht.

Erkennbar ist zugleich, dass das, was wir heute als Hochdeutsch bezeichnen, stark von süd- und mitteldeutschen Einflüssen geprägt ist, während das Nieder- oder Plattdeutsche große Ähnlichkeiten mit dem Englischen aufweist.

Deutlich zu unterscheiden ist nämlich das heutige Verständnis des Begriffs Hochdeutsch von dem, was die Wissenschaft unter diesem Wort versteht: Meint man landläufig mit dem Begriff gerade eine von mundartlichen Einflüssen freie, in ganz Deutschland verständliche Sprache, so versteht der Sprachwissenschaftler zusammenfassend darunter die aus dem Mittel- und Oberdeutschen bestehenden süddeutschen Dialekte und verwendet den Begriff zur Abgrenzung vom Niederdeutschen. Dies gilt insbesondere für die Sprachgeschichte, für die vier Phasen unterscheidbar sind:

750–1050 Althochdeutsch
1050–1350 Mittelhochdeutsch
1350–1650 Frühneuhochdeutsch
seit 1650 Neuhochdeutsch

Die zweite Lautverschiebung bildete die Basis für die Entstehung einer gemeinsamen deutschen Sprache, was auch auf die große Bedeutung der kulturellen Zentren in Süddeutschland zurückzuführen ist. In mittelhochdeutscher Zeit (1050–1350) blieb die Dominanz der süddeutschen kulturellen Zentren bestehen und wurde sogar noch ausgebaut. Vor allem an den süddeutschen Höfen wurden die Minnelyrik und die ritterlichen Epen rezipiert. Auch die meisten Dichter dieser Zeit stammen aus dem süddeutschen Raum. Insgesamt ist in dieser Zeit bereits eine deutliche Ausweitung des Gebrauchs der deutschen Sprache im schriftlichen Bereich zu beobachten. Auch ähnelt diese Sprache bereits dem heutigen Deutsch sehr viel mehr als das Althochdeutsche. Dies liegt nicht zuletzt an der sogenannten Endsilbenabschwächung, die als wichtiges Merkmal das Mittelhochdeutsche vom Althochdeutschen abgrenzt. Während im Althochdeutschen der Kasus bzw. bei Verben die Konjugationsformen noch relativ deutlich durch die Endung angezeigt werden, so verschwinden diese Flexionsformen im Übergang zum Mittelhochdeutschen allmählich. Ähnlich wie im heutigen Deutsch zeigt sich im Mittelhochdeutschen also bereits die Tendenz, vor allem den Numerus deutlich durch Endungen anzuzeigen. So wird aus dem althochdeutschen *namo* im Mittelhochdeutschen *name*. In dieser Zeit zeigen sich zudem erste Anzeichen einer einheitlichen deutschen Sprache, auch wenn die Unterschiede zwischen den Dialekten deutlich bleiben.

Mit dem Niedergang der Macht des staufischen Kaisertums im 13. Jahrhundert nahm allmählich auch die kulturelle Bedeutung der süddeutschen Höfe ab. In den folgenden Jahrhunderten finden sich die kulturellen Zentren vor allem im mitteldeutschen Bereich, der deswegen auch die Entwicklung der hochdeutschen Sprache entscheidend geprägt hat. Zu nennen ist hier vor allem die Bibelübersetzung Martin Luthers (1522), der für die Entstehung einer Einheitssprache große Bedeutung zukommt. Die Sprachstufe dieser Zeit bezeichnet man als Frühneuhochdeutsch (1350–1650), das gegenüber dem Mittelhochdeutschen erneut eine Reihe von Veränderungen aufweist. So werden etwa die mittelhochdeutschen Diphthonge (Doppellaute) ie, ue und uo im Neuhochdeutschen zu langen Vokalen bzw. Umlauten (Monophthongierung), aus dem mittelhochdeutschen *bruoder* wird so der *bruder*. Die langen Vokale des Mittelhochdeutschen werden wiederum zu Diphthongen: Aus dem mittelhochdeutschen *mîn hûs* wird also im Frühneuhochdeutschen *mein haus* (Diphthongierung). Seit dem 17. Jahrhundert entsteht dann auch immer stärker eine gemeinsame deutsche Verkehrssprache, die wir heute unter dem Begriff Hochdeutsch verstehen.

(2012)

1. Beschreiben Sie nach der Karte zur zweiten Lautverschiebung die Veränderung der Verschlusslaute in den verschiedenen Sprachräumen.
2. Stellen Sie fest, welche germanischen Verschlusslaute (p/t/k) folgenden neuhochdeutschen Wörtern zugrunde liegen: Pflug, Pfeife, Wasser, Zunge, Kuchen, machen, zehn, Schiff, reifen, setzen. Übersetzen Sie die oben genannten Wörter ins Englische und erklären Sie Ihren Befund.
3. Erläutern Sie die Bedeutung der im Text genannten kulturellen Zentren für die Entstehung einer gesamtdeutschen Verkehrssprache.

Die Epoche des Mittelalters

Die Entwicklung der Sprache

Die deutsche Sprache entwickelte sich aus verschiedenen germanischen Dialekten seit etwa 500 n. Chr., wobei insbesondere die sogenannte zweite Lautverschiebung einen Einschnitt bildet, der das entstehende Althoch- bzw. Altniederdeutsche von den anderen germanischen Sprachen trennt. Insgesamt dominierte in althochdeutscher Zeit im schriftlichen Bereich nach wie vor die lateinische Sprache, die in den großen Klöstern wie Reichenau, St. Gallen oder Fulda als Zentren der Bildung gepflegt wurde. Dass die Volkssprache überhaupt seit etwa 800 verstärkt in schriftlicher Form gebraucht wird, verdanken wir unter anderem Karl dem Großen (768–814), der zum Zwecke der Christianisierung Übersetzungen religiöser Werke anregte, aber auch eine Sammlung fränkischer Heldenlieder anlegen ließ, die allerdings verloren ging. Erhalten geblieben sind aus der althochdeutschen Literatur neben diversen Zauber- und Segenssprüchen vor allem religiöse Texte und Bibelübersetzungen, wie etwa Otfrieds Evangelienharmonie, christliche Dichtungen (z. B. Muspili), Preislieder für Herrscher (Ludwigslied), aber auch, als bedeutendster poetischer Text, das Hildebrandslied.

Die Entwicklung der Literatur

Mit dem Zerfall des Karolingerreichs und dem Einsetzen der Überfälle der Normannen und Ungarn bricht die schriftliche Überlieferung des Deutschen im 10. Jahrhundert fast vollständig ab und setzt in breiter Form erst wieder in der zweiten Hälfte des 12. Jahrhunderts ein. Der politische Aufschwung des mittelalterlichen deutschen Kaisertums schuf zugleich auch die Grundlagen für eine kulturelle Blüte: Das zahlreich an den königlichen und fürstlichen Höfen versammelte adelige Publikum verlangte nach verfeinerter kultureller Zerstreuung, die von meist aus dem niederen Adel stammenden adeligen Sängern, begleitet von Musik, vorgetragen wurde. Neben der sich besonderer Beliebtheit erfreuenden Liebeslyrik nach französischem Vorbild (Minnelyrik) entstanden, in Anlehnung an die Artussage, auch umfangreiche Epen wie Wolfram von Eschenbachs „Parzival“, Gottfried von Straßburgs „Tristan und Isolde“ und die Werke Hartmann von Aues („Erec“, „Gregorius“, „Der arme Heinrich“). Zum deutschen Nationalepos wurde in späterer Zeit das Nibelungenlied stilisiert, das anonym überliefert ist und auf älteren germanischen Sagen beruht.

Nach einem Höhepunkt um 1200 geriet die höfische Welt im Spätmittelalter (1250–1450) zunehmend in eine Krise, deren Ursachen sowohl im politischen als auch im wirtschaftlichen Bereich gelegen haben dürften. Die Literatur reagierte auf die Verschlechterung der Lebensbedingungen mit einer Abkehr von den ritterlichen Idealen und einer Hinwendung zum Derb-Volkstümlichen. Zwar blieb die ritterliche Welt Bezugspunkt, doch dienten die auch weiterhin entstehenden Minnelieder (Oswald von Wolkenstein), Ritterromane (Der Stricker, der vor allem durch seine Kurzerzählungen bekannt ist) und fantastischen Abenteuergeschichten (Heinrich Wittenwiler, Der Ring) der Unterhaltung eines aufgrund des Aufstiegs der Städte zunehmend bürgerlicher werdenden Lesepublikums. Auf der anderen Seite entstanden stark lehrhafte und moralisierend-belehrende Texte, die die Menschen angesichts der Krisen der Zeit zur Umkehr und zur Besinnung auf das Christentum aufriefen. Wichtige Autoren sind hier etwa Wernher der Gartenaere (Meier Helmbrecht) und Johannes von Tepl (Der Ackermann von Böhmen).

In mittelhochdeutscher Zeit zeigen sich außerdem bereits erkennbare Tendenzen einer Vereinheitlichung der Dialekte im Sinne einer gemeinsamen süddeutschen Schriftsprache. Diese greift in frühneuhochdeutscher Zeit auch auf den niederdeutschen Sprachraum über, wobei insbesondere der Bibelübersetzung Martin Luthers (1522) große Bedeutung zukommt.

Geistige Tendenzen und leitende Ideen
- Missionierung und Christianisierung
- universaler Herrschaftsanspruch des deutschen Kaisers (weltlich) bzw. des Papsttums (geistlich)
- theologische Weltdeutung

Geschichtliche Hintergründe
- Entstehung des Heiligen Römischen Reiches Deutscher Nation
- Entstehung der Ständegesellschaft und des Feudalismus
- Konflikte des Kaisers mit dem Papsttum und den regionalen Fürstentümern

Literarische Formen
- Bibelübersetzungen und geistliche Literatur
- Liebeslyrik (Minnelyrik)
- Heldenepen

Das Mittelalter
- Entwicklung der deutschen Sprache seit etwa 500 n. Chr. aus germanischen Dialekten
- Pflege der Bildung in Klöstern und geistlichen Zentren
- erster Gebrauch des Deutschen als Literatursprache

Themen und Motive
- Etablierung und Verherrlichung ritterlicher Ideale in der Epik
- Übertragung des Lehnsdienstes auf das (nur gedachte) Liebesverhältnis des Minnesängers zu seiner hochadeligen „Dame“

Autoren und Werke
- Walther von der Vogelweide
- Heinrich von Morungen
- Hartmann von Aue: Gedichte und Epen (Erec, Gregorius, Der arme Heinrich)
- Anonym: Das Nibelungenlied
- Wolfram von Eschenbach: Parzival
- Gottfried von Straßburg: Tristan und Isolde

Zwischen Lebensangst und Lebenslust: Das Barock

Das Zeitalter des Barock (1600–1720) ist geprägt von tiefen Gegensätzen: Den allgegenwärtigen Erfahrungen von Krieg, Krankheit und konfessioneller Entwurzelung, insbesondere während des Dreißigjährigen Krieges (1618–1648), stehen die Freude an höfischer Prachtentfaltung, die Anfänge des modernen Staates im Absolutismus sowie ein enormer Aufschwung in der künstlerischen und literarischen Produktion gegenüber. Das 17. Jahrhundert stellt sich dem heutigen Leser daher einerseits als ein Zeitalter einer tief greifenden Verunsicherung und Beharrung dar, in dem zugleich jedoch in vielen Bereichen durch Reformen die Voraussetzungen für die Entstehung einer deutschen Nationalliteratur geschaffen wurden. Es lohnt daher, sich mit dieser zunächst fremdartig und widersprüchlich wirkenden Zeit zu beschäftigen.

1. Beschreiben Sie die Abbildungen. Welche Aspekte, die Sie mit dem Begriff „Barock" verbinden, finden Sie dort wieder?
2. Erschließen Sie aus den Abbildungen, mit welchen Mitteln Menschen versuchten, die Krisen ihrer Zeit zu bewältigen.
3. Der Begriff „Barock" wird umgangssprachlich auch als Synonym für überladene, protzige Geschmacklosigkeit verwendet. Wie ist dies zu erklären?

Barockgarten von Schloss Gottorf

Jaques Callot: Der Galgenbaum (1632). Das Bild zeigt die Hinrichtung von Plünderern und Dieben im Dreißigjährigen Krieg (1618–1648).

Luftansicht Karlsruhes mit der Residenz
im Zentrum aus der Zeit des Barock

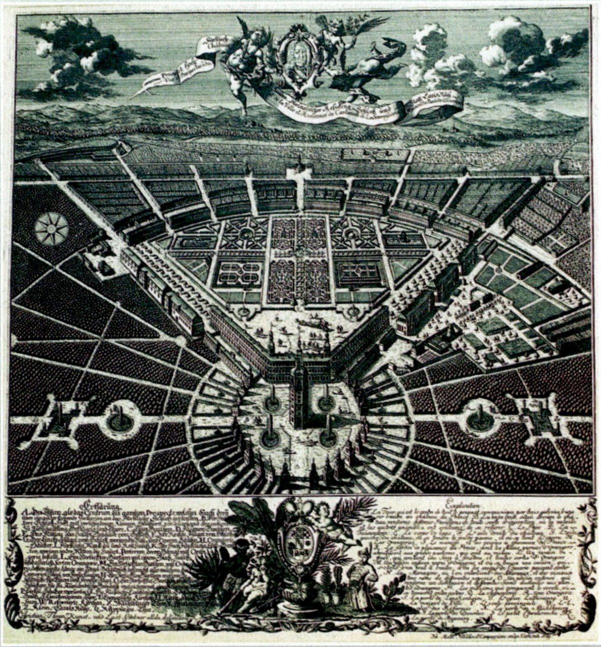

Peter Paul Rubens:
Die Vereinigung von Erde
und Wasser (1618)

Die Hofkirche der Residenz Würzburg,
erbaut von Balthasar Neumann (1687–1753)

Barockfest auf Schloss Friedenstein in Gotha (2001)

1 Eine Welt in Aufruhr: Die Erfahrung des Krieges

Andreas Gryphius. Gryphius (eigentl. Greif) wurde 1616 in Glogau, Schlesien, als Sohn eines evangelischen Geistlichen geboren. Er hatte eine schwere Kindheit während des Dreißigjährigen Krieges. Seine Familie wurde von Katholiken drangsaliert, mit fünf Jahren verlor er den Vater, mit elf auch noch die Mutter und sein Erbe. Dennoch gelang es ihm, Karriere zu machen, indem er nach seiner Rückkehr in die Heimat 1650 ein hohes politisches Amt im Fürstentum Glogau übernahm.

Andreas Gryphius (1616 – 1664)

Tränen des Vaterlandes (Anno 1636)

Wir sind doch nunmehr ganz, ja mehr denn ganz verheeret!
Der frechen Völker Schar[1], die rasende Posaun,
Das vom Blut fette Schwert, die donnernde Kartaun[2]
Hat aller Schweiß und Fleiß und Vorrat aufgezehret.

Die Türme stehn in Glut, die Kirch ist umgekehret,
Das Rathaus liegt im Graus[3], die Starken sind zerhaun,
Die Jungfraun sind geschänd', und wo wir hin nur schaun,
Ist Feuer, Pest und Tod, der Herz und Geist durchfähret.

Hier durch die Schanz[4] und Stadt rinnt allzeit frisches Blut.
Dreimal sind schon sechs Jahr, als unser Ströme Flut
Von Leichen fast verstopft, sich langsam fortgedrungen.

Doch schweig ich noch von dem, was ärger als der Tod,
Was grimmer denn die Pest und Glut und Hungersnot,
Dass auch der Seelenschatz so vielen abgezwungen.

(zweite Fassung von 1663)

1. Beschreiben Sie, wie der Krieg und seine Folgen dargestellt werden.
2. Mit welchen Metaphern und weiteren Stilmitteln werden die Folgen des Krieges hervorgehoben?
3. Weisen Sie die Merkmale der Sonettform am vorliegenden Gedicht nach. Ziehen Sie hierfür die Informationen aus dem Info-Kasten (S. 140) heran.
4. Gliedern Sie das Gedicht inhaltlich und untersuchen Sie, inwiefern der Aufbau des Gedichts die Aussage unterstreicht.
5. Beurteilen Sie vor dem Hintergrund der Ereignisse des Dreißigjährigen Krieges die Aussage des Schlussverses. Beziehen Sie dabei auch die Informationen des folgenden Info-Kastens ein.

Information

Der Dreißigjährige Krieg (1618 – 1648)

Hinter der Bezeichnung „Dreißigjähriger Krieg" verbirgt sich eine ganze Kette von Kriegen, die zwischen 1618 und 1648 auf deutschem Boden ausgetragen wurden.

Diese Kriege hinterließen ein erschöpftes, ausgeblutetes Land. In 30 Kriegsjahren hatte Deutschland – wenn auch regional sehr unterschiedlich ausgeprägt – enorme Bevölkerungsverluste erleiden müssen. Ungefähr ein Drittel der Menschen war entweder Opfer von unmittelbaren Kriegseinwirkungen oder von Seuchen, Hunger und Heimatverlust geworden. Hinzu kam, dass je nach Kriegsglück die Bevölkerung ganzer Landstriche gleich mehrfach zum Glaubenswechsel gezwungen wurde. Zugleich bedeutete das Ende des großen Krieges nicht das Ende der Kriege allgemein. Auch nach Ende des Dreißigjährigen Krieges kam es zu einer ganzen Kette weiterer Auseinandersetzungen mit regional zum Teil noch verheerenderen Folgen, wie zum Beispiel im Pfälzischen Krieg (1688 – 1697), der im Südwesten Deutschlands eine Spur der Verwüstung hinterließ. Anders als der Dreißigjährige Krieg betrafen diese Auseinandersetzungen aber nie mehr Deutschland als Ganzes.

[1] **Schar:** Kriegsschar, Soldaten – [2] **Kartaun:** Kanone – [3] **Graus:** Staub – [4] **Schanz:** Befestigungsanlage

Hans Jakob Christoffel von Grimmelshausen. Von Grimmelshausen stammte aus Gelnhausen in Hessen und geriet schon als Junge unter die Soldaten im Dreißigjährigen Krieg. Nach einem abenteuerlichen und bewegten Leben wurde er Bürgermeister von Renden im Schwarzwald. Den Roman „Der Abentheuerliche Simplicissimus Teutsch", der zur Zeit des Dreißigjährigen Krieges spielt, schrieb er zwischen 1665 und 1673. Er starb 1676 in Renden.

Hans Jakob Christoffel von Grimmelshausen (1616 – 1676)

Der Abentheuerliche Simplicissimus (Erstes Buch, Kap. 4)

„Der Abentheuerliche Simplicissimus Teutsch" ist der bedeutendste deutsche Roman der Barockzeit. Er beschreibt 20 Jahre nach Ende des Dreißigjährigen Krieges (1618 – 1648) die Lebensgeschichte eines Bauernjungen, der Simplicius Simplicissimus („der Einfältige, Allereinfältigste") genannt wird. In Form einer Autobiografie verfasst, lässt der Autor seinen zu Beginn vollkommen unwissenden und naiven Helden aus der Waldeinsamkeit in die Wirren des Krieges geraten, in denen er zahlreiche Abenteuer erlebt, dabei aber moralisch immer weiter verkommt. Am Ende findet der Ich-Erzähler wieder zu Gott und der Roman endet mit seiner Abkehr von der schlechten Welt und dem Rückzug in die Einsiedelei. Als Simplicius gerade zehn Jahre alt ist, kommt es zu der folgenden Episode, die sein Leben völlig verändern soll. Der Hof, auf dem er bisher gelebt hat, wird von einem Reitertrupp überfallen.

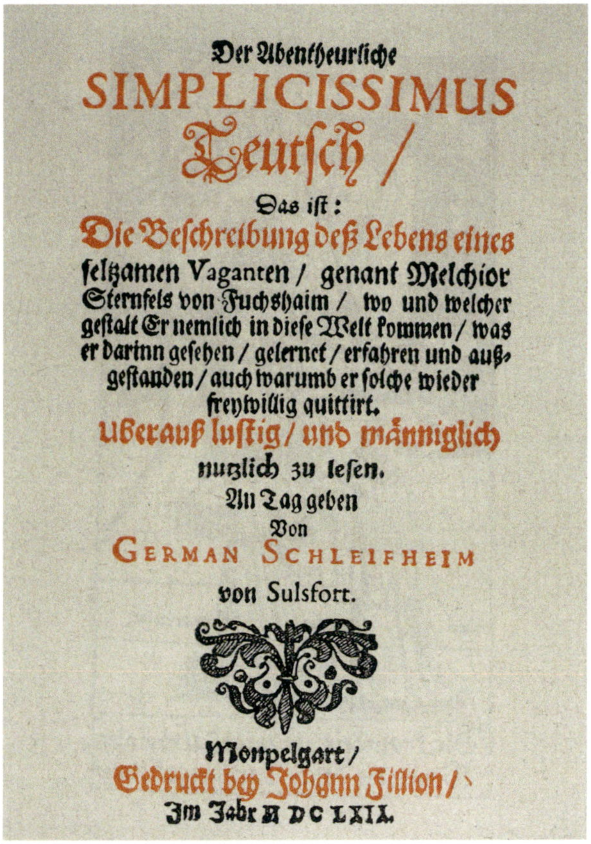

Der Abentheurliche
SIMPLICISSIMUS
Teutsch /
Das ist:
Die Beschreibung deß Lebens eines
seltzamen Vaganten / genant Melchior
Sternfels von Fuchshaim / wo und welcher
gestalt Er nemlich in diese Welt kommen / was
er darinn gesehen / gelernet / erfahren und auß-
gestanden / auch warumb er solche wieder
freywillig quittirt.
Uberauß lustig / und männiglich
nutzlich zu lesen.
An Tag geben
Von
GERMAN SCHLEIFHEIM
von Sulsfort.
Mompelgart /
Gedruckt bey Johann Fillion /
Im Jahr M DC LXIX.

Titelblatt der Erstausgabe 1669

Das Erste, das diese Reuter täten, war, dass sie ihre Pferd einstelleten, hernach hatte jeglicher seine sonderbare Arbeit zu verrichten, deren jeder lauter Untergang und Verderben anzeigte; denn ob zwar etliche anfiengen zu metzgen, zu sieden und zu braten, dass es sahe, als sollte ein lustiges Pankett gehalten werden, so waren hingegen andere, die durchstürmten das Haus unden und oben, ja das heimlich Gemach war nicht sicher, gleichsam ob wäre das gülden Fell von Kolchis[1] darinnen verborgen; andere machten von Tuch, Kleidungen und allerlei Hausrat große Päck zusammen, als ob sie irgends ein Krempelmarkt anrichten wollten, was sie aber nicht mitzunehmen gedachten, wurde zerschlagen; etliche durchstachen Heu und Stroh mit ihren Degen, als ob sie nicht Schaf und Schwein genug zu stechen gehabt hätten, etliche schütteten die Federn aus den Betten und fülleten hingegen Speck, andere dürr Fleisch und sonst Gerät hinein, als ob alsdann besser darauf zu schlafen gewesen wäre; andere schlugen Ofen und Fenster ein, gleichsam als hätten sie ein ewigen Sommer zu verkündigen, Kupfer und Zinnengeschirr schlugen sie zusammen und packten die gebogene und verderbte Stuck ein, Bettladen, Tisch, Stühl und Bänk verbrannten sie, da doch viel Klafter dürr Holz im Hof lag, Häfen[2] und Schüsseln musste endlich alles entzwei, entweder weil sie lieber Gebraten aßen, oder weil sie bedacht waren, nur eine einzige Mahlzeit allda zu halten; unser Magd ward im Stall dermaßen traktiert[3], dass sie nicht mehr dar-

[1] **Kolchis:** Kolchis ist ein Land am Schwarzen Meer. Dort spielt die Sage von einem Widder mit einem kostbaren goldenen Fell. – [2] **Häfen:** Töpfe – [3] **traktiert:** hier: misshandelt

aus gehen konnte, welches zwar eine Schand ist zu melden! Den Knecht legten sie gebunden auf die Erd, stecketen ihm ein Sperrholz ins Maul und schütteten ihm einen Melkkübel voll garstig Mistlachenwasser in Leib: das nenneten sie ein Schwedischen Trunk, wodurch sie ihn zwangen, eine Partei[1] anderwärts zu führen, allda sie Menschen und Viehe hinwegnahmen und in unsern Hof brachten, unter welchen mein Knan[2], mein Meuder, und unser Ursele auch waren.

Da fieng man erst an, die Stein[3] von den Pistolen und hingegen an deren Statt der Bauren Daumen aufzuschrauben, und die arme Schelm so zu foltern, als wann man hätt Hexen brennen wollen, maßen[4] sie auch einen von den gefangenen Bauren bereits in Backofen steckten und mit Feuer hinder ihm her waren, ohnangesehen er noch nichts bekennt hatte; einem andern machten sie ein Seil um den Kopf und raitelten[5] es mit einem Bengel[6] zusammen, dass ihm das Blut zu Mund, Nas und Ohren heraussprang. In Summa[7], es hatte jeder seine eigene Invention[8], die Bauren zu peinigen, und also auch jeder Bauer seine sonderbare Marter:

Allein mein Knan war meinem damaligen Bedunken nach der glückseligste, weil er mit lachendem Mund bekennete, was andere mit Schmerzen und jämmerlicher Wehklag sagen mussten, und solche Ehre widerfuhr ihm ohne Zweifel darum, weil er der Hausvater war, denn sie setzten ihn zu einem Feuer, banden ihn, dass er weder Händ noch Füß regen konnte, und rieben seine Fußsohlen mit angefeuchtem Salz, welches ihm unser alte Geiß wieder ablecken und dadurch also kützeln musste, dass er vor Lachen hätte zerbersten mögen; das kam so artlich[9], dass ich Gesellschaft halber, oder weil ich es nicht besser verstunde, von Herzen mitlachen musste: In solchem Gelächter bekannte er seine Schuldigkeit und öffnet den verborgenen Schatz, welcher von Gold, Perlen und Kleinodien viel reicher war, als man hinder Bauren hätte suchen mögen. Von den gefangenen Weibern, Mägden und Töchtern weiß ich sonderlich nichts zu sagen, weil mich die Krieger nicht zusehen ließen, wie sie mit ihnen umgiengen: Das weiß ich noch wohl, dass man teils hin und wieder in den Winkeln schreien hörte, schätze wohl, es sei meiner Meuder und unserm Ursele nit besser gangen als den andern. Mitten in diesem Elend wendet ich Braten und half Mittag die Pferd tränken, durch welches Mittel ich zu unserer Magd in den Stall kam, welche wunderwerklich zerstrobelt[10] aussahe; ich kennete sie nicht, sie aber sprach zu mir mit kränklicher Stimm: „O Bub, lauf weg, sonst werden dich die Reuter mitnemmen, guck, dass du davonkommst, du siehest wohl, wie es so übel“: mehrers konnte sie nicht sagen.

(1669)

1. Bereiten Sie einen Lesevortrag des Textauszugs vor.
2. Zeigen Sie anhand ausgewählter Textstellen, dass aus der Perspektive eines zehnjährigen Kindes erzählt wird.
3. Welche besondere Wirkung hat die Darstellungsweise auf den Leser?
4. Vergleichen Sie diese mögliche Wirkung mit den Aussagen des Autors zu seiner Hauptfigur auf dem Titelblatt.

[1] **Partei:** eine Abteilung der Reiter – [2] **Knan:** Vater – [3] **Stein:** Feuerstein an alten Pistolen jener Zeit – [4] **maßen:** weshalb – [5] **raitelten:** drehten – [6] **Bengel:** Knüppel – [7] **in Summa:** alles in allem – [8] **Invention:** Erfindung – [9] **artlich:** hübsch, nett – [10] **wunderwerklich zerstrobelt:** merkwürdig zerzaust

Friedrich von Logau (1605 – 1655)
Epigramme

Friedrich von Logau entstammte einem alten, aber verarmten Rittergeschlecht und trat deshalb früh in den Hofdienst ein, wo er bald eine angesehene Stellung erwarb. Sein einziges Werk trägt den Titel „Deutscher Sinngedichte Drey Tausend" und besteht aus über 3 500 Epigrammen.

Abgedankte Soldaten

Würmer im Gewissen,
Kleider wohl zerrissen,
Wohlbenarbte Leiber,
Wohlgebrauchte Weiber,
Ungewisse Kinder,
Weder Pferd noch Rinder,
Nimmer Brot im Sacke,
Nimmer Geld im Packe,
Haben mitgenommen,
Die vom Kriege kommen:
Wer denn hat die Beute?
Eitel freche Leute.

(1654)

Des Krieges Buchstaben

Kummer, der das Mark verzehret,
Raub, der Hab und Gut verheeret,
Jammer, der den Sinn verkehret,
Elend, das den Leib beschweret,
Grausamkeit, die Unrecht führet[1],
Sind die Frucht, die Krieg gewähret.

(1654)

Information

Epigramm
(lat. „Aufschrift"): Bezeichnung für eine seit der Antike beliebte literarische Form, deren Merkmale die Kürze, Scharfsinnigkeit (*argutia*), Pointierung und die Versform sind. Die meisten Epigrammatiker üben in bissiger Form Gesellschafts- oder Sittenkritik.

1. Welche Folgen schreibt Logau in den beiden Gedichten dem Krieg zu?
2. Das Epigramm ist eine Kurzform der Lyrik, die hier in zugespitzter Form Kritik an Missständen aller Art übt. Deuten Sie in diesem Sinne die Schlussverse.
3. Informieren Sie sich mithilfe des Info-Kastens über die Gedichtform des Akrostichons und erklären Sie die Funktion der Form an dem Gedicht „Des Krieges Buchstaben".
4. Vergleichen Sie die Darstellung des Krieges und seiner Folgen bei Grimmelshausen, Gryphius und Logau miteinander.
5. Verfassen Sie selbst ein Akrostichon zum Thema „Krieg" aus heutiger Sicht.

Information

Akrostichon
(griech. Akron = Spitze, stichos = Vers: erster Buchstabe eines Verses): Wort, Name oder Satz, gebildet aus den ersten Buchstaben (Silben, Wörtern) aufeinanderfolgender Verse oder Strophen. Wahrscheinlich hatte das Akrostichon ursprünglich eine magische Funktion, später verweist es auf Autor oder Empfänger oder diente als Schutz gegen Auslassungen. Zudem ist die Form wegen ihrer Strenge besonders geeignet, die sprachliche Meisterschaft des Autors unter Beweis zu stellen.

[1] **führet:** herbeiführt

Andreas Gryphius (1616 – 1664)

Grabschrift Marianae Gryphiae, seines Brudern Pauli Töchterlein

Geboren in der Flucht, umringt mit Schwert und Brand,
Schier in dem Rauch erstickt, der Mutter herbes Pfand,
Des Vatern höchste Furcht, die an das Licht gedrungen,
Als die ergrimmte Glut mein Vaterland verschlungen,
Ich habe diese Welt beschaut und bald gesegnet[1],
Weil mir auf einen Tag all Angst der Welt begegnet.
Wo ihr die Tage zählt, so bin ich jung verschwunden;
Sehr alt, wofern ihr schätzt, was ich für Angst empfunden. *(1663)*

Joseph von Eichendorff (1788 – 1857)

Auf meines Kindes Tod

Von fern die Uhren schlagen,
Es ist schon tiefe Nacht,
Die Lampe brennt so düster,
Dein Bettlein ist gemacht.

Die Winde nur noch gehen
Wehklagend um das Haus,
Wir sitzen einsam drinne
Und lauschen oft hinaus.

Es ist, als müsstest leise
Du klopfen an die Tür,
Du hättst dich nur verirret,
Und kämst nun müd zurück.

Wir armen, armen Toren!
Wir irren ja im Graus
Des Dunkels noch verloren –
Du fandst dich längst nach Haus. *(1832)*

➔ Zur Biografie Joseph von Eichendorffs s. S. 202.

1. Schildern Sie mit eigenen Worten die Situation, die das Gryphius-Gedicht beschreibt.

2. Beschreiben Sie die Selbstcharakterisierung des lyrischen Ichs. Inwiefern unterscheidet sich diese Sichtweise von Ihren Erwartungen an eine Grabinschrift? Erklären Sie die Unterschiede aus der Situation heraus.

3. Analysieren Sie die rhetorische Gestaltung des Gedichtes. Achten Sie hierbei besonders auf die verwendete Bildsprache und die Antithetik. Welche Aussage soll hierdurch unterstrichen werden?

4. Als besonderes Kennzeichen der Barockliteratur gilt die *argutia* (Zuspitzung), durch die die Einzelbeobachtungen am Ende des Gedichts zu einer Pointe zusammengefasst und oft auf eine belehrende Ebene gehoben werden. Weisen Sie dies am vorliegenden Gedicht nach.

5. Vergleichen Sie das Gedicht inhaltlich und formal mit dem von Joseph von Eichendorff. Konzentrieren Sie sich hierbei vor allem auf die verwendeten sprachlichen Mittel und die zentrale Aussage des Gedichts. Ziehen Sie vor dem Hintergrund Ihrer Ergebnisse Rückschlüsse auf das Selbstverständnis von Dichtern des Barock. Was wollten diese mit ihrer Dichtung erreichen und was war ihnen offenbar weniger wichtig?
➔ Gedichte miteinander vergleichen, s. S. 558 ff.

6. Welches Gedicht spricht Sie persönlich mehr an? Diskutieren Sie Ihre Ergebnisse im Kursgespräch.

[1] **gesegnet:** verlassen

2 Vanitas als barockes Lebensgefühl

Andreas Gryphius (1616 – 1664)

Es ist alles eitel

Du siehst, wohin du siehst, nur Eitelkeit[1] auf Erden.
Was dieser heute baut, reißt jener morgen ein,
Wo itzund[2] Städte stehn, wird eine Wiese sein,
Auf der ein Schäferskind wird spielen mit den Herden.

Was itzund prächtig blüht, soll bald zutreten werden.
Was itzt so pocht und trotzt, ist morgen Asch und Bein[3];
Nichts ist, das ewig sei, kein Erz, kein Marmorstein.
Itzt lacht das Glück uns an, bald donnern die Beschwerden.

Der hohen Taten Ruhm muss wie ein Traum vergehn.
Soll denn das Spiel der Zeit, der leichte Mensch, bestehn?
Ach, was ist alles dies, was wir vor köstlich achten,

Als schlechte Nichtigkeit, als Schatten, Staub und Wind,
Als eine Wiesenblum, die man nicht wiederfind't.
Noch will, was ewig ist, kein einig[4] Mensch betrachten.

(1663)

1. Erarbeiten Sie einen anschaulichen Lesevortrag des Gedichts.

2. Welches Lebensgefühl kommt in diesem Gedicht zum Ausdruck?

3. Als Zentralmotiv des Barock gilt der sogenannte Vanitas-Gedanke. Weisen Sie mithilfe des Info-Kastens (S. 141) nach, auf welche Weise dieses Motiv hier ausgestaltet wird.

4. Gliedern Sie das Gedicht unter Heranziehung der Informationen zum Sonett unter inhaltlichen Gesichtspunkten. Stellen Sie seinen Aufbau grafisch dar.

5. Fertigen Sie eine metrische Analyse des Gedichtes an und legen Sie dar, inwiefern die antithetische Struktur des Inhalts seine Entsprechung in der Form findet.

6. Untersuchen Sie das Sonett auf die Verwendung weiterer Stilmittel (s. S. 586). Welche Wirkung soll durch diese erzielt werden?

7. Nehmen Sie Stellung zur möglichen Aktualität des Gedichts. Sie können auch eine Text-/Bildcollage erstellen.

[1] **Eitelkeit:** hier im Sinne der Vanitas zu verstehen (siehe Info-Kasten S. 141) – [2] **itzund:** jetzt – [3] **Bein:** Gebeine, Knochen – [4] **einig:** einzig

Information

Sonett

Das Sonett (von latein. sonare: „tönen") ist ein 14-zeiliges Gedicht, bestehend aus zwei Vierzeilern (= Quartetten) und zwei Dreizeilern (= Terzetten). Das klassische Reimschema der ursprünglich aus Italien stammenden Gedichtform (abba abba cdc dcd) wurde schon früh variiert. Mit der strengen äußeren korrespondiert die innere Form: Meist gibt es nach den Quartetten eine deutliche inhaltliche Zäsur.
So stellen die Quartette in These und Antithese das Thema des Gedichts in bildhafter Form dar. Die Terzette konzentrieren diese Beispiele und führen die Gegensätze oft im Schlussvers zu einer Bilanz, die in pointierter Form die Aussage des Gedichts enthält. Das Sonett besitzt dadurch eine sogenannte Klimax- oder Finalstruktur. Diese starke rhetorische Prägung spiegelt sich auch im Reichtum der verwendeten rhetorischen Figuren wider: Parallelismen, Antithetik und Häufung (Kumulation) der metaphorischen Beispiele (Exempla), aber auch Variationen des Grundmusters sind charakteristisch für das Sonett des 17. Jahrhunderts. Der gängige Vers des Barocksonetts ist der Alexandriner, ein 12- bis 13-silbiger jambischer Vers mit einer festen Zäsur nach der dritten Hebung, der sich zur Hervorhebung der antithetischen inhaltlichen Struktur besonders gut eignet.
Dass gerade im Zeitalter des Barock, einer Epoche von Krieg und Chaos, diese strenge und klare Form des Sonetts besonders dominierte, ist kein Zufall: Das Sonett konnte wie keine andere Gedichtform die Widersprüchlichkeit des Zeitalters in eine klare Form zwingen und durch die Schlusspointe auch Lösungen anbieten. So entsprach diese klare Form dem Bedürfnis nach Ordnung, welches in der Realität nicht befriedigt werden konnte.

Pieter Claesz (ca. 1596–1661): Vanitas-Stillleben (Stillleben mit Glaskugel)

1. Finden Sie passende Deutungen zu den Einzelheiten des Vanitas-Stilllebens, mit denen die zentrale Aussage der Vergänglichkeit aller Dinge unterstützt wird (z. B. umgestürztes Glas = Zerbrechlichkeit).
2. Ergänzen Sie diese Liste mit weiteren Ihnen plausiblen Symbolen für Vergänglichkeit.
3. Vergleichen Sie Ihre Ergebnisse mit den sprachlichen Bildern in einem der bislang im Unterricht behandelten Sonette.

Information

Vanitas
Die Epoche des Barock war tief greifend durch die Allgegenwart des Krieges und die damit verbundene Unsicherheit in allen Bereichen geprägt. Die ständige Konfrontation mit der Vergänglichkeit aller irdischen Existenz führte dazu, dass dem aus der Antike stammenden Motiv der **Vanitas** (Nichtigkeit) eine zentrale Bedeutung zukam. Den Zeitgenossen erschien vor dem Hintergrund der politischen und religiösen Umwälzungen und des ständig drohenden Todes alles irdische Leben bedeutungslos. Eine Reaktion auf diese Unsicherheit bestand in der Mahnung, sich seiner eigenen Sterblichkeit stets bewusst zu sein (**Memento mori!** – „Bedenke, dass du sterblich bist!"), um im Sinne der christlichen Heilserwartung für den Tod und das Jüngste Gericht bereit zu sein, indem man durch eine tadellose Lebensführung sein Seelenheil nicht gefährdete.

Paul Fleming. Fleming war der Sohn eines Priesters aus Hartenstein (Sachsen), studierte Medizin und nahm anschließend an einer Gesandtschaft teil, die ihn über Russland schließlich bis nach Persien führte. 1640 erwarb er an der Universität Leyden den Doktortitel und plante anschließend, sich in Reval (heute Tallinn, Estland) als Arzt niederzulassen, starb aber auf der Reise in Hamburg an einer Lungenentzündung.

Paul Fleming (1609 – 1640)
An sich

Sei dennoch unverzagt, gib dennoch unverloren,
Weich keinem Glücke[1] nicht, steh höher als der Neid.
Vergnüge dich an dir und acht es für kein Leid,
Hat sich gleich wider dich Glück, Ort und Zeit verschworen.

Was dich betrübt und labt, halt alles für erkoren.
Nimm dein Verhängnis an, lass alles unbereut.
Tu, was getan muss sein, und eh man dir's gebeut[2].
Was du noch hoffen kannst, das wird noch stets geboren.

Was klagt, was lobt man doch? Sein Unglück und sein Glücke
Ist ihm ein jeder selbst. Schau alle Sachen an:
Dies alles ist in dir. Lass deinen eitlen Wahn,

Und eh du förder gehst[3], so geh in dich zurücke.
Wer sein selbst Meister ist und sich beherrschen kann,
Dem ist die weite Welt und alles untertan.

(1646)

1. Formulieren Sie die Grundaussage des Gedichts und bereiten Sie es auf dieser Grundlage für einen interpretierenden Vortrag vor.

2. Gliedern Sie das Gedicht in Sinnabschnitte und formulieren Sie die Anweisungen des lyrischen Sprechers an sich möglichst präzise.

3. Analysieren Sie die Sprachgestaltung des Gedichts.
➔ Rhetorische Figuren, s. S. 586 ff.

4. Informieren Sie sich mithilfe des Info-Kastens über die philosophische Richtung des Stoizismus und überprüfen Sie, inwiefern die Aussage dieses Gedichts dem Ideal einer stoischen Lebensführung entspricht.

5. Erörtern Sie, ob Sie die hier gegebenen Verhaltensmaßregeln auch heute noch für aktuell halten.

Information

Stoizismus
Unter Stoizismus versteht man eine antike Philosophenschule, benannt nach ihrem bevorzugten Versammlungsort (gr.: stoa poikile = Wandelhalle in Athen). Das Ideal der Stoiker ist der Weise, der vernunftgerecht handelt, seine Affekte beherrscht und dabei auch Leiden ruhig erträgt, indem er seine Tugend in den Wechselfällen des Schicksals bewahrt.

[1] Hier im Sinne der Glücksgöttin Fortuna zu verstehen, die auch Glück in Unglück verwandeln kann. – [2] **gebeut:** befiehlt – [3] **gehst:** stirbst

Weite Landschaft mit zerstörten Befestigungsanlagen und einer Kirche im Hintergrund von Jacob Isaakszoon van Ruisdael (2. Drittel des 17. Jh.)

Andreas Gryphius (1616 – 1664)

Einsamkeit

In dieser Einsamkeit, der mehr denn öden Wüsten,
Gestreckt auf wildes Kraut, an die bemooste See,
Beschau' ich jenes Tal und dieser Felsen Höh',
Auf welchem Eulen nur und stille Vögel nisten.

Hier, fern von dem Palast; weit von des Pöbels Lüsten
Betracht ich: wie der Mensch in Eitelkeit vergeh'
Wie auf nicht festem Grund' all unser Hoffen steh'
Wie die vor Abend schmähn, die vor dem Tag uns grüßten.

Die Hol'[1], der raue Wald, der Totenkopf, der Stein,
Den auch die Zeit auffrisst, die abgezehrten Bein
Entwerfen in dem Mut[2] unzählige Gedanken.

Der Mauren alter Graus[3], dies ungebau'te Land
Ist schön und fruchtbar mir, der eigentlich erkannt,
Das alles ohn' ein Geist, den Gott selbst hält, muss wanken.

(1663)

[1] **Hol:** Höhle – [2] **Mut:** Verstand – [3] **Graus:** zerfallene Mauern, Ruinen

1. Betrachten Sie das Gemälde. Welche Stimmung geht von diesem Bild aus? Welche Gedanken kommen Ihnen?
2. Vergleichen Sie anschließend Ihre Vorstellungen mit der Darstellung in Gryphius' Gedicht.
3. Welche Bedeutung hat die Natur für das lyrische Ich? Welche Haltung nimmt es gegenüber der Gesellschaft ein?
4. Weisen Sie das Motiv der Vanitas an diesem Gedicht nach. Mit welchen sprachlichen Mitteln wird es gestaltet?
5. Vergleichen Sie dieses Gedicht mit dem Gedicht „Mondnacht" von Eichendorff (S. 211). Zeigen Sie dabei Gemeinsamkeiten und Unterschiede auf.

➔ Gedichte miteinander vergleichen, s. S. 558 ff.

Erhaben über die Händel der gemeinen Welt

DEr unter Theil deß Bergs mit Hagel/Schnee und schlossen/
Unter den Wolcken hoch beschneiht wird und begossen/
Der Gipffel vberreicht/den trifft kein Windt noch Regen/
Ein Hertz Himmlisch gesint/kein unfall mag bewegen.

Information

Barocke Emblematik

Das Barock wurde von einem Literaturwissenschaftler einmal als „ein geradezu emblematisches Zeitalter" bezeichnet. Tatsächlich sind aus dieser Epoche Tausende von Emblemen überliefert, die die Beliebtheit dieser Gattung verdeutlichen. Ein Emblem (von lat. emblema: „Einlegearbeit", d.i. etwa ein aus verschiedenen Teilen zusammengefügtes Mosaik) ist ein aus Bild- und Textteilen bestehendes Werk, das eine bestimmte Verhaltensregel oder Lebensweisheit verdeutlichen möchte. In der Regel besteht ein Emblem aus drei Teilen: 1. Inscriptio (eine das Thema andeutende Überschrift), 2. Pictura (bildliche Darstellung des Gegenstandes, die aber oft bereits Deutungselemente enthält), 3. Subscriptio (Bildunterschrift, die das Bild in epigrammatischer Form auslegt).

Die Struktur von Emblemen hatte eine besonders starke Ausstrahlung auf die Gestaltung barocker Sonette.

1. Informieren Sie sich mithilfe des Info-Kastens über den Aufbau eines barocken Emblems und interpretieren Sie auf dieser Grundlage das Emblem.
2. Vergleichen Sie seine Aussage in einem zweiten Schritt mit der des Gedichts „Einsamkeit" von Andreas Gryphius.
3. In der Literaturwissenschaft ist man übereinstimmend der Auffassung, dass auch viele Sonette des Barock eine emblematische Struktur aufweisen. Versuchen Sie, eines der bisher im Unterricht behandelten Sonette im Sinne eines Emblems zu gliedern.

Andreas Gryphius (1616 – 1664)
Menschliches Elende

Was sind wir Menschen doch! Ein Wohnhaus grimmer Schmerzen,
Ein Ball des falschen Glücks, ein Irrlicht dieser Zeit,
Ein Schauplatz herber Angst, besetzt mit scharfem Leid,
Ein bald verschmelzter Schnee und abgebrannte Kerzen.

Dies Leben fleucht[1] davon wie ein Geschwätz und Scherzen.
Die vor uns abgelegt des schwachen Leibes Kleid
Und in das Totenbuch der großen Sterblichkeit
Längst eingeschrieben sind, sind uns aus Sinn und Herzen.

Gleich wie ein eitel Traum leicht aus der Acht[2] hinfällt
Und wie ein Strom verscheußt[3], den keine Macht aufhält,
So muss auch unser Nam, Lob, Ehr und Ruhm verschwinden.

Was itzund[4] Atem holt, muss mit der Luft entfliehn,
Was nach uns kommen wird, wird uns ins Grab nachziehn.
Was sag ich? Wir vergehn wie Rauch von starken Winden. *(1663)*

Andreas Gryphius (1616 – 1664)
Abend

Der schnelle Tag ist hin, die Nacht schwingt ihre Fahn'
Und führt die Sternen auf. Der Menschen müde Scharen
Verlassen Feld und Werk, wo Tier und Vögel waren,
Trauert itzt die Einsamkeit. Wie ist die Zeit vertan!

Der Port[5] naht mehr und mehr sich zu der Glieder Kahn.
Gleich wie dies Licht verfiel, so wird in wenig Jahren
Ich, du und was man hat und was man sieht hinfahren.
Dies Leben kommt mir vor als eine Renne-Bahn.

Lass, höchster Gott, mich doch nicht auf dem Laufplatz gleiten,
Lass mich nicht Ach, nicht Pracht, nicht Lust, nicht Angst verleiten!
Dein ewig-heller Glanz sei vor und neben mir.

Lass, wenn der müde Leib entschläft, die Seele wachen.
Und wenn der letzte Tag wird mit mir Abend machen,
So reiß mich aus dem Tal der Finsternis zu dir. *(1663)*

1. Analysieren Sie die beiden Gedichte. Arbeiten Sie dabei typische stilistische und inhaltliche Elemente des Barock heraus.
➔ Ein Gedicht analysieren, s. S. 541 ff.

2. Vergleichen Sie „Abend" mit dem Gedicht „Verfall" von Georg Trakl (s. S. 315).
➔ Gedichte miteinander vergleichen, s. S. 558 ff.; hier finden Sie zudem ein Barockgedicht von Catharina Regina von Greiffenberg, s. S. 559.

[1] **fleucht:** entflieht – [2] **Acht:** Beachtung – [3] **verscheußt:** vorbeischießt – [4] **itzund:** jetzt – [5] **Port:** Hafen

3 Lebenslust und Lebensgier: Carpe diem!

Martin Opitz. Opitz wurde 1597 als Sohn eines Ratsherrn in Breslau geboren und studierte ab 1618 Jura und Philosophie. 1620 floh er vor dem Krieg zunächst nach Holland, dann nach Dänemark. Nach seiner Rückkehr wurde er in die angesehene „Fruchtbringende Gesellschaft" (siehe S. 149) aufgenommen. Er starb 1639 an der in Danzig wütenden Pest. Opitz bemühte sich insbesondere um eine gelehrte hochdeutsche Dichtung, für die er in seinem „Buch von der deutschen Poeterey" 1624 warb, mit dem er die deutsche Metrik auf eine neue Grundlage stellte.

Martin Opitz (1597 – 1639)

Ach Liebste, lass uns eilen

Ach Liebste, lass uns eilen,
Wir haben Zeit:[1]
Es schadet das Verweilen
Uns beiderseit.

Der edlen Schönheit Gaben
Fliehn Fuß für Fuß,
Dass alles, was wir haben,
Verschwinden muss.

Der Wangen Zier verbleichet,
Das Haar wird greis,
Der Augen Feuer weichet,
Die Brunst wird Eis.

Das Mündlein von Korallen[2]
Wird ungestalt;
Die Händ als Schnee verfallen,
Und du wirst alt.

Drumb lass uns jetzt genießen
Der Jugend Frucht,
Eh als wir folgen müssen
Der Jahre Flucht.

Wo du dich selber liebest,
So liebe mich,
Gib mir, dass, wann du gibest,
Verlier auch ich.

(1624)

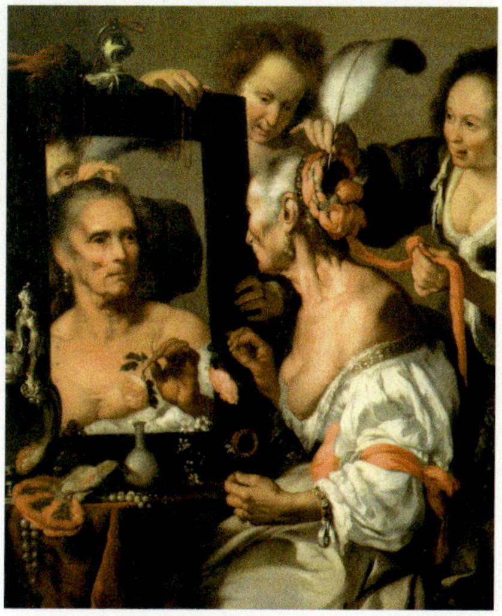

Bernardo Strozzi: Vanitas (1637)

1. Wer wird in diesem Gedicht angesprochen? Welches Ziel verfolgt das lyrische Ich?
2. Mit welcher Strategie versucht das lyrische Ich, seine Geliebte zu überzeugen? Gehen Sie hierbei insbesondere auf die Antithetik und die Bildsprache ein.
3. Verfassen Sie Gedankenblasen, was den Personen auf dem Gemälde in diesem Moment durch den Kopf gehen könnte. Vergleichen Sie anschließend diese Aussagen mit dem Gedicht. Inwiefern handelt es sich auch bei diesem Gedicht um eine Umsetzung des Vanitas-Gedankens? Nutzen Sie hierzu auch die Informationen des Info-Kastens.
4. Welches Liebesideal kommt in der letzten Strophe zum Ausdruck?

Information

Carpe diem! (Nutze/Genieße den Tag!)
Das Motto „Carpe diem!" geht auf den römischen Dichter Horaz (65 – 8 v. Chr.) zurück. Es stellte eine zweite Reaktion auf das Lebensgefühl der Unsicherheit und der Vergänglichkeit aller Dinge dar – nämlich gerade angesichts der Unwägbarkeiten menschlicher Existenz sein Leben jeden Tag intensiv zu genießen und sich an den sinnlichen Genüssen wie der Liebe, dem Wein, der Kunst u. Ä. zu erfreuen.

[1] **Wir haben Zeit:** hier im Sinne von: Es ist jetzt die richtige Zeit. – [2] **Korallen:** koloniebildende Meerestiere. Die (meist roten) Kalkschalen dieser Tiere wurden im Barock sehr geschätzt.

Paul Fleming (1609–1640)

Wie er wolle geküsset sein

Nirgends hin als auf den Mund:
da sinkt's in des Herzens Grund;
Nicht zu frei, nicht zu gezwungen,
nicht mit gar zu fauler Zungen.

Nicht zu wenig, nicht zu viel:
Beides wird sonst Kinderspiel;
Nicht zu laut und nicht zu leise:
Bei der Maß ist rechte Weise.

Nicht zu nahe, nicht zu weit.
Dies macht Kummer, jenes Leid:
Nicht zu trucken, nicht zu feuchte,
wie Adonis Venus reichte.[1]

Nicht zu harte, nicht zu weich,
Bald zugleich, bald nicht zugleich,
Nicht zu langsam, nicht zu schnelle,
Nicht ohn Unterscheid der Stelle.

Halb gebissen, halb gehaucht,
Halb die Lippen eingetaucht,
Nicht ohn Unterscheid der Zeiten,
Mehr alleine denn bei Leuten.

Küsse nun ein jedermann,
wie er weiß, will, soll und kann!
Ich nur und die Liebste wissen,
wie wir uns recht sollen küssen.

(1642)

1. Inwiefern erscheint Ihnen nach der ersten Lektüre des Gedichts der Titel berechtigt? Wie deuten Sie ihn in diesem Zusammenhang?
2. Beschreiben Sie den Aufbau des Gedichts und untersuchen Sie speziell die Antithetik. Inwiefern unterscheidet sich diese von der in bisher im Unterricht behandelten Gedichten?
3. Das Gedicht lässt sich auch als Ironisierung des barocken Hangs zur Aufstellung von Regeln verstehen. Mit welchen sprachlichen Mitteln wird dies gestaltet?
4. Schreiben Sie selbst eine solche Kussanleitung oder Kussdefinition aus heutiger Sicht.

Christian Hofmann von Hofmannswaldau. Von Hofmannswaldau stammte aus einer Patrizierfamilie aus Breslau. Nach seiner Ausbildung in Danzig, wo er Martin Opitz kennenlernte, der ihn zum Dichten animierte, ging er zum Studium nach Holland (Leyden). Dort begegnete er Andreas Gryphius, dem er freundschaftlich verbunden blieb. Nach seiner Rückkehr wurde er Ratsherr in Breslau und fand nur noch wenig Zeit für die Literatur. Obwohl er wegen seiner Bildung hoch angesehen war, setzte sein literarischer Ruhm erst nach seinem Tod ein, als 1695 eine Sammlung seiner Gedichte erschien.

Christian Hofmann von Hofmannswaldau (1616–1679)

Vergänglichkeit der Schönheit

Es wird der bleiche Tod mit seiner kalten Hand
Dir endlich mit der Zeit um deine Brüste streichen,
Der liebliche Korall der Lippen wird verbleichen,
Der Schultern warmer Schnee wird werden kalter Sand;

Der Augen süßer Blitz, die Kräfte deiner Hand,
Für welchen solches fällt, die werden zeitlich weichen,
Das Haar, das itzund[2] kann des Goldes Glanz erreichen,
Tilgt endlich Tag und Jahr als ein gemeines[3] Band.

[1] Anspielung auf die (tragisch endende) Liebesgeschichte zwischen dem Jüngling Adonis und der Liebesgöttin Venus – [2] **itzund:** jetzt – [3] **gemein:** im Sinne von gewöhnlich *oder* allgemein

Der wohlgesetzte Fuß, die lieblichen Gebärden,
Die werden teils zu Staub, teils nichts und nichtig werden,
Denn opfert keiner mehr der Gottheit deiner Pracht.

Dies und noch mehr als dies muss endlich untergehen.
Dein Herze kann allein zu aller Zeit bestehen,
Dieweil es die Natur aus Diamant gemacht.

(1679)

1. Wie wirkt dieses Gedicht auf Sie und wie bewerten Sie seine Aussage? Schreiben Sie einen Text, in dem Sie dem Sprecher des Gedichts Ihre Auffassung mitteilen.
2. Erörtern Sie, ob die Aussage des Gedichts eher mit „memento mori“ oder „carpe diem“ wiedergegeben werden kann.
3. Deuten Sie den Schlussvers. Beachten Sie hierbei die mögliche Doppelsinnigkeit.
4. Vergleichen Sie dieses Gedicht in formaler und inhaltlicher Sicht mit „Entdeckung an einer jungen Frau“ von Bertolt Brecht. Erklären Sie die Unterschiede vor dem Hintergrund der jeweiligen Epochen des Barock und der Neuen Sachlichkeit.
➔ Gedichte miteinander vergleichen, s. S. 558 ff.
➔ Zwei weitere Gedichte des Barock finden Sie auf S. 66 f.

Bertolt Brecht (1898 – 1956)

Entdeckung an einer jungen Frau

Des Morgens nüchterner Abschied, eine Frau
Kühl zwischen Tür und Angel, kühl besehn
Da sah ich: eine Strähn in ihrem Haar war grau
Ich konnt mich nicht entschließen mehr zu gehn

Stumm nahm ich ihre Brust, und als sie fragte
Warum ich, Nachtgast, nach Verlauf der Nacht
Nicht gehen wolle, denn so war's gedacht
Sah ich sie unumwunden an und sagte

Ist's nur noch eine Nacht, will ich noch bleiben
Doch nütze deine Zeit, das ist das Schlimme
Daß du so zwischen Tür und Angel stehst

Und laß uns die Gespräche rascher treiben
Denn wir vergaßen ganz, daß du vergehst
Und es verschlug Begierde mir die Stimme

(1925)

(Aus lizenzrechtlichen Gründen ist dieser Text nicht in reformierter Rechtschreibung abgedruckt.)

➔ Die Epoche der neuen Sachlichkeit, s. S. 336 – 349.
➔ Zur Biografie Bertolt Brechts s. S. 361.

4 Poetik und Sprachpflege im Barock

Jürgen Möller (geb. 1969)

Literaturreform und Sprachgesellschaften

Die deutsche Literatur zu Beginn der Barockzeit

Im europäischen Kontext der Frühen Neuzeit war Deutschland in vielerlei Hinsicht eine verspätete Nation: Politisch war Deutschland geprägt durch die konfessionelle Spaltung und Kleinstaaterei, während in Ländern wie Frankreich und England moderne Nationalstaaten entstanden. Aber auch in kultureller Hinsicht bemerkten die Zeitgenossen einen als schmerzlich empfundenen Rückstand: Während in vielen anderen europäischen Ländern bedeutende Werke in den Volkssprachen verfasst wurden, bedienten sich die meisten Dichter in Deutschland nach wie vor der lateinischen Sprache. Die durchaus vorhandene deutschsprachige literarische Produktion erschien den Gebildeten aufgrund ihrer volkstümlichen Themen und ungelenken sprachlichen Form als unzureichend. Diese Erkenntnis löste schließlich konsequente Reformbestrebungen mit dem Ziel einer neuen „Poesie in unserer Muttersprach" (Martin Opitz) aus. Dabei erwies sich der Diplomat Opitz als treibende Kraft. Der Anschluss an das internationale Niveau ließ sich seiner Ansicht nach nur gewinnen, wenn man sich an den im Zeitalter des Humanismus entwickelten poetologischen Konzepten und dem Vorbild der italienischen, französischen oder niederländischen Renaissancepoesie orientierte.

Das „Buch von der deutschen Poeterey"

Insbesondere die barocken Poetiken, die versuchten, die Regeln der literarischen Vorbilder auf die Eigenheiten der deutschen Sprache zu übertragen, erwiesen sich hierbei als bahnbrechend für die Entstehung einer deutschen Nationalliteratur. Dies gilt in besonderem Maße für das „Buch von der deutschen Poeterey" (1624), in dem Martin Opitz unter Heranziehung italienischer und niederländischer Vorbilder erstmals Regeln für die Dichtung in deutscher Sprache formulierte, die von seinen Nachfolgern erweitert und modifiziert, im Wesentlichen aber übernommen wurden. Der Kern der metrischen Reform findet sich bei Opitz im siebten Kapitel:

> Nachmals ist auch ein jeder verß entweder ein iambicus oder trochaicus; nicht zwar das wir auff art der griechen vnnd lateiner eine gewisse groesse der sylben koennen inn acht nemen; sondern das wir aus den accenten vnnd dem thone erkennen/welche sylbe hoch vnnd welche niedrig gesetzt soll werden.
> Ein Jambus ist dieser:
> *Erhalt vns Herr bey deinem Wort.*
> Der folgende ein Trochéus:
> *Mitten wir im leben sind.*
> Dann in dem ersten verse die erste sylbe niedrig/die andere hoch die dritte niedrig/die vierde hoch/vnnd so fortan/in dem anderen verse die erste sylbe hoch/die andere niedrig/die dritte hoch/etc. außgesprochen werden. Wiewol nun meines Wissens noch niemand/ich auch vor der zeit selber nicht/dieses genawe in acht genommen/scheinet es doch so hoch von noethen zue sein/als hoch von noethen ist/das die Lateiner nach den quantitatibus oder groessen der sylben jhre verse richten vnnd reguliren. Denn es gar einen uebelen klang hat: [...]
> (Buch von der deutschen poeterey, Kap 7)

Während Opitz sich mit der Beschränkung auf den Jambus und Trochäus nicht durchsetzen konnte, blieben seine Vorschriften bezüglich der Reinheit der Reime und vor allem die Beachtung des natürlichen Wortakzents von Dauer.

Grenzen der Literaturreform

Neu und bahnbrechend waren hieran lediglich die Regelhaftigkeit der Form, während in inhaltlicher und stilistischer Hinsicht die aus der antiken Rhetorik und Dichtung stammenden Vorbilder maßgeblich blieben. Die deutsche Literatur blieb daher auch im Zeitalter des Barock eine Literatur einer schmalen Schicht von Gebildeten, die auf breitere Bevölkerungsschichten einen nur geringen Einfluss ausübte und von diesen kaum rezipiert wurde. Geschmälert wurde der Erfolg der Literaturreform auch durch die konfessionelle Spaltung Deutschlands: Die meisten barocken Literaturreformer stammten aus den protestantischen Teilen des Reiches, sodass ihre Bemühungen von den katholischen Autoren kaum aufgegriffen wurden, die weiterhin auf lateinische Texte sowie volkssprachliche Texte mit erbaulichem religiösen Inhalt setzten.

Vorderseite des Schildes der „Fruchtbringenden Gesellschaft“ (um 1650). Die Gesellschaft hatte den Palmenbaum als Wahrzeichen gewählt, da dieser wegen seiner umfassenden Verwendbarkeit die nützlichste aller Pflanzen sei.

Sprachpflege und Sprachgesellschaften

Neben der Förderung einer deutschen Nationalliteratur bemühten sich die Autoren auch um eine Reinigung der deutschen Sprache von als unangemessen empfundenen fremdsprachlichen Einflüssen. Wichtigster Ausdruck dieser Bemühungen waren die Gründungen von Sprachgesellschaften, losen Verbindungen von Autoren, literarisch interessierten Adeligen und Hofbeamten. Die erste und bedeutendste Sprachgesellschaft, „Fruchtbringende Gesellschaft“ oder „Palmorden“ genannt, wurde 1617 gegründet. Ihr erster Vorsitzender war Fürst Ludwig von Anhalt-Köthen, was die bedeutende Rolle der Landesherren als Förderer der deutschen Literatur herausstreicht, da die Autoren ohne die finanzielle Unterstützung durch adelige Gönner kaum existieren konnten.

Die Gesellschaft hatte sich unter dem Leitspruch „Alles zu Nutzen“ die „erbawung wolanstendiger Sitten“ und die Pflege der deutschen Sprache zur Aufgabe gemacht. Die Verbindung von Sprach- und Tugendpflege ergibt sich aus der zeitgenössischen Auffassung, dass ein enger Zusammenhang zwischen dem Zustand der Sprache und der moralischen Verfassung eines Volkes vorliege. Der scheinbaren „Verkommenheit“ der deutschen Sprache entsprach also die in der Literatur oft beklagte sittliche und religiöse Verkommenheit. Daher wurde versucht, die deutsche Sprache von ausländischen Einflüssen zu „reinigen“. Einige der hierbei entstandenen Neologismen gehören heute zum festen Bestandteil der deutschen Sprache, wie etwa Grundstein (für das aus dem Lateinischen stammende *Fundament*), Zeitrechnung (für das griechische *Chronologie*), letzter Wille (für *Testament*). Andere Ergebnisse erscheinen uns heute eher belustigend, wie der Versuch, das Wort *Nase* durch *Gesichtserker* und das *Kloster* durch *Jungfernzwinger* zu ersetzen. Insgesamt sind die Erfolge dieser Bemühungen jedoch eher als bescheiden einzuschätzen, insbesondere, da die Einflüsse der französischen Sprache durch das Vorbild des französischen Absolutismus sogar noch zunahmen. Mehr Erfolg hatten die Sprachgesellschaften mit der Förderung von Übersetzungen kulturell und literarisch Maßstäbe setzender ausländischer Vorbilder. Zudem bildeten die Sprachgesellschaften Kristallisationspunkte für das neu erwachende Selbstbewusstsein des Bürgertums: In der „Fruchtbringenden Gesellschaft“, in der jedes Neumitglied bei Aufnahme einen „Gesellschaftsnamen“ erhielt, wurden die Standesunterschiede scheinbar aufgehoben und durch das Leistungsprinzip ersetzt. Allerdings blieb diese Aufhebung der Ständegrenzen auf die Sitzungen der Gesellschaft begrenzt.

(2012)

1. Stellen Sie in tabellarischer Form Erfolge und Grenzen der Sprach- und Literaturreform einander gegenüber.
2. Kennzeichnen Sie die Stellung der Barockliteratur zwischen dem Beharren auf Traditionen und der Schaffung einer eigenständigen Nationalliteratur.
3. Diskutieren Sie, ob Ihnen die von Sprachkritikern des Barock behauptete Entsprechung von sprachlichem und moralischem Zustand eines Volkes (vgl. Z. 104 ff.) stimmig erscheint. Vergleichen Sie die Bemühungen um Sprachreinheit im Barock mit vergleichbaren heutigen Bestrebungen in Deutschland.

➔ Sprache im Wandel, s. S. 439–447.

Die Epoche des Barock

Das 17. Jahrhundert ist durch schroffe Gegensätze gekennzeichnet. Den zahlreichen Kriegen, unter denen der Dreißigjährige Krieg (1618–1648) den Höhepunkt bildet, und religiösen Konflikten sowie den schrecklichen Hexenverfolgungen stehen bedeutende Entdeckungen in der Mathematik und den Naturwissenschaften gegenüber. Den Kontrast zu der prunkvollen absolutistischen Hofkultur (als Vorbild gilt das französische Modell Ludwigs XIV.) bilden Elend und Unbildung breiter Volksschichten. Die scharfen Gegensätze und die allgemeine Verunsicherung finden ihre Entsprechung im Lebensgefühl vieler Menschen, das vom Gedanken der Vergänglichkeit (lat. vanitas) geprägt ist. Dieses barocke Zentralmotiv führt zu zwei einander scheinbar widersprechenden Lebenseinstellungen, die letztlich einander bedingen:

Auf der einen Seite herrscht das Bewusstsein vor, dass der Mensch und alle weltliche Pracht vergänglich seien, alles irdische Streben vergeblich und nutzlos sei und daher allein die Hinwendung zum Jenseits dem menschlichen Leben einen Sinn gebe („Memento mori!" – „Denke daran, dass du sterben musst!"), auf der anderen Seite finden sich die Gier nach Lebensgenuss, Sinnenfreude und das Bestreben nach prunkvoller Repräsentation („Carpe diem!" – „Nutze und genieße den Tag!"). Dieser Kontrast verkörpert ein Grundprinzip barocken Lebensgefühls.

Um diese Widersprüche zumindest in der Kunst teilweise aufzuheben, bemühen sich gerade Künstler, dem in der Welt herrschenden Chaos eine strenge Ordnung in der Kunst entgegenzusetzen. Die Aufgaben des Poeten werden vor allem im rhetorischen Bereich gesehen. Auf die antike Tradition zurückgreifend geht es insbesondere um folgende Wirkungsabsichten: docere, delectare, movere (belehren, unterhalten, bewegen). Dichtung ist also, dies gilt für alle Gattungen, auf Wirkung angelegt, sie hat einen „Zweck". Man greift auf sprachliche Formen und Mittel zurück, die man aus der Antike bzw. aus der Bibel kennt. Hierdurch entsteht eine Dichtkunst, die in hohem Maße von einer Vielzahl verwendeter rhetorischer Figuren geprägt ist und die daher auch recht artifiziell wirkt. Bei Gedichten äußert sich dieses Stilbewusstsein in der häufigen Verwendung der Sonettform. Die Kennzeichen der barocken Baukunst (auffällige Schnörkel, pomphafter Zierrat) haben ihre Entsprechung in der Poesie, deren Bilderreichtum auf heutige Leser übertrieben wirkt.

Bis auf wenige Ausnahmen gehören die bürgerlichen deutschen Dichter dem Gelehrtenstand an, denn nur diese haben die nötige rhetorische Bildung, die als Voraussetzung für die Dichtkunst angesehen wird. Die literarischen Zentren des 17. Jahrhunderts sind die Sprachgesellschaften, die sich unter anderem die Pflege der deutschen Sprache zum Ziel setzen. Es geht dabei um die Entwicklung einer deutschen Literatursprache, die das Lateinische ablösen soll. Tatsächlich gelingt es diesen Gesellschaften und den Dichtern in einem gewissen Maß, den Anschluss der deutschen Literatur an die hoch entwickelten Nationalliteraturen Frankreichs oder Englands herzustellen, auch wenn der Leserkreis deutscher Literatur auch wegen des geringen Bildungsniveaus der Masse der deutschen Bevölkerung ein begrenzter bleibt.

In einer Reihe von Poetiken, bekanntestes Beispiel ist Martin Opitz' „Buch von der deutschen Poeterey" (1624), werden Gattungen und Formen normativ festgelegt und Inhalte und Themen für die Gestaltung vorgegeben, zum Beispiel die Vergänglichkeit des Irdischen, Liebe und Lob der Frauen. Die Aufgabe des Poeten besteht darin, diese Themen in ein möglichst kunstvolles Gewand zu kleiden, indem er den oftmals rigiden Regeln dieser Poetiken folgt. Bleibendes Verdienst der Poetik von Martin Opitz ist die Festlegung, in der Metrik dem natürlichen Wortakzent den Vorzug vor einem quantifizierenden Verfahren zu geben, mit der Opitz sich schließlich durchsetzt. Unabhängig von dem literarisch vorgebildeten Publikum entstehen auch satirisch-volkstümliche Texte wie der „Simplicissimus Teutsch" (1668), die das allmählich aufkommende Selbstbewusstsein bürgerlicher und bäuerlicher Schichten verdeutlichen. Auch dies ist ein Beleg für die Gegensätzlichkeit der Epoche.

Renaissance, Humanismus, Reformation (1470 – 1600) | **Barock (1600 – 1720)** | Aufklärung (1720 – 1800)

Zeitalter des Barock
- vom Bewusstsein der Vergänglichkeit (Vanitas) und Verunsicherung geprägtes Lebensgefühl
- Hinwendung zur Bewahrung des Seelenheils (Memento mori!) oder bewusste Diesseitigkeit (Carpe diem!) als Bewältigungsstrategien
- Versuch der Bändigung der Widersprüche durch ausgeprägte Ordnungsvorstellungen in Kunst, Literatur und Architektur

Geschichtliche Hintergründe
- Territorialisierung und Machtverlust des Kaisers
- Kette militärischer Auseinandersetzungen (z. B. 30-jähriger Krieg)
- Zentralisierung der Macht an den Höfen (Absolutismus)

Geistige Tendenzen und leitende Ideen
- konfessionelle Spaltung
- naturwissenschaftliche Erkenntnisse und Durchsetzung eines modernen Weltbildes (z. B. Newton)
- Aberglauben und Hexenverfolgungen

Literarische Formen
- Gedichte, v. a. Sonette und Epigramme
- geistliche Dichtung
- Emblemata
- höfische Dramen und Romane
- pikareske Romane

Literaturreform und Sprachkritik
- Versuch der „Reinigung" der deutschen Sprache von fremden Einflüssen
- Entwicklung von Regeln für deutschsprachige Dichtkunst

Autoren und Werke
- Opitz (Buch von der deutschen Poeterey, 1624)
- Gryphius (Sonette und Dramen)
- Grimmelshausen (Simplicissimus Teutsch, 1668)
- Hofmann von Hofmannswaldau (Sonette, 1679)

Renaissance, Humanismus, Reformation (1470 – 1600) | **Barock (1600 – 1720)** | Aufklärung (1720 – 1800)

Die Literatur des 18. Jahrhunderts: Aufklärung – Empfindsamkeit – Sturm und Drang

L´Illuminismo

Enlightenment

Le siècle des Lumières

Daniel Chodowiecki: Aufklärung (Stich, 1791)

Francisco de Goya: Der Schlaf der Vernunft gebiert Ungeheuer (Radierung, 1797/98)

Im 18. Jahrhundert findet die deutsche Literatur Anschluss an die gesamteuropäische Entwicklung und erlangt weltliterarische Bedeutung. Über England und Frankreich gewinnt die philosophische Richtung der Aufklärung Einfluss auch in Deutschland, das damals noch in unzählige Kleinstaaten aufgeteilt war. Vernunft, Skepsis, Selbstbestimmung und Freiheit werden zu Leitbegriffen, denen auch die Literatur in zunehmendem Maße verpflichtet ist. In die Literaturepoche der Aufklärung (1720–1800) eingebettet sind die literarischen Strömungen der Empfindsamkeit (1740–1780) und des Sturm und Drang (1765–1785), die der einseitigen Fixierung der Aufklärer auf Rationalität und moralische Belehrung menschliches Gefühl, Individualität und Enthusiasmus entgegenstellen. So entstehen im 18. Jahrhundert bedeutende literarische Werke, die weit über ihre Zeit hinausstrahlen. Der Sturm und Drang ist darüber hinaus die Bewegung, die die jungen Autoren Goethe und Schiller berühmt macht und daher Grundvoraussetzung für die Weimarer Klassik ist.

1. Was wissen Sie bereits über die Aufklärung?
2. Untersuchen Sie die verschiedensprachigen Bezeichnungen für die Aufklärung (ggf. mithilfe von Wörterbüchern) und setzen Sie sie mit den Abbildungen in Beziehung. Welche Rückschlüsse auf den Ursprung des Begriffs und auf die Epoche sind möglich?
3. Wer, was und worüber wird „aufgeklärt"? Vergleichen Sie historische und aktuelle Verwendungen des Wortes.
4. Benennen Sie Widerstände, auf die Aufklärung heute wie damals trifft.

Aufklärung

Age of Reason

L'Atmosphère (Holzschnitt eines anonymen Künstlers, 1888)

1 Aufklärung – Literatur im Dienst von Vernunft und Moral

Scharfsinn, Verstand und Belehrung: Aphorismen und Fabeln

Für die Literaturepoche der Aufklärung sind kleine Literaturformen wie Fabeln und Aphorismen besonders aufschlussreich. An ihnen kann das Anliegen aufgeklärter Dichter besonders gut verdeutlicht werden.

Georg Christoph Lichtenberg (1742 – 1799)

Aphorismen (Auszug aus den „Sudelbüchern")

Der Göttinger Naturforscher und Schriftsteller Georg Christoph Lichtenberg ist ein Vorreiter der experimentellen Physik. Als scharfsinniger Aphoristiker und Satiriker hat er sich auch auf dem Gebiet der Literatur einen Namen gemacht. Seine Aphorismen hat er in „Sudelbücher" genannte Notizhefte geschrieben, die erst nach seinem Tod veröffentlicht wurden. Die Texte belegen Lichtenbergs Beobachtungsgabe und seinen Sinn für feine Ironie.

Bleistiftskizze eines Studenten Lichtenbergs (wahrscheinlich 1795)

Es ist fast unmöglich, die Fackel der Wahrheit durch ein Gedränge zu tragen, ohne jemandem den Bart zu sengen.
(Nach 1779, Heft G, Nr. 13)

Was man von dem Vorteile und Schaden der *Aufklärung* sagt, ließe sich gewiss gut in einer Fabel vom Feuer darstellen. Es ist die Seele der unorganischen Natur, sein mäßiger Gebrauch macht uns das Leben angenehm, es erwärmt unsere Winter und erleuchtet unsere Nächte. Aber das müssen Lichter und Fackeln sein, die Straßenerleuchtung durch angezündete Häuser ist eine sehr böse Erleuchtung. Auch muss man Kinder nicht damit spielen lassen.
(Nach 1793, Heft K, Nr. 257)

Vom Wahrsagen lässt sich's wohl leben in der Welt, aber nicht vom Wahrheit sagen.
(1789, Heft J, Nr. 787)

Ich kann freilich nicht sagen, ob es besser werden wird, wenn es anders wird; aber so viel kann ich sagen, es muss anders werden, wenn es gut werden soll.
(Nach 1793, Heft K, Nr. 293)

Man spricht viel von Aufklärung und wünscht mehr Licht. Mein Gott, was hilft aber alles Licht, wenn die Leute entweder keine Augen haben oder die, die sie haben, vorsätzlich verschließen?
(Nach 1796, Heft L, Nr. 472)

Wenn ein Kopf und ein Buch zusammenstoßen und es klingt hohl, ist das allemal im Buch?
(Nach 1773, Heft D, Nr. 399)

1. Lesen Sie die Aphorismen. Welcher spricht Sie am meisten an? Begründen Sie Ihre Wahl und erläutern Sie die Aussage des gewählten Textes mithilfe eigener Beispiele.
2. „Habe Mut, dich deines eigenen Verstandes zu bedienen!" (Immanuel Kant) Überprüfen Sie, inwiefern Lichtenbergs Aphorismen diesem Motto der Aufklärung entsprechen.
3. Weisen Sie die Merkmale der Gattung Aphorismus an einem Beispiel von Lichtenberg nach. Ziehen Sie dazu die gegebenen Informationen heran und benennen Sie die sprachlichen Mittel, die der Pointierung von Aussagen dienen.
4. Gestalten Sie einen eigenen Aphorismus zum Thema „Vernunft und Verstand", in dem Sie die Besonderheiten der literarischen Form berücksichtigen und von Ihren eigenen Erfahrungen und Beobachtungen ausgehen. Vergleichen Sie Ihre Texte im Plenum.

Information

Aphorismus

Der Aphorismus ist eine literarische Kleinform in Prosa, in der zumeist nur in einem Satz ein geistreicher Gedanke pointiert formuliert wird. Der Ursprung der Gattung liegt in der Antike. Aphorismen geben ihren Autoren Gelegenheit, ihren „Witz" (im Sinne von Scharfsinn und Verstand) unter Beweis zu stellen. Häufig sollen Erkenntnisse oder allgemeine Wahrheiten ausgedrückt werden. Indem Aphorismen verbreitete Anschauungen und Meinungen u. a. durch Ironie und überraschende Pointen infrage stellen, wollen sie ihre Leser zu kritischem Nachdenken anregen.
Bedeutende Aphoristiker der deutschen Literatur sind Georg Christoph Lichtenberg (1742–1799), Johann Paul Friedrich Richter gen. Jean Paul (1763–1825), Friedrich Schlegel (1772–1829), Friedrich von Hardenberg gen. Novalis (1772–1801) und Friedrich Nietzsche (1844–1900).

Magnus Gottfried Lichtwer (1719–1783)
Der Hänfling

Die seit der Antike populäre Gattung der Fabel erwies sich als ideales Werkzeug für die Dichter, um aufklärerisch zu wirken. Dabei stand häufig das Bemühen im Vordergrund, die bürgerliche Lebensweise und Moral vernunftgemäß begründen zu können. Seine eigenen Werte angesichts der politischen Ohnmacht zu profilieren schien dem deutschen Bürgertum dieser Zeit der einzige Weg zu sein, um sich vom Adel abzusetzen.

Magnus Gottfried Lichtwer. Der Jurist war ein populärer Fabeldichter der Aufklärung.

Ein Hänfling[1], den der erste Flug
Aus seiner Eltern Neste trug,
Hub an, die Wälder zu beschauen,
Und kriegte Lust, sich anzubauen.
Ein edler Trieb: denn eigner Herd
Ist, sagt das Sprichwort, Goldes wert.
Die stolze Glut der jungen Brust
Macht' ihm zu einem Eichbaum Lust.
„Hier wohn ich", sprach er, „wie ein König,
Dergleichen Nester gibt es wenig."
Kaum stund das Nest, so ward's verheert,
Und durch den Donnerstrahl verzehrt.

Es war ein Glück bei der Gefahr,
Dass unser Hänfling auswärts war.
Er kam, nachdem es ausgewittert,
Und fand die Eiche halb zersplittert;
Da sah' er mit Bestürzung ein,
Er könne hier nicht sicher sein.

Mit umgekehrtem Eigensinn
Begab er sich zur Erde hin,
Und baut' in niedriges Gesträuche;
So scheu macht' ihn der Fall der Eiche.
Doch Staub und Würmer zwangen ihn,
Zum andernmal davonzuziehn.

Da baut' er sich das dritte Haus,
Und las ein dunkles Büschchen aus,
Wo er den Wolken nicht zu nahe,
Doch nicht die Erde vor sich sahe.
Ein Ort, der in der Ruhe liegt:
Da lebt er noch, und lebt vergnügt.

Vergnügte Tage findet man,
Woferne man sie finden kann,
Nicht auf dem Thron und nicht in Hütten.
Kannst du vom Himmel es erbitten,
So sei dein eigner Herr und Knecht;
Dies bleibt des Mittelstandes Recht.

(1748)

1. Sicherlich kennen Sie bereits Fabeln aus dem Unterricht. Tragen Sie zu zweit Ihr Wissen über diese literarische Gattung zusammen und vergleichen Sie Ihre Ergebnisse im Plenum.
2. Lesen Sie Lichtwers Fabel „Der Hänfling". Welche Merkmale der Fabel erkennen Sie in diesem Text wieder?
3. Formulieren Sie mit eigenen Worten die Lehre der Versfabel und nehmen Sie dazu Stellung.

[1] **Hänfling:** Finkenart, die gewöhnlich in Hecken oder Büschen nistet

Äsop (um 600 v. Chr.)

Der Löwe und der Esel

Der Löwe und der Esel schlossen ein Bündnis und gingen miteinander auf die Jagd. Zufällig kamen sie zu einer Höhle, in welcher wilde Ziegen waren. Der Löwe blieb beim Ausgange derselben stehen und bemächtigte sich der Herauskommenden, während der Esel in die Höhle trat und ein solches Geschrei machte, dass die erschreckten Tiere herausflohen. Nachdem der Löwe die meisten ergriffen hatte, trat der Esel ins Freie und fragte seinen Gefährten, ob er nicht tapfer gekämpft habe. Der Löwe antwortete ihm: „Ich selbst hätte mich gefürchtet, wenn ich nicht gewusst hätte, dass du ein Esel bist.“
Diejenigen, die sich Kundigen gegenüber rühmen, setzen sich mit Recht dem Gelächter aus.

Gotthold Ephraim Lessing (1729–1781)

Der Esel mit dem Löwen

Als der Esel mit dem Löwen des Aesopus, der ihn statt seines Jägerhorns brauchte, nach dem Walde ging, begegnete ihm ein andrer Esel von seiner Bekanntschaft und rief ihm zu: „Guten Tag, mein Bruder!“ – „Unverschämter!“, war die Antwort. –
„Und warum das?“, fuhr jener Esel fort. „Bist du deswegen, weil du mit einem Löwen gehst, besser als ich? Mehr als ein Esel?“

(1759)

1. Vergleichen Sie den Inhalt der Fabeln Äsops und Lessings. Wie verfährt der deutsche Dichter mit seiner Vorlage?
2. Lessing hat keine Lehre zu seiner Fabel verfasst. Formulieren Sie diese selbst. Überlegen Sie zuvor, für wen die Tiere in dem Text stehen könnten. Ziehen Sie dazu auch die Angaben im Info-Kasten heran.

Information

Die Fabel der Aufklärungszeit

In der Aufklärung orientierten sich die deutschen Dichter zunächst an den ausschweifenden, in Versen formulierten Fabeln des Franzosen Jean de La Fontaine (1621–1695). Oft wurden Fragen der bürgerliche Lebensführung und Moral diskutiert und als Lehre praktische Ratschläge erteilt. Dieses Moralbewusstsein war ein entscheidendes Element, mit dem das Bürgertum seine politische Ohnmacht gegenüber dem Adel zu kompensieren versuchte. Erst in der zweiten Hälfte des 18. Jahrhunderts propagierte Gotthold Ephraim Lessing (1729–1781) in Anlehnung an das antike Vorbild Äsop die Prosafabel, die sich durch pointierte Knappheit und schnörkellose Sprache auszeichnen sollte. Im Gewand von Tiergeschichten wurde nun zunehmend die politische Ohnmacht des deutschen Bürgertums in der absolutistischen Gesellschaft thematisiert. Dabei stellte die Verbindung von gesellschaftskritischem Zweck und literarischer Unterhaltung das Ideal der Aufklärungsautoren dar, die sich dem Leitsatz des römischen Dichters Horaz (65–8 v. Chr.) verpflichtet fühlten, dass Literatur sowohl nützen als auch unterhalten solle („aut prodesse aut delectare“). Mit Lessing erlebte die Fabel ihre letzte Blüte, in späteren Epochen sollte sie nie mehr ihre alte Bedeutung zurückgewinnen. Im 20. Jahrhundert nahmen Autoren wie Franz Kafka (1883–1924) und Wolfdietrich Schnurre (1920–1989) Fabelmotive in ihren Werken auf.
Neben Christian Fürchtegott Gellert (1715–1769) und Gotthold Ephraim Lessing (1729–1781) gehörten u. a. Friedrich von Hagedorn (1708–1754), Johann Wilhelm Ludwig Gleim (1719–1803) und Magnus Gottfried Lichtwer (1719–1783) zu den bekanntesten Vertretern der Fabeldichtung in der Aufklärungszeit.

Lessing ist der wohl bedeutendste Fabeldichter der Aufklärung. 1759 publiziert er zum ersten Mal seine bis dahin verstreut erschienenen Prosafabeln in Buchform und fügt ihnen theoretische Abhandlungen bei. Unter den Fabeln findet sich auch der Text „Besitzer des Bogens“, der Lessings Verständnis der Gattung in Form einer Parabel illustriert.

➔ Zu Gotthold Ephraim Lessing s. S. 101.

Gotthold Ephraim Lessing (Gemälde von Anton Graff, 1771)

Gotthold Ephraim Lessing (1729 – 1781)
Von dem Wesen der Fabel (Auszug)

Wenn wir einen allgemeinen moralischen Satz auf einen besondern Fall zurückführen, diesem besondern Falle die Wirklichkeit erteilen und eine Geschichte daraus dichten, in welcher man den allgemeinen Satz anschauend erkennt: so heißt diese Erdichtung eine Fabel. *(1759)*

Gotthold Ephraim Lessing (1729 – 1781)
Der Besitzer des Bogens

Ein Mann hatte einen trefflichen Bogen von Ebenholz, mit dem er sehr weit und sehr sicher schoss und den er ungemein wert hielt. Einst aber, als er ihn aufmerksam betrachtete, sprach er: „Ein wenig plump bist du doch! Alle deine Zierde ist die Glätte. Schade! – Doch dem ist abzuhelfen", fiel ihm ein. „Ich will hingehen und den besten Künstler Bilder in den Bogen schnitzen lassen." – Er ging hin; und der Künstler schnitzte eine ganze Jagd auf den Bogen; und was hätte sich besser auf einen Bogen geschickt als eine Jagd.
Der Mann war voller Freuden. „Du verdienest diese Zierrate, mein lieber Bogen!" – Indem will er ihn versuchen; er spannt, und der Bogen – zerbricht.

(1759)

1. Welche Elemente sind laut Lessing für eine Fabel konstitutiv? Rekonstruieren Sie mithilfe des Auszugs aus seiner Abhandlung „Von dem Wesen der Fabel" und der Parabel „Der Besitzer des Bogens" die wesentlichen Aussagen der Fabeltheorie Lessings.
2. Überprüfen Sie, inwieweit Lessings Fabel „Der Esel mit dem Löwen" (1759) seinem Gattungsverständnis entspricht.

Gotthold Ephraim Lessing (1729 – 1781)
Die Esel

Die Esel beklagten sich bei dem Zeus, dass die Menschen mit ihnen zu grausam umgingen. „Unser starker Rücken", sagten sie, „trägt ihre Lasten, unter welchen sie und jedes schwächere Tier erliegen müssten. Und doch wollen sie uns durch unbarmherzige Schläge zu einer Geschwindigkeit nötigen, die uns durch die Last unmöglich gemacht würde, wenn sie uns auch die Natur nicht versagt hätte. Verbiete ihnen, Zeus, so unbillig zu sein, wenn sich die Menschen anders etwas Böses verbieten lassen. Wir wollen ihnen dienen, weil es scheinet, dass du uns dazu erschaffen hast; allein geschlagen wollen wir ohne Ursach nicht sein."
„Mein Geschöpf", antwortete Zeus ihrem Sprecher, „die Bitte ist nicht ungerecht, aber ich sehe keine Möglichkeit, die Menschen zu überzeugen, dass eure natürliche Langsamkeit keine Faulheit sei. Und solange sie dieses glauben, werdet ihr geschlagen werden. – Doch ich sinne, euer Schicksal zu erleichtern. Die Unempfindlichkeit soll von nun an euer Teil sein; eure Haut soll sich gegen die Schläge verhärten und den Arm des Treibers ermüden."
„Zeus", schrien die Esel, „du bist allezeit weise und gnädig!" – Sie gingen erfreut von seinem Throne als dem Thron der allgemeinen Liebe. *(1759)*

Magnus Gottfried Lichtwer (1719 – 1783)
Das Kamel

Es ließ sich ein Kamel, das mit gebognem Knie
Vor seinem Meister lag, mit Waren stark beladen,
Man brachte Sack und Pack und manchen schweren Kasten,
Dies alles litt das gute Vieh,
Es muckste nicht einmal, bis es bei sich verspürte,
Dass es die volle Ladung führte.
Da stund es wieder auf; allein des Meisters Hand,
Zwang es, sich abermals zu bücken,
Der auf das arme Tier noch viele Lasten band,
Er band, und sieh! es warf die ganze Fracht vom Rücken.

Gebt Achtung, wenn ihr Kinder lehrt,
Dass ihr auf einmal nicht allzu stark beschwert,
Es geht der Jugend wie den Alten,
Wer alles fassen soll, wird endlich nichts behalten.

(1748)

1. Belegen Sie an den beiden Texten „Die Esel" und „Das Kamel" die zwei hauptsächlichen Tendenzen der Fabeldichtung zur Zeit der Aufklärung. Wie beurteilen Sie jeweils den literaturgeschichtlichen Wert der Fabeln von Lichtwer und Lessing?
2. **Was Sie noch machen können:**
   Suchen Sie in einer Bibliothek oder im Internet nach weiteren Fabeln der Aufklärung und stellen Sie sich diese gegenseitig vor. Skizzieren Sie dabei Form, Inhalt und Aussage der Texte.

Das Bürgertum in der Zeit der Aufklärung – Lessings bürgerliches Trauerspiel „Emilia Galotti“

Emilia Galotti.
Ein Trauerspiel
in
fünf Aufzügen.
Von
Gotthold Ephraim Lessing.
Berlin
bey Christian Friedrich Voß, 1772.

Gotthold Ephraim Lessings Trauerspiel „Emilia Galotti“ (1772) ist eines der berühmtesten Dramen der Aufklärung, ihr Autor (1729–1781) gilt heute als einer der bedeutendsten Schriftsteller der Epoche. In dem Werk „Emilia Galotti“ werden zentrale Themen der Aufklärung im gesellschaftlichen Spannungsverhältnis zwischen Adel und Bürgertum aufgegriffen und kritisch reflektiert. Dargestellt wird das Schicksal der bürgerlichen Emilia Galotti, die kurz vor ihrer Eheschließung mit dem Grafen Appiani steht. Da der Prinz von Guastalla, Hettore Gonzaga, sich in Emilia verliebt hat und sie zu seiner Geliebten machen möchte, bittet er den Kammerherrn Marinelli, die Hochzeit zu verhindern. Dieser lässt daraufhin, auch wegen seiner persönlichen Abneigung gegen den Grafen, den Bräutigam ermorden.

➔ Lessings Dramentheorie, s. S. 101 f.

Gotthold Ephraim Lessing (1729–1781)
Emilia Galotti (2. Aufzug, 4. Auftritt)

Während im ersten Aufzug das Geschehen am Hofe des Prinzen von Guastalla im Mittelpunkt stand, zeigt der zweite Akt die Hochzeitsvorbereitungen. In der vierten Szene treffen die Eltern Emilias aufeinander. Die Braut besucht unterdessen in der Kirche die Messe.

Odoardo und Claudia Galotti. Pirro.

Odoardo. Sie bleibt mir zu lang aus –

Claudia. Noch einen Augenblick, Odoardo! Es würde sie schmerzen, deines Anblicks so zu verfehlen.[1]

Odoardo. Ich muss auch bei dem Grafen noch einsprechen. Kaum kann ich's erwarten, diesen würdigen jungen Mann meinen Sohn zu nennen. Alles entzückt mich an ihm. Und vor allem der Entschluss, in seinen väterlichen Tälern sich selbst zu leben.[2]

Claudia. Das Herz bricht mir, wenn ich hieran gedenke. – So ganz sollen wir sie verlieren, diese einzige, geliebte Tochter?

Odoardo. Was nennst du, sie verlieren? Sie in den Armen der Liebe zu wissen? Vermenge dein Vergnügen an ihr nicht mit ihrem Glücke. Du möchtest meinen alten Argwohn erneuern: – dass es mehr das Geräusch und die Zerstreuung der Welt, mehr die Nähe des Hofes war als die Notwendigkeit, unserer Tochter eine anständige Erziehung zu geben, was dich bewog, hier in der Stadt mit ihr zu bleiben – fern von einem Manne und Vater, der euch so herzlich liebet.

Claudia. Wie ungerecht, Odoardo! Aber lass mich heute nur ein einziges Wort für diese Stadt, für diese Nähe des Hofes sprechen, die deiner strengen Tugend so verhasst sind. – Hier, nur hier konnte die Liebe zusammenbringen, was füreinander geschaffen war. Hier nur konnte der Graf Emilien finden; und fand sie.

Odoardo. Das räum ich ein. Aber, gute Claudia, hattest du darum recht, weil dir der Ausgang recht gibt? – Gut, dass es mit dieser Stadterziehung so abgelaufen! Lass uns nicht weise sein wollen, wo wir nichts als glücklich gewesen! Gut, dass es so damit abgelaufen! – Nun haben sie sich gefunden, die füreinander bestimmt waren: nun lass sie ziehen, wohin Unschuld und Ruhe sie rufen. – Was sollte der Graf hier? Sich bücken, schmeicheln und kriechen und die Marinellis auszustechen suchen? um endlich ein Glück zu machen, dessen er nicht bedarf? um endlich einer Ehre gewürdiget zu werden, die für ihn keine wäre? – Pirro!

Pirro. Hier bin ich.

Odoardo. Geh und führe mein Pferd vor das Haus des Grafen. Ich komme nach und will mich da wieder aufsetzen. *(Pirro geht ab.)* – Warum soll der Graf hier dienen, wenn er dort selbst befehlen kann? – Dazu bedenkest du nicht, Claudia, dass durch unsere Toch-

[1] **deines Anblicks so zu verfehlen:** wenn sie dich nicht mehr sehen würde – [2] **sich selbst zu leben:** ganz sein eigenes Leben zu leben

ter er es vollends mit dem Prinzen verderbt. Der Prinz hasst mich –

Claudia. Vielleicht weniger, als du besorgest[1].

Odoardo. Besorgest! Ich besorg auch so was![2]

Claudia. Denn hab ich dir schon gesagt, dass der Prinz unsere Tochter gesehen hat?

Odoardo. Der Prinz? Und wo das?

Claudia. In der letzten Vegghia[3], bei dem Kanzler Grimaldi, die er mit seiner Gegenwart beehrte. Er bezeigte sich gegen sie so gnädig –

Odoardo. So gnädig?

Claudia. Er unterhielt sich mit ihr so lange –

Odoardo. Unterhielt sich mit ihr?

Claudia. Schien von ihrer Munterkeit und ihrem Witze so bezaubert –

Odoardo. So bezaubert? –

Claudia. Hat von ihrer Schönheit mit so vielen Lobeserhebungen gesprochen –

Odoardo. Lobeserhebungen? Und das alles erzählst du mir in einem Tone der Entzückung? O Claudia! eitle, törichte Mutter!

Claudia. Wieso?

Odoardo. Nun gut, nun gut! Auch das ist so abgelaufen. – Ha! wenn ich mir einbilde – Das gerade wäre der Ort, wo ich am tödlichsten zu verwunden bin! – Ein Wollüstling, der bewundert, begehrt. – Claudia! Claudia! der bloße Gedanke setzt mich in Wut. – Du hättest mir das sogleich sollen gemeldet haben. – Doch, ich möchte dir heute nicht gern etwas Unangenehmes sagen. Und ich würde (*indem sie ihn bei der Hand ergreift*), wenn ich länger bliebe. – Drum lass mich! lass mich! – Gott befohlen, Claudia! – Kommt glücklich nach! *(1772)*

1. Lesen Sie den Auszug in verteilten Rollen.
2. Charakterisieren Sie das Verhältnis von Odoardo und Claudia Galotti mithilfe geeigneter Textstellen.
3. Stellen Sie Textaussagen zu den Aspekten „Erziehung“, „Hof/Stadt“ sowie „Tugend“ zusammen. Welches Bild des Bürgers zu jener Zeit wird entworfen? Welche Probleme werden deutlich?
4. Analysieren Sie den in den Zeilen 51–67 dargestellten Gesprächsverlauf und erklären Sie die Reaktionen Odoardos.
5. Warum ist Odoardo von seinem zukünftigen Schwiegersohn Appiani so begeistert, obwohl dieser doch auch Angehöriger des von ihm verabscheuten Adelsstands ist? Berücksichtigen Sie Z. 5–40 sowie Ihre bisherigen Arbeitsergebnisse.

➔ Eine weitere Szene aus „Emilia Galotti“ finden Sie auf S. 548.

Steffen Arndal (geb. 1940)

Das Bürgertum im aufgeklärten Absolutismus

Nach dem Dreißigjährigen Krieg (1618–1648) ist das Deutsche Reich in über dreihundert Einzelstaaten zersplittert, deren politisches Geschick jeweils in der Hand des Territorialfürsten liegt. Politisch tritt durch den aufgeklärten Absolutismus und das Erstarken Preußens und Österreichs ein Wandel ein, doch das Bürgertum bleibt von gesellschaftlicher Mitwirkung ausgeschlossen.

Sowohl in politischer als auch in wirtschaftlicher Hinsicht war das gesellschaftliche Leben im Deutschland des frühen 18. Jahrhunderts noch von den Folgen des Dreißigjährigen Krieges [...] bestimmt.
Aus dem Wirrwarr souveräner Territorialstaaten entwickelte sich eine Rivalität zwischen Brandenburg – Preußen und Österreich, die die politische Geschichte des 18. Jahrhunderts beherrschte. Beide Staaten stiegen durch Gebietserweiterungen zu Großmächten auf. [...]
Friedrich II.[4] und Joseph II.[5] [...] verstanden sich als aufgeklärte Monarchen. Sie wollten durch Reformen von oben eine administrative und wirtschaftliche Modernisierung der Gesellschaft durchführen. Die Machtvollkommenheit des Herrschers von Gottes Gnaden wurde in der Theorie des Naturrechts von einem Gesellschaftsvertrag zwischen Fürst und Volk abgelöst. Der Fürst war

Friedrich der Große (1712–1786)

[1] **besorgest:** befürchtest – [2] **Ich besorg auch so was!:** Als wenn ich so etwas zu befürchten hätte! – [3] **Vegghia:** Abendgesellschaft – [4] **Friedrich II.** (1712–1786): auch der Große genannt, König von Preußen (seit 1740) – [5] **Joseph II.** (1741–1790): Erzherzog von Österreich und Kaiser des Heiligen Römischen Reichs deutscher Nation (seit 1765)

dem Gemeinwohl verpflichtet und wurde als „erster Diener des Staats“, wie es Friedrich II. – auf Französisch – formulierte, aufgefasst. Trotzdem wandelten sich die absolutistischen Herrschaftsstrukturen nur wenig. Die ständische Gliederung der Gesellschaft wurde trotz der Einschränkung der politischen Macht der Stände zugunsten moderner Staatsinstitutionen beibehalten, und die Vorrechte des Adels und des aus ihm rekrutierten Offizierskorps wurden sogar gestärkt. Als Landesvater behandelte der Fürst seine Untertanen weitgehend als unmündige Kinder, und die vielen wohlgemeinten, aber manchmal überstürzten Reformen und Reglementierungen stießen im Volke meistens nur auf Unverständnis und Frustration. [...]
Den Reformen von oben begegnete von unten das Bildungsbedürfnis vor allem des Bürgertums. Im Gegensatz zu Frankreich und England gab es in Deutschland kein kapitalkräftiges Bürgertum. Die staatlichen Maßnahmen begünstigten aber die Herausbildung von kapitalistischen Wirtschaftsformen, und die mittleren Schichten der Gesellschaft erlebten im Laufe des Jahrhunderts eine erhebliche Hebung ihres Lebensstandards. Aber nur wenigen glückte der soziale Aufstieg und die Erhebung in den Adelsstand; der Bürger blieb von den politischen Entscheidungen praktisch ausgeschlossen. Dafür schaffte man sich im Bereich der patriarchalischen Familie einen Freiraum, der dem Zugriff des Staates weitgehend entzogen war. In Gruppenbildungen wie [...] Zusammenkünften im Kaffeehaus und Lesezirkel fanden Diskussionen neuer Ideen statt. Hier konnte sich allmählich eine von Zeitschriften, moralischen Wochenschriften und Büchern genährte Meinungsbildung auch über öffentliche Anliegen [...] entfalten, die für die Bildung eines literarischen Publikums entscheidend war.
Die bürgerliche Aufklärung besaß eine stark ethische Komponente, die auf das Gemeinwohl gerichtet war. Sie betonte den Mut zur Wahrheitssuche trotz der Bevormundung durch weltliche und geistliche Autoritäten. [...] Dieser Gegensatz zwischen der intellektuellen und moralischen Mündigkeit des aufgeklärten und gebildeten Bürgers einerseits und seiner politischen Unmündigkeit als Untertan eines, wenn auch aufgeklärten, Fürsten andererseits bildete einen latenten Konfliktstoff, der sich im Laufe des Jahrhunderts [...] immer stärker geltend machte. *(1997)*

1. Überprüfen Sie Ihr Textverständnis, indem Sie in Partnerarbeit einen Katalog von Fragen erstellen, auf die der Text Antworten gibt.
2. Überprüfen Sie, inwiefern sich die historischen Informationen auf den Auszug aus Lessings „Emilia Galotti“ übertragen lassen.
   ➔ Die Erörterung im Anschluss an die Bearbeitung eines Sachtextes, s. S. 574 ff.

Was ist „Wahrheit“? Vernunft und Überzeugungen

Im Zeitalter der Aufklärung mussten menschliche Überzeugungen – insbesondere religiöse – den Ansprüchen der Vernunft genügen. Vor allem Vorurteile, Aberglauben und eine engstirnige christliche Lehre, die sich ohne Angabe von vernünftigen Gründen im Besitz der alleinigen „Wahrheit“ wähnte, waren den Aufklärern ein Dorn im Auge. Die Suche nach der „Wahrheit“ war daher für Autoren der Aufklärung auf Dialog und Toleranz angewiesen.

Georg Christoph Lichtenberg (1742 – 1799)

Aphorismen (Auszug aus den „Sudelbüchern“)

Dass in den Kirchen gepredigt wird, macht deswegen die Blitzableiter auf ihnen nicht unnötig.
(1797, Heft L, Nr. 67)

Die meisten Glaubens-Lehrer verteidigen ihre Sätze, nicht weil sie von der Wahrheit derselben überzeugt sind, sondern weil sie die Wahrheit derselben einmal behauptet haben.
(1791, Heft J, Nr. 521)

1. Setzen Sie die beiden Aphorismen des Naturforschers Lichtenberg mit dem Problemfeld „Glauben – Wahrheit – Wissen" in Beziehung.

2. Welche Rolle spielt Wissen, welche Rolle Glauben für Sie? Diskutieren Sie im Plenum.

Immanuel Kant (1724 – 1804)

Beantwortung der Frage: Was ist Aufklärung?

1784 veröffentlicht der Philosoph Kant seinen berühmten Aufsatz als Antwort auf eine öffentliche Frage des Pfarrers Johann Friedrich Zöllner (1753 – 1804). Der Text, in der Spätphase der Aufklärung entstanden, gilt als der wichtigste programmatische Text dieser Epoche in deutscher Sprache.

Aufklärung ist der Ausgang des Menschen aus seiner selbst verschuldeten Unmündigkeit. Unmündigkeit ist das Unvermögen, sich seines Verstandes ohne Leitung eines anderen zu bedienen. Selbstverschuldet ist diese Unmündigkeit, wenn die Ursache derselben nicht am Mangel des Verstandes, sondern der Entschließung und des Mutes liegt, sich seiner ohne Leitung eines anderen zu bedienen. Sapere aude![1] Habe Mut, dich deines eigenen Verstandes zu bedienen! ist also der Wahlspruch der Aufklärung.

Faulheit und Feigheit sind die Ursachen, warum ein so großer Teil der Menschen, nachdem sie die Natur längst von fremder Leitung freigesprochen (naturaliter maiorennes[2]), dennoch gerne zeitlebens unmündig bleiben; und warum es anderen so leicht wird, sich zu deren Vormündern aufzuwerfen. [...] Dass der bei weitem größte Teil der Menschen (darunter das ganze schöne Geschlecht) den Schritt zur Mündigkeit, außer dem dass er beschwerlich ist, auch für sehr gefährlich halte: dafür sorgen schon jene Vormünder, die die Oberaufsicht über sie gütigst auf sich genommen haben. Nachdem sie ihr Hausvieh zuerst dumm gemacht haben und sorgfältig verhüteten, dass diese ruhigen Geschöpfe ja keinen Schritt außer dem Gängelwagen[3], darin sie sie einsperrten, wagen durften, so zeigen sie ihnen nachher die Gefahr, die ihnen droht, wenn sie es versuchen allein zu gehen. Nun ist diese Gefahr zwar eben so groß nicht, denn sie würden durch einigemal Fallen wohl endlich gehen lernen; allein ein Beispiel von der Art macht doch schüchtern und schreckt gemeinhin von allen ferneren Versuchen ab. [...]

Zu dieser Aufklärung aber wird nichts erfordert als Freiheit; und zwar die unschädlichste unter allem, was nur Freiheit heißen mag, nämlich die: von seiner Vernunft in allen Stücken öffentlichen Gebrauch zu machen. Nun höre ich aber von allen Seiten rufen: räsoniert[4] nicht! Der Offizier sagt: räsoniert nicht, sondern exerziert! Der Finanzrat: räsoniert nicht, sondern bezahlt! Der Geistliche: räsoniert nicht, sondern glaubt! (Nur ein einziger Herr[5] in der Welt sagt: räsoniert, so viel ihr wollt, und worüber ihr wollt; aber gehorcht!) Hier ist überall Einschränkung der Freiheit. Welche Einschränkung aber ist der Aufklärung hinderlich? welche nicht, sondern ihr wohl gar beförderlich? – Ich antworte: der öffentliche Gebrauch seiner Vernunft muss jederzeit frei sein, und der allein kann Aufklärung unter Menschen zustande bringen; der Privatgebrauch derselben aber darf öfters sehr enge eingeschränkt sein, ohne doch darum den Fortschritt der Aufklärung sonderlich zu hindern. Ich verstehe aber unter dem öffentlichen Gebrauche seiner eigenen Vernunft denjenigen, den jemand als Gelehrter von ihr vor dem ganzen Publikum der Leserwelt macht. Den Privatgebrauch nenne ich denjenigen, der in einem gewissen ihm anvertrauten bürgerlichen Posten, oder Amte, von seiner Vernunft machen darf. [...]

Wenn denn nun gefragt wird: Leben wir jetzt in einem

Zeitgenössische Abbildung eines Gängelwagens

[1] **Sapere aude!** (lat.): „Wage zu wissen!" – [2] **naturaliter maiorennes:** von Natur aus erwachsen – [3] **Gängelwagen:** Lauflernhilfe – [4] **räsoniert:** hier: nachdenken, auch diskutieren – [5] **Herr:** Gemeint ist Friedrich der Große, der auf der einen Seite die Aufklärung förderte, auf der anderen Seite jedoch streng absolutistisch regierte.

aufgeklärten Zeitalter? so ist die Antwort: Nein, aber wohl in einem Zeitalter der Aufklärung. Dass die Menschen, wie die Sachen jetzt stehen, im Ganzen genommen, schon imstande wären, oder darin auch nur gesetzt werden könnten, in Religionsdingen sich ihres eigenen Verstandes ohne Leitung eines anderen sicher und gut zu bedienen, daran fehlt noch sehr viel. Allein dass jetzt ihnen doch das Feld geöffnet wird, sich dahin frei zu bearbeiten, und die Hindernisse der allgemeinen Aufklärung oder des Ausganges aus ihrer selbst verschuldeten Unmündigkeit allmählich weniger werden, davon haben wir doch deutliche Anzeigen. [...]

Königsberg in Preußen,
den 30. Septemb. 1784

1. Fassen Sie den Gedankengang des Textes in Form eines Strukturbildes zusammen.
2. Untersuchen Sie die Metaphern in den Zeilen 11–31 und deren Bedeutung.
3. Was versteht Kant unter öffentlichem und privatem Gebrauch der Vernunft (vgl. Z. 50–56)? Warum unterscheidet er diese beiden Wege des Vernunftgebrauchs? Vergleichen Sie seine Bestimmungen mit unserem Verständnis von „öffentlich“ und „privat“.
4. Diskutieren Sie: Leben die Menschen heute in einem aufgeklärten Zeitalter oder in einem Zeitalter der Aufklärung? Verfassen Sie zu dieser Frage einen Essay.
   ➔ Einen Essay schreiben, s. S. 591 f.

Gotthold Ephraim Lessing (1729–1781)
Über die Wahrheit

Nachdem Lessing 1774 die bibelkritischen „Fragmente eines Ungenannten“, die von dem Theologen Herman Samuel Reimarus (1694–1768) verfasst worden waren, herausgegeben hatte, sah er sich einer Vielzahl von Angriffen vor allem konservativer Kreise aus der lutherischen Kirche ausgesetzt. Mit dem folgenden Text setzt sich Lessing mit seinen Kritikern auseinander:

Nicht die Wahrheit, in deren Besitz irgendein Mensch ist oder zu sein vermeinet, sondern die aufrichtige Mühe, die er angewandt hat, hinter die Wahrheit zu kommen, macht den Wert des Menschen. Denn nicht durch den Besitz, sondern durch die Nachforschung der Wahrheit erweitern sich seine Kräfte, worin allein seine immer wachsende Vollkommenheit bestehet. Der Besitz macht ruhig, träge, stolz –

Wenn Gott in seiner Rechten alle Wahrheit und in seiner Linken den einzigen immer regen Trieb nach Wahrheit, obschon mit dem Zusatze, mich immer und ewig zu irren, verschlossen hielte und spräche zu mir: wähle! Ich fiele ihm mit Demut in seine Linke und sagte: Vater, gib! Die reine Wahrheit ist ja doch nur für dich allein!

(1778)

1. Wie definiert Lessing „Wahrheit“? Geben Sie seinen Wahrheitsbegriff mit eigenen Worten wieder.
2. Wie beurteilen Sie Lessings Haltung in Fragen des Glaubens und der „Wahrheit“?

Immanuel Kant (1724–1804)
Der kategorische Imperativ

Handle so, dass die Maxime[1] deines Willens jederzeit zugleich als Prinzip einer allgemeinen Gesetzgebung gelten könne. *(1788)*

1. Erläutern Sie, was Kant hier fordert, an Beispielen aus dem Alltag.
2. Der kategorische Imperativ wurde von Kant als Gegenentwurf zum sog. hypothetischen Imperativ formuliert, der das Handeln des Menschen allein von seinem Wollen abhängig macht („Handle auf eine bestimmte Weise, wenn du ein bestimmtes Ziel erreichen willst.“). Erläutern Sie mit eigenen Worten den Unterschied zwischen den beiden Imperativen.
3. Erklären Sie den Bezug des kategorischen Imperativs zur Epoche der Aufklärung und ihrer hohen Wertschätzung der menschlichen Vernunft. Nehmen Sie abschließend kritisch Stellung zu Kants Forderung.
4. **Was Sie noch machen können:**
   Informieren Sie sich näher über den sog. Fragmentenstreit, in den Lessing verwickelt wurde, und sein Drama „Nathan der Weise“ (1779). Stellen Sie Ihre Ergebnisse in geeigneter Form vor.

[1] **Maxime:** persönliche Leitlinie

2 Empfindsamkeit und Sturm und Drang

Bereits früh wurde die Konzentration der Aufklärung auf Verstand und Tugend als zu einseitig kritisiert. Nach 1740 mehrten sich die Stimmen, die der Vernunft Gefühl und Empfindsamkeit an die Seite stellen wollten. Tugend und Emotionen sollten sich nicht ausschließen, sondern als Einheit das Leben des Menschen positiv bestimmen. Zu den Hauptvertretern der Empfindsamkeit zählt der Dichter Friedrich Gottlieb Klopstock (1724–1803). Die ab 1765 greifbare Jugendbewegung des Sturm und Drang empfing von hier wertvolle Anregungen, radikalisierte jedoch den Gefühls- und Naturenthusiasmus und emanzipierte sich von religiösen Vorgaben.

Die Fülle des Herzens und die Natur – Empfindsamkeit

Friedrich Gottlieb Klopstock (1724–1803)

Die Frühlingsfeier (1. Fassung, Auszug)

Klopstocks umfangreiche Hymne, aus der hier nur ein Auszug abgedruckt ist, ist ein Lobgesang auf Gott. Anlass für den Enthusiasmus des lyrischen Ichs ist ein Gewitter und seine Wirkung auf die Natur.

Friedrich Gottlieb Klopstock (1724–1803) (Porträt von Jens Juel, um 1779)

Herr! Herr! Gott! barmherzig! und gnädig!
Du Naher!
Erbarme dich meiner!

Zürnest du, Herr, weil Nacht dein Gewand ist?
Diese Nacht ist Segen der Erde!
Du zürnest nicht, Vater!

Sie kömmt, Erfrischung auszuschütten
Über den stärkenden Halm!
Über die herzerfreuende Traube!
Vater! Du zürnest nicht! [...]

Seht ihr den Zeugen des Nahen, den zuckenden Blitz?
Hört ihr den Donner Jehovah[1]?
Hört ihr ihn?
Hört ihr ihn?
Den erschütternden Donner des Herrn?
Herr! Herr! Gott! barmherzig und gnädig!
Angebetet, gepriesen
Sei dein herrlicher Name!

Und die Gewitterwinde? Sie tragen den Donner!
Wie sie rauschen! Wie sie die Wälder durchrauschen!
Und nun schweigen sie! Majestätischer
Wandeln die Wolken herauf!

Seht ihr den neuen Zeugen des Nahen,
Seht ihr den fliegenden Blitz?
Hört ihr, hoch in den Wolken, den Donner des Herrn?
Er ruft Jehovah! –
Jehovah!
Jehovah!
Und der gesplitterte Wald dampft?

Aber nicht unsre Hütte!
Unser Vater gebot
Seinem Verderber
Vor unsrer Hütte vorüberzugehn!

Ach schon rauschet, schon rauschet
Himmel und Erde vom gnädigen Regen!
Nun ist, wie dürstete sie! Die Erd erquickt,
Und der Himmel der Fülle des Segens entladen!

Siehe, nun kömmt Jehovah nicht mehr im Wetter!
Im stillen, sanften Säuseln[2]
Kömmt Jehovah!
Und unter ihm neigt sich der Bogen des Friedens[3].

(1759)

[1] **Jehovah** (auch „Jahwe"): Name Gottes im Alten Testament – [2] **Säuseln:** Dem Propheten Elija erscheint Jahwe im Säuseln des Windes (vgl. 1 Kön 19,9–13). – [3] **Bogen des Friedens:** Regenbogen, Zeichen des Bundes zwischen Gott und Mensch im Alten Testament (vgl. Gen 9,14 f.)

1. Vergleichen Sie Inhalt und Stil von Klopstocks Gedicht mit den Texten der Aufklärung, die Sie bereits kennengelernt haben.
2. Bestimmen Sie die Bedeutung der Natur für das lyrische Ich. Berücksichtigen Sie bei Ihrer Antwort auch die Anspielungen des Textes.
3. Weisen Sie mithilfe des „Kleinen Lexikons des Literaturunterrichts" im Anhang dieses Buchs nach, dass die „Frühlingsfeier" eine Hymne ist.

Johann Wolfgang von Goethe (1749 – 1832)

Die Leiden des jungen Werthers (1. Fassung, Auszug)

Goethes Erfolgsroman „Die Leiden des jungen Werthers" (1774) nimmt die Tradition des Briefromans aus der Empfindsamkeit auf, in dem die Figuren intensiv ihr Gefühlsleben reflektieren. In seinem unbedingten Willen zu lieben, die Natur zu erleben und sich selbst zu verwirklichen, steht Werther zugleich für den Sturm und Drang. Im Unterschied zum typischen Briefroman, in dem unterschiedliche Figuren miteinander korrespondieren, enthält Goethes Werk vorrangig Briefe des Helden, die dieser an seinen Freund Wilhelm schickt.
Zum Inhalt: Werther ist ein junger, schwärmerischer Mann, der unter den Einschränkungen der Gesellschaft leidet – sowohl das Leben am Hofe mit seinen Dünkeln gegen das Bürgerliche als auch das rationale, auf Nutzen und Tugend ausgerichtete bürgerliche Denken stoßen ihn ab. Auf einem Ball lernt er Lotte kennen und lieben. Diese ist allerdings bereits mit Albert, der sich zur Zeit ihres Kennenlernens auf Geschäftsreise befindet, so gut wie verlobt. Überstürzt bricht Werther auf, als der Verlobte heimgekehrt ist und erkennen muss, dass Werther das Verhältnis gefährdet. Er wird Sekretär eines adligen Gesandten. Von seiner neuen Anstellung enttäuscht und immer noch voller Liebe zu Lotte, kehrt er zurück zu dem inzwischen verheirateten Paar, das seine Gegenwart nun als unangenehm empfindet. Auch sonst ist alles verändert: Was ihn zuvor angezogen hat (v. a. die Natur), entzieht sich ihm nun. Nach einem Besuch bei Lotte und der Erkenntnis, dass er diese trotz ihrer Gefühle für ihn nicht besitzen kann, erschießt er sich. Er trägt dabei die berühmte Wertherkleidung (blauer Frack, gelbe Weste), die er auch bei dem Ball getragen hat, auf dem er Lotte lieben lernte. Auf dem Lesepult neben ihm liegt ein aufgeschlagenes Exemplar von Lessings „Emilia Galotti".

Im Brief vom 16. Juni erzählt Werther seinem Freund von dem ersten Aufeinandertreffen mit Lotte.

am 16. Juni

[...] Der Tanz war noch nicht zu Ende, als die Blitze, die wir schon lange am Horizonte leuchten gesehn, und die ich immer für Wetterkühlen ausgegeben hatte, viel stärker zu werden anfingen, und der Donner die Musik überstimmte. Drei Frauenzimmer liefen aus der Reihe, denen ihre Herren folgten, die Unordnung ward allgemein, und die Musik hörte auf. Es ist natürlich, wenn uns ein Unglück oder etwas Schröckliches im Vergnügen überrascht, dass es stärkere Eindrücke auf uns macht, als sonst, teils wegen dem Gegensatze, der sich so lebhaft empfinden lässt, teils und noch mehr, weil unsere Sinne einmal der Fühlbarkeit geöffnet sind und also desto schneller einen Eindruck annehmen. Diesen Ursachen muss ich die wunderbaren Grimassen zuschreiben, in die ich mehrere Frauenzimmer ausbrechen sah. Die Klügste setzte sich in eine Ecke, mit dem Rücken gegen das Fenster, und hielt die Ohren zu, eine andere kniete sich vor ihr nieder und verbarg den Kopf in der ersten Schoß, eine dritte schob sich zwischen beide hinein, und umfasste ihre Schwesterchen mit tausend Tränen. Einige wollten nach Hause, andere, die noch weniger wussten, was sie taten, hatten nicht so viel Besinnungskraft, den Keckheiten unserer jungen Schluckers zu steuern, die sehr beschäftigt zu sein schienen, alle die ängstlichen Gebete, die dem Himmel bestimmt waren, von den Lippen der schönen Bedrängten wegzufangen. Einige unserer Herren hatten sich hinabbegeben, um ein Pfeifchen in Ruhe zu rauchen, und die übrige Gesellschaft schlug es nicht aus, als die Wirtin auf den klugen Einfall kam, uns ein Zimmer anzuweisen, das Läden und Vorhänge hätte.
Kaum waren wir da angelangt, als Lotte beschäftigt war, einen Kreis von Stühlen zu stellen, die Gesellschaft zu setzen, und den Vortrag zu einem Spiele zu tun.
Ich sah manchen, der in Hoffnung auf ein saftiges Pfand sein Mäulchen spitzte, und seine Glieder reckte.

Wir spielen Zählens, sagte sie, nun gebt Acht! Ich gehe im Kreise herum von der Rechten zur Linken, und so zählt ihr auch ringsherum jeder die Zahl, die an ihn kommt, und das muss gehen wie ein Lauffeuer, und wer stockt, oder sich irrt, kriegt eine Ohrfeige, und so bis tausend. Nun war das lustig anzusehen. Sie ging mit ausgestrecktem Arm im Kreise herum, Eins! fing der Erste an, der Nachbar zwei! drei! der Folgende und so fort; dann fing sie an geschwinder zu gehen, immer geschwinder. Da versahs einer, Patsch eine Ohrfeige, und über das Gelächter der folgende auch Patsch! Und immer geschwinder. Ich selbst kriegte zwei Maulschellen und glaubte mit innigem Vergnügen zu bemerken, dass sie stärker seien, als sie den Übrigen zuzumessen pflegte. Ein allgemeines Gelächter und Geschwärme machte dem Spiel ein Ende, ehe noch das Tausend ausgezählt war. Die Vertrautesten zogen einander beiseite, das Gewitter war vorüber, und ich folgte Lotten in den Saal. Unterwegs sagte sie: über die Ohrfeigen haben sie Wetter und alles vergessen! Ich konnte ihr nichts antworten. Ich war, fuhr sie fort, eine der Furchtsamsten, und indem ich mich herzhaft stellte, um den andern Mut zu geben, bin ich mutig geworden. Wir traten ans Fenster, es donnerte abseitwärts und der herrliche Regen säuselte auf das Land, und der erquickendste Wohlgeruch stieg in aller Fülle einer warmen Luft zu uns auf. Sie stand auf ihren Ellenbogen gestützt und ihr Blick durchdrang die Gegend, sie sah gen Himmel und auf mich, ich sah ihr Auge tränenvoll, sie legte ihre Hand auf die meinige und sagte – Klopstock! Ich versank in dem Strome von Empfindungen, den sie in dieser Losung über mich ausgoss. Ich ertrugs nicht, neigte mich auf ihre Hand und küsste sie unter den wonnevollsten Tränen. Und sah nach ihrem Auge wieder – Edler! hättest du deine Vergötterung in diesem Blicke gesehn, und möchte ich nun deinen so oft entweihten Namen nie wieder nennen hören!

(1774)

1. Erklären Sie die inhaltlichen Beziehungen des Textausschnitts zu Klopstocks „Frühlingsfeier".
2. Untersuchen Sie, wie in dem gegebenen Ausschnitt die Sprache die Emotionen Werthers widerspiegelt.
3. Bestimmen Sie die Funktion, die der Hinweis auf die Hymne für Werther und Lotte besitzt. Welche Rückschlüsse auf die damalige Bedeutung empfindsamer Literatur sind möglich?
4. Welche Rolle spielt die Natur in dem Auszug?

Das Genie und das „tintenklecksende Säkulum" – Sturm und Drang

Der Sturm und Drang (1765–1785) ist eine Jugendbewegung, die gegen die Starrheit der Aufklärung rebelliert. Diese Zeit ist auch die erste Erfolgsphase der späteren Klassiker Goethe und Schiller. Goethe (geb. 1749) setzt mit seinem Ritterdrama „Götz von Berlichingen" (1773) einen ersten Glanzpunkt seiner Karriere und schreibt wenig später den „Werther". Seine Hymne „Prometheus" (1774) gilt als eines der bedeutendsten lyrischen Zeugnisse dieser Zeit.

Information

Prometheus

Die griechische Mythengestalt Prometheus hat Dichter unterschiedlicher Epochen immer wieder inspiriert, aber besonders die Stürmer und Dränger sahen in dieser Figur einen verwandten Geist.

Prometheus ist der Sohn der Titanen[1] Japetus und Klymene, Tochter des Ozeans. Weil er die Menschen dazu anstiftet, die Götter beim Opfer zu betrügen, verbietet Zeus den Menschen das Feuer. Prometheus holt es jedoch zurück. Zur Strafe wird er an einen Felsen im Kaukasus geschmiedet, wo ihm ein Adler die Leber zerhackt, die nachts wieder nachwächst. Herakles (lat. Herkules) tötet den Adler durch einen Pfeilschuss und befreit Prometheus von seiner Qual. Laut dem römischen Dichter Ovid (43 v. Chr. – ca. 7 n. Chr.) hat Prometheus die Menschen aus Erde und Wasser erschaffen.

[1] **Titanen:** ältestes griechisches Göttergeschlecht, das von den olympischen Göttern unter der Führung des Zeus entmachtet wurde

Johann Wolfgang von Goethe (1749–1832)

Prometheus

Bedecke deinen Himmel, Zeus,
Mit Wolkendunst!
Und übe, Knaben gleich,
Der Disteln köpft,
An Eichen dich und Bergeshöhn!
Musst mir meine Erde
Doch lassen stehn,
Und meine Hütte,
Die du nicht gebaut,
Und meinen Herd,
Um dessen Glut
Du mich beneidest.

Ich kenne nichts Ärmer's
Unter der Sonn' als euch Götter.
Ihr nähret kümmerlich
Von Opfersteuern
Und Gebetshauch
Eure Majestät
Und darbtet, wären
Nicht Kinder und Bettler
Hoffnungsvolle Toren.

Da ich ein Kind war,
Nicht wusste, wo aus, wo ein,
Kehrt mein verirrtes Aug'
Zur Sonne, als wenn drüber wär'
Ein Ohr, zu hören meine Klage,
Ein Herz wie meins,
Sich des Bedrängten zu erbarmen.

Wer half mir wider
Der Titanen Übermut?[1]
Wer rettete vom Tode mich,
Von Sklaverei?
Hast du's nicht alles selbst vollendet,
Heilig glühend Herz?
Und glühtest, jung und gut,
Betrogen, Rettungsdank
Dem Schlafenden dadroben?
Ich dich ehren? Wofür?
Hast du die Schmerzen gelindert
Je des Beladenen?
Hast du die Tränen gestillt
Je des Geängsteten?
Hat nicht mich zum Manne geschmiedet
Die allmächtige Zeit
Und das ewige Schicksal,
Meine Herren und deine?

Wähntest du etwa,
Ich sollt das Leben hassen,
In Wüsten fliehn,
Weil nicht alle Knabenmorgen-
Blütenträume reiften?

Hier sitz' ich, forme Menschen
Nach meinem Bilde,
Ein Geschlecht, das mir gleich sei,
Zu leiden, weinen,
Genießen und zu freuen sich,
Und dein nicht zu achten,
Wie ich.

(1774)

1. Bereiten Sie in Gruppen einen Lesevortrag vor, der die Haltung des Sprechers zum Ausdruck bringt. Entwerfen Sie dazu ein Standbild, das Ihren Vortrag illustriert.

2. Charakterisieren Sie Goethes Prometheus und bestimmen Sie sein Selbstbild.

3. Vergleichen Sie Goethes Gedicht mit dem Inhalt des Prometheus-Mythos. Welche Elemente hat der Dichter weggelassen? Welche Gründe könnte es dafür geben?

4. Fassen Sie Prometheus' Vorwürfe mit eigenen Worten zusammen und bestimmen Sie sein Verhältnis zu den Göttern. Analysieren Sie die Art und Weise, wie das lyrische Ich dies sprachlich tut. Nennen Sie Beispiele.

5. Wofür stehen Prometheus und Zeus symbolisch? Diskutieren Sie verschiedene Hypothesen. Setzen Sie diese mit den für den Sturm und Drang wichtigen Begriffen „Freiheit", „Kreativität" sowie „Kraft" in Beziehung.

[1] **wider/Der Titanen Übermut:** Prometheus verhalf Zeus im Kampf gegen die Titanen zum Sieg.

Johann Wolfgang von Goethe (1749 – 1832)

Ganymed

Wie im Morgenrot
Du rings mich anglühst,
Frühling, Geliebter!
Mit tausendfacher Liebeswonne
Sich an mein Herz drängt
Deiner ewigen Wärme
Heilig Gefühl,
Unendliche Schöne!

Dass ich dich fassen möcht'
In diesen Arm!

Ach, an deinem Busen
Lieg' ich, schmachte,
Und deine Blumen, dein Gras
Drängen sich an mein Herz.
Du kühlst den brennenden
Durst meines Busens,
Lieblicher Morgenwind,
Ruft drein die Nachtigall
Liebend nach mir aus dem Nebeltal.

Ich komm! Ich komme!
Wohin? Ach, wohin?

Hinauf! Hinauf strebt's
Es schweben die Wolken
Abwärts, die Wolken
Neigen sich der sehnenden Liebe,
Mir, mir!

In eurem Schoße
Aufwärts,
Umfangend umfangen!
Aufwärts
An deinem Busen,
Allliebender Vater! *(1774)*

1. Wie sieht das lyrische Ich die Natur? Beachten Sie auch die jeweils wechselnden Adressaten der Verse 1–8, 11–19 und 22–32.

2. Das lyrische Ich übernimmt in diesem Gedicht die Rolle Ganymeds. Welche Elemente des Mythos verwendet Goethe? Welche Funktion haben sie?

3. Zeigen Sie an Beispielen der Wortwahl und des Satzbaus, dass „Ganymed" von der empfindsamen Literatur beeinflusst ist.

Zeus und Ganymed (Kupferstich von Johann Heinrich Meyer und Carl August Schwerdgeburth, 1812). Ganymed ist eine Figur der griechischen Mythologie: Er wird von Zeus wegen seiner Schönheit geraubt und in den Olymp entrückt, wo er zum Mundschenk der Götter eingesetzt wird.

4. In späteren Gedichtausgaben hat Goethe „Ganymed" neben „Prometheus" gestellt, weil er fand, dass die Texte einander ergänzen. Erläutern Sie die Sicht auf den Göttervater Zeus und vergleichen Sie sie mit der in der Hymne „Prometheus".

5. Bewerten Sie: Welches der beiden Gedichte sagt Ihnen mehr zu?

6. „Am Beispiel des Gedichts ‚Ganymed' wird die Verbindung von Empfindsamkeit und Sturm und Drang deutlich, doch wird der christliche Bezug hier aufgegeben zugunsten einer pantheistischen Weltsicht, die davon ausgeht, dass Gott kein personales Wesen ist, sondern eins mit dem Kosmos und der Natur." Nehmen Sie Stellung zu dieser Aussage eines Germanisten.

➔ Johann Wolfgang von Goethe, „Willkommen und Abschied", s. S. 68; „Rastlose Liebe", s. S. 69; „Auf dem See", s. S. 542.

Johann Wolfgang von Goethe (1749 – 1832)

Die Leiden des jungen Werthers (1. Fassung, Auszug)

am 22. Mai

Dass das Leben des Menschen nur ein Traum sei, ist manchem schon so vorgekommen, und auch mit mir zieht dieses Gefühl immer herum. Wenn ich die Einschränkung so ansehe, in welche die tätigen und forschenden Kräfte des Menschen eingesperrt sind, wenn ich sehe, wie alle Würksamkeit dahinaus läuft, sich die Befriedigung von Bedürfnissen zu verschaffen, die wieder keinen Zweck haben, als unsere arme Existenz zu verlängern, und dann, dass alle Beruhigung über gewisse Punkte des Nachforschens nur eine träumende Resignation ist, da man sich die Wände, zwischen denen man gefangen sitzt, mit bunten Gestalten und lichten Aussichten bemalt. Das alles, Wilhelm, macht mich stumm. Ich kehre in mich selbst zurück, und finde eine Welt! Wieder mehr in Ahndung und dunkler Begier, als in Darstellung und lebendiger Kraft. Und da schwimmt alles vor meinen Sinnen, und ich lächle dann so träumend weiter in die Welt.

Dass die Kinder nicht wissen, warum sie wollen, darin sind alle hochgelahrte Schul- und Hofmeister einig. Dass aber auch Erwachsene, gleich Kindern, auf diesem Erdboden herumtaumeln, gleichwie jene nicht wissen, woher sie kommen und wohin sie gehen, ebenso wenig nach wahren Zwecken handeln, ebenso durch Biskuit und Kuchen und Birkenreiser[1] regiert werden, das will niemand gern glauben, und mich dünkt, man kann's mit Händen greifen.

Ich gestehe dir gern, denn ich weiß, was du mir hierauf sagen möchtest, dass diejenigen die Glücklichsten sind, die gleich den Kindern in Tag hineinleben, ihre Puppe herumschleppen, aus- und anziehen, und mit großem Respekte um die Schublade herumschleichen, wo Mama das Zuckerbrot hinein verschlossen hat, und wenn sie das Gewünschte endlich erhaschen, es mit vollen Backen verzehren, und rufen: Mehr! das sind glückliche Geschöpfe! Auch denen ists wohl, die ihren Lumpenbeschäftigungen, oder wohl gar ihren Leidenschaften prächtige Titel geben, und sie dem Menschengeschlechte als Riesenoperationen zu dessen Heil und Wohlfahrt anschreiben. Wohl dem, der so sein kann! Wer aber in seiner Demut erkennt, wo das alles hinausläuft, der so sieht, wie artig jeder Bürger, dem's wohl ist, sein Gärtchen zum Paradiese zuzustutzen weiß, und wie unverdrossen dann doch auch der Unglückliche unter der Bürde seinen Weg fortkeicht[2], und alle gleich interessiert sind, das Licht dieser Sonne noch eine Minute länger zu sehn, ja! der ist still und bildet auch seine Welt aus sich selbst, und ist auch glücklich, weil er ein Mensch ist. Und dann, so eingeschränkt er ist, hält er doch immer im Herzen das süße Gefühl von Freiheit, und dass er diesen Kerker verlassen kann, wann er will.

(1774)

1. Erklären Sie den Satz „Ich kehre in mich selbst zurück, und finde eine Welt!" (Z. 15 f.) in einem stummen Schreibgespräch. Werten Sie Ihre Ergebnisse anschließend gemeinsam aus.
2. Erschließen Sie auf der Grundlage der ersten beiden Absätze des Briefs vom 22. Mai, wie Werther den Menschen sieht, und vergleichen Sie das Ergebnis mit Ihren Aufzeichnungen im stummen Schreibgespräch.
3. Wie kann der Mensch laut Werther auf die von ihm dargestellte Situation reagieren (vgl. den letzten Absatz des Briefs)? Belegen Sie mögliche Reaktionen am Text und stellen Sie sie einander gegenüber.
4. Bestimmen Sie Gemeinsamkeiten und Unterschiede zum Menschenbild der Aufklärung. Ziehen Sie dazu Kants programmatischen Text „Was heißt Aufklärung?" (S. 161 f.) hinzu.
5. Welche Fragen und Probleme wirft Werthers Auffassung vom Menschen aus Ihrer Sicht auf? Diskutieren Sie.
6. **Was Sie noch machen können:**
   Lesen Sie Goethes Roman „Die Leiden des jungen Werthers" (1774) und untersuchen Sie, wie am Beispiel der Hauptfigur die Grundgedanken des Sturm und Drang (Freiheit, Individualität, Kreativität, unbedingte Liebe) dargestellt werden.

[1] **Birkenreiser:** dünne Zweige der Birke, als Rute von Eltern oder Schulmeistern der Zeit zur Züchtigung der Kinder verwendet – [2] **fortkeicht:** unter Keuchen fortsetzt

Der Inhalt des Schauspiels „Die Räuber“ (aus einem Schauspielführer)

Friedrich Schiller (1759–1805) debütiert zum Ende der Epoche mit seinem für die damalige Zeit spektakulären Drama „Die Räuber“ (1782), das in der Figur des Karl Moor noch einmal das Lebensgefühl der Stürmer und Dränger auf den Punkt bringt.

➔ Dramentheorie des Sturm und Drang, s. S. 104 ff.

Im Mittelpunkt der dramatischen Handlung steht der Konflikt zweier Brüder; der vom Vater bevorzugte, kraftvoll geniale Karl Moor, der Erstgeborene, fällt einer Intrige seines Bruders zum Opfer, in deren Verlauf der Vater den Lieblingssohn verdammt und dieser als Räuberhauptmann sich in persönliche Schuld und Verbrechen verstrickt. [...]
Franz, der jüngere, nicht erbberechtigte Sohn des Grafen von Moor, bringt durch einen gefälschten Brief über das angebliche Treiben Karls im fernen Leipzig den Vater dazu, diesen zu enterben und zu verstoßen. Karl, der sich gerade anschickt, den Ausschweifungen des Studentenlebens zu entgehen und in das Haus des Vaters zurückzukehren, um in den Armen seiner geliebten Amalia „ein edler Vergnügen“ zu finden, beschließt daraufhin, mit Gleichgesinnten in die böhmischen Wälder zu ziehen und als Räuberhauptmann für das erlittene Unrecht Rache zu nehmen. [...] Franz, mittlerweile Herr des Moor'schen Besitzes, versucht vergeblich, die Gunst Amalias zu gewinnen, nachdem er seinen Bruder für tot erklärt hat [...]. Karl hingegen, als Räuber ein Feind der Reichen und Mächtigen, muss erfahren, dass auch Unschuldige, Frauen und Kinder den Raubzügen zum Opfer fallen. Er kehrt daraufhin unter falscher Identität auf das väterliche Gut zurück, entdeckt die verhängnisvolle Intrige des Bruders und findet den tot geglaubten Vater, der in einem alten Turm ein jämmerliches Dasein fristet. Noch bevor Karls Räuber das Schloss erstürmen, gibt sich Franz in höchster Verzweiflung und Gewissensnot selbst den Tod, während der alte Moor stirbt, als er im Anführer seiner Befreier den Sohn erkennt. Karls Rückkehr an die Seite der Geliebten steht die den Räubern geschworene Treue im Wege. Auf ihren eigenen

Die Räuber.
Ein Schauspiel von fünf Akten, herausgegeben von Friderich Schiller.
in Tirannos
Zwote verbesserte Auflage.
Frankfurt und Leipzig. bei Tobias Löffler. 1782.

Wunsch tötet Karl schließlich Amalia und stellt sich – durch dieses Opfer allen Treueverpflichtungen enthoben – der Justiz.

(1985)

1. Geben Sie auf der Grundlage der Inhaltsangabe die Figurenkonstellation des Dramas „Die Räuber“ in Form eines Schaubilds wieder.
2. Finden Sie mögliche Gründe für den Erfolg von Schillers Stück.

Friedrich Schiller (1759–1805)
Die Räuber (I. Akt, 2. Szene)

Schenke an den Grenzen von Sachsen. Karl von Moor in ein Buch vertieft. Spiegelberg trinkend am Tisch.

Karl von Moor (*legt das Buch weg*). Mir ekelt vor diesem tintenklecksenden Säkulum[1], wenn ich in meinem Plutarch[2] lese von großen Menschen.

Spiegelberg (*stellt ihm ein Glas hin und trinkt*). Den Josephus[3] musst du lesen.

Moor. Der lohe Lichtfunke Prometheus' ist ausgebrannt, dafür nimmt man itzt die Flamme von Bärlappenmehl[4] – Theaterfeuer, das keine Pfeife Tabak anzündet. Da krabbeln sie nun wie die Ratten auf der Keule des Herkules, und studieren sich das Mark aus dem Schädel, was das für ein Ding sei, das er in seinen Hoden geführt hat? Ein französischer Abbé[5] doziert, Alexander sei ein Hasenfuß gewesen, ein schwindsüchtiger Professor hält sich bei jedem Wort ein Fläschchen Salmiakgeist vor die Nase und liest ein Kollegium über die Kraft. Kerls, die in Ohnmacht fallen, wenn sie einen Buben gemacht haben, kritteln über die Taktik des Hannibals – feuchtohrige Buben fischen Phrases[6] aus der Schlacht bei Cannä und greinen über die Siege des Scipio, weil sie sie exponieren[7] müssen.

Spiegelberg. Das ist ja recht alexandrinisch[8] geflennt.

Moor. Schöner Preis für euren Schweiß in der Feldschlacht, dass ihr jetzt in Gymnasien lebet und eure Unsterblichkeit in einem Bücherriemen mühsam fortgeschleppt wird. Kostbarer Ersatz eures verprassten Blutes, von einem Nürnberger Krämer um Lebkuchen gewickelt – oder, wenn's glücklich geht, von einem französischen Tragödienschreiber auf Stelzen geschraubt, und mit Drahtfäden gezogen zu werden. Hahaha!

Spiegelberg (*trinkt*). Lies den Josephus, ich bitte dich drum.

Moor. Pfui! pfui über das schlappe Kastratenjahrhundert[9], zu nichts nütze, als die Taten der Vorzeit wiederzukäuen und die Helden des Altertums mit Kommentationen zu schinden und zu verhunzen mit Trauerspielen. Die Kraft seiner Lenden ist versiegen gegangen, und nun muss Bierhefe den Menschen fortpflanzen helfen.

Szenenbild aus dem Film „Schiller" (Deutschland 2005) – Als „Die Räuber" am 13. Januar 1782 in Mannheim uraufgeführt wurde, kam es zu tumultartigen Reaktionen. Aus einem zeitgenössischen Bericht: „Fremde Menschen fielen einander schluchzend in die Arme, Frauen wankten, einer Ohnmacht nahe, zur Türe. Es war eine allgemeine Auflösung wie im Chaos, aus dessen Nebeln eine neue Schöpfung hervorbricht!"

Spiegelberg. Tee, Bruder, Tee!

Moor. Da verrammeln sie sich die gesunde Natur mit abgeschmackten Konventionen, haben das Herz nicht, ein Glas zu leeren, weil sie Gesundheit dazu trinken müssen – belecken den Schuhputzer, dass er sie vertrete bei Ihro Gnaden, und hudeln[10] den armen Schelm, den sie nicht fürchten. – Vergöttern sich um ein Mittagessen, und möchten einander vergiften um ein Unterbett, das ihnen beim Aufstreich überboten wird. – Verdammen den Sadduzäer[11], der nicht fleißig genug in die Kirche kommt, und berechnen ihren Judenzins am Altare – fallen auf die Knie, damit sie ja ihren Schlamp[12] ausbreiten können, – wenden kein Aug von dem Pfarrer, damit sie sehen, wie seine Perücke frisiert ist. – Fallen in Ohnmacht, wenn sie eine Gans bluten sehen, und klatschen in die Hände, wenn ihr Nebenbuhler bankerott von der Börse geht. – – So warm ich ihnen die Hand drückte: – „nur noch einen Tag" – Umsonst! – Ins Loch mit dem Hund! – Bitten! Schwüre! Tränen! (*Auf den Boden stampfend.*) Hölle und Teufel!

[1] **Säkulum:** Jahrhundert – [2] **Plutarch** (ca. 46–120 n. Chr.): griechischer Biograf, beschrieb Leben, Charakter und Taten großer Männer des Altertums – [3] **Flavius Josephus** (etwa 37–100 n. Chr.): jüdischer Geschichtsschreiber, der in seinem Hauptwerk den langen Kampf der Juden gegen die Fremdherrschaft schildert – [4] **Bärlappenmehl:** Mittel zur Erzeugung von Bühnenblitzen – [5] **Abbé:** franz. Titel für katholische Geistliche – [6] **Phrases:** Übungssätze im Lateinunterricht – [7] **exponieren:** grammatisch erklären und übersetzen – [8] **alexandrinisch**: von „Alexandriner", in der französischen Klassik häufig verwendeter Verstyp, der zur Zeit Schillers als gleichförmig und langweilig empfunden wurde – [9] **Kastratenjahrhundert:** hier im Sinne von „verweichlichtes, unfähiges Jahrhundert" – [10] **hudeln:** quälen – [11] **Sadduzäer:** jüdische Religionspartei zur Zeit Jesu – [12] **Schlamp:** Schleppe

Spiegelberg. Und um so ein paar tausend lausige Dukaten –

Moor. Nein, ich mag nicht daran denken! Ich soll meinen Leib pressen in eine Schnürbrust und meinen Willen schnüren in Gesetz. Das Gesetz hat zum Schneckengang verdorben, was Adlerflug geworden wäre. Das Gesetz hat noch keinen großen Mann gebildet, aber die Freiheit brütet Kolosse und Extremitäten aus. Sie verpalisadieren[1] sich ins Bauchfell eines Tyrannen, hofieren der Laune seines Magens und lassen sich klemmen von seinen Winden. – Ah! dass der Geist Hermanns[2] noch in der Asche glimmte! – Stelle mich vor ein Heer Kerls wie ich, und aus Deutschland soll eine Republik werden, gegen die Rom und Sparta Nonnenklöster sein sollen. (*Er wirft den Degen auf den Tisch und steht auf.*)

(1782)

➔ Schillers frühe Dramentheorie, s. S. 105 f.

1. Bereiten Sie eine szenische Lesung des Auszugs vor, der das für den Sturm und Drang Typische aufzeigt.
2. Wogegen rebelliert Karl Moor? Fassen Sie seine Aussagen mit eigenen Worten zusammen.
3. Welche Rolle spielen die von Moor genannten mythischen bzw. historischen Gestalten wie Prometheus (Z. 8), Herkules (Z. 12), Alexander der Große (Z. 15), Hannibal (Z. 20) und Hermann (Z. 75)?
4. Karl Moors Sprache ist repräsentativ für die von den Stürmern und Drängern gerne verwendete Ausdrucksweise. Charakterisieren Sie diese und belegen Sie Ihre Rückschlüsse anhand von konkreten Beispielen.
5. Das Leben des jungen Friedrich Schiller bietet genügend Stoff, um verfilmt zu werden. Welches Bild des jungen Schiller wird in dem Film „Schiller" (2005) entworfen? Betrachten Sie dazu die Szenenbilder auf dieser und der folgenden Seite.

Der junge Schiller – Szenenbilder aus dem Film „Schiller" (2005)

[1] **verpalisadieren:** verbarrikadieren – [2] **Geist Hermanns:** Arminius (um 17 v. Chr. – 21 n. Chr.), Fürst der Cherusker, der 9 n. Chr. den römischen Legionen unter Varus eine verheerende Niederlage beibrachte; wurde später zur Symbolfigur für Befreiung von Fremdherrschaft

1. **Was Sie noch machen können:**
   a) Sehen Sie sich im Kurs gemeinsam den Film „Schiller“ (2005) an und verfassen Sie Filmkritiken, in denen Sie u. a. auf das Verhältnis zu den geschichtlichen Fakten oder auf die Darstellung der Epoche des Sturm und Drang eingehen.
   ➔ Einen Film/eine Filmszene/ein Standbild analysieren – Ein Überblick, s. S. 561 ff.
   b) Informieren Sie sich über Leben, Werk und Wirkung des Dichters Jakob Michael Reinhold Lenz. Sammeln Sie Materialien und präsentieren Sie sie in geeigneter Form (Wandzeitung, PowerPoint-Präsentation). Zeigen Sie, inwiefern Lenz’ Biografie charakteristisch für die Dichter des Sturm und Drang ist.
   c) Untersuchen Sie (ggf. in Form einer Facharbeit), welche Bedeutung das Motiv des Kindsmords in der Literatur des Sturm und Drang gespielt hat. Sammeln Sie Beispiele und vergleichen Sie sie.

3 Der Prozess der Aufklärung aus der Sicht der Moderne

Seit dem 18. Jahrhundert bis heute diskutieren Dichter und Denker, ob der Prozess der Aufklärung wirklich abgeschlossen ist und welche Folgen er hatte. Vielen stellt sich dabei die Frage, wie eine Welt aussähe, die allein durch rationales Denken geprägt ist.

Max Horkheimer (1895 – 1973),
Theodor W. Adorno (1903 – 1969)

Dialektik der Aufklärung (Auszug)

Seit je hat Aufklärung im umfassendsten Sinn fortschreitenden Denkens das Ziel verfolgt, von den Menschen die Furcht zu nehmen und sie als Herren einzusetzen. Aber die vollends aufgeklärte Erde strahlt im Zeichen triumphalen Unheils.

(1947)

1. Erläutern Sie das Zitat.
2. „Dialektik“ als philosophischer Begriff meint hier den Umschlag von etwas in sein Gegenteil. Die Philosophen Horkheimer und Adorno haben vor allem in der Geschichte des 20. Jahrhunderts einen Beweis für die „Dialektik der Aufklärung“ erkennen wollen. Versuchen Sie, den Zusammenhang zu erläutern.

Günter Grass (1927 – 2015) zählt zu den wichtigsten Schriftstellern der deutschen Nachkriegsliteratur und war ein vielseitiger bildender Künstler. 1999 erhielt er u. a. für seinen Roman „Die Blechtrommel“ (1959) den Nobelpreis für Literatur.

Günter Grass (1927 – 2015)

Der Traum der Vernunft (Auszug)

Bevor Voltaire, Rousseau und Diderot[1] einander widersprechen und eine Epoche ausschreiten, deren verwirrte Nachfahren wir sind, soll eine Grafik vorgestellt werden, deren Emblematik[2] Deutung herausfordert. Die Unterschrift „Der Traum der Vernunft erzeugt Ungeheuer“ hat Goya einer Aquatinta-Radierung beigegeben, die einen über seinem Schreibwerkzeug schlafenden Mann zeigt, hinter dem Nachtgetier, Eulen und Fledermäuse flattern und ein Raubtier lagert: fast Luchs, noch Katze. Doch da das spanische Wort für Traum auch Schlaf bedeuten kann, könnte der Untertitel des beängstigenden Bildes auch heißen: „Der Schlaf der Vernunft erzeugt Ungeheuer.“ Und schon ist der Streit entfesselt, tritt das Elend der Aufklärung zutage, sind wir beim Thema.

Zweierlei wird bildhaft der Vernunft unterstellt: indem sie träumt, gebiert sie Ungeheuer, ihre Träume sind Ungeheuer – oder: weil die Vernunft schläft, ist den nächtlichen Ungeheuern Freiraum gegeben, macht sich Unvernunft breit, wird das mühsame Werk der Aufklärung überschattet, mit Dunkelheit überzogen, zunichte.

Die erste Deutung spricht für sich: Die Vernunft, des Menschen besondere, ihn auszeichnende Gabe, ist gleichwohl fähig, sobald sie träumt, Ungeheuer, sprich, erschreckende Visionen und Utopien als Schreckensherrschaften zu entwerfen. Vergangenheit und Gegenwart bestätigen diese Deutung, denn alle bis heute wirksamen Ideologieentwürfe sind Träume aufklärender Vernunft und haben – hier als Verelendung produzierender Kapitalismus, dort als mit Zwang herrschender Kommunismus – ihre Ungeheuerlichkeit bewiesen.

Die zweite Deutung wirft Fragen auf, die, sobald sie beantwortet werden, neue Fragen hecken. Etwa: Darf die Vernunft, weil sie schlafend den Ungeheuern, also dem Irrationalismus das Feld überläßt, niemals schlafen? Natürlich nicht, sagen wir. Wo kommen wir hin, wenn die Vernunft schläft. Nie wieder darf die Vernunft schlafen, darf uns die Vernunft einschlafen.

[1] **Voltaire** (eigtl. François Marie Arouet; 1694 – 1778), **Jean-Jacques Rousseau** (1712 – 1778) und **Denis Diderot** (1713 – 1784): Vertreter der französischen Aufklärung – [2] **Emblematik:** Sinnbildlichkeit

Wehret den Anfängen! Nicht einmal ermüdet blinzeln darf sie. Eine allezeit wache Vernunft fordern wir als gebrannte Kinder einer Epoche, in der die Vernunft schlief und das Ungeheuer, Faschismus genannt, geboren wurde.

Dennoch gibt die Gegenfrage nicht Ruhe: Was ist das für eine Vernunft, die nicht schlafen, den Traum nicht zulassen darf? Ist diese immerwache Vernunft nicht gleichfalls schrecklich und taghеller Ungeheuerlichkeiten fähig? Wird diese Vernunft, die aufklären, erhellen, erleuchten soll, nicht letzten Endes – und schon tut sie es – uns alle durchleuchten, durchsichtig, gläsern, erfaßbar machen, auf daß wir ohne Geheimnis und Nachtseite sind? Hat nicht diese überwache, sich wissenschaftlich nennende Vernunft den vormals weitgefaßten Begriff von Fortschritt auf technisches Maß, auf einzig das technisch Machbare reduziert? Eine Vernunft, die nicht schlafen darf, die mittlerweile, selbst wenn sie schlafen wollte, Schlaf nicht mehr fände, eine schlaflose Vernunft gibt kaltes Licht und macht frösteln: dabei wären Träume vonnöten. Nachtflüge der Einbildungskraft und Märchen, aus deren Getier – Fledermaus, Eule und Luchs – gleichwohl Vernunft spräche. [...]

(1984)

(Aus lizenzrechtlichen Gründen ist dieser Text in alter Rechtschreibung abgedruckt.)

Francisco de Goya: Der Schlaf der Vernunft gebiert Ungeheuer (Radierung, 1797/98)

1. „Der Traum der Vernunft" oder „Der Schlaf der Vernunft" (vgl. Z. 5–15)? Erläutern Sie mit eigenen Worten, welche Auswirkungen die unterschiedlichen Übersetzungen der Bildunterschrift für das Verständnis von Goyas Werk laut Günter Grass haben.
2. Setzen Sie Grass' Aussagen in Bezug zu Adornos und Horkheimers These von der „Dialektik der Aufkärung".

Mathias Robert Greffrath (geb. 1945), Rüdiger Safranski (geb. 1946)

Das Ende der Aufklärung? (Auszug)

In einem Gespräch mit dem Magazin „ZEIT Geschichte" (2010) diskutierten der Schriftsteller und Philosoph Rüdiger Safranski und der Journalist Mathias Greffrath über die Aktualität der Ideen der Aufklärung.

Mathias Robert Greffrath:
Würde der Gott der Aufklärung ins Internet schauen, so würde er sehen, dass die Partie noch immer unentschieden ist. Einerseits zeigt sich dort sehr viel Vernunft – viele Pläne und Projekte, viel Welterklärung und Wissenschaft. Auf der anderen Seite blüht das Irrationale – Dogmen und Idole, dass es nur so kracht. Da ist unsere Epoche nicht viel anders als die Welt vor 200 oder 300 Jahren.

Rüdiger Safranski:
Gegenwärtig ist etwas aufgebrochen, was schon in der historischen Aufklärung angelegt war. Einerseits sollte sich der Mensch seines Verstandes bedienen, um mündig zu werden. Andererseits wurde die Rakete der exakten Wissenschaft gezündet, und die spezialisierten Disziplinen entstanden. Jetzt haben wir das Problem, dass die institutionalisierten, instrumentellen Wissenschaften den Allgemeinverstand überfordern. Außer auf dem kleinen Gebiet, auf dem wir uns spezialisiert haben, sind wir ja durchweg Laien und dadurch gläubige Mitwisser von Dingen, die wir nicht wirklich verstehen.

1. Fassen Sie die jeweiligen Positionen der beiden Interviewpartner zur Aktualität der Aufklärung mit eigenen Worten zusammen und nehmen Sie dazu Stellung.

2. Verfassen Sie einen Essay, in dem Sie sich zum Thema „Aufklärung heute" äußern. Stellen Sie Ihre Texte im Plenum vor und diskutieren Sie sie.
➔ Einen Essay schreiben, s. S. 591 f.

Die Literatur des 18. Jahrhunderts

Aufklärung (1720–1785)
Nach dem Dreißigjährigen Krieg (1618–1648) war Deutschland in viele kleine Territorialstaaten (Fürstentümer) zersplittert, deren Fürsten absolutistisch regierten. Unter der Willkür der Regierenden litt die Bevölkerung, vor allem die Bauern lebten unter sehr schlechten Lebensbedingungen.
Auf der anderen Seite wurde das Bürgertum aufgrund der Blüte des Handels zu einer wichtigen gesellschaftlichen Größe. Gerade die Bürger wollten aus diesem Grund nicht mehr die Vorherrschaft und Privilegien des Adels vorbehaltlos akzeptieren. Doch wegen ihrer politischen Machtlosigkeit und einer fehlenden staatlichen Einheit des Landes mussten sie sich zumeist damit begnügen, sich in ihrer Lebensweise von dem als unmoralisch angesehenen Adel abzuheben.
Dabei beriefen sie sich auf die Ideale der Aufklärung. Die Aufklärung ist eine gesamteuropäische Bewegung, die im 17. Jahrhundert ihren Ausgang von England und Frankreich aus nahm. Die Französische Revolution (1789) und ihre Schlagwörter „liberté, egalité, fraternité" (Freiheit, Gleichheit, Brüderlichkeit) sind ohne die gesellschaftsphilosophischen Gedanken von Aufklärern wie Jean-Jacques Rousseau (1712–1778) nicht denkbar.
Das Ziel aufklärerischen Denkens ist die Selbstbestimmung und Freiheit des Menschen, die dieser durch Anwendung seines Verstandes erlangen soll (Rationalismus). Begriffliche Klarheit und Genauigkeit standen hoch im Kurs, das alles durchdringende Sonnenlicht ist daher das zentrale Symbol der Epoche. Der deutsche Philosoph Immanuel Kant (1724–1804) hat die Grundgedanken der Zeit in der viel zitierten Definition „Aufklärung ist der Ausgang des Menschen aus seiner selbstverschuldeten Unmündigkeit" und der Aufforderung „Habe Mut, dich deines eigenen Verstandes zu bedienen!" zusammengefasst. Mit dem Vernunftglauben verbunden ist ein unerschütterlicher Fortschrittsoptimismus, der sich u. a. im Aufstieg der Naturwissenschaften niederschlägt. Im Gegenzug treffen alte Gewissheiten, vor allem der christlichen Religion, auf zunehmende Kritik. Was sich nicht mit Vernunft als „natürliche" Wahrheit belegen lässt, fällt der Skepsis anheim. Das Diesseits und der Mensch rücken ins Zentrum der Überlegungen: Im Zeitalter der Aufklärung werden die Menschenrechte formuliert, die Gleichheit aller Menschen verkündet. Die Maßstäbe des ethischen Zusammenlebens sollen durch die Vernunft begründet sein, religiöse Toleranz und Vorurteilslosigkeit

werden von Vordenkern wie Gotthold Ephraim Lessing gefordert.
In der Literatur werden Drama und Fabel zu Leitgattungen. In Handbüchern werden Regeln der Dichtkunst festgelegt. Das bürgerliche Trauerspiel löst die heroische Tragödie, die nur adlige Hauptfiguren kennt, ab und wird zum Ort, an dem die moralischen Ideale des aufgeklärten Bürgertums vorgeführt werden. Da Bürger selbst auf der Bühne handeln, bietet das Theater Identifikationsangebote und kann im aufklärerischen Sinne erzieherisch wirken. Die Fabel ist die Gattung der Aufklärung schlechthin: In verständlicher Sprache wird der Leser sowohl unterhalten als auch belehrt.
Bedeutende Autoren der Aufklärung sind Lessing (1729–1781), Johann Christoph Gottsched (1700–1766) und Christoph Martin Wieland (1733–1813).

Empfindsamkeit (1740–1780) – Sturm und Drang (1765–1785)

Die **Empfindsamkeit** (1740–1780) erweiterte den an Vernunft und Allgemeingültigkeit ausgerichteten Horizont der Aufklärung um die Entdeckung des Emotionalen und Außerordentlichen. Infolgedessen wurden Werte wie Liebe und Mitleid besonders herausgestellt. Im Sinne einer besonderen Sensibilität rückten nachdrückliches Erleben von Natur, Religion und Liebe in den Mittelpunkt. Beeinflusst wurde die Strömung von Entwicklungen in Frankreich und England (u. a. vom sog. Empirismus, der der menschlichen Erfahrung entscheidende Bedeutung beimisst). Darüber hinaus hatte die religiöse Bewegung des protestantischen Pietismus (ab 1700), die das persönliche Empfinden dem starren Dogmatismus der christlichen Religion entgegenhielt, auf die neue empfindsame Spielart der Literatur gewirkt. Besonderen Niederschlag fand sie in Gedichten und (Brief-)Romanen.
Bedeutende empfindsame Dichter sind Friedrich Gottlieb Klopstock (1724–1803), Christian Fürchtegott Gellert (1715–1769), Friedrich Leopold Graf zu Stolberg (1750–1819) und Matthias Claudius (1740–1815).
Für die **Stürmer und Dränger** (1765–1785) spielten Individualität, Freiheit, Spontaneität und Kreativität eine herausragende Rolle. Sie teilten die aufklärerische Wertschätzung der Möglichkeiten des Menschen. Die jungen Dichter wollten sich in ihren Arbeiten selbst aussprechen. Daher lehnten sie die als rigide empfundenen Vorgaben für Literatur, wie sie in der Aufklärung üblich waren, ab und hingen einem Geniekult an, der in den „großen Männern“ der Geschichte das Ideal von Tatkraft verkörpert sah. Der geniale Dichter könne aus sich heraus sein Werk wie ein Werk der Natur erschaffen. Ihm sei göttergleiche Schöpferkraft beschieden. Als Vorbilder einer solchen „prometheischen“ Dichtkunst galten das Werk Homers („Ilias“ und „Odyssee“) und die von einigen Aufklärern als regellos verpönten Schauspiele von William Shakespeare (1564–1616).
Die jungen Autoren folgten dem Philosophen Rousseau, dessen Ideal der natürliche und unverbildete Mensch war („Zurück zur Natur!“). In dessen Nachfolge wurden die Schriften des Pfarrers und Autors Johann Gottfried Herder (1744–1803) wegweisend für die junge Generation, die vornehmlich aus Studenten bestand. Als Ausdruck des Ursprünglichen und Natürlichen fanden Volkslieder und andere Werke der Volksüberlieferung besondere Wertschätzung. Die als göttlich vorgestellte Natur (Pantheismus) sollte der Spiegel der subjektiven Empfindung, in Form von Erlebnisdichtung sollten poetische Werke authentisches Zeugnis des dichtenden Individuums sein (vgl. Goethes „Willkommen und Abschied“, 1771). Zu diesem Zweck revolutionierte die Bewegung sowohl die Formen der Literatur (freirhythmische Hymnen, freiere Formen des Dramas) als auch die Literatursprache, die um neue sprachliche Bilder, ungebändigten Satzbau und kühne Wortzusammensetzungen („Knabenmorgenblütenträume“) ergänzt wurde.

Sturm und Drang.

Ein Schauspiel

von

Klinger.

1776.

Die Bewegung wurde nach einem Drama von Friedrich Maximilian Klinger (1776) benannt.

Der Freiheitsdrang der Stürmer und Dränger war zunächst vorrangig auf die Selbstentfaltung des Individuums gerichtet, aber die Rebellion gegen die Autoritäten und gesellschaftlichen Schranken konnte auch konkrete politische Züge annehmen (vgl. Gottfried August Bürgers „Der Bauer an seinen durchlauchtigen Tyrannen“, 1778).
Bedeutende Autoren des Sturm und Drang sind Johann Wolfgang von Goethe (1749–1832), Gottfried August Bürger (1747–1794), Johann Gottfried Herder (1744–1803), Jakob Michael Reinhold Lenz (1751–1792), Christian Friedrich Daniel Schubart (1739–1791), Friedrich Maximilian Klinger (1752–1831) und Friedrich Schiller (1759–1805).

Zeitgeschichtliche Hintergründe
- Vielzahl deutscher Kleinstaaten
- Absolutismus als Staatsform
- wirtschaftlicher Aufstieg des Bürgertums
- Siebenjähriger Krieg (1756 – 1763)
- naturwissenschaftlicher und technischer Fortschritt (1769 Entwicklung der Dampfmaschine durch James Watt)
- Französische Revolution (1789)

Leitende Ideen
- Emanzipation des Bürgertums
- Fortschritts- und Vernunftglauben vs. Gefühl und Religion
- Erziehung und Moral

Literarische Formen
- Drama (v. a. Bürgerliches Trauerspiel)
- (Brief-)Roman
- Gedichte
- Aphorismen und Fabeln

Literatur des 18. Jahrhunderts
- Aufklärung (Grundströmung des Jahrhunderts)
- Empfindsamkeit (Kritik an einseitiger Vernunftorientierung der Aufklärung)
- Sturm und Drang (Anschluss an die Empfindsamkeit: Absolutsetzung von Freiheit und Individualität)

Themen und Motive
- Selbstbestimmung und Freiheit des Einzelnen
- Verhältnis Bürgertum – Adel
- Toleranz
- Geniekult und Rebellion gegen Autoritäten
- Motiv der unbedingten Liebe

Autoren und Werke
- Klopstock: Frühlingsfeier (1759)
- Lessing: Fabeln, Minna von Barnhelm (1767), Emilia Galotti (1772), Nathan der Weise (1779)
- Goethe: Götz von Berlichingen (1774), Die Leiden des jungen Werthers (1774), Prometheus (1774)
- Schiller: Die Räuber (1782), Kabale und Liebe (1784)

Barock (1600 – 1720) | **Aufklärung (1720 – 1800) Empfindsamkeit (1740 – 1780) Sturm und Drang (1765 – 1785)** | Klassik (1786 – 1805)

Die Weimarer Klassik – „Edel sei der Mensch …“

1786 verlässt Johann Wolfgang von Goethe, wichtigster Minister im Kabinett des Herzogs Carl August und europaweit bekannter Dichter, fast fluchtartig Weimar und begibt sich auf eine zwei Jahre dauernde Bildungsreise nach Italien. Diese Reise wird für ihn zu einem Schlüsselerlebnis, sich endgültig von den Ansichten der vorausgehenden Epoche des Sturm und Drang zu lösen und eine neue Lebensphilosophie zu entwickeln.
Zurückgekehrt nach Weimar intensiviert er die Freundschaft mit dem zehn Jahre jüngeren Schiller. Es entwickelt sich eine für das literarische Schaffen beider sehr fruchtbare Zusammenarbeit, die bis zu Schillers Tod im Jahr 1805 dauert.
Diese Zeit von Goethes Italienreise bis zu Schillers Tod nennt man die Weimarer Klassik. Allerdings sind solche Jahreszahlen als Epochengrenzen immer problematisch. So hat sich Goethe schon vor seiner Italienreise von seiner Sturm-und-Drang-Zeit distanziert und auch nach Schillers Tod ist die Epoche nicht abgeschlossen. Viele Literaturgeschichten begrenzen aber die Weimarer Klassik auf den oben genannten Zeitraum.
Im Zentrum dieser Einheit stehen theoretische Äußerungen und literarische Beispiele, die exemplarisch die Merkmale der Epoche kennzeichnen. Gefragt wird darüber hinaus nach der Aktualität der zentralen Gedanken der Epoche für unsere Zeit.

Zimmerflucht in Goethes Wohnhaus in Weimar

Das Goethe-Schiller-Denkmal vor dem Nationaltheater in Weimar

Goethes und Schillers Grabstätte in der Fürstengruft in Weimar

Friedrich Schiller (1759–1805)
Die Worte des Glaubens

Drei Worte nenn ich euch, inhaltschwer,
Sie gehen von Munde zu Munde,
Doch stammen sie nicht von außen her,
Das Herz nur gibt davon Kunde.
Dem Menschen ist aller Wert geraubt,
Wenn er nicht mehr an die drei Worte glaubt.

Der Mensch ist frei geschaffen, ist frei,
Und würd er in Ketten geboren,
Lasst euch nicht irren des Pöbels Geschrei,
Nicht den Missbrauch rasender Toren.
Vor dem Sklaven, wenn er die Kette bricht,
Vor dem freien Menschen erzittert nicht.

Und die Tugend, sie ist kein leerer Schall,
Der Mensch kann sie üben im Leben,
Und sollt er auch straucheln überall,
Er kann nach der göttlichen streben,
Und was kein Verstand der Verständigen sieht,
Das übet in Einfalt ein kindlich Gemüt.

Und ein Gott ist, ein heiliger Wille lebt,
Wie auch der menschliche wanke,
Hoch über der Zeit und dem Raume webt
Lebendig der höchste Gedanke,
Und ob alles in ewigem Wechsel kreist,
Es beharret im Wechsel ein ruhiger Geist.

Die drei Worte bewahret euch, inhaltschwer,
Sie pflanzet von Munde zu Munde,
Und stammen sie gleich nicht von außen her,
Euer Innres gibt davon Kunde,
Dem Menschen ist nimmer sein Wert geraubt,
Solang er noch an die drei Worte glaubt.

(1798)

Schillers Arbeits- und Sterbezimmer in seinem Haus in Weimar

1. Das Gedicht von Friedrich Schiller enthält wesentliche Gedanken der Weimarer Klassik. Versuchen Sie, diese Gedanken zu erfassen, indem Sie bestimmen, worin Schiller den „Wert" des Menschen sieht und unter welchen Bedingungen er den Wert bedroht sieht (vgl. V. 5 f. und V. 29 f.).
2. Was wissen Sie über die Epochen der Aufklärung und des Sturm und Drang? Stellen Sie Ihre Kenntnisse zusammen und erarbeiten Sie Gemeinsamkeiten und Unterschiede zu Schillers Gedicht.
3. Diskutieren Sie untereinander, ob die drei „Worte", die für Schiller den Wert des Menschen ausmachen, auch für unsere Zeit Bedeutung haben.
4. Welche drei „inhaltschweren Worte" sind für Sie heute wichtig? Verfassen Sie dazu einen Text; er muss nicht in gebundener Sprache gehalten sein. Sie können zum Beispiel einen fiktiven Brief an Schiller schreiben.
5. In welchen Zusammenhängen außerhalb des Unterrichts sind Ihnen die Begriffe „klassisch" und „Klassiker" begegnet? Erläutern Sie den Bedeutungsumfang dieser beiden Begriffe.
6. Stellen Sie Vermutungen an, inwiefern man Schillers Gedicht in Ihrem Alltagsverständnis als „klassisch" bezeichnen kann.
7. Welchen Eindruck vermitteln Ihnen die vier Fotos aus Weimar?

1 Biografische Hintergründe der Weimarer Klassik

Michael Fuchs (geb. 1954)

Eine Freundschaft begründet eine Epoche – Johann Wolfgang von Goethe und Friedrich Schiller

Am 14. Dezember 1779 kommt es in Stuttgart zu der ersten Begegnung zwischen Goethe und Schiller, deren Freundschaft aber erst 15 Jahre später beginnt und deren Zusammenarbeit eine literarische Epoche begründen wird, die man später die „Weimarer Klassik“ nennt. Diese Epoche wird im Wesentlichen durch die literarischen Werke dieser beiden Schriftsteller bestimmt und man lässt sie auch mit dem unfreiwilligen Ende der Freundschaft enden, dem Tod Schillers im Jahre 1805. Doch von dieser Freundschaft lässt sich im Jahr 1779 noch nichts ahnen.

Johann Wolfgang Goethe – das Adelsprädikat „von“ Goethe erhält er 1782 – ist 1779 30 Jahre alt. Er reist als Minister mit seinem Landesfürsten Carl August und macht Station im Fürstentum Württemberg. Dessen Landesvater, Herzog Karl Eugen, führt seine Gäste durch die „Hohe Karlsschule“, die er selbst stolz „seine Pflanzstätte“ nennt und die eine Eliteschule und Militärakademie ist, in der eiserne Disziplin herrscht, die aber gleichwohl den Wissenschaften gegenüber aufgeschlossen ist.

An diesem 14.12.1779 werden im Beisein Goethes die Jahrgangsbesten ausgezeichnet, darunter auch Friedrich Schiller, 20 Jahre alt und damit zehn Jahre jünger als Goethe. Schiller ist seit seinem 13. Lebensjahr Schüler der Schule. Der Herzog hat ihn dazu bestimmt, Medizin zu studieren. Seine wirkliche Neigung aber gehört der Literatur, das Schreiben wird ihm zur Leidenschaft. Er und auch die anderen Studenten kennen Goethe – zwar nicht persönlich, aber aus dessen literarischen Werken. Goethe ist zu diesem Zeitpunkt bereits ein berühmter Mann. Zwei seiner Werke – das Schauspiel „Götz von Berlichingen mit der eisernen Hand“ (1773) und vor allem sein Briefroman „Die Leiden des jungen Werthers“ (1774) – sind Bestseller geworden. Götz und Werther, die beiden Hauptfiguren seiner Erfolgswerke, können als Menschen verstanden werden, deren Handeln von ihrem Freiheitsdrang bestimmt ist. Sie wenden sich gegen politische Unterdrückung und gegen die starren gesellschaftlichen Konventionen, die die Individualität des Menschen unterdrücken.

Den Freiheitsdrang hat Goethe zu der Zeit auch als Künstler in Anspruch genommen und sich als „Genie“ in dem Sinne verstanden, dass er aus sich heraus ein Kunstwerk schafft, ohne sich um die Regeln und Normen der Kunst zu kümmern. Auch Schiller spürt den Freiheitsdrang in sich. Auch er schreibt gegen die Zwänge seiner Zeit an, die er persönlich in der Kadettenschule seines Herzogs erlebt. Zum Zeitpunkt der ersten Begegnung mit Goethe arbeitet Schiller an seinem Schauspiel „Die Räuber“, das drei Jahre später mit großem Erfolg uraufgeführt wird. Seinen Protagonisten, den Räuberhauptmann Karl Moor, lässt Schiller sagen: „Stelle mich vor ein Heer Kerls wie ich und aus Deutschland soll eine Republik werden“ – ein Satz, den jeder als Kritik an dem feudalen System der Adelsherrschaft verstehen musste.

Zu einem persönlichen Gespräch zwischen Goethe und Schiller kommt es bei ihrer ersten Begegnung nicht. Schiller wagt es nicht, Goethe anzusprechen. Möglicherweise hätten sie sich auch nicht verstanden, denn Goethe war zu diesem Zeitpunkt schon von den Vorstellungen der „Stürmer und Dränger“ abgerückt.

Goethe lernt den damaligen Erbprinzen Carl August von Sachsen-Weimar-Eisenach 1774 kennen und schließt mit ihm Freundschaft. Im November 1775 folgt er dessen Einladung nach Weimar und verbringt dort den Rest seines Lebens mit der Ausnahme zweier längerer Italienaufenthalte.

Johann Wolfgang von Goethe (1749–1832)

Weimar (um 1798)

Carl August, mit seiner Volljährigkeit im September 1775 zum Fürsten geworden, macht Goethe zum „Geheimen Legationsrat“ und zu seinem wichtigsten Minister. Er verspricht sich davon Mithilfe bei der schweren Regierungsarbeit – Weimar ist ein armes, hoch verschuldetes Herzogtum. Goethe wiederum verspricht sich von der Zusammenarbeit, die Kritik, die er bisher an der Adelsgesellschaft geübt hat, umzusetzen in die politische Praxis, um die politischen und sozialen Verhältnisse zu verbessern.

Von besonderer Attraktivität ist aber für ihn das geistige Klima in Weimar. Anna Amalia, die Mutter Carl Augusts, ist den Künsten gegenüber sehr aufgeschlossen. Auf ihre Initiative hin kommen viele Intellektuelle nach Weimar, auch Friedrich Schiller wird später in Weimar wohnen. Von besonderer Bedeutung für Goethe ist, dass er das Hoftheater leiten darf, für das er auch zunächst kleinere Stücke schreibt.

Seine politische Betätigung nimmt indes immer mehr Raum ein, ohne dass sich die sozialen Verhältnisse wirklich ändern lassen. Besonders bedrückt es ihn aber, dass ihm zur Beschäftigung mit Literatur immer weniger Zeit bleibt. Aus dieser für ihn unbefriedigenden Situation zieht Goethe im September 1786 die Konsequenz: Er reist überraschend ab, um auf unbestimmte Zeit in Italien zu leben. Man kann Goethes überraschende Abreise durchaus als Flucht deuten aus den Zwängen der politischen Betätigung in Weimar. Er bleibt zwei Jahre in Italien – materiell gut abgesichert durch die Weiterzahlung seines Ministergehaltes. In Italien widmet er sich den Interessen, für die er in Weimar zu wenig Zeit fand: der Erforschung der Natur und dem Studium der Künste, vor allem der Antike. 1788 kehrt Goethe nach Weimar zurück. Er lässt sich von seinen Ministerämtern dauerhaft beurlauben (bei Weiterzahlung seines Gehaltes), um sich ganz den Studien der Naturwissenschaften und dem literarischen Schaffen zu widmen.

Herzogin Anna Amalia (1739–1807)

Auch Schiller flieht, allerdings aus anderen Motiven als Goethe. Sein Schauspiel „Die Räuber“ wird 1782 in Mannheim uraufgeführt. Schiller lässt es sich nicht nehmen, an der Uraufführung inkognito teilzunehmen, obwohl er dazu keine Reisegenehmigung seines Herzogs hat: Die Residenzstadt Mannheim liegt von Württemberg aus gesehen im „Ausland". Als Strafe für die unerlaubte Entfernung von seiner Truppe – Schiller ist mittlerweile Militärarzt – verhängt Herzog Karl Eugen zwei Wochen Arrest und, viel problematischer für Schiller, das Verbot jeglicher literarischer Tätigkeit. Schiller entzieht sich diesem Verbot durch Flucht aus dem Herzogtum. Fortan gilt er, zumindest offiziell, bis zu dem Tod des Herzogs 1793 als Deserteur, der jederzeit aufgegriffen und nach Württemberg gebracht werden kann.

Friedrich Schiller (1759–1805)

Seine beiden Theaterstücke, die er nach den „Räubern" verfasst – „Die Verschwörung des Fiesco zu Genua" und „Kabale und Liebe" – sind noch ganz im Geiste des Sturm und Drang geschrieben, können aber den Erfolg seines ersten Schauspiels nicht wiederholen. Schiller führt nun ein rastloses Leben, immer auf der Suche nach Menschen, die ihn finanziell unterstützen, was ihm auch leidlich gut gelingt. 1789 wird ihm dann mit Goethes Unterstützung eine Professur für Geschichte an der Universität Jena übertragen; aber erst Ende 1790 bekommt er ein festes Gehalt zugestanden, was ihm ein eher bescheidenes Leben ermöglicht.

Ähnlich wie Goethe wendet auch er sich mit der Zeit von dem Pathos der Sturm-und-Drang-Zeit ab, ohne den Gedanken der Freiheit fallen zu lassen.

1794 kommt es dann zu der entscheidenden Begegnung mit Goethe, durch die die bislang existierende Distanz, die wohl vor allem von Goethe ausgegangen war, zwischen den beiden aufgehoben wird. Goethe hat in Schiller immer noch den Verfasser des Schauspiels „Die Räuber" gesehen, das ihn an seine eigene Sturm-und-Drang-Zeit erinnert, von der er aber Abstand nehmen will. In dem Gespräch bemerkt er nun, dass auch Schiller sich gedanklich weiterentwickelt hat und ihm sehr viel näher steht, als er geglaubt hat. Es beginnt nun eine Zeit der intensiven Zusammenarbeit, die sich sowohl in den literarischen Werken als auch in dem umfangreichen Briefwechsel der beiden niederschlägt. Goethe bezeichnet deshalb in seinen Lebenserinnerungen die Begegnung mit Schiller im Jahr 1794 als ein „glückliches Ereignis". An der Beerdigung seines Freundes im Jahr 1805 nimmt Goethe indes nicht teil. Er kann die Konfrontation mit dem Tod nicht ertragen.

(2012)

1. Stellen Sie die im Text genannten Daten mit den entsprechenden Ereignissen zusammen und ordnen Sie sie chronologisch. Sie können dazu eine Tabelle anlegen:

Datum	Goethe	Schiller
...	...	...

2. Stellen Sie mögliche Gründe dafür zusammen, dass die Freundschaft zwischen Goethe und Schiller erst 1794 begonnen hat.

3. Stellen Sie sich vor, der junge Schiller schriebe nach der Begegnung in der Karlsschule einen Brief an Goethe, in dem er ihm die Zusammenarbeit bei literarischen Werken vorschlägt. Bedenken Sie bei der sprachlichen Gestaltung des Briefes den Altersunterschied und den sozialen Unterschied zwischen den beiden.

4. Verfassen Sie ein Antwortschreiben Goethes.

5. Recherchieren Sie, welche Werke Goethe und Schiller in der Zeit zwischen 1794 und 1805 veröffentlicht haben.

2 Auf der Suche nach einer neuen Lebenshaltung – Goethes erstes Jahrzehnt in Weimar

Johann Wolfgang von Goethe (1749 – 1832)
Wanderers Nachtlied

Der du von dem Himmel bist,
Alles Leid und Schmerzen stillest,
Den, der doppelt elend ist,
Doppelt mit Erquickung füllest;
Ach, ich bin des Treibens müde,
Was soll all der Schmerz und Lust?
Süßer Friede,
Komm, ach komm in meine Brust! *(1776)*

1. Notieren Sie Ihre Assoziationen zu „Wanderer“ und „Nachtlied“. Überprüfen Sie, welche Ihrer Assoziationen Sie in dem Gedicht wiederfinden.
2. Was wünscht sich das lyrische Ich? Beschreiben Sie seinen inneren Zustand und erläutern Sie, worauf sich seine Sehnsucht richtet.
3. Welche Grundaussagen über den Menschen werden in dem Gedicht getroffen?

Das folgende Gedicht entstand vier Jahre später als „Wanderers Nachtlied“. Goethe hat es am 6. September 1780 mit Bleistift auf die Holzwand einer Jagdhütte auf dem Berg Kickelhahn bei Ilmenau notiert. Diese Hütte war oft Ziel der Wanderungen Goethes, aber auch der Weimarer Hofgesellschaft. Goethe hat das Gedicht erst in einer von ihm zusammengestellten Werkausgabe 1815 veröffentlicht und es hinter das Gedicht „Wanderers Nachtlied“ platziert und mit „Ein Gleiches“ betitelt.

Johann Wolfgang von Goethe (1749 – 1832)
Ein Gleiches

Über allen Gipfeln
Ist Ruh,
In allen Wipfeln
Spürest du
Kaum einen Hauch;
Die Vögelein schweigen im Walde.
Warte nur, balde
Ruhest du auch. *(1780)*

1. Probieren Sie aus, ob sich ein unterschiedliches Verständnis ergibt, wenn man als Publikationsorte einmal die Jagdhütte auf dem Kickelhahn und zum anderen die Werkausgabe von 1815 nimmt.
2. Veranschaulichen Sie den Aufbau des Gedichts in einer Strukturskizze und beschreiben Sie das in dem Gedicht zum Ausdruck kommende Verhältnis von Natur und Mensch.
3. Im Internet finden Sie englische Übersetzungen des Gedichts. Vergleichen Sie die Fassungen mit der deutschen und diskutieren Sie die Angemessenheit der Übersetzungen.
4. Erörtern Sie, inwiefern das zweite Gedicht inhaltlich über das erste hinausgeht. Stellen Sie Vermutungen an, warum Goethe diese beiden Gedichte in seiner Werkausgabe hintereinandergestellt hat.
5. Erarbeiten Sie einen Vortrag der beiden Gedichte.

Johann Wolfgang von Goethe (1749 – 1832)

Faust I: Prolog im Himmel

Der folgende Text stammt aus Goethes Schauspiel „Faust I“. Er hat an diesem Schauspiel über viele Jahre seines Lebens gearbeitet. Dies hat zur Folge, dass sich in dem Werk sowohl Elemente der Aufklärung, des Sturm und Drang als auch der Klassik und der Romantik finden lassen. Den „Prolog im Himmel“ hat Goethe der ursprünglichen Fassung des „Faust“ hinzugefügt. Gesprochen wird der Text von den drei Erzengeln Raphael, Gabriel und Michael.

Raphael:

Die Sonne tönt nach alter Weise
In Brudersphären Wettgesang[1],
Und ihre vorgeschriebne Reise
Vollendet sie mit Donnergang.
Ihr Anblick gibt den Engeln Stärke,
Wenn[2] keiner sie ergründen mag;
Die unbegreiflich hohen Werke
Sind herrlich wie am ersten Tag.

Gabriel:

Und schnell und unbegreiflich schnelle
Dreht sich umher der Erde Pracht;
Es wechselt Paradieseshelle
Mit tiefer, schauervoller Nacht.
Es schäumt das Meer in breiten Flüssen
Am tiefen Grund der Felsen auf,
Und Fels und Meer wird fortgerissen
In ewig schnellem Sphärenlauf.

Michael:

Und Stürme brausen um die Wette,
Vom Meer aufs Land, vom Land aufs Meer,
Und bilden wütend eine Kette
Der tiefsten Wirkung rings umher.
Da flammt ein blitzendes Verheeren
Dem Pfade vor des Donnerschlags;
Doch deine Boten, Herr, verehren
Das sanfte Wandeln deines Tags.

Zu dritt:

Der Anblick gibt den Engeln Stärke,
Da keiner dich ergründen mag,
Und alle deine hohen Werke
Sind herrlich wie am ersten Tag.

(um 1800)

1. Erarbeiten Sie, wie der Kosmos (im Sinne der Gesamtheit der Schöpfung) von den Erzengeln dargestellt wird.
2. Inwiefern können Menschen auch eine andere Sicht auf die Welt einnehmen?
3. Überlegen Sie, inwiefern diese Darstellung dem Lebensgefühl Goethes entspricht, das Sie bislang in den beiden Gedichten erarbeitet haben.
4. Gestalten Sie einen Vortrag des Prologs im Himmel.

[1] **Brudersphären Wettgesang:** Nach einer antiken Vorstellung verlaufen die Bahnen der Planeten, zu der nach damaliger Vorstellung auch die Sonne gehört, in einem mathematisch harmonischen Verhältnis zueinander, sodass sie Klänge erzeugen, die uns Menschen aber nicht zugänglich sind. – [2] **Wenn:** hier: Auch wenn

3 Die Antike als Vorbild

Michael Fuchs (geb. 1954)

Die Bedeutung der Antike für die Klassik

Auf der Suche nach einer neuen Lebens- und Kunstform beschäftigten sich Goethe und auch Schiller intensiv mit der griechisch-römischen Antike. In der Kunst der Antike, aber auch in der (vermeintlichen) ethischen Haltung der Griechen, der maßvollen Beherrschung der Affekte, Gefühle und Leidenschaften durch die Vernunft, sahen sie ein Vorbild für ihre Zeit. Besonders anschaulich wird diese ethische Haltung in Platons[1] Bild des Seelenwagens, einem Pferdegespann, bei dem der Wagenlenker (die Vernunft) mithilfe eines willigen Pferdes (der Mut) ein widerspenstiges Pferd (die Begierde) im Zaum hält.
Wesentlich geprägt hat das damalige Bild der Antike der Kunsthistoriker Johann Joachim Winckelmann (1717–1768), dessen Schriften Goethe genau studiert hat. Besonders intensive Wirkung – nicht nur auf Goethe – hat seine Beschreibung der sogenannten Laokoon-Gruppe gefunden. Die Beschreibung und Deutung findet sich in seinem Werk „Gedanken über die Nachahmung der griechischen Werke in der Malerei und Bildhauerkunst“ von 1755. Der Titel des Werks macht schon seine Intention deutlich: Es geht darum, die griechische Kunst als vorbildhaft, als Ideal darzustellen. Damit wird gleichzeitig die zeitgenössische Kunst abgewertet, weil sie dieses Ideal nicht erreicht.

(2012)

1. Lesen Sie den kurzen Informationstext und betrachten Sie anschließend das Bild der Laokoon-Gruppe. Beschreiben Sie Laokoon möglichst detailliert, seine Körperhaltung, seine Gestik und Mimik. Bedenken Sie dabei die dargestellte Situation.
2. Stellen Sie Vermutungen an, inwiefern es sich bei der Skulptur um eine vorbildhafte Darstellung handeln könnte.

Laokoon-Gruppe von Hagesander, Polydoros und Athanodoros (um 50 v. Chr.). Laokoon ist in der griechischen Mythologie ein trojanischer Priester. Er warnt vergeblich die Troer davor, das hölzerne Pferd der Griechen in die Stadt zu ziehen. Kurze Zeit nach der Warnung wird er auf Geheiß des Gottes Poseidon zusammen mit seinen zwei Söhnen von Meeresschlangen erwürgt.

Johann Joachim Winckelmann (1717 – 1768)

Gedanken über die Nachahmung der griechischen Werke in der Malerei und Bildhauerkunst

Der gute Geschmack, welcher sich mehr und mehr durch die Welt ausbreitet, hat sich angefangen zuerst unter dem griechischen Himmel zu bilden. Alle Erfindungen fremder Völker kamen gleichsam nur als der erste Same nach Griechenland und nahmen eine andere Natur und Gestalt an in dem Lande, welches Minerva[2], sagt man, vor allen Ländern, wegen der gemäßigten Jahreszeiten, die sie hier angetroffen, den Griechen zur Wohnung angewiesen, als ein Land, welches kluge Köpfe hervorbringen würde.
Der Geschmack, den diese Nation ihren Werken gegeben hat, ist ihr eigen geblieben; er hat sich selten weit von Griechenland entfernet, ohne etwas zu verlieren, und unter entlegenen Himmelstrichen ist er spät bekannt geworden. [...]

[1] **Platon:** geb. 428/427 v. Chr., in Athen oder Aigina; gest. 348/347 v. Chr. in Athen; neben Aristoteles der bedeutendste Philosoph der griechischen Antike – [2] **Minerva:** römische Göttin; neben Juno und Jupiter eine der drei Stadtgottheiten Roms

Der einzige Weg für uns, groß, ja, wenn es möglich ist, unnachahmlich zu werden, ist die Nachahmung der Alten, und was jemand von Homer gesagt, dass derjenige ihn bewundern lernet, der ihn wohl verstehen gelernet, gilt auch von den Kunstwerken der Alten, sonderlich der Griechen. Man muss mit ihnen, wie mit seinem Freunde, bekannt geworden sein, um den Laokoon ebenso unnachahmlich als den Homer zu finden. [...]

Das allgemeine vorzügliche Kennzeichen der griechischen Meisterstücke ist endlich eine edle Einfalt und eine stille Größe, sowohl in der Stellung als auch im Ausdrucke. So wie die Tiefe des Meers allezeit ruhig bleibt, die Oberfläche mag noch so wüten, ebenso zeiget der Ausdruck in den Figuren der Griechen bei allen Leidenschaften eine große und gesetzte Seele.

Diese Seele schildert sich in dem Gesichte des Laokoons, und nicht in dem Gesichte allein, bei dem heftigsten Leiden. Der Schmerz, welcher sich in allen Muskeln und Sehnen des Körpers entdecket, und den man ganz allein, ohne das Gesicht und andere Teile zu betrachten, an dem schmerzlich eingezogenen Unterleibe beinahe selbst zu empfinden glaubet; dieser Schmerz, sage ich, äußert sich dennoch mit keiner Wut in dem Gesichte und in der ganzen Stellung. Er erhebet kein schreckliches Geschrei, wie Vergil von seinem Laokoon singet: Die Öffnung des Mundes gestattet es nicht; es ist vielmehr ein ängstliches und beklemmtes Seufzen, wie es Sadoleto[1] beschreibet. Der Schmerz des Körpers und die Größe der Seele sind durch den ganzen Bau der Figur mit gleicher Stärke ausgeteilet, und gleichsam abgewogen. [...]

Sein Elend gehet uns bis an die Seele; aber wir wünschten, wie dieser große Mann, das Elend ertragen zu können. [...]

(1755)

1. Stellen Sie zusammen, welches Bild der Antike Winckelmann in dem Text entwirft.
   Notieren Sie dazu Schlüsselbegriffe des Textes und setzen Sie sie in Beziehung zueinander.
2. Erläutern Sie, mit welcher Absicht Winckelmann auf die Antike eingeht.
3. Vergleichen Sie Winckelmanns Deutung der Laokoon-Gruppe mit Ihren eigenen Eindrücken und nehmen Sie kritisch Stellung zu seiner Absicht.
4. Stellen Sie Bezüge her zwischen Winckelmanns Deutung der Laokoon-Gruppe und den drei Texten Goethes.

Johann Wolfgang von Goethe (1749 – 1832)
Italienische Reise (Auszüge)

Goethes zweijährige Italienreise ist für sein Leben und sein künstlerisches Schaffen von zentraler Bedeutung. Er erkennt seine wahren Interessen, die nicht in der politischen Betätigung, sondern in der Dichtung und der Beschäftigung mit der Natur liegen.
Insbesondere die Auseinandersetzung mit der antiken römischen Kunst führt ihn zu einer neuen Sicht auf das künstlerische Schaffen, das nicht mehr geprägt ist von dem Geniegedanken der Sturm-und-Drang-Zeit, sondern sich orientiert an Ordnung und Maß.
Lange nach seiner Italienreise hat er seine damaligen Notizen und Tagebücher überarbeitet und sie dann als Buch mit dem Titel „Italienische Reise“ veröffentlicht.

In Assisi, Oktober 1786

Ich verließ Perugia an einem herrlichen Morgen und fühlte die Seligkeit, wieder allein zu sein. Die Lage der Stadt ist schön, der Anblick des Sees höchst erfreulich. Ich habe mir die Bilder wohl eingedrückt. Der Weg ging erst hinab, dann in einem frohen, an beiden Seiten in der Ferne von Hügeln eingefassten Tale hin, endlich sah ich Assisi liegen.

Aus Palladio und Volkmann[2] wusste ich, dass ein köstlicher Tempel der Minerva, zu Zeiten Augustus'[3] gebaut, noch vollkommen erhalten dastehe. Ich verließ bei Madonna dell'Angelo meinen Vetturin[4], der seinen Weg nach Foligno verfolgte, und stieg unter einem starken Wind nach Assisi hinauf, denn ich sehnte mich, durch die für mich so einsame Welt eine Fußwanderung anzustellen. Die ungeheueren Substruktionen[5] der babylonisch[6] übereinandergetürmten Kirchen, wo

[1] **Jacobo Sadoleto (1477 – 1547):** italienischer Kardinal; verfasste 1506 anlässlich der Wiederentdeckung der Statue ein Gedicht über die Laokoon-Gruppe – [2] **Andrea Palladio (1508 – 1580):** italienischer Baumeister und Architekturtheoretiker; **J. J. Volkmann:** Historisch-kritische Nachrichten von Italien, welche eine Beschreibung dieses Landes, der Sitten, Regierungsform, Handlung, des Zustandes der Wissenschaften und insonderheit der Werke der Kunst enthalten. Leipzig, 1770. Den Reiseführer von Volkmann nutzte Goethe. – [3] **Augustus:** römischer Kaiser, 27 v. Chr. – 14 n. Chr. – [4] **Vetturin:** Kutscher – [5] **Subkonstruktionen:** gemauerte Unterbauten eines Gewölbes – [1] **babylonisch:** hier im Sinne von uneinheitlich, unharmonisch

Der Minerva-Tempel in Assisi

der heilige Franziskus ruht, ließ ich links mit Abneigung [...] Dann fragte ich einen hübschen Jungen nach der Maria della Minerva; er begleitete mich die Stadt hinauf, die an einen Berg gebaut ist. Endlich gelangten wir in die eigentliche alte Stadt, und siehe, das löblichste Werk stand vor meinen Augen, das erste vollständige Denkmal der alten Zeit, das ich erblickte. Ein bescheidener Tempel, wie er sich für eine so kleine Stadt schickte, und doch so vollkommen, so schön gedacht, dass er überall glänzen würde. Nun vorerst von seiner Stellung! Seitdem ich in Vitruv[1] und Palladio gelesen, wie man Städte bauen, Tempel und öffentliche Gebäude stellen müsse, habe ich einen großen Respekt vor solchen Dingen. Auch hierin waren die Alten groß im Natürlichen. Der Tempel steht auf der schönen mittlern Höhe des Berges, wo eben zwei Hügel zusammentreffen, auf dem Platz, der jetzt noch „der Platz" heißt. [...] Wahrscheinlich standen zur alten Zeit die Häuser noch nicht, die jetzt, dem Tempel gegenüber gebaut, die Aussicht versperren. Denkt man sie weg, so blickte man gegen Mittag in die reichste Gegend, und zugleich würde Minervens Heiligtum von allen Seiten gesehen. [...] Der Tempel steht nicht in der Mitte des Platzes, aber so gerichtet, dass er dem von Rom Heraufkommenden verkürzt gar schön sichtbar wird. Nicht allein das Gebäude sollte man zeichnen, sondern auch die glückliche Stellung.

An der Fassade kann ich mich nicht sattsehen, wie genialisch konsequent auch hier der Künstler gehandelt. [...]

1. Erarbeiten Sie aus dem Text, wie Goethe den Minerva-Tempel beschreibt und beurteilt. Vergleichen Sie seine Aussagen mit dem Bild.
2. Charakterisieren Sie die Sprache, mit der Goethe seine Beschreibung verfasst.
3. Betrachten Sie die Basilika des Franziskus in Assisi. Stellen Sie Vermutungen an, warum Goethe die Kirche „links" liegen lässt. Beziehen Sie sich auf Winckelmanns Charakterisierung der griechischen Kunst.

Franziskus-Basilika in Assisi, in der der Heilige Franziskus begraben liegt

[Rom] Den 10. November 1786

Ich lebe nun hier mit einer Klarheit und Ruhe, von der ich lange kein Gefühl hatte. Meine Übung, alle Dinge, wie sie sind, zu sehen und abzulesen, meine Treue, das Auge licht sein zu lassen[2], meine völlige Entäußerung von aller Prätention[3] kommen mir wieder einmal recht zustatten und machen mich im Stillen höchst glücklich. Alle Tage ein neuer merkwürdiger Gegenstand, täglich frische, große, seltsame Bilder und ein Ganzes, das man sich lange denkt und träumt, nie mit der Einbildungskraft erreicht.

Heute war ich bei der Pyramide des Cestius[4] und abends auf dem Palatin[5], oben auf den Ruinen der Kaiserpaläste, die wie Felswände dastehn. Hiervon lässt sich nun freilich nichts überliefern! Wahrlich, es gibt hier nichts Kleines, wenn auch wohl hier und da etwas Scheltenswertes und Abgeschmacktes; doch auch ein solches hat teil an der allgemeinen Großheit genommen.

[1] **Vitruv:** eigentlich Vitruvius Pollio: römischer Ingenieur; Hauptwerk: De architectura (um 31 v. Chr.) – [2] **das Auge licht sein lassen:** etwas aufmerksam betrachten – [3] **Prätention:** Anspruch, Anmaßung – [4] **Cestius:** Grabmal des Volkstribuns Gaius Cestius Epulo – [5] **Palatin:** einer der sieben Hügel Roms

Ruinen der Kaiserpaläste auf dem Palatin in Rom

Kehr' ich nun in mich selbst zurück, wie man doch so gerne tut bei jeder Gelegenheit, so entdecke ich ein Gefühl, das mich unendlich freut, ja, das ich sogar auszusprechen wage. Wer sich mit Ernst hier umsieht und Augen hat zu sehen, muss solid werden, er muss einen Begriff von Solidität fassen, der ihm nie so lebendig ward.

Der Geist wird zur Tüchtigkeit gestempelt, gelangt zu einem Ernst ohne Trockenheit, zu einem gesetzten Wesen mit Freude. Mir wenigstens ist es, als wenn ich die Dinge dieser Welt nie so richtig geschätzt hätte als hier. Ich freue mich der gesegneten Folgen auf mein ganzes Leben.

Und so lasst mich aufraffen, wie es kommen will, die Ordnung wird sich geben. Ich bin nicht hier, um nach meiner Art zu genießen; befleißigen will ich mich der großen Gegenstände, lernen und mich ausbilden, ehe ich vierzig Jahre alt werde.

Aus seiner Sturm-und-Drang-Zeit stammt Goethes Beschreibung des Straßburger Münsters, eines gotischen Kirchbaus des Mittelalters. Der gotische Baustil galt vielen Zeitgenossen Goethes wegen seiner vielen Verzierungen als ästhetisch minderwertig.

Johann Wolfgang von Goethe (1749 – 1832)

Über das Straßburger Münster (Auszug)

Straßburger Münster

Mit welcher unerwarteten Empfindung überraschte mich der Anblick, als ich davor trat! Ein ganzer, großer Eindruck füllte meine Seele, den, weil er aus tausend harmonierenden Einzelheiten bestand, ich wohl schmecken und genießen, keineswegs aber erkennen und erklären konnte. Sie sagen, dass es also[1] mit den Freuden des Himmels sei, und wie oft bin ich zurückgekehrt, diese himmlisch-irdische Freude zu genießen, den Riesengeist unsrer älteren Brüder in ihren Werken zu umfassen. Wie oft bin ich zurückgekehrt, von allen Seiten, aus allen Entfernungen, in jedem Lichte des Tags zu schauen seine Würde und Herrlichkeit! Schwer ist's dem Menschengeist, wenn seines Bruders Werk so hoch erhaben ist, dass er nur beugen und anbeten muss. Wie oft hat die Abenddämmerung mein durch forschendes Schauen ermattetes Aug' mit freundlicher Ruhe geletzt[2], wenn durch sie die unzähligen Teile zu ganzen Massen schmolzen, und nun diese, einfach und groß, vor meiner Seele standen und meine Kraft sich wonnevoll entfaltete, zugleich zu genießen und zu erkennen!

(1772)

1. Vergleichen Sie den Reisetagebucheintrag Goethes vom 10.11.1786 mit der Beschreibung des Straßburger Münsters von 1772. Machen Sie sich dabei die Veränderungen in der Wahrnehmung und Darstellung bewusst.

2. Zentrale Begriffe in Goethes Tagebucheintrag vom 10. November 1786 sind „Klarheit“ (Z. 2), „Ruhe“ (Z. 2), „ein Ganzes“ (Z. 9), „Großheit“ (Z. 18), „Solidität“ (Z. 24) und „Ordnung“ (Z. 33). Erschließen Sie aus dem Textzusammenhang, was Goethe mit diesen Begriffen ausdrücken will.

➔ Johann Wolfgang von Goethe: Römische Elegien V, s. S. 71.

[1] **also:** hier: genauso – [2] **geletzt:** erfrischt

4 „Edel sei der Mensch, hilfreich und gut" – Die ästhetische Erziehung des Menschen als Antwort auf die Fragen der Zeit

Die Französische Revolution von 1789, in der die französischen Bürger ihre Forderung nach Freiheit und Gleichheit durchzusetzen versuchten, ist das zentrale politische Ereignis der Zeit der Weimarer Klassik. Auch wenn Goethe und Schiller die politischen Ziele der Französischen Revolution mit Sympathie betrachteten, so lehnten sie doch den gewaltsamen Weg der gesellschaftlichen Veränderung ab. Diese Ablehnung verstärkte sich insbesondere durch die Folgen der Gewaltherrschaft Robespierres.

Friedrich Schiller (1759 – 1805)

Reform der Denkungsart[1]

Ich möchte nicht gerne in einem andern Jahrhundert leben, und für ein anderes wirken. [...]

Wäre das Faktum wahr – wäre der außerordentliche Fall wirklich eingetreten, dass die politische Gesetzgebung der Vernunft übertragen, der Mensch als Selbstzweck respektiert und behandelt, das Gesetz auf den Thron erhoben, und wahre Freiheit zur Grundlage des Staatsgebäudes gemacht worden, so wollte ich auf ewig von den Musen Abschied nehmen, und dem herrlichsten aller Kunstwerke, der Monarchie der Vernunft, alle meine Tätigkeit widmen. Aber dieses Faktum ist es eben, was ich zu bezweifeln wage. Ja, ich bin so weit entfernt, an den Anfang einer Regeneration im Politischen zu glauben, dass mir die Ereignisse der Zeit vielmehr alle Hoffnungen dazu auf Jahrhunderte benehmen. [...]

Der Versuch des französischen Volks, sich in seine heiligen Menschenrechte einzusetzen und eine politische Freiheit zu erringen, hat bloß das Unvermögen und die Unwürdigkeit desselben an den Tag gebracht, und nicht nur dieses unglückliche Volk, sondern mit ihm auch einen beträchtlichen Teil Europens, und ein ganzes Jahrhundert, in Barbarei und Knechtschaft zurückgeschleudert. Der Moment war der günstigste, aber er fand eine verderbte Generation, die ihn nicht wert war, und weder zu würdigen noch zu benutzen wusste. Der Gebrauch, den sie von diesem großen Geschenk des Zufalls macht und gemacht hat, beweist unwidersprechlich, dass das Menschengeschlecht der vormundschaftlichen Gewalt noch nicht entwachsen ist, dass das liberale Regiment der Vernunft da noch zu frühe kommt, wo man kaum damit fertig wird, sich der brutalen Gewalt der Tierheit zu erwehren, und dass derjenige noch nicht reif ist zur bürgerlichen Freiheit, dem noch so vieles zur menschlichen fehlt. [...]

Nur seine Fähigkeit, als ein sittliches Wesen zu handeln, gibt dem Menschen Anspruch auf Freiheit; ein Gemüt aber, das nur sinnlicher Bestimmungen fähig ist, ist der Freiheit so wenig wert, als empfänglich. Alle Reform, die Bestand haben soll, muss von der Denkungsart ausgehen, und wo eine Verderbnis in den Prinzipien herrscht, da kann nichts Gesundes, nichts Gutartiges aufkeimen. Nur der Charakter der Bürger erschafft und erhält den Staat, und macht politische und bürgerliche Freiheit möglich. Denn wenn die Weisheit selbst in Person vom Olymp herabstiege und die vollkommenste Verfassung einführte, so müsste sie ja doch Menschen die Ausführung übergeben. [...]

(1793)

1. Stellen Sie zusammen, wie Schiller über die Menschen seiner Zeit urteilt.
2. Formulieren Sie zusammenfassend den Appell, den Schiller an den Leser seines Textes richtet.

[1] Auszug aus einem Brief an den Herzog Friedrich Christian von Augustenberg vom 13.7.1793

3. Stellen Sie sich vor, Sie könnten Schiller über das „Menschengeschlecht" unserer Zeit informieren. Was würden Sie ihm berichten? Formulieren Sie einen fiktiven Brief an ihn.

Friedrich Schiller (1759–1805)

Die Aufgabe der Kunst[1]

Alle Verbesserung im Politischen soll von der Veredlung des Charakters ausgehen – aber wie kann sich unter den Einflüssen einer barbarischen Staatsverfassung der Charakter veredeln?

Man müsste also zu diesem Zwecke ein Werkzeug aufsuchen, welches der Staat nicht hergibt, und Quellen dazu eröffnen, die sich bei aller politischen Verderbnis rein und lauter erhalten. [...] Dieses Werkzeug ist die schöne Kunst, diese Quellen öffnen sich in ihren unsterblichen Mustern.

Von allem, was positiv[2] ist und was menschliche Konventionen einführten, ist die Kunst wie die Wissenschaft losgesprochen, und beide erfreuen sich einer absoluten *Immunität* von der Willkür der Menschen. Der politische Gesetzgeber kann ihr Gebiet sperren, aber darin herrschen kann er nicht. Er kann den Wahrheitsfreund ächten, aber die Wahrheit besteht; er kann den Künstler erniedrigen, aber die Kunst kann er nicht verfälschen. [...]

Die Menschheit hat ihre Würde verloren, aber die Kunst hat sie gerettet und aufbewahrt in bedeutenden Steinen; die Wahrheit lebt in der Täuschung fort[3], und aus dem Nachbilde wird das Urbild wieder hergestellt werden. So wie die edle Kunst die edle Natur überlebte, so schreitet sie derselben auch in der Begeisterung, bildend und erweckend, voran. Ehe noch die Wahrheit ihr siegendes Licht in die Tiefen der Herzen sendet, fängt die Dichtungskraft ihre Strahlen auf, und die Gipfel der Menschheit werden glänzen, wenn noch feuchte Nacht in den Tälern liegt.

Wie verwahrt sich aber der Künstler von den Verderbnissen seiner Zeit, die ihn von allen Seiten umfangen? Wenn er ihr Urteil verachtet. Er blicke aufwärts nach seiner Würde und dem Gesetz[4], nicht niederwärts nach dem Glück und nach dem Bedürfnis. Gleich frei von der eitlen Geschäftigkeit, die in den flüchtigen Augenblick gern ihre Spur drücken möchte, und von dem ungeduldigen Schwärmergeist, der auf die dürftige Geburt der Zeit den Maßstab des Unbedingten anwendet, überlasse er dem Verstande, der hier heimisch ist, die Sphäre des Wirklichen; er aber strebe, aus dem Bund des Möglichen mit dem Notwendigen das Ideal zu erzeugen.

(1794)

1. Zeigen Sie auf, dass sich der erste Satz des Textes aus den Thesen des vorangegangenen Textes ergibt.
2. Stellen Sie zusammen, welche Aufgaben nach Schiller die Kunst zu erfüllen hat und wie er begründet, dass sie diese Aufgaben erfüllen kann.
3. Verdeutlichen Sie, inwiefern das Streben nach Glück und Erfüllung der Bedürfnisse im Gegensatz zur menschlichen „Würde" und zu dem „Gesetz" stehen kann (vgl. Z. 33 ff.). Führen Sie dazu Beispiele an.
4. Untersuchen Sie die sprachliche Gestaltung des Textes.
5. Überlegen Sie gemeinsam – auch unter Einbeziehung Ihrer bisherigen Lektüreerfahrungen –, ob Kunst bzw. Literatur die ihr von Schiller zugewiesene Aufgabe erfüllen kann.
6. Lassen sich auch andere Aufgaben für die Kunst und Literatur denken?

➔ Die Erziehung zum guten Menschen – Das Theater der Klassik, s. S. 107–109.

[1] Auszug aus: Über die ästhetische Erziehung des Menschen in einer Reihe von Briefen, 9. Brief – [2] **positiv:** hier: vom Menschen gesetzt – [3] **Täuschung:** Mit Täuschung meint Schiller die Fiktionalität der Kunst. – [4] **Das Gesetz:** Schiller bezieht sich hier auf die Ethik Kants. Kant vertritt die Auffassung, dass der Mensch in der Lage ist, vernünftig zu handeln, da ihm seine eigene Vernunft den Maßstab dafür zur Verfügung stellt. Dieser Maßstab ist nach Kant ein Gesetz, dass sich die menschliche Vernunft selbst gibt. Das Gesetz hat die Form eines kategorischen Imperativs: „Handle so, dass die Maxime deines Willens jederzeit zugleich als Prinzip einer allgemeinen Gesetzgebung gelten könne."

Johann Wolfgang von Goethe
(1749–1832)

Das Göttliche

Edel sei der Mensch,
Hilfreich und gut!
Denn das allein
Unterscheidet ihn
Von allen Wesen,
Die wir kennen.

Heil den unbekannten
Höhern Wesen,
Die wir ahnen!
Ihnen gleiche der Mensch!
Sein Beispiel lehr' uns
Jene glauben.

Denn unfühlend
Ist die Natur:
Es leuchtet die Sonne
Über Bös' und Gute,
Und dem Verbrecher
Glänzen wie dem Besten
Der Mond und die Sterne.

Wind und Ströme,
Donner und Hagel
Rauschen ihren Weg
Und ergreifen
Vorübereilend
Einen um den andern.

Auch so das Glück
Tappt unter die Menge,
Fasst bald des Knaben
Lockige Unschuld,
Bald auch den kahlen
Schuldigen Scheitel.

Nach ewigen, ehrnen,
Großen Gesetzen
Müssen wir alle
Unseres Daseins
Kreise vollenden.

Nur allein der Mensch
Vermag das Unmögliche:
Er unterscheidet,
Wählet und richtet;
Er kann dem Augenblick
Dauer verleihen.

Er allein darf
Den Guten lohnen,
Den Bösen strafen,
Heilen und retten,
Alles Irrende, Schweifende
Nützlich verbinden.

Und wir verehren
Die Unsterblichen,
Als wären sie Menschen,
Täten im Großen,
Was der Beste im Kleinen
Tut oder möchte.

Der edle Mensch
Sei hilfreich und gut!
Unermüdet schaff' er
Das Nützliche, Rechte,
Sei uns ein Vorbild
Jener geahneten Wesen!

(1785)

1. Bestimmen Sie, in einem ersten Zugriff auf das Gedicht, wie der Sprecher des Gedichts das Verhältnis zwischen den Göttern und den Menschen darstellt.
2. Gliedern Sie das Gedicht in Sinnabschnitte und halten Sie die Themen der Abschnitte und die wesentlichen Aussagen fest. Vervollständigen Sie das nebenstehende Schaubild oder legen Sie ein eigenes an.
3. Erläutern Sie die in dem Gedicht dargestellte Sonderstellung des Menschen und sein Verhältnis zu den Göttern.
4. Überprüfen Sie, inwiefern Goethes Gedicht Schillers Bestimmung der Aufgabe der Kunst gerecht wird.
5. Diskutieren Sie, ob der Mensch Ihrer Erfahrung nach die Rolle einnehmen kann, die ihm in dem Gedicht zugewiesen wird.

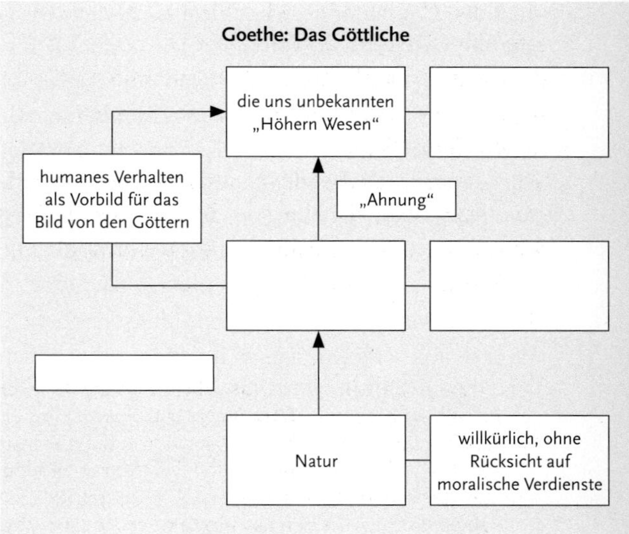

Johann Gottfried Herder (1744–1803)

Briefe[1] zu Beförderung der Humanität

Gemälde von Anton Graff, 1785

Herder ist als Sprachphilosoph und Geschichtsphilosoph, Theologe, Kunsttheoretiker und Literaturkritiker hervorgetreten. Zu seiner Zeit sehr bekannt waren seine beiden geschichtsphilosophischen Schriften „Ideen zur Philosophie der Geschichte der Menschheit“ (1784–1791) und „Briefe zu Beförderung der Humanität“ (1793), die großen Einfluss auf das Denken Goethes und Schillers nahmen.
Goethe hatte Herder in Straßburg kennengelernt. Auf seine Vermittlung hin wurde Herder Generalsuperintendent (das höchste Kirchenamt) und Hofprediger in Weimar.

Sie fürchten, dass man dem Wort Humanität einen Fleck anhängen werde, könnten wir nicht das Wort ändern? Menschheit, Menschlichkeit, Menschenrechte, Menschenpflichten, Menschenwürde, Menschenliebe? Menschen sind wir allesamt und tragen sofern die Menschheit an uns, oder wir gehören zur Menschheit. Leider aber hat man in unserer Sprache dem Wort Mensch und noch mehr dem barmherzigen Wort Menschlichkeit so oft eine Nebenbedeutung von Niedrigkeit, Schwäche und falschem Mitleid angehängt, dass man jenes nur mit einem Blick der Verachtung, dies mit einem Achselzucken zu begleiten gewohnt ist. „Der Mensch!“, sagen wir jammernd oder verachtend und glauben einen guten Mann aufs Lindeste mit dem Ausdruck zu entschuldigen, „es habe ihn die Menschlichkeit übereilet“. Kein Vernünftiger billigt es, dass man den Charakter des Geschlechts, zu dem wir gehören, so barbarisch hinabgesetzt hat; man hat hiermit unweiser gehandelt, als wenn man den Namen seiner Stadt oder Landsmannschaft zum Ekelnamen machte. Wir also wollen uns hüten, dass wir zu Beförderung solcher Menschlichkeit keine Briefe schreiben.
Der Name Menschenrechte kann ohne Menschenpflichten nicht genannt werden; beide beziehen sich aufeinander, und für beide suchen wir ein Wort.
So auch Menschenwürde und Menschenliebe. Das Menschengeschlecht, wie es jetzt ist und wahrscheinlich lange noch sein wird, hat seinem größten Teil nach keine Würde; man darf es eher bemitleiden als verehren. Es soll aber zum Charakter seines Geschlechts, mithin auch zu dessen Wert und Würde gebildet werden. Das schöne Wort Menschenliebe ist so trivial worden, dass man meistens die Menschen liebt, um keinen unter den Menschen wirksam zu lieben. Alle diese Worte enthalten Teilbegriffe unseres Zwecks, den wir gern mit einem Ausdruck bezeichnen möchten.
Also wollen wir bei dem Wort Humanität bleiben, an welches unter Alten und Neueren die besten Schriftsteller so würdige Begriffe geknüpft haben. Humanität ist der Charakter unsres Geschlechts; er ist uns aber nur in Anlagen angeboren und muss uns eigentlich angebildet werden. Wir bringen ihn nicht fertig auf die Welt mit; auf der Welt aber soll er das Ziel unsers Bestrebens, die Summe unsrer Übungen, unser Wert sein; denn eine Angelität[2] im Menschen kennen wir nicht, und wenn der Dämon[3], der uns regiert, kein humaner Dämon ist, werden wir Plagegeister der Menschen. Das Göttliche in unserm Geschlecht ist also Bildung zur Humanität; alle großen und guten Menschen, Gesetzgeber, Erfinder, Philosophen, Dichter, Künstler, jeder edle Mensch in seinem Stande, bei der Erziehung seiner Kinder, bei der Beobachtung seiner Pflichten, durch Beispiel, Werk, Institut und Lehre hat dazu mitgeholfen. Humanität ist der Schatz und die Ausbeute aller menschlichen Bemühungen, gleichsam die Kunst unsers Geschlechtes. Die Bildung zu ihr ist ein Werk, das unablässig fortgesetzt werden muss, oder wir sinken, höhere und niedere Stände, zur rohen Tierheit, zur Brutalität zurück.
Sollte das Wort Humanität also unsre Sprache verunzieren? Alle gebildete Nationen haben es in ihre Mundart aufgenommen; und wenn unsre Briefe einem Fremden in die Hand kämen, müssten sie ihm wenigstens unverfänglich scheinen; denn Briefe zu Beförderung der Brutalität wird doch kein ehrliebender Mensch wollen geschrieben haben. *(1793)*

1. Herder versucht, zu Beginn seines Textes den aus dem Lateinischen stammenden Begriff „Humanität“ durch ein deutsches Wort zu ersetzen. Erläutern Sie seine Bedenken.

2. Tragen Sie die Aspekte zusammen, die Herder mit dem Begriff der „Humanität“ verbindet. Führen Sie Beispiele für humanes und auch für inhumanes Verhalten an.

3. Fassen Sie zusammen, wie Schiller, Goethe und Herder einen besseren Zustand der Menschheit anstreben wollen. Wie bewerten Sie ihr Vorhaben?

[1] **Briefe:** Es handelt sich um Briefe an einen fiktiven Adressaten. – [2] **Angelität:** Engelhaftigkeit – [3] **Dämon:** hier: Geist

5 Die Nachwirkung der Klassik

Das Goethe-Schiller-Denkmal in Weimar

Das Goethe-Schiller-Denkmal steht vor dem Nationaltheater in Weimar. Es entstand nach einem Entwurf des Dresdner Bildhauers Ernst Rietschel und wurde 1857 eingeweiht. Die Inschrift auf dem Sockel lautet:

Dem Dichterpaar
Goethe und Schiller
Das Vaterland

Goethe und Schiller sind in idealisierter Form dargestellt: Goethe war eher klein und füllig, Schiller dagegen groß und hager.

1. Beschreiben Sie das Denkmal möglichst detailliert.
2. Erläutern Sie, welche Bedeutung mit der Errichtung des Denkmals verbunden gewesen sein könnte. Bedenken Sie dazu die politische Situation um 1850, den Standort und die Inschrift des Denkmals.

Eingangstor zum Konzentrationslager Buchenwald

In dem Konzentrationslager Buchenwald, das nur sechs Kilometer von Weimar entfernt lag, waren insgesamt über 250 000 Menschen – Juden, Roma und Sinti, Homosexuelle, politisch Andersdenkende – inhaftiert; man schätzt, dass über 50 000 Menschen in Buchenwald von den Nazis umgebracht worden sind.

1. Stellen Sie den Zynismus heraus, der damit verbunden ist, den Satz „Jedem das Seine“ in das Eingangstor des Konzentrationslagers Buchenwald schmieden zu lassen. Bedenken Sie dabei, dass dieser Satz ursprünglich eine weitverbreitete Gerechtigkeitsvorstellung benannte.
2. „Goethes Weimar hat das KZ Buchenwald nicht verhindert.“ – So lauten die These und der Titel eines Aufsatzes, den der Journalist und Schriftsteller August E. Hohler 1967 veröffentlicht hat.
   Diskutieren Sie seine These unter dem Aspekt der Wirksamkeit von Literatur.

Walter Beyschlag
Weimar als Tempelstätte der Humanität

Der Verleger Walter Beyschlag hat unmittelbar nach dem Zweiten Weltkrieg Herders „Briefe zu Beförderung der Humanität“ neu veröffentlicht und ein Vorwort zu dieser Ausgabe verfasst.

Humanität – Menschlichkeit! Noch scheut sich fast die Hand, diese Worte zu schreiben, der Mund, sie auszusprechen. Nicht nur 12 Jahre – ein Jahrhundert lang waren sie in unserem Vaterland verpönt. Wer sie im Ernst gebrauchte, verfiel heimlicher Fehme[1], wie etwa Friedrich Förster[2] oder Hermann Hesse[3].
Was war der Mensch? Ein Mittel in der Hand des Staates, der, zum Selbstzweck geworden, den Einzelnen nicht mehr zu sehen vermochte. Nationalistische, chauvinistische, sozialistische Doktrinen, denen nichts galt als die Klasse oder die Ordnung. Alle öffentlichen Maßnahmen zielten darauf ab, das Individuum von der Verantwortung auszuschalten, den Menschen der Selbstbestimmung und der freien Entschließung zu berauben, sei es durch direkte Maßnahmen oder durch die vergiftende Einwirkung der Propaganda, die überall nach dem Motto gehandhabt wurde, dass der Zweck die Mittel heilige, was nichts anderes bedeutet als Flucht vor der Wahrheit, die gefährlich erschien wie das Wesen Mensch selbst. Ideal war ein unsichtbares Gefängnis, ohne Raum für die Grundgesetze der Menschlichkeit, vielleicht gerade nur für eine mit angeblicher Religion verbrämte[4] Fürsorge. Von allen Seiten wurde die Menschlichkeit, die stets an den Einzelnen und an sein Wohl gebunden bleibt, gejagt von den dämonischen Freibeutern der Vermassung, die dem Menschen unter Vorspiegelung herrlicher Zukunftsträume mit der Last des persönlichen Wagnisses auch die Güter der menschlichen Würde abnahmen. [...] Die Schatten der neuen Götzen: Nation, Heldentod, allgemeines Wohl, Klasse, Stand, Partei [...] bedeckten den Himmel der Menschlichkeit und verdüsterten das Leben. Die Götzen selbst, bewusst der Wahrheit abhold, mussten den Träger der Wahrheit fürchten, den Menschen, und schufen sich Militär- und Polizeiinstitutionen zur Sicherung ihres Raubes. Drill, Kasernenhof, Kommandosprache, in ihrem Gefolge Brutalität und Vergewaltigungen aller Art bis herauf zum Konzentrationslager waren die neuen Mittel der Bildung einer in geistlose Sklaverei verfallenden Menschheit, der allmählich die Presse heute das und morgen das Gegenteil anbieten konnte; kaum merkte sie den Betrug, geschweige denn, dass sie dagegen protestierte. Wer dies wagte, galt als Volksfeind und wurde eliminiert. [...]
Nun kommt der allgemeine Zusammenbruch und ein erstauntes Wachen überfällt die Menschheit. Die alten Götzen sind verhaftet oder im Dunkeln der Angst verschwunden. Eine atemlose Stille liegt über uns. Aus dem Mund unserer ehemaligen Gegner und aus unseren eigenen Tiefen kommen Fragen nach neuen Werten und über die grausigen Blutfelder Europas tönt das Wort von der Menschlichkeit. Wir greifen tastend danach und sind voll Misstrauen und unser Herz ist ohne Glauben. In uns ist nichts als unbestimmte Sehnsucht wie nach einem fernen Land. Wir wandern durch die Wüste des letzten Jahrhunderts, bis unser Fuß die erhabenste deutsche Tempelstätte der Humanität betritt: Weimar. [...]
Dort wird aus dem Geist der Menschlichkeit gesprochen, der uns fremd ist, denn wir sind noch nicht seine Genossen. Wir müssen erst durch diese Schule der Humanität gehen, erst wieder einmal erfahren, dass der Mensch zu persönlicher Verantwortung geboren ist, dass er seinen Verstand zu einem Instrument zu entwickeln habe, mit dem er die Wahrheit erkennen kann. Das Misstrauen in uns muss durch die Güte abgelöst werden, die allgemeine Skepsis durch einen Glauben, der aus der persönlichen Kraft entspringt. Die Weite der menschlichen Aufgaben muss uns neu eröffnet werden. *(1946)*

1. Stellen Sie zusammen, von welchem Menschenbild Beyschlag zufolge die Zeit des Nationalsozialismus geprägt war.
2. Worin bestand nach Beyschlag das Problem nach dem Zusammenbruch des Nationalsozialismus?
3. „Die Weite der menschlichen Aufgabe muss uns neu eröffnet werden.“ Erläutern Sie den Schlusssatz des Textes und vergleichen Sie ihn mit dem Humanitätsgedanken, den Sie bei Goethe, Schiller und Herder kennengelernt haben.

[1] **Fehme:** hier: Verurteilung – [2] **Friedrich Förster:** evangelischer Pfarrer, wurde von den Nationalsozialisten verfolgt – [3] **Hermann Hesse:** deutscher Schriftsteller (1867–1962) – [4] **verbrämte:** hier: idealisierte

Ulrich Horstmann, deutscher Literaturwissenschaftler und Schriftsteller

Ulrich Horstmann (geb. 1949)
Das Untier

Die Apokalypse steht uns ins Haus. Wir Untiere wissen es längst, und wir wissen es alle. Hinter dem Parteiengezänk, den Auf- und Abrüstungsdebatten, den Militärparaden und Anti-Kriegsmärschen, hinter der Fassade des Friedenswillens und der endlosen Waffenstillstände gibt es eine heimliche Übereinkunft, ein unausgesprochenes Einverständnis: dass wir ein Ende machen müssen mit uns und unseresgleichen, so bald und so gründlich wie möglich – ohne Pardon, ohne Skrupel und ohne Überlebende.

Was sonst trüge das, was das Untier „Weltgeschichte" nennt, wenn nicht die Hoffnung auf die Katastrophe, den Untergang, das Auslöschen der Spuren. Wer könnte eine Jahrtausend und Jahrtausend fortgesetzte Litanei des Hauens, Stechens, Spießens, Hackens, die Monotonie des Schlachtens und Schädelspaltens, das Om mani padmehum[1] der Gräuel ertragen, ja seinerseits nach Kräften befördern, der nicht zugleich in der Heimlichkeit seiner Vernunft gewiss wäre, dass diese rastlosen Übungen ihn und seine Gattung Gemetzel um Gemetzel, Schlacht um Schlacht, Feldzug um Feldzug, Weltkrieg um Weltkrieg unaufhaltsam jenem letzten Massaker, jenem globalen Harmageddon[2] näherbringen, mit dem das Untier seinen Schlussstrich setzt unter die atemlose Aufrechnung sich fort- und fortzeugenden Leids. [...]

So ist das Untier endlich der Ammenmärchen, der Utopien, paradiesischen Visionen und Heilsgeschichten überdrüssig geworden und hat sich ermannt, dem Unausweichlichen ins Gesicht zu sehen. Trost spendet jetzt die Nähe des Unheils, die Gewissheit, dass die Äonen[3] des Ausharrens, der Vorbereitung, der rastlosen Vervollkommnung sich neigen und der Lohn ansteht: das Ausleiden, das Ausgelittenhaben.

Der wahre Garten Eden – das ist die Öde. Das Ziel der Geschichte – das ist das verwitternde Ruinenfeld. Der Sinn – das ist der durch die Augenhöhlen unter das Schädeldach geblasene, rieselnde Sand. *(1985)*

1. Der Text von Ulrich Horstmann entstand in der Zeit einer weltweiten Debatte um die Aufrüstung mit Atomwaffen durch westliche und östliche Staaten. Arbeiten Sie heraus, wie Horstmann die Debatte beurteilt.
2. Stellen Sie einige sprachliche Mittel zusammen, mit denen Horstmann seiner Auffassung Nachdruck verleihen möchte, und beurteilen Sie die Verwendung der sprachlichen Mittel.
3. Setzen Sie Horstmanns Aussagen in Bezug zum Menschenbild der Klassik, wie Sie es in dieser Einheit kennengelernt haben, und nehmen Sie Stellung.

Projektidee: Vorbereitung einer Studienfahrt nach Weimar

Vielleicht wollen Sie eine ein- oder auch mehrtägige Fahrt nach Weimar durchführen. Der Internetauftritt der „Klassik Stiftung Weimar" (www.klassik-stiftung.de) informiert Sie über eine Vielzahl möglicher Erkundungstouren.

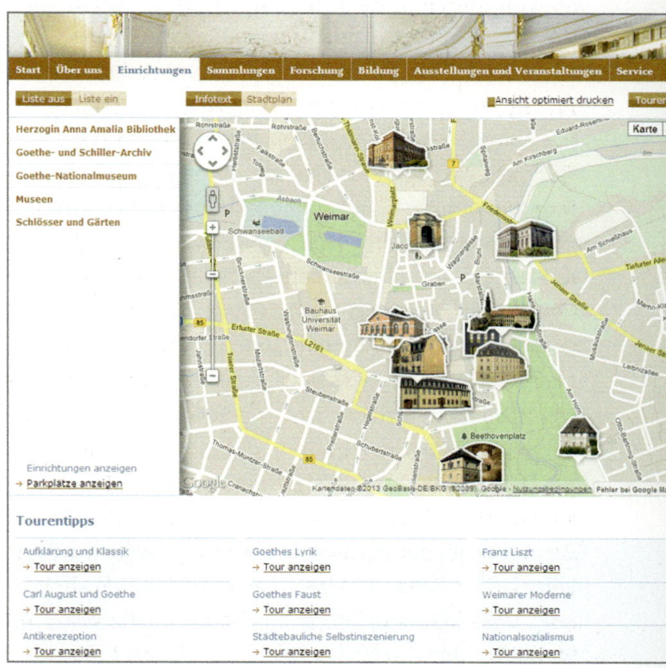

1. Informieren Sie sich über die Touren, die Sie interessieren, und stellen Sie ein Tagesprogramm zusammen.

[1] **Om mani padmehum:** buddhistisches Gebet, das viele Male hintereinander gesprochen wird – [2] **Harmageddon:** in der Bibel (Offenbarung des Johannes) Ort der endzeitlichen Entscheidungsschlacht – [3] **Äonen:** hier: der sehr lange Zeitraum

Weimarer Klassik

Zeitgeschichtlicher Hintergrund

Das zentrale politische Ereignis stellt die Französische Revolution mit ihren Folgen dar.

Ursprünglich waren die Ziele der Französischen Revolution – die Ablösung der alten Feudalstrukturen und die Errichtung eines Staates auf den Grundsätzen der „Freiheit, Gleichheit und Brüderlichkeit“ – von den fortschrittlich gesinnten bürgerlichen Kreisen begrüßt worden, so auch von den in Weimar wirkenden Dichtern Goethe, Schiller, Wieland und Herder.

Aufgrund wirtschaftlicher Krisen und als Folge des politischen Drucks anderer Staaten gerieten die Ziele der Revolution in Gefahr, worauf die Revolutionäre wiederum mit erhöhter Gewalt reagierten. Insbesondere die Hinrichtung Ludwigs XVI. 1793 und die sogenannten Septembermorde 1792, bei denen über 1200 Revolutionsgegner getötet wurden, führten zu einer ablehnenden Haltung des revolutionären Weges.

Menschenbild

Vor allem Friedrich Schiller hat in seinen philosophischen Schriften betont, dass er die Menschen seiner Zeit noch nicht für fähig hielt, tatsächlich „autonom“, nur der Stimme ihrer Vernunft gehorchend, wie es die Aufklärung gefordert hatte, ihr Leben zu gestalten. Gleichwohl hielten er wie auch Goethe an einem optimistischen Menschenbild fest. Von Johann Gottfried Herder übernehmen sie den Gedanken der „Bildung zur Humanität“: Danach besitzt der Mensch die Anlage zur wahren Menschlichkeit, mittels derer er seine destruktiven, asozialen Neigungen dauerhaft unterdrücken kann. Dazu bedarf es aber eines ständigen Erziehungsprozesses, da ansonsten die Menschheit zur „Brutalität“ verkommt.

Kunstauffassung

Goethe und Schiller zufolge ist es nun vornehmlich die Aufgabe der Kunst, diesen Erziehungsprozess zu übernehmen. Sie kann dies, weil sie eine wirklich „zweckfreie“ Beschäftigung ist, d.h., sie ist „autonom“, sie steht in keinerlei Dienstverhältnis. Bedingung für diese Autonomie ist es, dass sie sich jeglicher Beschäftigung mit tagespolitischen Ereignissen enthält.

Der Kunst kommt es zu, den Idealtypus des Menschen zu zeigen, einen Menschen, der einen sittlichen Erkenntnisprozess durchläuft und sich zu einer harmonischen Persönlichkeit bildet, die die unterschiedlichen Anlagen – Pflicht und Neigung, Sinnlichkeit und Vernunft – aufeinander abstimmt und in Einklang bringt.

Auch die Form der Kunst soll einem Ideal entsprechen: In Abkehr von der Sturm-und-Drang-Zeit ist nicht mehr der Geniegedanke bestimmend, sondern die Orientierung an Gesetz und Regel. Die Schönheit der Kunst soll den Menschen zur Einsicht in das Gute und das Wahre führen und ihn so ästhetisch erziehen. Als Vorbild dienen Goethe und Schiller die Werke der Antike oder vielmehr ihre Vorstellung von der Antike. Sowohl in den antiken Tempelanlagen als auch in den Statuen sahen sie ihr Ideal des harmonischen Kunstwerks, das an Regel und Gesetz gebunden ist. Aber auch in der antiken Literatur sahen sie das Individuum eingebunden in eine höhere Ordnung.

Wirkung der Klassik

Der Begriff „klassisch“ stammt von dem lateinischen Begriff „classicus“: mustergültig, erstrangig. Unser heutiges Alltagsverständnis des Begriffs „Klassiker“ bezieht sich auf diese Bedeutung. Die Kennzeichnung „Klassische deutsche Literatur“ für die in dieser Epoche entstandenen Werke ist erst ein Produkt des späten 19. Jahrhunderts. Goethe und Schiller konnten sich in diesem Verständnis noch gar nicht als „deutsche Klassiker“ empfinden, da Deutschland als einheitliche Nation noch nicht existierte, sondern aufgeteilt war in viele unterschiedlich große Fürsten- und Herzogtümer. Das bekannte Denkmal in Weimar, das die beiden als „Dichterfürsten“ zeigt, wurde 1857 aufgestellt und kann als ein Zeichen des beginnenden Nationalbewusstseins verstanden werden.

Die geschichtlichen Erfahrungen haben uns heute skeptischer gemacht gegenüber dem Humanitätsideal der Weimarer Klassik. Die Werke Goethes und Schillers haben nicht verhindern können, dass zur Zeit des Nationalsozialismus nur wenige Kilometer von Weimar entfernt Menschen auf grausamste Weise im Konzentrationslager Buchenwald umgebracht worden sind.

Ob damit das Ideal als solches widerlegt ist, soll dahingestellt sein. Immerhin hat der deutsche Philosoph Theodor W. Adorno gefordert, dass das oberste Ziel aller Erziehung sein müsse, „dass Auschwitz nicht noch einmal sei“. Welchen Beitrag zu dieser Erziehung die Literatur leisten kann, bleibt offen und ist umstritten.

Zeitgeschichtliche Hintergründe
- Französische Revolution: Bejahung der grundsätzlichen Ziele, aber Ablehnung des revolutionären Weges

Geistige Tendenzen und leitende Ideen
- Abkehr von den Idealen der Sturm-und-Drang-Zeit
- der Mensch wird verstanden als eingebunden in eine göttliche Seinsordnung
- Schönheit entsteht durch Orientierung an Ordnung und Maß
- Kunst soll erzieherisch auf den Menschen wirken: Veredlung seines Charakters (Idealismus)

Literarische Formen
- Gedichte
- Dramen
- Roman/Epos

Zeitalter der Weimarer Klassik
- harmonische Einheit des Guten, Wahren und Schönen
- ästhetische Erziehung zur Humanität

Themen und Motive
- historische und mythologische Gestalten (Iphigenie, Faust, Wallenstein, Maria Stuart)
- persönliche Entwicklung des Menschen
- Liebe
- Natur

Autoren und Werke
- Goethe: Gedichte; Dramen: Iphigenie auf Tauris, Faust I und II; Romane: Wilhelm Meisters Lehrjahre, Die Wahlverwandtschaften, Hermann und Dorothea
- Schiller: Briefe zur ästhetischen Erziehung des Menschen; Gedichte; Dramen: Maria Stuart, Wallenstein, Wilhelm Tell

„Es war, als hätt' der Himmel die Erde still geküsst" – Die Epoche der Romantik

Der Begriff des Romantischen begegnet uns heutzutage in den unterschiedlichsten Zusammenhängen. Ob in Zeitungen oder im Internet, in Literatur, Film oder in der Fernsehwerbung – nahezu überall nutzen wir den Begriff des Romantischen. Romantische Filme füllen in regelmäßigen Abständen die Kinosäle. Trotz aller Vorzüge des modernen, hoch technisierten Alltags im Internetzeitalter empfinden viele Menschen ihr Leben als unvollständig und nicht zufriedenstellend. Diesen Mangel im modernen Leben, das Leiden an Eindimensionalität, diagnostizierten als Erste die Dichter der Romantik. Auch deshalb ist es sinnvoll, sich mit den Ursprüngen der Zivilisations- und Gesellschaftskritik auseinanderzusetzen. Diese Einheit gibt einen Überblick über die bis heute wirksamen und geläufigen Motive Natur, Sehnsucht, Reisen/Wandern, Nacht und Traum, die in dieser Epoche von besonderer Bedeutung sind, und befragt sie auf ihre Funktionalität und Aktualität.

Caspar David Friedrich: Wanderer über dem Nebelmeer (1818)

1. Assoziieren Sie frei zum Begriff der „Romantik". Notieren Sie hierfür spontan Ihre Ideen, Bilder und Gedanken. Sie können Ihre Ergebnisse auch in Form eines Ideensterns präsentieren.
2. Das Gemälde von Caspar David Friedrich gilt als ein zentrales Werk der romantischen Malerei. Stellen Sie Vermutungen dazu an, was das spezifisch Romantische daran sein könnte.
3. Welchen Bereichen entstammen die anderen Abbildungen? Beschreiben Sie deren Absichten. Wie wirken diese auf Sie? Entsprechen sie Ihren Vorstellungen von Romantik?
4. Benennen Sie offensichtliche Gemeinsamkeiten mit Blick auf die Motive. Haben Sie eigene Lektüreerfahrungen, die Sie mit dem Begriff des „Romantischen" in Verbindung bringen können? Berichten Sie davon.
5. Der Begriff der „Romantik" oder des „Romantischen" hat seit über 200 Jahren seinen festen Platz im deutschen Sprachgebrauch. Haben Sie dafür eine Erklärung?

1 Eine Annäherung an romantische Grundgedanken – Novalis und Eichendorff

Die beiden folgenden Gedichte kann man mit gutem Recht als poetische Manifeste der Romantik bezeichnen. Indem Sie sich beiden eher intuitiv nähern, sollen Sie einen ersten Eindruck von der Lyrik der Epoche erhalten. Bei der intensiveren Beschäftigung mit weiteren Werken der Epoche können Sie dann mehrfach sinnvolle Rückverbindungen zu dem hier vorgestellten zentralen Gedanken der Romantik ziehen und auf diese Weise Vernetzungen herstellen.

Novalis (1772 – 1801)

Wenn nicht mehr Zahlen und Figuren

Wenn nicht mehr Zahlen und Figuren
Sind Schlüssel aller Kreaturen,
Wenn die, so singen oder küssen,
Mehr als die Tiefgelehrten wissen,
Wenn sich die Welt ins freie Leben
Und in die Welt wird zurückbegeben,
Wenn dann sich wieder Licht und Schatten
Zu echter Klarheit wieder gatten,
Und man in Märchen und Gedichten
Erkennt die wahren Weltgeschichten,
Dann fliegt vor einem geheimen Wort
Das ganze verkehrte Wesen fort.

(1800)

➔ Zur Biografie von Novalis s. S. 213.

1. Gestalten Sie eine Lesung des Gedichtes von Novalis, welche die „Wenn ... dann"-Struktur sinnvoll berücksichtigt. Präsentieren Sie Ihren Vortrag vor dem Plenum und begründen Sie diesen.

2. Erarbeiten Sie die Kernaussage des für die Romantik wegweisenden Gedichts von Novalis, indem Sie die Struktur des Konditionalsatzes analysieren. Fassen Sie in einigen Sätzen zusammen:
- Woran leidet das lyrische Ich in der Gegenwart?
- Was erhofft es sich für die Zukunft?
- Welche Rolle kommt der Kunst in dem beschriebenen Prozess zu?

Joseph von Eichendorff (1788 – 1857)

Wünschelrute

Schläft ein Lied in allen Dingen,
Die da träumen fort und fort,
Und die Welt hebt an zu singen,
Triffst du nur das Zauberwort.

(1835)

➔ Zur Biografie Eichendorffs s. S. 202.

3. In Eichendorffs Gedicht „Wünschelrute" ist von einem schlafenden „Lied in allen Dingen" die Rede. Was könnte passieren, wenn „das Ding" geweckt wird? Auf welche Weise könnte dies gelingen? Wo sehen Sie Parallelen zum Gedicht von Novalis?

4. Welche Bezüge zu Ihrer Gegenwart besitzen die beiden Gedichte?

2 „Wem Gott will rechte Gunst erweisen, den schickt er in die weite Welt" – Vom Reisen und Wandern in der Romantik

Johann Ludwig Wilhelm Müller. Müller wurde 1794 in Dessau geboren. Der Vater des bekannten Sprachforschers Friedrich Max Müller war ein in der deutschen Romantik berühmter Dichter häufig gesellschaftskritischer deutscher Volkslieder. Sein heutiger Nachruhm resultiert im Wesentlichen auf seinen Gedichtbänden „Die schöne Müllerin" und „Winterreise", die von Franz Schubert vertont wurden und zu den in dieser Form wohl bekanntesten Liederzyklen überhaupt zählen. Müller selbst hat von diesen Vertonungen nie etwas erfahren, der junge Hofrat starb bereits 1827 im Alter von 32 Jahren an einem Herzinfarkt.

Wilhelm Müller (1794 – 1827)

Das Wandern ist des Müllers Lust (Musik: Carl Friedrich Zöllner, 1844)

Vom Wasser haben wir's gelernt,
vom Wasser haben wir's gelernt,
vom Wasser.
Das hat nicht Ruh' bei Tag und Nacht
ist stets auf Wanderschaft bedacht,
ist stets auf Wanderschaft bedacht,
das Wasser,
das Wasser, das Wasser, das Wasser.

Das seh'n wir auch den Rädern ab,
Das sehn wir auch den Rädern ab,
den Rädern.
Die gar nicht gerne stille steh'n
und sich bei Tag nicht müde dreh'n,
und sich bei Tag nicht müde dreh'n,
die Räder,
die Räder, die Räder, die Räder.

(1818)

1. Das bekannte Lied „Das Wandern ist des Müllers Lust" ist bis heute eines der wohl beliebtesten Wanderlieder. Erklären Sie seine Beliebtheit und singen Sie es evtl. in Ihrem Kurs. Welche Stimmung entsteht durch die Vertonung Zöllners? Inwiefern eignet es sich gut zum Wandern?

2. Warum müssen Gesellen wandern? Wie geht es dem Müllergesellen? Wonach sehnt er sich? Spekulieren Sie über mögliche Ursachen für seinen Gemütszustand.

3. Was hat der Entschluss des Müllergesellen, auf Wanderschaft zu gehen, mit dem ständigen Fluss des Wassers und dem unaufhörlichen Drehen der Mühlenräder zu tun? Was bewirken diese Vorgänge beim Müllergesellen?

4. Wander-, Trekking- und Bergsteigindustrie setzen Milliardenbeträge um. Warum erfreut sich das Wandern auch im 21. Jahrhundert so großer Beliebtheit?

Joseph von Eichendorff. Eichendorff wurde 1788 auf Schloss Lubowitz in Oberschlesien als Sohn eines preußischen Offiziers geboren, seine Mutter entstammte einer schlesischen Adelsfamilie; er starb 1857 in Neiße bei Berlin. Der Dichter studierte Jura und Geisteswissenschaften in Halle, er hörte Vorlesungen des deutschen Philosophen Fichte und hatte Kontakt mit zahlreichen romantischen Autoren wie Brentano, Kleist und Arnim. Der Dichter machte Karriere im preußischen Staatsdienst als Schul- und Regierungsrat. Viele seiner Gedichte über Liebe und Natur zeichnen sich durch einen volksliedartigen Ton aus.

Joseph von Eichendorff (1788 – 1857)

Aus dem Leben eines Taugenichts (Erstes Kapitel)

Die berühmte Novelle Eichendorffs erzählt die Geschichte eines jungen Mannes, der den Ansprüchen seines Vaters nicht genügt und hinaus in die Welt zieht. Eine „besonders schöne Dame", die er auf seinem nur scheinbar ziellosen Weg trifft, wird zur Gegenspielerin des Burschen. Die sich anschließende „Weltreise" erzählt vom Zusammentreffen, dem Einander-Verlieren und Sich-wieder-Finden der beiden und kann auch als innere Reise durch eine Seelenlandschaft verstanden werden.

Das Rad an meines Vaters Mühle brauste und rauschte schon wieder recht lustig, der Schnee tröpfelte emsig vom Dache, die Sperlinge zwitscherten und tummelten sich dazwischen; ich saß auf der Türschwelle und wischte mir den Schlaf aus den Augen; mir war so recht wohl in dem warmen Sonnenscheine. Da trat der Vater aus dem Hause; er hatte schon seit Tagesanbruch in der Mühle rumort und die Schlafmütze schief auf dem Kopfe, der sagte zu mir: „Du Taugenichts! da sonnst du dich schon wieder und dehnst und reckst dir die Knochen müde und lässt mich alle Arbeit allein tun.

Federlithografie von Adolf Schroedter, 1842

Ich kann dich hier nicht länger füttern. Der Frühling ist vor der Tür, geh auch einmal hinaus in die Welt und erwirb dir selber dein Brot." – „Nun", sagte ich, „wenn ich ein Taugenichts bin, so ists gut, so will ich in die Welt gehen und mein Glück machen." Und eigentlich war mir das recht lieb, denn es war mir kurz vorher selber eingefallen, auf Reisen zu gehen, da ich die Goldammer, welche im Herbst und Winter immer betrübt an unserm Fenster sang: „Bauer, miet mich, Bauer, miet mich!" nun in der schönen Frühlingszeit wieder ganz stolz und lustig vom Baume rufen hörte: „Bauer, behalt deinen Dienst!"

Ich ging also in das Haus hinein und holte meine Geige, die ich recht artig spielte, von der Wand, mein Vater gab mir noch einige Groschen Geld mit auf den Weg, und so schlenderte ich durch das lange Dorf hinaus. Ich hatte recht meine heimliche Freude, als ich da alle meine alten Bekannten und Kameraden rechts und links, wie gestern und vorgestern und immerdar, zur Arbeit hinausziehen, graben und pflügen sah, während ich so in die freie Welt hinausstrich. Ich rief den armen Leuten nach allen Seiten stolz und zufrieden Adjes zu, aber es kümmerte sich eben keiner sehr darum. Mir war es wie ein ewiger Sonntag im Gemüte. Und als ich endlich ins freie Feld hinauskam, da nahm ich meine liebe Geige vor und spielte und sang, auf der Landstraße fortgehend:

Wem Gott will rechte Gunst erweisen,
Den schickt er in die weite Welt,
Dem will er seine Wunder weisen
In Berg und Wald und Strom und Feld. [...]

Indem, wie ich mich so umsehe, kömmt ein köstlicher Reisewagen ganz nahe an mich heran, der mochte wohl schon einige Zeit hinter mir drein gefahren sein, ohne dass ich es merkte, weil mein Herz so voller Klang war, denn es ging ganz langsam, und zwei vornehme Damen steckten die Köpfe aus dem Wagen und hörten mir zu. Die eine war besonders schön und jünger als die andere, aber eigentlich gefielen sie mir alle beide. Als ich nun aufhörte zu singen, ließ die Ältere stillhalten und redete mich holdselig an: „Ei, lustiger Gesell, Er weiß ja recht hübsche Lieder zu singen." Ich nicht zu faul dagegen: „Euer Gnaden aufzuwarten, wüsst ich noch viel schönere." Darauf fragte sie mich wieder: „Wohin wandert Er denn schon so am frühen Morgen?" Da schämte ich mich, dass ich das selber nicht wusste, und sagte dreist: „Nach Wien"; nun sprachen beide miteinander in einer fremden Sprache, die ich nicht verstand. Die Jüngere schüttelte einige Male mit dem Kopfe, die andere lachte aber in einem fort und rief mir endlich zu: „Spring Er nur hinten mit auf, wir fahren auch nach Wien." Wer war froher als ich! Ich machte eine Reverenz und war mit einem Sprunge hinter dem Wagen, der Kutscher knallte, und wir flogen über die glänzende Straße fort, dass mir der Wind am Hute pfiff.

Hinter mir gingen nun Dorf, Gärten und Kirchtürme unter, vor mir neue Dörfer, Schlösser und Berge auf, unter mir Saaten, Büsche und Wiesen bunt vorüberfliegend, über mir unzählige Lerchen in der klaren blauen Luft – ich schämte mich, laut zu schreien, aber innerlichst jauchzte ich und strampelte und tanzte auf dem Wagentritt herum, dass ich bald meine Geige verloren hätte, die ich unterm Arme hielt. Wie aber denn die Sonne immer höher stieg, rings am Horizont schwere weiße Mittagswolken aufstiegen und alles in der Luft und auf der weiten Fläche so leer und schwül und still wurde über den leise wogenden Kornfeldern, da fiel mir erst wieder mein Dorf ein und mein Vater und unsere Mühle, wie es da so heimlich kühl war an dem schattigen Weiher, und dass nun alles so weit, weit hinter mir lag. Mir war dabei so kurios zumute, als müsst ich wieder umkehren; ich steckte meine Geige zwischen Rock und Weste, setzte mich voller Gedanken auf den Wagentritt hin und schlief ein. [...]

(1826)

1. Welchen Eindruck haben Sie vom Taugenichts? Finden Sie ihn sympathisch? Begründen Sie.

2. Wie ist die überraschend positive Reaktion des Taugenichts auf den „Rauswurf" durch seinen Vater zu erklären? Berücksichtigen Sie dabei die Bedeutung, die das Wandern in der Natur für den Taugenichts hat.

3. Stellen Sie den Taugenichts einer Person, die diesen nicht kennt, vor. Erarbeiten Sie dafür die im Textauszug genannten Äußerlichkeiten und sein soziales Umfeld und charakterisieren Sie diesen typisch romantischen Helden auch unter Berücksichtigung der Zeichnung Schroedters. Machen Sie sich stichpunktartig Notizen und präsentieren Sie diese abschließend.

4. Inwiefern unterscheidet sich die Einstellung des Helden zu Arbeit, Fleiß und Anforderungen des Alltags von dem seiner Mitmenschen, v. a. seines Vaters? Recherchieren Sie hierfür auch den Begriff des „Spießbürgers" und prüfen Sie anschließend, ob man den Anfang der Erzählung auch als Kritik am kleinkarierten Glück eben dieses Spießbürgers verstehen kann.

5. Stellen Sie Gemeinsamkeiten zu Eichendorffs Gedicht „Wünschelrute" (S. 200) her. Was hätte wohl Novalis als Autor des Gedichts „Wenn nicht mehr Zahlen und Figuren" (S. 200) zur Figur des Taugenichts gesagt?

6. Wie geht es wohl weiter mit dem Taugenichts? Entwerfen Sie einen erfolgreichen und einen scheiternden Lebenslauf. Welcher kommt dem Original näher? Überprüfen Sie Ihre Hypothese durch Lektüre der Novelle Eichendorffs.

„Jeder Aufbruch ist ein schmerzliches Losreißen aus vertrauten Umständen, ein Ablegen der eingefahrenen Verhaltensweisen, eine Entkonditionierung – auch eine Entcodierung. Man muss den Schlafrock der Gewohnheiten und die gemütlichen Pantoffel ausziehen, das Gepäck schnüren, Abschied nehmen. Insofern ist der Aufbruch eine Art, sich preiszugeben und auszusetzen, die mit einer Verletzbarkeit verbunden ist. Die Reiseliteratur gibt genügend Aufschluss darüber, dass jede Reise mit einer Krise verbunden ist."

(Aurel Schmidt)

7. Treffen die Überlegungen Aurel Schmidts zur Bedeutung des Reisens auch auf den Taugenichts zu? Vergleichen Sie Ihre eigenen Reiseerfahrungen mit den Aussagen Schmidts. Stimmen Sie zu? Begründen Sie Ihre Auffassung.

Information

Die politisch-geografische Situation Deutschlands im 19. Jahrhundert

Die politisch-geografische Situation Deutschlands stellt sich zu Beginn des 19. Jahrhunderts so dar, dass man von einer gesamten deutschen Nation gar nicht sprechen kann. Die Zersplitterung in Kleinstaaten macht die Welt für die Menschen klein und das Reisen kompliziert, Zölle erschweren den Handel und den Austausch untereinander, auf der Karte entsteht das Bild eines Flickenteppichs. Und dies in einer Zeit, in der infolge des Zeitalters der Aufklärung und des Rationalismus die Freiheit des Einzelnen, Menschenrechte wie Gleichheit und Demokratie (Französische Revolution 1789) wachsende Zustimmung erfuhren. Analog zur Zunahme von ökonomischen Freiheitsrechten wird das Bürgertum zunehmend selbstbewusst. Weil die deutschen Einzelstaaten jedoch politisch weiten Teilen Europas hinterherhinken – man spricht auch von Deutschland als „verspäteter Nation" –, kommt es zu inneren Widersprüchen. Auf der einen Seite steht der Wunsch der Menschen nach Freiheit, Einheit und Selbstbestimmung, das Bedürfnis nach Entgrenzung, im Sinne einer Aufhebung der Territorialgrenzen, auf der anderen Seite wird im Zuge der Restauration (Wiener Kongress 1815) die Uhr zurückgedreht. Während die Folgen der industriellen Revolution ähnlich wie in England auch Kontinentaleuropa treffen und das Leben der Menschen nachhaltig verändern, scheitert die notwendige Anpassung im Politischen: Der erste Versuch einer deutschen Revolution mit dem Ziel der Realisierung von Freiheit, Einheit, Liberalismus und Menschenrechten misslingt 1848/49.

8. Welchen Zusammenhang kann man zwischen den politischen Landesgrenzen und der deutschen Kleinstaaterei im 19. Jahrhundert auf der einen sowie dem Aufkommen des Reisemotivs in der Literatur auf der anderen Seite herstellen?

Joseph von Eichendorff (1788 – 1857)

Frische Fahrt

Laue Luft kommt blau geflossen,
Frühling, Frühling soll es sein!
Waldwärts Hörnerklang geschossen,
Mut'ger Augen lichter Schein;
Und das Wirren bunt und bunter
Wird ein magisch wilder Fluss,
In die schöne Welt hinunter
Lockt dich dieses Stromes Gruß.

Und ich mag mich nicht bewahren!
Weit von euch treibt mich der Wind,
Auf dem Strome will ich fahren,
Von dem Glanze selig blind!
Tausend Stimmen lockend schlagen,
Hoch Aurora[1] flammend weht,
Fahre zu! ich mag nicht fragen,
Wo die Fahrt zu Ende geht.

(1837)

1. Erarbeiten Sie eine Lesung des Reiseliedes. Bringen Sie seine Grundstimmung zum Klingen.

Caspar David Friedrich: Auf dem Segler (1818)

[1] **Aurora:** (lat.: „Morgenröte") steht in der Mythologie für die römische Göttin der Morgenröte

2. Inwiefern wird die Natur in Eichendorffs Gedicht doppelgesichtig dargestellt? Wo liegt die Schönheit der Natur, an welchen Stellen werden die Gefahren deutlich?

3. Analysieren Sie ausgewählte sprachliche Bilder und weitere sprachliche Besonderheiten aus dem Gedicht „Frische Fahrt“ und erläutern Sie deren Wirkung. Arbeiten Sie mit der Tabelle.
➔ Rhetorische Figuren, s. S. 586 ff.

4. Verfassen Sie eine schriftliche Analyse des Gedichts. Weisen Sie typisch romantische Motive nach, indem Sie die Schlüsselwörter „Begrenzung“, „Entgrenzung“ und „Reisen“ sinnvoll in Ihren Text integrieren.
➔ Ein Gedicht analysieren, s. S. 541 ff.

Formulierung	**Sprachliche Gestaltung/Besonderheit**	**Wirkung/Funktion**
„Laue Luft ... blau geflossen“ (V. 1)	Assonanz (ähnlich klingende, dunkle Vokale)	Verstärkung der harmonisch-idyllischen Naturbewegung
„Frühling, Frühling soll es sein!“ (V. 2)		
„Hörnerklang geschossen“ (V. 3) sowie „Luft [...] geflossen“ (V. 1)		
„bunt und bunter“ (V. 5)		
„waldwärts“, „wirren“, „wilder“ (V. 3, 5, 6)		

Joseph von Eichendorff (1788 – 1857)

Die zwei Gesellen

Es zogen zwei rüstge Gesellen
Zum ersten Mal von Haus,
So jubelnd recht in die hellen
Klingenden, singenden Wellen
Des vollen Frühlings hinaus.

Die strebten nach hohen Dingen,
Die wollten, trotz Lust und Schmerz,
Was Recht's in der Welt vollbringen,
Und wem sie vorübergingen,
Dem lachten Sinnen und Herz. –

Der Erste, der fand ein Liebchen,
Die Schwieger kauft' Hof und Haus;
Der wiegte gar bald ein Bübchen,
Und sah aus heimlichem Stübchen
Behaglich in's Feld hinaus.

Dem Zweiten sangen und logen
Die tausend Stimmen im Grund,
Verlockend' Sirenen[1], und zogen
Ihn in der buhlenden[2] Wogen
Farbig klingenden Schlund.

Und wie er auftaucht vom Schlunde
Da war er müde und alt,
Sein Schifflein das lag im Grunde,
So still war's rings in die Runde,
Und über die Wasser weht's kalt.

Es singen und klingen die Wellen
Des Frühlings wohl über mir;
Und seh ich so kecke Gesellen,
Die Tränen im Auge mir schwellen –
Ach Gott, führ' uns liebreich zu Dir!

(1818)

[1] **Sirene:** in der griech. Mythologie ein weibliches Fabelwesen (urspr. Mischwesen aus Frau und Vogel, später auch Frau und Fisch), das durch seinen betörenden Gesang vorbeifahrende Schiffer anlockt, um sie zu töten – [2] **buhlen** hier: werbenden, lockenden

1. Setzen Sie sich nach dem ersten Lesen des Gedichts mit einem Partner zusammen. Halten Sie nun bei erneuter Lektüre das Gedicht nach der dritten beziehungsweise fünften Strophe „an".
   - Einer von Ihnen schlüpft nun in die Haut des ersten beziehungsweise zweiten Gesellen, während der andere Mitschüler keine Rolle übernimmt.
   - Diskutieren Sie in einem Streitgespräch oder Interview die Lebensläufe und entwerfen Sie dafür entsprechende Dialoge.
   - Stellen Sie Ihre Dialoge im szenischen Spiel Ihrem Kurs vor. Begründen Sie, welcher der beiden Lebensentwürfe Ihnen eher zusagt.
   - In einer schriftlichen Auswertung können Sie Ihre Ergebnisse in Form einer Tabelle einander gegenüberstellen.
2. Wie werden die beiden unterschiedlichen Lebensläufe der zwei Gesellen vom lyrischen Ich bewertet? Beachten Sie hierfür sowohl die fünfte und sechste Strophe, die das Ende des Abenteuers des zweiten Gesellen beschreiben, als auch die Verwendung der Verkleinerungsformen „Liebchen", „Bübchen" und „Stübchen".
3. Analysieren Sie den Wandel der Wellenmetaphorik von der ersten zur vierten bzw. fünften Strophe.
4. Deuten Sie den emphatischen Ausruf im letzten Vers des Gedichts, indem Sie erläutern, warum Eichendorff das Personalpronomen in der 1. Person Plural wählt.
5. Vergleichen Sie die Einstellung des lyrischen Ichs zu Aufbruch, Lebenslust und Mut mit der Aussage in Eichendorffs „Frische Fahrt". Erklären Sie die Unterschiede.
6. Wie wollen Sie selbst Ihr Leben gestalten? Wie wichtig ist Ihnen materielle Sicherheit? Welche Risiken sind Sie bereit einzugehen? Formulieren Sie Ihre Gedanken in einem kurzen Statement.

Sean Penn. Der mehrfach preisgekrönte US-amerikanische Schauspieler, Regisseur und Drehbuchautor wurde 1960 in Santa Monica (Kalifornien) geboren. 2004 wurde er für seine Darstellung in „Mystic River" erstmalig mit dem Oscar ausgezeichnet, 2008 bekam er erneut den begehrten Preis für seine Leistung in „Milk" und ist damit einer der wenigen lebenden Schauspieler, die mehrfach den Oscar erhielten.

Timotheus Schwake (geb. 1973)

Sean Penn – „Into the Wild"

„Into the Wild" ist ein US-amerikanischer Spielfilm (2007) von Sean Penn nach Vorlage einer Reportage von John Krakauer. Der Film beschreibt das Leben des 22-jährigen College-Studenten Christopher McCandless, der nach erfolgreichem Abschluss seines Studiums die Erwartungen seiner wohlhabenden Familie aus einem reichen Vorort von Washington D.C. nicht erfüllt und – statt erfolgreich ins Berufsleben zu starten – im Sommer 1990 eine zweijährige Reise durch die USA startet, die ihn schließlich in die Wildnis Alaskas führt. Penns Protagonist sagt sich immer mehr von der zivilisierten, modernen Welt los, er verzichtet bewusst auf jeglichen materiellen Besitz und stellt sich auf seiner Reise nach Fairbanks nahe dem nördlichen Polarkreis bewusst den einfachen Herausforderungen des Lebens in der Wildnis. McCandless, dargestellt von Emile Hirsch, genießt im Prozess des letztlich ziellosen Wanderns geradezu die Klarheit und Ursprünglichkeit des Lebens im Einklang mit der Natur, in der er – so seine Wahrnehmung – ganz Mensch sein kann. In den Monaten ohne mitmenschliche Nähe wird klar, dass der moderne Mensch verlernt hat, die Natur und damit auch sich selbst zu verstehen. Deutlich wird dies z. B. an der Szene, in der Chris nach der erfolgreichen Jagd eines Elchs hektisch zu seinem Lager zurückrennt, um sich beim Zerlegen des Tieres von seinem Fachbuch helfen zu lassen – was dennoch oder gerade deshalb misslingt. Aus der Perspektive des Helden, der am Ende – geschwächt durch Hunger und den Verzehr giftiger Schoten – lieber in der glücklich machenden Einsamkeit der Natur stirbt, als sich von seinen Mitmenschen helfen zu lassen, formuliert der Film die spätestens seit Rousseau bekannte Kritik am Gift der Zivilisation.

(2012)

1. Erarbeiten Sie die Motive, die den Filmhelden zu seiner zweijährigen Reise bringen. Welche Erfahrungen macht der College-Student McCandless fernab jeglicher Zivilisation? Was bewirken diese bei ihm?

2. Vergleichen Sie die Grundaussage des Kinofilms mit dem Motiv des Wanderns und Aufbrechens aus der romantischen Literatur, z. B. im Vergleich mit Eichendorffs „Die zwei Gesellen". Erläutern Sie die Ursachen möglicher Gemeinsamkeiten. Inwiefern könnte man den Film als „romantisch" bezeichnen? Wodurch erklärt sich sein Erfolg?

3. Aurel Schmidt differenziert in seinen Überlegungen zur Bedeutung des Wanderns zwischen Reisenden, die vor sich selbst flüchten, und solchen, die sich finden wollen. Welchem Reisetyp entspricht Eichendorffs „Taugenichts", wie würden Sie Penns Filmhelden McCandless einordnen?

„Wie das Fremdsein ist das Alleinsein eine unumstößliche Kategorie des Reisens. Man reist allein, auf sich gestellt, ohne Besitz, ohne Versicherung, mit leeren Händen, nur mit dem Behälter, in dem die Erinnerungen und Erfahrungen versorgt werden. Sie sind es, die den Menschen zu dem machen, was er ist. Was ein Mensch ist, kann er nur durch sich sein: durch den Akt des Lebens und was er daraus macht. Um es nochmals paradox zu sagen: Man reist, um sich zu finden – dann entkommt man sich und seiner Begrenztheit und wird zum Reisenden, zu jemandem, der sich verwandelt und diese Verwandlung auf sich nimmt. Oder man reist, um sich zu entkommen – dann findet man sich als Reisender, Verwandlungskünstler, Akteur seines Lebens."

(Aurel Schmidt)

4. **Was Sie noch machen können:**
Werten Sie den Trailer zum Film, den Sie im Internet finden, aus und überprüfen Sie Ihre Vergleichsergebnisse aus den Aufgaben 2 und 3. Oder: Schauen Sie sich den Film an. Halten Sie besonders eindrucksvolle Panoramaeinstellungen des Films an („Screenshot") und drucken Sie diese aus. Vergleichen Sie diese mit bekannten Motiven romantischer Malerei. Beispiel: Die obige Einstellung, die den Helden einsam in der Natur zeigt, kann mit Friedrichs Gemälde „Mönch am Meer" (S. 217) verglichen werden. Aus diesem Vergleich könnte auch eine Facharbeit entstehen.
➔ Einen Film/eine Filmszene/ein Standbild analysieren – Ein Überblick, s. S. 561 ff.

3 „Es war, als hätt' der Himmel die Erde still geküsst" – Die Natur in der Romantik

Clemens Brentano. Brentano wurde 1778 in Ehrenbreitstein bei Koblenz geboren, er starb 1842 in Aschaffenburg. Der berühmte Dichter gilt als typisch romantischer Autor, dessen Ungenügen, sich durch eine geregelte Erwerbsarbeit in das Bürgertum zu integrieren, sich in Form von Gesellschaftskritik und einer Wendung in die Vergangenheit in Form von Märchen und Liedern spiegelt.

Clemens Brentano (1778 – 1842)

Sprich aus der Ferne

Sprich aus der Ferne
Heimliche Welt,
Die sich so gerne
Zu mir gesellt.

Wenn das Abendrot niedergesunken,
Keine freudige Farbe mehr spricht,
Und die Kränze still leuchtender Funken
Die Nacht um die schattigte Stirne flicht:

Wehet der Sterne
Heiliger Sinn
Leis durch die Ferne
Bis zu mir hin.

Wenn des Mondes still lindernde Tränen
Lösen der Nächte verborgenes Weh;
Dann wehet Friede. In goldenen Kähnen
Schiffen die Geister im himmlischen See.

Glänzender Lieder
Klingender Lauf
Ringelt sich nieder,
Wallet hinauf.

Wenn der Mitternacht heiliges Grauen
Bang durch die dunklen Wälder hinschleicht,
Und die Büsche gar wundersam schauen,
alles sich finster tiefsinnig bezeugt:

Wandelt im Dunkeln
Freundliches Spiel,
Still Lichter funkeln
Schimmerndes Ziel.

Alles ist freundlich wohlwollend verbunden,
Bietet sich tröstend und traurend die Hand,
Sind durch die Nächte die Lichter gewunden,
Alles ist ewig im Innern verwandt.

Sprich aus der Ferne
Heimliche Welt,
Die sich so gerne
Zu mir gesellt. *(1818)*

1. Welche Ihrer Assoziationen zum Begriff des „Romantischen" finden Sie in dem Gedicht „Sprich aus der Ferne" wieder?
2. Bereiten Sie in Kleingruppen eine mündliche Präsentation des Gedichts vor, bei der die Struktur des Gedichts deutlich wird.
3. In welchem Verhältnis stehen Ich und Welt zueinander? Deuten Sie die Beziehung von Ferne und Nähe sowie das Verhältnis von Mensch und Natur.
4. Beschreiben Sie die realen Naturerscheinungen in der zweiten, vierten und sechsten Strophe. Mit welchen sprachlichen Mitteln versucht Brentano, diese zu umschreiben? Achten Sie dabei auch auf Synästhesien und Personifikationen. Welche Wirkung haben diese?
5. Analysieren Sie die Syntax und die Satzarten. Versuchen Sie, diese in Verbindung zur inhaltlichen Aussage des Gedichts zu bringen, und klären Sie das Verhältnis von Lang- zu Kurzstrophen.

Information

Die Synästhesie in der Romantik

Die Synästhesie meint eine durch einen sprachlichen Ausdruck hervorgerufene Verschmelzung mehrerer Sinneseindrücke, z. B. „schreiendes Rot" oder „warmes Grün". Synästhesien besitzen für die Romantik einen besonderen Ausdruckswert: Die Nacht ist für sie der Zeitraum, in dem das Trennende, Sondernde des Lichts wegfällt und alle Wahrnehmungen und Empfindungen verschmelzen können. Damit realisiert sich aber in der Nacht symbolisch ein Stück der romantischen Weltauffassung: Die Romantiker glaubten an die ursprüngliche Einheit alles Lebens, an die Ungeschiedenheit von Subjekt und Objekt, von Geist und Materie, von Mensch, Tier und Pflanze. Die Wiederherstellung dieser ursprünglichen Einheit durch Aufhebung aller Trennungen war ihr letztes Ziel. In der Nacht, im Traum und im Unbewussten erlebten sie eine Vorwegnahme dieser Einheit. Synästhesien sind eine der poetischen Möglichkeiten zur Darstellung dieses Erlebens.

6. Im Roman „Doktor Faustus" des berühmten deutschen Dichters Thomas Mann (1875–1955) heißt es über „Sprich aus der Ferne":

„Gewiss ganz selten in der Literatur haben Wort und Klang einander gefunden und bestätigt wie hier. Es wendet Musik hier ihr Auge auf sich selbst und schaut ihr Wesen an. Dieses sich tröstend und trauernd Einander-die-Hand-Bieten der Töne, dieses verwandelnd-verwandt ineinander Verwoben- und Verschlungensein aller Dinge, – das ist sie (die Musik)."

Wo wird Sprache zur Musik? Erläutern Sie das Zitat mit Blick auf die Vokalgestaltung und Reime im Gedicht Brentanos.

Clemens Brentano (1778–1842)

Abendständchen

Hör, es klagt die Flöte wieder,
Und die kühlen Brunnen rauschen,
Golden wehn die Töne nieder –
Stille, stille, lass uns lauschen!

Holdes Bitten, mild Verlangen,
Wie es süß zum Herzen spricht!
Durch die Nacht, die mich umfangen,
Blickt zu mir der Töne Licht.

(1802)

1. Untersuchen Sie die Rolle der Synästhesien in Brentanos Gedicht, indem Sie es mit „Sprich aus der Ferne" vergleichen. Welche neue Form sensitiver Naturerfahrung wird hier angestrebt?

2. Das Gedicht ist dem Singspiel „Die lustigen Musikanten" entnommen, in welchem sich ein Blinder und seine Tochter im Wechsel unterhalten. Welches Verspaar kann deutlich dem blinden Vater zugeordnet werden? Begründen Sie. Erschließen Sie daraus den Verlauf des Dialogs.

3. Was ist das Besondere an der Wahrnehmungsweise des Blinden? Warum wählt Brentano möglicherweise gerade eine solche Figur? Vergleichen Sie die Wahrnehmungsweise des blinden Vaters mit der seiner Tochter.

4. Fassen Sie in einem kleinen Sachtext die für Sie neuen Informationen zum Verhältnis von Mensch und Welt (Natur) in der Romantik zusammen.

Joseph von Eichendorff (1788 – 1857)
Abschied

O Täler weit, o Höhen,
O schöner, grüner Wald,
Du meiner Lust und Wehen
Andächt'ger Aufenthalt!
Da draußen, stets betrogen,
Saust die geschäft'ge Welt,
Schlag noch einmal die Bogen
Um mich, du grünes Zelt!

Wenn es beginnt zu tagen,
Die Erde dampft und blinkt,
Die Vögel lustig schlagen,
Dass dir dein Herz erklingt:
Da mag vergehn, verwehen
Das trübe Erdenleid,
Da sollst du auferstehen
In junger Herrlichkeit!

Da steht im Wald geschrieben
Ein stilles, ernstes Wort
Von rechtem Tun und Lieben,
Und was des Menschen Hort.
Ich habe treu gelesen
Die Worte, schlicht und wahr,
Und durch mein ganzes Wesen
Ward's unaussprechlich klar.

Bald werd' ich dich verlassen,
Fremd in der Fremde geh'n,
Auf buntbewegten Gassen
Des Lebens Schauspiel sehn;
Und mitten in dem Leben
Wird deines Ernst's Gewalt
Mich Einsamen erheben,
So wird mein Herz nicht alt.

(1810)

1. Erläutern Sie den Titel des Gedichts: Wer nimmt hier von wem Abschied? Wie wird diese Situation des Sich-trennen-Müssens vom lyrischen Ich empfunden? Was erwartet es für die Zukunft? Sie können zu diesen Fragen auch einen Tagebucheintrag in Ich-Form verfassen.

2. Erarbeiten Sie in tabellarischer Form die Darstellung des Waldes beziehungsweise der Welt/Gesellschaft, in die das lyrische Ich auszieht. Was wird durch die Gegenüberstellung deutlich?

3. Inwiefern finden sich in dem Gedicht religiöse Konnotationen? Markieren Sie hierfür alle Textstellen, die eine christlich-religiöse Bedeutung haben können, und klären Sie, welche Aufgabe der Natur für den einzelnen Menschen zukommt.

4. Erläutern Sie mit Blick auf das Gedicht „Abschied" die überlieferte Aussage Eichendorffs, die Natur sei „das große Bilderbuch, das der liebe Gott uns draußen aufgeschlagen hat". Beziehen Sie sich dabei auch auf die nachfolgenden Informationen.

5. Vergleichen Sie die Rolle der Natur bei Eichendorff mit der bei Brentano. Wo findet sich die für Brentano charakteristische innere Verbundenheit alles Kreatürlichen auch in Eichendorffs Text?

Information

Natur und Religiosität in der Romantik

In der Romantik erhält die Kunst die Funktion, zwischen dem Menschen und dem Göttlichen zu vermitteln. Mit der Kunst wird die Hoffnung verbunden, ein neues „Zeitalter des Religiösen" (Novalis) zu beginnen. Dieses soll den im realen prosaischen Leben von Gott und damit dem Absoluten getrennten Menschen in seinem Leiden an Unvollkommenheit und Trennung von Gott erlösen. (Christlicher) Glaube und religiöse Praxis erscheinen romantischen Dichtern deshalb attraktiv, weil für den Gläubigen die Überschreitung des Irdischen und die Ewigkeit noch denkbar sind – anders als für den aufgeklärten, naturwissenschaftlich gebildeten Menschen der Moderne. Vorbild der romantischen Religiosität ist dabei jedoch häufig eher der Glaube, wonach Gott sich überall in den Erscheinungen der Natur offenbare (Pantheismus), weniger ein streng christlicher Dogmatismus. Aufgabe der Dichter sei es, den im Universum unmittelbar fühlbaren göttlichen Geist darzustellen und den Menschen nahezubringen. So fordert Friedrich Schlegel sogar eine „neue Mythologie", um die Religion sinnlich nachvollziehbar zu machen, später jedoch wendet er sich vom Pantheismus ab und konvertiert zum Katholizismus. Nun erhofft er sich im Glauben an die Botschaft der katholischen Kirche Erlösung für den Menschen.

Joseph von Eichendorff
(1788–1857)

Mondnacht

Es war, als hätt' der Himmel
Die Erde still geküsst,
Dass sie im Blüten-Schimmer
Von ihm nun träumen müsst'.

Die Luft ging durch die Felder,
Die Ähren wogten sacht,
Es rauschten leis die Wälder,
So sternklar war die Nacht.

Und meine Seele spannte
Weit ihre Flügel aus,
Flog durch die stillen Lande,
Als flöge sie nach Haus.

(1830)

1. Fertigen Sie eine einfache Strukturskizze der Szenerie des Gedichtes an, durch welche die Bewegung deutlich wird. Integrieren Sie nun Pfeile, welche die Richtung der jeweiligen Bewegung in den Strophen anzeigen. Was wird deutlich?

2. Welche Grundstimmung kommt in dem Gedicht zum Ausdruck? Ist es Ihrer Meinung nach möglich, diese Grundstimmung auch in einem modernen Foto, das San Francisco zeigt, zu identifizieren? Begründen Sie.

3. Analysieren Sie das Gedicht, indem Sie
- den Aufbau der Strophen beschreiben und eine inhaltliche Gliederung vornehmen,
- es formal untersuchen (Reimschema, Verwendung von Tempora und Modi) und einen Bezug zum Inhalt herstellen,
- klären, welche unterschiedlichen Sinne angesprochen werden,
- die Bedeutung ausgewählter Motive inhaltlich zu erfassen versuchen.

➔ Ein Gedicht analysieren, s. S. 541 ff.

4. Erläutern Sie mit Bezug auf Eichendorffs „Mondnacht“ den von dem Literaturwissenschaftler Rüdiger Safranski beschriebenen Begriff des „Romantisierens“:

„Alltäglich sind es Arbeit und Gewohnheit, die den Blick verengen und die deshalb auch schützen. Den Romantikern ist das zu wenig, gegen die drohende Langeweile setzen sie die schöne Verwirrung, die sie das ‚Romantisieren‘ nennen. Aber die ironische Romantik weiß auch: Das Romantisieren ist eine Verzauberung durch den Irrealis. Und darum deckt die Romantik dort, wo sie am meisten romantisch ist, auch ihr Betriebsgeheimnis auf – dieses ironische ‚Als ob‘.“

(Rüdiger Safranski)

5. Hören Sie die Vertonung des Gedichts von Robert Schumann. Wie wird in seinem „Kunstlied“ das Thema von „Mondnacht“ umgesetzt? Experten aus Ihrem Kurs können das Thema „Romantische Musik“ auch als Referat aufbereiten.

6. Das Gedicht gilt vielen als das wohl schönste seiner Epoche, Thomas Mann nannte es „die Perle aller Perlen“. Teilen Sie diese Ansicht? Nehmen Sie Stellung.

7. **Was Sie noch machen können:**
Setzen Sie das Gedicht künstlerisch um, indem Sie
- das Gedicht malen. Stellen Sie Ihr Bild anschließend vor und begründen Sie Ihre Umsetzung.
- in Kleingruppen Vertonungen des Gedichts erstellen. Beispiele von Schülerversionen finden Sie bereits im Internet.

Günter Eich. Eich wurde 1907 in Lebus geboren. Er war ein überaus bekannter deutscher Hörspielautor und Lyriker, der insbesondere in der Nachkriegszeit stark rezipiert wurde. Sein Gedicht „Inventur" gilt als prominentestes Beispiel sogenannter Trümmerlyrik; besonders bekannt wurde auch sein Hörspiel „Träume" (1951), das zu starken Hörerprotesten führte; Eichs Sprache ist häufig geprägt durch Lakonie und Einfachheit, mit der er existenzielle, urmenschliche Situationen verknappt darstellt. Eich starb 1972 in Salzburg.

Günter Eich (1907 – 1972)

Abend im März

Ich trete in die Türe ein,
der Mond war vor mir dort.
Ach Mond, du sollst nicht bei mir sein!
Er schweigt und geht nicht fort.

Er wohnt in meiner Stube drin
seit gestern, als ich kam.
Ich seh ihn, weil ich traurig bin,
ich kenn ihn nur im Gram.

Ich zünde keine Lampe an,
ich setz mich in sein Licht.
Durchs Fenster blick ich dann und wann,
der Mond erkennt mich nicht.

So ess ich einen goldnen Fisch,
gieß Wasser mir ins Glas,
wie eine Wiese ist der Tisch,
im Mondlicht wächst das Gras.

Jetzt wird er bald verfinstert sein,
wohl gegen Ende März.
Und sinnlos fällt das Wort mir ein:
„Er ist der Nacht ihr Herz."

Er ist so blind, er ist so taub,
ihn kümmern Tränen nicht.
Er schwankt im Wind, er hängt im Laub,
ach mit demselben Licht.

1. Vergleichen Sie das Gedicht Günter Eichs mit Eichendorffs „Mondnacht". Erstellen Sie hierfür eine Tabelle und legen Sie zu Beginn Vergleichskriterien fest. Erarbeiten Sie nun mögliche Gemeinsamkeiten und Unterschiede.
➔ Methoden des Textvergleichs – Ein Überblick, s. S. 553.
➔ Gedichte miteinander vergleichen, s. S. 558 ff.

2. Beschreiben und deuten Sie die Rolle des Mondes für den Menschen. Welches Verhältnis haben Mensch und Natur bei Eichendorff und Eich? Wie erklären Sie sich Ihre Ergebnisse? Beachten Sie dabei die Entstehungszeit beider Gedichte.

➔ Zwei weitere Gedichte von Günter Eich finden Sie auf S. 368 f.

4 „Es schienen so golden die Sterne“ – Das Sehnsuchtsmotiv

Georg Friedrich Philipp Freiherr von Hardenberg, genannt Novalis. Novalis wurde 1772 im Harz geboren. Er war ein einflussreicher Schriftsteller und Philosoph der Frühromantik; seine literarische Arbeit zeichnet sich durch das dauerhafte Streben nach einer „Romantisierung der Welt“ aus. Neben zahlreichen Kunstmärchen und Gedichten ist vor allem sein Roman „Heinrich von Ofterdingen“ als Manifest der frühromantischen Poetik bekannt. Der Dichter starb bereits 1801 in Weißenfels.

Novalis (1772–1801)

Astralis (Aus dem Romanfragment „Heinrich von Ofterdingen“)

In Novalis' berühmtem Romanfragment geht es um einen jungen verträumten Mann, der in einer mittelalterlichen Welt gemeinsam mit seiner Mutter zu seinem Großvater in Bayern reist. Auf dieser Reise begegnet er mehreren Mitreisenden, die ihn in symbolisch zu verstehende Gespräche über real nur schwer verständliche Ereignisse verwickeln. Während der Reise reift der Jüngling innerlich. Die äußere, tatsächliche Reise ist also weitaus weniger wichtig als die innere Persönlichkeitsentwicklung des Menschen, die wahre Reise geht für Novalis immer ins Innere des Individuums. Die Psyche des Menschen erhält im Rahmen des romantischen Erzählens wie auch die irrationale Wirklichkeit neue, stärkere Bedeutung.

Es bricht die neue Welt herein
Und verdunkelt den hellsten Sonnenschein
Man sieht nun aus bemoosten Trümmern
Eine wunderseltsame Zukunft schimmern
Und was vordem alltäglich war
Scheint jetzo fremd und wunderbar.
Eins in allem und alles in Einem
Gottes Bild auf Kräutern und auf Steinen
Gottes Geist in Menschen und Tieren,
Dies muss man sich zu Gemüte führen.
Keine Ordnung mehr nach Raum und Zeit
Hier Zukunft in der Vergangenheit
Der Liebe Reich ist aufgetan
Die Fabel fängt zu spinnen an.
Das Urspiel jeder Natur beginnt
Auf kräftige Worte jeder sinnt
Und so das große Weltgemüt
Überall sich regt und unendlich blüht.
Alles muss ineinandergreifen
Eins durch das Andre gedeihen und reifen;
Jedes in Allen dar sich stellt
Indem es sich mit ihnen vermischet
Und gierig in ihre Tiefen fällt
Sein eigentümliches Wesen erfrischet
Und tausend neue Gedanken erhält.
Die Welt wird Traum, der Traum wird Welt
Und was man geglaubt, es sei geschehn
Kann man von weiten erst kommen sehn.
Frei soll die Fantasie erst schalten,
Nach ihrem Gefallen die Fäden verweben
Hier manches verschleiern, dort manches entfalten,
Und endlich in magischen Dunst verschweben.
Wehmut und Wollust, Tod und Leben
Sind hier in innigster Sympathie –
Wer sich der höchsten Lieb' ergeben,
Genest von ihren Wunden nie.
Schmerzhaft muss jenes Band zerreißen,
Was sich ums innre Auge zieht,
Einmal das treuste Herz verwaisen,
Eh es der trüben Welt entflieht.
Der Leib wird aufgelöst in Tränen,
Zum weiten Grabe wird die Welt,
In das, verzehrt von bangen Sehnen,
Das Herz, als Asche, niederfällt.

(1801)

1. Erarbeiten Sie den Inhalt des Gedichts von Novalis, indem Sie die folgenden Aussagen auf ihre Schlüssigkeit hin überprüfen.

A „Das romantische Programmgedicht setzt sich mit dem Anliegen der Epoche der Aufklärung auseinander, der es darum ging, mithilfe von rational erworbenen Erkenntnissen und Wissen Autonomie zu erlangen.“

B „Dabei begegnet der Romantiker Novalis dem Grundgedanken der Aufklärung positiv, indem er deren Lichtmetapher in Vers 2 bejahend aufnimmt."

C „Der romantische Mensch leidet an der Banalität und Durchschaubarkeit des normalen Lebens. Mithilfe der Kunst soll dieser Alltag wieder verrätselt und damit interessant gemacht werden."

D „Aus dem Gedicht spricht eine zutiefst christlich ausgeprägte Religiosität. Der Glaube an einen personalen Schöpfergott, wie er dem Christentum inhärent ist, rettet den Einzelnen vor der Überheblichkeit und Arroganz des aufgeklärten Menschen."

E „Die Welt muss romantisiert werden. [...] Romantisieren ist nichts als eine qualitative Potenzierung. [...] Indem ich dem Gemeinen einen hohen Sinn, dem Gewöhnlichen ein geheimnisvolles Ansehn, dem Bekannten die Würde des Unbekannten, dem Endlichen einen unendlichen Schein gebe, so romantisiere ich es." Diese Aussage des Novalis' findet sich in anderen Worten auch in dem Gedicht wieder.

F „Das im Gedicht skizzierte Goldene Zeitalter, in dem der Mensch mit der Natur versöhnt ist, hat schon begonnen und ist real. Die Sehnsucht des Romantikers ist erfüllt, sein Ziel erreicht."

G „Man kann die Welt nur verstehen, wenn man auch das Dunkle an ihrem Wesen wahrnimmt und akzeptiert und vermeidet, alles aufzuklären."

2. Vergleichen Sie Ihre Ergebnisse im Kurs. Überprüfen Sie Ihre Einschätzungen, indem Sie ausgewählte Aspekte in einigen vorausgegangenen Texten dieses Kapitels nachzuweisen versuchen.

Novalis (1772–1801)

Heinrich von Ofterdingen (Erstes Kapitel)

Die Eltern lagen schon und schliefen, die Wanduhr schlug ihren einförmigen Takt, vor den klappernden Fenstern sauste der Wind; abwechselnd wurde die Stube hell von dem Schimmer des Mondes. Der Jüngling lag unruhig auf seinem Lager, und gedachte des Fremden und seiner Erzählungen. „Nicht die Schätze sind es, die ein so unaussprechliches Verlangen in mir geweckt haben", sagte er zu sich selbst; „fernab liegt mir alle Habsucht: aber die blaue Blume sehn' ich mich zu erblicken. Sie liegt mir unaufhörlich im Sinn, und ich kann nichts anderes dichten und denken." [...] Der Jüngling verlor sich allmählich in süßen Fantasien und entschlummerte. Da träumte ihm erst von unabsehlichen Fernen, und wilden, unbekannten Gegenden.
Er wanderte über Meere mit unbegreiflicher Leichtigkeit; wunderliche Tiere sah er; er lebte mit mannigfaltigen Menschen, bald im Kriege, in wildem Getümmel, in stillen Hütten. Er geriet in Gefangenschaft und die schmählichste Not. Alle Empfindungen stiegen bis zu einer nie gekannten Höhe in ihm. Er durchlebte ein unendlich buntes Leben; starb und kam wieder, liebte bis zur höchsten Leidenschaft, und war dann wieder auf ewig von seiner Geliebten getrennt. Endlich gegen Morgen, wie draußen die Dämmerung anbrach, wurde es stiller in seiner Seele, klarer und bleibender wurden die Bilder. Es kam ihm vor, als ginge er in einem dunkeln Walde allein. Nur selten schimmerte der Tag durch das grüne Netz. Bald kam er vor eine Felsenschlucht, die bergan stieg. Er musste über bemooste Steine klettern, die ein ehemaliger Strom heruntergerissen hatte. Je höher er kam, desto lichter wurde der Wald. Endlich gelangte er zu einer kleinen Wiese, die am Hange des Berges lag. Hinter der Wiese erhob sich eine hohe Klippe, an deren Fuß er eine Öffnung erblickte, die der Anfang eines in den Felsen gehauenen Ganges zu sein schien.
Der Gang führte ihn gemächlich eine Zeit lang eben fort, bis zu einer großen Weitung, aus der ihm schon von fern ein helles Licht entgegenglänzte. Wie er hineintrat, ward er einen mächtigen Strahl gewahr, der wie aus einem Springquell bis an die Decke des Gewölbes stieg, und oben in unzählige Funken zerstäubte, die sich unten in einem großen Becken sammelten; der Strahl glänzte wie entzündetes Gold; nicht das mindeste Geräusch war zu hören, eine heilige Stille umgab das herrliche Schauspiel. Er näherte sich dem Becken, das mit unendlichen Farben wogte und zitterte. Die Wände der Höhle waren mit dieser Flüssigkeit überzogen, die nicht heiß, sondern kühl war, und an den Wänden nur ein mattes, bläuliches Licht von sich warf. Er tauchte

seine Hand in das Becken und benetzte seine Lippen. Es war, als durchdränge ihn ein geistiger Hauch, und er fühlte sich innigst gestärkt und erfrischt. Ein unwiderstehliches Verlangen ergriff ihn sich zu baden, er entkleidete sich und stieg in das Becken. Es dünkte ihn, als umflösse ihn eine Wolke des Abendrots; eine himmlische Empfindung überströmte sein Inneres; mit inniger Wollust strebten unzählbare Gedanken in ihm sich zu vermischen; neue, nie gesehene Bilder entstanden, die auch ineinanderflossen und zu sichtbaren Wesen um ihn wurden, und jede Welle des lieblichen Elements schmiegte sich wie ein zarter Busen an ihn. Die Flut schien eine Auflösung reizender Mädchen, die an dem Jünglinge sich augenblicklich verkörperten. Berauscht von Entzücken und doch jedes Eindrucks bewusst, schwamm er gemach dem leuchtenden Strome nach, der aus dem Becken in den Felsen hineinfloss. Eine Art von süßem Schlummer befiel ihn, in welchem er unbeschreibliche Begebenheiten träumte, und woraus ihn eine andere Erleuchtung weckte. Er fand sich auf einem weichen Rasen am Rande einer Quelle, die in die Luft hinausquoll und sich darin zu verzehren schien. Dunkelblaue Felsen mit bunten Adern erhoben sich in einiger Entfernung; das Tageslicht, das ihn umgab, war heller und milder als das gewöhnliche, der Himmel war schwarzblau und völlig rein. Was ihn aber mit voller Macht anzog, war eine hohe lichtblaue Blume, die zunächst an der Quelle stand, und ihn mit ihren breiten, glänzenden Blättern berührte. Rund um sie her standen unzählige Blumen von allen Farben, und der köstliche Geruch erfüllte die Luft. Er sah nichts als die blaue Blume, und betrachtete sie lange mit unnennbarer Zärtlichkeit. Endlich wollte er sich ihr nähern, als sie auf einmal sich zu bewegen und zu verändern anfing; die Blätter wurden glänzender und schmiegten sich an den wachsenden Stängel, die Blume neigte sich nach ihm zu, und die Blütenblätter zeigten einen blauen ausgebreiteten Kragen, in welchem ein zartes Gesicht schwebte. Sein süßes Staunen wuchs mit der sonderbaren Verwandlung, als ihn plötzlich die Stimme seiner Mutter weckte, und er sich in der elterlichen Stube fand, die schon die Morgensonne vergoldete. Er war zu entzückt, um unwillig über diese Störung zu sein; vielmehr bot er seiner Mutter freundlich guten Morgen und erwiderte ihre herzliche Umarmung.

„Du Langschläfer", sagte der Vater, „wie lange sitze ich schon hier, und feile. Ich habe deinetwegen nichts hämmern dürfen; die Mutter wollte den lieben Sohn schlafen lassen. Aufs Frühstück habe ich auch warten müssen. Klüglich hast du den Lehrstand erwählt, für den wir wachen und arbeiten. Indes ein tüchtiger Gelehrter, wie ich mir habe sagen lassen, muss auch Nächte zu Hülfe nehmen, um die großen Werke der weisen Vorfahren zu studieren." „Lieber Vater", antwortete Heinrich, „werdet nicht unwillig über meinen langen Schlaf, den Ihr sonst nicht an mir gewohnt seid. Ich schlief erst spät ein, und habe viele unruhige Träume gehabt, bis zuletzt ein anmutiger Traum mir erschien, den ich lange nicht vergessen werde, und von dem mich dünkt, als sei es mehr als bloßer Traum gewesen."

(1800/1802)

1. Die Exposition des Romans führt in Heinrichs Situation ein. Beschreiben Sie diese und untersuchen Sie, inwiefern sie sich nach dem Aufwachen und dem Ende des Traums verändert.

2. Geben Sie den Inhalt von Heinrichs Traum wieder. Was genau passiert hier? Um Ihr Verständnis zu erleichtern, können Sie auch eine grobe Skizze anfertigen.

3. Vergleichen Sie Heinrichs Vater mit dem des Taugenichts. Informieren Sie sich in einem Lexikon über den Begriff des „Philisters" und klären Sie, ob man beide Väter als solche verstehen kann.

„Die blaue Blume ist aber das, was jeder sucht, ohne es selbst zu wissen, nenne man es nun Gott, Ewigkeit, Liebe, Ich oder Du. Wenn Novalis selbst sagt, der Roman handele von der Poesie, so ist das nur insofern richtig, als Poesie eben das Unendliche, das Ewige, die blaue Blume ist."

(Ricarda Huch)

4. Überprüfen Sie die Aussage Huchs und klären Sie die Bedeutung der blauen Blume als Symbol der romantischen Poesie und ihrer Sehnsucht nach dem Unendlichen.

5. Stellen Sie sich vor, Heinrich würde nach dem Gespräch mit seinen Eltern erneut einschlafen. Wie könnte sein Traum weitergehen? Schreiben Sie den Traum weiter und verwenden Sie einen Novalis ähnlichen Stil.

„Nach Innen geht der geheimnisvolle Weg."

(Novalis)

6. Formulieren Sie aus der Sicht des Dichters realisierbare Tipps, wie man auch heute noch ein romantisches Leben führen kann.

Joseph von Eichendorff (1788 – 1857)

Sehnsucht

Es schienen so golden die Sterne,
Am Fenster ich einsam stand
Und hörte aus weiter Ferne
Ein Posthorn im stillen Land.
Das Herz mir im Leib entbrennte,
Da hab' ich mir heimlich gedacht:
Ach wer da mitreisen könnte
In der prächtigen Sommernacht!

Zwei junge Gesellen gingen
Vorüber am Bergeshang,
Ich hörte im Wandern sie singen
Die stille Gegend entlang:
Von schwindelnden Felsenschlüften,
Wo die Wälder rauschen so sacht,
Von Quellen, die von den Klüften
Sich stürzen in die Waldesnacht.

Sie sangen von Marmorbildern,
Von Gärten, die über'm Gestein
In dämmernden Lauben verwildern,
Palästen im Mondenschein,
Wo die Mädchen am Fenster lauschen,
Wann der Lauten Klang erwacht
Und die Brunnen verschlafen rauschen
In der prächtigen Sommernacht. –

(1834)

Caspar David Friedrich: Frau am Fenster (1822)

1. Schauen Sie sich zunächst das Gemälde „Frau am Fenster" von Caspar David Friedrich an. Versetzen Sie sich in die Rolle der Frau und schreiben Sie einen inneren Monolog.
2. Lesen Sie das Gedicht von Joseph von Eichendorff und vergleichen Sie die Situation des lyrischen Ichs mit der Situation der Frau am Fenster.
3. Stellen Sie den inhaltlichen Aufbau des Gedichts in einem Schaubild dar.
4. Das Gedicht endet in einer Situation, die für das lyrische Ich bereits am Anfang steht. Hat sich diese gewandelt oder dreht sich das lyrische Ich im Kreise? Unterscheiden Sie dabei das Nicht-Ankommen vom Bei-sich-Ankommen.
5. Eichendorff selbst lebte eine Doppelexistenz: Einerseits war er der täglichen Pflicht eines Beamten unterworfen und im bürgerlich-konservativen Alltag gefangen, andererseits konnte er seine Sehnsucht nach Freiheit und Ungebundenheit in seiner Rolle als Dichter ausleben. Zeigen Sie auf, inwiefern sich die persönliche Situation des Dichters in seinem Gedicht widerspiegeln könnte.

Caspar David Friedrich
(1774 – 1840)
Mönch am Meer (1808/1810)

1. Beschreiben Sie das berühmte Gemälde Friedrichs. Welche romantischen Motive werden deutlich?

2. Versetzen Sie sich in die Rolle des Mönchs am Meer. Was sehen, hören, empfinden Sie? Notieren Sie Ihre Gedanken in Form eines inneren Monologs.

„Herrlich ist es, in einer unendlichen Einsamkeit am Meeresufer, unter trübem Himmel, auf eine unbegrenzte Wasserwüste, hinauszuschauen. Dazu gehört gleichwohl, dass man dahin gegangen sei, dass man zurück muss, dass man hinüber möchte, dass man es nicht kann, dass man alles zum Leben vermisst, und die Stimme des Lebens dennoch im Rauschen der Flut, im Wehen der Luft, im Ziehen der Wolken, dem einsamen Geschrei der Vögel, vernimmt. […] Das Bild liegt, mit seinen zwei oder drei geheimnisvollen Gegenständen, wie die Apokalypse[1] da, […] und da es, in seiner Einförmigkeit und Uferlosigkeit, nichts als den Rahmen zum Vordergrund hat, so ist es, wenn man es betrachtet, als ob einem die Augenlider weggeschnitten wären.“
(Heinrich von Kleist in den Berliner Abendblättern, 13. Oktober 1810)

3. Geben Sie Kleists Gedanken beim Anblick des Gemäldes mit eigenen Worten wieder und erläutern Sie mögliche Gründe für seine Ergriffenheit.

4. Der Künstler hat über zwei Jahre an seinem Bild gemalt. Dabei verschwanden im Laufe der Überarbeitung zwei anfangs vorhandene Segelschiffe, der Morgenstern sowie der Mond. Was könnte Friedrich mit dieser Reduktion bezweckt haben?

5. Wie hätte wohl Heinrich Heine auf die Ergriffenheit und das Pathos Kleists geantwortet? Verfassen Sie einen fiktiven Brief Heines an Kleist, nachdem Sie sein Gedicht „Das Fräulein stand am Meere“ gelesen haben.

➔ Weitere Informationen zu Heinrich Heine s. S. 226.

Heinrich Heine (1797 – 1856)
Das Fräulein stand am Meere

Das Fräulein stand am Meere
Und seufzte lang und bang.
Es rührte sie so sehre
der Sonnenuntergang.

Mein Fräulein! Sein sie munter,
Das ist ein altes Stück;
Hier vorne geht sie unter
Und kehrt von hinten zurück.

(um 1832)

[1] **Apokalypse:** hier: Enthüllung, Offenbarung

5 „Etwas Entsetzliches ist in mein Leben getreten" – Die dunkle Seite der Romantik

Ernst Theodor Amadeus Hoffmann. Hoffmann wurde 1776 in Königsberg geboren. Er gilt als berühmter romantischer Erzähler, dessen Werke sich häufig durch einen fantastisch-skurrilen Charakter auszeichnen; der Jurist und Musiker schuf mit den „Elixieren des Teufels" und dem „Sandmann", ähnlich wie Edgar Allan Poe in England, die ersten bedeutenden deutschen Spukgeschichten, deren Qualität und Modernität sich darin zeigt, dass der Leser am Ende häufig nicht weiß, ob der geschilderte Spuk real stattgefunden oder sich aber nur im Kopf des Protagonisten abgespielt hat. Hoffmanns Erzählungen unterlaufen damit traditionelle Lesererwartungen und sorgten schon bei seinen Zeitgenossen für Verwirrung und Orientierungslosigkeit. Einige seiner Erzählungen stehen in der Tradition der sogenannten Schwarzen Romantik, die sich mit dem Unbewussten, Fantastischen, Triebhaften und Dämonischen des Menschen beschäftigt. Hoffmann starb 1822 in Berlin.

E.T.A. Hoffmann (1776–1822)
Der Sandmann (Auszug)

In Hoffmanns romantischer Erzählung geht es um den jungen Nathanael, dessen sensible Künstlernatur in Konflikt gerät mit den nüchternen und vernunftorientierten Ansprüchen der Realität, verkörpert von seiner Verlobten Clara und deren Bruder Lothar. Die Geschichte des Wahnsinns Nathanaels beginnt mit einem traumatisierenden Erlebnis in der frühen Kindheit des Helden. Inspiriert von einem Schauermärchen seiner Amme über den bösartigen Sandmann, versucht das neugierige Kind, heimlich herauszufinden, was es mit den geheimnisvollen Besuchen auf sich hat, die den Vater immer in trübe Stimmung versetzen.

An des Vaters Schweigen, an der Mutter Traurigkeit merkte ich eines Abends, dass der Sandmann kommen werde; ich schützte daher große Müdigkeit vor, verließ schon vor neun Uhr das Zimmer und verbarg mich dicht neben der Türe in einen Schlupfwinkel. Die Haustür knarrte, durch den Flur ging es, langsamen, schweren, dröhnenden Schrittes nach der Treppe. Die Mutter eilte mit dem Geschwister mir vorüber. Leise – leise öffnete ich des Vaters Stubentür. [...]

Als ich nun diesen Coppelius sah, ging es grausig und entsetzlich in meiner Seele auf, dass ja niemand anders, als er, der Sandmann sein könne, aber der Sandmann war mir nicht mehr jener Popanz aus dem Ammenmärchen, der dem Eulennest im Halbmonde Kinderaugen zur Atzung holt – nein! – ein hässlicher gespenstischer Unhold, der überall, wo er einschreitet, Jammer – Not – zeitliches, ewiges Verderben bringt. Ich war fest gezaubert. Auf die Gefahr entdeckt, und, wie ich deutlich dachte, hart gestraft zu werden, blieb ich stehen, den Kopf lauschend durch die Gardine hervorgestreckt. Mein Vater empfing den Coppelius feierlich. „Auf! – zum Werk", rief dieser mit heiserer, schnurrender Stimme und warf den Rock ab. Der Vater zog still und finster seinen Schlafrock aus und beide kleideten sich in lange schwarze Kittel. Wo sie die hernahmen, hatte ich übersehen. Der Vater öffnete die Flügeltür eines Wandschranks; aber ich sah, dass das, was ich so lange dafür gehalten, kein Wandschrank, sondern vielmehr eine schwarze Höhlung war, in der ein kleiner Herd stand. Coppelius trat hinzu und eine blaue Flamme knisterte auf dem Herde empor. Allerlei seltsames Geräte stand umher. Ach Gott! – wie sich nun mein alter Vater zum Feuer herabbückte, da sah er ganz anders aus. Ein grässlicher krampfhafter Schmerz schien seine sanften ehrlichen Züge zum hässlichen widerwärtigen Teufelsbilde verzogen zu haben. Er sah dem Coppelius ähnlich. Dieser schwang die glutrote Zange und holte damit hellblinkende Massen aus dem dicken Qualm, die er dann emsig hämmerte. Mir war es, als würden Menschengesichter ringsumher sichtbar, aber ohne Augen – scheußliche, tiefe schwarze Höhlen statt ihrer. „Augen her, Augen her!", rief Coppelius mit dumpfer dröhnender Stimme. Ich kreischte auf von wildem Entsetzen gewaltig erfasst und stürzte aus meinem Versteck heraus auf den Boden. Da ergriff mich Coppelius, „kleine Bestie! – kleine Bestie!", meckerte er zähnfletschend! – riss mich auf und warf mich auf den Herd, dass die Flamme mein Haar zu sengen begann: „Nun haben wir Augen – Augen – ein schön Paar Kinderaugen." So flüsterte Coppelius, und griff mit den Fäusten glutrote Körner aus der Flamme, die er mir in die Augen streuen wollte. Da hob mein Vater flehend die Hände empor und rief: „Meister!

Meister! lass meinem Nathanael die Augen – lass sie ihm!" Coppelius lachte gellend auf und rief: „Mag denn der Junge die Augen behalten und sein Pensum flennen in der Welt; aber nun wollen wir doch den Mechanismus der Hände und der Füße recht observieren." Und damit fasste er mich gewaltig, dass die Gelenke knackten, und schrob[1] mir die Hände ab und die Füße und setzte sie bald hier, bald dort wieder ein. „'s steht doch überall nicht recht! 's gut so wie es war! – Der Alte hat's verstanden!" So zischte und lispelte Coppelius; aber alles um mich her wurde schwarz und finster, ein jäher Krampf durchzuckte Nerv und Gebein – ich fühlte nichts mehr. Ein sanfter warmer Hauch glitt über mein Gesicht, ich erwachte wie aus dem Todesschlaf, die Mutter hatte sich über mich hingebeugt. „Ist der Sandmann noch da?", stammelte ich. „Nein, mein liebes Kind, der ist lange, lange fort, der tut dir keinen Schaden!" – So sprach die Mutter und küsste und herzte den wiedergewonnenen Liebling. [...] *(1817)*

1. Erläutern Sie, was in Nathanael vor sich geht, als er den „Sandmann" erblickt.

2. Markieren Sie alle tatsächlich möglichen Geschehnisse in einer Farbe, alle real unmöglichen Ereignisse in einer anderen Farbe. Wie sind die irrealen Ereignisse für den Leser erklärbar?

3. Mit welchen sprachlichen Mitteln wird an dieser Stelle Spannung erzeugt?

4. Inwiefern lenken die vom Autor gewählten Erzählweisen (Erzählform, Erzählperspektive, Erzählverhalten) die Lektürehaltung des Lesers? Wem gehört die Sympathie des Lesers?

Johann Wolfgang von Goethe (1749 – 1832)

Über E.T.A. Hoffmann (Auszug)

Es ist unmöglich, Mährchen dieser Art irgendeiner Kritik zu unterwerfen; es sind nicht die Gesichte eines poetischen Geistes, sie haben kaum so viel scheinbaren Gehalt, als den Verrücktheiten eines Mondsüchtigen allenfalls zugestanden würde; es sind fieberhafte Träume eines leichtbeweglichen kranken Gehirns, denen wir, wenn sie uns gleich durch ihr Wunderliches manchmal aufregen oder durch ihr Seltsames überraschen, niemals mehr als eine augenblickliche Aufmerksamkeit widmen können. [...] Seine Werke [...] dürften nicht als Muster der Nachahmung aufzustellen sein, vielmehr als Warnungstafeln, die uns anschaulich machen, wie die fruchtbarste Einbildungskraft erschöpft werden kann durch einen leichtsinnigen Verschwendungstrieb des Besitzers.

[1] **schrob:** schraubte

5. Erläutern Sie unter Berücksichtigung der Erzählung „Der Sandmann", warum der Klassiker Goethe Hoffmanns Werke als „krank" bezeichnet und daher ablehnt. Wovor warnt er?

6. Was Sie noch machen können:
Für eine Facharbeit können Sie die kurze Erzählung „Der Sandmann" mit Edgar Allan Poes Horror-Kurzgeschichte „Der Untergang des Hauses Usher" vergleichen. Lesen Sie dafür zuerst Poes Erzählung und arbeiten Sie Merkmale der „Gothic Novel" heraus. Nun lesen Sie Hoffmanns Erzählung. Legen Sie Vergleichskriterien – z. B. Motive, Handlungsverlauf, Sprache – fest und untersuchen Sie beide Erzählungen auf Ähnlichkeiten und Unterschiede. Sie könnten auch Mary Shelleys Roman „Frankenstein or the modern Prometheus" (1818) mit der US-amerikanischen Filmversion „Mary Shelleys Frankenstein" von Kenneth Branagh aus dem Jahre 1994 vergleichen.

➔ Eine Facharbeit verfassen, s. S. 595 ff.

Information

Schwarze Romantik („Schauerromantik")
Der Textauszug aus Hoffmanns „Sandmann"-Erzählung ist ein populäres Beispiel für die sogenannte Schwarze Romantik – auch Schauerromantik genannt –, die als Unterströmung der Epoche gegen 1793 aufkam. In Abgrenzung zur Aufklärung werden Irrationalität und Wahnsinn, Fantasie und Groteske, Melancholie und Verbrechen als zum Menschlichen dazugehörend betont. Deutsche romantische Autoren wie Ludwig Tieck (1773–1853) („Der Runenberg"), Ernst August Friedrich Klingemann (1777–1831) („Nachtwachen") oder E.T.A. Hoffmann („Die Elixiere des Teufels") werden dabei stark von der sich Ende des 18. Jahrhunderts in England herausbildenden Schauerliteratur („Gothic Novel") beeinflusst.

6 „Schläft ein Lied in allen Dingen" – Poetologische Splitter zum Kunstverständnis der Romantik

Caspar David Friedrich (1774 – 1840)

Äußerungen über die Kunst

Hüte dich vor kalter Vielwisserei, vor frevelhaftem Vernünfteln, denn sie tötet das Herz, und wo das Herz und Gemüt im Menschen erstorben sind, da kann die Kunst nicht wohnen. Bewahre einen reinen, kindlichen Sinn in dir und folge unbedingt der Stimme deines Innern, denn sie ist das Göttliche in uns und führt uns nicht irre. [...] Die einzig wahre Quelle der Kunst ist unser Herz, die Sprache eines reinen, kindlichen Gemütes. Ein Gebilde, so nicht aus diesem Borne entsprungen, kann nur Künstelei sein. Jedes echte Kunstwerk wird in geweihter Stunde empfangen und in glücklicher geboren, oft dem Künstler unbewusst aus innerem Drange des Herzens. [...] Der Maler soll nicht bloß malen, was er vor sich sieht, sondern auch, was er in sich sieht.

Novalis (1772 – 1801)

Fragmente

Die Welt muss romantisiert werden. So findet man den ursprünglichen Sinn wieder. Romantisieren ist nichts als eine qualitative Potenzierung. [...] Indem ich dem Gemeinen einen hohen Sinn, dem Gewöhnlichen ein geheimnisvolles Ansehn, dem Bekannten die Würde des Unbekannten, dem Endlichen einen unendlichen Schein gebe, so romantisiere ich es [...].

Friedrich Schlegel (1772 – 1829)

116. Athenäums-Fragment

Die romantische Poesie ist eine progressive Universalpoesie. Ihre Bestimmung ist nicht bloß, alle getrennten Gattungen der Poesie wieder zu vereinigen und die Poesie mit der Philosophie und Rhetorik in Berührung zu setzen. Sie will und soll auch Poesie und Prosa, Genialität und Kritik, Kunstpoesie und Naturpoesie bald mischen, bald verschmelzen, die Poesie lebendig und gesellig und das Leben und die Gesellschaft poetisch machen. [...]

E.T.A. Hoffmann (1776 – 1822)

Nachrichten von den neuesten Schicksalen des Hundes Berganza

Es gibt keinen höheren Zweck der Kunst, als in dem Menschen diejenige Lust zu entzünden, welche sein ganzes Wesen von aller irdischen Qual, von allem niederbeugenden Druck des Alltagslebens wie von unsaubern Schlacken befreit und ihn so erhebt, dass er, sein Haupt stolz und froh emporrichtend, das Göttliche schaut, ja mit ihm in Berührung kommt.

Novalis (1772 – 1801)

Blüthenstaub

Wir träumen von Reisen durch das Weltall: ist denn nicht das Weltall in uns? [...] Wo Kinder sind, da ist ein goldenes Zeitalter. [...]

Rüdiger Safranski (geb. 1945)

Romantik. Eine deutsche Affäre

Die Romantiker eint das Unbehagen an der Normalität, am gewöhnlichen Leben. Was ist ihr Leben in Deutschland um 1800? Zunächst einmal: Es ist das gewöhnliche Leben von Schriftstellern, von Leuten also, für die geistige Angelegenheiten nicht eine schöne Nebensache, sondern Hauptsache sind und denen das Geistige noch mit dem Geistlichen verbunden ist. Kein Wunder, stammen doch viele von ihnen aus Pfarrhäusern. Zwar hat auch bei ihnen die Aufklärung den alten Glauben ausgehöhlt. Eben darum halten sie, um das gewöhnliche Leben vor Entzauberung zu schützen, Ausschau nach neuen Quellen des Geheimnisvollen. Die finden sie im poetischen Geist, in der Fantasie, [...]. Mit ihrem Unbehagen an der Normalität nehmen die Romantiker jenes Unbehagen an der *Entzauberung der Welt durch Rationalisierung* vorweg, das Max Weber ein Jahrhundert später [...] zur Sprache bringen wird. Die *Entzauberung der Welt* bedeutet nach Max Weber zweierlei. Zum Ersten, dass mit dem Siegeszug der empirischen Wissenschaften wachsende Anteile der Wirklichkeit als *prinzipiell* erklärbar, also als rational, zu gelten haben. Zum Zweiten, dass die Lebens- und Arbeitsbereiche zunehmend *rationell* organisiert sind. Das Rationale und das Rationelle zusammen verdichten sich zu dem, was Weber das *stahlharte Gehäuse* der Moderne nennt.

Ganz so stahlhart war das Gehäuse zu Zeiten der Romantiker noch nicht. Aber man konnte bereits einiges ahnen, besonders wenn man so sensibel war wie sie. Sie spürten schon die Zunahme des Rationalen und Rationellen. Das Rationale war die selbstbewusste Aufklärung, an der sie sich abarbeiten mussten. Das Rationelle begegnete ihnen im pragmatischen bürgerlichen Nützlichkeitsdenken, das damals mächtig emporkam. Die empirisch-technischen Naturwissenschaften steckten noch in den Anfängen, aber ihr Prinzip begann hervorzutreten in Gestalt der Idee, dass der Natur ein Mechanismus zugrunde liegt, den man erkennen und [...] für die eigenen Zwecke benutzen kann. Eichendorff schreibt, man habe *die Welt wie ein mechanisches, von selbst fortlaufendes Uhrwerk sich gehörig zusammengestellt*. Bei Novalis heißt es, die Natur sei zur *einförmigen Maschine ... erniedrigt* worden. Man erblickte im Kreislauf der Welt das Walten einer verlässlichen, berechenbaren und den Bestand der Dinge garantierenden Gesetzlichkeit; trotz Wechsel, Entwicklung und Katastrophen glaubte man in der Natur etwas Immergleiches, Verlässliches am Werke zu sehen, einen Mechanismus. Die moderne Denkart machte, wie Novalis sagt, *die unendlich schöpferische Musik des Weltalls zum einförmigen Klappern einer ungeheuren Mühle*. Tiecks Lovell klagt darüber, dass die Moderne allen Zauber dreist enträtselt habe und dass die geheimnisvolle Dämmerung einem künstlichen Tageslicht gewichen sei. *Ich hasse Menschen, die mit ihrer nachgemachten kleinen Sonne in jede trauliche Dämmerung hineinleuchten und die lieblichen Schattenphantome verjagen, die so sicher unter der gewölbten Sonne wohnten. In unserm Zeitalter ist eine Art von Tag geworden, aber die romantische Tag- und Morgenbeleuchtung war schöner, als dieses graue Licht des wolkigen Himmels. [...]* *(2007)*

1. Erstellen Sie eine informierende Wandzeitung zum Kunstverständnis in der Romantik und klären Sie dabei u. a. die folgenden Arbeitsfragen:
- Welche Rolle kommt der Kunst nach Auffassung romantischer Künstler zu?
- Worauf antwortet die romantische Kunst?
- Wie soll sie wirken? Was ist ihr Ziel?

Erarbeiten Sie eine solche Poetologie der Romantik mithilfe der Zitate und Textauszüge und beziehen Sie Ihre Darstellung auf einige ausgewählte romantische Werke. Diskutieren Sie die Frage, wie aktuell die Vorstellungen der Romantiker heute noch sind.

2. Alternativ können Sie zum Kunstverständnis der Epoche auch eine Mindmap anlegen.

3. Was Sie noch machen können:
Neben den aufgeführten Autoren spielen auch Frauen als Schriftstellerinnen und Initiatorinnen literarischer Salons eine Rolle, z. B. Caroline von Günderode, Rahel Varnhagen, Sophie La Roche, Bettina von Arnim (s. auch S. 622 ff.) ... Erstellen Sie zu den Dichterinnen Biografien und präsentieren Sie ausgewählte Texte von ihnen. Sie können auch eine kleine Ausstellung organisieren. Das Thema „Frauen in der Romantik“ bietet sich auch als Facharbeit an.

➔ Eine Facharbeit verfassen, s. S. 595 ff.

Die Epoche der Romantik

Im Zusammenhang eines allgemein konstatierten **Epochenumbruchs** wird in der Literaturgeschichte die Zeit von etwa 1790 bis 1835 als Romantik bezeichnet. Die geläufige Unterscheidung in Früh-, Hoch- und Spätromantik sowie in Jenaer und Heidelberger Romantik dient dem Zweck, in die Vielfalt der literarisch-künstlerischen Werke Ordnung und Struktur zu bringen.

Der **Begriff des Romantischen**, der auch heute noch wie selbstverständlich im alltäglichen Leben benutzt wird, wenn man seine innere Gefühlswelt z. B. beim Anblick eines Sonnenuntergangs ausdrücken will, wurde anfangs häufig negativ verwendet. Geschmacklosigkeit, Albernheit und Kitsch waren die anfänglichen Vorwürfe gegenüber dem Romantischen, sie wurden jedoch nach und nach durch die Betonung des **Fantasievollen, Irrealen, Wunderbaren** und **Gefühlvollen** abgelöst, die bis heute ihre Gültigkeit hat.

Die wesentlichen künstlerischen Strömungen der Romantik sind nur zu verstehen vor dem Hintergrund der Aufklärung. Die Gedanken der **Aufklärung** galten vielen Romantikern als einseitig und z.T. menschenfeindlich. Die Vernunft- und Wissenschaftsgläubigkeit der Epoche hatte aus ihrer Sicht **die Welt entzaubert** und der Geheimnisse beraubt, die der Mensch jedoch zu einem ganzheitlichen und glücklichen Leben braucht. Die **Eindimensionalität des modernen Menschen** – die auch als mittelbare Folge bedeutender ökonomischer (Arbeitsteilung, Industrielle Revolution, Städtewachstum), sozialer und politischer (Französische Revolution) Umwälzungen verstanden werden kann – wird von den Romantikern kritisiert. An ihrer prosaisch-langweiligen Lebenswirklichkeit, die auf Eingrenzungen und zunehmender Spezialisierung gründet, reibt sich die romantische Kunst: Sie will die Grenzen und Spezialisierungen gerade überwinden, Vernunft und Gefühl, Kunst und Wissenschaften zu neuer, dem Menschen dienlicher Größe vereinen. Der Geist der Poesie soll alles mit allem verbinden. Dem Leiden an der Wirklichkeit wurde die Kunst entgegengestellt. Dabei sind v.a. folgende **Motive** wichtig:

Im Wissen um die Entfremdung des Menschen von der Natur und von sich selbst ist vielen literarischen Werken der Epoche die Sehnsucht nach einer neuen Einheit mit der **Natur** gemein. Wald und Wiese werden als Orte des Rückzugs und der Innerlichkeit stilisiert, an dem der Einzelne zu sich selbst kommen kann. In diesem Kontext kann man auch von **Naturfrömmigkeit** vieler romantischer Denker sprechen, nach der romantisches Wandern zugleich immer auch eine Suche nach dem göttlichen Ursprung allen Seins ist. Grundlegend für dieses Naturverständnis ist der Gedanke, dass in ferner Vergangenheit ein paradiesischer Urzustand existierte, in dem der Mensch sich mit Gott und der Natur in einem harmonischen Einklang befunden haben muss. Diesen gilt es in Abgrenzung zur Zivilisation und wirtschaftlichen Betrachtung der Natur durch die moderne Welt wieder anzustreben, indem die Stimmen des Wunderbaren zum Klingen gebracht werden. Dies geschieht sehr häufig im **Märchen**, dessen Handlung oft in eine unbestimmte Zeit in der Vergangenheit zurückversetzt wird.

Eng verwandt mit dem Naturverständnis der Romantiker ist das Motiv des **Wanderns** und des **Fernwehs**. Die romantischen, oft märchenhaft verklärten Vorstellungen vom deutschen Wald als Rückzugs- und seelischem Erholungsraum für von der Gesellschaft Enttäuschte wirken bis in unsere heutige Zeit hinein. Die dem Romantiker eigene Wehmut, Trauer und Melancholie verfliegen angesichts der mutigen Entscheidung, das alte, stark begrenzte, **spießbürgerliche Leben als Philister** hinter sich zu lassen und vermeintlich ziellos loszuwandern und in der Ferne sein Glück zu machen. Dabei ist der äußere, sichtbare Prozess des Wanderns häufig nur ein anschauliches Bild für Novalis' Ratschlag: „Nach Innen geht der geheimnisvolle Weg." Ähnlich wie Eichendorffs „Taugenichts" geht es vielen romantischen Helden: Getrieben von der **Sehnsucht**, die Grenzen des Alltags in und **durch Dichtung und Fantasie** zu überwinden, wagt der romantische Held den Aufbruch ins Ungewisse, der immer auch eine Reise ins eigene Selbst darstellt. Dabei macht er in der sog. Schwarzen Romantik häufig Bekanntschaft mit dem **Unbewussten**, mit **Krankheit** und **Wahnsinn**. Die Entdeckung der Bedeutung des Unbewussten als triebhafter Antriebskraft des Menschen ist – weit vor Sigmund Freud – eine wesentliche Errungenschaft der Romantik und macht bis heute einen Teil ihrer **Modernität** aus.

Anders als es heutige vereinfachende Vorstellungen von **naiver Liebe** und Weltabgewandtheit vielleicht nahelegen, ist die Romantik auch eine zutiefst philosophische Epoche; v.a. in der vom deutschen Idealismus beeinflussten Frühromantik werden theoretische Konzepte entwickelt, auf welche Art und Weise man das **Goldene Zeitalter** wiedergewinnen kann: Der Zersplitterung und Zerstörung des Lebendigen durch die Arbeitsteilung der bürgerlichen Gesellschaft soll durch die romantische Poesie als **„progressiver Universalpoesie"** (F. Schlegel) begegnet werden. Alle Lebensbereiche – so die **Kunstprogrammatik** – sollen von Dichtung, Musik und Malerei durchdrungen werden und so soll die prosaische Realität durch Verbindung alles Getrennten „wiederverzaubert" werden. Es gilt, das „Lied in allen Dingen" (Eichendorff) zu erkennen und zum Klingen zu bringen. Dies erklärt auch die Liebe der Romantiker zur Musik; selbst die Lyrik wird musikalisch, weil weniger die Bedeutung des Wortes als vielmehr der Klang wichtig wird. Der Vorgang wird als progressiver verstanden, weil man davon ausging, dass er grundsätzlich zu keinem Ende kommen kann. Das Ziel ist die (Such-)Bewegung an sich, nicht ein denkbarer Ruhezustand.

➔ Das Motiv der Liebe in romantischer Lyrik, s. S. 73 ff.

Klassik (1786 – 1805)	**Romantik (ca. 1790 – 1835)**	Vormärz, Junges Deutschland, Zeitalter des Biedermeier (1815 – 1848)

Zeitalter der Romantik (ca. 1790 – 1835)

Zeitgeschichtliche Hintergründe
- Französische Revolution (1789)
- Herrschaft Napoleons und gemäßigter Absolutismus
- Wiener Kongress (1815) und Restauration
- Politik: Kleinstaaterei
- Ökonomie: Industrialisierung und Kapitalismus

Geistige Tendenzen und leitende Ideen
- Aufklärung und Rationalismus
- Freiheit der Wissenschaften
- Empfindsamkeit
- heile Welt des Mittelalters als „Goldenes Zeitalter"
- Katholizismus
- Bedürfnis nach Entgrenzung
- Romantisierung/Poetisierung der Welt
- Krise des Individuums als Folge des Modernen

Literarische Formen
- Lyrik/Volkslieder
- Erzählungen und Novellen
- Bildungs- und Entwicklungsroman
- Schauerroman
- Kunstmärchen
- Sage
- Tendenz zum Fragment

Themen und Motive
- Sehnsucht („blaue Blume")
- Fantasie
- Reisen/Wandern
- Natur/Wald/Einsamkeit
- Identitätssuche zwischen Begrenzung und Entgrenzung
- Kritik am Spießbürger
- Kritik an Zivilisation, Moderne und Fortschritt
- „Schauerromantik": Unbewusstes, Trieb, Dämonie, Psyche, Irrationalität, Wahnsinn

Autoren und Werke
- Clemens Brentano (1778 – 1842)
- Joseph von Eichendorff (1788 – 1857)
- Bettina von Arnim (1785 – 1859)
- E.T.A. Hoffmann (1776 – 1822)
- Heinrich Heine (1797 – 1856)
- Friedrich von Hardenberg/Novalis (1772 – 1801)

Klassik (1786 – 1805)	**Romantik (ca. 1790 – 1835)**	Vormärz, Junges Deutschland, Zeitalter des Biedermeier (1815 – 1848)

Vormärz, Junges Deutschland und die Zeit des Biedermeier

Sitzung des Wiener Kongresses mit Fürst Metternich (Kupferstich von 1819)

Die literarische Entwicklung in der ersten Hälfte des 19. Jahrhunderts war ähnlich uneinheitlich wie die politische Situation. Einerseits herrschte bei vielen jungen Autoren eine Aufbruchstimmung vor. Sie waren erfüllt vom Glauben an die Veränderbarkeit der gesellschaftlichen Verhältnisse und stürzten sich – nicht nur literarisch – ins politische Leben.
Es gab aber auch die Tendenz, sich resignativ in seine kleinbürgerliche Welt zurückzuziehen und sich der ruhigen Beschaulichkeit des Familienlebens zu überlassen.
Wie die zwei Seiten einer Medaille bezeichnen die Begriffe „Vormärz“ und „Biedermeier“ die Zeit von 1815 bis 1848, aber jeweils aus einem anderen Blickwinkel. Die Autoren des Vormärz kämpften gegen die restaurative Politik des „Systems Metternich“, das auf die Wiederherstellung der vorrevolutionären Verhältnisse drängte. Die dem Biedermeier zugehörenden Dichter reagierten nicht unmittelbar auf gesellschaftspolitische Themen, sondern konzentrierten sich auf Familie und Individuum.

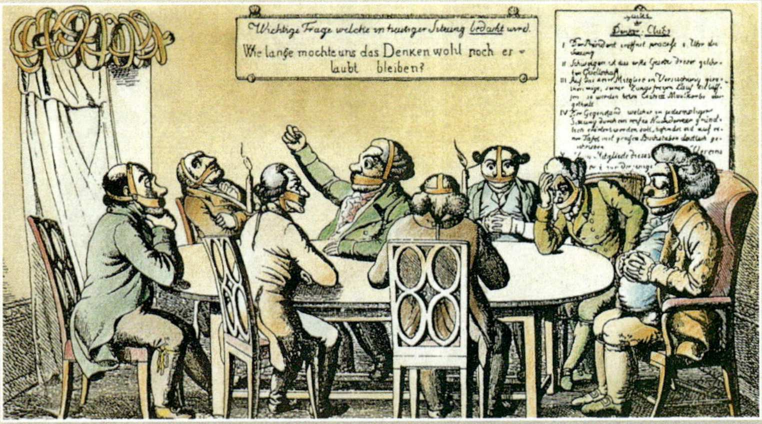

Karikatur auf die Karlsbader Beschlüsse (um 1820)

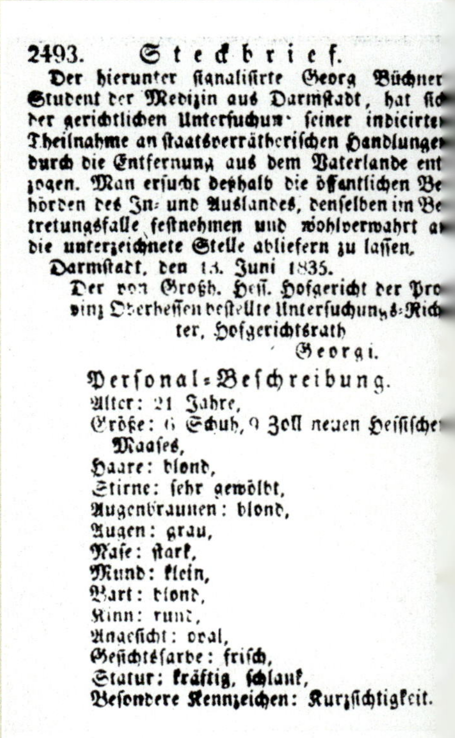

2493. Steckbrief.
Der hierunter signalisirte Georg Büchner Student der Medizin aus Darmstadt, hat sic der gerichtlichen Untersuchung seiner indicirter Theilnahme an staatsverrätherischen Handlunger durch die Entfernung aus dem Vaterlande ent zogen. Man ersucht deßhalb die öffentlichen Be hörden des In- und Auslandes, denselben im Be tretungsfalle festnehmen und wohlverwahrt a die unterzeichnete Stelle abliefern zu lassen.
Darmstadt, den 13. Juni 1835.
Der von Großh. Hess. Hofgericht der Pro vinz Oberhessen bestellte Untersuchungs-Rich ter, Hofgerichtsrath
Georgi.

Personal-Beschreibung.
Alter: 21 Jahre,
Größe: 6 Schuh, 9 Zoll neuen Hessischer Maases,
Haare: blond,
Stirne: sehr gewölbt,
Augenbraunen: blond,
Augen: grau,
Nase: stark,
Mund: klein,
Bart: blond,
Kinn: rund,
Angesicht: oval,
Gesichtsfarbe: frisch,
Statur: kräftig, schlank,
Besondere Kennzeichen: Kurzsichtigkeit.

Steckbrief zur Ergreifung Georg Büchners (1835

1. Tragen Sie in Ihrem Kurs zusammen, was Sie mit den Begriffen „Vormärz“ bzw. „Biedermeier“ verbinden und was Sie über diese Zeit schon wissen.

2. Schauen Sie sich die Abbildungen auf diesen Seiten an und recherchieren Sie dazu. Bilden Sie zu jeder Abbildung eine „Experten-Gruppe“ und sammeln Sie Informationen zu den dargestellten Ereignissen und Personen.

3. Bilden Sie anschließend neue Gruppen, in denen je ein „Experte“ sitzt, und versuchen Sie, mithilfe Ihrer gesammelten Informationen ein Bild der Gesellschaft zwischen 1815 und 1848 zu entwerfen. Tragen Sie Ihre Ergebnisse in einem zusammenhängenden Vortrag vor.

Familienbild (Aquarell von Friedrich Wilhelm Doppelmayr, um 1830)

Eugène Delacroix: Die Freiheit führt das Volk an (1830)

Das Hambacher Fest 1832

1 Der Kampf für eine gerechtere Gesellschaft

Heinrich Heine. Heine wurde 1797 in Düsseldorf als Sohn eines jüdischen Textilkaufmannes geboren und war einer der bedeutendsten deutschen Dichter, Schriftsteller und Journalisten. Nach einer kaufmännischen Lehre absolvierte Heine von 1819 bis 1825 zunächst ein Jurastudium. In dieser Zeit nahmen literarische Interessen und schriftstellerische Tätigkeiten bereits einen großen Raum ein. Um der ständigen Diskriminierung als Jude zu entgehen, ließ sich Heine 1825 protestantisch taufen, doch seine beruflichen Chancen verbesserten sich dadurch nicht. Seine erste größere Veröffentlichung waren 1826 die „Reisebilder“ und ein Jahr später das „Buch der Lieder“. 1831 ging Heine, der gegen die politischen Verhältnisse im Deutschland der Restaurationszeit aufbegehrte, als Korrespondent der „Allgemeinen Zeitung“ nach Paris. Hier konnte er außerdem den scharfen Zensurbestimmungen entgehen. 1843 kehrte er noch einmal nach Deutschland zurück, um seine Mutter und seinen Verleger in Hamburg zu besuchen. Die Erlebnisse dieser Reise verarbeitete er in dem 27 Kapitel (Capita) umfassenden Versepos „Deutschland. Ein Wintermärchen“.
Die letzten acht Jahre seines Lebens war Heine aufgrund einer Erkrankung ans Bett, seine „Matratzengruft“, gefesselt. 1856 starb er in Paris.
Heinrich Heine war zunächst ein Dichter der Romantik („Buch der Lieder“), aber zugleich auch ihr Überwinder, indem er die Geisteshaltung kritisierte und sich politischen Themen zuwandte. Sich selbst bezeichnete er als einen „entlaufenen Romantiker“.

Heinrich Heine (1797 – 1856)

Deutschland. Ein Wintermärchen

Caput I
Im traurigen Monat November war's,
Die Tage wurden trüber,
Der Wind riss von den Bäumen das Laub,
Da reist ich nach Deutschland hinüber.

Und als ich an die Grenze kam,
Da fühlt ich ein stärkeres Klopfen
In meiner Brust, ich glaube sogar
Die Augen begunnen zu tropfen.

Und als ich die deutsche Sprache vernahm,
Da ward mir seltsam zumute;
Ich meinte nicht anders, als ob das Herz
Recht angenehm verblute.

Ein kleines Harfenmädchen sang.
Sie sang mit wahrem Gefühle
Und falscher Stimme, doch ward ich sehr
Gerühret von ihrem Spiele.

Sie sang von Liebe und Liebesgram,
Aufopfrung und Wiederfinden
Dort oben, in jener besseren Welt,
Wo alle Leiden schwinden.

Sie sang vom irdischen Jammertal,
Von Freuden, die bald zerronnen,
Vom Jenseits, wo die Seele schwelgt
Verklärt in ew'gen Wonnen.

Sie sang das alte Entsagungslied,
Das Eiapopeia vom Himmel,
Womit man einlullt, wenn es greint,
Das Volk, den großen Lümmel.

Ich kenne die Weise, ich kenne den Text,
Ich kenn auch die Herren Verfasser;
Ich weiß, sie tranken heimlich Wein
Und predigten öffentlich Wasser.

Ein neues Lied, ein besseres Lied,
O Freunde, will ich euch dichten!
Wir wollen hier auf Erden schon
Das Himmelreich errichten.

Wir wollen auf Erden glücklich sein,
Und wollen nicht mehr darben;
Verschlemmen soll nicht der faule Bauch,
Was fleißige Hände erwarben.

Es wächst hienieden Brot genug
Für alle Menschenkinder,
Auch Rosen und Myrten, Schönheit und Lust,
Und Zuckererbsen nicht minder.

Ja, Zuckererbsen für jedermann,
Sobald die Schoten platzen!
Den Himmel überlassen wir
Den Engeln und den Spatzen.

Und wachsen uns Flügel nach dem Tod,
So wollen wir euch besuchen
Dort oben, und wir, wir essen mit euch
Die seligsten Torten und Kuchen.

Ein neues Lied, ein besseres Lied!
Es klingt wie Flöten und Geigen!
Das Miserere[1] ist vorbei,
Die Sterbeglocken schweigen.

Die Jungfer Europa ist verlobt
Mit dem schönen Geniusse
Der Freiheit, sie liegen einander im Arm,
Sie schwelgen im ersten Kusse.

Und fehlt der Pfaffensegen dabei,
Die Ehe wird gültig nicht minder –
Es lebe Bräutigam und Braut,
Und ihre zukünftigen Kinder!

Ein Hochzeitkarmen[2] ist mein Lied,
Das bessere, das neue!
In meiner Seele gehen auf
Die Sterne der höchsten Weihe –

Begeisterte Sterne, sie lodern wild,
Zerfließen in Flammenbächen –
Ich fühle mich wunderbar erstarkt,
Ich könnte Eichen zerbrechen!

Seit ich auf deutsche Erde trat,
Durchströmen mich Zaubersäfte –
Der Riese hat wieder die Mutter berührt,
Und es wuchsen ihm neu die Kräfte.[3]

(1844)

1. Mit welchen Gefühlen kehrt der Sprecher des Gedichtes nach Deutschland zurück?

2. Das lyrische Ich spricht vom „alte[n] Entsagungslied" (V. 25) und vom neuen, besseren Lied (vgl. V. 33). Stellen Sie wesentliche Merkmale dieser beiden „Lieder" in einer Tabelle gegenüber und vergleichen Sie.

3. Wogegen richtet sich Heines Kritik im Einzelnen?

4. Heine wird häufig als Ironiker und Spötter bezeichnet. Weisen Sie die Ironie an konkreten Textstellen nach.

5. Erarbeiten Sie die sprachliche Gestaltung des Gedichtes beispielhaft anhand der Strophen 8, 9 und 10 (Vers 29–40) und erläutern Sie die Funktion der erarbeiteten Mittel.

6. Stellen Sie in Form von Kurzreferaten noch weitere Kapitel (Capita) des Versepos' im Kurs vor.

➔ Zwei weitere Gedichte von Heinrich Heine mit einer die Geisteshaltung der Romantik kritisierenden Tendenz finden Sie auf S. 76 und S. 217.
Drei politisch ausgerichtete Texte finden Sie auf S. 236 f. und 240.

[1] **Miserere:** (lat.) erbarme dich, hier: kirchlicher Bittgesang an Gott – [2] **Hochzeitskarmen:** Hochzeitslied, Hochzeitsgedicht – [3] Anspielung auf Antaios, einen Riesen aus der griechischen Mythologie, der immer neue Kräfte gewinnt, wenn er die Erde, seine Mutter, berührt.

Georg Büchner. Büchner verbrachte Kindheit und Jugend in Darmstadt, studierte 1831 in Straßburg Medizin und wurde hier mit revolutionären republikanischen Ideen bekannt. 1833 wechselte er zur Universität Gießen in Hessen, wo er die Schikanen der Obrigkeit und die Gewalt im Staat unmittelbar erlebte. Gemeinsam mit anderen Studenten gründete er die „Gesellschaft für Menschenrechte", eine Geheimorganisation nach französischem Vorbild, deren Ziel ein Umsturz der politischen Verhältnisse war. Hieraus ging auch die Flugschrift „Der Hessische Landbote" hervor. Von den Behörden verfolgt, floh Büchner über Darmstadt nach Straßburg. Um das nötige Geld für die Flucht zusammenzubringen, schrieb er in wenigen Wochen sein erstes Drama „Dantons Tod", eine Auseinandersetzung mit der Französischen Revolution. Büchner beendete sein Studium in Zürich und starb – vermutlich an Typhus – mit 24 Jahren.

Georg Büchner (1813 – 1837)

Der Hessische Landbote

Der Hessische Landbote.
Erste Botschaft.

Darmstadt, im Juli 1834.

Vorbericht.

Dieses Blatt soll dem hessischen Lande die Wahrheit melden, aber wer die Wahrheit sagt, wird gehenkt, ja sogar der, welcher die Wahrheit liest, wird durch meineidige Richter vielleicht gestraft. Darum haben die, welchen dies Blatt zukommt, Folgendes zu beobachten:

1. Sie müssen das Blatt sorgfältig außerhalb ihres Hauses vor der Polizei verwahren;
2. sie dürfen es nur an treue Freunde mitteilen;
3. denen, welchen sie nicht trauen, wie sich selbst, dürfen sie es nur heimlich hinlegen;
4. würde das Blatt dennoch bei einem gefunden, der es gelesen hat, so muss er gestehen, dass er es eben dem Kreisrat habe bringen wollen;
5. wer das Blatt nicht gelesen hat, wenn man es bei ihm findet, der ist natürlich ohne Schuld.

Friede den Hütten! Krieg den Palästen!

Im Jahr 1834 sieht es aus, als würde die Bibel Lügen gestraft. Es sieht aus, als hätte Gott die Bauern und Handwerker am fünften Tage, und die Fürsten und Vornehmen am sechsten gemacht, und als hätte der Herr zu diesen gesagt: „Herrschet über alles Getier, das auf Erden kriecht", und hätte die Bauern und Bürger zum Gewürm gezählt. Das Leben der Vornehmen ist ein langer Sonntag, sie wohnen in schönen Häusern, sie tragen zierliche Kleider, sie haben feiste Gesichter und reden eine eigne Sprache; das Volk aber liegt vor ihnen wie Dünger auf dem Acker. Der Bauer geht hinter dem Pflug, der Vornehme aber geht hinter ihm und dem Pflug und treibt ihn mit den Ochsen am Pflug, er nimmt das Korn und lässt ihm die Stoppeln. Das Leben des Bauern ist ein langer Werktag; Fremde verzehren seine Äcker vor seinen Augen, sein Leib ist eine Schwiele, sein Schweiß ist das Salz auf dem Tische des Vornehmen.

Im Großherzogthum Hessen sind 718 373 Einwohner, die geben an den Staat jährlich an 6 363 436 Gulden, als

1) Direkte Steuern	2 128 131 fl.[1]
2) Indirekte Steuern	2 478 264 fl.
3) Domänen[2]	1 547 394 fl.
4) Regalien[3]	46 938 fl.
5) Geldstrafen	98 511 fl.
6) Verschiedene Quellen	64 198 fl.
	6 363 436 fl.

Dies Geld ist der Blutzehnte, der von dem Leib des Volkes genommen wird. An 700 000 Menschen schwitzen, stöhnen und hungern dafür. Im Namen des Staates wird es erpresst, die Presser berufen sich auf die Regierung und die Regierung sagt, das sei nötig, die Ordnung im Staat zu erhalten. Was ist denn nun das für gewaltiges Ding: der Staat? Wohnt eine Anzahl Menschen in einem Land und es sind Verordnungen oder Gesetze vorhanden, nach denen jeder sich richten muss, so sagt man, sie bilden einen Staat. Der Staat also sind *alle*; die Ordner im Staate sind die Gesetze, durch welche das Wohl *aller* gesichert wird und die aus

[1] **fl.:** Abkürzung für Florin (frz. für Goldmünze) – [2] **Domäne:** Bezeichnung für ein Staats- oder Landgut – [3] **Regalien:** Hoheits- und Sonderrechte; so gab es z. B. Münz-, Berg-, Fischerei-, Jagd- und Salzregalien.

dem Wohl *aller* hervorgehen sollen. – Seht nun, was man in dem Großherzogtum aus dem Staat gemacht hat; seht was es heißt: die Ordnung im Staate erhalten! 700 000 Menschen bezahlen dafür 6 Millionen, d. h. sie werden zu Ackergäulen und Pflugstieren gemacht, damit sie in Ordnung leben. In Ordnung leben heißt hungern und geschunden werden.

Wer sind denn die, welche diese Ordnung gemacht haben und die wachen, diese Ordnung zu erhalten? Das ist die Großherzogliche Regierung. Die Regierung wird gebildet von dem Großherzog und seinen obersten Beamten. Die anderen Beamten sind Männer, die von der Regierung berufen werden, um jene Ordnung in Kraft zu erhalten. Ihre Anzahl ist Legion: Staatsräte und Regierungsräte, Landräte und Kreisräte, Geistliche Räte und Schulräte, Finanzräte und Forsträte usw. mit allem ihrem Heer von Sekretären usw. Das Volk ist ihre Herde, sie sind seine Hirten, Melker und Schinder; sie haben die Häute der Bauern an, der Raub der Armen ist in ihrem Hause; die Tränen der Witwen und Waisen sind das Schmalz auf ihren Gesichtern; sie herrschen frei und ermahnen das Volk zur Knechtschaft. Ihnen gebt ihr 6 000 000 fl. Abgaben; sie haben dafür die Mühe, euch zu regieren; d. h. sich von euch füttern zu lassen und euch eure Menschen- und Bürgerrechte zu rauben. [...]

Wehe über euch Götzendiener! – Ihr seid wie die Heiden, die das Krokodil anbeten, von dem sie zerrissen werden. Ihr setzt ihm eine Krone auf, aber es ist eine Dornenkrone, die ihr euch selbst in den Kopf drückt; ihr gebt ihm ein Zepter in die Hand, aber es ist eine Rute, womit ihr gezüchtigt werdet; ihr setzt ihn auf euern Thron, aber es ist ein Marterstrahl für euch und eure Kinder. Der Fürst ist der Kopf des Blutigels, der über euch hinkriecht, die Minister sind seine Zähne und die Beamten sein Schwanz. Die hungrigen Mägen aller vornehmen Herren, denen er die hohen Stellen verteilt, sind Schröpfköpfe, die er dem Lande setzt. Das L.[1], was unter seinen Verordnungen steht, ist das Malzeichen[2] des Tieres, das die Götzendiener unserer Zeit anbeten. Der Fürstenmantel ist der Teppich, auf dem sich die Herren und Damen vom Adel und Hofe in ihrer Geilheit übereinander wälzen – mit Orden und Bändern decken sie ihre Geschwüre und mit kostbaren Gewändern bekleiden sie ihre aussätzigen Leiber. Die Töchter des Volks sind ihre Mägde und Huren, die Söhne des Volks ihre Lakaien und Soldaten. Geht einmal nach Darmstadt und seht, wie die Herren sich für euer Geld dort lustig machen, und erzählt dann euren hungernden Weibern und Kindern, dass ihr Brot an fremden Bäuchen herrlich angeschlagen sei, erzählt ihnen von den schönen Kleidern, die in ihrem Schweiß gefärbt, und von den zierlichen Bändern, die aus den Schwielen ihrer Hände geschnitten sind, erzählt von den stattlichen Häusern, die aus den Knochen des Volks gebaut sind; und dann kriecht in eure rauchigen Hütten und bückt euch auf euren steinichten Äckern, damit eure Kinder auch einmal hingehen können, wenn ein Erbprinz mit einer Erbprinzessin für einen andern Erbprinzen Rat schaffen will, und durch die geöffneten Glastüren das Tischtuch sehen, wovon die Herren speisen und die Lampen riechen, aus denen man mit dem Fett der Bauern illuminiert. Das alles duldet ihr, weil euch Schurken sagen: diese Regierung sei von Gott. Diese Regierung ist nicht von Gott, sondern vom Vater der Lügen[3]. Diese deutschen Fürsten sind keine rechtmäßige Obrigkeit, sondern die rechtmäßige Obrigkeit, den deutschen Kaiser, der vormals vom Volke frei gewählt wurde, haben sie seit Jahrhunderten verachtet und endlich gar verraten. Aus Verrat und Meineid, und nicht aus der Wahl des Volkes ist die Gewalt der deutschen Fürsten hervorgegangen, und darum ist ihr Wesen und Tun von Gott verflucht; ihre Weisheit ist Trug, ihre Gerechtigkeit ist Schinderei. Sie zertreten das Land und zerschlagen die Person des Elenden.

Ihr lästert Gott, wenn ihr einen dieser Fürsten einen Gesalbten des Herrn nennt, das heißt: Gott habe die Teufel gesalbt und zu Fürsten über die deutsche Erde gesetzt. Deutschland, unser liebes Vaterland, haben diese Fürsten zerrissen, den Kaiser, den unsere freien Voreltern wählten, haben diese Fürsten verraten und nun fordern diese Verräter und Menschenquäler Treue von euch! – Doch das Reich der Finsternis neigt sich zum Ende. [...]

1. Dem eigentlichen Aufruf ist ein sogenannter Vorbericht vorangestellt. Welche Funktion könnte dieser haben? Welche Wirkungen könnten die Warnungen auf den zeitgenössischen Leser gehabt haben?

[1] Gemeint ist Großherzog Ludwig II, der von 1830–1848 regierte. – [2] **Malzeichen:** Erkennungszeichen, Stigma – [3] **Vater der Lügen:** vgl. Joh. 8,44, wonach der Teufel „ein Lügner und ein Vater derselben“ ist

2. Ermitteln Sie die sozialen und politischen Ziele des Verfassers. Gehen Sie dabei von dem zentralen Aufruf „Friede den Hütten! Krieg den Palästen!“ aus.

3. Untersuchen Sie den eigentlichen Beginn des Flugblattes (Zeile 20–38) genauer und erarbeiten Sie die verwendeten sprachlichen Mittel.

4. Wie versucht Büchner, seine Leser zu überzeugen? Untersuchen Sie dazu auch die Argumentationsstruktur des Textes.

5. Der Text enthält zahlreiche religiöse Anspielungen, die auf den Einfluss des Pfarrers Ludwig Weidig zurückgehen, mit dem zusammen Büchner das Flugblatt verfasste. Welche Funktion haben diese Anspielungen Ihrer Meinung nach?

6. Informieren Sie sich über die beiden Autoren (Büchner und Weidig) in Lexika oder im Internet. Klären Sie dabei auch, welche Folgen die Verbreitung des Flugblattes für die Autoren hatte.

Georg Büchner (1813–1837)

Woyzeck (Auszug)

In seinem Drama „Woyzeck“ (1836/37), das Fragment blieb, zeigt Büchner die Bestimmtheit eines Menschen durch die konkreten gesellschaftlichen und ökonomischen Verhältnisse, in denen er leben muss.
Der einfache Soldat Woyzeck arbeitet als Laufbursche für einen Hauptmann, um seine Freundin Marie und das gemeinsame uneheliche Kind zu unterstützen. Außerdem lässt er sich von einem skrupellosen Arzt als Versuchsperson benutzen, um zusätzlich Geld zu verdienen. Hauptmann und Arzt nutzen Woyzeck physisch und psychisch aus und demütigen ihn öffentlich. Zudem lässt sich seine Geliebte Marie von dem draufgängerischen Tambourmajor verführen. Als Woyzeck dies bemerkt, folgt er inneren Stimmen, die ihm befehlen, Marie umzubringen. Er besorgt sich ein Messer und ersticht Marie, die Frau, die er liebt, in einem Wald.

Beim Hauptmann

Hauptmann auf dem Stuhl, Woyzeck rasiert ihn.

Hauptmann: Langsam, Woyzeck, langsam; eins nach dem andern! Er macht mir ganz schwindlig. Was soll ich dann mit den 10 Minuten anfangen, die Er heut zu früh fertig wird? Woyzeck, bedenk Er, Er hat noch seine schönen dreißig Jahr zu leben, dreißig Jahr! Macht dreihundertsechzig Monate! und Tage! Stunden! Minuten! Was will Er denn mit der ungeheuren Zeit all anfangen? Teil Er sich ein, Woyzeck!

Woyzeck: Jawohl, Herr Hauptmann.

Hauptmann: Es wird mir ganz angst um die Welt, wenn ich an die Ewigkeit denke. Beschäftigung, Woyzeck, Beschäftigung! Ewig: das ist ewig, das ist ewig – das siehst du ein; nur ist es aber wieder nicht ewig, und das ist ein Augenblick, ja ein Augenblick – Woyzeck, es schaudert mich, wenn ich denke, dass sich die Welt in einem Tag herumdreht. Was 'n Zeitverschwendung! Wo soll das hinaus? Woyzeck, ich kann kein Mühlrad mehr sehen, oder ich werd melancholisch.

Woyzeck: Jawohl, Herr Hauptmann.

Hauptmann: Woyzeck, Er sieht immer so verhetzt aus! Ein guter Mensch tut das nicht, ein guter Mensch, der sein gutes Gewissen hat. – Red er doch was, Woyzeck! Was ist heut für Wetter?

Woyzeck: Schlimm, Herr Hauptmann, schlimm: Wind!

Hauptmann: Ich spür's schon. 's ist so was Geschwindes draußen: so ein Wind macht mir den Effekt wie eine Maus. – *Pfiffig*: Ich glaub', wir haben so was aus Süd-Nord?

Woyzeck: Jawohl, Herr Hauptmann.

Hauptmann: Ha, ha ha! Süd-Nord! Ha, ha, ha! Oh, Er ist dumm, ganz abscheulich dumm! – *Gerührt*: Woyzeck, Er ist ein guter Mensch – aber – *Mit Würde*: Woyzeck, Er hat keine Moral! Moral, das ist, wenn man moralisch ist, versteht Er. Es ist ein gutes Wort. Er hat ein Kind ohne den Segen der Kirche, wie unser hochehrwürdiger Herr Garnisionsprediger sagt – ohne den Segen der Kirche, es ist nicht von mir.

Woyzeck: Herr Hauptmann, der liebe Gott wird den armen Wurm nicht drum ansehen, ob das Amen drüber gesagt ist, eh er gemacht wurde. Der Herr sprach: Lasset die Kleinen zu mir kommen.

Hauptmann: Was sagt Er da? Was ist das für eine kuriose Antwort? Er macht mich ganz konfus mit seiner Antwort. Wenn ich sag': Er, so mein' ich Ihn, Ihn –

Woyzeck: Wir arme Leut – Sehn Sie, Herr Hauptmann: Geld, Geld! Wer kein Geld hat – Da setz einmal eines seinesgleichen auf die Moral in der Welt! Man hat auch sein Fleisch und Blut. Unsereins ist doch einmal unselig in der und der andern Welt. Ich glaub' wenn wir in Himmel kämen, so müssten wir donnern helfen.

Hauptmann: Woyzeck, Er hat keine Tugend! Er ist kein tugendhafter Mensch! Fleisch und Blut? Wenn ich am Fenster lieg', wenn's geregnet hat, und den weißen Strümpfen nachseh', wie sie über die Gassen springen – verdammt, Woyzeck, da kommt mir die Liebe! Ich hab' auch Fleisch und Blut. Aber, Woyzeck, die Tugend! Die Tugend! Wie sollte ich dann die Zeit rumbringen? Ich sag' mir immer: du bist ein tugendhafter Mensch – *gerührt*: –, ein guter Mensch, ein guter Mensch.

Woyzeck: Ja, Herr Hauptmann, die Tugend – ich hab's noch nit so aus. Sehn Sie: wir gemeine Leut, das hat keine Tugend, es kommt nur so die Natur; aber wenn ich ein Herr wär und hätt' ein' Hut und eine Uhr und eine Anglaise[1] und könnt' vornehm rede, ich wollt' schon tugendhaft sein. Es muss was Schönes sein um die Tugend, Herr Hauptmann. Aber ich bin ein armer Kerl!

Hauptmann: Gut, Woyzeck. Du bist ein guter Mensch, ein guter Mensch. Aber du denkst zu viel, das zehrt; du siehst immer so verhetzt aus. – Der Diskurs hat mich ganz angegriffen. Geh jetzt, und renn nicht so; langsam, hübsch langsam die Straße hinunter!

(1879)

Woyzeck (Inszenierung am Deutschen Schauspielhaus Hamburg, 2005)

1. Lesen Sie den Textausschnitt mit verteilten Rollen.
2. Bereiten Sie in Partnerarbeit ein Standbild vor, das die Machtverhältnisse zwischen dem Hauptmann und Woyzeck verdeutlicht.
   ➔ Ein Standbild bauen, s. S. 552 f.
3. Welches Problem beschäftigt den Hauptmann, welches Woyzeck? Zeigen Sie am Text, welches Menschenbild der Hauptmann hat, und untersuchen Sie seinen Sprachgebrauch genauer.
4. Machen Sie deutlich, welchen Zusammenhang Woyzeck zwischen Moral und gesellschaftlicher Position sieht, und untersuchen Sie die Argumentation des Hauptmanns.
5. Zeigen Sie Parallelen auf zwischen der Flugschrift „Der Hessische Landbote" und dem Dramenauszug.
6. Überprüfen Sie, inwiefern das Szenenfoto Ihrer Vorstellung entspricht, die Sie von Woyzeck und dem Hauptmann gewonnen haben.
7. Bereiten Sie zu zweit eine szenische Interpretation des Ausschnitts vor.

➔ Das soziale Drama Büchners, s. S. 110 f.

[1] **Anglaise:** tailliertes, vornehmes Kleidungsstück (Robe)

Im Verlauf des Schauspiels erzählt eine Großmutter, die nicht in den Gang der Handlung eingebunden ist, Kindern das folgende „Märchen":

Großmutter: Es war einmal ein arm Kind und hatt' kein Vater und keine Mutter, war alles tot, und war niemand mehr auf der Welt. Alles tot, und es is hingangen und hat gesucht Tag und Nacht. Und weil auf der Erde niemand mehr war, wollt's in Himmel gehn, und der Mond guckt es so freundlich an; und wie es endlich zum Mond kam, war's ein Stück faul Holz. Und da is es zur Sonn gangen, und wie es zur Sonn kam, war's ein verwelkt Sonneblum. Und wie's zu den Sternen kam, waren's kleine goldne Mücken, die waren angesteckt, wie der Neuntöter[1] sie auf die Schlehen steckt. Und wie's wieder auf die Erde wollt, war die Erde ein umgestürzter Hafen[2]. Und es war ganz allein. Und da hat sich's hingesetzt und geweint, und da sitzt es noch und is ganz allein.

Szenenfoto Stadttheater Gießen, 2009

1. Das Märchen der Großmutter erinnert stark an das Grimm'sche Märchen „Die Sterntaler" (s. r.). Vergleichen Sie die beiden Märchen miteinander, indem Sie zunächst deren Aufbau untersuchen. Gliedern Sie dabei die Märchen in die Teile *Ausgangssituation, Verhalten des Mädchens* und *Resultat*. Fassen Sie die Gemeinsamkeiten und Unterschiede schriftlich zusammen.
   ➔ Methoden des Textvergleichs – Ein Überblick, s. S. 553 f.
2. Das Märchen der Großmutter in Büchners Drama wird auch als „Antimärchen" bezeichnet. Zeigen Sie auf, welche Grundhaltungen aus beiden Texten antithetisch gegenübergestellt werden.
3. Passt Ihrer Meinung nach das Szenenfoto der Gießener Aufführung zu dem Märchen der Großmutter?
4. Untersuchen Sie die sprachliche Gestaltung der beiden Märchen.
5. Vergleichen Sie die Situation des Mädchens aus dem Märchen der Großmutter mit der Woyzecks aus der Szene mit dem Hauptmann. Welche Parallelen lassen sich ziehen?

Gebrüder Grimm

Die Sterntaler

Es war einmal ein kleines Mädchen, dem war Vater und Mutter gestorben, und es war so arm, dass es kein Kämmerchen mehr hatte, darin zu wohnen, und kein Bettchen mehr hatte, darin zu schlafen, und endlich gar nichts mehr als die Kleider auf dem Leib und ein Stückchen Brot in der Hand, das ihm ein mitleidiges Herz geschenkt hatte. Es war aber gut und fromm. Und weil es so von aller Welt verlassen war, ging es im Vertrauen auf den lieben Gott hinaus ins Feld. Da begegnete ihm ein armer Mann, der sprach: „Ach, gib mir etwas zu essen, ich bin so hungerig." Es reichte ihm das ganze Stückchen Brot und sagte: „Gott segne dir's", und ging

[1] **Neuntöter:** Vogel – [2] **Hafen:** umgestürzter Nachttopf

weiter. Da kam ein Kind, das jammerte und sprach: „Es friert mich so an meinem Kopfe, schenk mir etwas, womit ich ihn bedecken kann." Da tat es seine Mütze ab und gab sie ihm. Und als es noch eine Weile gegangen war, kam wieder ein Kind und hatte kein Leibchen an und fror: da gab es ihm seins; und noch weiter, da bat eins um ein Röcklein, das gab es auch von sich hin. Endlich gelangte es in einen Wald, und es war schon dunkel geworden, da kam noch eins und bat um ein Hemdlein, und das fromme Mädchen dachte: „Es ist dunkle Nacht, da sieht dich niemand, du kannst wohl dein Hemd weggeben", und zog das Hemd ab und gab es auch noch hin. Und wie es so stand und gar nichts mehr hatte, fielen auf einmal die Sterne vom Himmel, und waren lauter blanke Taler; und ob es gleich sein Hemdlein weggegeben, so hatte es ein neues an, und das war vom allerfeinsten Linnen. Da sammelte es sich die Taler hinein und war reich für sein Lebtag.

(1819)

5. Was Sie noch machen können:

a) Jemand aus Ihrem Kurs sollte das gesamte Drama lesen und die Mitschülerinnen und Mitschüler über den Inhalt informieren.

b) Die Figur des Woyzeck geht auf einen realen Mordfall zurück. Informieren Sie sich darüber und auch über das Gutachten des Mediziners Clarus, der den realen Woyzeck im Rahmen des Mordprozesses für zurechnungsfähig erklärte.

c) Informieren Sie sich über die handschriftliche Fassung des Dramas und über die damit verbundenen Probleme, eine Textausgabe zu erstellen.

Georg Weerth. Weerth wurde 1822 in Detmold als Sohn eines Pfarrers geboren. Wegen einer Erkrankung des Vaters verließ er vorzeitig das Gymnasium und machte zunächst eine kaufmännische Ausbildung. Nach einem Studium in Bonn war er ab 1843 in einem Textilunternehmen in England tätig. In den Jahren 1848/1849 leitete er das Feuilleton der von Karl Marx herausgegebenen „Neuen Rheinischen Zeitung". Weerth starb 1856 auf Kuba, wo er eine Handelsagentur leitete.

Georg Weerth (1822 – 1856)

Die Rheinischen Weinbauern

An Ahr und Mosel glänzten
Die Trauben gelb und rot;
Die dummen Bauern meinten,
Sie wären aus jeder Not.

Da kamen die Handelsleute
Herüber aus aller Welt:
„Wir nehmen ein Drittel der Ernte
Für unser geliehenes Geld!"

Da kamen die Herren Beamten
Aus Koblenz und aus Köln:
„Das zweite Drittel gehöret
Dem Staate an Steuern und Zölln!"

Und als die Bauern flehten
Zu Gott in höchster Pein,
Da schickt er ein Hageln und Wettern
Und brüllte: „Der Rest ist mein!"

Viel Leid geschieht jetzunder,
Viel Leid und Hohn und Spott,
Und wen der Teufel nicht peinigt,
Den peinigt der liebe Gott! *(1845)*

1. Fassen Sie mit eigenen Worten die Thematik des Gedichtes zusammen.

2. Erarbeiten Sie den Aufbau und die sprachlichen Mittel des Gedichtes und erläutern Sie deren Funktion für die Aussageabsicht.

3. Wer ist Ihrer Meinung nach der Adressat des Gedichtes? Beziehen Sie in Ihre Überlegungen den Aufbau und die sprachliche Gestaltung mit ein.

4. Formen Sie Weerths Gedicht in ein Flugblatt im Stile des „Hessischen Landboten" um. Vergleichen Sie anschließend die Wirkung der jeweiligen Texte.

Georg Herwegh. Herwegh wurde 1817 als Sohn eines Gastwirts in Stuttgart geboren. Nach dem Besuch des Gymnasiums studierte er ab 1835 Theologie und Rechtswissenschaften in Tübingen, ab 1836 war er als freier Schriftsteller in Stuttgart tätig. Von Herbst 1841 bis Februar 1842 reiste Herwegh nach Paris und traf dort mit Heinrich Heine zusammen. Des Hochverrats verdächtigt, wurde er aus Preußen ausgewiesen und übersiedelte 1848 nach Paris, wo er Führer des Republikanischen Komitees der Deutschen wurde, das in den badischen Aufstand eingriff. Herwegh starb 1866 in Baden-Baden.

Georg Herwegh (1817 – 1866)

Aufruf

Reißt die Kreuze aus der Erden!
Alle sollen Schwerter werden,
Gott im Himmel wird's verzeihn.
Lasst, o lasst das Verseschweißen!
Auf den Amboss legt das Eisen!
Heiland[1] soll das Eisen sein.

Eure Tannen, eure Eichen –
Habt die grünen Fragezeichen
Deutscher Freiheit ihr gewahrt?
Nein, sie soll nicht untergehen!
Doch ihr fröhlich Auferstehen
Kostet eine Höllenfahrt.

Deutsche, glaubet euren Sehern,
Unsre Tage werden ehern,
Unsre Zukunft klirrt in Erz;
Schwarzer Tod ist unser Sold nur,
Unser Gold ein Abendgold nur,
Unser Rot ein blutend Herz!

Reißt die Kreuze aus der Erden!
Alle sollen Schwerter werden,
Gott im Himmel wird's verzeihn.
Hört er unsre Feuer brausen
Und sein heilig Eisen sausen,
Spricht er wohl den Segen drein.

Vor der Freiheit sei kein Frieden,
Sei dem Mann kein Weib beschieden
Und kein golden Korn dem Feld;
Vor der Freiheit, vor dem Siege
Seh kein Säugling aus der Wiege
Frohen Blickes in die Welt!

In den Städten sei nur Trauern,
Bis die Freiheit von den Mauern
Schwingt die Fahnen in das Land;
Bis du, Rhein, durch freie Bogen
Donnerst, lass die letzten Wogen
Fluchend knirschen in den Sand.

Reißt die Kreuze aus der Erden!
Alle sollen Schwerter werden,
Gott im Himmel wird's verzeihn.
Gen Tyrannen und Philister[2]!
Auch das Schwert hat seine Priester,
Und wir wollen Priester sein!

(1841)

1. Der Titel des Gedichtes lautet „Aufruf". Zu was will es aufrufen?

2. Mit welchen sprachlichen Mitteln macht Herwegh sein Gedicht zu einem „Aufruf"?

3. Das Bibelzitat „Schwerter zu Pflugscharen" war ein Symbol verschiedener Friedensbewegungen in Ost- und Westdeutschland. Stellen Sie es Herweghs Aufruf „Reißt die Kreuze aus der Erden!/Alle sollen Schwerter werden" gegenüber und diskutieren Sie über die Legitimität von Gewalt zur Durchsetzung politischer Interessen.

[1] **Heiland:** Retter – [2] **Philister:** abwertende Bezeichnung für jemanden, der Kunst und geistige Werte nicht schätzt oder verachtet

2 Der Kampf gegen die Zensur

Staatliche Einflussnahme auf die literarische Produktion war nichts Neues. Immer schon versuchten die Herrschenden, durch mehr oder weniger rigide Zensurmaßnahmen die politische Opposition zu unterdrücken. Schon in den „Karlsbader Beschlüssen" von 1819 waren eine Vorzensur für alle Schriften unter 320 Seiten (20 Bogen) und eine Nachzensur für alles Gedruckte festgelegt. Weitere Einschränkungen folgten durch den Bundestagsbeschluss von 1835, in dem ein Verbot der Schriften des sogenannten Jungen Deutschland ausgesprochen wurde.
Das „Junge Deutschland" war also keine Schriftstellervereinigung im eigentlichen Sinn, sondern ein Resultat des im Bundestagsbeschluss ausgesprochenen Verbots.
Die Bezeichnung „Junges Deutschland" stammt ursprünglich von L. Wienbarg, der in seiner Schrift „Ästhetische Feldzüge" (siehe S. 239) den Begriff gebraucht.

Verbot der Schriften des „Jungen Deutschland" vom 10. Dezember 1835

(Protokolle der deutschen Bundesversammlung 1835, 31. Sitzung, § 515)

Nachdem sich in Deutschland in neuerer Zeit, und zuletzt unter der Benennung „das junge Deutschland" oder „die junge Literatur", eine literarische Schule gebildet hat, deren Bemühungen unverholen dahin gehen, in belletristischen, für alle Classen von Lesern zugänglichen Schriften die christliche Religion auf die frechste Weise anzugreifen, die bestehenden socialen Verhältnisse herabzuwürdigen und alle Zucht und Sittlichkeit zu zerstören: so hat die deutsche Bundesversammlung – in Erwägung, dass es dringend nothwendig sey, diesen verderblichen, die Grundpfeiler aller gesetzlichen Ordnung untergrabenden Bestrebungen durch Zusammenwirken aller Bundesregierungen sofort Einhalt zu thun, und unbeschadet weiterer vom Bunde oder von den einzelnen Regierungen zur Erreichung des Zweckes nach Umständen zu ergreifenden Maßregeln – sich zu nachstehenden Bestimmungen vereiniget:

1. Sämtliche deutschen Regierungen übernehmen die Verpflichtung, gegen die Verfasser, Verleger, Drucker und Verbreiter der Schriften aus der unter der Bezeichnung „das junge Deutschland" oder „die junge Literatur" bekannten literarischen Schule, zu welcher namentlich Heinr. Heine, Carl Gutzkow, Heinr. Laube, Ludolph Wienbarg und Theodor Mundt gehören, die Straf- und Polizei-Gesetze ihres Landes, sowie die gegen den Missbrauch der Presse bestehenden Vorschriften, nach ihrer vollen Strenge in Anwendung zu bringen, auch die Verbreitung dieser Schriften, sey es durch den Buchhandel, durch Leihbibliotheken oder auf sonstige Weise, mit allen ihnen gesetzlich zu Gebot stehenden Mitteln zu verhindern.

2) Die Buchhändler werden hinsichtlich des Verlags und Vertriebs der oben erwähnten Schriften durch die Regierungen in angemessener Weise verwarnt und es wird ihnen gegenwärtig gehalten werden, wie sehr es in ihrem wohlverstandenen eigenen Interesse liege, die Maßregeln der Regierungen gegen die zerstörende Tendenz jener literarischen Erzeugnisse auch ihrer Seits, mit Rücksicht auf den von ihnen in Anspruch genommenen Schutz des Bundes, wirksam zu unterstützen.

3) Die Regierung der freien Stadt Hamburg wird aufgefordert, in dieser Beziehung insbesondere der Hoffmann- und Campeschen Buchhandlung zu Hamburg, welche vorzugsweise Schriften obiger Art in Verlag und Vertrieb hat, die geeignete Verwarnung zugehen zu lassen.

1. Stellen Sie die Vorwürfe, die gegen die Schriften des „Jungen Deutschland" erhoben wurden, zusammen und setzen Sie sie in Beziehung zu den Texten zuvor.

2. Tragen Sie zusammen, welche Maßnahmen vom Bundestag beschlossen wurden. Nennen Sie alle Personengruppen, die von dem Beschluss betroffen waren.

3. Welche Folgen ergeben sich Ihrer Meinung nach aus dem Beschluss von 1835 für das literarische Leben in Deutschland?

4. Welche Formulierungen kennzeichnen den Text als „Amtstext", welche eher nicht?

5. Analysieren Sie die unten abgebildete Karikatur. Beschreiben Sie zunächst die einzelnen Personen und deuten Sie deren symbolische Funktion. Formulieren Sie die Aussageabsicht der Karikatur in einem zusammenhängenden Text. Berücksichtigen Sie dabei auch das unter der Karikatur abgebildete Gedicht.

Süsse heilige Censur,
Lass uns gehn auf deiner Spur;
Leite uns an deiner Hand
Kindern gleich, am Gängelband!

„Die gute Presse" (anonyme Karikatur von 1847)

Heinrich Heine (1797–1856)

Erinnerung aus Krähwinkels[1] Schreckenstagen

Wir Bürgermeister und Senat,
Wir haben folgendes Mandat
Stadtväterlichst an alle Klassen
Der treuen Bürgerschaft erlassen.

„Ausländer, Fremde, sind es meist,
Die unter uns gesät den Geist
Der Rebellion. Dergleichen Sünder,
Gottlob! sind selten Landeskinder.

[1] **Krähwinkel** ist ein fiktiver Ort, der als besonders spießbürgerlich gilt.

Auch Gottesleugner sind es meist;
Wer sich von seinem Gotte reißt,
Wird endlich auch abtrünnig werden
Von seinen irdischen Behörden.

Der Obrigkeit gehorchen, ist
Die erste Pflicht für Jud' und Christ.
Es schließe jeder seine Bude
Sobald es dunkelt, Christ und Jude.

Wo ihrer drei beisammen stehn,
Da soll man auseinander gehn.
Des Nachts soll niemand auf den Gassen
Sich ohne Leuchte sehen lassen.

Es liefre seine Waffen aus
Ein jeder in dem Gildenhaus;
Auch Munition von jeder Sorte
Wird deponiert am selben Orte.

Wer auf der Straße räsoniert[1],
Wird unverzüglich füsiliert[2];
Das Räsonieren durch Gebärden
Soll gleichfalls hart bestrafet werden.

Vertrauet Eurem Magistrat,
Der fromm und liebend schützt den Staat
Durch huldreich hochwohlweises Walten;
Euch ziemt es, stets das Maul zu halten."

(1854)

1. Wie werden Obrigkeit und Untertanen im Gedicht dargestellt? Beschreiben Sie die „Abweichler" genauer.
2. Listen Sie die Anordnungen des Mandates und die angedrohten Strafen auf. Fassen Sie Ihr Ergebnis mit eigenen Worten zusammen.
3. Heine ist bekannt für seine Ironie. Erarbeiten Sie entsprechende Stellen und erläutern Sie die karikierende Intention des Textes. Was ist Ziel der Heine'schen Kritik?
4. Stellen Sie sich vor, das Gedicht wäre Ihnen als Zensor vorgelegt worden mit der Bitte um Genehmigung. Schreiben Sie eine Begründung für Ihre Ablehnung bzw. Genehmigung.
5. Bereiten Sie einen angemessenen Vortrag des Gedichtes vor.

Die strengen Zensurmaßnahmen bereiteten den Autoren und Druckereien große Schwierigkeiten. Da Texte zur damaligen Zeit noch von Hand gesetzt wurden, war es meistens zu kostspielig, nach den Streichungen eines Zensors den Text neu zu setzen. Deswegen setzte man anstelle der gestrichenen Passagen einfach nur Striche. Das hatte für den Leser den Vorteil, dass er genau wusste, wo Inhalte beanstandet worden waren.
Im 12. Kapitel von „Ideen. Das Buch Le Grand" reagierte Heine auf die folgende Weise:

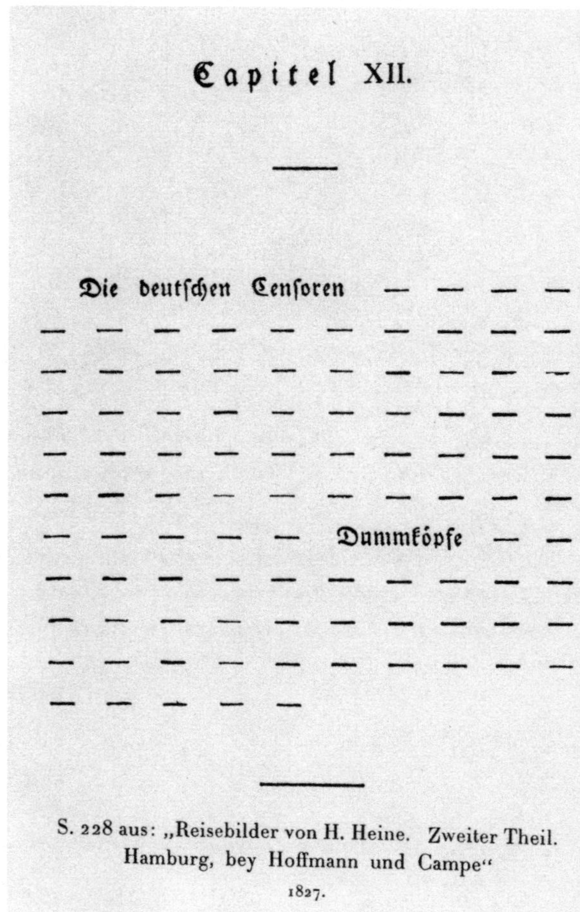

Capitel XII.

Die deutschen Censoren — — — —
— — — — — — — — — —
— — — — — — — — — —
— — — — — — — — — —
— — — — — — — — — —
— — — — — — — — — —
— — — — — Dummköpfe — —
— — — — — — — — — —
— — — — — — — — — —
— — — — — — — — — —
— — — — —

S. 228 aus: „Reisebilder von H. Heine. Zweiter Theil. Hamburg, bey Hoffmann und Campe"
1827.

1. Erklären Sie, worin die besondere Wirkung dieses „Kapitels" besteht.

[1] **räsonieren:** (frz. raisonner) vernünftig reden, denken, hier: schimpfen, kritisieren – [2] **füsilieren:** (frz. fusiller) erschießen

Georg Herwegh (1817 – 1875)

Wiegenlied

Deutschland auf weichem Pfühle[1]
Mach dir den Kopf nicht schwer!
Im irdischen Gewühle
Schlafe, was willst du mehr?

Lass jede Freiheit dir rauben,
setze dich nicht zur Wehr,
Du behältst ja den christlichen Glauben:
Schlafe, was willst du mehr?

Und ob man dir alles verböte,
Doch gräme dich nicht zu sehr,
Du hast ja Schiller und Goethe:
Schlafe, was willst du mehr?

Dein König beschützt die Kamele[2]
Und macht sie pensionär,
Dreihundert Taler die Seele:
Schlafe, was willst du mehr?

Es fechten dreihundert Blätter[3]
Im Schatten, ein Sparterheer[4];
Und täglich erfährst du das Wetter:
Schlafe, was willst du mehr?

Kein Kind läuft ohne Höschen[5]
Am Rhein, dem freien, umher:
Mein Deutschland, mein Dornröschen,
Schlafe, was willst du mehr?

(1842)

1. Ein Wiegenlied ist als einschläfernder Gesang für kleine Kinder gedacht. Welche Absicht verbindet Herwegh mit seinem „Wiegenlied"?

2. Welches Bild der Gesellschaft entwirft Herwegh in diesem Gedicht? Belegen Sie Ihre Aussagen am Text.

3. Das Gedicht steckt voller Anspielungen. Welche Rückschlüsse lassen sich daraus auf die Absicht des Autors ziehen? Stellen Sie Vergleiche zu Büchners Intention an.

4. **Was Sie noch machen können:**
   Das Gedicht „Wiegenlied" ist eine Anspielung auf Goethes Gedicht „Nachtgesang". Besorgen Sie sich den Text und vergleichen Sie die beiden Gedichte miteinander. Gehen Sie dabei auch der Frage nach, warum sich Goethes Gedicht so gut zur Nachahmung eignet.

[1] **Pfühl:** weiches Kissen – [2] **Kamele:** spöttische Bezeichnung für die Beamten – [3] **Blätter:** Bezeichnung für Zeitungen und Zeitschriften – [4] In der Schlacht bei den Thermopylen (480 v. Chr.) droht der Perserkönig Xerxes den hoffnungslos unterlegenen Spartanern an, dass die Speere seiner Kämpfer den Himmel verdunkeln werden, worauf Leonidas, der Führer der Spartaner, antwortet: „Dann kämpfen wir eben im Schatten weiter." – [5] **„ohne Hose" = „Sansculotte":** spöttische Bezeichnung für die französischen Revolutionäre, die keine „culottes" (Kniebundhosen) wie die Adligen und Vornehmen trugen

3 Schriftstellerisches Selbstverständnis

Der Schriftsteller Ludolf Wienbarg veröffentlichte 1834 eine Sammlung mit 22 seiner Vorlesungen unter dem Titel „Ästhetische Feldzüge“. Mit der Widmung „Dir, junges Deutschland, widme ich diese Reden“ prägte er maßgeblich den Begriff „Junges Deutschland“.

Ludolf Wienbarg (1802–1872)

Ästhetische[1] Feldzüge

Aesthetische Feldzüge.

Dem jungen Deutschland gewidmet von L. Wienbarg.

Hamburg, bei Hoffmann und Campe. 1834.

Dir, junges Deutschland, widme ich diese Reden, flüchtige Ergüsse wechselnder Aufregung, aber alle aus der Sehnsucht des Gemüts nach einem besseren und schöneren Volksleben entsprungen. [...] Welches Merkmal ist es ..., das die Ästhetik der neuesten Literatur, die Prosa eines Heine, Börne, Menzel, Laube von früherer Prosa unterscheidet? Ich möchte ein Wort dafür geben und sagen, dies Merkmal ist die Behaglichkeit, die sichtbar aus der Goethe'schen und Jean Paul'schen Prosa spricht und die der neuesten fehlt. Jene früheren Großen unserer Literatur lebten in einer von der Welt abgeschiedenen Sphäre, weich und warm gebettet in einer verzauberten idealen Welt, und sterblichen Göttern ähnlich auf die Leiden und Freuden der wirklichen Welt hinabschauend und sich vom Opferduft der Gefühle und Wünsche des Publikums ernährend. Die neuern Schriftsteller sind von dieser sichern Höhe herabgestiegen, sie machen einen Teil des Publikums aus, sie stoßen sich mit der Menge herum, sie ereifern sich, freuen sich, lieben und zürnen wie jeder andere, sie schwimmen mitten im Strom der Welt, und wenn sie sich durch etwas von den Übrigen unterscheiden, so ist es, dass sie die Vorschwimmer sind und, sei es nur trocken und elegant auf dem Rücken eines Delfins wie Heine oder nass und bespritzt wie Börne, den Gestaden der Zukunft entgegeneilen, welche die Zeit für „ihre hesperischen Gärten glücklicher Inseln“[2] ansieht. Behaglichkeit ist in solcher Lage und bei solchem Streben nicht wohl denkbar, die Schriftstellerei ist kein Spiel schöner Geister, kein unschuldiges Ergötzen, keine leichte Beschäftigung der Fantasie mehr, sondern der Geist der Zeit, der unsichtbar über allen Köpfen waltet, ergreift des Schriftstellers Hand und schreibt im Buch des Lebens mit dem ehernen Griffel der Geschichte, die Dichter und ästhetischen Prosaisten stehen nicht mehr wie vormals allein im Dienst der Musen, sondern auch im Dienst des Vaterlandes, und allen mächtigen Zeitbestrebungen sind sie Verbündete. Ja, sie finden sich nicht selten im Streit mit jenem schönen Dienst, dem ihre Vorgänger huldigten, sie können die Natur nicht über die Kunst vergessen machen, sie können nicht immer so zart und ätherisch dahinschweben, die Wahrheit und Wirklichkeit hat sich ihnen zu gewaltig aufgedrungen, und mit dieser, das ist ihre Schicksalsaufgabe, mit dieser muss ihre Kraft so lange ringen, bis das Wirkliche nicht mehr das Gemeine, das dem ideellen feindlich Entgegengesetzte ist. [...] *(1834)*

1. Wienbarg sieht große Unterschiede zwischen der Literatur seiner Zeit (vertreten etwa durch Heine, Börne, Menzel, Laube) und früherer Literatur (als Beispiel nennt er Goethe und Jean Paul). Machen Sie in einer Gegenüberstellung (z. B. in Form einer Tabelle) deutlich, wie Wienbarg die jeweilige Literatur und deren Vertreter sieht und beurteilt.
2. Fassen Sie in einem Resümee zusammen, welche Aufgabe nach Wienbarg der Literatur bzw. den Schriftstellern seiner Zeit zukommt. Nehmen Sie dabei auch Bezug zum Titel.
3. Untersuchen Sie die sprachliche Gestaltung des Textes im Hinblick auf die beabsichtigte Wirkung.

[1] **Ästhetik:** Lehre von Gesetzmäßigkeiten und Harmonie in der Natur und Kunst – [2] **hesperische Gärten:** in der griechischen Mythologie paradiesische Gärten mit goldenen Äpfeln

Heinrich Heine (1797 – 1856)

An einen politischen Dichter

Du singst, wie einst Tyrtäus[1] sang,
von Heldenmut beseelet,
Doch hast du schlecht dein Publikum
Und deine Zeit gewählet.

Beifällig horchen sie dir zwar,
Und loben, schier begeistert:
Wie edel dein Gedankenflug,
Wie du die Form bemeistert.

Sie pflegen auch beim Glase Wein
Ein Vivat dir zu bringen
Und manchen Schlachtgesang von dir
Lautbrüllend nachzusingen.

Der Knecht singt gern ein Freiheitslied
des Abends in der Schenke:
Das fördert die Verdauungskraft,
Und würzet die Getränke.

(1841)

1. Beschreiben Sie mit eigenen Worten, wie Heine die Einflussmöglichkeiten politischer Lyrik einschätzt.
2. Weisen Sie an dem Gedicht Heines Vorliebe für Ironie und Spott nach.
3. In dem Gedicht „Enfant Perdue“ von 1851, einem der letzten Gedichte Heines, heißt es am Ende:

   Ein Posten ist vakant! – Die Wunden klaffen –
   der eine fällt, die andern rücken nach –
   doch fall ich unbesiegt, und meine Waffen
   sind nicht gebrochen – nur mein Herze brach.

   Ermitteln Sie die Aussage der Strophe und vergleichen Sie sie mit Heines Gedicht „An einen politischen Dichter“. Welche Unterschiede und Gemeinsamkeiten stellen Sie fest?
4. Stellen Sie sich vor, Herwegh habe sich von Heines Gedicht „An einen politischen Dichter“ angesprochen gefühlt. Was könnte er Heine antworten? Verfassen Sie einen fiktiven Brief, in dem Herwegh seine Position darstellt.

[1] **Tyrtäus:** griech. Lyriker des 7. Jhdts. vor Christus, schrieb begeisternde Kampflieder für die Spartaner

Georg Büchner (1813 – 1837)

Lenz (Auszug)

In Büchners Novelle „Lenz“ wird die Geschichte des Schriftstellers Jakob Michael Reinhold Lenz erzählt, der nach einem psychischen Zusammenbruch 1777/1778 bei dem protestantischen Pfarrer Johann Friedrich Oberlin Aufnahme findet. Ein zentraler Moment der Erzählung ist der Besuch seines Freundes Christof Kaufmann, bei dem sie sich auch über die Literatur unterhalten.

Über Tisch war Lenz wieder in guter Stimmung, man sprach von Literatur, er war auf seinem Gebiete; die idealistische Periode fing damals an, Kaufmann war ein Anhänger davon, Lenz widersprach heftig. Er sagte: Die Dichter, von denen man sage, sie geben die Wirklichkeit, hätten auch keine Ahnung davon, doch seien sie immer noch erträglicher als die, welche die Wirklichkeit verklären wollten. Er sagte: Der liebe Gott hat die Welt wohl gemacht, wie sie sein soll, und wir können wohl nicht was Besseres klecksen, unser einziges Bestreben soll sein, ihm ein wenig nachzuschaffen. Ich verlange in allem Leben, Möglichkeit des Daseins, und dann ist's gut; wir haben dann nicht zu fragen, ob es schön, ob es hässlich ist, das Gefühl, dass was geschaffen sei, Leben habe, stehe über diesen beiden, und sei das einzige Kriterium in Kunstsachen. Übrigens begegne es uns nur selten, in Shakespeare finden wir es und in den Volksliedern tönt es einem ganz, in Goethe manchmal entgegen. Alles Übrige kann man ins Feuer werfen. Die Leute können auch keinen Hundsstall zeichnen. Da wolle man idealistische Gestalten, aber alles, was ich davon gesehen, sind Holzpuppen. Dieser Idealismus ist die schmählichste Verachtung der menschlichen Natur. Man versuche es einmal und senke sich in das Leben des Geringsten und gebe es wieder, in den Zuckungen, den Andeutungen, dem ganzen feinen, kaum bemerkten Mienenspiel [...]. *(1839)*

1. In der Figur des Lenz äußert Büchner sein eigenes literarisches Selbstverständnis.
   Erarbeiten Sie, was der Dichter Lenz gegen die „idealistische Periode“ (womit er z. B. die Dichter der Klassik und Romantik meint) vorbringt.
2. Welche Kriterien muss die Dichtung nach Lenz' eigener Meinung erfüllen?
3. Vergleichen Sie die von Lenz vertretene Auffassung mit den Äußerungen Büchners in seinem Brief an die Familie vom 28. Juli 1835 (s. S. 110 f.).

4 Restaurative Tendenzen – Die Zeit des Biedermeier

Parallel zu der stark gesellschaftspolitisch ausgerichteten Literatur zwischen 1815 und 1848 entwickelte sich eine literarische Strömung, die mit dem Begriff „Biedermeier" bezeichnet wird. Dabei will man nicht die revolutionären, sondern die harmonisierenden, restaurativen Tendenzen hervorheben. Als typisch für diese Literatur gilt die Flucht in die Idylle und den Schutz des Privaten. Der Begriff „Biedermeier" geht zurück auf die erfundene Figur des treuherzigen, aber spießbürgerlichen Gottlieb Biedermaier (hier noch mit „ai" geschrieben), die der Schriftsteller Ludwig Eichrodt und der Arzt Adolf Kussmaul erfanden.

Als Stilbegriff für eine bestimmte Literatur kam die Bezeichnung „Biedermeier" erst in den 1920er-Jahren auf. Den Autoren des Biedermeier geht es nicht um Gesellschaftskritik, sondern um die Darstellung des Individuums und seiner bürgerlichen Zurückgezogenheit sowie einer harmonisierenden Natur.

Carl Spitzweg (1808 – 1885)

Der Zeitungsleser im Hausgarten (1845/1858)

1. Betrachten Sie das Gemälde des Malers Carl Spitzweg genauer und beschreiben Sie die dargestellte Person und die Umgebung, in der sie sich befindet. Woran können Sie erkennen, dass ein eher wohlhabender Bürger dargestellt ist? Welche Atmosphäre herrscht in dem Bild vor?
2. Welche ironisch-satirischen Züge entdecken Sie in dem Bild?

Eduard Mörike. Mörike wurde 1804 in Ludwigsburg geboren. Nach einem Theologiestudium arbeitete er zunächst als Vikar, 1834 erhielt er eine Pfarrstelle in der Nähe von Heilbronn, ließ sich aber schon neun Jahre später pensionieren. 1851 heiratete Mörike und zog mit seiner Ehefrau nach Stuttgart, wo er 10 Jahre lang Literatur an einem Mädchenstift unterrichtete. Er starb 1875.

Eduard Mörike (1804 – 1875)

Verborgenheit

Lass, o Welt, o lass mich sein!
Locket nicht mit Liebesgaben,
Lasst dies Herz alleine haben
Seine Wonne, seine Pein!

Was ich traure, weiß ich nicht,
Es ist unbekanntes Wehe;
Immerdar durch Tränen sehe
Ich der Sonne liebes Licht.

Oft bin ich mir kaum bewusst,
Und die helle Freude zücket
Durch die Schwere, so mich drücket
Wonniglich in meiner Brust.

Lass, o Welt, o lass mich sein!
Locket nicht mit Liebesgaben,
Lasst dies Herz alleine haben
Seine Wonne, seine Pein!

(1832)

1. In welcher seelischen Verfassung befindet sich das lyrische Ich?
2. Weisen Sie am Text nach, welches Weltverständnis in dem Gedicht zum Ausdruck kommt. Berücksichtigen Sie dabei auch den Titel „Verborgenheit“.
3. Welche Parallelen lassen sich zu Spitzwegs Bild „Der Zeitungsleser im Hausgarten“ ziehen?
4. Vergleichen Sie das Mörike-Gedicht mit einem Gedicht von Heine, Herwegh oder Weerth. Skizzieren Sie die augenfälligsten Unterschiede.

Karl Ludwig Pfau. Pfau wurde 1821 in Heilbronn als Sohn eines Gärtners geboren. Nach dem Besuch des Heilbronner Gymnasiums zog er 1839 nach Frankreich, wo er zunächst als Gärtner tätig war, dann aber Kunst und Literatur studierte. 1841 kehrte er nach Deutschland zurück, begann in Tübingen ein Philosophiestudium und veröffentlichte erste Gedichte.
Wegen seines Engagements für die Märzrevolution wurde er des Hochverrats angeklagt und musste in die Schweiz und weiter nach Frankreich flüchten. Nach einer Amnestie konnte er 1863 zurückkehren. Pfau starb 1894 in Stuttgart.
Bereits 1847 verfasste er das folgende Gedicht mit dem Titel „Herr Biedermeier“:

Ludwig Pfau (1821 – 1894)

Herr Biedermeier

Mitglied der „besitzenden und gebildeten Klasse“

Schau, dort spaziert Herr Biedermeier
Und seine Frau, den Sohn am Arm;
Sein Tritt ist sachte wie auf Eier,
Sein Wahlspruch: Weder kalt noch warm.
Das ist ein Bürger hochgeachtet,
Der geistlich spricht und weltlich trachtet;
Er wohnt in jenem schönen Haus
Und – leiht sein Geld auf Wucher aus.

Gemäßigt stimmt er bei den Wahlen,
Denn er missbilligt allen Streit;
Obwohl kein Freund vom Steuerzahlen,
Verehrt er sehr die Obrigkeit.
Aufs Rathaus und vor Amt gerufen,
Zieht er den Hut schon auf den Stufen;
Dann aber geht er stolz nach Haus
Und – leiht sein Geld auf Wucher aus.

Am Sonntag in der Kirche fehlen,
Das wäre gegen Christenpflicht;
Da holt er Labung seiner Seelen –
Und schlummert, wenn der Pfarrer spricht.
Das führt ihn lieblich bis zum Segen,
Den nimmt der Wackre fromm entgegen.
Dann geht er ganz erbaut nach Haus
Und – leiht sein Geld auf Wucher aus.

Acht! Wandrer, die gen Westen streben!
Wie rühret ihre Not sein Herz!
Wohl sieht er sammeln, doch zu geben
Vergisst er ganz in seinem Schmerz.
„Ihr Schicksal ruht in Gottes Händen!"
Spricht er – dann geht er auszupfänden,
Nimmt einem Schuldner Hof und Haus
Und – leiht sein Geld auf Wucher aus.

Den einzgen, hoffnungsvollen Sprossen –
Denn nicht mehr, das wäre Überfluss –,
Den hält er klösterlich verschlossen:
Die Sünde stammt ja vom Genuss.
Die Mutter führt ihr Küchlein sittig
Wie eine Henne unterm Fittich;
Sie sorgt für strenge Zucht im Haus
Und – leiht ihr Geld auf Wucher aus.

O edles Haus! O feine Sitten!
Wo jedes Gift im Keim erstickt,
Wo nur gepflegt wird und gelitten,
Was gern sich duckt und wohl sich schickt.
O wahre Bildung ohne Spitzen!
Nur der Besitz kann dich besitzen –
Anstand muss sein in Staat und Haus,
Sonst – geht dem Geld der Wucher aus.

(1847)

1. Verfassen Sie eine Charakterisierung des hier dargestellten Herrn Biedermeier.

2. Wie beurteilt das lyrische Ich Herrn Biedermeier?

3. Mit welchen stilistischen Mitteln bringt der Sprecher des Gedichtes seine Einschätzung zum Ausdruck?

4. Was verbinden Sie heute mit dem Begriff „biedermeierlich" bzw. „bieder"? Vergleichen Sie mit der Auffassung im Gedicht.

Adalbert Stifter. Stifter wurde 1805 in Oberplan im Böhmerwald geboren. Nach einer strengen Erziehung auf einer von Benediktinermönchen geleiteten Lateinschule studierte er Jura, legte aber kein Examen ab. Später arbeitete er als Hauslehrer, bis er zum Schulrat ernannt wurde. In seinen letzten Jahren war er schwer krank und litt unter Depressionen. Stifter nahm sich 1868 das Leben. Obwohl er zunächst ein Befürworter der Revolution war, zog er sich ab 1848 aus dem politischen Tagesgeschehen zurück.

Adalbert Stifter (1805 – 1868)
Vorrede zu „Bunte Steine"

In der Sammlung „Bunte Steine" fasste Stifter sechs Erzählungen aus den Jahren 1842 – 1852 zusammen. In der Vorrede legt er eine Art weltanschauliches Bekenntnis ab.

[...] Weil wir aber schon einmal von dem Großen und Kleinen reden, so will ich meine Ansichten darlegen, die wahrscheinlich von denen vieler anderer Menschen abweichen. Das Wehen der Luft, das Rieseln des Wassers, das Wachsen der Getreide, das Wogen des Meeres, das Grünen der Erde, das Glänzen des Himmels, das Schimmern der Gestirne halte ich für groß: das prächtig einherziehende Gewitter, den Blitz, welcher Häuser spaltet, den Sturm, der die Brandung treibt, den Feuer speienden Berg, das Erdbeben, welches Länder verschüttet, halte ich nicht für größer als obige Erscheinungen, ja ich halte sie für kleiner, weil sie nur Wirkungen viel höherer Gesetze sind. Sie kommen auf einzelnen Stellen vor und sind die Ergebnisse einseitiger Ursachen. Die Kraft, welche die Milch im Töpfchen

Illustration aus der Erstausgabe der „Bunten Steine" („Bergkristall") von Ludwig Richter

der armen Frau emporschwellen und übergehen macht, ist es auch, die die Lava in dem Feuer speienden Berge emportreibt und auf den Flächen der Berge hinabgleiten lässt. Nur augenfälliger sind diese Erscheinungen und reißen den Blick des Unkundigen und Unaufmerksamen mehr an sich, während der Geisteszug des Forschers vorzüglich auf das Ganze und Allgemeine geht und nur in ihm allein Großartigkeit zu erkennen vermag, weil es allein das Welterhaltende ist. Die Einzelheiten gehen vorüber, und ihre Wirkungen sind nach Kurzem kaum noch erkennbar.

[...]

So wie es in der äußeren Natur ist, so ist es auch in der inneren, in der des menschlichen Geschlechtes. Ein ganzes Leben voll Gerechtigkeit, Einfachheit, Bezwingung seiner selbst, Verstandesmäßigkeit, Wirksamkeit in seinem Kreis, Bewunderung des Schönen, verbunden mit einem heiteren gelassenen Sterben, halte ich für groß: mächtige Bewegungen des Gemütes, furchtbar einherrollenden Zorn, die Begier nach Rache, den entzündeten Geist, der nach Tätigkeit strebt, umreißt, ändert, zerstört und in der Erregung oft das eigene Leben hinwirft, halte ich nicht für größer, sondern für kleiner, da diese Dinge so gut nur Hervorbringungen einzelner und einseitiger Kräfte sind, wie Stürme, Feuer speiende Berge, Erdbeben. Wir wollen das sanfte Gesetz zu erblicken suchen, wodurch das menschliche Geschlecht geleitet wird. Es gibt Kräfte, die nach dem Bestehen des Einzelnen zielen. Sie nehmen alles und verwenden es, was zum Bestehen und zum Entwickeln desselben notwendig ist. Sie sichern den Bestand des einen und dadurch den aller. Wenn aber jemand jedes Ding unbedingt an sich reißt, was sein Wesen braucht, wenn er die Bedingungen des Daseins eines anderen zerstört, so ergrimmt etwas Höheres in uns, wir helfen dem Schwachen und Unterdrückten, wir stellen den Stand wieder her, dass er ein Mensch neben dem andern bestehe und seine menschliche Bahn gehen könne, und wenn wir das getan haben, so fühlen wir uns befriedigt, wir fühlen uns noch viel höher und inniger, als wir uns als Einzelne fühlen, wir fühlen uns als ganze Menschheit. Es gibt daher Kräfte, die nach dem Bestehen der gesamten Menschheit hinwirken, die durch die Einzelkräfte nicht beschränkt werden dürfen, ja im Gegenteile beschränkend auf sie selber einwirken. Es ist das Gesetz dieser Kräfte, das Gesetz der Gerechtigkeit, das Gesetz der Sitte, das Gesetz, das will, dass jeder geachtet, geehrt, ungefährdet neben dem anderen bestehe, dass er seine höhere menschliche Laufbahn gehen könne, sich Liebe und Bewunderung seiner Mitmenschen erwerbe, dass er als Kleinod gehütet werde, wie jeder Mensch ein Kleinod für alle andern Menschen ist. Dieses Gesetz liegt überall, wo Menschen neben Menschen wohnen, und es zeigt sich, wenn Menschen gegen Menschen wirken. Es liegt in der Liebe der Ehegatten zueinander, in der Liebe der Eltern zu den Kindern, der Kinder zu den Eltern, in der Liebe der Geschwister, der Freunde zueinander, in der süßen Neigung beider Geschlechter, in der Arbeitsamkeit, wodurch wir erhalten werden, in der Tätigkeit, wodurch man für seinen Kreis, für die Ferne, für die Menschheit wirkt, und endlich in der Ordnung und Gestalt, womit ganze Gesellschaften und Staaten ihr Dasein umgeben und zum Abschlusse bringen. [...]

(1852)

1. Stifter spricht in seiner Vorrede von der äußeren und der inneren Natur. Erläutern Sie, was er damit meint.
2. Erarbeiten Sie, was Stifter an der äußeren bzw. inneren Natur „groß" bzw. „klein" findet. Geben Sie Ihre Ergebnisse in Form eines Schaubildes wieder.
3. Erläutern Sie mit eigenen Worten, was Stifter unter dem „sanfte[n] Gesetz" (Z. 41 f.) versteht.
4. Was ist an Stifters Weltanschauung „biedermeierlich"?

Annette von Droste-Hülshoff. Von Droste-Hülshoff wurde 1797 auf Burg Hülshoff bei Münster geboren. Die aus westfälischem Adel stammende, unverheiratete Dichterin führte ein zurückgezogenes Leben, da sie aufgrund herrschender Konventionen in ihrer Lebensentfaltung als Frau und Dichterin stark eingeschränkt war. Seit 1837 verband sie eine enge Freundschaft mit dem 17 Jahre jüngeren Levin Schücking, dem Sohn einer Freundin. Berühmt wurde sie durch ihre Erzählung „Die Judenbuche“. Annette von Droste-Hülshoff verstarb 1848 auf Schloss Meersburg am Bodensee.

Annette von Droste-Hülshoff (1797 – 1848)

Der Weiher

Er liegt so still im Morgenlicht,
So friedlich, wie ein fromm Gewissen;
Wenn Weste[1] seinen Spiegel küssen,
Des Ufers Blume fühlt es nicht;
Libellen zittern über ihn,
Blaugoldne Stäbchen und Karmin[2],
Und auf des Sonnenbildes Glanz
Die Wasserspinne führt den Tanz;
Schwertlilienkranz am Ufer steht
Und horcht des Schilfes Schlummerliede;
Ein lindes Säuseln kommt und geht,
Als flüstre's: Friede! Friede! Friede! –

(1848)

1. Auf welche Weise wird die Natur in diesem Gedicht dargestellt?
2. Beschreiben Sie das Verhältnis, in dem lyrisches Ich und Natur zueinander stehen. Berücksichtigen Sie dabei vor allem die Verse 2 und 12.
3. Vergleichen Sie das Gedicht mit Mörikes Gedicht „Verborgenheit“ im Hinblick auf das in beiden Gedichten sichtbare Weltverständnis.
4. Bereiten Sie die Biografie Annette von Droste-Hülshoffs in Form eines Referats auf.
5. Recherchieren Sie zu weiteren Werken von Annette von Droste-Hülshoff. Gehen Sie der Frage nach, ob man sie als typische Dichterin des Biedermeier bezeichnen kann.
6. **Was Sie noch machen können:**
   a) Sammeln Sie Beispiele für Zensurmaßnahmen weltweit in der heutigen Zeit. Wie werden die Maßnahmen jeweils begründet, welche Ziele verfolgen sie?
   b) Bereiten Sie in Ihrem Kurs eine „Lesung“ vor, in der Sie gesellschaftskritische und eher unpolitische Gedichte aus der Zeit des Vormärz bzw. des Biedermeier vortragen. Die Gedichtvorträge könnten durch Kurzbiografien der jeweiligen Autoren ergänzt werden.
   c) Zahlreiche Texte dieser Epoche sind vertont worden. Recherchieren Sie entsprechend. Vielleicht gelingt es Ihnen, im Kursverband einige Lieder zu singen.

[1] **Weste:** Westwinde – [2] **Blaugoldne Stäbchen und Karmin:** Libellenarten

Vormärz, Junges Deutschland und die Zeit des Biedermeier

Geistesgeschichtlicher Hintergrund

Die Zeit zwischen dem Wiener Kongress 1815 und der Märzrevolution 1848 war einerseits geprägt durch einen großen Freiheitsdrang und andererseits durch den Versuch der Herrschenden, die alte Macht zu sichern und alle freiheitlichen Bestrebungen durch harte Maßnahmen zu unterdrücken. Diese Politik der Restauration, die die Wiederherstellung der vorrevolutionären Verhältnisse zum Ziel hatte, wurde besonders von dem österreichischen Staatskanzler Fürst Metternich betrieben. Mit den Karlsbader Beschlüssen von 1819 wurde durch eine scharfe Zensur von Büchern und Zeitschriften die Pressefreiheit weiter eingeschränkt und die sogenannte Demagogenverfolgung, d. h. die Verhaftung liberal denkender Bürger, begonnen.

Doch die Zeit ließ sich nicht zurückdrehen: Sichtbares Zeichen einer liberalen Gegenbewegung waren in Frankreich die Julirevolution von 1830 und in Deutschland das Hambacher Fest, auf dem eine freiheitliche Verfassung und die Einheit Deutschlands gefordert wurden. Der Machtapparat reagierte darauf mit weiteren Verhaftungen, der Aufhebung der Versammlungsfreiheit und einer Verschärfung der Zensur.

Einen vorläufigen Endpunkt der Einheits- und Unabhängigkeitsbestrebungen gegen die Restauration bildete die gescheiterte Revolution von 1848.

Literaturgeschichtlicher Hintergrund

Den Dichtern des Vormärz war bei aller Unterschiedlichkeit gemeinsam, dass sie ein starkes politisches Bewusstsein und die Bereitschaft zu politischem Handeln zeigten. Ihr gemeinsamer Nenner war die Ablehnung des restaurativen Systems und ihr Kampf für Freiheit, Gleichheit und Emanzipation. Neben traditionellen literarischen Gattungen bevorzugten sie die journalistischen Formen (z. B. Feuilletons, Reiseberichte, Flugschriften), mit denen sie schneller auf aktuelle politische Ereignisse reagieren und ggf. auch die Zensur umgehen konnten. Technische Neuerungen wie die Schnellpresse und die zunehmende Alphabetisierung kamen ihnen dabei zugute.

Durch die restaurative Politik und die harten Zensurbestimmungen waren die Schriftsteller dieser Zeit ständig von Publikationsverboten und Haftstrafen bedroht. Fast alle von ihnen mussten zeitweise fliehen und im Exil leben.

Innerhalb dieser literarischen Epoche gab es eine Gruppe von Schriftstellern, die von ihren Verfolgern unter der Bezeichnung „Das Junge Deutschland“ zusammengefasst wurde. Die „Jungdeutschen“ waren aber keine literarische Schule, sondern nur geeint in dem Kampf gegen die moralischen und sozialen Normen der Restaurationszeit. Ganz bewusst wandten sie sich gegen die literarischen Maßstäbe der Weimarer Klassik und der Romantik, die ihnen viel zu idealisiert und von der Welt abgehoben erschienen. Wie auch die übrigen Autoren der Vormärzzeit waren sie alle journalistisch tätig.

Parallel zu dieser stark gesellschaftspolitisch ausgerichteten Literatur existierte auch eine von bürgerlicher Zurückgezogenheit geprägte Literatur, die als „biedermeierlich“ bezeichnet wird. Den ihr angehörenden Autoren ging es mehr um die Darstellung individueller Erfahrung und Identitätsfindung in einer von starren Normen geprägten Gesellschaft. Sie spürten schmerzlich den Widerspruch zwischen Wunsch und Wirklichkeit und suchten nach Möglichkeiten, die Gegensätze zu harmonisieren. In ihren Werken, die häufig von resignativem Weltschmerz gekennzeichnet sind, widmeten sie sich verstärkt den Themen Natur, Heimat, Familie und Religion.

Vormärz, Junges Deutschland und die Zeit des Biedermeier

Zeitgeschichtliche Hintergründe
- Wiener Kongress (1815)
- Wartburgfest (1817)
- Karlsbader Beschlüsse (1819)
- Julirevolution (1830)
- Hambacher Fest (1832)
- Märzrevolution (1848)
- Frankfurter Paulskirche (1848)

Geistige Tendenzen und leitende Ideen
- Liberalismus
- Demokratiebestrebungen
- Politik der Restauration
- Rückzug ins Private (Natur, Heimat, Familie, Religion)

Literarische Formen
- journalistische Formen wie Feuilleton, Reiseberichte, Flugschriften
- politische Lyrik
- Drama
- Novelle

Themen und Motive
- Unterdrückung, Ungleichheit, Armut und Ausbeutung des Volkes
- Kampf für Freiheit, Gleichheit und Emanzipation
- Kampf gegen die Zensur
- das Private als Schutzraum

Autoren
- Heine (1797 – 1856)
- Büchner (1813 – 1837)
- Weerth (1822 – 1856)
- Herwegh (1817 – 1875)
- Mörike (1804 – 1875)
- Stifter (1805 – 1868)
- Droste-Hülshoff (1797 – 1848)

Theodor Fontane – Dichter des „Poetischen Realismus“

Seine Ideale von Freiheit, sozialer Gleichheit und die Hoffnung auf nationale Einigung musste das Bürgertum nach der gescheiterten Revolution von 1848/49 erst einmal zurückstellen. Illusionsloser wandte man sich jetzt dem „Realen“ als Leitbegriff des Denkens und des politischen Handelns zu. Im Einklang mit den neuen „Realitäten“, den zahlreichen technischen Erfindungen, der beschleunigten wirtschaftlich-industriellen Entwicklung, besonders in den Gründerjahren nach der enthusiastisch gefeierten Reichseinigung 1870/71, gelang es dem Bürgertum, seine politische Bedeutungslosigkeit durch wirtschaftliche Macht, Wohlstand und nicht zuletzt durch Bildung zum Teil auszugleichen.

„Realität“ wurde auch der zentrale Begriff in der Kunst und in der Literatur der Zeit. Theodor Fontane, einer ihrer wichtigsten Schriftsteller und Programmatiker, äußerte bündig: „Was unsere Zeit nach allen Seiten charakterisiert, das ist ihr Realismus.“ Und sicher ist gerade er ein Kenner der Szene, verbrachte er doch überwiegend sein Leben in der Berliner Metropole, wo sich die künstlerischen Tendenzen der Zeit am deutlichsten zeigten. Was Fontane mit „Realismus“ meinte, ob in „realistischer“ Kunst etwa auch die Schattenseiten eingeschlossen sind, welche die rasche Entwicklung in Deutschland ebenfalls mit sich brachte, kommt in der folgenden Einheit zur Sprache. Auch soll deutlich werden, warum sich die Literatur nach 1850 bis etwa 1890 als „Poetischer Realismus“ verstand.

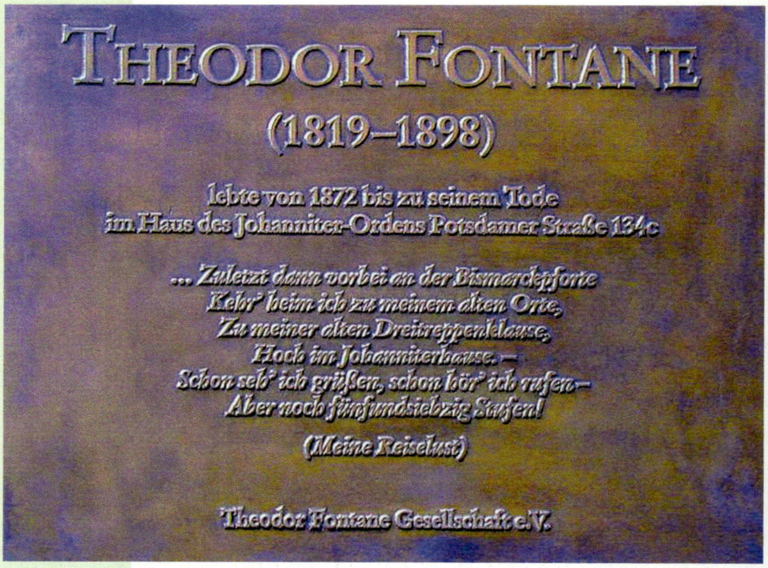

Gedenktafel mit dem Schluss von Fontanes Gedicht „Meine Reiselust“ an dem Kaufhaus, das heute in der Alten Potsdamer Straße auf dem Grundstück des Johanniterordens steht

1. Tauschen Sie sich in Ihrer Gruppe über den Begriff „Realität“ aus.
2. Die wirklich existierenden Monumente auf den Bildern werden in dem Gedicht genannt. Welche besondere Bedeutung haben sie für das lyrische Ich?

Wrangelbrunnen

Goethe-Denkmal von Fritz Schaper (1841 – 1919) gegenüber dem Stelenfeld am Rande des Tiergartens

Theodor Fontane (1819 – 1898)

Meine Reiselust

[...]
Jetzt zwischen Link- und Eichhornstraße
Mess' ich meine bescheidenen Maße,
Höchstens bis Königin Luise
Wag' ich mich vor, umschreitend diese,
Bleib' dann ein Weilchen noch in dem Bereiche
Des Floraplatzes, am Goldfischteiche.
Der Wrangelbrunnen bleibt mir zur Linken,
Rechtsher seh' ich Goethe winken.
Zuletzt dann vorbei an der Bismarckpforte
Kehr' heim ich zu meinem alten Orte,
Zu meiner alten Dreitreppenklause,
Hoch im Johanniterhause[1]. –
Schon seh' ich grüßen, schon hör' ich rufen –
Aber noch fünfundsiebzig Stufen!

(1890)

Luisen-Denkmal von Erdmann Encke (1843 – 1896) an der Südseite des Berliner Tiergartens

[1] Haus, in dem Fontane in der dritten Etage seine Wohnung hatte

1 Fontane – Autor von Gesellschaftsromanen

Theodor Fontane 1894 an seinem Schreibtisch. Die Aufnahme wurde an seinem 75. Geburtstag gemacht.

Theodor Fontane (1819–1898)
Irrungen, Wirrungen

Theodor Fontane kennen viele von Ihnen schon als Lyriker. Vor allem seine Balladen „Herr von Ribbeck“, „John Maynard“, „Die Brücke am Tay“, „Gorm Grymme“ werden oft im Unterricht vorgestellt. Fontane ist aber auch Verfasser von bedeutenden Gesellschaftsromanen und -novellen. Seine journalistische Tätigkeit, und in diesem Zusammenhang vor allem sein Aufenthalt als Korrespondent in England (1852–1859), führten ihn zu genaueren Kenntnissen der weiter als in Deutschland vorangeschrittenen modernen Entwicklungen zur demokratischen Industriegesellschaft. In England las er auch begeistert die englischen Realisten, die früher als in Deutschland, schon einige Zeit vor der Zeit um 1850, die Personen und die Handlungen in ihrer Literatur aus dem Umkreis ihrer sozialhistorischen Situation erstehen lassen. Zwar wurde Fontane nicht in Berlin, sondern in Neuruppin geboren, aber er verbrachte mehr als 60 Jahre seines Lebens in der schnell wachsenden Metropole des Kaiserreichs. So erklären sich seine genauen Ortskenntnisse und ihre präzisen Beschreibungen in seinen Romanen. Gleich zu Beginn des ersten Kapitels von „Irrungen, Wirrungen“ ist von all dem schon viel zu erkennen:

Frau Nimptsch, von der gleich am Anfang die Rede ist, arbeitete, als sie noch erwerbstätig war, als Waschfrau und Plättnerin (Büglerin), und ihre Pflegetochter Lene ist stolz darauf, sich ihren Lebensunterhalt als Weißnäherin zu verdienen. Bei einer gefährlichen Kahnfahrt am 2. Ostertag des Jahres 1875 wird sie von Botho von Rienäcker, Offizier im Kaiser-Kürassier-Regiment aus Märkischem Adel, vor einem sich rasch nähernden Dampfschiff in Sicherheit gebracht. Sie lernen sich so kennen und werden bald ein Liebespaar, das sich aber als solches nicht in der Öffentlichkeit zeigen darf, schon gar nicht in dem in nächster Nähe liegenden Zoologischen Garten, um dort auf der vorhandenen Tanzbühne mitten unter vielen Leuten, etwa nach einer Melodie von Strauß, einen Walzer zu tanzen. Der große Standesunterschied zwischen dem Adeligen und dem Mädchen aus dem einfachen Volk lässt das nicht zu. So müssen ihre Begegnungen meistens in der engen Stube der Frau Nimptsch stattfinden. Lene liebt Botho nicht blind, sie macht sich über eine mögliche Heirat mit dem Mann aus dem Adel kaum Illusionen. Und so sind alle glücklichen Stunden mit Botho, die sie oft in dem Garten der Familie Dörr oder auf einsamen Spaziergängen nach Wilmersdorf verbringen, am Ende überschattet von der unausweichlichen Trennung von dem geliebten Mann. Denn außer dem Standesunterschied gibt es dafür noch einen anderen Grund: Es steht mit dem Rienäcker'schen Vermögen nicht gut, zumal Botho in Berlin auch weit über seine Verhältnisse lebt. Sein vermögender Onkel und seine Mutter werden ihn daher sehr bald zu einer „reichen Heirat“ drängen.

ERSTES KAPITEL (Auszug)

An dem Schnittpunkte von Kurfürstendamm und Kurfürstenstraße, schräg gegenüber dem „Zoologischen“, befand sich in der Mitte der Siebzigerjahre noch eine große, feldeinwärts sich erstreckende Gärtnerei, deren kleines, dreifenstriges, in einem Vorgärtchen um etwa hundert Schritte zurückgelegenes Wohnhaus, trotz aller Kleinheit und Zurückgezogenheit, von der vorübergehenden Straße her sehr wohl erkannt werden konnte. Was aber sonst noch zu dem Gesamtgewese der Gärtnerei gehörte, ja die recht eigentliche Hauptsache derselben ausmachte, war durch ebendies kleine Wohnhaus wie durch eine Kulisse versteckt, und nur ein rot und grün gestrichenes Holztürmchen mit einem halb weggebrochenen Zifferblatt unter der Turmspitze (von Uhr selbst keine Rede) ließ vermuten, dass hinter dieser Kulisse noch etwas anderes verborgen sein müsse, welche Vermutung denn auch in einer von Zeit zu Zeit aufsteigenden, das Türmchen umschwärmenden Taubenschar und mehr noch in einem gelegentlichen Hundegeblaff ihre Bestätigung fand. Wo dieser Hund eigentlich steckte, das entzog sich freilich der Wahrnehmung, trotzdem die hart an der linken Ecke gelegene, von früh bis spät aufstehende Haustür einen Blick auf ein Stückchen Hofraum gestattete. Überhaupt schien sich nichts mit Absicht verbergen zu wollen und doch musste jeder, der zu Beginn unserer Erzählung des Weges kam, sich an dem Anblick des dreifenstrigen Häuschens und einiger im Vorgarten stehenden Obstbäume genügen lassen.

Es war die Woche nach Pfingsten, die Zeit der langen Tage, deren blendendes Licht mitunter kein Ende nehmen wollte. Heute aber stand die Sonne schon hinter dem Wilmersdorfer Kirchturm, und statt der Strahlen, die sie den ganzen Tag über herabgeschickt hatte, lagen bereits abendliche Schatten in dem Vorgarten, dessen halbmärchenhafte Stille nur noch von der Stille des von der alten Frau Nimptsch und ihrer Pflegetochter Lene mietweise bewohnten Häuschens übertroffen wurde. Frau Nimptsch selbst aber saß wie gewöhnlich an dem großen, kaum fußhohen Herd ihres die ganze Hausfront einnehmenden Vorderzimmers und sah, hockend und vorgebeugt, auf einen rußigen alten Teekessel, dessen Deckel, trotzdem der Wrasen[1] auch vorn aus der Tülle quoll, beständig hin- und herklapperte. Dabei hielt die Alte beide Hände gegen die Glut und war so versunken in ihre Betrachtungen und Träumereien, dass sie nicht hörte, wie die nach dem Flur hinausführende Tür aufging und eine robuste Frauensperson ziemlich geräuschvoll eintrat. Erst als diese Letztre sich geräuspert und ihre Freundin und Nachbarin, eben unsere Frau Nimptsch, mit einer gewissen Herzlichkeit bei Namen genannt hatte, wandte sich diese nach rückwärts und sagte nun auch ihrerseits freundlich und mit einem Anfluge von Schelmerei: „Na, das is recht, liebe Frau Dörr, dass Sie mal wieder rüberkommen: Und noch dazu von's ‚Schloss'. Denn ein Schloss is es und bleibt es. Hat ja 'nen Turm. Und nu setzen Sie sich ..." [...]

Die so freundlich als Frau Dörr Begrüßte war nicht bloß eine robuste, sondern vor allem auch eine sehr stattlich aussehende Frau, die, neben dem Eindruck des Gütigen und Zuverlässigen, zugleich den einer besonderen Beschränktheit machte. [...] „Und nu rücken Sie 'ran hier, liebe Frau Dörr, oder lieber dadrüben auf die Hutsche[2] ... Lene, na Sie wissen ja, is ausgeflogen un hat mich mal wieder in Stich gelassen."

„Er war woll hier?"

„Freilich war er. Und beide sind nu ein bisschen auf Wilmersdorf zu; den Fußweg lang, da kommt keiner. Aber jeden Augenblick können sie wieder hier sein."

„Na, da will ich doch lieber gehen."

„O nich doch, liebe Frau Dörr. Er bleibt ja nich. Und wenn er auch bliebe, Sie wissen ja, der is nich so."

(vorabgedruckt im Sommer 1887 als Fortsetzungsroman in der „Vossischen Zeitung", im Jahr darauf veröffentlicht in Buchform)

Vor dem Elefantenhaus im Berliner Zoo (Zeichnung von 1873). Von hier hören Lene und Botho in der Dörr'schen Gärtnerei Tanzmusik und das Treiben der zahlreichen Besucher.

1. Wenn Sie von Ihrem Alltagsverständnis von „Realismus" ausgehen, was würden sie dann an diesem Romanbeginn als „realistisch" bezeichnen?

2. Was fällt Ihnen bei der Darstellung des Dörr'schen Anwesens auf? Achten Sie darauf, worauf der Erzähler bei seiner Schilderung verzichtet und was dem Beobachter von seinem Standpunkt aus nicht einsichtig ist. Versuchen Sie, die Schilderung des Ortes in einer Zeichnung festzuhalten.

[1] **Wrasen:** Wasserdampf – [2] **Hutsche:** Schaukelstuhl

3. Deuten Sie die zeitgenössische Zeichnung vom Berliner Zoo im Zusammenhang mit der Lebensweise des Liebespaars. Was mag vor allem Lene bei dem Gedanken an dieses Treiben dort empfinden? Beachten Sie dabei die genaue Lage des Dörr'schen Anwesens. Nutzen Sie dazu den Vortext und den Plan über die „Schauplätze“ der Handlung (s. u.). Erklären Sie damit auch, warum das Paar seine Spaziergänge „auf Wilmersdorf zu“ (Z. 73 f.) unternimmt.

4. Beschreiben Sie den Zusammenhang zwischen den dargestellten räumlichen Gegebenheiten in ihrer Bedeutung für die Lebensweise der Personen.

5. Können Sie bereits aus dem kurzen Textauszug auf eine kritische Sicht Fontanes auf die Gesellschaft schließen? Begründen Sie Ihre Auffassung. Erläutern Sie in diesem Zusammenhang auch den Begriff „Gesellschaftsroman“.

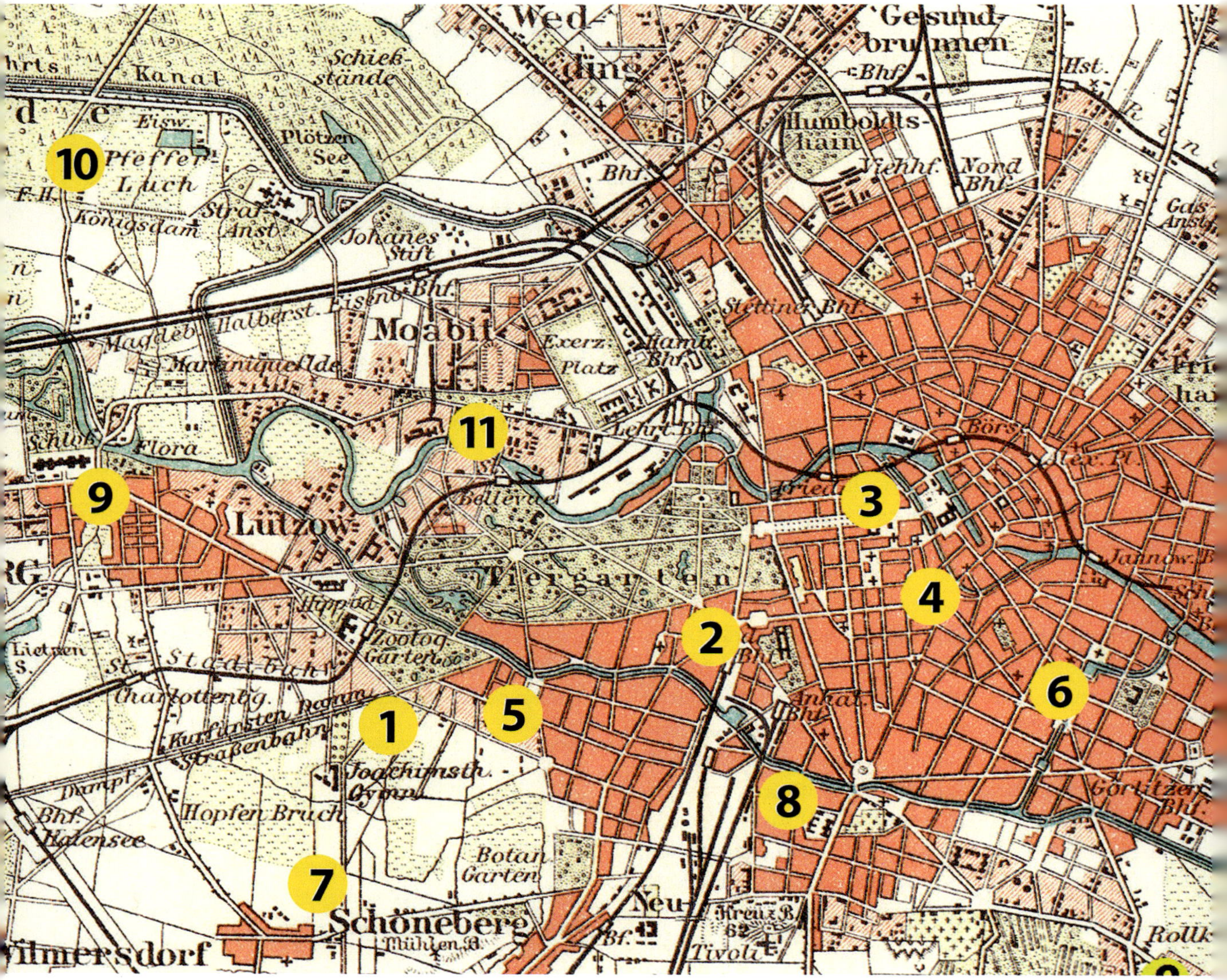

Die Schauplätze von „Irrungen, Wirrungen“ auf einem Stadtplan von 1894

1. Die Dörr'sche Gärtnerei am Zoologischen Garten
2. Bothos Wohnung in der Bellevuestraße
3. Bothos Kaserne an der Dorotheenstraße
4. Lenes Arbeitgeber am Spittelmarkt
5. Bothos Wohnung in der Landgrafenstraße
6. Lenes Wohnung am Luisenufer (nach der Trennung von Botho)
7. Der Spaziergang nach Wilmersdorf
8. Das Weißbierlokal Puperitz
9. Das Charlottenburger Schloss
10. Der Gedenkstein für Hinckeldey
11. Die Borsig'schen Eisenwerke

2 Das Programm des „Poetischen Realismus" in seiner Zeit

Dietrich Herrmann (geb. 1939)

Der „Realismus" in seiner Zeit

In der Alltagssprache begegnet man immer wieder dem Begriff „Realismus". Man spricht von einer „realistischen" Sicht der Dinge, vom „Realismus" bei politischen oder wirtschaftlichen Plänen; aber auch im privaten Bereich misst man gewöhnlich Absichten und Ziele beim Handeln nach ihren „realistischen" Möglichkeiten der Verwirklichung. Stets meint man mit dem Begriff eine nüchterne und praktische Einstellung gegenüber der Wirklichkeit. Aber auch in der bildenden Kunst und in der Literatur kennt man einen „Realismus" und die Literaturepoche zwischen 1850 und etwa 1890 in Deutschland wurde von ihren herausragenden Vertretern – Fontane, Storm u. a. – „Poetischer Realismus" genannt. Schon mit dem Attribut „poetisch" bringen die genannten Dichter und Theoretiker zum Ausdruck, dass es bei diesem „Realismus" nicht um die pure Wiedergabe oder Abbildung von Wirklichkeit geht. So wichtig für den Poetischen Realismus der Bezug zur Realität auch immer ist, so wird sie doch vom „realistischen" Autor so gestaltet, dass durch die Verwendung künstlerischer Mittel und künstlerischer Fantasie die dargestellte Wirklichkeit eine besondere Bedeutung in der Erzählung annimmt. Das heißt: Durch die Verwendung von Bildern und Symbolen, aber auch durch Humor und Ironie gehen die „realistischen" Autoren in ihren Erzählungen über das bloß Faktische der Wirklichkeit hinaus. Die jeweilige „Bedeutung" der erzählten Realität muss vom Leser im Zusammenhang des Textes erschlossen werden. Der „Realismus" wird somit ein „poetischer". Fontane hat zwar auch historische Novellen und Romane verfasst, in denen der Bezug zu seiner eigenen historischen Wirklichkeit schwerer zu erfassen ist, die meisten seiner Werke jedoch spielen in Berlin in der Zeit der zweiten Hälfte des 19. Jahrhunderts und er erzählt somit als Zeitzeuge von der Gesellschaft, die er dort beobachtet. So eng er sich dabei an die räumlichen und historischen Begebenheiten seiner Zeit hält, so ist doch immer der Wille zu einer „poetisierenden" Gestaltung im obigen Sinn erkennbar.

Betrachtet man die Romane, Novellen und Erzählungen anderer Autoren der Epoche des „Realismus", bemerkt man, dass sie im Gegensatz zu Fontane ihre Handlungen und Figuren oft weniger aus der historischen Wirklichkeit ihrer Zeit hervorgehen lassen und sie in andere Räume und Zeiten verlegen. Man erkennt geradezu ein bewusstes Ausweichen in den ländlichen und kleinstädtischen Raum. Und was die Dimension der Zeit angeht, so erzählen viele Texte aus der vormodernen Geschichte – so bei Conrad Ferdinand Meyer (1825–1898), Theodor Storm (1816–1895) und anderen. Die bei ihnen erkennbare Abwendung von der als „unpoetisch" empfundenen gegenwärtigen Welt steht im Zusammenhang mit der historischen Entwicklung in Deutschland nach 1850 zur industriellen europäischen Großmacht mit den daraus erwachsenden großen sozialen Problemen.

(2012)

Theodor Fontane (1819–1898)

Realismus

Vor allem verstehen wir (unter Realismus) nicht das nackte Wiedergeben alltäglichen Lebens, am wenigsten seines Elends und seiner Schattenseiten. Traurig genug, dass es nötig ist, derlei sich von selbst verstehende Dinge noch erst versichern zu müssen. Aber es ist noch nicht allzu lange her, dass man (namentlich in der Malerei) Misere mit Realismus verwechselte und bei der Darstellung eines sterbenden Proletariers, den hungernde Kinder umstehen, [...] sich einbildete, der Kunst eine glänzende Richtung vorgezeichnet zu haben. Diese Richtung verhält sich zum echten Realismus wie das rohe Erz zum Metall: Die Läuterung fehlt. Wohl ist das Motto des Realismus der Goethe'sche Zuruf:

Greif nur hinein ins volle Menschenleben,
Wo du es packst, da ist's interessant,[1]

aber freilich, die Hand, die diesen Griff tut, muss eine künstlerische sein. Das Leben ist doch immer nur der Marmorsteinbruch, der den Stoff zu unendlichen Bildwerken in sich trägt; sie schlummern darin, aber nur dem Auge des Geweihten sichtbar und nur durch seine Hand zu erwecken. Der Block an sich, nur herausgerissen aus einem größeren Ganzen, ist noch kein Kunstwerk, und dennoch haben wir die Erkenntnis als einen unbedingten Fortschritt zu begrüßen, dass es zunächst dieses Stoffes, oder sagen wir lieber des Wirklichen, zu allem künstlerischen Schaffen bedarf. [...]

Wenn wir in Vorstehendem [...] uns lediglich negativ verhalten und überwiegend hervorgehoben haben, was der Realismus nicht ist, so geben wir nunmehr unsere Ansicht über das, was er ist, mit kurzen Worten dahin ab: Er ist die Widerspiegelung alles wirklichen Lebens, aller wahren Kräfte und Interessen im Element der Kunst; [...]. Er umfängt das ganze reiche Leben, das Größte wie das Kleinste: den Kolumbus, der der Welt eine neue zum Geschenk machte, und das Wassertierchen, dessen Weltall der Tropfen ist; den höchsten Gedanken und die tiefste Empfindung zieht er in seinen Bereich, und die Grübeleien eines Goethe und das Leid Gretchens[2] sind sein Stoff. Denn alles das ist wirklich. Der Realismus will nicht die bloße Sinnenwelt [...]; er will am allerwenigsten das bloß Handgreifliche, aber er will das Wahre. Er schließt nichts aus, als die Lüge, das Forcierte[3], das Nebelhafte, das Abgestorbene – vier Dinge, mit denen wir glauben, eine ganze Literaturepoche bezeichnet zu haben.

(1853)

1. Lesen Sie die beiden Sachtexte zum „Poetischen Realismus“ mit ihren gegenseitigen inhaltlichen Ergänzungen und erklären Sie mit ihrer Hilfe, was Fontane mit „Läuterung“ von „Erz zum Metall“ (vgl. Z. 12) meint.
2. Finden Sie aus dem Text von Fontane weitere Bilder, welche den künstlerischen Prozess der „Läuterung“ beschreiben.
3. Erklären Sie an dem Romanbeginn von „Irrungen, Wirrungen“ das „poetisierende“ Verfahren, indem Sie aufweisen, wo und wie dort über das bloß Faktische hinausgegangen wird.
4. Beschreiben Sie die Sonderstellung Fontanes unter den „realistischen“ Autoren. Welche Begründung gibt dazu der erste Text? Welche weiteren Gründe dafür können Sie anführen? Vergleichen Sie dazu auch den Vortext zu „Irrungen, Wirrungen“.
5. Veranschaulichen Sie die wesentlichen Züge des „Poetischen Realismus“, wie sie in den beiden Texten hervortreten, in einer Mindmap.

[1] Aus: Johann Wolfgang v. Goethe: Faust (Vorspiel auf dem Theater) – [2] **Gretchen:** Gestalt aus Goethes „Faust“ – [3] **das Forcierte:** das Erzwungene, Unnatürliche

3 Die Erzählweise des „Poetischen Realismus“

Theodor Fontane (1819 – 1898)

Irrungen, Wirrungen

VIERZEHNTES KAPITEL (Auszug)

Bei einem Ausflug mit Übernachtung in „Hankels Ablage“, einem Seerestaurant mit Hotel, erhalten Lene und Botho nach der dort verbrachten Nacht am Morgen einen fast unerwünschten Besuch. Drei Offiziere, Kameraden Bothos, finden sich mit ihren „Damen“, Frauen von eher zweifelhaftem Ruf in Berlin, am See ein und stören die bisher als glücklich empfundene Einsamkeit des Paares. Sie alle nennen sich bei der gegenseitigen Bekanntmachung spielerisch mit ihren Fantasienamen und Botho reiht, ohne zu zögern, Lene in den Kreis als „Mademoiselle Agnès Sorel“ ein, wobei der Erzähler offenlässt, ob Lene mit ihrer einfachen Bildung weiß, dass es sich dabei um eine berühmte Mätresse eines französischen Königs des 15. Jahrhunderts handelt. Dennoch – eine wirkliche Heiterkeit will an diesem Tag nicht mehr aufkommen und sie bleibt auch aus, als Botho und Lene mit dem Zug die Heimreise antreten. Am Tag darauf erhält Botho in seiner Berliner Wohnung einen Brief von seiner Mutter, in dem sie ihm sorgenvoll die ruinösen Vermögensverhältnisse der Rienäcker'schen Güter vor Augen hält und ihm indirekt die Heirat mit der reichen Käthe von Sellenthin nahelegt. Käthe, eine stets allzu heitere Blondine mit einem Hang „am Kleinen und Komischen“ und – wie Botho kopfschüttelnd anmerkt – mit ausgiebiger Freude am

Leopold Zielcke (1791 – 1861): Vor den Toren Berlins (1845). Das Bild zeigt die Jungfernheide. Die Absperrungen stellen Schießstände dar. Im Hintergrund sind die Schornsteine der Fabriken in Moabit zu erkennen.

„Shopping", könnte er mit ihrer überschäumenden Redelust wohl manchmal als peinlich empfinden. Einer seiner Freunde beurteilt sie als „rather silly". Nichtsdestoweniger werden aber auch ihre Hellsichtigkeit, was die Gefühle Bothos ihr gegenüber angeht, und die Einschätzung ihrer Beziehung im Verlauf des Romans dem Leser deutlich. Botho kann sich auch nach seiner Heirat mit Käthe innerlich nicht von Lene lösen.

Endlich aber zog er die Klingel und beorderte sein Pferd, weil er ausreiten wolle. Und nicht lange, so hielt seine prächtige Fuchsstute draußen, ein Geschenk des Onkels, zugleich der Neid der Kameraden. Er hob sich in den Sattel, gab dem Burschen einige Weisungen und ritt auf die Moabiter Brücke zu, nach deren Passierung er in einen breiten, über Fenn[1] und Feld in die Jungfernheide hinüberführenden Weg einlenkte. Hier ließ er sein Pferd aus dem Trab in den Schritt fallen und nahm sich, während er bis dahin allerhand unklaren Gedanken nachgehangen hatte, mit jedem Augenblicke fester und schärfer ins Verhör. „Was ist es denn, was mich hindert, den Schritt zu tun, den alle Welt erwartet? Will ich Lene heiraten? Nein. Hab ich's ihr versprochen? Nein. Erwartet sie's? Nein. Oder wird uns die Trennung leichter, wenn ich sie hinausschiebe? Nein. Immer nein und wieder nein. Und doch säume und schwanke ich, das eine zu tun, was durchaus getan werden muss. Und weshalb säume ich? Woher diese Schwankungen und Vertagungen? Törichte Frage. Weil ich sie liebe."

Kanonenschüsse, die vom Tegler Schießplatz herüber klangen, unterbrachen hier sein Selbstgespräch, und erst als er das momentan unruhig gewordene Pferd wieder beruhigt hatte, nahm er den früheren Gedankengang wieder auf und wiederholte: „Weil ich sie liebe! Ja. Und warum soll ich mich dieser Neigung schämen? Das Gefühl ist souverän und die Tatsache, dass man liebt, ist auch das Recht dazu, möge die Welt noch so sehr den Kopf darüber schütteln oder von Rätsel sprechen. Übrigens ist es kein Rätsel und wenn doch, so kann ich es lösen. Jeder Mensch ist seiner Natur nach auf bestimmte, mitunter sehr, sehr kleine Dinge gestellt, Dinge, die, trotzdem sie klein sind, für ihn das Leben oder doch des Lebens Bestes bedeuten. Und dies Beste heißt mir Einfachheit, Wahrheit, Natürlichkeit. Das alles hat Lene, damit hat sie mir's angetan, da liegt der Zauber, aus dem mich zu lösen, mir jetzt so schwerfällt."

In diesem Augenblick stutzte sein Pferd, und er wurde eines aus einem Wiesenstreifen aufgescheuchten Hasen gewahr, der dicht vor ihm auf die Jungfernheide zujagte. Neugierig sah er ihm nach und nahm seine Betrachtungen erst wieder auf, als der Flüchtige zwischen den Stämmen der Heide verschwunden war. „Und war es denn", fuhr er fort, „etwas so Törichtes und Unmögliches, was ich wollte? Nein. Es liegt nicht in mir, die Welt herauszufordern und ihr und ihren Vorurteilen öffentlich den Krieg zu erklären; ich bin durchaus gegen solche Donquichotterien[2]. Alles, was ich wollte, war ein verschwiegenes Glück, ein Glück, für das ich früher oder später, um des ihr ersparten Affronts willen, die stille Gutheißung der Gesellschaft erwartete. So war mein Traum, so gingen meine Hoffnungen und Gedanken. Und nun soll ich heraus aus diesem Glück und soll ein anderes eintauschen, das mir keins ist. Ich hab eine Gleichgültigkeit gegen den Salon[3] und einen Widerwillen gegen alles Unwahre, Geschraubte, Zurechtgemachte. Chic, Tournüre[4], Savoir-faire[5] – mir alles ebenso hässliche wie fremde Wörter."

Hier bog das Pferd, das er schon seit einer Viertelstunde kaum noch am Zügel hatte, wie von selbst in einen Seitenweg ein, der zunächst auf ein Stück Ackerland und gleich dahinter auf einen von Unterholz und ein paar Eichen eingefassten Grasplatz führte. Hier, im Schatten eines der älteren Bäume, stand ein kurzes, gedrungenes Steinkreuz, und als er näher heranritt, um zu sehen, was es mit diesem Kreuze eigentlich sei, las er: „Ludwig von Hinkeldey, gest. 10. März 1856."[6] Wie das ihn traf! Er wusste, dass das Kreuz hier herum stehe, war aber nie bis an diese Stelle gekommen und sah es nun als ein Zeichen an, dass das seinem eigenen Willen überlassene Pferd ihn gerade hierher geführt hatte.

Hinkeldey! Das war nun an die zwanzig Jahre, dass der damals Allmächtige zu Tode kam, und alles, was bei der Nachricht davon in seinem Elternhause gesprochen worden war, das stand jetzt wieder lebhaft vor seiner Seele. Vor allem eine Geschichte kam ihm wieder in Erinnerung. Einer der bürgerlichen, seinem Chef besonders vertrauten Räte übrigens, hatte gewarnt und abgemahnt und das Duell überhaupt, und nun gar ein

[1] **Fenn:** Moorlandschaft – [2] **Donquichotterien:** verrückte, närrische Abenteuer nach dem Roman „Don Quijote" von Cervantes (1547–1616) – [3] **Salon:** Treffpunkt der vornehmen, hochgestellten Gesellschaft – [4] **Tournüre:** gewandte Haltung – [5] **Savoir-faire:** (frz.) Geschicklichkeit in Geschäften – [6] **Ludwig von Hinkeldey:** seit 1848 Polizeipräsident von Berlin, 1856 im Duell in der Jungfernheide erschossen

Gedenkkreuz für Ludwig von Hinkeldey

solches und unter solchen Umständen, als einen Unsinn und ein Verbrechen bezeichnet. Aber der sich bei dieser Gelegenheit plötzlich auf den Edelmann hin ausspielende Vorgesetzte hatte brüsk und hochmütig geantwortet: „Nörner[1], davon verstehen Sie nichts." Und eine Stunde später war er in den Tod gegangen. Und warum? Einer Adelsvorstellung, einer Standesmarotte zuliebe, die mächtiger war als alle Vernunft, auch mächtiger als das Gesetz, dessen Hüter und Schützer zu sein, er recht eigentlich die Pflicht hatte. „Lehrreich." Und was habe ich speziell daraus zu lernen? Was predigt dieses Denkmal mir? Jedenfalls das eine, dass das Herkommen unser Tun bestimmt. Wer ihm gehorcht, kann zugrunde gehen, aber er geht besser zugrunde als der, der ihm widerspricht.

Während er noch so sann, warf er sein Pferd herum und ritt querfeldein auf ein großes Etablissement, ein Walzwerk oder eine Maschinenwerkstatt, zu, draus, aus zahlreichen Essen, Qualm und Feuersäulen in die Luft stiegen. Es war Mittag und ein Teil der Arbeiter saß draußen im Schatten, um die Mahlzeit einzunehmen. Die Frauen, die das Essen gebracht hatten, standen plaudernd daneben, einige mit einem Säugling auf dem Arm, und lachten sich untereinander an, wenn ein schelmisches oder anzügliches Wort gesprochen wurde. Rienäcker, der sich den Sinn für das Natürliche mit nur zu gutem Rechte zugeschrieben, war entzückt von dem Bilde, das sich ihm bot, und mit einem Anfluge von Neid sah er auf die Gruppe glücklicher Menschen. „Arbeit und täglich Brot und Ordnung. Wenn unsre märkischen Leute sich verheiraten, so reden sie nicht von Leidenschaft und Liebe, sie sagen nur: ‚Ich muss doch meine Ordnung haben.' Und das ist ein schöner Zug im Leben unsres Volks und nicht einmal prosaisch. Denn Ordnung ist viel und mitunter alles. Und nun frag ich mich, war mein Leben in der ‚Ordnung'? Nein. Ordnung ist Ehe."

1. Welchen Eindruck erhalten Sie von Botho?
2. Verschaffen Sie sich einen Überblick über den Inhalt des Romanauszugs, indem Sie auf der einen Seite Bothos Gedanken und auf der anderen Seite die Beschreibung der äußeren Realität gegenüberstellen. Sie können dazu eine Tabelle anlegen.
3. Beschreiben Sie, welche Erzählhaltung und welches Erzählverhalten dem Auszug zugrunde liegt.
   ➔ Die Technik des Erzählens, s. S. 536 ff.
4. Untersuchen Sie, in welcher Weise der Leser durch die Erzählerberichte in seiner Einschätzung Bothos gelenkt wird. Berücksichtigen Sie in diesem Zusammenhang zum Beispiel die Darstellung der Tiere und die Hinweise auf das Denkmal und die Szene mit den Arbeitern und ihrer Familien in der Mittagspause.
5. Erläutern Sie in diesem Zusammenhang noch einmal den Begriff des „Poetischen Realismus". Nehmen Sie dabei Bezug auf die beiden Sachtexte zu diesem Begriff (S. 253 ff.).

[1] **Nörner:** Staatsanwalt, der im Auftrag des Königs in dem Streit der Duellanten vermitteln sollte. Hinkeldey hatte sich mit hohen Offizieren aus dem Adel verfeindet, die ihn darauf gezielt beleidigten, sodass er das Duell fordern „musste". Er wolle sich nicht nachsagen lassen, „er könne kein Pulver riechen".

Der Beginn des Romans „Effi Briest“

Dietrich Herrmann (geb. 1939)

Theodor Fontane, „Effi Briest“ – Skizzierung der Figuren

Wie die meisten Autoren des bürgerlichen Realismus veröffentlichte auch Fontane diesen Roman zunächst in einer Zeitschrift, der „Deutschen Rundschau“, und zwar in Fortsetzungen in den Jahren 1894 bis 1895. In Buchform erschien er dann 1896. Von der oft ironischen bis humorvollen Erzählhaltung darf man sich nicht täuschen lassen über die eher tragische Ausrichtung der Werke Fontanes: Auch der Roman „Effi Briest“ gehört in diese Richtung. Effi wird wegen Ehebruchs von ihrem Mann verlassen, das gemeinsame einzige Kind wird ihr genommen, sie erkrankt schwer und stirbt jung, nicht nur an schwerer Krankheit, sondern auch aus Verzweiflung. Ihre Geschichte beginnt – wesentlich von den Eltern bestimmt – mit der Verheiratung mit dem Baron von Instetten. – Effi ist zur Zeit der Heirat 17 Jahre alt.
Skizzierung der Hauptpersonen:

Effi Briest
Am Anfang schildert sie der Erzähler als fröhliches, abenteuerlustiges Einzelkind einer preußischen Adelsfamilie. Mit ihren 17 Jahren erscheint sie als unerfahren und voller Illusionen, mit der romantischen Vorstellung einer Liebesheirat und einem glücklichen Leben im Luxus. Später in der Ehe sieht man sie durchaus standesbewusst und ehrgeizig beim Streben nach gesellschaftlicher Anerkennung und politischer Karriere ihres Mannes. Mit ihrem Übermut, dem Lebenshunger, der Lebhaftigkeit und Verspieltheit vermittelt der Erzähler dem Leser Sympathie für seine Figur, und doch wirkt Effi charakterlich unentwickelt und moralisch eher indifferent. Kaum aus Leidenschaft, eher aus Langeweile geht sie eine zunächst unentdeckte Liebesaffäre mit Major Crampas ein. Von besonderer Zuneigung, Zärtlichkeit oder ausgiebiger Beschäftigung mit ihrer einzigen Tochter ist im Roman kaum die Rede. Auch von deutlichen geistigen Interessen, Fähig- und Fertigkeiten erfährt der Leser wenig, wohl aber spricht der Erzähler von ihren motorischen Neigungen: Gymnastik, Wandern und Reiten. Trotzdem weiß Effi kaum etwas mit sich anzufangen, wenn ihr Mann bei seinen politischen Aufgaben einmal einen Tag außer Hauses bleibt. In der Nacht fürchtet sie sich dann vor Spukgestalten, und das Hausmädchen und der treue Hund müssen dann in ihrem Zimmer die Nacht mit ihr verbringen.

Baron von Instetten
Er ist 38 Jahre alt, als er Effi heiratet, und damit genau so alt wie ihre Mutter. Als Landrat mit einer sicheren politischen Karriere vor sich erscheint er trotz seines Alters als standesgemäßer und darum willkommener Schwiegersohn. Gegenüber Effi verhält er sich kaum innig-herzlich oder gar stürmisch-verliebt, sondern eher als höflicher, väterlicher „Erzieher“. Als kunstsinniger und bildungsbeflissener Mann bemüht er sich schon bei der Hochzeitsreise, seine junge Frau zu belehren. Dem Leser erscheint der Baron als „ein Mann von Charakter“, ein Prinzipienmensch mit „Grundsätzen“. Und doch ist er in einem wesentlichen Bereich befangen bis gefangen: Gegenüber einem veräußerlichten Ehrbegriff ist er unfrei, von ihm kann er sich nicht lösen, obwohl er dessen Hohlheit durchschaut. Zugleich macht seine hier erkennbare mangelnde Identität sein ganzes Unglück aus und führt ihn, als er die Affäre seiner Frau entdeckt, in das von ihm selbst als sinnlos erkannte Duell mit Crampas.

Major Crampas
Er ist Bezirkskommandeur, nach Effis Schätzung 44 Jahre alt, und führt mit seiner noch älteren Frau eine unglückliche Ehe, die ständig gefährdet wird von den berechtigten Eifersüchteleien der Frau wegen der Liebesabenteuer ihres Mannes. Sein Ruf als Charmeur, kühner Duellant, worauf noch eine Verletzung an einem Arm hinweist, lassen ihn in dem Ort, wo nach Effis Aussage zu wenig passiert, bei den Damen als besonders attraktiv erscheinen. Auf den Leser wirkt er wie ein Mann, der leichthin zu leben weiß: innerlich frei und unabhängig, kaum angepasst. Den Augenblick genießend, wirkt er moralisch eher indifferent, unbekümmert um die Folgen seines Handelns. Bei dieser Lebensweise bleibt er einsam, jedoch ohne darunter zu leiden.

Frau von Briest
Sie ist deutlich jünger als ihr Mann und hat in ihrer Jugend einmal von einer Verbindung mit dem gleichaltrigen Baron geträumt, sich aber dann, gesellschaftlichen und ökonomischen Zwängen nachgebend, zur

Ehe mit Herrn von Briest entschlossen. Sei es aus schlechtem Gewissen oder aus Gründen der Wiedergutmachung lenkt sie nun maßgeblich ihre Tochter bei der Heirat mit von Instetten und erwartet von Effi, dass sie, wie einst sie selbst, sich den geltenden gesellschaftlichen Normen unterwirft und ihnen gehorcht.
Dem Leser erscheint sie als dominante Persönlichkeit mit starker Orientierung an Status und Äußerlichkeiten. In der Verfolgung ihrer Ziele ist sie unerbittlich und benutzt dabei auch Menschen – ihre eigene Tochter –, um sie zu erreichen.

Herr von Briest

Ritterschaftsrat von Briest ist ein „wohlkonservierter Fünfziger" und damit mindestens zwölf Jahre älter als seine Frau. Er entstammt altem Adel. Briest pflegt eine liberale Weltsicht, kümmert sich mehr um den Einzelnen als um das große Ganze und die Gesellschaft. Gutmütig im persönlichen Miteinander geht er dem (zu) „weiten Feld" gesellschaftlicher Probleme und Konflikte gerne mit einer ironisch distanzierten, leicht kauzigen Haltung aus dem Weg.

(2012)

1. Lesen Sie die Skizzen über die Hauptfiguren des Romans und erstellen Sie ein Schaubild zur Figurenkonstellation.
2. Stellen Sie Vermutungen über die möglichen Konflikte an, die sich aus der Figurenkonstellation ergeben könnten.

Theodor Fontane (1819–1898)

Effi Briest

ERSTES KAPITEL (Auszug)

In Front des schon seit Kurfürst Georg Wilhelm[1] von der Familie von Briest bewohnten Herrenhauses zu Hohen-Cremmen fiel heller Sonnenschein auf die mittagsstille Dorfstraße, während nach der Park- und Gartenseite hin ein rechtwinklig angebauter Seitenflügel einen breiten Schatten erst auf einen weiß und grün quadrierten Fliesengang und dann über diesen hinaus auf ein großes, in seiner Mitte mit einer Sonnenuhr und an seinem Rande mit Canna indica[2] und Rhabarberstauden besetztes Rondell warf. Einige zwanzig Schritte weiter, in Richtung und Lage genau dem Seitenflügel entsprechend, lief eine, ganz in kleinblättrigem Efeu stehende, nur an einer Stelle von einer kleinen weiß gestrichenen Eisentür unterbrochene Kirchhofsmauer, hinter der der Hohen-Cremmener Schindelturm mit seinem blitzenden, weil neuerdings erst wieder vergoldeten Wetterhahn aufragte. Fronthaus, Seitenflügel und Kirchhofsmauer bildeten ein einen kleinen Ziergarten umschließendes Hufeisen, an dessen offener Seite man eines Teiches mit Wassersteg und angeketteltem Boot und dicht daneben einer Schaukel gewahr wurde, deren horizontal gelegtes Brett zu Häupten und zu Füßen an je zwei Stricken hing – die Pfosten der Balkenlage schon etwas schief stehend. Zwischen Teich und Rondell aber und die Schaukel halb versteckend standen ein paar mächtige alte Platanen.
Auch die Front des Herrenhauses – eine mit Aloekübeln und ein paar Gartenstühlen besetzte Rampe – gewährte bei bewölktem Himmel einen angenehmen und zugleich allerlei Zerstreuung bietenden Aufenthalt; an Tagen aber, wo die Sonne niederbrannte, wurde die Gartenseite ganz entschieden bevorzugt, besonders aber von Frau und Tochter des Hauses, die denn auch heute wieder auf dem im vollen Schatten liegenden Fliesengange saßen, in ihrem Rücken ein paar offene, von wildem Wein umrankte Fenster, neben sich eine vorspringende kleine Treppe, deren vier Steinstufen vom Garten aus in das Hochparterre des Seitenflügels hinaufführten. Beide, Mutter und Tochter, waren fleißig bei der Arbeit, die der Herstellung eines aus Einzelquadraten zusammenzusetzenden Altarteppichs galt; ungezählte Wollsträhnen und Seidendocken[3] lagen auf einem großen, runden Tisch bunt durcheinander, dazwischen, noch vom Lunch her, ein paar Dutzend Dessertteller und eine mit großen, schönen Stachelbeeren gefüllte Majolikaschale. Rasch und sicher ging die Wollnadel der Damen hin und her, aber während die Mutter kein Auge von der Arbeit ließ, legte die Tochter, die den Rufnamen Effi führte, von Zeit zu Zeit die Na-

[1] **Kurfürst Georg Wilhelm von Brandenburg:** 1595–1640 – [2] **Canna indica:** indisches Rohr – [3] **Seidendocken:** Seidenspulen

del nieder und erhob sich, um unter allerlei kunstgerechten Beugungen und Streckungen den ganzen Kursus der Heil- und Zimmergymnastik durchzumachen. Es war ersichtlich, dass sie sich diesen absichtlich ins Komische gezogenen Übungen mit ganz besonderer Liebe hingab, und wenn sie dann so dastand und, langsam die Arme hebend, die Handflächen hoch über dem Kopf zusammenlegte, so sah auch wohl die Mama von ihrer Handarbeit auf, aber immer nur flüchtig und verstohlen, weil sie nicht zeigen wollte, wie entzückend sie ihr eigenes Kind finde, zu welcher Regung mütterlichen Stolzes sie vollberechtigt war. Effi trug ein blau und weiß gestreiftes, halb kittelartiges Leinwandkleid, dem erst ein fest zusammengezogener, bronzefarbener Ledergürtel die Taille gab; der Hals war frei, und über ihre Schulter und Nacken fiel ein breiter Matrosenkragen. In allem, was sie tat, paarte sich Übermut und Grazie, während ihre lachenden braunen Augen eine große, natürliche Klugheit und viel Lebenslust und Herzensgüte verrieten. Man nannte sie die „Kleine“, was sie sich nur gefallen lassen musste, weil die schöne, schlanke Mama noch um eine Handbreit höher war. [...]

„Effi, eigentlich hättest du wohl Kunstreiterin werden müssen. Immer am Trapez, immer Tochter der Luft. Ich glaube beinah, dass du so was möchtest.“

„Vielleicht, Mama. Aber wenn es so wäre, wer wäre schuld? Von wem hab' ich es? Doch nur von dir. Oder meinst du von Papa? Da musst du nun selber lachen. Und dann, warum steckst du mich in diesen Hänger, in diesen Jungenskittel? [...] Warum kriege ich keine Staatskleider? Warum machst du keine Dame aus mir?“

„Möchtest du's?“

„Nein.“ Und dabei lief sie auf die Mama zu und umarmte sie stürmisch und küsste sie.

„Nicht so wild, Effi, nicht so leidenschaftlich. Ich beunruhige mich immer, wenn ich dich so sehe ...“ [...]

(1896)

1. Welchen Eindruck macht auf Sie die im Text beschriebene Umgebung: der Raum mit seinen Bauten und Gegenständen, die Tages- und Jahreszeit mit ihren Lichtverhältnissen, Geräuschen usw.?
2. Wie erscheint Effi am Anfang des Romans nach ihrem Äußeren und ihrem Wesen und wie wird sie von ihrer Mutter gesehen?
3. Erarbeiten Sie anhand dieses Romanauszugs die Darstellung von Wirklichkeit. Versuchen Sie, den Symbolgehalt ausgewählter Gegenstände und Verhaltsweisen zu entschlüsseln.
4. Vergleichen Sie die Darstellung von Wirklichkeit in diesem Text mit der im Auszug aus dem Roman „Irrungen, Wirrungen“.
5. **Was Sie noch machen können:**
   a) Beschaffen Sie sich eine ausführlichere Inhaltsangabe des Romans und vervollständigen Sie die Skizzen über die Personen.
   b) Stellen Sie in einem Referat das Handlungsgerüst des Romans vor.
   c) Vergleichen Sie Fontanes Konzept mit Georg Büchners Ansprüchen an die Literatur.

➔ Das soziale Drama Büchners, s. S. 110 f.
➔ Georg Büchner, „Lenz“, s. S. 240 f.

Das Ende des Romans und die Verfilmung aus dem Jahr 2009

Theodor Fontane (1819–1898)
Effi Briest

SECHSUNDDREISSIGSTES KAPITEL (Auszug)

Die Ehe zwischen Effi und Innstetten verläuft nicht glücklich. Effi langweiligt sich in dem sehr ländlich gelegenen Dorf Kessin, da Innstetten sie oft allein lässt und sie in der Gesellschaft des Landkreises keinen rechten Anschluss findet. Innstetten erweist sich zwar als fürsorglich, flößt ihr jedoch auch durch Spukgeschichten über das Haus, in dem sie leben, Angst ein. Effi vermisst aber vor allem ein intensives Eingehen auf ihre Bedürfnisse, insbesondere nach Zärtlichkeit. Aus diesem Empfinden heraus lässt sie sich auf eine Affäre mit

Major Crampas ein. Nicht, weil sie ihn liebt, sondern weil sie sich nach Aufmerksamkeit und Zärtlichkeit sehnt, die ihr Crampas geben kann. Die Affäre ist zu Effis Erleichterung beendet, als Innstetten beruflich Karriere macht und die Familie, sie haben mittlerweile eine Tochter namens Annie, nach Berlin zieht. Sechs Jahre später entdeckt Innstetten durch Zufall die alten Briefe Crampas an Effi, die diese aufbewahrt hat. Er fordert Crampas zu einem Duell, weil er glaubt, dass der Ehrenkodex der Gesellschaft dies verlange, und tötet ihn dabei. Obwohl er Effi noch liebt, lässt er sich scheiden und nimmt ihr die Tochter weg. Auch die Eltern Briest verstoßen ihre Tochter, sie darf nicht mehr nach Hause zurückkehren.
Völlig vereinsamt lebt Effi in Berlin, ihre Tochter sieht sie nur einmal wieder und muss feststellen, dass sie eine Fremde für ihre Tochter geworden ist. Erst als sie todkrank wird, darf sie in ihr Elternhaus zurückkehren. Kurz bevor sie stirbt, spricht sie ein letztes Mal mit ihrer Mutter.

„Wie geht es dir, Effi? Roswitha sagt, du seiest so fiebrig."
„Ach, Roswitha nimmt alles so ängstlich. Ich sah ihr an, sie glaubt, ich sterbe. Nun, ich weiß nicht. Aber sie denkt, es soll es jeder so ängstlich nehmen wie sie selbst."
„Bist du so ruhig über Sterben, liebe Effi?"
„Ganz ruhig, Mama."
„Täuschst du dich darin nicht? Alles hängt am Leben und die Jugend erst recht. Und du bist noch so jung, liebe Effi."
Effi schwieg eine Weile. Dann sagte sie: „Du weißt, ich habe nicht viel gelesen, und Innstetten wunderte sich oft darüber, und es war ihm nicht recht."
Es war das erste Mal, dass sie Innstettens Namen nannte, was einen großen Eindruck auf die Mama machte und dieser klar zeigte, dass es zu Ende sei.
„Aber ich glaube", nahm Frau von Briest das Wort, „du wolltest mir was erzählen."
„Ja, das wollte ich, weil du davon sprachst, ich sei noch so jung. Freilich bin ich noch jung. Aber das schadet nichts. Es war noch in glücklichen Tagen, da las mir Innstetten abends vor; er hatte sehr gute Bücher, und in einem hieß es: Es sei wer von einer fröhlichen Tafel abgerufen worden, und am anderen Tage habe der Abgerufene gefragt, wie's denn nachher gewesen sei. Da habe man ihm geantwortet: ‚Ach, es war noch allerlei; aber eigentlich haben Sie nichts versäumt.' Sieh, Mama, diese Worte haben sich mir eingeprägt – es hat nicht viel zu bedeuten, wenn man von der Tafel etwas früher abgerufen wird."
Frau von Briest schwieg. Effi aber schob sich etwas höher hinauf und sagte dann: „Und da ich nun mal von alten Zeiten und auch von Innstetten gesprochen habe, muss ich dir doch noch etwas sagen, liebe Mama."
„Du regst dich auf, Effi."
„Nein, nein; etwas von der Seele heruntersprechen, das regt mich nicht auf, das macht still. Und da wollt ich dir denn sagen: Ich sterbe mit Gott und Menschen versöhnt, auch versöhnt mit ihm."
„Warst du denn in deiner Seele in so großer Bitterkeit mit ihm? Eigentlich, verzeihe mir, meine liebe Effi, dass ich das jetzt noch sage, eigentlich hast du doch euer Leid heraufbeschworen."
Effi nickte. „Ja, Mama. Und traurig, dass es so ist. Aber als dann all das Schreckliche kam, und zuletzt das mit Annie, du weißt schon, da hab ich doch, wenn ich das lächerliche Wort gebrauchen darf, den Spieß umgekehrt und habe mich ganz ernsthaft in den Gedanken hineingelebt, er sei schuld, weil er nüchtern und berechnend gewesen sei und zuletzt auch noch grausam. Und da sind Verwünschungen gegen ihn über meine Lippen gekommen."
„Und das bedrückt dich jetzt?"
„Ja. Und es liegt mir daran, dass er erfährt, wie mir hier in meinen Krankheitstagen, die doch fast meine schönsten gewesen sind, wie mir hier klargeworden, dass er in allem Recht gehandelt. In der Geschichte mit dem armen Crampas – ja, was sollt er am Ende anders tun? Und dann, womit er mich am tiefsten verletzte, dass er mein eigen Kind in einer Art Abwehr gegen mich erzogen hat, so hart es mir ankommt und so weh es mir tut, er hat auch darin Recht gehabt. Lass ihn das wissen, dass ich in dieser Überzeugung gestorben bin. Es wird ihn trösten, aufrichten, vielleicht versöhnen. Denn er hatte viel Gutes in seiner Natur und war so edel, wie jemand sein kann, der ohne rechte Liebe ist."

Nach Effis Tod und Beerdigung – ihre Grabstätte befindet sich statt der Sonnenuhr in dem Rondell – sprechen die Briests noch einmal über ihre Tochter. Mit diesem Gespräch endet der Roman.

Frau von Briest hatte mittlerweile den Kaffee eingeschenkt und sah nach dem Rondell und seinem Blumenbeete. „Sieh, Briest, Rollo liegt wieder vor dem Stein. Es ist ihm doch noch tiefer gegangen als uns. Er frisst auch nicht mehr."

„Ja, Luise, die Kreatur. Das ist ja, was ich immer sage. Es ist nicht so viel mit uns, wie wir glauben. Da reden wir immer von Instinkt. Am Ende ist es doch das Beste.“

„Sprich nicht so. Wenn du so philosophierst ... nimm es mir nicht übel, Briest, dazu reicht es bei dir nicht aus. Du hast deinen guten Verstand, aber du kannst doch nicht an solche Fragen ...“

„Eigentlich nicht.“

„Und wenn denn schon überhaupt Fragen gestellt werden sollen, da gibt es ganz andere, Briest, und ich kann dir sagen, es vergeht kein Tag, seit das arme Kind da liegt, wo mir solche Fragen nicht gekommen wären ...“

„Welche Fragen?“

„Ob wir nicht doch vielleicht schuld sind?“

„Unsinn, Luise. Wie meinst du das?“

„Ob wir sie nicht anders in Zucht hätten nehmen müssen. Gerade wir. Denn Niemeyer ist doch eigentlich eine Null, weil er alles in Zweifel lässt. Und dann, Briest, so leid es mir tut ... deine beständigen Zweideutigkeiten ... und zuletzt, womit ich mich selbst anklage, denn ich will nicht schuldlos ausgehen in dieser Sache, ob sie nicht doch vielleicht zu jung war?“

Rollo, der bei diesen Worten aufwachte, schüttelte den Kopf langsam hin und her, und Briest sagte ruhig: „Ach, Luise, lass ... das ist ein zu weites Feld.“

(1896)

1. In den beiden Textauszügen werden Antworten gegeben auf die Frage, wer Schuld trägt an dem tragischen Geschehen. Stellen Sie zusammen, wie Effi und wie Frau und Herr Briest ihr Verhalten beurteilen.
2. Erörtern Sie, welche moralischen Vorstellungen bei der jeweiligen Beurteilung eine Rolle spielen.
3. Deuten Sie Rollos Kopfschütteln und Briests letzten Satz. Bedenken Sie dabei, dass mit diesen Worten der Roman endet.
4. Wie beurteilen Sie aus Ihrer heutigen Sicht die Frage nach der Schuld bei einer außerehelichen Affäre? Begründen Sie Ihre Auffassung. Beziehen Sie die Informationen aus der Zusammenfassung in Ihre Überlegungen mit ein.

Das Ende in der Verfilmung von 2009

Das letzte Gespräch Effis mit ihren Eltern findet in dem Film nicht wie in dem Roman in Hohen-Cremmen statt, sondern in Berlin in einem Café. Effi ist nicht erkrankt, sie lebt selbstständig in Berlin und hat eine Anstellung als Hilfskraft in einer öffentlichen Bibliothek bekommen.

1. Beschreiben und deuten Sie das Standbild.
   ➔ Einen Film/eine Filmszene/ein Standbild analysieren – Ein Überblick, s. S. 561 ff.
2. Erörtern Sie die mögliche Bedeutung, dass das Gespräch nicht in dem Haus in Hohen-Cremmen, sondern in einem Café stattfindet.

Volker Einrauch (geb. 1950)/Hermine Huntgeburth (geb. 1957)

Effi Briest – Drehbuchauszug

Effi: So, findet er?

Herr Briest: Ja, ein verfehltes Leben. Gewissermaßen.

Frau Briest: Sein beruflicher Erfolg bedeutet ihm nichts mehr – so hat er sich ausgedrückt.

Effi: Der Arme, das muss sehr schwer für ihn sein. Er hat ja durchaus Gutes in sich.

Frau Briest: Aber natürlich hat er das.

Effi: Ebenso nur so viel, wie jemand haben kann, der ohne rechte Liebe ist.

(alle schweigen)

Frau Briest: Vielleicht war es ja auch unsere Schuld. Hätten wir von Anfang an strenger mit dir sein müssen? Oder warst du wirklich noch nicht reif für die Ehe?

Effi: Wovon redest du, Mama? Ein Leben wurde ausgelöscht. Dabei habe ich ihn noch nicht mal geliebt. Dass Crampas sterben musste, ist einzig und allein Innstettens Schuld. Und Regierung und Justiz machen sich schuldig, weil er nur zwei Wochen Haft bekommen hat.

Herr Briest: Effi, das ist ein weites Feld. Ein zu weites. Ich habe es jedenfalls gründlich satt, den Großinquisitor zu spielen. Komm einfach wieder nach Hause.

Effi: Nach Hause?

Frau Briest: Für immer.

Effi: Haben sich auf einmal eure moralischen Maßstäbe verändert?

Herr Briest: Komm schon, wenn sie will, kann die Gesellschaft immer ein Auge zudrücken.

(Effi zündet sich eine Zigarette an. Die Eltern starren sie entgeistert an.)

Effi: Kann schon sein, dass die Gesellschaft auch mal ein Auge zudrücken kann, Papa. Ich kann es nicht.

(Effi drückt die Zigarette aus und verlässt das Café. Die Kamera verfolgt sie auf ihrem Weg durch die Straße.)

(2009)

1. Vergleichen Sie das Gespräch mit den beiden Textauszügen des Romans. Stellen Sie zusammen, was der Film aus dem Roman übernommen hat und was neu hinzugekommen ist. Überprüfen Sie, ob das vom Roman Übernommene im Kontext die gleiche Bedeutung hat. Fassen Sie Ihre Ergebnisse in geeigneter Form zusammen.
2. Überlegen Sie, ob es nach diesem Gespräch noch zu weiteren Kontakten Effis mit ihren Eltern kommen könnte. Diskutieren Sie anschließend, welche Sichtweise der Film auf die Schuldfrage darlegt.
3. Beschreiben Sie das Standbild, das der Schlusssequenz des Films entnommen ist. Gehen Sie der Frage nach, welches Bild von Effi der Film am Schluss vermittelt. Vergleichen Sie dieses Bild mit dem, das der Leser am Ende des Romans von Fontane erhält.
4. Halten Sie die Umdeutung, die der Film vornimmt, für angemessen?

Eine Filmkritik

Ingrid Beerbaum

Effi Briest – Die Light-Version

Literaturadaption: Hermine Huntgeburth hat den Fontane-Roman mit Julia Jentsch in der Titelrolle verfilmt und liefert damit die fünfte Film-„Effi“ ab.

Verfilmungen deutscher Romane haben im Kino derzeit Hochkonjunktur. Nach den „Buddenbrooks“ kommt nun ein weiteres kanonisches Werk der deutschen Literatur auf die Leinwand: „Effi Briest“ von Theodor Fontane. Als Regisseurin wurde Hermine Huntgeburth („Die weiße Massai“) verpflichtet, deren Film sich nun mit vier anderen Adaptionen, darunter die von Rainer Werner Fassbinder aus dem Jahre 1974, messen lassen muss.

Effi (Julia Jentsch), fröhlich, unbeschwert und gerade siebzehn, wird wegen des Renommees mit dem zwanzig Jahre älteren, stocksteifen Politiker Baron von Innstetten (Sebastian Koch) verheiratet. Bisher ist sie ungezwungen auf dem brandenburgischen Landgut ihrer Eltern aufgewachsen. Nun findet sie sich in einem unheimlichen Haus an der Ostsee wieder, wo sie von ihrem ungeliebten Gatten oft allein gelassen wird. Als eines Tages der schmucke Major Crampas (Mišel Maticevic) an den Ort versetzt wird, kommt wieder Leben in den verschlafenen Flecken und auch in die völlig verängstigte Effi. Eine Affäre zwischen beiden, bei der sie erstmals ihre Sexualität ausleben kann, ist so unausweichlich wie kurz. Jahre später erst wird diese entdeckt, Effi verstoßen und von ihrer Tochter entfremdet. Julia Jentsch spielt die Effi absolut überzeugend als unkonventionellen Freigeist. Die Wahl anderer Darsteller/innen ist weniger gelungen: Sebastian Koch als Innstetten sieht für seine Rolle viel zu gut aus und gibt ihr sogar freundliche Züge. Juliane Köhler als Mutter wirkt wie in ihr Kleid und die Dekoration hineingestellt und hat so gar nichts Dominantes. Und von den Zwängen der Zeit um 1900 in Preußen erfährt man auch wenig.

„Effi Briest“ erzählt im Grunde von einem frühen – und scheiternden – Emanzipationsversuch einer modernen Frau. Huntgeburth geht es aber anscheinend eher um die Gefühle und Leidenschaften, die der Roman kaum beschreibt. Was der Leser sich nur denken soll, zeigt der Film umso expliziter (Sexszenen) und manchmal am Rande des Kitschs; besonders, wenn die zuckrige Musik einsetzt. Diese „Effi Briest“ ist mehr eine „Effi Light“, denn, anders als im Roman, überlebt sie alle Schicksalsschläge und geht am Ende aufrecht festen Schrittes über den Berliner Boulevard „Unter den Linden“. Das kann man mögen oder einfach nur oberflächlich finden.

(2009)

1. Formulieren Sie mit eigenen Worten, wie die Verfasserin der Filmkritik den Film von Hermine Huntgeburth beurteilt.
2. Stellen Sie Argumente zusammen, mit denen die Verfasserin ihre Bewertung begründet. Beziehen Sie auch ihre Zusammenfassung des Inhalts in Ihre Überlegungen ein.
3. Erläutern Sie, inwiefern eine Verfilmung auch immer eine Interpretation der literarischen Vorlage darstellt.
4. Diskutieren Sie abschließend die Frage, wie weit sich eine Literaturverfilmung von dem literarischen Werk entfernen darf.
5. Für eine Facharbeit können Sie die unterschiedlichen Zeichnungen der Effi-Figuren im Film und im Roman miteinander vergleichen.
   ➔ Eine Facharbeit verfassen, S. 595 ff.

4 Vom „Poetischen Realismus“ zu späteren realistischen Konzepten

Dietrich Herrmann (geb. 1939)

Der „Realismus“ in seiner weiteren Entwicklung

Auf den Poetischen Realismus folgen in kurzen Zeitabständen andere Realismuskonzepte und mit ihnen entsprechende Kunstepochen. Der Schriftstellergeneration unmittelbar nach den Realisten (etwa 1890–1900) geht es um eine möglichst naturgetreue Abbildung der Zustände in der Natur und der Gesellschaft, wie sie sich ihr am Ende des 19. Jahrhunderts unter neu entdeckten Naturgesetzen und den Regeln der aufkommenden Sozialwissenschaften darstellen. Die Schriftsteller (und die Künstler überhaupt) erforschen und beachten nun historische, soziologische, psychologische und die in dieser Zeit erforschten genetischen Gesetzmäßigkeiten, um so in ihren Werken möglichst nah an die Wirklichkeit der beobachtbaren Welt zu kommen. Das vorrangige Kriterium für ein gelungenes **„naturalistisches“ Kunstwerk** besteht nun in der möglichst kurzen Distanz zur erfahrbaren Realität. Die Gestalten, vor allem in den naturalistischen Dramen etwa eines Gerhart Hauptmann, sind weder zu schön noch sind sie bedeutende Charaktere, auch wirken sie in ihrem Handeln nicht etwa vorbildlich. Das alles käme nach der Programmatik des **Naturalismus** (vgl. S. 268 ff.) nicht mit der Wirklichkeit überein. Eher sähen die Naturalisten darin eine „Lüge“, eine Verfälschung der realen Wahrheit. Diese Sicht bringt es mit sich, dass soziale Fragen und damit im Zusammenhang eine erkennbare Parteinahme für die unterprivilegierten Milieus in der naturalistischen Literatur hervortreten. In Verbindung damit gehen nun auch das Hässliche und Krankhafte – Alkoholsucht, Demenz, sexuelle Obsession – in die Darstellungen ein und provozieren so den Widerwillen und Protest des gehobenen Bürgertums und auch der „offiziösen“ Kunst im Kaiserreich Wilhelms II.

Das Verhältnis von bildender Kunst, Musik und Literatur zur Realität wird wieder in der Zeit der Weimarer Republik programmatisch. Die Jahre von 1919 bis 1933 sind nicht nur eine von politischen und wirtschaftlichen Krisen gezeichnete Zeit, sondern auch heute noch spricht man von den „Roaring Twenties“ und meint damit den Zeitgeist vor allem in der kurzen Phase politischer Stabilität zwischen 1925 und 1929. Besonders in den Metropolen, und hier an erster Stelle in Berlin, meldet sich eine lebendige, dynamische Gesellschaft in einer Blüte der Kultur zu Wort, wobei die neuen Medien, Radio, Schallplatte und ganz besonders der Film, nicht nur in der rasch wachsenden Unterhaltungsindustrie eine bedeutende Rolle spielen, sondern auch in der Wirtschaft, z. B. mit ihren umfassenden Werbekampagnen. Zugleich entsteht eine facettenreiche Literatur vom Roman bis zum Zeitstück mit Theateraufführungen von Erwin Piscator und Bertolt Brecht. Unter der programmatischen Bezeichnung **„Neue Sachlichkeit“** (vgl. S. 336 ff.) erscheinen jetzt zahlreiche von Frauen verfasste Romane mit weiblichen Hauptrollen, Angestellten-, Großstadt-, Industrie- und auch – in der Bewältigung des Ersten Weltkrieges – Kriegsromane (Erich Maria Remarque: Im Westen nichts Neues). Bedeutende Romane der Neuen Sachlichkeit werden noch Anfang der 30er-Jahre, nach dem Ausbruch der Wirtschaftskrise im Jahre 1929, publiziert. Als **„neusachlich“** galten besonders die in Mode kommenden Reportagesammlungen. Die Sammlung „Der rasende Reporter“ (1925) machte ihren Autor Egon Erwin Kisch zum Literaturstar der 20er-Jahre.

Kurz nach den Jahren der „Neuen Sachlichkeit“ wurde ein anderer Realismus in der Kunst bedeutsam. Der **Sozialistische Realismus** wurde Anfang der 30er-Jahre und dann 1934 bei einem Kongress sozialistischer Schriftsteller als Grundlage künstlerischen Schaffens diskutiert. Auch der Sozialistische Realismus nimmt für sich die wahrheitsgetreue Darstellung von Wirklichkeit in Anspruch. Allerdings soll der Künstler die Wirklichkeit nicht nur darstellen, wie sie ist, sondern auch, wie sie sein soll. Die Leitlinien der Gestaltung von Wirklichkeit liefert die sozialistische Weltsicht. Der Sozialistische Realismus bekennt sich demnach zu einer Idee, nämlich zur Erziehung der Massen zu einer sozialistischen Gesellschaftsordnung.

(2012)

1. Stellen Sie die Unterschiede zwischen dem Poetischen Realismus und den weiteren im Text genannten Realismuskonzepten heraus. Legen Sie gegebenenfalls eine Mindmap an.

Der „Poetische Realismus“

„Realität“ findet sich in der Literatur seit ihren Anfängen, z. B. schon in den Epen der „Ilias“ und der „Odyssee“ des Dichters Homer aus dem 8. Jahrhundert v. Chr. In dem Roman „Der abenteuerliche Simplizissimus“, dem großen Roman von Grimmelshausen aus dem Zeitalter des Barock im 17. Jahrhundert, drängt sie sich dem Leser in der Schilderung der Gräuel und der Not im Dreißigjährigen Kriege sogar in einer kaum vorstellbaren Brutalität auf. Und auch in vielen anderen frühen Werken ist realistische Darstellung erkennbar.

Von **Realismus als „Epochenbegriff“** dagegen spricht man in Europa und in Amerika seit etwa 1830 bis 1890. In Deutschland tritt erst verspätet – nach der „gescheiterten“ Revolution von 1848/49 – eine Gruppe „realistischer“ Schriftsteller hervor, und zwar mit Theodor Storm (1817–1888), Theodor Fontane (1819–1898), Conrad Ferdinand Meyer (1825–1898), Gottfried Keller (1819–1890), Gustav Freytag (1816–1895) und auch noch vielen anderen.

In ihrer Literatur und auch in den zahlreichen programmatischen Beiträgen der „Realisten“ ist die entschiedene Wendung zur Wirklichkeit erkennbar. Diese Wendung zur Realität beginnt bereits in der Epoche des „Jungen Deutschland“, z. B. in den Dramen Georg Büchners, erhält aber erst jetzt ein programmatisches Konzept. Das geschieht in engem **Zusammenhang mit der Zeitgeschichte**, der nationalen Einigung Deutschlands unter der vor allem von Bismarck betriebenen **Realpolitik** in einer Phase der raschen wirtschaftlichen, naturwissenschaftlichen, industriellen, technischen und militärischen Entwicklung. Der beschleunigte Wandel wirft aber auch drängende soziale Probleme und Fragen auf. Die aus dem Bürgertum kommenden „realistischen Schriftsteller“ stellen in ihren Werken nicht das „Hässliche“, etwa „sterbende Proletarier“, „hungernde Kinder“ und andere „Miseren“ (Fontane), dar. Dagegen spricht der Geschmack des Bürgertums mit seinem Bedürfnis nach ungezwungener Orientierung in einer Zeit, in der sich alles zu ändern scheint und damit Angst verursacht. Die **Themen** der Realisten sind vielmehr das gesellschaftliche Ansehen, Probleme der Standesunterschiede, die berufliche Stellung, Arbeit und Einkommen, Bildung, der Generationenkonflikt und nicht zuletzt der Ehebruch seitens der Frau, aber auch ihre Emanzipation in einer durchweg von Männern beherrschten Welt. Manche Autoren des Realismus weichen sogar vor der Wirklichkeit, wie sie sich den Zeitgenossen mit ihren „Schattenseiten“ aufdrängt, ins ländliche und kleinstädtische Milieu mit Themen der Vormoderne aus. Aber auch damit ist in der Regel der Bezug zur zeitgenössischen Wirklichkeit indirekt gegeben, denn sie erfüllen damit ein Bedürfnis der bürgerlichen Leser. Gegen sie setzt Fontane entschieden andere Akzente; die meisten seiner Romane und Novellen handeln vor dem gesellschaftlichen Hintergrund seiner Zeit und damit erhielt er von den Zeitgenossen nicht nur Beifall, sondern auch scharfe Kritik.

In den **programmatischen Beiträgen** der Realisten wird das „Kopieren“ der Wirklichkeit entschieden abgelehnt. Die Wirklichkeit stellt nach Fontane nur den „Marmorblock“ dar, der den „Stoff“ zur künstlerischen Verarbeitung für ein Werk bietet. Das Poetische dieser Dichtung besteht darin, dass der Dichter gerade nicht bei der Darstellung des bloß Faktischen stehen bleibt. Alles Wirkliche wird durch Bilder und Symbole, durch Humor und Ironie „geläutert“ (Fontane) und erhält so eine über die bloße Realität hinausgehende Bedeutung, die sich dem Leser im Zusammenhang des Werks erschließt.

Im poetischen Realismus überwiegen die **Gattungen** des Romans und der Novelle. Zum ersten Mal in der Geschichte der Literatur findet eine deutliche Hinwendung zum episch breiten Erzählen statt, um dem Anspruch gerecht zu werden, ein möglichst komplexes Bild von der Gesellschaft zu zeichnen. Aber auch der Essay – etwa für die Entwicklung der eigenen Programmatik – und die Rezension von Literatur nehmen in dieser Kunstepoche einen breiten Raum ein. Die Realisten gaben sich selbst in ihren theoretischen Beiträgen den Namen für ihr Schaffen: „Poetischer Realismus“. Die bis heute gelesenen Realisten, etwa Storm, Fontane, Meyer, schufen auch eine bedeutende Lyrik, während das Drama eine untergeordnete Rolle spielt.

Der „Poetische Realismus“ eröffnet in den folgenden Epochen weiterführende Möglichkeiten, „Realität“ zu gestalten: Im **Naturalismus** gilt jede „Verklärung“ oder „Läuterung“ der Wirklichkeit als „Lüge“.

In den wenigen Jahren der **„Neuen Sachlichkeit“** geht es um die wirklichkeitsnahe, nüchterne Darstellung des ganz „gewöhnlichen Menschen“ in der ihn umgebenden modernen Welt.

Auch im **Sozialistischen Realismus** hat die Kunst die Aufgabe, die Wirklichkeit darzustellen, aber diesem Realismus geht es wesentlich darum, zu verdeutlichen, wie die Welt nach sozialistischer Sicht sein „soll“.

Theodor Fontane – Dichter des „Poetischen Realismus“

Zeitgeschichtliche Hintergründe
- Desillusion des Bürgertums nach den unterdrückten Revolutionen von 1830 und 1848/49
- Zurückstellung der Ideale von Freiheit, sozialer Gleichheit und nationaler Einigung
- das „Reale“ als neuer Leitbegriff des Denkens und politischen Handelns
- „Realpolitik“ und deutsche Einigung in der Zeit Bismarcks
- technische Revolution und beschleunigte wirtschaftlich-industrielle Entwicklung
- relative politische Bedeutungslosigkeit des Bürgertums – soziale Probleme in den neuen Großstädten

Leitende Ideen
- „Realität“ als der zentrale Begriff in Kunst und Literatur
- Poetisierung der Realität durch Bilder, Symbole, Humor, Ironie
- Realismus als Widerspiegelung des wirklichen Lebens im Element der Kunst
- Poetischer Realismus ist kein Kopieren der Wirklichkeit, keine Darstellung des sozialen Elends

Literarische Formen
- Roman
- Novelle
- Essay
- Lyrik

Themen und Motive
- scheiternde Liebesbeziehungen wegen Standesungleichheit der Partner
- Ehebruch vonseiten der Frau nach einer von den Eltern disponierten Heirat mit einem älteren Mann
- Eheschließungen aus gesellschaftlichen und ökonomischen Zwängen
- veräußerlichter Ehrbegriff in den Kreisen des Adels
- Emanzipation der Frau
- bevorzugte Szenerie: Metropole Berlin
- der dargestellte Raum verweist symbolisch auf die Beziehungen zwischen den Protagonisten

Autoren und Werke
- Theodor Fontane (1819–1898), Irrungen, Wirrungen (1887)
- Theodor Fontane, Effi Briest (1894/95)
- Theodor Fontane, Realismus (Essay von 1853)

Vormärz, Junges Deutschland, Biedermeier (1815–1848) | **Poetischer Realismus (ca. 1850–1890)** | Naturalismus (1880 – 1900)

Naturalismus – Soziale Wirklichkeit in der Kunst

Um 1890 war die Umstrukturierung Deutschlands von einem überwiegend agrarisch geprägten Land zu einem Industriestaat weit fortgeschritten. Mehr als die Hälfte der arbeitenden Bevölkerung war in der Industrie und in häuslichen Diensten beschäftigt. Dazu kamen zahlreiche sozial Deklassierte wie Prostituierte, Gelegenheitsarbeiter sowie jährlich etwa 180 000 uneheliche Kinder mit ihren alleinstehenden Müttern. Satirische Zeitschriften wie z. B. der „Kladderadatsch" und Schriftsteller, die sich als „Naturalisten" verstanden und sich vor allem in Berlin und München in Zirkeln zusammenfanden, prangerten in ihrer Kunst solche Missstände an. Das führte nicht selten zu heftigen Theaterskandalen, z. B. bei den Stücken von Gerhart Hauptmann, aber auch zu ständigen Auseinandersetzungen mit der staatlichen Zensur. Der naturalistischen Kunst entgegen standen jedoch auch der Geschmack des gehobenen Bürgertums und auch die vom Staat unter Kaiser Wilhelm II. geförderte Kunstauffassung.

Mietskasernen in Berlin (um 1900)

Berliner Arbeiterfamilie in der Wohnküche (um 1890)

Robert Köhler:
Der Streik (1886)

Käthe Kollwitz:
Revolte der
Weber (1893)

1. Beschreiben Sie die dargestellten Lebensumstände der Menschen in den Kunstbildern und Fotografien.

2. Versuchen Sie, aus den Bildern von Käthe Kollwitz und Robert Köhler ein erstes Verständnis von naturalistischer Kunst hinsichtlich ihrer Thematik und Darstellungsweise zu gewinnen.

1 Literatur als Protest und Provokation

Gerhart Hauptmann. Mit seinen Dramen stieß Hauptmann vielfach das bürgerliche Publikum und besonders die staatlichen Ordnungshüter vor den Kopf. Dem Kaiser Wilhelm II. „passte die ganze Richtung" nicht. Gleich mit seinem ersten Drama „Vor Sonnenaufgang", das im Jahr 1889 durch die „Freie Bühne" in Berlin aufgeführt wurde, rief Hauptmann einen Theaterskandal hervor, und wegen seines Dramas „Die Weber" zitierte man ihn sogar vor Gericht. Gern hätte man Aufführungen seiner Stücke mithilfe der Zensur verhindert, aber die „Freie Bühne" war ein Theaterverein mit geschlossenen Vorstellungen für die Mitglieder und entzog sich damit der Zensur. Hauptmann gelangte zu internationalem Ruhm: Ihm wurde im Jahr 1912 der Nobelpreis für Literatur verliehen. In der Zeit der Weimarer Republik galt er sogar als einer ihrer geistigen Repräsentanten. Von 1933 an sah er sich von der NS-Kulturpolitik stark umworben, wobei er durchaus Sympathien für die nationalsozialistische Ideologie zeigte, sich aber weitgehend aus der Öffentlichkeit bis zur Zeit nach dem Krieg zurückzog.

Gerhart Hauptmann (1862 – 1946)

Die Weber

Während der ersten Niederschrift des Dramas „Die Weber" unternahm Hauptmann im Jahr 1891 mehrere Reisen in das Webergebiet in Schlesien und konnte sich an Ort und Stelle davon überzeugen, dass sich seit dem Aufstand im Jahr 1844 an der Verelendung der Weber nichts zum Besseren gewendet hatte. Die soziale Lage der Weber spitzte sich im Gegenteil um 1891/1892 wieder zu.
Das Webergewerbe in Schlesien hatte seit dem Ende des 18. Jahrhunderts kaum noch gute Tage gesehen. Der technische Fortschritt gelang in diesem Gebiet nicht: Noch 1830 gab es hier nur eine einzige mechanische Flachsspinnerei. So waren die schlesischen Weber immer weniger konkurrenzfähig mit der ausländischen Leinenindustrie. Ihr Unmut richtete sich zuerst gegen die Fabrikanten; so demolierten sie am 5. Juni 1844 die Fabrik der Familie Zwanziger in Peterswaldau. Auch in Langenbielau wurden zwei Fabriken von ihnen zerstört. Jetzt aber griff ein Bataillon Infanteristen ein, Schüsse fielen und dabei gab es aufseiten der Weber 11 Tote. Hundert Personen wurden verhaftet, 80 von ihnen wurden zu Festungshaft und Gefängnis verurteilt. Im Oktober des Jahres war die Situation „befriedet" und das Militär wurde wieder zurückgezogen.
Trotz aller Behinderungen durch die Behörden kam am 26. Februar 1893 eine Uraufführung der „Weber" als Veranstaltung der „Freien Bühne" in Berlin zustande. Als auch das „Deutsche Theater" ebendort am 25. September 1894 das Drama inszenierte, kündigte Kaiser Wilhelm II. aus Protest seine Loge.

Erster Akt

Ein geräumiges, grau getünchtes Zimmer in Dreißigers Haus zu Peterswaldau. Der Raum, wo die Weber das fertige Gewebe abzuliefern haben. Linker Hand sind Fenster ohne Gardinen, in der Hinterwand eine Glastür, durch welche fortwährend Weber, Weberfrauen und Kinder ab- und zugehen. Längs der rechten Wand, die, wie die übrigen, größtenteils von Holzgestellen für Parchent[1] verdeckt wird, zieht sich eine Bank, auf der die angekommenen Weber ihre Ware ausgebreitet haben. In der Reihenfolge der Ankunft treten sie vor und bieten ihre Ware zur Musterung. Expedient[2] Pfeifer steht hinter einem großen Tisch, auf welchen die zu musternde Ware vom Weber gelegt wird. Er bedient sich bei der Schau eines Zirkels und einer Lupe. Ist er zu Ende mit der Untersuchung, so legt der Weber den Parchent auf die Waage, wo ein Kontorlehrling sein Gewicht prüft. Die abgenommene Ware schiebt derselbe Lehrling ins Repositorium[3]. Den zu zahlenden Lohnbetrag ruft der Expedient Pfeifer dem an einem kleinen Tischchen sitzenden Kassierer Neumann jedes Mal laut zu.
Es ist ein schwüler Tag gegen Ende Mai. Die Uhr zeigt zwölf. Die meisten der harrenden Webersleute gleichen Menschen, die vor die Schranken des Gerichts gestellt sind, wo sie in peinigender Gespanntheit eine Entscheidung über Tod und Leben zu erwarten haben. Hinwiederum haftet allen etwas Gedrücktes, dem Almosenempfänger Eigentümliches an, der, von Demütigung zu Demütigung schreitend, im Bewusstsein, nur geduldet zu sein, sich so klein als möglich zu machen gewohnt ist. Dazu kommt ein starrer Zug resultatlosen, bohrenden Grübelns in allen Mienen. Die Männer, einander ähnelnd, halb zwergenhaft, halb schul-

[1] **Parchent:** Leinenart – [2] **Expedient:** Abfertigungsbeauftragter – [3] **Repositorium:** Lager

meisterlich, sind in der Mehrzahl flachbrüstige, hüstelnde, ärmliche Menschen mit schmutzig blasser Gesichtsfarbe: Geschöpfe des Webstuhls, deren Knie infolge vielen Sitzens gekrümmt sind. Ihre Weiber zeigen weniger Typisches auf den ersten Blick, sie sind aufgelöst, gehetzt, abgetrieben – während die Männer eine gewisse klägliche Gravität zur Schau tragen – und zerlumpt, wo die Männer geflickt sind. Die jungen Mädchen sind mitunter nicht ohne Reiz; wächserne Blässe, zarte Formen, große, hervorstehende, melancholische Augen sind ihnen dann eigen.

Kassierer Neumann, *Geld aufzählend*. Bleibt sechzehn Silbergroschen zwei Pfennig.

Erste Weberfrau, *dreißigjährig, sehr abgezehrt, streicht das Geld ein mit zitternden Fingern*. Sind Se bedankt.

Neumann, *als die Frau stehen bleibt*. Nu? Stimmt's etwa nich?

Erste Weberfrau, *bewegt, flehentlich*. A paar Fenniche uf Vorschuss hätte ich doch halt a so neetig.

Neumann. Ich hab a paar hundert Taler neetig. Wenn's ufs Neetighaben ankäm –! *Schon mit Auszahlen an einen anderen Weber beschäftigt, kurz*: Ieber den Vorschuss hat Herr Dreißiger selbst zu bestimmen.

Erste Weberfrau. Kennt ich da vielleicht amal mit'n Herrn Dreißiger selber red'n?

Expedient Pfeifer, *ehemaliger Weber. Das Typische an ihm ist unverkennbar; nur ist er wohlgenährt, gepflegt gekleidet, glatt rasiert, auch ein starker Schnupfer. Er ruft barsch herüber*. Da hätte Herr Dreißiger weeß Gott viel zu tun, wenn er sich um jede Kleenigkeit selber bekimmern sollte. Dazu sind wir da. *Er zirkelt und untersucht mit der Lupe*. Schwerennot! Das zieht. *Er packt sich einen dicken Schal um den Hals*. Macht de Tiere zu, wer reinkommt.

Der Lehrling, *laut zu Pfeifer*. Das ist, wie wenn man mit Kletzen[1] red'te.

Pfeifer. Abgemacht, sela! – Waage! *Der Weber legt das Webe auf die Waage*. Wenn Ihr ock[2] Eure Sache besser verstehn tät't. Trepp'n hat's wieder drinne ... ich seh gar nich hin ...

Bäcker *ist gekommen. Ein junger, ausnahmsweise starker Weber, dessen Gebaren ungezwungen, fast frech ist. Pfeifer, Neumann und der Lehrling werfen sich bei seinem Eintritt Blicke des Einvernehmens zu*. Schwere Not Ja! Da soll eener wieder schwitz'n wie a Laugensack[3].

Erster Weber, *halblaut*. 's sticht gar sehr nach Regen.

Der alte Baumert *drängt sich durch die Glastür rechts. Hinter der Tür gewahrt man die an Schulter und Schulter gedrängt, zusammengepfercht wartenden Webersleute. Der Alte ist nach vorn gehumpelt und hat sein Pack in der Nähe des Bäcker auf die Bank gelegt. Er setzt sich daneben und wischt sich den Schweiß*. Hier ist 'ne Ruh verdient.

Bäcker. Ruhe is besser wie a Beehmen Geld[4].

Der alte Baumert. A Beehmen Geld mechte ooch sein. Gu'n Tag ooch, Bäcker!

Bäcker. Tag ooch, Vater Baumert! Ma muss wieder lauern, wer weeß wie lange!

Erster Weber. Das kommt nich druf an. A Weber wart't an Stunde oder an'n Tag. A Weber is ock 'ne Sache.

Pfeifer. Gebt Ruhe dahinten! Man versteht ja sei eegenes Wort nich. *(1892)*

Gerhart Hauptmann: Die Weber (Szenenbild der Verfilmung von 1928)

1. Geben Sie den Eindruck wieder, den Sie von den Webern nach dieser Darstellung haben. Welche Zusammenhänge erkennen Sie mit den Abbildungen auf den Auftaktseiten?
2. Deuten Sie im Zusammenhang der Szene die Äußerung des Ersten Webers: „A Weber wart't an Stunde oder an'n Tag. A Weber is ock 'ne Sache." („Ein Weber wartet eine Stunde oder einen Tag. Ein Weber ist auch nur eine Sache.")
3. Erläutern Sie anhand des Textes: Warum „passte die ganze Richtung" nach Ihrer Meinung dem Kaiser nicht?
4. Welche besonderen Darstellungsmittel fallen Ihnen auf?
5. „Im Naturalismus spielt die Bühne mit." Nehmen Sie Stellung zu dieser Aussage.

[1] **mit Kletzen:** mit (unbeweglichen) Klötzen – [2] **ock:** auch – [3] **Laugensack:** Sack mit Laugensalz (zur Herstellung von Farbe) – [4] **Beehmen Geld:** Geldstück aus Böhmen, das auch in Schlesien als Zahlungsmittel galt

Dietrich Herrmann (geb. 1939)

Was ist Naturalismus? – Eine mathematische Gleichung?

Die zweite Hälfte des 19. Jahrhunderts war wesentlich von den Naturwissenschaften geprägt – Philosophie und Religion traten in ihrer Bedeutung als Erklärung der Welt zurück. Nicht nur die natürlichen Prozesse, sondern auch gesellschaftliche und psychische Phänomene sollten mit wissenschaftlichen Methoden erfasst und mathematisch exakt formuliert werden. Und schließlich sollte auch das Wesen der Kunst sich der präzisen Analyse und der exaktwissenschaftlichen Darstellung nicht entziehen dürfen.

Dieser Aufgabe unterzog sich der Dichter und Kunsttheoretiker Arno Holz (1863–1929) in zahlreichen Beiträgen. Ausgehend von dem „Gekritzel" eines kleinen Jungen auf seiner Schiefertafel, das nach dessen Aussage einen Soldaten darstellen sollte, fragt sich Holz, welches „Gesetz" bei der Entstehung dieses „Kunstwerkes" tätig gewesen sei. Auch wenn der Soldat des Jungen sich nur als eine sehr unvollkommene Zeichnung erweist, so besteht doch zwischen ihr und dem Bild eines Malers von Rang kein Art-, sondern nur ein Gradunterschied. Denn das Gesetz, nach dem beide entstanden sind, ist dasselbe und nach Holz gilt es sogar für alle Künste und Kunstwerke, d. h. für die Dichtung, die Malerei, Bildhauerkunst usw.

Die Formulierung des Gesetzes für die naturalistische Kunst klingt wie eine algebraische Gleichung:

Kunst = Natur minus X

Für das Schaffen der naturalistischen Künstler stellt sich nach Holz somit die Aufgabe, in ihren Werken die Differenz zwischen Natur und X möglichst klein zu halten, sodass sich nach der Grundgleichung des Naturalismus Kunst und Natur immer weiter annähern. Das X steht für alles das, was am Kunstwerk nicht Natur ist: das geeignete Material, wie Ton, Marmor, Holz, Leinwand, Farbe usw. Ebenfalls ist in dem X die jeweilige Fertigkeit des Künstlers enthalten, mit dem Material umzugehen.

Als schaffender Dichter steht Holz mit seiner Gleichung vor der Frage, wie das X zu entwickeln ist, damit auch die Literatur sich der Natur annähert. Für das naturalistische Drama, die Hauptgattung des Naturalismus, fordert er, statt der „Theatersprache" Goethes und Schillers die „Sprache des Lebens" zu setzen. In der Lyrik soll der naturalistische Dichter den Wörtern ihre „Stelzen" wegnehmen. Auch ohne Reim, Metrum, Rhythmus, Anaphern, Metaphern, Assonanzen usw. seien sie durchaus fähig, „auf ihren eigenen Füßen zu gehen". *(2012)*

1. Stellen Sie die zentralen Aussagen des Textes zusammen.
2. Überprüfen Sie, inwieweit die von Holz aufgestellte Gleichung auf die vorangegangene Szene aus dem Drama „Die Weber" anwendbar ist.

Kaiser Wilhelm II.

Wenn die Kunst in den „Rinnstein" niedersteigt!

Auszug aus einer Rede vom 18.12.1901 anlässlich der Vollendung der „Siegesallee" in Berlin:

Wie ist es mit der Kunst überhaupt in der Welt? Sie nimmt ihre Vorbilder, schöpft aus den großen Quellen der Mutter Natur, und diese, die Natur, trotz ihrer großen, scheinbar ungebundenen, grenzenlosen Freiheit, bewegt sich doch nach den ewigen Gesetzen, die

Kaiser Wilhelm II., deutscher Kaiser 1888–1918 (Gemälde von Max Koner, 1900)

der Schöpfer sich selbst gesetzt hat und die nie ohne Gefahr für die Entwicklung der Welt überschritten oder durchbrochen werden können.

Ebenso ist's in der Kunst; und beim Anblick der herrlichen Überreste aus der alten klassischen Zeit überkommt einen auch wieder dasselbe Gefühl; hier herrscht auch ein ewiges, sich gleichbleibendes Gesetz; das Gesetz der Schönheit und Harmonie, der Ästhetik. Dieses Gesetz ist durch die Alten in einer so überraschenden und überwältigenden Weise, in einer so vollendeten Form zum Ausdruck gebracht worden, dass wir in allen modernen Empfindungen und allem unseren Können stolz darauf sind, wenn gesagt wird bei einer besonders guten Leistung: „Das ist beinahe so gut, wie es vor 1900 Jahren gemacht worden ist."

Aber beinahe! Unter diesem Eindrucke möchte Ich Ihnen dringend ans Herz legen: Noch ist die Bildhauerei zum größten Teile rein geblieben von den sogenannten modernen Richtungen und Strömungen, noch steht sie hoch und hehr da – erhalten Sie sie so, lassen Sie sich nicht durch Menschenurteil und allerlei Windlehre dazu verleiten, diese großen Grundsätze aufzugeben, worauf sie auferbaut ist!

Eine Kunst, die sich über die von Mir bezeichneten Gesetze und Schranken hinwegsetzt, ist keine Kunst mehr, sie ist Fabrikarbeit, ist Gewerbe, und das darf die Kunst nie werden. Mit dem viel missgebrauchten Worte „Freiheit" und unter seiner Flagge verfällt man gar oft in Grenzenlosigkeit, Schrankenlosigkeit, Selbstüberhebung. Wer sich aber von dem Gesetz der Schönheit und dem Gefühl für Ästhetik und Harmonie, die jedes Menschen Brust fühlt, ob er sie auch nicht ausdrücken kann, loslöst und in Gedanken in einer besonderen Richtung, einer bestimmten Lösung mehr technischer Aufgaben die Hauptsache erblickt, der versündigt sich an den Urquellen der Kunst.

Aber noch mehr: Die Kunst soll mithelfen, erzieherisch auf das Volk einzuwirken, sie soll auch den unteren Ständen nach harter Mühe und Arbeit die Möglichkeit geben, sich an den Idealen wieder aufzurichten. Uns, dem deutschen Volke, sind die großen Ideale zu dauernden Gütern geworden, während sie anderen Völkern mehr oder weniger verloren gegangen sind. Es bleibt nur das deutsche Volk übrig, das an erster Stelle berufen ist, diese großen Ideen zu hüten, zu pflegen, fortzusetzen, und zu diesen Idealen gehört, dass wir den arbeitenden, sich abmühenden Klassen die Möglichkeit geben, sich an dem Schönen zu erheben und sich aus ihren sonstigen Gedankenkreisen heraus- und emporzuarbeiten.

Wenn nun die Kunst, wie es jetzt vielfach geschieht, weiter nichts tut, als das Elend noch scheußlicher hinzustellen, wie es schon ist, dann versündigt sie sich damit am deutschen Volke. Die Pflege der Ideale ist zugleich die größte Kulturarbeit, und wenn wir hierin den anderen Völkern ein Muster sein und bleiben wollen, so muss das ganze Volk daran mitarbeiten, und soll die Kultur ihre Aufgabe voll erfüllen, dann muss sie bis in die untersten Schichten des Volkes hindurchgedrungen sein. Das kann sie nur, wenn die Kunst die Hand dazu bietet, wenn sie *erhebt, statt dass sie in den Rinnstein niedersteigt.*

1. Woher nimmt der Kaiser „die Gesetze und Schranken" (Z. 29 f.) für die Beurteilung der künstlerischen Gestaltung?
2. Beschreiben Sie die Aufgaben, welche die Kunst nach dem Willen des Kaisers beim Volk, vor allem bei der Arbeiterschaft, übernehmen soll, und nennen Sie mögliche Motive für seine Auffassung.
3. Von welchen Idealen des Schönen spricht Wilhelm II., und welche Stellung nimmt in seinem Verständnis Deutschland im Vergleich zu anderen Ländern ein? Wie bewerten Sie eine solche Einstellung?

Historische Ansichtskarte mit einem Ausschnitt der „Siegesallee" in Berlin. Kaiser Wilhelm II. veranlasste die Anlage dieses Prachtboulevards zwischen 1895 und 1901 mit Statuen und Büsten deutscher und preußischer Gestalten der Geschichte.

4. Diskutieren Sie den Satz: „Eine Kunst, die sich über die von Mir bezeichneten Gesetze und Schranken hinwegsetzt, ist keine Kunst mehr […]“ (Z. 29 f.). Sie können auch aus der Sicht eines Naturalisten einen Brief an den Kaiser formulieren.

5. Der französische Bildhauer Auguste Rodin (1840–1917) kommentierte die Statue „Der Winter“ mit dem Satz: „Was man allgemein als Hässlichkeit bezeichnet, kann in der Kunst zu großer Schönheit werden.“ Vergleichen Sie diese naturalistische Kunstauffassung mit den Kunstidealen des Kaisers.

6. Analysieren Sie unter dem Gesichtspunkt des „Hässlichen“ den Anfang des Dramas „Die Weber“.

7. Tragen Sie in Thesen zusammen, was Sie über die Kunstauffassung des Naturalismus bis jetzt erarbeitet haben.

Auguste Rodin: Der Winter (1890, Paris, Musée d'Orsay)

Die „Freie Bühne“

Die „Freie Bühne“ (Karikatur aus der satirischen Zeitschrift „Kladderadatsch“ von Ernst Retemeyer aus dem Jahre 1890)

1. Beschreiben Sie die Karikatur von der „Freien Bühne“. Gehen Sie dabei wie bei einer Bildbeschreibung vor.

2. Welche Wertungen sind in der Karikatur enthalten? Beachten Sie dabei, dass es sich bei dem „Kladderadatsch“ um eine satirisch-ironische Zeitschrift handelte, die die Wertvorstellungen des Bürgertums bissig kritisierte.

2 Kunst = Natur minus X – Künstlerische Mittel naturalistischer Darstellung

Gerhart Hauptmann (1862–1946)

Die Ratten

Erster Akt, Erste Szene

Personen
Frau John (Aufräumefrau)
Die Piperkarcka

Regieanweisung

Im Dachgeschoss einer ehemaligen Kavalleriekaserne zu Berlin. Ein fensterloses Zimmer, das sein Licht von einer brennenden Lampe erhält, die von der Mitte der Decke über einen runden Tisch herunterhängt. In die Hinterwand mündet ein gerader Gang, der den Raum mit der Entreetür verbindet, einer eisenbeschlagenen Tür mit einer primitiven Schelle, die der Eintritt Begehrende von außen durch einen Drahtzug in Bewegung setzt. Eine Tür in der Wand links schließt ein Nebengemach ab. An der Wand rechts führt eine Treppe auf den Dachboden.

Auf diesem Dachboden sowie in den sichtbaren Räumlichkeiten hat der Extheaterdirektor Harro Hassenreuter seinen Theaterfundus untergebracht.

Man kann bei dem ungewissen Licht im Zweifel sein, ob man sich in der Rüstkammer eines alten Schlosses, in einem Antiquitätenmagazin oder bei einem Maskenverleih befindet. Zu beiden Seiten des Ganges sind auf Ständern Helme und Brustharnische Pappenheim'scher Kürassiere[1] *aufgestellt, ebenso in je einer Reihe an der rechten und linken Wand des vorderen Raumes. Die Dachbodentreppe steht zwischen zwei Geharnischten. Die Decke darüber schließt die übliche Bodenklappe ab. Ein Stehpult ist vorn links an die Wand gestellt. Tinte, Federn, alte Geschäftsbücher und ein Kontorbock*[2] *sowie einige Stühle mit hohen Lehnen um den runden Mitteltisch lassen erkennen, dass der Raum zu Bürozwecken dienen muss. Wasserflasche mit Gläsern auf dem Tisch und einige Fotografien über dem Stehpult. Die Fotografien zeigen Direktor Hassenreuter als Karl Moor*[3] *sowie in verschiedenen anderen Rollen. Einer der Pappenheim'schen Kürassiere trägt einen ungeheuren Lorbeerkranz um den Nacken gehängt mit einer Schleife, deren Enden in goldenen Lettern die Worte tragen: „Unserem genialen Direktor Hassenreuter! Die dankbaren Mitglieder." Eine Serie mächtiger roter Schleifen trägt nur die Aufschriften: „Dem genialen Karl Moor" ... „Dem unvergleichlichen, unvergesslichen Karl Moor" ... usw. usw. Der Raum ist nach Möglichkeit zu Magazinzwecken ausgenutzt. Wo irgend angängig, hängen an Kleiderhaken deutsche, spanische und englische Kostümstücke aus verschiedenen Jahrhunderten. Man sieht schwedische Reiterstiefel, spanische Degen und deutsche Flamberge*[4]*. Die Tür links hat die Aufschrift: Bibliothek. Das ganze Gemach zeigt eine malerische Unordnung. Alte Scharteken*[5] *und Waffen, Pokale, Becher usw. liegen umher.*

Es ist eines Sonntags, Ende Mai.

Frau John, über Mitte der Dreißig hinaus, und das blutjunge Dienstmädchen Piperkarcka sitzen am Mitteltisch. Die John, den Oberkörper weit über den Tisch gelehnt, redet lebhaft auf das Dienstmädchen ein. Die Piperkarcka, dienstmädchenhaft aufgedonnert, mit Jackett, Hut und Schirm, sitzt aufrecht. Ihr hübsches rundes Lärvchen[6] *ist verweint. Ihre Gestalt zeigt Spuren noch nicht vollendeter Mutterschaft. Sie malt mit der Schirmspitze auf der Diele.*

Erste Szene (Anfang)

Frau John Na ja doch! Freilich! Ich sagt't ja, Pauline.

Die Piperkarcka Nu ja. Ick will nu also Schlachtensee oder Halensee[7]. Muss jehn un muss nachsehn, ob ich ihm treffe. *Sie trocknet die Tränen und will sich erheben.*

Frau John *verhindert die Piperkarcka am Aufstehen.* Pauline! Um Jottes Willen, bloß det nich! Det nich, um keenen Preis von de Welt. Det macht Skandal, kost Jeld und bringt nischt. Wat woll'n Se woll, und wo Se noch in den Zustande sind, dem schlechten Halunken noch weiter nachloofen!?

Die Piperkarcka Denn soll meine Wirtin heute soll warten umsonst verjeblich auf mir. Ich spring im Landwehrkanal und versaufe.

[1] **Pappenheim'sche Kürassiere:** Reiterformation aus dem Drama „Wallensteins Tod" von Schiller – [2] **Kontorbock:** hölzernes Schränkchen zur Aufbewahrung von Akten – [3] **Karl Moor:** Hauptfigur aus dem Drama „Die Räuber" von Schiller – [4] **Flamberge:** Schwerter mit mehrfach gebogener, flammenförmiger Klinge – [5] **Scharteken:** alte Bücher – [6] **Lärvchen:** Metapher für „kleines Gesicht" – [7] **Schlachtensee, Halensee:** Vororte von Berlin

Frau John Pauline! Warum denn? warum denn, Pauline? Jeben Se Obacht, heeren Se bloß um Jottes Willen 'n janz 'n eenziges ... bloß ma 'n janzen kleenen Oojenblick uff mir, und passen Se dadruff uff, wat ick Ihn vorstelle! Det wissen Se doch, ick hab et Ihn doch bei de Normaluhr, wo ick an Alexanderplatz aus de Marchthalle bin jekomm, jleich anjesehn und hab et Ihn uff'n Kopp druff jesacht. Wat hab ick jesacht? Jeld, hab ick Ihn uff'n Kopp druff jefragt. Jeld, kleenet Aas, er will nisch von wissen! Det jeht hier vielen, det jeht hier allen, det jeht hier vielen Millionen Mädchens so! Und denn hab ick jesacht ... wat hab ick jesacht? Komm, hab ick jesacht, ich will dir helfen.

Die Piperkarcka Zu Hause darf ick mir nu janz natürlich nich blicken lassen, wie ick verändert bin. Mutter schreit doch auf'n ersten Blick! Vater haut mir Kopf an die Wand und schmeißt mir Straße. Jeld hab ick nu ebenfalls ooch weiter nu weiter keens nich, als wie Stücker zwei Joldstücke, was ick mich Jackettfutter einjenäht. Hätte mich schlechter Mensch nich Mark nich Pfennig übrig gelassen.

Frau John Freilein, mein Mann ist Maurerpolier. Freilein, wenn Se bloß wollten Obacht jebn ... jebn Se doch um Jottes Willen Obacht, wat ick for Vorschläge unterbreiten tu. Freilein, denn is doch uns beede jeholfen. Ihn ist jeholfen und so desselbijenjleichen ooch mir. Außerdem ist Pauln, wat mein Mann is, jeholfen, wo sterbensjerne een Kindeken will, weil det uns doch unser eenziget, unser Albertchen, an de Bräune[1] jestorben is. Ihr Kind hat et jut wie'n eejnet Kind. Denn kenn Se jehn Ihrem Schatz wieder uffsuchen, kenn wieder in'n Dienst, kenn wieder bei Ihre Eltern jehn, det Kind het et jut, und keen Mensch uff die janze Welt nich braucht wat von wissen.

Die Piperkarcka I jrade! Ick stürze mir Landwehrkanal! – *Sie steht auf.* – Ick schreibe Zettel, ick lasse Zettel in mein Jackett zurück: Du hast mit deine verfluchte Schlechtigkeit deine Pauline im Wasser jetrieben! Dann setze vollen Namen Alois Theophil Brunner, Instrumentenmacher, zu. Denn soll er sehn, wie er mit sein Mord auf Jewissen man meinswegen fertig wird.

(1911)

1. Frau John plant eine bestimmte Abmachung mit der Piperkarcka. Klären Sie ihre Motive und beschreiben Sie ihre Überredungsstrategie gegenüber dem Dienstmädchen.

[1] **Bräune:** Diphtherie

2. Versetzen Sie sich in die Rolle einer Bühnenbildnerin/eines Bühnenbildners und fertigen Sie eine Zeichnung des von Hauptmann geforderten Bühnenbildes an. Welche Besonderheit der Regieanweisung fällt Ihnen auf? Überlegen Sie, welche Funktion der Raum für das naturalistische Drama einnimmt. Beziehen Sie dazu auch die Regieanweisungen zu Hauptmanns Drama „Die Weber“ auf S. 270 f. mit ein.

Arno Holz (1863–1929),
Johannes Schlaf (1862–1941)

Papa Hamlet

Die Erzählung „Papa Hamlet“ stammt von den beiden deutschen Schriftstellern Arno Holz und Johannes Schlaf, die zusammen in der Nähe von Berlin eine literarische Wohngemeinschaft bildeten und auf der Suche nach neuen Ausdrucksformen waren.
Im Zentrum der Erzählung steht die Gestalt eines heruntergekommenen Schauspielers, der den Tag damit verbringt, im zerlumpten Schlafmantel mit großem Pathos Stücke aus Shakespeares Drama „Hamlet“ zu deklamieren. Niels Thienwiebel lebt mit seiner lungenkranken Frau und seinem drei Monate alten Sohn Fortinbras, auch ein Name aus „Hamlet“, in einer erbärmlichen Dachwohnung, die ihm nun auch noch gekündigt worden ist, weil er die Miete nicht bezahlen kann. Das allzu schmale Einkommen der Familie bringt seine Frau mit Näharbeiten auf. Thienwiebel hat keine Einkünfte: Die „Arbeit“, als Modell in einer Kunstakademie zu stehen, hat er aufgegeben. Auch das Angebot, an einer Wanderbühne zu spielen, hat er stolz abgelehnt. Jetzt verbringt er die Nächte in Hafenkneipen und schlägt, wenn er betrunken nach Hause kommt, seinen kleinen Sohn, dessen Weinen ihn stört. Dafür erhält er von seiner Frau Ohrfeigen. Die Situation der Familie erscheint bedrückend, zumal auch nicht mehr der Maler Ole Nissen, ein Freund der Familie, finanziell oder materiell helfen kann. Am Ende der Erzählung wird Thienwiebel sogar zum Mörder seines Sohnes.

Er war jetzt zu ihr unter die Decke gekrochen, die Unterhosen hatte er anbehalten.
„Nicht mal Platz genug zum Schlafen hat man!“
Er reckte und dehnte sich.
„So'n Hundeleben! Nicht mal schlafen kann man!“
Er hatte sich wieder auf die andere Seite gewälzt. Die Decke von ihrer Schulter hatte er mit sich gedreht, sie lag jetzt fast bloß da ....

....

....[1]

Das Nachtlämpchen auf dem Tisch hatte jetzt zu zittern aufgehört. Die beschlagene blaue Karaffe davor war von unzähligen Lichtpünktchen wie übersät. Eine Seite aus dem Buch hatte sich schräg gegen das Glas aufgeblättert. Mitten auf dem vergilbten Papier hob sich deutlich die fette Schrift ab: „Ein Sommernachtstraum“[2]. Hinten auf der Wand, übers Sofa weg, warf die kleine, glitzernde Fotografie ihren schwarzen, rechteckigen Schatten. Der kleine Fortinbras röchelte, nebenan hatte es wieder zu schnarchen angefangen.

„So'n Leben! So'n Leben!“

Er hatte sich wieder zu ihr gedreht. Seine Stimme klang jetzt weich, weinerlich.

„Du sagst ja gar nichts!“

Sie schluchzte nur wieder.

„Ach Gott, ja! So'n ... Ae!! ...“

Er hatte sich jetzt noch mehr auf die Kante zu gerückt.

„Is ja noch Platz da! Was drückste dich denn so an die Wand! Hast du ja gar nicht nötig!“ Sie schüttelte sich.

Ein fader Schnapsgeruch hatte sich allmählich über das ganze Bett hin verbreitet.

„So ein Leben! Man hat's wirklich weit gebracht! ... Nu sich noch von so 'ner alten Hexe rausschmeißen lassen! Reizend!! Na, was macht man nu? Liegt man morgen auf der Straße! ... Nu sag doch?“

Sie hatte sich jetzt noch fester an die Wand gedrückt. Ihr Schluchzen hatte aufgehört, sie drehte ihm den Rücken zu.

„Ich weiß ja! Du bist ja am Ende auch nicht schuld dran! Nu sag doch!“

Er war jetzt wieder auf sie zu gerückt.

„Nu sag doch! ... Man kann doch nicht so – verhungern?!“

Er lag jetzt dicht hinter ihr.

„Ich kann ja auch nicht dafür! ... Ich bin ja gar nicht so! Is auch wahr! Man wird ganz zum Vieh bei solchem Leben! ... Du schläfst doch nicht schon?“

Sie hustete.

„Ach Gott ja! Und nu bist du auch noch krank! Und das Kind! Das viele Nähen ... Aber du schonst dich ja auch gar nicht ... ich sag's ja!“

„Du – hättest – doch lieber, – Niels ...“

„Ja ... Ja! Ich seh's ja jetzt ein! Ich hätt's annehmen sollen! Ich hätt' ja später immer noch ... ich seh's ja ein! Ich war unüberlegt! Ich hätte zugreifen sollen! Aber nu sag doch!!“

„Hast du ihn – denn nicht ... denn nicht – wenigstens zu – Haus getroffen?“

„Ach Gott, ja aber ... aber, du weißt ja! Er hat ja auch nichts! Was macht man nu bloß? Man kann sich doch nicht das Leben nehmen?!“

Er hatte jetzt ebenfalls zu weinen angefangen.

„Ach Gott! Ach Gott!!“

Sein Gesicht lag jetzt mitten auf ihrer Brust. Sie zuckte!

„Ach Gott! Ach Gott!!!“

Der dunkle Rand des Glases oben quer über der Decke hatte wieder unruhig zu zittern begonnen, die Schatten, die das Geschirr warf, schwankten, dazwischen glitzerten die Wasserstreifen ....

....

„Ach, nich doch, Niels! Nich doch! Das Kind – ist schon wieder auf! Das – Kind schreit ja! Das – Kind, Niels! ...“

(1889)

1. Beschreiben Sie das im Text dargestellte Milieu und erläutern Sie das Verhältnis zwischen den Ehepartnern in dieser Szene.

2. Welche typischen naturalistischen Züge erkennen Sie im Text? Beachten Sie z. B. die Darstellung des „Hässlichen“ und die Sprache.

3. Wie wird in diesem Text Wirklichkeit dargestellt? Nehmen Sie bei der Bearbeitung den Artikel „Sekundenstil“ aus einem Literaturlexikon zu Hilfe (s. u.).

4. Arno Holz und Johannes Schlaf nannten ihren Text ein Prosaexperiment. Worin sehen Sie das Experimentelle bei der Erzählung?

5. Versuchen Sie, nach dem Vorbild von Holz/Schlaf eine Situation, die sich in einem kurzen Zeitraum abspielt, zu erzählen.

Information

Sekundenstil

Der Sekundenstil bezeichnet die wirklichkeitskopierende Beschreibungstechnik des Naturalismus, die, gewissermaßen als Vorwegnahme der Zeitlupe, die kleinsten Bewegungen, Gesten, Geräusche und Nuancierungen in minutiöser, objektiver Beachtung ihrer zeitlichen Abfolge aufzeichnet und z. B. den Dialog des Dramas ständig durch entsprechende Regieanweisungen unterbricht.

[1] punktierte Linien im Originaltext – [2] **„Sommernachtstraum“:** ein Drama Shakespeares

Naturalismus

Der Naturalismus ist eine gesamteuropäische Kunstströmung in den letzten Jahrzehnten des 19. und am Anfang des 20. Jahrhunderts. Die Abbildung der Natur, des „wirklichen Lebens" ohne alle idealistischen Verklärungen war das Ziel junger Literaten, die sich in Deutschland vor allem in Berlin und in München zu Zirkeln vereinigten und sich als „literarische Moderne" verstanden.

Das „wirkliche Leben", das die Naturalisten in der Kunst darstellen, ist nicht das der gutbürgerlichen Gesellschaft, sondern es sind die Zustände in den Elendsvierteln mit ihren Mietskasernen und Hinterhöfen, wo in beengten Verhältnissen das kleinbürgerliche Proletariat wohnt. Die Szenerie der Kneipen und Prostituierten, des Alkoholismus mit seinen Folgen für die Familien, der Massenkrankheiten wie Tuberkulose und Diphtherie, unter denen gerade die armen Leute besonders litten, ist zentrales Thema in den naturalistischen Dramen. Das Interesse gilt besonders den ausgebeuteten Fabrikarbeitern in den immer rascher wachsenden Großstädten.

Die programmatischen Äußerungen des Naturalismus gründen sich wesentlich einmal auf den Darwinismus, der seit Darwins Buch „On the Origin of Species" von 1859 geradezu zu einer Art Volksphilosophie wurde. Dabei spielte die neue Wissenschaft als solche weniger die entscheidende Rolle als vielmehr die neue und für viele Zeitgenossen erschreckende Theorie, dass auch der Mensch ein Ergebnis der Evolution ist, das auf die natürliche Auslese erblicher Eigenschaften zurückgeführt werden kann. Damit wird der Mensch nicht mehr als ein Sondergeschöpf betrachtet, wie es die Bibel nahelegt. Wie alle anderen Lebewesen unterliegt auch er dem Prinzip des „Kampfes ums Dasein". Zum andern ließen sich die Naturalisten vom Positivismus beeinflussen. Die „positive Philosophie" ließ nur noch Erkenntnisse zu, die sich auf empirische Erfahrungen stützten – die Theologie und die tradierte Philosophie galten als Disziplinen mit minderer Erklärungskraft für das Dasein. Es herrschte in der Zeit der generelle Glaube an die exakten Wissenschaften, die auch in der naturalistischen Kunst eine große Bedeutung annahmen. Der französische Romancier Émile Zola fordert von den Schriftstellern, sie sollten historische, soziologische, genetische und psychologische Gesetzmäßigkeiten erforschen und sie in ihren Werken mit naturwissenschaftlicher Exaktheit darstellen.

Im Idealfall sollten Kunst und Natur wenig voneinander abweichen; die Mittel dazu waren vor allem Sprache und Sekundenstil und auch die neuen Themen, z. B. die Darstellung des „Hässlichen". Der Mensch taucht in naturalistischen Werken gemäß seiner durch die Wissenschaften erforschbaren Natur auf; d. h., er ist geprägt von seinen Anlagen (Erbe), der Umwelt (Milieu) und den zeithistorischen Umständen, in denen er lebt. Die bevorzugte Gattung des Naturalismus ist das Drama mit den neuen Themen: Alkoholismus, Prägung durch Erbanlagen, Degeneration, Veränderung des Lebens durch die rasche Industrialisierung, aber auch die Emanzipation der Frau. Die vielen Theaterskandale der Zeit zeigen, dass die naturalistischen Aufführungen nicht nur Zustimmung, sondern auch oft die aggressive Ablehnung durch das gehobene Bürgertum und die Administration im Wilhelminischen Reich fanden.

Literatur des Naturalismus

Zeitgeschichtlicher Hintergrund
- weitgehende Umstrukturierung zum Industriestaat
- Deutschland überholt England in der Industrieproduktion
- der Adel besetzt immer noch alle Schlüsselpositionen in der Politik und im Militär
- soziale Probleme in den Massenquartieren der neuen großen Städte

Leitende Ideen
- Abbildung der Natur und des wirklichen Lebens nach der Gleichung Kunst = Natur minus X
- der Mensch als Ergebnis der Evolution und seiner erblichen Eigenschaften: Darwinismus
- Kunst orientiert sich an den Ergebnissen der empirischen exakten Wissenschaften
- Sprache des Sekundenstils als die Wirklichkeit kopierende Beschreibungstechnik, Dialekte
- Parteinahme für die sozial deklassierten Schichten

Literarische Formen
- Drama
- Essay
- Lyrik
- Reden

Themen und Motive
- Not deklassierter Schichten: Weber in Schlesien
- erblich bedingte Krankheiten: Trunksucht
- Darstellungen des Hässlichen: Verwahrlosung
- Milieus des sozialen Abstiegs, der Trunksucht, der triebhaften Sexualität
- sozial motivierte Revolten der Arbeiter
- Polemik gegen die Kunstauffassung der Bourgeoisie

Autoren und Werke
- Gerhart Hauptmann: Die Weber (1892)
- Gerhart Hauptmann: Die Ratten (1911)
- Arno Holz/Johannes Schlaf: Papa Hamlet (1889)
- Arno Holz: Brücke zum Zoo (1898)
- Kaiser Wilhelm II: Wenn die Kunst in den Rinnstein steigt (1812)
- Arno Holz: Im Keller nistete die Ratte (1898)

Zeitenwende – Aufbruchbewegungen um 1900

Die Jahrhundertwende um 1900 gilt als Epochenumbruch, als Übergangszeit zur Moderne. „Moderne“ im Sinne eines Epochenbegriffs meint zunächst einmal ganz allgemein die Gesamtheit der wissenschaftlichen, sozialen, politischen, philosophischen und ästhetischen Erscheinungen seit dem Ende des 19. Jahrhunderts. Eine genaue Definition dessen, was unter „Moderne“ bzw. „literarischer Moderne“ zu verstehen ist, ist kaum möglich, womit bereits auf charakteristische Merkmale dieser Zeit hingewiesen ist: Vielfalt, Unbestimmtheit, Widersprüchlichkeit. Da die Moderne den Beginn von etwas Neuem beinhaltet und auch in der Folgezeit ihre Wirkungen entfaltet, finden sich in dieser Collage auch Abbildungen, die über die Phase der unmittelbaren Jahrhundertwende hinausweisen.

1. Lassen Sie die Bilder einige Augenblicke auf sich wirken. Schließen Sie dann das Buch und formulieren Sie spontan Ihre Eindrücke.
2. Betrachten Sie die Bilder erneut. Was wissen Sie über die Darstellungen?
3. Die Abbildungen beziehen sich auf den Zeitraum um 1900. Welches Lebensgefühl zeigen die Abbildungen? Der Titel des Kapitels heißt „Zeitenwende – Aufbruchsbewegungen um 1900“ – Wie verstehen Sie diesen Titel?
4. Vergleichen Sie Ihr Verständnis von „modern“ mit den Abbildungen.
5. Formulieren Sie Ihre Erwartungen an die Literatur um die Jahrhundertwende.

1 „Ich lerne sehen" – Eine neue Sicht des Menschen

Friedrich Nietzsche. Nietzsche gilt als die Leitfigur der Moderne, da er durch seine Haltung, viele Überzeugungen seiner Zeit infrage zu stellen, den Nerv seiner Zeit traf. Zunächst studierte Nietzsche Philologie, ab 1870 war er als Professor für Philologie tätig, gab aber 1879 aus gesundheitlichen Gründen seine Professur auf und führte ein unruhiges Wanderleben. In späten Schriften vertrat Nietzsche eine radikale Sicht gegen herkömmliche moralische Auffassungen des Christentums und stieß damit auf großes Unverständnis. Es ging ihm in seinen Schriften um die Schaffung eines freien, starken Menschen (des sog. Übermenschen), sodass die Verneinung überkommener Werte zum Fundament der von ihm angestrebten neuen Moral wurde. 1889 erlitt er in Turin einen geistigen Zusammenbruch, von dem er sich bis zu seinem Tod 1900 nicht mehr erholte.

Friedrich Nietzsche (1844 – 1900)

Der tolle[1] Mensch

Habt ihr nicht von jenem tollen Menschen gehört, der am hellen Vormittag eine Laterne anzündete, auf den Markt lief und unaufhörlich schrie: „Ich suche Gott! Ich suche Gott!" Da dort gerade viele von denen zusammenstanden, welche nicht an Gott glaubten, so erregte er ein großes Gelächter. Ist er denn verloren gegangen?, sagte der eine. Hat er sich verlaufen wie ein Kind?, sagte der andere. Oder hält er sich versteckt? Fürchtet er sich vor uns? Ist er zu Schiff gegangen? Ausgewandert? – so schrien und lachten sie durcheinander.

Der tolle Mensch sprang mitten unter sie und durchbohrte sie mit seinen Blicken. „Wohin ist Gott?", rief er, „ich will es euch sagen! Wir haben ihn getötet – ihr und ich! Wir alle sind seine Mörder! Aber wie haben wir das gemacht? Wie vermochten wir das Meer auszutrinken? Wer gab uns den Schwamm, um den ganzen Horizont wegzuwischen? Was taten wir, als wir diese Erde von ihrer Sonne losketteten? Wohin bewegt sie sich nun? Wohin bewegen wir uns? Fort von allen Sonnen? Stürzen wir nicht fortwährend? Und rückwärts, seitwärts, vorwärts, nach allen Seiten? Gibt es noch ein Oben und ein Unten? Irren wir nicht durch ein unendliches Nichts? Haucht uns nicht der leere Raum an? Ist es nicht kälter geworden? Kommt nicht immerfort die Nacht und mehr Nacht? Müssen nicht Laternen am Vormittag angezündet werden? Hören wir noch nichts von dem Lärm der Totengräber, welche Gott begraben? Riechen wir noch nichts von der göttlichen Verwesung? – Auch Götter verwesen!

Gott ist tot! Gott bleibt tot! Und wir haben ihn getötet! Wie trösten wir uns, die Mörder aller Mörder? Das Heiligste und Mächtigste, was die Welt bisher besaß, es ist unter unsern Messern verblutet – wer wischt dies Blut von uns ab? Mit welchem Wasser könnten wir uns reinigen? Welche Sühnefeiern, welche heiligen Spiele werden wir erfinden müssen? Ist nicht die Größe dieser Tat zu groß für uns? Müssen wir nicht selber zu Göttern werden, um nur ihrer würdig zu erscheinen? Es gab nie eine größere Tat – und wer nun immer nach uns geboren wird, gehört um dieser Tat willen in eine höhere Geschichte, als alle Geschichte bisher war!"

Hier schwieg der tolle Mensch und sah wieder seine Zuhörer an: Auch sie schwiegen und blickten befremdet auf ihn. Endlich warf er seine Laterne auf den Boden, dass sie in Stücke sprang und erlosch. „Ich komme zu früh", sagte er dann, „ich bin noch nicht an der Zeit. Dies ungeheure Ereignis ist noch unterwegs und wandert – es ist noch nicht bis zu den Ohren der Menschen gedrungen. Blitz und Donner brauchen Zeit, das Licht der Gestirne braucht Zeit, Taten brauchen Zeit, auch nachdem sie getan sind, um gesehen und gehört zu werden. Diese Tat ist ihnen immer noch ferner als die fernsten Gestirne und doch haben sie dieselbe getan!" –

(1882)

1. „Gott ist tot!" (Z. 30) – Erklären Sie diese Aussage des „tollen Menschen". Welche Auswirkungen hat der Ausruf seiner Ansicht nach?
2. Erläutern Sie die Aussage: „Ich komme zu früh", [...] „ich bin noch nicht an der Zeit. [...]" (Z. 45 ff.)

[1] **toll:** im Sinne von „verrückt"

3. Erklären Sie den Titel vor dem Hintergrund der Textaussagen.

4. Untersuchen Sie die sprachliche Gestaltung des Textes und erläutern Sie deren Funktion an ausgewählten Beispielen.

5. Der Text enthält viele Fragen (vgl. z. B. Z. 14–29): Wählen Sie eine der Fragen aus und versuchen Sie, vor dem Hintergrund der Erfahrungen des modernen Menschen eine konkrete Antwort zu geben.

6. „Es gab nie eine größere Tat [...]" (Z. 39) – Diskutieren Sie diese Wertung des „tollen Menschen".

Rainer Maria Rilke. Rilke wurde in Prag geboren, wo er seine Kindheit verbrachte. Die vom Vater, einem Beamten bei der Provinzeisenbahn, für den Sohn geplante Karriere als Offizier entsprach nicht dem nonkonformistischen Wesen des Sohnes, der sich nach seinem Studium der Kunst- und Literaturwissenschaft entschloss, ein Dasein als Dichter zu führen. Rilkes Leben glich dem eines Reisenden. Er besuchte große Teile Europas und Nordafrikas und lebte selten mehrere Jahre hintereinander an einem Ort. Rilke gilt als einer der bedeutendsten Dichter des 20. Jahrhunderts. In seinen Gedichten, die durch eine melodische, virtuose Sprache geprägt sind, spiegelt sich häufig ein träumerisch-schwermütiges, z. T. auch mystisches Erleben wider.

Rainer Maria Rilke (1875–1926)
Die Aufzeichnungen des Malte Laurids Brigge (Auszug I)

Rilkes einziger Roman, „Die Aufzeichnungen des Malte Laurids Brigge", in dem er u. a. Erfahrungen aus seiner Zeit in Paris verarbeitet, erschien 1910, nachdem der Autor seit 1904 an dem Werk gearbeitet hatte. Der fragmentarische Prosatext, in Form eines Tagebuchs verfasst, schildert die Gedanken Maltes, eines aus einem aussterbenden dänischen Adelsgeschlecht stammenden 28-jährigen Mannes, der versucht, in der französischen Hauptstadt als Dichter zu leben. Der Roman weist keine kontinuierliche Handlung auf. Beobachtungen und Eindrücke des Pariser Lebens vermischen sich in den Gedanken Maltes assoziativ mit eigenen Kindheitserinnerungen und Reflexionen über Geschichte und Kultur.

Es ist lächerlich. Ich sitze hier in meiner kleinen Stube, ich, Brigge, der achtundzwanzig Jahre alt geworden ist und von dem niemand weiß. Ich sitze hier und bin nichts. Und dennoch, dieses Nichts fängt an zu denken und denkt, fünf Treppen hoch, an einem grauen Pariser Nachmittag diesen Gedanken:
Ist es möglich, denkt es, dass man noch nichts Wirkliches und Wichtiges gesehen, erkannt und gesagt hat? Ist es möglich, dass man Jahrtausende Zeit gehabt hat, zu schauen, nachzudenken und aufzuzeichnen, und dass man die Jahrtausende hat vergehen lassen wie eine Schulpause, in der man sein Butterbrot isst und einen Apfel?
Ja, es ist möglich.
Ist es möglich, dass man trotz Erfindungen und Fortschritten, trotz Kultur, Religion und Weltweisheit an der Oberfläche des Lebens geblieben ist? Ist es möglich, dass man sogar diese Oberfläche, die doch immerhin etwas gewesen wäre, mit einem unglaublich langweiligen Stoff überzogen hat, sodass sie aussieht wie die Salonmöbel in den Sommerferien?
Ja, es ist möglich.
Ist es möglich, dass die ganze Weltgeschichte missverstanden worden ist? Ist es möglich, dass die Vergangenheit falsch ist, weil man immer von ihren Massen gesprochen hat, gerade, als ob man von einem Zusammenlauf vieler Menschen erzählte, statt von dem einen zu sagen, um den sie herumstanden, weil er fremd war und starb?
Ja, es ist möglich.
Ist es möglich, dass man glaubte, nachholen zu müssen, was sich ereignet hat, ehe man geboren war? Ist es möglich, dass man jeden Einzelnen erinnern müsste, er sei ja aus allen Früheren entstanden, wüsste es also und sollte sich nichts einreden lassen von den anderen, die anderes wüssten?
Ja, es ist möglich.
Ist es möglich, dass alle diese Menschen eine Vergangenheit, die nie gewesen ist, ganz genau kennen? Ist es möglich, dass alle Wirklichkeiten nichts sind für sie; dass ihr Leben abläuft, mit nichts verknüpft, wie eine Uhr in einem leeren Zimmer –?

Ja, es ist möglich.

Ist es möglich, dass man von den Mädchen nichts weiß, die doch leben? Ist es möglich, dass man „die Frauen" sagt, „die Kinder", „die Knaben" und nicht ahnt (bei aller Bildung nicht ahnt), dass diese Worte längst keine Mehrzahl mehr haben, sondern nur unzählige Einzahlen?

Ja, es ist möglich.

Ist es möglich, dass es Leute gibt, welche „Gott" sagen und meinen, das wäre etwas Gemeinsames? – Und sieh nur zwei Schulkinder: Es kauft sich der eine ein Messer, und sein Nachbar kauft sich ein ganz gleiches am selben Tag. Und sie zeigen einander nach einer Woche die beiden Messer, und es ergibt sich, dass sie sich nur noch ganz entfernt ähnlich sehen, so verschieden haben sie sich in verschiedenen Händen entwickelt. (Ja, sagt des einen Mutter dazu: wenn ihr auch gleich immer alles abnutzen müsst. –) Ach so: Ist es möglich, zu glauben, man könne einen Gott haben, ohne ihn zu gebrauchen?

Ja, es ist möglich.

Wenn aber dieses alles möglich ist, auch nur einen Schein von Möglichkeit hat – dann muss ja, um alles in der Welt, etwas geschehen. Der Nächstbeste, der, welcher diesen beunruhigenden Gedanken gehabt hat, muss anfangen, etwas von dem Versäumten zu tun; wenn es auch nur irgendeiner ist, durchaus nicht der Geeignetste: es ist eben kein anderer da. Dieser junge, belanglose Ausländer, Brigge, wird sich fünf Treppen hoch hinsetzen müssen und schreiben, Tag und Nacht, ja er wird schreiben müssen, das wird das Ende sein.

(1910)

1. „Ist es möglich [...]?" – Tragen Sie die unterschiedlichen Themenfelder zusammen, denen sich Brigge zuwendet.
2. Erläutern Sie die Konsequenzen, die Brigge aus seiner „Bestandsaufnahme" ableitet.
3. Analysieren Sie den Aufbau und die sprachliche Gestaltung des Textauszuges. Berücksichtigen Sie auch den Wechsel in der Selbstwahrnehmung Brigges, indem Sie den ersten mit dem letzten Abschnitt des Textes vergleichen.
4. Verbinden Sie die letzten Zeilen des Auszugs (Z. 64–74) mit den vorangegangenen Überlegungen Brigges: Warum bedeutet das Schreiben für ihn „das Ende" (Z. 73 f.)?
5. Stellen Sie Verknüpfungen her zwischen den Textaussagen und den Bildern der Auftaktseite.

Robert Musil. Musil war ein österreichischer Schriftsteller, der die literarische Moderne maßgeblich mitprägte. Mit seinem unvollendeten Roman „Der Mann ohne Eigenschaften" wurde er zu einem der bedeutendsten Erzähler des 20. Jahrhunderts. Doch schon sein literarisches Erstwerk „Die Verwirrungen des Zöglings Törleß" (1906) machte ihn über die Landesgrenze hinaus bekannt. 1929 erhielt Musil den Gerhart-Hauptmann-Preis.

Musil entschied sich nach einer begonnenen Ausbildung zum Artillerieoffizier, einem Maschinenbaustudium sowie einem Studium der Fächer Philosophie, Psychologie und Mathematik und nach seiner Promotion in Psychologie für die freie Schriftstellerei. Er setzte sich mit philosophischen und psychologischen Fragestellungen zur Nutzung für seine literarische Tätigkeit auseinander. Besonders intensiv beschäftigten ihn die Theorie Sigmund Freuds und die Philosophie Maeterlincks und Nietzsches.

Robert Musil (1880 – 1942)

Die Verwirrungen des Zöglings Törleß (Auszug)

Der Roman „Die Verwirrungen des Zöglings Törleß" von Robert Musil, entstanden 1906, erzählt vom jungen Törleß, der in einem Jungeninternat seine ersten Erfahrungen im Umgang mit Gewalt und Sexualität macht. Basini, ein Mitschüler Törleß', wird von zwei Kameraden gequält und zu sexuellen Dienstleistungen genötigt; Törleß wohnt diesen Aktionen bei, ohne aktiv ins Geschehen einzugreifen. Vielmehr nimmt er die beobachteten Geschehnisse zum Anlass, sich mit Fragen zur eigenen Identitätsfindung auseinanderzusetzen. Gleichzeitig nutzt er Phasen des Alleinseins für Reflexionen über sich und sein Verhältnis zur Welt.

Von seinen Gedanken beschäftigt, war Törleß allein im Parke spazieren gegangen. Es war um die Mittagszeit, und die Spätherbstsonne legte blasse Erinnerungen über Wiesen und Wege. Da Törleß in seiner Unruhe keine Lust zu weiterem Spaziergange hatte, umschritt er bloß das Gebäude und warf sich am Fuße der fast fensterlosen Seitenmauer in das fahle, raschelnde Gras. Über ihm spannte sich der Himmel, ganz in jenem verblichenen, leidenden Blau, das dem Herbste eigen ist, und kleine, weiße, geballte Wölkchen hasteten darüber hin.

Szenenbild aus der Verfilmung „Der junge Törleß" (Regie: Volker Schlöndorff, 1966)

Törleß lag lang ausgestreckt am Rücken und blinzelte unbestimmt träumend zwischen den sich entblätternden Kronen zweier vor ihm stehenden Bäume hindurch.

[...] Und plötzlich bemerkte er – und es war ihm, als geschähe dies zum ersten Male –, wie hoch eigentlich der Himmel sei.

Es war wie ein Erschrecken. Gerade über ihm leuchtete ein kleines, blaues, unsagbar tiefes Loch zwischen den Wolken.

Ihm war, als müsste man da mit einer langen, langen Leiter hineinsteigen können. Aber je weiter er hineindrang und sich mit den Augen hob, desto tiefer zog sich der blaue, leuchtende Grund zurück. Und es war doch, als müsste man ihn einmal erreichen und mit den Blicken ihn aufhalten können. Dieser Wunsch wurde quälend heftig.

Es war, als ob die aufs Äußerste gespannte Sehkraft Blicke wie Pfeile zwischen den Wolken hineinschleuderte und als ob sie, je weiter sie auch zielte, immer um ein weniges zu kurz träfe.

Darüber dachte nun Törleß nach; er bemühte sich möglichst ruhig und vernünftig zu bleiben. „Freilich gibt es kein Ende", sagte er sich, „es geht immer weiter, fortwährend weiter, ins Unendliche." Er hielt die Augen auf den Himmel gerichtet und sagte sich dies vor, als gälte es die Kraft einer Beschwörungsformel zu erproben. Aber erfolglos; die Worte sagten nichts, oder vielmehr sie sagten etwas ganz anderes, so als ob sie zwar von dem gleichen Gegenstande, aber von einer anderen, fremden, gleichgültigen Seite desselben redeten.

„Das Unendliche!" Törleß kannte das Wort aus dem Mathematikunterrichte. Er hatte sich nie etwas Besonderes darunter vorgestellt. Es kehrte immer wieder; irgendjemand hatte es einst erfunden, und seither war es möglich, so sicher damit zu rechnen wie nur mit irgendetwas Festem. Es war, was es gerade in der Rechnung galt; darüber hinaus hatte Törleß nie etwas gesucht.

Und nun durchzuckte es ihn wie mit einem Schlage, dass an diesem Worte etwas furchtbar Beunruhigendes hafte. Es kam ihm vor wie ein gezähmter Begriff, mit dem er täglich seine kleinen Kunststückchen gemacht hatte und der nun plötzlich entfesselt worden war. Etwas über den Verstand Gehendes, Wildes, Vernichtendes schien durch die Arbeit irgendwelcher Erfinder hineingeschläfert worden zu sein und war nun plötzlich aufgewacht und wieder furchtbar geworden. Da, in diesem Himmel, stand es nun lebendig über ihm und drohte und höhnte.

Endlich schloss er die Augen, weil ihn dieser Anblick so sehr quälte.

(1906)

1. Geben Sie Törleß' Erfahrung wieder.
2. Tauschen Sie sich darüber aus, ob Sie Törleß' Erfahrungen auch kennen.
3. Setzen Sie das mathematische Verständnis des Unendlichen mit Törleß' Erfahrung beim Anblick des Himmels in Beziehung.
4. Worin liegt für Törleß das Beunruhigende (vgl. Z. 61 f.) seiner Erfahrung?
5. Musil hat seinem Roman ein Zitat des belgischen Schriftstellers Maurice Maeterlinck vorangestellt:

   „Sobald wir etwas aussprechen, entwerten wir es seltsam. Wir glauben, in die Tiefe der Abgründe hinabgetaucht zu sein, und wenn wir wieder an die Oberfläche kommen, gleicht der Wassertropfen an unseren bleichen Fingerspitzen nicht mehr dem Meere, dem er entstammt. Wir wähnen, eine Schatzgrube wunderbarer Schätze entdeckt zu haben, und wenn wir wieder ans Tageslicht kommen, haben wir nur falsche Steine und Glasscherben mitgebracht; und trotzdem schimmert der Schatz im Finstern unverändert."

   Stellen Sie einen Zusammenhang her zwischen diesem Zitat und den Aussagen des Romanauszugs.

Luzia Schünemann (geb. 1965)/Dirk Bauer (geb. 1965)

Literarische Moderne um 1900

Die Menschen an der Schwelle zum 20. Jahrhundert erleben in Europa einen radikalen politischen, gesellschaftlichen und ökonomischen Wandel, dessen Dynamik und Intensität historisch beispiellos ist. Geprägt ist dieser Aufbruch in die Moderne durch Prozesse der Rationalisierung, Technisierung, Industrialisierung und Individualisierung. Durch die rasant wachsenden Großstädte sowie die Entwicklung neuer Technologien kommt es zu tief greifenden Veränderungen aller Lebensbereiche. Die Fortschritte in den rationalen Wissenschaften führen zu neuen Weltdeutungen und stellen tradierte Mythen infrage. So findet sich der Mensch um die Jahrhundertwende nicht nur in einer immens beschleunigten Welt, sondern erlebt zugleich die „Entzauberung der Welt“ (Max Weber). Weil man sich nicht mehr an Übernatürliches, wie z. B. einen Gott, binden kann, wird das vom Menschen Geschaffene zum Gegenstand der Betrachtung. Mit dieser Erfahrung, Welt selbst erfinden und gestalten zu müssen, sich nur noch an sich selbst halten zu können, sehen sich auch die Künstler zu Beginn des 20. Jahrhunderts konfrontiert. Aufgrund der Relativität aller Werte – der vermeintlich absolute Anspruch kann nicht länger aufrechterhalten werden – ändert sich auch die Aufgabe der Kunst: Ist es z. B. in der Klassik noch Anliegen gewesen, das „Wahre, Schöne und Gute“ zu vermitteln, gilt es nun, etwas gänzlich anderes, Künstliches zu kreieren. Kunst wird also neu definiert. Ihr soll es gelingen, einen ästhetischen Umgang mit den Widersprüchlichkeiten und der Relativität der Wirklichkeit auszudrücken. Sicherlich gibt es in dieser Zeit immer wieder Bemühungen, die Widersprüchlichkeiten und Vielschichtigkeiten der Wirklichkeit in ein geordnetes System zu bringen – diese sind aber häufig nur Ausdruck des Leidens an dieser nicht zu fassenden Wirklichkeit. Aufgrund der Uneinheitlichkeit und der nicht geordneten, vorfindbaren Wirklichkeit gelangen die Künstler zu Beginn des 20. Jahrhunderts zu den unterschiedlichsten Darstellungs- und Interpretationsweisen.

Während der Realismus und Naturalismus im 19. Jahrhundert sich noch um eine angemessene Wiedergabe der Wirklichkeit bemühen oder sogar versuchen, die Realität künstlerisch nachzubilden, legen die Künstler zu Beginn des neuen Jahrhunderts größeres Augenmerk auf die Subjektivität der Wirklichkeitswahrnehmung, auf die Innenwelt des Menschen, auf den Umgang des Individuums mit den momentanen Paradoxien des Alltags.

Dass der Mensch kaum noch fähig ist, eine eigene, gesicherte Identität zu finden, dass es kaum noch möglich ist, seine Welt als kausal verknüpft zu begreifen, dass die Komplexität der Wirklichkeit weder zu fassen noch mitzuteilen ist und selbst die Urteilssicherheit darüber schwindet, was richtig und falsch oder gut und böse ist – diese Aspekte menschlicher Erfahrung werden zum bevorzugten Gegenstand der Literatur –, mit dem Ziel, dem Leser die Möglichkeit zu geben, sich selbst einen Sinn zu schaffen in einer Zeit, die das Ende aller Sicherheit bedeutet und keine verbindlichen Sinnstiftungen mehr anzubieten weiß.

Um das Unstete, Suchende, nicht Orientierte, nicht Kausallogische zu vermitteln, entstehen neue Formen des Erzählens.

Zeigte im traditionellen Roman der Erzähler oft noch eine souveräne Überlegenheit gegenüber dem Dargestellten, wird im modernen Roman häufig eine unmittelbare Darstellung der Wirklichkeit versucht, z. B. durch Wechsel des Erzählverhaltens oder durch die Wahl eines personalen Erzählers. Auch das Bild des literarischen „Helden“ verändert sich: Der Held im modernen Roman ist nicht mehr vorbildlich, aktiv und in seinem Charakter einheitlich, sondern oftmals wird er als Außenseiterfigur, als reduzierter, scheiternder, gebrochener Anti-Held gezeigt. Die Innendarstellung der Figur und ihr Lebensgefühl stehen im Fokus, sodass neue Formen des Erzählens, insbesondere der sogenannte Bewusstseinsstrom, prägend werden. Konnte früher auf Chronologie von Ereignissen zurückgegriffen werden, gilt es nun, das Chaotische, Zeitgleiche, Paradoxe auszudrücken und es dann einem Leser zur Bewältigung weiterzureichen.

(2012)

1. Ordnen Sie die wichtigsten Begriffe des Textes in einer Mindmap und bereiten Sie auf dieser Basis einen strukturierten Kurzvortrag vor.
2. Zeigen Sie auf, inwiefern sich Aussagen des Textes in Nietzsches Parabel „Der tolle Mensch“ (S. 282) wiederfinden.
3. Wie bewerten Sie die Sicht, die in Nietzsches Parabel deutlich wird? Hat sie heute noch eine Bedeutung?

Rainer Maria Rilke (1875 – 1926)

Die Aufzeichnungen des Malte Laurids Brigge (Auszug II)

So, also hierher kommen die Leute, um zu leben, ich würde eher meinen, es stürbe sich hier. Ich bin ausgewesen. Ich habe gesehen: Hospitäler. Ich habe einen Menschen gesehen, welcher schwankte und umsank. Die Leute versammelten sich um ihn, das ersparte mir den Rest. Ich habe eine schwangere Frau gesehen. Sie schob sich schwer an einer hohen, warmen Mauer entlang, nach der sie manchmal tastete, wie um sich zu überzeugen, ob sie noch da sei. Ja, sie war noch da. Dahinter? Ich suchte auf meinem Plan: Maison d'Accouchement[1]. Gut. Man wird sie entbinden – man kann das. Weiter, rue Saint-Jacques, ein großes Gebäude mit einer Kuppel. Der Plan gab an Val-de-grâce, Hôpital militaire. Das brauchte ich eigentlich nicht zu wissen, aber es schadet nicht. Die Gasse begann von allen Seiten zu riechen. Es roch, soviel sich unterscheiden ließ, nach Jodoform, nach dem Fett von pommes frites, nach Angst. Alle Städte riechen im Sommer. Dann habe ich ein eigentümlich starblindes Haus gesehen, es war im Plan nicht zu finden, aber über der Tür stand noch ziemlich leserlich: Asyle de nuit[2]. Neben dem Eingang waren die Preise. Ich habe sie gelesen. Es war nicht teuer.

Und sonst? ein Kind in einem stehenden Kinderwagen: es war dick, grünlich und hatte einen deutlichen Ausschlag auf der Stirn. Er heilte offenbar ab und tat nicht weh. Das Kind schlief, der Mund war offen, atmete Jodoform, pommes frites, Angst. Das war nun mal so. Die Hauptsache war, dass man lebte. Das war die Hauptsache.

Dass ich es nicht lassen kann, bei offenem Fenster zu schlafen. Elektrische Bahnen rasen läutend durch meine Stube. Automobile gehen über mich hin. Eine Tür fällt zu. Irgendwo klirrt eine Scheibe herunter, ich höre ihre großen Scherben lachen, die kleinen Splitter kichern. Dann plötzlich dumpfer, eingeschlossener Lärm von der anderen Seite, innen im Hause. Jemand steigt die Treppe. Kommt, kommt unaufhörlich. Ist da, ist lange da, geht vorbei. Und wieder die Straße. Ein Mädchen kreischt: Ah tais-toi, je ne veux plus.[3] Die Elektrische rennt ganz erregt heran, darüber fort, fort über alles. Jemand ruft. Leute laufen, überholen sich. Ein Hund bellt. Was für eine Erleichterung: ein Hund. Gegen Morgen kräht sogar ein Hahn, und das ist Wohltun ohne Grenzen. Dann schlafe ich plötzlich ein.

Das sind die Geräusche. Aber es gibt hier etwas, was furchtbarer ist: die Stille. Ich glaube, bei großen Bränden tritt manchmal so ein Augenblick äußerster Spannung ein, die Wasserstrahlen fallen ab, die Feuerwehrleute klettern nicht mehr, niemand rührt sich. Lautlos schiebt sich ein schwarzes Gesimse vor oben, und eine hohe Mauer, hinter welcher das Feuer auffährt, neigt sich, lautlos. Alles steht und wartet mit hochgeschobenen Schultern, die Gesichter über die Augen zusammengezogen, auf den schrecklichen Schlag. So ist hier die Stille.

Ich lerne sehen. Ich weiß nicht, woran es liegt, es geht alles tiefer in mich ein und bleibt nicht an der Stelle stehen, wo es sonst immer zu Ende war. Ich habe ein Inneres, von dem ich nicht wusste. Alles geht jetzt dorthin. Ich weiß nicht, was dort geschieht.

Ich habe heute einen Brief geschrieben, dabei ist es mir aufgefallen, dass ich erst drei Wochen hier bin. Drei Wochen anderswo, auf dem Lande zum Beispiel, das konnte sein wie ein Tag, hier sind es Jahre. Ich will auch keinen Brief mehr schreiben. Wozu soll ich jemandem sagen, dass ich mich verändere? Wenn ich mich verändere, bleibe ich ja doch nicht der; der ich war, und bin ich etwas anderes als bisher, so ist klar, dass ich keine Bekannten habe. Und an fremde Leute, an Leute, die mich nicht kennen, kann ich unmöglich schreiben.

Habe ich es schon gesagt? Ich lerne sehen. Ja, ich fange an. Es geht noch schlecht. Aber ich will meine Zeit ausnutzen. *(1910)*

1. Untersuchen Sie Brigges Wahrnehmung der Stadt und erläutern Sie, worin das Besondere der Beschreibung liegt.
2. Erklären Sie, was Brigge meint, wenn er sagt „Ich lerne sehen“ (Z. 57). Worin liegt das Neue dieses Sehens und welche Konsequenzen bringt es mit sich?
3. Erläutern Sie die Bedeutung des „neuen Sehens“ vor dem Hintergrund der Erfahrungen, welche die Menschen im Rahmen der Aufbruchsbewegungen um 1900 machen.

[1] **Maison d'Accouchement** (frz.): Entbindungsheim – [2] **Asyle de nuit** (frz.): Nachtasyl – [3] **Ah tais-toi, je ne veux plus.** (frz.): Ach, sei still, ich will nicht mehr.

2 „Die einzelnen Worte schwammen um mich“ – Krise der Sprache

Vincent van Gogh (1853 – 1890)

Ein Paar Schuhe (1886)

„Sobald wir etwas aussprechen, entwerten wir es seltsam. Wir glauben, in die Tiefe der Abgründe hinabgetaucht zu sein, und wenn wir wieder an die Oberfläche kommen, gleicht der Wassertropfen an unseren bleichen Fingerspitzen nicht mehr dem Meere, dem er entstammt.“
(Maurice Maeterlinck)

Rainer Maria Rilke (1875 – 1926)

Ich fürchte mich so vor der Menschen Wort

Ich fürchte mich so vor der Menschen Wort.
Sie sprechen alles so deutlich aus:
Und dieses heißt Hund und jenes heißt Haus,
und hier ist Beginn, und das Ende ist dort.

Mich bangt auch ihr Sinn, ihr Spiel mit dem Spott,
sie wissen alles, was wird und war;
kein Berg ist ihnen mehr wunderbar;
ihr Garten und Gut grenzt grade an Gott.

Ich will immer warnen und wehren: Bleibt fern.
Die Dinge singen hör ich so gern.
Ihr rührt sie an: sie sind starr und stumm.
Ihr bringt mir alle die Dinge um.

(1899)

1. Betrachten Sie Vincent van Goghs Bild „Stillleben. Ein Paar Schuhe“ (1886) und versuchen Sie, „Oberfläche“ und „Tiefe“ der Abbildung im Sinne Maeterlincks zu erfassen.
2. Zeigen Sie Haltung und Anliegen des lyrischen Ichs in Rilkes Gedicht auf: Was lehnt der Sprecher aus welchen Gründen ab? Welchen Wunsch hegt das lyrische Ich? Untersuchen Sie in diesem Zusammenhang auch die Sprachgestaltung, mit der der Sprecher seine Position verdeutlicht.
3. Setzen Sie die Warnung Rilkes aus dem Gedicht „Ich fürchte mich so …“ in Beziehung zu Ihrer Erfahrung mit der Beschreibung des Bildes von van Gogh.

Maurice Maeterlinck. Maeterlinck war ein belgischer Schriftsteller und Essayist. Er gilt als ein wichtiger Lyriker und Dramatiker des Symbolismus, einer Stilrichtung, die sich bewusst antinaturalistisch gegen den Versuch, die Wirklichkeit abzubilden, wendet. Auch in seinen philosophischen Schriften befasst sich der Autor mit dem Mystischen, dem Unfassbaren und Unsagbaren, das sich einer rationalen Weltdeutung entzieht. Maeterlincks Bedeutung zu Beginn des 20. Jahrhunderts zeigt sich u. a. darin, dass ihm im Jahr 1911 der Nobelpreis für Literatur verliehen wurde.

Maurice Maeterlinck (1862 – 1949)

Der Schatz der Armen

Man glaube ja nur nicht, dass Worte den wirklichen Mitteilungen zwischen zwei Wesen dienten. Die Lippen oder die Zunge können die Seele nur darstellen, wie z. B. eine Ziffer oder eine Katalogsnummer ein Bild [...] darstellt; aber sobald wir uns wirklich etwas zu sagen haben, müssen wir schweigen; und wenn wir in solchen Augenblicken den unsichtbaren und dringenden Geboten des Schweigens widerstehen, so haben wir einen ewigen Verlust erlitten, den die größten Schätze menschlicher Weisheit uns nie werden ersetzen können, denn wir haben die Gelegenheit versäumt, einer anderen Seele zu lauschen und der unseren einen Augenblick des Lebens zu schenken, und es gibt manch ein Dasein, wo solche Gelegenheiten sich nicht zweimal bieten ... Wir sprechen nur in den Stunden, wo wir nicht leben, in den Augenblicken, wo wir unsere Brüder nicht bemerken wollen und uns weit entfernt von der Wirklichkeit fühlen. Und sobald wir sprechen, sagt uns etwas in unserm Innern, dass göttliche Türen sich irgendwo schließen.

(1896)

1. Stellen Sie Maeterlincks Auffassung zum Verhältnis von Sprechen und Schweigen heraus.
2. Erläutern Sie, worin Maeterlinck die Kraft des Schweigens sieht.
3. Über das Schweigen sprechen? Untersuchen Sie, wie der Autor diesem paradoxen Phänomen sprachlich begegnet.
4. Können Sie den Aussagen Maeterlincks zustimmen? Nehmen Sie begründet Stellung.

Hugo von Hofmannsthal. Von Hofmannsthal stammte aus einer wohlhabenden Wiener Familie. Er galt als hochbegabtes „Wunderkind" und veröffentlichte bereits als Schüler erste Gedichte. Nach seinem Jura- und Romanistikstudium und der anschließenden Promotion lebte er ab 1901 zurückgezogen als freier Schriftsteller. Neben den lyrischen Texten veröffentlichte er Dramen, Erzähltexte und viele Essays. Bekannt wurde er außerdem durch die Libretti zu verschiedenen Opern von Richard Strauss.

Hugo von Hofmannsthal (1874 – 1929)

Ein Brief (Auszug I)

(auch: **Brief des Lord Chandos an Francis Bacon**)

Hugo von Hofmannsthals „Ein Brief" gilt heute als *das* Dokument der Moderne, da hier eindrücklich zentrale Gedanken und elementare Erfahrungen der Zeit um 1900 zum Ausdruck kommen. Von Hofmannsthal lässt den fiktiven Schriftsteller Lord Chandos diesen Brief an Francis Bacon schreiben. Bacon (1561 – 1626) war ein englischer Philosoph und Politiker, der die Wissenschaft auf das Prinzip der Erfahrung gründen wollte. Bacon gilt damit als ein wichtiger Mitbegründer der modernen Naturwissenschaften.

Dies ist der Brief, den Philip Lord Chandos, jüngerer Sohn des Earl of Bath, an Francis Bacon, später Lord Verulam und Viscount St. Albans, schrieb, um sich bei diesem Freunde wegen des gänzlichen Verzichtes auf literarische Betätigung zu entschuldigen.

Es ist gütig von Ihnen, mein hochverehrter Freund, mein zweijähriges Stillschweigen zu übersehen und so an mich zu schreiben. Es ist mehr als gütig, Ihrer Besorgnis um mich, Ihrer Befremdung über die geistige Starrnis, in der ich Ihnen zu versinken scheine, den Ausdruck der Leichtigkeit und des Scherzes zu geben, den nur große Menschen, die von der Gefährlichkeit des Lebens durchdrungen und dennoch nicht entmutigt sind, in ihrer Gewalt haben. [...]

Mein Innres aber muss ich Ihnen darlegen, eine Sonderbarkeit, eine Unart, wenn Sie wollen eine Krankheit meines Geistes, wenn Sie begreifen sollen, dass mich ein ebensolcher brückenloser Abgrund von den scheinbar vor mir liegenden literarischen Arbeiten trennt, als von denen, die hinter mir sind und die ich, so fremd sprechen sie mich an, mein Eigentum zu nennen zögere. [...]

Um mich kurz zu fassen: Mir erschien damals in einer Art von andauernder Trunkenheit das ganze Dasein als eine große Einheit: geistige und körperliche Welt schien mir keinen Gegensatz zu bilden, ebenso wenig höfisches und tierisches Wesen, Kunst und Unkunst, Einsamkeit und Gesellschaft; in allem fühlte ich Natur, in den Verirrungen des Wahnsinns ebensowohl wie in den äußersten Verfeinerungen eines spanischen Zeremoniells; in den Tölpelhaftigkeiten junger Bauern nicht minder als in den süßesten Allegorien; und in aller Natur fühlte ich mich selber; wenn ich auf meiner Jagdhütte die schäumende laue Milch in mich hineintrank, die ein struppiger Mensch einer schönen sanftäugigen Kuh aus dem strotzenden Euter in einen Holzeimer niedermolk, so war mir das nichts anderes, als wenn ich, in der dem Fenster eingebauten Bank meines Studio sitzend, aus einem Folianten süße und schäumende Nahrung des Geistes in mich sog. Das eine war wie das andere; keines gab dem andern weder an traumhafter überirdischer Natur, noch an leiblicher Gewalt nach, und so gings fort durch die ganze Breite des Lebens, rechter und linker Hand; überall war ich mitten drinnen, wurde nie ein Scheinhaftes gewahr: Oder es ahnte mir, alles wäre Gleichnis und jede Kreatur ein Schlüssel der anderen, und ich fühlte mich wohl den, der imstande wäre, eine nach der andern bei der Krone zu packen und mit ihr so viele der andern aufzusperren, als sie aufsperren könnte. [...]

Es möchte dem, der solchen Gesinnungen zugänglich ist, als der wohlangelegte Plan einer göttlichen Vorsehung erscheinen, dass mein Geist aus einer so aufgeschwollenen Anmaßung in dieses Äußerste von Kleinmut und Kraftlosigkeit zusammensinken musste, welches nun die bleibende Verfassung meines Inneren ist. Aber dergleichen religiöse Auffassungen haben keine Kraft über mich; sie gehören zu den Spinnennetzen, durch welche meine Gedanken durchschießen, hinaus ins Leere, während so viele ihrer Gefährten dort hangen bleiben und zu einer Ruhe kommen. Mir haben sich die Geheimnisse des Glaubens zu einer erhabenen Allegorie verdichtet, die über den Feldern meines Lebens steht wie ein leuchtender Regenbogen, in einer stetigen Ferne, immer bereit, zurückzuweichen, wenn ich mir einfallen ließe, hinzueilen und mich in den Saum meines Mantels hüllen zu wollen.

Aber, mein verehrter Freund, auch die irdischen Begriffe entziehen sich mir in der gleichen Weise. Wie soll ich es versuchen, Ihnen diese seltsamen geistigen Qualen zu schildern, dies Emporschnellen der Fruchtzweige über meinen ausgereckten Händen, dies Zurückweichen des murmelnden Wassers vor meinen dürstenden Lippen?

Mein Fall ist, in Kürze, dieser: Es ist mir völlig die Fähigkeit abhandengekommen, über irgendetwas zusammenhängend zu denken oder zu sprechen.

Zuerst wurde es mir allmählich unmöglich, ein höheres oder allgemeineres Thema zu besprechen und dabei jene Worte in den Mund zu nehmen, deren sich doch alle Menschen ohne Bedenken geläufig zu bedienen pflegen. Ich empfand ein unerklärliches Unbehagen, die Worte „Geist“, „Seele“ oder „Körper“ nur auszusprechen. Ich fand es innerlich unmöglich, über die Angelegenheiten des Hofes, die Vorkommnisse im Parlament oder was Sie sonst wollen, ein Urteil herauszubringen. Und dies nicht etwa aus Rücksichten irgendwelcher Art, denn Sie kennen meinen bis zur Leichtfertigkeit gehenden Freimut: sondern die abstrakten Worte, deren sich doch die Zunge naturgemäß bedienen muss, um irgendwelches Urteil an den Tag zu geben, zerfielen mir im Munde wie modrige Pilze.

Es begegnete mir, dass ich meiner vierjährigen Tochter Catarina Pompilia eine kindische Lüge, deren sie sich schuldig gemacht hatte, verweisen und sie auf die Notwendigkeit, immer wahr zu sein, hinführen wollte, und dabei die mir im Munde zuströmenden Begriffe plötzlich eine solche schillernde Färbung annahmen und so ineinander überflossen, dass ich, den Satz, so gut es ging, zu Ende haspelnd, so wie wenn mir unwohl geworden wäre und auch tatsächlich bleich im Gesicht und mit einem heftigen Druck auf der Stirn, das Kind allein ließ, die Tür hinter mir zuschlug und mich erst zu Pferde, auf der einsamen Hutweide einen guten Galopp nehmend, wieder einigermaßen herstellte.

Allmählich aber breitete sich diese Anfechtung aus wie ein um sich fressender Rost. Es wurden mir auch im familiären und hausbackenen Gespräch alle die Urteile, die leichthin und mit schlafwandelnder Sicherheit abgegeben zu werden pflegen, so bedenklich, dass ich aufhören musste, an solchen Gesprächen irgend teilzunehmen. Mit einem unerklärlichen Zorn, den ich nur mit Mühe notdürftig verbarg, erfüllte es mich, dergleichen zu hören wie: diese Sache ist für den oder jenen gut oder schlecht ausgegangen; Sheriff N. ist ein böser, Prediger T. ein guter Mensch; Pächter M. ist zu bedauern, seine Söhne sind Verschwender; ein anderer ist zu beneiden, weil seine Töchter haushälterisch sind; eine Familie kommt in die Höhe, eine andere ist am Hinabsinken. Dies alles erschien mir so unbeweisbar, so lügenhaft, so löcherig wie nur möglich. Mein Geist zwang mich, alle Dinge, die in einem solchen Gespräch vorkamen, in einer unheimlichen Nähe zu sehen: so wie ich einmal in einem Vergrößerungsglas ein Stück von der Haut meines kleinen Fingers gesehen hatte, das einem Brachfeld mit Furchen und Höhlen glich, so ging es mir nun mit den Menschen und Handlungen. Es gelang mir nicht mehr, sie mit dem vereinfachenden Blick der Gewohnheit zu erfassen. Es zerfiel mir alles in Teile, die Teile wieder in Teile und nichts mehr ließ sich mit einem Begriff umspannen. Die einzelnen Worte schwammen um mich; sie gerannen zu Augen, die mich anstarrten und in die ich wieder hineinstarren muss: Wirbel sind sie, in die hinabzusehen mich schwindelt, die sich unaufhaltsam drehen und durch die hindurch man ins Leere kommt. [...]

(1902)

1. Betrachten Sie die Begebenheit Chandos' mit seiner Tochter (Z. 93 ff.): Welches Problem, mit dem er zu kämpfen hat, wird hier deutlich? Beziehen Sie sich auch auf weitere Textstellen.
2. Chandos schreibt in seinem Brief zunächst von seiner Vergangenheit und dem Umgang mit seiner Umgebung, um dann das ihn belastende Problem zu thematisieren: Wie kennzeichnet er sein Leben vor der Abfassung des Briefes?
3. „Mein Fall ist, in Kürze, dieser: Es ist mir völlig die Fähigkeit abhandengekommen, über irgendetwas zusammenhängend zu denken oder zu sprechen.“ (Z. 75 ff.) Erläutern Sie Chandos' Kernproblem und weisen Sie nach, welche Facetten seines Lebens von diesem Problem berührt werden.
4. Der Brief – ein Widerspruch? Erläutern Sie, inwiefern man das Abfassen des Briefes als paradox bezeichnen kann. Nehmen Sie dabei auch die sprachliche Gestaltung in den Blick.
5. Ist Chandos' Problem überholt? Kennen Sie Situationen, in denen Sie ähnliche Erfahrungen mit Sprache gemacht haben?

Hugo von Hofmannsthal (1874 – 1929)

Weltgeheimnis

Der tiefe Brunnen weiß es wohl,
Einst waren alle tief und stumm,
Und alle wussten drum.

Wie Zauberworte, nachgelallt
Und nicht begriffen in den Grund,
So geht es jetzt von Mund zu Mund.

Der tiefe Brunnen weiß es wohl,
In den gebückt, begriffs ein Mann,
Begriff es und verlor es dann.

Und redet' irr und sang ein Lied –
Auf dessen dunklen Spiegel bückt
Sich einst ein Kind und wird entrückt.

Und wächst und weiß nichts von sich selbst
Und wird ein Weib, das einer liebt
Und – wunderbar wie Liebe gibt!

Wie Liebe tiefe Kunde gibt! –
Da wird an Dinge, dumpf geahnt,
In ihren Küssen tief gemahnt ...

In unsern Worten liegt es drin,
So tritt des Bettlers Fuß den Kies,
Der eines Edelsteins Verlies.

Der tiefe Brunnen weiß es wohl,
Einst aber wussten alle drum,
Nun zuckt im Kreis ein Traum herum. *(1894)*

1. In von Hofmannsthals Gedicht heißt es in den letzten Versen: „Einst aber wussten alle drum,/Nun zuckt im Kreis ein Traum herum.“ (V. 23 f.) Stellen Sie die Kennzeichnung von Vergangenheit und Gegenwart gegenüber, wie das lyrische Ich sie vornimmt.
2. Erklären Sie die Überschrift des Gedichts.
3. Untersuchen Sie die formale und sprachliche Gestaltung des Gedichts und setzen Sie sie in Beziehung zum Inhalt des Textes.
4. Setzen Sie die in dem Gedicht aufgezeigte Erfahrung in Beziehung zu den Aussagen des Lord Chandos.
5. Leben wir in einer „entzauberten Welt“ oder gibt es noch ein „Weltgeheimnis“? Formulieren Sie zu dieser Frage einen Text. In der Wahl der Textsorte sind Ihnen keine Grenzen gesetzt; Sie können z. B. ein Märchen, eine Satire, einen Essay ... verfassen.

3 Eine Poetik des Unsagbaren

Hugo von Hofmannsthal (1874 – 1929)

Ein Brief (Auszug II)

(auch: **Brief des Lord Chandos an Francis Bacon**)

Seither führe ich ein Dasein, das Sie, fürchte ich, kaum begreifen können, so geistlos, ja gedankenlos fließt es dahin; ein Dasein, das sich freilich von dem meiner Nachbarn, meiner Verwandten und der meisten landbesitzenden Edelleute dieses Königreiches kaum unterscheidet und das nicht ganz ohne freudige und belebende Augenblicke ist. Es wird mir nicht leicht, Ihnen anzudeuten, worin diese guten Augenblicke bestehen; die Worte lassen mich wiederum im Stich. Denn es ist ja etwas völlig Unbenanntes, und auch wohl kaum Benennbares, das in solchen Augenblicken, irgendeine Erscheinung meiner alltäglichen Umgebung mit einer überschwellenden Flut höheren Lebens wie ein Gefäß erfüllend, mir sich ankündet. Ich kann nicht erwarten, dass Sie mich ohne Beispiel verstehen, und ich muss Sie um Nachsicht für die Kläglichkeit meiner Beispiele bitten. Eine Gießkanne, eine auf dem Feld verlassene Egge, ein Hund in der Sonne, ein ärmlicher Kirchhof, ein Krüppel, ein kleines Bauernhaus, alles dies kann das Gefäß meiner Offenbarung werden. Jeder dieser Gegenstände und die tausend anderen ähnlichen, über die sonst ein Auge mit selbstverständlicher Gleichgültigkeit hinweggleitet, kann für mich plötzlich in irgendeinem Moment, den herbeizuführen auf keine Weise in meiner Gewalt steht, ein erhabenes und rührendes Gepräge annehmen, das auszudrücken mir alle Worte zu arm scheinen. Ja, es kann auch die bestimmte Vorstellung eines abwesenden Gegenstandes sein, dem die unbegreifliche Auserwählung zutheilwird, mit jener sanft oder jäh steigenden Flut göttlichen Gefühles bis an den Rand gefüllt zu werden. So hatte ich unlängst den Auftrag gegeben, den Ratten in den Milchkellern eines meiner Meierhöfe ausgiebig Gift zu streuen. Ich ritt gegen Abend aus und dachte, wie Sie vermuten können, nicht weiter an diese Sache. Da, wie ich im tiefen aufgeworfenen Ackerboden Schritt reite, nichts Schlimmeres in meiner Nähe als eine aufgescheuchte Wachtelbrut und in der Ferne über den welligen Feldern die große sinkende Sonne, tut sich mir im Innern plötzlich dieser Keller auf, erfüllt mit dem Todeskampf dieses Volks von Ratten.

Alles war in mir: die mit dem süßlich scharfen Geruch des Giftes angefüllte kühl-dumpfe Kellerluft und das Gellen der Todesschreie, die sich an modrigen Mauern brachen; diese ineinander geknäulten Krämpfe der Ohnmacht, durcheinander hinjagenden Verzweiflungen; das wahnwitzige Suchen der Ausgänge; der kalte Blick der Wut, wenn zwei einander an der verstopften Ritze begegnen. Aber was versuche ich wiederum Worte, die ich verschworen habe! [...]

Vergeben Sie mir diese Schilderung, aber denken Sie nicht, dass es Mitleid war, was mich erfüllte. Das dürfen Sie ja nicht denken, sonst hätte ich mein Beispiel ungeschickt gewählt. Es war viel mehr und viel weniger als Mitleid: ein ungeheures Anteilnehmen, ein Hinüberfließen in jene Geschöpfe oder ein Fühlen, dass ein Fluidum des Lebens und Todes, des Traumes und Wachens für einen Augenblick in sie hinübergeflossen ist – von woher? Denn was hätte es mit Mitleid zu tun, was mit begreiflicher menschlicher Gedankenverknüpfung, wenn ich an einem anderen Abend unter einem Nussbaum eine halb volle Gießkanne finde, die ein Gärtnerbursche dort vergessen hat, und wenn mich diese Gießkanne und das Wasser in ihr, das vom Schatten des Baumes finster ist, und ein Schwimmkäfer, der auf dem Spiegel dieses Wassers von einem dunklen Ufer zum andern rudert, wenn diese Zusammensetzung von Nichtigkeiten mich mit einer solchen Gegenwart des Unendlichen durchschauert, von den Wurzeln der Haare bis ins Mark der Fersen mich durchschauert, dass ich in Worte ausbrechen möchte, von denen ich weiß, fände ich sie, so würden sie jene Cherubim, an die ich nicht glaube, niederzwingen, und dass ich dann von jener Stelle schweigend mich wegkehre, und nun nach Wochen, wenn ich dieses Nussbaums ansichtig werde, mit scheuem seitlichen Blick daran vorübergehe, weil ich das Nachgefühl des Wundervollen, das dort um den Stamm weht, nicht verscheuchen will, nicht vertreiben die mehr als irdischen Schauer, die um das Buschwerk in jener Nähe immer noch nachwogen.

In diesen Augenblicken wird eine nichtige Kreatur, ein Hund, eine Ratte, ein Käfer, ein verkümmerter Apfelbaum, ein sich über den Hügel schlängelnder Karrenweg, ein moosbewachsener Stein mir mehr als die schönste hingebendste Geliebte der glücklichsten Nacht mir je gewesen ist. Diese stummen und manchmal unbelebten Kreaturen heben sich mir mit einer solchen Fülle, einer solchen Gegenwart der Liebe entgegen, dass mein beglücktes Auge auch ringsum auf keinen toten Fleck zu fallen vermag. Es erscheint mir alles, alles was es gibt, alles, dessen ich mich entsinne, alles, was meine verworrensten Gedanken berühren, etwas zu sein. Auch die eigene Schwere, die sonstige Dumpfheit meines Hirnes erscheint mir als etwas; ich fühle ein entzückendes, schlechthin unendliches Widerspiel in mir und um mich, und es gibt unter den gegeneinanderspielenden Materien keine, in die ich nicht hinüberzufließen vermöchte. Es ist mir dann, als bestünde meine Körper aus lauter Chiffern, die mir alles aufschließen. Oder als könnten wir in ein neues, ahnungsvolles Verhältnis zum ganzen Dasein treten, wenn wir anfingen, mit dem Herzen zu denken. Fällt aber diese sonderbare Bezauberung von mir ab, so weiß ich nichts darüber auszusagen; ich könnte dann ebenso wenig in vernünftigen Worten darstellen, worin diese mich und die ganze Welt durchwebende Harmonie bestanden und wie sie sich mir fühlbar gemacht habe, als ich ein Genaueres über die inneren Bewegungen meiner Eingeweide oder die Stauungen meines Blutes anzugeben vermöchte. [...]

Sie waren so gütig, Ihre Unzufriedenheit darüber zu äußern, dass kein von mir verfasstes Buch mehr zu Ihnen kommt, „Sie für das Entbehren meines Umgangs zu entschädigen“. Ich fühlte in diesem Augenblick mit einer Bestimmtheit, die nicht ganz ohne ein schmerzliches Beigefühl war, dass ich auch im kommenden und im folgenden und in allen Jahren dieses meines Lebens kein englisches und kein lateinisches Buch schreiben werde: und dies aus dem einen Grund, dessen mir peinliche Seltsamkeit mit ungeblendetem Blick dem vor Ihnen harmonisch ausgebreiteten Reiche der geistigen und leiblichen Erscheinungen an seiner Stelle einzuordnen ich Ihrer unendlichen geistigen Überlegenheit überlasse: nämlich weil die Sprache, in welcher nicht nur zu schreiben, sondern auch zu denken mir vielleicht gegeben wäre, weder die lateinische noch die englische, noch die italienische oder spanische ist, sondern eine Sprache, von deren Worten mir auch nicht eines bekannt ist, eine Sprache, in welcher die stummen Dinge zuweilen zu mir sprechen, und in welcher ich vielleicht einst im Grabe vor einem unbekannten Richter mich verantworten werde.

Ich wollte, es wäre mir gegeben, in die letzten Worte dieses voraussichtlich letzten Briefes, den ich an Francis Bacon schreibe, alle die Liebe und Dankbarkeit, alle die ungemessene Bewunderung zusammenzupressen, die ich für den größten Wohltäter meines Geistes, für den ersten Engländer meiner Zeit im Herzen hege und darin hegen werde, bis der Tod es bersten macht.

A.D. 1603, diesen 22ten August.

Phi. Chandos.

(1902)

1. In Chandos' Leben gibt es neben den „geistlos“ und „gedankenlos“ verlaufenden Zeiten auch die „guten Augenblicke“ (Z. 8). Erklären Sie das Besondere dieser Momente.
2. Warum können für Chandos z. B. eine Gießkanne oder ein kleines Bauernhaus zum „Gefäß meiner Offenbarung“ (Z. 20) werden? Erklären Sie dieses Erleben.
3. Erläutern Sie Chandos' Entscheidung, keine Bücher mehr zu schreiben (vgl. Z. 113 ff.).
4. Von Hofmannsthal lässt seine Figur Lord Chandos an die historische Person Francis Bacon (1561–1626) schreiben. Recherchieren Sie zu diesem Wissenschaftler und erläutern Sie, warum von Hofmannsthal seine Figur gerade an Bacon schreiben lässt.

Rainer Maria Rilke (1875 – 1926)

Der Panther

Im Jardin des Plantes[1], Paris

Sein Blick ist vom Vorübergehn der Stäbe
so müd geworden, dass er nichts mehr hält.
Ihm ist, als ob es tausend Stäbe gäbe
und hinter tausend Stäben keine Welt.

Der weiche Gang geschmeidig starker Schritte,
der sich im allerkleinsten Kreise dreht,
ist wie ein Tanz von Kraft um eine Mitte,
in der betäubt ein großer Wille steht.

Nur manchmal schiebt der Vorhang der Pupille
sich lautlos auf –. Dann geht ein Bild hinein,
geht durch der Glieder angespannte Stille –
und hört im Herzen auf zu sein. *(1902)*

Information

Dinggedicht
In einem Dinggedicht werden ein Gegenstand, ein Tier oder eine Pflanze zum Objekt dichterischer Darstellung. Dabei tritt das lyrische Ich zumeist vollständig in den Hintergrund zugunsten der Einfühlung in das Objekt. Das Dinggedicht versucht, das Objekt in seinem Wesen zu erfassen und symbolisch zu deuten.

1. Beschreiben Sie die Stimmung, die von der Situation des Panthers ausgeht, und erklären Sie, wodurch diese Wirkung zustande kommt.
2. Rilkes Gedicht „Der Panther" wird als „Dinggedicht" bezeichnet (siehe Info-Kasten): Erläutern Sie den Begriff des „Dinggedichts" anhand von Rilkes Text.
3. Stellen Sie einen Zusammenhang her zwischen den Aussagen des Lord Chandos und denen im Gedicht „Der Panther".
4. Vergleichen Sie die Aussagen dieses Gedichts mit der Wirkung des Bildes van Goghs und dem Gehalt des Gedichts „Ich fürchte mich so ...". Welchen Weg wählt Rilke, um mit der Begrenztheit von Sprache umzugehen?
5. **Was Sie sonst noch machen können:**
Rilkes Gedicht „Der Panther" wie auch zahlreiche andere Gedichte des Autors haben verschiedene Künstler und Musiker immer wieder zu neuen Bearbeitungen herausgefordert, etwa in dem sogenannten Rilke-Projekt, in dem viele bekannte Schauspieler und Musiker, unter ihnen Otto Sander, Ben Becker, Nina Hagen, Xavier Naidoo, Texte Rilkes neu interpretieren. Stellen Sie in Ihrem Kurs ausgewählte Umsetzungen der Texte Rilkes vor und diskutieren Sie die Interpretationen.
Wie beurteilen Sie ein derartiges Projekt?
Wählen Sie selbst Texte der literarischen Moderne aus und gestalten Sie eine Umsetzung als Musikstück, als Video-Clip, als Stimmenskulptur o. Ä.

[1] **Jardin des Plantes:** botanischer Garten in Paris mit Tiergehegen

Stefan George. George wurde bekannt durch seine Haltung, Kunst als reinen Selbstzweck (l'art pour l'art) zu betrachten. Seiner Auffassung nach sollte die Kunst sich jeder Nützlichkeit und Zweckgebundenheit entziehen; Form und Gestalt, Ästhetik wurden für ihn zu maßgeblichen Werten einer echten Kunst. George, Sohn eines Weinhändlers, lebte nach dem Abitur und einem abgebrochenen Philosophiestudium fortan ohne festen Wohnsitz. Er schuf einen Kreis bewundernder und devoter Anhänger um sich, die sich mit ihrem „Meister" im „George-Kreis" trafen und dem prophetischen Dichter folgten. Ihm ging es in seiner Literatur um die Schaffung einer neuen, heiligen Welt, zu der lediglich Auserwählte Zugang finden sollten. Im Zuge dieser selbstherrlichen, schon seit seiner Kindheit bekannten Seite kreierte George eine eigene „George-Schrift", in der seine Werke veröffentlicht wurden. George und Hofmannsthal waren miteinander bekannt; da aber Stefan George eine unerbittliche Folgsamkeit forderte, löste sich Hofmannsthal von ihm. Im Alter von 69 Jahren starb George mit der unvollendeten Vision eines „Neuen Reiches", das er auf der Basis einer geistig-seelischen Aristokratie hatte gründen wollen.

Stefan George (1868 – 1933)

Über Dichtung

In der dichtung – wie in aller kunst-bethätigung – ist jeder der noch von der sucht ergriffen ist etwas ‚sagen' etwas ‚wirken' zu wollen nicht einmal wert in den vorhof der kunst einzutreten.

Jeder widergeist jedes vernünfteln und hadern mit dem leben zeigt auf einen noch ungeordneten denkzustand und muss von der kunst ausgeschlossen bleiben.

Den wert der dichtung entscheidet nicht der sinn (sonst wäre sie etwa weisheit gelahrtheit) sondern die form d. h. durchaus nichts äusserliches sondern jenes tief erregende in maass und klang wodurch zu allen zeiten die Ursprünglichen die Meister sich von den nachfahren den künstlern zweiter ordnung unterschieden haben.

Der wert einer dichtung ist auch nicht bestimmt durch einen einzelnen wenn auch noch so glücklichen fund in zeile strofe oder grösserem abschnitt. die zusammenstellung • das verhältnis der einzelnen teile zueinander • die notwendige folge des einen aus dem andern kennzeichnet erst die hohe dichtung.

Reim ist bloss ein wortspiel wenn zwischen den durch den reim verbundenen worten keine innere verbindung besteht.

Freie rhythmen heisst soviel als weisse schwärze • wer sich nicht gut im rhythmus bewegen kann der schreite ungebunden.

Strengstes maass ist zugleich höchste freiheit.

(1894)

1. Vergleichen Sie die Position Georges mit der Haltung Rilkes, die aus seinen Gedichten deutlich wird. – Welcher Auffassung können Sie sich eher anschließen? Nehmen Sie begründend Stellung.

2. Von Hofmannsthals „Brief" stellt eine Auseinandersetzung mit epochentypischen Diskursen dar. Überprüfen Sie, inwieweit sich in dem „Brief" Aspekte der Aussagen Georges finden.

➔ Vgl. auch Georges Gedichte „Wir schreiten auf und ab im reichen flitter", S. 78, und „Komm in den totgesagten park", S. 297.

4 Überschreiten der Grenzen – Auf der Suche nach neuen Ausdrucksformen

Gottfried Benn (1886 – 1956)

D-ZUG

Braun wie Kognak. Braun wie Laub. Rotbraun. Malaiengelb.
D-Zug Berlin – Trelleborg und die Ostseebäder.

Fleisch, das nackt ging.
Bis in den Mund gebräunt vom Meer.

Reif gesenkt. Zu griechischem Glück.
In Sichel-Sehnsucht: wie weit der Sommer ist!
Vorletzter Tag des neunten Monats schon!

Stoppel und letzte Mandel lechzt in uns.
Entfaltungen, das Blut, die Müdigkeiten,
Die Georginennähe macht uns wirr.

Männerbraun stürzt sich auf Frauenbraun:

Eine Frau ist etwas für eine Nacht.
Und wenn es schön war, noch für die nächste!
Oh! Und dann wieder dies Bei-sich-selbst-Sein!
Diese Stummheiten. Dies Getriebenwerden!

Eine Frau ist etwas mit Geruch.
Unsägliches. Stirb hin. Resede[1].
Darin ist Süden, Hirt und Meer.
An jedem Abhang lehnt ein Glück.

Frauenhellbraun taumelt an Männerdunkelbraun:

Halte mich! Du, ich falle!
Ich bin im Nacken so müde.
O dieser fiebernde süße
Letzte Geruch aus den Gärten.

(1912)

(Aus lizenzrechtlichen Gründen ist dieser Text nicht in reformierter Rechtschreibung abgedruckt.)

➔ Zu Gottfried Benn s. auch S. 314, 357.

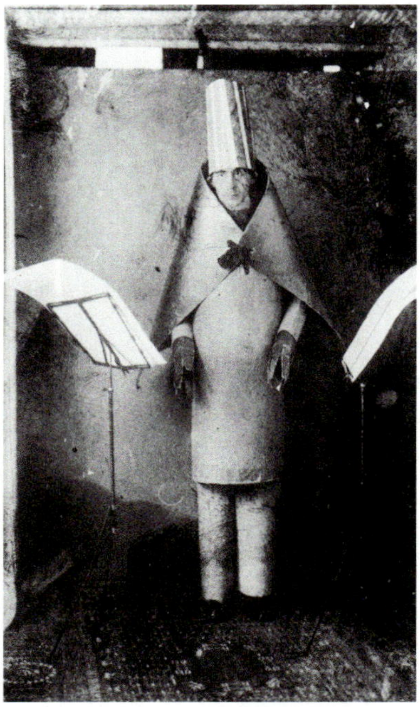

Hugo Ball bei der Rezitation seiner Gedichte im Cabaret Voltaire (1917)

Hugo Ball (1886 – 1927)

Gadji beri bimba

gadji beri bimba glandridi laula lonni cadori
gadjama gramma berida bimbala glandri galassassa laulitalomini
gadji beri bin blassa glassala laula lonni cadorsu sassala bim
gadjama tuffm i zimzalla binban gligla wowolimai bin beri ban
o katalominai rhinozerossola hopsamen laulitalomini hoooo
gadjama rhinozerossola hopsamen
bluku terullala blaulala loooo

zimzim urullala zimzim urullala zimzim zanzibar zimzalla zam
elifantolim brussala bulomen brussala bulomen tromtata
velo da bang band affalo purzamai affalo purzamai lengado tor
gadjama bimbalo glandridi glassala zingtata pimpalo ögrögöööö
viola laxato viola zimbrabim viola uli paluji malooo

tuffm im zimbrabim negramai bumbalo negramai bumbalo tuffm i zim
gadjama bimbala oo beri gadjama gaga di gadjama affalo pinx
gaga di bumbalo bumbalo gadjamen
gaga di bling blong
gaga blung

(1916)

[1] **Resede:** Heilpflanze; wächst oft auch an Bahndämmen

Stefan George (1868 – 1933)
Komm in den totgesagten park

Komm in den totgesagten park und schau:
Der schimmer ferner lächelnder gestade
Der reinen wolken unverhofftes blau
Erhellt die weiher und die bunten pfade

Dort nimm das tiefe gelb das weiche grau
Von birken und von buchs. der wind ist lau
Die späten rosen welkten noch nicht ganz
Erlese küsse sie und flicht den kranz

Vergiss auch diese lezten astern nicht
Den purpur um die ranken wilder reben
Und auch was übrig blieb von grünem leben
Verwinde leicht im herbstlichen gesicht.

(1895)

Christian Morgenstern (1871 – 1914)
Fisches Nachtgesang

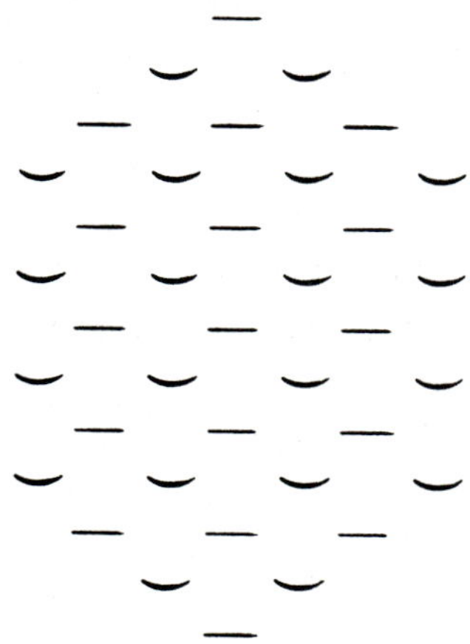

(1905)

Alfred Lichtenstein (1889 – 1914)
Die Dämmerung

Ein dicker Junge spielt mit einem Teich.
Der Wind hat sich in einem Baum gefangen.
Der Himmel sieht verbummelt aus und bleich,
Als wäre ihm die Schminke ausgegangen.

Auf lange Krücken schief herabgebückt
Und schwatzend kriechen auf dem Feld zwei Lahme.
Ein blonder Dichter wird vielleicht verrückt.
Ein Pferdchen stolpert über eine Dame.

An einem Fenster klebt ein fetter Mann.
Ein Jüngling will ein weiches Weib besuchen.
Ein grauer Clown zieht sich die Stiefel an.
Ein Kinderwagen schreit und Hunde fluchen. *(1913)*

➔ Zur Biografie Alfred Lichtensteins s. S. 313.

Hans Arp (1886 – 1966)
Sekundenzeiger

dass ich als ich
ein und zwei ist
dass ich als ich
drei und vier ist
dass ich als ich
wie viel zeigt sie
dass ich als ich
tickt und tackt sie
dass ich als ich
fünf und sechs ist
dass ich als ich
sieben acht ist
dass ich als ich
wenn sie steht sie
dass ich als ich
wenn sie geht sie
dass ich als ich
neun und zehn ist
dass ich als ich
elf und zwölf ist.

(1924)

1. Formulieren Sie Ihre ersten Leseeindrücke zu den Texten.
2. Wählen Sie arbeitsteilig einzelne Texte aus und untersuchen Sie sie nach sprachlichen und inhaltlichen Aspekten.
3. Bereiten Sie zu einem der Texte einen Vortrag, eine Performance, eine geeignete Darstellung vor und werten Sie die Ergebnisse aus.
4. Auch Lord Chandos (vgl. S. 292 f.) sucht eine neue Sprache – vergleichen Sie seine Ausdrucksweise mit den Wegen der hier aufgeführten Literaten.

Der Epochenumbruch um 1900

Als der Begriff „Moderne" am Ende des 19. Jahrhunderts auftaucht, benennt er zunächst eine „neue" Epoche auch der Literatur, die ihrem Selbstverständnis nach im Kontrast zur bisherigen Tradition steht. Dabei ist sie von Beginn an keine einheitliche, einer bestimmten Poetik verpflichtete Stilrichtung mehr, sondern pluralistisch in diverse Facetten aufgefächert. In diesem Sinne ist der Begriff „literarische Moderne" eine Sammelbezeichnung für sehr unterschiedliche literarische Richtungen, die z. T. auseinander hervorgehen bzw. aufeinander folgen, z. T. aber auch konkurrierend nebeneinander bestehen. Die existierenden Epochenbegriffe und Stilbezeichnungen wie Impressionismus, Symbolismus, Dekadenz, Fin de Siècle, Expressionismus, Wiener Moderne, Berliner Moderne etc. spiegeln diese Vielfalt und Unübersichtlichkeit wider. Der Impressionismus beispielsweise betont bei Ablehnung alles Politischen allein die individuelle, subjektive Wahrnehmung der Wirklichkeit und ist bestrebt, durch sehr differenzierte und differenzierende Sprachgestaltung diesem Anliegen gerecht zu werden. Ins Zentrum der künstlerischen Gestaltung rückt somit der einmalige, unverwechselbare Augenblick, der flüchtige Reiz der Wahrnehmungen. Von diesem Ansatz, in Stimmungen wahrnehmbare Wirklichkeit zum Ausdruck zu bringen, grenzt sich der Symbolismus entschieden ab. Symbolhaft soll der tiefere Sinn jedes Phänomens gezeigt werden, was den Verzicht auf konkrete Inhalte einschließt, der Sinn also dem Sprachklang untergeordnet wird. Den Vertretern dieser Stilrichtung ist die Autonomie der Kunst wichtig; es gilt, eine Kunst zu kreieren, die sich selbst Zweck ist (l'art pour l'art). Die Bezeichnungen Décadence oder Fin de Siècle nehmen zum einen Bezug auf das Ende des Jahrhunderts; als literarische Strömung vertritt die Dekadenzdichtung den Verfall als Lebensprinzip und spiegelt zum anderen das Bewusstsein einer Überfeinerung der Empfindungen als Zeichen dieses kulturellen Verfalls. Entsprechend findet sich in Texten dieser Stilrichtung häufig ein Hang zum Morbiden, zum Traumhaft-Unbestimmten, zum Rauschhaften sowie eine Auseinandersetzung mit den Abgründen der menschlichen Seele.

Gemeinsam ist den Autoren der literarischen Moderne um 1900, dass sie in ihren Werken auf den radikalen sozialen und kulturellen Wandel reagieren und dabei in Abgrenzung zur literarischen Tradition nach neuen ästhetischen Ausdrucksmöglichkeiten suchen. Sie grenzen sich entschieden vom Realismus und Naturalismus ab und setzen dem Versuch, die äußere Wirklichkeit abzubilden, die künstlerische Darstellung inneren Erlebens und subjektiven Empfindens oder die Verabsolutierung der Kunst entgegen. Die Frage nach dem Ich, die Erfahrung des Subjektzerfalls und der damit einhergehende Verlust der Identität sowie die Skepsis gegenüber der Sprache als Mittel, die Wirklichkeit und Wahrheit zu erfassen, werden zu den zentralen Themen der Kunst und Literatur.

Literatur der Jahrhundertwende (1890 – 1910)

Zeitgeschichtliche Hintergründe
- Wilhelminische Ära
- Obrigkeitsstaat
- Imperialismus
- Technisierung, Verstädterung
- Modernisierung
- soziale Probleme (Verschärfung der sozialen Gegensätze)

Geistige Tendenzen und leitende Ideen
- Entdeckung der Bedeutung des Unbewussten (Sigmund Freud)
- Umwertung der Werte (Friedrich Nietzsche)
- Religionskritik (Karl Marx, Ludwig Feuerbach)
- veränderte Sicht auf den Menschen durch neue naturwissenschaftliche Erkenntnisse (Charles Darwin, Albert Einstein)

Künstlerisch-literarische Strömungen
- Impressionismus
- Symbolismus
- Décadence/Fin de Siècle

Themen und Motive
- Orientierungslosigkeit/Ich-Zerfall
- Sprachskepsis
- Betonung der Empfindungen
- subjektive Wirklichkeitserfahrung

Autoren und Werke
- Arthur Schnitzler: Lieutenant Gustl (1900)
- Thomas Mann: Buddenbrooks (1901)
- Robert Musil: Die Verwirrungen des Zöglings Törleß (1906)
- Hugo von Hofmannsthal: Brief des Lord Chandos (1902)

Menschheitsdämmerung – Das expressionistische Jahrzehnt 1910 – 1920

Der Expressionismus war eine kulturrevolutionäre Bewegung, die ungeachtet ihrer vergleichsweise kurzen Dauer eine ungeheure Intensität und Strahlkraft entwickelte. Dabei waren es vorwiegend junge Künstler mit einem sensiblen Gespür für die Bedrängnisse ihrer Zeit, die dem verwirrenden Lebensgefühl des Menschen an der Schwelle zur Moderne nicht nur in der Literatur, sondern in allen Künsten Ausdruck verliehen haben.
Sie probten den „Aufstand mit Eruptionen, Ekstasen, Hass, neuer Menschheitssehnsucht, mit Zerschleuderung der Sprache zur Zerschleuderung der Welt“ (Gottfried Benn) und schufen auf diese Weise ein faszinierendes Gesamtkunstwerk, welches Fragen aufwirft, die mit Blick auf die Gegenwart nichts von ihrer Aktualität eingebüßt haben.
Diese Einheit will einen Zugang zu dieser spannenden und bedeutsamen Epoche öffnen und stellt hierzu neben literarischen auch andere künstlerische Zeugnisse vor. Im Zusammenhang mit der differenzierten Analyse literarischer Texte erhalten dabei Formen der produktiven und kreativen Auseinandersetzung ein besonderes Gewicht.

Oskar Kokoschka: Selbstporträt (1910) (Plakatentwurf für „Der Sturm“)

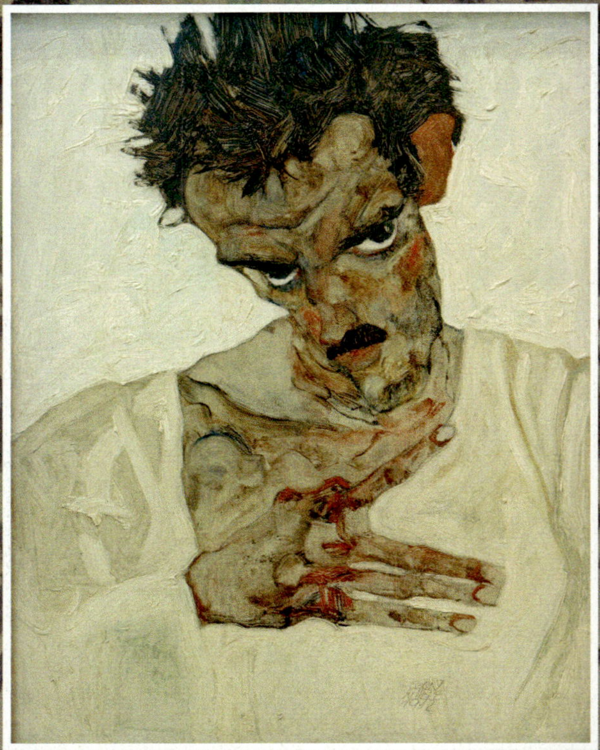

Egon Schiele: Selbstporträt mit gesenktem Kopf (1912)

Ludwig Kirchner: Selbstbildnis als Soldat (1915)

Erich Heckel: Männerbildnis (Selbstbildnis, 1919)

Ludwig Meidner: Ich und die Stadt (1913)

1. Auf den Bildern haben sich verschiedene expressionistische Künstler selbst porträtiert. Beschreiben Sie Ihren Eindruck von den Selbstbildnissen.

2. Sowohl das große Hintergrundbild als auch die Selbstporträts verweisen auf zentrale Motive, wie sie sich auch in der Literatur des Expressionismus widerspiegeln. Untersuchen Sie die Bilder genauer und formulieren Sie Ihre Vermutungen im Hinblick auf mögliche Themen und Ausdrucksformen dieser literarischen Bewegung.

3. Das Kapitel trägt die Überschrift „Menschheitsdämmerung“ und zitiert damit den Titel der von Kurt Pinthus 1919 herausgegebenen berühmten Gedichtsammlung zum Expressionismus. Was verbinden Sie mit dem Begriff „Menschheitsdämmerung“? Erläutern Sie die Zweideutigkeit des Begriffs.

1 „Der Sturm ist da" – Acht Verse als Initialzündung

Jakob van Hoddis. Der als Hans Davidsohn geborene van Hoddis (der Künstlername „van Hoddis" ist ein Anagramm aus den Buchstaben seines Nachnamens) war der Sohn eines Berliner Arztes. Nach einem Architektur-Studium wechselte er das Fach und studierte klassische Philologie und Philosophie. Ab 1908 begann er zu schreiben und im Folgejahr wurde er zum Mitbegründer des „Neuen Clubs", einer Vereinigung junger avantgardistischer Künstler in Berlin. Bald darauf wurden erste Anzeichen für eine psychische Erkrankung offenbar, die immer wieder den Aufenthalt in Nervenheilanstalten oder private Fürsorge nötig machten. Van Hoddis wurde wie die anderen Erkrankten aus einer jüdischen Heilanstalt 1942 von den Nationalsozialisten deportiert und schließlich ermordet.

Jakob van Hoddis (1887–1942)

Weltende

Dem Bürger fliegt vom spitzen Kopf der Hut.
In allen Lüften hallt es wie Geschrei.
Dachdecker stürzen ab und gehn entzwei
Und an den Küsten – liest man – steigt die Flut.

Der Sturm ist da, die wilden Meere hupfen
An Land, um dicke Dämme zu zerdrücken.
Die meisten Menschen haben einen Schnupfen.
Die Eisenbahnen fallen von den Brücken.

(1911)

1. Formulieren Sie Ihre Erwartungen an ein Gedicht mit dem Titel „Weltende".

2. Lesen Sie das Gedicht und beschreiben Sie, wie der Text auf Sie wirkt.

3. Schreiben Sie zu jedem Vers einen Gedanken auf, der Ihnen durch den Kopf geht. Werten Sie anschließend Ihre Notizen gemeinsam aus und untersuchen Sie, in welchem Verhältnis die einzelnen Verse zueinander stehen.

4. Stellen Sie Elemente des Bedrohlichen und des Komischen gegenüber. In welchem Verhältnis stehen diese Elemente zueinander?

5. Untersuchen Sie die formalen Merkmale des Gedichtes (Strophenbau, Reim, Metrik) und setzen Sie sie in Beziehung zum Textinhalt.

6. Die Parenthese „liest man" im letzten Vers der ersten Strophe scheint auf die Lektüre einer Zeitung hinzuweisen. Worin könnte ein Zusammenhang zum Gedicht bestehen?

7. Vergleichen Sie van Hoddis' Text mit dem nur wenige Monate später entstandenen Gedicht Lichtensteins „Die Dämmerung" (S. 297).

8. Verfassen Sie in Anlehnung an van Hoddis oder Lichtenstein ein eigenes Gedicht. Sie können z. B. die Meldungen einer Tageszeitung oder Internetseite zugrunde legen. Sie können aber auch einen belebten Platz Ihres Wohnortes aufsuchen und Ihre zufälligen Beobachtungen festhalten und anschließend zu einem Gedicht zusammenfügen.

Johannes R. Becher (1891–1958)

„Oh diese acht Zeilen"

Meine poetische Kraft reicht nicht aus, um die Wirkung jenes Gedichtes wiederherzustellen, von dem ich jetzt sprechen will. Auch die kühnste Fantasie meiner Leser würde ich überanstrengen bei dem Versuch, ihnen die Zauberhaftigkeit zu schildern, wie sie dieses Gedicht „Weltende" von Jakob van Hoddis für uns in sich barg. Diese zwei Strophen, oh diese acht Zeilen schienen uns in andere Menschen verwandelt zu haben, uns emporgehoben zu haben aus einer Welt stumpfer Bürgerlichkeit, die wir verachteten und von der wir nicht wussten, wie wir sie verlassen sollten. [...] Wir fühlten uns wie neue Menschen, wie Menschen am ersten geschichtlichen Schöpfungstag, eine neue Welt sollte mit uns beginnen, und eine Unruhe schworen wir uns zu stiften, dass den Bürgern Hören und Sehen vergehen sollte und sie es geradezu als Gnade betrachten würden, von uns in den Orkus geschickt zu werden [...].
Ein neues Weltgefühl schien uns ergriffen zu haben, das Gefühl von der Gleichzeitigkeit des Geschehens.

(1957)

1. Fassen Sie die Bedeutung, die van Hoddis' Gedicht „Weltende" für Becher hat, mit Ihren eigenen Worten zusammen.
2. Erläutern Sie anhand des Gedichtes, was Becher meint, wenn er „das Gefühl von der Gleichzeitigkeit des Geschehens" (Z. 19) als „neues Weltgefühl" (Z. 18) bezeichnet.

➔ Zur Biografie Johannes R. Bechers s. S. 391.

Dirk Bauer (geb. 1965)/Alexandra Wölke (geb. 1978)

Anfänge des literarischen Expressionismus und sein Weg in die Öffentlichkeit – „Neuer Club" und „Neopathetisches Cabaret"

Der von Kurt Hiller, Jakob van Hoddis u.a. 1909 gegründete **„Neue Club"**, eine eher informelle Vereinigung junger Studenten und Künstler in Berlin, markiert den Anfang des literarischen Expressionismus in Deutschland.
Bei regelmäßigen Zusammenkünften trugen die Autoren des „Clubs" ihre eigenen Texte vor und diskutierten über poetische und philosophische Fragen. Die jungen Dichter verstanden sich selbst als Außenseiter innerhalb der literarischen Kultur ihrer Zeit. So wandten sie sich nicht nur gegen die literarische Tradition und deren Ästhetik der „schönen Kunst", sondern grenzten sich auch gegenüber den jüngeren, erst um die Jahrhundertwende entstandenen Stilrichtungen entschieden ab. Besonders der Naturalismus und dessen Versuch, die Wirklichkeit künstlerisch nachzubilden, sowie der Impressionismus, den Hiller als „unaktive, reaktive, nichts-als-ästhetische Gefühlsart" charakterisiert, stießen auf Ablehnung.
Der Wunsch der jungen Künstler nach Außenwirkung führte 1910 zur Gründung des **„Neopathetischen Cabarets"**. Abseits des etablierten Kulturbetriebs veranstalteten die zumeist noch unbekannten Autoren hier eine neuartige Form öffentlicher Lesungen, bei denen sie ihre eigenen, aber auch fremde Texte – häufig parodistisch oder grotesk verfremdet – inszenierten. Die Veranstaltungen wurden bald zum legendären Treffpunkt der intellektuellen künstlerisch interessierten Jugend Berlins. Aufführungsorte waren nicht Theaterhäuser, sondern zunächst Ateliers und Hinterzimmer von Cafés, später aber auch größere Säle. Zu den Autoren, die regelmäßig im „Neopathetischen Cabaret" auftraten, zählten u.a. Jakob van Hoddis, Georg Heym und Else Lasker-Schüler.
Neben den Veranstaltungen des „Neopathetischen Cabarets" ebneten ab 1910 zahlreiche neu entstehende, avantgardistische[1] künstlerische und politische Zeitschriften den jungen Autoren den Weg in die Öffentlichkeit. Die von Herwarth Walden 1910 begründete Zeitschrift „Der Sturm" und die von Franz Pfemfert im Jahr darauf herausgegebene Zeitschrift „Die Aktion", deren Namen bereits die Programmatik erahnen lassen, avancierten dabei zu zentralen Publikationsorganen der neuen Bewegung.

(2012)

[1] **avantgardistisch:** bahnbrechend, revolutionär, vorkämpferisch

„Auf einmal flattert ein Rabe auf“ – Stimmen zum „Neopathetischen Cabaret“

[...] Das Schlimmste aber erleben wir jetzt. Ein junger Mann, der sich J. van Hoddis nennt, nimmt auf dem Podium Platz und lächelt schon von vornherein schadenfroh über die gemisshandelten Zuhörer. Dann liest er so schnell seine Machwerke ab, dass man überrascht nicht mehr Zeit hat, an die Tür zu kommen. Nach jeder Strophe lächelt er befriedigt. Ich habe selten etwas so bodenlos Hässliches gehört. Sie haben Augen, Herr van Hoddis, die mir nicht gefallen. [...] Als er endlich, endlich schweigt, wundere ich mich, dass er so lange auf dem Podium sitzen bleibt, aber bei näherem Zusehen bemerkt man, dass er schon längst aufgestanden ist. Seine Dichtungen hatten ja auch kein Gardemaß. [...] Die Neopathetiker wollen noch weitere Abende veranstalten. Dem gewissenhaften Menschen aber bleibt nichts anderes übrig, als vor Herrn van Hoddis zu warnen und die anderen Neopathetiker nicht zu empfehlen. Das ist man der geistigen Hygiene Berlins schuldig.

(Hans Hentig in der „Münchner Allgemeine Zeitung“ am 16. Juli 1910)

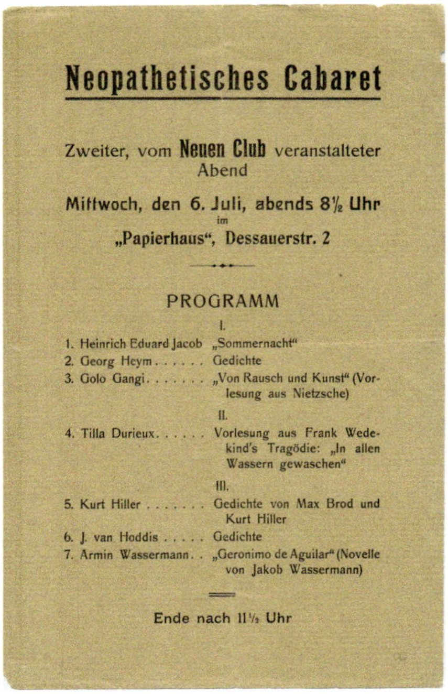

Neopathetisches Cabaret

Zweiter, vom **Neuen Club** veranstalteter Abend

Mittwoch, den 6. Juli, abends 8½ Uhr
im
„Papierhaus“, Dessauerstr. 2

PROGRAMM

I.

1. Heinrich Eduard Jacob „Sommernacht“
2. Georg Heym ...... Gedichte
3. Golo Gangi .... „Von Rausch und Kunst“ (Vorlesung aus Nietzsche)

II.

4. Tilla Durieux ..... Vorlesung aus Frank Wedekind's Tragödie: „In allen Wassern gewaschen“

III.

5. Kurt Hiller .... Gedichte von Max Brod und Kurt Hiller
6. J. van Hoddis ..... Gedichte
7. Armin Wassermann .. „Geronimo de Aguilar“ (Novelle von Jakob Wassermann)

Ende nach 11½ Uhr

Damen mit apartem Kopfputz und aparter Gefühlsrichtung. Und Jünglinge, die förmlich nach dem Sanatorium schreien und sich „Neopathetiker“ nennen. [...] Dazwischen ein paar bekanntere Berliner Literaten, denen man kondolieren muss, dass sie für dieses „neopathetische“ Kabarett ihren Namen hergegeben haben.

(„Lokalanzeiger“ vom 19. Januar 1911)

Auf einmal flattert ein Rabe auf, ein schwarzschillernder Kopf blickt finster über die Brüstung des Lesepults. Jakob van? Er spricht seine kurzen Verse trotzig und strotzend, die sind so blank geprägt, man könnte sie ihm stehlen. Vierreiher-Inschriften; rundherum müssten sie auf Talern geschrieben stehen in einem Sozialdichterstaat.

(Else Lasker-Schüler, „Der Sturm“, 17. November 1910)

1. Fassen Sie die Informationen zum „Neuen Club“ und „Neopathetischen Cabaret“ zusammen und setzen Sie sie in Beziehung zu den Kommentaren.
2. Untersuchen Sie die Kritiken genauer. Welche Wertungen werden vorgenommen? Worauf bezieht sich die Kritik?
3. Lernen Sie das Gedicht „Weltende“ auswendig und üben Sie einen freien Vortrag ein, wie er im „Neopathetischen Cabaret“ hätte aufgeführt werden können. Experimentieren Sie dabei mit Ihrem Sprechtempo und erproben Sie unterschiedliche Betonungen. Eventuell können Sie den Text auch als „Stimmencollage“ gestalten, d. h. den Text auf mehrere Sprecher aufteilen, einzelne Verse wiederholen, überlagern, im Chor sprechen u. Ä.
Diskutieren Sie im Kurs anschließend die Wirkungen der Vorträge.

2 „Ihnen entfaltete das Gefühl sich maßlos“ – Zur Programmatik des Expressionismus

Ernst Ludwig Kirchner. Geboren 1880 in Aschaffenburg, gestorben 1938 in Frauenkirch-Wildboden (Schweiz); deutscher Maler und Grafiker, Mitbegründer der Künstlervereinigung „Die Brücke“

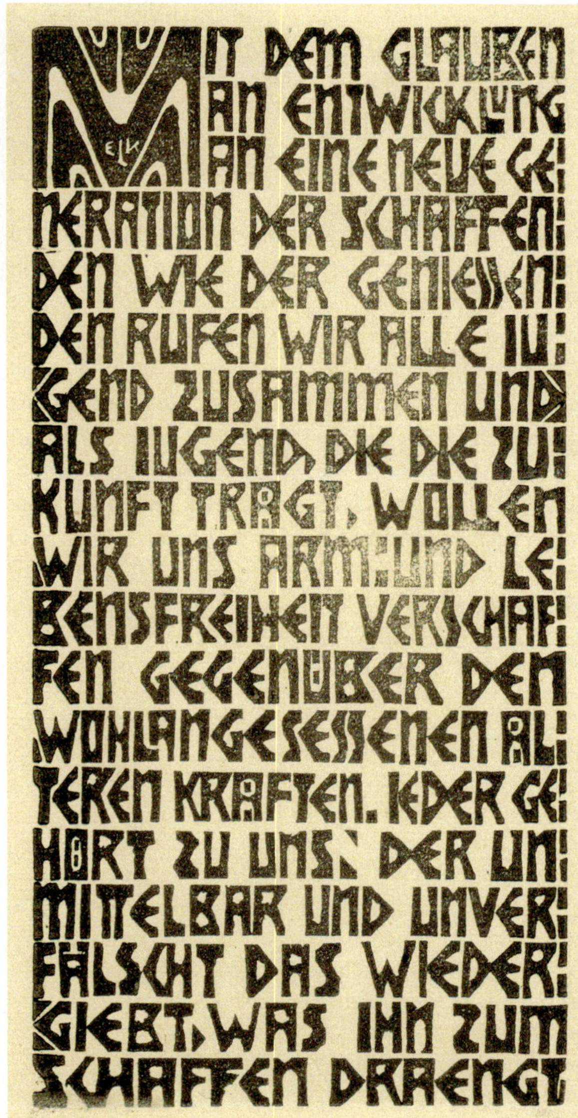

Ernst Ludwig Kirchner (1880 – 1938)

Das Programm der „Brücke“, 1906

Mit dem Glauben an Entwicklung, an eine neue Generation der Schaffenden wie der Genießenden rufen wir alle Jugend zusammen, und als Jugend, die die Zukunft trägt, wollen wir uns Arm- und Lebensfreiheit verschaffen gegenüber den wohlangesessenen älteren Kräften. Jeder gehört zu uns, der unmittelbar und unverfälscht wiedergibt, was ihn zum Schaffen drängt.

1. Fassen Sie mit eigenen Worten zusammen, welches künstlerische Selbstverständnis im Holzschnitt Kirchners zum Ausdruck kommt und an wen sich der Text richtet.

2. Deuten Sie die Titel expressionistischer Zeitschriften und Anthologien im Hinblick auf deren Vertreter, mögliche Inhalte und ihre Zielsetzung: „Der Sturm“, „Die Aktion“, „Das neue Pathos“, „Die neue Kunst“, „Das junge Deutschland“, „Der jüngste Tag“, „Lyrische Flugblätter“, „Der rote Hahn“, „Verkündigung“, „Revolution“.

Kasimir Edschmid. Geboren 1890 in Darmstadt, gestorben 1966 in Vulpera (Schweiz); deutscher Dichter, Wegbereiter des Expressionismus

Kasimir Edschmid (1890–1966)
Über den dichterischen Expressionismus

Der Expressionismus hat vielerlei Ahnen, gemäß dem Großen und Totalen, das seiner Idee zugrunde liegt, in aller Welt, in aller Zeit. [...] Als Propagatoren[1] stehen die da, die in dumpfem Drang des schaffenden Triebes zuerst Neues schufen, [...] die Künstler der neuen Bewegung. Sie gaben nicht mehr die leichte Erregung. Sie gaben nicht mehr die nackte Tatsache. Ihnen war der Moment, die Sekunde der impressionistischen Schöpfung nur ein taubes Korn in der mahlenden Zeit. Sie waren nicht mehr unterworfen den Ideen, Nöten und persönlichen Tragödien bürgerlichen und kapitalistischen Denkens.
Ihnen entfaltete das Gefühl sich maßlos.
Sie sahen nicht.
Sie schauten.
Sie fotografierten nicht.
Sie hatten Gesichte[2].
[...] Die Realität muss von uns geschaffen werden. Der Sinn des Gegenstands muss erwühlt sein. Begnügt darf sich nicht werden mit der geglaubten, gewähnten, notierten Tatsache, es muss das Bild der Welt rein und unverfälscht gespiegelt werden. Das aber ist nur in uns selbst. So wird der ganze Raum des expressionistischen Künstlers Vision. [...] Vor allem gab es gegen das Atomische, Verstückte der Impressionisten nun ein großes, umspannendes Weltgefühl. In ihm stand die Erde, das Dasein als eine große Vision. Es gab Gefühle darin und Menschen. Sie sollten erfasst werden im Kern und im Ursprünglichen. [...]

(1917)

1. Benennen Sie die Merkmale, die nach Angaben Edschmids für den dichterischen Expressionismus charakteristisch sind.
2. Gegen welche gesellschaftlichen und künstlerischen Tendenzen wenden sich die Expressionisten?
3. Untersuchen Sie die sprachliche Gestaltung des Textes.

Ernst Stadler. Stadler wurde in Colmar im Elsass geboren. Sein Vater war an der Universität in Straßburg tätig, wo auch der Sohn Germanistik, Romanistik und vergleichende Sprachwissenschaft studierte und später, nach seiner Promotion und Habilitation, kurzzeitig als Privatdozent tätig war. Schon während der Studienzeit hatte er an eine Gruppe literarisch ambitionierter Altersgenossen Anschluss gefunden und entwickelte hier schreibend seinen Stil. 1914 wurde er in den Krieg eingezogen und fiel drei Monate später.

1. Zeigen Sie an dem Gedicht „Form ist Wollust" von Ernst Stadler auf, inwiefern das Lebensgefühl und das künstlerische Selbstverständnis der Expressionisten darin zum Ausdruck kommen.

Ernst Stadler (1883–1914)
Form ist Wollust

Form und Riegel mussten erst zerspringen,
Welt durch aufgeschlossne Röhren dringen:
Form ist Wollust, Friede, himmlisches Genügen,
Doch mich reißt es, Ackerschollen umzupflügen.
Form will mich verschnüren und verengen,
Doch ich will mein Sein in alle Weiten drängen –
Form ist klare Härte ohn' Erbarmen,
Doch mich treibt es zu den Dumpfen, zu den Armen,
Und in grenzenlosem Michverschenken
Will mich Leben mit Erfüllung tränken.

(1914)

[1] **Propagator:** jemand, der sich für etwas einsetzt, für etwas wirbt – [2] **Gesichte:** prophetische Vorstellungen

Franz Marc (1880 – 1916)
Abstrakte Formen II (1914)

Der Künstler Franz Marc ist vor allem durch seine Tierbilder bekannt und gehörte der expressionistischen Künstlerbewegung „Der blaue Reiter“ an. In seiner künstlerischen Entwicklung wurde ihm später das Experimentieren mit abstrakten Formen wichtig, was er mit folgenden Worten kommentiert: „Ich beginne immer mehr hinter oder besser gesagt: durch die Dinge zu sehen, ein Dahinter, das die Dinge mit ihrem Schein eher verbergen.“

1. Beschreiben Sie das Gemälde von Franz Marc „Abstrakte Formen II“ und stellen Sie einen Bezug zur expressionistischen Programmatik her. Inwiefern entspricht Marcs Weg in die Abstraktion den Anliegen der künstlerischen Bewegung?
2. Überprüfen Sie die beiden ihnen bisher bekannten expressionistischen Gedichte darauf, ob sie dem Postulat, feste Formen aufbrechen zu wollen, entsprechen, und diskutieren Sie die Ergebnisse.

Edvard Munch (1863 – 1944)
Der Schrei (1892)

Das Gemälde „Der Schrei“ des norwegischen Malers Edvard Munch ist eines der teuersten Bilder der Welt und gilt als ein frühes, wenn nicht gar als das erste expressionistische Meisterwerk. Seine Bedeutsamkeit wird oft darin gesehen, dass es die innere Situation des Menschen zur Jahrhundertwende zum Ausdruck bringe.

1. Betrachten und beschreiben Sie Munchs Bild. Gehen Sie dabei auf die Farbgebung, die Linienführung sowie die Figuren ein.
2. Gehen Sie näher auf die Figur im Vordergrund ein und deuten Sie ihre Gestik, Körperhaltung und Mimik.
3. Welche Gefühle könnten für die Figur prägend sein? Füllen Sie diese Leerstelle im Bild, indem Sie die zwei Figuren im Hintergrund über sie sprechen lassen.

3 „Die Nächte explodieren in den Städten" – Großstadterfahrung

Kurt Pinthus. Geboren 1886 in Erfurt, gestorben 1975 in Marbach am Neckar; deutscher Dichter und Journalist

Kurt Pinthus (1886–1975)
Die Überfülle des Erlebens

„Welch ein Trommelfeuer von bisher ungeahnten Ungeheuerlichkeiten prasselt seit einem Jahrzehnt auf unsere Nerven nieder! [...] Wer heute zwischen dreißig und vierzig Jahre alt ist, hat noch gesehen, wie die ersten elektrischen Bahnen zu fahren begannen, hat die ersten Autos erblickt, hat die jahrtausendelang für unmöglich gehaltene Eroberung der Luft in rascher Folge mitgemacht, hat die sich rapid übersteigernden Schnelligkeitsrekorde all dieser Entfernungsüberwinder, Eisenbahnen, Riesendampfer, Luftschiffe, Aeroplane miterlebt ... Wie ungeheuer hat sich der Bewusstseinskreis jedes Einzelnen erweitert durch die Erschließung der Erdoberfläche und die neuen Mitteilungsmöglichkeiten: Schnellpresse, Kino, Radio, Grammofon, Funktelegrafie. [...] Zusammengeballt in zwei Jahrzehnte erlebten wir mehr als zwei Jahrtausende vor uns. Was haben wir noch zu erwarten, zu erleben? Vermögen wir uns noch zu wundern?"

(1925)

1. Lesen Sie den Textausschnitt und markieren Sie Schlüsselbegriffe, aus denen ersichtlich wird, was für das Zeitempfinden wesentlich ist.
2. Welche Konsequenzen resultieren aus der „Überfülle des Erlebens" für das Welt- und Selbstbild des Einzelnen? Halten Sie Ihre Ergebnisse in Form von Ausrufen fest, die Sie der zentralen Figur auf Munchs Bild „Der Schrei" in den Mund legen.

Georg Heym. Heym wuchs in Berlin auf. Sein Vater war Staatsanwalt, und auch er absolvierte ein Jurastudium und wurde anschließend promoviert. Heym unternahm einige Ausbruchsversuche aus der väterlich-bürgerlichen Welt und musste deswegen einmal das Gymnasium wechseln. Seine Tagebücher zeugen von Gefühlen der Langeweile und des Überdrusses gegenüber der bürgerlichen Gesellschaft, vom Aufbegehren und Revolutionswillen. Als Lyriker schloss sich Heym 1910 dem „Neuen Club" an und stand häufig auf der Bühne des „Neopathetischen Cabarets". Dort fand er Gleichgesinnte und Förderer. Im Januar 1912 verunglückte er bei einem Schlittschuhlauf auf der Havel tödlich, als er einem durchs Eis eingebrochenen Freund das Leben retten wollte.

Georg Heym (1887–1912)
Der Gott der Stadt

Auf einem Häuserblocke sitzt er breit.
Die Winde lagern schwarz um seine Stirn.
Er schaut voll Wut, wo fern in Einsamkeit
Die letzten Häuser in das Land verirrn.

Vom Abend glänzt der rote Bauch dem Baal[1],
Die großen Städte knien um ihn her.
Der Kirchenglocken ungeheure Zahl
Wogt auf zu ihm aus schwarzer Türme Meer.

Wie Korybanten-Tanz[2] dröhnt die Musik
Der Millionen durch die Straßen laut.
Der Schlote Rauch, die Wolken der Fabrik
Ziehn auf zu ihm, wie Duft von Weihrauch blaut.

Das Wetter schwelt in seinen Augenbrauen.
Der dunkle Abend wird in Nacht betäubt.
Die Stürme flattern, die wie Geier schauen
Von seinem Haupthaar, das im Zorne sträubt.

[1] **Baal:** kanaanitischer Wetter- oder Fruchtbarkeitsgott. Im Zuge der Entwicklung zum jüdischen Monotheismus (Ein-Gott-Glaube) wird er oft als Konkurrenz zu Jahwe gesehen und als falscher Götze gebrandmarkt. – [2] **Korybanten-Tanz:** Korybanten sind orgiastische Ritualtänzer, die mit ihrem Tanz der phrygischen Göttin Kybele huldigen. Ihre Bewegungen sind dabei wild, und sie sind bewaffnet. Korybantismus wird folglich auch als Synonym für einen tobenden Gemütszustand gebraucht.

Er streckt ins Dunkel seine Fleischerfaust.
Er schüttelt sie. Ein Meer von Feuer jagt
Durch eine Straße. Und der Glutqualm braust
Und frisst sie auf, bis spät der Morgen tagt.

(1910)

1. Welche inneren Bilder stellen sich Ihnen bei der Lektüre des Gedichts ein? Tauschen Sie sich darüber aus und untersuchen Sie, durch welche sprachlichen Signale Ihre Wahrnehmung ausgelöst wurde. Gestalten Sie gegebenenfalls eine Illustration.
2. Welches Geschehen wird dargestellt? Berücksichtigen Sie die Angaben zur Zeit, zu den Orten sowie zu den Personen.
3. Gehen Sie näher auf den „Gott der Stadt" ein:
   - Mit welchen Attributen wird er beschrieben?
   - Welche Beziehung besteht zwischen ihm und der Stadt?
   - Warum erhebt er möglicherweise „seine Fleischerfaust" (V. 17) gegen sie?
   - Stellen Sie Vermutungen an, weshalb er als „Baal" charakterisiert wird.
4. Nehmen Sie Ihre bisherigen Ergebnisse in den Blick und formulieren Sie auf dieser Grundlage Thesen zur Aussageabsicht.
5. Analysieren Sie die sprachlich-formale Gestaltung des Gedichts und machen Sie sich Stichworte.
6. In diesem und anderen expressionistischen Gedichten geht es inhaltlich um eine bedrohlich erscheinende und in Auflösung begriffene Welt. Wie erklären Sie es sich, dass die Künstler ihre diesbezüglichen Eindrücke zum Teil in festen traditionellen Formen, z. B. Sonetten, ausgedrückt haben?

Jakob van Hoddis (1887 – 1942)

Morgens

Ein starker Wind sprang empor.
Öffnet des eisernen Himmels blutende Tore.
Schlägt an die Türme.
Hellklingend laut geschmeidig über die eherne Ebene der Stadt.

Die Morgensonne rußig. Auf Dämmen donnern Züge.
Durch Wolken pflügen goldne Engelpflüge.
Starker Wind über der bleichen Stadt.
Dampfer und Kähne erwachen am schmutzig fließenden Strom.
Verdrossen klopfen die Glocken am verwitterten Dom.
Viele Weiber siehst du und Mädchen zur Arbeit gehn.
Im bleichen Licht. Wild von der Nacht. Ihre Röcke wehn.
Glieder zur Liebe geschaffen.
Hin zur Maschine und mürrischem Mühn.
Sieh in das zärtliche Licht.
In der Bäume zärtliches Grün.
Horch! Die Spatzen schrein.
Und draußen auf wilderen Feldern
Singen Lerchen.

(1914)

➔ Zur Biografie Jakob van Hoddis' s. S. 302.

Ernst Ludwig Kirchner, Friedrichstraße (1914)

Paul Zech. Zech wuchs bei bäuerlichen Verwandten auf und erlernte zunächst den Beruf des Konditors. Obwohl er dies in biografischen Angaben später selbst oft anders darstellte, erlangte er wahrscheinlich keine höhere Bildung. Als junger Mann begann er mit dem Schreiben, und es entstanden vorwiegend Gedichte, die in den Feuilletons der Elberfelder Zeitungen abgedruckt wurden. Thematisch befasste er sich mit der Welt der Arbeit und der Arbeiter und verarbeitete seine Erfahrungen, die er im Laufe seines Lebens in verschiedenen Kohlebergwerken und den Eisenhütten gesammelt hatte. Durch die Begegnung mit der expressionistischen Dichterin Else Lasker-Schüler, die ihn schätzte und förderte und ihn in die literarische Szene Berlins einführte, entwickelte er sich als Schriftsteller, Dramaturg, Übersetzer und Bibliothekar weiter. Nach dem Ersten Weltkrieg geriet er dann aber zunehmend in die gesellschaftliche und literarische Isolation und emigrierte nach Südamerika, wo er 1946 verstarb.

Paul Zech (1881–1946)

Fabrikstraße tags

Nichts als Mauern. Ohne Gras und Glas
zieht die Straße den gescheckten Gurt
der Fassaden. Keine Bahnspur surrt.
Immer glänzt das Pflaster wassernass.

Streift ein Mensch dich, trifft sein Blick dich kalt
bis ins Mark; die harten Schritte haun
Feuer aus dem turmhoch steilen Zaun,
noch sein kurzes Atmen wolkt geballt.

Keine Zuchthauszelle klemmt
in ein Eis das Denken wie dies Gehn
zwischen Mauern, die nur sich besehn.

Trägst du Purpur oder Büßerhemd –:
immer drückt mit riesigem Gewicht
Gottes Bannfluch: *uhrenlose Schicht.*

(1911)

Jacob Steinhardt, Die Stadt (1913)

Paul Boldt. Die Eltern des expressionistischen Lyrikers Paul Boldt besaßen einen Gutshof in Schwetz (Westpreußen), wo er aufwuchs und das Abitur machte. Ein Studium der Germanistik und Kunstgeschichte beendete er ohne ein Examen als Abschluss. Ab 1912 veröffentlichte er Gedichte in der Zeitschrift „Die Aktion“, wurde ein enger Mitarbeiter des Herausgebers Franz Pfemfert und trat im expressionistischen Cabaret „Gnu“ auf. 1915 wurde er zur Armee eingezogen, aufgrund eines Nervenleidens jedoch ein Jahr später wieder entlassen. Ein 1918 begonnenes Medizinstudium brachte er nicht mehr zu Ende, denn er verstarb 1921 an den Folgen einer Operation.

Paul Boldt (1885–1921)

Auf der Terrasse des Café Josty

Der Potsdamer Platz in ewigem Gebrüll
Vergletschert alle hallenden Lawinen
Der Straßentrakte: Trams auf Eisenschienen,
Automobile und den Menschenmüll.

Die Menschen rinnen über den Asphalt,
Ameisenemsig, wie Eidechsen flink.
Stirne und Hände, von Gedanken blink,
Schwimmen wie Sonnenlicht durch dunklen Wald.

Nachtregen hüllt den Platz in eine Höhle,
Wo Fledermäuse, weiß, mit Flügeln schlagen
Und lila Quallen liegen – bunte Öle;

Die mehren sich, zerschnitten von den Wagen. –
Aufspritzt Berlin, des Tages glitzernd Nest,
Vom Rauch der Nacht wie Eiter einer Pest.

(1912)

Ludwig Meidner, Apokalyptische Landschaft (1912)

Ernst Wilhelm Lotz. Lotz wurde als Sohn eines häufig versetzten Kadettenhausprofessors in Culm an der Weichsel geboren. Nach seiner Gymnasiallaufbahn erhielt er eine militärische Ausbildung und wurde bereits mit 17 Jahren zum Fähnrich und kurz darauf zum Leutnant befördert. 1912 arbeitete er kurzzeitig für eine Hamburger Import-Export-Firma und als freier Schriftsteller. Kurz nach Kriegsbeginn meldete er sich jedoch wieder freiwillig zum Dienst und fiel noch im September desselben Jahres.

Ernst Wilhelm Lotz (1890–1914)

Die Nächte explodieren in den Städten

Die Nächte explodieren in den Städten,
Wir sind zerfetzt vom wilden, heißen Licht,
Und unsre Nerven flattern, irre Fäden,
Im Pflasterwind, der aus den Rädern bricht.

In Kaffeehäusern brannten jähe Stimmen
Auf unsre Stirn und heizten jung das Blut.
Wir flammten schon. Und suchen leise zu verglimmen,
Weil wir noch furchtsam sind vor eigner Glut.

Wir schweben müßig durch die Tageszeiten,
An hellen Ecken sprechen wir die Mädchen an.
Wir fühlen noch zu viel die greisen Köstlichkeiten
Der Liebe, die man leicht bezahlen kann.

Wir haben uns dem Tage übergeben
Und treiben arglos spielend vor dem Wind,
Wir sind sehr sicher, dorthin zu entschweben,
Wo man uns braucht, wenn wir geworden sind.

(1913)

George Grosz (1893–1959), Suicide (1916)

1. In den Gedichten und Bildern werden unterschiedliche Erfahrungen der Menschen in der Großstadt gezeigt. Beschreiben Sie Ihre Eindrücke, sammeln Sie sie und stellen Sie typische Motive heraus. Sie können zusätzlich folgenden Text hinzuziehen: Max Herrmann-Neisse, „Nacht im Stadtpark" (S. 79).

2. Entscheiden Sie sich (ggf. in Kleingruppen) für eines der Motive, welches Sie genauer untersuchen wollen.

3. Wählen Sie je ein Gedicht und ein dazu passendes Bild aus und analysieren Sie beide stichwortartig. Beziehen Sie die sprachliche und formale Gestaltung mit ein. Präsentieren Sie anschließend Ihre Ergebnisse im Kurs.

4. Legen Sie eine tabellarische Übersicht an, in welcher Sie auffällige sprachliche bzw. formale Merkmale sammeln und Überlegungen hinsichtlich ihrer Funktion anstellen.
➔ Ein Gedicht analysieren, s. S. 541
➔ Rhetorische Figuren, s. S. 586 ff.

5. Kurt Pinthus, der Herausgeber der Gedichtanthologie „Menschheitsdämmerung", schreibt im Jahre 1919 im Vorwort:

„Und immer wieder muss gesagt werden, dass die Qualität dieser Dichtung in ihrer Intensität beruht. Niemals in der Weltdichtung scholl so laut, zerreißend und aufrüttelnd Schrei, Sturz und Sehnsucht einer Zeit, wie aus dem wilden Zuge dieser Vorläufer und Märtyrer, deren Herzen [...] von den Peinigungen verdammter Jugend [und] verhasster Gesellschaft durchbohrt wurde. [...] sie warfen sich, sehnsuchtsvoll die Arme ausbreitend, auf die Erde, die unter ihnen auseinanderbarst; sie riefen zur Gemeinschaft auf und fanden doch nicht zueinander; sie posaunten in die Tuben der Liebe, sodass diese Klänge den Himmel erbeben ließen, nicht aber durch das Getöse der Schlachten, Fabriken und Reden zu den Herzen der Menschen drangen."

Die hier vorgestellten Gedichte beziehen sich auf bestimmte Zeiten am Tag in der Großstadt. Prüfen Sie, ob sich die von Pinthus aufgestellten Thesen zum Zeitempfinden in den Gedichten und Bildern nachweisen lassen.

Sprachliche bzw. formale Merkmale	**Beispiel**	**Mögliche Funktion**
Personifikation	„Ein starker Wind sprang empor./ Öffnet des eisernen Himmels blutende Tore." (van Hoddis, „Morgens")	Beseelung bzw. Dämonisierung eigentlich unbelebter Phänomene/ Gegenstände
Perspektivisch verzerrte Darstellung	Die Häuser in Meidners Gemälde „Apokalyptische Landschaft"	das Bild als Ausdruck eines Seelenzustands, Darstellung von Gefühlen des Bedrohtseins und der Angst
...	...	...

6. **Was Sie noch machen können:**
   a) Besorgen Sie sich den Videoclip zum Song von Peter Fox „Schwarz zu blau" und untersuchen Sie ihn als eine aktuelle künstlerische Auseinandersetzung mit einer Großstadterfahrung. Gehen Sie dabei auf folgende Fragestellungen ein:
   - Wie wird die Großstadt dargestellt? Welche Beziehung hat der Sprecher bzw. Sänger zu ihr?
   - Wie sind die Menschen im Liedtext und im Videoclip dargestellt?
   - Welche auffälligen Bilder und Symbole werden verwendet? Was ist ihre Funktion?
   - Vergleichen Sie die Großstadterfahrungen und ihre künstlerische Umsetzung mit den expressionistischen Zeugnissen, die Sie bislang kennengelernt haben.

   b) Verarbeiten Sie Ihre eigenen Stadterfahrungen, indem Sie ein Großstadtgedicht oder einen Songtext schreiben. Erstellen Sie zu Ihren Texten ggf. einen Videoclip.

4 „Die Augen stürzen ein" – Zerfall des Ich

Friedrich Nietzsche (1844–1900)

Wegfall aller Werte

Der *Nihilismus*[1] als *psychologischer Zustand* wird eintreten müssen, erstens, wenn wir einen „Sinn" in allem Geschehen gesucht haben, der nicht darin ist: sodass der Sucher endlich den Mut verliert [...] *zweitens* [...] wenn man eine *Ganzheit*, eine *Systematisierung*, selbst eine *Organisierung* in allem Geschehen und unter allem Geschehen angesetzt hat [...] aber siehe da, es *gibt* kein solches Allgemeines! Im Grunde hat der Mensch den Glauben an seinen Wert verloren, wenn durch ihn nicht ein unendlich wertvolles Ganzes wirkt: d. h. er hat ein solches Ganzes konzipiert, um an seinen Wert glauben zu können.

(1884/1888)

1. Erläutern Sie den Begriff „Nihilismus" und stellen Sie heraus, welche Bedingungen nach Meinung des Autors dazu geführt haben, dass er zum vorherrschenden geistigen Zustand seiner Zeit geworden ist.
➔ Zeitenwende – Aufbruchbewegungen um 1900, s. S. 280–299, vor allem S. 282.
2. Versetzen Sie sich in die Lage des Menschen in der Moderne, dessen Weltgefühl vom Verlust aller Werte geprägt ist. Welche Ängste hat er? Wie sieht sein Selbstbild aus? Woran orientiert er sich in seinem Handeln? Verarbeiten Sie Ihre Ideen, indem Sie sie in Form von Ausrufen der zentralen Figur des Bildes „Der Schrei" von Edvard Munch (S. 307) festhalten.

Alfred Lichtenstein. Lichtenstein wurde als Sohn eines Fabrikanten in Berlin geboren. Nach der Gymnasiallaufbahn begann er 1909 ein Studium der Rechtswissenschaft, das er mit einer Doktorarbeit über das Theaterrecht abschloss. Erste Gedichte veröffentlichte der Autor 1910 in der Zeitschrift „Der Sturm". Als Angehöriger eines Infanterieregiments musste er kurz nach Ausbruch des Krieges an die Westfront. Lichtenstein fiel am 25. September 1914 in Frankreich.

Alfred Lichtenstein (1889–1914)

Punkt

Die wüsten Straßen fließen lichterloh
Durch den erloschnen Kopf. Und tun mir weh.
Ich fühle deutlich, dass ich bald vergeh –
Dornrosen meines Fleisches, stecht nicht so.

Die Nacht verschimmelt. Giftlaternenschein
Hat, kriechend, sie mit grünem Dreck beschmiert.
Das Herz ist wie ein Sack. Das Blut erfriert.
Die Welt fällt um. Die Augen stürzen ein.

(1914)

1. Beschreiben Sie mit eigenen Worten, was das lyrische Ich wahrnimmt. Untersuchen Sie hierzu insbesondere die im Gedicht verwendeten sprachlichen Bilder (Metaphern, Vergleiche).
2. Stellen Sie formale Merkmale des Gedichts (insbesondere im Bereich der Syntax) heraus und deuten Sie diese im Hinblick auf ihre Funktion.
3. Was könnte mit dem Titel des Gedichts gemeint sein?

[1] **Nihilismus** (von lat. nihil = „nichts"): bezeichnet die Verneinung aller Werte, Ziele, Glaubensinhalte oder Erkenntnismöglichkeiten, teilweise auch aller Institutionen. Nietzsche verwendet den Begriff, um den geistigen Zustand seiner Zeit zu kennzeichnen.

Gottfried Benn. Benn wurde 1886 als Sohn eines protestantischen Pastors in der Provinz Brandenburg geboren. Nach der Gymnasiallaufbahn studierte er auf dessen Wunsch Theologie und Philosophie, entschied sich dann aber für ein Medizinstudium und war als Militärarzt im Ersten Weltkrieg tätig. Anschließend eröffnete er eine Praxis für Haut- und Geschlechtskrankheiten. Seine wohl berühmteste Gedichtsammlung „Morgue und andere Gedichte" wurde 1912, kurz nach dem Ende seines Studiums, veröffentlicht und schockierte die bürgerliche Öffentlichkeit durch den kalten, schonungslos analytischen Blick des Arztes auf den menschlichen Körper und dessen Verfall.

Gottfried Benn (1886–1956)

Schöne Jugend

Der Mund eines Mädchens,
das lange im Schilf gelegen hatte,
sah so angeknabbert aus.
Als man die Brust aufbrach,
war die Speiseröhre so löcherig.
Schließlich in einer Laube unter dem Zwerchfell
fand man ein Nest von jungen Ratten.
Ein kleines Schwesterchen lag tot.
Die anderen lebten von Leber und Niere,
tranken das kalte Blut und hatten
hier eine schöne Jugend verlebt.
Und schön und schnell kam auch ihr Tod:
Man warf sie allesamt ins Wasser.
Ach, wie die kleinen Schnauzen quietschten!

(1912)

(Aus lizenzrechtlichen Gründen ist dieser Text nicht in reformierter Rechtschreibung abgedruckt.)

1. Assoziieren Sie frei zum Titel „Schöne Jugend".
2. Äußern Sie nach dem ersten Lesen des Gedichts Ihre Gedanken und Gefühle und setzen Sie sie in Bezug zu Ihren vorherigen Erwartungen. Deuten Sie im Anschluss den Titel des Gedichts.
3. Untersuchen Sie die Perspektive des lyrischen Ichs: Was beschreibt es? Was verrät seine Wortwahl? Bedenken Sie dazu, dass der Text in einem Gedichtzyklus mit dem Titel „Morgue" (Leichenschauhaus) erstmals veröffentlicht wurde.
4. Vergleichen Sie die Darstellung des „Mädchens" (V. 1 ff.) mit der der „jungen Ratten" (V. 7 ff.) und deuten Sie Ihre Befunde im Hinblick auf das vorliegende Menschenbild.
5. Das Motiv einer weiblichen Wasserleiche („Ophelia-Motiv") hat in der Literatur eine lange Tradition. Recherchieren Sie und halten Sie fest, woher es ursprünglich stammt, welche Variationen es erfahren hat und wie die Expressionisten und insbesondere Gottfried Benn damit umgehen.

➔ Zu Gottfried Benn s. auch S. 296, 357.

Georg Heym (1887–1912)

Die Irren

Der Mond tritt aus der gelben Wolkenwand
Die Irren hängen an den Gitterstäben
Wie große Spinnen, die an Mauern kleben.
Entlang den Gartenzaun fährt ihre Hand.

In offnen Sälen sieht man Tänzer schweben.
Der Ball der Irren ist es. Plötzlich schreit
Der Wahnsinn auf. Das Brüllen pflanzt sich weit,
Dass alle Mauern von dem Lärme beben.

Mit dem er eben über Hume[1] gesprochen,
Den Arzt ergreift er mit Gewalt.
Er liegt im Blut. Sein Schädel ist zerbrochen.

Ein Haufen Irrer schaut vergnügt. Doch bald
Enthuschen sie, da fern die Peitsche knallt,
Den Mäusen gleich, die in die Erde krochen.

(1910)

1. Welche Assoziationen verbinden Sie mit der Überschrift?
2. Wie werden die „Irren" im Gedicht dargestellt? Gehen Sie insbesondere auf Vergleiche und Attribute ein, die für ihre Beschreibung verwendet werden.
3. Welche Bedeutung hat das Gespräch zwischen einem der Irren und seinem Arzt „über Hume" (V. 9), welches vor der Gewalttat stattfindet?
4. Stellen Sie Vermutungen darüber an, wieso das Motiv des Wahnsinns in der expressionistischen Kunst häufig Verwendung findet.

[1] **David Hume** (1711–1767): schottischer Philosoph und Vordenker der Aufklärung. Sein philosophisches Vorgehen zeichnet sich durch die Absage an den Glauben an übernatürliche Phänomene und den Willen, Erkenntnisse allein aus der menschlichen Erfahrung zu gewinnen, aus.

Georg Trakl. Trakl wuchs in Salzburg als Sohn eines Eisenbahnwarenhändlers in gutbürgerlichen Verhältnissen auf. Schon in seiner Jugend litt Trakl unter depressiven Verstimmungen und versuchte mehrfach erfolglos, sich das Leben zu nehmen. Die Bekanntschaft und Freundschaft mit dem Herausgeber der Zeitschrift „Der Brenner“, Ludwig von Ficker, eröffnete ihm die Möglichkeit, seine Gedichte zu veröffentlichen und sich literarisch zu entwickeln. Nach Kriegsausbruch war Trakl im Sanitätsdienst in Galizien tätig und musste nach der Schlacht von Grodek die Verwundeten betreuen, eine traumatische Erfahrung. Er starb an einer Überdosis Kokain.

Georg Trakl (1887 – 1914)

Verfall

Am Abend, wenn die Glocken Frieden läuten,
Folg ich der Vögel wundervollen Flügen,
Die lang geschart, gleich frommen Pilgerzügen,
Entschwinden in den herbstlich klaren Weiten.

Hinwandelnd durch den dämmervollen Garten
Träum ich nach ihren helleren Geschicken
Und fühl der Stunden Weiser[1] kaum mehr rücken.
So folg ich über Wolken ihren Fahrten.

Da macht ein Hauch mich von Verfall erzittern.
Die Amsel klagt in den entlaubten Zweigen.
Es schwankt der rote Wein an rost'gen Gittern,

Indes wie blasser Kinder Todesreigen
Um dunkle Brunnenränder, die verwittern,
Im Wind sich fröstelnd blaue Astern neigen.

(1913)

Rainer Maria Rilke (1875 – 1926)

Herbst

Die Blätter fallen, fallen wie von weit,
als welkten in den Himmeln ferne Gärten;
sie fallen mit verneinender Gebärde.

Und in den Nächten fällt die schwere Erde
aus allen Sternen in die Einsamkeit.

Wir alle fallen. Diese Hand da fällt.
Und sieh dir andre an: es ist in allen.

Und doch ist Einer, welcher dieses Fallen
unendlich sanft in seinen Händen hält.

(1902)

1. Formulieren Sie Ihre ersten Leseeindrücke – auch vor dem Hintergrund der Ihnen bislang bekannten expressionistischen Gedichte.

2. Beschreiben Sie die Atmosphäre, die insgesamt von dem Gedicht ausgeht.

3. Untersuchen Sie Form und Sprache des Gedichts. Setzen Sie Ihre Ergebnisse in Beziehung zur Atmosphäre, die von den einzelnen Strophen ausgeht.

4. Deuten Sie den Titel. Halten Sie ihn für zutreffend? Begründen Sie Ihre Auffassung.

➔ Das Sonett, s. S. 140 und S. 661.

5. Formulieren Sie eine zusammenfassende Deutung des Textes.

6. Vergleichen Sie Trakls Gedicht mit Rainer Maria Rilkes Gedicht „Herbst“.

➔ Gedichte miteinander vergleichen, s. S. 558 ff.

➔ Zur Biografie Rilkes s. S. 283.

7. Das Teilkapitel ist überschrieben mit dem Titel „Zerfall des Ich“. Blicken Sie zurück auf die Gedichte und stellen Sie zusammenfassend heraus, welche Facetten des Themas jeweils zum Ausdruck kommen.

[1] **Weiser:** Zeiger der Uhr

5 „Und den Mond zerdrückt er in der schwarzen Hand" – Vorwegnahme und Erfahrung des Krieges

Georg Heym (1887–1912)

Tagebuch (6. Juli 1910)

Ach, es ist furchtbar. [...] Es ist immer das Gleiche, so langweilig, langweilig, langweilig. Es geschieht nichts, nichts, nichts. Wenn doch einmal etwas geschehen wollte, was nicht diesen faden Geschmack von Alltäglichkeit hinterlässt. Wenn ich mich frage, warum ich bis jetzt gelebt habe. Ich wüsste keine Antwort. [...] Geschähe doch einmal etwas. Würden einmal wieder Barrikaden gebaut. Ich wäre der Erste, der sich darauf stellte, ich wollte noch mit der Kugel im Herzen den Rausch der Begeisterung spüren. Oder sei es auch nur, dass man einen Krieg begänne, er kann ungerecht sein. Dieser Frieden ist so faul, ölig und schmierig wie eine Leimpolitur auf alten Möbeln. *(1910)*

1. Kommentieren Sie den Tagebucheintrag von Georg Heym aus dem Jahr 1910. Können Sie die Gefühle nachvollziehen, die darin zum Ausdruck kommen? Begründen Sie Ihre Haltung.
2. Ähnlich wie Heym haben viele junge Menschen die politische und gesellschaftliche Lage ihrer Zeit beurteilt. Versuchen Sie, deren Grundstimmung zu erfassen, und setzen Sie diese in Ausrufe um, die Sie der zentralen Figur auf dem Gemälde „Der Schrei" von Edvard Munch in den Mund legen.

Georg Heym (1887–1912)

Der Krieg

Aufgestanden ist er, welcher lange schlief,
Aufgestanden unten aus Gewölben tief.
In der Dämmrung steht er, groß und unbekannt,
Und den Mond zerdrückt er in der schwarzen Hand.

In den Abendlärm der Städte fällt es weit,
Frost und Schatten einer fremden Dunkelheit,
Und der Märkte runder Wirbel stockt zu Eis.
Es wird still. Sie sehn sich um. Und keiner weiß.

In den Gassen fasst es ihre Schulter leicht.
Eine Frage. Keine Antwort. Ein Gesicht erbleicht.
In der Ferne zittert ein Geläute dünn
Und die Bärte zittern um ihr spitzes Kinn.

Auf den Bergen hebt er schon zu tanzen an
Und er schreit: Ihr Krieger alle, auf und an!
Und es schallet, wenn das schwarze Haupt er schwenkt,
Drum von tausend Schädeln laute Kette hängt.

Einem Turm gleich tritt er aus die letzte Glut,
Wo der Tag flieht, sind die Ströme schon voll Blut.
Zahllos sind die Leichen schon im Schilf gestreckt,
Von des Todes starken Vögeln weiß bedeckt.

In die Nacht er jagt das Feuer querfeldein,
Einen roten Hund mit wilder Mäuler Schrein.
Aus dem Dunkel springt der Nächte schwarze Welt,
Von Vulkanen furchtbar ist ihr Rand erhellt.

Und mit tausend hohen Zipfelmützen weit
Sind die finstren Ebnen flackend überstreut,
Und was unten auf den Straßen wimmelnd flieht,
Stößt er in die Feuerwälder, wo die Flamme brausend zieht.

Und die Flammen fressen brennend Wald um Wald,
Gelbe Fledermäuse, zackig in das Laub gekrallt,
Seine Stange haut er wie ein Köhlerknecht[1]
In die Bäume, dass das Feuer brause recht.

Eine große Stadt versank in gelbem Rauch,
Warf sich lautlos in des Abgrunds Bauch.
Aber riesig über glühnden Trümmern steht,
Der in wilde Himmel dreimal seine Fackel dreht

Über sturmzerfetzter Wolken Widerschein,
In des toten Dunkels kalten Wüstenein[2],
Dass er mit dem Brande weit die Nacht verdorr,
Pech und Feuer träufet unten auf Gomorrh[3].

(1911)

[1] **Köhler:** Bezeichnung für einen Handwerker, der aus Holz Holzkohle herstellt und darum verrußt und dunkel aussieht – [2] **Wüstenei:** wüstenähnliche, verlassene Gegend – [3] Anspielung auf die Städte „Sodom und Gomorrha", von denen in der Bibel bezeugt wird, dass Gott sie durch einen Regen von Feuer und Schwefel zerstört hat, weil ihre Bewohner sündig geworden sind

1. Schildern Sie Ihren Eindruck nach dem ersten Lesen bzw. Hören des Gedichts. Wie wirkt es auf Sie? Welche Inhalte und Bilder sind Ihnen in Erinnerung geblieben?
2. Untersuchen Sie, wie der Krieg dargestellt wird. Welche Merkmale und Eigenschaften werden ihm zugeschrieben? Stellen Sie einen Bezug zum Bild von Alfred Kubin, „Der Krieg“, her.
3. Fertigen Sie eine Gliederung des Textes an und achten Sie dabei auf die strukturierende Funktion von Zeit- und Raumangaben.
4. Gibt der Text Hinweise auf die Ursache des Krieges? Untersuchen Sie in diesem Zusammenhang auch das Verhalten der Menschen.
5. Analysieren Sie die formale und sprachliche Gestaltung des Gedichts und setzen Sie Ihre Ergebnisse in Beziehung zum Inhalt. Gehen Sie hierbei auch auf die Farbsymbolik ein. Sie können z. B. eine Tabelle anlegen und auffällige Merkmale festhalten.
6. Deuten Sie den letzten Vers des Gedichtes und untersuchen Sie davon ausgehend die Symbolik des Feuers im Text.
7. Fassen Sie Ihre Deutungen des Gedichtes zusammen und erläutern Sie, welche Haltung zum Krieg es zum Ausdruck bringt.

Alfred Kubin, Der Krieg

8. Setzen Sie Heyms Tagebucheintrag vom 6. Juli 1910 (S. 316) in Beziehung zu dem Gedicht. Erscheint der Text dadurch in einem anderen Licht?

Georg Trakl (1887 – 1914)
Grodek[1]

Am Abend tönen die herbstlichen Wälder
Von tödlichen Waffen, die goldnen Ebenen
Und blauen Seen, darüber die Sonne
Düstrer hinrollt; umfängt die Nacht
Sterbende Krieger, die wilde Klage
Ihrer zerbrochenen Münder.
Doch stille sammelt im Weidengrund
Rotes Gewölk, darin ein zürnender Gott wohnt
Das vergossne Blut sich, mondne Kühle;
Alle Straßen münden in schwarze Verwesung.
Unter goldnem Gezweig der Nacht und Sternen
Es schwankt der Schwester Schatten durch den schweigenden Hain,
Zu grüßen die Geister der Helden, die blutenden Häupter;
Und leise tönen im Rohr die dunkeln Flöten des Herbstes.
O stolzere Trauer! Ihr ehernen Altäre
Die heiße Flamme des Geistes nährt heute ein
gewaltiger Schmerz,
Die ungebornen Enkel.

(1914)

[1] **Grodek:** Kriegsschauplatz in Ostgalizien (heute Ukraine). Nach der erbitterten Schlacht zwischen österreichisch-ungarischen und russischen Truppen hatte der Autor des Gedichts die Aufgabe, Sterbende und Verletzte zu versorgen, ohne dafür ausreichend ausgerüstet zu sein.

1. Erarbeiten Sie einen anschaulichen Lesevortrag des Gedichts. Berücksichtigen Sie dabei Betonung, Körperhaltung und Mimik, überlegen Sie, welche Hintergrundmusik passen würde, und skizzieren Sie eine Kulisse, die Ihrer Ansicht nach zur Stimmung des Gedichts passt.
2. Untersuchen Sie, welche Textsignale Sie bei Ihrer Vorstellung zur Umsetzung des Gedichts geleitet haben, und halten Sie Ihre Ergebnisse stichwortartig fest.
3. Gliedern Sie das Gedicht in Sinnabschnitte und halten Sie fest, was darin jeweils ausgesagt wird und welche Entwicklung Sie erkennen können.
4. Untersuchen Sie sprachliche Bilder sowie die lautliche Gestaltung der Verse. Notieren Sie, welche Wirkung jeweils hierdurch hervorgerufen wird.
5. Tragen Sie Ihre Ergebnisse zusammen und formulieren Sie zusammenfassende und deutende Aussagen zum Gedicht.

August Stramm. Stramm wurde in Münster als Sohn eines Postbeamten geboren, auf dessen Wunsch hin er selbst auch in den Postdienst eintrat. Mit seiner Frau, der Unterhaltungsschriftstellerin und Journalistin Else Krafft, und zwei Kindern lebte er ab 1902 in Berlin, wo er neben seiner Arbeit ein Studium absolvierte und etwa ab 1910 zu schreiben begann. Charakteristisch sind seine Wortkunstgedichte. Ein Kontakt und die beginnende Freundschaft zu Herwarth Walden, dem Herausgeber der Zeitschrift „Der Sturm", boten ihm eine Möglichkeit zur Veröffentlichung seiner Texte. Bei Kriegsausbruch kämpfte Stramm als Hauptmann, Kompanieführer und Bataillonskommandeur. Er verfasste mehrere Kriegsgedichte, in welchen er die Schrecken des Krieges verarbeitete. Stramm fiel im September 1915 an der Ostfront in Russland.

August Stramm (1874–1915)
Patrouille[1]

Die Steine feinden
Fenster grinst Verrat
Äste würgen
Berge Sträucher blättern raschlig
Gellen
Tod *(1915)*

1. Untersuchen Sie die sprachliche Gestaltung des Textes und erklären Sie auf dieser Grundlage, warum die Lyrik Stramms oft als „Wortkunst" bezeichnet wird. Ziehen Sie dazu die im Info-Kasten geschilderte Theorie zurate.
2. Setzen Sie Ihre Ergebnisse in eine Beziehung zu dem im Gedicht Sprechenden und schlussfolgern Sie auf seine innere und äußere Situation.
3. Nehmen Sie die beiden Gedichte „Grodek" und „Patrouille" gemeinsam vor dem Entstehungshintergrund einer realen Kriegserfahrung der Autoren in den Blick. Vergleichen Sie die Haltung zum Krieg mit der Darstellung im Gedicht von Georg Heym.

Information

Wortkunsttheorie

In der Wortkunsttheorie wird dem einzelnen Wort der zentrale poetische Wert zugemessen. Syntaktische und grammatische Sprachnormen oder Prinzipien der Logik treten gegenüber Wortsinn und Wortklang zurück. Charakteristisches Merkmal der Wortkunst ist demnach die Hervorhebung des Wesentlichen, das sich darin ausdrückt, dass die dichterische Sprache radikal verkürzt und konzentriert wird. Die Wortkunsttheorie wurde vor allem im Umkreis der expressionistischen Zeitschrift „Der Sturm" propagiert und von August Stramm dichterisch umgesetzt.
Ein anschauliches Beispiel für die Technik der Wortkunst liefert deren Vertreter Lothar Schreyer (1886–1966): „‚Die Bäume und die Blumen blühen.' Lässt man in diesem Satz die Artikel fort, wird er schon kürzer: ‚Bäume und Blumen blühen.' Noch konzentrierter wirkt der Satz im Singular: ‚Baum und Blume blüht.' Befreit man sich und die Wörter von den Regeln der Grammatik, lässt sich eine weitere Verknappung des Ausdrucks erreichen: ‚Baum blüht Blume.' Die stärkste Konzentration erfährt der Satz in der Reduktion auf ein einziges Wort: ‚Blüte'."

S. auch August Stramm, „Untreu", S. 80.

[1] **Patrouille:** militärische Taktik, bei welcher einzelne kleine Einheiten aus der Truppe ausgegliedert werden, um eine bestimmte Aufgabe (z. B. Ausspähen des feindlichen Gebietes) auszuführen und anschließend wieder zurückzukehren

4. Wenden Sie die Technik der Wortkunst selbst an, indem Sie ein Gedicht Ihrer Wahl radikal konzentrieren. Versuchen Sie dabei, das „Wesentliche“ des jeweiligen Textes zu erhalten. Diskutieren Sie anschließend die Wirkung Ihrer Texte.

5. Was Sie noch machen können:

a) Gehen Sie noch einmal auf die Selbstporträts von Oskar Kokoschka, Egon Schiele, Ludwig Meidner, Ernst Ludwig Kirchner und Erich Heckel auf der Titelseite des Kapitels ein und informieren Sie sich genauer über die Künstler sowie die verwendeten Form- und Stilelemente und eine mögliche Aussageabsicht. Erstellen Sie weiterhin ein eigenes Selbstporträt und greifen Sie dazu auf, was Sie über expressionistische Kunstwerke gelernt haben.

b) „Sie sehen um uns herum diese Ausgeburten des Wahnsinns, der Frechheit, des Nichtkönnens und der Entartung.“ Mit diesen Worten eröffnete Adolf Ziegler, selbst Maler und Präsident der Reichskammer der Bildenden Künste, im Jahr 1937 die von Joseph Goebbels initiierte Ausstellung „Entartete Kunst“ in München. Unter den „entarteten Künstlern“ befanden sich auch Maler, die Sie in dieser Unterrichtseinheit kennengelernt haben. Ebenso standen auch die meisten expressionistischen Autoren auf der Liste der im Zuge der Bücherverbrennung und der sogenannten Säuberung der Volksbüchereien zu vernichtenden Bücher. Recherchieren Sie zur Ausstellung „Entartete Kunst“ und setzen Sie sich kritisch mit der Kunst- und Kulturauffassung des Nationalsozialismus auseinander.

➔ Literatur im Schatten des Hakenkreuzes, s. S. 350–363.

NS-Propagandaminister Joseph Goebbels beim Besuch der Ausstellung „Entartete Kunst“ im Haus der Kunst in Berlin am 27. Februar 1938

c) Nehmen Sie die Tradition des „Neopathetischen Cabarets“ wieder auf und gestalten Sie einen Abend, bei dem Sie eine Auswahl expressionistischer Gedichte vortragen und kleine Spielszenen entwickeln. Bereiten Sie darauf vor, indem Sie den Ablauf in Form eines Programmheftes oder Plakates vorstellen.

d) Recherchieren Sie zu den Zeitschriften „Der Sturm“ oder „Die Aktion“ und erstellen Sie eine Sonderausgabe, in der Gedichte, Bilder, Essays sowie Kritiken rund um den Expressionismus verarbeitet sind. Sie können eigene oder zeitgenössische Texte und Bilder dazu in Ihrem Band sammeln.

e) In dieser Einheit haben Sie im Wesentlichen expressionistische Lyrik kennengelernt. Der Expressionismus umfasst auch andere Textgattungen. Stellen Sie im Kurs ausgewählte dramatische oder epische Texte vor, z. B.:
Walter Hasenclever: „Der Sohn“ (1914)
Ernst Toller: „Masse Mensch“ (1921)
Alfred Döblin: „Die Ermordung einer Butterblume“ (1913)
Georg Heym: „Der Irre“ (posthum herausgegeben 1913)
Gottfried Benn: „Gehirne“ (1916)

f) Der Expressionismus erfasste als kulturrevolutionäre Bewegung außer der Malerei und Literatur auch andere Künste. Recherchieren Sie z. B. zu den Bereichen Musik, Film und Architektur.

g) Schauen Sie sich Robert Wienes Film „Das Cabinet des Dr. Caligari“ oder Fritz Langs Film „Metropolis“ an und untersuchen Sie die Filme oder ausgewählte Ausschnitte im Hinblick auf ihre Inhalte und ihre filmsprachliche Gestaltung. Setzen Sie Ihre Ergebnisse in Beziehung zu dem, was Sie in diesem Kapitel über den Expressionismus erfahren haben.

➔ Einen Film/eine Filmszene/ein Standbild analysieren – Ein Überblick, s. S. 561 ff.

h) Welche Themen, Erkenntnisse und Empfindungen bestimmen die Wahrnehmung Ihrer Zeit? Machen Sie sich zunächst Stichworte und gestalten Sie dann einen Text über Ihr Zeitempfinden. Wählen Sie dazu die Form eines Gedichts, einer Collage, eines Bildes oder eines Essays.

➔ Einen Essay schreiben, s. S. 591 f.

Expressionismus

Der Expressionismus gilt als die große Künstlerbewegung der Moderne, weil er verschiedene Kunstbereiche durchzieht und auch als Reaktion auf eine tief greifende Gesellschafts- und Kulturkrise an der Schwelle zu einer neuen Zeit verstanden werden kann.
Seine Vertreter, überwiegend junge Künstler, greifen verarbeitend und gestaltend die Themen auf, die für ihr Zeitempfinden wesentlich sind. Sichtbar wird dabei vor allem das Gefühl einer umfassenden Verunsicherung des Ichs. Die zunehmende Industrialisierung führt zu einer Entmenschlichung von Arbeitsbedingungen, und die Verstädterung erzeugt das Gefühl der Anonymität. Die Philosophen künden vom Ende in sich geschlossener Sinnsysteme und erzeugen damit den Gedanken, radikal auf sich selbst zurückgeworfen zu sein und sich nicht länger in einem Glauben oder einer Tradition wiederfinden zu können.
Die expressionistische Bewegung entsteht somit in Opposition zu bisherigen gesellschaftlichen und künstlerischen Werten, was sich in der Literatur auch formal, beispielsweise durch den Bruch mit gängigen Normen und der Lust am Experimentieren mit Sprache, niederschlägt. Es entwickeln sich Ausdrucksmittel, die die Zerrissenheit der Wahrnehmung im verwirrenden Lebensraum der Großstadt und das Aufbegehren gegen die Welt des Bürgerlichen spiegeln.
Thematisch rücken gesellschaftliche Randexistenzen in den Fokus, weil sie den Ausbruch aus jeglichem Reglement und die Macht des Irrationalen versinnbildlichen und somit Aspekte des Selbstverständnisses expressionistischer Künstler in gesteigerter Weise aufwerfen.
Zugleich wächst die Sehnsucht nach Erneuerung, die auf der einen Seite ganz konkret politisch gedacht wird, auf der anderen Seite aber auch auf einen inneren Prozess der Umkehr bezogen ist. Nach außen hin wird pathetisch der Niedergang des Alten und der Aufbruch des Neuen deklamiert, in den jüngeren Texten oftmals im Bewusstsein eines damit verbundenen kommenden Krieges. Bedingt durch die tatsächliche Kriegserfahrung, die fast alle expressionistischen Künstler im 1914 beginnenden Ersten Weltkrieg gemacht haben und die viele von ihnen das Leben kostete, verändern sich die vorherige Wertung sowie die Art der Darstellung. Nach innen ertönt der Ruf nach Wandlung hin zum Wesentlichen des Menschen und der Dinge. Formal entspricht dem die Tendenz zur Abstraktion und der Zersprengung der Form, um eine neue, völlig andere Sichtweise zu ermöglichen. Besonders an den Gedichten der Epoche wird jedoch auch deutlich, dass dieses Postulat nicht immer eingehalten wird, sondern im Gegenteil die Künstler oftmals auf besonders strenge Formen wie etwa das Sonett zurückgreifen. Es lässt sich vermuten, dass die Wahrung einer Form hier eine Gegenreaktion auf das Empfinden für die Zeit verstanden werden kann, weil diese als vorherige Gesetze durchbrechend, chaotisch und „formlos“ wahrgenommen wird.
Die expressionistische Epoche bricht jäh ab, weil einerseits ein Großteil der jungen Künstler Opfer des Krieges und der eigenen Gemütsverfassung wird und andererseits die revolutionären und antibürgerlichen Forderungen in ihrer Radikalität an der Wirklichkeit zerbrechen.

Das expressionistische Jahrzehnt 1910 – 1920

Zeitgeschichtliche Hintergründe
- Aufbruch in die Moderne: Verstädterung und Anonymisierung der Lebenswelten, Industrialisierung, Segmentierung, Dynamisierung
- Überdruss der jungen Generation bezüglich der Wertvorstellungen ihrer Väter
- Gefühl für den herannahenden Ersten Weltkrieg (1914 – 1918) und der damit verbundenen Zerstörung der bisherigen Welt und Gesellschaft (apokalyptisches Zeitempfinden)
- Verlust einer einheitlichen, überweltlichen Orientierung (z. B. in Form einer Religion), Entfremdungserfahrungen, Sinnverlust, Nihilismus

Geistige Tendenzen und leitende Ideen
- Expressionismus als kulturrevolutionäre Bewegung, die alle Künste (z. B. Malerei, Architektur, Theater) umfasst
- geistige Hintergründe: Philosophie Nietzsches (Proklamation vom Tode Gottes, Bekenntnis zum Nihilismus), Darwinismus, Psychoanalyse Freuds
- Kunst als Ausdrucksform für die als bedrängend wahrgenommene moderne Zeit
- Bruch mit dem Traditionellen, Bürgerlichen und Überlieferten; Wunsch nach Aufbruch und Neuanfang → Bekenntnis zur radikalen Subjektivität
- Versuch, über die Zersprengung fester Formen zum Wesen der Dinge vorzudringen, daraus resultierend Experimente mit Formen sowie sprachlichen und grammatischen Strukturen

Literarische Formen
- Lyrik (bes. Lyrik der Simultaneität, messianische Lyrik)
- Drama (Stationendrama, Verkündigungsdrama)
- Prosa (Roman, Erzählung, Novelle)

Themen und Motive
- Faszination und Gefahr des Lebens in der Großstadt
- Leiden an der Entmenschlichung durch die industrialisierte und anonymisierte moderne Welt
- Zerfall des Ichs: Darstellung von inneren und äußeren Auflösungsprozessen, Krisenbewusstsein, „Ästhetik des Hässlichen“
- Weltende, Revolution, Aufruhr
- Vorwegnahme und Erfahrung des Krieges
- leidenschaftliche Forderung nach einer neuen Humanität, messianisches Sendungsbewusstsein („O-Mensch-Pathos“)

Autoren und Werke
- Gedichte von Jakob van Hoddis, Ernst Stadler, Georg Heym, August Stramm, Georg Trakl, Gottfried Benn, Ernst Wilhelm Lotz, Paul Zech, Alfred Lichtenstein, Else Lasker-Schüler
- Dramen von Walter Hasenclever, Ernst Toller und Oskar Kokoschka
- Prosa von Alfred Döblin und Carl Einstein

„Je länger man vor der Tür zögert, desto fremder wird man" – Das Rätsel Franz Kafka

Franz Kafka gilt als einer der bedeutendsten Schriftsteller der Moderne. Vieles in seiner Schreibweise ist anders als gewohnt. Der Besonderheit dieses Autors nachzuspüren ist Aufgabe des vorliegenden Kapitels. Sicherlich gehört Franz Kafka zeitlich in die Literatur der Moderne, dennoch ist er weder Expressionist noch Dadaist noch Sachlichkeitsvertreter. Die Eigenart seiner Literatur sowie die Schwierigkeit der Lesart seiner Texte bilden in diesem Teilkapitel den roten Faden.

1. Sehen Sie sich das Porträt, die Aussagen Kafkas und die Abbildungen an – Welchen Eindruck gewinnen Sie von dem Autor?
2. Welche Art von Literatur erwarten Sie?
3. Vielleicht sind Ihnen Texte Kafkas aus der Mittelstufe bekannt. Was wissen Sie bereits über den Autor und seine Texte?

Aussagen Kafkas

„Je länger man vor der Tür zögert, desto fremder wird man."

„Ein Buch muss die Axt sein für das gefrorene Meer in uns."

„Es ist nicht notwendig, dass du aus dem Haus gehst. Bleib an deinem Tisch und horche. Horche nicht einmal, warte nur. Warte nicht einmal, sei völlig still und allein. Anbieten wird sich dir die Welt zur Entlarvung, sie kann nicht anders, verzückt wird sie sich vor dir winden."

„Verkehr mit Menschen verführt zur Selbstwahrnehmung."

„Was ich geleistet habe, ist nur ein Erfolg des Alleinseins."

Zeichnungen Franz Kafkas

1 Franz Kafkas Parabeln: kurz, prägnant, verschlüsselt

Franz Kafka. Kafka wurde 1883 in Prag geboren; er starb 1924 in Kierling bei Wien. Er war Sohn eines wohlhabenden jüdischen Kaufmanns; 1901–1906 studierte er Germanistik und Jura in Prag; 1906 promovierte er zum Dr. jur. Es folgte eine kurze Praktikantenzeit am Landesgericht Prag. Von 1908 bis 1917 arbeitete er als Angestellter einer Versicherungsgesellschaft, später einer Arbeiter-Unfall-Versicherung. 1917 erkrankte er an Tuberkulose, was ihn 1922 zur Aufgabe des Berufes zwang.
Kafka fühlte sich als einsamer und unverstandener Einzelgänger, nur mit den Schriftstellern Max Brod und Franz Werfel verband ihn Freundschaft; bekannt war er auch mit dem jüdischen Religionsphilosophen Martin Buber (1878–1965). In den Sommermonaten der Jahre 1910 bis 1912 führten ihn Reisen und Kuraufenthalte nach Italien, Frankreich, Deutschland, Ungarn und in die Schweiz. Sein Verhältnis zu Frauen war schwierig und problematisch: Zweimal hat er sich 1914 verlobt und das Verlöbnis wieder gelöst; 1920–1922 quälte ihn eine unerfüllte Liebe zu Milena Jesenska, was zahlreiche erhaltene Briefe dokumentieren; seit 1923 lebte er mit Dora Dymant zusammen als freier Schriftsteller in Berlin und Wien, zuletzt in einem Sanatorium bei Wien, wo er an Kehlkopftuberkulose starb. Sein literarischer Nachlass, den er testamentarisch zur Verbrennung bestimmt hatte, wurde posthum gegen seinen Willen von Max Brod veröffentlicht.

Franz Kafka (1883–1924)

Gibs auf

Es war sehr früh am Morgen; die Straßen rein und leer, ich ging zum Bahnhof. Als ich eine Turmuhr mit meiner Uhr verglich, sah ich, dass es schon viel später war, als ich geglaubt hatte, ich musste mich sehr beeilen, der Schrecken über diese Entdeckung ließ mich im Weg unsicher werden, ich kannte mich in dieser Stadt noch nicht sehr gut aus, glücklicherweise war ein Schutzmann in der Nähe, ich lief zu ihm und fragte ihn atemlos nach dem Weg. Er lächelte und sagte: „Von mir willst du den Weg erfahren?" „Ja", sagte ich, „da ich ihn selbst nicht finden kann." „Gibs auf, gibs auf", sagte er und wandte sich mit einem großen Schwunge ab, so wie Leute, die mit ihrem Lachen allein sein wollen.

(1922)

1. Lesen Sie den Text und notieren Sie Fragen, die sich Ihnen stellen.
2. Fertigen Sie eine Skizze an, die die erzählte Szenerie veranschaulicht. Vergleichen Sie anschließend die Zeichnungen und überprüfen Sie, welche zentralen Textsignale Sie geleitet haben. Alternativ können Sie auch Ihnen wesentlich erscheinende Begriffe herausschreiben. Begründen Sie Ihre Auswahl.
3. Wie wirkt der Ich-Erzähler auf Sie? Analysieren Sie seine Situation und begründen Sie Ihre Einschätzung mit dem Text.
4. Sehen Sie sich die Satzgestaltung des Textes an: Inwiefern unterstützt sie die Wahrnehmung des Erzählers durch den Leser?
5. Wenden Sie sich nun dem Schutzmann zu: Welche Assoziationen haben Sie beim Wort „Schutzmann"? Notieren Sie sie in einem kleinen Ideenstern. Vergleichen Sie Ihre Assoziationen mit der Darstellung des Schutzmanns in Kafkas Erzählung.
6. Eine Parabel erzählt auf der Bildebene etwas, das auf die sogenannte Sachebene übertragen werden muss, d. h., Kafkas Parabel will mehr erzählen als nur die individuelle Geschichte eines Mannes, der auf dem Weg zu einem Bahnhof ist. Notieren Sie eine Gegenüberstellung, bei der Sie einzelne Begriffe des Textes, also der Bildebene, auf allgemeinerer Ebene, also der Sachebene, deuten, z. B. signalisiert ein Bahnhof die Situation eines Aufbruchs mit einem bekannten Ziel. Formulieren Sie solche Übertragungen für die Begriffe: früh am Morgen/Straßen rein und leer/Bahnhof/Turmuhr/Schutzmann.
7. Worin liegt das Überraschende innerhalb der Parabel? Wie deuten Sie die Antwort des Schutzmanns am Ende der Parabel?

Franz Kafka

Heimkehr

Ich bin zurückgekehrt, ich habe den Flur durchschritten und blicke mich um. Es ist meines Vaters alter Hof. Die Pfütze in der Mitte. Altes, unbrauchbares Gerät, ineinander verfahren, verstellt den Weg zur Bodentreppe. Die Katze lauert auf dem Geländer. Ein zerrissenes Tuch, einmal im Spiel um eine Stange gewunden, hebt sich im Wind. Ich bin angekommen. Wer wird mich empfangen? Wer wartet hinter der Tür der Küche? Rauch kommt aus dem Schornstein, der Kaffee zum Abendessen wird gekocht. Ist dir heimlich, fühlst du dich zu Hause? Ich weiß es nicht, ich bin sehr unsicher. Meines Vaters Haus ist es, aber kalt steht Stück neben Stück, als wäre jedes mit seinen eigenen Angelegenheiten beschäftigt, die ich teils vergessen habe, teils niemals kannte. Was kann ich ihnen nützen, was bin ich ihnen und sei ich auch des Vaters, des alten Landwirts Sohn. Und ich wage nicht, an der Küchentür zu klopfen, nur von der Ferne horche ich, nur von der Ferne horche ich stehend, nicht so, dass ich als Horcher überrascht werden könnte. Und weil ich von der Ferne horche, erhorche ich nichts, nur einen leichten Uhrenschlag höre ich oder glaube ihn vielleicht nur zu hören, herüber aus den Kindertagen. Was sonst in der Küche geschieht, ist das Geheimnis der dort Sitzenden, das sie vor mir wahren. Je länger man vor der Tür zögert, desto fremder wird man. Wie wäre es, wenn jetzt jemand die Tür öffnete und mich etwas fragte. Wäre ich dann nicht selbst wie einer, der sein Geheimnis wahren will. *(1920/1922)*

1. Welche Assoziationen verbinden Sie mit dem Wort „Heimkehr“? Wie erlebt der Ich-Erzähler seine Heimkehr?
2. Welche Entwicklung durchläuft der Ich-Erzähler in der Geschichte? Zur Verdeutlichung können Sie
   - eine Strukturskizze erstellen, die die Entwicklung der inneren Verfassung des Ich-Erzählers verdeutlicht (fügen Sie Textsignale ein),
   - die Sprache des Textes (Satzarten, Zeichensetzung, Wortwahl) zum Ausgangspunkt nehmen, um die Entwicklung des Erzählers zu zeigen,
   - den ersten Satz mit dem letzten vergleichen und die Entwicklung des Ich-Erzählers zeigen; versuchen Sie auch, den Symbolwert einzelner Gegenstände auf dem Hof zu erläutern.
3. Welche Wirkung geht davon aus, dass die Parabel überwiegend im Präsens verfasst ist?
4. Erzählen Sie das Geschehen aus der Sicht der Tür. Denken Sie daran, dass die Tür sowohl nach innen als auch nach außen sehen kann. Oder gestalten Sie die Erzählung so um, dass sich eine gelingende Heimkehr ergibt.
5. Welche menschliche Grunderfahrung könnte sich in der Erzählung spiegeln? Warum kommt es nicht zur „Heimkehr“? Ziehen Sie zur Beantwortung auch Ihre anfänglichen Assoziationen zur Überschrift heran.

Das Gleichnis vom verlorenen Sohn (Lk 15, 11 – 32)[1]

[11]Weiter sagte Jesus: Ein Mann hatte zwei Söhne. [12]Der jüngere von ihnen sagte zu seinem Vater: Vater, gib mir das Erbteil, das mir zusteht. Da teilte der Vater das Vermögen auf.

[13]Nach wenigen Tagen packte der jüngere Sohn alles zusammen und zog in ein fernes Land. Dort führte er ein zügelloses Leben und verschleuderte sein Vermögen. [14]Als er alles durchgebracht hatte, kam eine große Hungersnot über das Land, und es ging ihm sehr schlecht. [15]Da ging er zu einem Bürger des Landes und drängte sich ihm auf; der schickte ihn aufs Feld zum Schweinehüten. [16]Er hätte gern seinen Hunger mit den Futterschoten gestillt, die die Schweine fraßen; aber niemand gab ihm davon. [17]Da ging er in sich und sagte: Wie viele Tagelöhner meines Vaters haben mehr als genug zu essen, und ich komme hier vor Hunger um. [18]Ich will aufbrechen und zu meinem Vater gehen und zu ihm sagen: Vater, ich habe mich gegen den Himmel und gegen dich versündigt. [19]Ich bin nicht mehr wert, dein Sohn zu sein; mach mich zu einem deiner Tagelöhner. [20]Dann brach er auf und ging zu seinem Vater. Der Vater sah ihn schon von Weitem kommen, und er hatte Mitleid mit ihm. Er lief dem Sohn entgegen, fiel ihm um den Hals und küsste ihn. [21]Da sagte der Sohn: Vater, ich habe mich gegen den Himmel und gegen dich versündigt; ich bin nicht mehr wert, dein Sohn zu sein. [22]Der Vater aber sagte zu seinen Knechten: Holt schnell das beste Gewand, und zieht es ihm an, steckt ihm einen Ring an die Hand, und zieht ihm Schuhe an. [23]Bringt das Mastkalb her, und schlachtet es; wir wollen essen und fröh-

[1] Der Text steht in einer Reihe von Gleichnissen Jesu zum Reich Gottes; von der Gattung her ist er eine Parabel.

lich sein. [24]Denn mein Sohn war tot und lebt wieder; er war verloren und ist wiedergefunden worden. Und sie begannen, ein fröhliches Fest zu feiern.

[25]Sein älterer Sohn war unterdessen auf dem Feld. Als er heimging und in die Nähe des Hauses kam, hörte er Musik und Tanz. [26]Da rief er einen der Knechte und fragte, was das bedeuten solle. [27]Der Knecht antwortete: Dein Bruder ist gekommen, und dein Vater hat das Mastkalb schlachten lassen, weil er ihn heil und gesund wiederbekommen hat. [28]Da wurde er zornig und wollte nicht hineingehen. Sein Vater aber kam heraus und redete ihm gut zu.

[29]Doch er erwiderte dem Vater: So viele Jahre schon diene ich dir, und nie habe ich gegen deinen Willen gehandelt; mir aber hast du nie auch nur einen Ziegenbock geschenkt, damit ich mit meinen Freunden ein Fest feiern konnte. [30]Kaum aber ist der hier gekommen, dein Sohn, der dein Vermögen mit Dirnen durchgebracht hat, da hast du für ihn das Mastkalb geschlachtet. [31]Der Vater antwortete ihm: Mein Kind, du bist immer bei mir, und alles, was mein ist, ist auch dein. [32]Aber jetzt müssen wir uns doch freuen und ein Fest feiern; denn dein Bruder war tot und lebt wieder; er war verloren und ist wiedergefunden worden.

1. Beschreiben Sie das Verhalten des Vaters und der beiden Söhne, als der jüngere Sohn nach Hause zurückkehrt. Wie erklärt der ältere, zu Hause gebliebene Sohn seine Reaktion? Beurteilen Sie sein Verhalten und das des Vaters.

2. Welche Reaktion des älteren Bruders auf die Worte des Vaters am Schluss ist denkbar? Verfassen Sie einen inneren Monolog oder eine direkte Antwort des Sohnes.

3. Jesus möchte seinen Zuhörern eine Botschaft übermitteln. Welche könnte das sein?

Hieronymus Bosch: Der verlorene Sohn (1450)

Albrecht Dürer: Der verlorene Sohn (1520)

Rembrandt: Heimkehr des verlorenen Sohnes (1636)

4. Beschreiben und vergleichen Sie die drei Bilder zur biblischen Geschichte. Worauf hat der Maler jeweils das Schwergewicht gelegt? Welche Aussagen der biblischen Vorlage sind aufgenommen und welche Deutungsschwerpunkte ergeben sich daraus?

5. Die drei Bilder deuten die biblische Geschichte jeweils aus ihrer Zeit heraus. Wie sähe eine aktuelle Zeichnung zum „Gleichnis vom verlorenen Sohn" aus? Fertigen Sie einen Entwurf zu einer solchen Darstellung an.

6. Bauen Sie ein Standbild zu einer möglichen modernen Darstellung des „Gleichnisses vom verlorenen Sohn“ oder fotografieren Sie eine entsprechende Situation.

7. Vergleichen Sie die biblische Erzählung mit der Parabel Franz Kafkas.
➔ Erzähltexte miteinander vergleichen, s. S. 554 ff.

Franz Kafka
Der Aufbruch

Ich befahl mein Pferd aus dem Stall zu holen. Der Diener verstand mich nicht. Ich ging selbst in den Stall, sattelte mein Pferd und bestieg es. In der Ferne hörte ich eine Trompete blasen, ich fragte ihn, was das bedeute. Er wusste nichts und hatte nichts gehört. Beim Tore hielt er mich auf und fragte: „Wohin reitest du, Herr?“ „Ich weiß es nicht“, sagte ich, „nur weg von hier, nur weg von hier. Immerfort weg von hier, nur so kann ich mein Ziel erreichen.“ „Du kennst also dein Ziel?“, fragte er. „Ja“, antwortete ich, „ich sagte es doch, ‚Weg-von-hier‘, das ist mein Ziel.“ „Du hast keinen Essvorrat mit“, sagte er. „Ich brauche keinen“, sagte ich, „die Reise ist so lang, dass ich verhungern muss, wenn ich auf dem Weg nichts bekomme. Kein Essvorrat kann mich retten. Es ist ja zum Glück eine wahrhaft ungeheuere Reise.“

(1921)

1. Diskutieren Sie in der Gruppe über die folgenden Deutungsansätze zur Parabel. Welchem können Sie sich am ehesten anschließen? Begründen Sie mithilfe des Textes.
   - Die Parabel erzählt von der Kommunikationslosigkeit der Menschen.
   - Die Parabel thematisiert das Sterben eines Menschen.
   - Die Parabel thematisiert die Situation eines Menschen vor einem Neubeginn.
   - Die Parabel erzählt von dem Beginn eines ungewissen, neuen Lebensabschnitts einer Person, die von den Mitmenschen enttäuscht ist.

2. Beschreiben Sie mithilfe des Textes das Verhalten des Dieners und des Herrn, untersuchen Sie dazu auch das Gespräch zwischen den beiden.

3. Ermitteln Sie aus dem Text, wie der Herr den Begriff „Ziel“ versteht, und erläutern Sie, warum der Herr auf seine Reise keinen Proviant mitnimmt.

4. „Es ist ja zum Glück eine wahrhaft ungeheuere Reise.“ – Deuten Sie diesen Schlusssatz der Parabel.

5. Passt der Titel zum Text? Begründen Sie Ihre Position. Suchen Sie gegebenenfalls nach Alternativen.

6. Vergleichen Sie diese Parabel mit den Texten „Heimkehr“ und „Gibs auf“. Wo sehen Sie Gemeinsamkeiten?
➔ Erzähltexte miteinander vergleichen, s. S. 554 ff.

7. Schreiben Sie die Geschichte für Ihre Lebenswirklichkeit um; die Grundaussage des Textes soll jedoch erhalten bleiben. Besprechen Sie anschließend Ihre Entwürfe und beurteilen Sie sie auf der Basis der Parabel.

Franz Kafka
Kleine Fabel

„Ach“, sagte die Maus, „die Welt wird enger mit jedem Tag. Zuerst war sie so breit, dass ich Angst hatte, ich lief weiter und war glücklich, dass ich endlich rechts und links in der Ferne Mauern sah, aber diese langen Mauern eilen so schnell aufeinander zu, dass ich schon im letzten Zimmer bin, und dort im Winkel steht die Falle, in die ich laufe.“ – „Du musst nur die Laufrichtung ändern“, sagte die Katze und fraß sie.

(1920)

1. Die Maus schildert in ihrer Rede ihr eigenes Erleben. Unterteilen Sie dieses Erleben in Stadien und geben Sie an, wodurch sich jedes Stadium auszeichnet. Kennzeichnen Sie dabei auch die jeweiligen Empfindungen der Maus.

2. Wie kommt es, dass die Maus in die Situation der Beengung gerät? Diskutieren Sie, ob die Maus Handlungsalternativen gehabt hätte.

3. Im Folgenden finden Sie drei Deutungsansätze zur Parabel. Vergleichen Sie sie miteinander.
   - Die Parabel „Kleine Fabel“ zeigt die vernichtende Wirkung der allmählichen Anpassung des Menschen an gesellschaftliche Erfordernisse: Zwar gibt die Übernahme fester Wertvorstellungen eine gewisse Sicherheit, letztlich wird aber der Einzelne durch die Begrenzungen in seiner persönlichen Entfaltung behindert. Schließlich bleibt kein Raum mehr für Individualität und der Einzelne geht unter in der Enge der Werte und Normierungen.

- Die Parabel „Kleine Fabel“ zeigt in Form eines Tierdialogs die Grundsituation menschlicher Existenz. Das menschliche Leben wird durch „Mauern“ fremdbestimmt, die „Laufrichtung“, das Leben, kann nicht frei gestaltet werden. Die einzige Perspektive, die dem Menschen bleibt, ist sein Tod.
- Die Parabel „Kleine Fabel“ zeigt auf eindrückliche Weise die Verantwortung des Einzelnen für sein Leben: Hilfestellungen und die Suche nach verbindlichen Orientierungen helfen ihm nicht, sondern engen ihn in bedrohlicher Weise ein, sodass die Botschaft dieses Textes mit dem Aufruf zusammengefasst werden kann, das Leben in die eigene Hand zu nehmen.

4. Prüfen Sie die Deutungsansätze: Von welchem Menschenbild gehen sie aus? Bewerten Sie die Deutungen vor dem Hintergrund, ob das jeweilige Menschenbild Ihrer Lebenswirklichkeit entspricht. Geben Sie zur Verdeutlichung evtl. konkrete Beispiele an.

5. Verfassen Sie einen literarischen Text, in dem Sie die Aussage der Parabel aufgreifen. In diesem Fall sollen die Protagonisten jedoch Menschen sein. Sie können eine Erzählung, eine Kurzgeschichte, ein Märchen ... schreiben.

Luzia Schünemann (geb. 1965)

Die Parabel

Der Begriff „Parabel“ kommt aus dem Griechischen und bedeutet übersetzt sinngemäß „Nebeneinanderstellung“. In einer Parabel wird eine menschliche Grunderfahrung (z. B. Isolation, Entfremdung ...) an einem Beispiel veranschaulicht. Sie ist ein zu einer selbstständigen Erzählung erweiterter Vergleich. Verglichen wird dabei ein literarisch gestalteter Einzelfall mit der menschlichen Grunderfahrung. Bei einer Parabel ist der Vergleich jedoch nicht vollständig ausgeführt: Der gemeinte Sachverhalt muss vom Leser selbst erschlossen werden. Er steht vor der Aufgabe, den Einzelfall auf eine mögliche menschliche Grunderfahrung zu beziehen. Das Bindeglied zwischen der Bildebene (der literarisch gestaltete Einzelfall) und der Sachebene bzw. der Deutungsebene (die menschliche Grunderfahrung) ist das „tertium comparationis“ („das Dritte des Vergleichs“). Das „Tertium comparationis“ ist das Textsignal, das der Leser oder die Leserin selbst suchen und für sich bestimmen muss, um eine Übertragung von der erzählten Bildebene zur gemeinten Sachebene durchführen zu können. Es ist gleichsam der Schlüssel für die Deutung der Parabel. In der Parabel „Der Aufbruch“ kann z. B. die Überschrift als „tertium comparationis“ identifiziert werden, indem man die Situation des (Neu-)Beginns als eine menschliche Grunderfahrung deutet. Bei der Analyse einer Parabel bietet es sich an, den Text zunächst entsprechend dem Handlungsverlauf zu untergliedern und die zentralen Bildelemente der einzelnen Abschnitte zu deuten und auf die Sachebene zu übertragen. Bei sehr kurzen Parabeln kann auch auf die Gliederung verzichtet werden, und es können einzelne Bildelemente direkt aufgelöst werden. Im Hinblick auf die Parabel „Der Aufbruch“ können solche Bildelemente z. B. sein: der Diener, das Nichtverstehen, das Trompetensignal, das Ziel, der Essvorrat, die Reise ... Die Schwierigkeit, aber auch der besondere Reiz der Analyse von Parabeln liegt in ihrer Offenheit, die unterschiedliche, individuelle Deutungsmöglichkeiten zulässt. Eine verwandte Textart ist das Gleichnis, das aus der Bibel bekannt ist. Hier ist die Deutungsrichtung in aller Regel jedoch vorgegeben (z. B.: „Ich sage euch: Ebenso wird mehr Freude sein im Himmel über einen einzigen Sünder, der sich bekehrt, als über 99 Gerechte, die der Umkehr nicht bedürfen.“, Lukas 15,7).

(2012)

1. Fassen Sie die zentralen Merkmale der Textart „Parabel“ zusammen. Erstellen Sie anschließend ein Schaubild zu dieser Textart. Sie können dabei von einer mathematischen Normalparabel als Veranschaulichung ausgehen.

2. Wählen Sie eine der vorausgehenden Parabeln Kafkas aus und wenden Sie Ihr Schaubild darauf an.

3. Informieren Sie sich im Anhang (S. 657) über die Textart „Fabel“. Lesen Sie anschließend noch einmal Kafkas Parabel „Kleine Fabel“ und überlegen Sie, inwiefern der Titel als „tertium comparationis“ dienen kann und eine Deutungsrichtung vorgibt.

4. Versuchen Sie, auch in den anderen Parabeln Kafkas das „tertium comparationis“ zu ermitteln; suchen Sie also nach Textsignalen, die eine Deutungsrichtung angeben könnten.

Franz Kafka
Der Nachbar

Mein Geschäft ruht ganz auf meinen Schultern. Zwei Fräulein mit Schreibmaschinen und Geschäftsbüchern im Vorzimmer, mein Zimmer mit Schreibtisch, Kasse, Beratungstisch, Klubsessel und Telefon, das ist mein ganzer Arbeitsapparat. So einfach zu überblicken, so leicht zu führen. Ich bin ganz jung und die Geschäfte rollen vor mir her. Ich klage nicht, ich klage nicht. Seit Neujahr hat ein junger Mann die kleine, leer stehende Nebenwohnung, die ich ungeschickterweise so lange zu mieten gezögert habe, frischweg gemietet. Auch ein Zimmer mit Vorzimmer, außerdem aber noch eine Küche. – Zimmer und Vorzimmer hätte ich wohl brauchen können – meine zwei Fräulein fühlten sich schon manchmal überlastet –, aber wozu hätte mir die Küche gedient? Dieses kleinliche Bedenken war daran schuld, dass ich mir die Wohnung habe nehmen lassen. Nun sitzt dort dieser junge Mann. Harras heißt er. Was er dort eigentlich macht, weiß ich nicht. Auf der Tür steht: „Harras, Bureau". Ich habe Erkundigungen eingezogen, man hat mir mitgeteilt, es sei ein Geschäft ähnlich dem meinigen. Vor Kreditgewährung könne man nicht geradezu warnen, denn es handle sich doch um einen jungen, aufstrebenden Mann, dessen Sache vielleicht Zukunft habe, doch könne man zu Kredit nicht geradezu raten, denn gegenwärtig sei allem Anschein nach kein Vermögen vorhanden. Die übliche Auskunft, die man gibt, wenn man nichts weiß. Manchmal treffe ich Harras auf der Treppe, er muss es immer außerordentlich eilig haben, er huscht förmlich an mir vorbei. Genau gesehen habe ich ihn noch gar nicht, den Büroschlüssel hat er schon vorbereitet in der Hand. Im Augenblick hat er die Tür geöffnet. Wie der Schwanz einer Ratte ist er hineingeglitten und ich stehe wieder vor der Tafel „Harras, Bureau", die ich schon viel öfter gelesen habe, als sie es verdient. Die elend dünnen Wände, die den ehrlich tätigen Mann verraten, den Unehrlichen aber decken. Mein Telefon ist an der Zimmerwand angebracht, die mich von meinem Nachbar trennt. Doch hebe ich das bloß als besonders ironische Tatsache hervor. Selbst wenn es an der entgegengesetzten Wand hinge, würde man in der Nebenwohnung alles hören. Ich habe mir abgewöhnt, den Namen der Kunden beim Telefon zu nennen. Aber es gehört natürlich nicht viel Schlauheit dazu, aus charakteristischen, aber unvermeidlichen Wendungen des Gesprächs die Namen zu erraten. – Manchmal umtanze ich, die Hörmuschel am Ohr, von Unruhe gestachelt, auf den Fußspitzen den Apparat und kann es doch nicht verhüten, dass Geheimnisse preisgegeben werden. Natürlich werden dadurch auch meine geschäftlichen Entscheidungen unsicher, meine Stimme zittrig. Was macht Harras, während ich telefoniere? Wollte ich sehr übertreiben – aber das muss man oft, um sich Klarheit zur verschaffen –, so könnte ich sagen: Harras braucht kein Telefon, er benutzt meines, er hat sein Kanapee an die Wand gerückt und horcht, ich dagegen muss zum Telefon laufen, die Wünsche des Kunden entgegennehmen, schwerwiegende Entschlüsse fassen, groß angelegte Überredungen ausführen – vor allem aber während des Ganzen unwillkürlich durch die Zimmerwand Harras Bericht erstatten. Vielleicht wartet er gar nicht das Ende des Gesprächs ab, sondern erhebt sich nach der Gesprächsstelle, die ihn über den Fall genügend aufgeklärt hat, huscht nach seiner Gewohnheit durch die Stadt und, ehe ich die Hörmuschel aufgehängt habe, ist er vielleicht schon daran, mir entgegenzuarbeiten.

(1917)

1. Welchen Eindruck haben Sie von der Persönlichkeit des Ich-Erzählers zu Beginn der Handlung? Wie beurteilen Sie sein Selbstbild?
2. Untersuchen Sie im Weiteren, wie der Ich-Erzähler den Nachbarn wahrnimmt und welchen Einfluss diese Wahrnehmungen auf sein Verhalten nehmen.
3. Ermitteln Sie die in dieser Erzählung verwendete Tiermetaphorik und deuten Sie sie zum einen hinsichtlich der Kennzeichnung des Nachbarn und zum anderen mit Blick auf das Verhalten des Erzählers.
4. Untersuchen Sie: Welche Merkmale einer Parabel lassen sich an diesem Text nachweisen?
5. Geben Sie dem Text eine neue Überschrift, die Ihre persönliche Lesart verdeutlicht. Begründen Sie Ihre Überschrift.
6. Vergleichen Sie das Verhalten des Ich-Erzählers mit dem in den Parabeln „Heimkehr" oder „Gibs auf": Wo finden Sie Berührungspunkte, worin unterscheidet sich die Parabel „Der Nachbar" von den beiden anderen Parabeln?

Franz Kafka

Auf der Galerie

Wenn irgendeine hinfällige, lungensüchtige Kunstreiterin in der Manege auf schwankendem Pferd vor einem unermüdlichen Publikum vom peitschenschwingenden erbarmungslosen Chef monatelang ohne Unterbrechung im Kreise rundum getrieben würde, auf dem Pferde schwirrend, Küsse werfend, in der Taille sich wiegend, und wenn dieses Spiel unter dem nicht aussetzenden Brausen des Orchesters und der Ventilatoren in die immerfort weiter sich öffnende graue Zukunft sich fortsetzte, begleitet vom vergehenden und neu anschwellenden Beifallsklatschen der Hände, die eigentlich Dampfhämmer sind – vielleicht eilte dann ein junger Galeriebesucher die lange Treppe durch alle Ränge hinab, stürzte in die Manege, rief das: Halt! durch die Fanfaren des immer sich anpassenden Orchesters.

Da es aber nicht so ist; eine schöne Dame, weiß und rot, hereinfliegt, zwischen den Vorhängen, welche die stolzen Livrierten vor ihr öffnen; der Direktor, hingebungsvoll ihre Augen suchend, in Tierhaltung ihr entgegenatmet; vorsorglich sie auf den Apfelschimmel hebt, als wäre sie seine über alles geliebte Enkelin, die sich auf gefährliche Fahrt begibt; sich nicht entschließen kann, das Peitschenzeichen zu geben; schließlich in Selbstüberwindung es knallend gibt; neben dem Pferde mit offenem Munde einherläuft; die Sprünge der Reiterin scharfen Blickes verfolgt; ihre Kunstfertigkeit kaum begreifen kann; mit englischen Ausrufen zu warnen versucht; die reifenhaltenden Reitknechte wütend zu peinlichster Achtsamkeit ermahnt; vor dem großen Salto mortale das Orchester mit aufgehobenen Händen beschwört, es möge schweigen; schließlich die Kleine vom zitternden Pferde hebt, auf beide Backen küsst und keine Huldigung des Publikums für genügend erachtet; während sie selbst, von ihm gestützt, hoch auf den Fußspitzen, vom Staub umweht, mit ausgebreiteten Armen, zurückgelehntem Köpfchen ihr Glück mit dem ganzen Zirkus teilen will – da dies so ist, legt der Galeriebesucher das Gesicht auf die Brüstung und, im Schlussmarsch wie in einem schweren Traum versinkend, weint er, ohne es zu wissen.

(1919)

George Seurat: „Der Zirkus" (1890)

1. Dieser Text weist eine auffällige Struktur auf. Ermitteln Sie sie und geben Sie begründet an, auf welche Phase sich die Abbildung bezieht. Wie sähe das Gegenbild aus?

2. Prüfen Sie im Anschluss daran die Zweiteilung des Textes durch die Satzkonstruktion mit Blick auf den Aussagegehalt der Abschnitte. Untersuchen Sie anschließend die beiden Textabschnitte hinsichtlich
   - des verwendeten Modus,
   - der Satzkonstruktion,
   - der Kennzeichnung der Kunstreiterin/des Direktors,
   - des Zustands des Zuschauers,

   indem Sie eine Tabelle zur Gegenüberstellung anlegen.

3. Beschreiben und erläutern Sie die Unterschiede in der Beziehung zwischen dem Direktor und der Kunstreiterin sowie die jeweilige Reaktion des Publikums.

4. Überprüfen Sie das Verhältnis von Traum und Wirklichkeit mit Blick auf das Verhalten des Zuschauers und leiten Sie daraus eine Deutung der Parabel ab.

2 „Kein Wort der Widerrede!" – Biografisches im Werk Franz Kafkas

Julie Kafka, geb. Löwy – Franz Kafkas Mutter

Kafkas Schwestern Valli, Ottla, Elli

Franz Kafka im Alter von etwa 5 Jahren

Hermann Kafka – Franz Kafkas Vater

Während Kafkas Mutter ihren Sohn liebevoll umsorgte und oft vor dem autoritären Vater in Schutz nahm und Kafka und seine Schwester Ottla ein inniges Verhältnis verband, hatte Franz Kafka zu seinem Vater zeit seines Lebens ein schwieriges Verhältnis, das ihn in seinem Denken, seiner Lebensweise und seinem Schreiben beeinflusste. Im folgenden Brief an Ottla aus dem Jahr 1917 äußert er sich über sein Verhältnis zu seinem Vater.

Franz Kafka

Ein Brief an die Schwester Ottla

„Nur eine wirkliche Berechtigung zum Vorwurf hat der Vater, nämlich darin, dass wir es (gleichgültig ob durch sein Verdienst oder seine Schuld) zu leicht haben; er kennt keine andere Erprobung, als die des Hungers, der Geldsorgen und vielleicht noch der Krankheit, erkennt, dass wir die ersteren, die zweifellos stark sind, noch nicht bestanden haben und leitet daraus das Recht ab, jedes freie Wort uns zu verbieten. Darin liegt Wahres und, weil es wahr ist, auch Gutes. Solange wir nicht auf seine Hilfe bei Vertreibung des Hungers und der Geldsorgen verzichten können, bleibt in unserem Verhalten ihm gegenüber Befangenheit und wir müssen uns ihm irgendwie fügen, selbst wenn wir es äußerlich nicht tun. Hier spricht aus ihm mehr als nur der Vater, mehr als der bloß nicht liebende Vater."

(1917)

1. Zeigen Sie, welche Haltung seinem Vater gegenüber Kafka in diesem Brief an den Tag legt.

Franz Kafka

Brief an den Vater

1919 verfasste Franz Kafka einen Brief an seinen Vater, den er jedoch niemals abschickte. Auf 103 handschriftlichen Seiten versuchte Franz Kafka, seinen Konflikt mit dem Vater, der auch aus der völligen Wesensverschiedenheit von Vater und Sohn und den damit verbundenen Schwierigkeiten resultierte, schreibend zu bewältigen.

[...] Deine Erziehungsmittel in den allerersten Jahren kann ich heute natürlich nicht unmittelbar beschreiben, aber ich kann sie mir etwa vorstellen durch Rückschluss aus den späteren Jahren [...]. Hierbei kommt verschärfend in Betracht, dass Du damals jünger, daher frischer, wilder, ursprünglicher, noch unbekümmerter warst als heute und dass Du außerdem ganz an das Geschäft gebunden warst, kaum einmal des Tages Dich mir zeigen konntest und deshalb einen umso tieferen Eindruck auf mich machtest, der sich kaum je zur Gewöhnung verflachte.
Direkt erinnere ich mich nur an einen Vorfall aus den ersten Jahren. Du erinnerst Dich vielleicht auch daran.

Ich winselte einmal in der Nacht immerfort um Wasser, gewiss nicht aus Durst, sondern wahrscheinlich teils um zu ärgern, teils um mich zu unterhalten. Nachdem einige starke Drohungen nicht geholfen hatten, nahmst Du mich aus dem Bett, trugst mich auf die Pawlatsche[1] und ließest mich dort allein vor der geschlossenen Tür ein Weilchen im Hemd stehn. Ich will nicht sagen, dass das unrichtig war, vielleicht war damals die Nachtruhe auf andere Weise wirklich nicht zu verschaffen, ich will aber damit Deine Erziehungsmittel und ihre Wirkung auf mich charakterisieren. Ich war damals nachher wohl schon folgsam, aber ich hatte einen inneren Schaden davon. Das für mich Selbstverständliche des sinnlosen Ums-Wasser-Bittens und das außerordentlich Schreckliche des Hinausgetragenwerdens konnte ich meiner Natur nach niemals in die richtige Verbindung bringen. Noch nach Jahren litt ich unter der quälenden Vorstellung, dass der riesige Mann, mein Vater, die letzte Instanz, fast ohne Grund kommen und mich in der Nacht aus dem Bett auf die Pawlatsche tragen konnte und dass ich also ein solches Nichts für ihn war.

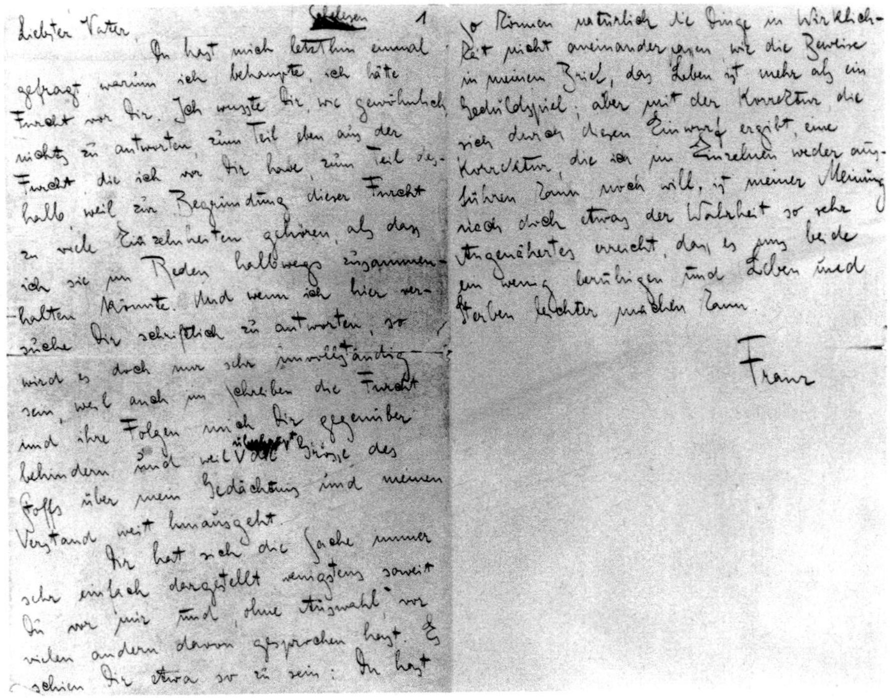

Liebster Vater,
Du hast mich letzthin einmal gefragt, warum ich behaupte, ich hätte Furcht vor Dir. Ich wusste Dir, wie gewöhnlich, nichts zu antworten, zum Teil eben aus der Furcht, die ich vor Dir habe, zum Teil deshalb, weil zur Begründung dieser Furcht zu viele Einzelheiten gehören, als daß ich sie im Reden halbwegs zusammenhalten könnte. Und wenn ich hier versuche Dir schriftlich zu antworten, so wird es doch nur sehr unvollständig sein, weil auch im Schreiben die Furcht und ihre Folgen mich Dir gegenüber behindern und weil die Größe des Stoffs über mein Gedächtnis und meinen Verstand weit hinausgeht.
Dir hat sich die Sache immer sehr einfach dargestellt, wenigstens soweit Du vor mir und, ohne Auswahl, vor vielen andern davon gesprochen hast. Es schien Dir etwa so zu sein: Du hast

So können natürlich die Dinge in Wirklichkeit nicht aneinanderpassen wie die Beweise in meinem Brief, das Leben ist mehr als ein Geduldspiel; aber mit der Korrektur, die sich durch diesen Einwurf ergibt, eine Korrektur, die ich im Einzelnen weder ausführen kann noch will, ist meiner Meinung nach doch etwas der Wahrheit so sehr Angenähertes erreicht, daß es uns beide ein wenig beruhigen und Leben und Sterben leichter machen kann.
Franz

Das war damals ein kleiner Anfang nur, aber dieses mich oft beherrschende Gefühl der Nichtigkeit (ein in anderer Hinsicht allerdings auch edles und fruchtbares Gefühl) stammt vielfach von Deinem Einfluss. Ich hätte ein wenig Aufmunterung, ein wenig Freundlichkeit, ein wenig Offenhalten meines Wegs gebraucht, stattdessen verstelltest Du mir ihn, in der guten Absicht freilich, dass ich einen anderen Weg gehen sollte. Aber dazu taugte ich nicht. Du muntertest mich zum Beispiel auf, wenn ich gut salutierte und marschierte, aber ich war kein künftiger Soldat, oder Du muntertest mich auf, wenn ich kräftig essen oder sogar Bier dazu trinken konnte, oder wenn ich unverstandene Lieder nachsingen oder Deine Lieblingsredensarten Dir nachplappern konnte, aber nichts davon gehörte zu meiner Zukunft. Und es ist bezeichnend, dass Du selbst heute mich nur dann eigentlich in etwas aufmunterst, wenn Du selbst in Mitleidenschaft gezogen bist, wenn es sich um Dein Selbstgefühl handelt, das ich verletze. [...]

Damals und damals überall hätte ich die Aufmunterung gebraucht. Ich war ja schon niedergedrückt durch Deine bloße Körperlichkeit. Ich erinnere mich zum Beispiel daran, wie wir uns öfters zusammen in einer Kabine auszogen. Ich mager, schwach, schmal, Du stark, groß, breit. Schon in der Kabine kam ich mir jämmerlich vor, und zwar nicht nur vor Dir, sondern vor der ganzen Welt, denn Du warst für mich das Maß aller Dinge. Traten wir dann aber aus der Kabine vor die Leute hinaus, ich an Deiner Hand, ein kleines Gerippe, unsicher, bloßfüßig auf den Planken, in Angst vor dem Wasser, unfähig Deine Schwimmbewegungen nachzumachen, die Du mir in guter Absicht, aber tatsächlich zu meiner tiefen Beschämung immerfort vormachtest, dann war ich sehr verzweifelt und alle meine schlimmen Erfahrungen auf allen Gebieten stimmten in solchen Augenblicken großartig zusammen. Am wohlsten war mir noch, wenn Du Dich manchmal zuerst auszogst und ich allein in der Kabine bleiben und die Schande des öffentlichen Auftretens so lange hinauszögern konnte, bis Du endlich nachschauen kamst

[1] **Pawlatsche:** offener Hauseingang

und mich aus der Kabine triebst. Dankbar war ich Dir dafür, dass Du meine Not nicht zu bemerken schienest, auch war ich stolz auf den Körper meines Vaters. Übrigens besteht zwischen uns dieser Unterschied heute noch ähnlich.

Dem entsprach weiter Deine geistige Oberherrschaft. Du hattest Dich allein durch eigene Kraft so hoch hinaufgearbeitet, infolgedessen hattest Du unbeschränktes Vertrauen zu Deiner Meinung. Das war für mich als Kind nicht einmal so blendend wie später für den heranwachsenden jungen Menschen. In Deinem Lehnstuhl regiertest Du die Welt. Deine Meinung war richtig, jede andere war verrückt, überspannt, meschugge[1], nicht normal. Dabei war Dein Selbstvertrauen so groß, dass Du gar nicht konsequent sein musstest und doch nicht aufhörtest recht zu haben. Es konnte auch vorkommen, dass Du in einer Sache gar keine Meinung hattest und infolgedessen alle Meinungen, die hinsichtlich der Sache überhaupt möglich waren, ohne Ausnahme falsch sein mussten. Du konntest zum Beispiel auf die Tschechen schimpfen, dann auf die Deutschen, dann auf die Juden, und zwar nicht nur in Auswahl, sondern in jeder Hinsicht, und schließlich blieb niemand mehr übrig außer Dir. Du bekamst für mich das Rätselhafte, das alle Tyrannen haben, deren Recht auf ihrer Person, nicht auf dem Denken begründet ist. Wenigstens schien es mir so.

Nun behieltest Du ja mir gegenüber tatsächlich erstaunlich oft recht, im Gespräch war das selbstverständlich, denn zum Gespräch kam es kaum, aber auch in Wirklichkeit. Doch war auch das nichts besonders Unbegreifliches: Ich stand ja in allem meinem Denken unter Deinem schweren Druck, auch in dem Denken, das nicht mit dem Deinen übereinstimmte, und besonders in diesem. Alle diese von Dir scheinbar unabhängigen Gedanken waren von Anfang an belastet mit Deinem absprechenden Urteil; bis zur vollständigen und dauernden Ausführung des Gedankens das zu ertragen, war fast unmöglich. Ich rede hier nicht von irgendwelchen hohen Gedanken, sondern von jedem kleinen Unternehmen der Kinderzeit. Man musste nur über irgendeine Sache glücklich sein, von ihr erfüllt sein, nach Hause kommen und es aussprechen und die Antwort war ein ironisches Seufzen, ein Kopfschütteln, ein Fingerklopfen auf den Tisch: „Hab auch schon etwas Schöneres gesehn“ oder „Mir gesagt Deine Sorgen“ oder „Ich hab keinen so geruhten Kopf“ oder „Kauf Dir was dafür!“ oder „Auch ein Ereignis!“. Natürlich konnte man nicht für jede Kinderkleinigkeit Begeisterung von Dir verlangen, wenn Du in Sorge und Plage lebtest. Darum handelte es sich auch nicht. Es handelte sich vielmehr darum, dass Du solche Enttäuschungen dem Kinde immer und grundsätzlich bereiten musstest kraft Deines gegensätzlichen Wesens, weiter dass dieser Gegensatz durch Anhäufung des Materials sich unaufhörlich verstärkte, sodass er sich schließlich auch gewohnheitsmäßig geltend machte, wenn Du einmal der gleichen Meinung warst wie ich und dass endlich diese Enttäuschungen des Kindes nicht Enttäuschungen des gewöhnlichen Lebens waren, sondern, da es ja um Deine für alles maßgebende Person ging, im Kern trafen. Der Mut, die Entschlossenheit, die Zuversicht, die Freude an dem und jenem hielten nicht bis zum Ende aus, wenn Du dagegen warst oder schon wenn Deine Gegnerschaft bloß angenommen werden konnte; und angenommen konnte sie wohl bei fast allem werden, was ich tat. [...]

(1919)

[1] **meschugge:** (hebr.-jidd.) verrückt

1. Beschreiben Sie, wie Kafka seine Stellung in der Familie sieht. Welchen Eindruck gewinnen Sie von ihm?
2. Welches Bild entwirft Franz Kafka von seinem Vater? Welches hat er von sich selbst? Vergleichen Sie diese Angaben auch mit denen, die er seiner Schwester geschickt hat (s. S. 331).
3. Immer wieder wird in der Deutung der Texte Kafkas versucht, einen Bezug zwischen Kafkas Biografie und seinen Texten herzustellen. Sehen Sie solche Verbindungen in den von Ihnen besprochenen Texten? Wählen Sie einen oder zwei der besprochenen Texte und nehmen Sie Deutungen vor, die die Biografie Kafkas berücksichtigen.
4. Diskutieren Sie: Welche Probleme sehen Sie, wenn Texte Kafkas ausschließlich biografisch gedeutet werden? Welche Vorteile bietet eine solche Deutung?
5. Kafka wollte seine Texte nicht veröffentlichen. Dennoch hat Kafkas Freund, Max Brod, die Veröffentlichung vorgenommen und viele Texte mit Überschriften versehen. Welche Erklärung können Sie – mit Blick auf Kafka als Menschen – für die Position Kafkas, aber auch für die Entscheidung Max Brods finden?

Franz Kafka
Die Brücke

Ich war steif und kalt, ich war eine Brücke, über einem Abgrund lag ich, diesseits waren die Fußspitzen, jenseits die Hände eingebohrt, in bröckelndem Lehm hatte ich mich festgebissen. Die Schöße meines Rockes wehten zu meinen Seiten. In der Tiefe lärmte der eisige Forellenbach. Kein Tourist verirrte sich zu dieser unwegsamen Höhe, die Brücke war in den Karten noch nicht eingezeichnet. So lag ich und wartete; ich musste warten; ohne abzustürzen kann keine einmal errichtete Brücke aufhören Brücke zu sein. Einmal gegen Abend, war es der erste, war es der tausendste, ich weiß nicht, meine Gedanken gingen immer in einem Wirrwarr, und immer immer in der Runde – gegen Abend im Sommer, dunkler rauschte der Bach, hörte ich einen Mannesschritt. Zu mir, zu mir. Strecke Dich Brücke, setze Dich in Stand, geländerloser Balken, halte den Dir Anvertrauten, die Unsicherheiten seines Schrittes gleiche unmerklich aus, schwankt er aber, dann gib Dich zu erkennen und wie ein Berggott schleudere ihn ans Land. Er kam, mit der Eisenspitze seines Stockes beklopfte er mich, dann hob er mit ihr meine Rockschöße und ordnete sie auf mir, in mein buschiges Haar fuhr er mit der Spitze und ließ sie, wahrscheinlich weit umherblickend, lange drin liegen. Dann aber – gerade träumte ich ihm nach über Berg und Tal – sprang er mit beiden Füßen mir mitten auf den Leib. Ich erschauerte in wildem Schmerz, gänzlich unwissend. Wer war es? Ein Kind? Ein Turner? Ein Waghalsiger? Ein Selbstmörder? Ein Versucher? Ein Vernichter? Und ich drehte mich um, ihn zu sehn. Brücke dreht sich um! Ich war noch nicht umgedreht, da stürzte ich schon, ich stürzte und schon war ich zerrissen und aufgespießt von den zugespitzten Kieseln, die mich so friedlich immer angestarrt hatten aus dem rasenden Wasser.

(1917)

1. Sammeln Sie Assoziationen zum Begriff „Brücke“ und halten Sie sie schriftlich fest.

2. Wie wirkt die Erzählung auf Sie? Wodurch wird die Wirkung ausgelöst?

3. Fertigen Sie zu dem Text „Die Brücke“ eine Skizze an, die die erzählte Szenerie vor Augen führt. Tragen Sie mögliche Textsignale ein.

4. Geben Sie begründend an, welche der Themenformulierungen Ihnen am geeignetsten für die Parabel erscheinen:
- Die Parabel zeigt die verzweifelte Suche eines Ich-Erzählers nach einer Aufgabe.
- In dem Text wird die Ausweglosigkeit des Menschen, seiner Vernichtung zu entkommen, thematisiert.
- Im Mittelpunkt der Parabel steht der Wunsch des Ich-Erzählers nach einer Funktion, die seine Existenz legitimieren kann.

5. Deuten Sie die Parabel „Die Brücke“ biografisch. Welche Vorteile bietet eine solche Deutung? Inwiefern könnte eine rein biografische Deutung auch problematisch sein?

Im Folgenden finden Sie die Anfänge zweier komplexer Romane Franz Kafkas. Sie erzählen in einer Weise, die Ihnen nach der Behandlung der Parabeln nicht fremd sein wird, sodass Sie aufgrund der Anfänge schon einige Vermutungen über die Inhalte der Romane werden anstellen können.

Franz Kafka
Der Prozess

Jemand musste Josef K. verleumdet haben, denn ohne dass er etwas Böses getan hätte, wurde er eines Morgens verhaftet. Die Köchin der Frau Grubach, seiner Zimmervermieterin, die ihm jeden Tag gegen acht Uhr früh das Frühstück brachte, kam diesmal nicht. Das war noch niemals geschehen. K. wartete noch ein Weilchen, sah von seinem Kopfkissen aus die alte Frau, die ihm gegenüber wohnte und die ihn mit einer an ihr ganz ungewöhnlichen Neugierde beobachtete, dann aber, gleichzeitig befremdet und hungrig, läutete er. [...]

(1914/15)

Verlagseinband der Erstausgabe 1925

Franz Kafka

Die Verwandlung

Als Gregor Samsa eines Morgens aus unruhigen Träumen erwachte, fand er sich in seinem Bett zu einem ungeheueren Ungeziefer verwandelt. Er lag auf seinem panzerartig harten Rücken und sah, wenn er den Kopf ein wenig hob, seinen gewölbten, braunen, von bogenförmigen Versteifungen geteilten Bauch, auf dessen Höhe sich die Bettdecke, zum gänzlichen Niedergleiten bereit, kaum noch erhalten konnte. Seine vielen, im Vergleich zu seinem sonstigen Umfang kläglich dünnen Beine flimmerten ihm hilflos vor den Augen. [...]

(1912)

1. Sie wissen nun schon viel über Kafka und seine Themenbereiche im Schreiben. Vermuten Sie auf der Basis Ihres Wissens die weitere Handlung zu diesen Romananfängen und begründen Sie Ihre Vermutungen.

2. Wie könnte jeweils eine Fortführung aussehen, die sich an der Biografie Kafkas orientiert?

3. Informieren Sie sich über den jeweiligen Romaninhalt und stellen Sie Verbindungen her zu den in diesem Kapitel besprochenen Texten. Was können Sie zusammenfassend als „typisch“ für Kafkas Schreiben ermitteln?

4. Was Sie noch machen können:

a) Referieren Sie den gesamten „Brief an den Vater“ und prüfen Sie, inwieweit die Parabeln dadurch zusätzliche biografische Deutungsfelder erhalten.

b) Stellen Sie in Ihrem Kurs den biografisch orientierten Roman Michael Kumpfmüllers „Die Herrlichkeit des Lebens“ vor und vergleichen Sie das dort gezeichnete Bild über Kafka mit dem in diesem Kapitel.

c) Referieren Sie das Bild, das Reiner Stach in seinem Buch „Ist das Kafka?“ zeichnet. Vergleichen Sie anschließend anhand der besprochenen Texte des Unterrichts, welche Biografie Ihnen angemessener erscheint. Dieses Thema eignet sich auch für eine Facharbeit.

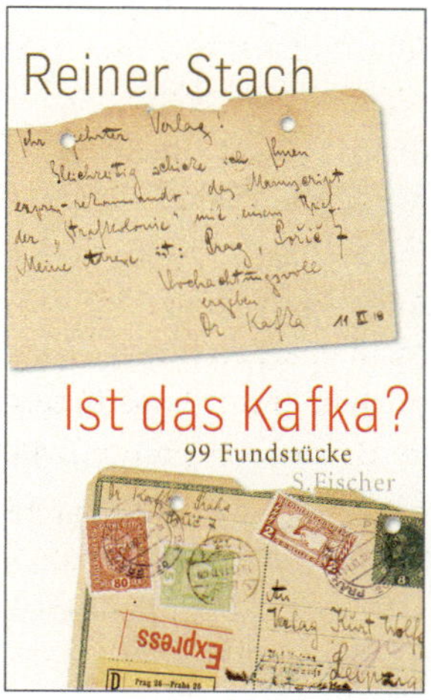

➔ Eine Facharbeit verfassen, s. S. 595.

d) *„Heiraten, eine Familie zu gründen, alle Kinder, welche kommen, hinnehmen, in dieser unsicheren Welt erhalten und gar noch ein wenig führen, ist meiner Überzeugung nach das Äußerste, das einem Menschen überhaupt gelingen kann.“*

Diese Sätze schrieb Kafka in seinem nicht abgeschickten Brief an den Vater. Aber: Kafka blieb immer kinderlos und unverheiratet, trotz dreimaliger Verlobung.
Informieren Sie sich über Kafkas Briefwechsel mit seinen Freundinnen und versuchen Sie, auf die Frage nach seiner Ehelosigkeit eine Antwort zu finden.

e) Kafka ging zeit seines Lebens gern ins Café. Begleiten Sie ihn nachträglich, indem Sie ein Kafka-Lesecafé ins Leben rufen: Ihre Gäste können sich über Fotos, Biografien, Texte und Abbildungen/Zeichnungen zum Thema „Das Rätsel Franz Kafka“ mit Ihnen austauschen. Selbstverständlich können Sie auch Texte vortragen und Filmsequenzen zeigen.

Neue Sachlichkeit

Unter den mannigfaltigen literarischen Strömungen und Moden in der Zeit der Weimarer Republik hebt sich seit der Mitte der 20er-Jahre eine Literatur ab, die sich ganz anderen Ausschnitten der Wirklichkeit widmet, und das auch in einer anderen Sprache und Darstellungsform als in vorangegangenen Epochen. Werke der Neuen Sachlichkeit – der Begriff kommt im Jahre 1925 auf – werden bis 1932/33 veröffentlicht. Es ist am Anfang die Zeit einer gewissen politischen und ökonomischen Festigung der Weimarer Republik. Berlin wird zu der großen kulturellen Metropole in Europa. Die „Roaring Twenties", die Goldenen Zwanziger, locken Menschen aller Schichten aus der Provinz in die Großstadt, bis am Ende der 20er-Jahre die Weltwirtschaftskrise hereinbricht und am Anfang der 30er-Jahre der Nationalsozialismus sich ankündigt. Schon bald werden dann bedeutende Autoren und Autorinnen der Neuen Sachlichkeit, wie Erich Kästner, Vicki Baum, Hans Fallada, Mascha Kaléko u. a., von den NS-Ideologen als „Asphaltliteraten" diffamiert, verfolgt und mit Publikationsverbot belegt.

Clärenore Stinnes (1901–1990) – Start am 25. Mai 1927 zur Weltumrundung mit dem Auto

Die Dichterin Mascha Kaléko im Jahr 1928

Korrespondentin an der Schreibmaschine (1925)

Die Filmschauspielerin Marlene Dietrich und der Filmregisseur Josef von Sternberg im Jahr 1930

Kinoplakat „Menschen im Hotel" (1932)

I.G.-Farben-Haus, errichtet 1928–1931, seit 2001 Goethe-Universität Frankfurt a. M.

1. Was erwarten Sie von einer Literatur, die Neue Sachlichkeit genannt wird? Beziehen Sie die Abbildungen in Ihre Überlegungen ein.
2. Welche neuen Medien und Kommunikationstechniken werden in der Zeit wirksam?
3. Beschreiben Sie anhand der Bilder das neue Auftreten der Frauen und die Interpretationen ihrer Rollen in der Gesellschaft.

1 „Dimensionen“ der Neuen Sachlichkeit

Erich Kästner. Kästner ist einer der erfolgreichsten deutschen Autoren, national und international. Besonders seine Kinderbücher, z. B. „Emil und die Detektive“ (1929) oder „Pünktchen und Anton“ (1931), machten ihn weithin bekannt. Er trat aber auch als Romanautor, Lyriker und Essayist hervor. Seine Hauptwerke, darunter der Roman „Fabian“, dem die folgenden beiden Auszüge entnommen sind, schrieb Kästner in der Metropole Berlin. Während des Nationalsozialismus emigrierte Kästner nicht wie viele andere Autoren dieser Zeit. Er erhielt von den Nationalsozialisten ein Schreibverbot, seine Romane konnten nur im Ausland veröffentlicht werden.

Erich Kästner (1899 – 1974)
Fabian. Die Geschichte eines Moralisten

Jakob Fabian, 32 Jahre alt, wird von seinem Freund Lube an einer Stelle des Romans „Fachmann der Planlosigkeit“ genannt und so wirkt auch sein Leben in den etwa 12 Tagen der erzählten Zeit in dem Roman. Wie in einem Film geht der Held des Romans von Szene zu Szene, in die Cafés, in die Welt der Medien, zu den urbanen Treffpunkten der Großstadt Berlin und auch in Bordelle. Seine Stellung als Werbetexter einer Firma wird ihm gekündigt. Dazwischen ergeben sich immer wieder Amouren, die aber oberflächlich und letztendlich enttäuschend bleiben. Zu Cornelia Battenberg, einer selbstständigen Frau mit akademischer Ausbildung, scheint sich eine tiefere Liebesbeziehung anzubahnen; denn bei ihr sieht Fabian nicht nur das auf das Sexuelle reduzierte Angebot anderer Frauen, denen er begegnet. Fabian lernt Cornelia in dem freilebigen Atelier der lesbischen Malerin Reiter kennen. Die Künstlerin ist gerade dabei, einen Akt zu malen:

Die nackte Frau stampfte mit dem Fuß auf. „Was zu trinken!“

„Battenberg, neben deinem Lehnstuhl steht ein Tischchen, und auf dem Tischchen steht Gin. Gib doch mal was rüber.“

„Gern“, sagte eine Stimme. Hinter den Statuen klirrte es. Dann trat ein fremdes Mädchen in den Lichtkreis der Lampe und reichte dem Abendakt ein gefülltes Glas.

Fabian war überrascht. „Wie viele weibliche Wesen sind eigentlich hier?“, fragte er.

„Ich bin das einzige“, erklärte Fräulein Battenberg und lachte. Fabian sah ihr ins Gesicht und fand, sie passe nicht in das Milieu. Sie spazierte wieder hinter die Plastiken. Er folgte ihr. Sie setzte sich in den Lehnstuhl. Er stellte sich neben eine Diana[1] aus Gips, legte den Arm um die Hüfte der trainierten Göttin und schaute durch das Atelierfenster auf die Bogen und Veduten[2] der Jugendstilgiebel. Man hörte die Reiter kommandieren. „Letzte Position, mein Schatz, Rumpfbeuge vorwärts, Knie einknicken, Gesäß heraus, Hände auf die Knie, gut, halt!“ [...]

„Wie kommen Sie eigentlich in diesen Saustall?“, fragte Fabian. [...]

„Ruth Reiter und ich sind aus derselben Stadt. Wir gingen in die gleiche Schule. Neulich trafen wir uns zufällig auf der Straße. Und weil ich noch nicht lange in Berlin bin, lud sie mich zu Informationszwecken ein. Ich bin das letzte Mal hier oben. Die Information hat genügt.“

„Das freut mich“, sagte er. „Ich bin kein ausgesprochener Tugendbewahrer, und trotzdem betrübt es mich, wenn ich sehen muss, dass eine Frau unter ihrem Niveau lebt.“

Sie sah ihn ernst an. „Ich bin kein Engel, mein Herr. Unsere Zeit ist mit den Engeln böse. Was sollen wir anfangen? Wenn wir einen Mann lieb haben, liefern wir uns ihm aus. Wir trennen uns von allem, was vorher war, und kommen zu ihm. ‚Da bin ich‘, sagen wir freundlich lächelnd. ‚Ja‘, sagt er, ‚da bist du‘, und kratzt sich hinterm Ohr. Allmächtiger, denkt er, nun hab ich sie auf dem Hals. Leichten Herzens schenken wir ihm, was wir haben. Und er flucht. Die Geschenke sind ihm lästig. Erst flucht er leise, später laut. Und wir sind allein wie nie zuvor. Ich bin fünfundzwanzig Jahre alt, und von zwei Männern wurde ich stehen gelassen. Stehen gelassen wie ein Schirm, den man absichtlich

[1] **Diana:** griechische Göttin der Jagd – [2] **Veduten:** Ansichten, Aussichten

irgendwo vergisst. Stört Sie meine Offenheit?“

„Es geht vielen Frauen so. Wir jungen Männer haben Sorgen. Und die Zeit, die übrig bleibt, reicht fürs Vergnügen, nicht für die Liebe. Die Familie liegt im Sterben. Zwei Möglichkeiten gibt es ja doch nur für uns, Verantwortung zu zeigen. Entweder der Mann verantwortet die Zukunft einer Frau, und wenn er in der nächsten Woche die Stellung verliert, wird er einsehen, dass er verantwortungslos handelte. Oder er wagt es, aus Verantwortungsgefühl, nicht, einem zweiten Menschen die Zukunft zu versauen, und wenn darüber die Frau ins Unglück gerät, wird er sehen, dass auch diese Entscheidung verantwortungslos war. Das ist eine Antinomie[1], die es früher nicht gab.“ [...]

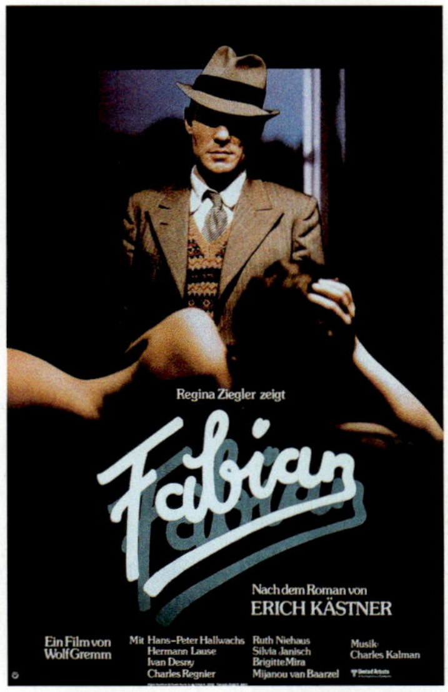

Filmplakat aus dem Jahre 1979

„Früher verschenkte man sich und wurde wie ein Geschenk bewahrt. Heute wird man bezahlt und eines Tages, wie jede bezahlte und benutzte Ware, weggetan. Bezahlung ist billiger, denkt der Mann. [...] Ich weiß, was euch zu eurem Glück noch fehlt. Wir sollen zwar kommen und gehen, wann ihr es wollt. Aber wir sollen weinen, wenn ihr uns fortschickt. Und wir sollen selig sein, wenn ihr uns winkt. Ihr wollt den Warencharakter der Liebe, aber die Ware soll verliebt sein. Ihr zu allem berechtigt und zu nichts verpflichtet, wir zu allem verpflichtet und zu nichts berechtigt, so sieht euer Paradies aus. Doch das geht zu weit. Oh, das geht zu weit!“
Fräulein Battenberg putzte sich die Nase. Dann fuhr sie fort: „Wenn wir euch nicht behalten dürfen, wollen wir euch auch nicht lieben. Wenn ihr uns kaufen wollt, dann sollt ihr teuer dafür bezahlen.“

Fabian und Cornelia werden ein Paar. Während ihr durch Makart, den Direktor eines Filmkonzerns, Aussichten auf eine Arbeit in der Filmbranche eröffnet werden, verliert Fabian seine Stellung.

Abends erwachte er. Die Vorsaaltür schlug zu. Kam Cornelia? Nein, jemand lief rasch die Treppe hinunter. Er ging ins andere Zimmer hinüber und erschrak.
Der Schrank stand offen. Er war leer. Die Koffer fehlten.
Fabian machte Licht. Auf dem Tisch, von der Vase beschwert, in der Blumen aufs Wegwerfen warteten, lag ein Brief. Er nickte, nahm den Brief und ging in sein Zimmer zurück.
„Lieber Fabian“, schrieb Cornelia, „ist es nicht besser, ich gehe zu früh als zu spät? Eben stand ich neben Dir am Sofa. Du schliefst, und Du schläfst auch jetzt, während ich Dir schreibe. [...] Sie wollen mich im nächsten Film herausstellen. Morgen unterschreibe ich den Kontrakt[2]. Makart hat mir zwei Zimmer gemietet. Es ist nicht zu umgehen. Er sprach darüber, als handle es sich um einen Zentner Briketts. Fünfzig Jahre ist er alt, und er sieht aus wie ein gut angezogener Ringkämpfer im Ruhestand. Mir ist, als hätte ich mich an die Anatomie[3] verkauft. Wenn ich noch einmal in Dein Zimmer käme und Dich weckte? Ich lasse Dich schlafen. Ich werde nicht zugrunde gehen. Ich werde mir einbilden, der Arzt untersucht mich. Er mag sich mit mir beschäftigen, es muss sein. Man kommt nur aus dem Dreck heraus, wenn man sich dreckig macht. Und wir wollen doch heraus! Ich schreibe: Wir. Verstehst Du mich? Ich gehe jetzt von Dir fort, um mit Dir zusammenzubleiben. Wirst Du mich lieb behalten? Wirst Du mich noch anschauen wollen und umarmen können trotz dem anderen? Morgen Nachmittag werde ich, von vier Uhr ab, im Café Schottenhaml auf Dich warten. Was soll aus mir werden, wenn Du nicht kommst? Cornelia.“
Fabian saß ganz still. Es wurde immer finsterer. Das Herz tat weh. Er hielt die Knäufe des Sessels umklammert, als wehre er sich gegen Gestalten, die ihn fortziehen wollten. Er nahm sich zusammen. Der Brief lag unten auf dem Teppich und glänzte im Dunkel.

(1931)

1. Welche Zusammenhänge sehen Sie zwischen den Bildern auf den Eingangsseiten und den beiden Romanauszügen?
2. Was ist das Besondere an dem Ort, wo sich Fabian und Cornelia kennenlernen, und den handelnden Figuren?

[1] **Antinomie:** hier: Widerspruch – [2] **Kontrakt:** Vertrag – [3] **Anatomie:** Lehre vom Bau der Lebewesen; hier: Anspielung darauf, dass es dem Filmproduzenten nur um das Äußere Cornelias geht

3. „Ich bin kein Engel, mein Herr. Unsere Zeit ist mit den Engeln böse." Deuten Sie diese Aussage von Cornelia Battenberg im Textzusammenhang und stellen Sie sie der Auffassung Fabians über die Rolle der Männer gegenüber.

4. „Man kommt nur aus dem Dreck heraus, wenn man sich dreckig macht." Erklären Sie das Handeln von Cornelia Battenberg im Zusammenhang mit dem von ihr angesprochenen „Warencharakter der Liebe". Inwiefern deutet sich hier eine „Neue Sachlichkeit" in den Beziehungen zwischen Mann und Frau an?

Irmgard Keun. Auch in den Büchern von Irmgard Keun wie bei anderen Autoren der Neuen Sachlichkeit erkannten die NS-Ideologen „antideutsche Tendenzen" und beschlagnahmten 1933/34 ihre Werke. So scheiterten auch die Versuche der Autorin, in die Reichsschrifttumskammer aufgenommen zu werden. Ohne diese Mitgliedschaft war es ihr verwehrt zu publizieren. Im Jahr 1940 emigrierte Keun in die Niederlande, flüchtete sich dann aber mit gefälschten Papieren zu ihren Eltern nach Köln, als die Wehrmacht in Holland einmarschierte. Ihr weiteres Leben verbrachte sie in Köln, wo sie auch verarmt starb, ohne weitere größere literarische Erfolge erzielt zu haben.

Irmgard Keun (1905 – 1982)
Das kunstseidene Mädchen

„Ich werde ein Glanz und was ich dann mache, ist richtig [...] – nichts kann mir mehr passieren an Verlust und Verantwortung, denn ich bin ein Glanz." So äußert sich die Ich-Erzählerin des Romans „Das kunstseidene Mädchen" über sich selbst. Doris ist 18 Jahre alt, kommt aus einer mittleren Industriestadt am Rhein nach Berlin. Einer Arbeit, etwa als Schreibkraft, kann sie nicht nachgehen, denn sie hat keine Papiere. In ihrer Heimatstadt hat sie im Theater einen Pelz aus Eichhörnchenfell, „ihren Feh", gestohlen und muss darum die Polizei fürchten. Sie lehnt es auch entschieden ab, als Angestellte zu arbeiten, denn sie will ein „glanzvoller" Stern beim Film werden. Der folgende Auszug entstammt dem zweiten Teil des Romans.

Ich bin in Berlin. Seit ein paar Tagen. Mit einer Nachtfahrt und noch neunzig Mark übrig. Damit muss ich leben, bis sich mir Geldquellen bieten. Ich habe Maßloses erlebt. Berlin senkte sich auf mich wie eine Steppdecke mit feurigen Blumen. Der Westen ist vornehm mit hochprozentigem Licht – wie fabelhafte Steine ganz teuer und mit so gestempelter Einfassung. Wir haben hier ganz übermäßige Lichtreklame. Um mich war ein Gefunkel. Und ich mit dem Feh. Und schicke Männer wie Mädchenhändler, ohne dass sie gerade mit Mädchen handeln, was es ja nicht mehr gibt – aber sie sehen danach aus, weil sie es tun würden, wenn was bei rauskäme. Sehr viel glänzende schwarze Haare und Nachtaugen so tief im Kopf. Aufregend. Auf dem Kurfürstendamm[1] sind viele Frauen. Die gehen nur. Sie haben gleiche Gesichter und viel Maulwurfpelze – also nicht ganz erste Klasse – aber doch schick – so mit hochmütigen Beinen und viel Hauch um sich. Es gibt eine Untergrundbahn, die ist wie ein beleuchteter Sarg auf Schienen – unter der Erde und muffig, und man wird gequetscht. Damit fahre ich. Es ist interessant und geht schnell. [...] Es gibt auch Omnibusse – sehr hoch – wie Aussichtstürme, die rennen. Damit fahre ich auch manchmal. Zu Hause waren auch viele Straßen. Hier sind noch viel mehr Straßen und so viele, dass sie sich gegenseitig nicht kennen. Es ist eine fabelhafte Stadt.
Ich gehe nachher in eine Jockeybar mit einem Mädchenhändlerartigen, an dem mir sonst nichts liegt. Aber ich komme dadurch in Milieu, das mir Aussichten bietet. Tilli[2] sagt auch, ich sollte. Jetzt bin ich auf der Tauentzien[3] bei Zunz, was ein Kaffee ist ohne Musik, aber billig – und viel eilige Leute wie rasender Staub, bei denen man merkt, dass Betrieb ist in der Welt. Ich habe den Feh an und wirke.

Der folgende Auszug ist dem dritten und letzten Teil des Romans entnommen.

Ich gehe herum mit mein Koffer und weiß nicht, was ich will und wohin. Im Wartesaal Zoo[4] bin ich sehr viel. Warum können Kellner so voll Hohn sein, wenn man mal zufällig kein Geld hat?
Ich will nicht nach Hause, ich will nicht zu Tilli, ich will nicht zu dem Lippi[5] und den anderen Armleuchtern – ich will nicht mehr, ich mag nicht mehr. Ich will keine

[1] **Kurfürstendamm:** berühmte Flaniermeile in Berlin – [2] **Tilli:** eine Freundin, bei der sie zeitweise wohnt – [3] **Tauentzien:** Einkaufsstraße in Berlin – [4] **Wartesaal Zoo:** großer Berliner Bahnhof am Zoologischen Garten – [5] **Lippi:** einer ihrer zahlreichen Liebhaber

Männer, die zu Weihnachten eingeladen werden. Ich will – ich will – was?
Es sind Wartesäle und Tische, ich sitze hier. Ich will den Feh nicht versetzen, ich will nicht – ich habe auch keine Papiere. Tilli wusste eine, die kaufte ihn. Ich will aber nicht. Manchmal fällt mir mein Kopf auf die Platte von dem Tisch, meine Müdigkeit ist ein ganz schweres Gewicht. Ich schreibe, weil meine Hand was tun will und mein Heft mit den weißen Seiten und Linien ein Bereitsein hat, meine Gedanken und mein Müdes aufzunehmen und ein Bett zu sein, in dem meine Buchstaben dann liegen, wodurch wenigstens etwas ein Bett hat. Und es riecht der Tisch nach so kalter gemeiner Asche und Maggis Suppenwürze und hat mir die Klosettfrau ein Zervelatbrot geschenkt, was nach Hygiene schmeckt, [...]
Gottogott müde. Und aus meiner Müdigkeit wächst nur eine Neugierigkeit, wie es wohl weitergeht – hallo, Frau Wirtin, schnell noch einen Humpen[1] [...] Und gestern war ich mit einem Mann, was mich ansprach und für was hielt, was ich doch nicht bin. Ich bin es doch noch nicht. Aber überall abends stehen Huren – am Alex[2] so viele, so viele – auf dem Kurfürstendamm und Joachimsthaler und am Friedrichbahnhof und überall. Und sehn gar nicht immer aus wie welche, sie machen so einen unentschlossenen Gang – das ist gar nicht immer das Gesicht, was eine Hure ausmacht – ich sehe in meinen Spiegel – das ist eine Art von Gehen, wie wenn einem das Herz eingeschlafen ist. *(1932)*

1. Vergleichen Sie die innere Situation der Ich-Erzählerin im zweiten und letzten Teil des Romans. Welcher Charakter, welche Selbstbilder lassen sich erkennen?
2. Wie ändert sich in der Wahrnehmung der Ich-Erzählerin die Darstellung der Großstadtatmosphäre in den beiden Textauszügen? Mit welchen sprachlichen Mitteln geschieht das?
3. Wie deuten Sie den Titel des Romans „Das kunstseidene Mädchen“?
4. Vergleichen Sie die Romanauszüge mit Kästners Gedicht „Karriere?“ im Hinblick auf die Lebensentwürfe junger Frauen in der Metropole Berlin in der Zeit der Neuen Sachlichkeit.
5. Setzen Sie sich kritisch mit der Position des Sprechers im Gedicht auseinander.

Erich Kästner (1899 – 1974)
Karriere?

Es gibt da eine Sorte junge Damen,
die haben nichts, als etwas anzuziehn.
Sie tragen reichlich parfümierte Namen
und sind aus – oder wollen – nach Berlin.

Sie sitzen ohne Appetit zu Haus.
Sie können nicht mehr, nur noch künstlich, lachen.
Da ziehen sie sich an und gehen aus
und wollen eiligst Karriere machen.

Sie denken sich die Sache ziemlich leicht
und gehn, um keine Zeit mehr zu verlieren,
den Weg, auf dem man heute viel erreicht,
das heißt: sie lassen sich fotografieren.

Sie lächeln uns aus jedem Magazine,
auf Kunstdruckblättern, gut getroffen an.
„Ramona in der kleinsten Flugmaschine.“
Die Leute staunen, was Ramona kann.

Als hätte sie nie anderes getan,
sieht man sie lächelnd an Volant und Steuer[3].
In Wirklichkeit fährt sie nur Straßenbahn.
Und oft ist ihr auch dieses noch zu teuer.

Sie lächeln auch aus allen Modeheften
und tragen Samt und Seal und Crêpe de chine[4].
Doch das gehört ja alles den Geschäften!
Ramona selbst hat wenig anzuziehn.

So lächelt ihr euch Löcher in die Backen.
Es ist ja möglich, dass es Grübchen sind.
Doch echten Perlenschmuck und Zobeljacken
erwirbt man nicht mit Lächeln, liebes Kind.

[...]

Ein hübscher Kopf ist fraglos ein Talent.
Und nichts spricht gegen einwandfreie Beine.
Doch das alleine? Nichts als das alleine
Ist etwas wenig, falls ihr sonst nichts könnt.

(1928)

[1] **Humpen:** großes Bier – [2] **Alex:** Alexanderplatz im Zentrum Berlins – [3] **Volant und Steuer:** Autolenkrad und Flugzeugsteuer – [4] **Samt und Seal und Crêpe de chine:** Samt, Seehundfell, Seide

Mode in den Dreißigerjahren

Johannes G. Pankau (geb. 1946)

Die Neue Sachlichkeit – eine Strömung der Literatur in der Zeit der Weimarer Republik

Die Orientierung des fiktionalen Schreibens am Tatsächlichen, die Einbeziehung von bisher als unliterarisch betrachteten Bereichen (etwa die Alltags- und Unterhaltungskultur) und die Medialisierung der Literatur (im Sinne einer Aufnahme und Integration der modernen Medien, vor allem des Films) können als gemeinsame Züge neusachlichen Schreibens betrachtet werden. Unterschiede zwischen einzelnen Autoren wie Richtungen ergeben sich zum Teil daraus, wie weit die Ästhetizität[1] und Literarizität[2] der Texte zugunsten des rein Dokumentarischen aufgegeben werden oder die Unterhaltungs- bzw. Verkaufsabsicht zu einer Trivialisierung führt [...] oder auch zu einer Komplexitätsreduktion[3] wie etwa in Teilen der Lyrik. [...] Da die Neue Sachlichkeit sich nie als exklusive Avantgarde-Strömung[4] formierte oder verstand, wurde sie zum Oberbegriff für eine Vielzahl von literarischen Versuchsanordnungen, die sich an Formen der Realitätswiedergabe wie am Gebrauchswert orientierten. Sie ist das Produkt des „Laboratoriums Vielseitigkeit", wie die Literatur der Weimarer Republik nicht zu Unrecht genannt wurde. Als zentrale Dimensionen der neusachlichen Ästhetik lassen sich idealtypisch bestimmen:

- Nüchternheit/Objektivität/Entsentimentalisierung
- Tatsachenpoetik
- Realitätsbezug/Aktualität
- Reportagestil/Dokumentarismus/Bericht
- Antipsychologismus
- Gebrauchswertorientierung
- Entindividualisierung
- Vereinfachung/Anschaulichkeit/Konsumfreundlichkeit
- Unterhaltungsfunktion/Massenappeal[5]
- Multimedialität

(2010)

1. Geben Sie mit eigenen Worten die zentralen Merkmale der Epoche wieder, die in dem Text genannt werden. Erläutern Sie in diesem Zusammenhang auch die aufgelisteten Schlagwörter.
2. Welche Unterschiede zwischen den einzelnen Autoren und Richtungen werden gemacht?
3. Welche der von Pankau aufgezählten „zentralen Dimensionen" lassen sich in den Bildern auf den Eingangsseiten, in den beiden Textauszügen aus „Das kunstseidene Mädchen" und in dem Gedicht „Karriere?" von Kästner wiederfinden?
4. Wie bewerten Sie eine solche Art von Literatur?

[1] **Ästhetizität:** Kunstanschauung, die dem Ästhetischen, dem Schönen den Vorrang gibt – [2] **Literarizität:** nach literarischen Kunstformen gestaltet – [3] **Komplexitätsreduktion:** Vereinfachung von komplexen Strukturen – [4] **Avantgarde:** Vorkämpfer bestimmter Ideen, z. B. von Literaturen und Dichtungen – [5] **Massenappeal:** Anziehungskraft auf die Massen

Erich Kästner (1899–1974)
Gewisse Ehepaare

Ob sie nun gehen, sitzen oder liegen,
sie sind zu zweit.
Man sprach sich aus. Man hat sich ausgeschwiegen.
Es ist so weit.

Das Haar wird dünner, und die Haut wird gelber,
von Jahr zu Jahr.
Man kennt den andern besser als sich selber.
Der Fall liegt klar.

Man spricht durch Schweigen. Und man schweigt mit Worten.
Der Mund läuft leer.
Die Schweigsamkeit besteht aus neunzehn Sorten
(wenn nicht aus mehr).

Vom Anblick ihrer Seelen und Krawatten
wurden sie bös.
Sie sind wie Grammofone mit drei Platten.
Das macht nervös.

[...]

Sie lebten feig und wurden unansehnlich.
Jetzt sind sie echt.
Sie sind einander zum Erschrecken ähnlich.
Und das mit Recht.

[...]

Nachts liegen sie gefangen in den Betten
und stöhnen sacht,
während ihr Traum aus Bett und Kissen
Ketten und Särge macht.

Sie mögen gehen, sitzen oder liegen,
sie sind zu zweit.
Man sprach sich aus. Man hat sich ausgeschwiegen.
Nun ist es Zeit ...

(1929)

1. Tauschen Sie sich in Gruppen aus, wie das Gedicht auf Sie wirkt, und bereiten Sie gemeinsam einen Lesevortrag vor.

2. Welche Verhaltensweisen „gewisser Ehepaare" kommen in den Strophen zur Sprache und welche Haltung nimmt das lyrische Ich zu ihnen ein?

3. Welche „zentralen Dimensionen" der Neuen Sachlichkeit (vgl. den Text von Johannes G. Pankau, S. 342) sind in dem Gedicht Kästners erkennbar? Belegen Sie Ihre Ergebnisse mit Zitaten aus dem Text.

4. In dem Text von Pankau über die Neue Sachlichkeit (S. 342) ist von „Komplexitätsreduktion" die Rede. Wenden Sie diesen Begriff auf das Gedicht an, indem Sie seine Sprache untersuchen.

➔ Weitere Gedichte der Neuen Sachlichkeit s. S. 82 f.

2 Alltagsmenschen in der Literatur der Neuen Sachlichkeit

Vicki Baum. Baum wurde in Wien geboren. Sie war zunächst Musikerin und lebte dann seit 1926 als Redakteurin in Berlin. 1932 ging sie nach Hollywood, als Jüdin wohl auch aus politischen Gründen. Ihr Roman „Menschen im Hotel" wurde mehrere Male verfilmt, im Jahre 1932 sogar in Hollywood mit Greta Garbo. Ihre Bücher fielen 1933 den von Nationalsozialisten organisierten Bücherverbrennungen zum Opfer. Nach dem Krieg bereiste Vicki Baum noch einmal Europa, Deutschland hat sie nie wieder betreten.

Vicki Baum (1888 – 1960)
Menschen im Hotel (Auszug)

Die Menschen, die sich im „Grand Hotel", dem teuersten Hotel Berlins, zur gleichen Zeit einfinden, werden es als „andere" Persönlichkeiten und im schlimmsten Fall nicht einmal lebend wieder verlassen. Da ist einmal Dr. Otternschlag; ihm fehlt eine Gesichtshälfte aufgrund einer Verwundung im Ersten Weltkrieg. Er versteht sich recht gut mit dem Buchhalter Otto Kringelein. Der hat einen kranken Magen und angeblich nur noch wenige Wochen zu leben. Daher hat er sein ganzes Erspartes genommen, seine Provinzstadt verlassen, um im Grand Hotel „wenigstens einmal zu leben". Die russische Tänzerin Grusinskaja sieht im Spiegel verzweifelt die Spuren ihres Alterns. Aber sie besitzt kostbare Perlen. Die Person des Baron Gaigern bleibt zunächst undurchsichtig. Der Erzähler hebt jedoch immer wieder seine Schönheit, seine Lebensfreude und die guten Umgangsformen hervor. Preysing, Generaldirektor einer Firma, 53 Jahre alt, schon ziemlich korpulent, ist wegen schwieriger Geschäftsverhandlungen nach Berlin gereist. Jetzt muss er einige Briefe verfassen, die ihm Flämmchen, Stenotypistin und „Tippfräulein", mit der Schreibmaschine schreiben soll. Flämmchen wurde dem Generaldirektor durch einen Geschäftsfreund vermittelt:

„Doktor Zinnowitz schickt mich wegen der Abschriften. Ich bin das Flämmchen, das er Ihnen versprochen hat, soll ich sagen", äußerte sie ohne Festlichkeiten. Mitten auf dem Mund hatte sie einen Kreis roter Schminke sitzen, ganz achtlos und nebenbei hingetupft, nur weil es modern war. Als sie aufstand, zeigte es sich, dass sie größer war als der Generaldirektor, hochbeinig, mit einem fest zugezogenen Ledergürtel um die auffallend schmale Mitte und prächtig gewachsen von oben bis unten. [...] parfümiert war sie auch. Er hatte Lust, sie heimzuschicken. „Ich glaube, wir müssen uns beeilen", sagte sie mit einer tiefen, etwas heiseren Stimme, wie kleine Mädchen sie so oft haben.

„Sie sind also die Schwester von Fräulein Flamm? Ich kenne Fräulein Flamm", sagte er, es klang mehr grob als erstaunt. Flamm zwo schob die Unterlippe ein wenig vor und blies die Locke weg, die unter ihrer kleinen Filzmütze in die Stirn hing. Das bisschen goldfarbene Gekräusel hob sich hoch und fiel langsam wieder über die Stirn zurück. Preysing, der das nicht sehen wollte, sah es doch. „Stief", sagte das Flämmchen. „Stiefschwester. Ich bin aus der zweiten Ehe meines Vaters. Aber wir stehen ganz gut miteinander." [...]

„Los. Gehen wir also ins Schreibzimmer", sagte Preysing, höchst verfinstert, er ging ihr voraus in den Korridor. Flämmchen lachte belustigt hinter seinem kleinen Nackenwulst her.

Schon von Weitem hörte man die Schreibmaschinen wie feines Maschinengewehrfeuer, das Glöckchen klingelte in regelmäßigen Abständen. Als Preysing die Tür öffnete, stürzte sich Zigarettenrauch heraus wie eine kleine blaue Riesenschlange. „Feine Akustik", sagte Flämmchen und zog ihre runden Nasenlöcher zu. Drinnen lief ein Herr auf und ab, Hände im Rücken verschränkt, Hut im Nacken, und diktierte im zerkauten Amerikanisch. Es war der Manager einer Filmgesellschaft, er hängte einen kurzen Kennerblick an Flämmchens Erscheinung und diktierte weiter. „Nee", sagte Preysing und haute die Tür wieder zu; „mache ich nicht. Ich will das Zimmer allein haben. Diese ewigen Schikanen hier im Hotel!" Diesmal trabte er hinter Flämmchen her den Korridor zurück. Er war jetzt wütend, und mitten in dieser Wut stieg ihm das Wiegen von Flämmchens Hüften mit einem sanften Prickeln ins Blut. Auch in der Halle wurde Flämmchen angestarrt: Sie war ein Prachtexemplar von Weibsperson, darüber schien kein Zweifel möglich. Preysing war es reichlich unangenehm, mit einem so auffallenden Wesen durch die Halle zu ziehen, er ließ sie einfach stehen und verhandelte an der Rezeption wegen eines ungestörten Aufenthaltes im Schreibmaschinenzimmer. Flämmchen, völlig unberührt von den Blicken ringsherum (mein Gott, wie war sie das gewöhnt), puderte sich ohne viel Aufmerksamkeit die Nase, holte, mitten in der Halle stehend, mit einer burschikosen Bewegung ein kleines Zigarettenetui aus ihrer Manteltasche und begann zu rauchen. Preysing näherte sich ihr wie einem Gebüsch von Brennnesseln.

„Wir müssen zehn Minuten warten", sagte er. „Bon"[1], sagte Flämmchen. „Aber nachher müssen wir fix machen. Um fünf soll ich bei Zinnowitz sein." „Sind Sie denn so pünktlich?", fragte Preysing unfreundlich. „Na und ob", erwiderte Flämmchen und lachte verschmitzt, wobei ihre Nase ganz kurz wurde, wie bei einem Baby, und ihre hellbraunen Augen ganz in die Winkel rollten. „Na da setzen Sie sich mal solange hin", sagte Preysing. „Und lassen Sie sich was geben. Kellner, geben Sie dem Fräulein was", sagte er taktlos und verzog sich. „Pfirsich Melba"[2], bestellte Flämmchen und nickte zufrieden mit dem Kopf. Sie blies auch wieder ihre Locken fort, ohne Erfolg. Sie war so edel gebaut wie ein Rassepferd und so tollpatschig unbefangen wie ein junger Hund.

Greta Garbo in „Menschen im Hotel" aus dem Jahr 1932

Baron Gaigern sieht Flämmchen mit „blankem Entzücken" und nimmt neben ihr Platz, beginnt ein Gespräch und lädt sie zum Tee am Nachmittag ein.

Er legte seine Hände auf die Tischplatte. Flämmchens Hände lagen schon dort. Es war ein wenig Luft zwischen den Fingern von ihm und ihr, und dieses bisschen Luft begann sogleich zu vibrieren. Sie schauten einander an, gefielen sich gut und verstanden einander, die beiden hübschen Menschen – „Herrgott, Sie haben ein Tempo", sagte Flämmchen entzückt. Und ebenso entzückt antwortete Gaigern: „Sie versprechen also? Sie kommen zum Fünfuhrtee?"

„Da kann ich nicht. Ich habe zu tun – Aber abends bin ich frei."

„Oh. Oh. Abends kann ich nicht. Aber morgen? Oder übermorgen um fünf Uhr? Hier? Im gelben Pavillon?" Flämmchen leckte ihren Eislöffel ab und schwieg spitzbübisch. Was war auch viel zu sagen? Man machte Bekanntschaften, wie man eine Zigarette anzündete. Man tat ein paar Züge, gerade so viele wie schmeckten, dann trat man den kleinen Funken aus.

(1929)

1. Charakterisieren Sie die Frau, die in dem Text „Flämmchen" genannt wird.
2. Wie verhalten sich Preysing und der Baron Gaigern gegenüber der Frau? Erklären Sie ihr jeweiliges Auftreten.

[1] **bon** (frz.): „gut" – [2] **Pfirsich Melba:** Dessertgericht mit Pfirsich

3. Beschreiben Sie Flämmchen als eine typische Gestalt der Neuen Sachlichkeit. Inwiefern kann man von den Dimensionen „Entsentimentalisierung“, „Unterhaltungsfunktion“, „Realitätsbezug“ usw. sprechen? (Vgl. dazu Johannes G. Pankau, S. 342.)

4. Kennzeichnen Sie die Gemeinsamkeiten der Frauengestalten in den bisher erarbeiteten Texten.

Hans Fallada (1893 – 1947)

Kleiner Mann – was nun? (Auszug)

Hans Fallada, der eigentlich Rudolf Wilhelm Friedrich Dietzen hieß, zieht wie viele andere Autorinnen und Autoren der Neuen Sachlichkeit im Jahre 1930 in die Nähe Berlins. Dort gelingt ihm mit dem Roman „Kleiner Mann – was nun?“ ein Werk, das zum Bestseller wird und bis in die Gegenwart verfilmt oder im Theater gespielt wird.

„Angestellter. Ich muss immer lachen, Angeschissene sollte das heißen.“ So äußert sich derb der Berliner Seifenhändler, bei dem Emma Mörschel, genannt Lämmchen, Frau des Angestellten Johannes Pinneberg, um eine Mietwohnung nachfragt. Hochschwanger ist sie mit ihrem Mann aus einer Provinzstadt nach Berlin gekommen, wo Pinneberg glücklich eine Stellung im Warenhaus Mandel bekommen hat. In der immer noch seit 1929 anhaltenden Wirtschaftskrise – die Handlung des Romans spielt in den Jahren 1931/32 – ist jedoch der Verdienst viel zu gering für ein standesgemäßes Leben und die Dauer der Anstellung bleibt immer unsicher.

Und sie ist ganz wach und ganz bei der Sache, als der Junge das Licht anmacht und fragt: „Na, wie geht's? Im Dunkeln, Lämmchen? Hat der Murkel sich gemeldet?“
„Nein, heute nicht. Übrigens Tag, Mann.“
„Übrigens Tag, Frau.“ Und sie geben sich einen Kuß.
Er deckt den Tisch, und sie richtet das Essen an. Etwas zögernd sagt sie: „Es gibt heute Schellfisch mit Senfsoße. Es war so schön billig.“
„Recht“, sagt er. „Mal esse ich ganz gerne Fisch.“
„Du bist guter Laune“, sagt sie. „Ging's gut? Wie ist es mit dem Weihnachtsgeschäft?“
„Gott, es fängt so ein bißchen an. Die Leute trauen sich noch nicht recht.“
„Hast du gut verkauft?“
„Ja, ich hab heute Dusel gehabt. Ich hab heute für über fünfhundert Mark verkauft.“
„Du bist sicher der beste Verkäufer, den die haben.“
„Nee, Lämmchen, Heilbutt ist besser. Und Wendt ist mindestens ebensogut. Aber – es kommt wieder was Neues.“
„Was denn? Gutes doch sicher nicht.“
„Bei uns ist jetzt ein Organisator eingestellt. Der soll den ganzen Betrieb durchorganisieren, Sparmaßnahmen und so.“
„An euren Gehältern ist doch nichts mehr zu sparen.“
„Kann man's wissen, was die denken? Er wird schon was finden. Lasch hat gehört, er kriegt dreitausend Mark Gehalt monatlich.“
„Wie?“ fragt Lämmchen. „Dreitausend Mark, und das nennt Mandel sparen?“
„Ja, die muß er eben wieder rausholen, der wird schon was finden.“
„Aber wie denn?“
„Die reden davon, daß nun auch bei uns jeder Verkäufer gesetzt kriegen soll, soundso viel mußt du verkaufen, und wenn du das nicht schaffst, fliegst du.“
„Gemein finde ich das! Wenn die Kunden nun nicht kommen und wenn sie kein Geld haben und wenn ihnen eure Ware nicht gefällt? So was dürfte gar nicht erlaubt sein.“
„So was ist gerade erlaubt“, sagt Pinneberg. „Da sind sie alle verrückt drauf. Das nennen sie vernünftig und sparsam, und dadurch finden sie, wer nichts taugt. Ist ja alles Mist. Der Lasch zum Beispiel, der ist ein bißchen ängstlich. Der sagt heute schon, wenn die das so machen, daß sie ihm seinen Verkaufsblock nachrechnen, und daß er immer Angst haben muß, ob er es auch schafft – dann verkauft er vor lauter Angst schon gar nichts.“
„Und das ist ja auch ganz egal“, sagt Lämmchen flammend, „wenn er auch wirklich nicht so viel verkauft

und wenn er auch wirklich nicht so tüchtig ist, was sind denn das für welche, daß sie einen Menschen deswegen aus allem Verdienst und aller Arbeit und aller Lebensfreude herausschmeißen?! Sollen die Schwächeren gar nichts mehr sein? Einen Menschen danach bewerten, wie viel Hosen er verkaufen kann!?"

„Na ja", sagt Pinneberg, „du gehst ja mächtig los, Lämmchen ..."

„Tu ich auch, rasend wütend kann mich so was machen."

„Aber die sagen natürlich, daß sie einen Menschen nicht dafür bezahlen, daß er nett ist, sondern daß er eben viel Hosen verkauft."

„Das ist ja gar nicht wahr", sagt Lämmchen. „Das ist ja gar nicht wahr, Junge. Sie wollen ja doch, daß sie anständige Menschen haben. Aber was sie jetzt machen, mit den Arbeitern schon lange und mit uns nun auch, da ziehen sie lauter Raubtiere hoch, und da werden sie was erleben, Junge, sage ich dir!"

„Natürlich werden sie was erleben", sagt Pinneberg. „Die meisten bei uns sind ja schon Nazis."

Szenenbild aus „Kleiner Mann – was nun?" (Münchner Volkstheater, 2006)

„Danke!" sagt Lämmchen. „Ich weiß, was wir wählen."

„Na – und was? Kommunisten?"

„Natürlich."

„Das wollen wir uns noch mal überlegen", sagt Pinneberg.

(1932)

(Aus lizenzrechtlichen Gründen ist dieser Text nicht in reformierter Rechtschreibung gedruckt.)

1. Wie kommt der Berliner Seifenverkäufer möglicherweise zu seiner Ansicht über die Angestellten (vgl. den Einleitungstext)?
2. Beschreiben Sie die Situation der Angestellten am Beispiel der Person Pinnebergs.
3. Welches Verhältnis sieht die Frau, die in dem Text „Lämmchen" genannt wird, zwischen der Arbeiterschaft und der Schicht der Angestellten? Wie steht ihr Mann zu diesem Problem?
4. Lesen Sie noch einmal den Text von Johannes G. Pankau (vgl. S. 342) und erläutern Sie, inwiefern der Romanauszug der Neuen Sachlichkeit zugeordnet werden kann. Welche Merkmale treten besonders hervor? Beachten Sie dabei auch die Sprache.
5. **Was Sie noch machen können:**
   Bei Pankau (vgl. S. 342) ist auch von dem dokumentarischen Charakter der Neuen Sachlichkeit die Rede. Im Jahre 1925 erlangte Egon Erwin Kisch mit seiner Reportagesammlung „Der rasende Reporter" einen riesigen Erfolg bei den Lesern. Stellen Sie in Ihrer Lerngruppe einige seiner spannenden Reportagen vor. (Die Texte finden Sie in: Egon Erwin Kisch, Der rasende Reporter, aufbau taschenbuch, 6. Auflage 2010)

Neue Sachlichkeit im Kontext der verschiedenen Auffassungen von Wirklichkeit

Die Neue Sachlichkeit ist eine der mannigfaltigen Literaturströmungen der Moderne in der Zeit der Weimarer Republik. Sie bildet sich seit der Mitte der 20er-Jahre heraus und wird mit dem Aufkommen des Nationalsozialismus seit 1933 als Literatur von „Asphaltliteraten" verunglimpft und durch öffentliche Vernichtung von Büchern der Autoren der Neuen Sachlichkeit in den von den Nationalsozialisten organisierten Bücherverbrennungen und auch durch Schreib- und Publikationsverbote zum Schweigen gebracht. Die Autorinnen und Autoren Vicki Baum, Marieluise Fleißer, Erich Kästner, Mascha Kaléko, Irmgard Keun, Hans Fallada u. a. sind von diesen Maßnahmen betroffen.

Der Begriff „Neue Sachlichkeit" kommt in der Zeit der relativen politischen und ökonomischen Stabilisierung der Weimarer Republik um 1925 auf und er bezeichnet zunächst eine Gegenposition zu dem in der Zeit zu Ende gehenden Expressionismus. Als „neue" Sachlichkeit will sich diese Literatur auch von vorangegangenen Kunstepochen absetzen, die sich explizit auf „Realität" berufen: dem „Poetischen Realismus" (zweite Hälfte des 19. Jahrhunderts) und dem „Naturalismus" (letzte Jahrzehnte des 19. Jahrhunderts). Der Poetische Realismus sieht in der Realität nur den „Marmorblock", den Stoff für die künstlerische Bearbeitung. Das, was „wirklich" ist, wird mithilfe von Bildern, Symbolen, von Ironie und Humor verarbeitet. Dagegen will der Naturalismus die Natur „abbilden", und zwar ohne alle idealistischen Verklärungen. In diese Realitätsdarstellung gehören unter anderem die soziale Wirklichkeit in den Massenstädten und auch die Darstellung des Hässlichen. In den Werken der Neuen Sachlichkeit geht es um die wirklichkeitsnahe Darstellung ganz gewöhnlicher Menschen mit ihren alltäglichen Problemen, allerdings ohne ihre psychologischen Tiefen: Angestellte, Buchhalter, Werbefachleute, Journalisten, „Tippfräuleins", „Filmsternchen" und Filmproduzenten, Bardamen, Verkäufer in Warenhäusern, launische, willkürlich handelnde Chefs usw. treten als handelnde Personen auf. Diese Wirklichkeit wird in einem fast dokumentarischen Verfahren, das oft an die einzelnen Szenen eines Films erinnert, dargestellt. Der enge Bezug zur Realität, zur Aktualität und die Unterhaltungsfunktion bilden die Hauptdimensionen dieser Literatur, die sich auffächert in Frauenromane, Angestelltenromane, Antikriegsromane, Industrie- und Großstadtromane und auch Lyrik. Ein weiterer auffallender Zug dieser Literatur besteht darin, dass bei den Personen auf eine psychologische Vertiefung ihrer Charaktere in der Regel verzichtet wird und sie dadurch in der Darstellung wenig individualisiert wirken. Der Konformitätsdruck in der Gesellschaft wird darin erkennbar. Es beginnt die Zeit der statistischen Erfassung des Menschen mit Konsequenzen, wie sie im Roman „Kleiner Mann – was nun?" von Fallada deutlich werden. Die peinliche zahlenmäßige Erfassung der Verkaufserfolge pro Tag und Woche erzeugt hier Angst und erbarmungslosen Wettbewerb unter den Angestellten.

Der szenische Hintergrund für die Handlungen der „neusachlichen" Literatur ist oft die Großstadtmetropole Berlin in der Zeit der „Goldenen Zwanziger" und später in der Zeit der Weltwirtschaftskrise. Nach Berlin kommen die Protagonisten dieser Literatur oft aus ihren Provinzstädten mit ihren engen Lebensverhältnissen; sie stürzen sich in den Amüsierbetrieb und das Arbeitsleben der Stadt, um vielleicht in den neuen Medien, Film, Radio, Journalistik, oder in der Modewelt oder als Angestellte in den verschiedensten Branchen den sozialen Aufstieg zu schaffen. Vielleicht resultiert aus diesen Handlungsschemata und der szenenhaften Darstellung der Romane, dass häufig die Werke der Neuen Sachlichkeit verfilmt wurden.

Neue Sachlichkeit, eine Strömung der Literatur der Moderne

Zeitgeschichtliche Hintergründe
- relative Stabilisierung der Politik und Wirtschaft der Weimarer Republik seit 1925
- „Goldene Zwanziger“: Berlin als Kulturmetropole Europas
- seit 1929 Niedergang mit dem Beginn der Weltwirtschaftskrise
- Straßenkämpfe zwischen Anhängern der NSDAP und der KPD
- seit 1933: Machtergreifung Hitlers und Verfolgung der Autoren/innen der Neuen Sachlichkeit

Leitende Ideen
- wirklichkeitsnahe Darstellung gewöhnlicher Menschen mit ihren alltäglichen Problemen in der Aktualität der 20er- und Anfang der 30er-Jahre, weitgehende Aussparung der psychologischen Tiefendimension
- Dimensionen der Aktualität, Unterhaltungsfunktion
- dokumentarische Darstellungsweise, Anlehnung an die Szenenfolge der neuen Filmproduktion, häufige Verwendung der Dialekte und Soziolekte

Literarische Formen
- Romane
- Verfilmungen von Romanen
- Lyrik
- Reportage

Themen und Motive
- unsentimentale, versachlichte Beziehungen zwischen den Geschlechtern
- „Warencharakter“ menschlicher Beziehungen
- Karrierewünsche, besonders der weiblichen Protagonisten, in den neuen Medien Film, Radio, Journalistik und in den neuen Berufen, z. B. Mode, Korrespondenz
- Scheitern der Lebensplanung der Protagonisten in der Großstadt
- Flucht aus der Provinz, Lebensgenuss in den Amüsierzentren der Metropole Berlin
- sexuelle Freizügigkeit
- ungeschminkte Beschreibung menschlicher Phänomene, z. B. Altern
- Darstellung des Lebens in den neuen Berufen: Angestellte, weibliche Schreibkräfte u. a.

Autoren und Werke
- Erich Kästner: Fabian, 1931 – Roman
- Erich Kästner: Karriere?, 1928 – Gedicht
- Erich Kästner: Gewisse Ehepaare, 1929 – Gedicht
- Marieluise Fleißer: Eine Zierde für den Verein, 1931 – Roman
- Vicki Baum: Menschen im Hotel, 1929 – Roman
- Hans Fallada: Kleiner Mann – was nun?, 1932 – Roman
- Irmgard Keun: Das kunstseidene Mädchen, 1932 – Roman

Literatur im Schatten des Hakenkreuzes

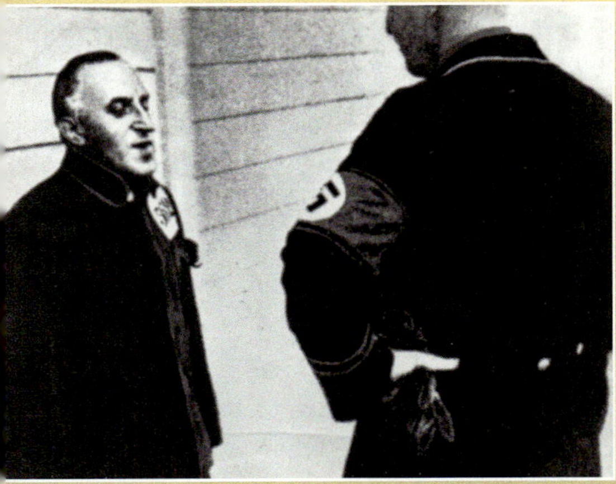

Der Publizist und spätere Friedensnobelpreisträger Carl von Ossietzky im Konzentrationslager Esterwegen (1934)

Schutzumschlag eines der erfolgreichsten Romane der 30er-Jahre (1932)

Schaufenster einer Buchhandlung mit sogenannten „rassekundlichen“ Schriften (1935)

Bücherverbrennung in Berlin im Mai 1933

Nur selten fallen politische und literarische Epochengrenzen so deutlich zusammen wie im Fall des Dritten Reiches. Die sogenannte Gleichschaltung erfasste sämtliche Bereiche des Lebens in Deutschland, sodass Kunst in Deutschland nur noch zu den Bedingungen des Regimes entstehen und verbreitet werden konnte. Viele Künstler verließen daher Deutschland bald nach 1933 und gingen ins Exil. Wem dies nicht gelang, dem drohten Berufsverbote und Inhaftierung. Letztlich erfolgte in den zwölf Jahren der Diktatur zwischen 1933 und 1945 die gesamte deutschsprachige literarische Produktion in Auseinandersetzung mit dem Nationalsozialismus, entweder zu dessen Unterstützung oder als Akte des offenen und versteckten Widerstands.

1. Beschreiben Sie die Abbildungen auf der linken Seite und schildern Sie Ihre Eindrücke.
2. Was wissen Sie über die dargestellten Aspekte des Dritten Reiches?
3. Formulieren Sie Ihre Erwartungen an Literatur in Zeiten des Nationalsozialismus.
4. Was könnte Literatur für das Regime so gefährlich gemacht haben, dass man sogar zum Mittel der Verbrennung griff?
5. Beschreiben Sie das Triptychon „Die geistige Emigration". Welchen Eindruck vom Exil und von seinem Einfluss auf die Künstler und Wissenschaftler gewinnen Sie?

Arthur Kaufmann: Die geistige Emigration (1938). Das Triptychon zeigt insgesamt 38 emigrierte Wissenschaftler und Künstler, darunter Albert Einstein (erste Reihe Mitte), Thomas, Klaus und Erika Mann (neben Einstein), Oskar Maria Graf, Ernst Toller u. v. a.

1 Literatur der Täter

Fast unmittelbar nach der „Machtergreifung“ durch die Nationalsozialisten am 30. Januar 1933 begann auch der Prozess der Gleichschaltung von Kunst und Kultur. Das Regime ließ von Beginn an keinen Zweifel daran, dass Kunst und Literatur fortan der Verbreitung der NS-Ideologie zu dienen hatten oder verschwinden mussten. Einen ersten Höhepunkt dieser Entwicklung stellten die inszenierten Bücherverbrennungen im Mai 1933 dar, bei denen die Werke missliebiger Autoren aus den Bibliotheken entfernt und öffentlich verbrannt wurden. Mit dem Reichskulturkammergesetz vom 22. September 1933 fand diese Entwicklung ihren Abschluss. Besondere Förderung erhielten von nun an Künstlerinnen und Künstler, die sich offen in den Dienst der Nationalsozialisten stellten.

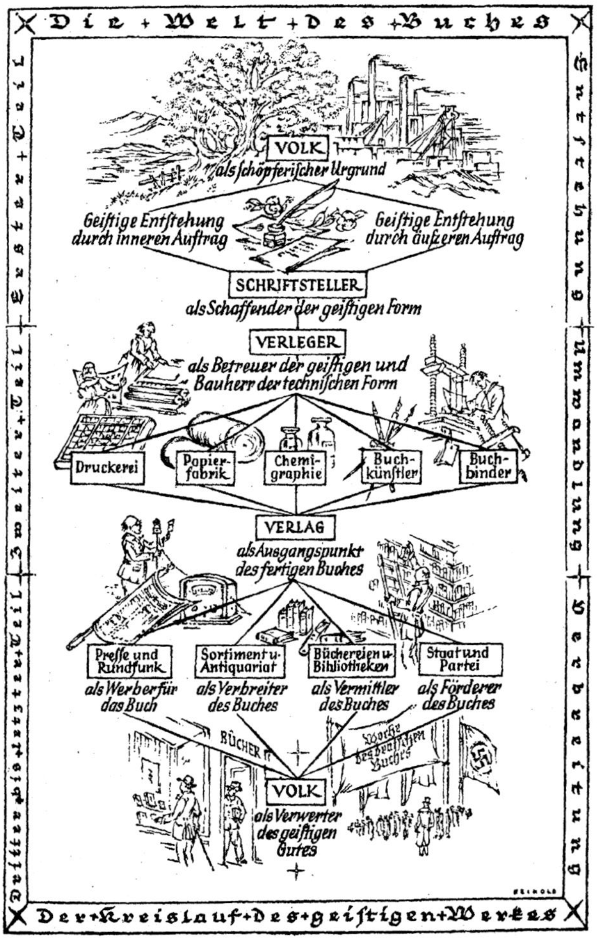

Darstellung der Entstehung und Verbreitung von Büchern im NS-Staat (1938)

Erste Verordnung zur Durchführung des Reichskulturkammergesetzes vom 1. November 1933

I. Errichtung der Kammern.

[...]

§ 3.

Die Reichskulturkammer hat die Aufgabe, durch Zusammenwirken der Angehörigen aller von ihr umfassten Tätigkeitszweige unter der Führung des Reichsministers für Volksaufklärung und Propaganda die deutsche Kultur in Verantwortung für Volk und Reich zu fördern, die wirtschaftlichen und sozialen Angelegenheiten der Kulturberufe zu regeln und zwischen allen Bestrebungen der ihr angehörenden Gruppen einen Ausgleich zu bewirken.

Besondere Aufgaben, die der Reichskulturkammer und ihren Einzelkammern übertragen werden, kann der Reichsminister für Volksaufklärung und Propaganda bestimmen.

[...]

II. Kammerzugehörigkeit.

§ 4.

Wer bei der Erzeugung, der Wiedergabe, der geistigen oder technischen Verarbeitung, der Verbreitung, der Erhaltung, dem Absatz oder der Vermittlung des Absatzes von Kulturgut mitwirkt, muss Mitglied der Einzelkammer sein, die für seine Tätigkeit zuständig ist. Verbreitung ist auch die Erzeugung und der Absatz technischer Verbreitungsmittel.

§ 5.

Kulturgut im Sinne dieser Verordnung ist:

1. jede Schöpfung oder Leistung der Kunst, wenn sie der Öffentlichkeit übermittelt wird,
2. jede andere geistige Schöpfung oder Leistung, wenn sie durch Druck, Film oder Funk der Öffentlichkeit übermittelt wird. [...]

§ 10.

Die Aufnahme in eine Einzelkammer kann abgelehnt oder ein Mitglied ausgeschlossen werden, wenn Tatsachen vorliegen, aus denen sich ergibt, dass die infrage kommende Person die für die Ausübung ihrer Tätigkeit erforderliche Zuverlässigkeit und Eignung nicht besitzt.

1. Beschreiben Sie die Abbildung und charakterisieren Sie die Rolle, die das NS-Regime der Kunst zuwies, und welche Vorstellungen man von der Entstehung und der Produktion von Literatur hatte. Welche Rolle ist hierbei dem Schriftsteller zugedacht?

2. Welche Folgen hatte die Gründung der Reichskulturkammer für die Schriftsteller und Schriftstellerinnen? Inwiefern konnte sie als Hebel für die Unterdrückung unerwünschter Literatur dienen?

Heinrich Anacker. Anacker war ein ursprünglich aus der Schweiz stammender Propagandadichter, dessen Werk während der NS-Zeit sowohl in Zeitungen als auch in Buchform eine weite Verbreitung fand. Er war führendes Mitglied in der Reichskulturkammer, dem Kontrollorgan zur Überprüfung von Künstlern auf ihre ideologische Zuverlässigkeit, und erhielt zahlreiche Kulturpreise.

Heinrich Anacker (1901–1971)

Deutsche Ostern 1933

Hört ihr die Osterglocken
frohlocken?
So haben wir noch zu keiner Frist
des Festes Sinn verstanden
wie heute ... Denn Deutschland selber ist
leuchtend auferstanden.

Hört ihr die Osterglocken
frohlocken?
Auch Deutschland erlitt sein Golgatha[1],
und ward ans Kreuz geschlagen –
nun hat das Bittre, das ihm geschah[2],
herrliche Frucht getragen.

Hört ihr die Osterglocken
frohlocken?
Auch Deutschland hatte der Mütter viel
mit dem Schwert im blutenden Herzen –
nun lässt sie das österlich-hohe Ziel
vergessen alle Schmerzen.

Hört ihr die Osterglocken
frohlocken?
Auch Deutschlands Grab ist heute leer:
Das Volk hat heimgefunden –
und war der Stein auch noch so schwer,
es hat ihn überwunden.

Hört ihr die Osterglocken
frohlocken?
So haben wir noch zu keiner Frist
die Botschaft tief verstanden –
denn Deutschland ist, wie der heilige Christ,
leuchtend auferstanden!

(1933)

1. Welchen Eindruck erweckt der Text von der Situation Deutschlands im Jahre 1933 und von der Vergangenheit?

2. Mit welchen Sprachbildern und Vergleichen versucht der Text, diesen Eindruck zu verstärken?

3. Nehmen Sie zu den Aussagen des Gedichts kritisch Stellung.

[1] **Golgatha:** Hügel außerhalb Jerusalems, auf dem Jesus Christus gekreuzigt wurde – [2] Anspielung auf die Niederlage Deutschlands im Ersten Weltkrieg und den Versailler Vertrag (1919), in dem Deutschland harte Friedensbedingungen auferlegt worden waren

Will Vesper. Vesper war ein nationalsozialistischer Schriftsteller und Literaturkritiker. Er war bekannt für seine oft das germanische Mittelalter glorifizierenden Romane sowie seine die Partei und die Person Hitlers verherrlichenden Gedichte. Er engagierte sich offen bei den Bücherverbrennungen des Jahres 1933 und schreckte nicht davor zurück, missliebige Schriftsteller persönlich zu denunzieren und sich für ihren Ausschluss aus der Reichsschrifttumskammer einzusetzen, was einem Berufsverbot gleichkam.

Will Vesper (1882 – 1962)

Das Neue Reich

Sechs Jahre nur – und dem Wunder gleich
stieg aus dem Schutte das Neue Reich,
ein Reich des Friedens, ein Reich in Waffen,
von Einem gewollt und von Einem geschaffen,
eine Burg der Kraft, in die Mitte der Welt
auf einen guten Grund gestellt,
auf eines Volkes Vertrauen und Mut,
auf reinen Willen und reines Blut,
auf einen Glauben, der Wunder tut!
Wer offene Augen hat im Kopf
und ist kein Verräter und kein Tropf,
der sieht, was geschah, und wie alles gewendet
zum Guten durch Ihn, den uns Gott gesendet:
Alle Räder in Gang, alle Kolben in Schwung,
bei fröhlicher Arbeit Alt und Jung.
Das eigene wohlverdiente Brot
macht die Augen hell, die Backen rot,
und niemand mehr leidet in Deutschland Not!
Die deutsche Zwietracht, der alte Graus,
ist aus
und für immer zu Ende!
Alldeutschland reicht zu ehernem Bunde
sich freudig die Hände.
[...]

Deutschland ist entsühnt. Seine Ehre rein.
Deutsche Kunst blüht. Deutsche Wissenschaft
wirkt mit neuer Kraft.
Deutscher Glaube wirft in die Welt einen hellen Schein.
Es ist wieder höchste Lust Deutscher zu sein!

(1939)

1. Vergleichen Sie Inhalt und Sprache des Gedichts mit dem von Anacker.
2. Weisen Sie an konkreten Beispielen mithilfe des folgenden Textes die Merkmale faschistischer Lyrik an den beiden Texten nach.
3. Beurteilen Sie die Aussagen und die literarische Qualität der Gedichte.

Albrecht Schöne (geb. 1925)

Merkmale der NS-Lyrik

In rauschhaften Bildern verbindet sich heroisches Pathos mit pseudoromantischen Zügen und [...] Opfer- und Auserwähltheitsassoziationen. [...] Propagandistische Sprachlenkung hat die nationalsozialistische Führung als ein höchst bedeutsames und wirkungsmächtiges Instrument der Herrschaft verstanden und in ihren „Sprachregelungen" mit Nachdruck durchgesetzt. [...] Das Gedicht schließt solche umdeutenden Sprachregelungen aus, denn es ist genötigt, sich kommentarlos verständlich zu machen. Hier geht man behutsamer zu Werke, und das ist gefährlicher, eben weil es nahezu unmerklich geschieht. Vorgegebene klare und eindeutige Wortmeinungen werden ins vieldeutig Unbestimmte aufgelöst, sodass die sachbezogene Mitteilungsfunktion der Sprache sich verliert. Klarheit wird zur negativen Kategorie. „Der echte Dichter arbeitet ganz unbewusst, aus überpersönlicher Schau und Ahnung", erklärte Walter Linden[1].

[...] Die disparate Metaphernfülle hebt jede Möglichkeit klarer Bedeutungserfassung auf, setzt alles Bemühen um nachdenkendes Verständnis und vernünftige Einsicht außer Kraft, sucht zu stimulieren mit einem bedeutungsentleerten, zu unbestimmter Reizwirkung bestimmten Schwall von Rauschworten ...

Es scheint charakteristisch, dass diese Art lyrischen Appells sich weder an alle richtet noch an einen Einzelnen, sondern an die auserwählte Schar, die verschworene Gruppe, die rechtgläubige und rechtblütige Gemeinschaft inmitten Andersdenkender, an ein Volk in Waffen schließlich in einer feindlichen Welt.

(1965)

[1] **Walter Linden:** deutscher Literaturwissenschaftler in der NS-Zeit, der vor allem durch eine völkische Deutung der Werke Goethes hervortrat

2 Innere Emigration

Nicht alle Autoren, die in Deutschland blieben, unterstützten die Nationalsozialisten. Für die Haltung dieser Autoren wurde der Begriff „innere Emigration“ geprägt. Zu ihr werden jene Schriftsteller gezählt, die sowohl der Weimarer Demokratie gegenüber kritisch eingestellt waren, aber auch dem Nationalsozialismus gegenüber Distanz wahrten. Zu den bekanntesten Autoren dieser Richtung gehören Ernst Jünger, Werner Bergengruen, Gottfried Benn und Stefan Andres. Ihre Werke lassen sich teils auch als vorsichtige Kritik an den Zuständen in Deutschland verstehen. Ab etwa 1937 verschärfte sich die Kulturpolitik des Regimes, sodass immer mehr Autoren der inneren Emigration aus der Reichskulturkammer ausgeschlossen und mit einem Berufsverbot belegt wurden. Die Autoren zogen sich daraufhin oft in ihre bürgerlichen Berufe zurück oder emigrierten.

El Greco: Porträt des Kardinalinquisitors Don Fernando Niño de Guevara (um 1600)

Stefan Andres (1906 – 1970)

El Greco malt den Großinquisitor (Auszug)

Stefan Andres gehört zu den bekanntesten Autoren der inneren Emigration und war in der Bundesrepublik der 50er-Jahre einer der erfolgreichsten Autoren. Andres kritisierte den Nationalsozialismus aus christlicher Sicht und geriet wegen seiner Äußerungen und wegen seiner Ehe mit einer Jüdin schon früh in Konflikt mit den Nationalsozialisten. Obwohl Andres in seiner beruflichen Tätigkeit vielfach behindert wurde, konnte die Novelle „El Greco malt den Großinquisitor“ 1936 in Deutschland noch erscheinen. 1937 emigrierte er, „um dem seelischen Erstickungstode zu entrinnen“, nach Italien, wo er bis 1949 blieb.

1. Beschreiben Sie das Gemälde und notieren Sie in einem Schreibgespräch den Eindruck, den Sie von der Person de Guevaras erhalten.
2. Vergleichen Sie anschließend Ihre Eindrücke mit der Wahrnehmung des Malers in der Novelle von Stefan Andres: „Gefährlich aber sind Niños Augen. Wie im kühlen Dunkel der Krypta ist da alles unbewegt und ineinander.“ Erschließen Sie aus diesem Zitat, inwiefern das Gemälde als Ausgangspunkt der Novelle dienen konnte.

Es traf den Meister Domenicos Theodokopulos wie ein kalter Schlag, als der Kaplan des Kardinals, der eigens von Sevilla nach Toledo herübergeritten war, ihm überbrachte, der Maler el Greco habe am ersten Sonntag im Advent vor Seiner Eminenz zu erscheinen. Derweil er dem Gast eine Erquickung zu reichen befahl mit einem formelhaft höflichen Satz und mit einer wie auswendigen und ganz vergessenen Stimme, prüfte er seine innere Welt, nicht, ob sie gut, sondern ob sie dicht und abgeschlossen sei. Er dachte an seine Freunde, an in den Ohren der Inquisition unliebsame Namen, er dachte an Cazalla, dachte an Äußerungen, die er seinem Gehilfen Preboste über gewisse fromme Bildaufträge getan, er dachte an seine Bilder selber, war im Geiste hier und dort in allen Kirchen und Kapellen und Stiften; die zuckenden Flügelschläge seiner hingescheuchten Angst schatteten und schwirrten über sei-

ne Bilder hin, suchten in den Gesichtern seiner Heiligen und seiner Menschen ... Er blickte den hungrigen Kaplan nicht an, da er ihm die Schale mit Orangen hinschob, er sah allein die bleichen, beinigen Hände des Priesters, die eine Frucht nur mit der Spitze der Finger fassten und mit den scharfen, langen Nägeln aufstachen. El Greco sah den leuchtenden Saft tropfen und sah immer noch seine Bilder im Geiste an, und der Saft der Orangen stand auf den Stirnen seiner Heiligen, goldener Schweiß; und da die Schale leise krachend sich hob, kam die Frucht unter den spitzigen Fingern hervor. Lange kann man sich verbergen, dachte el Greco, und er spürte den Schweiß unter den Achseln ausbrechen, bis der Ruhm kommt. Der Ruhm ist das geschliffene Brennglas über unseren Werken; er wird ein Loch sengen, wohin sich der Blick der Welt versammelt. Der Generalinquisitor schickt seinen Kaplan.
„Was wünscht Seine Eminenz von Ihrem Diener?“, fragte er und hob seinen Blick, aber auf die Schläfe des Priesters, die weit mit Haaren zugewachsen war. „Ihr sollt Euer Malgerät mitbringen, über das Übrige wird der Hausmeister mit Euch verhandeln.“ El Greco hustete seinen aufgestauten Atem in verhohlener Erleichterung hin und lächelte dem Gast verbindlich zu. Eine Gefahr weicht der andern, dachte er und sprach: „Ich danke Seiner Eminenz für die außerordentliche Ehre.“ Er wollte noch mehr sagen, wollte in Worten gegen Sevilla hin einen Kniefall tun, fügte indes nur bei: „Ich wundere mich!“ Der Kaplan zögerte mit der Fruchtscheibe in seiner Hand, zögerte wie mit der Hostie vor der dargebotenen Zunge eines Verdächtigen, dann aß er und nickte: „Ich wundere mich nicht, dass Ihr Euch verwundert. Eure Malart ist neben Juan el Mudo gesehen – sehr –“, er überlegte, „– fremd zu nennen.“ „Mein Geblüt!“, schob el Greco ein, „vergesst nicht, dass ich Grieche bin!“ Der Priester, er mochte schon über fünfzig sein, nickte wie vorhin. „Eure Eltern waren schismatisch[1]?“ „Das Volk ist nie schismatisch zu nennen; es sind die Priester, die Hirten – die Grenzen aufrichten und niederreißen!“ Der Kaplan horchte auf. Er drückte sich mit gespreizten Händen ein wenig vom Tische ab, sein Stuhl wiegte auf den hinteren Füßen, das Rohr knisterte. Er sprach die Worte el Grecos nach, er murmelte sie, den Maler dabei anblickend, ohne ihn anzublicken. Dann fügte er bei, etwas betonter, nicht mehr murmelnd: „Wenn ein ganzes Volk sich von Rom abreißt, ist auch das kleinste zu Verstand und Vernunft gelangte Kind verantwortlich zu machen. Oder denkt Ihr darüber anders?“ El Greco schüttelte heftig den Kopf. „Es wäre sonst wohl zumindest eine Unmenschlichkeit, Unmündige auf den Scheiterhaufen zu stellen!“ Er erhob sich dabei, auch der Kaplan erhob sich.
In diesem Augenblick kam der Knabe Manuel herein, el Greco war das Erscheinen seines Söhnchens angenehm; sie sprachen über seine Anlagen und Neigungen, und als der Kaplan sich nach einer Weile verabschiedete, segnete er zuvor den Knaben, der ihm vor der Tür in den Sattel half.
[...]

Es stellt sich heraus, dass der Inquisitor ein Porträt von el Greco wünscht. El Greco macht sich sofort an die Arbeit, zugleich abgestoßen und fasziniert von der Person des Kardinals. Wenig später erkrankt der Kardinal schwer. Auf Bitten des Kardinals ruft el Greco seinen Freund, den berühmten Arzt Cazalla, dessen Bruder vor einigen Jahren der Inquisition zum Opfer gefallen war, zu Hilfe.

Auf el Grecos Brief kam Cazalla sofort nach Sevilla herunter. Als el Greco mit müßigen Schritten über den Domplatz ging, vernahm er in der mittäglichen Stille Pferdehufe, er wandte sich und sah einen Reiter. Von hinten sah er ihn, und durch die Falten des Überwurfs an den schmalen, hohen Schultern erkannte er den Freund.
„Cazalla“, rief er leise, und der Angerufene zügelte bei seinem Namen das Tier. Vor einer französischen Pastetenbäckerei standen sie; der Reiter hatte Hunger, gleichwohl bemerkte er nicht die Düfte des Teiges und des Würzfleisches, er hörte nur el Grecos flüsternde Worte, wegen der Vorübergehenden mussten sie flüstern. Cazalla aber hörte zu und betrachtete die bestaubte Spitze seines Hemdes, die unter seinem Ärmel herausstand. Und er riss die Spitze langsam ab und warf sie aufs Pflaster. „Soll ich mich nun nicht fürchten über die Ehre, die mir der Generalinquisitor antut?“ El Greco sprach lauter: „Tut ihm vor allem nicht die Ehre der Furcht an!“ Darauf antwortete Dr. Cazalla sehr leise: „Gewiss, denn er gab sein Leben in meine Hand!“ Hierauf wollte ihm el Greco nicht auf dem Domplatz antworten, er zog ihn mit sich, und auf seiner Zelle sprach er dann: „Nicht so, Cazalla, wie Ihr vor der Pastetenbäckerei spracht, nicht so! Ihr seid Arzt – und der Kardinal vertraut Euch. Mir scheint, Euer Ruhm, der Euch in den

[1] **Schisma:** Kirchenspaltung. Gemeint ist hier, dass die Eltern griechisch-orthodox waren.

Eskorial[1] rief, bewog ihn, Euch sein Leben anzuvertrauen. Und er rechnet damit, dass Ihr nicht Eures Bruders Leben an ihm rächet, damit rechnet Niño!" „Er rechnet mit dem edelmütigen Feinde? Mit welchem Recht?" Cazalla keuchte vor Atemnot. Jetzt lächelte el Greco – auf seine gefährliche Weise. „Freund, geht und heilt ihn schnell, dass ich sein Bildnis fertig malen kann, wie Gott es mir befiehlt durch die Wahrhaftigkeit." Und nach einer Weile fügte er bei: „Wisst, es ist umsonst, die Inquisitoren zu töten. Was wir können, ist – das Antlitz dieser Ächter Christi festzuhalten!" Cazalla hörte kaum zu, er konnte sich nicht fassen: „Wer wäre sonst noch so abgefeimt, sich seinen Feind zum Arzt zu machen! Er beschwört meinen Stolz, meine Ehre, meine Pflicht. Und er weiß, dass er damit alle Kräfte in mir beschworen hat, all mein Wissen, meine ganze Kunst! Oh, dass ich in dieser Nacht kein Cazalla wäre!"

Am Abend, bevor er zu dem Kranken ging, sagte er: „Theodokopulos, wisst Ihr, heute am fünfzehnten Dezember wäre mein Bruder Agostino fünfundsechzig Jahre alt geworden." Und er fragte, die Augen ganz in den Winkeln der faltigen Säcke auf el Greco gerichtet: „Wie alt schätzt Ihr den Kardinal?" „Ebenso alt", sprach el Greco und hob dann fast drohend die Brauen. Da winkte Cazalla ab und hob seinen Gerätekasten, in dem es leise klirrte. „Ohne Sorge, Ihr kommt zu Euerm Bild! Denn die Rechnung des Generalinquisitors stimmt. Er weiß, dass Ketzer unseres Schlages vor dem Angesichte Gottes wandeln, dass wir wie Stiere ungefährlich sind, wenn wir im Joch eines Auftrages stehen. Doch seht, ich fürchte mich nun nicht mehr!"

El Greco hörte seine Sporen und die Gläser im Kasten die Stiege hinunterklirren. Es war ein doppelter Klang, ein kriegerischer und ein friedlicher, den der große Schritt Cazallas in einen schlang.

(1936)

1. Erläutern Sie die Situation, in der sich die Hauptfigur zu Beginn der Novelle (S. 355 f., Z. 1–34) befindet. Mit welchen sprachlichen Mitteln wird seine Furcht gestaltet?
2. Inwiefern konnte diese Textstelle von den zeitgenössischen Lesern auch auf die Situation von Künstlern in Deutschland bezogen und als Kritik verstanden werden?
3. Worin besteht für die Protagonisten der innere Konflikt bei der Ausführung ihrer Aufträge?
4. Was ist nach el Greco die Aufgabe der Kunst und welche Haltung nimmt er dem aktiven Widerstand gegenüber ein? Nehmen Sie hierzu Stellung.

[1] **Eskorial:** Palast des spanischen Königs in Madrid

Gottfried Benn. Benn geriet nach anfänglicher Zustimmung zur Machtergreifung vor allem aus künstlerischen Gründen schon früh in Konflikt mit dem Nationalsozialismus, wobei die Machthaber ihn vor allem wegen seiner radikalen, vom Expressionismus geprägten frühen Werke kritisierten und diese sogar öffentlich als „Schweinereien" diffamierten. Um einem Berufsverbot als Arzt zu entgehen, trat Benn 1935 in die Wehrmacht ein, was ihn jedoch nicht davor bewahrte, 1938 aus der Reichskulturkammer ausgeschlossen und mit einem Schreibverbot belegt zu werden. Das folgende Gedicht entstand im Sommer 1936, nicht zuletzt unter dem Eindruck der von den Nationalsozialisten als Propagandaereignis veranstalteten Olympischen Spiele, und wurde noch im selben Jahr veröffentlicht.

Gottfried Benn (1886–1956)

Einsamer nie

Einsamer nie als im August:
Erfüllungsstunde –, im Gelände
die roten und die goldenen Brände,
doch wo ist deiner Gärten Lust?

Die Seen hell, die Himmel weich,
die Äcker rein und glänzen leise,
doch wo sind Sieg und Siegsbeweise
aus dem von dir vertretenen Reich?

Wo alles sich durch Glück beweist
und tauscht den Blick und tauscht die Ringe
im Weingeruch, im Rausch der Dinge –:
dienst du dem Gegenglück, dem Geist.

(1936)

(Aus lizenzrechtlichen Gründen ist dieser Text nicht in reformierter Rechtschreibung abgedruckt.)

➔ Zu Gottfried Benn s. auch S. 296, 314.

1. Welche Empfindungen verbinden Sie mit dem Monat August? Vergleichen Sie diese mit der in dem Gedicht zum Ausdruck kommenden Stimmung.

2. In welcher Situation sieht sich das lyrische Ich? Welche Haltung bringt es der ihn umgebenden Wirklichkeit gegenüber zum Ausdruck? Wen spricht es an?

3. Untersuchen Sie die formale und sprachliche Gestaltung des Gedichts und setzen Sie sie in Beziehung zum Inhalt, indem Sie ein Schaubild erstellen.

4. Inwiefern lässt sich der Text auch als Kommentar zu den Zuständen in Deutschland 1936 verstehen?

Reinhold Schneider. Schneider stammte aus einer katholisch geprägten Familie und lebte seit 1928 als freier Autor. Allen Versuchen der Nationalsozialisten, ihn für sich zu vereinnahmen, widerstand er, was 1941 schließlich zum Verbot seiner Werke führte. In den Dreißigerjahren war er vor allem wegen seiner verdeckten Kritik an der Unterdrückung und rassistischen Verfolgung bekannt, wobei seine Gedichte oft nur heimlich in Abschriften unter seinen Bewunderern verbreitet werden konnten. Erst nach Kriegsende konnten sie auch in Buchform erscheinen.

Reinhold Schneider (1903 – 1958)

Allein den Betern kann es noch gelingen

Allein den Betern kann es noch gelingen,
Das Schwert ob unsern Häuptern aufzuhalten
Und diese Welt den richtenden Gewalten
Durch ein geheiligt Leben abzuringen.

Denn Täter werden nie den Himmel zwingen:
Was sie vereinen, wird sich wieder spalten,
Was sie erneuern, über Nacht veralten,
Und was sie stiften, Not und Unheil bringen.

Jetzt ist die Zeit, da sich das Heil verbirgt,
Und Menschenhochmut auf dem Markte feiert,
Indes im Dom die Beter sich verhüllen.

Bis Gott aus unsern Opfern Segen wirkt
Und in den Tiefen, die kein Aug entschleiert,
Die trocknen Brunnen sich mit Leben füllen.

(verfasst 1936)

1. Welche Rolle nimmt der lyrische Sprecher ein und welche Haltung nimmt er gegenüber seiner Zeit ein?

2. Mit welchen Sprachbildern wird die Gegenwart beschrieben und welches Verhalten wird ihr gegenübergestellt?

3. Analysieren Sie die sprachliche Form und bestimmen Sie vor dem Hintergrund Ihrer literaturhistorischen Kenntnisse die Stellung dieses Textes innerhalb der literarischen Moderne seit 1880.

4. Beurteilen Sie die in diesem Gedicht vorgenommene Zeitkritik und diskutieren Sie, inwiefern dieses Gedicht dem Widerstand zugerechnet werden kann.

3 Emigration und Widerstand

Jürgen Möller (geb. 1969)

Literatur des Exils

Noch schwerer als bei den Autoren der inneren Emigration lässt sich bei den Autoren des Exils eine einheitliche Linie feststellen. Dies hängt vor allem damit zusammen, dass die Autoren aus ganz unterschiedlichen Gründen Deutschland verließen. Neben aus rassistischen Gründen verfolgten Autoren wie Lion Feuchtwanger waren es vor allem sozialistisch orientierte Schriftsteller wie Bertolt Brecht, Anna Seghers, Ernst Toller und Johannes R. Becher, aber auch republikanische Autoren wie Stefan Zweig, Kurt Tucholsky, Heinrich, Thomas und Klaus Mann sowie Alfred Döblin, die Deutschland 1933 den Rücken kehrten. Die politischen und literarischen Gegensätze prägten auch den Umgang der Autoren im Exil miteinander, wobei sich bei allen Unterschieden doch ein gemeinsames Selbstverständnis als antifaschistische Autoren herausbildete, das Klaus Mann in seiner Autobiografie „Der Wendepunkt“ wie folgt zusammenfasste:

„Einerseits ging es darum, die Welt vor dem Dritten Reich zu warnen und über den wahren Charakter des Regimes aufzuklären, gleichzeitig aber mit dem ‚anderen‘, ‚besseren‘ Deutschland, dem illegalen, heimlich opponierenden also, in Kontakt zu bleiben, andererseits galt es, die große Tradition des deutschen Geistes und der deutschen Sprache, eine Tradition, für die es im Lande ihrer Herkunft keinen Platz mehr gab, in der Fremde lebendig zu erhalten und durch den eigenen schöpferischen Beitrag weiterzuentwickeln.“

In der ersten Phase des Exils (1933–1937) herrschte bei den meisten Autoren noch Zuversicht, dass der Nationalsozialismus an der Unfähigkeit seiner Führung und seinen inneren Widersprüchen rasch scheitern würde und man bald nach Deutschland zurückkehren könnte. Dies zeigte sich in den Anfangsjahren auch darin, dass viele Autoren in die angrenzenden Nachbarländer flohen (Niederlande, Dänemark, Österreich). Folgerichtig versuchten die emigrierten Autoren in den ersten Jahren, die politischen Differenzen untereinander zu überwinden und eine gemeinsame Front gegen den Nationalsozialismus zu bilden. Ausdruck dieses mühsam erarbeiteten Zusammengehörigkeitsgefühls sind im Exil herausgegebene Zeitschriften mit programmatischen Titeln wie der in den Niederlanden von Klaus Mann herausgegebenen Zeitschrift „Die Sammlung“, die als Diskussionsforum diente. Die literarische Produktion konzentrierte sich in dieser Phase auf die Veröffentlichung von Gegenwartsromanen, die den Aufstieg des Nationalsozialismus zu erklären versuchten und die Verführung der Deutschen thematisierten. Bedeutende Romane dieser Phase sind etwa Lion Feuchtwangers „Die Geschwister Oppermann“ (1933) und Klaus Manns „Mephisto“. Mit der Expansion des Nationalsozialismus seit 1938 und dem Beginn des Zweiten Weltkrieges wurde die Situation der Autoren in diesen Ländern unhaltbar, sodass mehr und mehr die USA zum zentralen Sammelpunkt der Emigranten wurden. Die innen- und außenpolitischen Erfolge des Regimes ließen die anfängliche Zuversicht in diesen Jahren schwinden, wodurch sich der Fokus der Exilliteratur veränderte. Insbesondere in der Lyrik vieler Autoren werden zweifelnde und sogar resignative Tendenzen lauter, einige Autoren, wie z. B. Kurt Tucholsky begingen im Exil sogar Selbstmord. Andere bemühten sich um eine verstärkte Zusammenarbeit unter Überwindung der bislang trennenden Grenzen hinweg und stellten sich während des Krieges den Alliierten zur Verfügung.

Bekannt sind etwa Thomas Manns Radioansprachen für die BBC, die ausgestrahlt wurden und mit denen er versuchte, Einfluss auf die politische Haltung der

Thomas Mann im Rundfunkstudio in den USA (um 1940)

Deutschen zu nehmen. Auch der Fokus der weiterhin entstehenden Romane verschob sich unter diesen veränderten Bedingungen. Es entstanden mehr und mehr Romane, die das Schicksal der Exilanten thematisierten, wie etwa Anna Seghers „Transit“ (1939–1941). Zudem wurden im Angesicht der bedrückenden Gegenwart die politischen Gegenentwürfe jetzt oft in Gestalt von historischen Romanen gekleidet, wie z. B. in Heinrich Manns Henri IV.-Romanen (1935 und 1938).

Neben dem Verlust ihrer Heimat und der politischen Ungewissheit litten viele Autoren auch unter wirtschaftlichen Problemen. Der Verbreitung deutschsprachiger Literatur im Exil waren zunehmend engere Grenzen gesetzt, da mit dem „Anschluss“ Österreichs 1938 der letzte große deutschsprachige Markt weggefallen war. So entstanden zwar die oben erwähnten bedeutenden Romane, diese konnten jedoch während der Exilzeit kaum rezipiert werden, zumal das Interesse an deutscher Literatur im Ausland in den 30er- und 40er-Jahren gering war. Eine Ausnahme hiervon bildete der Roman „Das siebte Kreuz“ von Anna Seghers, der im Jahr 1942 erschien. Erzählt wird die Geschichte der Flucht von sieben Männern aus dem fiktiven KZ Westhofen. Die Flüchtigen werden nach und nach gefasst und im KZ an eigens hierfür aufgestellten Kreuzen zu Tode gefoltert. Nur einem Häftling gelingt die Flucht. Das siebte Kreuz bleibt leer. Dieser Roman, der eine beeindruckende wirklichkeitsnahe Beschreibung des Alltags im Dritten Reich darstellt, wurde sofort in viele Sprachen übersetzt und kurz darauf, noch während des Krieges, in Hollywood verfilmt.

Einige Autoren ertrugen die erzwungene Zeit des Exils nicht und begingen Selbstmord, so z. B. Walter Benjamin, Kurt Tucholsky, Stefan Zweig und Ernst Weiß. Andere kehrten nach dem Ende des Krieges nach Deutschland zurück. Während sozialistisch orientierte Autoren und Autorinnen wie Bertolt Brecht, Johannes R. Becher und Anna Seghers sich für die Übersiedlung in die DDR entschieden, ließen sich andere bürgerliche Autoren, mit Ausnahme Thomas Manns, der in die Schweiz übersiedelte, in der Bundesrepublik nieder. Nicht immer wurden sie hier mit offenen Armen empfangen: Man warf den Exilanten vor, die Verhältnisse im Dritten Reich nicht aus eigener Anschauung zu kennen und sich dennoch zum moralischen Schiedsrichter aufzuschwingen. Erst mit einiger Verspätung setzte dann auch in der Bundesrepublik die Würdigung und Auseinandersetzung mit der Exilliteratur ein.

(2013)

1. Skizzieren Sie die Situation der deutschen Literatur im Exil.
2. Informieren Sie sich über die im Text genannten Autoren. Stellen Sie dabei besonders heraus, welchen Einfluss das Exil auf die Arbeit dieser Künstler ausübte und welche bedeutenden Werke in dieser Zeit entstanden.
3. **Was Sie noch machen können:**
   a) Informieren Sie sich über den Inhalt und die Komposition des gesamten Romans „Das siebte Kreuz“. Bereiten Sie ein Kurzreferat vor, in dem Sie Ihren Kurs über Ihre Ergebnisse informieren.
   b) Informieren Sie sich über die amerikanische Verfilmung des Romans aus dem Jahre 1944 und ermitteln Sie Unterschiede in Bezug auf Inhalt und Komposition.

➔ Einen Film/eine Filmszene/ein Standbild analysieren, s. S. 561 ff.

4 Der Literat im Exil: Das Beispiel Bertolt Brecht

Bertolt Brecht. Brecht gehörte zu den bekanntesten deutschen Autoren zur Zeit der Weimarer Republik. Wegen seiner marxistischen Überzeugungen und scharfen Kritik an den Nationalsozialisten richteten diese schon zu Beginn der 30er-Jahre scharfe Angriffe gegen ihn und versuchten, die Aufführungen seiner Werke zu verhindern. Einen Tag nach dem Reichstagsbrand vom 28. Februar 1933 verließ Brecht Deutschland und gelangte nach zahlreichen Stationen 1941 in die USA, wo er allerdings wegen seiner Nähe zum Kommunismus argwöhnisch beobachtet wurde und kaum öffentliche Wirkung entfalten konnte. Nach seiner Rückkehr nach Europa entschied sich Brecht für die Niederlassung in der DDR.

Bertolt Brecht (1898 – 1956)
Schlechte Zeit für Lyrik

Ich weiß doch: nur der Glückliche
Ist beliebt. Seine Stimme
Hört man gern. Sein Gesicht ist schön.

Der verkrüppelte Baum im Hof
Zeigt auf den schlechten Boden, aber
Die Vorübergehenden schimpfen ihn einen Krüppel
Doch mit Recht.

Die grünen Boote und die lustigen Segel des Sundes[1]
Sehe ich nicht. Von allem
Sehe ich nur der Fischer rissiges Garnnetz.
Warum rede ich nur davon
Daß die vierzigjährige Häuslerin[2] gekrümmt geht?
Die Brüste der Mädchen
Sind warm wie ehedem.

In meinem Lied ein Reim
Käme mir fast vor wie Übermut.

In mir streiten sich
Die Begeisterung über den blühenden Apfelbaum
Und das Entsetzen über die Reden des Anstreichers[3].
Aber nur das zweite
Drängt mich zum Schreibtisch. *(1939)*

1. In welcher Lage sieht sich das lyrische Ich? Worin besteht das Paradoxon des Titels?
2. Beschreiben Sie den Aufbau des Gedichts. Aus welchen Bereichen stammen jeweils die Sprachbilder?
3. Erläutern Sie den Zusammenhang zwischen Inhalt und Form.
4. Welche Aufgabe weist das Gedicht der Lyrik in dieser Zeit zu?

Bertolt Brecht (1898 – 1956)
Gedanken über die Dauer des Exils

I
Schlage keinen Nagel in die Wand
Wirf den Rock auf den Stuhl.
Warum vorsorgen für vier Tage?
Du kehrst morgen zurück.

Laß den kleinen Baum ohne Wasser.
Wozu noch einen Baum pflanzen?
Bevor er so hoch wie eine Stufe ist
Gehst du froh weg von hier.

Zieh die Mütze ins Gesicht, wenn Leute vorbeigehn!
Wozu in einer fremden Grammatik blättern?
Die Nachricht, die dich heimruft
Ist in bekannter Sprache geschrieben.

So wie der Kalk vom Gebälk blättert
(Tue nichts dagegen!)
Wird der Zaun der Gewalt zermorschen
Der an der Grenze aufgerichtet ist
Gegen die Gerechtigkeit.

II
Sieh den Nagel in der Wand, den du eingeschlagen hast:
Wann, glaubst du, wirst du zurückkehren?
Willst du wissen, was du im Innersten glaubst?

Tag um Tag'
Arbeitest du an der Befreiung
Sitzend in der Kammer schreibst du.
Willst du wissen, was du von deiner Arbeit hältst?
Sieh den kleinen Kastanienbaum im Eck des Hofes
Zu dem du die Kanne voll Wasser schlepptest!

(1937)

[1] **Sund:** Meerenge – [2] **Häuslerin:** auf dem Dorf Bezeichnung für die Besitzerin eines kleinen Hauses ohne Landbesitz – [3] **Anstreicher:** spöttische Bezeichnung für Adolf Hitler, der sich vergeblich um eine Karriere als Maler bemüht hatte

1. Wie beschreibt das lyrische Ich im ersten Teil seine Einstellung zum Exil? Wer ist hier der Angesprochene?

2. In welcher Beziehung stehen hier der erste und der zweite Teil des Gedichts? Welche Funktion haben die Fragen?

3. Erläutern Sie die Veränderungen vor dem zeitgeschichtlichen Hintergrund. Ziehen Sie hierzu auch die Informationen aus dem Sachtext über die Literatur des Exils (S. 359 f.) mit heran.

Bertolt Brecht (1898 – 1956)

Kälbermarsch

Hinter der Trommel her
Trotten die Kälber
Das Fell für die Trommel
Liefern sie selber.

Der Metzger ruft. Die Augen fest geschlossen
Das Kalb marschiert mit ruhig festem Tritt.
Die Kälber, deren Blut im Schlachthof schon geflossen
Sie ziehn im Geist in seinen Reihen mit.

Sie heben die Hände hoch
Sie zeigen sie her
Sie sind schon blutbefleckt
Und sind noch leer.

Der Metzger ruft. Die Augen fest geschlossen
Das Kalb marschiert mit ruhig festem Tritt.
Die Kälber, deren Blut im Schlachthof schon geflossen
Sie ziehn im Geist in seinen Reihen mit.

Sie tragen ein Kreuz voran
Auf blutroten Flaggen
Das hat für den armen Mann
Einen großen Haken.

Der Metzger ruft. Die Augen fest geschlossen
Das Kalb marschiert mit ruhig festem Tritt.
Die Kälber, deren Blut im Schlachthof schon geflossen
Sie ziehn im Geist in seinen Reihen mit.

(1943)

(Aus lizenzrechtlichen Gründen sind die Texte von Bertolt Brecht nicht in reformierter Rechtschreibung abgedruckt.)

1. Welches Bild vom Nationalsozialismus und seinen Anhängern vermittelt das Gedicht? Erläutern Sie dazu die zentralen Bilder von Kalb, Metzger und Schlachthof.

2. Beschreiben Sie den gedanklichen Aufbau.

3. Vergleichen Sie den Refrain des Gedichts von Bertolt Brecht mit der ersten Strophe des sogenannten Horst-Wessel-Lieds. Weisen Sie nach, wie Brecht die Grundhaltung, die in dieser Strophe zum Ausdruck kommt, parodiert. Berücksichtigen Sie dazu folgende Informationen: Das Lied wurde zunächst 1929 als Gedicht in einer NS-Zeitschrift veröffentlicht. Später wurde es, mit der Melodie eines Seefahrerlieds unterlegt, zu einem Parteilied der NSDAP. In der Zeit des Dritten Reiches wurde es zusammen mit dem Deutschlandlied als Nationalhymne gesungen.
Der Autor, Horst Wessel (1907 – 1930), war Mitglied der NSDAP und der SA (Sturm-Abteilung), die in der Weimarer Republik für ihren Straßenterror berüchtigt war. Horst Wessel starb 1930 bei einer Auseinandersetzung mit einem Kommunisten und wurde von den Nationalsozialisten zu einem „Märtyrer der Bewegung" stilisiert. Die Verbreitung des gesamten Lieds ist heute wegen seines nationalsozialistischen Gedankenguts verboten.

Die Fahne hoch! Die Reihen fest geschlossen!
SA marschiert mit mutig festem Schritt,
Kameraden, die Rotfront und Reaktion erschossen,
marschiern im Geist in unsern Reihen mit.

4. Beschreiben Sie, wie in dem Gedicht von Brecht Elemente der NS-Ideologie bloßgestellt werden.

Zeitgeschichtliche Hintergründe
- ab 1933 Errichtung einer totalitären Diktatur in Deutschland
- zunehmende Ideologisierung und Militarisierung des öffentlichen Lebens
- Verfolgung, Entrechtung und schließlich Ermordung politisch und „rassisch" missliebiger Personen und Bevölkerungsgruppen
- 1939 Beginn des Zweiten Weltkriegs mit dem deutschen Überfall auf Polen

Ideologie des Nationalsozialismus
- Führerprinzip und -kult
- Antisemitismus und Sozialdarwinismus
- Lebensraumideologie
- Germanenkult und Bekenntnis zu „Blut und Boden"

Literatur der „inneren Emigration"
Versuch der verklausulierten Kritik am NS-Regime durch
- Naturlyrik
- Novellen und Romane mit indirektem Zeitbezug

Autoren: Stefan Andres, Werner Bergengruen, Gottfried Benn

Literatur im Schatten des Hakenkreuzes
- 1933 „Machtergreifung" und „Gleichschaltung" des geistigen Lebens
- Verbrennung der Werke missliebiger Literaten
- Massenemigration führender Schriftsteller
- ab 1937 Verschärfung der Zensur, verbunden mit Schreibverboten für viele in Deutschland verbliebene Literaten

Literatur des Exils
Aufklärung über und Kampf gegen den Nationalsozialismus durch
- Gedichte (z. B. Lyrik Brechts)
- Romane (z. B. „Das siebte Kreuz" von Anna Seghers)

Autoren: Bertolt Brecht, Thomas Mann, Heinrich Mann, Lion Feuchtwanger, Kurt Tucholsky u. v. m.

NS-Literatur
- Propagandagedichte und Lieder
- propagandistische Dramen

Autoren: Heinrich Anacker, Will Vesper, Hanns Johst

Literatur der Weimarer Republik (Neue Sachlichkeit) 1920 – 1933 | **Literatur in der Zeit des Nationalsozialismus (1933 – 1945)** | Literatur nach 1945

Lyrik seit 1945 – Von der Nachkriegszeit bis zur Gegenwart

1

2

4

A „SED will Fluchtwege sperren – Höhepunkt des Terrors?“

B „Gründung der BRD“

C „Lösung der Hauptstadtfrage“

D „Bundestag sang Deutschlandlied – Die Mauer ist offen!“

E „Revolution der Blumenkinder“

F „Brandts Bitte um Vergebung“

Das Ende des Krieges 1945 stellte einen tiefen Einschnitt in der deutschen Geschichte dar. Deutschland stand vor der Aufgabe, die Vergangenheit aufzuarbeiten, sich der eigenen Schuld zu stellen und einen gesellschaftlichen Neuanfang zu suchen. Auch die Schriftsteller versuchten dies auf ganz unterschiedlichen Wegen.

Die Bezeichnung „Lyrik seit 1945“ umfasst viele verschiedene Tendenzen und Strömungen, eine Festlegung auf eine Richtung und insbesondere auf einzelne Gedichte muss immer als Reduktion oder Vereinfachung gelten. Um aber einen Überblick zu bekommen, werden nachfolgend einzelne Themenschwerpunkte aufgezeigt. Zudem wird in diesem Kapitel der Frage nachgegangen, inwieweit sich die prägende politische und gesellschaftliche Wirklichkeit nach dem Zweiten Weltkrieg in der Literatur und insbesondere in der Lyrik widerspiegelt. Es geht darum zu erfahren, wie Schriftsteller das Lebensgefühl der Menschen in unterschiedlicher Art und Weise aufgegriffen und literarisch verarbeitet haben.

Beispiele für Erzähltexte und Romanauszüge, die nach 1945 entstanden sind, finden sich in den Einheiten „Vom Lesen, Schreiben und Erzählen“ (S. 18 ff.) und „Kommunikation in literarischen Texten“ (S. 47 ff.) (Wilhelm Genazino, Ulrich Plenzdorf, T.C. Boyle, Uwe Timm, Jens Sparschuh, Gabriele Wohmann, Marie Sabine Roger ...).

„Aber jeder, der schreibt, weiß auch, wie schwer es ist, dem Schweigen ein Wort abzuringen."
(Peter Huchel) *(1974)*

„Ein gutes Auge gehört zum Handwerkszeug des Schriftstellers."
(Heinrich Böll) *(1952)*

„Alles, was geschieht, geht dich an."
(Günter Eich) *(1951)*

„Wir schrieben also vom Krieg, von der Heimkehr und von dem, was wir im Krieg gesehen und bei der Heimkehr vorfanden: von Trümmern."
(Heinrich Böll) *(1952)*

3

5

6

1. Ordnen Sie die Schlagzeilen den Bildern zu. Welches Ereignis der deutschen Geschichte ist jeweils dargestellt?
2. Fallen Ihnen historisch relevante Ereignisse ein, die man ergänzen müsste? Inwiefern waren sie Ihrer Meinung nach bedeutend?
3. Leiten Sie anhand der Zitate ab, welchen Herausforderungen sich Literaten nach 1945 stellen mussten und worin sie ihre Aufgabe sahen.
4. Inwiefern kann sich ein Dichter den Themen und Erfahrungen seiner Zeit stellen? Welche Möglichkeiten der literarischen Verarbeitung bieten sich Ihrer Meinung nach an?

1 Sprache und Sprachlosigkeit – Wege aus der Katastrophe

„Dies ist meine Mütze" – Die Reduzierung der Sprache

Wolfdietrich Schnurre (1920 – 1989)

„Zerschlagt eure Lieder
verbrennt eure Verse
sagt nackt
was ihr müsst"

(1948)

Theodor W. Adorno (1903 – 1969)

„Nach Auschwitz noch ein Gedicht zu schreiben ist barbarisch."

(1951)

Wolfgang Borchert (1921 – 1947)

„Wer weiß einen Reim auf das Röcheln einer zerschossenen Lunge, einen Reim auf einen Hinrichtungsschrei, wer kennt das Versmaß, das rhythmische, für eine Vergewaltigung, wer weiß das Versmaß für das Gebell der Maschinengewehre?"

(1947)

„Wir brauchen keine Dichter mit guter Grammatik. Zu guter Grammatik fehlt uns Geduld. Wir brauchen die mit dem heißen heiser geschluchzten Gefühl. Die zu Baum Baum und zu Weib Weib sagen und Ja sagen und Nein sagen: laut und deutlich und dreifach und ohne Konjunktiv."

(1947)

1. Formulieren Sie Ihre Eindrücke zu den Zitaten und erläutern Sie die Aussagen.
2. Stellen Sie Vermutungen darüber an, wie Literaten und Philosophen zu derartigen Aussagen gekommen sein könnten.
3. Stellen Sie Vermutungen über die Art des Schreibens nach der Zeit des Nationalsozialismus an. Vor welchen Schwierigkeiten könnten die Literaten dieser Zeit gestanden haben?

Heinrich Böll. Böll wurde 1917 in Köln geboren und starb 1985. Er war Schriftsteller und Übersetzer und machte sich einen Namen durch das Schreiben von Kurzgeschichten und Romanen. 1972 erhielt er den Nobelpreis für Literatur. Bekannte Werke Bölls sind z. B. „Billard um halbzehn", „Die verlorene Ehre der Katharina Blum" oder „Ansichten eines Clowns".

Heinrich Böll (1917 – 1985)

Bekenntnis zur Trümmerliteratur

[...] Wir schrieben also vom Krieg, von der Heimkehr und dem, was wir im Krieg gesehen hatten und bei der Heimkehr vorfanden: von Trümmern; das ergab drei Schlagwörter, die der jungen Literatur angehängt wurden: Kriegs-, Heimkehrer- und Trümmerliteratur.
Die Bezeichnungen als solche sind berechtigt: es war Krieg gewesen, sechs Jahre lang, wir kehrten heim aus diesem Krieg, wir fanden Trümmer und schrieben darüber. Merkwürdig, fast verdächtig war nur der vorwurfsvolle, fast gekränkte Ton, mit dem man sich dieser Bezeichnung bediente: man schien uns zwar nicht verantwortlich zu machen dafür, dass Krieg gewesen, dass alles in Trümmern lag, nur nahm man uns offenbar übel, dass wir es gesehen hatten und sahen, aber wir hatten keine Binde vor den Augen und sahen es: Ein gutes Auge gehört zum Handwerkszeug des Schriftstellers.
Die Zeitgenossen in die Idylle zu entführen würde uns allzu grausam erscheinen, das Erwachen daraus wäre schrecklich [...] Wer Augen hat, zu sehen, der sehe! Und in unserer schönen Muttersprache hat Sehen eine Bedeutung, die nicht mit optischen Kategorien allein zu erschöpfen ist: Wer Augen hat, zu sehen, für den werden die Dinge durchsichtig – und es müsste ihm möglich werden, sie zu durchschauen, und man kann versuchen, sie mittels der Sprache zu durch-

Zerstörte Straße, Kirchenruine in Köln (1944)

Trümmerfrauen in Dresden (1945)

schauen, in sie hineinzusehen. Das Auge des Schriftstellers sollte menschlich und unbestechlich sein: man braucht nicht gerade Blindekuh zu spielen, es gibt rosarote, blaue, schwarze Brillen – sie färben die Wirklichkeit jeweils so, wie man sie gerade braucht. Rosarot wird gut bezahlt, es ist meistens sehr beliebt – und der Möglichkeiten zur Bestechung gibt es viele –, aber auch Schwarz ist hin und wieder beliebt, und wenn es gerade beliebt ist, wird auch Schwarz gut bezahlt. Aber wir wollen es so sehen, wie es ist, mit einem menschlichen Auge, das normalerweise nicht ganz trocken und nicht ganz nass ist, sondern feucht – und wir wollen daran erinnern, dass das lateinische Wort für Feuchtigkeit Humor ist – ohne zu vergessen, dass unsere Augen auch trocken werden können oder nass; dass es Dinge gibt, bei denen kein Anlass für Humor besteht. Unsere Augen sehen täglich viel: sie sehen den Bäcker, der unser Brot backt, sehen das Mädchen in der Fabrik – und unsere Augen erinnern sich der Friedhöfe; und unsere Augen sehen Trümmer: die Städte sind zerstört, die Städte sind Friedhöfe, und um sie herum sehen unsere Augen Gebäude entstehen, die uns an Kulissen erinnern, Gebäude, in denen keine Menschen wohnen, sondern Menschen verwaltet werden, verwaltet als Versicherte, als Staatsbürger, Bürger einer Stadt, als solche, die Geld einzahlen oder Geld entleihen – es gibt unzählige Gründe, um derentwillen ein Mensch verwaltet werden kann. Es ist unsere Aufgabe, daran zu erinnern, dass der Mensch nicht nur existiert, um verwaltet zu werden – und dass die Zerstörungen in unserer Welt nicht nur äußerer Art sind und nicht so geringfügiger Natur, dass man sich anmaßen kann, sie in wenigen Jahren zu heilen.

Der Name Homer ist der gesamten abendländischen Bildungswelt unverdächtig: Homer ist der Stammvater europäischer Epik, aber Homer erzählt vom Trojanischen Krieg, von der Zerstörung Trojas und von der Heimkehr des Odysseus – Kriegs-, Trümmer- und Heimkehrerliteratur –, wir haben keinen Grund, uns dieser Bezeichnung zu schämen.

(1952)

1. Tragen Sie mit eigenen Worten zusammen, was Böll unter Trümmerliteratur versteht und wie er sein Bekenntnis zu ihr begründet. Welche Vorwürfe könnten den Verfassern von Trümmerliteratur gemacht worden sein, auf die Böll antwortet?
2. Im Text heißt es: „Der Name Homer ist der gesamten abendländischen Bildungswelt unverdächtig [...].“ (Z. 60 f.) Erläutern Sie diesen Satz im Textzusammenhang.
3. Welche Aufgabe misst Böll dem Schriftsteller zu?
4. Stellen Sie einen Zusammenhang her zwischen Bölls Anliegen und den Lebensumständen der unmittelbaren Nachkriegszeit. Die Bilder geben Ihnen eine erste Orientierung.

Günter Eich. Eich wurde 1907 in der Mark Brandenburg geboren, studierte Volkswissenschaft und Sinologie und wurde 1950 zum ersten Träger des von der „Gruppe 47" verliehenen Literaturpreises. Er machte sich mit Hörspielen und Lyrik in der Öffentlichkeit einen Namen. Weltweit bekannt ist sein sprachlich schlicht gehaltenes Gedicht „Inventur", das er 1948 unmittelbar nach dem Krieg verfasste. 1972 starb Günter Eich in Salzburg.

Hans Bender. Bender wurde 1919 als Sohn eines Gastwirts in Mühlhausen/Kraichgau geboren. Nach dem Abitur begann er 1939 mit einem Studium der Germanistik, Publizistik, Kunstgeschichte und Philosophie, wurde allerdings bereits 1940 Soldat. Erst 1949 kehrte er aus russischer Gefangenschaft heim. Kurzzeitig nahm er sein Studium wieder auf, war ab 1951 als Herausgeber tätig, später als Feuilletonredakteur, Gastdozent und Professor an der Universität in Austin. Bis 1990 arbeitete er als Rezensent für die „Süddeutsche Zeitung". Als Schriftsteller machte er sich vor allem mit Kurzgeschichten, Erzählungen und Gedichten einen Namen.

Günter Eich (1907 – 1972)
Latrine[1]

Über stinkendem Graben,
Papier voll Blut und Urin,
umschwirrt von funkelnden Fliegen,
hocke ich in den Knien,

den Blick auf bewaldete Ufer,
Gärten, gestrandetes Boot.
In den Schlamm der Verwesung
klatscht der versteinte Kot.

Irr mir im Ohre schallen
Verse von Hölderlin[2].
In schneeiger Reinheit spiegeln
Wolken sich im Urin.

„Geh aber nun und grüße
die schöne Garonne[3] –"
Unter den schwankenden Füßen
schwimmen die Wolken davon. *(1948)*

1. Wie wirkt der Text auf Sie? Was ist das Ungewöhnliche an dem Titel?
2. Im Text heißt es: „Geh aber nun und grüße/die schöne Garonne –" (Z. 13 f.). Ermitteln Sie die Aussage und die Funktion dieses Zitats im Kontext des Gedichts von Eich.
3. Leiten Sie daraus die für Sie zentrale Aussage des Gedichts ab.
4. Zeigen Sie Auffälligkeiten in der Sprachgestaltung des Textes und erläutern Sie diese vor dem Hintergrund des Essays Heinrich Bölls. Achten Sie auf den Satzbau, die Attribute, die Bilder und die Reime, die verwendet werden.

Hans Bender (geb. 1919)
Heimkehr

Im Rock des Feindes,
in zu großen Schuhen,
im Herbst,
auf blattgefleckten Wegen
gehst du heim.
Die Hähne krähen
Deine Freude in den Wind,
und zögernd hält
der Knöchel
vor der stummen,
neuen Tür *(1949)*

[1] **Latrine:** provisorische Toilette, aus einer einfachen Senkgrube bestehend – [2] **Friedrich Hölderlin:** deutscher Schriftsteller (1770 – 1843) des Idealismus – [3] **Garonne:** Fluss in Frankreich, Zitat aus dem Gedicht „Andenken" von Hölderlin

1. Legen Sie die Situation des lyrischen Sprechers dar, wie sie im Text erscheint.
2. „im Herbst,/auf blattgefleckten Wegen“ (V. 3 f.) – Wie verstehen Sie diese Verse?
3. Wie wird die Tür gekennzeichnet und welche Bedeutung kommt ihr zu?
4. Geben Sie an, inwiefern der Inhalt des Gedichts zur Überschrift des Teilkapitels „Die Reduzierung der Sprache“ passt. Stellen Sie auch eine Verbindung zwischen dem Gedicht und der Abbildung her.

Günter Eich (1907–1972)
Inventur

Dies ist meine Mütze,
dies ist mein Mantel,
hier mein Rasierzeug
im Beutel aus Leinen.

Konservenbüchse:
Mein Teller, mein Becher,
ich hab in das Weißblech
den Namen geritzt.

Geritzt hier mit diesem
kostbaren Nagel,
den vor begehrlichen
Augen ich berge.

Im Brotbeutel sind
ein Paar wollene Socken
und einiges, was ich
niemand verrate,

so dient es als Kissen
nachts meinem Kopf.
Die Pappe hier liegt
zwischen mir und der Erde.

Die Bleistiftmine
lieb ich am meisten:
Tags schreibt sie mir Verse,
die nachts ich erdacht.

Dies ist mein Notizbuch,
dies meine Zeltbahn,
dies ist mein Handtuch,
dies ist mein Zwirn.

(1948)

1. Geben Sie an, was das lyrische Ich als Kostbarkeiten aufzählt, und versuchen Sie eine Erklärung, warum es die Dinge als kostbar bezeichnet. Wie gewichtet das lyrische Ich seine Besitztümer? Welche Rolle spielen die Mitmenschen für das lyrische Ich?
2. Erklären Sie den Titel des Gedichts.
3. Erläutern Sie, inwiefern das Gedicht Eichs in die unmittelbare Nachkriegsliteratur/Trümmerliteratur passt. Inwiefern geht es auch um eine Inventur der Sprache?
4. Üben Sie einen Vortrag des Textes und unterstützen Sie Ihre Deutung durch Ihre Mimik, Gestik und Intonation. Verwenden Sie eventuell auch Requisiten, um Ihre Aussageabsicht zu verdeutlichen.
5. Nehmen Sie eine persönliche Inventur für Ihre Lebenssituation vor: Schreiben Sie ein Gedicht im Stil Eichs und nennen Sie dabei Ihnen wichtige Gegenstände.

➔ Ein weiteres Gedicht von Günter Eich finden Sie auf S. 212.

„Schweigen doch wir" – Die hermetische Lyrik

Paul Celan. Celan, eigentlich Paul Ancel, wurde 1920 als einziger Sohn deutschsprachiger, rumänischer Eltern geboren. Nach seinem Abitur begann er ein Medizinstudium, wechselte zur Romanistik, konnte dieses Studium aber wegen des Krieges nicht fortsetzen. Er wurde inhaftiert, seine Eltern in ein Lager deportiert. Beide starben dort: Die Mutter wurde erschossen, der Vater starb an Typhus. Dass Celan seinen Eltern nicht helfen konnte, traumatisierte ihn stark. 1970 ertränkte sich Celan in der Seine.

Paul Celan (1920 – 1970)

Todesfuge

Schwarze Milch der Frühe wir trinken sie abends
wir trinken sie mittags und morgens wir trinken sie nachts
wir trinken und trinken
wir schaufeln ein Grab in den Lüften da liegt man nicht eng
Ein Mann wohnt im Haus der spielt mit den Schlangen der schreibt
der schreibt wenn es dunkelt nach Deutschland dein goldenes Haar Margarete
er schreibt es und tritt vor das Haus und es blitzen die Sterne er pfeift seine Rüden herbei
er pfeift seine Juden hervor lässt schaufeln ein Grab in der Erde
er befiehlt uns spielt auf nun zum Tanz

Schwarze Milch der Frühe wir trinken dich nachts
wir trinken dich morgens und mittags wir trinken dich abends
wir trinken und trinken
Ein Mann wohnt im Haus der spielt mit den Schlangen der schreibt
der schreibt wenn es dunkelt nach Deutschland dein goldenes Haar Margarete
Dein aschenes Haar Sulamith wir schaufeln ein Grab in den Lüften da liegt man nicht eng
Er ruft stecht tiefer ins Erdreich ihr einen ihr andern singet und spielt
er greift nach dem Eisen im Gurt er schwingts seine Augen sind blau
stecht tiefer die Spaten ihr einen ihr andern spielt weiter zum Tanz auf

Schwarze Milch der Frühe wir trinken dich nachts
wir trinken dich mittags und morgens wir trinken dich abends
wir trinken und trinken
ein Mann wohnt im Haus dein goldenes Haar Margarete
dein aschenes Haar Sulamith er spielt mit den Schlangen
Er ruft spielt süßer den Tod der Tod ist ein Meister aus Deutschland
er ruft streicht dunkler die Geigen dann steigt ihr als Rauch in die Luft
dann habt ihr ein Grab in den Wolken da liegt man nicht eng

Schwarze Milch der Frühe wir trinken dich nachts
wir trinken dich mittags der Tod ist ein Meister aus Deutschland
wir trinken dich abends und morgens wir trinken und trinken
der Tod ist ein Meister aus Deutschland sein Auge ist blau
er trifft dich mit bleierner Kugel er trifft dich genau
ein Mann wohnt im Haus dein goldenes Haar Margarete
er hetzt seine Rüden auf uns er schenkt uns ein Grab in der Luft
er spielt mit den Schlangen und träumet der Tod ist ein Meister aus Deutschland

dein goldenes Haar Margarete
dein aschenes Haar Sulamith

(1944/45)

1. Formulieren Sie Ihre ersten Eindrücke zu dem Gedicht und halten Sie diese schriftlich fest.
2. Untersuchen Sie das Gedicht hinsichtlich der Aussagen zur Wir-Gruppe und zur Er-Figur. Stellen Sie die Kennzeichnungen gegenüber.
3. Erarbeiten Sie gruppenweise einen Vortrag zu dem Gedicht. Sie können Ihren Vortrag auch mit Abbildungen unterlegen.
4. Eine besondere Rolle kommt im Gedicht dem Oxymoron „Schwarze Milch“ zu. Wie verstehen Sie den Begriff?
5. Erläutern Sie den Titel „Todesfuge“. Eine Fuge ist ein musikalisches Kompositionsprinzip, bei dem Motive immer wieder variiert, wiederholt und gegenübergestellt werden. Welche Zusammenhänge zwischen Aussage und Form können Sie feststellen?
6. Recherchieren Sie im Internet nach verschiedenen Aufführungsweisen des Gedichts. Zum Teil handelt es sich dabei um Schülerprojekte. Wählen Sie einzelne aus und beurteilen Sie diese.

Nelly Sachs. Sachs war eine deutsch-schwedische Schriftstellerin und Lyrikerin. 1966 erhielt sie den Nobelpreis für Literatur „für ihre hervorragenden lyrischen und dramatischen Werke, die das Schicksal Israels mit ergreifender Stärke interpretieren“. In der Dankesrede sagte Nelly Sachs: „Anstelle von Heimat halte ich die Verwandlungen der Welt.“
Erst 1940 entschloss sich die Jüdin Sachs, mit ihrer Mutter aus Deutschland nach Schweden zu fliehen. In der Nachkriegszeit schrieb Nelly Sachs über das Grauen des Holocaust. Nelly Sachs, die Kontakt zu Paul Celan pflegte, starb 1970 an einer Krebserkrankung in Stockholm.

Nelly Sachs (1891 – 1970)
Chor der Geretteten

Wir Geretteten,
Aus deren hohlem Gebein der Tod schon seine Flöten schnitt,
An deren Sehnen der Tod schon seinen Bogen strich –
Unsere Leiber klagen noch nach
Mit ihrer verstümmelten Musik.
Wir Geretteten,
Immer noch hängen die Schlingen für unsere Hälse gedreht
Vor uns in der blauen Luft –
Immer noch füllen sich die Stundenuhren mit unserem tropfenden Blut.
Wir Geretteten,
Immer noch essen an uns die Würmer der Angst.
Unser Gestirn ist vergraben im Staub.
Wir Geretteten
Bitten euch:
Zeigt uns langsam eure Sonne.
Führt uns von Stern zu Stern im Schritt.
Lasst uns das Leben leise wieder lernen.
Es könnte sonst eines Vogels Lied,
Das Füllen des Eimers am Brunnen
Unseren schlecht versiegelten Schmerz aufbrechen lassen
Und uns wegschäumen –
Wir bitten euch:
Zeigt uns noch nicht einen beißenden Hund –
Es könnte sein, es könnte sein
Dass wir zu Staub zerfallen –
Vor euren Augen zerfallen in Staub.
Was hält denn unsere Webe[1] zusammen?
Wir odemlos[2] gewordene,
Deren Seele zu Ihm floh aus der Mitternacht
Lange bevor man unseren Leib rettete
In die Arche[3] des Augenblicks.
Wir Geretteten,
Wir drücken eure Hand,
Wir erkennen euer Auge –
Aber zusammen hält uns nur noch der Abschied,
Der Abschied im Staub
Hält uns mit euch zusammen.

(1947)

[1] **Webe:** hier: Körper, Wesen – [2] **odemlos:** atemlos; gemeint ist der Lebensatem, die Lebensenergie – [3] **Arche:** Anspielung auf die Arche Noahs (AT), durch die er das Überleben jeweils einer Gattung von Lebewesen bewahren sollte vor der Vernichtung durch die Sintflut

1. Sprechen Sie den Text als Chor und ermitteln Sie die Wirkung.
2. Kennzeichnen Sie die Situation der „Geretteten".
3. Stellen Sie den „Geretteten" die „Ihr-Gruppe" gegenüber – Wer ist mit den Angesprochenen gemeint?
4. Welche Reaktion könnten die Bitten der „Geretteten" bei der Adressatengruppe auslösen? Stellen Sie Vermutungen an mit Blick auf den Gedichtinhalt und auf die zeitgeschichtliche Situation.
5. „Aber zusammen hält uns nur noch der Abschied,
Der Abschied im Staub
Hält uns mit euch zusammen."
Erklären Sie diese letzten Verse des Gedichts. Welche Perspektive eröffnen sie?
6. Der Schriftsteller Hans Magnus Enzensberger schrieb über Nelly Sachs' Lyrik: „Ihrer Sprache wohnt etwas Rettendes inne. Indem sie spricht, gibt sie uns selbst zurück, Satz um Satz, was wir zu verlieren drohten: Sprache." Diskutieren Sie mithilfe des Gedichts diese Aussage Enzensbergers.
7. Überlegen Sie im Kurs, ob die Aussage Enzensbergers auch auf Paul Celans Gedicht „Todesfuge" zutrifft.

Lotte Paepcke. Die „radikale Verletzung, die den Fluss des Lebens zwang, eine andere Richtung zu nehmen" (L. Paepcke), prägt das Lebenswerk der jüdischen Schriftstellerin Lotte Paepcke. Sie wurde in Freiburg geboren und begann ein Jurastudium, konnte jedoch wegen der Machtübernahme der Nationalsozialisten nicht in diesem Beruf tätig sein. Sie heiratete 1934 einen nichtjüdischen Philologen, bevor die Nazis 1935 eine solche „Mischehe" verboten. Sie selbst empfand ihre Lebenssituation als bedrückend; sie fühlte sich fremd und litt zeitlebens an den Erfahrungen der Kriegsgräuel. Paepcke starb als 90-Jährige in Karlsruhe.

Lotte Paepcke (1910 – 2000)

Schweigen

Vergessen Gerede
hell hingestreut
über Sumpf.
Schweigen
wir, schweigen
doch wir
im heutigen Tag.
Schweigen wir
Euch alle ein.
Ihr seid tot.
Aber wir
aber wir
trocknen und drechseln
Verbogenes
Hinterlassenes
so Euriges
dass nur Verrat
uns rettet.
Aber wir
vor Euch
aber heute
vor gestern – nichts hat uns befreit.

(1952)

1. Welche Stimmung vermittelt das Gedicht? Sprechen Sie über Ihre Eindrücke.
2. Das „Schweigen" stellt im gleichnamigen Gedicht den zentralen Inhalt dar; welche Bewertung erfährt es?
3. Vergleichen Sie das Verhalten der „Geretteten" im Gedicht von Nelly Sachs mit dem des Sprechers in Paepckes Gedicht und versuchen Sie, es jeweils zu erläutern.

Luzia Schünemann (geb. 1965)

Sprache als Neuanfang

Im Nationalsozialismus wurde Sprache oftmals als Macht- und Manipulationsmittel eingesetzt, das die eigene politische Gruppe in ein positives Licht rücken sollte und den Gegner gezielt diffamierte. Aber auch Verschleierungen schlimmer Verbrechen erfolgten mithilfe der Sprache. Begrifflichkeiten und Wendungen waren z. T. derart besetzt, dass man sie nach 1945 nicht einfach weiter verwenden konnte; so z. B. die Redewendung „Jedem das Seine", die am Haupttor des Konzentrationslagers Buchenwald prangte, oder Begriffe wie „Volk", „Heimat", „Boden", „Führer", „Treue" ... Der Philologe Victor Klemperer stellte 1947 in seinem Werk „LTI. Notizbuch eines Philologen", einer Untersuchung zur Sprache des Nationalsozialismus („Lingua Tertii Imperii" = LTI), zentrale Merkmale und Sprachmechanismen heraus, die das Manipulations- und Verfälschungspotenzial im Dritten Reich verdeutlichen.

Im Zuge der Erfahrungen mit der Propagandasprache der Nazis entstand eine deutliche Sprachskepsis bei den Literaten. Es bildeten sich nach 1945 verschiedene Richtungen heraus, auf das Vergangene zum einen inhaltlich, zum anderen in der Sprache zu reagieren. Es gab naturmagische Tendenzen, innerhalb derer man der Grausamkeit des Alltags und der Erinnerungen durch Hinwendung zur Größe der Natur zu entkommen versuchte. Der Gedanke an den Fortbestand des Kosmos und das Gefühl des Aufgehobenseins darin fungierten als Trost und Eröffnung einer Perspektive. Vertreter dieser Richtung sind Friedrich Georg Jünger oder Werner Bergengruen, dessen Texte in den 50er-Jahren Bestseller waren und in kaum einem Haushalt fehlten.

Andere Literaten, zu denen auch Nelly Sachs und Paul Celan gehörten, beschritten den Weg der Hermetik, in der die Botschaft nicht mehr offensichtlich zutage tritt, sondern verschlüsselt und verborgen ist aufgrund der Sorge um erneuten Missbrauch der Sprache und durch die Sprache. Dementsprechend lag ein Schwerpunkt in der Gestaltung der Sprache darin, das Gesagte nicht als etwas Endgültiges zu begreifen, sondern den Prozesscharakter zu betonen. Da die Sprache dieser Literaturrichtung die der Suchenden ist, die das Unsägliche nicht in Worte kleiden können, sind die Sprache und ihre Botschaft auch nicht vollständig zu begreifen.

Schließlich gab es die Trümmer- oder Kahlschlagliteratur, die durch eine schlichte, lakonische Sprache den Ist-Zustand der Zeit zu fassen suchte, dabei ohne Schnörkel den Tatsachen verhaftet war und so den Neubeginn suchte. Günter Eichs Gedicht „Inventur" zeigt diese Haltung in besonderer Weise. Die Literaten dieser Strömung waren der Auffassung, dass jeder sprachliche Ästhetizismus der notwendigen Betrachtung der Wirklichkeit und damit ihrer Verarbeitung im Wege steht, sodass die Forderung Borcherts als stellvertretend für die Trümmerliteraten verstanden werden kann: *„Wir brauchen keine Dichter mit guter Grammatik. Zu guter Grammatik fehlt uns Geduld. Wir brauchen die mit dem heißen heiser geschluchzten Gefühl. Die zu Baum Baum und zu Weib Weib sagen und Ja sagen und Nein sagen: laut und deutlich und dreifach und ohne Konjunktiv."*

(2012)

➔ Victor Klemperer: Zur Sprache des Dritten Reiches, s. S. 436.

1. Stellen Sie die unterschiedlichen Richtungen der Nachkriegsliteratur aus dem Sachtext heraus und tragen Sie deren Merkmale zusammen.
2. Untersuchen Sie die vorangehenden und die beiden Folgegedichte auf die Strömung, der Sie sie zuordnen können. Begründen Sie Ihre Entscheidung anhand des Sachtextes.
3. Welche der drei Richtungen des Umgangs mit der Geschichte können Sie am ehesten nachvollziehen? Begründen Sie Ihre Position.

„Wer sich ins Gras legt" – Die naturmagische Lyrik

Friedrich Georg Jünger. Jünger wurde in Hannover geboren. 1916 meldete er sich als Kriegsfreiwilliger und wurde schwer verwundet. Nach dem Krieg studierte Jünger Jura. Ab 1926 lebte er als freier Schriftsteller.

Werner Bergengruen. Bergengruen wurde in Riga geboren. Als 10-Jähriger zog er mit seinen Eltern nach Lübeck. Später betrachtete Bergengruen dieses Herausgerissenwerden aus seiner „natürlichen Welt" als die „schwerste Verletzung [s]eines Lebens" (W. Bergengruen). Er begann ein Studium der Germanistik, Theologie und Kunstgeschichte, brach es aber ab. Nach dem Krieg arbeitete er als Journalist.

Friedrich Georg Jünger (1898–1977)

Im Grase

Wer sich ins Gras legt,
Wer lang liegt, für den ist
Zeit und Mühn nichts.
Wer liegt, der vergisst.

Was sich um ihn bewegt,
Wenn er liegt,
Bewegt ihn sanft mit.
Er wird gewiegt.

Ihn verlässt, ihn flieht
Zahl und Zeit.
Er entrinnt, ihm verrinnt
Lust und Leid.

Weise wird er, still
Wie das Gras, das grüne Moos.
Er bettet sich tief
In der Himmlischen Schoß.

Der Wind kommt und geht.
Die Wolke zieht.
Der Falter schwebt. Der Bach
Murmelt sein Lied.

Halm und Laub
Zittern und flüstern leis.
Wasser und Wind
Gehen im Kreis.

Was kommt, geht. Was geht, kommt
In der Wiederkehr Gang.
In der Himmlischen Bahn
Wird die Welt Tanz, wird Gesang.

(1952)

Werner Bergengruen (1892–1964)

Die heile Welt

Wisse, wenn in Schmerzensstunden
dir das Blut vom Herzen spritzt:
Niemand kann die Welt verwunden,
nur die Schale wird geritzt.

Tief im Innersten der Ringe
ruht ihr Kern getrost und heil.
Und mit jedem Schöpfungsdinge
hast du immer an ihm teil.

Ewig eine strenge Güte
wirket unverbrüchlich fort.
Ewig wechselt Frucht und Blüte,
Vogelzug nach Süd und Nord.

Felsen wachsen, Ströme gleiten,
und der Tau fällt unverletzt.
Und dir ist von Ewigkeiten
Rast und Wanderbahn gesetzt.

Neue Wolken glühn im Fernen,
neue Gipfel stehn gehäuft,
bis von nie erblickten Sternen
dir die süße Labung träuft.

(1950)

1. Untersuchen Sie die Gedichte Jüngers und Bergengruens: Geben Sie an, welches Verhalten die lyrischen Sprecher gegenüber „Zeit“ und „Schmerzensstunden“ nahelegen. Welchen Nutzen sehen die Sprecher in einem solchen Verhalten?

2. Die Gedichte enthalten eine Fülle von Naturbildern. Welchen Stellenwert nimmt die Natur für die lyrischen Sprecher ein?

3. Sehen Sie sich die letzte Strophe des Gedichts Jüngers als Fazit der vorangegangenen Aussagen an: Welche Lebensauffassung spricht aus diesen Versen? Wo findet sie sich in Bergengruens Gedicht?

4. Vergleichen Sie Jüngers Gedicht mit dem Lotte Paepckes: In beiden Gedichten nimmt das Motiv des Schweigens einen bedeutenden Stellenwert ein; arbeiten Sie die unterschiedliche Gewichtung des Verstummens heraus und suchen Sie im Kurs nach einer Begründung dafür.

Die Gruppe 47

Luzia Schünemann (geb. 1965)

Woher – wohin? Die Gruppe 47: Literaten orientieren sich

Viele junge Schriftsteller hatten die Gräuel des Krieges als Soldaten erlebt und es fiel ihnen oftmals schwer, den Weg in den Alltag wiederzufinden. Ebenso wenig wollten und konnten sie in ihrem Schreiben an die literarischen Traditionen anknüpfen. Sie forderten einen künstlerischen Neubeginn.

1947 rief der Buchhändler und freie Schriftsteller Hans Werner Richter (1908–1993) die „Gruppe 47“ ins Leben: Ein- bis zweimal im Jahr lud er junge Literaten ein, die aus eigenen, noch nicht veröffentlichten Werken vorlasen.

Die Gruppe setzte sich zum Ziel, die deutschsprachige Literatur nach dem Untergang des „Dritten Reichs“ zu erneuern und nicht nur die Nachkriegsliteratur, sondern auch die Demokratisierung der Gesellschaft zu fördern. Einer von Pathos, Lüge und Propaganda geprägten Sprache der Nationalsozialisten wollten sie eine neue, einfache, sachliche und wahrhaftige Sprache entgegensetzen. Die Gruppe 47 arbeitete basisdemokratisch; zwar verschickte Richter die Einladungen und leitete die Treffen, alle Teilnehmer waren aber gleichberechtigt. Die Arbeit hatte den Charakter einer Literaturwerkstatt. Richter selbst sagte rückblickend über die Gruppe 47: „Wir glaubten, dass eine Gesundung nach dem Nationalsozialismus nur durch Kritik, durch Förderung des kritischen Bewusstseins möglich sei.“ Es ging also um eine „Selbstaufklärung“ der Dichter. Zu diesem Zweck galt das ungeschriebene Gesetz, die kritischen Rückmeldungen zu eigenen Werken schweigend anzuhören, sich nicht zu rechtfertigen: „Jedes vorgelesene Wort wird gewogen, ob es noch verwendbar ist oder vielleicht veraltet, verbraucht in den Jahren der Diktatur, der Zeit der großen Sprachabnutzung.

Hans Werner Richter (1908–1993)

Jeder Satz wird, wie man sagt, abgeklopft. Jeder unnötige Schnörkel wird gerügt. […] Was Bestand hat vor den Ohren der Teilnehmer, sind die knappen Aussagesätze." (H.W. Richter)

Die Gruppe 47 veranstaltete insgesamt etwa dreißig Tagungen, an denen schließlich neben Autoren auch Literaturkritiker teilnahmen. Von 1950 bis 1967 vergab die Gruppe 47 auch einen Literaturpreis. Preisträger waren z. B. Günter Eich (1950), Heinrich Böll (1951), Ingeborg Bachmann (1953) oder Günter Grass (1958).

Zur Gruppe gehörten viele heute namhafte Autoren, u. a. Paul Celan, Hans Magnus Enzensberger, Peter Handke, Siegfried Lenz, Peter Rühmkorf und Gabriele Wohmann.

Die Gruppe 47 hatte stets darauf geachtet, Sprache und Textgestaltung bei ihren Treffen in den Blick zu rücken, sich aber nicht politisch zu engagieren. Diese Haltung konnte kurz vor der Studentenrevolution 1968 nicht mehr aufrechterhalten werden, sodass die Gruppe 47 sich 1967 auflöste.

(2012)

27. Tagung der „Gruppe 47", Literarisches Colloquium in Berlin 1965

1. Leiten Sie aus dem Text das Anliegen der deutschen Schriftsteller ab.
2. Erläutern Sie, worin der Gewinn bestehen könnte, dass Schriftsteller die kritischen Rückmeldungen zu eigenen Werken schweigend anhörten und sich nicht rechtfertigten durften (vgl. Z. 27 ff.).
3. Recherchieren Sie weiter zur „Gruppe 47" und präsentieren Sie Ihre Ergebnisse in geeigneter Form.
4. Wie könnten Texte von Bergengruen und Jünger bewertet worden sein? Recherchieren Sie auch hierzu.

2 Sprachexperiment und Politisierung

Die Konkrete Poesie der 50er- und 60er-Jahre

Eugen Gomringer (geb. 1925)

```
          w   w
        d   i
      n   n   n
    i   d   i   d
  w           w
```

(1960)

Eugen Gomringer (geb. 1925)

1. Variation zu „kein fehler im system“

kein fehler im system
kein efhler im system
kein ehfler im system
kein ehlfer im system
kein ehlefr im system
kein ehlerf im system
kein ehleri fm system
kein ehleri mf system
kein ehleri ms fystem
kein ehleri ms yfstem
kein ehleri ms ysftem
kein ehleri ms ystfem
kein ehleri ms ystefm
kein ehleri ms ystemf
fkei nehler im system
kfei nehler im system
kefi nehler im system
keif nehler im system
kein fehler im system
[...]

(1969)[1]

1. Die beiden Bildgedichte von Eugen Gomringer sind der sogenannten Konkreten Poesie zuzuordnen. Was ist das Besondere?

Mark Rothko: Rot, Weiß und Braun (1957)

2. Stellen Sie in Bezug auf die Darstellungsweise Parallelen zwischen der Konkreten Poesie und dem Bild von Mark Rothko her.
3. Erläutern Sie das nachfolgende Zitat des Schriftstellers Ernst Jandl und setzen Sie es in Verbindung zur Konkreten Poesie.

   „Alles so einfach wie möglich zu machen, um gerade dadurch die Vielschichtigkeit von allem wirklich deutlich zu machen, könnte man gründliche Simplizität nennen, im Gegensatz zu einer oberflächlichen, die ein Verkleinern und Verniedlichen ist, während in der gründlichen [Arbeitsweise] alles seine Erwachsenheit behält.“

4. Inwiefern eröffnet das Experimentieren mit Sprache, wie es durch die Konkrete Poesie erfolgt, für die Schriftsteller der Nachkriegszeit eine sprachkritische Dimension?

[1] Das Gedicht wurde 1969 erstmals veröffentlicht, ist aber schon früher entstanden.

Information

Der Mut zum Experimentieren – Konkrete Poesie

Der Begriff der „Konkreten Poesie“ entstand in den 50er-Jahren des 20. Jahrhunderts. Der Begriff wurde in Anlehnung an die Stilrichtung der Konkreten Kunst geprägt, wie sie zum Beispiel bei dem Gemälde „Rot, Weiß und Braun“ von Mark Rothko aus dem Jahr 1957 deutlich wird. Bei der Konkreten Kunst geht es nicht mehr um eine Abbildung realer Gegenstände, sondern um ein Experimentieren mit den Grundelementen der Malerei, Form und Farbe.

In ähnlicher Weise liegt bei der Konkreten Poesie ein Experimentieren mit Sprache zugrunde. Das Durchbrechen des scheinbar Vertrauten, der Sprachgewohnheiten und Regeln bot den Literaten einen alternativen Weg, ihren Gedanken Ausdruck zu verleihen. Neue Begriffe entstanden, die Syntax wurde aufgebrochen, Buchstabenkombinationen führten dazu, dass das Visuelle und Akustische im Vordergrund standen. Diese Gestaltungsarbeit mit den Buchstaben und Lauten als Grundelemente der Sprache wurde als „Konkrete Dichtung“ bezeichnet. Dabei ging es zum einen um das Spiel mit Sprache, zum anderen aber auch darum, einen verfremdeten Blick, eine neue Leseweise und neue Erkenntnisse über den Zusammenhang von Sprache und Gesellschaft zu erlangen.

Versuche, die im Text enthaltene Nachricht dem Leser durch die grafische Form des Textes visuell zugänglich zu machen, sind schon aus dem Zeitalter des Barock bekannt, indem zum Beispiel ein Gedicht, das die Vergänglichkeit des Lebens thematisiert, in Form einer Sanduhr gestaltet ist (Theodor Kornfeld, „Sanduhr“, 1686). Mit der Betonung der akustischen Dimension der Sprache griffen die Autoren der Konkreten Poesie u. a. auf die experimentelle Lyrik Hugo Balls in den frühen 20er-Jahren des 20. Jahrhunderts zurück, der dem sogenannten Dadaismus zugerechnet wird (s. S. 296).

Die Konkrete Poesie hat in dem Kanon der Nachkriegsliteratur ihren festen Bestand, besaß allerdings in den 60er- und 70er-Jahren ihre größte Ausstrahlungskraft. Zu den Vertretern dieser Dichtung zählen u. a. Eugen Gomringer (1925), Helmut Heißenbüttel (1921–1996) und Ernst Jandl (1925–2000).

1. Fassen Sie die Informationen zur Konkreten Poesie zusammen, indem Sie das Schaubild vervollständigen.

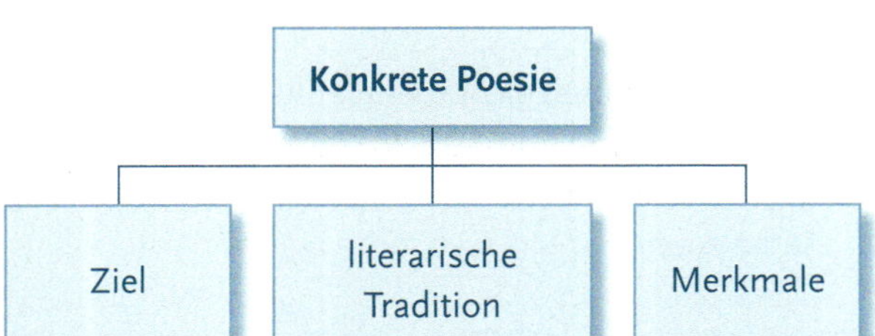

Eugen Gomringer. Der Schriftsteller, am 20. Januar 1925 geboren, gilt als Begründer der Konkreten Poesie. Gomringer studierte von 1944 bis 1952 Nationalökonomie und Kunstgeschichte in Bern und Rom. 1953 prägte er den Begriff der „Konkreten Poesie“ in Analogie zum Begriff der „Konkreten Kunst“.

Eugen Gomringer (geb. 1925)

schweigen

schweigen schweigen schweigen
schweigen schweigen schweigen
schweigen schweigen
schweigen schweigen schweigen
schweigen schweigen schweigen

(1960)

„[...] die worte des dichters kommen aus dem schweigen, das sie brechen, dieses schweigen begleitet sie. es ist der zwischenraum, der die worte enger miteinander verbindet als mancher redefluss. [...]“
(Eugen Gomringer)

Eugen Gomringer (geb. 1925)

worte sind schatten

worte sind schatten
schatten werden worte

worte sind spiele
spiele werden worte

sind schatten worte
werden worte spiele

sind spiele worte
werden worte schatten

sind worte schatten
werden spiele worte

sind worte spiele
werden schatten worte

(1956)

1. Worin unterscheiden sich die Gedichte der Konkreten Poesie wesentlich von traditionellen Gedichten?

2. Lesen Sie das Zitat von Eugen Gomringer. Setzen Sie es in Beziehung zu seinem Gedicht.

3. Welches Verständnis von Sprache zeigt sich in den Gedichten? Wie setzt Gomringer diese Auffassung in seinen Gedichten um?

Ernst Jandl. Jandl wurde am 1. August 1925 in Wien geboren und ist am 9. Juni 2000 in seiner Heimatstadt gestorben. Er wurde vor allem durch seine experimentelle Lyrik sowie durch visuelle Poesie und Lautgedichte bekannt. Das Gedicht „schtzngrmm" wurde erstmals 1957 in der Zeitschrift „Neue Wege" veröffentlicht. Erst 1966 folgte in Jandls Gedichtband „Laut und Luise" die erste Buchpublikation, wobei beide Veröffentlichungen auf heftige Kritik stießen. Das Gedicht basiert auf dem Wort „Schützengraben", welches durch Weglassen der Vokale und in Anlehnung an die Umgangssprache zu „schtzngrmm" wird.

Ernst Jandl (1925 – 2000)

schtzngrmm

schtzngrmm
schtzngrmm
t-t-t-t
t-t-t-t
grrrmmmmm
t-t-t-t
s---------c---------h
tzngrmm
tzngrmm
tzngrmm
grrrmmmmm
schtzn
schtzn
t-t-t-t
t-t-t-t
schtzngrmm
schtzngrmm
tssssssssssssss
grrt
grrrrrt
grrrrrrrrrt
scht
scht
t-t-t-t-t-t-t-t-t
scht
tzngrmm
tzngrmm
t-t-t-t-t-t-t-t-t
scht
scht
scht
scht
scht
grrrrrrrrrrrrrrrrrrrrrrrrrrr
t-tt

(1957)

1. Überlegen Sie in Kleingruppen, wie man das Gedicht von Ernst Jandl vortragen könnte. Tauschen Sie sich auch über Ihre ersten Leseeindrücke aus.

2. Worin unterscheidet sich das vorliegende Gedicht von den beiden Gedichten Gomringers?

3. Das Gedicht von Ernst Jandl setzt sich mit dem Krieg auseinander. In welcher Form erfolgt dies? Halten Sie diese Art von Lyrik für geeignet, um sich mit der Kriegsthematik auseinanderzusetzen? Begründen Sie Ihre Position.

4. Erläutern Sie Chancen und Grenzen Konkreter Poesie.

5. Was Sie noch machen können:

a) Verfassen Sie zu einem der nachfolgenden Begriffe ein Gedicht im Stil der Konkreten Poesie und tragen Sie es Ihren Mitschülern vor: Kommunikation, Streit, Freiheit, Liebe.

b) Recherchieren Sie nach weiteren Gedichten Ernst Jandls. Lassen Sie sich von ihnen inspirieren und verfassen Sie ein eigenes Gedicht in einem vergleichbaren Stil.

c) „Das Schreiben ist für Literaten oftmals auch mit Umwegen und der eigenen Suche verbunden." (Ernst Jandl) Informieren Sie sich über die Biografie Ernst Jandls.

Die politische Lyrik der 50er- und 60er-Jahre

Neben Kahlschlag und Konkreter Poesie, die nach wie vor ihre Leser fanden, nahmen Literaten um 1960 verstärkt die Gegenwart kritisch politisierend in den Blick. Die Schriftsteller begannen nun stärker, mit ihren Texten auch Stellung zu beziehen.

1. Sehen Sie sich die Bilder an. Welche Themen beherrschten die Politik/die Gesellschaft der 1960er-Jahre?

2. Informieren Sie sich in Geschichtsbüchern über die dargestellten Themen. Stellen Sie anschließend Vermutungen darüber an, welche Art von Literatur hierdurch hervorgerufen wurde.

3. Welche Haltung sollte Ihrer Meinung nach Literatur zu tagesaktuellen politischen Themen einnehmen? Sprechen Sie im Unterricht über die Aufgabe, die Literatur aus Ihrer Perspektive haben sollte.

Hans Magnus Enzensberger. Poet, Essayist, Publizist – Enzensberger ist einer der bedeutendsten deutschen Intellektuellen, der sich nie von bestimmten Gruppen oder Richtungen auf Dauer hat vereinnahmen lassen. Sein Leben ist gekennzeichnet von stetigem politischem Engagement.

H. M. Enzensberger (geb. 1929)

Ins lesebuch für die oberstufe

lies keine oden[1], mein sohn, lies die fahrpläne:
sie sind genauer. roll die seekarten auf,
eh es zu spät ist. sei wachsam, sing nicht.
der tag kommt, wo sie wieder listen ans tor
schlagen und malen den neinsagern auf die brust
zinken[2]. lern unerkannt gehn, lern mehr als ich:
das viertel wechseln, den paß, das gesicht.
versteh dich auf den kleinen verrat,
die tägliche schmutzige rettung. nützlich
sind die enzykliken[3] zum feueranzünden,
die manifeste[4]: butter einzuwickeln und salz
für die wehrlosen. wut und geduld sind nötig,
in die lungen der macht zu blasen
den feinen tödlichen staub, gemahlen
von denen, die viel gelernt haben,
die genau sind, von dir. *(1957)*

1. Das Gedicht besteht aus einer Reihe von Warnungen und Empfehlungen. Listen Sie diese auf und erläutern Sie sie.
2. Stellen Sie den inhaltlichen Wechsel ab Vers 9 heraus. Welche Zielsetzung des Sprechers wird im zweiten Teil des Gedichts deutlich?
3. Untersuchen Sie die sprachliche Gestaltung des Textes. Diskutieren Sie, ob diese sprachliche Gestaltung im Widerspruch zur inhaltlichen Aussage steht.
4. Nehmen Sie Stellung: Sollte der Text Enzensbergers „i[m] lesebuch für die oberstufe" stehen?
5. Enzensbergers Gedicht ist schon 1957 entstanden. Wie sähe möglicherweise heute ein Gedicht aus, das „ins lesebuch für die oberstufe" gehört? Verfassen Sie es.

Hans Magnus Enzensberger (geb. 1929)

verteidigung der wölfe gegen die lämmer

soll der geier vergißmeinnicht fressen?
was verlangt ihr vom schakal[5],
daß er sich häute, vom wolf? soll
er sich selber ziehen die zähne?
was gefällt euch nicht
an politruks[6] und an päpsten,
was guckt ihr blöd aus der wäsche
auf den verlogenen bildschirm?
wer näht denn dem general
den blutstreif an seine hose? wer
zerlegt vor dem wucherer den kapaun[7]?
wer hängt sich stolz das blechkreuz
vor den knurrenden nabel? wer
nimmt das trinkgeld, den silberling,
den schweigepfennig? es gibt
viel bestohlene, wenig diebe; wer
applaudiert ihnen denn, wer
steckt die abzeichen an, wer
lechzt nach der lüge?

seht in den spiegel: feig,
scheuend die mühsal der wahrheit,
dem lernen abgeneigt, das denken
überantwortend den wölfen,
der nasenring euer teuerster schmuck,
keine täuschung zu dumm, kein trost
zu billig, jede erpressung
ist für euch noch zu milde.

ihr lämmer, schwestern sind,
mit euch verglichen, die krähen:
ihr blendet einer den anderen.
brüderlichkeit herrscht
unter den wölfen:
sie gehen in rudeln.

gelobt sein die räuber: ihr,
einladend zur vergewaltigung,
werft euch aufs faule bett
des gehorsams. winselnd noch
lügt ihr, zerrissen
wollt ihr werden. ihr
ändert die welt nicht. *(1962)*

(Aus lizenzrechtlichen Gründen sind die Texte von Hans Magnus Enzensberger nicht in reformierter Rechtschreibung abgedruckt.)

[1] **Ode:** feierliches, pathetisches Gedicht – [2] **Zinken:** Zeichen, Markierung – [3] **Enzyklika:** Verlautbarung des Papstes, oft zu gesellschaftspolitischen Themen – [4] **Manifest:** Grundsatzerklärung einer Partei – [5] **Schakal:** Wildhundart in wolfsähnlicher Gestalt, aber deutlich kleiner als Wölfe – [6] **Politruk:** Politoffizier (auch Politkommissar) war eine militärische Dienststellung in Streitkräften sozialistischer Staaten mit einem politischen Auftrag – [7] **Kapaun:** junger, kastrierter Masthahn

1. Wer könnte mit dem Bild der Wölfe gemeint sein? Wie kennzeichnet der Sprecher sie, welche Kennzeichnungen findet er für die Lämmer?
2. Erläutern Sie die letzte Strophe und formulieren Sie dann das Thema des Gedichts.
3. Welche Forderung stellt der Sprecher auf? Probieren Sie unterschiedliche Sprechweisen der Schlussaussage „ihr ändert die welt nicht". Welche Deutungen ergeben sich daraus jeweils? Besprechen Sie im Kurs, welche Betonung am besten zur Gedichtaussage passt.
4. Vergleichen Sie dieses Gedicht Enzensbergers mit dem Gedicht „Ins lesebuch für die oberstufe". Worin sehen Sie Ähnlichkeiten? Inwiefern stellt das Gedicht von 1962 eine Verschärfung des älteren dar?

➔ Ein weiteres Gedicht von Hans Magnus Enzensberger finden Sie auf S. 509.

Ingeborg Bachmann. Bachmann wurde 1926 in Österreich geboren. Während ihrer Promotionszeit hatte sie Kontakt zu Paul Celan und Ilse Aichinger. Der literarische Durchbruch gelang ihr mit dem Gedichtband „Die gestundete Zeit", für den sie 1953 von der „Gruppe 47" mit dem Literaturpreis ausgezeichnet wurde. Neben Hörspielen verfasste Bachmann immer wieder Lyrikbände, in denen sie sich kritisch mit den Gegebenheiten der Nachkriegszeit auseinandersetzte. Ab 1970 widmete sich Bachmann zunehmend der Epik. 1973 starb Ingeborg Bachmann, vielfach mit Literaturpreisen ausgezeichnet, in Rom.

Ingeborg Bachmann (1926 – 1973)

Reklame

Wohin aber gehen wir
ohne sorge sei ohne sorge
wenn es dunkel und wenn es kalt wird
sei ohne sorge
aber
mit musik
was sollen wir tun
heiter und mit musik
und denken
heiter
angesichts eines Endes
mit musik
und wohin tragen wir
am besten
unsre Fragen und den Schauer aller Jahre
in die Traumwäscherei ohne sorge sei ohne sorge
was aber geschieht
am besten
wenn Totenstille

eintritt

(1965)

1. Erarbeiten Sie in Gruppen einen Vortrag des Gedichts; vergleichen Sie die Ergebnisse und begründen Sie jeweils Ihre Schwerpunktsetzungen in der Präsentation.
2. Untersuchen Sie die Wortwahl des Fragenkatalogs im Vergleich zum kursiv gesetzten Teil.
3. Erklären Sie die Bedeutung der Leerzeile zwischen dem vorletzten und letzten Vers des Gedichts.
4. Recherchieren Sie zum Begriff „Wirtschaftswunder" und stellen Sie einen Bezug her zum Gedicht von Ingeborg Bachmann.
5. Gestalten Sie einen Paralleltext zu dem Bachmanns, indem Sie einen aktuellen Werbetext mit einem gesellschaftspolitischen Thema verknüpfen.

Marie Luise Kaschnitz. Kaschnitz war eine deutsche Schriftstellerin, die in Berlin und Potsdam aufwuchs und nach dem Abitur eine Ausbildung zur Buchhändlerin machte. Von 1941 bis zu ihrem Tod im Jahr 1974 lebte sie mit der Familie in Frankfurt am Main. Als Schriftstellerin verfasste sie zunächst Romane und Hörspiele, zunehmend aber auch Gedichte und Essays und im Spätwerk autobiografische Schriften. 1950 wurde sie mit dem Georg-Büchner-Preis ausgezeichnet.

Marie Luise Kaschnitz (1901 – 1974)

Hiroshima

Der den Tod auf Hiroshima warf
Ging ins Kloster, läutete dort die Glocken.
Der den Tod auf Hiroshima warf
Sprang vom Stuhl in die Schlinge, erwürgte sich.
Der den Tod auf Hiroshima warf
Fiel in Wahnsinn, wehrte Gespenster ab.
Hunderttausend, die ihn angehen nächtlich
Auferstanden aus Staub für ihn.

Nichts von alledem ist wahr.
Erst vor kurzem sah ich ihn
Im Garten seines Hauses vor der Stadt.
Die Hecken waren noch jung und die Rosenbüsche zierlich.
Das wächst nicht so schnell, daß sich einer verbergen könnte
Im Wald des Vergessens. Gut zu sehen war
Das nackte Vorstadthaus, die junge Frau
Die neben ihm stand im Blumenkleid
Das kleine Mädchen an ihrer Hand
Der Knabe der auf seinem Rücken saß
Und über seinem Kopf die Peitsche schwang.
Sehr gut erkennbar war er selbst
Vierbeinig auf dem Grasplatz, das Gesicht
Verzerrt vor Lachen, weil der Photograph
Hinter der Hecke stand, das Auge der Welt.

(1957)

(Aus lizenzrechtlichen Gründen ist dieser Text nicht in reformierter Rechtschreibung abgedruckt.)

Das zerstörte Hiroshima (1945)

Der Pilot Paul Tibbets vor der „Enola Gay", von der aus 1945 die erste Atombombe abgeworfen wurde

1. Welchen Eindruck erhalten Sie nach dem ersten Lesen von dem, „der den Tod auf Hiroshima warf"?
2. Gliedern Sie das Gedicht und begründen Sie Ihre Entscheidungen mithilfe des Textes. Wie wird der, „der den Tod auf Hiroshima warf" (V. 1), im Textverlauf gekennzeichnet?
3. Welche Existenzmöglichkeiten desjenigen, der Hiroshima den Tod brachte (vgl. V. 1), werden im Text genannt? Wie bewertet das lyrische Ich sie?

Erich Fried. Der Lyriker und Essayist wurde 1921 in Wien geboren, war jüdischer Herkunft und floh 1938 nach England. Er half bereits mit 16 Jahren vielen Menschen bei der Flucht vor den Nationalsozialisten nach England. 1944 erschien sein erster Gedichtband „Deutschland". Auch in der Folgezeit gehörte Frieds zentrales Interesse den politischen Themen und der Reaktion seitens der Bevölkerung. 1977 erhielt er seinen ersten anerkannten Preis; erst mit über 60 Jahren, als er bereits schwer krank war, erlangte Fried seinen Ruhm als wichtiger politischer Lyriker. 1988 starb Erich Fried in Baden-Baden.

Erich Fried (1921 – 1988)

Politische Ästhetik

Das Gedicht nimmt Bezug auf einen Vorfall im Jahr 1968. Die 29-jährige Beate Klarsfeld ohrfeigte auf dem Parteitag der CDU den amtierenden Bundeskanzler Kurt Georg Kiesinger und bezeichnete ihn mehrmals als Nazi. Sie bezog sich dabei auf die politische Aktivität des Bundeskanzlers zur Zeit des Nationalsozialismus. Kiesinger war nicht nur Mitglied der NSDAP seit 1933 gewesen, sondern hatte auch das Amt des stellvertretenden Leiters der Rundfunkpolitischen Abteilung im Reichsaußenministerium bekleidet. Beate Klarsfeld wollte mit ihrer Aktion kritisieren, dass sich Kiesinger nicht vollständig zu seiner Rolle im Nationalsozialismus bekannte.

Eine Ohrfeige
für einen Bundeskanzler
mitten auf seinem Parteitag
in Westberlin ist geschmacklos
so heißt es

so geschmacklos wie die Gewalt
der Berliner Studenten
die dieser Bundeskanzler
kurz vor der Ohrfeige
unappetitlich nannte

dass aber ein Mann
der der Nazipartei angehörte
und in gehobener Stellung
in seinen Rundfunkprogrammen
Hitlers Gewalt
appetitlich zu machen suchte

Bundeskanzler wurde
gilt nicht als geschmacklos
obwohl zu bedenken wäre
dass das für viele Menschen
unappetitlich
und eine Ohrfeige ist *(1969)*

Erich Fried (1921 – 1988)

Anpassung

Gestern fing ich an
Sprechen zu lernen
Heute lerne ich schweigen
Morgen höre ich
Zu lernen auf *(1966)*

Erich Fried (1921 – 1988)

Dann wieder

Was keiner geglaubt haben wird
was keiner gewusst haben konnte
was keiner geahnt haben durfte
das wird dann wieder das gewesen sein
was keiner gewollt haben wollte

Erich Fried (1921 – 1988)

17. – 22. Mai 1966

Das Gedicht bezieht sich auf die amerikanische Berichterstattung über den sogenannten Vietnamkrieg, den Krieg der Amerikaner gegen das kommunistische Nordvietnam, dem in der Zeit von 1965 bis 1975 über drei Millionen Menschen zum Opfer fielen.

Aus Da Nang[1]
Wurde fünf Tage hindurch
Täglich berichtet:[2]
Gelegentlich einzelne Schüsse

Am sechsten Tag wurde berichtet:
In den Kämpfen der letzten fünf Tage
In Da Nang
Etwa bisher tausend Opfer *(1966)*

[1] Zu Beginn des Vietnamkrieges gingen 1965 die ersten US-Kampftruppen am China Beach südlich von Da Nang in Vietnam an Land. Da Nang diente als wichtige Marinebasis der Amerikaner. Die Studentenbewegung in Deutschland übte massive Kritik am Vietnamkrieg. – [2] Anspielung auf die US-amerikanische Presse

1. Das erste Gedicht „Politische Ästhetik“ spielt auf ein konkretes Geschehnis an. Vergleichen Sie die Angaben des Informationstextes mit der literarischen Verarbeitung: Welche Position nimmt der lyrische Sprecher ein? Versuchen Sie, diese Position vor dem zeitgeschichtlichen Hintergrund zu erklären.
2. Stellen Sie Bezüge her zwischen dem hier thematisierten Geschehen und aktuellen Vorgehensweisen in der Politik: Worüber könnte heute ein Literat ein kritisches Gedicht verfassen?
3. Arbeiten Sie aus den Gedichten „Anpassung“ und „Dann wieder“ die gewünschten bzw. kritisierten Verhaltensweisen heraus und nehmen Sie Stellung: Sind sie heute ebenso zu bewerten? Nennen Sie für Ihre Stellungnahme konkrete Beispiele aus Ihrer Erfahrungswelt.
4. Aktualisieren Sie einen der vier Texte Frieds: Konkretisieren Sie den Inhalt oder übertragen Sie die Botschaft auf Ihre Lebenswelt.
5. **Was Sie noch machen können:**
   a) Untersuchen Sie vergleichend die Beispiele zur politischen Lyrik der 50er- und 60er-Jahre: Was ist allen Texten gemeinsam? Welche Zielsetzung verfolgen sie?
   b) Wie sähe eine Darstellung der Gegenwart aus? Schreiben Sie eigene politische Texte. Sie können Gedichte, Essays oder Songtexte verfassen, auch politische Werbecollagen sind denkbar.
   c) Auch innerhalb der Musikszene werden die politischen Geschehnisse dieser Zeit begleitet, z. B. von Wolf Biermann, Franz Josef Degenhardt oder Hannes Wader. Recherchieren Sie zu diesen Liedermachern und präsentieren Sie ihre Songtexte im Unterricht. Stellen Sie Bezüge zu den abgedruckten Gedichten her.

➔ Ein weiteres Gedicht von Erich Fried finden Sie auf S. 86.

Judith Schütte (geb. 1978)

Die Lebensbedingungen im Nachkriegsdeutschland

Im Mai 1945 kapitulierte Deutschland bedingungslos. Die militärische Niederlage war die Befreiung von der zwölfjährigen nationalsozialistischen Diktatur, dennoch existierte bei vielen Menschen das Gefühl des Zusammenbruchs und des Untergangs. Angst vor der Willkür der einmarschierenden Besatzer, Ratlosigkeit und Ohnmacht beherrschten die deutsche Bevölkerung. Mit dem Ende des Krieges brachen in Deutschland das öffentliche und wirtschaftliche Leben sowie die Infrastruktur zusammen. Folglich waren die meisten Menschen zunächst damit beschäftigt, das Notwendigste für ihr Überleben zu sichern.

Neben den materiellen waren auch die immateriellen Werte zerstört, denn das Erziehungs- und Propagandasystem der Nationalsozialisten hatte für die Menschen ein Identifikationssystem dargestellt. Die Auseinandersetzung mit der eigenen Vergangenheit und die damit verbundene Schuldfrage wurde zunächst von der überwiegenden Mehrheit der Bevölkerung im Westen Deutschlands verdrängt. Man widmete sich vorrangig dem wirtschaftlichen Wiederaufbau. Eine Auseinandersetzung mit der Nazizeit, insbesondere mit dem millionenfachen Mord an den Juden, fand in der breiten Öffentlichkeit erst in den späten 70er-Jahren statt. [...]

Der politische Neuanfang nach der Zeit des Nationalsozialismus stand im Zeichen des „Kalten Krieges“, der Auseinandersetzung der Siegermächte im Westen und Osten aufgrund der unterschiedlichen politischen und gesellschaftlichen Systeme, was letztlich auch zur Spaltung Deutschlands führte: Auf die Gründung der Bun-

Wiederaufbau in Berlin (1946)

desrepublik Deutschland im Jahre 1949 als föderale, parlamentarische Demokratie folgte die Gründung der Deutschen Demokratischen Republik als sozialistisch geprägter Staat.

Die gegensätzliche politische Entwicklung zwischen der Bundesrepublik und der DDR spiegelte sich auch im Inneren wider. Begünstigt durch die Marshallplanhilfe und die Währungsreform kam es in der Bundesrepublik zu einer raschen Verbesserung der Lebensbedingungen, welche mit der Anerkennung des neuen Staatswesens einherging. Im Bewusstsein der Bevölkerung wurde die Staatsform der Demokratie von Beginn an mit wirtschaftlicher Leistungsfähigkeit und Wohlstand verknüpft. Zunächst blieb der Prozess der Modernisierung aber auf den Sektor der Wirtschaft beschränkt, da die gesellschaftliche Entwicklung der 50er-Jahre eher von traditionellen und konservativen Wertvorstellungen geprägt war. Angesichts der belastenden Vergangenheit sehnte man sich primär nach Stabilität, Sicherheit und Ordnung. Die Menschen hatten das Verlangen, die materiellen Bedürfnisse nachholend zu befriedigen. Eine kritische Auseinandersetzung mit der Vergangenheit und der eigenen Schuld fand nicht statt, vielmehr wurden das Dritte Reich und seine Folgen von den meisten Deutschen weitgehend tabuisiert.

Ruhelosigkeit und eine kritische Haltung gegenüber der traditionellen Anschauung entstanden seit Mitte der 50er-Jahre bei der Jugend. Die sich entwickelnde Protestbewegung gegenüber der Elterngeneration zeigte sich zum einen in der Begeisterung für den Rock 'n' Roll mit all seinen Modeerscheinungen (Kleidung, Haartracht ...). Zum anderen war in den 60er-Jahren eine deutliche Politisierung zu registrieren, die ihren Ausgangspunkt bei den Studenten genommen hatte. Deren Zielrichtung war vor allem die Kritik an dem Vietnamkrieg und die Auseinandersetzung mit der Elterngeneration um die Schuldfrage.

Anders verlief die Entwicklung in der DDR. Das Bestreben der Sozialistischen Einheitspartei Deutschlands (SED) war es, möglichst schnell die materiellen Grundbedürfnisse der Bevölkerung zu befriedigen (preiswerte Lebensmittel, preiswerte Mieten, Arbeitsplätze für alle Bürger) und damit eine einheitliche und gerechte Gesellschaft durch Abschaffung aller Privilegien zu gewährleisten. Diesen Ansprüchen konnte das System nur zum Teil gerecht werden. Insbesondere entwickelte sich ein übermächtiger Überwachungsstaat, dessen Ziel es war, alle Lebensbereiche zu kontrollieren. Sichtbares Zeichen dafür war das Ministerium für Staatssicherheit, die sogenannte Stasi. Dahinter verbarg sich eine politische Polizei, die mit großen Machtbefugnissen ausgestattet war und systemkritische Bürgerinnen und Bürger bespitzelte.

(2013)

1. Lesen Sie den Sachtext, erstellen Sie eine Mindmap dazu und halten Sie einen kurzen Vortrag über die Situation im Nachkriegsdeutschland.
2. Stellen Sie einen Bezug zwischen den Informationen des Sachtextes und den zuvor behandelten Gedichten her.

3 „Unsere Gedichte sind Hochdruckventile im Rohrnetz der Sehnsüchte" – Lyrik der DDR

Günter Kunert. Kunert wuchs in Berlin auf. Weil seine Mutter Jüdin war, blieb ihm der Besuch einer höheren Schule verwehrt, und so arbeitete er zunächst in einem Bekleidungsgeschäft. Bereits früh schrieb er Gedichte, in denen er sich insbesondere mit den nationalsozialistischen Gräueltaten auseinandersetzte. 1947 veröffentlichte er, nachdem er ein Studium der Grafik abgebrochen hatte, erstmals seine Texte. Kunert lebte als Berufsschriftsteller in Ostberlin und schrieb dort vor allem satirische Texte für zwei Wochenmagazine. 1949 trat er in die SED ein, distanzierte sich jedoch in der Folgezeit zunehmend und musste staatliche Repressalien wie etwa die Verzögerung bei der Herausgabe eines seiner Werke in Kauf nehmen. 1979 verließ Kunert die DDR und siedelte in die BRD über. Weil sein literarisches Schaffen immer auch Bezüge zur gesellschaftlichen Wirklichkeit aufweist, spiegelt sein Werk das Leben in beiden deutschen Staaten vor und nach der Wiedervereinigung in besonderer Weise.

Günter Kunert (geb. 1929)
Notizen in Kreide

1
Eingerichtet auf dem Gestirn
Unseres Schmerzes
Als Baracke. Aber fester denn jede Festung
Und dauernder. Ausgesetzt
Den bittersten Wettern. Ewiges Provisorium:
Ich.

2
Durchgangsstation
Für Gefühle Gedanken Geträum.
Nach kurzem Aufenthalt
Aufs immer Neue leer und verödet
Der Bahnhof meines angstvollen meines heillosen
Gebeins:
Aufgewirbelt
Sinken zurück auf den versteinten Grund
Die Ascheflocken einst lebendig und verwandt
Demselben
Der täglich meine Haut zu Märkten trägt
Und nicht fragt nach dem Preis.

3
Denen
Sechs Millionen Tote eine Zahl ist
Wie sechs Millionen Mark
Wie sechs Millionen Sterne
Wie sechs Millionen Konservenbüchsen
Die Immergleichen
Bekopfschütteln und verachselzucken
Jenen denen mein Name
Entlarvt:

Der umherirrt
Zwischen allen die keiner begraben kann
Mit willfähriger Hand
Kein Handlanger dieses Planeten auf diesem
Planeten:

Weil dessen Kruste aus Vergessen
Noch zu dünn und
Zu lebendig die fleißigen Töter
Noch und wieder noch.

(1966)

1. Bereiten Sie einen wirkungsvollen Vortrag des Gedichts vor. Achten Sie dabei darauf, die Stimmungslage des lyrischen Ichs herauszuarbeiten.
2. Welche Textsignale haben Sie bei Ihrer Wahrnehmung des Gedichts geleitet? Analysieren Sie die innere Situation des Sprechers genauer und gehen Sie dabei insbesondere auf die Metaphorik in den ersten beiden Strophen ein.
3. Wie charakterisiert das lyrische Ich die „Immergleichen" (V. 27)? In welcher Relation steht es zu ihnen?
4. Deuten Sie den Titel. Sehen Sie einen Zusammenhang mit dem im Gedicht formulierten Selbstbild, ein „Ewiges Provisorium" (V. 6) zu sein?

➲ Ein weiteres Gedicht von Gunter Kunert finden Sie auf S. 438.

5. Welche Rolle könnte die biografische Situation Kunerts beim Nachdenken über den zurückliegenden Krieg, wie es in seinem Gedicht zum Ausdruck kommt, spielen?

6. Sprechen Sie darüber, ob es für die im Gedicht thematisierte Situation heute Entsprechendes gibt. Welche gesellschaftlichen, ökologischen, sozialen oder privaten Ereignisse können Ihrer Meinung nach einen Menschen derart erschüttern, dass er sich angstvoll und heillos (vgl. V. 13) fühlt?

7. Leiten Sie aus dem Gedicht Befindlichkeiten ab, die für die Zeit nach dem Zweiten Weltkrieg prägend waren. Welche Ängste, aber auch welche Hoffnungen könnten daraus im Hinblick auf einen politischen Neubeginn resultieren?

8. Sehen Sie sich die abgebildeten Werbeplakate der SED aus den 1950er-Jahren sowie das Plakat zur Agrarpolitik an und beschreiben Sie sie. Welche politischen Grundsätze werden propagiert? In welchem Zusammenhang stehen diese mit dem Hitlerregime und dem Zusammenbruch Deutschlands nach dem Krieg? Erklären Sie anhand der Plakate den Begriff „Arbeiter- und Bauernstaat", mit dem sich die DDR selbst bezeichnete.

Leben in der DDR – Schlaglichter

Fertiggestellte Plattenbauten in Halle-Neustadt, 1971

Elektro-Apparate-Werk, Ostberlin 1964

Erntearbeiten auf der LPG (Landwirtschaftliche Produktionsgenossenschaft) Friedrich Engels, 1961

Mitglieder der Freien Deutschen Jugend (FDJ) demonstrieren für die neue Verfassung, 1968

DDR-Politiker am Stalindenkmal: Erich Honecker, Walter Ulbricht, Wilhelm Pieck, Anfang der 50er-Jahre

Während des Mauerbaus flüchtet ein junger Grenzsoldat – in Anwesenheit mehrerer Journalisten – an der Bernauer Straße in den Westen. Berlin, 15. August 1961

1. Betrachten Sie die Bilder und sprechen Sie darüber, was sie über das Leben in der DDR zeigen.
2. Stellen Sie Aussagen über Besonderheiten des DDR-Alltags heraus. Gehen Sie z. B. auf das soziale, kulturelle und gesellschaftliche Leben oder auf die Wohn-, Arbeits- und Lebenssituation der Menschen ein.

Alexandra Wölke (geb. 1978)

Die Anfänge der DDR-Literatur

Die Literatur der ehemaligen DDR war in ihren Anfängen noch stark geprägt von den zurückliegenden Kriegserfahrungen und dem Grauen über die Auswirkungen des Nationalsozialismus. Viele junge Autoren suchten einen Neuanfang und setzten ihre Hoffnungen auf den Sozialismus. Ihre Texte bringen den Wunsch zum Ausdruck, durch künstlerisches Schaffen beim Aufbau eines neuen Staates mitzuhelfen. Allerdings war die Literaturproduktion von Anfang an staatlich gesteuert und folgte der Idee des sogenannten „Sozialistischen Realismus“, einer einheitlichen Doktrin für das künstlerische Schaffen, die für alle sozialistisch-kommunistischen Länder gelten sollte. Darin heißt es wörtlich:

„Wahrheitstreue und historische Konkretheit der künstlerischen Darstellung müssen mit den Aufgaben der ideologischen Umformung und Erziehung der Werktätigen im Geiste des Sozialismus abgestimmt werden.“[1]

Deshalb waren die entstehenden Werke stark von der Zielsetzung, die Menschen gemäß der neuen Ideologie erziehen zu wollen, geprägt und folgten festen Schemata. Es sollte möglichst einen positiven Alltagshelden geben, welcher die Hoffnung auf eine bessere Zukunft für die Gemeinschaft verkörpert. Am Beispiel eines Menschen, der die sozialistische Utopie von einer gerechteren Gesellschaft durch gemeinschaftliches Handeln in seinem Alltag verwirklicht, sollten die Leserinnen und Leser für die Grundgedanken des neuen Staates gewonnen werden.

Wichtige Impulse für die weitere Entwicklung der DDR-Literatur gingen von einer Konferenz aus, die 1959 in Bitterfeld stattfand. In ihrem Rahmen wurden programmatische und thematische Vorgaben für die Literaturproduktion beschlossen. Angestrebt wurde insbesondere, „die aus der Klassengesellschaft übernommene Trennung zwischen Kunst und Volk zu überwinden“[2]. Die Arbeiterklasse sollte nicht nur lesen, sondern auch schreiben. Die Umsetzung des Programms, das später als „Bitterfelder Weg“ bezeichnet wurde, erwies sich allerdings als schwierig, denn während einerseits viele Initiativen schreibender Arbeiter entstanden, waren andererseits wenige bereits prominente Autoren bereit, der Parteilinie zu folgen und sich zur Arbeit in der Produktion zwingen zu lassen, um dort „lebensweltliche Erfahrungen“ zu sammeln. Auch wurde eine Einschränkung der kritischen Funktion von Kunst und Literatur befürchtet. Einige der proklamierten Ziele wurden zurückgenommen und schließlich wurde das ganze Programm fallen gelassen. Es folgte eine Zeit hoher literarischer Produktivität, die für die weitere Entwicklung der DDR-Literatur entscheidend war. Wichtige maßgebliche Werke wie z. B. der Roman „Der geteilte Himmel“ von Christa Wolf sowie Gedichte von Günter Kunert, Reiner Kunze und Wolf Biermann entstanden.

Für die Themen und die Gestaltung der Literatur der DDR war weiterhin der Mauerbau im Jahre 1961 von Bedeutung. Denn er bedeutete für die Menschen, dass die Grenze zur DDR nun vollständig geschlossen war und man sich mit den gesellschaftlichen Verhältnissen zu arrangieren hatte.

In der DDR zu lesen, vor allem aber zu schreiben, war durch das umfassende Kontroll- und Zensurwesen nicht Sache jedes Einzelnen, sondern Staatsangelegenheit. Manche Autoren und Werke auch aus anderen Ländern, so z. B. die Dystopie (negative Utopie) „1984“ von George Orwell mit ihrer radikalen Kritik an totalitären staatlichen Systemen, waren verboten, und wer sie besaß, musste mit Haftstrafen rechnen. Um doch auch politisch motivierte Kritik öffentlich äußern zu können, eignete sich neben der Satire besonders die Gattung Lyrik in ihrer Eigenart der sprachlichen Verdichtung und ihrem Formenreichtum.

(2013)

1. Welche Rolle wurde seitens der politisch Verantwortlichen der Kunst und der Literatur zugewiesen? Welche Chancen und Risiken sind damit verbunden?
2. Fassen Sie die Aussagen zum Programm des sogenannten Sozialistischen Realismus zusammen. Was halten Sie von der zugrunde liegenden Idee?
3. Gehen Sie der Frage nach, ob und inwiefern das folgende Gedicht von Johannes R. Becher, das gleichzeitig auch die Nationalhymne der DDR war, den Postulaten für die Kunstproduktion entspricht.

[1] Aus den Statuten des sowjetischen Schriftstellerverbandes (veröffentlicht auf dem ersten Allunionskongress 1934); http://tinyurl.com/kyorrwh

[2] Geschichte der deutschen Literatur, erzählt von Manfred Mai, Weinheim/Basel 2004, S. 197

Johannes Robert Becher. Becher war ein deutscher Dichter und Politiker. Als Mitglied der KPD (Kommunistische Partei Deutschlands) musste er 1933 emigrieren und lebte während des Krieges in Moskau. Nach dem Krieg kehrte er nach Deutschland zurück und wurde nach Gründung der DDR Mitglied der Volkskammer. Von 1954 bis 1958 war Becher Minister für Kultur in der DDR. Auch ein Literaturinstitut wurde nach ihm benannt. Bechers bekanntester Text „Auferstanden aus Ruinen" (1949), von Hanns Eisler vertont, war die Nationalhymne der DDR.

Johannes R. Becher (1891–1958)
Auferstanden aus Ruinen

Auferstanden aus Ruinen
Und der Zukunft zugewandt,
Lass uns dir zum Guten dienen,
Deutschland, einig Vaterland.
Alte Not gilt es zu zwingen,
Und wir zwingen sie vereint,
Denn es muss uns doch gelingen,
Dass die Sonne schön wie nie
|: Über Deutschland scheint. :|

Glück und Frieden sei beschieden
Deutschland, unserm Vaterland.
Alle Welt sehnt sich nach Frieden,
Reicht den Völkern eure Hand.
Wenn wir brüderlich uns einen,
Schlagen wir des Volkes Feind!
Lasst das Licht des Friedens scheinen,
Dass nie eine Mutter mehr
|: Ihren Sohn beweint. :|

Lasst uns pflügen, lasst uns bauen,
Lernt und schafft wie nie zuvor,
Und der eignen Kraft vertrauend,
Steigt ein frei Geschlecht empor.
Deutsche Jugend, bestes Streben
Unsres Volks in dir vereint,
Wirst du Deutschlands neues Leben,
Und die Sonne schön wie nie
|: Über Deutschland scheint. :| *(1949)*

1. Suchen Sie im Wortlaut des Textes nach einer Erklärung, warum die Nationalhymne der DDR in späteren Jahren ohne Text, also nur noch instrumental vorgetragen wurde.

Reiner Kunze. Kunze kam als Sohn eines Bergarbeiters 1933 in Oelsnitz/Erzgebirge zur Welt. Er studierte Journalistik und Philosophie und schien zunächst ein Idealfall eines proletarischen Dichters zu sein. Seine frühen Verse waren noch ganz am sozialistischen Realismus orientiert, und er zeigte sich in seinen Texten dem Staat dienst- und dankbar. Die Kehrtwende kam, als Kunze sich wegen politischer Auseinandersetzungen im Jahre 1959 zum Abbruch seiner wissenschaftlichen Laufbahn genötigt fühlte und zur Arbeit als Hilfsschlosser im Schwermaschinenbau gezwungen war. Seine besondere Sympathie galt fortan tschechischen Autoren, deren Texte er übersetzte, auch, um auf die im Zuge des sogenannten Prager Frühlings einsetzenden Demokratisierungs- und Liberalisierungsbestrebungen aufmerksam zu machen. Zugleich wurden seine eigenen Texte kritischer. Seit 1968 wurde er von der Staatssicherheit (Stasi) überwacht, die Akten über ihn anlegte, um ihn als Schriftsteller entweder zu kriminalisieren oder ihn zum Weggang zu bewegen. 1977 stellte er wegen drohender Haftstrafe für sich, seine Frau und seine Tochter einen Ausreiseantrag aus der DDR und zog in die BRD.

Reiner Kunze (geb. 1933)
Ethik

Im mittelpunkt steht
der mensch

Nicht
der einzelne

(1966)

1. Was verbinden Sie mit dem Begriff „Ethik"?
2. Wie wird der Begriff im Gedicht verwendet? Zeigen Sie auf, dass hierdurch gesellschaftskritische Aussagen gemacht werden.
3. Stellen Sie einen Zusammenhang mit der DDR-Wirklichkeit her.

Reiner Kunze (geb. 1933)

Das Ende der Kunst

Du darfst nicht, sagte die eule zum auerhahn,
du darfst nicht die sonne besingen
Die sonne ist nicht wichtig
Der auerhahn nahm
die sonne aus seinem gedicht
Du bist ein künstler,
sagte die eule zum auerhahn
Und es war schön finster

(1960)

1. Im Gedicht wird mit der Gattung der Fabel gespielt, in welcher Tiere wie Menschen reden und handeln. Stellen Sie Vermutungen an, wer sich hinter der Eule und dem Auerhahn verbergen könnte.
2. Stellen Sie einen Bezug zur historischen Situation her. Gehen Sie dabei auch auf die individuelle Situation des Autors ein und ziehen Sie die Hintergrundinformationen zu den Anfängen der DDR-Literatur zurate.
3. Deuten Sie den Titel und den Schlussvers des Gedichts.

Reiner Kunze (geb. 1933)

Tatsachen

1
Betrunkene rowdys hätten versucht
unruhe zu stiften in K., meldete am morgen
die presseagentur der hauptstadt

Einer habe sich
öffentlich verbrannt

Wer wird bestreiten daß
alkohol brennt

2
Der bevölkerung sei es gelungen die ruhe
wiederherzustellen, meldete die presseagentur
am abend

Wer wird die zugehörigkeit bestreiten
der fallschirmjäger[1] zur bevölkerung

(1973)

(Aus lizenzrechtlichen Gründen sind die Texte von Reiner Kunze nicht in reformierter Rechtschreibung abgedruckt.)

1. Erarbeiten Sie die Struktur des Gedichts und lassen Sie Ihre Erkenntnisse in einen wirkungsvollen Vortrag einfließen. Sie können dazu auch in einer Kleingruppe arbeiten und verschiedene Sprecher bestimmen.
2. Welche Position nimmt der Sprecher zu den Meldungen der Presseagentur ein? Durch welche sprachlichen Signale wird dies deutlich?
3. Im Gedicht wird die „presseagentur der hauptstadt“ (V. 4) genannt. Welche Perspektive liegt dem Bericht demnach zugrunde?
4. Deuten Sie zusammenfassend die Gedichtaussage.
5. In dem Stasi-Bericht, der angelegt wurde, um die systemkritischen Aktivitäten Kunzes zu dokumentieren, heißt es wörtlich: „Aus den Gedichten werden im Wesentlichen drei Thesen sichtbar, die der Verfasser vertritt: 1. Die DDR ist ein großes Gefängnis […], 2. Die Kulturpolitik ist eng und dogmatisch […], 3. Sympathie für revisionistische und konterrevolutionäre Auffassungen[2].“
Kommentieren und bewerten Sie diese Aussagen im Lichte der Texte.

[1] **Fallschirmjäger:** Eliteeinheit der Polizei – [2] **Revisionistische und konterrevolutionäre Auffassungen:** Die Vorwürfe beziehen sich auf eine aus der Sicht des Regimes politisch inakzeptable Haltung, die zur Zersetzung des Systems beiträgt. Damit wird Kunze quasi zum Staatsfeind erklärt.

6. Beschreiben Sie die Karikatur und erläutern Sie eine mögliche Aussageabsicht. Stellen Sie Bezüge zwischen den Gedichten Kunzes, der nebenstehenden Karikatur und der DDR-Wirklichkeit her. Die Zeichnung stammt aus dem Jahr 1989 und wurde von Detlef Beck für eine Zeitung zum Festival des politischen Lieds erstellt. Aufgrund ihrer Aussage wurde das Erscheinen der Zeitschrift von der staatlichen Zensur der DDR verhindert.

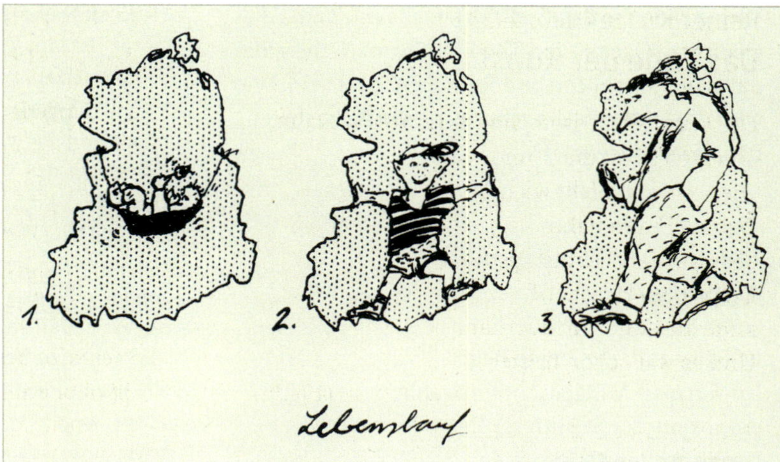

Sarah Kirsch. Sie wurde 1935 als Ingrid Bernstein im Südharz geboren. Kirschs starkes Interesse an der Natur äußerte sich in einem Studium der Biologie, das sie mit dem Diplom abschloss. Aus Protest gegen die Massenvernichtung der Juden im Dritten Reich und in Opposition zu dem antisemitisch eingestellten Vater gab sie sich ab 1960 das Vornamen-Pseudonym „Sarah". Im gleichen Jahr heiratete sie den Schriftsteller Rainer Kirsch, mit dem sie gemeinsam an einem Literaturinstitut studierte und Texte veröffentlichte, bevor die Ehe zerbrach. Nach eigener Aussage seien ihre Verse, so sehr sie häufig die Form von Natur- und Liebeslyrik angenommen hätten, immer auch politisch motiviert. Und so spiegeln die beschriebenen Landschaften und Liebesbegegnungen nicht selten Seelenzustände und beinhalten dezidiert politische Aussagen. Sarah Kirsch gehörte zu den Unterzeichnern der Protesterklärung gegen die Ausbürgerung von Wolf Biermann und wurde deshalb 1976 aus der SED und dem Schriftstellerverband der DDR, dessen Vorstandsmitglied sie noch 1973 war, ausgeschlossen. 1977 siedelte sie von Ost- nach West-Berlin über und lebte bis zu ihrem Tod in Schleswig-Holstein.

Sarah Kirsch (1935 – 2013)

Im Sommer

Dünnbesiedelt das Land.
Trotz riesigen Feldern und Maschinen
Liegen die Dörfer schläfrig
In Buchsbaumgärten; die Katzen
Trifft selten ein Steinwurf.

Im August fallen Sterne.
Im September bläst man die Jagd an.
Noch fliegt die Graugans, spaziert der Storch
Durch unvergiftete Wiesen. Ach, die Wolken
Wie Berge fliegen sie über die Wälder.

Wenn man hier keine Zeitung hält
Ist die Welt in Ordnung.
In Pflaumenmuskesseln
Spiegelt sich schön das eigne Gesicht und
Feuerrot leuchten die Felder. *(1976)*

(Aus lizenzrechtlichen Gründen ist dieser Text nicht in reformierter Rechtschreibung abgedruckt.)

1. Beschreiben Sie, wie das lyrische Ich seine Umgebung „im Sommer" wahrnimmt, und stellen Sie Vermutungen an, welche Emotionen dem zugrunde liegen.

2. Deuten Sie das Adverb „Noch" (V. 8) und die Konjunktion „Wenn" (V. 11) im Gesamtzusammenhang des Gedichts. Was wird hierin ausgedrückt?

3. Was bedeutet es, dass sich in den Pflaumenmuskesseln „schön das eigne Gesicht" (V. 14) spiegelt? Stellen Sie einen Bezug zu der historischen Situation in der ehemaligen DDR und zu der Aussage der Dichterin, ihre Lyrik sei immer auch politisch motiviert, her.

➔ Ein weiteres Gedicht von Sarah Kirsch finden Sie auf S. 85

4. Vergleichen Sie das Gedicht Kirschs mit dem Gedicht „Abseits“ von Theodor Storm. Gehen Sie dabei auf inhaltliche und formale Aspekte ein. Wie wird die Stille der Umgebung, die beide beschreiben, jeweils bewertet?

Theodor Storm (1817 – 1888)
Abseits

Es ist so still; die Heide liegt
Im warmen Mittagssonnenstrahle,
ein rosenroter Schimmer fliegt
Um ihre alten Gräbermale;
Die Kräuter blühn; der Heideduft
Steigt in die blaue Sommerluft.

Laufkäfer hasten durchs Gesträuch
In ihren goldnen Panzerröckchen.
Die Bienen hängen Zweig um Zweig
Sich an der Edelheide Glöckchen,
Die Vögel schwirren aus dem Kraut –
Die Luft ist voller Lerchenlaut.

Ein halb verfallen, niedrig Haus
Steht einsam hier und sonnbeschienen,
Der Kätner lehnt zur Tür hinaus,
Behaglich blinzelnd nach den Bienen;
Sein Junge auf dem Stein davor
Schnitzt Pfeifen sich aus Kälberrohr.

Kaum zittert durch die Mittagsruh
Ein Schlag der Dorfuhr, der entfernten;
Dem Alten fällt die Wimper zu,
Er träumt von seinen Honigernten.
Kein Klang der aufgeregten Zeit
Drang noch in diese Einsamkeit.

(1848)

Helga M. Novak. Der Name Helga M. Novak ist ein Pseudonym für die deutsch-isländische Dichterin Maria Karlsdottir. Sie wurde 1935 in Berlin-Köpenick geboren und bekannte sich früh gegen den Willen ihrer Adoptiveltern zum Kommunismus und war eine Zeit lang Parteimitglied der SED. Nachdem sie Germanistik und Philosophie in Leipzig studiert hatte, heiratete sie 1961, zog nach Island und wurde dort Staatsbürgerin. 1965 kehrte sie nach Leipzig zurück und besuchte ein Jahr lang ein Literaturinstitut. 1967 wurde ihr die DDR-Staatsbürgerschaft wegen Vervielfältigung und Verbreitung regimekritischer Texte aberkannt, sodass sie in die BRD übersiedelte. Dort wies man sie 2004 zunächst wegen Missachtung der gesetzlichen Bestimmungen für Arbeitslose, die eine halbjährliche Meldung vorsahen, aus. Die Entscheidung wurde später wieder zurückgenommen. Ihre Erfahrung, sich nirgends ganz zugehörig fühlen zu können, prägt ihr Werk, weil sich darin die erlebten und erlittenen Konflikte mit politischen Strukturen spiegeln. Daneben ist für das Verständnis ihrer Texte auch die Erfahrung von Bedeutung, einen radikalen Gesinnungswechsel durchgemacht zu haben. Dieser zeigt sich an der Kehrtwende von einer ehemaligen inoffiziellen Stasi-Mitarbeiterin zu einer Regimekritikerin.

Helga M. Novak (geb. 1935)
an einem deutschen Wintertag

an einem deutschen Wintertag
da traf ich einen Mann
der mit einem Köfferchen
gerad aus Frankreich kam

ich sprach von unsrer Jahreszeit
und sagte wie ich heiß
– dein Name interessiert mich nicht
und deutscher Schnee ist ewig weiß –

ich sagt ich hätt einen deutschen Pass
und könnte doch nicht reisen
da hat er mich nur ausgelacht
sein Blick ließ mich vereisen

dann meint er nebenbei zu mir
– sei nur ein Narr und weine
wie ichs vor hundert Jahren tat
ich heiße Heinrich Heine –

(1962)

1. Welchen Eindruck haben Sie von der Begegnung des lyrischen Ichs mit dem zunächst unbekannten Mann? Wie agieren beide im Gespräch?

2. In welcher Situation befindet sich das lyrische Ich? Wie wertet es seine Lage?

3. Interpretieren Sie, was über die gesellschaftliche Wirklichkeit in der DDR ausgesagt wird, und gehen Sie dazu insbesondere auf die Bedeutung der Jahreszeit ein.

4. Was wissen Sie über das Leben und Werk Heinrich Heines? Was hat ihn „vor hundert Jahren" (V. 15) zum Weinen gebracht? Warum erzählt er dem lyrischen Ich davon?
   Lesen Sie die Informationen über Heines Biografie sowie den Anfang seines Werkes „Deutschland. Ein Wintermärchen" auf S. 226 f. und stellen Sie einen Zusammenhang mit dem Gedicht her.

5. Hat sich Ihr Ersteindruck von dem Gespräch durch die Kenntnis der Biografie Heines verändert? Begründen Sie Ihre Meinung.

Wolf Biermann. Biermann wurde 1936 in Hamburg geboren, er entschloss sich bereits im Alter von 17 Jahren, in die DDR zu ziehen, weil er überzeugter Kommunist war und sich viel von dem neuen Staat erhoffte. Die im Laufe der Zeit entstandenen Lieder und Gedichte zeigen jedoch die Enttäuschung über die Diskrepanz zwischen der politischen Idee und der konkreten Umsetzung im Sozialismus der DDR. Und so dichtete er provokative Zeilen, durch welche er schnell ins Visier der Staatssicherheit geriet und überwacht wurde. In höheren politischen Kreisen entstand der Plan, Biermann mundtot zu machen oder abzuschieben, zumal den Funktionären seine wachsende Beliebtheit in der BRD ein Dorn im Auge war. 1965 erhielt Biermann Publikationsverbot und wurde intern als „Staatsfeind" betrachtet. Überraschenderweise genehmigte man ihm 1976 eine Tournee in der BRD. Durch die Presse wurde ihm mitgeteilt, dass ihm seine Staatsbürgerschaft aberkannt worden sei und er mit einem Wiedereinreiseverbot belegt sei. Heftige und spontane Proteste in der DDR und BRD waren die Folge, die in dieser Form nicht erwartet worden waren. Besonders in Intellektuellenkreisen bekundeten über hundert Kolleginnen und Kollegen in Form einer Petition ihre Solidarität mit Biermann, obgleich sie dafür selbst mit Repressionen rechnen mussten. Wörtlich heißt es darin: „Wolf Biermann war und ist ein unbequemer Dichter – das hat er mit vielen Dichtern der Vergangenheit gemein. Unser sozialistischer Staat, eingedenk des Wortes [von Karl Marx, A.W.], demzufolge die proletarische Revolution sich unablässig selber kritisiert, müsste [...] eine solche Unbequemlichkeit gelassen nachdenkend ertragen können. [...] Biermann hat selbst nie, auch nicht in Köln, Zweifel daran gelassen, für welchen der beiden deutschen Staaten er bei aller Kritik eintritt." Die Unterzeichner der Petition wurden ihrerseits mit Publikationsverboten belegt, und man stellte ihnen frei, das Land zu verlassen. Auf diese Weise verlor die DDR viele ihrer bedeutendsten Intellektuellen, denn es begann eine Ausreisewelle in den Westen.

Wolf Biermann (geb. 1936)

Ermutigung

Du, lass dich nicht verhärten
in dieser harten Zeit.
Die allzu hart sind, brechen
die allzu spitz sind, stechen
und brechen ab sogleich.

Du, lass dich nicht verbittern
in dieser bitt'ren Zeit.
Die Herrschenden erzittern
– sitzt du erst hinter Gittern –
doch nicht vor deinem Leid.

Du, lass dich nicht erschrecken
in dieser Schreckenszeit.
Das woll'n sie doch bezwecken,
dass wir die Waffen strecken
schon vor dem großen Streit.

Du, lass dich nicht verbrauchen
gebrauche deine Zeit.
Du kannst nicht untertauchen
du brauchst uns, und wir brauchen
grad deine Heiterkeit.

Wir woll'n es nicht verschweigen
in dieser Schweigezeit.
Das Grün bricht aus den Zweigen
wir woll'n das allen zeigen
dann wissen sie Bescheid. *(1968)*

1. Wolf Biermann hat das Gedicht Peter Huchel (1903–1981), einem Autor der DDR, der in besonderer Weise unter Repressalien des Regimes litt, gewidmet. Welche Funktion im Hinblick auf den individuellen Adressaten könnte das Gedicht haben? Wer könnte darüber hinaus weiterhin angesprochen sein?
2. Welche Bedeutung hat in diesem Zusammenhang möglicherweise der Wechsel des Personalpronomens zu Beginn der letzten Strophe?
3. Wie kennzeichnet der Sprecher die Zeit, in der er lebt? Stellen Sie Vermutungen an, auf welche Ereignisse und Lebensumstände Bezug genommen wird.
4. Biermann greift in seinem Text auf ein Gedicht von Bertolt Brecht zurück. Vergleichen Sie beide Texte miteinander. Wofür und wogegen spricht sich das lyrische Ich bzw. der lyrische Sprecher jeweils aus?
5. Besorgen Sie sich eine Vertonung des Gedichts. Beschreiben und bewerten Sie den besonderen Charakter des Vortrags.

Bertolt Brecht (1898 – 1956)

Gegen Verführung

Laßt euch nicht verführen!
Es gibt keine Wiederkehr.
Der Tag steht in den Türen,
ihr könnt schon Nachtwind spüren:
es kommt kein Morgen mehr.

Laßt euch nicht betrügen!
Das Leben wenig ist.
Schlürft es in schnellen Zügen!
Es wird euch nicht genügen,
wenn ihr es lassen müßt!

[...]

(1925/26)

(Aus lizenzrechtlichen Gründen ist dieser Text nicht in reformierter Rechtschreibung abgedruckt.)

Wolf Biermann (geb. 1936)

Das macht mich populär

[...]

Im Neuen Deutschland finde ich
Tagtäglich eure Fressen
Und trotzdem seid ihr morgen schon
Verdorben und vergessen.
Heut sitzt ihr noch im fetten Speck
Als dicke deutsche Maden
– ich konservier euch als Insekt
Im Bernstein der Balladen.
Als Bernsteinmedaillon, als Ring
Als Brosche auf dem Kragen
– so werden euch die schönen Fraun
Im Kommunismus tragen

[...]

(1974)

Wolf Biermann (geb. 1936)

Die Stasi[1]-Ballade

1
Menschlich fühl ich mich verbunden
mit den armen Stasi-Hunden
die bei Schnee und Regengüssen
mühsam auf mich achten müssen
die ein Mikrofon einbauten
um zu hören all die lauten
Lieder, Witze, leisen Flüche
auf dem Klo und in der Küche
– Brüder von der Sicherheit
ihr allein kennt all mein Leid

Ihr allein könnt Zeugnis geben
Wie mein ganzes Menschenstreben
leidenschaftlich zart und wild
unsrer großen Sache gilt
Worte, die sonst wärn verscholln
bannt ihr fest auf Tonbandrolln
und ich weiß ja: Hin und wieder
singt im Bett ihr meine Lieder
– dankbar rechne ich euchs an:
die Stasi ist mein Eckermann[2]

[...]

(1974)

Stasi-Abhöranlage (Aufnahme von 1991)

In dem von der DDR genehmigten Konzert in der Kölner Sporthalle singt Wolf Biermann 1976 seine „Ballade vom preußischen Ikarus".

Wolf Biermann (geb. 1936)

Ballade vom preußischen Ikarus

[...]

Der Stacheldraht wächst langsam ein
Tief in die Haut, in Brust und Bein
Ins Hirn, in graue Zelln
Umgürtet mit dem Drahtverhau
Ist unser Land ein Inselland
Umbrandet von bleiernen Welln

[...]

(1978)

Blick über die Mauer auf die Ostberliner Seite (1961)

1. Welchen Eindruck haben Sie von den Strophen aus den drei verschiedenen Gedichten und Liedern Wolf Biermanns? Können Sie eine Entwicklung zu seinen früheren Texten erkennen?
2. Arbeiten Sie die Kritik an der DDR und der SED-Politik heraus und charakterisieren Sie die Art und Weise, in der sie vorgebracht wird.

[1] **Stasi:** Abkürzung für das Ministerium für Staatssicherheit in der ehemaligen Deutschen Demokratischen Republik, das von der herrschenden Partei als Organ zur Bespitzelung weiter Bevölkerungsteile mit dem Ziel, Gegner und Kritiker auszuschalten, benutzt wurde. – [2] **Eckermann:** Johann Peter Eckermann (1792–1854) war ein Dichter, der der Nachwelt vor allem durch seine enge Freundschaft mit Goethe bekannt wurde. Als sein Hauptwerk gelten die „Gespräche mit Goethe in den letzten Jahren seines Lebens". Darin nimmt Eckermann die Rolle des Fragestellers ein, der den alternden Freund im Gespräch nach dessen Einstellungen zu philosophischen oder politischen Themen oder den Hintergründen zu diversen Werken befragt. Durch seine Aufzeichnungen und Veröffentlichung der sehr persönlichen Aussagen Goethes nimmt er somit auch in gewisser Weise die Rolle eines Vertrauten und Biografen ein.

3. Bringen Sie die Ergebnisse in einen Zusammenhang mit der Geschichte der Ausbürgerungskampagne gegen Wolf Biermann und nehmen Sie kritisch Stellung. Bewerten Sie insbesondere die Worte der Petition.

4. In einem Gedicht aus demselben Jahr (1976) dichtet der Schriftsteller Jürgen Rennert folgende Verse:

Auf und davon gehen oder
Am Fenster stehen und bleiben.
Alternativen. Dazwischen
Nichts als der Trugschluss der Scheiben [...]

Was meint Rennert mit dem „Trugschluss der Scheiben“? Inwiefern lassen sich seine Verse als eine Reaktion auf die Affäre verstehen?

Volker Braun. Braun ist Autor von Gedichten und Prosa-Stücken und war längere Zeit Dramaturg am Berliner Ensemble, welches von Bertolt Brecht gegründet wurde und dessen Spielstätte das Theater am Schiffbauerdamm ist. Während er anfangs dem Gedanken eines sozialistischen Staatsaufbaus noch positiv gegenüberstand, wurden seine späteren Texte deutlich kritischer. Braun ging es allerdings dabei nicht darum, die vormals vertretenen Ideale zu verwerfen, sondern er suchte nach Reformmöglichkeiten bei deren konkreten politischen Umsetzung. Brauns Theaterstück „Großer Frieden“ beispielsweise handelt vom Scheitern der sozialistischen Revolution, wobei die Handlung jedoch zur Tarnung nach China verlegt wird. Bald wurde der Autor von der Stasi überwacht, die nach Möglichkeiten suchte, den Dichter „umzuerziehen“ und für die eigene Sache zurückzugewinnen. 1976 unterzeichnete Braun die Petition gegen die Ausbürgerung Wolf Biermanns und verließ 1982 den Schriftstellerverband der DDR. Anders als andere Autoren jedoch blieb er in der DDR und verarbeitete sein Zugehörigkeitsgefühl in mehreren lyrischen Texten.

Volker Braun (geb. 1939)

Das Eigentum

Da bin ich noch: mein Land geht in den Westen.
KRIEG DEN HÜTTEN FRIEDE DEN PALÄSTEN[1].
Ich selber habe ihm den Tritt versetzt.
Es wirft sich weg und seine magre Zierde.
Dem Winter folgt der Sommer der Begierde.
Und ich kann *bleiben wo der Pfeffer wächst*[2].
Und unverständlich wird mein ganzer Text.
Was ich niemals besaß wird mir entrissen.
Was ich nicht lebte, werd ich ewig missen.
Die Hoffnung lag im Weg wie eine Falle.
Mein Eigentum, jetzt habt ihrs auf der Kralle.
Wann sag ich wieder *mein* und meine alle.

(1990)

(Aus lizenzrechtlichen Gründen ist dieser Text nicht in reformierter Rechtschreibung abgedruckt.)

1. Bestimmen Sie die Situation, in der sich das lyrische Ich befindet. Gehen Sie dabei auf die Perspektive ein. Beachten Sie die Entstehungszeit des Gedichts.

2. Im Gedicht fallen einige Textteile dem Leser sofort ins Auge. Welche Funktion haben die jeweiligen Verse innerhalb des Gedichts?

3. Deuten Sie den Gedichttitel „Das Eigentum“. Gehen Sie dabei auf die Aussagen ein, die das lyrische Ich über sein „Eigentum“ trifft, und setzen Sie Ihre Befunde in Bezug zu Ihrem Wissen über die politischen Maximen in der ehemaligen DDR.

[1] Anspielung auf ein Zitat aus Georg Büchners Werk „Der hessische Landbote“. In der Flugschrift, in der der Autor über politische Missstände seiner Zeit schreibt, heißt es im Vorbericht: *„Friede den Hütten! Krieg den Palästen!“* – [2] Anspielung auf den Beitrag von Ulrich Greiner: „Der Potsdamer Abgrund“. Anmerkungen zu einem öffentlichen Streit um die „Kulturnation Deutschland“. Greiner hatte über ein – in seinen Augen gescheitertes – Kolloquium ost- und westdeutscher Intellektueller berichtet und sich über die mangelnde Anpassungsbereitschaft ostdeutscher Autoren beschwert. Wörtlich heißt es darin: „Vielleicht wird es irgendwann eine deutsche Kulturnation geben. Noch sind die Ungleichzeitigkeiten gewaltig, noch prallen die verschiedenen Zeiten aufeinander, und die gemeinsame Sprache enthüllt nur das Verschiedene. [...] Die toten Seelen des Realsozialismus sollen bleiben, wo der Pfeffer wächst.“

4. Volker Braun ist ein Schriftsteller, der trotz aller Bedenken über die konkrete politische Umsetzung seine Hoffnungen auf den Sozialismus gesetzt hat und diese Auffassung auch in seinen Texten vertrat. Finden Sie im Gedicht Hinweise auf diese besondere biografische Situation? Gehen Sie hierzu insbesondere auf die Verse 7 und 12 ein.

5. Vergleichen Sie die Bedenken des lyrischen Ichs mit jenen, die auf den Plakaten einer Demonstration gegen die Wiedervereinigung deutlich werden.

Proteste gegen die Wiedervereinigung (1989)

6. Was Sie noch machen können:

a) Sehen Sie sich die Gedichte nochmals in ihrer Abfolge unter der Fragestellung, welches Bild von der DDR entworfen wird, vergleichend an. Wo gibt es Gemeinsamkeiten, wo Unterschiede? Erkennen Sie eine Entwicklung?

b) Lesen Sie erneut die biografischen Angaben zu den einzelnen DDR-Literaten im Hinblick auf die Frage, in welcher Beziehung sie zu „ihrem“ Staat standen. Inwiefern erscheinen Ihnen auch die Gedichte der einzelnen Dichterinnen und Dichter unter Einbezug der Informationen über ihr Leben in einem neuen Licht?

c) Stellen Sie die Prosasammlung mit dem Titel „Die wunderbaren Jahre“ von Reiner Kunze vor und deuten Sie insbesondere das vorangestellte Zitat von Truman Capote. Für eine Buchvorstellung eignet sich auch der Roman „Der geteilte Himmel“ von Christa Wolf.

d) Sehen Sie sich gemeinsam einen der folgenden Filme an. Wie wird die DDR dargestellt? Welche Aussagen über das Staatssystem und das alltägliche Leben werden getroffen? Wie wird die deutsch-deutsche Teilung bewertet?

➔ Einen Film/eine Filmszene/ein Standbild analysieren, s. S. 561 ff.

4 Rückzug ins Private? – Neue Subjektivität und Alltagslyrik in den 70er-Jahren

Die Orangensaftmaschine

Schnee im Büro

Der Wirsing der Blumenkohl

Das Fenster am Ende des Korridors

Trauer auf dem Wäschedraht im Januar

In den Autos

Die Luft riecht schon nach Schnee

1. Es handelt sich bei den Zitaten um Gedichttitel. Formulieren Sie Ihre ersten Eindrücke. Wovon könnten diese Gedichte handeln?

2. Wählen Sie einen Titel aus und verfassen Sie ein reimloses Gedicht. Stellen Sie anschließend Ihre Gedichte vor und sprechen Sie über Gemeinsamkeiten (Thematik, Motive, Sprache ...).

3. Recherchieren Sie zum Lebensgefühl der 70er-Jahre. Was ist kennzeichnend für die Mode und Musik dieses Jahrzehnts? Welche politischen und kulturellen Ereignisse sind bedeutend?

4. **Was Sie noch machen können:**
   a) Erstellen Sie eine Collage zum Lebensgefühl der 70er-Jahre.
   b) Präsentieren Sie die Collagen im Plenum und halten Sie das Charakteristische dieser Zeit in einem Schaubild fest.
   c) Ziehen Sie mögliche Rückschlüsse auf die Lyrik der 70er-Jahre. Wie werden Literaten auf die gesellschaftliche Situation reagiert haben?

Karin Kiwus. Kiwus wurde 1942 geboren und wuchs in Berlin auf. Sie studierte Publizistik, Germanistik und politische Wissenschaften an der Freien Universität Berlin. Danach war sie als Verlagslektorin in Frankfurt am Main und Hamburg tätig, lehrte als Dozentin an der University of Texas (Austin) und an der Freien Universität Berlin. Bereits ihr erster Gedichtband, „Von beiden Seiten der Gegenwart" (1976), erfuhr ungewöhnlich große Beachtung.

Ursula Krechel. Krechel wurde 1947 in Trier geboren und studierte Germanistik, Theaterwissenschaft und Kunstgeschichte. Sie war Theaterdramaturgin und lehrte an verschiedenen Hochschulen, zuletzt an der Universität der Künste in Berlin. Seit 1977 veröffentlichte die in Berlin lebende Autorin zwölf Gedichtbände sowie mehrere Prosawerke, Essays und Theaterstücke. Ihr 2012 erschienener Roman „Landgericht" erhielt den Deutschen Buchpreis.

Karin Kiwus (geb. 1942)
Lösung

Im Traum
nicht einmal mehr
suche ich
mein verlorenes Paradies
bei dir

ich erfinde es
besser allein
für mich

In Wirklichkeit
will ich
einfach nur leben
mit dir so gut
es geht

(1979)

Ursula Krechel (geb. 1947)
Liebe am Horizont

Der Mann hat eine schreckliche
Unordnung in ihr Leben gebracht. Plötzlich
waren die Aschenbecher voller Asche
die Laken zweifach benutzt, verschwitzt
und alle Uhren gingen anders.
Einige Wochen lang schwebte sie
über den Wolken und küßte den Mond.
Erst im Tageslicht wurde ihre Liebe
kleiner und kleiner. Achtlos
warf er das Handtuch, blaukariert
mit dem kreuzgestichelten Monogramm
(wenn das die Mutter wüßte)
über die Schreibmaschine. Bald
konnte sie ihre Liebe schon
in einer Schublade verschließen.
Eingesperrt zwischen Plunder
geriet sie in Vergessenheit.
Später, als der Mann sie rief
wünschte sie, stumm zu sein.
Als er wieder rief, war sie schon taub.

(1977)

(Aus lizenzrechtlichen Gründen wurde dieser Text nicht in reformierter Rechtschreibung abgedruckt.)

1. Lesen Sie die beiden Gedichte und halten Sie Ihre ersten Eindrücke schriftlich fest. Tauschen Sie sich im Anschluss mit einem Mitschüler oder einer Mitschülerin aus und notieren Sie gemeinsam, was das Kennzeichnende ist (Thematik, Form, Sprache etc.).
2. Welche Vorstellung haben Sie von dem jeweiligen lyrischen Ich in den Gedichten? Skizzieren Sie eine Personenbeschreibung, in der Sie z. B. Alter, Geschlecht, Aussehen, Familienstand, Beruf, Charaktereigenschaften berücksichtigen. Welche sprachlichen Signale in den Gedichten haben diese Vorstellungen in Ihnen ausgelöst?
3. Welches Selbstverständnis hat das lyrische Ich jeweils und wie ist sein Verhältnis zu seinen Mitmenschen?

Rolf Dieter Brinkmann. Er wurde 1940 in Vechta geboren und starb infolge eines Verkehrsunfalls 1975 in London. Brinkmann veröffentlichte seit Anfang der 60er-Jahre Gedichte und Prosa. Er entwickelte sich in dieser Zeit zu einem Schriftsteller, dem es wichtig war, die Grenze zwischen „hoher Literatur" und „einfacher Schriftstellerei" aufzuheben. Von besonderer literarischer Bedeutung ist sein Gedichtband „Westwärts 1&2".

Rolf Dieter Brinkmann (1940 – 1975)

Notiz

Ich habe immer gern Gedichte geschrieben, wenn es auch lange gedauert hat, alle Vorurteile, was ein Gedicht darzustellen habe und wie es aussehen müsse, so ziemlich aus mir herauszuschreiben. [...]
Ich bin keineswegs der gängigen Ansicht, dass das Gedicht heute nur noch ein Abfallprodukt sein kann, wenn es auch meiner Ansicht nach nur das an Material aufnehmen kann, was wirklich alltäglich abfällt. Ich denke, dass das Gedicht die geeignetste Form ist, spontan erfasste Vorgänge und Bewegungen, eine nur in einem Augenblick sich deutlich zeigende Empfindlichkeit konkret als „snap-shot" festzuhalten. Jeder kennt das, wenn zwischen Tür und Angel, wie man so sagt, was man in dem Augenblick zufällig vor sich hat, zu einem sehr präzisen, festen, zugleich aber auch sehr durchsichtigen Bild wird, hinter dem nichts steht [als] scheinbar isolierte Schnittpunkte. Da geht es nicht mehr um die Quadratur des Kreises, da geht es um das genaue Hinsehen, die richtige Einstellung zum Kaffeerest in der Tasse, während jemand reinkommt ins Zimmer und fragt: Gehen wir heute Abend in die Spätvorstellung? Mir ist das Kaugummi ausgegangen! Eine Zeitung ist aufgeschlagen, und man liest zufällig einen Satz, sieht dazu ein Bild und denkt, dass der Weltraum sich auch jetzt gerade wieder ausdehnt. Die milde Witterung lockt Go-Go-Girls in den Kölner Rheinpark. Das alte Rückpro-Verfahren. Die Unterhaltung geht weiter. Ein Bild entsteht oder ein Vorgang, den es so nie gegeben hat, Stimmen, sehr direkt. Man braucht nur skrupellos zu sein, das als Gedicht aufzuschreiben. Wenn es dieses Mal nicht klappt, wirft man den Zettel weg, beim nächsten Mal packt man es dann eben, etwas anderes. Sehen Sie hin, packen Sie das mal an, was fühlen Sie? Metall? Porzellan? Eine alte Kippe zwischen Zeigefinger und Mittelfinger! Und sonst geht es Ihnen gut? Man muss vergessen, dass es so etwas wie Kunst gibt! Und einfach anfangen.
Formale Probleme haben mich bisher nie so stark interessiert, wie das noch immer die Konvention ist. Sie können von mir aus auch ruhig weiterhin den berufsmäßigen Ästheten und Dichterprofis, die ihre persönlichen Skrupel angesichts der Materialfülle in feinziseliertem Hokuspokus sublimieren[1], als Beschäftigungsgegenstand bleiben. Die Toten bewundern die Toten! Gibt es etwas, das gespenstischer wäre als dieser deutsche Kulturbetrieb mit dem fortwährenden Ruf nach Stil etc.? Wo bleibt Ihr Stil, wo bleibt Ihr Stil? Haben Sie denn keine guten Manieren? Haben Sie nicht gelernt, mit Messer und Gabel zu essen, und falten Sie nie die Servietten auseinander? Warum sollt' ich mich ausdrücklich um Stil kümmern, wenn sowieso alles um mich herum schon so stilvoll ist! Das wäre mir einfach zu langweilig. Wie sagte Warren Beatty zu den deutschen Kinobesitzern beim Start von Bonnie und Clyde: Bei der Schlussszene mit dem Maschinengewehrfeuer müsst ihr den Ton ganz aufdrehen!
Häufig höre ich von Leuten, denen ich meine Sachen zeige, dass dies nun eigentlich keine Gedichte mehr seien, und sie glauben, damit das entscheidende Urteil ausgesprochen zu haben. Sie sagen, das hier sei ja alles einfach, man könne es ja verstehen, und das wiederrum macht ihnen meine Gedichte unverständlich. Diesen Vorgang finde ich witzig. Was soll man da machen? Das Klischee, die ganze abstrakte Vorstellung von einem eigentlichen Gedicht noch einmal aufdecken? Es gibt kein anderes Material als das, was allen zugänglich ist und womit jeder alltäglich umgeht, was man aufnimmt, wenn man aus dem Fenster guckt, auf der Straße steht, an einem Schaufenster vorbeigeht, Knöpfe, Knöpfe, was man gebraucht, woran man denkt und sich erinnert, alles ganz gewöhnlich, Filmbilder, Reklamebilder, Sätze aus irgendeiner Lektüre oder aus zurückliegenden Gesprächen, Meinungen, Gefasel, Gefasel, Ketchup, eine Schlagermelodie, die bestimmte Eindrücke neu in einem entstehen lässt, z. B. wie je-

[1] **sublimieren:** ins Erhabene steigern, etwas erhöhen

mand seinen Stock schwingt und dann zuschlägt, Zeilen, Bilder, Vorgänge, die dicke Suppe, die wem auf das Hemd tropft. Man schnieft sie durch die Nase hoch und spuckt sie dann wieder aus. Das alte Rezept und die neue Konzeption, bevor das Licht ausgeht, der Vorspann im Kino, hier bin ich. [...]

(1968)

1. Erläutern Sie, was der Gegenstand der Dichtung ist, die Rolf Dieter Brinkmann verfasst.
2. Welche Ansprüche stellt Rolf Dieter Brinkmann an seine Dichtung und welche Vorstellungen hat er in diesem Zusammenhang von traditioneller Dichtung?
3. Stellen Sie gegenüber, welche Forderungen der Autor an die formale Gestaltung seiner Gedichte stellt und wogegen er sich wehrt.
4. Überprüfen Sie, ob die Forderungen, die er an Gedichte stellt, in den nachfolgenden Beispielen „Einen jener klassischen“ und „Trauer auf dem Wäschedraht im Januar“ erfüllt werden.

Rolf Dieter Brinkmann (1940 – 1975)

Trauer auf dem Wäschedraht im Januar

Ein Stück Draht, krumm
ausgespannt, zwischen zwei
kahlen Bäumen, die

bald wieder Blätter
treiben, früh am Morgen
hängt daran eine

frisch gewaschene
schwarze Strumpfhose
aus den verwickelten

langen Beinen tropft
das Wasser in dem hellen,
frühen Licht auf die Steine.

(1975)

Rolf Dieter Brinkmann (1940 – 1975)

Einen jener klassischen

schwarzen Tangos in Köln, Ende des
Monats August, da der Sommer schon

ganz verstaubt ist, kurz nach Laden
Schluss aus der offenen Tür einer

dunklen Wirtschaft, die einem
Griechen gehört, hören, ist beinahe

ein Wunder: für einen Moment eine
Überraschung, für einen Moment

Aufatmen, für einen Moment
eine Pause in dieser Straße,

die niemand liebt und atemlos
macht, beim Hindurchgehen. Ich

schrieb das schnell auf, bevor
der Moment in der verfluchten

dunstigen Abgestorbenheit Kölns
wieder erlosch.

(1975)

Wolf Wondratschek. Wondratschek wurde 1943 in Rudolstadt geboren. Nach dem Abitur studierte er Literaturwissenschaft, Philosophie und Soziologie und lebt heute als freier Schriftsteller in München und Wien. Wondratschek ist in den 70er-Jahren durch mehrere Gedichtbände bekannt geworden, wobei sich seine Lyrik durch die besondere Themenwahl und formale Gestaltung von der herkömmlichen absetzt.

Jürgen Theobaldy. Theobaldy wurde 1944 in Straßburg geboren und wuchs in Mannheim auf. Nach einem Studium zum Grund- und Hauptschullehrer studierte er zusätzlich noch Literaturwissenschaft. Er lebt seit 1984 als freier Schriftsteller in der Schweiz. Bekannt wurde Theobaldy durch seine experimentelle, an Themen des Alltags orientierte Lyrik und durch die Herausgabe der bekannten Gedichtanthologie „Und ich bewege mich doch".

Wolf Wondratschek (geb. 1943)

In den Autos

Wir waren ruhig,
hockten in den alten Autos,
drehten am Radio
und suchten die Straße
nach Süden.

Einige schrieben uns Postkarten aus der Einsamkeit,
um uns zu endgültigen Entschlüssen aufzufordern.

Einige saßen auf dem Berg,
um die Sonne auch nachts zu sehen.

Einige verliebten sich,
wo doch feststeht, dass ein Leben
keine Privatsache darstellt.

Einige träumten von einem Erwachen,
das radikaler sein sollte als jede Revolution.

Einige saßen da wie tote Filmstars
und warteten auf den richtigen Augenblick,
um zu leben.

Einige starben,
ohne für ihre Sache gestorben zu sein.

Wir waren ruhig,
hockten in den alten Autos,
drehten am Radio
und suchten die Straße
nach Süden.

(1976)

Jürgen Theobaldy (geb. 1944)

Schnee im Büro

Eine gewisse Sehnsucht nach Palmen. Hier
ist es kalt, aber nicht nur. Deine Küsse
am Morgen sind wenig, später sitze ich
acht Stunden hier im Büro. Auch du
bist eingesperrt, und wir dürfen nicht
miteinander telefonieren. Den Hörer abnehmen
und lauschen? Telefon, warum schlägt
dein Puls nur für andere? Jemand fragt:
„Wie geht's?", wartet die Antwort nicht ab
und ist aus dem Zimmer.

Was kann Liebe bewegen? Ich berechne
Preise und werde berechnet. All die Ersatzteile,
die Kesselglieder, Ölbrenner, sie gehen
durch meinen Kopf als Zahlen, weiter nichts.
Und ich gehe durch jemand hindurch
als Zahl. Aber am Abend komme ich zu dir
mit allem, was ich bin. Lese von
Wissenschaftlern: auch die Liebe ist
ein Produktionsverhältnis[1]. Und wo sind
die Palmen? Die Palmen zeigen sich am Strand
einer Ansichtskarte, wir liegen auf dem Rücken
und betrachten sie. Am Morgen kehren wir
ins Büro zurück, jeder an seinen Platz.
Er hat eine Nummer, wie das Telefon.

(1976)

[1] **Produktionsverhältnisse:** ein Begriff aus der marxistischen Wirtschaftstheorie; er bezeichnet die gesellschaftlichen Beziehungen, welche Menschen bei der Produktion, beim Austausch, bei der Verteilung und beim Verbrauch von Produkten miteinander eingehen.

Jürgen Becker. Becker wurde 1932 in Köln geboren. Bekannt ist er vor allen Dingen durch seine Gedichte, er verfasste jedoch auch Erzählungen und Hörspiele. Nach Tätigkeiten im Rundfunk und als Lektor mehrerer größerer deutscher Verlage arbeitet er heute vor allem als freier Schriftsteller in der Nähe von Köln. Becker wurde in den 60er-Jahren dadurch bekannt, dass er mit Literatur experimentierte. 1967 erhielt er den Preis der „Gruppe 47".

Jürgen Becker (geb. 1932)

Das Fenster am Ende des Korridors

Der Himmel, die Landschaft, der Fluss:
das Bild am Ende des Korridors.
Links und rechts die Appartements;
die Feuerlösch-Anlage. Das Summen des Aufzuges.
Die Zeit nach Büroschluss. Abweisende Gesichter,
kein Wort und keine Zärtlichkeit.
Jemand wird den Anfang machen
und an seiner Tür vorbeigehen
und weitergehen durch das Bild
hinaus durch den Raum zum Fliegen.

(1977)

1. Vergleichen Sie die fünf Gedichte inhaltlich und formal. Achten Sie dabei besonders auf die Lebenssituation des lyrischen Ichs.
2. Stellen Sie in einer Tabelle gegenüber, wovon der Alltag des lyrischen Ichs jeweils bestimmt ist und wonach es sich sehnt.
3. Erläutern Sie, ob sich darin eine gesellschaftskritische Tendenz nachweisen lässt. Überprüfen Sie, ob sich diese auch in der Gegenwart fortsetzt.
4. Jürgen Becker sagt über seine Gedichte, sie seien entstanden „nach dem Programm der Erfahrungen, wie sie einem jeder Tag, der Alltag mit seinen Konflikten und Irritationen, bereitet". Sie sprächen „von Zwängen, Anpassung und der Zumutbarkeit dessen, was einem gesagt und angetan wird, was man selber sagt und tut". Wie spiegelt sich diese Auffassung in den vorliegenden Gedichten wider?
5. **Was Sie noch machen können:**
   a) Inszenieren Sie das Gedicht „Einen jener klassischen" (S. 403), indem Sie Bilder verwenden oder Geräusche einbauen, die Ihren Vortrag unterstützen.
   b) Verfassen Sie selbst ein Gedicht, in dem Sie eine Momentaufnahme aus Ihrem Alltag verarbeiten. Sie können sich auch an den folgenden Bildern orientieren.

5 Lyrik auf dem Weg ins 21. Jahrhundert

„Sommerende“ – Lyrik der unmittelbaren Gegenwart

Marcel Beyer. Beyer wurde am 23. November 1965 in Tailfingen/Baden-Württemberg geboren und wuchs in Kiel und Neuss auf. Von 1987 bis 1991 studierte er Germanistik, Anglistik und Literaturwissenschaft an der Universität Siegen. Ab 1989 gab er an der Universität Siegen mit Karl Riha die Reihe „Vergessene Autoren der Moderne“ heraus. Marcel Beyer ist Verfasser von Lyrik, Essays und Romanen, zudem arbeitete er als Lektor an der Literaturzeitschrift „Konzepte“ mit.

Marcel Beyer (geb. 1965)

Sommerende

Trauriges Pärchen, das für seine
Samstagsnummer raus zu den Baracken
fährt, im Schritttempo. Ihr Blick sucht
die verdorrte Landschaft ab, die Hangars[1]
auch jenseits des Stacheldrahts, und er,
vielleicht Vermessungsdirigent, denkt
nach: Im leeren Wohnblock, feuchten
Dunkel, hinter Spanplatte, verrammeltem
Fensterloch, wie manches Mal im Sommer?
In aufgelassener Pusztahütte[2], wo
Paprikaskizzen vom eingeschlagenen
Ladenfenster leuchten? Es bleibt den beiden
nicht viel Zeit, mitten im Sperrgebiet[3], bevor
jeder allein nach Hause muss, Kohlduft
im Zimmer, Sportschau läuft, Familie
wartet mit dem Abendessen. Gardinen
müssten abgenommen und gewaschen
werden, Kniest vom ganzen Jahr. So
lang die Luft noch lau, hier zwischen
Gräsern? So lang das Heidekraut noch
nicht mit Regen vollgesogen? Das matte
Gelb der Dolden[4], Wildgras, Staub, das
Grau der Tarnanlage im Verfall. Bleiben
wir kurzerhand im Wagen? Trauriges
Pärchen, das im Schritttempo, bevor
dieser September umkippt.

(1997)

1. Beschreiben Sie die Bilder, die vor Ihren Augen entstehen, wenn Sie das Gedicht von Marcel Beyer lesen.
2. Erläutern Sie, wovon die im Gedicht erzeugte Atmosphäre geprägt ist und durch welche Ausdrücke und sprachliche Bilder diese erzeugt wird.
3. Welche Haltung nimmt der Sprecher des Gedichts gegenüber dem Geschehen und den beobachteten Personen ein?
4. Erläutern Sie, warum es sich bei dem geschilderten Paar um ein „trauriges Pärchen“ (V. 1) handelt. Begründen Sie, ob der Titel in diesem Zusammenhang zutreffend ist.
5. Geben Sie das dargestellte Geschehen in Form einer Kurzgeschichte wieder.

[1] **Hangar** (Plural: Hangars): eine große Halle aus Metall oder Beton für Flugzeuge aller Art; dort werden sie zum Beispiel gewartet oder untergestellt. – [2] **Puszta:** Grassteppe, Weideland in Ungarn/Name eines ungarischen Restaurants – [3] **Sperrgebiet:** Gebiet, das dem Militär vorbehalten ist – [4] **Dolde:** bezeichnet einen Blütenstand, bei dem die Nebenachsen in etwa alle die gleiche Länge haben, sodass damit die Blüten und später die Früchte auf derselben Höhe liegen

Durs Grünbein. Er wurde am 9. Oktober 1962 in Dresden geboren und ist deutscher Lyriker, Essayist und Übersetzer. Grünbein brach ein Studium der Theaterwissenschaft an der Humboldt-Universität in Berlin 1987 ab und arbeitete danach als freier Mitarbeiter für verschiedene Zeitschriften. Seit 2005 ist er Professor für Poetik an der Kunstakademie Düsseldorf. Durs Grünbein gewann mit seinen Werken zahlreiche Auszeichnungen wie zum Beispiel 1995 den Georg-Büchner-Preis und 2006 den Berliner Literaturpreis.

Durs Grünbein (geb. 1962)

Pheromone[1]

Wann war das? In diesem Jahrtausend, im letzten?
Die düstere Pensione[2], schmale Treppen, kaum Platz
Fürs Gepäck, und wir auf dem Laken mit einem Satz.
Wie hieß die Bar noch, am Abend Verheißung und Wink?
Herrgott, mein Gedächtnis: Nur Löcher und Fetzen:
Zwei Körper, umschlungen, ein Verspaar, das hinkt.
Wie Ozelots[3] dampfend, so hungrig, entflammt
Warn wir selten.

Ich seh es wie heute:
Das Bett am Kanal, unser Nest, und da unten den Schlamm,
Wo die Ratte den Aal, der Aal die Ratte erbeutet.
Traum von schwülstigen Pornos ... Das feuchte Plakat
Vor dem Kino beim Kai dort, frei nach Tizians[4] Stich,
Galt dem Burschen im Bocksprung, der Frau im Spagat.
Wie Erinnerung frisch bleibt, solange sie riecht.

(2007)

(Aus lizenzrechtlichen Gründen ist dieser Text nicht in reformierter Rechtschreibung abgedruckt.)

1. Lesen Sie das Gedicht und äußern Sie sich spontan zu Ihren ersten Eindrücken.

2. Welcher Eindruck des Liebesaktes wird durch die gewählten Worte und Wortfelder vermittelt? Berücksichtigen Sie auch die Darstellung der Umgebung.

3. Erläutern Sie die Bedeutung des Titels für das Gesamtverständnis des Gedichts.

4. Vergleichen Sie die beiden Liebesgedichte der Gegenwart im Hinblick auf die formalsprachlichen Merkmale sowie die dargestellte Liebesbeziehung.
➔ Gedichte miteinander vergleichen, s. S. 558 ff.

[1] **Pheromone:** Duftstoffe, die der biochemischen Kommunikation von Lebewesen dienen – [2] **Pensione:** italienischer Begriff für Unterkunft – [3] **Ozelot:** Raubtier aus der Familie der Katzen – [4] **Tizian:** Maler der italienischen Renaissance, geb. um 1490, gest. 1576. Auf welchen Stich sich Grünbein bezieht, ist unklar.

Nadja Küchenmeister. Sie wurde 1981 in Berlin geboren, studierte dort und in Leipzig Germanistik und Soziologie. Nadja Küchenmeister arbeitet als freie Schriftstellerin und verfasst neben Gedichten auch Hörspiele. Ihr zweiter Gedichtband „Lichter" wurde von der Darmstädter Jury 2010 zum „Buch des Monats" gewählt.

Nadja Küchenmeister (geb. 1981)
nebel

über dem boden hängt der erste nebel
langsam aufgestiegen aus dem holz
der nacht und deckt die dielen zu im flur
die fliesen und wabert hin zur haustür
wo der hund im zug die ohren aufgerichtet
blinden auges wacht und schlägt ans fenster
schon als schmaler streif ich greife stumm
nach deiner hand die luft wiegt leicht so
zwischen dir und mir nur eine atemtreppe
du gehst in ungestörtem rhythmus auf
und ab und windgebogen ähren deine wimpern
die zart geäderte struktur durchpulster lider
darüber schwebend eine weiße wand ich falle
eine spur kaum sichtbar kriecht in meine atemwege
die laute von erstickter kehle kehren wieder
und alle worte die ich einmal kannte sind nur mehr
geflockte stunden auf der zunge bitterschwer

(2007)

Nadja Küchenmeister (geb. 1981)
phönix[1]

im fensterrahmen dämmert schon der morgen, deine scheu
und jene fotos tauchen auf, die ich am abend umgedreht
auf die kommode legte. wieder da sind: dein nacken, lieber
deine hände und auch die blaue ader, die sich seit jeher wie
ein ast am handgelenk verzweigt, und weil noch alle bilder
in dir schlafen und deine atemzüge leise in den morgen ebben

als wäre ruhe in dir, ruhe ... wie sonst nur das verlorensein
will ich der flamme gleich die luft verzehren, deine stille
dass sie verwandelt immerfort in meinen lungen kreist ...

(2010)

1. Bereiten Sie einen anschaulichen Vortrag der beiden Gedichte vor. Achten Sie dabei besonders auf syntaktische Einheiten.
2. Welche Beziehung des lyrischen Ichs zum Angesprochenen wird deutlich? Handelt es sich Ihrer Meinung nach eher um einen Mann oder eine Frau? Begründen Sie Ihre Auffassung.
3. Diskutieren Sie, ob hier eine gelingende oder gescheiterte Beziehung dargestellt wird. Achten Sie hierzu auf die verwandten sprachlichen Bilder.
4. Der Literaturkritiker Ulrich Greiner äußert sich zu Nadja Küchenmeisters Gedichten folgendermaßen:

   „Aber schön ist Nadja Küchenmeisters Sprache und wie ganz neu. Sie verschmilzt die Gefühle und die Gegenstände zu einer großen, sanften Melodie. [...] ganz leise und träumerisch fügt Nadja Küchenmeister diese Bilder ineinander, baut zarte Assonanzen[2] („deckt die dielen zu im flur"), gestattet sich zuweilen ein Versmaß, bleibt aber immer haarscharf unter dem Regelwerk poetischer Formen."

   Erläutern Sie das Zitat. Stimmen Sie der darin enthaltenen Wertung zu?

[1] **Phönix:** in der griechischen Mythologie ein Vogel, der verbrennt und aus seiner eigenen Asche wieder neu ersteht – [2] **Assonanz:** Gleichklang der Vokale

Stan Lafleur. Er wurde 1968 in Karlsruhe geboren und lebt heute als freier Schriftsteller und Journalist in Köln. Stan Lafleur ist als sogenannter Wordperformer bekannt geworden.

Simone Hirth. Sie wurde 1985 in Freudenstadt geboren und lebt heute in Leipzig. Simone Hirth hat am Deutschen Literaturinstitut in Leipzig Prosa und Lyrik studiert.

Stan Lafleur (geb. 1968)
tauben

graues wetter. taubengrau
durch ne unterfuehrung fliegen
an der wand steht: HURENSOHN
an der ampel steht ein stau

wer den grauen tauben folgt
folgt den pkw-motoren
abgasfahnen in alleen
ahorn in oktobergold

unter bruecken gurren tauben
auf dem boden klebt ihr schisz
berber[1] die daneben wohnen
in verranzten gartenlauben

weil ich keine arbeit hab
geh ich durch die schoene stadt
tauben lenken meinen schritt
lenken die gedanken ab

(2006)

Simone Hirth (geb. 1985)
Gustav

Wir finden uns ab,
fischäugig,
aber mit Datum und Unterschrift.
Wir kaufen uns neue Stühle.

Wir legen uns Lieblingsbeschäftigungen zu
und finden eine Lösung
für volle Staubsaugerbeutel und Einsamkeit,
wir glauben an Gustav[2],
die Kaninchen, und Lyrik,
sagen wir andächtig.
Meistens essen wir Wurst.

Es wird schon,
es läuft im Radio,
Gesetzesentwürfe und Polituren,
wo sollen wir unser Kreuz machen,
wann uns die Köpfe abreißen,
Waschmittel, Verhütung, Senf,
und ja, wir glauben,
unseren Möbeln geht es gut.

(2009)

1. Lesen Sie die beiden Gedichte. Notieren Sie anschließend Ihre ersten Eindrücke und leiten Sie mögliche Untersuchungsaspekte ab.
2. Erläutern Sie, wie die Gegenwart jeweils dargestellt wird und woran möglicherweise Kritik geübt wird.
3. Analysieren Sie, wie diese Intentionen durch die sprachliche und formale Gestaltung zum Ausdruck gebracht werden.
4. Stellen Sie heraus, welches Bild sich hinsichtlich der gegenwärtigen gesellschaftlichen Situation ergibt. Diskutieren Sie, ob diese „Zeitanalyse“ zutreffend ist.
5. Welche gegenwärtigen Themen halten Sie für relevant? Verfassen Sie selbst ein gesellschaftskritisches Gedicht. Orientieren Sie sich am Darstellungsstil der beiden Gedichte.
6. Illustrieren Sie Ihr Gedicht mithilfe geeigneter Abbildungen.

[1] **Berber:** hier: Nicht-Sesshafte, Obdachlose – [2] **Gustav:** Schreibtischbezeichnung eines schwedischen Einrichtungshauses

„Ich will die Texte frisch haben" – Poetry Slam

Teilnehmer beim Poetry Slam in der Münchener U-Bahn (2011)

Poetry-Slam-Meisterschaft in Bamberg (2012)

1. Was wissen Sie über Poetry Slams?
2. In Deutschland, Österreich und der Schweiz existieren zurzeit über 200 regelmäßig stattfindende Poetry Slams. Seit 1997 finden jährlich die deutschsprachigen Poetry-Slam-Meisterschaften statt. Wie erklären Sie sich die Popularität und das Interesse für diese Art des „Dichterwettstreits"?
3. Suchen Sie im Internet Informationen über Poetry-Slam-Veranstaltungen in Ihrer Region.

Tilman Döring. Döring wurde 1989 in Leipzig geboren und tritt seit 2005 auf Poetry Slams und Kabarettbühnen auf. Seit 2009 moderiert er die Darmstädter Dichterschlacht. Derzeit ist er Moderator des KroneSlam in Darmstadt sowie des Poetry Slam in Lorsch.

Tilman Döring (geb. 1989)

Immer wenn

Immer wenn – ich ankomm' nach Reisen
in Zügen bei Nacht, auf glühenden Gleisen
der Puls im springenden Walzer rotiert
der Mund trocken – der Hals abgeschnürt
das Beben der Beine das Laufen verhindert
das Reden der Meisten den Glauben vermindert
das Leben sei leicht und nicht rau und verbittert
bei Sätzen wie „Ich mag dich, ehrlich, ich schwör!",
weiß ich, dass ich hier nicht hergehör'.

Und wenn ich dann da bin, doch da auch nicht hier ist
weil hier auch nicht hier, nur alleine bei mir ist
die Sprache sich peitschend gegen mich stellt
und dem lachenden Reigen nur Regen entfällt
kann reden mit jedem, doch schweigen mit keinem
so steh ich auf wackeligen Stelzen auf eigenen Beinen
sitz' ohne wärmende Pelze auf kaltem Gestein
bei Sätzen wie „Ich meld mich, ehrlich, ich schwör!",
weiß ich, dass ich hier nicht hergehör'.

Und wenn dies Gefühl dann in täglichen Tango mutiert
und jegliches Manko von geh'n und nein ich bleib hier
den Weg in ein' Marsch und den Marsch in ein' Zwang
verwandelt und ewiges „Ja, ich komm an!"
die Illusion nur zu füttern und zu schützen scheint
weiß ich schon längst, sie hat sich gründlich verneint
weshalb ich mich manchmal im Stillen empör
bei Sätzen wie „Das wird schon, ehrlich, ich schwör!",
weiß ich, dass ich hier nicht hingehör'.

Doch auf der Suche danach geht die Reise wohl weiter
Angst im Gepäck, dem Gefühl als mein Reisebegleiter
es bleibt ein zielloses Tappen im Dunkeln
ein tägliches Rappeln und Zappeln für Stunden
und wenn ich dann ankomm' nach Reisen
in Zügen bei Nacht auf glühenden Gleisen
weiß ich – ich bleib hier doch nur bis morgen
bei Sätzen wie „Komm schon, mach dir keine Sorgen!",
weiß ich, Heimat kann man nicht borgen!

(2009)

1. Bereiten Sie zu dem vorliegenden Text eine Inszenierung vor. Achten Sie dabei besonders auf die Betonung, Stimmvariation, Lautstärke, Mimik und Gestik.

2. Erarbeiten Sie, wie hier das Motiv des Reisens und der Heimat entfaltet wird.

3. Handelt es sich bei diesem Text Ihrer Meinung nach um Lyrik? Begründen Sie Ihre Meinung. Untersuchen Sie in diesem Zusammenhang Metrum und Reim.

Information

Poetry Slam

Ein Poetry Slam kann sinngemäß als „Dichterwettstreit" bezeichnet werden und ist ein literarischer Vortragswettbewerb, bei dem meistens selbst geschriebene Texte innerhalb einer bestimmten Zeit einem Publikum vorgetragen werden. Dabei dürfen keine Requisiten oder Hilfsmittel herangezogen werden. Abschließend wählt das Publikum durch Applaus oder Punktevergabe den Sieger. Als zentrale Bewertungskriterien zählen neben dem Inhalt der rhetorische Charakter, die performativen Elemente (Mimik, Gestik, Verständlichkeit, Anmoderation, Stimmeinsatz etc.) und die bewusste Selbstinszenierung des Vortragenden. Die Veranstaltungsform entstand 1986 in Chicago und verbreitete sich in den Neunzigerjahren weltweit. Allein in Deutschland fanden 2009 an über 100 Veranstaltungsorten regelmäßige Poetry Slams statt. Neben dem Unterhaltungswert geht es auch um eine Sensibilisierung für Literatur und ihre Wirkung. Die Themen sind sehr vielfältig und umfassen beispielsweise Liebe, Politik, Gesellschaft, Schreiben, Sprache oder Identitätsfindung. Slam Poetry ist somit nur ansatzweise traditionellen Gattungen zuzuordnen, er enthält innerhalb von Einzeltexten bzw. im Genre allgemein eine Verbindung epischer, lyrischer und dramatischer Formen. Durch die zahlreichen rhythmischen, verdichteten und klangbetonten Texte zeigt Slam Poetry, dass die lyrischen, aber auch dialogisch-dramatischen Formen ihren festen Platz innerhalb der Gegenwartskultur und dort vor allem innerhalb der Jugendkultur haben.

Bas Böttcher. Der deutsche Schriftsteller und Slam-Poet wurde am 31. Dezember 1974 in Bremen geboren. Er studierte in Weimar an der Bauhaus-Universität Mediengestaltung. Bas Böttcher gilt als Mitbegründer der deutschsprachigen Poetry-Slam-Szene und gewann seit Mitte der Neunzigerjahre mehrfach den Poetry-Slam-Preis der Literaturwerkstatt Berlin. Er verarbeitet in seinen Texten die facettenreichen Erfahrungen der Gegenwart, wobei für ihn (und die gesamte Bewegung) das Verfassen und das Präsentieren (Performance) von Texten eng zusammengehören.

Auszug aus einem Interview mit Bas Böttcher (geb. 1974)
„Nicht fragen! – Anhören!"

Bas, wie würdest du deinen Stil beschreiben?

Die erste Antwort, die ich gebe, wenn man mich nach meinem Stil fragt, ist eigentlich: „Nicht fragen! – Anhören!" Es geht um Rhythmik und Atmosphäre: Sinn, Klang und Zeit werden zu einem festen Arrangement komponiert. Es herrscht das Prinzip der Aktion. Da sollte man die Poesie selber sprechen lassen. Meine Texte werden explizit für den verbalen Vortrag verfasst. Ich weiß schon beim Schreiben, wie es klingen soll und an welcher Stelle ich Luft holen kann.

Wie findest du deine Themen?

Mich interessieren natürlich die Themen, die mich persönlich was angehen. Das sind Alltagsthemen und natürlich auch politische Sachen, aber politische Dinge, die sich im Kleinen manifestieren. Viele wichtige Dinge finden ja auch versteckt statt. Die kann man als Poet versuchen aufzudecken. Man richtet sozusagen seine poetische Kamera auf Details. Das Wichtigste ist hierbei immer die Wahl der Perspektive! Durch einen neuen poetischen Blickwinkel können alltägliche Themen plötzlich überraschend erscheinen.

Weshalb ist dir die Inszenierung deiner Texte so wichtig?

Wenn Poesie auf die Bühne gebracht wird, sollte sie meiner Ansicht nach frei gesprochen werden. Das Buch oder Textblatt steht oftmals wie eine trennende Grenze zwischen dem Poeten und dem Publikum. Der freie Vortrag ist viel direkter und unmittelbarer. Außerdem kann ich als Freisprecher meinem Publikum in die Augen schauen. Es ist ein Spiel von Aktion und Reaktion. Wenn ich aus einem Buch vortrage, dann muss ich erst noch dekodieren, dann muss ich die Zeichen entschlüsseln, in meinem Kopf umwandeln in Wörter, die dann über die Stimmbänder zum Publikum schicken. Das sind zu viele Arbeitsprozesse. Das wäre mir auf der Bühne zu indirekt. Das Aufschreiben von Poesie war ja ursprünglich nur ein Hilfsmittel, weil die Leute sich's nicht merken konnten. Durch das Aufschreiben wurde Poesie konserviert. Einen Gedichtband könnte man spaßeshalber als ‚Poesie aus der Dose' bezeichnen. Ich aber will die Texte frisch haben. Am besten direkt aus dem Kopf vom Poeten.

Beziehst du dich auf bestimmte Traditionen?

Ich bezieh' mich allgemein auf ein sehr ursprüngliches Lyrikverständnis. Nämlich darauf, dass Lyrik in einer Gemeinschaft gehört und geteilt werden kann. Allein der Begriff „Lyra" ist ja das Musikinstrument, zu der die Lyrik rezitiert wurde.

Im Wort Dichter steckt in meiner privaten Etymologie der „Dicter" – also der „Sprecher" oder „Redner".

[...]

Ich weiß, dass du gern mit der Verknüpfung von Text und neuen Medien experimentierst. Gibt es aktuelle Beispiele?

Ja, ich hab beispielsweise die Textbox entwickelt und gebaut. Die Textbox gibt mir die Möglichkeit, Poesie in einem „poesiefeindlichen" Umfeld zu vermitteln. Zum Beispiel auf einer Buchmesse oder in einer Bahnhofshalle. Wenn's laut und unruhig ist, wenn's viel Gewimmel und Ablenkung gibt, dann stellt die Textbox eine wunderbare Infrastruktur bereit.

Wie kann man sich die Textbox vorstellen?

Die Textbox ist ein geschlossener Plexiglaskasten, in dem ein Poet auftritt, abgeschirmt vom Lärm der Außenwelt. Klinkt man sich per Kopfhörer in das System ein, so kann man dem Poeten lauschen – und zwar in Studioqualität. Silbe für Silbe. Jeder Atemzug wird gehört. Jede Lippen- und Zungenbewegung wird gehört. Auch diese Dinge können das Sinnliche an Poesie ausmachen. Man bildet eine Insider-Gemeinschaft, die in dem Moment denselben Gedanken teilt. Die Textbox war im Oktober 2007 im Centre Pompidou in Paris ausgestellt. Für Januar 2008 planen wir eine Kooperation mit der Neuen Nationalgalerie in Berlin.

(Interview mit Bas Böttcher am 6. Juli 2007 in Berlin, geführt von Rolf S. Wolkenstein und Ann Kathrin Weldy für die Dokumentation Slam Revolution)

1. Welche Bedeutung hat Lyrik für Bas Böttcher?
2. Informieren Sie sich im Internet über Bas Böttcher. Schauen Sie sich vor allem Mitschnitte seiner Textperformances an und untersuchen Sie, auf welche Weise er seine Texte präsentiert.
3. Was halten Sie von diesen Performances?

Bas Böttcher (geb. 1974)

Dran glauben

Häng deine Hoffnung an ein Plastikschwein made in Taiwan
Häng deine Hoffnung an ein Pflasterstein und andern Kleinkram
Zur Show gibt es Kitsch
Zum Popstar das Image
Zur Schönheit die Bräunung
Zum Glück gibt's die Täuschung
Also:
Dran glauben!
Kram kaufen!
Augen schließen!
Den Schwindel genießen!

Häng deine Ziele an den Masterplan von Microsoft
[...]

(2008)

1. Setzen Sie das Gedicht von Bas Böttcher fort und präsentieren Sie es Ihren Mitschülern.
2. Vergleichen Sie Ihre Versionen mit dem Original (s. S. 663).
3. Erläutern Sie, woran Bas Böttcher in seinem Gedicht Kritik übt. Welche Bedeutung hat in diesem Zusammenhang der Titel?
4. Stellen Sie heraus, durch welche sprachlichen und formalen Gestaltungselemente der Verfasser seine Kritik verdeutlicht.
5. Schauen Sie sich den Mitschnitt der Textperformance im Internet an. Überprüfen Sie, ob Bas Böttcher seinen eigenen Anspruch an die Präsentation von Lyrik, wie er sie im Interview äußert, erfüllt.

Isabel Magritz
Heimatlos

Zwischen Nostalgie und Utopie
herrscht Globalisierungshysterie
Zwischen Washington, London, Wien, Berlin und Hongkong
Inmitten von Großstadtperipherie
National oder international?
Global oder lokal? Scheißegal
Zwischen Fortschritt und Stillstand
Zwischen still stehenden Stellen
In wild wehenden Wellen
Suchen wir einen Ort namens Heimat

Berlin ist der Ort meiner Heimat
Zum Dürüm Döner jibts Ayran
Vom Hermannstraßen[1]-Jefasel übern Mehringdamm entlang
Am Hackeschen Markt[2] wird nicht über die O2 World jeklagt
Zwischen Kottis[3] Abfall-Siff raucht n Hippie n Spliff[4]
Und ob arbeitslos oder Currywurst-Verkäufer bloß
Hier ist man een Team
Ick liebe dir Berlin.

Zwischen hastender Angst und ängstlicher Hast,
Wird Geborgenheit zum must ... -be
Welch eine Selbstironie
Zwischen Nachtwandeln und Schlafwachen
Willst du Kind sein und nicht erwachsen.
Wir suchen als Gefangene unsere eigenen vier Wände
Helfende Hände, handelnde Hilfe.
Zwischen Nähe und Ferne
Kälte und Wärme
Suchen wir ein Gefühl namens Heimat.

Doch mein Blick ist vom Vorübergehen der Züge
So müd geworden, dass mich nichts mehr hält
Mir ist als ob ich tausend Züge verpasste,
Die da führten in eine neue Welt.

Mein verträumter Gang zielloser Schritte,
Der sich ewig auf und ab bewegt,
Ist wie ein Tanz von Irrlichtern um eine Mitte,
In der betäubt ein großer Wille steht.

Nur manchmal schiebt der Vorhang des Großstadtnebels sich lautlos auf
Dann geht ein Bild hinein,
geht durch die Träume angespannter Stille

Und hört mit Schmerzen auf zu sein.

Vermutlich habe ich so manches gesehn,
Und mich oft schon in Heimat gewägt.
Letztendlich bin ich mir selbst die Heimat, um die Freiheit zu haben,
heimatlos zu sein.

(2009)

[1] **Hermannstraße:** zentrale, 2,6 km lange Straße in Berlin-Neukölln – [2] **Hackescher Markt:** ein im Ortsteil Berlin Mitte gelegener Verkehrsknotenpunkt, an dem sich zahlreiche Bars und Restaurants befinden – [3] **Kotti:** Das Kottbusser Tor ist eine platzartige Straßenkreuzung in Berlin, an der sich ein U-Bahnhof befindet, im Berliner Volksmund auch „Kotti“ genannt. – [4] **Spliff rauchen:** Damit ist der Konsum von Haschischzigaretten gemeint.

1. Erarbeiten Sie zu zweit oder in der Gruppe einen Vortrag des Textes. Achten Sie besonders auf die Sprechpausen, das Sprechtempo sowie den Wechsel der Sprecher. Erproben Sie verschiedene Versionen und achten Sie auf die veränderten Wirkungsweisen. Entscheiden Sie sich begründet für eine Vortragsweise.
2. Untersuchen Sie die sprachliche Gestaltung des Textes. Erläutern Sie, welche Wirkung jeweils mit dem Stilmittel verbunden ist.
3. Lesen Sie das Gedicht „Der Panther“ von Rainer Maria Rilke (s. S. 294).
   Untersuchen Sie, in welcher Art und Weise das Original in „Heimatlos“ aufgegriffen wurde.
4. Wählen Sie ein Gedicht aus einer vergangenen Epoche aus, welches Sie aus dem Unterricht kennen oder welches Sie besonders mögen. Verfassen Sie einen eigenen Text in Analogie zu dem Gedicht von Isabel Magritz, in den Sie das bereits bekannte Gedicht einarbeiten.

Projekt Poetry Slam

Nachdem Sie verschiedene Poetry Slam Texte kennengelernt haben, können Sie abschließend ein Poetry Slam Projekt durchführen. Die folgenden Erarbeitungsschritte sollen Ihnen für die Realisierung eine Hilfe sein und bauen aufeinander auf.

- Sammeln Sie zunächst Informationen, die Sie zum Thema Poetry Slam im Internet finden können. Suchen Sie Texte oder Clips, die Sie für gelungen halten. Vielleicht haben Sie die Möglichkeit, eine Poetry Slam Veranstaltung in Ihrer Nähe zu besuchen.
- Tauschen Sie sich über die gesammelten Texte und Clips aus. Was fällt Ihnen auf (Genre, Themen, Sprache, rhetorische Mittel, Inszenierung, performative Elemente etc.)?
- Versuchen Sie zunächst, fremde Texte auf der Bühne zu inszenieren. Üben Sie verschiedene Inszenierungen.
- Legen Sie eine Themencollage an: Was interessiert Sie? Welche alltäglichen Erfahrungen haben Sie gemacht? Wovon träumen Sie? Worüber ärgern Sie sich? Ergänzen Sie diese Collage um Zitate und Sprichwörter.
- Versuchen Sie nun, eigene Texte zu verfassen. Geben Sie sich gegenseitig Rückmeldung, überarbeiten Sie Ihre Texte und proben Sie verschiedene Inszenierungsmöglichkeiten.
- Erstellen Sie gemeinsam einen Beurteilungsbogen für eine Performance, indem Sie relevante Kriterien für eine gelungene Präsentation zusammentragen.
- Führen Sie abschließend einen Poetry Slam durch. Sie können ihn natürlich auch öffentlich veranstalten.

Lyrik seit 1945 – Von der Nachkriegszeit bis zur Gegenwart

Die Bezeichnung „Lyrik seit 1945" umfasst viele verschiedene Tendenzen und Strömungen, sodass eine vollständige und lückenlose Zusammenfassung nicht zu realisieren ist. Nachfolgend sollen deshalb lediglich die signifikanten Entwicklungen in ihren Grundzügen aufgezeigt werden. Die Ambivalenz der Nachkriegszeit spiegelte sich auch in vielfacher Weise in der Literatur wider: Ein Teil der deutschen Autoren bemühte sich um eine Verarbeitung der Erlebnisse, ein anderer Teil verdrängte alles Geschehene. Zudem bestand eine Kontroverse zwischen den Autoren, die der inneren Emigration bzw. der Exilliteratur zuzurechnen sind.

Für die jüngere Autorengeneration und die zurückkehrenden Emigranten wurden der Zusammenbruch der Zivilisation durch das Dritte Reich und die Gräuel des Zweiten Weltkriegs zu den zentralen Themen der literarischen Arbeit. Dabei suchten vor allem die jungen Schriftsteller nach neuen Ausdrucksformen, die sich sowohl von den Emigranten als auch von den Autoren der inneren Emigration abhoben, und wandten sich durch eine einfache und klare Sprache bewusst von traditionellen Formen ab. Ihr Konzept einer **Trümmer- und Kahlschlagliteratur**, einer bewusst reduzierten Sprache und Konzentration auf die Darstellung von Gegenständlichem, ist dabei als Reaktion auf den Sprachmissbrauch unter den Nationalsozialisten zu begreifen. Die zentralen Themen griffen die materiellen, vor allem aber die psychischen Folgen des Krieges auf. Die Literaten dieser Strömung waren der Auffassung, dass jeder sprachliche Ästhetizismus der notwendigen Betrachtung der Wirklichkeit und damit ihrer Verarbeitung im Wege steht.

Parallel dazu gab es **naturmagische Tendenzen**, innerhalb derer man der Grausamkeit des Alltags und der Erinnerungen durch Hinwendung zur Größe der Natur zu entkommen versuchte. Der Gedanke an den Fortbestand des Kosmos und das Gefühl des Aufgehobenseins darin fungierten als Trost und Eröffnung einer Perspektive.

Andere Literaten beschritten den Weg des **hermetischen Schreibens**, in dem die Botschaft nicht mehr offensichtlich zutage tritt, sondern verschlüsselt und verborgen bleibt. Dementsprechend liegt ein Schwerpunkt in der Gestaltung der Sprache darin, das Gesagte nicht als etwas Endgültiges zu begreifen, sondern den Prozesscharakter zu betonen. Da die Sprache dieser Literaturrichtung die der Suchenden ist, die das Erlebte nicht in Worte kleiden können, ist ihre Botschaft auch nicht vollständig zu begreifen.

Großen Einfluss auf das intellektuelle Leben in der Bundesrepublik hatte die **„Gruppe 47"**. Dieses Bündnis junger Schriftsteller traf sich jährlich mit Literaturkritikern zu Lesungen und Diskussionen. Anfangs noch stark von der schlichten Poetik des „Kahlschlags" geprägt, entwickelte sich die Gruppe im Verlauf der 50er-Jahre weiter und avancierte zur wichtigsten „Institution" der literarischen Moderne in der Bundesrepublik.

Viele der **geflohenen Schriftsteller** standen vor der Frage, ob sie nach Deutschland zurückkehren sollten. Einige der Autoren, wie z. B. Thomas Mann, ließen sich im europäischen Ausland nieder und kamen – abgesehen von kurzen Besuchen – nicht wieder zurück, andere wie Bertolt Brecht, Anna Seghers oder Johannes R. Becher gingen in die sowjetisch besetzte Zone bzw. die DDR, die ihrem antifaschistischen Selbstverständnis entsprach, wodurch sie wiederum dem Westen suspekt wurden.

In der **DDR** stand die Literatur von Beginn an im Zeichen des Sozialismus. Viele junge Schriftsteller sahen in dieser Orientierung am Sozialismus die Möglichkeit eines Neuanfangs nach den Erfahrungen des Faschismus. Der Wunsch, einen neuen Staat aufzubauen, ist in den Texten dieser Literaten zum Ausdruck gebracht. Allerdings waren die Schriftsteller gleichzeitig dazu *verpflichtet*, am Aufbau des Staates durch erzieherischen Duktus in ihren literarischen Arbeiten mitzuwirken. Durch die Bitterfelder Kulturkonferenz (1959) sollte das Ziel, Menschen nicht nur als Rezipienten, sondern auch als Produzenten von Literatur zu gewinnen, realisiert werden. Die Realisierung erwies sich jedoch als schwierig, da sich prominente Autoren nicht zwingen lassen wollten, durch Arbeit in der Produktion „lebensweltliche Erfahrungen" zu sammeln, um sie dann literarisch zu verarbeiten. Außerdem fürchteten sie eine Einschränkung der kritischen Funktion von Literatur und Kunst. Da das Lesen und Schreiben von Literatur in der DDR durch das Kontroll- und Zensurwesen des Staates geregelt wurde, wurde es für viele Literaten schwierig, politisch motivierte Kritik öffentlich äußern zu können; für eine solche Kritik eignete sich die Textgattung Lyrik in ihrer Eigenart der sprachlichen Verdichtung. Schriftsteller, die dem politischen System der DDR kritisch oder ablehnend ge-

genüberstanden, mussten mit großer Vorsicht arbeiten; andernfalls drohte gegebenenfalls eine Ausweisung oder auch ein Publikationsverbot.
Durch die Erfahrung, dass Lyrik an die Grenzen des Sagbaren stößt, und die Vorstellung, dass Kunst nicht mehr adäquat die bestehende Wirklichkeit wiedergeben kann, entwickelte sich die **Konkrete Poesie.** Diese Art der Lyrik, der das Experimentieren mit Sprache zugrunde liegt, verkörperte in den 50er-Jahren vielmehr einen Weg, der mit dem Mut zum Experimentieren einherging. Das Durchbrechen des scheinbar Vertrauten, der Sprachgewohnheiten und Regeln bot den Literaten einen alternativen Weg, um mithilfe der Sprache eine ganz neue Art der Wirklichkeit herzustellen.

Neben diesen Strömungen nahmen Literaten um 1960 die Gegenwart engagiert und kritisch in den Blick, indem sie verstärkt **politische Lyrik** verfassten. Die Autoren und Autorinnen begannen, Stellung zu gesellschaftspolitischen Fragen zu beziehen, mit dem Ziel, ihre Leser zu warnen, aufzuklären und zur Reflexion zu bewegen. Ein sachlich nüchterner Ton und eine schlichte Sprache sollten den Leser zum Handeln bewegen.
Nach einer Phase der politischen Ausrichtung konzentrierten sich Literaten nach 1970 auf private Inhalte, sodass die sogenannte **„Alltagslyrik“** oder **„Neue Subjektivität“** sich herausbildete. Die Themen sind dem alltäglichen, subjektiven Erlebnisbereich entnommen, die Sprache ist eher einfach und verständlich. Poetische Sprache und Umgangssprache schließen sich nicht länger aus.

Seit den 90er-Jahren sind trotz des durch die Wiedervereinigung bedeutsamen gesellschaftlichen Wandels keine expliziten Neuerungen in der Lyrik zu erkennen. Zwar gab es Gedichte, die sich mit dem Mauerfall und dem Ende der DDR auseinandersetzten, grundlegend aber lässt sich keine einheitliche Strömung mehr verzeichnen. Vielmehr knüpfen Literaten an literarische Tendenzen der vorausgegangenen Jahrzehnte an und setzen diese in Thematik und Form fort. Die Lyrik der Gegenwart zeichnet sich daher durch eine große Vielfalt aus: Sowohl traditionell gestaltete Texte als auch reine Sprachexperimente lassen sich finden.
Insbesondere junge Menschen finden großen Gefallen am **„Poetry Slam“**. Es geht dabei sowohl um Unterhaltung als auch um eine Sensibilisierung für Literatur und ihre Wirkung. Liebe, Politik, Gesellschaft, Schreiben, Sprache oder Identitätsfindung sind einige der vielen Themen des Slam Poetry. Er enthält innerhalb von Einzeltexten bzw. im Genre allgemein eine Verbindung epischer, lyrischer und dramatischer Formen, sodass die Texte nur im Ansatz den traditionellen Gattungen zuzuordnen sind. Durch die rhythmischen, verdichteten und klangbetonten Texte zeigt Slam Poetry, dass die lyrischen, aber auch dialogisch-dramatischen Formen ihren festen Platz innerhalb der Gegenwartskultur haben.

Lyrik seit 1945 – Von der Nachkriegszeit bis zur Gegenwart

Lyrik seit 1945

Geistige Tendenzen und leitende Ideen
- zunächst Verdrängung des Dritten Reiches, fehlende Auseinandersetzung mit der NS-Vergangenheit
- Erinnerungsabwehr und Täter-Opfer-Umkehrung
- Rückzug aus Gesellschaft und Gegenwart
- Auffassung vom Nihilismus der Werte (Benn)
- sukzessiv kritische Auseinandersetzung mit dem Holocaust, der eigenen Schuld und Verantwortung
- Fokussierung auf politische Geschehnisse
- Konzentration auf die eigene Lebenswelt und die Innerlichkeit

Literarische Tendenzen und Strömungen
- Nachkriegsliteratur (1945/50er-Jahre): Kahlschlagliteratur und Trümmerlyrik, magische Naturlyrik
- Autoren der „inneren Emigration" werden gegenüber den Exilautoren bevorzugt
- Entstehung der Gruppe 47
- 50er-Jahre: hermetische Lyrik und konkrete Poesie
- 60er-Jahre: Politisierung der Lyrik
- 70er- und 80er-Jahre: Alltagslyrik und Neue Subjektivität
- 90er-Jahre: Wendelyrik
- übergreifend: experimentelle, konkrete, poetologische, medienreflexive Lyrik

Autoren und Lebensdaten
- Gottfried Benn (1886 – 1956)
- Wolf Biermann (geb. 1936)
- Heinrich Böll (1917 – 1985)
- Paul Celan (1920 – 1970)
- Hans Magnus Enzensberger (geb. 1929)
- Robert Gernhardt (1937 -2006)
- Eugen Gomringer (geb. 1925)
- Durs Grünbein (geb. 1962)
- Ernst Jandl (1925 – 2000)
- Sarah Kirsch (geb. 1935)
- Karin Kiwus (geb. 1942)
- Günter Kunert (geb. 1929)
- Reiner Kunze (geb. 1933)
- Jürgen Theobaldy (geb. 1944)
- Wolf Wondratschek (geb. 1943)

Themen und Motive
- Auseinandersetzung mit dem Faschismus und dem Krieg, Schuldthematik
- Festlegung der neuen Aufgaben von Literatur
- Widerspiegelung der gesellschaftlichen Realität
- Aufgreifen politischer und gesellschaftlicher Themen/Politik in Ost und West
- Emanzipation und Frauenbewegung
- Schilderung von alltäglichen Begebenheiten, Privatheit von Erfahrungen
- Rückzug in die Innerlichkeit
- Reflexion von Geschichte, Entfremdungserfahrung

Zeitgeschichtliche Hintergründe
- 1945: bedingungslose Kapitulation, vollständige Besetzung durch die Alliierten
- 1948: Währungsreform, Blockade Berlins
- 1949: doppelte Staatsgründung (BRD, DDR)
- Verschärfung des Ost-West-Konfliktes
- 1955: Souveränität von BRD und DDR
- 1961: Mauerbau
- 1968: Studentenunruhen
- 1970: Atomwaffensperrvertrag
- 1989: Mauerfall
- 1999: Europäische Währungsunion
- 2002: Einführung des Euro

Lyrik seit 1945 – Von der Nachkriegszeit bis zur Gegenwart

„Wir leben nicht in einem Land, sondern in einer Sprache“ – Reflexion über Sprache

„Reflexion über Sprache“ – Wozu brauchen wir das? Warum sollten wir über etwas nachdenken, was wir täglich mit größter Selbstverständlichkeit benutzen und das uns ohnehin in die Wiege gelegt ist? Vielleicht, weil Sprache das Medium ist, durch welches wir uns selbst mitteilen und uns zu anderen Menschen, Orten und Zeiten in Beziehung setzen. Ob wir es wollen oder nicht, unsere Wörter und Sätze verraten, wer wir sind und welche Gedanken unsere Köpfe beherrschen.

Sprache ist aber nicht nur Ausdruck, sondern auch konkretes Handeln. Mit Worten können wir verletzen oder verbinden, entzweien oder vereinen, beeinflussen oder befreien. Umso gebotener scheint es, achtsam mit dem gesprochenen oder geschriebenen Wort umzugehen und aufzuhorchen, wenn es missbraucht wird.

Wer fähig ist, Sprache situativ angemessen zu verwenden, mit ihr zu spielen, sie zu erweitern, der kann in ihr zu Hause sein. Wer sich seine Skepsis vor der Macht der Sprache bewahrt und die Strategien kennt, durch die sie zur Waffe wird, der wird sich nicht durch sie manipulieren lassen. Und wer genau hinhören und lesen kann, für den wird sie zur Quelle neuer Erkenntnisse.

„Reflexion über Sprache“ ist somit immer auch Nachdenken über sich selbst, andere Menschen und die Dinge, denen wir begegnen. Dieses Kapitel eröffnet verschiedene Facetten rund um das Thema und gibt einen Überblick darüber, was die Forschung bislang über die menschliche Sprache weiß.

Definition

Ein Hund
der stirbt
und weiß
dass er stirbt
wie ein Hund

und der sagen kann
dass er weiß
dass er stirbt
wie ein Hund

ist ein Mensch.

(Erich Fried, österr. Dichter, 1921–1988)

„Wir leben nicht in einem Land, sondern in einer Sprache.“
(Emil Cioran, rumän. Philosoph, 1911–1995)

„Die Sprache ist die Quelle aller Missverständnisse.“
(Antoine de Saint-Exupéry, franz. Schriftsteller, 1900–1944)

Des Menschen erstes Wort war A
und hieß fast alles, was er sah,
z. B. Fisch, z. B. Brot,
z. B. Leben oder Tod.

Erst nach Jahrhunderten voll Schnee
erfand der Mensch zum A das B
und dann das L und dann das Q
und schließlich noch das Z dazu.

(Christian Morgenstern, dt. Dichter, 1871–1914)

„Die Grenzen meiner Sprache bedeuten die Grenzen meiner Welt."
(Ludwig Wittgenstein, österr.-brit. Philosoph, 1889–1951)

Im Anfang war das Wort, / und das Wort war bei Gott, / und das Wort war Gott. Im Anfang war es bei Gott. Alles ist durch das Wort geworden, / und ohne das Wort wurde nichts, was geworden ist.

(Joh 1, 1–3)

„Das Wort, das gesprochen wird, [...] hat das Zwischen zum Ort."
(Martin Buber, österr.-israel. Religionsphilosoph, 1878–1965)

„Die Sprache ist die Mutter, nicht die Magd des Gedankens."
(Karl Kraus, österr. Schriftsteller, 1874–1936)

1. Stellen Sie zusammen, welche Aspekte rund um das Themenfeld „Sprache" in den Bildern und Zitaten zum Ausdruck kommen.
2. Nehmen Sie sich eines der Zitate genauer vor und formulieren Sie Ihre Gedanken dazu. Tauschen Sie sich dann mit Ihrem Sitznachbarn aus.
3. Formulieren Sie Fragen zum Thema, die sich nun ergeben und mit denen Sie sich im Laufe der Unterrichtsreihe beschäftigen wollen.

1 Was ist Sprache überhaupt?

Peter Bichsel ist ein deutschsprachiger Schriftsteller aus der Schweiz. Er ist vor allem durch seine Kurzgeschichten bekannt.

Peter Bichsel (geb. 1935)
Ein Tisch ist ein Tisch

Ich will von einem alten Mann erzählen, von einem Mann, der kein Wort mehr sagt, ein müdes Gesicht hat, zu müd zum Lächeln und zu müd, um böse zu sein. Er wohnt in einer kleinen Stadt, am Ende der Straße oder nahe der Kreuzung. Es lohnt sich fast nicht, ihn zu beschreiben, kaum etwas unterscheidet ihn von anderen. Er trägt einen grauen Hut, graue Hosen, einen grauen Rock und im Winter den langen grauen Mantel, und er hat einen dünnen Hals, dessen Haut trocken und runzelig ist, die weißen Hemdkragen sind ihm viel zu weit. Im obersten Stock des Hauses hat er sein Zimmer, vielleicht war er verheiratet und hatte Kinder, vielleicht wohnte er früher in einer andern Stadt. Bestimmt war er einmal ein Kind, aber das war zu einer Zeit, wo die Kinder wie Erwachsene angezogen waren. Man sieht sie so im Fotoalbum der Großmutter. In seinem Zimmer sind zwei Stühle, ein Tisch, ein Teppich, ein Bett und ein Schrank. Auf einem kleinen Tisch steht ein Wecker, daneben liegen alte Zeitungen und das Fotoalbum, an der Wand hängen ein Spiegel und ein Bild. Der alte Mann machte morgens einen Spaziergang und nachmittags einen Spaziergang, sprach ein paar Worte mit seinem Nachbarn, und abends saß er an seinem Tisch.

Das änderte sich nie, auch sonntags war das so. Und wenn der Mann am Tisch saß, hörte er den Wecker ticken, immer den Wecker ticken.

Dann gab es einmal einen besonderen Tag, einen Tag mit Sonne, nicht zu heiß, nicht zu kalt, mit Vogelgezwitscher, mit freundlichen Leuten, mit Kindern, die spielten – und das Besondere war, dass das alles dem Mann plötzlich gefiel.

Er lächelte.

„Jetzt wird sich alles ändern“, dachte er. Er öffnete den obersten Hemdknopf, nahm den Hut in die Hand, beschleunigte seinen Gang, wippte sogar beim Gehen in den Knien und freute sich. Er kam in seine Straße, nickte den Kindern zu, ging vor sein Haus, stieg die Treppe hoch, nahm die Schlüssel aus der Tasche und schloss sein Zimmer auf.

Aber im Zimmer war alles gleich, ein Tisch, zwei Stühle, ein Bett. Und wie er sich hinsetzte, hörte er wieder das Ticken, und alle Freude war vorbei, denn nichts hatte sich geändert. Und den Mann überkam eine große Wut. Er sah im Spiegel sein Gesicht rot anlaufen, sah, wie er die Augen zukniff; dann verkrampfte er seine Hände zu Fäusten, hob sie und schlug mit ihnen auf die Tischplatte, erst nur einen Schlag, dann noch einen, und dann begann er auf den Tisch zu trommeln und schrie dazu immer wieder:

„Es muss sich etwas ändern.“ Und er hörte den Wecker nicht mehr. Dann begannen seine Hände zu schmerzen, seine Stimme versagte, dann hörte er den Wecker wieder, und nichts änderte sich. „Immer derselbe Tisch“, sagte der Mann, „dieselben Stühle, das Bett, das Bild. Und zu dem Tisch sage ich Tisch, zu dem Bild sage ich Bild, das Bett heißt Bett, und den Stuhl nennt man Stuhl. Warum denn eigentlich?“ Die Franzosen sagen zu dem Bett „li“, zu dem Tisch „tabl“, nennen das Bild „tablo“ und den Stuhl „schäs“, und sie verstehen sich. Und die Chinesen verstehen sich auch. „Warum heißt das Bett nicht Bild?“, dachte der Mann und lächelte, dann lachte er, lachte, bis die Nachbarn an die Wand klopften und „Ruhe“ riefen.

„Jetzt ändert es sich“, rief er, und er sagte von nun an zu dem Bett „Bild“.

„Ich bin müde, ich will ins Bild“, sagte er, und morgens blieb er oft lange im Bild liegen und überlegte, wie er nun zu dem Stuhl sagen wolle, und er nannte den Stuhl „Wecker“. Hie und da träumte er schon in der neuen Sprache, und dann übersetzte er die Lieder aus seiner Schulzeit in seine Sprache, und er sang sie leise vor sich hin.

Er stand also auf, zog sich an, setzte sich auf den Wecker und stützte die Arme auf den Tisch. Aber der Tisch hieß jetzt nicht mehr Tisch, er hieß jetzt Teppich. Am Morgen verließ also der Mann das Bild, zog sich an, setzte sich an den Teppich auf den Wecker und überlegte, zu wem er wie sagen könnte.

Zu dem Bett sagte er Bild. Zu dem Tisch sagte er Teppich. Zu dem Stuhl sagte er Wecker. Zu der Zeitung sagte er Bett. Zu dem Spiegel sagte er Stuhl. Zu dem

Wecker sagte er Fotoalbum. Zu dem Schrank sagte er Zeitung. Zu dem Teppich sagte er Schrank. Zu dem Bild sagte er Tisch. Und zu dem Fotoalbum sagte er Spiegel. Also: Am Morgen blieb der alte Mann lange im Bild liegen, um neun läutete das Fotoalbum, der Mann stand auf und stellte sich auf den Schrank, damit er nicht an den Füßen fror, dann nahm er seine Kleider aus der Zeitung, zog sich an, schaute in den Stuhl an der Wand, setzte sich dann auf den Wecker an den Teppich, und blätterte den Spiegel durch, bis er den Tisch seiner Mutter fand.

Der Mann fand das lustig, und er übte den ganzen Tag und prägte sich die neuen Wörter ein. Jetzt wurde alles umbenannt: Er war jetzt kein Mann mehr, sondern ein Fuß, und der Fuß war ein Morgen und der Morgen ein Mann.

Jetzt könnt ihr die Geschichte selbst weiterschreiben. Und dann könnt ihr, so wie es der Mann machte, auch die andern Wörter austauschen:

läuten heißt stellen, frieren heißt schauen, liegen heißt läuten, stehen heißt frieren, stellen heißt blättern. Sodass es dann heißt: Am Mann blieb der alte Fuß lange im Bild läuten, um neun stellte das Fotoalbum, der Fuß fror auf und blätterte sich aus dem Schrank, damit er nicht an den Morgen schaute. Der alte Mann kaufte sich blaue Schulhefte und schrieb sie mit den neuen Wörtern voll, und er hatte viel zu tun damit, und man sah ihn nur noch selten auf der Straße. Dann lernte er für alle Dinge die neuen Bezeichnungen und vergaß dabei mehr und mehr die richtigen. Er hatte jetzt eine neue Sprache, die ihm ganz allein gehörte. Aber bald fiel ihm auch das Übersetzen schwer, er hatte seine alte Sprache fast vergessen, und er musste die richtigen Wörter in seinen blauen Heften suchen. Und es machte ihm Angst, mit den Leuten zu sprechen.

Er musste lange nachdenken, wie die Leute zu den Dingen sagen.

Zu seinem Bild sagen die Leute Bett. Zu seinem Teppich sagen die Leute Tisch. Zu seinem Wecker sagen die Leute Stuhl. Zu seinem Bett sagen die Leute Zeitung. Zu seinem Stuhl sagen die Leute Spiegel. Zu seinem Fotoalbum sagen die Leute Wecker. Zu seiner Zeitung sagen die Leute Schrank. Zu seinem Schrank sagen die Leute Teppich. Zu seinem Spiegel sagen die Leute Fotoalbum. Zu seinem Tisch sagen die Leute Bild.

Und es kam so weit, dass der Mann lachen musste, wenn er die Leute reden hörte.

Er musste lachen, wenn er hörte, wie jemand sagte: „Gehen Sie morgen auch zum Fußballspiel?“ Oder wenn jemand sagte: „Jetzt regnet es schon zwei Monate lang.“ Oder wenn jemand sagte. „Ich habe einen Onkel in Amerika.“

Er musste lachen, weil er all das nicht verstand.

Aber eine lustige Geschichte ist das nicht. Sie hat traurig angefangen und hört traurig auf. Der alte Mann im grauen Mantel konnte die Leute nicht mehr verstehen, das war nicht so schlimm. Viel schlimmer war, sie konnten ihn nicht mehr verstehen. Und deshalb sagte er nichts mehr.

(1986)

1. Welche Wesensmerkmale von Sprache können Sie aus dieser Erzählung ableiten?
2. Hat der alte Mann eine neue Sprache geschaffen?
3. Könnte die Erzählung Ihrer Meinung nach auch ein anderes Ende nehmen? Begründen Sie Ihre Meinung.

René Magritte (1898 – 1967)

Der Schlüssel der Träume (1930)

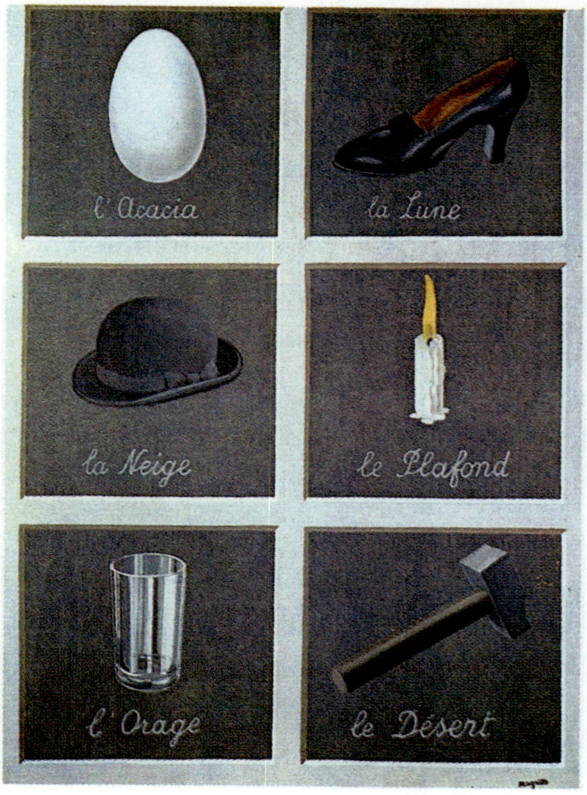

1. Beschreiben Sie Ihren Eindruck von Magrittes Bild.
2. Deuten Sie den Titel des Bildes „Der Schlüssel der Träume“.

3. Setzen Sie das Bild in Beziehung zum Themenfeld „Sprache“. Welche Merkmale von Sprache werden durch das Bild thematisiert?

4. Vergleichen Sie die Aussagen über Sprache, die im Text von Bichsel und im Bild von Magritte getroffen werden. Nennen Sie Gemeinsamkeiten und Unterschiede.

5. Sie kennen das Phänomen, dass in Träumen die Gesetze der Logik aufgehoben sind. Gilt das Ihrer Meinung nach auch für die Sprache?

Ferdinand de Saussure. Durch seine in Genf gehaltenen Vorlesungen zu Beginn des 20. Jahrhunderts wurde der aus der Schweiz stammende Sprachwissenschaftler zu einem Wegbereiter der modernen Linguistik und des Strukturalismus. Sein posthum veröffentlichtes Hauptwerk, „Grundfragen der allgemeinen Sprachwissenschaft“ (1916), basiert auf Vorlesungsmitschriften eines seiner Studenten. De Saussure entwickelt darin eine Theorie der Sprache als Zeichensystem. Für de Saussure war die Existenz von bestimmten Regeln, die das System oder die vollständige Struktur der Sprache bilden, Voraussetzung und Bedingung für die soziale Funktion der Sprache als Kommunikationsmittel.

Ferdinand de Saussure (1857 – 1913)
Die Natur des sprachlichen Zeichens

Für manche Leute ist die Sprache im Grunde eine Nomenklatur, d. h. eine Liste von Ausdrücken, die ebenso vielen Sachen entsprechen. Z. B.:

Diese Ansicht gibt in vieler Beziehung Anlass zur Kritik. Sie setzt fertige Vorstellungen voraus, die schon vor den Worten vorhanden waren […].
Das sprachliche Zeichen vereinigt in sich nicht einen Namen und eine Sache, sondern eine Vorstellung und ein Lautbild. Dieses Letztere ist nicht der tatsächliche Laut, der lediglich etwas Physikalisches ist, sondern der psychische Eindruck dieses Lautes, die Vergegenwärtigung desselben aufgrund unserer Empfindungswahrnehmungen […] Der psychische Charakter unserer Lautbilder wird ganz klar, wenn wir uns selbst beobachten. Ohne die Lippen oder die Zunge zu bewegen, können wir mit uns selbst sprechen oder uns im Geist ein Gedicht vorsagen. […] Das sprachliche Zeichen ist also etwas im Geist Vorhandenes, das zwei Seiten hat und durch folgende Figur dargestellt werden kann:

Diese beiden Bestandteile sind eng miteinander verbunden und entsprechen einander. Ob wir nun den Sinn des lat. Wortes *arbor* suchen oder das Wort, womit das Lateinische die Vorstellung „Baum“ bezeichnet, so ist klar, dass uns nur die in dieser Sprache geltenden Zuordnungen als angemessen erscheinen, und wir schließen jede beliebige andere Zuordnung aus, auf die man sonst noch verfallen könnte.

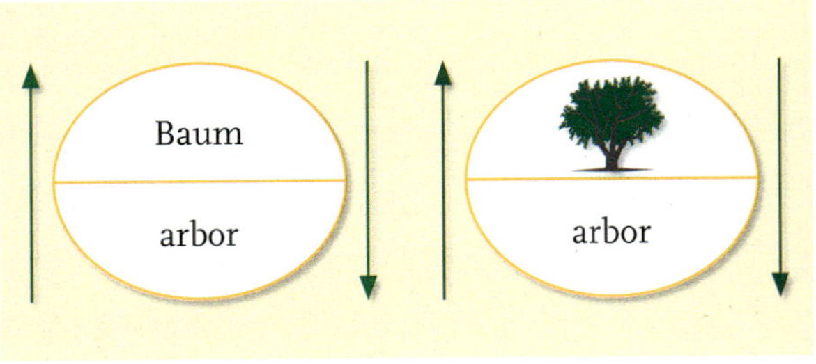

Mit dieser Definition wird eine wichtige terminologische Frage aufgeworfen. Ich nenne die Verbindung der Vorstellung mit dem Lautbild das Zeichen […].

Erster Grundsatz: Beliebigkeit des Zeichens
Das Band, welches das Bezeichnete [Vorstellung] mit der Bezeichnung [Lautbild] verknüpft, ist beliebig; und

da wir unter Zeichen das durch die assoziative Verbindung einer Bezeichnung mit einem Bezeichneten erzeugte Ganze verstehen, so können wir dafür auch einfacher sagen: Das sprachliche Zeichen ist beliebig. So ist die Vorstellung „Schwester" durch keinerlei innere Beziehung mit der Lautfolge Schwester verbunden, die ihr als Bezeichnung dient; sie könnte ebensowohl dargestellt sein durch irgendeine andere Lautfolge: das beweisen die Verschiedenheiten unter den Sprachen und schon das Vorhandensein verschiedener Sprachen: das Bezeichnete „Ochs" hat auf dieser Seite der Grenze als Bezeichnung o-k-s, auf jener Seite b-ö-f (bœuf). [...] Tatsächlich beruht jedes in einer Gesellschaft rezipierte Ausdrucksmittel im Grunde auf einer Kollektivgewohnheit oder, was auf dasselbe hinauskommt, auf der Konvention.
Das Wort „beliebig" erfordert hierbei eine Bemerkung. Es soll nicht die Vorstellung erwecken, als ob die Bezeichnung von der freien Wahl der sprechenden Person abhinge [...]; es soll besagen, dass es unmotiviert ist, d.h. beliebig im Verhältnis zum Bezeichneten, mit welchem es in Wirklichkeit keinerlei natürliche Zusammengehörigkeit hat.

(1916)

1. Erläutern Sie, was de Saussure unter einem sprachlichen Zeichen versteht. Beziehen Sie dabei die Abbildungen ein.
2. Erklären Sie, was de Saussure damit meint, wenn er sagt, das sprachliche Zeichen sei „beliebig".
3. Untersuchen Sie, ob de Saussures Grundsätze vom Charakter des Zeichens auch für nicht sprachliche Zeichen gelten, z. B. für Piktogramme, Verkehrszeichen o. Ä.
4. In seinem Werk diskutiert de Saussure an anderer Stelle mögliche Einwände, die gegen seinen Grundsatz von der Beliebigkeit des sprachlichen Zeichens (Arbitrarität) erhoben werden könnten. In diesem Zusammenhang erwähnt er die Onomatopoetika (lautmalende Wörter, z. B. „Wau-wau", „Kikeriki", oder auch lautmalende Nachschöpfungen, z. B. „knurren", „surren", „blöken") und die Ausrufe (z. B. „Ah" oder „Aua"). Diskutieren Sie die Frage, ob diese Beispiele dem Grundsatz der Beliebigkeit widersprechen.
5. Erläutern Sie das Problem des alten Mannes in der Geschichte von Peter Bichsel (S. 420 f.) mithilfe der Theorie de Saussures.

Daniel Kehlmann (geb. 1975)
Freie Übersetzung

Der folgende Textauszug stammt aus Kehlmanns Roman „Die Vermessung der Welt". Erzählt wird, wie die beiden Forscherpersönlichkeiten Alexander von Humboldt und Carl Friedrich Gauß auf unterschiedliche Weise versuchen, die Erde zu erforschen und zu vermessen. Humboldt reist dazu um die Welt und sitzt eines Abends mit Einheimischen am Amazonas:

Geschichten wisse er keine, sagte Humboldt [...]. Auch möge er das Erzählen nicht. Aber er könne das schönste deutsche Gedicht vortragen, frei ins Spanische übersetzt.
Oberhalb aller Bergspitzen sei es still, in den Bäumen kein Wind zu fühlen, auch die Vögel seien ruhig, und bald werde man tot sein.
Alle sahen ihn an.
Fertig, sagte Humboldt.
Ja wie, fragte Bonpland.
Humboldt griff nach dem Sextanten.
Entschuldigung, sagte Julio, das könne doch nicht alles gewesen sein.

(2005)

1. Können Sie die Reaktion der Hörer auf die Konfrontation mit dem „schönste[n] deutsche[n] Gedicht" (Z. 2 f.) nachvollziehen?
2. Vergleichen Sie die übertragene Fassung mit dem Original. Was geht bei der Version Humboldts verloren? Welche Schlussfolgerungen lassen sich daraus im Hinblick auf das Phänomen „Sprache" ableiten?

Johann Wolfgang von Goethe (1749–1832)
Wanderers Nachtlied

Über allen Gipfeln
Ist Ruh,
In allen Wipfeln
Spürest du
Kaum einen Hauch;
Die Vögelein schweigen im Walde.
Warte nur, balde
Ruhest du auch.

(1780)

3. In der Diskussion um Anglizismen wird immer wieder das Argument vorgebracht, einige davon seien „unübersetzbar", weil der deutsche Begriff nicht das Gemeinte trifft (z. B. Software). Finden Sie Beispiele.

4. Gibt es auch sprachliche Wendungen und Begriffe im Deutschen, die Sie für „unübersetzbar" halten? Warum ist das so? Erläutern Sie in diesem Zusammenhang auch die Abbildung.

John R. Searle (geb. 1932)

Das Chinesische Zimmer

John Rogers Searle ist ein amerikanischer Philosoph. Zu seinen Hauptarbeitsgebieten zählt die Sprachphilosophie. Searle ist einer der Begründer der Sprechakttheorie, die davon ausgeht, dass Sprache nach bestimmten strukturgebenden Regeln funktioniert und die Anwendung verschiedener Sprechakte (z. B. behaupten, bitten, befehlen, fragen, versprechen etc.) diesen Regeln folgt.

Man stelle sich vor, ein paar Computerprogrammierer hätten ein Programm geschrieben, das einen Computer in die Lage versetzt, das Verständnis des Chinesischen zu simulieren. Wenn dem Computer also beispielsweise eine Frage auf Chinesisch vorgelegt wird, wird er die Frage mit seinem Gedächtnis (seiner Datenbasis) konfrontieren und passende Antworten auf Chinesisch produzieren. Nehmen wir der Argumentation halber einmal an, dass die Antworten des Computers genauso gut sind wie die eines chinesischen Muttersprachlers. Versteht der Computer dann allein deshalb schon Chinesisch? Versteht er wirklich Chinesisch – in dem wörtlichen Sinne, in dem Chinesen Chinesisch verstehen? Nun, stellen Sie sich vor, Sie wären in ein Zimmer eingesperrt, in dem mehrere Körbe mit chinesischen Symbolen stehen. Und stellen Sie sich vor, dass Sie (wie ich) kein Wort Chinesisch verstehen, dass Ihnen allerdings ein auf Deutsch abgefasstes Regelwerk für die Handhabung dieser chinesischen Symbole gegeben worden wäre. Die Regeln geben rein formal nur mit Rückgriff auf die Syntax[1] und nicht auf die Semantik der Symbole an, was mit den Symbolen gemacht werden soll. Eine solche Regel mag lauten: „Nimm ein Kritzel-Kratzel-Zeichen aus Korb 1 und lege es neben ein Schnörkel-Schnarkel-Zeichen aus Korb 2." Nehmen wir nun an, dass irgendwelche anderen chinesischen Symbole in das Zimmer gereicht werden und dass Ihnen noch zusätzliche Regeln dafür gegeben werden, welche chinesischen Symbole jeweils aus dem Zimmer herauszureichen sind. Die hereingereichten Symbole werden von den Leuten draußen „Fragen" genannt, und die Symbole, die Sie dann aus dem Zimmer herausreichen, „Antworten" – aber dies geschieht ohne Ihr Wissen. Nehmen wir außerdem an, dass die Programme so trefflich und Ihre Ausführungen so brav sind, dass Ihre Antworten sich schon bald nicht mehr von denen eines chinesischen Muttersprachlers unterscheiden lassen.

Da sind Sie nun also in Ihrem Zimmer eingesperrt und stellen Ihre chinesischen Symbole zusammen; Ihnen werden chinesische Symbole hereingereicht und daraufhin reichen Sie chinesische Symbole heraus. In so einer Lage, wie ich sie gerade beschrieben habe, könnten Sie einfach dadurch, was Sie mit den formalen Symbolen anstellen, kein bisschen Chinesisch lernen. Der Witz der Geschichte ist nun schlicht folgender: Weil Sie ein formales Computerprogramm ausführen, verhalten Sie sich aus der Sicht eines Außenstehenden genau so, als verstünden Sie Chinesisch – und dennoch verstehen Sie nicht ein Wort Chinesisch. [...]

Eine Sprache verstehen oder überhaupt sich in gewissen Geisteszuständen befinden, dazu gehört mehr, als

[1] **Syntax:** Im weiteren Sinne ist darunter zu verstehen, dass das sprachliche Zeichen als Teil eines gesamten Systems zu verstehen ist. Im engeren Sinne meint „Syntax" die Lehre vom Satz und beinhaltet die grammatischen Regeln für die Konstruktion von Sätzen.

dass man bloß ein paar formale Symbole hat. Dazu gehört, dass diese Symbole eine Interpretation (oder eine Bedeutung) haben. Und ein digitaler Computer kann laut Definition einfach nur formale Symbole haben, denn die Funktionsweise des Computers ist, wie bereits gesagt, dadurch definiert, dass er gewisse Programme ausführen kann. Und diese Programme lassen sich rein formal angeben – d. h., sie haben keinen semantischen[1] Gehalt.

(1980)

1. Erarbeiten Sie die Grundthese des Textes. Wie ist das Gedankenexperiment des „chinesischen Zimmers" aufgebaut? Was will Searle damit beweisen?
2. Machen Sie einen Test: Geben Sie ein Sprichwort in eine Übersetzungsmaschine im Internet ein und lassen Sie es in eine andere Sprache übertragen. Bewerten Sie die Ergebnisse.
3. „Ein Computer hat eine Syntax, aber keine Semantik." (Searle) – Diskutieren Sie dieses Zitat auf der Grundlage Ihrer Erfahrungen mit der Übersetzungsmaschine. Vor welchen Schwierigkeiten stehen die Programmierer eines Übersetzungs-Computerprogramms? Was sagt das über unsere Sprache aus?
4. Um der Frage nachzugehen, ob Maschinen eine Intelligenz zuzumessen sei, entwickelte der britische Mathematiker Alan M. Turing einen Test. Ein menschlicher Fragesteller führt mittels Tastatur und ohne etwas von ihnen sehen oder hören zu können ein Gespräch mit zwei „Partnern". Bei dem einen handelt es sich um einen Menschen, bei dem anderen um einen Computer. Wenn es dem Fragesteller nicht gelänge, den Menschen zu identifizieren, dann müsse dem Computer eine eigene Intelligenz zugeschrieben werden. Halten Sie es für möglich, dass die Technik irgendwann so weit fortschreitet, dass eine Unterscheidung unmöglich wird? Beurteilen Sie, was es für das Phänomen „Sprache" heißt, wenn sie als Kriterium für das Vorhandensein von künstlicher Intelligenz herangezogen wird.
5. Erörtern Sie, was es im Sinne Searles bedeutet, eine Sprache zu verstehen. Beziehen Sie das Gedicht von Hans Manz mit ein.

Hans Manz (geb. 1931)

Wörter und Bilder

Das Wort Stein
dem und jenem,
jener und dieser in den Mund
gelegt:
Einem Maurer
einer Gärtnerin
einem Friedhofsbesucher
einer Ärztin
einem Zahnarzt
einer Kirschenesserin
einem Mühlespieler
einer Juwelenhändlerin
einem Hartherzigen
einer Bildhauerin
und zugesehen,
wie sich die Bilder
zum immer gleichen Wort
verändern.

(2000)

1. Schreiben Sie ein Parallelgedicht. Benutzen Sie dabei z. B. folgende Begriffe: Feder, Kugel, Maschine.
2. **Was Sie noch machen können:**
   a) Blicken Sie zurück auf das erste Unterkapitel „Was ist Sprache überhaupt?". Verfassen Sie dann einen informierenden Text (s. S. 573 f.) für eine Schülerzeitung, in welchem Sie die wichtigsten Ergebnisse strukturiert zusammenfassen.
   b) Auf die Frage, was verloren ginge, wenn es das Deutsche nicht mehr gäbe, antwortete der Satiriker Eckhard Henscheid:

   „Neben dem geradezu italienisch Klangvollen vieler Konjunktive – wie betörte, beschliefe, ersänne – ginge verloren vor allem das wiesengrundmäßig mühlenradkühl Gründelnde, kurz: der eichendorffsche Herzensgrund."

   Diskutieren Sie, was Henscheid damit meint und in welcher Weise er antwortet. Nehmen Sie anschließend Stellung und formulieren Sie selbst eine eigene Antwort auf die Frage. Binden Sie darin das ein, was Sie an der deutschen Sprache schätzen.

[1] **semantisch:** Die Semantik ist die Lehre von der Bedeutung der sprachlichen Zeichen.

2 Sprache – Denken – Wirklichkeit

Joseph Kosuth

One and three chairs (1965)

1. Betrachten Sie die abgebildete Installation von Joseph Kosuth und formulieren Sie Ihre Gedanken dazu.
2. Erläutern Sie den Titel der Installation.
3. In welchen unterschiedlichen Formen erscheint in diesem Bild der Stuhl? Diskutieren Sie darüber, warum es diese drei Formen überhaupt gibt und wie sie sich voneinander unterscheiden.
4. In welchem Verhältnis stehen diese drei Formen zur Wirklichkeit? Sprechen Sie auch über mögliche Probleme, die daraus resultieren.
5. Schreiben Sie eine eigene Definition des Begriffes „Baum“. Tragen Sie die Ergebnisse vor und skizzieren Sie die Vorstellung, die sich dabei gebildet hat. Vergleichen Sie Ihre Ergebnisse und überprüfen Sie, ob es Unterschiede gibt. Diskutieren Sie, inwieweit Ihre Vorstellungen von der Wirklichkeit durch die Sprache gesteuert werden.

Michael Ende. Die Werke des international renommierten deutschen Schriftstellers wurden in über 40 Sprachen übersetzt. Besondere Bekanntheit erlangten sein Kinderbuch „Jim Knopf und Lukas der Lokomotivführer" sowie seine Romane „Momo" und „Die unendliche Geschichte". In seinen Romanen erschuf Ende Welten voller Magie und Zauber, die er als Gegenmodell zu einer allein auf Rationalität gegründeten Weltdeutung begriff. In Michael Endes „Zettelkasten – Skizzen & Notizen" versammelt der Autor Aphorismen, Geschichten, Gedichte u. a.

1. Wählen Sie aus dem „Zettelkasten" zwei oder drei Fragen aus, die Sie ansprechen, und halten Sie Ihre Antwort in einigen Stichworten fest.
2. Tauschen Sie Ihre Überlegungen mit Ihren Mitschülern aus.
3. Diskutieren Sie den Zusammenhang zwischen Sprache, Denken und Wirklichkeit. Erstellen Sie anschließend entweder ein Schaubild, in dem das Verhältnis dieser drei Begriffe zueinander deutlich wird (durch Anordnung, Symbole, Pfeile etc.), oder formulieren Sie zwei bis drei Sätze, die das Verhältnis beschreiben.

Michael Ende (1929 – 1995)

Zettelkasten

Gibt es eine Stadt namens Moskau, so wie Tolstoi sie beschreibt, eine Stadt namens Berlin, von der Fontane erzählt, eine Stadt namens Paris, wie Maupassant sie schildert, wirklich, oder hat es sie jemals gegeben?

Ist der Mond, den Goethe duzte („Füllest wieder Busch und Tal ..."), und der Klumpen aus Schlacke und Staub, auf dem die beiden Astronauten herumtaumelten, ein und derselbe Himmelskörper?

Kann die Schilderung von Kriegsgräueln einen Menschen belehren oder gar verändern, der diese Kriegsgräuel unbelehrt und unverändert erlebt hat?

Können Sie etwas denken, wofür es kein Wort gibt?

Was meinen Sie damit, wenn Sie sagen, dass Sie ein Gedicht „verstanden" haben?

Wenn mehrere Menschen das gleiche Buch lesen, lesen sie dann wirklich dasselbe?

Wenn ich das Wort „Baum" in Morseschrift, in gotischen Lettern, in Blindenschrift und im chinesischen Ideogramm vor mir sehe, aber dieser Schriften unkundig bin, muss ich da nicht annehmen, es handele sich um ganz verschiedene Dinge?

(1994)

David Crystal. Der britische Linguist und Autor arbeitet u. a. als Ehrenprofessor an der University of Wales, Bangor. Bekannt geworden ist Crystal auch als Herausgeber wichtiger Nachschlagewerke wie der „Cambridge Encyclopedia of Language" (1987) und der „Cambridge Encyclopedia of the English Language" (1995).

David Crystal (geb. 1941)

Zur Verhältnisbestimmung von Sprache und Denken

Es scheint offenkundig, dass zwischen Sprache und Denken die engste Beziehung bestehen muss: Wie unsere alltäglichen Erfahrungen nahelegen, wird ein Großteil unseres Denkens durch die Sprache erleichtert. Aber sind beide identisch? Ist es möglich, ohne Sprache zu denken? Oder schreibt uns die Sprache die Bahnen vor, in denen wir denken können? Solche zunächst unkompliziert anmutenden Fragen haben Generationen von Philosophen, Psychologen und Linguisten beschäftigt. Sie stellen fest, dass sich dahinter Probleme von äußerster Vielschichtigkeit verbergen. Einfache Antworten darauf gibt es mit Sicherheit nicht, doch können wir zumindest die wesentlichen Faktoren bestimmen, auf die sich die Komplikationen zurückführen lassen. [...]

Wie eng aber ist nun die Verbindung zwischen Sprache und Denken? Diese Frage betrachtet man meist anhand von zwei Extremen. Auf der einen Seite steht die Hypothese, dass Sprache und Denken zwei vollkommen getrennte Dinge darstellen [...]. Die andere Extremposition behauptet die Identität von Sprache und Denken – rationales Denken ohne Sprache wäre demnach unmöglich. Die Wahrheit liegt wahrscheinlich irgendwo zwischen diesen beiden Polen.

Die erste Position lässt zwei Möglichkeiten zu: Entweder ist die Sprache vom Denken abhängig oder das Denken von der Sprache. Der herkömmlichen und landläufigen Auffassung zufolge gilt Ersteres, d.h., erst kommen die Gedanken, dann werden sie in Worte gefasst. Diese Sichtweise zeigt sich in metaphorischen Ausdrücken, wonach z.B. Gedanken „in Worte gekleidet“ werden oder die Sprache das „Werkzeug des Denkens“ sei. In Bezug auf den Spracherwerb wird diese Ansicht häufig vertreten. Demnach entwickeln Kinder vor dem Spracherwerb eine Reihe kognitiver Fähigkeiten.

Die andere Möglichkeit, wonach die Art der Sprachverwendung die Bahnen diktiert, in denen der Mensch zu denken in der Lage ist, wird ebenfalls weithin verfochten. Shelley brachte sie auf die eindrucksvolle Formel: „Er gab dem Menschen Sprache, die schuf den Gedanken, der das Universum misst“ (*Der entfesselte Prometheus*; deutsch von Rainer Kirsch). Auch diese Ansicht wird im Bereich der Spracherwerbsforschung vertreten, und zwar mit dem Argument, dass die frühesten Konfrontationen mit Sprache den wesentlichen Einfluss auf die Art und Weise ausüben, wie Begriffe erlernt werden. Ihren einflussreichsten Ausdruck findet diese Position jedoch in der Sapir-Whorf-Hypothese (s.r.).

Noch eine dritte These findet heute viele Anhänger. Sie besagt, dass Sprache und Denken voneinander abhängig seien – was nicht heißen soll, dass sie identisch wären. Die Identitätstheorie, wonach z.B. das Denken nichts anderes sei als innere Vokalisierung, wird heute nicht mehr vertreten. Es gibt zu viele Ausnahmen, als dass sich solch eine starre Position halten ließe: Denken wir nur an die zahlreichen Intelligenzleistungen, zu denen wir ohne Sprache in der Lage sind, von der Erinnerung an eine Bewegungsabfolge bei Spiel und Sport bis zur Vergegenwärtigung unseres täglichen Arbeitswegs vor dem geistigen Auge. Dass Bilder und Modelle hilfreich für die Problemlösung sind und gelegentlich bessere Wirkung zeigen als rein verbale Problemdarstellungen, wird heute kaum bestritten.

Andererseits sind Beispiele dafür erheblich seltener als die Fälle, wo Sprache offenbar das wichtigste Mittel für die Realisierung erfolgreicher Denkabläufe darstellt. Sieht man Sprache und Denken als voneinander abhängig an, dann erkennt man damit die Sprache als regulären Teil des Denkprozesses und gleichzeitig das Denken als notwendige Voraussetzung für das Sprachverständnis an. Es geht dabei nicht darum, ob das eine Vorrang vor dem anderen hat: Beide sind wesentlich, wenn wir Verhalten erklären wollen. Auch hier hat man Metaphern gesucht, um diese Vorstellung zu verdeutlichen. So wurde die Sprache mit der Wölbung eines Tunnels verglichen, das Denken mit dem Tunnel selbst. Doch die komplexe Struktur und Funktion von Sprache spotten solch simpler Analogien.

(1995)

1. Arbeiten Sie die verschiedenen Positionen zur Verhältnisbestimmung von Sprache und Denken heraus und bringen Sie sie in eine übersichtliche grafische Anordnung.
2. Bestimmen Sie Ihre eigene Position in der aufgestellten Bandbreite. Begründen Sie, welcher Theorie Sie zustimmen, und stützen Sie Ihre Entscheidung mit Beispielen.

Benjamin L. Whorf (1897–1941)

Das „linguistische Relativitätsprinzip“

Die amerikanischen Anthropologen und Sprachforscher Benjamin Lee Whorf (1897–1941) und Edward Sapir (1884–1939) stellten die sogenannte Sapir-Whorf-Hypothese auf, die erst nach Whorfs Tod in den 1950er-Jahren bekannt wurde. In ihrem Zentrum steht das sogenannte linguistische Relativitätsprinzip.
Später beschäftigte Whorf sich intensiv mit der Sprache der Hopi und erforschte den Zusammenhang von Sprache und Weltsicht.

Nehmen wir zum Beispiel einmal an, es gebe eine menschliche Art, die aufgrund eines physiologischen Defekts nur die blaue Farbe sehen kann. Die Menschen dieser Art würden wohl kaum in der Lage sein, die Regel zu erkennen und zu formulieren, dass sie nur Blau sehen. Der Terminus „Blau“ hätte für sie keinen Sinn. Ihre Sprache würde gar keine Termini für Farben enthalten. Und die Wörter, mit denen sie ihre verschiedenen Blauempfindungen bezeichnen würden, entsprächen unseren Wörtern „hell, dunkel, weiß, schwarz“ etc., nicht aber unserem Wort „Blau“. Um die Regel oder Norm, „Wir sehen nur Blau“, erfassen zu können, müssten sie gelegentlich und ausnahmsweise auch Momente haben, in denen sie andere Farben sehen. Das Gesetz der Schwerkraft beherrscht unser Leben als eine Regel ohne Ausnahme, und es bedarf eigentlich keiner besonderen Feststellung, dass ein physikalisch völlig unvorgebildeter Mensch von dieser Tatsache keinerlei Bewusstsein hat. Der Gedanke eines Universums, in dem sich Körper anders verhalten als auf der Oberfläche der Erde, käme ihm gar nicht. Wie die blaue Farbe für jene angenommenen Menschen, so ist das Gravitationsgesetz für den unvorgebildeten Menschen Teil seines Hintergrundes und nicht etwas, das er von diesem isolierend abhebt. Das Gesetz konnte daher erst formuliert werden, als man die fallenden Körper unter dem Aspekt einer weiteren astronomischen Welt sah, in der sie sich auf orbitalen Bahnen oder da und dorthin bewegen.

Als die Linguisten so weit waren, eine größere Anzahl von Sprachen mit sehr verschiedenen Strukturen kritisch und wissenschaftlich untersuchen zu können, erweiterten sich Vergleichsmöglichkeiten. Phänomene, die bis dahin als universal galten, zeigten Unterbrechungen, und ein ganz neuer Bereich von Bedeutungszusammenhängen wurde bekannt. Man fand, dass das linguistische System (mit anderen Worten, die Grammatik) jeder Sprache nicht nur ein reproduktives Instrument zum Ausdruck von Gedanken ist, sondern vielmehr selbst die Gedanken formt, Schema und Anleitung für die geistige Aktivität des Individuums ist, für die Analyse seiner Eindrücke und für die Synthese dessen, was ihm an Vorstellungen zur Verfügung steht. Die Formulierung von Gedanken ist kein unabhängiger Vorgang, der im alten Sinne dieses Wortes rational ist, sondern er ist beeinflusst von der jeweiligen Grammatik. Er ist daher für verschiedene Grammatiken mehr oder weniger verschieden. Wir gliedern die Natur an Linien auf, die uns durch unsere Muttersprache vorgegeben sind. Die Kategorien und Typen, die wir aus der phänomenalen Welt herausheben, finden wir nicht einfach in ihr – etwa weil sie jedem Beobachter in die Augen springen; ganz im Gegenteil präsentiert sich die Welt in einem kaleidoskopartigen Strom von Eindrücken, der durch unseren Geist organisiert werden muss, das aber heißt weitgehend: von dem linguistischen System in unserem Geist. Wie wir die Natur aufgliedern, sie in Begriffen organisieren und ihnen Bedeutungen zuschreiben, das ist weitgehend davon bestimmt, dass wir an einem Abkommen beteiligt sind, sie in dieser Weise zu organisieren – einem Abkommen, das für unsere ganze Sprachgemeinschaft gilt und in den Strukturen unserer Sprache kodifiziert ist. Dieses Übereinkommen ist natürlich nur ein implizites und unausgesprochenes, aber sein Inhalt ist absolut obligatorisch; wir können überhaupt nicht sprechen, ohne uns der Ordnung und Klassifikation des Gegebenen zu unterwerfen, die dieses Übereinkommen vorschreibt.

Diese Tatsache ist für die moderne Naturwissenschaft von großer Bedeutung. Sie besagt, dass kein Individuum Freiheit hat, die Natur mit völliger Unparteilichkeit zu beschreiben, sondern eben, während es sich am freiesten glaubt, auf bestimmte Interpretationsweisen beschränkt ist. Die relativ größte Freiheit hätte in dieser Beziehung ein Linguist, der mit sehr vielen äußerst verschiedenen Sprachsystemen vertraut ist. Bis heute findet sich noch kein Linguist in einer solchen Position. Wir gelangen daher zu einem neuen Relativitätsprinzip, das besagt, dass nicht alle Beobachter durch die gleichen physikalischen Sachverhalte zu einem gleichen Weltbild geführt werden, es sei denn, ihre linguistischen Hintergründe sind ähnlich oder können in irgendeiner Weise auf einen gemeinsamen Nenner gebracht werden. [...]

Dieser ziemlich überraschende Schluss wird nicht so deutlich, wenn wir nur unsere modernen europäischen Sprachen miteinander vergleichen und vielleicht zur Sicherheit noch Latein und Griechisch dazunehmen. Unter diesen Sprachen herrscht eine Einstimmigkeit der Grundstrukturen, die auf den ersten Blick der natürlichen Logik recht zu geben scheint. [...] Deutlicher wird die Divergenz in der Analyse der Welt, wenn wir das Semitische, Chinesische, Tibetanische oder afrikanische Sprachen unseren eigenen gegenüberstellen. Bringen wir gar die Eingeborenensprachen Amerikas hinzu, wo sich einige Tausend Jahre lang Sprachgemeinschaften unabhängig voneinander und von der alten Welt entwickelt haben, dann wird die Tatsache, dass Sprachen die Natur in vielen verschiedenen Weisen aufgliedern, unabweisbar. Die Relativität aller begrifflichen Systeme, das unsere eingeschlossen, und ihre Abhängigkeit von der Sprache werden offenbar. [...]

(1963)

1. Gliedern Sie den Text in Sinnabschnitte und stellen Sie die Hauptthesen heraus.

2. Erläutern Sie die Betitelung der vorliegenden Theorie als „linguistisches Relativitätsprinzip“.
3. Schließen Sie sich mit einem Mitschüler zusammen und erklären Sie sich gegenseitig Whorfs Ansatz mit eigenen Worten.
4. Nach einer wissenschaftlichen These gibt es in Inuitsprachen weitaus mehr Bezeichnungen für das Phänomen „Schnee“. Stellen Sie einen Zusammenhang her zu der Theorie Whorfs. Gibt es in unserer Sprache für bestimmte Phänomene besonders viele oder besonders wenige Bezeichnungen? Versuchen Sie eine Erklärung.
5. Benjamin Lee Whorf arbeitete zeitweise bei einer Versicherungsgesellschaft und wurde eines Tages mit dem Schadensfall einer Explosion konfrontiert: Ein Kessel, der einmal flüssigen Brennstoff enthalten hatte, war mit der Aufschrift „leer“ gekennzeichnet. Es kam zu einer Explosion, weil die Arbeiter nicht die Möglichkeit bedacht hatten, dass ein leerer Behälter durch explosive Gase immer noch gefährlich sein könnte, da sie das Wort „leer“ mit der Bedeutung „null, nichts enthaltend“ in Verbindung gebracht hatten.
Erläutern Sie, inwiefern diese Erfahrungen Auslöser für Whorfs sprachwissenschaftliche Untersuchungen gewesen sein könnten, und erklären Sie den Zusammenhang mit dem „linguistischen Relativitätsprinzip“.

Dieter Eduard Zimmer. Zimmer, geboren 1934 in Berlin, gilt als einer der renommiertesten Wissenschaftsjournalisten Deutschlands. Er arbeitete vier Jahrzehnte als Redakteur bei der Wochenzeitung „Die Zeit“. Zimmer veröffentlichte zahlreiche Artikel und Sachbücher, u. a. zu Themen aus der Biologie, Psychologie und Literatur- und Sprachwissenschaft.

Dieter E. Zimmer (geb. 1934)
Wiedersehen mit Whorf

Wie ist es der Whorf-Hypothese ergangen? Nicht gut. Die Sprachen unterscheiden sich nicht willkürlich. Bei etwa gleicher Distanz zu den Dingen wird die gegenständliche Welt von allen auch etwa gleich aufgeteilt. Ähnliche kognitive Prozesse führen dazu, dass unter ähnlichen Umständen auch ähnliche Konzepte gebildet werden. Wo diese benannt werden und damit zu Begriffen gerinnen, entsteht kein Babel[1]. Auf der Ebene der konkreten Benennungen sind die Sprachen recht gut ineinander übersetzbar. Nimmt man hinzu, dass entweder universale kognitive Prozesse oder ein für alle gleiches genetisches Programm auch Grammatiken erzeugen, die sich auf einer tieferen Ebene gleichen, so scheint ausreichend dafür gesorgt, dass sich Menschen verschiedener Sprachen nicht allzu sehr missverstehen müssen, dass nicht jeder hoffnungslos in seine Sprache eingeschlossen ist und sich keinem Sprecher einer anderen Sprache je mitteilen kann. Wir alle ordnen die Welt nach den gleichen, sozusagen natürlichen Prinzipien, unsere Sprachen spiegeln diese Ordnung und unterscheiden sich in dieser Hinsicht auch nicht erheblich. Dass Kulturen einzelne Lebensbereiche mehr oder weniger fein differenzieren, je nachdem, wie wichtig sie für sie sind, bedeutet nicht, dass ihre Angehörigen verschieden wahrnähmen und verschieden dächten. Einem alten Wissenschaftsgerücht zufolge soll der Eskimo Wörter über Wörter für die verschiedenen Schneearten haben, der Europäer aber nur eins, eben Schnee. Das Gerücht irrt. Die Eskimosprache bescheidet sich mit zwei Wortstämmen, einem für den fallenden und einem für den liegenden Schnee. Und sobald der Europäer sich für Schnee zu interessieren beginnt, stehen ihm durchaus weitere differenzierende Wörter zur Verfügung: Flocken, Firn, Harsch, Pulver, Sulz … Whorfs Vermutung, der Eskimo finde den Generalbegriff Schnee „fast undenkbar“, war nicht nur vage, sondern falsch. Nicht die Sprache nämlich bestimmt, welche Ober- und Unterkategorien ein Einzelner oder ein Volk bilden kann, sondern etwas anderes: der Bedarf.

[1] **Babel/Babylon:** antike Stadt, in der dem Mythos nach einst die Menschen, durch die Sprache vereint, einen Turm bis in den Himmel bauen wollten. Als Strafe hat Gott ihnen verschiedene Sprachen gegeben, sodass sie sich nicht mehr verstehen und ihr Vorhaben nicht mehr in die Tat umsetzen konnten.

Dass jedoch alle Sprachen die konkrete Welt ähnlich klassifizieren, nach ähnlichen Prinzipien, jedoch ausschnittweise hier mehr, dort weniger differenziert, bedeutet nicht, dass auch bei abstrakteren Begriffen eine solche Übereinstimmung bestehen muss. Konkrete Begriffe strukturieren unsere Wahrnehmungen, abstrakte Begriffe sind die Bausteine unserer Interpretationen. Welche gebildet werden, wie sie voneinander abgesetzt werden, worauf sie sich erstrecken, mit welchen Nebenbedeutungen sie geladen werden, welche Gefühlsvaleurs ihnen zuteilwerden – darüber befinden nicht so sehr die Verbindlichkeiten unserer kognitiven Mechanismen, sondern mehr die gewundenen Entwicklungen und Zufälle der Kulturgeschichte, die hinter einer gewachsenen Sprache steht. Kein Übersetzer muss befürchten, in irgendeiner Sprache keinen Begriff für „Wasser" oder „Auge" oder „Baum" anzutreffen. Bei „Sicherheit", „Empörung", „Urteil" kann er diese Gewissheit nicht haben. Bei „Instanz", „Parameter" oder „Aufklärung" kann er, wenn er in die Sprache einer fernen Kultur übersetzt, von vornherein sicher sein, dass er sehr wahrscheinlich kein Äquivalent vorfinden wird und sich mit notdürftigen Umschreibungen behelfen muss. [...]

Whorfs Hypothese ist also nicht rundheraus falsch. Aber erst recht ist sie nicht rundheraus richtig. Je stärker sie formuliert wird, desto falscher scheint sie zu werden. Ganz sicher hilft die Sprache dem Denken ganz ungemein. Indem ein Konzept mit einem Wort belegt wird, wird es zu einer Art Gegenstand: Es existiert, auch wenn es gerade nicht gedacht wird, es erhält Dauer, man kann damit sehr leicht hantieren, ganze Gefüge von Konzepten zu neuen Aussagen zusammenstellen, man kann mit einem Wort ein Konzept in seinem Geist hervorrufen, man kann seine eigenen Konzepte mit anderen Menschen austauschen. Im Experiment wurde gezeigt, dass umfangreiche logische Probleme besser gelöst werden, wenn man während der Arbeit an ihnen alle seine Denkschritte verbalisiert. Die Erfindung der Sprache hat die denkerischen Möglichkeiten des Menschen gewiss potenziert. Und nur sprachlich gefasste Gedanken sind mitteilbar; alle anderen gehen mit dem, der sie denkt, zugrunde. Die Sprache hält ihre Sprecher nicht gefangen; denken lässt sich auch, wofür die Sprache keine bequemen oder gar keine Mittel zur Verfügung stellt. Aber wofür fertige Ausdrucksmittel bereitstehen, lässt sich leichter denken; und wofür es sehr geläufige Ausdrucksmittel gibt, am allerleichtesten.

Wenn verschiedene Sprachen nicht zu einem völlig verschiedenen Denken führen, so vor allem darum, weil sie alle auf einem ähnlichen Fundament ruhen. Die Grundbegriffe für die konkrete Welt und wahrscheinlich auch die Grundregeln ihrer grammatischen Verknüpfung sind für alle sehr ähnlich. Hier, bei den fundamentalen Kategorisierungen, werden alle Sprachen von ähnlichen kognitiven Mechanismen geformt. So treiben die Sprachen nie allzu weit auseinander: Verständigung bleibt möglich. Bei den abstrakten Begriffen aber kann sie schon sehr schwierig sein. Und die Bedeutungsnuancen, die den Begriffen durch die Kulturgeschichte ihrer Benutzer zugewachsen sind, sind oft schlechthin unübersetzbar. In einem sehr eingeschränkten Sinn hatte Whorf also recht.

Alles dies sind keine klaren, handlichen, endgültigen Wahrheiten. Eher sind es die Reflexe erster tastender Versuche, nicht durch reine Introspektion und Spekulation, sondern erstmals mit den Methoden kontrollierter Empirie in den unwegsamen Dschungel unseres Geistes vorzudringen, dorthin, wo sich Worte und Gedanken der Benennbarkeit und dem Bewusstsein entziehen. Erst seit wenigen Jahrzehnten sind die kognitiven Wissenschaften dabei, etwas Licht in diese überaus undurchschaubaren Verhältnisse zu bringen. Wenn auch das meiste unaufgeklärt bleibt, so haben sie gar nicht so wenig geschafft. Noch vor dreißig Jahren wäre eine plakative Parole wie „Sprache bestimmt das Denken" schlechthin unüberprüfbar gewesen. Ronald Langacker schrieb einmal: „Die Beziehung zwischen Sprache und Denken zu analysieren ist ein wenig, als versuchte man eine Wolke zu umarmen." Er selber hoffte, davon mit mehr als einer Handvoll Nebeldunst zurückgekommen zu sein. *(2008)*

1. Verfassen Sie eine textgebundene Erörterung zum Text „Wiedersehen mit Whorf" von Dieter E. Zimmer, indem Sie
   - Zimmers Standpunkt erarbeiten und genau herausstellen, wie er zu Whorfs Theorie des „linguistischen Relativitätsprinzips" steht,
   - die Argumentationsstruktur des Textes untersuchen, zentrale Thesen und Argumente benennen und die von Zimmer verwendeten rhetorischen Mittel zur Meinungsbildung analysieren,
   - das im Text behandelte Problem kritisch unter Rückgriff auf Whorfs Position diskutieren und eine eigene Stellungnahme, möglichst mit selbst gewählten Beispielen als Belege, formulieren.

   ➔ Die textgebundene Erörterung/Die Erörterung im Anschluss an die Bearbeitung eines Sachtextes, s. S. 574 ff.

Adam Schaff. Schaff war ein polnischer Philosoph und Sprachwissenschaftler. Politisch engagierte er sich als überzeugter Marxist in der polnischen kommunistischen Partei. Seine wissenschaftliche Tätigkeit übte er in den Universitäten in Warschau und Wien aus.

Adam Schaff (1913 – 2006)
Sprache und Erkenntnis

Eines ist gewiss: Das fertige Sprachsystem bestimmt in irgendeinem Sinn unsere Weltansicht. Wenn wir nicht eine einzige Bezeichnung für Schnee haben, sondern – angenommen – dreißig, beruht der Unterschied nicht nur auf dem Reichtum des Wortschatzes, sondern auch darauf, dass wir beginnen, den Schnee eben durch diese Namen, die irgendwelche besonderen Sorten Schnee bezeichnen, in sehr differenzierter Weise wahrzunehmen. Aber noch etwas anderes ist gewiss: Nicht wir schaffen willkürlich die Unterschiede und Sorten von Schnee, sondern sie sind objektiv in der Natur vorhanden; der Unterschied liegt darin, dass wir vorher darüber hinwegsahen, indem wir uns auf die Eigenschaften konzentrierten, die allen Schneearten gemeinsam sind: auf seine Konsistenz, Farbe oder Temperatur. Dass eine gewisse menschliche Gemeinschaft die Unterschiede in ihrem Wortschatz berücksichtigte, ist keineswegs ein Werk der Konvention. Dies war ein Gebot der Lebenspraxis: Für die Mitglieder dieser Gemeinschaft war die Unterscheidung der Sorten und Zustände des Schnees eine Frage von Leben und Tod. Auf dem Boden dieser Praxis entwickelte sich die betreffende Sprache historisch; in ihrer Entstehungsgeschichte gibt es also nichts Geheimnisvolles oder Spekulatives. Etwas anderes ist es, dass die in der Sprache festgehaltene gesellschaftliche Erfahrung später unweigerlich die Geister der betreffenden menschlichen Gemeinschaft beherrscht. Die Eskimos sehen dreißig Sorten Schnee und nicht Schnee „überhaupt“; nicht weil sie es wollen, nicht weil sie das miteinander verabredet haben, sondern weil sie die Wirklichkeit nicht mehr anders wahrnehmen können.

Ungeheuer ist die Macht, mit der die Phylogenese[1] auf die Ontogenese[2] wirkt, die Macht der Erfahrung längst dahingeschwundener Generationen über unsere individuelle Erfahrung. Was die Sprache, die zugleich Denken ist, in der Wirklichkeit unterscheidet, existiert objektiv, aber das Weltbild kann dieses Etwas in dieser oder jener Weise oder überhaupt nicht berücksichtigen. Und in diesem gemäßigten Sinne „schafft“ die Sprache tatsächlich das Bild der Wirklichkeit.

(1974)

1. Fassen Sie den Zusammenhang zwischen Sprache, Denken/Erkenntnis und Wirklichkeit, wie er im Text dargestellt wird, mit eigenen Worten zusammen.
2. Erklären Sie folgende These: „Ungeheuer ist die Macht, mit der die Phylogenese auf die Ontogenese wirkt […].“ (Z. 33 ff.) Was bedeutet dies für das Sprachsystem, wie wir es vorfinden?
3. Vergleichen Sie die Vorstellung von Sprache, wie sie bei Schaff zum Ausdruck kommt, mit der Vorstellung von Sprache als Zeichensystem, wie Sie sie bei de Saussure kennengelernt haben, sowie mit Whorfs „linguistischem Relativitätsprinzip“. Wo sehen Sie Gemeinsamkeiten, wo Unterschiede?

Fritz Mauthner (1849 – 1923)
Beiträge zu einer Kritik der Sprache

In seinem dreibändigen sprachphilosophischen Hauptwerk „Beiträge zu einer Kritik der Sprache“ stellt der Philosoph und Schriftsteller Fritz Mauthner die Leistungen der Sprache als Erkenntnismittel grundsätzlich infrage. Mauthner galt in akademischen Kreisen als „enfant terrible“, seine sprachkritischen Positionen stießen vielfach auf Ablehnung.

Die Sprache hat die Menschheit emporgeführt bis zu der Galgenhöhe von Babylon, Paris, London und Berlin, die Sprache ist die Teufelin, die der Menschheit das Herz genommen hat und Früchte vom Baum der Erkenntnis dafür versprochen. Das Herz hat die Sprache gefressen wie eine Krebskrankheit, aber statt der Erkenntnis hat sie dem Menschen nichts geschenkt als Worte zu den Dingen, Etiketten zu leeren Flaschen,

[1] **Phylogenese:** die stammesgeschichtliche Entwicklung eines Lebewesens – [2] **Ontogenese:** die individuelle Entwicklung eines einzelnen Lebewesens vom Mutterleib an bis zum Tod

schallende Backpfeifen als Antwort auf die ewige Klage, wie andere Lehrer andere Kinder durch Schlagen zum Schweigen bringen. Erkenntnis haben die Gespenster aus dem Paradies der Menschheit versprochen, als sie die Sprache lehrten. Die Sprache hat die Menschheit aus dem Paradies vertrieben. Hätte die Menschheit aber die Sprache lieber den Affen oder den Läusen geschenkt, so hätten die Affen oder die Läuse daran zu tragen, und wir wären nicht allein krank, vergiftet, in der ungeheuren sprachlosen, heilen Natur. Wir wären dann Tiere, wie wir es hochmütig nennen in unserer protzigen Menschensprache, oder wir wären Götter, wie wir es empfinden, wenn ein Blitz uns verstummen macht oder sonst ein Wunder der sprachlosen Natur. [...]

Mit ihren alten und jungen Worten stehen die Menschen einander gegenüber. Wie törichte Greise und törichte Jünglinge. Kein Mensch kennt den anderen. Geschwister, Eltern und Kinder kennen einander nicht. Ein Hauptmittel des Nichtverstehens ist die Sprache. Wir wissen voneinander bei den einfachsten Begriffen nicht, ob wir bei einem gleichen Worte die gleiche Vorstellung haben. Wenn ich grün sage, meint der Hörer vielleicht blaugrün oder gelbgrün oder gar rot. Leise Unterschiede sind zwischen dem C des einen Musikers und dem C des anderen. Moschusgeruch erzeugt gewiss grundverschiedene Empfindungen bei dem gleichen Worte. Wenn ich Baum sage, so stelle ich mir – ich persönlich – so ungefähr etwas wie eine zwanzigjährige Linde vor, der Hörer vielleicht eine Tanne oder eine mehrhundertjährige Eiche. Und das sind die einfachsten Begriffe. Worte für innere Seelenvorgänge sind natürlich von den vielen Werten oder Begriffen ihres Inhalts abhängig und darum bei zwei Menschen niemals gleich, sobald auch nur ein einziger der Inhaltswerte ungleich vorgestellt wird. Je vergeistigter das Wort, desto sicherer erweckt es bei verschiedenen Menschen verschiedene Vorstellungen. Daher auch so vielfach Streit unter sonst vernünftigen und ruhigen Menschen. Leute mit verschiedenen Sprachen müssen eben streiten, wenn sie so dumm sind, miteinander sprechen zu wollen. Das abstrakteste Wort ist das vieldeutigste. Wollte man – nicht etwa alle Menschen – sondern nur alle von einer Konfession zwingen, von sich zu geben, was sie sich z. B. unter ihrem Gott vorstellen, es würden die wahnsinnigsten Fantastereien aller Völker und Zeiten zutage treten. Und doch ist das ein Wort, worüber sie alle einig zu sein glauben. Mut, Liebe, Wissen, Freiheit sind ebenso zerfahrene Worte. Durch die Sprache haben es sich die Menschen für immer unmöglich gemacht, einander kennenzulernen. *(1901)*

1. Stellen Sie zentrale Aussagen, die zur Sprache gemacht werden, heraus.

2. Erläutern Sie die Metaphern und Vergleiche, die im ersten Absatz enthalten sind, und untersuchen Sie ihre Funktion.

3. Stellen Sie sich vor, Sie könnten Mauthner zum Verhältnis von Sprache, Denken, Wirklichkeit befragen. Er antwortet Ihnen in einem Brief: „Verehrte Damen und Herren, Sie fragen mich nach meiner Ansicht zu dem Verhältnis von Sprache, Denken, Wirklichkeit, und ich möchte Ihnen Folgendes antworten: Die Sprache ..." Setzen Sie diesen Brief fort, indem Sie die wichtigsten Aussagen des Textes berücksichtigen. Fügen Sie eigene Gedanken hinzu, die sich aus dem Text ableiten lassen.

4. Teilen Sie die Auffassung Mauthners, Sprache sei ein Fluch und habe es den Menschen unmöglich gemacht, „einander kennenzulernen" (Z. 58)? Nehmen Sie begründend Stellung.

➔ Krise der Sprache, s. S. 288 ff.

Zum Verhältnis zwischen Sprache und (politisch-gesellschaftlicher) Realität – Zitate

„Wenn die Worte nicht stimmen, dann ist das Gesagte nicht das Gemeinte. Wenn das, was gesagt wird, nicht stimmt, dann stimmen die Werke nicht. Gedeihen die Werke nicht, so verderben Sitten und Künste. Darum achte man darauf, dass die Worte stimmen. Das ist das Wichtigste von allem."

(Konfuzius (551–479 v. Chr.), chin. Philosoph, bestimmend für die Gesellschafts- u. Sozialordnung Chinas)

„Die Sprache ist eine Waffe. Haltet sie scharf."

(Kurt Tucholsky (1890–1935), dt. Schriftsteller)

„Die Grenzen meiner Sprache bedeuten die Grenzen meiner Welt."

(Ludwig Wittgenstein (1889–1951), österr. Philosoph)

„Hätten wir das Wort, hätten wir die Sprache, wir bräuchten die Waffen nicht."

(Ingeborg Bachmann (1926 –1973), österr. Lyrikerin, 1964 Georg-Büchner-Preis)

1. Äußern Sie Ihre spontanen Reaktionen auf die Zitate.

2. Welche Aussagen über die Macht der Sprache kommen in den Zitaten zum Ausdruck?
3. Sind die Aussagen von Ingeborg Bachmann und Kurt Tucholsky Ihrer Meinung nach miteinander vereinbar?
4. Finden Sie Beispiele dafür, dass Sprache die politisch-gesellschaftliche Wirklichkeit entscheidend prägt.

George Orwell (1903–1950)

Grammatik der Neusprache

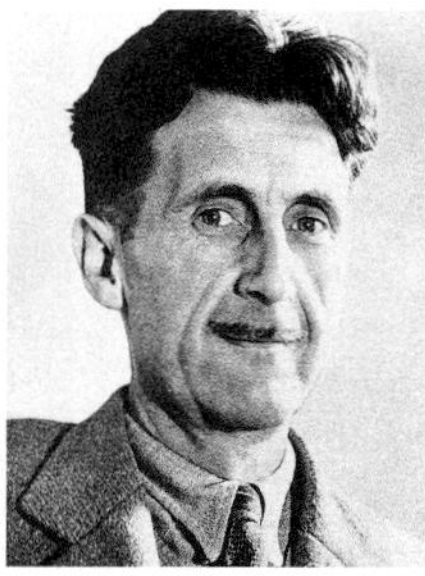

In seinem Roman „1984", geschrieben im Jahr 1948, verfasst George Orwell die negative Utopie eines totalitären Staatssystems, das geprägt ist durch die vollständige Überwachung der Bürger. Der Diktator von Ozeanien, der „Große Bruder" (engl. Big Brother), hat per Videoübertragung jederzeit Einblick in die Lebensvollzüge der Menschen, die hiermit keinerlei Privatsphäre mehr haben.
In dieser Gesellschaft soll eine neue Sprache geschaffen werden, die der Autor in einem mehrseitigen Anhang seines Romans detailliert beschreibt.

Die Neusprache war die in Ozeanien eingeführte Amtssprache, die zur Deckung der ideologischen Bedürfnisse des Engsoz[1] erfunden worden war. Sie hatte nicht nur den Zweck, ein Ausdrucksmittel für die Weltanschauung und geistige Haltung zu sein, die allein den Anhängern des Engsoz angemessen war, sondern sollte darüber hinaus jede Art anderen Denkens ausschalten. [...] Der Wortschatz der Neusprache war so konstruiert, dass jeder Mitteilung, die ein Parteimitglied berechtigterweise machen wollte, eine genaue und oft sehr differenzierte Form verliehen werden konnte, während alle anderen Inhalte ebenso wie die Möglichkeit, etwa auf indirekte Weise das Gewünschte auszudrücken, ausgeschlossen wurden.
Das wurde teils durch die Erfindung neuer, hauptsächlich aber durch die Ausmerzung unerwünschter Wörter erreicht, und auch dadurch, dass man die übrig gebliebenen Wörter so weit wie möglich jeder unorthodoxen[2] Nebenbedeutung entkleidete. Ein Beispiel hierfür: Das Wort frei gab es zwar auch in der Neusprache, aber es konnte nur in Sätzen wie „Dieser Hund ist frei von Flöhen" oder „Dieses Feld ist frei von Unkraut" angewandt werden. In seinem alten Sinn von „politisch frei" oder „geistig frei" konnte es nicht gebraucht werden, da es diese politische oder geistige Freiheit nicht einmal mehr als Begriff gab und infolgedessen auch keine Bezeichnung dafür vorhanden war. [...]
Der Wortschatz A bestand aus den für das tägliche Leben benötigten Wörtern, also Wörtern für Dinge wie Essen, Trinken, Arbeiten, Anziehen, Treppensteigen, Eisenbahnfahren, Kochen und dergleichen. Er war fast völlig aus bereits vorhandenen Wörtern zusammengesetzt, wie etwa schlagen, laufen, Hund, Baum, Zucker, Haus, Feld, doch im Vergleich zum heutigen Wortschatz war die Zahl dieser Wörter äußerst gering und ihre Bedeutung viel strenger umrissen. Sie waren von jedem Doppelsinn und jeder Bedeutungsschattierung gereinigt. Es wäre ganz unmöglich gewesen, sich des Wortschatzes A etwa zu literarischen Zwecken oder in einer politischen oder philosophischen Diskussion zu bedienen. Er war nur dazu bestimmt, einfache, zweckbestimmende Gedanken auszudrücken, bei denen es sich gewöhnlich um konkrete Dinge oder physische Vorgänge handelte. [...]
Der Wortschatz B bestand aus Wörtern, die absichtlich zu politischen Zwecken gebildet worden waren, die also nicht nur in jedem Fall auf einen politischen Sinn abzielten, sondern dazu bestimmt waren, den Benutzer in die gewünschte Geistesverfassung zu versetzen. Ohne ein eingehendes Vertrautsein mit den Prinzipien des Engsoz war es schwierig, diese Wörter richtig zu gebrauchen. In manchen Fällen konnte man sie in die Altsprache oder sogar in Wörter aus dem Wortschatz A übersetzen, aber dazu war gewöhnlich eine lange Umschreibung notwendig, und unweigerlich gingen dabei gewisse Schattierungen verloren. [...]
Kein Wort des Wortschatzes B war ideologisch neutral. Eine ganze Reihe davon hatte den Charakter reiner sprachlicher Tarnung; sie waren einfach Euphemismen[3]. So bedeuteten zum Beispiel Wörter wie Lustlager (Zwangsarbeitslager) oder Minipax (Friedensministerium = Kriegsministerium) fast das genaue Gegenteil von dem, was sie zu besagen schienen. [...]
Der leicht eingehende Wohlklang überwog daher in der Neusprache jede andere Erwägung, außer der Genauig-

[1] **Engsoz:** Kunstwort zur Bezeichnung des im Roman dargestellten totalitären Staatssystems („Eng" = England, „soz" = Sozialismus) – [2] **unorthodox:** einer festgelegten Lehrmeinung widersprechend – [3] **Euphemismen:** beschönigende Umschreibungen

keit der Bedeutung; Grammatikregeln mussten immer zurücktreten, wenn es erforderlich schien. Und das mit Recht, denn man benötigte – vor allem für politische Zwecke – unmissverständliche Kurzwörter, die leicht ausgesprochen werden konnten und im Denken des Sprechers ein Minimum an ideenverwandten Erinnerungen wachriefen. Die einzelnen Wörter des Wortschatzes gewannen noch dadurch an Ausdruckskraft, dass sie einander fast alle sehr ähnlich waren. Sie waren fast immer zwei-, höchstens dreisilbig (Gutdenk, Minipax, Lustlager, Engsoz, Intusfühl, Denkpoli), wobei die Betonung ebenso häufig auf der ersten wie auf der letzten Silbe lag. Durch ihre Verwendung entwickelte sich ein bestimmter rednerischer Stil, der zugleich zackig, hohltönend und monoton war.

Der Wortschatz C stellte eine Ergänzung der beiden vorhergehenden dar und bestand ausschließlich aus wissenschaftlichen und technischen Fachausdrücken. Diese ähnelten den früher gebräuchlichen und waren aus den gleichen Wurzeln abgeleitet, doch ließ man die übliche Sorgfalt walten, sie streng zu umreißen und von unerwünschten Nebenbedeutungen zu säubern. Sie folgten den gleichen grammatikalischen Regeln wie die Wörter in den beiden anderen Wortschätzen. [...]

Es war also in der Neusprache so gut wie unmöglich, verbotenen Ansichten, über ein sehr niedriges Niveau hinaus, Ausdruck zu verleihen. Man konnte natürlich ganz grobe Ketzereien wie einen Fluch aussprechen. Man hätte zum Beispiel sagen können: „Der große Bruder ist ungut." Aber diese Feststellung, die für ein orthodoxes Ohr lediglich wie ein handgreiflicher Unsinn geklungen hätte, durch Vernunftargumente zu stützen, wäre ganz unmöglich gewesen, da die dafür nötigen Wörter fehlten. [...] Es war vorauszusehen, dass im Laufe der Zeit die Besonderheiten der Neusprache immer mehr hervortreten würden – es würde immer weniger Wörter geben und deren Bedeutung immer starrer werden. Auch würde die Möglichkeit, sie zu unlauteren Zwecken zu gebrauchen, ständig geringer werden. [...]

(1948)

1. Halten Sie so etwas, was hier beschrieben wird, für möglich? Begründen Sie Ihre Stellungnahme.
2. Stellen Sie die Grundregeln der Neusprache kurz zusammen.
3. Stellen Sie einen Zusammenhang her zu der Abbildung aus der Verfilmung.
4. Welche Ziele verspricht sich der *Engsoz* von der neuen Amtssprache? Warum sollen Nebenbedeutungen, Doppelsinn und Bedeutungsschattierungen unmöglich gemacht werden?
5. Warum gibt es eine starke Tendenz, Euphemismen zu gebrauchen? Gibt es dieses Phänomen auch in unserer heutigen Sprache? Finden Sie Beispiele.
6. Diskutieren Sie die These, dass durch ideologische Sprachlenkung Steuerung und Manipulation einer Gesellschaft ermöglicht wird.
7. Überlegen Sie, welches Verhältnis zwischen Sprache, Denken und Wirklichkeit im Text von Orwell zum Ausdruck kommt. Halten Sie Ihre Ergebnisse in Form eines Schaubildes fest. Verwenden Sie dafür Linien, Pfeile etc. Darüber hinaus können Sie auch einen informierenden Sachtext verfassen.

➔ Einen informierenden Text mithilfe von Materialien verfassen, s. S. 573 f.

Szenenbild aus der Verfilmung „1984" aus dem Jahr 1956

Victor Klemperer (1881–1960)

Zur Sprache des Dritten Reiches

Victor Klemperer war ein deutscher Literaturwissenschaftler und Schriftsteller jüdischer Herkunft. Er verfasste nach dem Krieg eine Abhandlung über die Sprache der Nationalsozialisten („LTI – Lingua Tertii Imperii“). Als Grundlage dienten ihm seine Tagebücher, die er während der Kriegsjahre geführt hatte.

Was war das stärkste Propagandamittel der Hitlerei? Waren es Hitlers und Goebbels' Einzelreden, ihre Ausführungen zu dem und jenem Gegenstande, ihre Hetze gegen das Judentum, gegen den Bolschewismus? Fraglos nicht, denn vieles blieb von der Masse unverstanden oder langweilte sie in seinen ewigen Wiederholungen. Wie oft in Gasthäusern, als ich noch sternlos ein Gasthaus betreten durfte, wie oft später in der Fabrik während der Luftwache, wo die Arier ihr Zimmer für sich hatten und die Juden ihr Zimmer für sich, und im arischen Raum befand sich das Radio (und die Heizung und das Essen) – wie oft habe ich die Spielkarten auf den Tisch klatschen und laute Gespräche über Fleisch- und Tabakrationen und über das Kino führen hören, während der Führer oder einer seiner Paladine[1] langatmig sprachen, und nachher hieß es in den Zeitungen, das ganze Volk habe ihm gelauscht.

Nein, die stärkste Wirkung wurde nicht durch Einzelreden ausgeübt, auch nicht durch Artikel oder Flugblätter, durch Plakate oder Fahnen, sie wurde durch nichts erzielt, was man mit bewusstem Denken oder bewusstem Fühlen in sich aufnehmen musste.

Sondern der Nazismus glitt in Fleisch und Blut der Menge über durch die Einzelworte, die Redewendungen, die Satzformen, die er ihr in millionenfachen Wiederholungen aufzwang und die mechanisch und unbewusst übernommen wurden. [...] es ist nicht allzu schwer, sich in einer hochkultivierten Sprache das Air eines Dichters und Denkers zu geben.

Aber Sprache dichtet und denkt nicht nur für mich, sie lenkt auch mein Gefühl, sie steuert mein ganzes seelisches Wesen, je selbstverständlicher, je unbewusster ich mich ihr überlasse. Und wenn nun die gebildete Sprache auf giftigen Elementen gebildet oder zur Trägerin von Giftstoffen gemacht worden ist? Worte können sein wie winzige Arsendosen: sie werden unbemerkt verschluckt, sie scheinen keine Wirkung zu tun, und nach einiger Zeit ist die Giftwirkung doch da. Wenn einer lange genug für heldisch und tugendhaft fanatisch sagt, glaubt er schließlich wirklich, ein Fanatiker sei ein tugendhafter Held, und ohne Fanatismus könne man kein Held sein. Die Worte fanatisch und Fanatismus sind nicht vom Dritten Reich erfunden, es hat sie nur in ihrem Wert verändert und hat sie an einem Tage häufiger gebraucht als andere Zeiten in Jahren. Das Dritte Reich hat die wenigsten Worte seiner Sprache selbstschöpferisch geprägt, vielleicht, wahrscheinlich sogar, überhaupt keines. Die nazistische Sprache weist in vielem auf das Ausland zurück, übernimmt das meiste andere von vorhitlerischen Deutschen. Aber sie ändert Wortwerte und Worthäufigkeiten, sie macht zum Allgemeingut, was früher einem Einzelnen oder einer winzigen Gruppe gehörte, sie beschlagnahmt für die Partei, was früher Allgemeingut war, und in alledem durchtränkt sie Worte und Wortgruppen und Satzformen mit ihrem Gift, macht sie die Sprache ihrem fürchterlichen System dienstbar, gewinnt sie an der Sprache ihr stärkstes, ihr öffentlichstes und geheimstes Werbemittel.

Das Gift der LTI deutlich zu machen und vor ihm zu warnen – ich glaube, das ist mehr als bloße Schulmeis-

[1] **Paladine:** eigentlich mit besonderer Würde ausgestattete Ritter, hier zu verstehen als „treue Gefolgsleute“ Hitlers

terei. Wenn den rechtgläubigen Juden ein Essgerät kultisch unrein geworden ist, dann reinigen sie es, indem sie es in der Erde vergraben. Man sollte viele Worte des nazistischen Sprachgebrauchs für lange Zeit, und einige für immer, ins Massengrab legen.

(1947)

1. Fassen Sie die Kritik Klemperers an der Sprache des Nationalsozialismus zusammen.
2. Setzen Sie Klemperers Aussagen in Beziehung zum Spruch auf dem Tor des Vernichtungslagers Auschwitz, das Sie auf der Abbildung (S. 436) sehen.
3. Klemperer äußert die These: Die nazistische Sprache „ändert Wortwerte und Worthäufigkeiten, [...] und in alledem durchtränkt sie Worte und Wortgruppen und Satzformen mit ihrem Gift [...].“ (Z. 51 ff.) Erklären Sie, was er damit meint, indem Sie folgende Ergebnisse des Sprachforschers Wolfgang Bergsdorf, der die Sprache des Nationalsozialismus untersucht hat, berücksichtigen.

   Das Reichspropagandaministerium erließ an die Chefredakteure der Massenmedien folgende Anordnungen: Das Wort „Volkstrauertag“ sei durch das Wort „Heldengedenktag“ zu ersetzen (1934), die im Kampf gestorbenen Nationalsozialisten werden nicht mehr als „Gefallene“, sondern als „Ermordete“ betitelt (1936), das Wort „Völkerbund“ wird ersatzlos gestrichen (1937), in den Meldungen soll das Wort „Krieg“ vermieden werden, außerdem soll das Wort „tapfer“ nur für deutsche Soldaten Anwendung finden und das Wort „Friede“ aus dem Sprachgebrauch zurückgedrängt werden (1939), es soll nicht mehr von sowjetrussischen Soldaten gesprochen werden, sondern höchstens von „Sowjetarmisten“ oder besser von „Bolschewisten“, „Bestien“ oder „Tieren“ (1941), das Wort „Katastrophe“ soll aus dem Sprachgebrauch ausgemerzt werden (1944). Folgende Begrifflichkeiten wurden von den Nationalsozialisten häufig gebraucht: „Arbeiterbestand“, „Endlösung der Judenfrage“, „Sonderbehandlung“ (Tarnbegriff für Exekution), „Schutzhaft“, „tausendjähriges Reich“, „Blutschande/Rassenschande“, „Volksschädling“, „Volksempfinden“, „artecht“, „totaler Krieg“, „einsatzbereit“, „Blutopfer“, „Einheitsfront“, „Glaube“.

   Nehmen Sie sich jeweils einen der Begriffe vor und erklären Sie, was durch ihn suggeriert wird und was sich tatsächlich dahinter verbirgt. Welche Folgen hat dies für die Sprecher und ihre Wahrnehmung der Wirklichkeit?
4. Versetzen Sie sich in die Situation von Schriftstellern im Nachkriegsdeutschland. Formulieren Sie, vor welche Probleme Sie sich gestellt sähen, wenn Sie, wie Klemperer, glaubten, dass „viele Worte des nazistischen Sprachgebrauchs für lange Zeit, und einige für immer, ins Massengrab“ (Z. 64 ff.) gelegt werden müssten.
5. **Was Sie noch machen können:**
   a) Gibt es auch heute manipulative Sprachlenkung oder problematische Äußerungen im öffentlichen Sprachgebrauch? Berichten Sie von sprachlichen Beiträgen, die Sie ablehnen oder bei denen Sie sich unwohl fühlen.
   Auch in unserer Gesellschaft werden Menschen durch die in den Medien und der Politik verwendete Sprache beeinflusst. Um diese Prozesse bewusst zu machen und bedenklichen Tendenzen entgegenzuwirken, gibt es die sogenannte Sprachkritische Aktion Unwort des Jahres (http://www.unwortdesjahres.net/). Eine Jury kürt jährlich einen im öffentlichen Sprachgebrauch aktuell gängigen Begriff zum „Unwort“. Damit möchten die Verantwortlichen das Sprachbewusstsein und die Sprachsensibilität in der Bevölkerung fördern. Sie wollen den Blick auf sachlich unangemessene oder inhumane Formulierungen werfen. Wörter können demnach „Unwörter“ sein,
   - weil sie **gegen das Prinzip der Menschenwürde** verstoßen,
   - weil sie **gegen Prinzipien der Demokratie** verstoßen,
   - weil sie **einzelne gesellschaftliche Gruppen** diskriminieren,
   - weil sie **euphemistisch, verschleiernd oder gar irreführend** sind.

   b) Erläutern Sie die „Unwörter“ vorangegangener Jahre: Überfremdung, Gotteskrieger, Humankapital, Entlassungsproduktivität, freiwillige Ausreise, Herdprämie, betriebsratsverseucht, notleidende Banken, Dönermorde, Opfer-Abo.
   c) Fertigen Sie selbst eine Liste von „Unwörtern“ an. Wählen Sie im Kurs eine Jury und küren Sie Ihr kursinternes „Unwort des Jahres“.

Günter Kunert. Kunert wuchs in Berlin auf. Aufgrund seiner jüdischen Abstammung hatte er keine Möglichkeit, nach der Volksschule eine höhere Schule zu besuchen, und er arbeitete eine Zeit lang in einem Bekleidungsgeschäft. Nach dem Krieg studierte er einige Semester Grafik, wendete sich dann aber der Schriftstellerei zu. 1947 veröffentlichte er seine ersten satirischen Texte. Zunächst trat er in die SED ein, nahm aber in zunehmendem Maße eine kritische Position zu deren (kultur-)politischen Entscheidungen ein und wurde mit dem Parteiausschluss bestraft. 1979 verließ er die DDR und arbeitete in der BRD an seinen Romanen, Gedichten, Kinderbüchern und Essays weiter.

Günter Kunert (geb. 1929)
Meine Sprache

1
Ich spreche im Slang aller Tage derer
Noch nicht Abend ist
In der verachteten und verbissenen der
Sprache die jedermann entspricht.

2
Diese
Von Erstellern entstellte die von Betreuern
Veruntreute von Durchführern früh schon
Verführte die
Mehr zur Lüge taugt denn zur Wahrheit
Ach welche
Unter der erstarrten Syntax sich regt
Wie unter Abfall wie unter Schutt wie
Unter Tonnen von Schlacke.

3
Sprache
Die mehr scheinen will als sein
Aufgebläht
Von sang und klanglosen tingelnden
Dinglosen Dingwörtern;
Schwabbelnde Gallerte
Quillt sie aus den öffentlichen Mündern
Und Mündungen tropft von
Den Lippen der Liebenden
Trieft aus Radios
Triumphiert.

4
Nichtssagend und blutleer und kraftlos
Ein Kind des Landes finde ich sie
Darniederliegend.

5
Und hebe sie auf
Und nehme sie an mich: Die beste mir
Der nichts besseres hat
Und ein Vermögen dem der durch nichts sonst
Zu leben vermag
Als durch sie. *(1966)*

Ein weiteres Gedicht von Günter Kunert finden Sie auf S. 387.

1. Erarbeiten Sie in kleinen Gruppen einen anschaulichen Vortrag des Gedichts.
2. Wie charakterisiert Kunert die Sprache, die ihn umgibt und die er benutzt? Gehen Sie insbesondere auf die letzte Strophe ein.
3. Erklären Sie im Zusammenhang mit den Abbildungen die Wirkungsweise bewusster und politisch vorangetriebener Sprachlenkung.

3 Sprache im Wandel

Sprachvarietäten

Wörterbücher

Information

Sprachvarietäten

Unter Varietäten versteht man verschiedene Ausprägungen einer bestimmten Sprache. Sie werden durch unterschiedliche Faktoren, wie z. B. das Geschlecht, den Ort bzw. die Region, das Alter, die soziale Schicht oder berufliche Erfordernisse und Qualifikationen, bestimmt und existieren in Abhängigkeit von der Standardsprache. Die meisten Menschen sind in der Lage, sich einer oder mehrerer Sprachvarietäten zu bedienen.

Die Varietäten werden in vier größere Klassen eingeteilt, die sich auf die Bereiche **Zeit** (historische Varietäten), **Raum** (dialektale Varietäten), **soziale Schicht** (Soziolekte, „Gruppensprachen") und **soziale Situation** (situative Varietäten) zurückführen lassen.

1. Sehen Sie sich die oben abgebildeten Titelseiten der Wörterbücher an. Was wird an ihnen deutlich?

2. Bei der Beschreibung von Sprachen taucht immer wieder der Begriff „Innere Mehrsprachigkeit" auf. Erläutern Sie diese Formulierung.

3. Versuchen Sie, folgende Begriffe zu erklären: Dialekt, Regiolekt, Fachsprache, Soziolekt, Jugendsprache, Genderlekt, Ethnolekt, Sondersprache. Wer sind jeweils die Sprecher? Was könnten möglicherweise typische Merkmale sein? Recherchieren Sie ggf. im Internet oder in entsprechenden Nachschlagewerken.

4. Bilden Sie Gruppen und recherchieren Sie jeweils zu einer der bestimmten Sprachvarietäten, die in Aufgabe 3 genannt werden. Berücksichtigen Sie dabei folgende Fragen:
- Was sind typische Kennzeichen?
- Wer spricht vorrangig diese „Sprache"?
- Wie ist sie entstanden?
- In welchem Verhältnis steht sie zur Standardsprache?
- Mit welcher Absicht und vor welchem Hintergrund wird sie benutzt?
- Wird sie nur gesprochen oder auch geschrieben?
- Wie lässt sie sich von außen beurteilen (kompliziert, einfach, regelkonform, regelabweichend, elaboriert[1], restringiert[2])?

Erstellen Sie zu den jeweiligen Ergebnissen ein Plakat oder eine Grafik.

[1] **elaboriert:** differenziert ausgebildet, hoch entwickelt – [2] **restringiert:** wenig differenziert, einfach

Deutsche Sprache, tote Sprache?

Deutsche Sprache, tote Sprache?

1. Beschreiben Sie die Karikatur.
2. Deuten Sie die einzelnen Bildelemente mit Bezug auf die Thematik. Welche Wertung wird vorgenommen?
3. Auf dem Kleid stehen Wörter wie: Übermut, Morgenrot, Hasenpanier, Innigkeit, Wehmut, Inbrunst, hold, Bösewicht, Ungemach, Fersengeld, Tobsucht, Kleinod, Herzensnot und Rinnsal. Welche dieser Wörter kennen Sie (nicht)? Warum sind Sie Ihnen möglicherweise fremd?
4. Welche Erklärungen sehen Sie dafür, dass bestimmte Wörter aus einer Sprache verschwinden (zum Beispiel auch: Bandsalat, Pennäler, Augenstern, blümerant, Konfekt, Sommerfrische), während andere hinzukommen? Sie können zu diesem Thema auch im Internet unter dem Stichwort „Bedrohte Wörter" recherchieren. Bedauern Sie das Wörtersterben? Begründen Sie Ihre Auffassung.

Alexandra Wölke (geb. 1978)

Sprachwandel

Jede Sprache, da sie als ein hörbares Kommunikationsmittel getragen ist von ihren Sprechern, ist einem ständigen Wandel unterworfen. Dieser Prozess nimmt größere Ausmaße an und vollzieht sich schneller, je mehr die Sprache durch den intensiven Kontakt mit anderen Sprachen im Zuge der Globalisierung berührt wird und je schneller durch öffentlichen Gebrauch in den Massenmedien neue Formulierungen oder syntaktische Strukturen verbreitet werden. Dennoch wird der Sprachwandel vom normalen Sprachteilhaber gewöhnlich nicht als ein solcher bemerkt, und wenn doch, dann wird er von manchen negativ als Sprachverfall wahrgenommen. Dies hat seinen Grund darin, dass das System der Sprache aus Regeln und Normen besteht und jede sprachliche Neuerung zunächst die Gestalt einer Regelübertretung annimmt und somit als Fehler wahrgenommen wird. Hat sich ein solcher Fehler jedoch eingebürgert, kann er zur neuen Sprachnorm avancieren und die alte Regel ablösen.

Warum aber wandelt sich die Sprache? Eine mögliche Antwort besteht darin, die Sprache als einen natürlichen Organismus zu betrachten. Weil er lebendig ist, verändert er sich und stirbt auch wieder, ohne dass die Sprecher hierauf besonderen Einfluss nehmen könnten. Eine andere Antwortmöglichkeit steht dieser Meinung diametral gegenüber. Sprache verändert sich hiernach allein durch ihren Gebrauch. Wahrscheinlich liegt die Wahrheit in der Mitte: Durch neuartigen Gebrauch der Sprache, systematisch von einer großen Anzahl von Sprechern durchgeführt, ändern sich schließlich sprachliche Strukturen.

Es bleibt die Frage, nach welchen Gesetzen sich die Sprecher – wenn auch unbewusst – richten und warum somit eine Regelverletzung folgenlos bleibt, während eine andere zur Regel von morgen wird. Der Linguist Rudi Keller beantwortet diese Frage mit Bezug auf die kommunikative Funktion der Sprache. Ihm zufolge setzen sich diejenigen sprachlichen Äußerungen durch, die am besten verstanden werden. Daneben spielten auch die Maxime der sprachlichen Ökonomie und der Wille, sich mittels Sprache durchzusetzen oder anderen zu imponieren, eine Rolle. Sein Fazit lautet: „Unsere gegenwärtige Sprache, das heutige Deutsch, ist die unbeabsichtigte Folge zahlloser kommunikativer Akte unserer Vorfahren.“ *(2013)*

1. Erklären Sie das Phänomen des Sprachwandels, wie es im Text dargestellt wird. Halten Sie Ihre Ergebnisse in Form von knappen Thesen fest.
2. Finden Sie eigene Beispiele für die Thesen. Gehen Sie dazu auf Bedeutungsverschiebungen bestimmter Worte, auf neue Begrifflichkeiten oder die Veränderung syntaktischer Strukturen ein.
3. Welche Antwort gibt der Text auf die Frage zur Karikatur: „Deutsche Sprache, tote Sprache?“ Was ist Ihre persönliche Position zum Thema?

„We kehr for you“

1. Betrachten Sie die Abbildungen und formulieren Sie Ihre ersten Reaktionen.
2. Leiten Sie wichtige Tendenzen des Sprachwandels in der deutschen Sprache ab.
3. Bewerten Sie: Handelt es sich um eine Störung oder eine Bereicherung?

Jens Bisky (geb. 1966)

Das wär' doch gelollt!

Jens Bisky ist ein deutscher Journalist und Buchautor. Er arbeitet als leitender Redakteur des Feuilletons der „Süddeutschen Zeitung", in der auch der folgende Artikel erschienen ist.

Der „Lifestyle Club" an der nächsten Straßenecke und der „Service Point" der Deutschen Bahn versprechen eine Weltläufigkeit, die beide Unternehmen gar nicht im Angebot haben. Wer der deutschen Sprache nicht mächtig ist, dürfte hier nur unter großen Schwierigkeiten „Lifestyle" und „Service" erhalten.

Aber statt Spott und Verachtung, die Hochstaplern gebührt, provoziert derart windig-nichtiger Etikettenschwindel immer wieder den Fanatismus von Wächtern, die unsere zweifelsohne wunderbare Sprache erhalten und „vor dem Verdrängen durch das Englische" schützen wollen. Als hätte die Rechtschreibreform nicht ein für alle Mal bewiesen, dass der Staat nur Unheil stiftet, wenn er Sprache zu reglementieren versucht, bemächtigen sich nun auch christdemokratische Politiker des populären Themas und wollen den Verbraucherschutz auf das Deutsche ausdehnen. Sie streiten gegen Anglizismen und fordern die Bundesregierung auf, Gesetze in verständlicher Sprache zu verfassen.

Was bleibt da anderes, als verwundert zu lächeln über dieses seltsame Zeichen der Zeit? Dass selbst polyglotte[1] Philologen Mitteilungen der Finanzämter nicht verstehen, liegt gewiss nicht am vermuteten Triumph des Englischen. Auch für die Fadheit politischer Debatten, das Fehlen rhetorischer Brillanz wird man Werbeslogans und pompös verunglückte Bezeichnungen nicht verantwortlich machen können.

Hängt es vielleicht damit zusammen, dass so viele so wenig zu sagen haben? Und eben die reden gern über Sprachverfall. So sucht der „Verein deutsche Sprache e.V." im Rahmen der Aktion „Lebendiges Deutsch" eine Entsprechung für „Spam". Für „Slogan" hat man vor Kurzem aus 298 verschiedenen Angeboten den „Spruch" ausgewählt. Allerdings waren auch „Knacksatz" und „Kaufkitzel" in der engeren Wahl. Ein Königreich für solche Sorgen.

Zum „Spruch" wird „Slogan" in guten Wörterbüchern ohnehin verdeutscht, aber selbst abgestumpftes Sprachgefühl erkennt, dass hier Verschiedenes bezeichnet wird. Im Namen welcher Sprache will man da einer Verarmung das Wort reden? Ein „Job" ist eben kein „Beruf" und „Kids" sind etwas anders als „Kinder". Wer von „Kids" spricht, will Kumpel sein, sich anbiedern – und wie herrlich ist eine Sprache, die das Grabscherhafte des Redenden sofort zu erkennen gibt.

Ältere Menschen würden vieles nicht mehr verstehen, behaupten die Sprachwächter. Was spricht dagegen, nachzufragen? Oder will man uns einreden, dass Ältere nichts mehr lernen könnten? Außerdem bereichern die neuen Wörter das Deutsche außerordentlich.

Zu dem – zugegeben abscheulichen – Chat- und SMS-Kürzel „lol" (laughing out loud) wurde inzwischen das Verb „lollen" erfunden, ein Wort, das schon aufgrund seiner Nähe zum „Lallen" aus dem Sprachgebrauch des Pietismus schwer zu übertreffen ist. Dass in einer Welt rasend wachsenden Reiseverkehrs, ständigen Austauschs, hemmungsloser Kommunikation Mischformen auftauchen, Unreines gehäuft auftritt, ist doch wohl selbstverständlich.

Wer die Sorge um die Sprache an den Kampf gegen Anglizismen knüpft, begibt sich vor allem der Chance, mit den Sprechern zu denken statt gegen sie. Er zieht sich in einen Schmollwinkel zurück. Dabei beweist die deutsche Sprache ihre ungebrochene Kraft schon dadurch, dass Anglizismen im Regelfall als solche zu erkennen sind.

Sie erlauben Nuancen im Ausdruck, und das im Guten wie im Dummen. Das Französische hatte im 17. und 18. Jahrhundert allemal einen größeren Einfluss auf unsere Muttersprache als das Englische heute. Gewiss bereitet ein Verb wie „downloaden" grammatische Schwierigkeiten. Die Akademie für Sprache und Dichtung aber wies bereits vor Jahren darauf hin, dass es mit dem „Bausparen" auch nicht einfach ist.

Entsetzlich sind jene Entwicklungen, die mit „Call a bike" und „Online-Banking" nichts zu tun haben, die sich schleichend durchsetzen und inzwischen alle Zeitungen sowie die Bücher großer Verlage verunzieren. Dazu gehören etwa das schlampige „nicht wirklich", das widerwärtige „einmal mehr", das blöde „Sinn machen", das gespreizte „Es war der Mann, der sagte", die Tendenz zum „Sie ging nach Hause, weil er war ein toller Typ", die „1980er-Jahre" und dergleichen mehr. Nicht das Englische, sondern Nachlässigkeit und Gedankenlosigkeit schaden – wie in all den vergangenen Jahrhunderten auch.

[1] **polyglott:** viele Sprachen sprechend

Bundestagsresolutionen, Wettbewerbe und Preise werden dagegen kaum etwas ausrichten können. Wem an Reichtum und Schönheit der Sprache gelegen ist, der sorge dafür, dass die klassische deutsche Literatur von Lessing bis Brinkmann gelesen wird, dass die Kinder Gedichte auswendig lernen. Skandalös ist nicht der lächerliche „Service Point“, sondern die Tatsache, dass man jahrelang eine Schule in Deutschland besuchen kann, ohne Deutsch zu lernen.
Spätere Historiker werden den Kampf gegen Anglizismen wohl zu jenen untauglichen Versuchen zählen, mit denen eine verängstigte Mittelschicht den Untergang ihrer Welt aufhalten wollte. Die Sprache bleibt zum Glück ein Werkzeug, das sich dem Zugriff des Einzelnen wie der Bürokratie entzieht. Herrscher des Himmels, erhöre das Lollen und lass jeden reden, wie ihm der Schnabel gewachsen ist.

(Süddeutsche Zeitung, 21.3.2007)

1. Stellen Sie Biskys Meinung zu aktuellen Tendenzen der Sprachentwicklung dar.
2. Analysieren Sie den Aufbau des Textes, indem Sie den Argumentationsgang und die vom Autor verwendeten Strategien der Meinungsbildung herausarbeiten. Achten Sie in besonderer Weise auf die Art und Weise, wie die Gegenmeinung in den eigenen Text eingeflochten wird.
3. Diskutieren Sie – vor dem Hintergrund dessen, was Sie über Sprache wissen und wie Sie sie einschätzen – Biskys Forderung, jeden Menschen so reden zu lassen, „wie ihm der Schnabel gewachsen ist“ (Z. 102 f.).
4. Bisky verweist auf die hohe Bedeutung der klassischen deutschen Literatur und die Rolle des schulischen Deutschunterrichts. Formulieren Sie aus Ihrer Erfahrung als Schülerin/Schüler, wie Sie den Einfluss des Deutschunterrichts auf Ihre alltägliche Sprachkompetenz einschätzen.

Mathias Schreiber. Schreiber war Leiter des Kulturressorts beim Magazin „Der Spiegel“, wo er nun als Autor arbeitet. Daneben veröffentlichte er Bücher über Lyrik-Theorie, moderne Kunst und Architektur.

Mathias Schreiber
(geb. 1943)

Deutsch for sale

Die deutsche Sprache wird so schlampig gesprochen und geschrieben wie wohl nie zuvor. Auffälligstes Symptom der dramatischen Verlotterung ist die Mode, fast alles angelsächsisch „aufzupeppen“. Aber es gibt eine Gegenbewegung.

[...] Schrecklichstes, auch ständig auf schreckliche Weise vereinfachtes und verharmlostes Symptom der kranken Sprache aber ist jenes modische Pseudo-Englisch, das täglich aus den offenbar weitgehend gehirnfreien Labors der Werbeagenturen, Marketing-Profis, Computer-Verkäufer, Technik-Anbieter, Popmusik-Produzenten („Charts“, „Flops“, „flashen“), aber auch aus Behörden, wissenschaftlichen Instituten, Massenmedien und den Reden-Schreibstuben der Politiker und Verbandssprecher quillt wie zäh fließender, giftiger Magma-Brei, der ganze Kulturlandschaften unter sich begräbt.
Die Fernsehübertragungen der Fußballweltmeisterschaft wurden regelmäßig unterbrochen von dem Werbespruch eines großen Getränkekonzerns „It's your Heimspiel! – Make it real“, einem völlig unverständlichen Appell von frei schwebender Kernigkeit, aber verheerender Vorbildwirkung auf junge Menschen, die sich, hätten sie bessere Vorsprecher, vielleicht doch irgendwann aus ihrer „Voll der Hammer“-Sprache herausackern könnten.
In einer Handelswelt, die sich an Ungetüme wie „Tracht & Country Classics“ (Messe Salzburg), „Step-up-Anleihen“ oder „Bull-Floater“ (Bankenjargon) gewöhnt hat, ist anscheinend keine deutsche Küche mehr ohne schickes „Interior Design“ verkäuflich, kein Hochdruckreiniger ohne „Variopower-Stahlrohr“, kein „Event“ ohne „Highlight“, kein „Best Choice“-Telefon ohne „Headset-Anschluss“, kein Kühlschrank ohne „Ice Maker“ für die „Side-by-Side-Kombination“ verschiedener Klimazonen, keine UV-Lampe ohne „sense and simplicity“-Effekt.
[...] Wäre es nicht so lachhaft, Verzweiflung wäre, nein: nicht „angesagt“, sie wäre Pflicht. Obwohl durchaus eine Unterabteilung solch würdeloser Anbiederei an ei-

ne allenfalls halbkorrekt benutzte Fremdsprache, ist daneben der Import englischsprachiger Redensarten etwa bei „vergiss es“ („forget it“), „Sinn machen“ („to make sense“) oder „genau!“ („exactly!“) eine harmlose Unart, schädlich erst dann, wenn die entsprechenden deutschen Wendungen wie „mach dir nichts draus“ oder „Sinn ergeben“ auszusterben drohen.

Kein vernünftiger Sprachbeobachter verteufelt Anglizismen, die sich bewährt haben, weil die genaue Entsprechung im Deutschen einfach fehlt oder weil das Wortaroma nun einmal unübersetzbar ist, etwa bei „fair“, „fit“, „Foul“, „Party“, „Understatement“ oder bei „cool“. Das Wort „cool“ meint mehr als „schick“ oder „kühl“, „Cool“-Sein zielt auf eine fast stoische Gelassenheit, für die ein entsprechend knappes, im Duktus eben „cool“ wirkendes deutsches Pendant nicht verfügbar ist.

Doch kurioser Wortsalat wie „relaxen“, „hangover“, „brainstormen“, „chatten“, „Dokusoap“, „Job-Center“, „Service Point“, „Call a Bike Standort“ (Deutsche Bahn), „Quick-Vermittlung“ (Nürnberger Bundesagentur für Arbeit), „All-Age-Produkt“ oder „Brain up“ und „Exzellenzcluster“ (Bundesforschungsministerium) ist nicht nur überflüssig, schwer verständlich und hässlich; er zeigt vor allem eine angeberische Sucht nach Weltläufigkeit. Dass dabei „Bildung boomt“, wie eine neue Wiener „Bildungsmesse“ vermutet, darf bezweifelt werden.

Dieses irgendwie-englische „Schnöselkauderwelsch“ („taz“) simuliert mit ein paar hastig aufgeschnappten Floskeln angelsächsische Unbekümmertheit. Die englische Phrase hat scheinbar mehr Tempo und schützt angeblich vor Pathos. Wohl deshalb appellierte eine bayerische Kampagne gegen Drogenkonsum an Schulen mit „Be hard, drink soft“. Weil die Marketing-Abteilung der Autofirma Ford Deutschland glaubt, englische Floskeln könnten die Produkte „emotionaler“ und schwungvoller erscheinen lassen, ersetzte sie das Ford-Versprechen „Besser ankommen“ durch „Feel the difference“. [...]

Die naive Überschätzung des Fremden, die darin zutage tritt, hält sich selbst gern für die richtige Reaktion auf Fremdenfeindlichkeit, obwohl sie diese eher mitverursacht. Auch das gehört zu den Spätfolgen der Nazi-Verbrechen, die eine einigermaßen ausbalancierte Identifikation der Deutschen mit sich selbst für Jahrzehnte unmöglich gemacht haben. Wenn sie an sich selbst denken, werden Deutsche rasch unsicher. Und die Flucht ins Englische bietet scheinbar mehr Sicherheit.

Letzten Endes verrät der kollektive Kniefall vor dem Sprachgestus der Angelsachsen eine tief sitzende Verkrampfung, die im kosmopolitischen Imponiergehabe nur Kompensation sucht, nicht aber erlöst wird. Schließlich spielt wohl der Wunsch eine Rolle, wenigstens symbolisch an der Spitze des globalen technischen Fortschritts und an der Seite der Sieger des Zweiten Weltkriegs (und so vieler Hollywood-Filme) zu marschieren. Nach dem Motto: „Lieber ein halber Ami als ein ganzer Nazi“, wie es Walter Krämer zuspitzt, Vorsitzender des „Vereins Deutsche Sprache“ und Professor für Wirtschaftsstatistik an der Universität Dortmund.

Schon 2004, so stellte eine Studie der Universität Hannover fest, waren unter den 100 am meisten verwendeten Wörtern deutscher Rede 23 englische, fast ein Viertel – 1980 war es noch eines. Angesichts dieser Dynamik ist der Export deutscher Vokabeln, den es ja auch gibt, bescheiden. Er beschränkt sich auf wenig schmeichelhafte Kuriosa wie jene, dass die Angelsachsen die „bratwurst“ und die „gemuetlichkeit“, die Tschechen den „schnaps“, die Japaner (die übrigens auch über zu viele Anglizismen klagen) unsere „Arbeit“ übernommen haben. [...]

Ist der Widerstand gegen die Anglomanie ein Kampf gegen Windmühlen? Der verspätete Versuch Ewiggestriger, wenigstens im globalen Krieg der Wörter die deutsche Nation zu behaupten? Unter der historisch falschen Voraussetzung, es könne so etwas wie sprachliche Reinheit überhaupt geben?

[...] Sollen denn die deutschen und andere Muttersprachler tatenlos mitansehen, wie die globale Ökonomie einen welteinheitlichen Konsumententyp durch die fast zwanghafte Verbreitung jener einheitlichen, in der Abschleifung durch die Sprecher aller Länder ausdrucksschwach gewordenen Kolonialsprache begünstigt? [...] Wohlfeile Plädoyers für mehr Gelassenheit [...] spielen mit dem Hinweis, Sprachwandel sei so etwas wie eine Naturgewalt; und schon darum nicht steuerbar, erst recht nicht durch Aufrufe und Vereinsgründungen. Das ist einerseits wahr, andererseits aber wird übersehen, dass gerade die ärgerlichsten Sprachmoden oft planmäßig in Umlauf gebracht werden, etwa wenn Werber wieder mal besonders „schräg“ auffallen wollen – heutzutage so schnell und erfolgreich wie noch nie in der Geschichte. Die Erfahrung zeigt es ja: Nicht alle kritischen Korrekturen des angeblich schicksalhaften „Wandels“ sind fruchtlos. Der TV-Sender Sat.1 warb lange mit dem Spruch „Powered by Emotion“, bis herauskam, dass allzu viele Bürger diesen Spruch entweder nicht kapierten oder gar glaubten, er meine „Kraft durch Freude“ oder „Gepudert mit Gefühl“. Danach stieg der Sender auf die Parole um „Sat.1 zeigt's allen“ – immerhin. Sprachverschandelung ist kein Sprachwandel, der einfach passiert.

[...] Wenn das Englische mehr und mehr auch für die Kulturwissenschaften, für Politik-, Wirtschafts- und Rechtsdebatten zum neuen globalen Idiom befördert wird, folgt daraus langfristig für alle nicht englischen Kulturgemeinschaften ein gewaltiger Verlust an sprachlicher Vielfalt, gedanklicher Differenziertheit und Empfindungsnuancen. Meinhard Miegel meint (in dem Buch „Epochenwende“), 50 000 Jahre „Geschichte fortschreitender Differenzierung“ näherten sich jetzt einem „Schlussakt“ der „Monokultur“, sprachlich beherrscht durch einen „Verschnitt aus einem halben Dutzend europäischer Sprachen, genannt Englisch“. Miegel: „Mit einem munteren ‚hi‘ auf den Lippen, gesprochen ‚hei‘, kommt man durch die ganze Welt. Aber diese Welt ist karger und ärmer, als sie einst war.“ Vielfalt war jahrtausendelang eine Qualität. Werden es künftig Einfachheit und Quantität sein?

[...] Wer die Sprache nicht ernst nimmt, geht mit dem eigenen Sein leichtsinnig um. Da nun aber jede Sprache das, was ist oder sein soll, anders zeigt, hat sie ein besonderes Existenzrecht. Diese Vielfalt aufzugeben ist ein Vergehen gegen das „Menschenwesen“.

[...] Sprache konstituiert auch Geselligkeit und Öffentlichkeit. Sie wird und wurde nicht nur in der Kirche, der Familie und der Schule geübt und geformt, sondern seit dem späten 19. Jahrhundert vor allem auch im Parlament, im Gerichtssaal, schließlich in den Medien. Wenn der Streit um die Wahrheit, der auf diesen Foren stattzufinden hat, sprachlich verkommt, dann leiden darunter auch Gesellschaft und Demokratie. Jede Verarmung des Ausdrucks ist ein kleiner Freiheitsverlust. Mitsprache setzt Sprache voraus. Konflikte werden am besten beigelegt, indem die Konfliktparteien beginnen, miteinander zu sprechen. Nach dem Motto von Gottfried Benn: „Kommt, reden wir zusammen. Wer redet, ist nicht tot.“ In der Gewalt explodiert oft Energie, die keine Chance hatte, zur Sprache zu finden, und auf die dann wenige Hetzparolen wirken wie brennende Streichhölzer auf trockenes Stroh. Darum sind Sprachförderung und Sprachkritik keine Privilegien verbohrter Oberlehrer, sondern eine hochpolitische Angelegenheit. [...]

Um das mühlenradkühl Gründelnde steht es leider schlecht. Dafür ist das angelsächsisch Schlaksige und Welt-Lässige, der coole (ja, ja!) Gestus des Abwinkens und Tieferhängens selbst bei deutschen Kunstwissenschaftlern schon viel zu sehr durchgesetzt. Doch aussterben wird die deutsche Sprache wohl noch lange nicht. Aber es wäre ja schlimm genug, wenn sie nur in total verhunzter Form überlebte. [...] *(2006)*

1. Bestimmen Sie die Intention, die dem Text zugrunde liegt.

2. Mit welchen Argumenten stützt Schreiber seine Position? Tragen Sie diese zusammen und halten Sie sie mit Ihren eigenen Worten fest.

3. Untersuchen Sie die sprachliche Gestaltung des Textes. Welche Mittel verwendet der Autor, um die Leser zu überzeugen?

4. Beurteilen Sie, ob Schreiber zuzustimmen ist, wenn er die „Sprachförderung und Sprachkritik“ als eine „hochpolitische Angelegenheit“ (Z. 182 ff.) bezeichnet und ihnen damit eine wichtige Bedeutung zumisst.

5. Finden Sie einen eigenen Standpunkt zu der Frage, ob der Einfluss der Anglizismen der deutschen Sprache schadet. Formulieren Sie dann einen Leserbrief, in welchem Sie kritisch entweder zum Text Biskys oder zu dem Schreibers Stellung nehmen.

➔ Die textgebundene Erörterung/Die Erörterung im Anschluss an die Bearbeitung eines Sachtextes, s. S. 574 ff.

Zur Diskussion gestellt: „Muss die deutsche Sprache geschützt werden?“

Die Frage nach einer möglichen gesetzlichen Regelung für den öffentlichen Gebrauch von Anglizismen ist immer wieder auch ein Thema für politische Debatten. Im Jahr 2006 gab es einen Vorstoß der Enquetekommission „Kultur in Deutschland“ des Bundestages sowie Forderungen aus der CDU und CSU, den Verbraucherschutz

auf die Sprache auszudehnen. Schilder in öffentlichen Gebäuden (wie z. B. der Bundesbahn), Gesetzestexte oder Formulare, so die Forderung, sollten künftig verbindlich in verständlicher deutscher Sprache formuliert sein. Konkret hieße das beispielsweise, „Sale“ wieder „Schlussverkauf“ zu nennen und den „Service Point“ im Bahnhof als „Informationsschalter“ zu bezeichnen. Die öffentliche Diskussion führte dazu, dass das Thema vom Schülerwettbewerb „Jugend debattiert“ 2007 aufgenommen wurde. Die Streitfrage lautete: „Soll die deutsche Sprache vor Anglizismen gesetzlich geschützt werden?“ Setzen Sie sich mit diesem Thema im Unterricht auseinander. Dazu können Sie zwischen folgenden methodischen Formen auswählen:

- eine Debatte nach den Regeln des Wettbewerbs führen,
- eine Rede als Diskussionsbeitrag ausarbeiten,
- eine lineare oder dialektische Erörterung (antithetische Argumentation) verfassen.

➔ „Experten unter sich – Fachsprachliche Kommunikation“, s. S. 56 ff.
➔ Sprachpflege im Barock, s. S. 148 f.
➔ Einen weiteren Text zum Thema „Sprachwandel“ finden Sie auf S. 565 f. (Christian Heinrich: Fehler machen Worte).

Raus mit der Sprache – Rein ins Leben

Die Auseinandersetzung mit der deutschen Sprache spielt auch eine große Rolle für Menschen, die einen Migrationshintergrund haben. In den letzten Jahren wurde die Frage diskutiert, ob es eine gesetzliche Regelung geben sollte, dass Menschen, die aus anderen Ländern nach Deutschland einreisen, als Voraussetzung für die Einbürgerung die deutsche Sprache erlernen müssen. Die Kenntnis der deutschen Sprache wurde dabei als „das oberste Ziel aller Integrationsbemühungen“ bezeichnet.
Die „Deutschlandstiftung Integration“ aus dem Jahre 2010 hat eine Plakatkampagne zum Thema gestartet. Dabei handelt es sich um einen Zusammenschluss verschiedener Zeitungsverleger, die es sich zum Ziel gesetzt haben, zum Sprechenlernen der deutschen Sprache zu animieren. Bei den Menschen auf den Plakaten handelt es sich um Prominente mit einem Migrationshintergrund.

1. Wie ist das Plakat aufgebaut? Erklären Sie die einzelnen Elemente.
2. Führen Sie anschließend ein Gespräch über die Kampagne: Wie bewerten Sie diese und wie hoch schätzen Sie die Erfolgsaussichten ein?
3. Befragen Sie Menschen mit Migrationshintergrund über ihre Erfahrungen mit Sprache.

Chantal Estran-Goecke. Estran-Goecke ist Französin und kam als Zwanzigjährige nach Deutschland. Ihre Erfahrung mit der Zweisprachigkeit verarbeitet sie in folgendem Gedicht.

Chantal Estran-Goecke (geb. 1956)

Aphasie[1]

Du lebst in zwei Sprachen,
Doch du beherrschst keine.
Die eine verlernst du,
Du missbrauchst die andere.

Tu habites deux langues
Mais tu n'en possèdes aucune.
Pour ce qui est de l'une
Tu l'oublies,
L'autre tu l'écorches.

(1983)

Abdolreza Madjderey. Madjderey wurde 1940 in Persien, dem heutigen Iran, geboren. Er ist Psychotherapeut, Übersetzer und Lyriker. Er lebt seit 1959 in Deutschland.

Abdolreza Madjderey (geb. 1940)

Brief

Immer
wenn ich
nach Hause schreibe
habe ich
Angstblumen am Herzen:
Vielleicht
werden sie diesmal
noch nicht merken
an meinen Sätzen
wie viele
Muttersprachjuwelen
ich
schon
verloren habe.

(1983)

1. Auf welches zentrale Problem verweisen die beiden Gedichte?

2. Wie deuten Sie die Metapher „Muttersprachjuwelen“?

3. Sehen Sie einen Widerspruch zu den Zielen der auf S. 446 beschriebenen Kampagne und den Aussagen der Gedichte? Diskutieren Sie.

4. **Was Sie noch machen können:**

a) Recherchieren Sie im Internet nach Organisationen, die sich um die Sprachpflege heute kümmern (z. B. „Gesellschaft für deutsche Sprache“, Aktion „Lebendiges Deutsch“).

b) Vergleichen Sie die Arbeit und die Ziele heutiger Sprachpfleger mit denen aus der Zeit des Barock.

➔ Die Epoche des Barock, s. S. 132–151.

c) Diskutieren Sie: Für wie notwendig und sinnvoll halten Sie die Arbeit der sogenannten Sprachpfleger?

d) Führen Sie eine Internetrecherche zum Thema „Mehrsprachigkeit“ durch (etwa auf der Seite des Goethe-Instituts: www.goethe.de). Stellen Sie in geeigneter Form zusammen, welche Vorteile der Mehrsprachigkeit aufgeführt werden. Diskutieren Sie die Konsequenzen für den Fremdsprachenunterricht.

[1] **Aphasie:** Sprachstörung, die normalerweise durch Hirnschädigungen (z. B. nach einem Schlaganfall) hervorgerufen wird

4 Wie der Mensch zur Sprache kommt

Kinder lernen sprechen

Gesprächssituationen

1. An die Zeit Ihres eigenen Spracherwerbs können Sie sich vermutlich nicht mehr erinnern. Tauschen Sie sich aus über Ihre Beobachtungen etwa an jüngeren Geschwistern oder über das, was Ihnen von Ihren Eltern oder Großeltern über Ihren eigenen Spracherwerb berichtet wurde. Leiten Sie aus Ihren Beobachtungen, den obigen Bildern und eigenen Erfahrungen erste Hypothesen über den menschlichen Spracherwerb ab.

Kinder und Erwachsene im Dialog

Sebastian

Situation: Als Sebastian sein neues Bilderbuch durchblättert, entdeckt er einen Elefanten, zeigt ihn der Mutter und äußert:

Kind: Da Want!

Erwachsener: Elefant, ja, zwei Elefanten, guck mal, der Clown lacht, der spricht mit n Elefanten.

Kind: Ein Wasser britzt.

Erwachsener: Ja, im andern Buch spritzt der Elefant Wasser, genau, kann er mit n Rüssel.

Laura

Situation: Laura wendet sich einem Foto von ihr selbst zu, das sie eben auf dem Tisch entdeckt hat, und äußert zur Mutter gewandt:

Kind: eis-che da

Erwachsener: Das ist die Laura!

Kind: da eiche

Erwachsener: Das ist die Laura!

Kind: Da! (zeigt auf ein anderes Bild von ihr als Säugling, das an der Wand hängt)

Erwachsener: Da ist auch die Laura, richtig!

Kind: da ch

Erwachsener: Wo ist die Laura noch?

Kind: da i-che (zeigt wieder auf das Bild auf dem Tisch)

Erwachsener: Und da ist die Laura, ja! Du bist die Laura.

Kind: da (zeigt erneut auf das an der Wand hängende Säuglingsbild von ihr)

Erwachsener: Da is auch, da bist du noch ganz klein.

Oliver

Situation: Nachdem Oliver nach Hause gekommen ist, setzt er sich zur Mutter und trinkt bereitgestellte Milch. Plötzlich beginnt er vom Nachhauseweg zu erzählen.

Kind: Große Pfützen!

Erwachsener: Große Pfützen, bist du mit Papa durch n Park gelaufen?

Kind: Hm.

Erwachsener: Aha, darum habt ihr so lange gebraucht, bist du gar nicht, e, gar nicht mit n Bus oder mit n Baki oder mit n Fahrrad, sondern bist du gelaufen mit n Papa.

KIND: Schulter Papa.

ERWACHSENER: Aha, auf der Schulter vom Papa und dann seid ihr auf der Seite vom Chinesen rausgekommen und da dachtet ihr, ihr bringt uns gerad' noch was rein, hm? War s so?

KIND: Ja.

ERWACHSENER: Ja.

1. Lesen Sie die Dialoge und stellen Sie Vermutungen über das Alter der Kinder an.
2. Über welche sprachlichen Kompetenzen verfügen sie jeweils?
3. Beschreiben Sie das sprachliche Handeln der Erwachsenen in den jeweiligen Kommunikationssituationen. Untersuchen Sie, wie die Erwachsenen auf die Aussagen der Kinder reagieren. Erkennen Sie bestimmte Strategien, mit denen die Erwachsenen die Kinder fördern wollen?

Manfred Spitzer (geb. 1958)

Sprachentwicklung: Regeln an Beispielen lernen

Manfred Spitzer ist Psychologe und beschäftigt sich intensiv mit der Hirnforschung. In diesem Zusammenhang geht er auch der Frage nach, wie Lernen funktioniert. Zum Spracherwerb beschreibt er ein kleines Experiment.

In folgender kleiner Geschichte sollen die Leser oder Zuhörer spontan die fehlenden Wörter ergänzen:

Eine Gruppe von Zwergen bespricht sich am Abend und überlegt, was sie wohl am nächsten Tag tun wollen. „Lass uns morgen doch mal wieder quangen", schlägt einer vor. Die anderen sind einverstanden. Am nächsten Abend sitzen sie zusammen und plaudern über den Tag. „Ach, wie schön war das heute; wir haben heute mal wieder richtig schön ________."

Für den nächsten Tag beschließen die Zwerge zu schmuffieren. Auch an diesem Tag treffen sie sich am Abend und erzählen sich: „Wir haben heute ganz prima ________."

(2007)

1. Welche Wörter haben Sie ergänzt? Vergleichen Sie, ob Sie sich im Kurs einig waren.
2. Wie haben Sie herausgefunden, in welcher grammatischen Form die Begriffe eingesetzt werden müssen?
3. Bereits sechsjährige Kinder sind in der Lage, die Sätze korrekt zu vervollständigen. Welche Rückschlüsse auf das Sprechenlernen ziehen Sie daraus?
4. Folgende Fehler sind typisch für Kinder während der Spracherwerbsphase: „Mane" (für Banane), „Mokolotive" (für Lokomotive), „taputt" (für kaputt), „ein Radiesche" (Singularbildung zu „Radieschen"), „ich bin gespringt"/„sie hat geschreit". Erläutern Sie, was den Kindern offensichtlich zunächst noch schwerfällt. Welche Merkmale der deutschen Sprache stellen die höchsten Hürden für die sprachliche Entwicklung dar?
5. Versetzen Sie sich in die Rolle derjenigen, die mit den Kindern jeden Tag umgehen. Wie sollten Sie jeweils auf die Kinder reagieren? Was können Sie tun, um ihre sprachliche Entwicklung auf motivierende Weise zu fördern? Was sollten Sie vielleicht vermeiden? Erstellen Sie eine Liste mit Aufforderungen für Eltern und Erzieher.

Peter Handke (geb. 1942)
Kaspar

Peter Handke ist ein österreichischer Schriftsteller und Übersetzer. In seinen frühen Werken bricht er häufig traditionelle Formen auf und enttäuscht die Leseerwartungen, um die sprachkritische Dimension von Literatur zu zeigen.
Der folgende Textauszug stammt aus einem Sprechstück, das Peter Handke für das Theater entwickelt hat und das sich mit dem Findelkind Kaspar Hauser beschäftigt. Der verwahrloste Junge tauchte 1829 in Nürnberg auf, schien geistig zurückgeblieben zu sein und konnte kaum sprechen. Sein Wortschatz umfasste nur etwa 40 Wörter. Es hieß, er habe sein bisheriges Leben in einer Zelle bei Wasser und Brot verbracht. 1833 starb er an Stichverletzungen.

19

Es wird hell. Er fängt langsam an zu sprechen.

Nachdem ich, wie ich jetzt erst sehe, hereingekommen war, habe ich, wie ich jetzt erst sehe, das Sofa in Unordnung gebracht, darauf die, wie ich jetzt erst sehe, Schranktür, an der ich, wie ich jetzt erst sehe, mich, wie ich jetzt erst sehe, mit dem Fuß zu schaffen machte, offengelassen, darauf die Lade aus dem Tisch, wie ich jetzt erst sehe, gerissen, darauf einen, – wie ich jetzt erst sehe, anderen – Tisch umgeworfen, darauf einen Schaukelstuhl, wie ich jetzt erst sehe, worauf ich auf den einzigen Stuhl, der noch stand, zu (wie ich jetzt erst sehe), ging und mich setzte. Ich sah weder etwas noch hörte ich etwas, und es ging mir gut. *Er steht auf.* Jetzt bin ich aufgestanden und habe gleich bemerkt, nicht erst jetzt, daß mein Schuhband aufgegangen war. Weil ich jetzt sprechen kann, kann ich das Schuhband in Ordnung bringen. Seit ich sprechen kann, kann ich mich ordnungsgemäß nach dem Schuhband bücken. Seit ich sprechen kann, kann ich alles in Ordnung bringen. *Er bückt sich nach dem Schuhband. Er stellt ein Bein vor, um sich besser nach dem Schuhband bücken zu können. Weil er aber mit dem andern Fuß auf dem Schuhband gestanden hat, strauchelt er durch das Vorstellen des Beins und fällt, nachdem er vergeblich versucht hat, sich zu halten – einen Augenblick scheint es ihm zu gelingen – zu Boden. Er wirft dabei auch den Stuhl um, auf dem er gesessen hat. Nach einem Augenblick der Stille:*

Seit ich sprechen kann, kann ich ordnungsgemäß aufstehen; aber das Fallen tut erst weh, seit ich sprechen kann; aber das Wehtun beim Fallen ist halb so schlimm, seit ich weiß, daß ich über das Wehtun sprechen kann; aber das Fallen ist doppelt so schlimm, seit ich weiß, daß man über mein Fallen sprechen kann, aber das Fallen tut überhaupt nicht mehr weh, seit ich weiß, daß ich das Wehtun vergessen kann; aber das Wehtun hört überhaupt nicht mehr auf, seit ich weiß, daß ich mich des Fallens schämen kann.

(1967)

(Aus lizenzrechtlichen Gründen ist dieser Text nicht in reformierter Rechtschreibung abgedruckt.)

1. Erläutern Sie, welche Szene beschrieben wird und welche Perspektive vorherrscht. Was fällt bezüglich der „Machart“ des Textes auf?
2. Welche Folgen hat das Sprechenlernen für Kaspar? Erläutern Sie am Beispiel des Hinfallens, was sich für Kaspar nun verändert.
3. Verallgemeinern Sie Kaspars Erfahrung: Welche geistigen Operationen werden durch den Spracherwerb erst möglich? Was geht andererseits verloren, wenn der Mensch zur Sprache kommt? Wie wirkt sich beides für den Sprechenden, auf sein Selbstbewusstsein und auf die Beziehung zu seinen Mitmenschen aus?

Annette Leßmöllmann. Leßmöllmann ist eine renommierte deutsche Wissenschaftsjournalistin. Sie veröffentlichte zahlreiche Artikel u. a. zu Themen aus der Psychologie und Hirnforschung. Seit 2006 arbeitet Leßmöllmann an der Hochschule Darmstadt als Professorin für Journalistik mit dem Schwerpunkt Wissenschaftsjournalismus.

Annette Leßmöllmann
Raus mit der Sprache!

Sprechen lernen scheint ein Kinderspiel zu sein. Doch vollbringen die Hirne von Babys und Kleinkindern Meisterleistungen der Grammatik und Worterkennung – lange bevor die Kinder „Mama“ und „Papa“ sagen können. [...]
Offenbar sind wir zur Sprache verdammt: Wie eine robuste Maschine setzt sich der Spracherwerb in Gang, und kein gesundes Kind kann sich davor drücken. Lange vor dem ersten Deutschaufsatz entwickelt es ein Gefühl dafür, was in seiner Muttersprache richtig und was

falsch ist – so etwas wie „Apfel essen will den ich" würde ihm nie über die Lippen kommen. Bevor ein Kind das erste Mal gerüffelt wird, weil es „wegen dem Apfel" sagt statt „wegen des Apfels", bevor man seine Jugendsprache bekrittelt, seine Rechtschreibfehler beklagt und im PISA-Test seine Lesefähigkeit prüft, hat es schon eine fantastische Leistung vollbracht. Kein noch so kluges Tier entwickelt mal so ganz nebenbei eine ausgefeilte Grammatik.

Wie funktioniert das? [...] Sprachwissenschaftler, Genetiker, Hirnforscher, Evolutionsbiologen und Entwicklungspsychologen rätseln seit Jahrzehnten, fahnden nach „Sprachgenen" und messen kindliche Hirnströme. Immer wieder führt eine Frage zu hitzigen Debatten: Ist dem Menschen die Sprache in die Wiege gelegt – oder saugt er alles aus der Umwelt auf? Angeboren oder erlernt, nature oder nurture? Treibt uns ein „Sprachorgan" an, wie der Linguist Noam Chomsky vom Massachusetts Institute of Technology schon vor einem halben Jahrhundert behauptete?

Oder entsteht Sprache dadurch, dass wir – anders als Tiere – uns in andere hineinversetzen können und dadurch viel anspruchsvoller kommunizieren, wie Michael Tomasello vom Max-Planck-Institut für Evolutionäre Anthropologie annimmt? Ist Sprechenlernen womöglich gar nichts Besonderes, nutzt das Kind einfach ganz allgemeine Lernmechanismen, mit denen es etwa auch Zahlen begreifen lernt? Saugt es sich dank dieser Grundausstattung alle notwendigen Informationen aus der Umwelt? [...]

Bis heute variieren Linguisten und Psychologen immer wieder eine Frage: Wie machen die Kleinen das bloß? Mittlerweile steht fest: Sprechen zu lernen heißt, erst mal genau hinzuhören – und damit fangen Kinder früh an. „Es sieht nur so aus, als ob Säuglinge sich den ganzen Tag nur mit Glucksen und Herumwackeln beschäftigen", sagt Anne Cutler, die am Max-Planck-Institut für Psycholinguistik im niederländischen Nijmegen das kindliche Hörvermögen in Sachen Sprache erforscht. In Wahrheit saugen die Kleinen aus ihrer akustischen Umwelt alles heraus, was sie an Sprachinformation kriegen können. Das Erstaunliche dabei ist, dass bereits wenige Monate alte Kinder in der Sprachsoße, die wir über ihnen auskippen, Struktur entdecken können.

„Wir machen ja nicht so schöne Pausen zwischen den einzelnen Wörtern, wie es die Schriftsprache mit ihren Leerzeichen suggeriert", sagt Christina Kauschke, Linguistin und Logopädin an der Universität Potsdam. Stattdessen hören die Kinder aus dem Mund ihrer Eltern „HamwanochKartoffelnda?" oder „Gehmabitteans-

Messung der Gehirnströme bei einem Kleinkind

Telefon" oder die Aufforderung „SchönAAmachen!", ganz abgesehen von Nichtwörtern wie Räusperern und Ähems. Am Max-Planck-Institut wurde protokolliert, was ein Kind zwischen seinem sechsten und neunten Lebensmonat hört. Gerade einmal neun Prozent waren fein abgegrenzte Wörter. „Das ist ein klarer Hinweis dafür, dass Kinder in der Lage sein müssen, aus diesem kontinuierlichen Lautstrom Wörter herauszufiltern", sagt Anne Cutler.

Dieser Wortfilter entwickelt sich viel früher als lange vermutet. Schon im Mutterleib ist der Fötus für Sprachlaute empfänglich. Etwa ab der 27. Schwangerschaftswoche lauscht er der mütterlichen Stimme, wenn auch gedämpft wie durch eine Wand: Alle hohen Frequenzen fehlen, sodass das Ungeborene nur die Sprachmelodie empfängt – Prosodie genannt. Die wird offenbar ins kindliche Gedächtnis befördert, denn kaum ist es auf der Welt, bevorzugt das Kind eindeutig die Stimme der Mutter.

Und nicht nur das: Es zieht Sprachlaute anderen Geräuschen vor und reagiert verstärkt auf seine Muttersprache, wenn deren Melodie sich deutlich von der einer anderen Sprache unterscheidet. In Experimenten misst man mit einem Sensor-Schnuller die Intensität, mit der die Kleinen nuckeln. Je höher die Saugrate, desto interessierter das Kind. Nun konfrontierte man vier Tage alte Babys aus französisch sprechenden Familien mit einer Dame, die sowohl französisch als auch russisch mit ihnen sprach. Hörten sie ihre Muttersprache, stieg die Saugrate deutlich an.

Dies bedeutet keineswegs, dass sie mit den Lauten anderer Sprachen nicht umgehen könnten: Angenommen, ein deutsches Baby wüchse bei der südafrikanischen Sängerin Miriam Makeba auf, die ihm in der Bantusprache Xhosa Schlaflieder vorsänge, dann hätte das Kind jedem Erwachsenen eine Menge voraus. Sein kleines Gehirn begriffe die charakteristischen Klicklaute der Xhosa nämlich als Phoneme, also Sprachlaute, genauso wie a, m oder r – und nicht nur als kuriose Einsprengsel. Jedes gesunde Baby ist ein Universalgenie in Sachen Phoneme: Jeden der über 100 Sprachlaute der Welt erkennt es – beste Voraussetzung, auch jede Sprache zu lernen.

Wie praktisch wäre diese Fähigkeit, um im Erwachsenenalter Fremdsprachen zu lernen, ginge sie nicht nach dem zehnten Monat verloren. Dann entscheiden sich die Kleinen unbewusst für das Lautsystem der Sprache, die um sie herum gesprochen wird – wobei das auch mehrere Sprachen sein können [...].

Babys lernen ihre Sprache also unter anderem, indem sie etwas verlernen, sich auf ihre Muttersprache konzentrieren [...].

In diesem Alter sprechen sie noch nicht, sondern probieren lustvoll ihren Sprechapparat aus: bababa, gagaga – ein vermutlich universales Gebabbel, diese Silben sind bei Kindern in vielen Sprachen beliebt. Noch können ihre Artikulationsorgane nicht viel mehr. Wenn das Baby auf die Welt kommt, dann ähnelt sein Kehlkopf dem eines Äffchens: Er sitzt weit oben, sodass Nahrung an ihm vorbei in die Speiseröhre rutschen, das Kleine so atmen und schlucken zugleich kann. Erst nach sechs Monaten wird die Zunge beweglicher, der Kehlkopf rutscht nach unten, wodurch sich der Resonanzboden vergrößert [...].

Funktioniert das Artikulieren einigermaßen, legen manche Kinder gleich richtig los: etwa Nicolas Lugger. Ein gutes Jahr alt, hält er, lässig am Türrahmen lehnend, seinen Eltern einen Vortrag: Es klingt nach Sprache, aber Wörter sind es nicht, die der kleine Münchner da äußert. Nico trainiert seinen Sprechapparat, fühlt sich in die Satzmelodie seiner Muttersprache ein, und das mit deutlicher Begeisterung. „Jargon“ nennen Linguisten solche langen, unverständlichen Äußerungen vom Typ dädapedoh.

Aus dem reinen Brabbelspaß schälen sich plötzlich Protowörter heraus. „Bmbmbm“ für Auto etwa. Das Kind leistet jetzt bereits die „Abbildungsaufgabe“, wie die Linguistin Eve Clark von der Stanford University es nennt: Es bildet Wortformen auf die Bedeutungen ab, tritt in die Welt des Symbolischen ein. Der Schritt zum ersten echten Wort ist nun nicht mehr groß. Wenn die Mutter von „Papa“ spricht, obwohl dieser gerade das Zimmer verlassen hat, ist klar: Dieses Wort bedeutet etwas. In dieser Entwicklungsphase begreift das Kind unbewusst, dass Dinge nicht magisch verschwinden, wenn sie nicht mehr zu sehen sind. Mit etwa acht Monaten beherrscht es diese „Objektpermanenz“. Papa kommt wieder; Teddy ist nur unter der Bettdecke versteckt, aber nicht weg. Und jetzt kann es sich mit einer äußerst nützlichen Eigenschaft der Sprache vertraut machen: Dinge zu benennen, auch wenn sie gerade nicht vorhanden sind. Zum Beispiel „Mama“ und „Papa“.

Zwischen einem Jahr und 18 Monaten lernen viele Kinder die ersten 50 Wörter: Schuh, Oma, Popo, heiß und ffff für Kerze, notiert Annas Mutter Ute Schmid in das Sprachtagebuch ihrer Tochter, als diese 15 Monate alt ist. Viele der Wörter sind eigentlich Sätze oder Kommandos: „Arm“ heißt „Ich will auf den Arm!“. Manche müssen für ganz viele Bedeutungen herhalten. „Ei“, sagt Anna, als sie auf Mallorca zum ersten Mal Zitronen am Baum sieht. Die Früchte teilen die Merkmale „oval“ und „hängt am Baum“ mit den Ostereiern, die ihre Mutter kürzlich an die Forsythienzweige gehängt hatte. Offenbar gehen die Kinder nach solchen Merkmalslisten vor, feilen daran herum, hören immer wieder hin, wie die Erwachsenen Wörter benutzen – bis sie den richtigen Bezeichnungsdreh raus haben.

Mit 17 Monaten legt Anna den berühmten Vokabelspurt hin. Sechs Wörter täglich lernen Kinder jetzt im Schnitt, Ute Schmid notiert eine lange Liste. Das Tempo könnte an der „Benenneinsicht“ liegen: Ich sage ein Wort, und das bedeutet etwas! Also müssen ganz schnell viele Wörter her, damit ich allen Dingen einen Namen geben kann: Pinguin, Opa, Käse, gähnt, platsch! Wenn es um das Verknüpfen von Wörtern geht, behelfen sich Kinder erst mal mit dem „Telegrammstil“, wie Clara und Wilhelm Stern es nannten: „Du pusten!“ und „Maria Arm“ oder, ab etwa zwei Jahren, die Drei-Wort-Sätze wie „Papa Buch holen!“. Mit einfachsten grammatischen Mitteln äußern sie ihre Wünsche, woraus Jürgen Weissenborn das Prinzip der minimalen Struktur ableitet: Solange sie die Grammatik nicht beherrschen, nutzen sie nur eine Art Kondensat, verstehen allerdings schon viel mehr. [...] Und dann sagen sie plötzlich so etwas wie „Da is de buph!“ oder „Dummerweise mag ich keinen Blumenkohl“. Viele Kinder fangen mit zwei Jahren an, Verben zu beugen („ist“, „mag“). Zu Beginn des dritten Jahres befassen sie sich

mit dem Plural. Hier haben türkische Kinder einen großen Vorteil vor deutschen: Der Plural wird im Türkischen so regelmäßig gebildet, dass sie diesen schnell beherrschen. Deutsche Kinder schlagen sich mit Unregelmäßigkeiten wie Kind – Kinder, Apfel – Äpfel und Hund – Hunde noch lange herum.
Viele Fehler entpuppen sich als richtig begriffene Regeln – angewendet an der falschen Stelle. „Das Flugzeug ist in die Wolken weg-ge-geht", sagte Rasmus Kortshagen aus Hamburg mit drei Jahren, und ein halbes Jahr später beim Puzzlespiel: „Ich habe aber vieler!" statt „mehr". Gar nicht dumm, denn weggehen konjugiert er ähnlich wie wegwehen zu „weggeweht". Und „vieler" ist der Versuch, „viele" zu steigern – mit dem üblichen r am Ende.
Was für ein mühsames Geschäft das Sprachelernen ist, zeigt sich hier besonders deutlich: Richtig und falsch gehen lange Hand in Hand. Arabische Kinder brauchen bis fast in die Pubertät, um die vielen Kasus ihrer Sprache zu beherrschen; deutsche Kinder lernen diese bis zum dritten oder vierten Lebensjahr [...] Mit 30 Monaten wagen sich deutsche Kinder an Relativsätze. Bis zum fünften Lebensjahr beherrschen sie ihre Grammatik im Prinzip. Bis weit ins Schulalter hinein wird nachgebessert. Zeichen für viele Forscher, dass der Spracherwerb lange nicht so einfach ist, wie Noam Chomsky glaubte. Der Linguist war vor einigen Jahrzehnten mit der großen These angetreten, die Sprache sei eine angeborene Sache. Schließlich lernten Kinder ihre Muttersprache in Windeseile, während Erwachsene sich mit einer Fremdsprache abmühten. Beim Kind spule sich nur ein genetisch programmiertes Schema ab, glaubte Chomsky.
Andererseits braucht das Kind bis zu seinem fünften Lebensjahr, um die Grammatik seiner Sprache zu beherrschen. Und mühelos ist das eben auch nicht, denn die Fehlerrate ist erst mal groß. [...]

(2006)

1. Verschaffen Sie sich einen Überblick über den Text, indem Sie ihn gliedern und für die Sinnabschnitte Überschriften formulieren.
2. Wie lernen Kinder sprechen? Stellen Sie die Phasen des Spracherwerbs, die der Text benennt, übersichtlich dar. Wählen Sie dazu eine geeignete äußere Form (z. B. Tabelle, Grafik oder Zeitleiste).
3. Tragen Sie zusammen, welche aktuellen Forschungsergebnisse in diesem Text genannt werden. Machen Sie dabei auch deutlich, welche Erkenntnisse die Wissenschaft bereits gewonnen hat und in welchen Bereichen sie noch keine Antwort geben kann.
4. **Was Sie noch machen können:**
   Führen Sie eine kleine Untersuchung, z. B. in einem Kindergarten/einer Kindertagesstätte, durch. Halten Sie Ihre Beobachtungen zu Wortschatz, Satzbau, Satzlänge und zu typischen Regelverstößen in Beziehung zum Alter der Kinder in einem strukturierten Sachtext fest.

Die Menschheit lernt sprechen

Michelangelo (1475–1564): Die Erschaffung Adams (1508–12)

Neandertaler (Rekonstruktion)

1. Wie kommt der Mensch zur Sprache? Welche Antworten könnten in den Bildern enthalten sein?
2. Formulieren Sie selbst Hypothesen zur Entstehung der Menschheitssprache.

Biblischer Erklärungsansatz – Schöpfungsbericht

Im Anfang schuf Gott Himmel und Erde; die Erde aber war wüst und wirr, Finsternis lag über der Urflut und Gottes Geist schwebte über dem Wasser. Gott sprach: Es werde Licht. Und es wurde Licht. Gott sah, dass das Licht gut war. Gott schied das Licht von der Finsternis und Gott nannte das Licht Tag und die Finsternis nannte er Nacht. Es wurde Abend und es wurde Morgen: erster Tag. (Gen 1,1 ff)

Gott, der Herr, formte aus dem Ackerboden alle Tiere des Feldes und alle Vögel des Himmels und führte sie dem Menschen zu, um zu sehen, wie er sie benennen würde. Und wie der Mensch jedes lebendige Wesen benannte, so sollte es heißen. Der Mensch gab Namen allem Vieh, den Vögeln des Himmels und allen Tieren des Feldes. (Gen 2, 9–20a)

Pieter Brueghel d. Ä., Turmbau zu Babel (1563)

Alle Menschen hatten die gleiche Sprache und gebrauchten die gleichen Worte. Als sie von Osten aufbrachen, fanden sie eine Ebene im Land Schinar und siedelten sich dort an. Sie sagten zueinander: Auf, formen wir Lehmziegel, und brennen wir sie zu Backsteinen. So dienten ihnen gebrannte Ziegel als Steine und Erdpech als Mörtel. Dann sagten sie: Auf, bauen wir uns eine Stadt und einen Turm mit einer Spitze bis zum Himmel, und machen wir uns damit einen Namen, dann werden wir uns nicht über die ganze Erde zerstreuen. Da stieg der Herr herab, um sich Stadt und Turm anzusehen, die die Menschenkinder bauten. Er sprach: Seht nur, ein Volk sind sie, und eine Sprache haben sie alle. Und das ist erst der Anfang ihres Tuns. Jetzt wird ihnen nichts mehr unerreichbar sein, was sie sich auch vornehmen. Auf, steigen wir hinab, und verwirren wir dort ihre Sprache, sodass keiner mehr die Sprache des anderen versteht. Der Herr zerstreute sie von dort aus über die ganze Erde, und sie hörten auf, an der Stadt zu bauen. Darum nannte man die Stadt Babel (Wirrsal), denn dort hat der Herr die Sprache aller Welt verwirrt, und von dort aus hat er die Menschen über die ganze Erde zerstreut. (Gen 11,1–9)

Im Anfang war das Wort und das Wort war bei Gott und das Wort war Gott. (Joh 1,1)

1. Stellen Sie zusammen, welche Aussagen in der Bibel über die Sprache gemacht werden.
2. Die Bibel kann auch als philosophisches Werk verstanden werden. Insbesondere die uralten mythologischen Erzählungen lassen sich auch als „Warum-Geschichten“ verstehen, weil sie auf eine erzählende Weise versuchen, Antworten auf bestimmte Fragen zu geben. (Z. B. gibt der Mythos von der Vertreibung des Menschen aus dem Paradies eine Antwort auf Fragen wie z. B.: „Warum ist der Mensch von Gott getrennt?“, „Warum muss der Mensch harte Feldarbeit leisten, um sich zu ernähren, und warum erleidet eine Frau Schmerzen, wenn sie gebiert?“) Leiten Sie aus den oben aufgeführten Mythen die Fragen ab, die sich die Menschen über die Sprache stellten. Welche Antworten werden gegeben?
3. Wo sehen Sie Berührungspunkte zwischen den biblischen Aussagen zum Thema „Sprache“ und dem, was Sie bisher gelernt haben?

4. Beschreiben Sie die Zeichnungen und stellen Sie einen Zusammenhang zum Thema „Sprache“ her. Sehen Sie Anknüpfungspunkte zu einer der Theorien über Sprache, die Sie bereits kennengelernt haben?
5. Was sind die Merkmale der jeweiligen Zeichensysteme? Wodurch unterscheiden sie sich?
6. Überlegen Sie, worin die Ursachen für Wandlungsprozesse im System menschlicher Sprache liegen könnten.

Die Erfindung der Sprache – Ein Wettbewerb

Stellen Sie sich vor, am Schwarzen Brett Ihrer Schule hinge folgende Ausschreibung für einen journalistischen Schülerwettbewerb:

Berliner Akademie der Wissenschaften

WETTBEWERB

Wie ist Sprache entstanden?

Die Akademie sucht jemanden, der diese Frage in Form einer in sich stimmigen Hypothese beantworten kann. In dem schriftlich einzureichenden Beitrag soll deutlich erklärt werden, wie der Mensch zu dem kam, was heute als „typisch menschlich" gilt, nämlich seiner Sprache. Es gilt zu ergründen, wann, wo und warum es zu dieser evolutionären Neuerung gekommen ist.

1. Zur Vorbereitung Ihres Wettbewerbsbeitrags notieren Sie zunächst stichwortartig Ihre ganz persönlichen Überlegungen.
2. Besprechen Sie Ihre Ideen in einer Kleingruppe und bilden Sie gemeinsam schriftliche Hypothesen zur Frage der Sprachentstehung.

Johann Gottfried Herder (1744 – 1803)

Abhandlung über den Ursprung der Sprache (Auszug I)

Johann Gottfried Herder war Schriftsteller, Philosoph und Theologe. Er gehörte, zusammen mit Goethe und Schiller, zu den bedeutendsten Personen des Sturm und Drang und der Weimarer Klassik.
Die folgenden Thesen entstammen der „Abhandlung über den Ursprung der Sprache", mit der Herder 1769 an dem Wettbewerb der Berliner Akademie der Wissenschaften teilgenommen hat. Er gewann mit diesem Beitrag den Wettbewerb.

Erster Teil

Haben die Menschen, ihren Naturfähigkeiten überlassen, sich selbst Sprache erfinden können?

Erster Abschnitt

Schon als Tier hat der Mensch Sprache. Alle heftigen und die heftigsten unter den heftigen, die schmerzhaften Empfindungen seines Körpers, alle starke Leidenschaften seiner Seele äußern sich unmittelbar in Geschrei, in Töne, in wilde, unartikulierte Laute. Ein leidendes Tier sowohl als der Held Philoktet[1], wenn es der Schmerz anfallet, wird wimmern, wird ächzen, und wäre es gleich verlassen, auf einer wüsten Insel, ohne Anblick, Spur und Hoffnung eines hülfreichen Nebengeschöpfes. [...]
Selbst die feinsten Saiten des tierischen Gefühls (ich muss mich dieses Gleichnisses bedienen, weil ich für die Mechanik fühlender Körper kein besseres weiß!), selbst die Saiten, deren Klang und Anstrengung gar nicht von Willkür und langsamen Bedacht herrühret, ja deren Natur noch von aller forschenden Vernunft nicht hat erforscht werden können, selbst die sind in ihrem ganzen Spiele, auch ohne das Bewusstsein fremder Sympathie zu einer Äußerung auf andre Geschöpfe gerichtet. Die geschlagne Saite tut ihre Naturpflicht: sie klingt, sie ruft einer gleich fühlenden Echo,[2] selbst wenn keine da ist, selbst wenn sie nicht hoffet und wartet, dass ihr eine antworte. [...] *Diese Seufzer, diese Töne sind Sprache. Es gibt also eine Sprache der Empfindung, die unmittelbares Naturgesetz ist.* [...]
Nun sind freilich diese Töne sehr einfach; und wenn sie artikuliert und als Interjektionen aufs Papier hinbuchstabiert werden, so haben die entgegengesetztesten

[1] **Philoktet:** Gestalt aus der griechischen Mythologie. Der Sage nach nahm dieser Held an dem Kampf ums Goldene Vlies und am Trojanischen Krieg teil. – [2] **Echo:** Gestalt aus der griechischen Mythologie, nach der das Phänomen des Echos benannt ist.Hier im Sinne von: Sie ruft nach dem Echo einer gleich fühlenden Saite.

Empfindungen fast einen Ausdruck. Das matte Ach ist sowohl Laut der zerschmelzenden Liebe als der sinkenden Verzweiflung; das feurige O sowohl Ausbruch der plötzlichen Freude als der auffahrenden Wut, der steigenden Bewunderung als des zuwallenden Bejammerns; allein sind denn diese Laute da, um als Interjektionen aufs Papier gemalt zu werden? [...]

Ich kann hier noch nicht von der geringsten *menschlichen* Bildung der Sprache reden, sondern nur rohe Materialien betrachten. Noch existiert für mich kein Wort, sondern nur Töne zum Wort einer Empfindung [...]

Wollen wir also diese unmittelbaren Laute der Empfindung Sprache nennen, so finde ich ihren Ursprung allerdings sehr natürlich. *Er ist nicht bloß nicht übermenschlich, sondern offenbar tierisch: das Naturgesetz einer empfindsamen Maschine.*

Aber ich kann nicht meine Verwunderung bergen, dass Philosophen, das ist Leute, die deutliche Begriffe suchen, je haben auf den Gedanken kommen können, *aus diesem Geschrei der Empfindungen den Ursprung menschlicher Sprache zu erklären*: denn ist diese nicht offenbar ganz etwas anders? Alle Tiere, bis auf den stummen Fisch, tönen ihre Empfindung: deswegen aber hat doch kein Tier, selbst nicht das vollkommenste, den geringsten, eigentlichen Anfang zu einer menschlichen Sprache. Man bilde und verfeinere und organisiere dies Geschrei, wie man wolle; wenn kein Verstand dazukommt, diesen Ton mit Absicht zu brauchen, so sehe ich nicht, wie nach dem vorigen Naturgesetze je menschliche, willkürliche Sprache werde. Kinder sprechen Schälle der Empfindung, wie die Tiere; ist aber die Sprache, die sie von Menschen lernen, nicht ganz eine andre Sprache? [...]

Dass der Mensch den Tieren an Stärke und Sicherheit des Instinkts weit nachstehe, ja dass er das, was wir bei so vielen Tiergattungen angeborne Kunstfähigkeiten und Kunsttriebe nennen, gar nicht habe, ist gesichert; [...] Jedes Tier hat seinen Kreis, in den es von der Geburt an gehört, gleich eintritt, in dem es lebenslang bleibet und stirbt. Nun ist es aber sonderbar, dass *je schärfer die Sinne der Tiere, je stärker und sichrer ihre Triebe und je wunderbarer ihre Kunstwerke sind, desto kleiner ist ihr Kreis, desto einartiger ist ihr Kunstwerk.* Ich habe diesem Verhältnisse nachgespüret, und ich finde überall eine wunderbar beobachtete umgekehrte Proportion zwischen der mindern Extension ihrer Bewegungen, Elemente, Nahrung, Erhaltung, Paarung, Erziehung, Gesellschaft und ihren Trieben und Künsten. Die Biene in ihrem Korbe bauet mit der Weisheit, die Egeria[1] ihrem Numa nicht lehren konnte; aber außer diesen Zellen und außer ihrem Bestimmungsgeschäft in diesen Zellen ist sie auch nichts. Die Spinne webet mit der Kunst der Minerva[2]; aber alle ihre Kunst ist auch in diesen engen Spinnraum verwebet; das ist ihre Welt! Wie wundersam ist das Insekt und wie enge der Kreis seiner Würkung! [...]

Je vielfacher die Verrichtungen und Bestimmung der Tiere, je zerstreuter ihre Aufmerksamkeit auf mehrere Gegenstände, je unsteter ihre Lebensart, kurz, je größer und vielfältiger ihre Sphäre ist, desto mehr sehen wir ihre Sinnlichkeit sich verteilen und schwächen. [...]

Der Mensch hat keine so einförmige und enge Sphäre, wo nur *eine* Arbeit auf ihn warte: eine Welt von Geschäften und Bestimmungen liegt um ihn.

Seine Sinne und Organisation sind nicht auf eins geschärft: er hat Sinne für alles und natürlich also für jedes einzelne schwächere und stumpfere Sinne.

Seine Seelenkräfte sind über die Welt verbreitet; keine Richtung seiner Vorstellungen auf ein Eins: mithin kein Kunsttrieb, keine Kunstfertigkeit – und, das eine gehört hier näher her, *keine Tiersprache.*

(1772)

1. Erschließen Sie sich den Inhalt des Textes, indem Sie Schlüsselbegriffe markieren.
2. Stellen Sie die Unterschiede zwischen Mensch und Tier nach Herder einander gegenüber, zum Beispiel in Form einer Tabelle.
3. In der Soziologie wird der Mensch u. a. als ein „Mängelwesen" (Arnold Gehlen) beschrieben, das sich Kultur schaffen muss, um zu überleben. Der Mensch sei anders als das Tier biologisch nicht mehr durch spezifische Merkmale (wie z. B. Krallen, Fell) an seine natürliche Umgebung angepasst und in einem bestimmten Lebensraum verankert, sondern zeichne sich im Gegenteil durch seine Weltoffenheit und Fähigkeit zum Kulturschaffen aus. Setzen Sie diesen Gedanken in Beziehung zu Herders Theorie.
4. Welche Merkmale menschlicher Sprache werden benannt?

[1] **Egeria:** Nach der römischen Mythologie eine Nymphe und die Geliebte des Königs Numa Pompilius. Es heißt, sie habe ihn stets bei wichtigen Entscheidungen beraten und so dazu beigetragen, dass er als weiser Gesetzgeber in Erinnerung geblieben ist. – [2] **Minerva:** römische Göttin der Weisheit, der Strategie und des Kampfes sowie des Handwerks und der Künste

Johann Gottfried Herder (1744–1803)

Abhandlung über den Ursprung der Sprache (Auszug II)

Der Mensch, in den Zustand von Besonnenheit gesetzt, der ihm eigen ist, und diese Besonnenheit (Reflexion) zum ersten Mal frei würkend, hat Sprache erfunden. Denn was ist Reflexion? Was ist Sprache? Diese Besonnenheit ist ihm charakteristisch eigen und seiner Gattung wesentlich: so auch Sprache und eigne Erfindung der Sprache. *Erfindung der Sprache ist ihm also so natürlich, als er ein Mensch ist!* Lasset uns nur beide Begriffe entwickeln: Reflexion und Sprache.

Der Mensch beweiset Reflexion, wenn die Kraft seiner Seele so frei würket, dass sie in dem ganzen Ozean von Empfindungen, der sie durch alle Sinnen durchrauschet, *eine* Welle, wenn ich so sagen darf, absondern, sie anhalten, die Aufmerksamkeit auf sie richten und sich bewusst sein kann, dass sie aufmerke. Er beweiset Reflexion, wenn er aus dem ganzen schwebenden Traum der Bilder, die seine Sinne vorbeistreichen, sich in ein Moment des Wachens sammlen, auf einem Bilde freiwillig verweilen, es in helle ruhigere Obacht nehmen und sich Merkmale absondern kann, dass dies der Gegenstand und kein andrer sei. Er beweiset also Reflexion, wenn er nicht bloß alle Eigenschaften lebhaft oder klar erkennen, sondern eine oder mehrere als unterscheidende Eigenschaften bei sich *anerkennen* kann: der erste Aktus dieser Anerkenntnis gibt deutlichen Begriff; es ist das erste Urteil der Seele – und –

Wodurch geschahe die Anerkennung? Durch ein Merkmal, was er absondern musste und was, als Merkmal der Besinnung, deutlich in ihn fiel. Wohlan! lasset uns ihm das ευρεκα[1] zurufen! *Dies erste Merkmal der Besinnung war Wort der Seele! Mit ihm ist die menschliche Sprache erfunden!*

Lasset jenes Lamm, als Bild, sein Auge vorbeigehn: ihm wie keinem andern Tiere. Nicht wie dem hungrigen, witternden Wolfe! nicht wie dem blutleckenden Löwen – die wittern und schmecken schon im Geiste! die Sinnlichkeit hat sie überwältigt! der Instinkt wirft sie darüber her! – Nicht wie dem brünstigen Schafmanne, der es nur als den Gegenstand seines Genusses fühlt, den also wieder die Sinnlichkeit überwältigt und der Instinkt darüber herwirft. Nicht wie jedem andern Tier, dem das Schaf gleichgültig ist, das es also klardunkel vorbeistreichen lässt, weil ihn sein Instinkt auf etwas anders wendet. – Nicht so dem Menschen! Sobald er in die Bedürfnis kommt, das Schaf kennenzulernen, so störet ihn kein Instinkt, so reißt ihn kein Sinn auf dasselbe zu nahe hin oder davon ab: es steht da, ganz wie es sich seinen Sinnen äußert. Weiß, sanft, wollicht – seine besonnen sich übende Seele sucht ein Merkmal – das Schaf *blöket*! sie hat Merkmal gefunden. Der innere Sinn würket. Dies Blöken, das ihr am stärksten Eindruck macht, das sich von allen andern Eigenschaften des Beschauens und Betastens losriss, hervorsprang, am tiefsten eindrang, bleibt ihr. Das Schaf kommt wieder. Weiß, sanft, wollicht – sie sieht, tastet, besinnet sich, sucht Merkmal – es blökt, und nun erkennet sies wieder! „Ha! du bist das Blökende!“, fühlt sie innerlich, sie hat es menschlich erkannt, da sies deutlich, das ist mit einem Merkmal, erkennet und nennet.

Dunkler? So wäre es ihr gar nicht wahrgenommen, weil keine Sinnlichkeit, kein Instinkt zum Schafe ihr den Mangel des Deutlichen durch ein lebhafteres Klare ersetzte. Deutlich unmittelbar, ohne Merkmal? So kann kein sinnliches Geschöpf außer sich empfinden, da es immer andre Gefühle unterdrücken, gleichsam vernichten und immer den Unterschied von zween durch ein drittes erkennen muss. Mit einem Merkmal also? Und was war das anders als *ein innerliches Merkwort*? Der *Schall* des Blökens, von einer menschlichen Seele als Kennzeichen des Schafs wahrgenommen, ward, kraft dieser Besinnung, *Name* des Schafs, und wenn ihn nie seine Zunge zu stammeln versucht hätte. Er erkannte das Schaf am Blöken: es war gefasstes Zeichen, bei welchem sich die Seele an eine Idee deutlich besann – was ist das anders als Wort? Und was ist die ganze menschliche Sprache als eine Sammlung solcher Worte? Käme er also auch nie in den Fall, einem andern Geschöpf diese Idee zu geben, und also dies Merkmal der Besinnung ihm mit den Lippen vorblöken zu wollen oder zu können, seine Seele hat gleichsam in ihrem Inwendigen geblökt, da sie diesen Schall zum Erinnerungszeichen wählte, und wiedergeblökt, da sie ihn daran erkannte – *die Sprache ist erfunden! ebenso natürlich und dem Menschen notwendig erfunden, als der Mensch ein Mensch war.*

(1772)

[1] Grch.: „Heureka!“ – „Ich habe es gefunden!“ Dies soll Archimedes bei der Entdeckung eines nach ihm benannten physikalischen Prinzips gerufen haben.

1. Erschließen Sie den Text, indem Sie ihn zunächst sorgfältig lesen und Wesentliches markieren.
2. Wählen Sie fünf Begriffe aus dem Text, die Sie für besonders wichtig halten. Erläutern Sie sie inhaltlich und begründen Sie Ihre Auswahl.
3. Erklären Sie, was Herder unter „Besonnenheit" (Reflexion) versteht. Verfassen Sie eine kurze Definition des Begriffs auf der Grundlage des Textes.
4. Erstellen Sie ein Schaubild, das die Kerngedanken des Textes zur Sprachentstehung verdeutlicht.
5. Vergleichen Sie Herders Abhandlung mit Ihren eigenen Hypothesen. Welche Gemeinsamkeiten und Unterschiede gibt es?
6. Stellen Sie sich vor, Sie läsen in einem Internet-Blog diese Frage eines Schülers: „Wie hat denn nun der Mensch laut Herder die Sprache erfunden?" Schreiben Sie in Form eines strukturierten Sachtextes (➲ s. S. 573 f.) eine Antwort.
7. Nehmen Sie die beiden Textausschnitte noch einmal zusammenfassend in den Blick: Wo stößt Herders Erklärungsansatz an Grenzen? Welche Fragen bleiben offen?

David Crystal (geb. 1941)

Populäre Theorieansätze zur Sprachursprungsfrage

Otto Jespersen

Der dänische Linguist Otto Jespersen (1860–1943) hat die vielen Theorien über den Ursprung der Sprache(n) in vier Typen gegliedert und einen eigenen fünften Typus hinzugefügt. Inzwischen haben sie auch Spitznamen erhalten:

- *Die „Wau-Wau" Theorie*: Sprache ist dadurch entstanden, dass die Menschen die Laute der Tiere ihrer Umgebung imitiert haben, insbesondere Tierlaute. Als „Beweis" werden die onomatopoetischen Wörter gewertet.
- *Die „Pu-Pu" („Aua") Theorie*: Sprache entstand dadurch, dass die Menschen instinktiv bestimmte Laute äußerten, die durch Wut oder andere Gefühle ausgelöst wurden. Als Beweis führt man die Interjektionen an. [...]
- *Die „Ding-Dong" Theorie*: Sprache entstand dadurch, dass die Menschen auf Reize ihrer Umgebung mit eigenen Lauten reagierten (= orale Gesten). Als Beispiel wird oft das Wort „Mama" genannt, das die Bewegung der Lippen symbolisiert, die sich der Mutterbrust nähern. Genannt wurden auch Wörter wie „bye-bye" oder „ta-ta" (= englische Kindersprache) als Reaktion auf das Winken beim Verabschieden. [...]
- *Die „ye-he-ho" Theorie*: Sprache entstand, weil die Menschen zusammenarbeiten mussten und ihre gemeinsame physische Anstrengung gemeinsame rhythmische Laute auslöste. Diese entwickelten sich zu rhythmischem Sing-Sang und dann zur Sprache. Als Beweis sieht man den Rhythmus und die Prosodie[1] der gesprochenen Sprache an. [...]
- *Die „La-La" Theorie*: Jespersen selbst vermutete, dass – wenn es nur einen auslösenden Faktor für die Sprachenentstehung geben sollte – die romantische Seite des Lebens dafür verantwortlich sei. Er meinte, entscheidend für die Entstehung der Sprache seien Laute, die sich mit Liebe, Spiel, Poesie und Gesang verbinden. [...] *(1995)*

1. Nehmen Sie Stellung zu den verschiedenen Theorien zur Entstehung von Sprache. Wie realistisch erscheinen sie Ihnen?
2. Stellen Sie diese Ansätze in Beziehung zum Denkmodell von Herder sowie zu Ihren eigenen Hypothesen zur Sprachentstehung. Wo sehen Sie Übereinstimmungen und Unterschiede?
3. Die Frage nach der Entstehung der Sprache kann bis heute nur unzureichend beantwortet werden und alle Theorien hierzu fallen in den Bereich der Spekulationen. Im 19. Jahrhundert entschloss sich die linguistische Gesellschaft in Paris daher zu einer drastischen Maßnahme: Sie veröffentlichte im Jahr 1866 einen Erlass, der die Diskussionen über den Ursprung der Sprache während ihrer Sitzungen verbot. Formulieren Sie ein Plädoyer für oder gegen diesen Erlass.
4. Können Sie sich moderne Forschungsansätze für die Frage nach der Entstehung der Sprache vorstellen?

[1] **Prosodie:** die Gesamtheit sprachlicher Eigenschaften (umfassend z. B. Intonation, Sprachmelodie, Stimmlage ...)

Derek Bickerton (geb. 1926)

Über die Entstehung der Sprache – ein Interview

Die Frage nach dem Ursprung der Sprache ist nach wie vor unbeantwortet. Sie beschäftigt die Wissenschaft auch in der Gegenwart.

Der Sprachforscher Derek Bickerton untersuchte mehrere Jahre lang die wundersame Sprache von Einwanderern in Hawaii. Während sich die aus vielen Herkunftsländern stammenden Eltern nur mühsam mit einem einfachen Pidgin[1]-Dialekt untereinander verständigen konnten, haben deren Kinder eine neue gemeinsame Sprache aus dem babylonischen Sprachgewirr geschaffen. Für den 76-jährigen Linguisten von der University of Hawaii waren die Feldstudien der Anstoß, nach dem Ursprung der Sprache zu forschen. Für seine viel beachtete Theorie zur Sprachentstehung greift der Buchautor auch auf die Erkenntnisse der modernen Hirnforschung zurück. Seine Forschungsergebnisse werden in dem folgenden Interview deutlich:

SPIEGEL: Herr Professor Bickerton, wenn man Ihnen plötzlich Ihr Sprachvermögen rauben würde, wären Sie damit auch eines Teils Ihres Menschseins beraubt?

Bickerton: Absolut, ohne Frage. Wenn uns irgendeine Katastrophe das antun würde, dann würde die Gesellschaft fast binnen Minuten kollabieren. Es würde nichts mehr gelten – keine Gesetze, keine Vereinbarungen, es gäbe keinerlei Verständnis mehr untereinander.

SPIEGEL: Ist die Sprache demnach noch wichtiger für uns als unsere anderen Sinne?

Bickerton: In gewissem Sinne schon: Sie können ein Mensch bleiben, auch wenn Sie nicht mehr sehen können. Selbst wer taub und blind zugleich ist, kann noch sprechen lernen.

SPIEGEL: Bedeutet das, dass ein Kleinkind, während es das Sprechen lernt, eigentlich erst Schritt für Schritt zum Menschen wird?

Bickerton: Nein, so würde ich das nicht formulieren. Denn ein großer Teil unseres Sprachsinns ist ja schon von Geburt an vorhanden. Fast könnte man sagen: Wir lernen die Sprache nicht, sondern wir lassen sie in uns wachsen.

SPIEGEL: Glauben Sie, dass sich in der Art, wie ein Kind Schritt um Schritt erst Wörter und dann schließlich auch grammatische Strukturen begreift, die Evolution der Sprache gleichsam nachvollzieht?

Bickerton: Ja, in einem groben Sinne durchaus. Ich gehe davon aus, dass unsere Vorfahren zunächst nur Wörter ausstoßen konnten, aber keinerlei Sätze. Und dabei blieb es vermutlich sehr lange, vielleicht zwei Millionen Jahre lang. Grammatikalisch strukturierte Sprache, wie wir sie heute kennen, entstand erst viel später, wahrscheinlich vor rund 100 000 Jahren. [...] Irgendeinen Faktor X muss es gegeben haben, der symbolische Kommunikation zu einem entscheidenden Vorteil im Überlebenskampf machte.

SPIEGEL: Und was war Ihrer Meinung nach dieser rätselhafte Faktor X?

Bickerton: Ich glaube, dass es die veränderte Ökologie war, die den Ausschlag gab. Heutige Menschenaffen leben allesamt im Wald. Unsere Vorfahren hingegen lebten in tropischen Steppen, in offenem Grasland, in dem es allenfalls entlang den Flüssen ein paar Galeriewälder gab.

SPIEGEL: Aber im Wald lässt sich doch ebenso gut plaudern wie auf der Wiese?

Bickerton: Zwei Dinge müssen sich damals für den Urmenschen grundlegend verändert haben. Zunächst einmal war die Nahrung auf einer viel größeren Fläche verstreut. Ein Affe im Wald kann sich von Früchten und Nüssen ernähren und vielleicht dann und wann noch einen kleineren Affen jagen. In der Savanne hingegen ist Futter nur weit verstreut zu finden, und zudem variiert das Nahrungsangebot erheblich mit der Jahreszeit. Der zweite, vielleicht noch wichtigere Unterschied sind die Feinde: Vor knapp zwei Millionen Jahren, als der Homo erectus lebte, gab es acht verschiedene Gattungen von Raubtieren – große wolfartige Bestien, mächtige Säbelzahntiger und eine Fülle weiterer wilder Tiere –, die inzwischen allesamt ausgestorben sind. Das Leben in der Savanne muss also extrem gefährlich gewesen sein.

[1] **Pidgin:** reduzierte Sprache, die entstehen kann, wenn Vertreter unterschiedlicher Sprachen erstmals aufeinandertreffen und sich miteinander verständigen, ohne die Eigenarten der jeweils anderen Sprache zu kennen; Mischsprache

SPIEGEL: Aber noch mal: Wozu da Sprache? Schimpfwörter werden die Räuber kaum in die Flucht geschlagen haben.

Bickerton: Ich stelle mir das so vor: Um Raubtiere zu verscheuchen, brauchte es Gruppen von sicher 30 oder 40 Individuen. Um aber Futter zu finden, wird es nötig gewesen sein, diese aufzuteilen in Trupps von vielleicht acht oder zehn. Nur, wenn die auf ihren Streifzügen etwas gefunden hatten und dann zurückkamen: Wie sollten sie den anderen sagen, wohin sie gehen sollten? Dazu gab es nur einen Weg: Sie mussten irgendeine Form der symbolischen Kommunikation finden.

SPIEGEL: Der Mensch fand also zur Sprache wie die Biene zum Schwänzeltanz?

Bickerton: Ja, ganz genau. Das ist doch hochinteressant: Die einzigen Wesen im Tierreich, die ein System symbolischer Kommunikation entwickelt haben, sind die Bienen. Und die sind, genau wie es unsere Vorfahren gewesen sein müssen, weiträumige Sammler von Futter.

SPIEGEL: Ein Tanz wäre auch für den Menschen eine nette Alternative zum Stammeln von Wörtern gewesen ...

Bickerton: ... aber Laute waren wahrscheinlich schon sehr früh überlegen, zum Beispiel, weil es möglich war, Geräusche zu imitieren. Stellen Sie sich vor, ein Urmensch findet einen Mammutkadaver und kehrt zu den Seinen zurück. Dann könnte er „Öööööchchch" gesagt haben und so gemacht haben (deutet Stoßzähne an).

SPIEGEL: Aha, das erste Wort der Menschheit lautete also „Oöööchchch" und bedeutete „Mammut"?

Bickerton: Warum nicht? Jedenfalls hieß es sicher nicht „hallo" oder „tschüs", wie man es annehmen müsste, wenn die Fortentwicklung der sozialen Intelligenz die Triebfeder der Sprachentwicklung gewesen wäre.

SPIEGEL: Warum aber dauerte es noch zwei Millionen Jahre vom „Oöööchchch" bis zum ersten echten Satz?

Bickerton: Ja, das ist verblüffend – zumal es erstaunlich wenig bedarf, um eine Sprache mit Syntax zu erzeugen. Das Wesentliche, was man benötigt, ist eine sogenannte Argumentstruktur. Um einen Satz zu bilden, muss man wissen, wer der Handelnde ist, wem die Handlung widerfährt, was das Ziel der Handlung ist und so weiter. Es gibt acht oder zehn thematische Rollen – über die genaue Zahl streiten sich die Linguisten –, die ein Begriff innerhalb eines Satzes spielen kann. Diese Argumentstruktur muss das Hirn begreifen.

Altsteinzeitlicher Jäger beim Streifzug (Rekonstruktion)

SPIEGEL: Wurde der Mensch, als er den Schritt zu dieser Grundstruktur getan hatte, plötzlich intelligenter?

Bickerton: Mir behagt der Begriff „Intelligenz" nicht. Was soll das sein? Es gibt viele Arten von Intelligenz.

SPIEGEL: Also fragen wir so: Half die Grammatik dem Menschen, bessere Werkzeuge oder Geräte zu bauen?

Bickerton: Die Antwort darauf lautet eindeutig: Ja. Es ist ja eine von vielen Paläoanthropologen beharrlich ignorierte Tatsache, dass sich die Werkzeuge des Menschen zweieinhalb Millionen Jahre lang praktisch überhaupt nicht verändert haben. Nehmen Sie den Faustkeil – ein wunderschönes, zweifellos nützliches Gerät: Es wurde, ohne jegliche Modifikation, eine Million Jahre lang benutzt. Stellen Sie sich vor, General Motors präsentiert ein neues Auto und erklärt dazu: „Dieser Wagen ist so perfekt, dass ihn noch Ihre Ururenkel in einer Million Jahren fahren werden." Für uns klänge das absurd. Ich gehe sogar so weit zu sagen: Wer so denkt, denkt nicht menschlich. Er ist noch sehr weit davon entfernt, menschlich zu sein.

SPIEGEL: Und all das änderte sich mit der Grammatik; die Syntax machte den Menschen erst zum Menschen?

Bickerton: Davon gehe ich aus. Sicher ist: Vor rund 100 000 Jahren hat sich ein abrupter Wandel vollzogen. Plötzlich beginnt der Mensch, raffinierte Werkzeuge zu bauen, Schmuck herzustellen, Handel zu treiben – all das zu tun, was wir heute Kultur nennen. Was kann der Auslöser gewesen sein? Die Syntax! Denn wenn Sie etwas planen, irgendetwas auch nur halbwegs Kompliziertes, dann brauchen Sie „Wenns" und „Weils", das heißt, Sie brauchen verschachtelte Sätze. Ohne diese verharren Sie im Hier und Jetzt. [...]

SPIEGEL: Half uns die Sprache nur, unsere Gedanken anderen mitzuteilen, oder machte sie es überhaupt erst möglich, sie zu denken?

Bickerton: Oh, wenn Sie komplexere Gedanken meinen, dann bin ich überzeugt davon, dass sie ohne Sprache nicht möglich sind. Natürlich können auch Tiere „denken", wenn damit „geistige Operationen vollführen" gemeint ist. Eine Fledermaus muss enorm viel rechnen, um eine Motte fangen zu können, und sie übertrifft uns Menschen dabei um ein Vielfaches. Würden wir das versuchen, die Motte wäre längst weg.

Aber die Syntax ist es, die uns jene geistigen Operationen vollbringen lässt, die uns vor allen anderen Spezies auszeichnen. Sie erlaubt uns, einen endlosen Strom ständig neuer Überlegungen anzustellen. Dank ihrer treiben wir Philosophie, erkunden wir das Universum, oder wir ziehen uns Ringe durch die Nase und färben unsere Haare blau.

(DER SPIEGEL, 43/2002, S. 223 ff.)

1. Erläutern und diskutieren Sie, welchen Stellenwert Bickerton dem Sprachvermögen beimisst. Wie hätten Sie auf die erste Frage des „Spiegel" geantwortet (vgl. Z. 1 ff.)?

2. Zeichnen Sie Bickertons Auffassung zur Entstehung der Sprache nach und stellen Sie seine Kernaussagen zur Sprachentstehung thesenartig zusammen. Können Sie sie in der Typologie nach Jespersen (vgl. S. 458) wiederfinden?

3. Erklären Sie, welche Vorteile die symbolische Kommunikation für die Menschheitsentwicklung nach Auffassung Bickertons geboten hat.

4. Beschreiben Sie den Zusammenhang zwischen Grammatik bzw. Syntax und Intelligenz.

5. Vergleichen Sie Bickertons Erklärungsansatz mit den Ihnen bisher bekannten Denkansätzen zur Sprachursprungsfrage. Wo erkennen Sie Parallelen, wo Unterschiede?

6. **Was Sie noch machen können:**
   a) Stellen Sie sich vor, Herder und Bickerton könnten sich begegnen. Führen Sie ein Gespräch zur Frage des Sprachursprungs durch, in dem die Wissenschaftler miteinander streiten.
   b) Verfassen Sie einen Essay, der Ihre Hypothesen zur Sprachentstehung zusammenhängend darstellt.
   Dabei kommt es nicht auf wissenschaftliche Exaktheit an, sondern darauf, dass Ihr Text in sich stimmig ist. Tragen Sie Ihre Ergebnisse vor. Küren Sie einen Wettbewerbsgewinner und formulieren Sie eine Jury-Begründung für Ihre Wahl.

➔ Einen Essay schreiben, s. S. 591 f.

Rhetorik –
Die Kunst der Rede

1| Der römische Konsul Cicero beschuldigt den Senator Catilina der Verschwörung (8.11.63 v. Chr.), Gemälde von Cesare Maccari

2| Martin Luther vor dem Wormser Reichstag (17./18.4.1521)
(Historiengemälde aus dem 19. Jahrhundert)

3| Der NS-Propagandaminister Joseph Goebbels hält eine Rede im Sportpalast (18.2.1943)

Schon immer verwandten Parteien und Politiker große Mühe darauf, die Öffentlichkeit durch Reden zu überzeugen und für sich einzunehmen. Von einigen dieser Reden gingen entscheidende politische Impulse aus, andere wiederum kommentierten ein Ereignis so treffend, dass Zitate aus ihnen geradezu zu geflügelten Worten wurden.
Dies allein könnte eine Beschäftigung mit dem Thema bereits rechtfertigen, doch es gibt noch eine zweite Facette: Gerade in Deutschland besitzt die Rhetorik auch einen sehr zweifelhaften Ruf. Dies hängt u. a. mit der Erfahrung des Nationalsozialismus zusammen, als Redner wie Joseph Goebbels oder Adolf Hitler die Massen durch eine manipulative Inszenierung faszinierten und für ihre verbrecherischen Ziele vereinnahmten. Deshalb lohnt sich die Beschäftigung mit Reden, da es wichtig ist, Strategien der Manipulation zu erkennen und gängige rhetorische Mittel zur Beeinflussung der Zuhörer zu entschlüsseln.

1. Nennen Sie öffentliche und private Anlässe, zu denen heute üblicherweise Reden gehalten werden. Welche Erfahrungen haben Sie selbst mit eigenen Reden gemacht?
2. Redner versuchten zu allen Zeiten, durch die Schaffung eines angemessenen äußeren Rahmens die Wirkung ihrer Reden zu unterstützen. Weisen Sie dies an den Abbildungen 3–5 nach.
3. Beschreiben Sie die Abbildungen. Welche Erwartungen an die jeweilige Rede lösen sie bei Ihnen aus?
4. Recherchieren Sie, welche Reden zu diesen Anlässen jeweils gehalten wurden und welche Wirkung von ihnen ausging. Formulieren Sie hiervon ausgehend ein kurzes Statement zu Möglichkeiten, aber auch zu Grenzen der Beeinflussung durch Rhetorik.
5. Die antike Rhetorik unterscheidet zwischen Gerichtsreden, politischen Reden und Festreden. Weisen Sie die abgebildeten Redesituationen einem Typus zu und ermitteln Sie mögliche Gemeinsamkeiten und Unterschiede zwischen diesen Redetypen.
6. Der antike Philosoph Sokrates gehörte zu den schärfsten Kritikern der Rhetorik in der Antike. Welchen Vorwurf könnte er ihr gemacht haben? Recherchieren Sie zur Person des Sokrates und ermitteln Sie, welche Rolle die Rhetorik bei seiner Verurteilung spielte. Diskutieren Sie anschließend, welche Anwendung der Rhetorik Sie für verantwortbar halten.

4| Bundespräsident Richard von Weizsäcker bei einer Rede vor dem Bundestag zum 40. Jahrestag des Endes des Zweiten Weltkriegs (8.5.1985)

5| Angela Merkel bei einer Rede auf der Bösebrücke (9.11.2009)

1 Reden an und über die Jugend

Abseits der großen Politik haben sich Herrscher und Politiker immer wieder direkt an Jugendliche gewandt, um die kommende Generation für sich einzunehmen und dieser die eigenen Wertvorstellungen zu vermitteln. Die zu diesen Anlässen gehaltenen Reden verraten viel über die Wege und Irrwege der deutschen Geschichte, welchen Platz man Jugendlichen einzuräumen bereit war und welche Erwartungen man an sie stellte.

Kaiser Wilhelm II. (1859 – 1941)

Rede bei der Fahnenübergabe an die Prima des Gymnasiums in Kassel, gehalten am 19. August 1911

Unterricht an einem Gymnasium im Kaiserreich (Szene aus dem Spielfilm „Der ganz große Traum", 2010)

Wilhelm II. (deutscher Kaiser 1888 – 1918)

Ich habe beschlossen, der Prima[1] statt der Fahne, die Meine Eltern gestiftet haben, als Ich Schüler war, und die ein Opfer der Zeit geworden ist, eine neue sticken zu lassen. Das Gymnasium hat darum gebeten, die alte zurückzubekommen. Ich werde sie zurechtmachen lassen, damit sie aufgehängt werden kann; Ich wünsche durch sie die Erinnerung daran erhalten zu sehen, dass aus Ihrer Anstalt und deren Arbeit ein deutscher Kaiser hervorgegangen ist.

Sie beschäftigen sich mit dem Studium der Antike. Legen Sie dabei den Hauptwert nicht auf die Einzelheiten des politischen Lebens; denn diese Verhältnisse haben sich so geändert, dass sie nicht mehr auf die Jetztzeit übertragen werden können. Wohl mögen Sie an manchen großen Gestalten und Charakteren des Altertums sich erfreuen, doch einen besonderen Vorzug hat das Griechentum, den kein anderes Volk aufzuweisen hat: die Harmonie, an der es unserer Zeit so sehr fehlt, zeigt das Griechenvolk in der Kunst, im Leben, in den Bewegungen, in den Kostümen, ja sogar in den Systemen der Philosophie und in der Behandlung ihrer Probleme. [...] Und dann vor allem treiben Sie vaterländische Geschichte und lernen Sie das Elend unseres Volkes in den letzten Zeiten des Mittelalters, in den Kämpfen zwischen Staat und Kirche und zwischen den Fürsten und den Streit der Konfessionen im Dreißigjährigen

[1] **Prima:** die beiden obersten Jahrgangsstufen des Gymnasiums

Kriege kennen, wo unser Volk zerstampft wurde und verbraucht im Dienste fremder Völker und Dynasten, mit denen seine Interessen gar nichts zu tun hatten, bis auf den großen Zusammenbruch zur Zeit Napoleons. Erst 1870 hat den einheitlichen germanischen Staat uns wiedergebracht. Und wenn Sie ins politische Leben eintreten, halten Sie den Blick aufs Ganze gerichtet, unbeirrt durch die Partei, denn diese schiebt ihre Interessen vor die des Vaterlandes und zieht häufig einen Vorhang zwischen Sie und das Vaterland. Und wenn Sie das politische Treiben zu verwirren droht, so rate Ich Ihnen für einige Zeit sich zurückzuziehen, sei es auf Reisen, sei es auf einem Spaziergang, und die Natur auf sich wirken zu lassen. Kehrt man dann zurück, so hat man einen freieren Blick über die realen Verhältnisse. Wenn die Wogen einmal über Ihnen zusammenschlagen, wenn so manche Erscheinungen der modernen Kunst und Literatur verwirrend und niederziehend wirken, so können Sie immer wieder sich emporrichten an jenen Idealen des Altertums. Sie stehen vor dem Abgang zur Hochschule. Da möchte Ich Ihnen noch einen Rat geben, den Sie nicht scherzhaft auffassen sollen, sondern der Mir bitterer Ernst ist. Der Alkohol ist eine Gefahr für unser Volk, die Mir, glauben Sie es Mir, große Sorge macht. Ich führe 23 Jahre die Regierung und weiß aus den Schriftstücken, die Mir durch die Hand gehen, wie viele Verbrechen durch den Alkohol herbeigeführt werden. Richten Sie den Blick auf ein Nachbarland; die Amerikaner sind uns hierin weit voraus. Auf den Universitäten dort wird Tüchtiges geleistet, wovon man sich auch hier überzeugen kann, da so viele Studenten von dort zu uns kommen. Dort sehen Sie bei den Vereinigungen und bei den großen akademischen Festen, z. B. bei Einführung eines Rektors, auf der ganzen Tafel keinen Wein; es geht auch da ohne. Wenn Sie die Universität beziehen, stählen Sie Ihren Körper durch Sport, auch durch den Kampf mit dem Rapier[1], was Ich keinem übel nehmen werde, durch Rudern, aber suchen Sie keinen Rekord aufzustellen, wer die größte Menge geistiger Getränke verschlingen kann. Das sind Sitten, die aus einer anderen Zeit stammen. Wenn Sie in den Korps und Verbindungen in diesem Sinne wirken wollen, werde Ich Ihnen dankbar sein. Wir haben jetzt andere Aufgaben als früher und müssen nationalökonomische und finanzielle Kenntnisse uns aneignen. Denn es gilt, Deutschland seine Stellung in der Welt, besonders auf dem Weltmarkte, zu wahren. Dazu müssen wir alle fest zusammenhalten.

Hiermit übergebe Ich Ihnen die Fahne. Der Primus omnium[2], so nehme Ich an, wird sie tragen und es als eine Ehre ansehen, dass er der Erste ist, der sie trägt.

1. Welchen Eindruck vermitteln die Abbildungen von der Erziehung im Kaiserreich und der Persönlichkeit Wilhelms II.? Formulieren Sie Erwartungen an eine Rede, die dieser vor Schülern hält.
2. Inwiefern entspricht die gehaltene Rede diesen Erwartungen? Wie wirkt die Rede auf Sie?
3. Zu den wichtigen Analyseaspekten bei Reden gehört die Charakterisierung des Verhältnisses zwischen Redner und Publikum. Welche Haltung nimmt Wilhelm II. hier gegenüber den Schülern ein? Von welcher Erwartungshaltung seines Publikums kann er ausgehen? Ziehen Sie hierzu den Info-Kasten mit heran.
4. Gliedern Sie die Rede und geben Sie den Abschnitten passende Überschriften.
5. Erarbeiten Sie aus dem Text, welches Verständnis von Bildung, Kunst und Politik Wilhelm II. in dieser Rede zeigt und wie er dieses sprachlich gestaltet.
6. Wilhelm II. gilt in der Geschichtswissenschaft als eine Persönlichkeit, in der sich vormoderne und moderne Vorstellungen vermischen. Welche Elemente erscheinen Ihnen aus heutiger Sicht als überholt, welche können noch als aktuell gelten?

Information

Redekonstellation

Bezeichnung für die Beschreibung des Verhältnisses zwischen Redner und seinem Publikum. Die Berücksichtigung der Redekonstellation gehört zu den wichtigsten Aufgaben des Redners bei der Vorbereitung seiner Rede. Kann er auf die Zustimmung seiner Zuhörer zählen oder muss er mit einer ablehnenden Haltung rechnen? Gibt es verschiedene Gruppen unter seinen Zuhörern, auf die er gesondert eingehen muss? Ist er seinen Zuhörern gegenüber sozial höhergestellt, gleichberechtigt oder untergeordnet? Von der Beantwortung dieser Fragen hängt die einzuschlagende Redestrategie entscheidend ab.

[1] **Rapier:** Fechtwaffe, dem Degen ähnlich. An den deutschen Universitäten waren im 19. und frühen 20. Jh. sogenannte schlagende Verbindungen, die ritualisierte Fechtkämpfe austrugen, sehr populär. – [2] **Primus omnium:** der Jahrgangsbeste

Adolf Hitler (1889–1945)

Rede an die Hitler-Jugend, gehalten auf dem Parteitag 1935

Während der NS-Zeit fanden in Nürnberg alljährlich Reichsparteitage statt, zu denen Hunderttausende Angehörige aller Parteigliederungen in Nürnberg versammelt wurden. Anders als bei heutigen Parteitagen dienten diese Versammlungen nicht der Diskussion, sondern die Parteimitglieder fungierten als gewaltige Kulisse, vor der die NS-Führung Propagandareden hielt. Eine dieser Parteigliederungen war die Hitler-Jugend, die alle deutschen Jugendlichen im Alter zwischen 14 und 18 Jahren umfassen sollte. Ab 1935 war die Mitgliedschaft für Jugendliche faktisch Pflicht.

Deutsche Jugend! Zum dritten Male seid ihr zu diesem Appell angetreten, über 50 000 Vertreter einer Gemeinschaft, die von Jahr zu Jahr größer wurde. Das Gewicht derer, die ihr in jedem Jahr hier verkörpert, ist immer schwerer geworden. Nicht nur zahlenmäßig, nein, wir sehen es: wertmäßig. Wenn ich mich an den ersten Appell zurückerinnere und an den zweiten und diesen heutigen damit vergleiche, dann sehe ich dieselbe Entwicklung, die wir im ganzen anderen deutschen Volksleben heute feststellen können: Unser Volk wird zusehends disziplinierter, straffer und strammer, und die Jugend beginnt damit. Das Ideal des Mannes auch in unserem Volk ist nicht immer gleich gesehen worden. Es gab Zeiten, sie liegen scheinbar weit zurück und sind uns fast unverständlich, da galt als Ideal des jungen deutschen Menschen der sogenannte bier- und trinkfeste Bursche. Heute, da sehen wir mit Freude nicht mehr den bier- und trinkfesten, sondern den wetterfesten jungen Mann, den harten jungen Mann. Denn nicht nur darauf kommt es an, wie viel Glas Bier er zu trinken vermag, sondern darauf, wie viel Schläge er aushalten, nicht darauf, wie viel Nächte er durchzubummeln vermag, sondern wie viele Kilometer er marschieren kann. Wir sehen heute nicht mehr im damaligen Bierspießer das Ideal des deutschen Volkes, sondern in Männern und Mädchen, die kerngesund sind, die straff sind. Was wir von unserer deutschen Jugend wünschen, ist etwas anderes, als es die Vergangenheit gewünscht hat. In unseren Augen, da muss der deutsche Junge der Zukunft schlank und rank sein, flink wie Windhunde, zäh wie Leder und hart wie Kruppstahl. Wir müssen einen neuen Menschen erziehen, auf dass unser Volk nicht an den Degenerationserscheinungen der Zeit zugrunde geht.

Wir reden nicht, sondern wir handeln. Wir haben es unternommen, dieses Volk durch eine neue Schule zu erziehen, ihm eine Erziehung zu geben, die schon mit der Jugend anfängt und nimmer enden soll. Von einer Schule wird in Zukunft der junge Mann in die andere gehoben werden. Beim Kind beginnt es, und beim alten Kämpfer der Bewegung wird es enden. Keiner soll sagen, dass es für ihn eine Zeit gibt, in der er sich ausschließlich selbst überlassen sein kann. Jeder ist verpflichtet, seinem Volke zu dienen, jeder ist verpflichtet, sich für diesen Dienst zu rüsten, körperlich zu stählen und geistig vorzubereiten und zu festigen. [...]

Es kommt eine Zeit, da wird das deutsche Volk mit einer hellen Freude auf seine Jugend sehen, da werden wir alle ganz ruhig, ganz zuversichtlich in unsere alten Tage hineingehen in der tiefinnersten glücklichen Überzeugung, in dem glücklichen Wissen: Unser Lebenskampf ist nicht umsonst. Hinter uns, da marschiert es schon nach. Und das ist Geist von unserem Geiste, das ist unsere Entschlossenheit, unsere Härte, das ist die Repräsentation des Lebens unserer Rasse.

Wir werden uns so stählen, dass jeder Sturm uns stark findet. Wir werden aber auch nie vergessen, dass die Gesamtsumme aller Tugenden und aller Kräfte nur dann wirksam werden kann, wenn sie einem Willen und einem Befehl untertan ist. Wir stehen jetzt hier, nicht durch Zufall gefügt, nicht weil jeder Einzelne tat, was er wollte, sondern weil euch der Befehl eures Reichsjugendführers hierher gerufen hat und weil dieser Befehl sich umsetzte in tausend einzelne Befehle. Und indem jeder dieser

Befehle seinen Gehorsam fand, ist in Deutschland aus Millionen einzelnen deutschen Jungen eine Organisation geworden und aus Zehntausenden in Deutschland lebenden Kameraden diese heutige Kundgebung, dieser heutige Appell. Nichts ist möglich, wenn nicht ein Wille befiehlt, dem immer die anderen zu gehorchen haben, oben beginnend und ganz unten erst endend. Und das ist neben der körperlichen Erziehung und Ertüchtigung die zweite große Aufgabe.

Wir sind eine Gefolgschaft, aber wie das Wort schon sagt, Gefolgschaft heißt folgen, heißt Gefolgschaft leisten. Unser ganzes Volk müssen wir erziehen, dass immer, wenn irgendwo einer bestimmt ist zu befehlen, die anderen ihre Bestimmung erkennen, ihm zu gehorchen, weil schon in der nächsten Stunde vielleicht sie selbst befehlen müssen und es genau so nur dann können, wenn andere wieder Gehorsam üben. Es ist der Ausdruck eines autoritären Staates, nicht einer schwachen, schwätzenden Demokratie, eines autoritären Staates, bei dem jeder stolz ist, gehorchen zu dürfen, weil er weiß: Ich werde, wenn ich befehlen muss, genauso Gehorsam finden. Deutschland ist kein Hühnerstall, in dem alles durcheinander läuft und jeder gackert und kräht, sondern wir sind ein Volk, das von klein auf lernt, diszipliniert zu sein. Wenn die anderen uns nicht verstehen, dann kann uns das gleich sein. Es ist noch nie das Schlechteste auf der Welt gewesen, was die meisten nicht verstanden haben, im Gegenteil. [...]

Glaubt mir, es wird einmal eine Zeit kommen, da wird die deutsche Jugend ein wunderbar gesundes und strahlendes Antlitz besitzen, gesund, offen, aufrichtig, kühn und friedliebend. Wir sind keine Raufbolde. Wenn uns die übrige Welt in unserer Disziplin verkennt, können wir nicht helfen. Aus dieser Disziplin werden für die Welt weniger Händel entstehen als aus dem parlamentarisch-demokratischen Durcheinander der heutigen Zeit! Wir gehen unseren Weg und wollen keines andern Weg durchkreuzen. Mögen auch die anderen uns auf unserem Weg in Ruhe lassen. Das ist der einzige Vorbehalt, den wir für unsere Friedensliebe aufstellen müssen. Keinem etwas zuleide tun und von keinem ein Leid erdulden!

1. Recherchieren Sie im Internet nach Filmdokumenten zu den Reichsparteitagen und speziell zu Hitlers Reden vor der Jugend. Welchen Eindruck von diesen Veranstaltungen und ihrem Zweck gewinnen Sie? Welche Wirkung auf die Teilnehmer war intendiert? Auf welchen Faktoren beruhte nach Ihrem Eindruck der Erfolg Hitlers als Redner?

2. Ermitteln Sie aus der Abbildung sowie der Einleitung die Redekonstellation (siehe Info-Kasten auf S. 465) und -situation. Welches Verhältnis zwischen Hitler und der anwesenden Jugend wird deutlich? Inwiefern spiegelt sich diese Haltung auch in der vorliegenden Rede wider?

Information

Redesituation

Alle Reden werden maßgeblich von der jeweiligen Redesituation bestimmt. Man kann sie abkürzend mit den folgenden W-Fragen ermitteln: Wer? Was? Wann? Wo? Aus welchem Anlass? An wen gerichtet? In welcher Absicht? Bei der Analyse der Redesituation spielen demnach eine Rolle:

- die Person des Redners: Sie kann dem Publikum bekannt oder fremd sein. Sie kann als Experte bei den Ausführungen, aber auch als unerfahren gelten.
- das Thema der Rede
- die Zeit, zu der die Rede stattfindet, ihr historischer Kontext
- die Kulisse, die räumlichen Umstände der Rede: auf einem freien Platz, in einem Saal usw.
- der Anlass für die Rede: ein politischer, festlicher oder trauriger, informativer usw.
- das Publikum, an das sich die Rede richtet: eher älter, eher jung, gebildet, soziale Herkunft usw.
- die Absicht/Intention, welche die Rede verfolgt: Wirbt der Redner für ein Vorhaben oder informiert er eher?

3. Welche Zielvorstellungen formuliert Hitler für die deutsche Jugend? Inwiefern werden hierbei typisch nationalsozialistische Ideologieelemente deutlich?

4. Untersuchen Sie die Rede im Hinblick darauf, inwiefern Hitler uns fragwürdig erscheinende Begriffe positiv erscheinen lässt. Welchem Zweck dient diese Umwertung?

5. Welche Strategie verfolgt Hitler, um seine Ziele zu erreichen? Konzentrieren Sie sich hierbei besonders auf die für die NS-Rhetorik typische Antithetik und die damit verbundenen Strategien der Auf- und Abwertung. Weisen Sie diese Mittel an der vorliegenden Rede nach. Nutzen Sie hierzu auch die Informationen aus dem Info-Kasten. Wie bewerten Sie diese Art von Rhetorik?

Information

Redestrategien

Ein wichtiges Instrumentarium für die Analyse von Reden bilden die rhetorischen Strategien der Aufwertung, Abwertung und Beschwichtigung.

Aufwertung:
- günstige Seite hervorheben, ungünstige abschwächen oder verschweigen
- positive Attribute für Wir-Gruppe; Einladung der Zuhörer zur Identifikation mit Wir-Gruppe
- Koppelung mit positiven Werten (Freiheit, Gerechtigkeit, Demokratie etc.)
- eigennützige Ziele als uneigennützig ausgeben („Gemeinwohl")
- Übersteigerung eigener Verdienste: einziger Garant für Sicherheit und Freiheit; unverfängliche Zeugen aufrufen

Abwertung:
- ungünstige Seite hervorheben, günstige abschwächen oder verschweigen
- Häufung negativer Attribute
- Koppelung des Gegners mit negativen Werten (Unfreiheit, Unrecht, Tyrannei)
- Fehler des Gegners ins Maßlose vergrößern: „Untergang des Abendlandes"
- Deformation und Verzerrung gegnerischer Argumente zwecks Widerlegung: z. B. ins Absurde übersteigern
- Gegner verrät eigene Grundsätze; Gegner ist von Geschichte längst widerlegt
- gegnerische Forderungen halb anerkennen, doch: sie wurden längst von Wir-Gruppe erfüllt bzw. vor dem Gegner von Wir-Gruppe aufgestellt
- Neudefinition gegnerischer Schlagworte
- innenpolitischen Gegner mit außenpolitischem Feind koppeln

Beschwichtigung:
- Verständnis bekunden;
- auf Gemeinschaft hinweisen: „Wir sind alle eine Familie"
- Vermittlerrolle; alle Interessen als berechtigt anerkennen, Widersprüche verschweigen: sowohl – als auch, auf „unabwendbares Schicksal" hinweisen
- allgemeine Weisheiten: „Irren ist menschlich."
- wenn eine Interessengruppe belastet wird: „Alle müssen Lasten tragen", „Dienst am Allgemeinwohl"; Tabuisierung von Problemen, sodass deren Erörterung unmöglich wird

6. Gliedern Sie die Rede und untersuchen Sie exemplarisch einen Abschnitt auf weitere rhetorische Mittel. Eine Auflistung der wichtigsten rhetorischen Figuren finden Sie auf S. 586 ff. Tragen Sie Ihre Ergebnisse nach folgendem Muster in eine Tabelle ein:

Zeilenangabe	rhetorisches Mittel	Wirkungsabsicht
Z. 1 ff.	häufige Verwendung von Komparativen (größer, schwerer usw.)	Hervorhebung der Bedeutung und Dynamik des Prozesses
Z. 5 f.	Correctio (Nicht nur zahlenmäßig, nein ...)	Aufwertung der Zuhörerschaft

7. Beurteilen Sie die Anziehungskraft der Forderungen/Versprechungen Hitlers auf einen Jugendlichen aus damaliger und heutiger Sicht.

Ernst Wiechert. Wiechert wurde 1887 in Ostpreußen geboren und war einer der meistgelesenen Schriftsteller der Weimarer Republik. Nach der Machtergreifung der Nationalsozialisten gab er seinen Lehrerberuf auf und lebte fortan als freier Schriftsteller. In den Jahren 1933 und 1935 hielt er regimekritische Reden vor Münchener Studenten, die illegal weite Verbreitung fanden. 1938 wurde er auf persönlichen Befehl des Propagandaministers Goebbels vorübergehend verhaftet und in das Konzentrationslager Buchenwald gebracht. Nach zwei Monaten wurde er aber wieder freigelassen, vermutlich auch deshalb, weil seine Verhaftung wegen seiner Prominenz großes Aufsehen erregt hatte. Er durfte unter strengen Auflagen in den Folgejahren weiter publizieren, trat politisch in den letzten Jahren des Dritten Reiches jedoch nicht weiter hervor. Seine Werke sind stark geprägt durch sein christliches Bekenntnis. 1948 wanderte er in die Schweiz aus, wo er 1950 starb.

Ernst Wiechert (1887 – 1950)

Rede an die deutsche Jugend, gehalten am 11. November 1945 im Münchner Schauspielhaus

[...] Ich bin nicht willens, Ihnen die Geschichte dieser zwölfjährigen Schande vorzutragen. Sie begann mit dem, was die Mächtigen die „Gleichschaltung" nannten, und sie endete mit dem Henkerbeil, das Tag und Nacht herniedersauste, mit der furchtbaren Gleichmäßigkeit eines Automaten, auf die gebeugten Nacken eines gebeugten Volkes, das den Lohn seiner Knechtschaft empfing. Es war kein Mangel an Mahnmalen, die die Geschichte dieser Jahre vor den Augen dieses Volkes aufgerichtet hatte. Von jenem 30. Juni 1934[1], mit dem die erste Reichsmordwoche begann, bis zu den Galgen des Jahres 1944, an denen die Generale des deutschen Heeres[2] hingen.

Eines der letzten Bilder Hitlers mit Angehörigen der Hitler-Jugend, die als „letztes Aufgebot" Ende 1944 in den Krieg geschickt wurden.

Und in diesen zwölf Jahren war Schlimmeres geschehen als die Vernichtung des Leibes. In diesen zwölf Jahren war fast ein ganzes Volk bis auf den Grund seiner Seele verdorben und vergiftet. In diesen zwölf Jahren war aus den Herzen einer ganzen Jugend gerissen worden, was jede Jugend mit dem Schimmer einer neuen Morgenröte umglänzt – das Unbedingte des Strebens nach einer besseren, gerechteren und edleren Welt, die fromme Ehrfurcht vor den Altären der Menschlichkeit, das Ritterliche der Haltung gegen Schwache, Leidende und Besiegte. In diesen zwölf Jahren hatte man einem Volk das Eigenste und Kostbarste genommen, das es zu allen Zeiten besaß: seine Jugend und mit ihr die Gewähr aller Zukunft. In diesen zwölf Jahren waren auch die letzten Fäden durchschnitten worden, die ein Volk an seine Vergangenheit bindet und mit der Umwelt der anderen Völker verknüpft. In ihnen war das Recht gestorben, die Wahrheit, die Freiheit, die Menschlichkeit. Der Weg war frei geworden für die letzten Ziele des „Übermenschen". Unter der Führung von Räubern und Mördern wurde ein Volk gezwungen, aufzustehen, um die Welt zu erobern. Lauschen wir heute zurück in das grauenhafte Schweigen jener Jahre, um die Stimmen zu vernehmen, die am Wege aufstanden, um anzuklagen, so erkennen wir, dass viele von ihnen verstummt sind, für alle Zeiten, erwürgte Stimmen, zu deren Nachhall wir die schuldigen Hände aufheben. Die Helden und Märtyrer jener Jahre, sie sind nicht diejenigen, die mit dem Kriegslorbeer aus den eroberten Ländern zurückkehrten. Sie sind diejenigen, die hinter Gittern und

[1] **30. Juni 1934:** Mit dem Mord an dem SA-Führer Ernst Röhm auf Veranlassung Hitlers begann eine Mordserie, mit der die Nationalsozialisten innerparteiliche Gegner liquidierten. – [2] **Generale des deutschen Heeres:** Gemeint sind die Offiziere, die wegen ihrer Beteiligung an dem gescheiterten Attentat auf Hitler (20. Juli 1944) hingerichtet wurden.

Deutsche Kindersoldaten nach ihrer Gefangennahme (1945)

Stacheldraht zur Ehre des deutschen Namens starben und verdarben.

[...] Indessen sahen wir zu, wie ein Volk den letzten Rest seines sittlichen Gutes verlor und verdarb, wie ein Spieler verdirbt. Wie die sogenannte Volksgemeinschaft eines sogenannten Heldenvolkes der fadenscheinige Mantel war, der über einen Abgrund von Neid, von Missgunst, von Hass, von Diebstahl und Hehlerei gespannt war. Vor unseren Augen verfiel und starb, woran wir ein Leben lang geglaubt hatten, und als das Ende gekommen war, sahen wir nicht nur ein totes Antlitz in einem kümmerlichen Sarg, sondern hinter diesem toten Antlitz die lange Reihe von Geschlechtern und Ahnen, zurück bis zum ersten Anfang, und wir wendeten uns ab und suchten mit bangen Augen, ob wir einen neuen Beginn fanden, eine Kinderhand, noch, mit Märchen oder biblischen Geschichten oder Blumen gefüllt, einige Kinderhände, viele, junge unschuldige Kinderhände, in die wir das Samenkorn und den Auftrag legen könnten, der aus allem Tode erwächst, aus keinem aber eindringlicher und mahnender als aus dem Tode eines Volkes. [...]

Mädchen vor einer Tafel mit Plakatanschlägen (September 1945)

Da stehen wir nun vor dem verlassenen Haus und sehen die ewigen Sterne über den Trümmern der Erde funkeln oder hören den Regen hinabrauschen auf die Gräber der Toten und auf das Grab eines Zeitalters. So allein, wie niemals ein Volk allein war auf dieser Erde. So gebrandmarkt, wie nie ein Volk gebrandmarkt war. Und wir lehnen die Stirnen an die zerbrochenen Mauern, und unsere Lippen flüstern die alte Menschheitsfrage: „Was sollen wir tun?“ Ja, was sollen wir tun? Zweimal, meine Freunde, habe ich versucht, Ihnen eine Antwort auf diese Frage zu geben. Das erste Mal im Jahre 1933, das zweite Mal zwei Jahre später. Ich habe diese Antwort gebüßt und Sie haben gebüßt, dass Ihre Herzen sie nicht gehört haben. [...] Lasst uns zuerst erkennen und dann lasst uns tun. Lasst uns erkennen, dass wir schuldig sind und dass vielleicht hundert Jahre erst ausreichen werden, die Schuld von unseren Händen zu waschen. Lasst uns unsere Schuld erkennen, dass wir zu büßen haben, hart und lange. Dass wir nicht Glück und Heim und Frieden zu haben brauchen, weil die anderen glücklos und heimlos und friedlos durch uns wurden. Lasst uns erkennen, dass für uns das harte Gesetz geschrieben wurde: „Auge um Auge, Zahn um Zahn, Blut um Blut!“ Lasst uns nicht aufbegehren dagegen, weil wir zwölf Jahre gerichtet haben nach dem Gesetz des „Übermenschen“: „Auge um nichts, Zahn um nichts, Blut um nichts!“ Es ist ein gerechteres Urteil, das uns gesprochen wird, als es dieses Urteil war. Zunächst aber lasst uns einen neuen Anfang setzen, einen neuen Grenzstein vor einem neuen Feld. Lasst uns ausrotten, was unseren Weizen verdarb, mit Ähre und Halm und Wurzeln ausrotten, ja, mit dem Boden, der die Wurzeln trug. Lasst uns die Henker auslöschen von unserer Erde, die Marktschreier, die falschen Propheten. Lasst es uns ohne Hass tun, wie der Pflug ohne Hass das Unkraut wendet, aber lasst es uns ohne Gnade tun, wie sie ohne Gnade waren. Wer Gnade mit dem Aussatz hat, verdirbt. Aber, meine Freunde, lasst es nicht dabei bewenden. Nicht bei Urteil, Zerstörung und Vernichtung. [...] Und wenn wir alle schuldig sind außer den Märtyrern, doch war es nicht so, wie viele der Sieger glauben: dass ein ganzes Volk ohne Zögern seine Hand zum Morden hingegeben hat. Doch wissen wir, dass Tausende sich abgewendet haben von den Dämonen und dass es langsam Hunderttausende

Kind in einer zerstörten deutschen Großstadt

und Millionen wurden. Dass die Wurzel der Gerechtigkeit in Millionen Herzen nicht verdorrt war. Dass sie zwölf oder zehn oder sieben Jahre Schmerzen litten, von denen die anderen nichts wissen, aber von denen ich weiß; dass sie nicht wagten, ihre Lippen zu öffnen, weil das den Tod bedeutete. [...]

Lasst die am Besitz Hängenden ihre Häuser und ihren Hausrat ausgraben aus dem Schutt der Zerstörung. Ihr aber sollt etwas anderes ausgraben, was tiefer begraben liegt als dieses: ihr sollt Gott ausgraben unter den Trümmern des Antichrist, gleichviel, welchen Namen ihr ihm gebt. Und ihr sollt die Liebe ausgraben unter den Trümmern des Hasses. Und ihr sollt die Wahrheit wieder ausgraben und das Recht und die Freiheit und vor den Augen der Kinder die Bilder wieder aufrichten, zu denen die Besten aller Zeiten emporgeblickt haben aus dem Staub ihres schweren Weges. [...] Erkennt bis zu eurem Herzensgrunde, was die Gewalt ist, die Lüge, der Hass, das Unrecht, die Phrase. Und wenn ihr es erkannt habt, dann sät es aus in die Herzen des kommenden Geschlechtes. [...] Und hier, an dieser Stelle, lasst mich euch noch eines bitten, das Letzte und das Schwerste. In der Zeit, die kommen wird, werden vielleicht einige sein unter denen, die zwölf Jahre lang gejubelt haben, die erkennen werden. Nicht unter den Henkern und Mördern, aber unter denen, die „Hosianna!" gerufen haben. Deren blinde Augen sich auftun werden und die erkennen werden. Die verfemt und geächtet und vogelfrei sein werden und die noch einmal anfangen möchten. Vielleicht werden es wenige, vielleicht werden es viele sein. Und sie werden zu euch hinüberblicken wie Kinder, die aus einem Spiel ausgestoßen worden sind. Und wenn ihr glaubt, dass ihre Herzen neu geworden sind, stoßt sie nicht zurück! Solange kein Blut an ihren Händen ist, stoßt sie nicht zurück. Wir haben alle gefehlt, und es kommt uns nicht zu, zu richten, selbst denen unter uns nicht, die am meisten gelitten haben.

Szene in einem Strandbad am Berliner Wannsee (Sommer 1945)

1. Betrachten Sie die Bilder. Welche Gedanken könnten den Jugendlichen jeweils durch den Kopf gegangen sein?
2. Inwiefern geht die vorliegende Rede auf diese möglichen Bewusstseinslagen ein?
3. Worin bestehen die Besonderheiten der Redekonstellation und Redesituation? Beziehen Sie hierbei die biografischen Informationen aus dem Info-Kasten sowie die Abbildungen mit ein.
4. Auf welche Weise versucht Wiechert, eine Beziehung zu seinem jugendlichen Publikum aufzubauen?
5. Welches Ziel verfolgt Wiechert mit seiner Rede? Welche Bedeutung misst er dabei seinen Zuhörern bei?
6. Mit welchen sprachlichen Mitteln verleiht er seinen Forderungen Nachdruck?
7. Die massenhafte Verbreitung dieser auch im Ausland viel beachteten Rede in Deutschland wurde durch die Alliierten massiv gefördert. Inwiefern erscheint Ihnen diese große Beachtung gerechtfertigt?

Fernsehansprachen von Bundeskanzler Kurt Georg Kiesinger (CDU) und Bundesjustizminister Gustav Heinemann (SPD) zu den Studentenunruhen von 1968

„Seit 1960 haben wir eine Revolution der Jugend erlebt, die sich rasch über alle Kontinente ausbreitete und die Welt veränderte – eine Welt-Revolution. Sie erschütterte uralte Traditionen – akademische, kulturelle, moralische, politische – und stellte sämtliche Autoritäten infrage; sie hat Regierungen ins Wanken gebracht und manche gestürzt.“ (Mehnert)

Eine bedeutende Rolle als Ursache spielte der Vietnamkrieg, in dem die Jugend keinen Sinn erkennen konnte.

Einen Höhepunkt der Rebellion erreichte der Besuch des persischen Schahs in West-Berlin; während einer Demonstration wurde ein Student von einem Polizisten erschossen (2.6.1967). Die führende Stellung in der außerparlamentarischen Opposition (APO) hatte der Sozialistische Deutsche Studentenbund (SDS) mit Rudi Dutschke als ihrem Sprecher. Gegen ihn richteten sich vor allem die Attacken der Kritiker.

Als 100 000 West-Berliner am 21.2.1968 eine Kundgebung gegen die drei Tage zuvor vom SDS veranstaltete Vietnam-Demonstration abhielten, gab es Spruchbänder wie „Dutschke, Staatsfeind Nr. 1“ oder „Arbeiter, seid nett, jagt Dutschke und Konsorten weg!“. Zwei Monate später (11.4.1968) fielen Schüsse auf Dutschke, die ihn schwer verletzten. Die Antwort der APO bestand in den „Osterunruhen“ der folgenden Tage, die in verschiedenen Universitätsstädten aufflammten und sich in gewaltsamen Aktionen – vor allem gegen den Springer-Konzern, der besonders scharf und teilweise emotional die jugendliche Rebellion kritisiert hatte – entluden.

Der damalige Bundeskanzler der Großen Koalition (CDU/CSU und SPD) Kurt Georg Kiesinger nahm am 13.4.1968 über Radio und Fernsehen zu den Studentenunruhen Stellung; einen Tag später wandte sich Gustav Heinemann (der spätere Bundespräsident) in seiner Eigenschaft als Bundesjustizminister an die Bevölkerung der Bundesrepublik.

Osterunruhen 1968

Kurt Georg Kiesinger (1904 – 1988)

Ansprache vom 13. April 1968

Meine sehr verehrten Zuhörer!

Im Zusammenhang mit dem verbrecherischen Anschlag auf Rudolf Dutschke haben in den letzten Tagen radikale studentische Gruppen in einigen deutschen Städten eine Reihe von gewalttätigen Aktionen unternommen. Diese Studentengruppen werden angeführt von kleinen, aber militanten links-extremistischen Kräften, die sich die Zerstörung unserer parlamentarisch-demokratischen Ordnung offen zum Ziel gesetzt haben. Sie haben seit Langem derartige Gewalttätigkeiten propagiert und durchgeführt.

In unserer Demokratie haben die Vertreter jeder politischen Meinung das unbestreitbare Recht, diese zum Ausdruck zu bringen und für sie zu werben. Keiner Gruppe kann aber das Recht zugestanden werden, ihre politischen Auffassungen und Ziele mit Gewalt durchsetzen zu wollen. Die staatlichen Reaktionen waren bisher bewusst zurückhaltend, um unnötige Opfer zu vermeiden. Seit Wochen wurden jedoch diese Gruppen davor gewarnt, ihre ungesetzlichen Aktionen fortzusetzen, weil sonst zwangsläufig die Mittel der staatlichen Abwehr verschärft werden müssten. Darüber hinaus ist zu befürchten, dass sich Gegenaktionen aus der Bevölkerung entwickeln könnten, die zu gefährlichen Zusammenstößen und Unruhen führen müssten.

Die Bundesregierung verfügt über keine eigenen Polizeikräfte zur Abwehr derartiger Störungen der öffentlichen Ordnung. Dafür sind die Länder und Gemeinden mit ihren Polizeikräften allein zuständig. Ich habe aber veranlasst, dass das Bundesministerium in ständiger Bereitschaft Verbindung mit den Innenministerien der Länder hält, deren Polizeikräfte in der Lage sind, diese Störungen abzuwehren.

Das Attentat eines keiner politischen Gruppe angehörenden abseitigen Verbrechers sollte für uns ein Alarmsignal sein. Gewalt provoziert Gegengewalt, die sich zwangsläufig ständig ausbreiten und steigern muss. Um eine solche unheilvolle Entwicklung zu vermeiden, muss sich der weit überwiegende Teil der Studentenschaft, der für die Aufrechterhaltung unserer demokratisch-parlamentarischen Ordnung eintritt, den radikalen Rädelsführern verweigern.

Unsere Bevölkerung erwartet, dass der Staat die öffentliche Ordnung sichert. Dies aber ist ohne Verschärfung der staatlichen Abwehrmittel nur möglich, wenn die radikale studentische Minderheit sich auf den Boden des Rechts zurückbegibt. Ich weiß, dass manche von ihnen härtere Zusammenstöße bewusst provozieren wollen.

Ich warne Sie vor den dann unvermeidlichen Folgen, für die Sie die Verantwortung tragen müssten.

Ich weiß mich in der Entschlossenheit, keine gewaltsame Störung der rechtsstaatlichen Ordnung, komme sie von wem sie wolle, zu dulden, mit unserem Volke einig.

Gustav Heinemann (1899 – 1976)

Ansprache vom 14. April 1968

Verehrte Mitbürger!

Diese Tage erschütternder Vorgänge und gesteigerter Unruhe rufen uns alle zu einer Besinnung. Wer mit dem Zeigefinger allgemeiner Vorwürfe auf den oder die vermeintlichen Anstifter oder Drahtzieher zeigt, sollte daran denken, dass in der Hand mit dem ausgestreckten Zeigefinger zugleich drei andere Finger auf ihn selbst zurückweisen. Damit will ich sagen, dass wir alle uns zu fragen haben, was wir selber in der Vergangenheit dazu beigetragen haben könnten, dass ein Antikommunismus sich bis zum Mordanschlag steigerte und dass Demonstranten sich in Gewalttaten der Verwüstung bis zur Brandstiftung verloren haben.

Sowohl der Attentäter, der Rudi Dutschke nach dem Leben trachtete, als auch die elftausend Studenten, die sich an den Demonstrationen vor Zeitungshäusern beteiligten, sind junge Menschen.

Heißt das nicht, dass wir Älteren den Kontakt mit Teilen der Jugend verloren haben oder ihnen unglaubwürdig wurden? Heißt das nicht, dass wir Kritik ernst nehmen müssen, auch wenn sie aus der jungen Generation laut wird?

Besserungen hier und an anderen Stellen können nur dann gelingen, wenn jetzt von keiner Seite neue Erregung hinzugetragen wird. Gefühlsaufwallungen sind billig, aber nicht hilfreich – ja sie vermehren die Verwirrung.

Nichts ist jetzt so sehr geboten wie Selbstbeherrschung – auch an den Stammtischen oder wo immer sonst das Geschehen dieser Tage diskutiert wird.

Das Kleid unserer Freiheit sind die Gesetze, die wir uns selber gegeben haben. Diesen Gesetzen die Achtung und Geltung zu verschaffen, ist Sache von Polizei und Justiz. Es besteht kein Anlass zu bezweifeln, dass Polizei und Justiz tun, was ihre Aufgabe ist.

Wichtiger aber ist es, uns gegenseitig zu dem demokratischen Verhalten zu verhelfen, das den Einsatz von Justiz und Polizei erübrigt.

Zu den Grundrechten gehört auch das Recht zum Demonstrieren, um öffentliche Meinung zu mobilisieren. Auch die junge Generation hat einen Anspruch darauf, mit ihren Wünschen und Vorschlägen gehört und ernst genommen zu werden.

Gewalttat aber ist gemeines Unrecht und eine Dummheit obendrein. Es ist eine alte Erfahrung, dass Ausschreitungen und Gewalttaten genau die gegenteilige öffentliche Meinung schaffen, als ihre Urheber wünschen. Das sollten – so meine ich – gerade politisch bewegte Studenten begreifen und darum zur Selbstbeherrschung zurückfinden.

Unser Grundgesetz ist ein großes Angebot. Zum ersten Mal in unserer Geschichte will es in einem freiheitlich-demokratischen und sozialen Rechtsstaat der Würde des Menschen volle Geltung verschaffen. In ihm ist Platz für eine Vielfalt der Meinungen, die es in offener Diskussion zu klären gilt. Uns in diesem Grundgesetz zusammenzufinden und seine Aussagen als Lebensform zu verwirklichen, ist die gemeinsame Aufgabe. Die Bewegtheit dieser Tage darf nicht ohne guten Gewinn bleiben.

1. Erläutern Sie mithilfe der vorangestellten Informationen die Redesituation und Redekonstellation der beiden Reden. Bedenken Sie dabei, dass beide Reden vor dem Hintergrund einer aufgeheizten Stimmung in der Bevölkerung im Fernsehen übertragen wurden.

2. Welche Absichten verfolgen die beiden Redner jeweils? Inwieweit bestehen Gemeinsamkeiten und Unterschiede?

3. Nennen Sie die markanten Nomen in beiden Texten und stellen Sie sie tabellarisch gegenüber. Deuten Sie das Ergebnis im Hinblick auf die Absichten der beiden Redner.

4. Untersuchen Sie, ausgehend von Ihren Ergebnissen aus Aufgabe 2, welche Strategien die Redner jeweils verfolgen. Ziehen Sie hierzu die Informationen auf S. 468 heran.

5. Mit welchen rhetorischen Mitteln werden die Strategien unterstützt? Beachten Sie auch die Verwendung der Personal- und Possessivpronomen.
➔ Rhetorische Figuren, s. S. 586 ff.

6. Wie beurteilen Sie die jeweilige Rede? Sie können auch einen Brief aus der Sicht eines kritischen Studenten oder eines um die öffentliche Ordnung besorgten Bürgers, in dem Sie sich argumentativ mit einer der beiden Reden auseinandersetzen, verfassen.

➔ Die textgebundene Erörterung/Die Erörterung im Anschluss an die Bearbeitung eines Sachtextes, s. S. 574 ff.

Horst Köhler (geb. 1943)

„Bildung für alle" (Berliner Rede, gehalten an der Kepler-Oberschule, 21.9.2006)

Das schwache Abschneiden des deutschen Bildungssystems im internationalen Vergleich, das im Jahr 2000 durch die erste PISA-Studie[1] ausgelöst wurde, führte dazu, dass sich die Politik dem Thema „Schulpolitik" verstärkt annahm. Im Zentrum der Aufmerksamkeit standen dabei die durch die Studie aufgedeckten Benachteiligungen von Jugendlichen aus bildungsfernen Schichten sowie Migranten im deutschen Bildungssystem. Auch der damalige Bundespräsident Horst Köhler äußerte sich in seiner programmatischen „Berliner Rede"[2] von 2006 zu diesem Problem.

Im vergangenen Jahr erreichten in Deutschland 80 000 Jungen und Mädchen keinen Schulabschluss. Es fehlen Ausbildungsplätze – in diesem Herbst wahrscheinlich 30 000. Klingt Ihnen das zu abstrakt? Dann nehmen Sie das Beispiel dieser Schule, der Kepler-Oberschule in Berlin-Neukölln: Am 4. Juli haben hier 51 Schüler ihr Abschlusszeugnis bekommen. Nur einer von ihnen – ich wiederhole: EINER – hatte zu diesem Zeitpunkt eine Lehrstelle gefunden.
Weiter: In Deutschland erwerben vergleichsweise wenig junge Menschen die Hochschulreife, und zu wenige schließen ein Studium ab. Andere Nationen wandeln sich mit Begeisterung zu Wissensgesellschaften, in denen Lernen und Können als Auszeichnung gelten – Deutschland tut sich schwer damit.
Wir hören von Schulen, in denen Gleichgültigkeit, Disziplinlosigkeit, ja Gewalt den Alltag bestimmen. Auch dadurch verliert unser Land intellektuell und sozial jedes Jahr einen Teil seiner jungen Generation.
Und: Ein Kind aus einer Facharbeiterfamilie hat im Vergleich zu dem Kind eines Akademikerpaares nur ein Viertel der Chancen, aufs Gymnasium zu kommen. Die Ursachen dafür mögen vielschichtig sein; der Befund ist beschämend. Bildungschancen sind Lebenschancen. Sie dürfen nicht von der Herkunft abhängen. Darum werde ich immer auf der Seite derer sein, die leidenschaftlich eintreten für eine Gesellschaft, die offen und durchlässig ist und dem Ziel gerecht wird: Bildung für alle.
Auf dieses Ziel müssen wir hinarbeiten. Und es gibt ja viel Gutes, an das wir anknüpfen können. Engagierte Pädagogen machen immer noch das Beste auch aus schwierigen Bedingungen, und deutsche Schulen, Universitäten und Forschungseinrichtungen bringen im-

[1] **PISA-Studie:** Titel einer internationalen Bildungsstudie der OECD. PISA steht dabei für Programme for International Student Assessment (Programm für internationale Schülerbewertung). – [2] **Berliner Rede:** Seit 1997 äußern sich die Bundespräsidenten einmal im Jahr in einer großen Rede zu aktuellen gesellschaftspolitischen Entwicklungen. Diese Reden finden in der Öffentlichkeit besondere Beachtung und werden regelmäßig im Fernsehen übertragen.

mer noch Spitzenleistungen hervor. Aber mit „immer noch“ dürfen wir uns nicht länger zufriedengeben. Gerade in Sachen Bildung müssen wir im Interesse aller viel ehrgeiziger sein. Konzentrieren wir uns also auf das Wesentliche. Konzentrieren wir uns auf Bildung. [...]

Gute Bildung geht nicht in erster Linie von gesellschaftlichen Bedürfnissen oder den Anforderungen der Wirtschaft und des Arbeitsmarktes aus. Zuallererst hilft gute Bildung uns, das zu entwickeln, was in jedem Einzelnen von uns steckt; was uns von Gott gegeben ist.

Dieser Weg steht allen offen – dem Hauptschüler genauso wie dem Abiturienten, dem Jugendlichen genauso wie dem Rentner. Jeder kann etwas, und jeder braucht die Chance, sich durch Bildung weiterzuentwickeln und mehr aus dem eigenen Leben zu machen.

Bildung bedeutet nicht nur Wissen und Qualifikation, sondern auch Orientierung und Urteilskraft. Bildung gibt uns einen inneren Kompass. Sie befähigt uns, zwischen Wichtig und Unwichtig und zwischen Gut und Böse zu unterscheiden.

Bildung hilft, die Welt und sich selbst darin kennenzulernen. Aus dem Wissen um das Eigene kann der Respekt für das Andere, das Fremde wachsen. Und sich im Nächsten selbst erkennen, heißt auch: fähig sein zu Empathie und Solidarität. Bildung ohne Herzensbildung ist keine Bildung.

Erst wenn Wissen und Wertebewusstsein zusammenkommen, erst dann ist der Mensch fähig, verantwortungsbewusst zu handeln. Und das ist vielleicht das höchste Ziel von Bildung.

Gute Bildung ist und bleibt für den Einzelnen auch die wichtigste Voraussetzung für gesellschaftliche Anerkennung und berufliches Fortkommen. Zwar bietet selbst Bildung keinen absoluten Schutz vor den Risiken am Arbeitsmarkt. Aber die Berufs- und Beschäftigungschancen eines Menschen steigen, je besser er gebildet und ausgebildet ist. Gute Bildung ist deshalb eine besonders wirksame Form der sozialen Absicherung.

Übrigens ist auch Demokratie auf Bildung angewiesen. Unsere freiheitliche Gesellschaft lebt davon, dass mündige Bürgerinnen und Bürger Verantwortung für sich und für das Gemeinwohl übernehmen. Eine Diktatur kann sich ungebildete Menschen leisten – nein: sie wünscht sich die sogar. Eine Demokratie dagegen braucht wache und interessierte Bürger, die Ideen entwickeln und Fragen stellen. Wo die Staatsgewalt vom Volk ausgeht, da kann es nicht gleichgültig sein, in welcher geistigen Verfassung sich das Volk befindet. Und: Wer Populisten, Extremisten und religiösen Fanatikern widerstehen soll, braucht dafür Bildung.

Auch darum ist das Bildungswesen Sache des ganzen Volkes. In den Familien, im Kindergarten, in der Schule, der Lehrwerkstatt und der Universität entscheidet sich, in welcher Gesellschaft wir künftig zusammenleben: Wir wünschen uns doch eine offene und tolerante Gesellschaft. Wir wollen doch unter Mitbürgern leben, die gerechtigkeitsliebend, wissbegierig und kreativ sind, die Ideen haben und bereit sind, Verantwortung zu übernehmen. Es liegt zu einem großen Teil an uns selbst, ob sich dieser Wunsch erfüllt. [...]

Was brauchen wir, um in unserem Land mehr und bessere Bildung zu erreichen?

Erstens: Bildung braucht Anerkennung! Wer jungen Menschen Bildung vermittelt, hat Achtung und Unterstützung verdient. Und wer mit Freude lernt und sich mit Eifer neues Wissen aneignet, hat Anspruch auf Wertschätzung und Respekt. Anerkennung: Das ist immer noch der stärkste Motivationsfaktor.

Bildung braucht zweitens Anstrengung! Um etwas zu lernen – ob nun eine Mathematikformel oder ein Musikinstrument, ob Judo oder Vokabeln –, braucht man Zielstrebigkeit, Übung und Ausdauer. Das macht nicht immer Spaß, aber die Mühe wird meist belohnt – mit der Freude am Erfolg. Diesen Zusammenhang kennt jeder von uns; aber beim Thema Bildung ist er zunehmend vernachlässigt worden – auch darum verlieren viele in Schule und Ausbildung zu schnell den Mut und geben auf. Es muss wieder deutlicher werden: Ja, Bildung braucht Anstrengung und Beharrlichkeit, aber nochmals ja, diese Mühen tragen auch ihren Lohn in sich.

Bildung braucht mehr Anstrengung – auch vonseiten des Bildungswesens. Wir wissen: Nicht alles ist messbar. Aber PISA hat uns genügend Anhaltspunkte dafür gegeben, dass unser Bildungssystem sich nicht auf der Höhe der Zeit befindet. Die Verantwortlichen in den Ländern und im Bund, vor allem die Ministerpräsidenten und die Kultus- und Bildungsminister, haben den Menschen in Deutschland versprochen, die Defizite abzubauen. Diese Botschaft höre ich gerne. Und ich habe den Eindruck: Die Deutschen werden die Vergleichsstudien und Ranglisten sehr genau verfolgen. Denn dort lässt sich durchaus ablesen, wie es um die Anstrengungen der Verantwortlichen steht. Für mich ist es ein zentraler Prüfstein für die Zukunftsfähigkeit unserer bundesstaatlichen Ordnung, ob ihr die Verbesserung unseres Bildungswesens gelingt.

Und schließlich drittens: Bildung braucht Vorbilder! Bildung lebt davon, dass Menschen sich am guten Beispiel anderer orientieren, dass sie sich begeistern und

mitnehmen lassen. Jeder kann ein Vorbild sein: Eltern, Nachbarn, Trainer, Lehrer, Klassenkameraden. [...]
Ich bin in unserem Land vielen Menschen begegnet, die lernen und etwas aus sich machen wollen. Ich habe mit Schülern und Lehrern, mit Studenten und Professoren, mit Azubis und Handwerksmeistern gesprochen, die eine genaue Vorstellung davon haben, was sie sich von Bildung erhoffen, was sie persönlich dafür leisten wollen und wo es in unserem Bildungswesen noch hakt. Alle diese Menschen haben Anspruch darauf, dass unser Land die besten Voraussetzungen für Bildung schafft.
Dafür kommt es auf uns alle an, auf unsere Einstellung, auf unsere Anstrengung, auf unser Vorbild. Bildung für alle – das gelingt am besten, wenn sich alle dafür einsetzen, wenn wir alle uns bewegen. Was hindert uns? Auf geht's!

1. Wie skizziert Köhler die Situation des deutschen Bildungswesens? Welchen Stellenwert weist er der Bildung zu?
2. Ermitteln Sie die Redesituation und Redekonstellation.
3. Gliedern Sie die Rede in Sinnabschnitte und untersuchen Sie ihre jeweilige Funktion.
4. Wie versucht Köhler, die Zuhörer von seinem Anliegen zu überzeugen? Arbeiten Sie hierzu die rhetorischen Mittel heraus und beschreiben Sie jeweils ihre Wirkung. Konzentrieren Sie sich hierbei vor allem auf die verwendete Bildhaftigkeit, die Anaphorik, Steigerungen, Antithetik sowie die Ich/Wir-Aussagen.
5. Beurteilen Sie abschließend, inwiefern es Köhler in dieser Rede gelingt, sein Anliegen überzeugend zu vertreten.

Angela Merkel (geb. 1954)

Grußwort im Kanzleramt in Berlin zur Eröffnung des 3. Jugendintegrationsgipfels (16.4.2012)

Im Zusammenhang mit dem „PISA-Schock" entwickelte sich auch eine Debatte über die Integration von Jugendlichen mit Migrationshintergrund. Zu den getroffenen Maßnahmen gehört unter anderem die jährliche Einberufung eines Integrationsgipfels, zu dem sich insgesamt 100 ausgewählte Jugendliche versammeln.

[...] Integration ist ja fast so ein sperriges Wort wie Migrant. Die Kombination zum Ausdruck „Integration von Migrantinnen und Migranten in unserem Land" distanziert die Sache doch sehr vom täglichen Leben. Deshalb ist es gut, dass Sie Ihre persönlichen Erfahrungen einbringen und wir uns mithilfe dieser Erfahrungen überlegen können: Worauf müssen wir politisch achten? Politik kann einen Rahmen setzen. Wir können auf bestimmte Dinge achten, wir können uns um Kindergartenplätze kümmern, wir können uns um gute Schulen kümmern, wir können uns darum kümmern, dass Sprachkurse angeboten werden. Wir können vieles machen. Aber wenn das nicht einhergeht mit dem guten Willen der Menschen, um die es geht, dann haben wir gar keine Chance. Von den 100 Jugendlichen hier haben 50 einen offensichtlichen Migrationshintergrund und 50 gehören zu denen, die man als Deutsche bezeichnet – wobei man ja bei denen, die etwa von den Hugenotten abstammen, wie zum Beispiel unser Verteidigungsminister Thomas de Maizière, auch hinterfragen könnte: Wann, in welchem Jahrhundert, ist aus der hugenottischen Familie, die einmal nach Deutschland kam, eigentlich eine als deutsch angesehene Familie ohne Migrationshintergrund geworden? Insofern ist eine solche Eingruppierung also ein fließender Prozess.
Hier sitzen also 50 mit der einen Lebenserfahrung und 50 mit der anderen. Was zeigt das? Das zeigt, dass wir zutiefst davon überzeugt sind, dass Integration eine gesamtgesellschaftliche Aufgabe ist, wie man politisch sagen würde – also eine Aufgabe, die an alle gerichtet ist: sowohl an die, die schon immer bzw. deren Familien vie-

le Jahrzehnte, viele Jahrhunderte lang hier gelebt haben, als auch an diejenigen, die erst vor Kurzem oder deren Familien vor wenigen Generationen hierhergekommen sind. Denn wenn sich nur eine Gruppe um Integration bemüht und die andere sagt, dass sie damit nichts zu tun haben will, dann wird das natürlich nicht klappen.

Insofern hoffe ich, dass Sie uns mit Ihren Erfahrungen, die Sie auch in die Workshops einbringen, sozusagen ein Stück näher an die realen Probleme führen. Deshalb bitte ich Sie, in diesen Diskussionen offen zu sein. Ich bitte Sie, keine Sorge zu haben, dass man, wenn man irgendetwas ausspricht, damit vielleicht eine schlechte Stimmung hervorruft. Wenn einer, der sich in den Kulturkreisen, aus denen Migrantinnen und Migranten kommen, vielleicht nicht allzu sehr auskennt, eine Frage stellt, dann soll er nicht die Sorge haben, ob er damit gerade zeigt, dass er etwas nicht weiß. [...]

Das heißt, der erste Weg zu einer wirklichen Integration ist das gemeinsame Gespräch, die gegenseitige Offenheit und die Fähigkeit, sich Fragen zu stellen und aus dem eigenen Leben zu berichten. Dabei wird sicherlich auch herauskommen, dass jeder von uns – egal, woher er kommt – immer auch ein wenig geneigt ist, in Klischees zu denken. Man kann ja nicht alles, was es im Leben gibt, selbst erleben; also hat man von vielen Dingen, die man selbst nicht erlebt hat, irgendeine Vorstellung, weil jemand einmal etwas davon erzählt hat, wie das angeblich sein soll. Bis man es nicht selbst erlebt hat, hängt man eben an dieser Erzählung und denkt: So ist das immer. Deshalb ist es wichtig, dass wir aus dem Denken in Klischees herauskommen, dass wir uns aus dem realen Leben berichten und dass wir dies vor allen Dingen auch tun, indem wir uns sozusagen immer gewiss sind, dass jeder Mensch einzigartig ist. [...]

Sie sollten durchaus auch schlechte oder traurige Erfahrungen zur Sprache bringen. Für mich war eines der bedrückendsten Erlebnisse – nicht das Erlebnis selbst; aber die Tatsache war bedrückend –, dass einige Jugendliche im Wesentlichen aus dem türkischstämmigen Bereich offensichtlich auch deshalb keinen Ausbildungsplatz bekommen hatten, da schon allein ihre Namen ein Hinderungsgrund waren, ihnen einen Ausbildungsplatz zu geben. Sie wurden dann in einem Ausbildungsprojekt, das ich hier in Berlin kennenlernte, als Bankkauffrauen und -männer ausgebildet. Danach sind sie für ein Praktikum angenommen worden – und siehe da: Sie alle waren genauso gut wie diejenigen, die Müller, Meier, Schulze hießen. Dann sind sie von den Banken auch gerne genommen worden. [...]

Wir sollten auch darüber sprechen, dass es viele Beispiele gelungener Integration gibt, dass es aber auch Bereiche gibt, in denen wir noch nicht so weit sind. Es hat ja keinen Sinn, davor die Augen zu verschließen. Es ist auch so, dass, wenn es meinetwegen türkische Filme gibt, die in bestimmten Vierteln Berlins gezeigt werden, und einer mit erkennbar deutschem Gesicht ins Kino kommt, dieser erst einmal gefragt wird: Was willst du denn hier? Es ist nicht so, dass wir keinerlei Formen von Parallelwelten hätten, sondern die gibt es schon. Wenn Sie auch darüber berichten können, wie man so etwas überwinden kann, dann ist das für uns wieder ein wichtiger Beitrag, weil wir glauben, dass wir aus Ihrer Lebenserfahrung auch wirklich etwas lernen können.

Denken Sie nicht, dass Ihre Aufgabe, wenn der Tag vorbei ist und es morgen Mittag ist, erloschen ist. Ich werde mir berichten lassen, was herausgekommen ist. Wir haben natürlich Hoffnung in Sie. Die Hoffnung ist, dass Sie von diesem Integrationsgipfel dann auch in Ihren Netzwerken, in Ihrem Bekanntenkreis berichten und andere animieren, aufeinander zuzugehen und vielleicht ähnliche Treffen auch einmal in Ihrem Lebensumfeld durchzuführen, sodass wir einen gewissen Multiplikatoreneffekt bekommen. [...] Es gibt das schöne Sprichwort: „Reden ist Silber, Schweigen ist Gold." Das aber gilt in Ihrem Fall nicht; die Anwendung ist nicht erwünscht. Vielmehr dürfen Sie über das, was Sie hier erfahren, durchaus berichten und damit weitere Impulse in die lange Geschichte der Integration bringen.

1. Stellen Sie sich vor, Sie wären Teilnehmer dieses Gipfels gewesen. Welche Erwartungen hätten Sie an ein Grußwort der Bundeskanzlerin gehabt? Erfüllt diese Rede Ihre Erwartungen? Begründen Sie Ihre Auffassung.
2. Zu den entscheidenden Aufgaben einer Rednerin oder eines Redners gehört es, die Redekonstellation zu beachten und eine Beziehung zur Zuhörerschaft aufzubauen. Auf welche Weise versucht die Bundeskanzlerin hier, die Jugendlichen für sich einzunehmen? Berücksichtigen Sie inhaltliche und sprachliche Aspekte.
3. Wie lauten die Erwartungen der Rednerin an diesen Gipfel? Welche Intention verfolgt sie?
4. Mit welchen rhetorischen Mitteln versucht sie, ihr Anliegen zu unterstreichen? Ziehen Sie bei der Analyse den Info-Kasten (S. 468) mit heran. Konzentrieren Sie sich besonders auf die Strategien der Aufwertung und der Beschwichtigung.

2 Reden der Jugend: Das Beispiel Abiturreden

1. Welche Erwartungen haben Sie an eine Rede eines Schülervertreters zur Abiturentlassungsfeier?
2. Erläutern Sie die Besonderheiten der Redesituation und Redekonstellation bei einer Abiturrede. Welche Zuhörergruppen treffen hier zusammen und welche Probleme könnten durch die unterschiedlichen Erwartungen entstehen?

Abiturrede des Schülers Josef Kisting (Städtisches St.-Michael-Gymnasium, Monschau), gehalten um 1965

Sehr geehrte Festversammlung!

Mehr als ein Dutzend Jahre haben wir lernen müssen, um heute hier als Abiturienten diesen Festtag feiern zu können. Mühen und Strapazen haben wir auf uns genommen, um dieses Ziel zu erreichen. Doch unsere Anstrengungen allein reichten nicht aus, wir mussten die Hilfen vieler in Anspruch nehmen. An erster Stelle sind wohl unsere Eltern zu nennen, die uns diesen Weg haben gehen lassen. Aber ebenso danken wir dem Herrn Direktor, all unseren Lehrpersonen, besonders den Klassenlehrern der Oberstufe und den Herren, die mit uns Klassenfahrten unternommen haben. Sie alle haben uns für das kommende Leben geformt und gebildet.

Eine Frage gerade der heutigen Zeit ist, ob wir außer den vorhin Genannten auch dem Staat, der Allgemeinheit gegenüber zu Dank verpflichtet sind. Der Staat, die Gemeinschaft, in die wir geboren wurden, hat uns Schulen und Lernplätze zur Verfügung gestellt. Wir sind erzogen worden, in dieser Gesellschaftsform sinnvoll zu leben. Das heißt, wir müssen unser Tun zunächst uns selbst und Gott gegenüber verantworten, zum anderen aber auch der Staatsgemeinschaft gegenüber, die uns so viel geboten hat und bietet. Wir sollten dem Staat weiterhelfen, sei es durch eigene neue Ideen oder durch Verbesserung alter oder aber indem wir einfach durch unserer Hände Kraft oder unseres Kopfes Arbeit seiner Fortentwicklung dienen. Die Schule hat uns Rüstzeug gegeben zur Verwirklichung dieser Ziele. Ich sehe, die jüngeren Schüler hier schauen uns verwundert an; euch möchte ich sagen, bislang haben wir genau so bewundernd und bestaunend zu den Abiturienten emporgeschaut; und jetzt? Nach all den Mühen und Plagen, den Erfolgen und Misserfolgen sind wir, ehe wir es recht glauben konnten, am Ziel dieser Schule angelangt. Wir wünschen euch, euren Eltern und den Lehrern, dass es euch ebenso gelingen möge und ihr euch bald an dieser Stelle ebenso freut und dankt, wie wir es jetzt tun, und ihr ebenso als Abiturienten Abschied nehmen könnt.

Bevor wir uns jedoch ganz verabschieden, möchten wir unsere Eltern, das Lehrkollegium, die Unterprima[1] und die Freunde unserer Klasse heute Abend um acht Uhr in der Flora ZUM KOMMERS[2] einladen.

1. Inwiefern entspricht diese Rede Ihren Erwartungen?
2. Erarbeiten Sie, wie der Redner sein Verhältnis zu Lehrerinnen und Lehrern, Eltern, Mitschülerinnen und Mitschülern und zum Staat darstellt.
3. Untersuchen Sie die verwendete Wortwahl und beurteilen Sie den Darstellungsstil.
4. Wie bewerten Sie die Rede insgesamt?

Abiturrede von Heiner Müller, Florian Weber und anderen (Kaspar-Zeuß-Gymnasium, Kronach), gehalten 1968

Acht Jahre lang hörten wir in dieser Stunde Geschichten von wachsenden Bäumen, Geschichten von aus dem sicheren Hafen hinausfahrenden Schiffen und Geschichten von stufenweise sich entwickelnden, dankbaren jungen Menschen. Wir wollen Ihnen das alles heute ersparen, muten Ihnen aber dafür etwas anderes, Neueres zu: Wir wollen Kritik üben und gleichzeitig Vorschläge bringen, was an der Schule geändert werden kann und was unserer Ansicht nach sogar geändert werden muss. Das zweite Novum dieser Rede besteht darin, dass sie nicht mehr das Werk eines Einzelnen ist, des Primus womöglich, sondern sie wurde in Zusammenarbeit von acht Schülern der Klasse 13 A geschrieben. Wir sind uns auch darüber im Klaren, dass diese Rede zwangsläufig nicht die genaue Meinung jedes Abiturienten widerspiegeln kann, besitzen aber doch die Zustimmung des größten Teiles unserer Mitschüler. Die Tatsache, dass ich den Vortrag übernommen habe, ist rein zufällig.

Doch vor alldem noch ein Wort an Sie, liebe Eltern. Vielleicht sind Sie jetzt im Stillen enttäuscht, dass wir hier in der letzten Stunde unserer Schulzeit noch einmal mitunter unangenehme Dinge vorbringen werden. Bitte werten Sie es nicht als Undankbarkeit. Wir wissen, was wir Ihnen zu verdanken haben. Und so ist dies vielleicht der schönste Dank: Sie haben mitgeholfen, uns zu einigermaßen kritischen und, wir hoffen doch, auch verantwortungsbewussten Menschen zu erziehen.

Meine Damen und Herren, die Schule dient in erster Linie, darüber sind wir uns wohl alle im Klaren, der Wissensvermittlung. Die Notwendigkeit der Zensuren steht für alle außer Frage und damit auch die besondere Stellung des Lehrers. Das Verhältnis zwischen Lehrenden und Lernenden muss immer ein Abhängigkeitsverhältnis bedeuten und kann deshalb eine vollkommene Demokratisierung der Schule nicht zulassen. Dieses Abhängigkeitsverhältnis scheint uns jedoch unnötig groß und auch unnötig stark zuungunsten der Schüler verschoben. Denn für die gemeinsame Bewältigung der Arbeit von Schüler und Lehrer kann nur eine wirkungsvollere Unterrichtsmethodik anstelle der bisherigen Unterrichtsform sowie Offenheit und Fairness zwischen den Partnern ausreichend sein. Das soll heißen:

1. Der Schüler kann keine Mitbestimmung in der Notengebung erreichen. Weiterhin ist klar, dass in stark sachgebundenen Fächern (Latein, Mathematik usw.) der Schüler aufgrund fehlender Sachkenntnis

[1] **Unterprima:** hier die Jahrgangsstufe 12 – [2] (der) **Kommers:** festlicher Umtrunk

kein Mitentscheidungsrecht in der Lehrmittelauswahl und Lehrplangestaltung erhalten kann.

2. Dieses Mitbestimmungsrecht soll jedoch in Fächern wie Deutsch, Geschichte, Sozialkunde, Religion u. a. eingeführt werden. Ein Beispiel: [...] Die Schüler wollen nicht, dass der Deutschunterricht spätestens bei den drei großen Bs – Benn, Brecht, Borchert – zu Ende geht. Sie wollen auch über Handke und Enzensberger sprechen. Wenn eine Mehrheit der Schüler das verlangt, muss der Lehrer der Forderung nachkommen. Dass dieses Mitspracherecht keine utopische Vorstellung aus unreifen Schülerhirnen ist, beweist die Tatsache, dass mit ungefähr dieser Methode seit Jahren in der Oberstufe gute Erfahrungen im Sozialkundeunterricht gemacht worden sind.
3. Der Lehrstoff muss von unsinnigen Details gereinigt werden, und dafür müssen größere Zusammenhänge aufgezeigt werden. Der Unterricht muss sich mehr – und das gilt im Gegensatz zu Obigem schon für die Unter- und Mittelstufe – auf Arbeitsgruppen konzentrieren.
4. Die Noten der mündlichen Abfragen müssen bekannt gegeben werden. Dass auch dies generell möglich ist, zeigt sich darin, dass einige Lehrer das heute schon praktizierten. Damit wurde die Zensurengebung offener, der berühmte Ermessensspielraum des Lehrers kleiner [...].
5. Neben den Sprechstunden der Lehrer für Eltern müssen auch Sprechstunden der Lehrer für Schüler eingeführt werden.
6. Jeder Fachlehrer muss verpflichtet sein, auf Wunsch die Arbeit eines Schülers, der sich von einem Lehrer ungerecht beurteilt fühlt, nachzukorrigieren.
7. Einer Klasse muss die Möglichkeit gegeben werden, einen Lehrer, gegen den sie begründete sachliche Vorwürfe erheben kann, für ein weiteres Unterrichtsjahr abzulehnen. [...]

Und nun ein Letztes an euch, liebe Mitschüler. Alle heute genannten Forderungen und Vorschläge können nur dann verwirklicht werden, wenn sich erstens die Schüler einig sind und zweitens auch bereit, sich für unsere Sache einzusetzen. Die Zeit, in der man in den Klassensprechern nur die Dummen sieht und für die Schülerzeitung bestenfalls nur ein mitleidiges Lächeln übrig hat, sollte ein für alle Mal vorüber sein. Um aber etwaigen Illusionen vorzubeugen, müssen wir ganz klar sagen, dass unsere Vorstellungen durchaus kein Paradies für Schüler bedeuten werden. Es wird mehr Arbeit geben, aber wir sind uns sicher, dass diese Arbeit interessanter und hauptsächlich sinnvoller sein wird. [...] Das allerletzte Wort soll noch an Sie, verehrte Lehrer, gerichtet werden. Wir danken Ihnen, dass Sie uns bis zum Abitur und sogar durch das Abitur gebracht haben, auch wenn mancher glaubte, dass er es nie schaffen wird.

1. Wie hat der Redner seine Schulzeit erlebt? Vergleichen Sie diese Rede mit der von Josef Kisting.

2. Die Eltern und Lehrer erwarteten wahrscheinlich eine ähnliche Rede wie die Ihnen bekannte Rede aus dem Jahre 1965. Auf welche Weise geht der Redner in seiner Einleitung (Z. 1–28) auf diese Erwartungen ein und versucht somit, die Redekonstellation zu beeinflussen?

3. Wie versucht er im Hauptteil, seine eigene Position aufzuwerten und eine Ablehnung seiner Kritik abzuwehren?

4. Für wie aktuell halten Sie diese Rede und wie bewerten Sie das Verhalten des Redners?

Rede zur Abiturentlassung von Oliver Mahr (Ulrich-von Hutten-Gymnasium in Schlüchtern), gehalten 2007

Sehr geehrte Damen und Herren, anwesende Lehrkräfte, liebe Abigenten[1] und Eltern.

151 Schülerinnen und Schüler haben als die Kleinsten die Baustelle betreten, 88 haben es geschafft als die Größten und Ältesten, neun Stockwerke zu errichten, und sind nun drauf und dran, das Richtfest zu feiern. Doch was kommt danach? Kaum ein Bauherr hat eine klare Vorstellung davon, wie sein Haus einmal aussehen wird. Träume erfüllen sich zu selten. In Zukunft gilt, das Haus mit Leben zu erfüllen. Wir müssen die Inneneinrichtung finden, die am besten zu uns passt. Wir müssen lernen, mit dem in neun langen Jahren erworbenen Wissen umzugehen. Wir müssen ernten, was wir gesät haben, lernen, die Bildung, die wir erfuhren, bestmöglich ein- und umzusetzen. Es liegt in unserer Hand, die Welt zu unseren Gunsten zu verändern. Positiv zu verändern, auf Basis des uns hier gelehrten Wissens. Ganz nach dem Wahlspruch des Namensgebers unserer Schule „Ich hab's gewagt" müssen wir den großen Sprung nach vorne wagen.

Vor fast genau einem Jahr hat sich der Jahrgang 13 des Ulrich-von-Hutten-Gymnasiums in Schlüchtern in einer spektakulären Aktion den Namen „Abigent 007" gegeben. Das Motto des Jahrgangs lautet seither „Sag niemals nie", nach dem gleichnamigen Bond-Klassiker mit Sean Connery. Es hat sich seitdem viel verändert. Nicht nur, dass wir aufgrund unserer legendären Schuldiscos mittlerweile eine angesehene Institution in der hiesigen Partyszene darstellen, nein, wir haben es auch geschafft, in dem letzten Jahr unserer Schullaufbahn zu einer wahren Gemeinschaft heranzuwachsen. Nun gilt es, sich zu verabschieden, besonders nachdem in den letzten neun Jahren innige Freundschaften geschlossen und alte gefestigt wurden oder zerbrachen. Wir haben trotzdem immer zusammengehalten, als eingeschworene Gemeinschaft niemals „nie" gesagt und gemeinsam den harten und langen Weg hin zur ersten großen Prüfung unseres Lebens begangen und gemeistert.

Die altehrwürdigen Mauern des Klosters haben schon vieles gesehen. Neun lange Jahre war dieses Gemäuer unser Zuhause, wir haben die von Herrn Paetzold erwähnte „Gastfreundlichkeit" kennen- und schätzen gelernt. Dort haben wir geschwitzt und gestöhnt, bedauert und geflucht, doch nie aufgegeben. Es war ein ständiges Auf und Ab der Gefühle, das uns geformt hat, uns noch härter gemacht und uns vorbereitet hat auf die kommenden Aufgaben, die das Leben für uns bereithalten wird.

Liebe Mitschülerinnen und Mitschüler. Niemand weiß, was kommt und welche Überraschungen auf uns warten, doch sind wir es gewohnt, niemals „nie" zu sagen und auch unbekannten, vielleicht etwas beängstigenden Dingen mutig und selbstbewusst entgegenzutreten.

Eines haben wir nach den neun Jahren Ausbildung an dieser einzigartigen Institution gelernt: Wenn man etwas erreichen will, dann kann man dies nicht allein, sondern nur mithilfe von anderen. Nur im Team gelingt mir das, was ich allein zu tun gar nicht imstande wäre! Niemand kann allein eine Schuldisco oder einen Abiball organisieren! Nur im Team gelangen uns Dinge und Events, an die wir uns noch lange voll Freude und Stolz erinnern werden. Im Film „James Bond – Der Morgen stirbt nie" sagt 007: „Der Unterschied zwischen Wahnsinn und Genie definiert sich lediglich aus dem Erfolg." Hier stimme ich leider nicht mit Mister Bond überein, da wir bei ausnahmslos allen unserer Aktionen großen Erfolg zu verbuchen hatten. Von genialen Schuldiscos bis hin zu wahnsinnigen Ideen, wie die „Offizielle Abigenten-Vertretung" als Weihnachtsabigenten, am letzten Weihnachtsmarkt hier im Klosterhof.

Wir gaben uns den Namen „James Bond – Sag niemals nie", ein Synonym, das für Selbstbewusstsein, Ausdauer und Ausstrahlung steht. Schon bei der Vorstellung unseres Abitur-Mottos vor ungefähr einem Jahr haben wir unsere Zuschauer spüren lassen, dass wir es ernst meinen. Mit einer großen Show, an der wir alle mit anpackten, haben wir unseren Gemeinschaftssinn beschworen und gezeigt, dass wir anders sind, dass wir etwas Besonderes sind.

Nicht zuletzt haben wir dieses Gefühl der Gemeinschaft auch den Kursfahrten zu verdanken, die uns nach Antibes, London, Rom und in die Toskana führten. Ich hoffe, dass die Freundschaften, die in den letzten beiden Jahren der Qualifikationsphase geschlossen wurden, noch lange halten.

Ich möchte diese Gelegenheit zudem nutzen, um mich, stellvertretend für den Abiturjahrgang 2007, den

[1] Das Motto des Abiturjahrgangs lautete: „Abigent 007 – Sag niemals nie."

Abigenten, bei allen Lehrern zu bedanken. Schließlich waren sie es, die uns in den letzten Jahren der Selbstfindungsphase begleiteten. Auch wenn wir nicht für die Schule, sondern fürs Leben lernen, so waren sie es, die uns jeden unsterblichen Morgen ertragen mussten, wobei der Jahrgang über die Frage, wer hier manchmal wen ertragen musste, sicherlich geteilter Meinung ist. Ich wünsche uns für die Zukunft alles Gute. Wir sollten nie unsere Wurzeln und unsere alten Wirkungsstätten vergessen, stets an diese wunderschönen neun Jahre an dieser tollen Schule zurückdenken und uns an der Schönheit unseres Hauses erfreuen. Und deshalb, Abigenten, im Sinne eurer Mission: Sagt niemals nie! Vielen Dank für die Aufmerksamkeit.

1. Welche Wirkung hat diese Abiturrede auf Sie? Inwiefern erfüllt sie Ihre Erwartungen an eine gelungene Abiturrede?
2. Welche Stationen der Schullaufbahn sind dem Redner besonders wichtig? Welche Bereiche werden ausgeblendet? Wie bewerten Sie dies?
3. Mit welchen Mitteln versucht der Redner, seiner Rede eine Struktur zu geben und seine Ziele zu erreichen?
4. Welche Kriterien erscheinen Ihnen im Hinblick auf die Produktion einer eigenen Abiturrede besonders wichtig, um diese zu einem Erfolg werden zu lassen?
5. Ermitteln Sie aus den im Unterricht besprochenen Abiturreden Kriterien für eine aus Ihrer Sicht gelungene Schüler- oder Schülerinnenrede. Als Redeanlass kann die Pensionierung Ihres Deutschlehrers oder Ihrer Deutschlehrerin, die Verabschiedung der Hausmeisterin oder des Hausmeisters, die Einweihung eines neuen Schulgebäudes oder aber auch Ihre eigene Abiturentlassung dienen. Vielleicht haben Sie noch weitere Ideen. Berücksichtigen Sie dabei die Hinweise im Info-Kasten auf S. 483.
6. Wählen Sie eine der drei Abiturreden aus und verfassen Sie eine schriftliche Analyse.
   ➔ Eine Rede analysieren, s. S. 581 ff.

Information

Eine Schülerrede vorbereiten und halten

1. Die Ideensammlung

- Führen Sie in der Gruppe ein Brainstorming durch, welche inhaltlichen Schwerpunkte in Ihrer Rede enthalten sein könnten.
- Bedenken Sie die Redekonstellation, also die Zusammensetzung des Publikums. Machen Sie sich die unterschiedlichen Erwartungshaltungen klar und überprüfen Sie daraufhin Ihre Ideen.

2. Der Redeaufbau

- Erstellen Sie eine vorläufige Gliederung, aus der die Anordnung der inhaltlichen Schwerpunkte deutlich wird. Orientieren Sie sich an der einfachen Dreiteilung Einleitung, Hauptteil, Schluss.
  Einleitung: Wie begrüßen Sie das Publikum? Werden bestimmte Gruppierungen besonders begrüßt? Wie werden der Anlass der Rede und die eigene Rolle dargestellt? Wie gewinnen Sie von Beginn an das Publikum für sich?
  Hauptteil: In welcher Reihenfolge sollen die inhaltlichen Schwerpunkte (Rückblick, Entwicklung, Klassen-/Kursfahrten, Anekdoten, Lob und Kritik, Wünsche und Hoffnungen, Ausblicke ...) dargestellt werden?
  Schluss: Überreichung und Kommentierung eines Geschenks, Wünsche für die Zukunft ...

3. Das Redemanuskript

- Gehen Sie bei der Erstellung des Redemanuskripts schrittweise vor. Wählen Sie in Ihrer Gruppe zunächst einen Redeteil aus und formulieren Sie diesen. Tragen Sie den Text innerhalb der Gruppe vor und überprüfen Sie dessen Wirkung. Berücksichtigen Sie bei der Gestaltung auch Ihnen bekannte rhetorische Mittel. Verfahren Sie in gleicher Weise auch mit den anderen Redeteilen.
- Schreiben Sie die fertige Rede mithilfe des Computers. Wählen Sie dazu eine hinreichend große Schrift und einen großen Zeilenabstand. Markieren Sie Formulierungen, die Sie besonders betonen wollen, und beabsichtigte Pausen.

4. Redevortrag

- Üben Sie den Redevortrag (zunächst allein, dann vor einer kleinen Gruppe) so intensiv, dass Sie sich sicher fühlen, sich immer wieder vom Manuskript lösen und Blickkontakt zum Publikum aufnehmen können.
- Überlegen Sie sich Möglichkeiten, Ihren Vortrag durch Gestik und Mimik zu unterstützen.
- Besondere Aufmerksamkeit können Sie auch dadurch erzielen, dass Sie vorab dem Publikum ausgewählte Requisiten präsentieren, die im Verlauf Ihrer Rede eine Rolle spielen (Besen, Rotstift, Fernrohr, Lehrerkalender).
- Stellen Sie sich während des möglichst freien Vortrags auf Reaktionen des Publikums ein und warten Sie diese jeweils ab. Sprechen Sie also nicht in Beifall und Lacher hinein.

Miteinander verbunden im globalen Dorf – Medienlast und Medienlust im digitalen Zeitalter

Unsere Welt ist geprägt vom Einfluss der Medien. Kein Tag vergeht, ohne dass wir die Zeitung oder ein Buch lesen, Radio hören, im Internet surfen, mit dem Handy telefonieren oder fernsehen. Gerade unter jungen Leuten wächst der Medienkonsum stetig, was Folgen für alle Lebensbereiche hat: Wenn beispielsweise Verabredungen zunehmend über soziale Netzwerke getroffen werden, ist ausgeschlossen und wird schnell abgehängt, wer dort keinen Zugang hat.
Was wir von der Welt durch technisch aufbereitete Bilder medial vermittelt wahrnehmen, hat Auswirkungen auf unser Weltbild und auf alle Lebensvollzüge. Medien in ihrer Wirkungsweise zu verstehen ist daher notwendig, um sich im „Informations- bzw. digitalen Zeitalter" zurechtzufinden und zu einem gewinnbringenden Umgang mit dem überreichen Medienangebot zu gelangen.
Diese Einheit will Anregungen dafür geben, sich mit Medien kritisch auseinanderzusetzen. Dabei steht das Internet als Metamedium im Mittelpunkt, weil es derzeit den wohl größten Einfluss ausübt und auch in Zukunft richtungsweisende Innovationen hervorbringen wird.

„Was wir über unsere Gesellschaft, ja über die Welt, in der wir leben, wissen, wissen wir durch die Massenmedien."
(Niklas Luhmann, Die Realität der Massenmedien)

„Jedem Medium folgt wie ein Schatten der Verdacht des Sinnverlustes und der Uneigentlichkeit."
(Hans Magnus Enzensberger, Die Elixiere der Wissenschaft)

„Die Massen können nur in Bildern denken und lassen sich nur durch Bilder beeinflussen. Nur diese schrecken oder verführen sie und werden zu Ursachen ihrer Taten."

(Gustave Le Bon, Bilder und Einbildungen als die Masse bewegende Mächte)

„Massenmedien berichten nicht, was geschieht, sondern was andere für wichtig halten."

(Norbert Bolz, Das konsumistische Manifest)

„Alle Medien sind Erweiterungen einer psychischen oder physischen Fähigkeit des Menschen [...]. Das Buch, eine Erweiterung des Auges."

(Marshall McLuhan, Das Medium ist die Massage)

1. Stellen Sie sich vor, Sie müssten eine Woche auf alle Medien verzichten. Was würde Ihnen besonders schwerfallen?
2. Wählen Sie eines der Zitate aus und diskutieren Sie es in Partner- oder Gruppenarbeit.
3. Welche Erwartungen haben Sie an die folgende Einheit?

1 „Leben in der Medienwelt" – Fakten, Formen und Funktionen

Mediennutzung

Unsere Mediennutzung – Eine Selbstbefragung

Welche Medien nutzen Sie persönlich: warum, wann und wie lange? Kommen Sie Ihrem persönlichen „Medienprofil" auf die Spur, indem Sie folgenden Fragebogen ausfüllen.

1. Welche Medien gibt es bei Ihnen zu Hause, welche davon gehören Ihnen? (Handy, Laptop/PC, Internet, Fernseher, Digitalkamera, MP3-Player/iPod, Spielekonsole, Radio, Zeitung, Zeitschriften, Bücher, DVDs)
2. Bringen Sie die oben genannten Medien in eine persönliche „Hitliste". Beginnen Sie mit dem wichtigsten Medium und kennzeichnen Sie die Grenze innerhalb der Liste, ab wann Sie die jeweiligen Medien für Ihr persönliches Leben für verzichtbar halten.
3. Welches ist Ihr/e Lieblingslied, -sendung im Fernsehen, -film, -computerspiel, -website, -community, -zeitschrift, -chat, -buch?
4. Nennen Sie **Formate von Printmedien** (z. B. Buch, Zeitschrift, Zeitung ...), die Sie nutzen, und bringen Sie diese in eine Reihenfolge, die Ihren Vorlieben und der Nutzungshäufigkeit entspricht.
5. Welche **Formate des Mediums TV** (z. B. Nachrichten, Fernsehfilm, Serie etc.) interessieren Sie?
6. Welches der Medien, die Sie nutzen, hat Ihrer Meinung nach den größten und welches den geringsten **Einfluss** auf Sie? Begründen Sie Ihre Antwort.
7. Kennzeichnen Sie die Motive Ihrer Internetnutzung.
   Ich nutze das Internet ...
   - zum Spielen
   - zum Kommunizieren (Chat, E-Mail)
   - zum absichtslosen Surfen
   - zum Einkaufen (E-Commerce)
   - um mich zu informieren
   - um mich zu entspannen
   - um dem Alltag zu entkommen
   - um mich im Alltag besser zurechtzufinden
8. Welche Medien halten Sie für bedeutsam, wenn Sie an die **Zukunft** denken? Begründen Sie Ihre Meinung.
9. Nennen Sie **Chancen und mögliche Risiken** des Medieneinflusses in Bezug auf Privatleben und Gesellschaft.
10. Wie häufig nutzen Sie welche Medien? Nennen Sie die Medien, die Sie täglich oder mehrmals in der Woche benutzen, und bringen Sie sie in eine Reihenfolge, die der Nutzungshäufigkeit entspricht.

1. Befragen Sie sich anhand des Fragebogens selbst zu Ihrer Mediennutzung und vergleichen Sie im Anschluss Ihre Ergebnisse im Gespräch mit dem Nachbarn.

2. Tauschen Sie sich in Partner- bzw. Kleingruppenarbeit über Ihre Medienbiografie aus. Gehen Sie dazu beispielsweise auf wichtige Fernsehformate, Bücher, Kinofilme oder Zeitschriften in Ihrer Kindheit und heute ein.

3. Erstellen Sie eine grafische Darstellung (z. B. Säulendiagramm, Tortengrafik), in der Sie die Ergebnisse zu Frage 10 zusammenfassen. Gehen Sie dabei auf die Antworten aus dem gesamten Kurs ein.

Mediennutzung im Wandel – Statistiken

1. Werten Sie die Statistiken aus, indem Sie die Mediennutzung Jugendlicher der Jahre 1998 und 2012 miteinander vergleichen.
2. Halten Sie Ihre Ergebnisse in Form von Thesen fest.
3. Vergleichen Sie die statistischen Befunde mit Ihren Ergebnissen aus der Kursumfrage. Wo sind Gemeinsamkeiten, wo Unterschiede?
4. Fassen Sie die Ergebnisse der Statistiken in Form eines strukturierten Sachtextes zusammen.
   ➔ Einen informierenden Text mithilfe von Materialien verfassen, s. S. 573 f.
5. Welche Entwicklungen erwarten Sie in der Zukunft?

Mediale Freizeittätigkeiten 1998

täglich/mehrmals pro Woche (Angaben in Prozent)

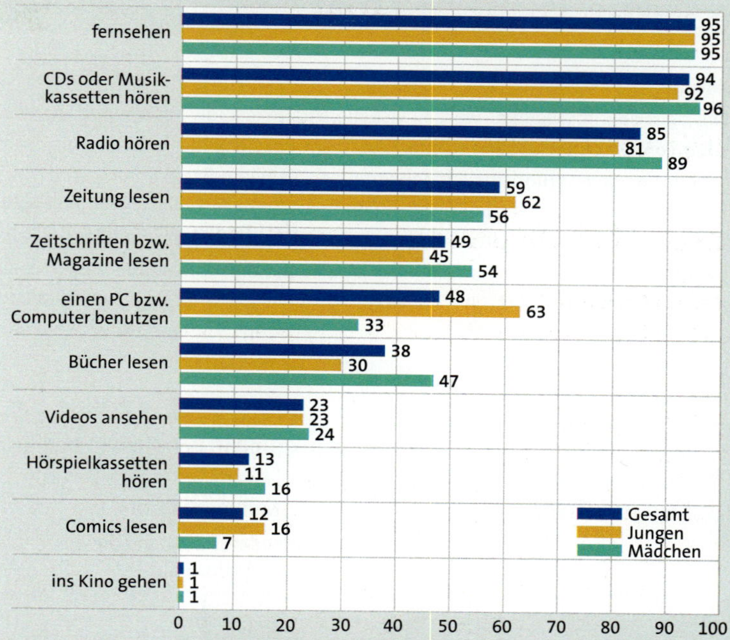

Basis alle Befragten, n = 803

Quelle: JIM 1998

Medienbeschäftigung in der Freizeit 2012

täglich/mehrmals pro Woche (Angaben in Prozent)

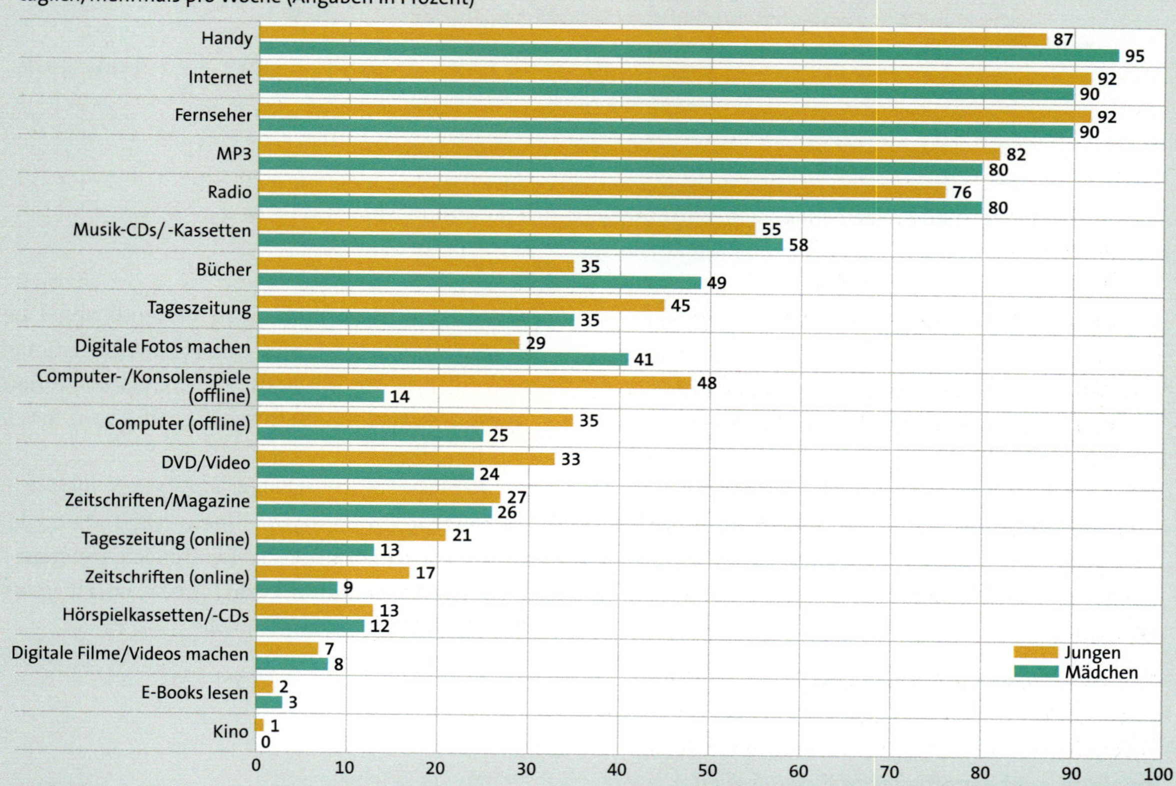

Basis alle Befragten, n = 1 201

Quelle: JIM 2012

Was sind Medien?

Information

Medien

Mit dem Begriff „Medien“ werden visuelle, auditive, audiovisuelle und digitale Mittel zur Verbreitung von Daten an ein öffentliches Publikum bezeichnet. Als Massenmedien gelten diejenigen, welche von einer grundsätzlich unbegrenzten Zahl von Rezipienten genutzt werden können. Dies trifft beispielsweise auf die Presse (Zeitungen, Zeitschriften), den Rundfunk (Radio, Fernsehen) und auch auf das Internet zu. Das digitale Medium Internet unterscheidet sich von den traditionellen Massenmedien hinsichtlich der jeweiligen Kommunikationsmöglichkeiten.

Gerhard Schwengler

Traditionelle Massenmedien

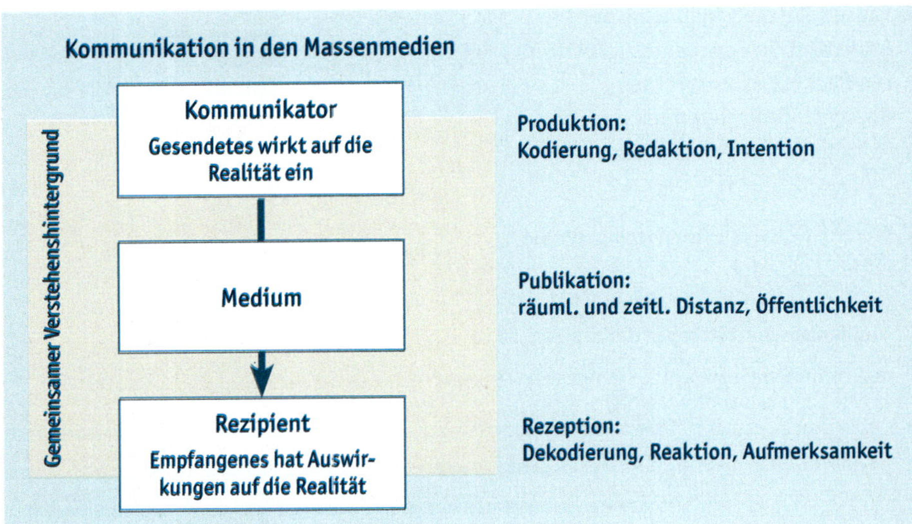

Traditionelle Massenmedien zeichnen sich nach Ansicht des Kommunikationswissenschaftlers Gerhard Maletzke durch folgende Merkmale aus:

- Sie werden als Kommunikationsmittel eingesetzt, um eine räumliche oder zeitliche Distanz zwischen den Beteiligten (d. h. zwischen Kommunikator und Rezipient) zu überwinden. Beide Seiten befinden sich in getrennten Situationen. Durch das Medium kann der Rezipient, während er beispielsweise im Wohnzimmer sitzt, weltpolitische Ereignisse verfolgen.
- Technische Mittel, die immer weiter verbessert werden, dienen der Überbrückung der Distanz zwischen Sender und Empfänger.
- Massenkommunikation ist im Wesentlichen Übertragung und nicht Austausch von Informationen, denn im Falle der meisten Massenmedien verläuft die Kommunikationsrichtung einseitig vom Sender zum Empfänger.
- Die Rezipienten (d. h. das Publikum) sind eine grundsätzlich unbegrenzte, uneinheitliche und dem Sender gegenüber unbekannte Menschenmenge.
- Massenmedien sind öffentlich, d. h. jedem Rezipienten grundsätzlich zugänglich.

(1998)

1. Erklären Sie die Grafik und nutzen Sie hierfür die Aussagen von Gerhard Maletzke.
2. Welche Aussagen treffen nicht generell auf das Internet zu? Finden Sie Beispiele und erläutern Sie sie.

Das digitale Medium Internet

‹ommunikation im Internet

Webserver

überall auf der Welt durch Provider bereitgestellt

World Wide Web

weitere Dienste

‹rivater Bereich

ıasswortgeschützt; ıicht in Suchıaschinen zu finden .B. freemail, ırmeninternes, ...)

›nder
/ebmaster

ıpfänger
ısswortbesitzer

Öffentlicher Bereich

informativ

rein informative Webseiten, ohne Möglichkeiten, als Besucher Dinge zu verändern

Sender
Webmaster

Empfänger
Alle

interaktiv

Besucher kann Inhalte der Webseiten mitgestalten (z.B. Wikis, soziale Netzwerke, Gästebücher, Chats, ...)

In diesem Bereich ist durch die gegebene Freiheit eine Datensicherheit nicht mehr gewährleistet und es entstehen dadurch auch Risiken.

Sender
Alle, Webmaster als Moderator

Empfänger
Alle

eMail
hier verbunden mit einer dazugehörigen Webseite (z.B. mama@familie-weber.de)

ftp
direkter Datenaustausch über den Webserver eines Providers (passwortgeschützt)

Sender
Alle

Empfänger
Alle

1. Erläutern Sie die Abbildung zu der Kommunikation im Internet mit eigenen Worten.
2. Vergleichen Sie die Kommunikationsmöglichkeiten der traditionellen Massenmedien mit denen des Internets. Beziehen Sie sich dazu auf die Abbildungen.
3. Erläutern und kommentieren Sie vor dem Hintergrund Ihrer bisherigen Überlegungen folgende These:

   „[...] das System der Medien ist [...] mitten in einer Revolution. Hatte sich nach der Etablierung des Fernsehens im Westen ein Gleichgewicht der Massenmedien herausgebildet, das den Verlegern stattliche Gewinne und dem Journalismus einige Sternstunden und hohes Ansehen verschaffte, ist nun beides prekär geworden. Mit dem Internet herrscht ein Metamedium als Plattform für alle Inhalte, die sich digitalisieren lassen. Alles kommt ins Schwimmen.“ (Thorsten Schilling, 2009)

4. Was passiert mit einer Nachricht, wenn diese
   – durch die traditionellen Medien verbreitet wird?
   – im Internet veröffentlicht wird?
   Erläutern Sie den Unterschied an einem selbst gewählten konkreten Beispiel.

Michael Bechtel

Das sechste Sinnesorgan

Unser Bild der Wirklichkeit entstammt zu vielleicht zehn Prozent der eigenen Anschauung. Den Rest wissen wir, oder glauben wir zu wissen, aus Büchern, Zeitungen, Illustrierten, Radio und Fernsehen. Mediennutzung ist zu einer Schlüsselkompetenz geworden, ohne die wir nicht mehr leben können. Das in Schule und Berufsausbildung Gelernte ist in wenigen Jahren veraltet. Wir müssen ständig dazulernen, sonst finden wir uns nicht mehr in der Welt zurecht. [...] Beständig lernen können wir mithilfe der Medien. Deren weltumspannendes Netz verlängert unsere Sinne in die Welt hinaus, im Grunde ist es zu einem zusätzlichen Sinnesorgan geworden. Live oder fast live kann man bei wichtigen Ereignissen rund um den Globus dabei sein, Informationen aus allen Ecken und Enden der Welt, aus allen Wissensbereichen werden praktisch augenblicklich weltweit verfügbar gemacht. Eine früher unvorstellbare Menge an Informationen steht zu jeder Tages- und Nachtzeit in gedruckter, akustischer und visualisierter Form zur Verfügung. [...] Die Kluft zwischen trainierten Mediennutzern und der Masse der Bevölkerung wird immer größer. Es setzt nämlich Wissen und langjähriges Training voraus, aus der Informationsfülle das herauszufiltern, was wichtig ist. Wer das nicht gelernt hat, fühlt sich schnell überfordert, schaltet ab oder zieht sich auf Medien zurück, die vorwiegend der populären Unterhaltung dienen. *(1993)*

1. Erklären Sie die Metapher, die im Titel des Textes verwendet wird.
2. Welche Chancen und Probleme, die aus dem überreichen Medienangebot resultieren, nennt der Autor? Stimmen Sie ihm diesbezüglich zu? Verfassen Sie dazu eine Begründung.

Udo Branahl/Patrick Donges

Warum Medien wichtig sind: Funktionen

Der Blick auf die Medienlandschaft zeigt ein buntes Bild: Die Angebote reichen von der Tagesschau bis zur Verbreitung von Klatsch und Tratsch. Hergestellt wird, was sich auf dem Markt verkaufen lässt. Den Inhalt der Medien bestimmt nicht der Staat, sondern letztlich das Publikum, denn produziert wird auf Dauer nur, was auch Absatz findet. Jeder kann selbst entscheiden, was er liest, hört oder sieht. [...] Dieser Zustand ist durch das Grundrecht der Presse- und Rundfunkfreiheit geschützt, das sich in Artikel 5 des Grundgesetzes findet. Es schützt die Herstellung und Verbreitung der Medien generell gegen staatliche Eingriffe und vor allem gegen solche, die sie an der Wahrnehmung ihrer „öffentlichen Aufgabe" hindern würden.

Ihre „öffentliche Aufgabe" erfüllen die Medien dadurch, dass sie an der freien, individuellen und öffentlichen Meinungsbildung mitwirken, indem sie zu Angelegenheiten von allgemeiner Bedeutung Nachrichten sowie Informationen beschaffen und verbreiten, die jeder Einzelne benötigt, um sich in der Gesellschaft zurechtzufinden. [...] Den Kern der öffentlichen Aufgabe bildet die Mitwirkung der Medien an der politischen Meinungsbildung. Um dieser Aufgabe willen stellen freie Medien einen unverzichtbaren Bestandteil jeder freiheitlichen Demokratie dar. [...] Schließlich üben die Medien gegenüber den Machthabern eine Kontrollfunktion aus, indem sie auch solche Informationen verbreiten, die jene gern geheim gehalten hätten, und zu diesen Informationen kritisch Stellung nehmen. Aufgrund dieser Kontrollfunktion werden die Medien auch als „Wachhunde" der Demokratie (watchdogs) oder als „vierte Gewalt" bezeichnet.

Einen zweiten Ansatzpunkt für die Auswahl und Aufbereitung von Informationen in den Medien bildet der persönliche Nutzen des einzelnen Lesers, Hörers oder Zuschauers. Das Angebot von „Service"-Beiträgen ist stark gewachsen und nimmt inzwischen einen beträchtlichen Anteil am Gesamtangebot der Medien ein. Es reicht vom Waren- oder Dienstleistungstest über Tipps zur Freizeitgestaltung bis hin zur Erörterung kritischer Lebenssituationen.

Noch stärker gewachsen ist das Angebot an Beiträgen, die vor allem oder ausschließlich der Unterhaltung dienen wie beispielsweise „Lifestyle"-Angebote über das Leben von Prominenten. Auch solche Beiträge genießen das Privileg der Pressefreiheit, soweit sie die Rechte der behandelten Personen, zum Beispiel auf Wahrung ihrer Privatsphäre, nicht verletzen.

(2010)

1. Lesen Sie den Text und stellen Sie die Funktionen der Medien in übersichtlicher Form dar (z. B. als Mindmap, Tabelle etc.).
2. Ordnen Sie jeder der genannten Funktionen ein Format aus den Medien zu (z. B. Film, Serie, Hörfunksendung etc.).
3. Erläutern Sie die Kennzeichnung der Medien als „‚Wachhunde' der Demokratie" (Z. 31) und diskutieren Sie, ob Ihrer Erfahrung nach die Medien dieser Funktion nachkommen.

Problematische Entwicklungen in der Medienlandschaft: Das Beispiel Reality-TV

Jürgen Wilke

Vermischung von Information und Unterhaltung

Die politischen Funktionen der Medien sind in Deutschland (wie in anderen Ländern) nicht unberührt geblieben von der fortschreitenden Kommerzialisierung. „Infotainment" und „Boulevardisierung" bezeichnen den Trend zur Vermischung von Information und Unterhaltung. Während dergleichen in Teilen der Presse bisher schon präsent war, in Straßenverkaufszeitungen wie der „Bild"-Zeitung und in der sogenannten Regenbogenpresse, hat dies inzwischen auch im Fernsehen Einzug gehalten. Und zwar nicht nur bei den Privatsendern, in Nachrichtensendungen ebenso wie in anderen Formaten des sogenannten Reality TV.

(2012)

Der Anschein von Authentizität

Jugendmedienforscher beobachten ein verstärktes Interesse junger Mediennutzerinnen und -nutzer für eben diese Formate, zu denen gleichermaßen Doku- oder Reality-Soaps (z. B. „Big Brother", „Ich bin ein Star – holt mich hier raus") oder Coaching-Formate (z. B. Schuldner-, Paar-, Beziehungsberatung) gehören. Verwandt sind darüber hinaus Formate von Casting-Shows sowie Affekt-Talkshows, in denen durch das Setting der Sendung persönliche Probleme der Gäste und Gefühlsausbrüche provoziert werden.

Diesen Formaten ist gemeinsam, dass die Grenze aufgehoben wird, die in traditionellen Formaten zwischen professionellen Darstellern und dem Zuschauer herrscht. Potenziell kann jeder zum Darstellenden werden und seine Talente (Casting-Shows), seine Geschichte (Affekt-Talkshow) oder seine Probleme (Beratungs-Show) auf die Fernsehbühne bringen. Eine andere Möglichkeit der Partizipation stellt die Teilnahme an Internetforen zum jeweiligen TV-Format, die Möglichkeit von Fan-Treffen oder der Kauf von Merchandising-Produkten dar, sodass eine Event-Kultur um das jeweilige TV-Format herum entsteht. Nicht selten wird dessen Einschaltquote auch durch eine flankierende Berichterstattung in verschiedenen digitalen und analogen Medien beeinflusst.

Eine solche Öffnung bedeutet, dass nicht allein die Regie bestimmt, was geschieht, sondern auch die jeweils Teilnehmenden. Deren Alltagswirklichkeit steht im Mittelpunkt und suggeriert Authentizität. Dem Anspruch, dass in diesen Formaten die Wirklichkeit gezeigt werde, stehen Anforderungen an mediale Produkte sowie mediale Techniken entgegen: Die Shows müssen unterhaltsam sein, Zusammenschnitte werden von der Regie zusammengestellt, der Moderation kommt eine große Bedeutung zu und das Publikum wird in seinen Reaktionsweisen häufig gesteuert und beeinflusst auf diese Weise wiederum die Meinung des Zuschauers.

Warum diese Formate bei jungen TV-Konsumenten auf so großes Interesse stoßen, wird damit erklärt, dass sich in ihnen bestimmte Kennzeichen widerspiegeln, die für Jugendkulturen charakteristisch sind und mit den soziologischen Fachbegriffen *Informalisierung*, *Thematisierung* und *Beschleunigung* gekennzeichnet werden. Der Begriff „Informalisierung" bezeichnet die Abflachung von formellen Hierarchien: Jeder duzt sich und ist sogleich bereit, auf vertraute Weise miteinander umzugehen. Unter *Thematisierung* versteht man die Tendenz, dass bisher tradierte Regeln des Zusammenlebens ausgesprochen und hinterfragt werden. So sind „Tabubrüche", was verbale oder den Schutz der Privatsphäre angehende gesellschaftliche Normen angeht, in diesen Formaten häufig zu beobachten und stellen für die Zuschauer nicht selten einen besonderen Reiz dar. Unter *Beschleunigung* ist zu verstehen, dass für eine diskursive inhaltliche Auseinandersetzung keine Zeit ist. Auch Shows, in denen es vorgeblich um Lebensberatung geht, müssen unterhaltsam sein, sonst wird „weggezappt".

(2006)

(Nach: Doku-Soap, Reality-TV, Affekt-Talkshow, Fantasy-Rollenspiele. Neue Sozialisationsagenturen im Jugendalter, hg. von Ulrike Prokop und Mechthild M. Jansen, Marburg (Tectum Verlag) 2006)

Szene aus „Ich bin ein Star ..." (2013)

1. Geben Sie die Textaussagen in eigenen Worten wieder und halten Sie Ihre Ergebnisse stichwortartig fest.
2. Wählen Sie in Gruppen eine bestimmte Sendung aus dem Reality-TV und verwandten Formaten aus und untersuchen Sie diese genauer. Analysieren Sie die Struktur (Ablauf, Schnitte, Kameraführung, Moderationstechniken ...), den Inhalt und das Agieren der Beteiligten. Halten Sie Ihre Ergebnisse schriftlich fest und präsentieren Sie sie im Kurs.
3. Konnten Sie anhand Ihrer Beobachtungen die These verifizieren, dass in diesen Formaten die Merkmale Informalisierung, Thematisierung und Beschleunigung vorherrschend sind?
4. Diskutieren Sie: Wird für Mediennutzerinnen und -nutzern, die häufig Formate des Reality-TVs sehen und die darin inszenierten Tabubrüche (Essen von Ekelspeisen, verbale und persönliche Verletzungen etc.) „genießen", die ethische Grenze bezüglich eines gesellschaftlich akzeptablen Verhaltens verschoben?

5. Sollten Ihrer Meinung nach bestimmte gesetzlich vorgeschriebene Regeln für Reality-TV und verwandte Formate zum Schutz von Beteiligten und Zuschauern geltend gemacht werden? Formulieren Sie mögliche Regeln.

Medienlast und Medienlust

Ich sitze da also friedlich und gemütlich und sicher zu Hause [...] und schwatze online per Tastatur [...]. Wenn zwei Leute im Chat verschärftes Interesse aneinander feststellen, treffen sie sich normalerweise früher oder später auch im Real Life. [...] Gerade Individualisten haben meiner Meinung nach online bessere Chancen, einen passenden Partner zu finden. *(1997)*
(Fredrika Gers)

1. Stellen Sie stichwortartig in einer Tabelle heraus, worin jeweils die „Last" bzw. „Lust" der Mediennutzung gesehen wird. Stimmen Sie dem zu?

2. Ergänzen Sie diese um weitere Argumente und Beispiele.

Briefen aus dem Netz fehlt die Wärme, selbst, wenn sie zehn Jahre alt sind. Kein alterndes Papier, keine verblassenden Namenszüge. Ich frage mich aber auch, ob nicht Textverarbeitung und E-Mail als solche die Kunst des Schreibens untergraben. Unsere neu entdeckte Fähigkeit, Mängel ohne Schwierigkeiten zu beseitigen, verleitet zu einer Haltung des „Erst Schreiben, dann nachdenken". *(1996)*
(Clifford Stoll, Die Wüste Internet)

Kinder und Jugendliche: Opfer der modernen Medienwelt?
Die Leistungen in der Schule sinken – ein typischer PISA-Verlierer also. Gleichzeitig liegt das Handy immer neben der Spielkonsole. Immer erreichbar, immer up to date. Oder auch nicht. Könnte ja sein, dass der Siegeszug gegen einen Dämon gerade wichtiger ist. Vielleicht dient das Handy bei der nächsten Klassenarbeit ja als multimedialer Spickzettel. Zeit zum Lernen hatte der Jugendliche schließlich nicht. Er musste noch schnell die Welt retten. Jedenfalls kann er sich von seinen erspielten Punkten im nächsten Leben, namens Realität, nicht viel kaufen. *(2011)*
(Daniel Bunea)

Digitale Demenz – Interviews mit Manfred Spitzer

In seinem 2012 erschienenen Buch „Digitale Demenz" macht der Hirnforscher und Psychologe Manfred Spitzer (geb. 1958) auf die Auswirkungen eines übermäßigen Medienkonsums für das Gehirn und das Verhalten der Menschen aufmerksam. Die folgenden Aussagen, die aus zwei verschiedenen Interviews stammen, lassen Rückschlüsse auf die Kernthesen seiner Arbeit zu.

In Ihrem Buch schreiben Sie digitalen Medien einen negativen Einfluss auf die Gehirnentwicklung vor allem junger Menschen zu. Sind es die Medien selbst oder nicht vielmehr ihr unreflektierter, übermäßiger Gebrauch?

Natürlich ist es der Gebrauch. Alkohol selbst ist auch nicht schädlich – nur wenn man zu viel davon trinkt. Der Umgang mit den Medien ist das Problem, und auch hier macht die Dosis das Gift, wie Paracelsus schon sagte. Da liegen wir ganz klar in einem toxischen Bereich – mit täglich 7,5 Stunden Medienkonsum in Deutschland und 10,75 Stunden in den USA. Das ist jenseits all dessen, was man vielleicht als vernünftig bezeichnen könnte.

[...]

Wenn digitale Medien – Computer, Internet und andere – aus unserer Lebenswelt nicht mehr wegzudenken sind – warum sollten Kinder und Jugend-

liche nicht frühzeitig den selbstverantwortlichen Umgang mit diesen Medien lernen, auch im Klassenzimmer?

Die Behauptung, dass Computer zum Lernen besonders gut geeignet sind, stimmt zunächst einmal gar nicht, weil Computer geistige Arbeit abnehmen. Lernen kann man nur, wenn man geistig arbeitet. Je tiefer man über Dinge nachdenkt, je mehr man sich mit Dingen beschäftigt, desto mehr verändert sich das Gehirn, und desto mehr lernt man. Digitale Medien führen dazu, dass wir unser geistiges Potenzial nicht nutzen. Stattdessen verarbeiten wir die Dinge flacher und wissen insgesamt weniger. Wir lagern einfach vieles aus. Wann immer wir uns Arbeit von den Medien abnehmen lassen, findet sie in unserem Kopf nicht statt. Das hat entsprechende Konsequenzen. Wenn man nur noch Texte aus dem Internet in eine PowerPoint-Präsentation hineinkopiert, hat man überhaupt nichts gelernt. Ein weiteres Problem: Computerspiele machen nachweislich süchtig und sind so programmiert, dass sie abhängig machen. Es gibt in Deutschland nach amtlichen Angaben 250 000 Computer- und Internetsüchtige. Ich habe selbst junge Patienten – Mittzwanziger – in meiner Klinik, deren Leben durch die Internet- und Computersucht zerstört wurde.

[...]

Sie schreiben, Aktivitäten im Internet würden reale soziale Beziehungen und Betätigungen in den Hintergrund drängen und zu Vereinsamung und Depression führen. Was würden Sie dann einem 24-jährigen Studenten und Sympathisanten der „Piraten“ erklären, der Ihnen sagt, das Internet sei sein „Lebensraum“?

Wer erwachsen ist, der kann Kontakte, die er schon hat, über soziale Netzwerke pflegen, auch per Facebook – dagegen ist gar nichts einzuwenden. Nur zu glauben, dass man sein soziales Leben durch Facebook ersetzen könnte, dass man soziales Verhalten über Facebook lernt, das ist völlig abwegig. Mir graust es, wenn ich weiß, dass acht- bis zwölfjährige Mädchen in den USA durchschnittlich sieben Stunden online sind und nur zwei Stunden reale Kontakte pflegen. Das kann nicht gut gehen.

(Interview: Michael Roesler-Graichen; 30.8.2012)

In einem anderen Gesprächszusammenhang äußert sich Spitzer zu den Folgen der übermäßigen Computernutzung aus hirnbiologischer Sicht.

Bleiben wir beim normalen Onlinekonsum. Was passiert da im Kopf?

Aus der Hirnforschung weiß man mittlerweile, dass das Gehirn eines nicht kann: sich nicht ändern. Es ändert sich also dauernd – und zwar je nach Art der Benutzung. Wenn Sie, ganz salopp gesagt, andauernd ballern, dann bekommen Sie ein Ballerhirn.

Aber wir ballern ja nicht, sondern arbeiten: Tabellen und Präsentationen bauen, E-Mails beantworten ... Schult dieses Multitasking nicht auch den Verstand?

Diese Art des Multitasking ist ungesund. Natürlich können wir vieles, was automatisiert ist, gleichzeitig machen – etwa auf einem Bein hüpfen, uns dabei unterhalten und Radio hören. Aber mehr als einen Bedeutungsstrang gleichzeitig bewusst zu verfolgen geht einfach nicht. Also zum Beispiel ein Buch lesen und sich gleichzeitig unterhalten. Wer es trotzdem versucht, deoptimiert seine Denkleistung und trainiert sich eine Aufmerksamkeitsstörung an. Genau dazu verleitet das Internet. Die Informationstiefe bleibt auf der Strecke, die Gehirnstruktur nimmt ab – und das führt zu Demenz.

Und was, wenn sich nichts ändert? Wächst dann eine verblödete Generation heran?

Es gibt auf jeden Fall Hinweise, die zeigen, dass junge Menschen schlechter mit Informationen umgehen können. Zudem sind sie übergewichtig und abgestumpfter gegenüber Gewalt. [...]

Ihre Thesen gelten in der Wissenschaft als hochumstritten. Wie sind denn die Reaktionen Ihrer Leser?

Was ich aus der Wissenschaft zitiere, ist keineswegs umstritten. Und ich bekomme sehr viele E-Mails, wenige negative – „Wenn ich eine Kalaschnikow hätte, würde ich Sie umnieten!“ –, aber vor allem auch sehr viele positive – „Wir sind Ihnen ja so dankbar für Ihr Buch!“. Viele freuen sich darüber, dass sich endlich jemand traut, so etwas zu sagen – selbst wenn es für andere antiquiert und hinterwäldlerisch klingt. [...]

(Interview: Vivian Alterauge; 23.8.2012)

1. Stellen Sie die medienkritischen Thesen heraus, die Spitzer formuliert.
2. Nehmen Sie zu Spitzers Aussagen kritisch Stellung, indem Sie einen Leserbrief an den Autor formulieren.
3. Stellen Sie zehn Forderungen für einen Mediengebrauch auf, den Sie für „vernünftig“ halten. Gehen Sie dabei besonders auf die Mediennutzung von Kindern und Jugendlichen ein.

Florian Pfitzner (geb. 1981)

Nullsätze sind Nachrichten

Es ist eine hochinteressante Welt entstanden. Während sich die Menschen relativ langsam entwickeln, ändert sich die Technik um sie herum immer rasanter. Innovationen reihen sich aneinander, und niemand außer den Laborarbeitern von Apple, IBM oder HP weiß, welche Umbrüche als Nächstes anstehen. Dazu passen die Worte von Telekom-Chef René Obermann[1] in dieser Woche, wonach die PC-Architektur überholt und die nächste Epoche, die „Post-PC-Ära", im Aufbruch sei.

Wer Bedenken anmeldet an dieser These, findet sich unversehens in der Ecke der Technikfeinde wieder. Dabei wird es nun ernst im Internet, und gläserne Anwender sollten in Zeiten, da die Cloud, die Datenwolke, die Grenzen zwischen Online und Offline verwischt, vielmehr ein Umdenken diskutieren.

Transparenz durchzieht die Gesellschaften der Industriestaaten nicht erst, seitdem Facebook weltweit fast eine Milliarde Nutzer zählt. Während ein Unternehmer früher in einer Stadt verbrannte Erde hinterlassen und an einem anderen Ort wieder durchstarten konnte, hat er inzwischen ein Problem. Wer es mit einem neuen Partner oder Mitarbeiter zu tun bekommt, sieht zunächst unter Googles bunten Buchstaben nach und durchforscht soziale Netzwerke.

Es muss nicht alles stimmen, was da im Internet steht, dennoch verschaffen die Informationen einen validen ersten Eindruck. Wie der Dorfbewohner einst auf seinen Ruf achten musste, um seine sozialen Unterstützer zu behalten, zwingt der virtuelle Marktplatz nun aus ökonomischen Gründen zu ehrlichen Verhaltensweisen.

So hat das Netz zu Guttenberg[2] entlarvt, und so lässt sich leicht behaupten, dass die Welt dank des Internets eine bessere ist.

Heute, da zwei Milliarden Menschen im Netz einkaufen, ihre Start-ups[3] übers Internet führen oder einander in sozialen Netzwerken schreiben, übt das Tempo der technischen Innovationen jedoch auch enormen Druck aus. Es ist illusorisch zu denken, dass sich Facebook bald überholt hat. Mehr als zwanzig Jahre nach Entstehen nimmt das Internet vielmehr an Fahrt auf: Tabletcomputer wie das neue iPad von Apple boomen, fast jeder dritte Deutsche trägt zudem ein multimediafähiges Mobiltelefon mit sich herum, um seine Zeit überall nutzen zu können. Höher, schneller, weiter – dabei sein, mitquatschen, ist alles.

Galt die Familie seit je als eine Welt ohne technizistischen Takt und mit rein emotionalen Banden, haben die Phänomene der Informationstechnik nun auch den klassischen Zufluchtsort der Ruhe erreicht. Medienkonsum und Mediennutzen sind hochritualisiert, Trivialitäten sind Themen, Nullsätze sind Nachrichten. Es entsteht Stress, Kommunikationsstress. Wenn darüber hinaus algorithmische Empfehlungssysteme[4] wie Amazon oder Facebook vorschlagen, was wir anschauen oder lesen oder mit wem wir uns anfreunden sollen, kehrt sich die positive Transparenz in ein Risiko um: Alles baut sich auf vergangenem Verhalten auf. Dessen sollte sich jeder Homo digitalis bewusst sein.

(Neue Westfälische, Nr. 60, 10./11.3.2012)

1. Nennen Sie das Thema des Kommentars und erläutern Sie, welche Meinung vertreten wird.
2. Welche positiven und negativen Auswirkungen hat die dargestellte Entwicklung nach Meinung des Autors?
3. Stellen Sie heraus, welche Forderungen an den „Homo digitalis" sich daraus ergeben.

[1] **René Obermann:** Der Telekom-Chef erklärte anlässlich der CeBIT-Pressekonferenz 2012: „Es gibt einen Paradigmenwechsel. Intelligenz verlagert sich zunehmend ins Netz, in die sogenannte Cloud. Die PC-Architektur mit lokalen Services und Anwendungen ist überholt. Die Post-PC-Ära hat begonnen. Menschen wollen immer und überall Zugriff auf ihre Daten und Anwendungen haben." – [2] **zu Guttenberg:** ehemaliger Verteidigungsminister, dem durch Software aus dem Netz nachgewiesen werden konnte, dass er seine Doktorarbeit nicht selbstständig verfasst hatte; nach einer längeren medial geführten Diskussion trat er von seinem Amt zurück. – [3] **Start-up:** Bezeichnung für eine Unternehmensgründung – [4] **algorithmisches Empfehlungssystem:** Ein Algorithmus ist eine mathematische Formel, mit deren Hilfe Internetfirmen die Gewohnheiten und Vorlieben des Nutzers errechnen, um – auf den Ergebnissen basierend – zielgerichtet Werbung machen zu können.

Friederike Schröter
Digital Natives

„Eh Mann, wo hat das Ding denn seinen Kopfhöreranschluss?"

[...] Laura (alle Namen der Jugendlichen von der Redaktion geändert) [...] ist zwölf Jahre alt. Sie gehört zur Generation der Digital Natives, der digitalen Eingeborenen: junge Menschen, die mit dem Internet aufwachsen. Denen es selbstverständlich scheint, dass jeder Mensch ein Handy besitzt, dass man Zeitungen, wenn überhaupt, am Bildschirm liest und nach den Lösungen der Hausaufgaben googelt. Die Mehrheit dieser jungen Internetnutzer ist Mitglied bei einem sozialen Netzwerk, bei StudiVZ, MySpace oder Facebook. Die Zehn-, Zwölf- oder Vierzehnjährigen bewegen sich im Netz so selbstverständlich wie auf dem Schulhof. Es ist ein weiter aufregender Raum, den sie ganz allein erkunden können, ein Paralleluniversum, in dem sie das Gefühl haben, unter sich zu sein. Und in dem sie meistens ganz auf sich gestellt sind. [...]

Ein großer Teil der 9- bis 16-Jährigen hat bereits unangenehme Erfahrungen im Internet gemacht, zeigt eine jüngst veröffentlichte EU-Studie (EU Kids Online): Sie werden mit Pornografie konfrontiert, mit unerwünschten sexuellen Nachrichten und Bildern, mit Cyber-Mobbing oder dem Missbrauch persönlicher Daten. Und zwar genau auf den Seiten, die so konstruiert sind, dass Kinder dort möglichst viel Zeit verbringen. [...]

Lehrer und Eltern bekommen von all dem selten etwas mit: Laut EU-Studie haben über die Hälfte der Eltern jener Kinder, die schon einmal verletzende oder sexuelle Onlinenachrichten bekommen haben, nichts davon gewusst. Die Digital Natives lernen früh, dass sie ganz auf sich gestellt sind. Ihre Eltern und Lehrer gehören einer Generation an, die nicht mit Computer und Internet aufgewachsen ist. Ihnen fehlen oft selbst grundlegende Informationen über die neuesten Onlineentwicklungen und darüber, wie sich Kinder im Netz verhalten. [...] Viele Eltern [...] informieren sich nur sporadisch darüber, wo genau sich die Jugendlichen im Netz aufhalten und was sie dort tun. Damit jedoch schieben sie den Internetkindern ganz allein die Verantwortung für ihr Onlinehandeln zu. Dass die damit überfordert sein könnten, dass ihnen so abstrakte Begriffe wie Datenschutz oder Privatsphäre wenig sagen, das wissen die Eltern vielleicht gar nicht. Oder sie machen es sich nicht klar. Und so klicken sich die Digital Natives durchs Netz, sammeln blinkende Herzchen, bekommen Post von fremden Männern und fallen manchmal übereinander her. Nachmittags um halb drei in deutschen Kinderzimmern.

(2010)

1. Lesen Sie den Text und erläutern Sie die Metapher „Digital Natives".
2. Befragen Sie Ihre Eltern und Großeltern, welche Bedeutung die Medien für sie haben und in welcher Form sie sie nutzen. Ggf. können Sie dazu auch auf den Fragebogen zur Mediennutzung auf S. 486 zurückgreifen.
3. Werten Sie die Ergebnisse anschließend in Form eines Vergleichs zwischen den Generationen aus.
4. Im Text geht es auch um die Gefahren der Internetnutzung. Welche Möglichkeiten sehen Sie, diesen zu begegnen?

Jeder kann heute zum „Star" werden ...

Gefällt mir?! – Das Phänomen Facebook

Soziale Netzwerke gewinnen immer mehr an Bedeutung für die Internetgemeinde. Im Folgenden geht es um die Frage nach den Vor- und Nachteilen. Dazu äußern sich Personen, die das Internet häufig benutzen.

Die Nutzerin

Marie, Schülerin, 14 Jahre: Ich habe angefangen mit Schüler-VZ, das war noch in der Grundschule, Anfang 6. Klasse. Da haben wir uns einfach unterhalten, wie am Telefon, nur schriftlich. Meine Mutter hat geguckt, was ich für Fotos reinstelle. Sie wollte nie, dass man mich erkennt.

Irgendwann sind immer mehr Freunde zu Facebook gewechselt. Ich musste einfach mit. Meine Eltern haben gemeckert, Facebook sei so unsicher.

Aber ich schreibe da ja nicht meine Adresse rein! Und auf meinen Fotos sehe ich ganz normal aus, wie auf der Straße. Ich gehe jeden Tag auf Facebook. Wenn wir verreist sind und das nicht möglich ist, ärgere ich mich. Ich schreibe Freunden und stelle Fotos rein. Das geht viel schneller als per E-Mail. Man kann sich auch mit mehreren gleichzeitig unterhalten. Wenn ich bei anderen auf der Pinnwand jemanden erkenne, dann adde ich denjenigen.

Ich habe bei Facebook nur Freunde, die ich wirklich kenne oder von Erzählungen. Wenn ich einen Musiker oder eine Band auf Facebook finde, die ich mag, kann ich anklicken, dass sie mir gefällt. „74 718 Personen gefällt das" steht zum Beispiel bei Werder Bremen, meinem Lieblings-Fußballverein.

Die Verweigerin

Amrai Coen, Journalistin, 23 Jahre: Warum ich nicht bei Facebook bin? Weil ich nicht wissen will, welche Farbe die Unterhose meines Cousins hat, wer sich heute Abend einen schlechten Film anguckt oder gerade auf Mallorca ist. „Facebook ist Stasi[1] auf freiwilliger Basis", hat mal ein Kabarettist gesagt, und es stimmt.

„Dir Facebook zu erklären ist, wie einem Blinden die Farbe zu erklären", sagte eine Freundin gestern zu mir. Egal, ob Unbekannte auf Feiern oder Freunde, viele fühlen sich angegriffen, wenn ich sage, dass ich nicht bei Facebook bin. Sie müssen mir dann erklären, was toll daran ist: „Da triffst du Leute wieder, zu denen du sonst keinen Kontakt mehr hättest." Anne aus der Grundschule? Paul vom Rugby? Zu diesen Leuten will ich gar keinen Kontakt haben! Sie interessieren mich nicht, sie wären Zeitverschwendung. Das Internet raubt mir jeden Tag viele Stunden. Ich bin

Mark Zuckerberg, Gründer von Facebook, am 23.7.2008 in San Francisco

[1] **Stasi:** Abkürzung für das Ministerium für Staatssicherheit in der ehemaligen Deutschen Demokratischen Republik, das von der herrschenden Partei als Organ zur Bespitzelung weiter Bevölkerungsteile mit dem Ziel, Gegner und Kritiker auszuschalten, benutzt wurde. Heute wird der Begriff „Stasi" als Synonym für inhumane Unterdrückungs- und Überwachungsmethoden verwendet.

überfordert mit Nachrichten, SMS, E-Mails. Noch mehr Gedankenmüll bei Facebook hielte ich nicht aus.

„Leben ohne Facebook ist wie Leben ohne Handy", das höre ich einmal die Woche. Sogar meine Mutter hat einen Account. Ich bin oldschool, na und? Friends haben, den Status updaten, jemanden adden, der „I like"-Button, ich will diese Wörter nicht in den Mund nehmen, ich finde sie eklig.

(Frankfurter Rundschau, 17.11.2010)

Constantin Wißmann

Du stehst auf blonde Frauen, oder?

Aufklärung auf die brutale Tour: Ein französisches Magazin googelt sich Porträts seiner Leser zusammen und veröffentlicht sie

Der Artikel fängt nett an. „Herzlichen Glückwunsch zum Geburtstag", wünscht der Verfasser, aber schon dann wird es gruselig: „Wir dürfen doch du sagen, Michel, nicht wahr? Gewiss, du kennst uns nicht. Aber wir wissen sehr viel über dich. Du bist heterosexuell und Single. Im Frühjahr 2008 hattest du eine Geschichte mit Claudia, charmant, kleine Brüste, kurzes Haar, schöne Beine." Dazu druckte das Magazin Bilder: Eine Umarmung am 31. Mai, Händchenhalten am 22. Juni.

Als der 29-jährige Michel aus Mérignac seine Geschichte im Magazin „Le Tigre" gelesen hatte, konnte er mehrere Nächte nicht schlafen. Danach entschloss er sich, gegen das Medium, das so ungeniert aus seiner Privatsphäre geplaudert hatte, zu klagen. Doch die Anwälte machten ihm wenig Hoffnung: Denn alles, was „Le Tigre" verbreitet hatte, war zuvor von Michel selbst ins Netz gestellt worden; auf Seiten wie „Youtube", „Facebook" und „Flickr". Aber erst der gedruckte Artikel hatte ihm vor Augen geführt, wie viel er von sich schon preisgegeben hatte.

Michel war nicht der einzige Leser, der im Magazin ein Porträt über sich lesen musste. Die Redakteure von „Le Tigre" haben es sich in der Rubrik „Das Google-Porträt" zur Aufgabe gemacht, ihre Leser für das Thema Datenschutz zu sensibilisieren – auf die brutale Tour. Bei Michel hat die Lektion auf alle Fälle gewirkt, er versuchte anschließend, im Internet so viel wie möglich von sich zu löschen. Nur eines hatten die Magazin-Redakteure nicht von ihm herausgefunden – seine Adresse, um ihm das Porträt per Post zu schicken. „Aber", so schließt der Artikel, „die brauchen wir auch nicht, um dir dein Porträt zu schicken. Du kennst es ja schon, dein Leben." Freiwillig löschte „Le Tigre" auf seinen Wunsch zumindest in der Onlineausgabe die persönlichsten Dinge und anonymisierte die Handynummer. Für Michel sei es ein „heilsamer Schock" gewesen, sagt ein Redakteur des Magazins. „Die Naivität und der Exhibitionismus vieler Menschen sind grenzenlos."

(2009)

1. Lesen Sie die Stellungnahmen der Facebook-Nutzerin und der -Verweigerin und entnehmen Sie die Argumente für oder gegen die Mitgliedschaft in sozialen Netzwerken.
2. Beschreiben und deuten Sie das Buchcover („Gemeinsam einsam") und das Motto auf dem Foto auf S. 496.
3. Lesen Sie anschließend den Bericht über das „Projekt" des französischen Magazins „Le Tigre". Welche zusätzlichen Argumente lassen sich ableiten?
4. Verfassen Sie eine antithetische Argumentation zum Thema „Mitgliedschaft in sozialen Netzwerken". ➔ Argumentieren, s. S. 579 f.
5. Hand aufs Herz: Befragen Sie sich selbst, welche Informationen „Le Tigre" über Sie im Netz finden könnte. Tauschen Sie sich darüber mit Ihrem Sitznachbarn aus.

➔ Weitere Texte zum Thema „Medienlast und Medienlust" finden Sie in dem Kapitel „Kommunikation in einer elektronisch gesteuerten Welt", s. S. 53 ff.

2 „In der Datenflut der Multimedia-Gesellschaft" – Medienkritik

Norbert Bolz (geb. 1953)

Medienkompetenz statt Weltwissen. Fortsetzbarkeit der Kommunikation statt Realitätsgarantie

Norbert Bolz ist Philosoph und Medienwissenschaftler und seit 2002 Professor für Kommunikationstheorie an der TU Berlin. In zahlreichen Veröffentlichungen beschäftigt er sich mit Medienwirkungen und -techniken und setzt diese ins Verhältnis zu gesellschaftlichen Prozessen. Ein Forschungsschwerpunkt gilt dem Medium Internet.

Die Aufklärung hat der modernen Welt ein Dauerproblem beschert: Je weniger Status und Autorität die Glaubwürdigkeit des Wissens verbürgen, desto mehr muss die Gesellschaft auf Vertrauen setzen. Dieses Glaubwürdigkeits-Problem hat sich im Internet-Zeitalter dramatisch verschärft. [...] Und weil für einen modernen Menschen ganz selbstverständlich die Kommunikationswahrnehmung an die Stelle der Weltwahrnehmung tritt, kann man auch nicht mehr auf eigene Faust die von den Medien angebotenen Informationen an der „Wirklichkeit" messen. [...]

Je perfekter die Medientechniken werden, desto riskanter wird der Ritt über den Bodensee[1], den wir Welterfahrung nennen. Gerade weil jeder spürt, dass die Medien mit ihrer Inszenierungsmacht immer tiefer in die Wirklichkeit eindringen, wächst die Sehnsucht nach dem „wirklich Wirklichen". [...] Nun ist die Geschichte der Manipulation so alt wie die Geschichte der Medien selbst. Aber in der Online-Welt stellt sich das Problem doch ganz anders. Fälschung gab es schon immer, aber Digitalität ist das Reich der spurlosen Fälschung. Hier gibt es kein Wasserzeichen der Echtheit mehr. [...]

Hans Magnus Enzensberger hat in einem Essay über die Internet-Kultur bemerkt, „dass wir uns immer mehr immer weniger lange merken können". [...] Es wächst das Wissen, das man nicht versteht und doch benutzen muss. [...] Wissen ist eine Ressource, die sich nie erschöpft; sie vermehrt sich wunderbarerweise durch Gebrauch. Kein Mensch kann mit dieser Wissensexplosion Schritt halten. Leibniz[2] war wohl der Letzte, dem man noch mit gutem Sinn „Weltwissen" unterstellen konnte. Seither gibt es analog zur Arbeitsteilung eine Wissensteilung – und das macht die „Vernunft" und ihre philosophischen Verfechter nervös. Es geht nicht ohne Scheuklappen, und man kann allenfalls versuchen, sie flexibel zu gestalten. [...]

Was einer heute weiß, ist das recht zufällige Resultat riskanter Selektionen. Mit „Bildung" im humanistischen Sinn[3] hat das wenig zu tun. Statt Bildung fordert der Markt ein Lernen des Lernens. In der modernen Welt kann man nicht mehr für das Leben lernen, sondern macht die fundamentale Erfahrung: Je mehr man gelernt hat, umso mehr muss man noch lernen. Dass Wissen heute instabil ist und eine ständig sich verkürzende Halbwertszeit hat, ist ein Skandal für die Vernunft der Aufklärung und ein Ärgernis für die Bildungspolitik. Beide sind bis auf Weiteres ratlos. Aktuelles Wissen ist nicht nachhaltig. Deshalb muss unsere Wissensgesellschaft die Sicherheit der Grundlagen durch die Sicherheit des Zusammenhangs ersetzen. Wenn es überhaupt noch Bildung im 21. Jahrhundert gibt, wird sie ein stabiles Ganzes aus unstabilen Teilen sein. Ein Modell dafür bietet das Internet mit den auf vielen Websites angebotenen „FAQ"-Dateien, den am häufigsten zum jeweiligen Sujet gestellten Fragen. So bildet sich heute dialogisches Weltwissen, eine

[1] **Ritt über den Bodensee:** sprichwörtlich für eine erst im Nachhinein erkannte gefährliche Situation – [2] **Leibniz:** Gottfried Wilhelm Leibniz (1646–1716) gilt als Universalgelehrter und war ein wichtiger Wegbereiter der Aufklärung. Seine umfassende Bildung manifestierte sich in seinen Kenntnissen in verschiedensten Fachgebieten. – [3] **Bildung im humanistischen Sinn:** Mit dem Begriff „Humanismus" wird eine geistige Strömung bezeichnet, die in der Renaissancezeit aufkam. Zentral ist die Vorstellung von einer verschiedene Wissensgebiete umfassenden Bildung, die dazu führen sollte, dass der Mensch sich wesensgemäß entwickeln und sein humanes Potenzial entfalten kann. – [4] **emergente Enzyklopädie:** Der Begriff „Emergenz" bezeichnet ein spontanes Entstehen einer Ordnung in einem System. Emergenzphänomene bezeichnen somit eine Struktur, die sich nicht einfach in seine Einzelteile zerlegen lässt, sondern die durch eine kollektive Interaktion entsteht.

emergente Enzyklopädie[4] ohne Aufklärer und Autoritäten – oder, in der Fachsprache der Philosophen: eine neue Doxa[1], die Meinung der vielen.
Das wichtigste Wissen besteht heute darin, zu wissen, was man nicht zu wissen braucht. Was ist wichtig? Und jede Bewertung steht unter dem stillschweigenden Vorbehalt: Morgen ist es anders! Wir erleben das immer dann, wenn Zeit und Aufmerksamkeit knapp werden. Das Internet, dieser große Supermarkt der Ideen, bietet so viele Optionen, dass ein großer Teil der Zeit beim Scannen der Möglichkeiten verstreicht. [...] Daraus folgt nun etwas ganz Entscheidendes: Unsere großen Probleme resultieren nicht aus einem Mangel an Wissen, sondern an Orientierung; wir sind konfus, nicht ignorant. Aber genau das wird durch den Enthusiasmus des „Informationszeitalters“ und seiner Fakten, Fakten, Fakten verdeckt. Unter dem Druck der neuen Informationstechnologien neigt man dazu, alle Probleme als Probleme des Nichtwissens zu deuten. Aber Sinnfragen lassen sich nicht mit Informationen beantworten. Wer verstehen will, muss Informationen vernichten. Und so kommen wir zu einem paradoxen Resultat. In der Datenflut der Multimedia-Gesellschaft kann „Mehrwert“ nur heißen: weniger Information.
[...]
Die Internet-Kultur besteht in erster Linie in der Pflege des Netzwerks selbst, also eines Angebots von Beziehungen und Verknüpfungsmöglichkeiten. Das ist die Bedeutung der Links auf den Websites des Internets. Techniker können das nicht begreifen. Denn je technischer ein Sachverhalt ist, desto unwichtiger ist der Kontext. Aber genau um diesen Kontext geht es in den Lebensstilen und Kommunikationsgewohnheiten der Zukunft. Man könnte das sozialen Mehrwert nennen; im Jargon des Internets heißt er „linking value“.
Dieser soziale Mehrwert des Linking macht deutlich, dass den Menschen die Beteiligung an der Kommunikation wichtiger ist als die Information. Man kann wohl prinzipiell sagen: Je interaktiver ein Medium, desto marginaler die Information. Und häufig genug trifft man heute auf den Grenzwert dieser Marginalisierung von Information: Kommunikation kommuniziert Kommunizieren. Reden wir miteinander. Kommunikationsverhältnisse sind offenbar erklärungs- und begründungsunbedürftig. Diesen Eindruck gewinnt man jedenfalls, wenn man als Außenstehender den Chat im Netz, die Fans des CB-Funk, aber auch ganz alltägliche Telefonie beobachtet: Es funktioniert! Es geht vor allem um die Lust an der Fortsetzung, um das Glück der Anschließbarkeit. Und Kulturanthropologen wussten schon immer, dass kein anderes Spiel den Menschen so sehr fesselt wie Kommunikation. *(2000)*

1. Gliedern Sie den Text und stellen Sie die Aussagen der jeweiligen Sinnabschnitte heraus.
2. Stellen Sie thesenartig heraus, welche Folgen die umfassende Zugriffsmöglichkeit der Menschen auf das Internet hat. Gehen Sie dabei insbesondere auf die Begriffe „Wissen“ und „Kommunikation“ ein.
3. Erläutern Sie den Titel des Textes.
4. Stellen Sie zentrale Merkmale der „Internet-Kultur“ nach Norbert Bolz heraus. Erläutern Sie diese genauer, indem Sie auf Ihre Erfahrungen mit dem Medium Internet Bezug nehmen.
5. Nehmen Sie Stellung zu folgender These von Norbert Bolz: „Je interaktiver ein Medium, desto marginaler die Information.“ (Z. 95 f.)

Günther Anders (1902 – 1992)

Welt im Bild

Günther Anders, eigentlich Günther Stern, war ein österreichischer Schriftsteller, Philosoph und Kulturkritiker. Sein Werk „Die Antiquiertheit des Menschen“ trägt den Untertitel „Über die Zerstörung des Lebens im Zeitalter der dritten industriellen Revolution“ und thematisiert die negativen Folgen der technischen Entwicklung für das Menschsein. Anders postuliert, dass der Mensch im Vergleich zu den von ihm geschaffenen, immer perfekter werdenden Maschinen „antiquiert“ sei. Die Leistungsfähigkeit der Maschine übertrumpfe demzufolge die menschlichen Möglichkeiten, was den Menschen in eine paradoxe Situation bringe: Er könne etwas herstellen, dessen Wirkungen und Folgen er nicht mehr denkerisch oder planerisch in vollem Umfang erfassen oder gar kontrollieren könne.

Die Hauptkategorie, das Hauptverhängnis, unseres heutigen Daseins heißt: *Bild*. Unter „Bild“ verstehe ich jede Darstellung von Welt oder Weltstücken, gleich, ob

[1] **Doxa:** verbreitete Lehrmeinung

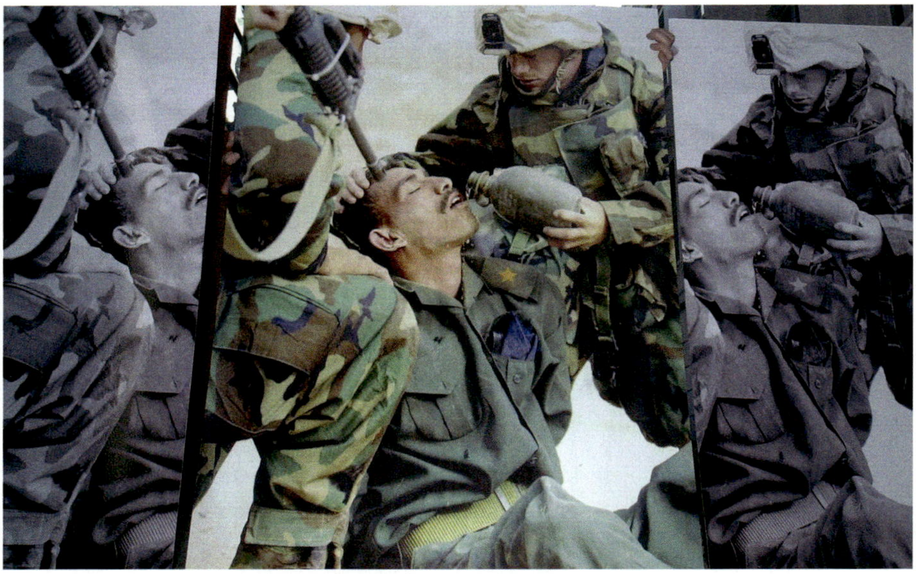

Die Bildwirkung verändert sich, je nachdem, welcher Bildausschnitt gezeigt wird (Foto aus dem Irakkrieg, Ausstellung „Bilder, die lügen“, Landesmuseum Greifswald)

diese aus Fotos, Plakaten, Fernsehbildern oder Filmen besteht. *Bild ist Hauptkategorie deshalb*, weil heute Bilder nicht mehr als Ausnahmen *auch* in unserer Welt vorkommen, *weil wir von Bildern* vielmehr *umstellt*, weil wir einem Dauerregen von Bildern ausgesetzt *sind*. Früher hatte es *Bilder in der Welt* gegeben, heute gibt es *„die Welt im Bild“*, richtiger: Die Welt *als* Bild, als Bilderwand, die den Blick pausenlos fängt, pausenlos besetzt, die Welt pausenlos abdeckt. [...] Die Tatsache der heutigen Bildmacherei und Bildfresserei – denn Bilder bilden die Hauptmasse unseres Konsums – ist so breit, dass ihre Diskussion nicht in dem begrenzten Rahmen der Kunsttheorie durchgeführt werden kann. Früher hatten wir das Bild als das Reservat der Kunst verstehen dürfen, aber davon kann heute keine Rede mehr sein, da alles, auch das Wirkliche, sich primär als Bild präsentiert – was ja so weit geht, dass die *Welt minus deren Abbildungen* heute schon als *eine leere Welt erscheinen* würde. Die Welt ist so groß, so undurchsichtig und so unübersehbar geworden, dass sie Modelle nötig macht, dass ihre Bilder den Primat vor ihr selbst haben, denn die Sinnlichkeit unserer Augen ist der Welt nicht mehr gewachsen: selbst im Interesse der Erkenntnis und zum Zwecke der Einsicht hat man bereits zum Mittel des Scheins zu greifen. Die Tatsache, dass selbst die Einsicht bereits das Medium des Scheins, die Etablierung einer Bilderwelt erfordert, ist die ungeheure Chance der Lüge heute. [...] Wie wirkt sich nun die Tatsache aus, dass „Bild“ zur Hauptkategorie unseres Lebens geworden ist?

[...] *Wir werden der Erfahrung und der Fähigkeit zur Stellungnahme beraubt.* – Da wir die weithorizontige Welt [...] nicht in direkter sinnlicher Anschauung kennenlernen können, sondern nur aus Bildern, begegnet uns *gerade das Wichtigste als Schein und Phantom*, also in verniedlichter, wenn nicht sogar irrealisierter Version. Nicht als „Welt“ (Welt kann man sich allein durch Fahren und Erfahren aneignen), sondern als uns ins Haus gelieferter *Konsumgegenstand*. [...]

[...] *Wir werden der Fähigkeit beraubt, Realität und Schein zu unterscheiden.* – Wenn, wie es sowohl in Rundfunk- wie in Fernsehstücken zumeist geschieht, Schein realistisch präsentiert wird, dann nimmt umgekehrt die (als Sendung nicht anders klingende und nicht anders aussehende) Realität das Aussehen von Schein, das einer bloßen *Darbietung* an; wenn die „Bretter“ (die angeblich die Welt bedeuten) wie die Welt aussehen, dann verwandelt sich die Welt auch in „Bretter“, also in ein bloßes spectaculum, das nicht so ernst genommen zu werden braucht. Insofern ist die ganze *Bebilderung unseres Lebens eine Technik des Illusionismus*, weil sie uns die Illusion gibt und geben soll, wir sähen die Wirklichkeit. Der „spectaculum-Eindruck“, den die Wirklichkeit auf dem Fernsehtisch erzeugt, hat *„Rückschlagwirkung“*, er infiziert nämlich die Wirklichkeit selbst [...] Nicht nur die Auffassung der Realität durch das Publikum wird also unernst, sondern die Realität selbst, da sie Rücksicht auf die Bilder zu nehmen hat. Nunmehr wird die Welt zur „Vorstellung“.

[...] *Wir werden „maschinell infantilisiert“.* – Nicht anders als Säuglinge an den Mutterbrüsten hängen wir an den nie versiegenden Brüsten der Apparate, denn der gesamte Konsumbedarf und das, was uns als Konsumbedarf aufgezwungen wird, die Welt sowohl wie die sogenannte Welt der Kunst, wird uns in liquidem Zustand vorgesetzt [...] Modell der Sinnesaufnahme ist heute [...] das Essen. Wir sind in eine industrielle Oralphase hineinlaviert worden, in der der Kulturbrei glatt hinuntergeht. In dieser Phase soll das Gelieferte gar nicht mehr wahrgenommen, sondern eben nur noch aufgenommen werden. Was die background music von uns verlangt, ist nicht mehr, gehört zu werden; vielmehr ist sie nur deshalb da, weil ohne sie ein unerträgliches Vakuum ausbräche. Die Lieferware ist dem Hörer „Luft", und zwar im doppelten Sinne: 1. ist sie ihm gleichgültig, 2. aber kann er ohne sie nicht atmen. *(1980)*

René Magritte: Verrat der Bilder (Ceci n'est pas une pipe.) (1929)

1. Stellen Sie die Hauptthesen des Textes heraus und erläutern Sie diese mit eigenen Worten.
2. Welche Aussagen werden über das Verhältnis zwischen Bild und Wirklichkeit getroffen?
3. Wieso bezeichnet Anders das Bild als „unser Hauptverhängnis" (Z. 1 f.)? Was bewirkt das Ins-Bild-Setzen der Welt beim Nutzer?
4. Stellen Sie einen Bezug zwischen den im Text genannten Thesen und dem Bild von René Magritte her.
5. Welche Kritik äußert Anders an dem Konsum der Medien?
6. Besorgen Sie sich den Videoclip zum Song „Nothing's real" der Schülergruppe HSI-Project. Sehen Sie sich ihn gemeinsam an und vergleichen Sie dessen Aussageabsicht mit der These von Günther Anders, wonach die Mediennutzung dazu führt, dass man „Realität und Schein" (Z. 43 ff.) nicht mehr unterscheiden kann.

Dieter E. Zimmer (geb. 1934)

Information als Landplage

Das Informationszeitalter verlangt nach Strategien der Informationsbewältigung. Welche Möglichkeiten gäbe es? Die eine: schneller lesen. Das Lesen wird zum Browsen, und wer einem Autor etwas Freundliches sagen will, sagt heute: Ich werde Ihnen am Wochenende eine Stunde „Qualitätslesezeit" widmen. Das heißt, höchstens am Wochenende kommt dieser Mensch manchmal noch zum richtigen altmodischen Lesen. Oder so: „Farbdruck reduziert die Qualitätslesezeit von Managern von 90 auf 30 Minuten pro Woche und erhöht die Merkfähigkeit um 83 Prozent." An Buntem geht mehr in die Köpfe.

Die zweite Möglichkeit heißt: Multitasking. Zum Beispiel gleichzeitig einen Report studieren, den PC booten[1], ein Telefongespräch führen, das Radio laufen lassen und zum Faxgerät hinüberschielen.

Leider funktioniert es nicht. Unser Zentralnervensystem ist so ausgelegt, dass es seine volle Aufmerksamkeit jeweils nur auf einen Gegenstand richten kann. Was nur am Rande unserer Aufmerksamkeit aufscheint, können wir nicht verstehen, und was wir nicht verstehen, können wir uns nicht merken. Mentales Multitasking ist nur ein modern tuendes Wort für steinalte Flüchtigkeit.

Die dritte Möglichkeit: die Information komprimieren. Wir leben längst in einer Zeit der Resümees, der Abstracts. Ein Journalist muss glauben, dass sich alles beliebig kurz sagen lässt. Aber er weiß auch, dass manche Themen durch Kürze umgebracht werden. Wer nur noch Überschriften und Kurzfassungen zur Kenntnis nimmt und bei allem auf die griffige Formel aus ist, die den Fall erledigt, weiß bald gar nichts mehr. Es wurde schon argumentiert, dass die Schriftsprache mit ihren

[1] **booten:** (Rechner) starten, hochfahren

langen Wörtern viel zu viel Zeit koste und durch Piktogramme ersetzt werden sollte, die die Information direkter und umstandsloser an den Mann bringen. Aber es geht nicht um die Wahrnehmungsgeschwindigkeit, sondern um die Geschwindigkeit des Verstehens, also um die Fähigkeit, ein Gedankenobjekt mit dem Strahl konzentrierter Aufmerksamkeit zu verfolgen, und die wird sich auch durch die geraffteste Symbolsprache nicht steigern lassen. Die vierte Verteidigungsstrategie heißt: filtern. Besonders informationsgestresste Entscheidungsträger lassen nur noch streng vorsortierte Infofragmente an sich heran. Der Preis ist Wirklichkeitsverlust. [...]

Der vernetzte Computer bringt einen großen Zugewinn, aber er kostet auch etwas, und es wird seinen Nutzern nicht erspart bleiben, Gewinn und Kosten gegeneinander auszubalancieren. Der Computer muss in das Leben und nicht das Leben in den Computer integriert werden. Der Mensch braucht die physische Nähe seiner Artgenossen, nicht nur die technisch vermittelte; er braucht richtige Wolken, nicht nur einen Bildschirmschoner; er muss sich mit anderen Menschen auseinandersetzen und nicht nur mit Symbolen; er braucht das echte Leben, nicht dessen Ersatz durch eine noch so gekonnte Simulation. Oder wie es in einem späten Gedicht von Enzensberger[1] heißt: „Die Fähigkeit, eine Pfeife vom Bild einer Pfeife zu unterscheiden, ist weitverbreitet. Wer Cybersex mit Liebe verwechselt, ist reif für die Psychiatrie. Auf die Trägheit des Körpers ist Verlass. Das Zahnweh ist nicht virtuell. Wer hungert, wird von Simulationen nicht satt. Der eigene Tod ist kein Medienereignis. Doch, doch, es gibt ein Leben diesseits der digitalen Welt: das einzige, das wir haben."

(2000)

1. Betrachten Sie die Karikatur (S. 501) und erläutern Sie die Aussageabsicht.
2. Stellen Sie den Argumentationsgang des Textes heraus. Unterstreichen Sie dazu Thesen, Argumente und Beispiele/Belege in verschiedenen Farben.
3. Diskutieren Sie, wie ein angemessener Umgang mit der Informationsflut aussehen könnte.
4. Erläutern Sie das Plädoyer: „Der Computer muss in das Leben und nicht das Leben in den Computer integriert werden." (Z. 50 ff.) Führen Sie konkrete Beispiele an, wie ein geeigneter Umgang mit dem Computer aussehen könnte.

Der faule Apfel

Die Datenspeicherung durch Apple zeigt: Die digitalen Riesen erfüllen die schlimmsten Erwartungen

VON HEINRICH WEFING

Wissen Sie noch, wo Sie am 20. Januar waren, um halb zehn abends? Waren Sie noch im Büro? Oder sind Sie mit Freunden etwas trinken gegangen? Oder haben Sie sich mit Ihrer heimlichen Liebe getroffen, in einem abgelegenen Strandhotel?

Sie wissen es nicht mehr? Kein Problem: Wenn Sie ein Smartphone der jüngsten Generation von der Firma Apple und ein bisschen technischen Sachverstand besitzen, können Sie da mal reinschauen. Die neuen iPhones registrieren auf ein paar Meter genau, wo sich der Nutzer gerade aufhält, versehen mit Datum und Uhrzeit, und speichern diese Informationen. Ohne dass der Nutzer davon etwas weiß. Ein digitales Logbuch, das sich nur mit einiger Mühe abschalten lässt, wenn überhaupt. Auch die neuesten Google-Handys schreiben präzise mit, wie sich ihre Benutzer durch die Welt bewegen, aber sie speichern weniger Daten als die Geräte von Apple, sagen Datenschützer.

Kurz vor Ostern haben zwei britische Softwarespezialisten diese Wanzenfunktion öffentlich gemacht und gezeigt, dass die Bewegungsinformationen auf den iPhones und iPads von Apple unverschlüsselt gespeichert werden. Und dass sie sich dort mit Programmen aus dem Internet ohne großen Aufwand rausholen lassen. Von eifersüchtigen Ehegatten. Von Schnüfflern und Dieben. Oder womöglich

[1] **Hans Magnus Enzensberger:** dt. Schriftsteller und Essayist (geb. 1929)

von Apple selbst. Die Firma hat das bislang verschwiegen, allenfalls vage Hinweise fanden sich im Kleingedruckten.

Das ist, ganz schlicht, ein Skandal. Ein Skandal, der das funkelnde Image der Firma mit dem angebissenen Apfel ordentlich eintrüben wird. Ein Skandal vor allem, der zeigt, dass die großen Datenfresser mit unseren intimen Informationen so ziemlich alles anstellen, was wir immer befürchtet hatten. Und wohl noch einiges mehr.

Verbraucher und Politiker stehen diesem Datenraffen bislang ziemlich hilflos gegenüber. Schon klar, niemand ist gezwungen, ein iPhone zu kaufen. Aber eigenartig ist es doch, dass jeder Apple-Kunde endlose Seiten mit Nutzungsbedingungen akzeptieren muss, ehe er lossurfen kann – und dabei auch „Dienste" wie die Ortungsfunktion hinnehmen muss. Es ist ein bisschen, als wollten Porsche oder BMW ihren Kunden im Kleingedruckten vorschreiben, ohne Gurt zu fahren. Und wer da nicht einwilligt, bekommt das Auto halt nicht. In den Apple-Stores passiert so etwas Ähnliches jeden Tag.

Und die Politik? Stellt jetzt immerhin Fragen. In den USA drängen Senatoren und Staatsanwälte die Firma in Cupertino, möglichst rasch zu erklären, wozu Apple die Bewegungsprofile seiner Kunden speichert. Und es spricht eine deutliche Sprache über das Machtverhältnis zwischen Wirtschaft und Politik, dass Firmenboss Steve Jobs (jedenfalls bis Redaktionsschluss) auf alle Anfragen mit Schweigen reagiert hat. Das ist die Arroganz der Erfolgreichen: Wer mag sich schon mit dem Giganten Apple anlegen, dessen Produkte überall auf der Welt den Standard von „cool" definieren?

Auch deutsche Datenschützer verlangen nun dringend Auskunft. Der zuständige bayerische Datenschutzbeauftragte hat sogar von einem Ordnungsgeld in Höhe von 300 000 Euro gesprochen. Eine Menge Geld. Aber Apple hat allein im ersten Quartal 2011 fast sechs Milliarden Dollar Gewinn gemacht. Auch das sagt einiges über die Gefechtslage.

Es sind jedoch weniger ökonomische Gründe, die eine Regulierung von Unternehmen wie Apple, Facebook oder Google so schwer machen. Die Netzriesen agieren längst ganz selbstverständlich global, während die Politik immer noch national oder bestenfalls europäisch angelegt ist. Und der technologische Fortschritt ist so rasend schnell, dass das Handeln der Behörden fast immer zwei, drei Entwicklungsschübe hinter den Produktzyklen herhinkt.

Resignation also? Die großen Technologiekonzerne einfach gewähren lassen? Nein. Der jüngste Apple-Skandal, und das ist die gute Nachricht, führt ja auch vor, wie den Giganten beizukommen ist: mit der Weisheit der vielen. Das ist ein häufig überstrapazierter Begriff, der eher für Nivellierung steht als für Kreativität. Doch hier hat sich einmal gezeigt, was „Schwarmintelligenz" bewirken kann. Wenn nur genug Softwarevirtuosen mitmachen, dann wird einer von ihnen ziemlich sicher die undichte Stelle oder das kleine schmutzige Geschäftsgeheimnis finden, das ganz tief in den Programmen der großen Unternehmen versteckt bleiben sollte.

Die beiden britischen Experten, die Apples Überwachungsfunktion jetzt weltweit zum Thema gemacht haben, haben mit ihren Enthüllungen etwas in Gang gesetzt, was kein Staat bislang allein geschafft hätte – sie haben für Aufklärung und Öffentlichkeit gesorgt, und sie haben erheblichen Druck auf ein Unternehmen erzeugt, das mindestens so sehr von seinem Image lebt wie von seinen Innovationen.

Vielleicht wäre das ein Regulierungsmodell der Zukunft: Computerfreaks und Politiker setzen gemeinsam die Gemeinwohlinteressen gegen Google, Apple und Co. durch. Sicher, dazu müssten die beiden Gruppen ihre wechselnden Feindbilder korrigieren. Aber gemeinsam hätten sie eine Chance: Die Kompetenz der Tüftler und die Sanktionen des Staates – das könnte eine Erfolgsformel sein. Oder kurz gesagt: mehr Programmierer für Angela Merkel!

(DIE ZEIT, Nr. 18/2011, S. 1)

1. Geben Sie das Thema und die inhaltlichen Aussagen des Textes wieder.

2. Warum ist die Frage nach der Regulierung von Massenmedien (vgl. Z. 70 ff.) so schwierig zu beantworten? Sammeln und gewichten Sie Argumente für und gegen eine stärkere Einflussnahme des Staates auf die Medien.

3 Bedroht das Internet die Demokratie oder verbessert es sie? – Konträre Positionen erörtern

Christopher Onkelbach

Bedroht das Internet die Demokratie?

Dortmund. *Der Dortmunder Medienwissenschaftler Claus Eurich sieht in der zunehmenden Flut der Medien eine Bedrohung für unsere Demokratie. Durch die Fragmentierung der Gesellschaft gehe der soziale Kitt verloren.*

Wir leben in einer Welt der Medien. Sie ist unsere zweite Umwelt, unsere „neue Natur". Fast alles, was wir über, sagen wir, Angela Merkel wissen, über Westerwelle, über die Politik insgesamt, über Gesetze, Verbrechen, Geschichte, Wissenschaft, Kriege und Katastrophen, ja sogar über die Natur, wissen wir über und durch Medien. So bilden wir uns eine Meinung von der Welt. Und auch umgekehrt gilt: Botschaften und Bilder werden über Medien transportiert, um Meinungen zu bilden. Wenn unser Weltbild und unser Politikverständnis so umfassend durch Medien bestimmt wird, sieht es nicht besonders gut aus für die Demokratie. Ihr drohen zwei Gefahren: durch die Medien selbst, insbesondere das Internet. Und durch die Nutzer.

Google speichert alles

„Unser demokratisches Verständnis ist abhängig von einer funktionierenden Öffentlichkeit", sagt Claus Eurich, Medienwissenschafter an der TU Dortmund. In einer Demokratie muss sich jeder ohne Angst vor den Folgen äußern dürfen. Die unbeschränkte, unzensierte und unkontrollierte Debatte ist wesentlich für ein freies Gemeinwesen. Eurich: „Die freie Meinungsbildung ist die Voraussetzung für die Partizipation an der Demokratie." Das Internet ist jedoch dabei, diese Vorstellungen radikal zu ändern. Google speichert alles, Google findet jeden.

Für eine freie Kommunikation ist es elementar, Fehler zugestehen zu können, Einsicht und Lernfähigkeit zu erlauben. Nicht im Netz: „Es verzeiht nicht, vergisst nicht und vergibt nicht", sagt Eurich. Jede Blödheit, jede Jugendsünde wird aufgehoben und bleibt für alle Zeiten weltweit abrufbar. Wo alles gespeichert bleibt, ist die freie Meinungsäußerung in Gefahr; der Marktplatz der Ideen wandelt sich gleichsam zu einem gläsernen, überwachten Raum. Das Wesen der Öffentlichkeit als freier und offener Diskursraum verändert sich dadurch und unterliegt zusätzlich der Aufsicht privater Konzerne.

Wissenskluft immer größer

Die zweite Gefahr geht von den Mediennutzern aus. Jeder richtet sich in seiner medialen Nische ein, je nach Neigung, Lust und – vor allem: Bildung. „Die Wissenskluft wird immer größer", sagt

Eurich. Damit meint er nicht nur das traditionelle Verständnis von Bildung, sondern das Wissen darum, wie man mit Medien umgehen und wofür man sie nutzen kann: Kurz: Es geht um „Medienkompetenz".

Die Fragmentarisierung der Gesellschaft wird durch das Netz beschleunigt: „Jeder kann sich seine eigene Patchwork-Öffentlichkeit herstellen", sagt Eurich. Wo aber jeder sich individuell mit Informationen versorgt, verschwindet ein gemeinschaftlich getragenes Bild von unserer Welt und unserem Gesellschaftssystem, der soziale Kitt geht verloren. Von „Masseneremiten" spricht Eurich, ein Wort, das der Sozialphilosoph Günther Anders geprägt hat. „Die Menschen nehmen sich selbst aus dem demokratischen Prozess heraus und sind buchstäblich gefesselt an den Bildschirm. Anders' düstere Vision beginnt sich zu verwirklichen", glaubt Eurich. Viele Menschen richteten sich ein in ihrer „selbst verschuldeten Unmündigkeit" (Kant), suchten sich mediale Fluchtorte, wo sie ein Leben finden, das es nicht mehr gibt: heil, sauber, interessant und sortiert. Diese Entwicklung werde sich „dramatisieren", sagt Eurich.

Wachsende Sehnsucht

Dennoch gebe es Hoffnung. „Jeder Trend gebiert einen Gegentrend." Auch wenn das „Masseneremitentum" voranschreite, erkenne er eine wachsende Sehnsucht nach wahrer Gemeinschaft, direktem Austausch und echter Debatte. Und er erinnert an die „Bürgerpflicht", sich zu informieren, darauf beruhe unser Rechtsstaat. Diese Gegentrends könnten verantwortungsvolle Medien befördern, indem sie ihre Aufklärungsfunktion stärker ausfüllten. Indem sie auf das Polarisieren und Streitsäen verzichten und ihre Rolle als Beobachter ernster nehmen: empathische, also mitfühlende Zeugenschaft fordert Eurich von den Journalisten. Denn: „Einer muss beobachten. Unabhängig und einfühlsam."

(Westdeutsche Allgemeine Zeitung, 19.9.2010)

Ronnie Grob

Das Internet fördert die Demokratie

Warum die Menge intelligenter und effizienter als Eliten entscheidet

Die digitalen Techniken revolutionieren Gesellschaft und Medien. Der Autor des folgenden Beitrags argumentiert, dass dank dem Internet Demokratie und Wettbewerb gefördert werden.

Das Internet hat unser Leben in den letzten Jahren verändert wie keine andere Erfindung. Die online verbrachte Zeit steigt ständig an, am Bürotisch, am heimischen Schreibtisch und unterwegs, am Laptop und mit dem Mobiltelefon. Es vernichtet laufend Arbeitsplätze und schafft neue. Endlos ist die Liste der Branchen, die ihre Kunden ins Internet abwandern sehen. Vor allem betroffen sind Dienstleistungsbranchen, die sich als Vermittler und Berater zwischen das Produkt und den Kunden gestellt haben: Reisebüros, Buchläden oder CD-Läden. Betroffen sind, kurz gesagt, alle, die etwas anbieten, das es im Internet günstiger oder gar gratis gibt. Stark betroffen sind auch die Anbieter von Informationen, also die Medienbranche. Grund des Einbruchs sind technische Neuerungen.

Produktionsmittel demokratisiert

Der Einbruch erfolgte in einem ersten Schritt durch die Demokratisierung der Produktionsmittel, also durch das Aufkommen von Digitalkameras, Weblogs, Podcasts. In einem zweiten Schritt durch die Demokratisierung der Publikationsmittel, also durch kostenloses Hochladen von Fotos, Videos, Texten bei Portalen wie Flickr (Fotos) oder Youtube (Videos), durch Bloghoster wie Wordpress. Jeder, der will, kann im Internet Fotograf, Filmer, Schreiber, Radiomacher sein.

Die erzdemokratischen Züge einzelner Webprojekte sind nicht zu übersehen. Ein englischer Fußballverein wurde im Jahr 2008 von über 21000 Internetnutzern aus 70 verschiedenen Ländern für 600000 englische Pfund aufgekauft. Die auf myfootballclub.co.uk organisierten Nutzer zahlten je 35 Pfund ein und besitzen nun 75 Prozent von Ebbsfleet United, deren erste Mannschaft in der fünften englischen Liga spielt. Die neuen Teilhaber nehmen Einfluss auf die Aufstellung, die Transfers, alle wichtigen Entscheidungen. Da nun plötzlich eine Menge Geld bereitsteht für Spielerkäufe, müsste der Aufstieg in die nächsthöhere Liga nur eine Frage der Zeit sein.

Das ist nur ein Beispiel von vielen, und ob der Wunsch, den vom Geld von Einzelpersonen abhängigen Profifußball zu verändern, in Erfüllung gehen oder im Chaos enden wird, ist ungewiss. Man wusste auch nichts über die Erfolgschancen der 1998 gegründeten Suchmaschine Google, des Online-Lexikons Wikipedia (2001) oder von Youtube (2005). Doch diese Websites haben es geschafft, die Gewohnheiten der Menschen zu verändern. Nicht aller, aber doch vieler.

Die Weisheit der vielen

In der Diskussion darüber, wie Informationen hergestellt werden sollen, haben sich zwei Fronten gebildet. Auf der einen Seite sind die, die der Weisheit der vielen vertrauen: Sie glauben, dass sich die Inhalte in einem offenen Prozess bilden. „Die Weis-

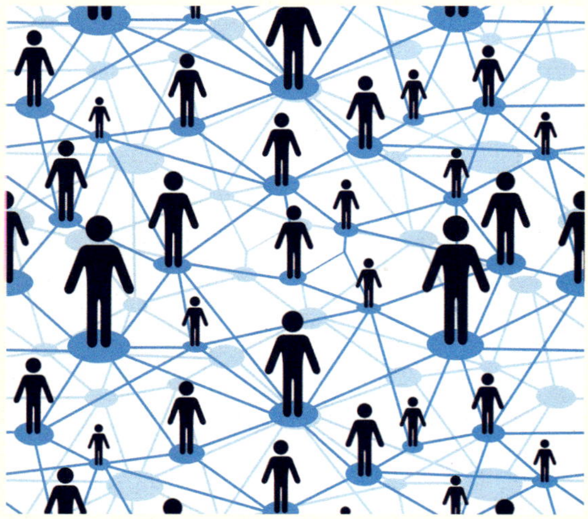

heit der Vielen“, im Original „The Wisdom of Crowds“, ist ein 2004 erschienenes Buch von James Surowiecki, Journalist beim „New Yorker“. Darin wird dargelegt, warum Gruppen Probleme effektiver lösen als Einzelne. In der Vorbemerkung zum Buch heißt es darum: „Die Menge entscheidet intelligenter und effizienter als der klügste Einzelne in ihren Reihen. Experten und Meinungsführer sind demnach Auslaufmodelle. Vorausgesetzt, die Gruppe ist groß und vielfältig, weiß, dass ihre Meinung zählt, und jeder Einzelne in der Gruppe denkt und handelt unabhängig.“

Auf der anderen Seite stehen die Elitären: Sie glauben, eine gut gebildete Elite solle als Torwächter entscheiden, welche Inhalte in die Öffentlichkeit gelangen. Die Elitären weisen darauf hin, dass Inhalte, die lesenswert, verlässlich und verantwortungsbewusst sind, nicht einfach so entstehen, sondern dass für diese bezahlt werden muss. Sie weisen darauf hin, dass sie ihre Inhalte mit Fleiß und durch Nutzung der wichtigsten Quellen realisiert haben. Mit der Publikation sehen sie ihre Aufgabe abgeschlossen.

Für jene jedoch, die an die Weisheit der vielen glauben, wird die Geschichte erst von da an richtig spannend. Rund um den jeweiligen Inhalt bildet sich im Internet nämlich sofort ein Spektrum von Möglichkeiten – der Beitrag wird je nachdem modifiziert, bewertet, kommentiert, zitiert oder verlinkt. Entweder direkt am Ausgangspunkt oder auf anderen Websites, die ihn per RSS-Feed bei sich aufnehmen. Diese Aktionen haben einen Einfluss auf die

Resonanz. Ob ein Beitrag den Nutzer erreicht, hängt davon ab, welchen Filter dieser anwendet.
Jeff Jarvis, Professor an der Graduate School of Journalism, sagt es so: „My readers know more than I do." Durch die Rückmeldungen aus dem Internet hat der Inhalt die Möglichkeit, zu wachsen und so an Qualität zu gewinnen. Wer einen Artikel bei Wikipedia einstellt, kann erleben, wie das ganz ohne eigenes Zutun geschieht und möglicherweise gegen den eigenen Willen. Im besten Fall aber profitiert der Inhalt von Einwänden und Vorschlägen, die ohne dieses weltumspannende Netz, bei dem jeder vor seinem Terminal sitzt und dort seinen Beitrag leistet, wo es ihm sinnvoll erscheint, niemals möglich gewesen wären. Zwar können zu viele Köche den Brei verderben, sie können ihn aber auch verbessern. Die Rückmeldungen ermöglichen Lernprozesse.
Das Internet erlaubt mehr Wettbewerb und mehr Demokratie. Mehr Wettbewerb darum, weil es mehr Produzenten gibt. Mehr Demokratie darum, weil alle ihren Einfluss geltend machen können, unabhängig von Herkunft, Kontostand, Beziehungsnetz. Wer seine Stimme erhebt, erreicht durch das Internet die zumindest potenzielle Weltöffentlichkeit. Dank Filtern, denen ausgeklügelte, bis jetzt noch im Frühstadium befindliche Bewertungsmechanismen zugrunde liegen, hat Qualität, so individuell sie auch bewertet wird, mehr Chancen denn je, sich durchzusetzen.
Die mit dem Internet ausgelöste Revolution kommt von unten: initiiert von Informatikern, zum Teil aus Entwicklungsländern, aufgenommen von frühzeitigen Anwendern aus der ganzen Welt und kommerziell unterstützt von Investoren. Oder von Spendern, wie bei der Wikimedia, dem Verein hinter der „freien Enzyklopädie".

Obama als Avantgardist

Die Elite kann mit den neuen Möglichkeiten täglich neu zusammengestellt werden. Haben sich nicht alle Revolutionäre immer gewünscht, dass die Macht verteilt wird? Dass niemand allein die Führung der Welt übernimmt, sondern wir alle gemeinsam? Nun ist die Möglichkeit durch die technologische Innovation da, und sie wird genutzt werden. Es ist nicht mehr die Ohnmacht des Einzelnen gegenüber dem System, sondern das genaue Gegenteil. Barack Obama ist der erste Präsident dieser Bewegung, die sich nicht klar umreißen lässt, sich aber mit Entschiedenheit einer bedingungslosen Transparenz verschrieben hat. Etwas anderes erlaubt das Internet gar nicht.

(Neue Zürcher Zeitung, 6.3.2009)

1. Stellen Sie aus den beiden Artikeln zur Veränderung der Demokratie durch das Medium Internet jeweils die Kernthesen heraus.

2. Erörtern Sie schriftlich: Bedroht das Internet die Demokratie oder stellt es eine Bereicherung für sie dar? Beziehen Sie sich dabei auf die im Methodenkapitel vorgestellte Vorgehensweise für eine textgebundene Erörterung.
   ➔ Die textgebundene Erörterung/Die Erörterung im Anschluss an die Bearbeitung eines Sachtextes, s. S. 574ff.

4 „Zwischen Rückbesinnung und Aufbruch in die Virtual Reality" – Ein Ausblick

Eine Zukunftsvision beschreiben

1. Versetzen Sie sich in die Zukunft im Jahre 2050. Entwickeln Sie stichwortartig Ideen zu folgenden Fragen: Wie verändert der steigende Konsum der Massenmedien
   - das Familienleben,
   - Freizeitverhalten,
   - Bildung,
   - Freundschaften,
   - Kommunikation,
   - demokratische Prozesse?
2. Fassen Sie Ihre Ideen schriftlich in Form einer Zukunftsvision zusammen.
3. Vergleichen Sie Ihre Fassungen mit der Zukunftsvision des Computerwissenschaftlers Ray Kurzweil aus dem Jahr 2000.

Ray Kurzweil (geb. 1948)

Verschmelzen von Mensch und Maschine

F.A.Z.: Wann starten die Computerhirne in die dritte Generation?

Im Labor sind schon kleinformatige Molekularschaltkreise in Betrieb. Bis jetzt zahlt sich das ökonomisch nicht aus. [...] Doch wir sind dabei, absolut neue Wertformen kennenzulernen, die ein schnelleres Wachstum erlauben. Internetfirmen können um tausend Prozent im Jahr wachsen, und allmählich verwandeln sich viele Firmen in Internetfirmen.

Mit welchen Auswirkungen?

Alles wird Teil der Computerindustrie, Telekommunikation, Biotechnologie, Miniaturisierung, Lebenserwartung. [...]

Die Chancen werden immer größer, die Geräte immer kleiner. [...]

Nanotechnologie entsteht keineswegs aus dem Nichts, sie ist Teil des allgemeinen Trends in die Miniaturisierung. [...]

Wie wirkt sich das auf unser Leben aus?

Als Nächstes werden die Lebewesen, die sich die Technik ausdachten, mit dieser Technik verschmelzen. Diesen Verschmelzungsprozess nennen wir heute noch Kommunikation. Dadurch kann sich die Beschleunigung fortsetzen. [...]

Ein Verschmelzen von Mensch und Maschine ist immer noch ein Furcht einflößendes Szenario. Sie hingegen erzählen völlig ruhig davon, ohne jede Panik. Freuen Sie sich auf diese Technoabenteuer?

All das macht mir keine Angst. Im Frühstadium finden die Versuche schon heute statt. [...] Die Entwicklung vollzieht sich in Stadien. Am Ende des Jahrzehnts wird es Computer geben, die wir zwar noch nicht in uns, aber dicht an uns tragen. [...] Aus Brillen und Kontaktlinsen werden Bilder direkt auf unsere Retina projiziert, kein Stück Butter ohne Microchip. Klänge aus Minigeräten direkt in unsere Ohren gefüttert. Die Elektronik für Internetverbindungen wird so winzig klein sein, dass sie bequem in Brillen oder unserer Kleidung zu verstauen ist.

Sind das die Vorboten der Virtual Reality?

Der Bildschirm wird das gesamte Blickfeld einnehmen, während das Computersystem registriert, was Augen und Kopf tun. Damit treten wir in eine visuelle Virtual Reality. In zehn Jahren wird das World Wide Web so aussehen. Eine Website zu besuchen wird dann bedeuten, in ein virtuelles Umfeld einzutauchen. Sie und ich könnten uns in einem Raum wie diesem treffen oder in einem Café auf den Champs-Élysées sitzen oder gemeinsam einen Spaziergang durch ein Tierreservat in Mosambik unternehmen. Zumindest für visuelle und auditive Interaktionen, wie wir sie in diesem Augenblick pflegen, wird die Illusion perfekt sein.

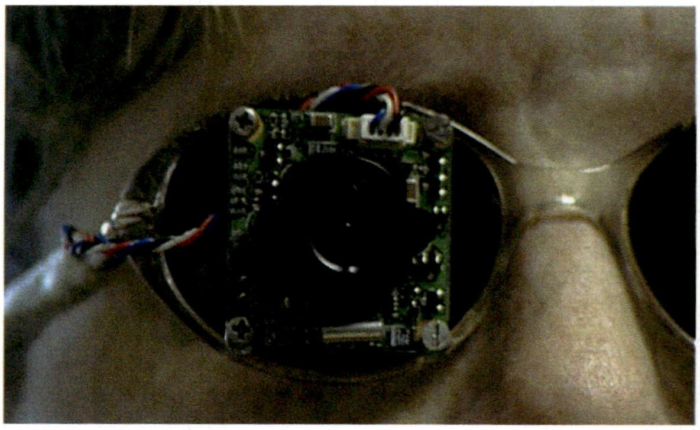

Mithilfe dieser Spezialbrille werden Daten an einen PC übertragen, ihr blinder Träger gewinnt so einen Seheindruck. Allerdings ist dieser kaum mit dem normalen Sehen vergleichbar. Szenenfoto aus der arte-Sendung „Evolution Cyborg: Auf dem Weg zur Mensch-Maschine"

Was ist in dreißig Jahren zu erwarten?
Geräte, die in unserem Hirn tätig werden. Wenn Nanoboter zum Beispiel neben ausgewählten Nervenfasern Position beziehen, können sie eine Virtual Reality von innen heraus erzeugen, indem sie die Signale ersetzen, auf die das Gehirn reagiert. Signale, die anscheinend von unseren Augen ausgehen, sendet in Wahrheit der Computer. Jetzt wird es möglich, einander zu berühren. Alle fünf Sinne werden angesprochen. Vom Geschäftstermin bis zum Sex kann das Leben sich in der Virtual Reality abspielen. Nanoboter können die Sinne stimulieren und unsere Empfindungen intensivieren, wenn nicht gar modifizieren.
Was bleibt da von freiem Willen, von Individualität?
Ich sage doch nicht, dass wir uns entscheiden können, ob diese Technologien entstehen. Ich sage: Diese Technologien werden mit Sicherheit noch zu unseren Lebzeiten entstanden sein.
Ist die Welt nicht überflüssig, wenn Nanoboter uns mit einer virtuellen Welt versorgen?
Nanoboter können unser Hirn verbessern. Wir haben nun hundert Trillionen Verbindungen, in Zukunft werden wir eine Million oder Trillion Mal so viel unser Eigen nennen. Dadurch können wir unser Gedächtnis und unsere Denkleistung vergrößern. Menschliche Intelligenz wird steigen. Der Sinn des Lebens besteht für mich darin, an der Evolution teilzunehmen und Wissen zu schaffen. Unter Wissen verstehe ich nicht nur Information, sondern Musik und Kunst und Literatur und Ausdrucksformen, die wir noch nicht kennen. Ich fühle mich frustriert, dass ich so viele Bücher nicht lesen, so viele Menschen nicht treffen, so viele Websites nicht anschauen kann. Deshalb bin ich geradezu scharf darauf, meinen Horizont so zu erweitern. Ich halte das für den nächsten Schritt in unserer Evolution. [...]

(Frankfurter Allgemeine Zeitung, 5.7.2000)

Hans Magnus Enzensberger (geb. 1929)
Altes Medium

Enzensberger arbeitet als Lyriker, Essayist, Reporter, Medienkritiker, Kinderbuchautor, Dramatiker und Herausgeber. Im Rahmen seiner Medienkritik untersucht er die Wirkungsmacht der Medien auf das Bewusstsein und fordert einen emanzipatorischen Umgang mit ihnen.

Was Sie vor Augen haben,
meine Damen und Herren,
dieses Gewimmel,
das sind Buchstaben.
Entschuldigen Sie.
Entschuldigen Sie.
Schwer zu entziffern,
ich weiß, ich weiß.
Eine Zumutung.
Sie hätten es lieber audiovisuell,
digital und in Farbe.
Aber wem es wirklich ernst ist
mit virtual reality,
sagen wir mal:
Füllest wieder Busch und Tal[1],
oder: Einsamer nie
als im August[2], oder auch:
Die Nacht schwingt ihre Fahn[3]
der kommt mit wenig aus.
Sechsundzwanzig
dieser schwarz-weißen Tänzer,
ganz ohne Graphik-Display
und CD-ROM,
als Hardware ein Bleistiftstummel –
das ist alles.
Entschuldigen Sie.
Entschuldigen Sie bitte.
Ich wollte Ihnen nicht zu nahe treten.
Aber Sie wissen ja, wie das ist:
Manche verlernen es nie. *(1995)*

(Aus lizenzrechtlichen Gründen folgt dieser Text nicht der reformierten Rechtschreibung.)

1. Stellen Sie die Perspektive des lyrischen Ichs auf der einen Seite und die eines Vertreters der „Neuen Medien" auf der anderen Seite gegenüber.

2. Besorgen Sie sich die zitierten Gedichte von Goethe, Benn und Gryphius (vgl. auch S. 357, S. 144) und erläutern Sie deren Funktion im Kontext des Gedichts von Enzensberger.

3. Formulieren Sie selbst eine Hommage an ihr persönliches Lieblingsmedium. Wählen Sie dazu die Form, die Ihnen hierzu am passendsten erscheint (z. B. Gedicht, Sachtext, Videoclip, Song etc.).

[1] Erste Zeile aus dem Gedicht „An den Mond" von Johann Wolfgang von Goethe (1749–1832) – [2] Erste Zeile aus dem Gedicht „Einsamer nie" von Gottfried Benn (1886–1956) – [3] Teil der ersten Zeile aus dem Gedicht „Abend" von Andreas Gryphius (1616–1664)

„Das Leben ist schön" – Der Holocaust als Filmkomödie?

Vor dem Hintergrund der Judenverfolgung vor und während des Zweiten Weltkrieges in Italien spielt Roberto Benignis Film „Das Leben ist schön" aus dem Jahr 1998: Der Film erzählt die Geschichte von Guido und Dora, eine komisch-märchenhafte Liebesgeschichte, die sich zur Tragödie wendet, als der Jude Guido und sein kleiner Sohn Giosué in ein Konzentrationslager deportiert werden. „Das Leben ist schön" feierte große internationale Erfolge; u. a. wurde der Film 1998 in Cannes mit dem Großen Preis der Jury und 1999 mit drei Oscars ausgezeichnet.

Trotz dieser Auszeichnungen ist der Film wegen seiner Verknüpfung von Humor mit der Thematik der Judenverfolgung umstritten. Deshalb wird in dieser Einheit der Frage nachgegangen, ob die filmische Auseinandersetzung mit dem Holocaust angemessen ist. Darüber hinaus werden filmtechnische Aspekte angesprochen wie die Rolle des Tons, die Montagetechnik und die Standbildanalyse. Den Abschluss der Einheit bildet eine Auseinandersetzung mit Rezensionen des Films.

„Das Leben ist schön" – Holocaust-Film und Komödie

Der italienische Starkomiker Roberto Benigni
weitet die Grenzen des Humors ins Konzentrationslager aus.

(Bettina Koch; in: www.spiegel.de, 9.11.1998)

„Wo hört der Spaß auf?"

(H.G. Pflaum; in: SZ, 12.11.1998)

**Was, eine KZ-Komödie?
Geht das überhaupt?**

(Thomas Brussig: Das Leben ist schön.
Eine Empfehlung, ins Kino zu gehen; in: FAZ, 31.12.1998)

„LACHEN AM ABGRUND"

(Claudia Lenssen; in: Tipp 24/98, S. 60 f.)

1. Beschreiben Sie das Kinoplakat und die Standbilder aus dem Film „Das Leben ist schön" von Roberto Benigni. Stellen Sie einen Zusammenhang zu dem Titel des Werks und den Artikelüberschriften her. Welche Erwartungen haben Sie an den Film?
2. Können Sie sich eine Verbindung von Humor mit der Thematik des Holocausts vorstellen?

1 Das Leben ist schön!? – Märchenhafte Liebe und Faschismus im ersten Teil des Films

1. Sehen Sie sich die ersten beiden Szenen des Films an (Sequenz 1, 0:00:00 – 0:05:00). Welchen Eindruck haben Sie? Warum lässt der Regisseur seinen Film so beginnen?
2. Beschreiben Sie die Handlungsorte, die Atmosphäre sowie die Hauptfigur Guido. Sehen Sie Hinweise auf die Zeit, in der die Geschichte spielt?
3. Welcher mögliche Konflikt wird bereits durch die Gegenüberstellung der ersten beiden Szenen angedeutet?

Information

Die Exposition

Sowohl in literarischen Texten als auch in Filmen wird der Leser bzw. der Zuschauer in den ersten Szenen in Zeit, Ort und Atmosphäre eingeführt. Ferner erfolgen die Vorstellung der Hauptfiguren sowie erste Hinweise auf den dramatischen Konflikt der Handlung. Man spricht in diesem Zusammenhang von der Exposition des literarischen Textes bzw. des Films.

Wie in einem Märchen … – Die Romanze zwischen Guido und Dora

1. Sehen Sie sich den ersten Teil des Films „Das Leben ist schön“ (Sequenz 1, 0:00:00 – Sequenz 15, 0:57:11) gemeinsam an. Achten Sie dabei mithilfe des Info-Kastens auf die folgenden Motive und machen Sie sich Notizen über ihr Auftreten:
   - Motiv des Zufalls bzw. der Unfälle
   - Ei- bzw. Hut-Motiv
   - Pferd-Motiv
   - Rätsel-Motiv
   - Panzer-Motiv
   - Märchen-Motive

Information

Das Motiv

Als Motiv bezeichnet man die immer wiederkehrenden und bedeutungstragenden Elemente eines literarischen Textes oder Films. Eine spezielle Form ist das Leitmotiv. So können Farben, Stimmungen, Symbole, Personen, Sätze, Redewendungen und vieles mehr als Leitmotive verwendet werden. Durch seine häufige Wiederholung kann ein Leitmotiv eine ordnende bzw. verbindende Funktion innerhalb eines Textes oder Films haben oder die Charakteristika einer Figur, eines Ortes, einer Zeit oder eines Konflikts betonen.

2. Sammeln Sie Ihre Beobachtungen und diskutieren Sie, welche Funktion bzw. welche Bedeutung die einzelnen Motive für die Handlung bzw. für die Charaktere des Films haben.

3. Wie versucht der Regisseur, das märchenhafte Motiv der Romanze zwischen Guido und Dora durch die Gestaltung des Bildes zum Ausdruck zu bringen? Beschreiben Sie hierfür das Standbild mithilfe des Info-Kastens (S. 513) und diskutieren Sie, welche Absicht hinter den einzelnen Entscheidungen des Regisseurs stecken könnte.

4. Anhand eines weiteren Standbildes können Sie nun noch einmal selbstständig die entsprechende Analyse einüben. Um welche Szene handelt es sich? Geben Sie den Inhalt mit eigenen Worten wieder.

Information

Die Standbildanalyse

Ein Film lässt sich in verschieden große Bereiche gliedern. Die kleinste Einheit bildet das **Standbild** bzw. das Einzelbild einer gedrehten Bilderfolge. Eine darüber hinaus ohne Unterbrechung aufgenommene und wiedergegebene Kameraaufnahme nennt man **Einstellung**. Bilden mehrere Einstellungen eine Einheit aus Geschehen, Ort und Zeit, handelt es sich um eine **Szene**. Stehen mehrere Szenen in einem gemeinsamen inhaltlichen Zusammenhang, lassen sie sich zu einer **Sequenz** zusammenfassen. Der Regisseur eines Films ordnet die Bildelemente einer Einstellung (Figuren, Gegenstände usw.) wie auf einer Theaterbühne an, bevor er anfängt zu drehen. Er dirigiert ganz bewusst, wohin unser Blick fallen soll, und versucht, etwa durch die Einstellungsgröße, die Perspektive, den bewussten Einsatz von Licht und Schatten sowie die Farbgebung eine zu der Aussage der Szene passende Atmosphäre zu schaffen. Im Zuge der Analyse eines Standbildes kann man folgende Bereiche beschreiben und deren Wirkung diskutieren:

- **Blickfang:** Was fällt zuerst ins Auge? Warum?
- **Einstellungsgröße:** Weit, Totale, Nah, Groß, Detail
- **Perspektive:** Froschperspektive, Vogelperspektive, Normalsicht
- **Licht und Schatten:** Ist die Szenenausleuchtung hell, dunkel oder eine Kombination aus beidem? Gibt es größere Schattenflächen?
- **Farbe:** Welche Farbe überwiegt? Tragen die Farben eine bestimmte Bedeutung?
- **Anordnung von Figuren und Objekten:** Welchen Teil des Bildes beanspruchen einzelne Figuren und Objekte? Warum? Wie weit sind die Figuren voneinander entfernt? Warum? Haben einzelne Raumelemente eine symbolische Bedeutung?

5. Schauen Sie sich das Standbild zuvor genau an und vervollständigen Sie zunächst folgende Tabelle:

	Beschreibung	**Wirkung**
Blickfang		
Kameraeinstellung (Einstellungsgröße)		
Perspektive		
Licht und Schatten		
Farbe		
Anordnung der Figuren		
Gestaltung des Raums		

6. Verfassen Sie im Anschluss mithilfe Ihrer Notizen in der Tabelle eine Analyse in Form eines vollständigen Textes.

7. Sehen Sie sich nun die zum Standbild passende Szene an (Sequenz 15, 0:54:49–0:56:15) und konzentrieren Sie sich zunächst mit geschlossenen Augen oder abgedecktem Fernsehbildschirm allein auf den Ton. Notieren Sie sich anschließend alles, was Sie hören konnten, sammeln Sie Beobachtungen und versuchen Sie, sie zu kategorisieren.

8. Welche Wirkung wird mit dem Ton erzeugt?

9. Schauen Sie sich jetzt die Szene ohne Ton an. Versuchen Sie, zu präzisieren, welche der zuvor gesammelten Töne an welcher Stelle der Szene zu hören sind. Begründen Sie Ihre Meinung.

10. Spielen Sie die Szene diesmal mit Ton ab. Warum hat der Regisseur Ihrer Meinung nach den Ton bewusst so gestaltet?

Information

Der Ton als filmsprachliches Mittel

Der Ton kann in einem Film zum einen die Filmhandlung, die jeweiligen Gefühle der Hauptfiguren sowie die Atmosphäre unterstützen, zum anderen aber auch eine eigenständige Bedeutung haben. Um den Ton möglichst exakt zu beschreiben, kann man auf folgende Bereiche achten: Filmmusik (Instrumentierung, Tonlage, Tempo, Lautstärke ...), Geräusche/tontechnische Effekte (Art der Geräusche, Lautstärke ...), gesprochener Text. Darüber hinaus kann man untersuchen, ob die jeweilige Tonquelle im Bild gleichzeitig sichtbar (On-Ton) oder nicht sichtbar (Off-Ton) ist. Dabei sollten Sie überlegen, mit welcher Absicht der Ton vom Regisseur eingesetzt bzw. welche Wirkung mit ihm verfolgt wird.

Roberto Benigni und Vincenzo Cerami

Szene 13 (gestrichen)

Stadt. Haus des Onkels. Außen, Tag

Die beiden Freunde treten aus dem Haus des Onkels. Ferruccio dreht den Hausschlüssel viermal im Schloss um und steckt ihn ein. Nicht weit vom Haus entfernt steht eine Art Gewächshaus. Guido späht hinein.

GUIDO Ferruccio, hast du das Gewächshaus meines Onkels schon gesehen? Du musst es dir ansehen! Es sieht aus wie ein irdischer Paradiesgarten, wie eine Liebeslaube ... du musst diesen Duft sehen, diese Farben hören.

FERRUCCIO Lass uns gehen, ich komm zu spät!

Die beiden gehen zusammen fort.

GUIDO Gib mir den Schlüssel, ich komm heute früher.

Ferruccio zieht den Schlüssel aus der Tasche und wirft ihn Guido zu.

FERRUCCIO Ich hab heut Nacht kein Auge zugetan, komm jetzt!

Er legt einen Schritt zu.

(1998)

1. Im Originaldrehbuch war im ersten Drittel des Films diese Szene vorgesehen. Roberto Benigni entschloss sich jedoch, sie in der Endfassung des Films ersatzlos zu streichen. Lesen Sie den Dialog mit verteilten Rollen. Welche Funktion hatte die Szene Ihrer Meinung nach ursprünglich?
2. Vergleichen Sie den Inhalt des Dialogs mit den Ergebnissen Ihrer vorangegangenen Analyse der Gewächshausszene. Warum konnte der Regisseur auf das Gespräch zwischen Guido und Ferruccio verzichten? Inwiefern wurde die Botschaft des Dialogs bereits durch die Sprache des Films vermittelt?

„Das Schweigen ist der lauteste Schrei“? – Guidos Umgang mit dem aufkommenden Faschismus

Martin Pohl (geb. 1971)

Historische Hintergründe – Faschismus und Judenverfolgung in Italien

Nach dem Ersten Weltkrieg und der Zerstörung der alten Ordnung suchten viele Menschen in Europa nach neuen Orientierungen, vor allem in Deutschland und in Russland, aber auch in Italien. In dieser wirren und unsicheren Nachkriegszeit entstand hier die Bewegung der „Fascisti“ (Faschisten). Im März 1919 gründete Benito Mussolini faschistische Kampfbünde mit dem festen Ziel, die Macht im Staat zu erobern. Während einer Regierungskrise in Italien im Oktober 1922 drohte er, Rom von seinen Truppen erobern zu lassen, falls er nicht Regierungschef werde. Auf Anraten von Bankiers, Großgrundbesitzern und Industriellen beauftragte der König Mussolini mit der Regierungsbildung. Am nächsten Tag zog er mit seinen Truppen in Rom ein. Er strickte jedoch an einer Legende: Es sei der triumphale „Marsch auf Rom“ gewesen, der ihn an die Macht gebracht habe.
In den folgenden Jahren errichteten die Faschisten in Italien eine totalitäre Diktatur mit Mussolini als Duce, als Führer, an der Spitze. Regimekritische Meinungen wurden verboten, die Pressefreiheit wurde abgeschafft, Gegner der faschistischen Ordnung wurden verfolgt und zum Schweigen gebracht.
Noch im Frühjahr 1938 erklärte das faschistische Italien, trotz des deutsch-italienischen Bündnisses keine antisemitische Politik betreiben zu wollen. Dennoch

Benito Mussolini (Massenkundgebung in Genua, 14.5.1938)

wurden im Oktober des gleichen Jahres antijüdische Rassengesetze eingeführt, die z. B. ein Berufsverbot für Juden in staatlichen Ämtern beinhalteten. Nach Ausbruch des Zweiten Weltkrieges kam es in italienisch besetzten Gebieten zunächst noch nicht zu Judendeportationen. Als am 10. Juli 1943 den Alliierten die Invasion Siziliens gelang, wurde Mussolini am 25. Juli durch den Faschistischen Großrat als abgesetzt erklärt und dann auf Befehl König Viktor Emanuels III. verhaftet. Die deutsche Regierung beschloss daraufhin die Besetzung Italiens. Am 12. September wurde Mussolini durch deutsche Fallschirmjäger vom Gran Sasso in den Abruzzen befreit und nach Ostpreußen gebracht, um wenig später in Norditalien ein hitlerfreundliches Regime zu installieren. Mit Einrichtung dieses faschistischen Staates unter dem Protektorat des Deutschen Reiches begann die Deportation italienischer Juden. In fast allen Provinzen wurden Sammellager errichtet, in denen die verhafteten Juden interniert wurden. In der Nähe von Modena entstand das Durchgangslager Fossoli di Carpi, von dem aus im Februar 1944 der erste Judentransport nach Bergen-Belsen durchgeführt wurde. Bis Kriegsende wurden etwa 8 000 Juden aus Italien deportiert.

(2009)

1. Stellen Sie die wesentlichen Informationen des Textes zusammen.
2. Beschreiben Sie die im ersten Teil des Films auftauchenden konkreten Hinweise auf die politische Situation in Italien in der Zeit bzw. die mehrfach anklingenden Formen des Antisemitismus: auf der Straße, in der Schule, im Geschäfts- und im Privatleben.
3. Stellen Sie das Verhältnis der folgenden Figuren in einer Figurenkonstellation grafisch dar: Polsterer, Guido, Schulinspektor, Dora, Hauptmann Lessing, Ferruccio, Onkel, Rodolfo, Rektorin, Großmutter.
4. Guido preist seinem Freund Ferruccio gegenüber die Stadt als „Hort der Freiheit". Erfüllt sich Ihrer Meinung nach seine Erwartung?
5. Der Onkel von Guido wird zu Beginn des Films offensichtlich von Faschisten überfallen und verprügelt. Als Guido ihn fragt, warum er denn nicht um Hilfe geschrien habe, antwortet er, dass das „Schweigen der lauteste Schrei" sei. Was meint er damit? Was halten Sie von dieser Einstellung?
6. Wie reagiert Guido auf die zunehmenden Einschränkungen und Bedrohungen seines Lebens durch die Faschisten?

Roberto Benigni und Vincenzo Cerami

Szene 41

Vater und Sohn gehen zu Fuß. Guido schiebt das Fahrrad. Ein kleiner Trupp deutscher Soldaten überholt sie. Vor der Konditorei Ghezzi bleiben die beiden stehen. Im Schaufenster einige wenige Kuchen, dafür ein großes Schild mit der Aufschrift „Für Juden und Hunde Eintritt verboten". Giosué bleibt stehen und sieht ... eine kümmerliche Schokoladentorte.

GIOSUÉ Kaufen wir die für Mama?
GUIDO Was kostet sie?
GIOSUÉ Zwanzig Lire.
GUIDO Nein, komm, lass ... die ist bestimmt unecht, wie dein Panzer!
Guido geht weiter, während der Junge noch das Schild liest. Dann holt er den Vater ein.
GIOSUÉ Warum dürfen Juden und Hunde da nicht rein, Papa?
GUIDO Na, sie wollen eben keine Juden und Hunde. Jeder wie er mag. Dahinten gibt es ein Geschäft, einen Eisenwarenladen ... Da lassen sie keine Spanier und keine Pferde rein. Und Dingsbums ... der Apotheker, gestern war ich mit einem Freund bei ihm ... mit einem Chinesen, der hat ein Känguru: „Nein, Chinesen und Kängurus dürfen hier nicht rein!" Er mag sie nicht.
Vater und Sohn entfernen sich, von hinten gesehen, auf der öden Straße durch die Stadt.
GIOSUÉ Aber wir lassen alle rein!
GUIDO Nein, ab morgen schreiben wir es auch dran. Wen magst du nicht?
GIOSUÉ Spinnen! Und du?
GUIDO Ich? Die Westgoten! Und morgen schreiben wir: Für Spinnen und Westgoten Eintritt verboten.
Er geht schneller.
GUIDO *wie zu sich selbst* Mir reicht's jetzt! Ich hab die Nase voll von den Westgoten!
Sie biegen um die Ecke.

(1998)

1. Lesen Sie den kurzen Dialog zwischen Guido und seinem Sohn mit verteilten Rollen. Welche Wirkung erzeugt er bei Ihnen?
2. Mit welchen Mitteln wird diese Wirkung erzeugt? Untersuchen Sie hierfür auch die Sprache.
3. Warum sagt Guido seinem Sohn nicht die Wahrheit? Welche Funktion erfüllt das Gespräch eventuell darüber hinaus für Guido selbst?

4. Wie erscheint der in der Stadt wirklich existierende Antisemitismus durch diese kurze Szene?

5. Sehen Sie sich die folgende Szene im Film an (Sequenz 16, 00:58:17–00:59:17) und vergleichen Sie sie mit dem vorangegangenen Dialog. Wo gibt es Gemeinsamkeiten, wo Unterschiede?

6. Wodurch wird in der Szene die zunehmende Bedrohung Guidos und seiner Familie deutlich? Sehen Sie sich hierfür die Szene (Sequenz 16, 00:58:17–00:59:17) noch einmal an und achten Sie auf das Aussehen und die Gesten des Besuchs, die Dialogführung sowie den Ton bzw. die Filmmusik.

7. Wie reagiert Guido auf die Bedrohung? Warum verhält er sich Ihrer Meinung nach so?

8. Wie versucht der Regisseur, die Bedrohung Guidos und seine Reaktion seinem Sohn gegenüber durch die Gestaltung des Bildes zum Ausdruck zu bringen? Beschreiben Sie hierfür das Standbild oben und diskutieren Sie, welche Absicht hinter den einzelnen Entscheidungen des Regisseurs stecken könnte.

9. Die Kamera übernimmt im Film die Funktion eines Erzählers. Aus welchen Sichtweisen bzw. Blickwinkeln führt die Kamera dem Zuschauer das Geschehen auf der Straße vor dem Laden vor Augen? Welche Wirkung wird mit diesen Sichtweisen erreicht?

10. Am Ende der Szene sehen wir Giosué. Stellen Sie die Gedanken des Sohnes in Form eines inneren Monologs dar.

11. Welche der folgenden Aussagen treffen auf die Hauptfigur, wie Sie sie bis jetzt kennengelernt haben, am ehesten zu? Begründen Sie Ihre Meinung.
   - Guido verdrängt die Realität, wo er nur kann.
   - Die Hauptfigur repräsentiert die totale Freiheit.
   - Guido erscheint als eine Art Clown, ein lebensfroher, humorvoller, unbekümmerter Tollpatsch.
   - Der Protagonist ist naiv und dumm.
   - Er ist ein Optimist und Lebenskünstler.
   - Die Hauptfigur des Films lebt in ihrer eigenen Welt ohne Bezug zur Realität.
   - Guido ist ein unpolitischer Mensch.
   - Er ist ein Mann, mit dem sich jeder identifizieren kann.

12. Versuchen Sie, Guido, wie Sie ihn im ersten Teil des Films kennengelernt haben, in Kleingruppen mithilfe einer Mindmap stichwortartig zu charakterisieren. Beschreiben Sie hierfür u. a. das äußere Erscheinungsbild, sonstige äußere Merkmale, typische Charaktereigenschaften, Einstellungen und Eigenarten und das Verhältnis zu anderen Figuren und vergleichen Sie Ihre Ergebnisse.

13. Fassen Sie Ihre Ergebnisse abschließend in einer schriftlichen Charakterisierung Guidos zusammen.

Information

Das Erzählverhalten im Film

Im Film übernimmt die Kamera die Funktion des Erzählers. Sie bestimmt die Haltung zum gezeigten Geschehen und zu den Filmfiguren. Im Film ist dabei ein ständiger, zumeist unbemerkter Wechsel der Haltungen und Sichtweisen möglich. Dem Zuschauer kann durch die Veränderung des Kamerablicks innerhalb einer Szene sowohl ein Überblick über die Situation vermittelt als auch eine Identifikation mit den Filmfiguren ermöglicht werden.

Neutrale bzw. objektive Kamera: Die Kamera vermittelt dem Zuschauer einen Überblick über das Geschehen bzw. kann ihn zu allen Positionen führen, um ihn am Geschehen teilhaben zu lassen.

Subjektive Kamera: Der Zuschauer hat das Gefühl, unmittelbar dabei zu sein, wenn sich die Sichtweise oder Bewegung der Kamera mit dem Blick der Figuren bzw. dem des Zuschauers deckt. Die Perspektive der Kamera kann dabei der eines Menschen in Bewegung entsprechen: Die Kamera wird oft mit der Hand bewegt, sie wackelt, erzeugt unpräzise Ausschnitte und ahmt so die Wahrnehmung eines am Geschehen Beteiligten nach.

2 Das Konzentrationslager – Umgang mit dem Unvorstellbaren im zweiten Teil des Films

Darstellung des Undarstellbaren? – Das Konzentrationslager

1. Sehen Sie sich den Film bis zum Ende an (Sequenz 16, 00:59:17 – Sequenz 28, 01:57:10). Achten Sie dabei besonders darauf, wie der Alltag im Konzentrationslager dargestellt wird (Wohnverhältnisse, Gebäude, Arbeitsverhältnisse, Ernährung, Behandlung von Familien, Gefangenen und Arbeitsunfähigen, Darstellung der Aufseher und Offiziere ...).
2. Welche Wirkung hat die Darstellung des Lagers auf Sie?
3. Handelt es sich Ihrer Meinung nach um ein sogenanntes Vernichtungslager, d. h. ein Konzentrationslager, in dem Juden in großer Anzahl systematisch ermordet wurden? Welche Hinweise werden im Film darauf gegeben?
4. In den Konzentrationslagern war es üblich, die ermordeten Juden bzw. Gefangenen in Massengräbern zu begraben. Benigni lässt seine Hauptfigur in dem Lager auf ein solches Massengrab stoßen. Beschreiben Sie das entsprechende Standbild und die Wirkung der filmischen Darstellung auf Sie. Warum hat der Regisseur den Leichenfund im Film Ihrer Meinung nach gerade so dargestellt?

5. Durch welche weiteren filmsprachlichen Mittel wird das Grauen des Leichenfundes darüber hinaus verdeutlicht? Sehen Sie sich hierfür die entsprechende Sequenz an (Sequenz 26, 01:42:47 – 01:43:56).
6. Warum arbeitet Roberto Benigni Ihrer Meinung nach mit Andeutungen, statt zu versuchen, den Alltag und das Grauen eines Konzentrationslagers möglichst realistisch darzustellen?

Frauke Hanck (1936 – 2002)

Für die Liebe braucht man Mut – Lachen hilft. Ein Gespräch mit Roberto Benigni

DAS LEBEN IST SCHÖN erzählt die Geschichte einer toskanischen Familie, der Vater ist Jude, die in ein Lager deportiert wird. Was hat Sie an diesem Thema interessiert, das so verschieden von Ihren bisherigen Filmen ist?

Über diesen Unterschied habe ich nie nachgedacht. Die Idee zu dieser Geschichte gefiel mir einfach sehr. Ich habe sie nicht gesucht, vielmehr war sie eines Tages da und hat mich nie mehr verlassen. [...]

Also ist DAS LEBEN IST SCHÖN keine historische Rekonstruktion, sondern ein Märchen, in dem die Historie Material ist?

Man darf dort nichts Realistisches suchen. Edgar Allan Poe sagte, dass man am Rande des Abgrunds nicht hinunterschaut, weil der Schrecken unermesslich ist. Wenn man ihn zeigt, ist er nur noch das, was man zeigt. Ich habe ausführliche Recherchen gemacht, vieles gelesen, gesehen an Dokumenten und Berichten Deportierter. Und danach war mir ganz klar, dass nichts an die Wirklichkeit des Geschehens heranreichen könnte. Wie sollte ich realistisch das zeigen, von dem zu reden ich nicht einmal den Mut hatte? Es ist so unfassbar, dass es fast wieder einfach ist, glauben zu machen, dass das alles nur ein Spiel war. Primo Levi spricht darüber in seinem Roman *Ist das ein Mensch?*. Er beschreibt den Morgenappell im KZ Auschwitz; alle Häftlinge sind nackt, stehen stramm; Levi schaut um sich und denkt: „Und wenn dies nur ein Witz wäre? Das kann doch alles nicht wahr sein ...“ Die Frage, die sich alle Überlebenden gestellt haben, ist: Wie konnte das alles passieren?

Bedeutet die Flucht vor dem Realismus nicht einen Verrat an der Realität?

Jedes Mal, wenn man etwas schreibt, geschieht ein Verrat. Der Künstler verrät, weil er sich für einen Stil entscheiden muss, aus der Realität auswählen, vieles weglassen, einer Erzählstruktur folgen muss. Ich dachte auch an den schönen Satz von Keats: „Nicht das, was wahr ist, ist schön – sondern das, was schön ist, ist wahr.“ Wenn etwas schön ist, wird es real. Wenn der Film gelungen ist, und ich hoffe es, wird das Lager wahr.

[...] Nachdem ich das Drehbuch geschrieben hatte, las ich das Buch eines polnischen Autors, „Das Kind von Buchenwald“ – eine sehr ähnliche Geschichte. Das hat mich erschreckt – dass die Wirklichkeit manchmal so überraschend ist und dass man, wenn man die schrecklichsten Situationen erfunden hat, entdecken muss, dass sie wirklich existiert haben. Und deshalb ist es mir wichtig, noch einmal ganz klar zu sagen, dass ich ganz bewusst ein fiktives Lager zeige, mich weder mit einem Namen noch sonst wie konkret auf ein KZ in Italien, Deutschland oder Polen beziehe. Hätte ich das getan, wäre der historisch begründete Vorwurf berechtigt, dass es so wie in meinem Film nicht war.

(1998)

1. Welche Gründe nennt Roberto Benigni dafür, dass er die Handlung seines Films bewusst in ein fiktives Lager verlegt hat bzw. die Wirklichkeit verfremdet?
2. Teilen Sie die Meinung des Regisseurs?

Fantasie als Rettung? – Das Konzentrationslager als Spiel

Roberto Benigni und Vincenzo Cerami

Szene 53

In dem Moment betritt ein SS-Führer in Begleitung zweier bewaffneter Soldaten den Raum. Er ist ein korpulenter Mann mit hartem Blick. Er schaut sich nach hinten um, als erwarte er noch jemanden. Aber er hat es eilig.

SS-FÜHRER *auf Deutsch* Gibt es hier einen Italiener, der deutsch spricht?

Alle schweigen erschrocken. Guido spricht leise mit Bartolomeo.

GUIDO *flüstert* Was hat er gesagt?

BARTOLOMEO *sehr leise* Er sucht einen, der deutsch spricht. Er will die Lagerordnung erklären.

Guido hebt die Hand.

BARTOLOMEO *sehr leise* Kannst du Deutsch?

Der SS-Führer winkt Guido zu sich.

GUIDO *im Weggehen, sehr leise* Nein.

Guido stellt sich neben den SS-Führer, der sich sofort mit Stentorstimme[1] an die neuen Gefangenen wendet.

SS-FÜHRER *auf Deutsch* Alles herhören! Ich sage das nur einmal!

[1] **Stentorstimme:** Stentor: Kämpfer im Trojanischen Krieg. Se ne Stimme war so laut wie die von fünfzig Männern zusammen.

Er sieht Guido an, damit er übersetzt.

GUIDO *im gleichen militärischen Ton* Das Spiel beginnt ... Wer da ist, ist da, wer nicht, scheidet aus!

SS-FÜHRER *auf Deutsch* Ihr seid nur aus einem einzigen Grund in dieses Lager transportiert worden ...

GUIDO *übersetzt* Wer als Erster 1000 Punkte hat, gewinnt einen echten Panzer.

SS-FÜHRER *auf Deutsch* ... um zu arbeiten.

GUIDO Der Glückliche!

Die Gefangenen haben Schwierigkeiten zu begreifen, wovon der SS-Führer spricht. Nur Giosué versteht es. Regungslos, mit weit aufgerissenen Augen steht er da. Der SS-Führer deutet nach draußen auf den Platz.

SS-FÜHRER *auf Deutsch* Jeder Versuch der Sabotage wird mit dem Tode bestraft. Die Hinrichtungen finden draußen auf dem Hof durch Genickschuss statt.

Er zeigt auf seinen Nacken.

GUIDO Die Punktzahlen werden täglich durchgesagt ... über die Lautsprecher da draußen. Dem Letzten hängen wir ein Schild um, auf dem steht „Esel" ... hinten auf dem Rücken!

Er macht die Geste des SS-Führers nach.

SS-FÜHRER *auf Deutsch* Ihr habt die Ehre, für unser großes deutsches Vaterland arbeiten zu dürfen und am Bau des Großdeutschen Reiches teilzunehmen.

GUIDO Wir spielen in dem Spiel die Bösen, die immer brüllen. Wer Angst vor uns hat, bekommt Punkte abgezogen!

Jetzt wird der SS-Führer härter. Er zeigt drei Finger.

SS-FÜHRER *auf Deutsch* Drei Grundregeln sollt ihr nie vergessen. Erstens: Versuche nicht, zu fliehen! Zweitens: Befolge jeden Befehl, ohne zu fragen! Drittens: Jeder Versuch eines Aufstandes wird durch den Tod durch Erhängen bestraft. *Laut* Ist das klar?

GUIDO *zeigt drei Finger* In drei Fällen verliert man alle Punkte. Erstens: Wenn man anfängt zu weinen. Zweitens: Wenn man zu seiner Mama will. Drittens: Wenn man Hunger hat und nach Marmeladenbrot fragt. *Laut* Denkt daran!

SS-FÜHRER *auf Deutsch* Ihr solltet glücklich sein, dass ihr hier arbeiten dürft. Wenn ihr die Vorschriften befolgt, wird euch nichts geschehen.

GUIDO Man kann schnell wegen Hunger Punkte verlieren. Mir ist das gestern passiert, weil ich unbedingt ein Marmeladenbrot wollte.

SS-FÜHRER *auf Deutsch* Ihr müsst gehorchen!

GUIDO Mit Aprikosenmarmelade!

Ein deutscher Soldat flüstert dem SS-Führer etwas ins Ohr. Dieser nickt.

SS-FÜHRER *auf Deutsch* Und noch etwas!

GUIDO Und er Erdbeermarmelade!

SS-FÜHRER *auf Deutsch* Mit diesem Pfiff ...

Er setzt die Finger an den Mund und ahmt die Trillerpfeife nach.

SS-FÜHRER *auf Deutsch* ... alles raus auf den Hof, aber schnell!

Guido macht ihn nach und setzt ebenfalls die Finger an den Mund.

GUIDO Fragt nicht nach Lutschern, ihr kriegt keine. Die lutschen wir alle selber!

SS-FÜHRER *auf Deutsch* Antreten in Zweierreihen!

GUIDO Ich habe gestern zwanzig gelutscht!

SS-FÜHRER *auf Deutsch* Ohne zu reden.

GUIDO Hatte ich Bauchschmerzen!

SS-FÜHRER *auf Deutsch* Jeden Morgen ...

GUIDO Aber lecker waren sie!

SS-FÜHRER *auf Deutsch* ... ist Appell!

GUIDO Lasst es bleiben!

SS-FÜHRER *auf Deutsch* Alle zwei Wochen ist Ruhetag, da wird nicht gearbeitet.

GUIDO Macht euch klar, es ist sehr hart, aber es macht Spaß.

Die Gefangenen haben alle einen verlorenen Blick. Sie verstehen gar nichts. Giosué hört gespannt zu, ihm entgeht kein Wort.

SS-FÜHRER *auf Deutsch* Ich habe das Wichtigste gesagt. Wer mehr wissen will, kann die fragen, die schon länger hier sind.

GUIDO Gestern habe ich den ganzen Tag Himmel und Hölle gespielt, heute spiele ich Verstecken. Man lacht sich kaputt!

Der SS-Führer wendet sich zum Gehen, dreht sich aber noch einmal um.

SS-FÜHRER *auf Deutsch* Eins muss ich euch noch sagen *Er zeigt auf einen Punkt in der Ferne des Lagers.*

SS-FÜHRER *auf Deutsch* Dort hinten werdet ihr arbeiten ... wie das Lager organisiert ist, werdet ihr schnell begreifen.

Der SS-Führer geht zum Ausgang.

GUIDO Entschuldigt, wenn ich so schnell verschwinde, aber wie gesagt, ich spiele gerade Verstecken, ich muss jetzt weg, sonst werde ich angeschlagen!

Der SS-Führer geht hinaus, gefolgt von den beiden Soldaten, die die Tür schließen.

(1998)

1. Lesen Sie den Drehbuchauszug mit verteilten Rollen. Welche Wirkung erzeugt er bei Ihnen?

2. Mit welchen Mitteln wird diese Wirkung erzeugt? Sie können hierfür u. a. folgende Aspekte in Gruppen untersuchen:
   - Analysieren Sie die Sprache des Auszuges.
   - Stellen Sie die Lagerregeln des SS-Führers den Spielregeln Guidos gegenüber.
   - Vergleichen Sie die Gestik des SS-Führers mit der entsprechenden Umsetzung durch Guido.
   - Beschreiben Sie das Aussehen des SS-Führers auf dem Standbild und vergleichen Sie es mit der Wirkung, die von dem Aufseher durch die Äußerungen Guidos entsteht.
   - Untersuchen Sie den Aufbau des Drehbuchauszugs. Lässt sich in den Äußerungen der beiden Figuren eine Entwicklung beobachten?
3. Warum hat sich Guido freiwillig als Übersetzer gemeldet? Formulieren Sie seine Gedanken, nachdem die Aufseher den Raum wieder verlassen haben, in Form eines inneren Monologs.
4. Was halten Sie von der Art Guidos, mit der Bedrohung im Lager umzugehen?

„Lachen rettet uns“?! – Montage

1. Aus welcher Sequenz stammen die Standbilder? Ordnen Sie die Szene in den Gesamtzusammenhang des Films ein.

2. Welche Gefühle verbinden Sie mit dem Ende des Films?

3. Bei Filmaufnahmen ist es üblich, dass die einzelnen Einstellungen nicht in der Reihenfolge gedreht werden, in der man sie später sieht. Die filmischen Einheiten müssen in der Regel neu angeordnet werden. Versuchen Sie, die für die einzelnen Einstellungen stehenden Standbilder in eine sinnvolle Reihenfolge zu bringen. Bild A bildet dabei den Anfangs-, Bild I den Endpunkt der Sequenz.

4. Stellen Sie die Montage Ihren Mitschülerinnen und Mitschülern vor, indem Sie Ihre Vorgehensweise genau begründen und die Handlung in Ihrer Sequenz erläutern.

Information

Die Montage

Einstellungen werden nie in der Reihenfolge gedreht, in der man sie später sieht. Sie müssen nach dem Dreh neu arrangiert werden. Diesen kreativen Vorgang des Verknüpfens von mindestens zwei Einstellungen zu einer inhaltlichen Einheit nennt man Montage. Die wohl am häufigsten verwendete Möglichkeit, unterschiedliche Einstellungen aneinanderzureihen, ist die sogenannte **„erzählende oder szenische Montage"**. Die Aufmerksamkeit der Zuschauer soll ausschließlich auf die erzählte Geschichte, die Figuren und ihre Handlungen gerichtet sein. Die Einstellungen sind daher in der Regel inhaltlich so aufeinander bezogen, dass man die Schnitte kaum wahrnimmt. Bei den Zuschauern bleibt der Eindruck einer fortlaufenden Handlung gewahrt.

Bei der filmischen Darstellung von Gesprächen wird häufig das **Schuss-Gegenschuss-Verfahren** eingesetzt. Die Zuschauer nehmen hierbei wechselweise die Blickrichtung eines der Gesprächspartner ein. Sie können so zum einen aus der Perspektive des Zuhörenden den Sprechenden sehen oder aber umgekehrt mit dem Sprechenden die Reaktion beim Zuhörenden beobachten. Bei der Darstellung eines Gesprächs wird die Blickrichtung der Rezipienten in der Regel mehrfach gewechselt. Dieses Verfahren kann die emotionale Teilnahme der Zuschauer fördern und insbesondere durch sehr rasche Schuss-Gegenschuss-Montage die Spannung steigern.

5. Aus welchen Erzählperspektiven führt die Kamera dem Zuschauer das Geschehen im Lager in dieser Sequenz vor Augen? Welche Wirkung wird mit diesen Sichtweisen erreicht?

6. Warum verwendet der Regisseur das Mittel der Montage, statt die Szene in einem Stück zu drehen? Welche Wirkung wird durch das Verknüpfen unterschiedlicher Einstellungen erreicht?

7. Durch welche weiteren filmsprachlichen Mittel wird die Wirkung der Szene darüber hinaus verdeutlicht? Sehen Sie sich hierfür die entsprechende Szene noch einmal an (Sequenz 26, 01:50:14–01:52:03).

8. Untersuchen Sie die Entwicklung Guidos im Verlauf der Handlung. Vergleichen Sie hierfür den Charakter bzw. das Verhalten der Figur im ersten und im zweiten Teil des Films. Wo gibt es Gemeinsamkeiten, wo Unterschiede?

9. „Lachen rettet uns." Bewerten Sie die Aussage Roberto Benignis vor dem Hintergrund des Films.

10. Kann man am Ende des Films von einem „Happy End" sprechen? Begründen Sie Ihre Auffassung.

11. Halten Sie den Titel des Films „Das Leben ist schön" abschließend für gelungen? Geben Sie auch hier eine Begründung.

3 Banalisierung des Grauens? – Der Spielfilm im Spiegel der Rezension

Bettina Koch

„Das Leben ist schön“ – Holocaust-Film und Komödie

Der italienische Starkomiker Roberto Benigni weitet die Grenzen des Humors ins Konzentrationslager aus. Die Tragikomödie beginnt als romantisches Märchen. Guido, gerade vom Land in die Stadt Arezzo gekommen, um einen Buchladen zu eröffnen, verliebt sich in die Lehrerin Dora. Um sie zu treffen, gibt er sich als Schulinspektor aus und führt bei dieser Gelegenheit die Rassentheorie an sich selbst ad absurdum[1]: „Seht nur dieses überlegene arische Bein mit etruskischen Fesseln und römischer Wade!“, ruft er den Kindern zu und präsentiert als Krönung der Schöpfung seinen Bauchnabel. Mit immer neuen slapstickhaften Einfällen bezaubert er seine Angebetete (gespielt von Nicoletta Braschi, Benignis Ehefrau). Er rollt ihr die roten Stoffballen des Tuchhändlers aus, damit sie trockenen Fußes nach Hause gelangt, und entführt seine „principessa“ hoch zu Ross von der Verlobungsfeier mit einem fetten Faschisten. Er zaubert hundert Lächeln in die Welt, in der die Kinder Benito und Adolfo heißen und das Pferd seines Onkels eines Tages mit „Jüdischer Gaul“ angepinselt im Hof steht. Dem Optimisten können die Anzeichen einer schrecklichen Zukunft nicht die Lebensfreude verderben. Als sein Schaufenster mit „Jude“ beschmiert wird, sagt er: „Wurde auch Zeit.“ Und dass es Läden gibt, die den Zutritt „für Juden und Hunde“ verbieten, erklärt er seinem kleinen Sohn Giosué so: „Jeder wie er will. Wir lassen in unseren Laden keine Spinnen und Westgoten mehr rein.“

Der sympathische, tollpatschige Clown war Roberto Benigni schon in früheren Rollen. Er ist Italiens Nationalkomiker, und so wie er am Anfang die Rolle des

Roberto Benigni bei der Oscar-Verleihung (1999)

Buchhändlers spielt, erinnert er an seine bisherigen Filmfiguren: an den Sprachstolperer in Jim Jarmuschs „Down by Law“, mit dem er auch außerhalb Italiens bekannt wurde, oder an den Busfahrer, der für einen Mafioso gehalten wird, in „Zahnstocher Johnny“. Benigni winkt Ernst Lubitsch[2], Charlie Chaplin[3] und Art Spiegelman[4], die vor ihm den Faschismus lächerlich gemacht haben, und er überschreitet deren Grenzen noch. Er trägt den Galgenhumor dorthin, wo sich damit bislang niemand hin traute: ins Konzentrationslager. Guido und der Junge werden am fünften Geburtstag des Kindes deportiert, Dora springt aus Liebe mit auf den Zug. Ab da kommt der Zuschauer aus dem Lachen nicht mehr heraus. Und aus dem Weinen auch nicht. Mit Fantasie und Witz bewahrt Guido seinen

[1] **ad absurdum führen:** jemandem die Unsinnigkeit oder Nichthaltbarkeit einer Behauptung beweisen – [2] **Ernst Lubitsch** (* 29. Januar 1892 in Berlin; † 30. November 1947 in Los Angeles, Kalifornien, USA) war ein deutsch-US-amerikanischer Filmregisseur und Schauspieler. Zu seinen bekanntesten Filmen zählt heute noch die Nazi-Parodie „Sein oder Nichtsein“ aus dem Jahre 1942. – [3] **Sir Charles Chaplin,** KBE (*Charles Spencer Chaplin Jr.*, bekannt als Charlie Chaplin; * 16. April 1889 in London; † 25. Dezember 1977 in Vevey, Schweiz), war ein britischer Regisseur, Produzent, Schauspieler, Komiker und Komponist. – [4] **Art Spiegelman** (* 15. Februar 1948 in Stockholm) ist ein US-amerikanischer Cartoonist, Comic-Autor und Schriftsteller. „Maus“ lautet der Titel eines Comics von Art Spiegelman, der in Form einer Tierfabel (Juden als Mäuse, deutsche Nazis als Katzen usw.) die Geschichte seines Vaters, eines Auschwitz-Überlebenden, und dessen Frau erzählt. Für „Maus“ erhielt Spiegelman 1992 als erster Comic-Autor den Pulitzerpreis.

Sohn vor Schaden an Leib und Seele. Er überzeugt den Kleinen, dass alles nur ein großes Spiel sei, bei dem gewinnt, wer zuerst 1000 Punkte ergattert. Der erste Preis: eine Fahrt im Panzer, Giosués Lieblingsspielzeug. „Sie wollten uns nicht mehr zulassen, ich habe es gerade noch geschafft“, flunkert er und zeigt die eingebrannte Nummer auf seinem Arm als Beweis. Es ist die 0737 – eine Verbeugung vor Charlie Chaplin, der die gleiche im „Großen Diktator“[1] trug. Grausam und rührend zugleich ist es anzusehen, wie der Vater die fantastischen Einfälle, die ihm in der ersten Hälfte des Films so spielerisch leicht gelangen, nur noch mit äußerster Anstrengung schafft. Als Giosué eines Tages nach Hause will, weil er gehört hat, dass alle verbrannt und zu Seife und Knöpfen verarbeitet werden, kann er sein entsetztes Lachen für den Sohn kaum noch umdeuten: „Das hast du geglaubt? Ich wasche mich mit Bartolomeo, dann knöpfe ich mit Francesco zu ... uups, jetzt ist mir Giorgio abgefallen ... Die wollen dich nur reinlegen, damit du aufgibst und sie den Preis gewinnen!“ Noch auf dem Weg zur Erschießung mimt er für Giosué mit parodierendem Stechschritt ein letztes Mal den Clown.

Das Wagnis, Komik und KZ zu verbinden, ist dem Regisseur, Co-Autor und Schauspieler gelungen. Nicht Guidos Lügenspiel wirkt absurd, sondern die angedeutete Wirklichkeit, die zugleich lächerlichen und gefährlichen KZ-Aufseher, das perfide Wegsehen des KZ-Arztes Dr. Lessing (eindrucksvoll gespielt von Horst Buchholz). Der Wahnwitz des Grauens knallt einem entgegen, gerade weil sich Benigni jeglichem Realismus verweigert. Der Regisseur hat für „Das Leben ist schön“ den Großen Preis der Jury in Cannes bekommen, die New York Times schlug ihn für den Oscar vor. Noch wichtiger war ihm aber die Auszeichnung beim Filmfestival in Jerusalem als bester ausländischer Film. „Jetzt“, witzelte Benigni bei der Ehrung, „bin ich ein Heiliger!“

(www.spiegel.de, 9.11.1998)

1. Was halten Sie von der vorliegenden Zeitungskritik? Formulieren Sie Ihre ersten Eindrücke.
2. Fassen Sie den Inhalt der Rezension zusammen, indem Sie den Text in Sinnabschnitte gliedern und den Inhalt der einzelnen Abschnitte mit eigenen Worten stichwortartig wiedergeben.
3. Ermitteln Sie die Aufgabe bzw. die Funktion der Aussagen in den einzelnen Sinnabschnitten und den argumentativen Gesamtaufbau des Textes.
4. Untersuchen Sie die Sprache der Filmkritik. Was fällt Ihnen dabei auf? Stellen Sie Vermutungen an, für welche Zielgruppe die Rezension verfasst wurde.
5. Bewerten Sie die Rezension des Films mithilfe der vorangegangenen Ergebnisse.
6. Verfassen Sie abschließend eine schriftliche Analyse des vorliegenden argumentativen Sachtextes.
   ➔ Einen argumentativen Sachtext analysieren, S. 568 ff.

Georg Seeßlen (geb. 1948)

Kalter Blick und kleine Hoffnung. Roberto Benignis Auschwitz-Komödie: Darf man über das Grauen ein Märchen erzählen?

[...] „La vita è bella“ erzählt einen Traum und warnt zugleich vor dem Träumen.

Roberto Benigni hat das Kunststück fertiggebracht, ein Märchen zu erzählen, in einem Film, der nie vorgibt, etwas anderes zu sein, ein Märchen in Bildern, die sich weniger aus der Rekonstruktion der Wirklichkeit als aus den vorhandenen Bildern entwickeln, aus Zitaten, Übermalungen, Stilisierungen[2], und gerade weil er nicht vorgibt, den wahren Schrecken eines Konzentrationslagers beschreiben zu können, bleibt uns ebendies auch gegenwärtig: Es war viel schlimmer, es war schlimmer, als es irgendein Mensch, irgendein Bild, irgendeine Erzählung aushalten kann. Aber noch im Märchen ist kein Platz für die Verkleinerung des Schreckens und der Schuld, und wenn auch das Böse nur als Karikatur des Bösen und das Gute nur als das geträumte Gute vorkommen kann, so ist das eine doch so wenig verharmlost wie das andere verkitscht. Eine Auflösung in Sentimentalität[3] findet ebenso wenig statt, wie es eine Hoffnung auf Sinn und Gerechtigkeit gibt.

Nein, man wird nicht versöhnt durch diesen Film, nicht beruhigt und nicht entlastet. Dass den Sanftmüti-

[1] **„Der große Diktator“** ist ein US-amerikanischer Spielfilm von Charlie Chaplin aus dem Jahr 1940 und eine Satire auf Adolf Hitler und den deutschen Nationalsozialismus. – [2] **Stilisierung:** Vereinfachung auf die Grundstrukturen – [3] **Sentimentalität:** Empfindsamkeit, Rührseligkeit

gen die Welt gehören könnte, hat Benigni in allen seinen Filmen gesagt, vorausgesetzt, sie entwickeln eine Portion Unverschämtheit. Hier retten Sanftmut und Unverschämtheit ein Kind, retten, vielleicht, eine kleine Hoffnung. Das ist sehr viel und viel zu wenig. Daher enthält der Film auch eine Selbstkritik an der Benigni-Figur, die vor unerschütterlichem Glauben an die Schönheit des Lebens blind zu werden droht. *La vita è bella* erzählt einen Traum, und er warnt uns zugleich vor dem Träumen. Er erzählt von der heilenden Kraft der barmherzigen Lüge und zugleich davon, dass sie ihren Urheber nicht retten kann. Kein cineastisches Meisterwerk ist da entstanden, keine radikale Neubestimmung des Erinnerns in Bildern, wohl aber der Beweis, dass auch in den Formen der populären[1] Kultur zu sprechen ist von dem, was uns sprachlos machen will. Das Leben ist schön. Eine geradezu ungeheuerliche Behauptung angesichts der Vernichtungslager. Und doch die einzige Wahrheit, die der Erinnerung des Ungeheuerlichen standhält, mehr noch: die sie einfordert.

(DIE ZEIT, Nr. 47, 1998)

Jan Schulz-Ojala
„Spiel ohne Grenzen. Kontra."

In Roberto Benignis „Das Leben ist schön" sehen die KZ-Häftlinge alle irgendwie schön aus: die Männer wie eine Fußballmannschaft auf Diät, die Frauen nicht kahl rasiert, sondern mit grauen Kopftüchern überm Wallehaar, und darunter große, traurige Augen in nur wenig verhärmten Gesichtern. Die Baracken sind trockene Räume mit schön solide gezimmerten, wenn auch harten Dreistockbetten, die Verbrennungsöfen rauchen, aber nur ein bisschen, und sogar das KZ-Wetter ist schön: blauer Himmel über Kreidefelsen. Kurzum: das Wissen um die Lager, selbst das rudimentärste[2] – unkenntlich gemacht. Stattdessen fast Goethes Italien. Ein Operetten-KZ? Ja, wenn es wenigstens eins wäre, eins, das die Farcenlust[3] eines Lubitsch oder Chaplin, des Philosophen unter den Clowns, widerspiegelte! Oder will sich Benigni gar über die Lager selbst lustig machen? Das wäre immerhin politisch. Benigni hat eher ein ästhetisches[4] Problem. Er muss sein Kintopp[5]-KZ so harmlos inszenieren, weil seine humoristisch gemeinte Parabel [...] sonst nicht funktioniert. Er muss schönen, beschönigen, lügen – nur so entwickelt die One-Man-Show von der aus Vaterliebe geleugneten Wirklichkeit jenes Parfüm, das nach den Lach- die Freudentränen in die Augen treibt. Benigni ist schon ein Kunststück gelungen: Er schmäht die Opfer und nimmt sie zugleich als Geiseln für die gute Sache. Schon über „Schindlers Liste" sagten KZ-Überlebende in sanfter Doppeldeutigkeit, es sei genau so und zugleich noch viel schlimmer gewesen. Durfte Spielberg[6] diese Bilder inszenieren, wurde damals gefragt – und es war der Dokumentarfilmer Claude Lanzmann, der die Frage, ob man den Holocaust überhaupt nachstellen könnte, am entschiedensten mit „Nein" beantwortete. Spätestens seit Benignis lustig-listiger Trittbrettfahrt bin ich versucht, den lanzmannschen Fundamentalismus[7] für einzig anwendbar zu halten. Dabei inszenierte Spielberg das Lager noch aus einem im Ansatz dokumentarischen Impetus[8]. Benigni dagegen benutzt die Bildwelt des KZ nur als Kontrastmittel für eine Story, die es sich zunächst in der Klamotte zum Erbrechen bequem macht, um dann die Pointen allenfalls ein wenig vorsichtiger zu setzen. Fast heuchlerisch wirkt diese Pietät[9], nachdem erst einmal die Schändung vollzogen ist. Aber stört das den erfolgsverwöhnten Clown Benigni nicht, wenn nur der Beifall groß genug bleibt – von der richtigen und von der falschen Seite? [...] „Zug des Lebens" heißt ein wunderbarer Film des Rumänen Radu Mihăileanu[10], der dieses Jahr in Venedig vorgestellt wurde und hoffentlich bald auch in unsere Kinos kommt. Fast ein subtiler Gegenentwurf zu Benigni, erzählt er in schönster Lubitsch-Tradition, wie sich die Bewohner eines osteuropäischen Schtetl selbst in einem Güterzug deportieren. [...] Die Schärfe des Humors und das tiefe Wissen darum, wann der Spaß aufhört – eine Gabe des Juden Mihăileanu, die dem Nichtjuden Benigni abgeht? Der Rest ist der Albtraum dieses Jahrhunderts. Auch wenn wir uns manchmal nicht zu erinnern meinen: Wir träumen ihn alle.

(Tagesspiegel, 12.11.1998)

[1] **populär:** allgemein verständlich, allgemein bekannt, beliebt – [2] **rudimentär:** nicht voll ausgebildet, verkümmert – [3] **Farce:** derb-komisches Lustspiel – [4] **ästhetisch:** stilvoll, schön, geschmackvoll, ansprechend, hier: künstlerisch – [5] **Kintopp:** Kino – [6] **Steven Allan Spielberg** (*18. Dezember 1946 in Cincinnati, Ohio) ist ein US-amerikanischer Regisseur, Produzent und Drehbuchautor. In seinem Film „Schindlers Liste" aus dem Jahre 1993 setzte sich Spielberg erstmals offen mit seiner jüdischen Identität und der Judenverfolgung in Europa auseinander. – [7] **Fundamentalismus:** geistige Haltung, die durch kompromissloses Festhalten an Grundsätzen gekennzeichnet ist – [8] **Impetus:** innerer Antrieb – [9] **Pietät:** Ehrfurcht, Achtung, Rücksichtnahme – [10] **Radu Mihăileanu** (*23. April 1958 in Bukarest) ist ein rumänisch-französischer Filmregisseur.

1. Ergänzen Sie die Argumente der Kritikerin Bettina Koch durch die Kritikpunkte der beiden folgenden Autoren und stellen Sie die positiven und kritischen Einschätzungen des Films in einer Pro-und-Kontra-Übersicht gegenüber.
2. Welche Argumentationstypen (Autoritäts- oder Faktenargument, normatives Argument ...) wählen die beiden Autoren? Bewerten Sie die Überzeugungskraft der verschiedenen Argumente der Kritiker vor dem Hintergrund Ihrer vorangegangenen Analyse des Films. Welche der Rezensionen halten Sie für besonders gelungen, welche weniger?
3. Wählen Sie eine der beiden Rezensionen von Seeßlen und Schulz-Ojala aus und verfassen Sie eine textgebundene Erörterung.
   ➔ Die textgebundene Erörterung/Die Erörterung im Anschluss an die Bearbeitung eines Sachtextes, s. S. 574 ff.
4. Verfassen Sie abschließend mithilfe des folgenden Info-Kastens eine eigene Rezension zu dem Film „Das Leben ist schön“ von Roberto Benigni.

Information

Eine Rezension zu einem Film verfassen

Eine gute Rezension sollte ...
- als Empfehlung bzw. Entscheidungshilfe für den Zuschauer dienen,
- den Namen des Regisseurs, den Titel des Films, das Erscheinungsland sowie das Erscheinungsjahr nennen,
- durch einen originellen Einstieg zum Weiterlesen der Kritik anregen,
- eine knappe Inhaltsangabe der wichtigsten Handlungsschritte des Films beinhalten, ohne das Ende zu verraten,
- die Besonderheiten des Films anschaulich beschreiben (z. B. Thema oder Handlung des Films, Aufbereitung der Handlung, Schauspieler, Filmmusik und weitere auffällige filmsprachliche Mittel, Stimmung des Films, Zielpublikum, weitere Kritikermeinungen usw.),
- die möglichen Absichten des Regisseurs darstellen,
- eine positive, negative oder ausgeglichene „Beurteilung“ bzw. „Bewertung“ darstellen.

Weiterführende Literatur- und Filmtipps

Wenn Sie sich weiter mit der Thematik „Holocaust“ oder den Filmen Roberto Benignis beschäftigen möchten, finden Sie hier zusätzliche Literatur- und Filmtipps:

Bücher:
- Jurek Becker: Jakob der Lügner, Suhrkamp Verlag
- Edgar Hilsenrath: Der Nazi und der Friseur, dtv
- Rudolf Höß: Kommandant in Auschwitz, dtv
- Art Spiegelman: Maus, Fischer Taschenbuch
- Imre Kertész: Roman eines Schicksallosen, Rowohlt Taschenbuch
- Victor Klemperer: Das Tagebuch 1933–1945. Eine Auswahl für junge Leser, Aufbau Taschenbuch

Filme:
- „Schindlers Liste“ von Steven Spielberg, USA 2004
- „Der Zug des Lebens“ von Radu Mihăileanu, Frankreich 1998
- „Tiger im Schnee“ von Roberto Benigni, Italien 2005
- „Mein Führer“ von Dani Levy, Deutschland 2006
- „Der Pianist“ von Roman Polanski, Frankreich, Großbritannien, Deutschland, Polen 2002
- „Jakob der Lügner“ von Peter Kassovitz, USA 1999

Methoden und mehr ...

In diesem abschließenden Teil finden Sie Material, um zentrale methodische Fähigkeiten, die Ihnen bereits aus den letzten Schuljahren bekannt sind, zu wiederholen und individuell zu üben.
Ihnen werden noch einmal wichtige Methoden gezeigt, die Ihnen beim Anfertigen von Hausaufgaben oder bei der Vorbereitung auf Klausuren helfen sollen. Auch bei der Erarbeitung einzelner Kapitel während des Unterrichts können Sie hier immer wieder nachschlagen. An vielen Stellen wird im Buch auf diesen Schlussteil verwiesen (z. B. ➔ Erzähltexte miteinander vergleichen, s. S. 554 ff.).

Im Einzelnen geht es um folgende Kompetenzen:

- Den Inhalt eines literarischen Textes zusammenfassen
- Literarische Texte analysieren bzw. interpretieren – Ein Überblick
- Einen Erzähltext analysieren
- Die Technik des Erzählens
- Ein Gedicht analysieren
- Eine Dramenszene analysieren
- Möglichkeiten der Inszenierung literarischer Texte – Ein Überblick
- Methoden des Textvergleichs – Ein Überblick
- Erzähltexte miteinander vergleichen
- Gedichte miteinander vergleichen
- Einen Film/eine Filmszene/ein Standbild analysieren – Ein Überblick
- Den Inhalt eines Sachtextes zusammenfassen
- Einen argumentativen Sachtext analysieren

- Einen informierenden Text mithilfe von Materialien verfassen
- Die textgebundene Erörterung
- Argumentieren – Erörtern – Ein Überblick
- Eine Rede analysieren
- Rhetorische Figuren – Ein Überblick
- Richtig zitieren
- Einen Essay schreiben
- Sich bewerben
- Eine Facharbeit verfassen
- Einen Text überarbeiten
- Arbeitsergebnisse präsentieren
- Zuhören und Informationen verarbeiten – Protokollieren

- Das Lernportfolio (hintere Buchklappe)
- Die Abiturprüfung
- Übersicht über die Operatoren im Deutschunterricht (vordere Buchklappe)

Die einzelnen Kapitel sind so gestaltet, dass Sie zunächst das allgemeine Grundlagenwissen nachlesen können.

Einen Erzähltext analysieren

Das müssen Sie wissen

Bei der **Analyse eines Erzähltextes** geht es darum, einen kürzeren oder längeren Erzähltext, ggf. einen Textauszug, genau zu beschreiben und zu deuten und dabei u. a. die besonderen Merkmale von Erzähltexten deutlich zu machen.

Einleitung	Die Einleitung enthält zentrale Angaben zum Text (Titel, Verfasser, Erscheinungs-/Entstehungsjahr, Textsorte/Gattung) sowie einen Hinweis auf die Entstehungszeit des Textes. Abschließend nennen Sie das Thema, d. h. die zentrale Problematik oder Fragestellung des Textes. Achten Sie darauf, dass Sie zwischen Inhalt und Thema des Textes unterscheiden.
Hauptteil	Sie beginnen den Hauptteil mit einer kurzen Inhaltsangabe des zu untersuchenden Textes. Wenn es sich um einen Textauszug (z. B. aus einem Roman) handelt, sollten Sie

Anhand eines konkreten Beispiels können Sie dann noch einmal die Methode üben, wenn Sie sich noch unsicher fühlen. Konkrete Hilfestellung erhalten Sie unter der Überschrift „So können Sie vorgehen“.

Ein Beispiel

Wolfgang Borchert (1921 – 1947)

Die drei dunklen Könige

Er tappte durch die dunkle Vorstadt. Die Häuser standen abgebrochen gegen den Himmel. Der Mond fehlte und das Pflaster war erschrocken über den späten Schritt. Dann fand er eine alte Planke. Da trat er mit dem Fuß gegen, bis eine Latte morsch aufseufzte und losbrach. Das Holz roch mürbe und süß. Durch die dunkle Vorstadt tappte er zurück. Sterne waren nicht da.

► **Aufgabenstellung**
Analysieren Sie die Kurzgeschichte „Die drei dunklen Könige“ (1946) von Wolfgang Borchert (1921 – 1947).

So können Sie vorgehen

1. Lesen Sie den Text ein erstes Mal und halten Sie Ihre Erstleseeindrücke auf einem Notizzettel fest; Sie können dabei auch für die Analyse wichtige Fragen notieren. Im Falle des obigen Textes könnten dies z. B. folgende Fragen sein:

Außerdem erhalten Sie in diesem Teil umfassendes Übungsmaterial aus den Bereichen Grammatik, Rechtschreibung und Zeichensetzung. Wählen Sie die Schwerpunkte zum individuellen Üben aus, die Ihnen noch Probleme bereiten. Damit Sie kontrollieren können, ob Ihnen die Aufgaben gelungen sind, finden Sie die Lösungen im Internet unter www.schoeningh-schulbuch.de/PAUL-D-Oberstufe-Loesungen.

Das Komma bei Einschüben und nachgestellten Erläuterungen

Regel

1. Einschübe und an das Satzende angehängte Erläuterungen werden durch Komma abgetrennt und dadurch besonders hervorgehoben. Einschübe und Nachträge lassen sich in der Regel aus einem Satz heraushören, weil sie durch Sprechpausen verdeutlicht werden.

   Beispiel: Schiller, **einer der bedeutendsten deutschen Dichter**, starb 1805 in Weimar.
   Bertolt Brecht, **1998 in Augsburg geboren**, hat eine eigene Theaterform entwickelt, **und zwar das sogenannte epische Theater**.

- Das ______ wird verwendet, wenn ein vergangenes Geschehen vor einem ebenfalls vergangenen Geschehen abgelaufen ist.
- Das ______ bezeichnet vor allem etwas, das in der Gegenwart abläuft oder jederzeit gültig ist.

Abschließend finden Sie noch ein „Kleines Lexikon des Literaturunterrichts“. Hier können Sie nachschlagen, wenn Ihnen bei der Beschäftigung mit literarischen Texten, aber auch mit Sachtexten Begriffe unklar sind.

Kadenz (Lyrik). Das Wort „Kadenz“ bezeichnet die Form des Versendes. Schließt ein Vers mit einer unbetonten Silbe, spricht man von einer klingenden Kadenz. Endet er auf einer betonten Silbe, handelt es sich um eine stumpfe Kadenz.
„Zwei Ségel erhéllend (klingend)
Die tíefblaue Búcht! (stumpf)
Zwei Ségel sich schwéllend (klingend)
Zu rúhiger Flúcht!“ (stumpf) *(Conrad Ferdinand Meyer)*

1 Texte planen, schreiben und überarbeiten

Den Inhalt eines literarischen Textes zusammenfassen

Das müssen Sie wissen

Mit der schriftlichen Inhaltsangabe eines literarischen Textes wird ein Leser über wichtige Zusammenhänge im Hinblick auf die Thematik, die Handlungsabfolge sowie Personen, Ort und Zeit in knapper, präziser Form informiert.
Ist die Inhaltsangabe einleitender Bestandteil einer Analyse, beschränkt sie sich in der Regel auf die Wiedergabe eines kurzen Handlungsüberblicks und eine Aussage über das im Text angesprochene Thema.

Die eigenständige Inhaltsangabe kann folgendermaßen gegliedert werden:

Einleitung	Neben der Nennung von Autor, Titel und Textsorte gibt die Einleitung einen kurzen Handlungsüberblick, in dem auch schon der Ausgang der Erzählung enthalten ist. Darüber hinaus sollte die Einleitung eine kurze Aussage über das im literarischen Text angesprochene Thema bzw. Problem machen. (Ist die Inhaltsangabe Bestandteil einer Analyse, so reichen die Angaben bis hierher aus.)
Hauptteil	Im Hauptteil werden die wichtigsten Geschehnisse mit eigenen Worten wiedergegeben (Personen, Zeit und Ort der Handlung, wichtige Handlungsschritte). Auf die Darstellung von Einzelheiten wird verzichtet. Damit die innere Logik der Handlung in ihrem ursächlichen Zusammenhang deutlich wird, sollte man die Sätze kausal verknüpfen (z. B.: Er verlässt die Stadt, **weil** er ... Das Unglück führt dazu, **dass** ...). Den zeitlichen Zusammenhang macht man durch eine chronologische Wiedergabe deutlich, auch wenn der literarische Text (z. B. durch Rückblenden oder Zeitsprünge) davon abweicht. Dazu benutzt man am besten temporale Verknüpfungen (z. B.: **Daraufhin** folgt ein ... **Anschließend** macht sie ...). In vielen modernen Erzählungen ist die äußere Handlung sehr begrenzt. Dann ist es die Aufgabe der Inhaltsangabe, die innere Handlung (also das, was sich im Bewusstsein der in der Erzählung vorkommenden Personen abspielt) kurz darzustellen.
Schluss	Die Inhaltsangabe besitzt keinen eigentlichen Schluss. Am Ende kann man aber eine knappe Zusammenfassung der Aussage der Erzählung geben.
Sprache	Die Sprache der Inhaltsangabe ist bestimmt durch ihre informierende Absicht: Sie ist sachlich und nüchtern. Die direkte/wörtliche Rede wird durch die indirekte Rede (Modus: Konjunktiv I) oder eine Umschreibung ersetzt. Als Tempus nimmt man das Präsens, bei Vorzeitigkeit das Perfekt.
Arbeitsschritte	1. Erstmaliges Lesen des literarischen Textes, um einen Überblick zu gewinnen, evtl. erste Leseeindrücke festhalten 2. Zweites, gründlicheres Lesen, um ein vollständiges Textverständnis zu bekommen; Markieren wichtiger Textstellen, Festhalten des Themas

3. Erschließen des inhaltlichen Aufbaus, Gliederung des Textes in Sinnabschnitte
4. Knappe Wiedergabe der Sinnabschnitte mit eigenen Worten
5. Herstellen der richtigen chronologischen Reihenfolge und der inneren Logik des Textes
6. Formulierung einer angemessenen Einleitung und des Hauptteils
7. Evtl. Formulierung vertiefender Gedanken zur Thematik des Textes und zur Aussage

Ein Beispiel

Nils Mohl (geb. 1971)
Tanzen gehen

Den Text finden Sie im Kapitel „‚Kannst du mich verstehen?' – Im Labyrinth der Kommunikation" auf S. 48 ff.

▶ **Aufgabenstellung**
Geben Sie den Inhalt des Textes „Tanzen gehen" von Nils Mohl wieder.

So können Sie vorgehen

1. Lesen Sie den Text zunächst durch, um einen ersten Überblick zu gewinnen, und halten Sie erste Leseeindrücke schriftlich fest.

2. Lesen Sie den Text ein zweites Mal besonders gründlich, um ein vollständiges Textverständnis zu bekommen.
Markieren Sie wichtige Textstellen und halten Sie das Thema des Textes in Stichworten fest. Für die Kurzgeschichte „Tanzen gehen" könnte das z. B. so aussehen:
- Störungen in der Kommunikation eines älteren Ehepaares
- Unfähigkeit des Mannes, seine Gefühle und Ängste mitzuteilen
- „Tanzen gehen" (Titel der Erzählung) als Wunsch, aus der Alltagsroutine auszubrechen und die Angst vor Krankheit und Alter abzuschütteln
- der kurze (unbeholfene) Tanz als Möglichkeit, die ersehnte Unbefangenheit der Jugend kurzzeitig zurückzugewinnen
- Verständnis der Frau für die Verzweiflung ihres Mannes

3. Erschließen Sie den inhaltlichen Aufbau des Textes, indem Sie ihn in Sinnabschnitte gliedern und diese jeweils mit eigenen Worten wiedergeben.

Sinnabschnitt	Zeile	Inhalt
I	Z. 1–28	Gus Bloch, ein etwa 60 Jahre alter Mann, betrachtet im Spiegel des Badezimmers seine Narbe zwischen Schlüsselbein und Brustwarze, die wohl von einer größeren Operation stammt. Anschließend betätigt er die Klospülung, damit seine Frau keinen Verdacht schöpft, und kehrt ins Wohnzimmer zurück.
II	Z. 29–75	Seine Frau Ella sitzt am Wohnzimmertisch und liest in der Zeitung die Hochzeits-, Geburts- und Todesanzeigen. Auch Gus blickt in die Zeitung, liest aber nicht, sondern hängt seinen Gedanken nach. Er möchte offensichtlich mit Ella sprechen, geht dann aber unschlüssig im Zimmer umher und schaut sich nachdenklich ein Foto an, das ihn als jungen Mann im Alter von 30 Jahren zeigt.

Sinnabschnitt	Zeile	Inhalt
III	Z. 76–121	Ganz unvermittelt macht er den Vorschlag, tanzen zu gehen. Seine Frau reagiert zunächst ironisch abweisend und auch Gus meint, es sei eine alberne Idee gewesen.
IV	Z. 122–149	Ella ermuntert ihren Mann dann aber, Musik aufzulegen, und den beiden gelingt es, tanzend und lachend ihre Sorgen für einen Moment zu vergessen.
V	Z. 150–169	Als sie sich zärtlich berühren, möchte Gus seiner Frau etwas mitteilen, doch es gelingt ihm nicht und er zieht sich wieder in seine alte Verschlossenheit zurück. Während seine Frau bereits in der Küche ist, berührt er noch einmal nachdenklich seine Narbe und lässt dann resigniert seine Hand sinken.

4. Formulieren Sie eine Einleitung und mithilfe Ihrer Abschnittszusammenfassungen einen zusammenhängenden Hauptteil (siehe nachfolgende Lösung).

5. Zum Schluss können Sie noch vertiefende Gedanken zur Thematik des Textes und zur Aussage formulieren.

Eine mögliche Lösung

Einleitung	Die Kurzgeschichte „Tanzen gehen“ aus dem Jahr 2006 von Nils Mohl erzählt von einem etwa 60 Jahre alten Mann, der nach einer Operation Angst vor dem Altwerden und dem Sterben verspürt. Es gelingt ihm aber nicht, diese Ängste seiner Frau offen mitzuteilen. Nach einem kurzen Moment der Unbefangenheit und Ausgelassenheit beim Tanzen verschließt sich der Mann wieder und zieht sich in sich selbst zurück.	*Textsorte, Titel, Autor* *Thema* *kurzer Handlungsüberblick* *Ausgang der Erzählung*
Hauptteil ***I. Textabschnitt***	Gus Bloch, ein etwa 60 Jahre alter Mann, betrachtet im Spiegel seines Badezimmers nachdenklich eine große Narbe, die möglicherweise von einer Herzoperation stammt. Weil er nicht möchte, dass seine Frau Ella davon etwas mitbekommt, betätigt er die Klospülung, bevor er zu ihr ins Wohnzimmer zurückkehrt.	*kausale Verknüpfung* *temporale Verknüpfung*
II. Textabschnitt	Ella liest gerade in der Zeitung und beschäftigt sich vor allem mit den Todesanzeigen. Auch Gus blickt anschließend in die Zeitung, liest aber nicht, sondern hängt seinen Gedanken nach und schaut sich dann in einem Regal Fotos an, darunter auch ein Bild, das ihn als Mann von knapp dreißig Jahren zeigt.	*temporale Verknüpfung*
III. Textabschnitt	Daraufhin wendet er sich seiner Frau zu und ...	*temporale Verknüpfung*
IV. Textabschnitt	...	
Schluss	...	*Vertiefung der Thematik/ Aussage*

▶ *Schreiben Sie den Hauptteil zu Ende und formulieren Sie einen angemessenen Schluss.*

Literarische Texte analysieren bzw. interpretieren – Ein Überblick

Das müssen Sie wissen

Die Begriffe „Analyse“ und „Interpretation“ werden manchmal unterschiedlich verwendet. In jedem Fall geht es darum, einen literarischen Text, gegebenenfalls auch einen Textauszug, genau zu **beschreiben** und zu **deuten**. Lautet die Aufgabe lediglich **„Analysieren Sie ...“**, ist damit sowohl die **Beschreibung** (Inhalt, Aufbau, sprachliche Gestaltung) als auch die **Deutung** (Bedeutung des Aufbaus und der sprachlichen Besonderheiten, Gesamtdeutung, Einordnung in einen literaturhistorischen Kontext ...) gemeint.
Lautet die Aufgabenstellung nur **„Interpretieren Sie ...“**, ist ebenfalls die Beschreibung und Deutung gemeint.
Die Aufgabenstellung kann jedoch auch lauten: **„Analysieren und interpretieren Sie ...“**. In diesem Fall ist mit dem Begriff der „Analyse“ die Beschreibung gemeint, der Begriff der „Interpretation“ umfasst dann die Deutung.
Bei der Analyse eines literarischen Textes unterscheidet man zwei grundlegende Methoden: die **Linearanalyse** und die **aspektgeleitete Analyse**.
Bei der **Linearanalyse** werden die einzelnen Abschnitte des Aufgabentexts systematisch, das heißt ihrer Reihenfolge nach, analysiert. Dies führt in der Regel zu genauen und detaillierten Ergebnissen. Allerdings besteht dabei die Gefahr, dass zu kleinschrittig gearbeitet wird und die übergeordneten Deutungsaspekte aus dem Blick geraten.
In der **aspektgeleiteten Analyse** werden diese Deutungsschwerpunkte von vornherein festgelegt. Daraus ergibt sich in der Regel eine sehr problemorientierte und zielgerichtete Vorgehensweise. Dabei werden die Deutungsaspekte, die nicht im Fokus des Interesses stehen, vernachlässigt.

Aufbauschema:

1. Einleitung:
- Basissatz: Autor; Titel; Textsorte; Erscheinungsjahr des Werks, aus dem der Text stammt
- Ort, Zeit und Personen, Handlungsüberblick, Thema
- kurze Inhaltsangabe

↓

2. Festlegung der Analysemethode:

↙ *Linearanalyse* | *aspektgeleitete Analyse* ↘

Linearanalyse:

3. Aufbau des Textes:
- Auflistung der Textabschnitte/Textgliederung

↓

4. Beschreibung und Deutung der unter 3. angegebenen Textabschnitte:
- Aussagen zum Inhalt des Abschnitts
- Aussagen zur Deutung
- Einbezug der sprachlichen Gestaltung
- Überleitung zum nächsten Textabschnitt

aspektgeleitete Analyse:

3. Untersuchungsschwerpunkte:
- Auflistung der ausgewählten Untersuchungsaspekte

↓

4. Beschreibung und Deutung der unter 3. angegebenen Aspekte:
- Benennen des jeweiligen Aspekts
- Aussagen zur Deutung
- Einbezug der sprachlichen Gestaltung
- Überleitung zum nächsten Untersuchungsaspekt

↘ ↙

5. Schluss:
- Zusammenfassung der Ergebnisse
- Einordnung in einen größeren Deutungszusammenhang
- Bewertung

Einen Erzähltext analysieren

Das müssen Sie wissen

Bei der **Analyse eines Erzähltextes** geht es darum, einen kürzeren oder längeren Erzähltext, ggf. einen Textauszug, genau zu beschreiben und zu deuten und dabei u. a. die besonderen Merkmale von Erzähltexten deutlich zu machen.

Einleitung	Die Einleitung enthält zentrale Angaben zum Text (Titel, Verfasser, Erscheinungs-/Entstehungsjahr, Textsorte/Gattung) sowie einen Hinweis auf die Entstehungszeit des Textes. Abschließend nennen Sie das Thema, d. h. die zentrale Problematik oder Fragestellung des Textes. Achten Sie darauf, dass Sie zwischen Inhalt und Thema des Textes unterscheiden.
Hauptteil	Sie beginnen den Hauptteil mit einer kurzen Inhaltsangabe des zu untersuchenden Textes. Wenn es sich um einen Textauszug (z. B. aus einem Roman) handelt, sollten Sie den Auszug außerdem in den Zusammenhang des Gesamttextes einordnen (z. B. Handlungsverlauf, Entwicklung der Figuren und der Thematik). Anschließend stellen Sie die Ergebnisse Ihrer Untersuchung dar; dabei können Sie **linear** den Text, ausgehend von einer Gliederung (Sinnabschnitte), Abschnitt für Abschnitt durchgehen oder ihn jeweils auf bestimmte Aspekte hin untersuchen (**aspektorientiertes Vorgehen**). Sie müssen entscheiden, welche Aspekte des Ihnen vorliegenden Textes sich sinnvoll untersuchen lassen. Möglicherweise enthält aber bereits die Aufgabenstellung die zu untersuchenden Aspekte. Als Untersuchungsgesichtspunkte kommen z. B. infrage: • **Thema:** Ausgestaltung/Entwicklung des zentralen Themas/Problems • **Aufbau der Handlung:** Abschnitte/Verlauf der Handlung, Bedeutung von Anfang und Ende, Spannungsbogen, Haupt- und Nebenhandlung • **Figuren:** Unterscheidung von Haupt- und Nebenfiguren sowie deren Charakterisierung und Entwicklung, Beziehungen zwischen den Figuren, Bedeutung des kommunikativen Verhaltens der Figuren • **Ort und Zeit der Handlung:** Beschreibung des Handlungsortes, Gestaltung der Atmosphäre, evtl. symbolische Bedeutung des Handlungsortes, (historische) Zeit der Handlung, Zeitstruktur • **Sprache:** z. B. Auffälligkeiten in Wortwahl und Satzbau, rhetorische Mittel, Bildhaftigkeit, Stilebene; sprachliche Besonderheiten genau beschreiben und hinsichtlich ihrer Funktion deuten • **Erzähltechnik:** z. B. Erzählform, Erzählerstandort, Erzählverhalten • **Textsorte/Gattung:** Benennung und Bestimmung der Textsorte/Gattung anhand der Textsortenmerkmale • **Titel:** Deutung des Titels, Zusammenhang zwischen Titel und Erzähltem Wichtig ist, dass inhaltliche und formale Merkmale in der Analyse miteinander verbunden werden.
Schluss	Im Schlussteil geben Sie die zentralen Ergebnisse Ihrer Analyse kurz wieder und leiten daraus eine zusammenfassende Deutung des Textes ab. Dabei sollten Sie erläutern, welche Wirkungs- und Aussageabsichten der Text für Sie hat. Anschließend können Sie den Text in einer persönlichen Stellungnahme unter verschiedenen Gesichtspunkten beurteilen (z. B. Wirkung des erzählten Geschehens oder des Verhaltens der Figuren

	auf den Leser, Bedeutung und Behandlung des Themas, sprachliche/literarische Qualität, Bedeutung des Textes und seines Themas für die Entstehungszeit/für den heutigen Leser).
Sprache	Die Sprache der Textanalyse ist bestimmt durch ihre informierende Absicht; sie ist sachlich. Achten Sie darauf, dass Sie die eingeführten Fachbegriffe benutzen (z. B. zur Sprachanalyse und zur Erzähltechnik). Als Zeitform wählen Sie das Präsens.
Arbeitsschritte	1. Erstmaliges Lesen des Textes, Erstleseeindrücke/Fragen festhalten 2. Zweites (ggf. drittes) gründliches Lesen, um ein vertieftes Textverständnis zu erlangen, evtl. Zusatzinformationen suchen 3. Arbeit am Text, dabei Unterstreichungen im Text und Randbemerkungen machen 4. Ergebnisse der Textarbeit in Stichworten festhalten, diese ggf. mit Textverweisen/Textbelegen versehen 5. Aus den Stichworten einen Schreibplan bzw. eine Gliederung erstellen, Entscheidung für lineares oder aspektorientiertes Vorgehen 6. Formulierung der einzelnen Teile der Textanalyse; im Hauptteil darauf achten, die eigenen Aussagen und Deutungen durch Textverweise und Zitate zu belegen 7. Erneutes Lesen der eigenen Textanalyse, ggf. Überarbeitung

Ein Beispiel

Wolfgang Borchert (1921–1947)

Die drei dunklen Könige

Der deutsche Schriftsteller Wolfgang Borchert verarbeitete in seinen Kurzgeschichten, Gedichten und einem Theaterstück, die alle im Wesentlichen von 1945–1947 entstanden, die Lebenssituationen und Erfahrungen der Menschen in der Zeit während und unmittelbar nach dem Ende des Zweiten Weltkriegs.

Er tappte durch die dunkle Vorstadt. Die Häuser standen abgebrochen gegen den Himmel. Der Mond fehlte und das Pflaster war erschrocken über den späten Schritt. Dann fand er eine alte Planke. Da trat er mit dem Fuß gegen, bis eine Latte morsch aufseufzte und losbrach. Das Holz roch mürbe und süß. Durch die dunkle Vorstadt tappte er zurück. Sterne waren nicht da.

Als er die Tür aufmachte (sie weinte dabei, die Tür), sahen ihm die blassblauen Augen seiner Frau entgegen. Sie kamen aus einem müden Gesicht. Ihr Atem hing weiß im Zimmer, so kalt war es. Er beugte sein knochiges Knie und brach das Holz. Das Holz seufzte. Dann roch es mürbe und süß ringsum. Er hielt sich ein Stück davon unter die Nase. Riecht beinahe wie Kuchen, lachte er leise. Nicht, sagten die Augen der Frau, nicht lachen. Er schläft.

Der Mann legt das süße mürbe Holz in den kleinen Blechofen. Da glomm es auf und warf eine Handvoll warmes Licht durch das Zimmer. Die fiel hell auf ein winziges rundes Gesicht und blieb einen Augenblick. Das Gesicht war erst eine Stunde alt, aber es hatte schon alles, was dazugehört: Ohren, Nase, Mund und Augen. Die Augen mussten groß sein, das konnte man sehen, obgleich sie zu waren. Aber der Mund war offen und es pustete leise daraus. Nase und Ohren waren rot. Er lebt, dachte die Mutter. Und das kleine Gesicht schlief.

Da sind noch Haferflocken, sagte der Mann. Ja, antwortete die Frau, das ist gut. Es ist kalt. Der Mann nahm noch von dem süßen weichen Holz. Nun hat sie ihr Kind gekriegt und muss frieren, dachte er. Aber er hatte keinen, dem er dafür die Fäuste ins Gesicht schlagen konnte. Als er die Ofentür aufmachte, fiel wieder eine Handvoll Licht über das schlafende Gesicht. Die Frau sagte leise: Kuck, wie ein Heiligenschein, siehst du? Heiligenschein!, dachte er und er hatte keinen, dem er die Fäuste ins Gesicht schlagen konnte.

Dann waren welche an der Tür. Wir sahen das Licht, sagten sie, vom Fenster. Wir wollen uns zehn Minuten hinsetzen.

Aber wir haben ein Kind, sagte der Mann zu ihnen. Da sagten sie nichts weiter, aber sie kamen doch ins Zimmer, stießen Nebel aus den Nasen und hoben die Füße hoch. Wir sind ganz leise, flüsterten sie und hoben die Füße hoch. Dann fiel das Licht auf sie.

Drei waren es. In drei alten Uniformen. Einer hatte einen Pappkarton, einer einen Sack. Und der dritte hatte keine Hände. Erfroren, sagte er, und hielt die Stümpfe hoch. Dann drehte er dem Mann die Manteltasche hin. Tabak war darin und dünnes Papier. Sie drehten Zigaretten. Aber die Frau sagte: Nicht, das Kind.

Da gingen die vier vor die Tür und ihre Zigaretten waren vier Punkte in der Nacht. Der eine hatte dicke umwickelte Füße. Er nahm ein Stück Holz aus seinem Sack. Ein Esel, sagte er, ich habe sieben Monate daran geschnitzt. Für das Kind. Das sagte er und gab es dem Mann. Was ist mit den Füßen?, fragte der Mann. Wasser, sagte der Eselschnitzer, vom Hunger. Und der andere, der dritte?, fragte der Mann und befühlte im Dunkeln den Esel. Der dritte zitterte in seiner Uniform: Oh, nichts, wisperte er, das sind nur die Nerven. Man hat eben zu viel Angst gehabt. Dann traten sie die Zigaretten aus und gingen wieder hinein.

Sie hoben die Füße hoch und sahen auf das kleine schlafende Gesicht. Der Zitternde nahm aus seinem Pappkarton zwei gelbe Bonbons und sagte dazu: Für die Frau sind die.

Die Frau machte die blassen blauen Augen weit auf, als sie die drei Dunklen über das Kind gebeugt sah. Sie fürchtete sich. Aber da stemmte das Kind seine Beine gegen ihre Brust und schrie so kräftig, dass die drei Dunklen die Füße aufhoben und zur Tür schlichen. Hier nickten sie nochmal, dann stiegen sie in die Nacht hinein.

Der Mann sah ihnen nach. Sonderbare Heilige, sagte er zu seiner Frau. Dann machte er die Tür zu. Schöne Heilige sind das, brummte er und sah nach den Haferflocken. Aber er hatte kein Gesicht für seine Fäuste.

Aber das Kind hat geschrien, flüsterte die Frau, ganz stark hat es geschrien. Da sind sie gegangen. Kuck mal, wie lebendig es ist, sagte sie stolz. Das Gesicht machte den Mund auf und schrie.

Weint er?, fragte der Mann.

Nein, ich glaube, er lacht, antwortete die Frau.

Beinahe wie Kuchen, sagte der Mann und roch an dem Holz, wie Kuchen. Ganz süß. Heute ist ja auch Weihnachten, sagte die Frau.

Ja, Weihnachten, brummte er und vom Ofen her fiel eine Handvoll Licht auf das kleine schlafende Gesicht.

(1946)

▶ **Aufgabenstellung**

Analysieren Sie die Kurzgeschichte „Die drei dunklen Könige“ (1946) von Wolfgang Borchert.

Oder:

Analysieren Sie die Kurzgeschichte „Die drei dunklen Könige“ (1946) von Wolfgang Borchert vor allem im Hinblick auf die Darstellung der Figuren, die Bedeutung des Titels und die verwendete Bildhaftigkeit. Erläutern Sie, inwiefern die Kurzgeschichte der „Trümmerliteratur“ (vgl. S. 366 f.) zuzuordnen ist.

So können Sie vorgehen

1. Lesen Sie den Text ein erstes Mal und halten Sie Ihre Erstleseeindrücke auf einem Notizzettel fest; Sie können dabei auch für die Analyse wichtige Fragen notieren. Im Falle des obigen Textes könnten dies z. B. folgende Fragen sein:
   - Warum werden die Soldaten als „dunkle Könige“ bezeichnet?
   - Welche Rolle spielen Licht und Dunkelheit?
   - Warum wird immer wieder Holz erwähnt? Warum riecht es nach Kuchen?
   - Welche Bedeutung hat es, dass die Handlung Weihnachten spielt?

2. Lesen Sie den Text ein zweites Mal gründlich durch, um zu einem vertieften Verständnis zu gelangen; achten Sie dabei besonders auf die Fragen, die Sie im ersten Arbeitsschritt notiert haben. Vergleichen Sie Ihr Textverständnis nach dem zweiten Lesen mit Ihren Erstleseeindrücken. Informieren Sie sich über den Autor Wolfgang Borchert und über den Begriff „Trümmerliteratur“, der dieser Text zugeordnet werden kann (vgl. S. 366 ff.).

3. Markieren Sie wichtige Textstellen und machen Sie Randbemerkungen. Sie können auch Bezüge innerhalb des Textes deutlich machen, z. B. durch Pfeile.

4. Tragen Sie Ihre Ergebnisse in einer Stichwortsammlung zusammen; vergessen Sie nicht, Textbelege in Ihre Sammlung aufzunehmen.

5. Entscheiden Sie, ob Sie Ihre Textanalyse linear oder aspektorientiert anlegen wollen; erstellen Sie anschließend einen Schreibplan bzw. eine Gliederung. Bei diesem Text bietet sich ein aspektorientiertes Vorgehen an; die folgenden Aspekte könnten dabei sinnvoll sein: Darstellung der Familie, ihrer Situation und ihres Verhaltens, Darstellung der Soldaten, Parallelen zur Weihnachtsgeschichte, Atmosphäre und Bildhaftigkeit (z. B. Personifikationen, Lichtsymbolik: Kontrast Licht – Dunkelheit), Erzähltechnik ... Ergänzen Sie die Liste möglicher Untersuchungsgesichtspunkte.

6. Formulieren Sie mithilfe Ihrer Stichwortsammlung und Gliederung die einzelnen Teile der Textanalyse.

7. Lesen Sie Ihren Text noch einmal durch und überarbeiten Sie ihn ggf. inhaltlich und sprachlich.

Eine mögliche Lösung

Einleitung	Die Kurzgeschichte „Die drei dunklen Könige“ des deutschen Schriftstellers Wolfgang Borchert (1921–1947) entstand 1946, ein Jahr nach dem Ende des Zweiten Weltkrieges, und nimmt die Lebensumstände dieser Zeit auf. Der Text kann der sogenannten Trümmerliteratur zugeordnet werden. Die Kurzgeschichte handelt von einer Familie, die in sehr einfachen Verhältnissen lebt und Besuch bekommt von drei ehemaligen Soldaten, die das neugeborene Kind des Ehepaares beschenken und damit in einer trostlosen Situation Hoffnung geben. In diesem Sinne handelt es sich um eine moderne Form der Weihnachtsgeschichte.	*Textsorte, Titel, Autor* *Entstehungszeit* *Einordnung* *Thema, Deutungsansatz*
Hauptteil	... Die Kurzgeschichte soll aspektorientiert untersucht werden. Zentral für die Analyse ist vor allem die Darstellung der Figuren, die sich zwei Gruppen zuordnen lassen; zum einen ist dies die Familie, zum anderen lassen sich die drei Soldaten zu einer Gruppe zusammenfassen. Darüber hinaus sollen der Titel des Textes und die in ihm enthaltene Anspielung auf die Weihnachtsgeschichte sowie die vor allem durch sprachliche Bilder erzeugte Atmosphäre in den Blick genommen werden. Schließlich erscheint es sinnvoll, die Kurzgeschichte literaturgeschichtlich in die „Trümmerliteratur“ nach dem Zweiten Weltkrieg einzuordnen. Die Zahl der Figuren in dieser Kurzgeschichte ist mit sechs sehr gering; die Figuren lassen sich zwei Gruppen zuordnen, die teilweise im Gegensatz zueinander stehen, nämlich der Familie und den Soldaten. Die Familie besteht aus der Mutter, dem Vater und ihrem neugeborenen Kind. Der Vater, der vom Erzähler nur mit dem Personalpronomen „er“ bezeichnet wird,	*Inhaltsangabe* *Analysemethode: aspektorientiert* *Angabe der gewählten Aspekte* *1. Aspekt: Darstellung der Figuren* *a) Darstellung der Familie* *– Vater*

	ist zu Beginn der Handlung auf der Suche nach Brennmaterial, das sie benötigen, um angesichts der herrschenden Kälte nicht zu erfrieren. Er ist in Sorge um seine Frau und das Kind und sieht sich in der Verantwortung, für seine Familie zu sorgen. Da er das Gefühl hat, nicht ausreichend für seine Familie sorgen zu können (vgl. Z. 31–33), ist seine Stimmung von Aggression, Zorn und Verzweiflung über die Notlage geprägt. Dies macht vor allem die Aussage des Erzählers „Aber er hatte keinen, dem er dafür die Fäuste ins Gesicht schlagen konnte“ (Z. 32–34) deutlich, die zudem in leicht abgewandelter Form noch zweimal wiederholt und dadurch hervorgehoben wird (vgl. Z. 37–39 und Z. 80). Das Verhalten der Mutter ist von der Sorge um ihr Neugeborenes geprägt. Sie beschützt seinen Schlaf (vgl. Z. 16–17) und betrachtet es, wobei sie das Kind mit positiven Assoziationen verbindet (vgl. Z. 36–37). Von der Sorge ist sie erschöpft, sie öffnet die Tür mit „müdem Gesicht“ (Z. 11) und ihre Augen ... Das neugeborene Kind ist „erst eine Stunde alt“ (Z. 22), was deutlich macht, wie klein und gefährdet es ist. Während des größten Teils der Handlung schläft es, nur kurzzeitig, gegen Ende der Handlung, ...	– *Mutter* – *Neugeborenes* *b) Darstellung der Soldaten* *2. Aspekt: ...*
Schluss	Die vorliegende Kurzgeschichte thematisiert das Aufeinandertreffen der als dunkel beschriebenen Vergangenheit und Gegenwart mit der Hoffnung auf eine bessere, hellere Zukunft. Dies wird besonders durch die den Text durchziehende und strukturierende Lichtsymbolik deutlich gemacht. Dabei wird die Erwähnung von Licht fast immer mit dem Neugeborenen, also mit dem Vertreter einer zukünftigen Generation, verbunden, sodass der Text trotz der teilweise sehr düsteren Stimmung und Atmosphäre Hoffnung auf einen Neuanfang und eine bessere Zukunft gibt. Dies lässt sich mit der Entstehungszeit des Textes verbinden, da ...	*zusammenfassende Deutung der Analyseergebnisse*

▶ *Vervollständigen Sie die Textanalyse.*

Die Technik des Erzählens

Das müssen Sie wissen

Ein besonderes Kennzeichen **erzählender Texte** ist, dass in ihnen in der Regel eine **in der Zeit fortschreitende Handlung** dargestellt wird. Dies geschieht durch einen **Erzähler**, der für den Leser mehr oder weniger deutlich erkennbar ist.

Autor – Erzähler	Vom **Autor** eines Erzähltextes unterscheidet man den **Erzähler**, der als vermittelnde Instanz zwischen Autor und Leser tritt. Auch wenn der Erzähler Ähnlichkeiten mit dem Autor aufweisen kann, z. B. wenn autobiografische Erfahrungen verarbeitet werden, muss immer zwischen Autor und Erzähler **getrennt werden**.
Erzählform	Der Erzähler kann zwei Erzählformen verwenden, nämlich die **Ich-Erzählung** (der Erzähler tritt selbst in Erscheinung, spricht von sich und verwendet das Personalpronomen der 1. Person Singular) oder die **Er-/Sie-Erzählung** (der Erzähler berichtet über andere, er wählt in der Regel das Personalpronomen der 3. Person Singular). In seltenen Fällen benutzen Erzähler die **Du-Erzählform**.
Erzählperspektive und Erzählerstandort	Man unterscheidet hier die **Innen-** und die **Außensicht**. Der Erzähler kann sich auf das beschränken, was er als Betrachter von außen wahrnehmen kann (Außensicht); er kann aber auch in die Figuren hineinsehen und ihre Wahrnehmungen, Gedanken und Gefühle mitteilen – dann erzählt er aus der Innensicht der Figuren. Er vermittelt dem Leser so das Gefühl, unmittelbarer am Geschehen teilzuhaben. Der Erzähler kann konstant die Sichtweise einer Figur einnehmen, er kann aber auch zwischen den Sichtweisen verschiedener Figuren wechseln (**Multiperspektivität**). Wichtig ist auch, welchen **Standort** der Erzähler zum erzählten Geschehen einnimmt. Er kann außerhalb der von ihm erzählten Welt stehen und als an der Handlung Unbeteiligter berichten. Er erzählt dann aus großer **Distanz**, hat zumeist den Überblick über die gesamte Handlung und kennt auch deren Vorgeschichte und Fortgang; man spricht in diesem Fall von einem **olympischen** oder **allwissenden Erzähler**. Der Erzähler kann aber auch Teil der von ihm erzählten Welt sein. Er ist dann sehr **nah am Geschehen** und hat in der Regel nur eine **eingeschränkte Perspektive** auf die Figuren und die Handlung. Wie wir das Erzählte wahrnehmen, hängt ganz wesentlich davon ab, wie Erzählperspektive und Erzählerstandort gewählt werden. Diese können innerhalb eines Textes wechseln.
Erzählverhalten	Man unterscheidet zwischen auktorialem, personalem und neutralem **Erzählverhalten**. Das Erzählverhalten kann innerhalb eines Textes wechseln. • Beim **auktorialen Erzählverhalten** tritt eine Erzählerfigur deutlich hervor, die das erzählte Geschehen arrangiert und kommentiert und sich dabei auch direkt an den Leser wenden kann. Der auktoriale Erzähler weiß in der Regel mehr als die handelnden Figuren, überblickt das Geschehen, kann die Figuren direkt charakterisieren und gibt dem Leser Hinweise auf Geschehnisse, die vor der erzählten Handlung liegen oder erst später ausgeführt werden. Der Erzählerstandort ist meistens der des allwissenden Erzählers. • Beim **personalen Erzählverhalten** beschränkt sich der Erzähler auf die Sicht einer oder mehrerer Figuren. Der Leser erlebt das Geschehen sowie die Wahrnehmungen, Gedanken und Gefühle der handelnden Figur(en) scheinbar unmittelbar aus deren Sicht. Der Erzähler tritt beim personalen Erzählverhalten weitgehend hinter die Figur(en) zurück. • Beim **neutralen Erzählverhalten** wird das Geschehen vom Erzähler wie von einem unbeteiligten Beobachter dargestellt. Er wird vom Leser in der Regel nicht bemerkt und konzentriert sich auf die äußerlich wahrnehmbaren Vorgänge.

Erzählhaltung	Der Erzähler kann dem von ihm erzählten Geschehen und den von ihm dargestellten Figuren **neutral** gegenüberstehen, er kann aber auch eine **wertende Einstellung** einnehmen. Sie kann zustimmend oder ablehnend, ironisierend, satirisch, kritisch oder humorvoll sein. Diese als Erzählhaltung bezeichnete wertende Einstellung des Erzählers darf nicht als Auffassung des Autors missverstanden werden, auch wenn sich die Auffassungen des Autors in ihr spiegeln können.
Zeitstruktur	Viele erzählende Texte sind gekennzeichnet von einer **chronologischen Abfolge** der Handlungsschritte. Die chronologische Ordnung des Geschehens kann der Erzähler aber durch **Rückwendungen** und **Vorausdeutungen** durchbrechen. Die Zeitspanne, die man braucht, um einen Text zu lesen, bezeichnet man als **Erzählzeit**; die **erzählte Zeit** dagegen ist die Zeitspanne, über die sich das erzählte Geschehen erstreckt. Man unterscheidet • zeitdehnendes Erzählen (Erzählzeit größer als erzählte Zeit), • zeitdeckendes Erzählen (Erzählzeit und erzählte Zeit gleich lang), • zeitraffendes Erzählen (erzählte Zeit größer als Erzählzeit, z. B. durch Aussparungen oder Zeitsprünge).
Raum	Der Raum ist in einem erzählenden Text zunächst der **Handlungsort**, an dem sich das Geschehen zuträgt. Dieser kann zur **Charakterisierung der Figuren** oder zur Ausgestaltung der **Atmosphäre** beitragen, aber auch **symbolische Bedeutung** haben.
Darbietungsformen	Der Erzähler kann das Geschehen auf verschiedene Weise darbieten; grundlegend ist hier zu unterscheiden zwischen dem **Erzählerbericht** und der **Figurenrede**. • In seinem **Erzählerbericht** kann der Erzähler **berichten**, **beschreiben** und **kommentieren/erörtern**. Diese Passagen sind als Äußerungen des Erzählers erkennbar. • Als **Figurenrede** bezeichnet man alle Äußerungen, die erkennbar einer Figur der Handlung zugeordnet werden können; hierzu gehören auch unausgesprochene Gedanken und Empfindungen einer Figur. Die Figurenrede lässt sich auf verschiedene Weise darstellen: – Oft tritt sie als **direkte** oder **indirekte Rede** auf, z. B. wenn ein **Dialog** dargestellt wird. Solche Passagen haben fast den Charakter einer Dramenszene, man spricht deshalb auch von **szenischer Darstellung**. – Auch die Wiedergabe der Gedanken einer Figur gehört zur Figurenrede. Der Erzähler kann durch den Einsatz eines **inneren Monologs** oder der **erlebten Rede** den Eindruck großer Unmittelbarkeit erreichen und weitgehend hinter die Figuren zurücktreten. Der **innere Monolog** steht in der 1. Person Singular Präsens (meistens Indikativ) und wird ohne Anführungszeichen dargeboten. Er gibt unmittelbar die Wahrnehmungen, Empfindungen, Überlegungen und Assoziationen einer Figur wieder. Der innere Monolog kann bis zum **Bewusstseinsstrom** (stream of consciousness) gesteigert werden, in dem zusammenhängende Gedankenführung und herkömmliche Satzstruktur weitgehend aufgelöst werden können. Die **erlebte Rede** unterscheidet sich vom inneren Monolog dadurch, dass sie in der 3. Person und in der Regel im Präteritum steht.

Ein Beispiel

Jagoda Marinić (geb. 1977)
Ausgestochen

Jagoda Marinić wurde in Waiblingen geboren; sie ist eine deutsch-kroatische Schriftstellerin, Theaterautorin und Journalistin.

Er sitzt am Tisch des Cafés und erzählt mir von dieser Frau, der er begegnet ist, davon, wie glücklich er ist, dass er sie kennt. Sie scheint erschreckend bezaubernd zu sein, die Art von Frau, die ich immer beneidet habe, die ich nie um mich herum haben wollte, aus Angst, nichts mehr zu sein neben jemandem, der so viel ist. Mit jedem seiner Sätze schnürt er mir mehr und mehr die Kehle zu. Ich hebe den Blick von meinem Cappuccino zu seinen Augen, muss in ihnen sehen, wie unerreichbar sie ist, die Frau seiner Träume, und zum ersten Mal verabscheue ich die Welt seiner Träume, für das, was sie ihm an Träumen so schickt. Er rührt die Milch in seinem Kaffee um, strahlt mich an und scheint nicht die geringste Ahnung zu haben, nicht das kleinste Gespür dafür, was er mir mit seinen Erzählungen über sie, über seine Gefühle zu ihr, antut. Er denkt, es freut mich, er denkt, ich fühle mit ihm, freue mich mit ihm, aber mir tut es nur weh, dass er sie kennt und dass er sie so sieht. Sie ist so stark, so stark, wie ich nie war und gewiss auch nie sein werde, es liegt nicht in meiner Natur. Ich bin stark im Schwachsein, aber das interessiert ihn gerade, während er mir von ihr vorschwärmt, nicht im Geringsten. Nach einer Ewigkeit des Gelähmtseins frage ich mich, woher diese Frau eigentlich ihre Großherzigkeit, ihren Zauber nimmt, ob sie denn überhaupt etwas Menschliches an sich hat, frage ich mich – nicht ihn. Von ihm habe ich ja nun schon unzählige Versionen darüber gehört, wie übermenschlich er sie findet, geradezu göttlich. Wie er zu seinem nächsten Satz ausholt, packe ich meine Tasche. Ich kann mir das nicht länger anhören. Ich dachte, ich fühle mit ihm, ich dachte, wir teilen etwas miteinander, und dann erzählt er ständig nur von ihr, lässt diese Hymne an diese verdammte Person, mit der ich es ohnehin nicht aufnehmen kann, nie ausklingen. Nie. Ich hasse ihn jetzt, hasse ihn mit meinem Blick, den ich ihm zuwerfe, bevor ich aufstehe und das Café verlasse. Und weiß, er sieht ihr nun nach und versteht sie ganz plötzlich gar nicht mehr.

(2003)

▶ **Aufgabenstellung**
Analysieren Sie die vorliegende Kurzgeschichte vor allem im Hinblick auf die Funktion und Wirkung der erzähltechnischen Gestaltungsmittel.

So können Sie vorgehen

1. Lesen Sie den Text aufmerksam durch; halten Sie auf einem Notizzettel fest, was Ihnen hinsichtlich des Inhalts (hier z. B.: Darstellung und Handeln der Figuren), der erzähltechnischen Gestaltungsmittel und der Wirkung des Textes auf Sie als Leser aufgefallen ist.
2. Lesen Sie den Text ein zweites (und ggf. drittes) Mal durch und markieren Sie auf einer Kopie wichtige Textstellen, die Aufschluss über die Funktion und Wirkung der erzähltechnischen Gestaltungsmittel geben. Sie können z. B. durch unterschiedliche Farben die verschiedenen Aspekte der Erzähltechnik (z. B. Erzählverhalten, Erzählhaltung) kenntlich machen oder hervorheben, an welchen Stellen ein Erzähler erkennbar wird bzw. aus wessen Sicht erzählt wird.
3. Legen Sie eine Tabelle an, in die Sie Ihre Ergebnisse in Stichworten eintragen. Hierbei können Sie z. B. die verschiedenen Aspekte der Erzähltechnik berücksichtigen. Sie können die folgende Vorlage in Ihr Heft übernehmen und ergänzen:

Aspekt	Erzähltechnische Gestaltungsmittel	Funktion/Wirkung
Erzählform	Ich-Erzählform, Ich-Erzählerin ist Teil der Handlung und erzählt von sich selbst	Unmittelbarkeit, eingeschränkte Sichtweise ...
Erzählperspektive, Erzählerstandort	überwiegend Innensicht der Ich-Erzählerin, deren Gedankengänge dargestellt werden	sehr unmittelbare Darstellung, kaum Distanz zwischen Leser und Figur ...
Erzählverhalten	personal ...	
...		

4. Formulieren Sie Ihre Ergebnisse aus. Beginnen Sie mit einer Einleitung, gehen Sie anschließend in einem Hauptteil auf die einzelnen Aspekte ein und fassen Sie in einem Schlussteil Ihre Ergebnisse zusammen.

Eine mögliche Lösung

Einleitung	Die Kurzgeschichte „Ausgestochen“ von der deutsch-kroatischen Schriftstellerin Jagoda Marinić wurde 2003 in der Erzähltextsammlung „Eigentlich ein Heiratsantrag“ veröffentlicht. In der Kurzgeschichte geht es um eine Frau, die mit einem Mann, der ihr anscheinend von einer anderen Frau erzählt, in einem Café sitzt. Letztlich stellt sich heraus, dass mit den Komplimenten, die der Mann gemacht hat, die Erzählerin selbst gemeint gewesen ist. Der Text thematisiert ... Die folgende Analyse geht aspektorientiert vor und konzentriert sich auf die erzähltechnischen Aspekte des Textes, vor allem auf ...	*Autor, Titel, Entstehungs-/Veröffentlichungsjahr, kurze Information zu Inhalt und Thema* *Analysemethode: aspektorientiert, Nennung wichtiger Aspekte*
Hauptteil	Der vorliegende Text wird als Ich-Erzählung dargeboten. Die Ich-Erzählerin erzählt von sich selbst, vor allem von ihren Gedanken, und sie ist Teil der Handlung. Ihre Sichtweise ist demzufolge ... Der Leser erhält kein vollständiges Bild der dargestellten Handlung, da in der Kurzgeschichte die Innensicht der Ich-Erzählerin dominiert, d. h., dass innere Vorgänge ausführlich wiedergegeben werden. Nur an einzelnen Stellen werden von außen beobachtbare Vorgänge dargestellt (vgl. Z. 1), wobei auch hier ... Die Darstellung der Ich-Erzählerin wirkt auf den Leser sehr unmittelbar; man kann viele Gedankengänge der Ich-Erzählerin direkt mitverfolgen. Dementsprechend nimmt die Erzählerin einen Standort ein, der	*Erzählform* *Innensicht/Außensicht* *Erzählerstandort* *Erzählverhalten* ...
Schluss	Zusammenfassend lässt sich feststellen, dass diese Kurzgeschichte ...	

▶ *Vervollständigen Sie die Analyse der Kurzgeschichte vor allem im Hinblick auf die Funktion und Wirkung der erzähltechnischen Gestaltungsmittel.*

Ein Gedicht analysieren

Das müssen Sie wissen

Die Analyse eines Gedichts dient dazu, herauszufinden, wie **Inhalt**, **Aussage** und **Wirkung** des poetischen Textes durch seine sprachliche Gestaltung verdeutlicht werden. Die Ergebnisse dieser Analyse können in einer schriftlichen Beschreibung mit Deutung zusammengefasst werden.

Einleitung	Neben den wichtigsten **Textdaten** (Gedichtart, Titel, Autor, Erscheinungs- bzw. Entstehungsjahr) enthält die Einleitung Informationen zum historischen Hintergrund – soweit bekannt – sowie in aller Kürze zu **Inhalt** und **Thema** des Gedichts (Worum geht es? Was wird dargestellt?). Wenn möglich, sollte die Einleitung bereits einen ersten **Hinweis** darüber enthalten, wie das Gedicht zu deuten ist (**Deutungsansatz**).
Hauptteil	Im Hauptteil wird zunächst die **äußere Form** des Gedichts (Strophenzahl, Verseinteilung, Reimschema, Metrum) zusammenhängend beschrieben. Die formale Gestalt sollte später in die genaue Beschreibung und Deutung der Einzelstrophen eingebunden werden. Das gilt vor allem auch für besondere Auffälligkeiten/Ausnahmen (z. B. Unregelmäßigkeiten im Metrum). Danach wird – soweit auffällig – der **Textaufbau** (z. B. bei einer Rahmenstellung von Versen bzw. Strophen) beschrieben und gedeutet. Schließlich werden **Inhalt** *und* **Sprache** des Gedichts dargestellt (z. B. Situation des lyrischen Ichs, Atmosphäre, Darstellung des Themas in den einzelnen Strophen, inhaltliche Entwicklung). Dabei kann man strophenweise vorgehen, manchmal lassen sich auch mehrere Strophen zusammenfassen (siehe unter „Methode“). In diesem Zusammenhang sind unbedingt die sprachlichen Mittel (z. B. sprachliche Bilder, Wortwahl, Satzbau, rhetorische Mittel) nicht nur zu benennen, sondern auch ihre Wirkung und ihre Bedeutung für Inhalt und Aussage des Gedichts zu erläutern.
Schluss	Am Schluss werden die wichtigsten Beobachtungen und Erkenntnisse zunächst **zusammengefasst**. Danach sollte auf dieser Grundlage eine mögliche Intention (Aussage- oder Wirkungsabsicht) des Gedichts bestimmt werden. Abschließend kann auch eine persönliche **Bewertung** des Gedichts erfolgen.
Methode	Man unterscheidet grundsätzlich **zwei Herangehensweisen** bei der schriftlichen Analyse: Die **lineare** Analysemethode **folgt dem Textverlauf** (häufig von Strophe zu Strophe) und richtet sich nach der zuvor erstellten **Gliederung**. Der Vorteil dieses Vorgehens liegt in der einfachen Umsetzung, doch besteht das Risiko, dass man aufgrund der vielen Details den übergeordneten Deutungszusammenhang aus den Augen verliert. Bei der **aspektorientierten** Analyse untersucht man den Text vorrangig unter einer **speziellen Fragestellung** oder **bestimmten Gesichtspunkten (in der Regel 3–4 Aspekte)**, die manchmal in der Aufgabenstellung vorgegeben sind. Diese Arbeitsweise erlaubt die unterschiedlich intensive Berücksichtigung einzelner Verse oder Strophen, birgt jedoch die Gefahr in sich, andere Aspekte zu vernachlässigen. Ob linear oder aspektorientiert, ist häufig eine Frage der persönlichen Vorliebe oder Analysepraxis. Auch der Text selbst kann darüber entscheiden, welche Herangehensweise sinnvoller ist. So eignet sich z. B. für ein Gedicht, das sein Thema schrittweise entfaltet, eher die Linearanalyse, in der diese Entwicklung Strophe für Strophe untersucht werden kann.

Sprache	Die Sprache der Analyse ist grundsätzlich **sachlich**. Sowohl Analyseergebnisse als auch Bewertungen sind stets zu **begründen**. Als **Belege** sollten Zitate aus dem Gedicht (→ vgl. Methodenkapitel „Richtig Zitieren“ auf S. 590 f.) in die Textbeschreibung übernommen werden. Falls nicht wörtlich zitiert, sind Gedichtinhalte möglichst mit eigenen Worten im Indikativ wiederzugeben. Beschreibungstempus ist das Präsens, bei Vorzeitigkeit das Perfekt.
Arbeitsschritte	1. Erstmaliges Lesen des Gedichts, um einen Überblick zu gewinnen 2. Notieren des ersten Textverständnisses 3. Zweites, gründlicheres Lesen, um ein vollständiges Textverständnis zu erlangen; Erschließen des Textaufbaus und der äußeren Form (Strophen, Reime, Versmaß); Markieren wichtiger Textstellen und Anbringen von Randbemerkungen; ggf. Informieren über historische Bedingungen der Entstehungszeit des Gedichts (Epoche, geschichtliche Ereignisse, Biografie des Autors u. a.); Überprüfung und ggf. Präzisierung/Korrektur des ersten Textverständnisses (s. 2.) 4. Entwicklung eines Schreibplans: Gliederung der Ergebnisse (vgl. 3.) auf einem Konzeptblatt 5. Ausformulieren der Analyse auf der Grundlage des Schreibplans; Verknüpfung von Beschreibung und Deutung 6. Anfügen einer begründeten persönlichen Bewertung des Gedichts unter Berücksichtigung der Analyseergebnisse und ggf. unter Rückgriff auf weitere Unterrichtsergebnisse und Kenntnisse 7. Überarbeiten des eigenen Textes (Überprüfung von Inhalt, Aufbau und sprachlicher Form)

Ein Beispiel

1775 unternahm Goethe mit den Brüdern Friedrich und Christian von Stolberg eine Reise in die Schweiz. Auf dieser „Geniereise“ machte Goethe die Bekanntschaft mit vielen Schriftstellern des Landes. In „Auf dem See“ sind die Eindrücke einer Bootspartie auf dem Zürcher See eingegangen. 1789 überarbeitete der Dichter den Text für die Veröffentlichung. Diese Fassung ist hier abgedruckt.

Johann Wolfgang von Goethe (1749 – 1832)

Auf dem See

Und frische Nahrung, neues Blut
Saug' ich aus freier Welt;
Wie ist Natur so hold und gut,
Die mich am Busen hält!
Die Welle wieget unsern Kahn
Im Rudertakt hinauf,
Und Berge, wolkig himmelan,
Begegnen unserm Lauf.

Aug, mein Aug, was sinkst du nieder?
Goldne Träume kommt ihr wieder?
Weg, du Traum so Gold du bist,
Hier auch Lieb und Leben ist.

Auf der Welle blinken
Tausend schwebende Sterne,
Weiche Nebel trinken
Rings die türmende Ferne;
Morgenwind umflügelt
Die beschattete Bucht,
Und im See bespiegelt
Sich die reifende Frucht.

(1775/89)

▶ Aufgabenstellung

Analysieren Sie das Gedicht „Auf dem See“ (1789) von Johann Wolfgang von Goethe.

So können Sie vorgehen

1. Lesen Sie das Gedicht zunächst einmal durch, um einen Überblick zu gewinnen. Notieren Sie dann Ihr erstes Textverständnis.
2. Lesen Sie nun das Gedicht noch einmal aufmerksam durch. Berücksichtigen Sie dabei auch die gegebenen Anmerkungen zum Text.
3. Bringen Sie auf einer Kopie des Gedichts oder auf Folie Unterstreichungen und Randbemerkungen an, um sich einen „Materialsteinbruch" für die Analyse anzulegen. Dazu werden in der folgenden Übersicht die wichtigsten Gestaltungsmittel lyrischer Texte zusammengefasst.

Wichtiges Sachwissen	
Gedichtaufbau	Ein Gedicht besteht zumeist aus Versen und Strophen. Als **Vers** bezeichnet man die Gedichtzeile, deren Länge im Unterschied zum Prosatext für gewöhnlich nicht bis zum Seitenrand reicht. Wird ein Satz bzw. Teilsatz über einen Vers hinaus weitergeführt, spricht man von einem **Zeilensprung (Enjambement)**. Dahingegen fallen beim **Zeilenstil** Vers- und Satzende zusammen. Eine **Strophe** fasst mehrere Verse zu einem Abschnitt des Gedichts zusammen, der in der Regel auch im Druck deutlich von den übrigen Teilen des Gedichts abgehoben ist.
Reime und Reimordnung	Häufig werden in Gedichten einzelne Verse durch **Endreim** klanglich miteinander verbunden. Zwei oder mehrere Wörter reimen sich, **wenn sie vom letzten betonten Vokal an gleich klingen** (z. B. „Reichen" – „erweichen"). Man kann zwischen **männlichem Reim** (auf einzelner betonter Silbe, z. B. „Tor" – „Ohr") und **weiblichem Reim** (aus zwei Silben mit Betonung auf der ersten, z. B. „klingen" – „singen") unterscheiden. **Sonderformen** des Endreims sind – der **reiche Reim**, der sich über drei oder mehr Silben erstreckt (z. B. „versprochen" – „zerbrochen"), – der **unreine Reim**, bei dem die Reimvokale nur annähernd gleich sind (z. B. „gebeten" – „Hungersnöten"), – die **Assonanz**, bei der lediglich die Vokale übereinstimmen (z. B. „Buch" – „Wut"). Die häufigsten **Reimordnungen**, die man in einem Schema mit Kleinbuchstaben für die sich jeweils reimenden Verse darstellen kann, sind: – **Paarreim** (aabb), – **Kreuzreim** (abab), – **umarmender Reim** (abba), – **Haufenreim** (aaaa) und – **Schweifreim** (aabccb). Im Unterschied zum Endreim handelt es sich beim **Binnenreim** um den Gleichklang von zwei oder mehreren Wörtern innerhalb desselben Verses. Moderne Gedichte verzichten häufig auf gereimte Verse.

Wichtiges Sachwissen	
Versmaß (Metrum)	Die Verse vieler Gedichte weisen ein bestimmtes **Betonungsmuster** auf, d. h., dass innerhalb der einzelnen Verse **Hebungen** (betonte Silben) und **Senkungen** (unbetonte Silben) in einer festen Abfolge angeordnet sind. Diese feste Abfolge nennt man **Versmaß** oder **Metrum**. Eine Einheit von zwei oder drei Silben, von denen eine betont ist, nennt man Takt oder **Versfuß**. Die häufigsten Versfüße sind: **Jambus** (xx́): z. B. Gedícht — **Trochäus** (x́x): z. B. Díchter **Daktylus** (x́xx): z. B. Dáktylus — **Anapäst** (xxx́): z. B. Anapäst Wenn ein Vers auf einer betonten Silbe endet, bezeichnet man dies als **männliche** oder **stumpfe Kadenz**, eine unbetonte Silbe am Schluss wird **weibliche** oder **klingende Kadenz** genannt (vgl. auch männlicher und weiblicher Reim). Beim regelmäßigen Wechsel von betonten und unbetonten Silben spricht man von einem **alternierenden Metrum**. Bei **unregelmäßigem Versmaß** kann es reichen, nur die Anzahl der Hebungen zu bestimmen oder zu notieren, welches Metrum überwiegend benutzt wird. Häufig steht das Versmaß in Verbindung mit dem Gedichtinhalt und ist besonders dann für die Analyse aufschlussreich, wenn es unregelmäßig wird oder plötzlich wechselt. Vom Metrum zu unterscheiden ist der **Versrhythmus**, der die sprachliche Umsetzung der metrischen Gliederung eines Gedichts bezeichnet. Häufig spielen inhaltliche Aspekte eine wichtige Rolle für den Vortrag (ob der Text z. B. langsam, schnell oder ruhig usw. gesprochen werden sollte).
Gedichtarten (nach Form und Inhalt)	Variationen in Thematik, Metrum, sprachlicher Gestaltung sowie Vers- und Strophenform haben zu unterschiedlichen **Gedichtarten** geführt. Die wichtigsten sind: **Ballade** (Erzählgedicht), **Lied/Volkslied** (eingängige Reimordnungen, flexibles Metrum, Refrain), **Hymne** (Preis- und Lobgesang), **Ode** (lange Gedichtform ohne Reime) und **Sonett** (bestehend aus zwei Quartetten und zwei Terzetten, häufig mit der Reimordnung abba abba ccd eed). Gedichte können auch nach ihrer Thematik oder ihrer Funktion unterschieden werden (Naturgedichte, Liebeslyrik, politische Gedichte usw.).

4. Informieren Sie sich über die literarische Strömung des Sturm und Drang (innerhalb der Aufklärung), der dieses Gedicht zugeordnet werden kann (S. 165 ff. in diesem Buch). Welche Informationen erscheinen Ihnen für die Analyse des Gedichts wesentlich? Notieren Sie in Stichworten:

- *Jugendbewegung im Kontext der Aufklärung*
- *hoher Stellenwert von Freiheit und Individualität*
- *vergöttlichte Natur*
- *...*

5. Überprüfen Sie auf der Grundlage Ihrer bisherigen Arbeitsergebnisse noch einmal Ihr Textverständnis. Präzisieren oder korrigieren Sie Ihren ersten Ansatz (vgl. Aufgabe 1).

6. Sammeln Sie mögliche Aspekte für eine aspektorientierte Analyse. Wägen Sie die einzelnen Möglichkeiten ab und entscheiden Sie sich für bis zu drei Aspekte, die Sie der folgenden Arbeit zugrunde legen wollen.

7. Entwickeln Sie einen Schreibplan: Ordnen Sie auf einem Konzeptblatt Ihre Ergebnisse und streichen Sie weniger Wichtiges. So könnte Ihr Schreibplan aussehen:

...

2. Hauptteil
   a) äußere Form: 3 Strophen: 8 – 4 – 8 Verse (Rahmung der mittleren Strophe)
      – Reimordnung: Kreuzreime in der ersten und dritten Strophe, Paarreime im Mittelteil (Funktion eines Wendepunkts?)
      – Metrum: jambisch alternierend in 1. Strophe (mit 3 bzw. 4 Hebungen) ...
      – ...
   b) Aspekt „Natur"
      – Funktion der Mittelstrophe: bejahende Hinwendung zum „Hier" der Natur (V. 12)
      – ...
   c) Aspekt „Individualität"
      – 3. Strophe: keine Rede mehr von einem „Ich", alles ist einem verschwimmenden und schwebenden Zustand (vgl. V. 14 f.), Spiegelmetapher (vgl. V. 13 f., 19 f.)
      – ...

8. Formulieren Sie Ihre schriftliche Beschreibung und Deutung auf der Grundlage Ihres Schreibplans aus. Denken Sie stets daran, Textbeschreibung (*Was steht in dem Vers/der Strophe? Wie ist es sprachlich gestaltet?*) und Textdeutung (*Was bedeutet das Wort, die Metapher, der Vergleich usw.?*) eng miteinander zu verknüpfen. Belegen Sie Ihre Ausführungen mit Zitaten. Beachten Sie dabei die Regeln des Zitierens (vgl. S. 590 f.).

9. Überarbeiten Sie abschließend Ihren Text, achten Sie dabei besonders auf die sinnvolle Verknüpfung von Einleitung, Hauptteil und Schluss sowie der einzelnen Textteile (Ist ein „roter Faden" zu erkennen?). Korrigieren Sie stilistische, grammatische und orthografische Fehler.

Eine mögliche Lösung (aspektorientierte Gedichtanalyse)

	Johann Wolfgang von Goethe: „Auf dem See" – Eine Gedichtanalyse	
Einleitung	Die Urfassung des Gedichts „Auf dem See" von Johann Wolfgang von Goethe entstand auf der Schweizer Reise im Jahr 1775. 1789 hat er den Text für den Druck überarbeitet. Trotz dieser späten Veröffentlichung kann auch diese Fassung als ein typisches Gedicht des Sturm und Drang gelesen werden, das vor allem das Verhältnis von Natur und lyrischem Ich gemäß den damals herrschenden Vorstellungen der jungen Dichter aufgreift. Der Sprecher des Gedichts nimmt die Natur auf einer Bootspartie als nährende und fürsorgliche Mutter wahr, die ihn nach einer schmerzlichen Erinnerung an das Vergangene mit neuem Leben und neuer Kraft erfüllt. Nachdem er die Vergangenheit abgeschüttelt hat, verschmilzt er geradezu mit der Natur, die mit einer für den Sturm und Drang typischen Metaphorik als das Schöne und Göttliche dargestellt wird.	*Autor, Textart, Titel, Jahr* *Epoche* *Inhalt* *Deutungsansatz*

Hauptteil	**...** Im Folgenden wird das Gedicht aspektorientiert als Zeugnis des Sturm und Drang analysiert. Dabei soll es vor allem um die Aspekte „Natur“ und „Individualität“ gehen.	*äußere Form, Textaufbau* *Methode: aspektorientierte Analyse*
	In dem Gedicht „Auf dem See“ ist die Bedeutung der „Natur“ unverkennbar. So begegnet das lyrische Ich der Natur zunächst nicht betrachtend, sondern fühlt sich wie an der Brust der Mutter.	*1. Aspekt: „Natur“*
	Die Harmonie der Situation wird durch das regelmäßige Metrum unterstützt und durch den Inhalt der zweiten Strophenhälfte mithilfe des Bildes der wiegenden Wellen (vgl. V. 5) und des „Rudertakts“ (V. 6) ergänzt. Die Adverbien „hinauf“ und „himmelan“ (V. 6 f.) deuten das Streben des lyrischen Ichs in ein göttliches „Oben“ an ...	*Aussagen zu sprachlichen Besonderheiten und deren Deutung* *Blick über die Strophengrenzen hinweg*
	Die Metaphorik des Saugens und des Empfangs „neue[n] Blut[s]“ (wie durch eine Nabelschnur?) unterstreicht das innige Verhältnis des lyrischen Ichs zur Natur, die als „hold[e] und gut[e]“ (V. 3) Ernährerin und Kraftspenderin des Sprechers eingeführt wird	*metaphorische Sicht der „Natur“*
	In der letzten Strophe, in der nicht mehr explizit von einem „Ich“ die Rede ist, vollzieht sich die umfassende Wende hin zur Natur. So wie sich die Sterne tausendfach in dem einen See spiegeln (vgl. V. 13 f.), geht das Einzelne im Ganzen auf und die Grenzen von Nah und Fern verschwimmen (vgl. V. 15 f.). ...	*2. Aspekt: „Individualität“*
Schluss	„Auf dem See“ beschreibt die für den Sturm und Drang typische Verschmelzung mit der Natur. Im Erleben des natürlichen Umfelds kann das lyrische Ich paradoxerweise zu sich selbst finden und lebenswichtige „frische Nahrung“ empfangen. Dies wird unterstützt durch eine ungewöhnliche, z. T. mehrdeutige Bildsprache.	*Zusammenfassung* *Aussagen zur Intention des Gedichts*
	Das unmittelbare Erleben der Natur hatte für die Dichter des Sturm und Drang einen hohen Stellenwert. Anders als die nüchterne Naturwissenschaft der Aufklärung sahen sie im Ursprünglichen der Natur die Quelle ihrer Lebenskraft und Kreativität. Autoren wie Goethe gingen dabei so weit, der Natur göttliche Qualität zuzusprechen (sog. Pantheismus). Vieles in „Auf dem See“ erinnert an Goethes Hymne „Ganymed“ ...	*Kontextualisierung, evtl. Vergleich mit anderen Texten*

▶ *Schreiben Sie Hauptteil und Schluss der Gedichtanalyse zu Ende.*

Eine Dramenszene analysieren

Das müssen Sie wissen

Das Besondere der Textgattung „Drama“ gegenüber der Epik besteht darin, dass eine Handlung nicht erzählt, sondern von Personen auf der Bühne dargestellt wird. Zentrales Element des Dramas ist der Dialog, sei es das Gespräch zwischen zwei oder mehreren Figuren oder das Selbstgespräch, der Monolog. In seltenen Fällen kann eine Figur des Schauspiels auch das Publikum direkt ansprechen. Unterstützt wird der Dialog bzw. Monolog durch die Körpersprache (Gestik, Mimik, Bewegung im Raum) und die Intonation. Körpersprache und Intonation werden häufig vom Verfasser durch Regieanweisungen vorgegeben.

Sehr viele Dramen sind gegliedert in Akte/Aufzüge und Szenen/Auftritte. Ein Akt/Aufzug stellt einen größeren Handlungszusammenhang dar, der durch Szenen/Auftritte, die kleinsten Handlungseinheiten des Dramas, untergliedert wird. In der Regel findet ein Szenenwechsel durch den Abgang bzw. Auftritt von Handlungspersonen statt, wobei sich u. U. auch der Handlungsort ändern kann. Dass eine Szene/Auftritt die kleinste Handlungseinheit ist, bedeutet, dass in ihr die Handlung, der dramatische Konflikt, ein Stück vorangetrieben wird: Die Beziehung von Figuren ändert sich, sie können sich einander annähern, sie können aber auch in Distanz zueinander treten.

Die schriftliche Analyse einer Dramenszene

Ziel	Das Ziel der schriftlichen Szenenanalyse ist es, den Leser über den Inhalt der Szene, die Entwicklung des Beziehungsgefüges der Figuren, deren Redestrategien und die Bedeutung der Szene für die Handlungsentwicklung des Dramas zu informieren. Zusätzlich können Vergleiche mit einem anderen Drama oder mit anderen literarischen Figuren gezogen werden. Darüber hinaus kann es sinnvoll sein, einen Bezug zu der literarischen Epoche herzustellen, der das Drama zuzuordnen ist.
Einleitung	In der Einleitung nennen Sie den Autor und den Titel des Dramas, das Erscheinungs- oder Entstehungsjahr und eventuell den historischen Kontext, in dem das Drama spielt. Weiterhin geben Sie Ort, Zeit und auftretende Personen der zu analysierenden Szene an, formulieren eine kurze Inhaltsangabe und ordnen die Szene in den Gesamtzusammenhang der bisherigen Handlung ein. Teilen Sie ebenfalls mit, ob Sie eine Linearanalyse (ausgehend von einer Gliederung des Textes) oder eine aspektorientierte Analyse (mit Angabe der Aspekte) durchführen wollen.
Hauptteil	In diesem Teil gehen Sie zum Beispiel folgenden Fragestellungen nach: Welche Absichten verfolgen die Gesprächspartner? Wie reagieren Sie aufeinander? Welche Redestrategien verwenden sie (Sprechweise, rhetorische Figuren, Gestik, Mimik)? Wer führt das Gespräch? Welche Beziehung der Gesprächspartner wird deutlich? Ändert sich möglicherweise die Beziehung im Verlauf der Szene? Welche Charaktereigenschaften werden in der Szene deutlich? Agieren die Personen vielleicht stellvertretend für eine Gruppe? Hier sollten Sie auch Ihr Wissen über Kommunikationsprozesse einbringen (vgl. S. 40 ff.).
Schluss	Zum Schluss fassen Sie die Analyseergebnisse zusammen und erläutern die Bedeutung, die die Szene für den Fortgang der Handlung hat. Sie können weiterhin eine persönliche Wertung der Handlungsweise einer oder mehrerer Personen abgeben.

Ein Beispiel

Gotthold Ephraim Lessing
(1729–1781)
Emilia Galotti

Lessing greift in seinem bürgerlichen Trauerspiel eine Thematik auf, die grundlegend für die Epoche der Aufklärung ist: die Herausstellung der Tugenden des Bürgertums gegenüber dem moralischen Verfall des Adels.
Eine der Hauptfiguren ist Hettore Gonzaga, Prinz und damit Herrscher von Guastalla, einem fiktiven Kleinstaat in Oberitalien. Lessing gestaltet den Prinz als einen typischen Vertreter der vielen mit absolutistischer Willkür herrschenden Regenten im 18. Jahrhundert.
Der Prinz hat sich in das bürgerliche Mädchen Emilia Galotti verliebt und setzt nun alles daran, um sie zu seiner Geliebten zu machen.
Die zu analysierende Szene gehört zur Einführung in die Handlung, der sogenannten Exposition. Dem Zuschauer wird der Prinz in seinem politischen Handeln vorgestellt.
Die zweite auftretende Figur ist der Kammerherr des Prinzen, Camillo Rota. Als bürgerlicher Hofbeamter berät er den Prinzen in Regierungsgeschäften.
Vorangegangen ist der Szene, dass der Prinz die Bittschrift einer Emilia Bruneschi öffnet, deren Anliegen er spontan allein aufgrund ihres Vornamens bewilligen will.

1. Aufzug, achter Auftritt

Camillo Rota, Schriften in der Hand. Der Prinz

Der Prinz. Kommen Sie, Rota, kommen Sie. – Hier ist, was ich diesen Morgen erbrochen[1]. Nicht viel Tröstliches! – Sie werden von selbst sehen, was darauf zu verfügen. – Nehmen Sie nur.

Camillo Rota. Gut, gnädiger Herr.

Der Prinz. Noch ist hier eine Bittschrift einer Emilia Galot ... Bruneschi will ich sagen. – Ich habe meine Bewilligung zwar schon beigeschrieben. Aber doch – die Sache ist keine Kleinigkeit. – Lassen Sie die Ausfertigung noch anstehen.[2] – Oder auch nicht anstehen: wie Sie wollen.

Camillo Rota. Nicht wie ich will, gnädiger Herr.

Der Prinz. Was ist sonst? Etwas zu unterschreiben?

Camillo Rota. Ein Todesurteil wäre zu unterschreiben.

Der Prinz. Recht gern. – Nur her! Geschwind.

Camillo Rota (*stutzig und den Prinzen starr ansehend*). Ein Todesurteil – sagt' ich.

Der Prinz. Ich höre es ja wohl. – Es könnte schon geschehen sein. Ich bin eilig.

Camillo Rota (*seine Schriften nachsehend*). Nun habe ich es doch nicht mitgenommen! Verzeihen Sie, gnädiger Herr. – Es kann Anstand[3] damit haben bis morgen.

Der Prinz. Auch das! – Packen Sie nur zusammen; ich muss fort – Morgen, Rota, ein Mehres[4]! (*Geht ab.*)

Camillo Rota (*den Kopf schüttelnd, indem er die Papiere zu sich nimmt und abgeht*). Recht gern? – Ein Todesurteil recht gern? – Ich hätt es ihn in diesem Augenblick nicht mögen unterschreiben lassen, und wenn es den Mörder meines einzigen Sohnes betroffen hätte. Recht gern! Recht gern! – Es geht mir durch die Seele dieses grässliche Recht gern!

(1772)

▶ Aufgabenstellung
Analysieren Sie die Szene I,8 aus Lessings bürgerlichem Trauerspiel „Emilia Galotti" von 1772.

[1] **erbrochen:** hier: geöffnet – [2] Warten Sie mit der endgültigen Genehmigung noch. – [3] **Anstand:** Aufschub – [4] **Mehres:** alles Weitere

So können Sie vorgehen

Erster Leseeindruck

1. Listen Sie Ihre ersten Leseeindrücke stichpunktartig auf. Diese können sich beziehen auf den Handlungsverlauf, die Figuren und ihre Beziehung, die Sprechweisen ...

Grunddaten der Szene

2. Notieren Sie in Stichworten die Grunddaten der Szene:
   - Wo, wann und aus welchem Anlass findet das Gespräch statt?
   - Was muss der Leser aus der vorangegangenen Handlung wissen, um die Szene verstehen zu können?
   - Wer sind die am Gespräch Beteiligten?
   - Wer ergreift die Gesprächsinitiative?
   - Welche Anliegen tragen die Gesprächspartner vor bzw. sind aus den Gesprächsbeiträgen zu erkennen?

Kommunikation

3. Rufen Sie sich in Erinnerung, was Sie über die sprachliche Kommunikation wissen, vor allem über die vier Seiten einer Botschaft nach Schulz von Thun: Sachaspekt, Selbstoffenbarung, Beziehungsaspekt, Appell. Untersuchen Sie unter diesen Aspekten die Äußerungen der Gesprächsteilnehmer. Beziehen Sie auch die Körpersprache in Ihre Untersuchung ein. Die Regieanweisungen geben Ihnen dazu Hinweise.

Sprache

4. Untersuchen Sie, welche sprachlichen Mittel die Personen verwenden und welchen Zweck sie damit erreichen wollen.

Vorbereitung

5. Bereiten Sie die schriftliche Analyse der Szene vor, indem Sie einen Schreibplan erstellen bzw. die Gliederung Ihrer Analyse. Entscheiden Sie sich für ein lineares oder aspektorientiertes Vorgehen.

Formulierung der Analyse

6. Achten Sie bei der Formulierung der Analyse darauf, Ihre eigenen Aussagen und Deutungen durch Textverweise und Zitate zu belegen (s. dazu S. 590f.).

Überarbeitung

7. Überarbeiten Sie Ihre Analyse; achten Sie auf abwechslungsreiche Formulierungen und auf korrekte Verwendung der sprachlichen Normen (Rechtschreibung, Zeichensetzung, Satzbau).

Eine mögliche Lösung

Einleitung	Die vorliegende Szene stammt aus dem bürgerlichen Trauerspiel „Emilia Galotti“, das Gotthold Ephraim Lessing im Jahr 1772 verfasst hat.	*Titel, Autor, Entstehungszeit*
	Es spielt im 17. Jahrhundert in einer oberitalienischen Residenzstadt und handelt von dem Tod der bürgerlichen Emilia Galotti, die glaubt, sich gegen die Verführung durch den herrschenden Prinzen, einen Vertreter des Adels, nur wehren zu können, indem sie ihren Vater bittet, sie zu töten.	*Inhalt des Schauspiels*
	Diese Thematik legt die Vermutung nahe, dass das Schauspiel der literarischen Epoche der Aufklärung zuzuordnen ist, was allerdings noch nachzuweisen ist.	*Bezug zu der literarischen Epoche*
	In der zu analysierenden Szene kommt es zu einem Gespräch zwischen dem Prinzen und seinem bürgerlichen Kammerherrn, Camillo Rota, über laufende Amtsgeschäfte.	*Personen der Handlung*
	Ort der Handlung ist das Arbeitszimmer des Prinzen, womit deutlich wird, dass der Zuschauer einen Einblick in die Welt des Hofes erhält.	*Handlungsort*
	Kern der Szene ist, dass Rota um die Unterschrift zu einem Todes-	*inhaltlicher Kern der Szene*

	urteil bittet, die der Prinz, gedanklich völlig abwesend, ohne Bedenken leisten will. Rota gibt daraufhin vor, das Dokument vergessen zu haben, um dem Prinzen Aufschub für seine Entscheidung zu gewähren.	
	In der folgenden aspektorientierten Analyse werden das Verhalten und die Sprachverwendung des Prinzen und des Kammerherrn untersucht und auf der Basis dieser Ergebnisse wird ein Bezug zur literarischen Epoche der Aufklärung hergestellt.	*Aspekte der Untersuchung*
Hauptteil	Gleich die erste Äußerung des Prinzen macht seine Grundstimmung deutlich: Er ist in Eile, seine Amtsgeschäfte scheinen ihm lästig, sodass er sich nicht selbst mit ihnen beschäftigen, sondern die Entscheidung an seinen Kammerherrn abgeben will. Die zweifache Wiederholung „Kommen Sie, Rota, kommen Sie." (Z. 3) macht seine Ungeduld deutlich. ...	*das Verhalten des Prinzen*
	Der Kammerherr zeigt sich zu Beginn des Gesprächs unterwürfig, wie es seiner sozialen Stellung entspricht. Er tituliert den Prinzen mit der Höflichkeitsanrede „gnädiger Herr" (Z. 7) und antwortet kurz und bündig. ...	*das Verhalten des Kammerherrn*
	Das Gespräch zwischen dem Prinzen und seinem Kammerherrn ist innerhalb des Trauerspiels die erste Konfrontation zwischen einem Adelsvertreter und einem Angehörigen der bürgerlichen Schicht. Und schon bei dieser ersten Konfrontation erweist sich das Tugendsystem des Bürgertums als überlegen gegenüber der sittlichen Verkommenheit des Adels. Camillo Rota gelingt es durch eine List seiner Vernunft, die affektgesteuerte Entscheidung des Prinzen zu unterlaufen und so das Todesurteil zumindest zunächst einmal zu verhindern. So wird in dieser Szene die Grundthematik des Trauerspiels deutlich, nämlich die moralische Überlegenheit des Bürgertums gegenüber der Unsittlichkeit des Adels, aber auch gleichzeitig die Ohnmacht des Bürgertums, sich mit seinen Vorstellungen gegen die Dominanz des Adels durchzusetzen. Lessing spricht damit ein grundlegendes Thema der Epoche der Aufklärung an. ...	*Bezug zur Epoche der Aufklärung*
Schluss	Die besondere Bedeutung der zu analysierenden Szene liegt darin, dass es Lessing gelingt, die Grundproblematik des Trauerspiels, die gleichzeitig auch eine Grundproblematik der Epoche der Aufklärung ist, in der kurzen Konfrontation des Prinzen mit seinem Kammerherrn zu verdichten. Vor diesem Hintergrund erscheint der weitere Gang der Handlung wie eine ausführliche Darstellung der in dieser Konfrontation deutlich werdenden Grundproblematik: Auch Emilia versucht, ihre bürgerlichen Moralvorstellungen gegenüber dem Machtanspruch des Adels zu wahren, was ihr allerdings nur unter Preisgabe ihres Lebens gelingt. ...	*abschließende Wertung der Szene*

Möglichkeiten der Inszenierung literarischer Texte – Ein Überblick

Das müssen Sie wissen

Eine besondere Form der Deutung literarischer Texte ist deren spielerische Inszenierung. Welche Form der Inszenierung Sie auch wählen: Voraussetzung für eine wirkungsvolle Gestaltung ist eine genaue Auseinandersetzung mit dem zugrunde liegenden literarischen Text. Dabei kann diese Umsetzung am Anfang der Auseinandersetzung mit dem Text stehen, sie dient dann dem Ausdruck Ihres ersten Textverständnisses. Der Austausch über verschiedene Inszenierungsgestaltungen innerhalb Ihrer Lerngruppe führt Sie dann zu einem genaueren Verständnis des Textes. Die szenische Gestaltung kann aber auch den Abschluss der Besprechung eines literarischen Textes bilden; sie dient dann der Festigung des erarbeiteten Textverständnisses.

1. Die Inszenierung dramatischer Texte

	Dramatische Texte eignen sich in besonderer Weise zum szenischen Spiel, da sie in der Regel nicht für das Lesen, sondern für das Zuschauen einer Handlung auf einer Bühne gedacht sind.
Szenisches Lesen	Eine vom Aufwand her eher einfache Form der Inszenierung ist das szenische Lesen, also das Lesen einer Dramenszene mit verteilten Rollen. Ein angemessenes szenisches Lesen bedingt eine genaue Auseinandersetzung mit dem Text. Der Sprecher oder die Sprecherin muss sich mit den Figuren der Handlung vertraut machen, um den richtigen Tonfall zu treffen und die Figur damit glaubwürdig erscheinen zu lassen. Dabei gilt es zu beachten, inwiefern die persönliche Beziehung der Figuren, ihr Beruf, ihre soziale Stellung, aber auch ihr persönlicher Charakter ihre Sprechweise beeinflussen. Und natürlich muss die Stimmung der Figur beachtet werden: Ist sie ärgerlich, erfreut, besorgt, macht sie sich über jemanden lustig usw.?
Szenisches Spiel	Das szenische Lesen kann zu einem szenischen Spiel erweitert werden, indem der Textvortrag mit einer entsprechenden Gestik und Mimik unterstützt wird. Darüber hinaus können natürlich auch Requisiten und ein Bühnenbild eingesetzt werden.

2. Die Inszenierung lyrischer Texte

	Ähnlich wie dramatische Texte sind die meisten Gedichte zum Vortragen und damit zum Zuhören konzipiert, um ihre besondere klangliche Gestalt zum Ausdruck zu bringen.
Rezitation	Auch hier ist der wortgetreue Vortrag – die Rezitation – die Grundform. Um dem besonderen Charakter des lyrischen Sprechens gerecht zu werden, ist es notwendig, dass Sie sich intensiv mit der sprachlichen Gestaltung beschäftigen, also mit Reim, Metrum und Rhythmus und syntaktischer Gestaltung (wichtig beim Enjambement, dem Zeilensprung). Gleichzeitig müssen Sie die besondere Stimmung des Gedichts beachten, um einen ausdrucksvollen Vortrag gestalten zu können.
Chorisches Sprechen	Gedichte lassen sich u. U. auch mit verteilten Rollen sprechen (z. B. Ingeborg Bachmann: „Reklame“, S. 382) oder als Chor (z. B. Nelly Sachs: „Chor der Geretteten“, S. 371). Denkbar ist auch, dass Sie einen Gedichtvortrag mit Requisiten unterstützen (z. B. Günter Eich: „Inventur“, S. 369).

3. Die Inszenierung epischer Texte

Lesung **Szenisches Lesen**	Der zurzeit anhaltende große Erfolg der Hörbücher ist kein Zufall: Das literarische Erzählen hat seinen Ursprung im mündlichen Erzählen, und auch hier kommt es auf einen wirkungsvollen Vortrag an, um die Zuhörerschaft zu fesseln. Jeder Figur einer Erzählung oder eines Romanauszugs – auch dem Erzähler! – gilt es, eine besondere Charakteristik durch die Sprechweise zu verleihen. Aus diesem Grund bietet es sich an, auch erzählende Texte mit verteilten Rollen zu sprechen.

4. Inszenierungsmethoden, die über den zugrunde liegenden Text hinausgehen

Rollengespräch	**Das Rollengespräch** Hierbei erfinden Sie ein Gespräch zwischen zwei oder mehreren Figuren, das so in dem Text nicht vorgegeben ist. Sie erhalten mit der Gestaltung eines solchen Gesprächs die Möglichkeit, Ihre Sichtweise der Figuren und ihrer Beziehung deutlich werden zu lassen. Voraussetzung für die Entwicklung einer solchen Sichtweise ist, dass Sie sich in die jeweiligen Figuren hineindenken bzw. hineinfühlen und dabei ihre Vorgeschichte, ihren Charakter und ihre Handlungsziele beachten.
Rollenmonolog **Rollenbiografie**	**Der Rollenmonolog** Bei dieser Form der Inszenierung agiert eine Figur allein: Sie äußert sich gegenüber einem fiktiven oder realen Publikum über ihre Gedanken, Gefühle, Hoffnungen, Befürchtungen bezüglich des Geschehens. Und sie kann auch die Handlungsweise anderer Figuren aus ihrer Sicht kommentieren. Der Rollenmonolog kann auch als Rollenbiografie ausgestaltet werden. In diesem Fall geht es nicht nur um die momentane Verfassung des Rollenträgers oder der Rollenträgerin, sondern um eine umfassendere Information. Es können z. B. folgende Fragen beantwortet werden: • Welchen Namen tragen Sie? • In welcher Beziehung stehen Sie zu anderen Figuren? • Welche Eigenschaften haben Sie nach eigener Wahrnehmung und wie werden Sie von anderen wahrgenommen? • Was ist Ihre Vorgeschichte? • Welche zentralen Ereignisse widerfahren Ihnen im Verlauf der Handlung? • Gibt es eine wichtige Erkenntnis, die Sie dem Publikum mitteilen möchten? • ...
Standbild **Erstellung** **Auswertung**	**Das Standbild** Die Beziehungen zwischen den Figuren eines literarischen Textes, sei es eine Dramenszene oder eine Erzählung/ein Romanausschnitt, lassen sich oft besonders gut durch ein Standbild anschaulich machen. Dabei sollen die einzelnen Darsteller des Standbildes durch ihre Position zueinander und durch ihre Gestik und Mimik das gegenseitige Verhältnis der Figuren sinnfällig machen. Die Beobachter, die nicht an der Erstellung des Standbildes beteiligt sind, beschreiben zunächst, was sie sehen, und versuchen dann eine Deutung des Standbildes. Anschließend erklären die Darstellerinnen und Darsteller ihre Intentionen. Beim „Bauen“ eines Standbildes gibt es mehrere Möglichkeiten:

Stummes Standbild	Das stumme Standbild: Hierbei erarbeitet sich eine Gruppe von Schülerinnen und Schülern nach intensiver Auseinandersetzung mit dem Text eine Rollenverteilung für das Standbild und sammelt Ideen für die Gestaltung des Standbildes. Die konkrete Ausführung erfolgt dann durch einen „Regisseur", der die einzelnen Darsteller des Standbildes wie Puppen modelliert.
Sprechendes Standbild	Das sprechende Standbild: Sie verfahren in fast allen Schritten wie beim stummen Standbild, aber dieses Mal erhält jeder Darsteller den Auftrag, einen besonders bedeutsamen Satz aus dem Text zu sprechen.
Angesprochenes Standbild	Das angesprochene Standbild: Die Darsteller werden von den übrigen Schülerinnen und Schülern auf ihre Befindlichkeit und ihre Haltung zu den anderen Figuren angesprochen und geben über das, was in ihnen gerade vorgeht (Gedanken, Empfindungen), Auskunft.
Mobiles Standbild	Das mobile Standbild: Die Darsteller bauen zunächst ein stummes Standbild. Anschließend löst sich jedoch das Standbild auf, indem sich jeder einen oder mehrere Schritte von seinem Ort entfernt und anschließend seine Bewegung begründet.
Prozess	Standbilder als Spiegel eines Prozesses: Mehrere unterschiedliche Standbilder verdeutlichen den Prozess und die Entwicklung in der Beziehung zwischen den Handlungsträgern.

Für alle Verfahren gilt, dass sie nicht Selbstzweck sind, sondern Ihnen helfen sollen, die Handlungsweise und das soziale Geflecht von literarischen Figuren zu verstehen. Die Grundlage für jegliche Form der Inszenierung literarischer Texte ist daher die intensive Auseinandersetzung mit dem Wortlaut des Textes. So eingesetzt kann die Inszenierung literarischer Texte Sie zu einem vertieften Verständnis von Literatur führen.

Methoden des Textvergleichs – Ein Überblick

Das müssen Sie wissen

Textvergleich	Es kann in vielen Zusammenhängen sinnvoll sein, Texte (literarische Texte und Sachtexte) miteinander zu vergleichen, z. B. wenn es sich • um verschiedene Texte desselben Autors, • um Texte unterschiedlicher Autoren zu demselben Thema, • um Texte aus verschiedenen Epochen handelt. Unabhängig davon, welche der folgenden Möglichkeiten Sie wählen, ist es für einen Textvergleich unabdingbar, sinnvolle Vergleichskriterien festzulegen, um einen systematisch-strukturierten Vergleich vornehmen zu können. Es gibt drei verschiedene Möglichkeiten, wie Sie einen Textvergleich anlegen können. Oftmals ergibt sich schon aus der Aufgabenstellung, welche dieser Möglichkeiten Sie wählen sollten.

Möglichkeit 1	Getrennte Analyse der beiden Texte und anschließender Vergleich: 1. Einleitung 2. Analyse des ersten Textes 3. Überleitung zu Text 2 4. Analyse des zweiten Textes 5. Vergleich der beiden Texte (orientiert an klaren Vergleichsaspekten) 6. Schlussteil (Zusammenfassung, Fazit)
Möglichkeit 2	Direkter Vergleich beider Texte nach vorab festgelegten Vergleichsaspekten: 1. Einleitung (inklusive Festlegung der Vergleichsaspekte) 2. Hauptteil: • Vergleichsaspekt 1 (vergleichende Analyse beider Texte unter diesem Gesichtspunkt) • Vergleichsaspekt 2 • ... 3. Schlussteil (Zusammenfassung, Fazit)
Möglichkeit 3	Ausführliche Analyse des ersten Textes, Berücksichtigung des zweiten Textes nur in vergleichender Perspektive: 1. Einleitung 2. Analyse des ersten Textes 3. Überleitung zu Text 2 4. Vergleichende Analyse von Text 2 mit Text 1 (keine umfassende Analyse von Text 2, sondern nur im Hinblick auf die für Text 1 wichtigen Aspekte und immer im Vergleich mit den Ergebnissen zu Text 1) 5. Schlussteil (Zusammenfassung, Fazit)

Erzähltexte miteinander vergleichen

➔ Methoden des Textvergleichs – Ein Überblick, s. S. 553 f.

Das müssen Sie wissen

Mögliche Vergleichsaspekte	Als Untersuchungsgesichtspunkte kommen z. B. infrage: • **Thema:** Ausgestaltung/Entwicklung des zentralen Themas/Problems, das behandelt wird • **Figuren:** Charakterisierung und Entwicklung, Beziehungsgefüge • **Ort und Zeit der Handlung:** Beschreibung des Handlungsortes, Gestaltung der Atmosphäre, evtl. symbolische Bedeutung des Handlungsortes, (historische) Zeit der Handlung, Zeitstruktur • **Sprache:** Auffälligkeiten in Wortwahl und Satzbau, Bildhaftigkeit, Stilebene • **Erzähltechnik:** Erzählform, Erzählerstandort, Erzählverhalten • **Textsorte/Gattung:** Textsortenmerkmale • **Titel:** vergleichende Deutung der Titel der verschiedenen Erzähltexte

Aufbau des Erzähltextvergleichs	Auch der Vergleich von Erzähltexten sollte nach dem Muster Einleitung – Hauptteil – Schluss aufgebaut sein.
Einleitung	In der **Einleitung** machen Sie wichtige Angaben zu den zu vergleichenden Texten (Autor, Titel, Entstehungs-/Erscheinungsjahre, ggf. Thema, Textsorten/Gattungen). Nennen Sie auch schon die **Kriterien** und **Fragestellungen**, an denen sich Ihr Textvergleich orientiert.
Hauptteil	Im **Hauptteil** formulieren Sie die Ergebnisse Ihres Textvergleichs. Dabei haben Sie **drei** unterschiedliche **Möglichkeiten**, vorzugehen. ➔ Methoden des Textvergleichs – Ein Überblick, S. 553 f.
Schlussteil	Im **Schlussteil** fassen Sie die wesentlichen Ergebnisse Ihres Textvergleichs zusammen. Dabei sollten die zentralen Gemeinsamkeiten und Unterschiede der Texte deutlich werden; vor allem sollten Sie sich auf die zuvor von Ihnen genannten Kriterien und Fragestellungen beziehen.

Ein Beispiel

Thomas Mann (1875 – 1955)

Zwei Romananfänge

Der deutsche Schriftsteller Thomas Mann wurde vor allem durch seine Romane berühmt. 1929 erhielt er den Literaturnobelpreis für seinen bereits 1901 erschienenen ersten Roman „Buddenbrooks“.

1. Bekenntnisse des Hochstaplers Felix Krull

Indem ich die Feder ergreife, um in völliger Muße und Zurückgezogenheit – gesund übrigens, wenn auch müde, sehr müde (sodass ich wohl nur in kleinen Etappen und unter häufigem Ausruhen werde vorwärtsschreiten können), indem ich mich also anschicke, meine Geständnisse in der sauberen und gefälligen Handschrift, die mir eigen ist, dem geduldigen Papier anzuvertrauen, beschleicht mich das flüchtige Bedenken, ob ich diesem geistigen Unternehmen nach Vorbildung und Schule denn auch gewachsen bin. Allein, da alles, was ich mitzuteilen habe, sich aus meinen eigensten und unmittelbarsten Erfahrungen, Irrtümern und Leidenschaften zusammensetzt und ich also meinen Stoff vollkommen beherrsche, so könnte jener Zweifel höchstens den mir zu Gebote stehenden Takt und Anstand des Ausdrucks betreffen, und in diesen Dingen geben regelmäßige und wohlbeendete Studien meiner Meinung nach weit weniger den Ausschlag als natürliche Begabung und eine gute Kinderstube. An dieser hat es mir nicht gefehlt, denn ich stamme aus feinbürgerlichem, wenn auch liederlichem Hause, mehrere Monate lang standen meine Schwester Olympia und ich unter der Obhut eines Fräuleins aus Vevey[1], das dann freilich, da sich ein Verhältnis weiblicher Rivalität zwischen ihr und meiner Mutter – und zwar in Beziehung auf meinen Vater – gebildet hatte, das Feld räumen musste; mein Pate Schimmelpreester, mit dem ich auf sehr innigem Fuße stand, war ein vielfach geschätzter Künstler, den jedermann im Städtchen „Herr Professor“ nannte, obgleich ihm dieser schöne, begehrenswerte Titel von Amts wegen vielleicht nicht einmal zukam; und mein Vater, wiewohl dick und fett, besaß persönliche Grazie und legte stets Gewicht auf eine gewählte und durchsichtige Ausdrucksweise. Er hatte von seiner französischen Großmutter her französisches Blut ererbt, hatte selbst seine Lehrzeit in Frankreich verbracht und kannte nach seiner Versicherung Paris wie seine Westentasche.

(1922/erweitert 1936 und 1954)

2. Der Zauberberg

Ein einfacher junger Mensch reiste im Hochsommer von Hamburg, seiner Vaterstadt, nach Davos-Platz im Graubündischen[2]. Er fuhr auf Besuch für drei Wochen.

[1] **Vevey:** Gemeinde in der Schweiz – [2] **Graubünden:** Kanton der Schweiz

Von Hamburg bis dorthinaus, das ist aber eine weite Reise; zu weit eigentlich im Verhältnis zu einem so kurzen Aufenthalt. Es geht durch mehrerer Herren Länder, bergauf und bergab, von der süddeutschen Hochebene hinunter zum Gestade[1] des Schwäbischen Meeres[2] und zu Schiff über seine springenden Wellen hin, dahin über Schlünde, die früher für unergründlich galten.

Von da an verzettelt sich die Reise, die so lange großzügig, in direkten Linien vonstattenging. Es gibt Aufenthalte und Umständlichkeiten. Beim Orte Rorschach, auf schweizerischem Gebiet, vertraut man sich wieder der Eisenbahn, gelangt aber vorderhand nur bis Landquart, einer kleinen Alpenstation, wo man den Zug zu wechseln gezwungen ist. Es ist eine Schmalspurbahn, die man nach längerem Herumstehen in windiger und wenig reizvoller Gegend besteigt, und in dem Augenblick, wo die kleine, aber offenbar ungewöhnlich zugkräftige Maschine sich in Bewegung setzt, beginnt der eigentlich abenteuerliche Teil der Fahrt, ein jäher und zäher Aufstieg, der nicht enden zu wollen scheint. Denn Station Landquart liegt vergleichsweise noch in mäßiger Höhe; jetzt aber geht es auf wilder, drangvoller Felsenstraße allen Ernstes ins Hochgebirge.

Hans Castorp – dies ist der Name des jungen Mannes – befand sich allein mit seiner krokodilsledernen Handtasche, einem Geschenk seines Onkels und Pflegevaters, Konsul Tienappel, um auch diesen Namen hier gleich zu nennen –, seinem Wintermantel, der an einem Haken schaukelte, und seiner Plaidrolle[3] in einem kleinen, grau gepolsterten Abteil; er saß bei niedergelassenem Fenster, und da der Nachmittag sich mehr und mehr verkühlte, so hatte er, Familiensöhnchen und ein Zärtling, den Kragen seines modisch weiten, auf Seide gearbeiteten Sommerüberziehers aufgeschlagen. Neben ihm auf der Bank lag ein broschiertes Buch namens „Ocean steamships", worin er zu Anfang der Reise bisweilen studiert hatte; jetzt aber lag es vernachlässigt da, indes der hereinstreichende Atem der schwer keuchenden Lokomotive seinen Umschlag mit Kohlenpartikeln verunreinigte.

(1924)

▶ Aufgabenstellung

Vergleichen Sie die vorliegenden Romananfänge im Hinblick darauf, wie der Erzähler inhaltlich, sprachlich und erzählerisch in Handlung und Figuren des Romans einführt.

So können Sie vorgehen

1. Lesen Sie die zwei Romananfänge ein erstes Mal aufmerksam durch und halten Sie auf einem Notizzettel fest, was Ihnen hinsichtlich der von der Aufgabenstellung gemachten Vorgaben auffällt.
2. Lesen Sie die Texte ein zweites (und ggf. drittes) Mal durch und markieren Sie wichtige Textstellen, die Aufschluss über die Einführung in Handlung und Figuren geben. Sie können z. B. wichtige Informationen, die der Leser erhält, kenntlich machen oder Besonderheiten der Erzähltechnik hervorheben.
3. Legen Sie nun eine Tabelle an, in die Sie Ihre Ergebnisse in Stichworten eintragen. Orientieren Sie sich dabei an den Ihnen bekannten Aspekten für die Erzähltextanalyse (s. S. 532 ff.); da es sich nur um die Anfänge der zwei Romane handelt, lassen sich hier nicht alle Aspekte untersuchen. Sie müssen also entscheiden, welche Aspekte Sie sinnvoll vergleichen können. Ihre Tabelle könnte z. B. so aussehen:

Vergleichsaspekte	Text 1: Felix Krull	Text 2: Der Zauberberg
Einführung in die Handlung (auch: Ort und Zeit)	…	sehr detaillierte Beschreibung des Reiseweges …
Figuren	…	Hans Castorp: „Ein einfacher junger Mensch" (Z. 2) – „Familiensöhnchen und ein Zärtling" (Z. 37 f.)
Sprache	Ironie …	…

[1] **Gestade:** Ufer – [2] **Schwäbisches Meer:** Bodensee – [3] **Plaid:** (karierte) Reisedecke

Vergleichsaspekte	Text 1: Felix Krull	Text 2: Der Zauberberg
Erzähltechnik:		
• Erzählform	Ich-Erzählform, Erzähler erzählt von sich selbst, ist Teil der erzählten Welt	…
• Erzählerstandort	…	olympisch, außerhalb des Geschehens, großer Überblick
• …		

4. Formulieren Sie die Ergebnisse Ihres Textvergleichs jetzt aus. Beginnen Sie mit einer Einleitung, gehen Sie anschließend in einem Hauptteil auf die einzelnen Aspekte ein und fassen Sie in einem Schlussteil Ihre Ergebnisse zusammen.

Eine mögliche Lösung

Einleitung	Dem Textvergleich liegen die Anfänge von zwei Romanen des deutschen Schriftstellers Thomas Mann (1875–1955) zugrunde, nämlich „Die Bekenntnisse des Hochstaplers Felix Krull" (1922/erweitert 1936 und 1954) und „Der Zauberberg" (1924). Diese Texte werden vor allem daraufhin verglichen, wie der Erzähler in Handlung und Figuren des jeweiligen Romans einführt. Dabei wird besonders …	*Autor, Titel, Entstehungsjahre* *übergeordnete Vergleichsaspekte* *konkretere Vergleichsaspekte*
Hauptteil	Die Erzähler der beiden Romane führen den Leser auf unterschiedliche Art und Weise in die Handlung ein. Während der Erzähler des ersten Romans von Beginn an deutlich macht, dass er aus der Rückschau von vergangenen Ereignissen erzählen wird, beginnt der Erzähler im Roman „Der Zauberberg" mit einer chronologischen und sehr detaillierten Beschreibung des Reiseweges der Hauptfigur. … Bereits der Titel des Romans „Bekenntnisse des Hochstaplers Felix Krull" wirft für den Leser die Frage nach der Glaubwürdigkeit des Ich-Erzählers auf, da es sich einerseits um „Bekenntnisse" handeln soll – ein Begriff, mit dem der Leser Ehrlichkeit assoziieren kann –, andererseits stammen diese „Bekenntnisse" von einem „Hochstapler", was den Leser dazu herausfordert, an den Erzählungen des Ich-Erzählers zu zweifeln. …	*direkter Vergleich beider Texte nach verschiedenen Aspekten: Einführung in die Handlung* *Einführung in die Figuren*
Schlussteil	Der Vergleich der beiden Romananfänge hat deutlich gemacht, dass die Einführung in Handlung und Figuren auf unterschiedliche Art und Weise gestaltet wird. Dies wird z. B. daran deutlich, wie der jeweilige Protagonist vom Erzähler eingeführt wird, wobei sich dies u. a. daraus ergibt, dass unterschiedliche Erzählformen gewählt werden. … Es gibt aber auch Übereinstimmungen zwischen den beiden Texten, nämlich …	*Zusammenfassung der Ergebnisse: Unterschiede* *Gemeinsamkeiten*

▶ *Vervollständigen Sie den Textvergleich.*

Gedichte miteinander vergleichen

➔ Methoden des Textvergleichs – Ein Überblick, S. 553 f.

Das müssen Sie wissen

Einleitung

Geben Sie zuerst die wichtigen Textdaten wieder: Autoren, Titel der Gedichte, Gedichtart. Ferner beschreiben Sie kurz die biografischen und Epochenzusammenhänge der Texte, sofern Sie Ihnen bekannt oder zusammen mit der Aufgabenstellung angegeben sind. Machen Sie, wenn möglich, kurze Angaben zum historischen Hintergrund der Entstehungszeit der Gedichte und zum Inhalt: Was wird dargestellt? Worum geht es? Sie sollten in der Einleitung auch schon auf einen möglichen Deutungsansatz der Texte hinweisen.

Hauptteil

Häufig wird in der Aufgabenstellung eins der zu vergleichenden Gedichte als Ausgangspunkt der Analyse vorgegeben. Es empfiehlt sich daher, dieses Gedicht nach den Ihnen bekannten Kriterien möglichst vollständig zu analysieren (s. S. 541 ff.).
Für das zweite Gedicht wird oft keine vollständige Analyse verlangt, sondern es werden entweder Vergleichsaspekte vorgegeben oder Sie müssen diese eigenständig entwickeln. Achten Sie beim Fortschreiten des Vergleichs vom ersten zum zweiten Gedicht auf einen sinnvollen Überleitungssatz, z. B.: „Bei dem Vergleich der beiden Gedichte konzentriere ich mich auf folgende Vergleichskriterien ...“

Schluss

Fassen Sie Ihre Ergebnisse noch einmal im Überblick zusammen. Hier können Sie auch eine Bewertung der Gedichte vornehmen: Welche Problematik spricht Sie mehr an? Mit welcher Gedichtaussage können Sie sich eher identifizieren? ...

Arbeitsschritte

1. Lesen Sie die Texte, um sich einen ersten Eindruck von den Gedichten zu machen.
2. Verschaffen Sie sich durch nochmaliges Lesen ein erstes Textverständnis und versuchen Sie, erste Überlegungen zur Deutung anzustellen. Markieren Sie wichtige Textstellen, halten Sie Ihre Beobachtungen zum Inhalt, zur Intention und Form der Texte in stichwortartigen Randbemerkungen oder auch in einer Tabelle (vgl. das Beispiel) fest.

	Gedicht A	Gedicht B
Thema/Problem		
Inhalt/Intention		
Sicht des lyrischen Ichs		
Form: Strophenzahl, Reime, Metrum usw.		
Dominante Stilmittel: Metaphern, Wiederholungen, Parallelismen usw.		
Biografische Zusammenhänge		
Epochenbezüge		
Vergleichsaspekte		
Vergleichskriterien		

3. Entwickeln Sie mithilfe der Randbemerkungen, des Konzeptpapiers oder der Tabelle einen Schreibplan. Formulieren Sie mit diesen Grundlagen Ihre Analyse.
4. Überarbeiten Sie Ihren Text, indem Sie den Inhalt, den Aufbau und die sprachliche Form überprüfen.

Ein Beispiel

Die Autorinnen:

Catharina Regina von Greiffenberg (1633–1694), geboren in Niederösterreich, gestorben in Nürnberg, hat erst in der neueren Forschung die Bedeutung einer wichtigen Dichterin des Barock erlangt. Zu ihrer Zeit unternahm sie Bildungsreisen und beschäftigte sich mit Fragen der Dichtung und Kunsttheorie.

Mascha Kaléko (1907–1975) wird mit ihren Werken, vor allem mit ihren Gedichtveröffentlichungen, der kurzen Epoche der „Neuen Sachlichkeit" (etwa von 1925 bis 1933) zugeordnet. Das traditionelle Frauenbild löst sich in dieser Zeit auf, weil es sich zunehmend mit der modernen Welt verknüpft. Frauen melden sich nicht nur mit zahlreichen Angestellten-, Großstadt- und Industrieromanen und auch Lyrik zu Wort, sondern sie treten auch in den sich rasant entwickelnden modernen Medien (besonders im Film), in ihnen bislang unbekannten oder verweigerten Rollen, etwa als Rennfahrerinnen (Clärenore Stinnes), als Sportfliegerinnen (Elly Beinhorn), Bergsteigerinnen und Filmemacherinnen (Leni Riefenstahl), Weltreisende (Erika Mann und ihr Bruder Klaus), hervor. Die technisch versierte und sexuell wie beruflich emanzipierte Frau wird zum neuen Leitbild dieser Zeit.

Catharina Regina von Greiffenberg (1633–1694)

Auf meinen bestürmeten Lebens=Lauf

Wie sehr der Wirbelstrom so vieler Angst und plagen
mich drähet[1] um und um/ so bistu doch mein Hort[2]/
mein mittel punct/ in dem mein Zirkel fort und fort
mein Geist halb hafften bleibt vom Sturm unausgeschlagen.
Mein Zünglein[3] stehet stät[4]/ von Wellen fort getragen/
auf meinen Stern gericht. Mein Herz und Aug' ist dort/
es wartet schon auf mich/ am Ruhe=vollen Port[5];
dieweil muss ich mich keck[6] in weh und See hinwagen.
Offt will der Muht/ der Mast zu tausend trümmern springen
Bald thun die Ruder=Knecht/ die sinnen/ keinen Zug.
Bald kann ich keinen Wind/ in glaubens=Segel bringen.
Jetzt hab ich/ meine Uhr zu richten/ keinen fug[7].
Dann wollen mich die Wind auf andre Zufahrt dringen.
Bring' an den Hafen mich/ mein Gott/ es ist genug!

(1662)

Mascha Kaléko (1907–1975)

Für Einen

Die Andern sind das weite Meer.
Du aber bist der Hafen.
So glaube mir: kannst ruhig schlafen,
Ich steure immer wieder her.

Denn all die Stürme, die mich trafen,
Sie ließen meine Segel leer.
Die Anderen sind das bunte Meer,
Du aber bist der Hafen.

Du bist der Leuchtturm. Letztes Ziel.
Kannst, Liebster, ruhig schlafen.
Die Andern ... das ist Wellen-Spiel,

Du aber bist der Hafen.

(1934)

▶ **Aufgabenstellung**
Analysieren Sie das Gedicht „Auf meinen bestürmeten Lebens=Lauf" von Catharina Regina von Greiffenberg und vergleichen Sie es mit dem Gedicht „Für Einen" von Mascha Kaléko.

[1] **drähet:** dreht – [2] **Hort:** Schutz gewährender Ort – [3] **Zünglein:** Zeiger beim Kompass – [4] **steht stät:** steht still – [5] **Port:** Hafen – [6] **keck:** lebhaft, munter, stark – [7] **Fug:** Recht

So können Sie vorgehen

Analysieren Sie zunächst beide Gedichte (Gedichtanalyse s. S. 541 ff.). Legen Sie dann die Aspekte fest, die Ihnen für den Vergleich ergiebig erscheinen (Methoden des Textvergleichs – Ein Überblick, s. S. 554 f.).

Eine mögliche Lösung

Einleitung	Das Gedicht „Auf meinen bestürmeten Lebens=Lauf" von Catharina Regina von Greiffenberg (1633–1694) aus dem Jahr 1662 ist ein typisches Sonett aus der Epoche des Barock. Die Epoche des Barock ist wesentlich geprägt durch die Erfahrungen der Menschen im Dreißigjährigen Krieg (1618–1648), der bei ihnen tiefe Eindrücke hinterließ: Elend, Tod, Angst und, daraus resultierend, der Gedanke des „memento mori". Den Ausdruck der Angst und die Hinwendung zu Gott findet man auch in dem Gedicht von Catharina von Greiffenberg. Bei dem Gedicht von Mascha Kaléko (1907–1975), „Für Einen", das im Jahr 1934 erschienen ist, handelt es sich um ein Liebesgedicht, worauf schon der Titel hinweist. Das Gedicht nimmt zentrale Bilder des Barock-Gedichts auf, stellt sie jedoch in einen anderen Zusammenhang. ...	*Autorin, Titel, Gedichtart, Jahr* *Skizzierung des hist. Hintergrunds* *Inhalt und Deutungsansatz* *Autorin, Titel, Gedichtart, Jahr*
Hauptteil	Als Grundlage für den Vergleich wird zunächst das Gedicht von von Greiffenberg ausführlich analysiert. Es weist die typische Form eines Sonetts auf; es besteht aus vier Strophen, zwei Quartetten und zwei Terzetten. ... In dem Gedicht von Mascha Kaléko wird eine andere Haltung des lyrischen Ichs deutlich, was ein Schwerpunkt des folgenden Vergleichs sein wird. Des Weiteren werden die Form der Gedichte und zentrale sprachliche Bilder für einen Vergleich herangezogen. ...	*vollständige Analyse des ersten Gedichts* *Überleitung zum Vergleich* *Vergleichskriterien*
Schluss	Die Hinwendung im Barock zu einer übernatürlichen Instanz in der Not und mit der inständigen Gewährung der Zuflucht für den Menschen entspricht dem Lebensgefühl der Zeit mit ihrem historischen Hintergrund. Dieser Gedanke wird in dem Gedicht durch die zentrale Metapher des „Hafen[s]" (V. 14) ausgedrückt. Demgegenüber ist das Gedicht von Mascha Kaléko geprägt von einer eindeutigen Diesseitsorientierung und Lebenslust. Zuflucht bietet nicht eine übernatürliche Instanz, sondern der reale Lebenspartner. Ich persönlich ...	*Zusammenfassung der Analyseergebnisse* *persönliche Wertung*

Einen Film/eine Filmszene/ein Standbild analysieren – Ein Überblick

Das müssen Sie wissen

Ein fiktionaler Spielfilm (Dokumentarfilme bleiben hier außer Acht) lässt sich in vielerlei Hinsicht mit Erzähltexten vergleichen: Er stellt eine Handlung über einen gewissen Zeitraum vor, in der Menschen mit je eigenen Charaktereigenschaften miteinander agieren. Und indem der Zuschauer die Handlung und die in ihr vorgestellten Personen auf seine Wirklichkeit bezieht, gibt er dem Film – genau wie der Erzählung oder dem Schauspiel – einen Sinn, eine Bedeutung.
Ähnlich wie dem Schriftsteller stehen dem Regisseur/der Regisseurin eines Films spezifische Gestaltungsmittel zur Verfügung, um die Handlung darzubieten. Und ähnlich wie bei der Analyse eines literarischen Textes bzw. Textauszuges geht es bei der Analyse eines Films/einer Filmszene darum, die Gestaltung des Films/der Filmszene durch den Regisseur/die Regisseurin genau zu beschreiben und zu deuten. Dabei stehen dem Regisseur/der Regisseurin unterschiedliche Mittel zur Verfügung, mit denen er/sie die Filmszene gestalten kann. Solche Gestaltungsmittel sind im Wesentlichen

1. die Gestaltung des Erzählraums und der darin agierenden Figuren,
2. das Erzählverhalten (insbesondere durch die Kameratechnik),
3. die Erzählzeit,
4. die Motivverwendung,
5. die Montagetechnik,
6. der Filmton.

Eine Besonderheit liegt noch dann vor, wenn es sich bei dem Film um die Verfilmung eines literarischen Textes handelt. Hier steht zusätzlich die Frage nach dem Verhältnis von literarischer Vorlage und ihrer Verfilmung im Vordergrund.

1. Die Gestaltung des Erzählraums und der darin agierenden Figuren

Der Erzählraum übernimmt wichtige Funktionen für das Verständnis des Geschehens und das Agieren der Figuren. Von daher kommt seiner Ausstattung eine besondere Bedeutung zu. Spielt die Handlung z. B. in einer luxuriösen Villa, lässt dies bereits Rückschlüsse auf die soziale Position und eines damit verbundenen Handelns der Figuren zu. Durch Weite oder Enge von Räumen lässt sich auch das seelische Befinden von Handlungsfiguren symbolisieren. Landschaftsaufnahmen können z. B. die Funktion einer Vorausdeutung auf kommendes Geschehen übernehmen.
Zur Gestaltung von Räumen gehört auch die Licht- und Farbgestaltung. Durch die unterschiedliche Verwendung von Farben, Licht und Schatten lässt sich z. B. die emotionale Verfassung der Handlungsträger gut verdeutlichen.

Leitfragen:
- Wo spielt die Handlung?
- Wie sind die Handlungsräume gestaltet und ausgestattet?
- Haben sie eventuell einen symbolischen Wert?
- Welche Funktion haben die Landschaftsaufnahmen?
- Wie werden die Lichtverhältnisse gestaltet? Welche Farbgestaltung dominiert? Lässt sich ein Bezug von Licht- und Farbgestaltung zu den Handlungsträgern herstellen?

Bei der Analyse der Handlungsfiguren geht es im Wesentlichen um das Aufdecken typischer Charaktereigenschaften, die sich im Handeln der Figuren zeigen, und damit verbunden um das Erfassen der Motivation, aus der heraus die Figuren handeln. Dazu gehört auch das Erstellen und Auswerten der Figurenkonstellation und des Miteinander-Agierens. Von besonderer Bedeutung für das Erfassen des Charakters ist die Kostümierung, wodurch z. B. die soziale Position der Figur festgelegt wird. Kostümierung und soziale Position müssen dabei nicht immer übereinstimmen; die Kostümierung kann auch dazu dienen, die soziale Position zu verschleiern.

Leitfragen:
- Welche Figuren spielen eine Hauptrolle, welche eher eine Nebenrolle?
- Welche Charaktereigenschaften haben die Figuren? Entwickeln sich diese Eigenschaften im Verlaufe der Handlung?
- In welchem Verhältnis stehen die Handlungsfiguren zueinander? Wie kommunizieren sie miteinander?
- Gibt es Gesten, die für die Figuren typisch sind und die Rückschlüsse auf ihr seelisches Befinden oder ihren Charakter ziehen lassen?
- Wie sind die Figuren ausgestattet?

2. Das Erzählverhalten

In einem Film übernimmt die Kamera die Funktion eines Erzählers; durch sie wird dem Zuschauer die im Film gezeigte Wirklichkeit vermittelt. Sie bestimmt durch den unterschiedlichen Umgang mit der Kameratechnik die Haltung des Zuschauers zum gezeigten Geschehen und zu den Filmfiguren. Sie legt dabei die Sichtweise der Zuschauer auf diese Figuren fest.

Im Film ist dabei ein ständiger, oft auch unbemerkter Wechsel der Haltungen und Sichtweisen möglich. Dem Zuschauer kann durch die Veränderung des Kamerablicks innerhalb einer Szene sowohl ein Überblick über die Situation vermittelt als auch eine Identifikation mit den Filmfiguren vermittelt werden. Man unterscheidet zwei grundlegende **Einstellungen der Kamera**:

- Neutrale bzw. objektive Kamera: Die Kamera vermittelt dem Zuschauer einen Überblick über das Geschehen bzw. kann ihn zu allen Positionen führen, um ihn am Geschehen teilhaben zu lassen.
- Subjektive Kamera: Der Zuschauer hat das Gefühl, unmittelbar bei dem Geschehen dabei zu sein, wenn sich die Sichtweise oder Bewegung der Kamera mit dem Blick der Figuren bzw. dem des Zuschauers deckt. Die Perspektive der Kamera kann dabei der eines Menschen in Bewegung entsprechen: Die Kamera wird dann mit der Hand geführt, sie wackelt entsprechend, erzeugt unpräzise Ausschnitte und ahmt so die Wahrnehmung eines am Geschehen Beteiligten nach.

Von besonderer Bedeutung für die Wahrnehmung des Zuschauers sind die Kameraperspektive und die Einstellungsgröße.

- Bei den **Kameraperspektiven** unterscheidet man die Sicht von unten auf eine Person („Froschperspektive"), von oben auf das Geschehen („Vogelperspektive") und die Sicht aus der Augenhöhe des Zuschauers („Normalsicht"). Von jeder Perspektive geht eine besondere Wirkung aus. So erscheinen Personen, die aus der Froschperspektive aufgenommen sind, oft als mächtig und/oder bedrohlich.
- Bei der **Einstellungsgröße** unterscheidet man je nach Größe des gewählten Ausschnittes zwischen „Weit", „Totale", „Halbtotale", „Nah", „Groß", „Detail". Eine genaue Abgrenzung der Einstellungsgrößen gibt es nicht. Von jeder gewählten Einstellungsgröße geht eine besondere Wirkung auf den Zuschauer aus. So vermittelt die Totale eher einen Überblick über das Geschehen, während die Halbtotale z. B. eine Konzentration auf die Handlungsfiguren ermöglichen kann.

Leitfragen:

- Welche grundlegende Kameraeinstellung dominiert in dem Film bzw. der Filmszene?
- Welche Kameraperspektive und welche Einstellungsgröße hat der Regisseur/die Regisseurin jeweils in den Filmszenen gewählt?
- Soll der Zuschauer durch die Kameraführung Distanz zu dem Geschehen gewinnen oder soll er sich möglichst nahe bei den Figuren befinden?

3. Die Erzählzeit

Ein Film kann eine Handlung chronologisch erzählen, er kann die Handlung aber auch durch Rückblenden ergänzen, was dem Zuschauer oft durch ein Verschwimmen des Bildes angedeutet wird. Ein Erzählen von zwei Handlungssträngen, die gleichzeitig an verschiedenen Orten spielen, ist auch möglich, muss dem Zuschauer aber durch technische Hilfsmittel, wie z. B. das Einblenden von Schrifttafeln, deutlich gemacht werden.

Größere Zeitsprünge können auch im Film vorgenommen werden. Sie können durch das Altern der Schauspieler bzw. durch unterschiedliche Schauspieler gekennzeichnet werden oder ebenfalls durch Schrifttafeln.

Leitfragen:

- Wird die Handlung chronologisch erzählt oder gibt es Rückblenden? Welche Funktion erfüllen die Rückblenden?
- Gibt es größere Zeitsprünge in dem Film? Was wird ausgelassen und welcher Eindruck entsteht dadurch beim Zuschauer?

4. Motivverwendung

Als Motiv bezeichnet man die immer wiederkehrenden und bedeutungstragenden Elemente eines literarischen Textes, eines Musikstückes oder eines Films. Eine spezielle Form ist das Leitmotiv. So können Farben, Stimmungen, Symbole, Personen, Sätze, Redewendungen, Gesten und vieles mehr als Leitmotive verwendet werden. Durch seine häufige Wiederholung kann ein Leitmotiv eine ordnende bzw. verbindende Funktion innerhalb eines Textes oder Films haben oder die Charakteristika einer Figur, eines Ortes, einer Zeit oder eines Konflikts betonen.

Leitfragen:

- Gibt es Filmelemente, die immer wieder in bestimmten Situationen auftauchen und die so die Funktion eines Leitmotivs erfüllen?
- Was ist das Kennzeichnende der Situationen, in denen dieses Filmelement auftaucht?

5. Die Montagetechnik

Der endgültige Film entsteht erst nach Abschluss der Dreharbeiten im Schneideraum. Hier wird das abgedrehte Filmmaterial, das oft viele Stunden umfasst, zurechtgeschnitten auf die Spielfilmlänge. Durch die Schnitttechnik lassen sich eine Reihe von besonderen Effekten erzielen. Diesen kreativen Vorgang des Verknüpfens von mindestens zwei Einstellungen zu einer inhaltlichen Einheit nennt man „Montage".

Die wohl am häufigsten verwendete Möglichkeit, unterschiedliche Einstellungen aneinanderzureihen, ist die sogenannte erzählende oder szenische Montage. Die Aufmerksamkeit der Zuschauer soll ausschließlich auf die erzählte Geschichte, die Figuren und ihre Handlungen gerichtet sein. Die Einstellungen sind daher in der Regel inhaltlich so aufeinander bezogen, dass man die Schnitte kaum wahrnimmt. Bei den Zuschauern bleibt der Eindruck einer fortlaufenden Handlung gewahrt.

Bei der filmischen Darstellung von Gesprächen und als spannungssteigerndes Element wird häufig das „Schuss-Gegenschuss-Verfahren" eingesetzt: Die Zuschauer nehmen hierbei wechselseitig die Blickrichtung eines der Gesprächspartner ein. Sie können so zum einen aus der Perspektive des Zuhörenden den Sprechenden sehen oder aber umgekehrt mit dem Sprechenden die Reaktion beim Zuhörenden beobachten. Bei der Darstellung eines Gesprächs wird die Blickrichtung der Rezipienten in der Regel mehrfach gewechselt. Dieses Verfahren kann die emotionale Teilnahme der Zuschauer fördern und insbesondere durch die sehr rasche Schuss-Gegenschuss-Montage die Spannung steigern.

Ebenfalls der Spannungssteigerung dient es, wenn eine Handlung, z. B. eine Flucht, aus zwei Blickwinkeln montiert wird, die ständig wechseln.

Leitfragen:

- Wird die Handlung kontinuierlich, d.h. ohne größere Beeinflussung durch die Schnitttechnik, erzählt oder dominiert ein häufiger Blickwechsel?
- Handelt es sich um längere oder kürzere Einstellungen?
- Welche Wirkung übt die Schnitttechnik auf die Wahrnehmung des Zuschauers auf?
- Wie ist das Tempo der unterschiedlichen Sequenzen und welche Wirkung haben die unterschiedlichen Tempi auf den Zuschauer?

6. Der Filmton

Unter Filmton sind hier sowohl die musikalische Untermalung eines Films wie auch eingesetzte Geräusche gemeint. Er dient in der Regel dazu, die jeweiligen Gefühle der Hauptfiguren sowie die Atmosphäre zu unterstützen. Die Filmmusik kann als Spannungselement dienen, was sich in einer gesteigerten Dynamik und Lautstärke der Musik äußern kann. Sie kann aber auch als spannungslösendes Mittel eingesetzt werden. Insgesamt unterstützt der Charakter der Musik den Charakter des Films: Ein Thriller und eine Komödie unterscheiden sich auch durch den eher ernsthaften bzw. heiteren Charakter der musikalischen Untermalung. Die Filmmusik kann auch die Funktion eines Leitmotivs einnehmen, z. B. wenn eine bestimmte Melodie an zentralen Stellen des Films eingesetzt wird.

Geräusche dienen zum einen der realistischen Gestaltung der Handlung, wenn diese z. B. in einer Großstadt spielt. Sie können aber auch ein spannungssteigerndes Element sein, z. B. ein tropfender Wasserhahn in einer Situation des gespannten Wartens. Die Tonquelle, also der Geräuschträger, kann im Bild sichtbar sein (On-Ton), aber auch nicht sichtbar (Off-Ton), wodurch sich ein zusätzlicher Spannungseffekt ergeben kann.

Leitfragen:

- Wo wird im Film Musik eingesetzt und welchen Charakter hat sie (Instrumentierung, Tonlage, Tempo, Lautstärke)?
- Inwiefern unterstützt sie die Atmosphäre der Handlung bzw. dient sie der Spannungssteigerung oder dem Abbau von Spannung?
- Gibt es immer wiederkehrende musikalische Motive? An welchen Stellen der Handlung werden sie eingesetzt? Welche Funktion übernehmen sie?
- Wo werden im Film gezielt Geräusche eingesetzt und welche Funktion übernehmen die Geräusche für die Wahrnehmung des Zuschauers?
- Sind die Geräuschträger im Film zu sehen (On-Ton) oder für den Zuschauer unsichtbar (Off-Ton)?

Die literarische Verfilmung

Ein literarisches Werk zu verfilmen bedeutet immer auch, es zu interpretieren. Dies geschieht durch jede Entscheidung, die der Regisseur (bzw. auch der Drehbuchschreiber) trifft: Zu entscheiden ist, welche Teile der Handlung gezeigt und welche ausgespart werden, wie die Räume gestaltet werden, welche Schauspieler ausgesucht werden, wie die Figuren ausgestattet werden, wie sie ihre Beziehung zu den anderen Handlungsfiguren gestalten etc. Dabei können sich Regisseur und Drehbuchschreiber eng an die Vorlage halten, sie können aber auch die Vorlage verändern. Der Rezipient, der Zuschauer also, entscheidet letztlich, ob er die Verfilmung dem literarischen Werk für angemessen hält oder nicht.

Leitfragen:

- Inwieweit entspricht die Filmhandlung der Handlung der literarischen Vorlage, werden bestimmte Akzente durch Auslassen von Handlungsteilen gesetzt?
- Inwieweit deckt sich die Gestaltung der Figuren mit der Vorstellung, die sich der Leser auf der Grundlage des literarischen Werkes gemacht hat?
- Werden bestimmte Charaktereigenschaften der Figuren besonders hervorgehoben? Deckt sich das mit den Eindrücken der Lektüre der Vorlage?
- Durch welche filmtechnischen Mittel versucht der Regisseur, die Atmosphäre der literarischen Vorlage wiederzugeben?
- Gibt der Film neue Impulse für das Verständnis der literarischen Vorlage?

Den Inhalt eines Sachtextes zusammenfassen

Das müssen Sie wissen

Bei der Zusammenfassung eines Sachtextes geht es in erster Linie darum, den Leser/die Leserin über den Inhalt eines Textes zu informieren. Dies geschieht über die Beschreibung des Textaufbaus, also in der Regel analog zu den einzelnen Text- oder auch Sinnabschnitten. Anders als in der klassischen Sachtextanalyse beschränkt man sich bei der Zusammenfassung eines Textes vor allem auf das „Was“ des Textes. Daneben kann auch noch auf die Aufgabe der jeweiligen Sinnabschnitte eingegangen werden.

Einleitung	In der Einleitung nennt man den Verfasser/die Verfasserin, den Titel, die Textsorte, das Thema sowie ggf. Erscheinungsort und -jahr des Sachtextes.
Hauptteil	Im Hauptteil werden die Informationen der einzelnen Textabschnitte knapp mit eigenen Worten zusammengefasst. Dafür gliedert man den Text idealerweise in Sinnabschnitte. Unter einem Sinnabschnitt versteht man eine Textsequenz, die inhaltlich zusammengehört bzw. einem Gedankengang zuzuordnen ist. Oftmals findet man Sachtexte bereits schon derartig vorgegliedert, dass ein Absatz einem Sinnabschnitt entspricht. Dies muss aber nicht zwangsläufig so sein. Manchmal ist es zweckdienlicher, mehrere Absätze zu einem gemeinsamen Sinnabschnitt zusammenzufassen. Hat man den Sachtext in verschiedene Sinnabschnitte gegliedert, durchschaut man seinen Aufbau und damit auch seine Wirkung leichter. Daher ist es häufig sinnvoll, den Leser/die Leserin auch über die Aufgabe der einzelnen Sinnabschnitte zu informieren, z. B. über den Bezug der jeweiligen Abschnitte zueinander.
Schluss	Im Schlussteil wird die Gesamtaussage des Textes zusammenfassend und in knapper Form dargestellt. (Der inhaltlich erläuterte Sachtext kann hinsichtlich seines Aufbaus, seiner Wirkung oder Intention im Rahmen eines kurzen Fazits bewertet werden.)
Sprache	Die gewählte Sprache sollte sachlich und informativ sein, umgangssprachliche Formulierungen sollten vermieden werden. Durch Nutzung der indirekten Rede ermöglicht man es dem Leser oder der Leserin, zwischen dem Gedankengang des Bezugstextes und den eigenen Ausführungen zu unterscheiden. Bei der Zusammenfassung eines Sachtextes sollte man mit Zitaten möglichst sparsam umgehen. Wörtliche Zitate müssen immer mit Anführungszeichen und Seiten-/Zeilenangaben, sinngemäße Zitate mit einem „Vgl.“ kenntlich gemacht werden. Als Tempus wählt man das Präsens.

Formulierungs-hilfen	Folgende Formulierungen können bei der inhaltlichen Zusammenfassung der Sinnabschnitte im Hauptteil hilfreich sein: Die Autorin/Der Autor • nennt als grundlegende Fragestellung für seine Ausführungen ... • informiert (im ersten Abschnitt) darüber, dass ... • stellt (im zweiten Sinnabschnitt) die Behauptung auf, dass ... • belegt ihre/seine Ansicht mithilfe ... • führt im Folgenden ein Beispiel ein ... • verdeutlicht ihre/seine These, indem ... • gibt ihre/seine persönliche Meinung/die Meinung eines anderen wieder ... • gibt einen Ausblick auf die Zukunft ..., blickt zurück ... • kritisiert ... • appelliert an ... • beruft sich auf eine Autorität, indem ... • zieht die Schlussfolgerung ... • fasst abschließend seine/ihre Position dahingehend zusammen, dass ...
Arbeitsschritte	**A Vorarbeiten** 1. Erstes, überfliegendes Lesen, um einen Überblick zu gewinnen 2. Zweites, gründliches Lesen, um ein vollständiges Textverständnis zu bekommen; Klärung unbekannter Begriffe, Markieren zentraler Textstellen/Schlüsselwörter 3. Erschließen des Themas des Textes: „In dem Text geht es um ..." 4. Erschließen des inhaltlichen Aufbaus: Gliederung des Textes in Sinnabschnitte (Absätze) und ggf. Formulierung von Zwischenüberschriften auf einem Schmierzettel **B Niederschrift nach Erstellung einer Gliederung** 5. Zusammenfassung des Inhalts und der Aufgabe des jeweiligen Abschnitts mit eigenen Worten (bei wörtlicher Wiedergabe Beachtung der Zitierregeln) 6. Ggf. (sprachliche) Überarbeitung des Textes; dabei auf sinnvolle Verknüpfung von Einleitung, Hauptteil und Schluss achten

Ein Beispiel

Christian Heinrich

Fehler machen Worte

Die Sprache wandelt sich ständig – und wir alle sind daran beteiligt. Was treibt uns an?

Der Keks musste viel aufgeben, um in die deutsche Sprache zu gelangen. Dabei hatte er es anfangs noch leicht. „Was ißt die Menschheit unterwegs? Na selbstverständlich Leibniz-Cakes", riefen Werbeplakate im Jahr 1898 den Menschen zu – schlagartig machte Bahlsen das englische Wort *cake* in Deutschland bekannt. Dann setzte die Germanisierung ein: Das a in Cakes wurde durch ein e ersetzt, das hintere e verschwand. Aus einem C wurde ein K.
Zudem wurde der englische Plural mit seinem s zum deutschen Singular – stattdessen halste man dem gebeutelten Wort einen eigenen Plural in Form eines e auf. Ein Keks, viele Kekse. Schließlich war das Kunstwort in der deutschen Sprache angekommen: 1919 fand der Keks Eingang in den Duden.
Eine Misshandlung der Sprache, empörten sich damals die Bildungsbürger. Doch sie hatten dem neuen Wort nicht viel entgegenzusetzen. Seit es den Keks gab, war der Begriff Feingebäck einfach nicht mehr hip. Hip? Verzeihung: zeitgemäß.
Die Sprache wandelt sich, und sie geht dabei ihren eigenen Weg, früher wie heute. Sprachwächter wie der *Spiegel*-Kolumnist Bastian Sick oder der Kritiker Wolf

Schneider können vor Anglizismen warnen, so viel sie wollen, Intellektuelle in den Feuilletons unermüdlich den Verfall der deutschen Sprache monieren – aber im Grunde begleiten sie alle nur einen Prozess, auf den sie eigentlich kaum Einfluss haben. Niemand gibt den fast 100 Millionen Menschen, die Deutsch als ihre Muttersprache bezeichnen, eine Richtung vor. Und doch kommt es in der Sprache ständig zu Veränderungen. [...]

Wie lassen sich solche Veränderungen erklären? Warum weichen wir, die Deutschsprechenden, immer wieder vom herkömmlichen Gebrauch der Sprache ab – oft gemeinsam und koordiniert, aber ohne uns dessen bewusst zu sein? Bei solchen Fragen kommt der Linguist Rudi Keller auf die Trampelpfade zu sprechen.

Über die Rasenflächen des Campus der Universität Düsseldorf, an der Keller lehrt, zieht sich ein Netz von Trampelpfaden. Betrachtet man die Wege von oben, wird schnell klar: Dieses scheinbar zufällig entstandene Netz ist ökonomisch und durchdacht – und in seiner Struktur den von Architekten angelegten Pflasterwegen weit überlegen. Das liegt aber nicht an der Intelligenz oder Planung der Beteiligten – sondern an ihrer Faulheit. Freundlicher ausgedrückt: Die Studenten und Angestellten wollen einfach schneller von der Bibliothek zum Hörsaal gelangen.

„Auch in der Sprache muss man zuerst die Motivation untersuchen, wenn man wissen will, warum sie sich ändert“, sagt Keller. Eines der Urmotive sei hier ebenfalls, Energie zu sparen, ergo: Bequemlichkeit. Ganz so einfach lässt sich das in der Praxis aber nicht immer umsetzen. Wer in der Sprache abweicht von den gepflasterten Wegen, feststehenden Grammatikregeln und dem linguistischen Allgemeingut, macht formal gesehen zunächst einen Fehler. Dessen einzige Beachtung besteht anfangs häufig in seiner Verurteilung: Schlampiger Sprachgebrauch, nein danke! „Solange Fehler nicht systematisch gemacht werden, bleiben sie folgenlos“, sagt Keller.

Machen aber alle denselben Fehler, dann ist er keiner mehr. Auf dem Düsseldorfer Campus wurden Pfade erst sichtbar, nachdem das Gras von einzelnen Übeltätern, die sich im Nachhinein als Pioniere erwiesen haben, niedergetrampelt war. Bald benutzten immer mehr Menschen die neuen Wege. Die Vorzüge der neuen Option hatten sie überzeugt.

In der Sprache kämpfen etliche Abweichungen darum, sich im Alltag durchzusetzen. „Im Herbst diesen Jahres“ etwa gilt als falsch, richtig ist „im Herbst dieses Jahres“. Aber sogar in Nachrichtensendungen hört man häufig die falsche Variante. Der Grund: Die meisten ähnlichen Konstruktionen tragen ein n, „im Herbst vergangenen Jahres“ und „im Herbst nächsten Jahres“ beispielsweise. Ein ausreichendes Motiv, meint Keller. Was heute noch falsch ist, könnte morgen die Regel sein.

Da sich neue Normen scheinbar wie von selbst etablieren, obwohl alle Beteiligten nur nach eigenen Motiven handeln, spricht Keller in Anlehnung an Adam Smith von der „unsichtbaren Hand“. Besonders in der gesprochenen Sprache lässt sich deren Wirken immer wieder beobachten. Die Konstruktion „wir haben“ etwa wird längst häufig als „wir ham“ ausgesprochen. Faulheit. Auf die Orthografie, die Schriftsprache, hat das bislang keine Auswirkungen. Dies kann sich jedoch ändern. Das einstmals gebräuchliche Aufzählwort „sibuntozehanto“[1] etwa hat sich schließlich auch nach und nach den Verkürzungen der gesprochenen Sprache gebeugt: Heute spricht und schreibt man einheitlich „siebzehnte“. „Wahrscheinlich wird in einigen Jahrzehnten oder Jahrhunderten in der Schriftsprache auch ‚wir haben‘ durch ‚wir ham‘ ersetzt sein“, prognostiziert Keller. [...]

(DIE ZEIT, Nr. 19, 2009)

▶ **Aufgabenstellung**

Fassen Sie den Inhalt des Sachtextes „Fehler machen Worte“ zusammen.

So können Sie vorgehen

1. Lesen Sie den vorliegenden Sachtext zunächst ein Mal, um einen ersten Überblick zu gewinnen.
2. Die zweite, gründliche Lektüre dient dazu, ein möglichst vollständiges Textverständnis zu bekommen. Markieren Sie dafür zentrale Textstellen und klären Sie unbekannte Begriffe. Formulieren Sie für sich das Thema des Textes mit eigenen Worten.

[1] **sibuntozehanto:** im Althochdeutschen (um 800 n. Chr.) „der Siebzehnte“

3. Legen Sie eine Tabelle nach folgendem Muster an. Erschließen Sie mit ihrer Hilfe den inhaltlichen Aufbau des Textes, indem Sie ihn in Sinnabschnitte untergliedern. Geben Sie den Inhalt der einzelnen Abschnitte mit eigenen Worten stichpunktartig wieder.

Zeilen	Inhalt – Was wird gesagt?	Welche Aufgabe hat die Aussage?
1–2	Behauptung des Sprachwandels, Frage nach den Gründen	Einleitung, grundlegende Fragestellung
3–22	Sprachgeschichtliche Erläuterung der Entstehung des Wortes „Keks“: Ursprung im Englischen „cake“, dann Germanisierung	Veranschaulichung durch Beispiel
23–…	…	…

4. Ermitteln Sie die Aufgabe des jeweiligen Sinnabschnitts und notieren Sie diese in der entsprechenden Spalte.

5. Fassen Sie den Inhalt und die Aufgabe des jeweiligen Abschnitts mit eigenen Worten zusammen, beachten Sie dabei die Zitierregeln.

6. Überarbeiten Sie abschließend Ihren Text. Achten Sie dabei auf eine sinnvolle Verknüpfung von Einleitung, Hauptteil und Schluss sowie der einzelnen Textteile. Verwenden Sie dabei auch einige der vorgeschlagenen Formulierungshilfen.

Eine mögliche Lösung

Einleitung	Der vorliegende Sachtext „Fehler machen Worte“ von Christian Heinrich beschäftigt sich mit dem Phänomen des Sprachwandels und stellt als dessen mögliche Erklärung die sogenannte Trampelpfad-Theorie vor.	*Textsorte, Autor, Titel, Thema*
Hauptteil ***1. Abschnitt***	Der Text beginnt mit der Behauptung, dass sich die Sprache ständig wandle und alle Menschen daran beteiligt seien. Es wird die Frage nach den Ursachen für dieses menschliche Verhalten gestellt, auf die in der Folge eine mögliche Antwort gegeben werden soll.	*Einleitung*
2. Abschnitt	Anschließend (Z. 3–22) gibt Heinrich ein anschauliches und populäres Beispiel dafür, wie Wörter aus dem Englischen ihren Weg in die deutsche Sprache gefunden haben. So gelang es zum Beispiel der Werbesprache aus kommerziellem Interesse, aus einem „Leibniz-Cake“ das Kunstwort „Keks“ zu „erfinden“ und in den allgemeinen deutschen Sprachgebrauch zu überführen. … …	*Beispiel*
Schluss	In dem informierenden Sachtext zeigt der Verfasser auf, dass die Sprache einer ständigen Veränderung unterliegt, die zwar von den Sprechern hervorgerufen wird, aber vom Einzelnen nicht zu beeinflussen ist. …	

▶ *Schreiben Sie den Hauptteil und den Schluss zu Ende.*

Einen argumentativen Sachtext analysieren

Das müssen Sie wissen

Bei der **Analyse eines argumentativen Sachtextes** geht es in einem ersten Schritt darum, den Leser/die Leserin über den Inhalt eines Textes zu informieren. Darüber hinaus soll in einem zweiten Schritt untersucht werden, auf welche Art und Weise der Verfasser seinen Standpunkt argumentativ zu stützen versucht, welche sprachlichen Strategien er dabei anwendet und welche Wirkung er mithilfe der verwendeten sprachlich-rhetorischen Mittel erzielt. Neben der inhaltlichen Analyse gewinnt also die Formanalyse an Bedeutung, neben das „Was" (Was sagt der Text aus?) eines Textes tritt das „Wie" (Wie ist der Text gemacht?).

Einleitung	In der Einleitung nennt man den Verfasser/die Verfasserin, den Titel, die Textsorte, das Thema sowie ggf. Erscheinungsort und -jahr des Sachtextes.
Hauptteil	Im Hauptteil sollten die Informationen der einzelnen Textabschnitte zunächst knapp mit eigenen Worten zusammengefasst werden. Dafür gliedert man den Text idealerweise in Sinnabschnitte. Nach dieser rein inhaltlichen Arbeit geht es in einem zweiten Schritt in einer Detailanalyse darum, den **Aufbau** des Textes, also auch den Bezug der einzelnen Abschnitte zueinander, zu untersuchen. Nennt der Autor in seinem Text beispielsweise ausschließlich Argumente, die seine These stützen, spricht man von einer linearen (thetischen) **Argumentationsstruktur**; erwähnt er auch Gegenargumente, bezeichnet man diese als dialektisch (antithetisch). Um die Strategie des Autors zu verstehen, können z. B. die Reihenfolge der vom Autor gewählten Argumente, der gewählte **Argumentationstyp** (Autoritäts- oder Faktenargument, normatives oder analogisierendes Argument), der Wortschatz, Satzbau oder Stil des Textes eine wichtige Rolle spielen. Man untersucht auch die **Funktion** der Argumente hinsichtlich der **Intention** (Absicht/Ziel) des Autors.
Schluss	Am Ende steht eine kurze Zusammenfassung der Gesamtaussage des Textes. Der untersuchte Sachtext kann mit Bezug auf die Analyseergebnisse im Hauptteil hinsichtlich seiner Wirkung und der Intention des Autors **bewertet** werden. Neben der Einschätzung der Vorgehensweise des Autors kann im Schlussteil auch eine persönliche, gut begründete Meinung mit Blick auf Schlüssigkeit und Verständlichkeit des Textes formuliert werden. Dieses **Fazit** kann zustimmend, ablehnend oder ausgewogen ausfallen.
Sprache	Die Sprache einer Sachtextanalyse sollte sachlich und informativ sein, umgangssprachliche Formulierungen sollten vermieden werden. Wörtliche Zitate müssen immer mit Anführungszeichen und Seiten-/Zeilenangaben, sinngemäße Zitate mit einem „Vgl." kenntlich gemacht werden. Die Nutzung der **indirekten Rede** ermöglicht es dem Leser der Sachtextanalyse, zwischen dem Gedankengang des Bezugstextes und dem der Analyse zu differenzieren. Als Tempus wählt man das **Präsens**.
Formulierungshilfen	Folgende Formulierungen können bei der Analyse des Argumentationsgangs im Hauptteil hilfreich sein: Der Autor/Die Autorin • informiert darüber, dass ... • vertritt die These/stellt die Behauptung auf, dass ... • verdeutlicht seine These, indem ...

	• gibt ein Beispiel, um ... zu • beruft sich auf eine Autorität, sodass ... • nutzt hier ein Faktenargument, um zu verdeutlichen, dass ... • belegt seine Position mithilfe von ... • appelliert an ... • fasst abschließend zusammen ...
Arbeitsschritte	**A Vorarbeiten** 1. Erstes, überfliegendes Lesen, um einen Überblick zu gewinnen 2. Zweites, gründliches Lesen, um ein vollständiges Textverständnis zu bekommen; Klärung unbekannter Begriffe, Markieren zentraler Textstellen/Schlüsselwörter 3. Erschließen des Themas des Textes: „In dem Text geht es um ...“ 4. Erschließen des inhaltlichen Aufbaus: Gliederung des Textes in Sinnabschnitte (Absätze) und ggf. Formulierung von Zwischenüberschriften auf einem Notizzettel 5. Formale Erschließung des Aufbaus einzelner Argumente sowie des argumentativen Gedankengangs des Autors; Bestimmung der Funktion der einzelnen Argumente für den argumentativen Gesamtaufbau des Textes bzw. für die Intention; Analyse der Sprache im Hinblick auf ihre Funktion für die Argumentation **B Niederschrift nach Erstellung einer Gliederung** 6. Zusammenfassung des Inhalts und der Aufgabe des jeweiligen Abschnitts mit eigenen Worten sowie Analyse von Sprache und Argumentationsweise (bei wörtlicher Wiedergabe Beachtung der Zitierregeln) 7. Ggf. (sprachliche) Überarbeitung des Textes; dabei auf sinnvolle Verknüpfung von Einleitung, Hauptteil und Schluss achten

Ein Beispiel

Ulrich Greiner

Die ZEIT-Schülerbibliothek[1]

Weshalb wir einen literarischen Kanon[2] brauchen

Es geschieht am Abend des ersten Tages, nach der Verwandlung von Nils Holgersson[3] in einen Däumling. Den ganzen Tag über ist Nils auf dem Rücken des weißen Gänserichs mitgeflogen, und er hat vor lauter Staunen über diesen wunderbaren Blick vom Himmel auf die Erde hinab seine Schande ganz vergessen, die Schande, dass er für seine Bosheit gegen den Kobold schwer bestraft worden ist und dass er nicht weiß, wann er sich je wieder unter den Menschen blicken lassen darf. Jetzt aber, da er sich müde und elend fühlt und da sich die Gänse draußen auf dem Eis zum Schlafen niederlegen, kommt Akka von Kebnekajse, die Leitgans, auf ihn zu und sagt, nachdem sie sich gravitätisch[4] vorgestellt hat: „Du musst nicht glauben, dass wir unseren Schlafplatz mit jemandem teilen, der nicht sagen will, welcher Familie er entstammt.“

[1] Bei der ZEIT-Schülerbibliothek handelt es sich um ein Projekt der Wochenzeitschrift „Die ZEIT“, das sich zum Ziel gesetzt hatte, 50 Titel der deutschsprachigen Literatur von den Anfängen bis zur Gegenwart zusammenzustellen, die als besonders wertvoll für Schülerinnen und Schüler ab zehn Jahren angesehen wurden. Die Auswahl der Titel erfolgte durch eine Jury, bestehend aus zwei Schülern, zwei Deutschlehrern, zwei Schriftstellern und zwei Redakteuren der Wochenzeitschrift „Die ZEIT“. Wöchentlich wurde in der ZEIT ein Buch vorgestellt. – [2] **Kanon:** Zusammenstellung von Werken, die als besonders lesenswert angesehen werden – [3] **Nils Holgersson:** Hauptfigur des Romans „Die wunderbare Reise des Däumlings Nils Holgersson mit den Wildgänsen“ (1906/07) der schwedischen Literaturnobelpreisträgerin Selma Lagerlöf (1858–1940). In dem Buch geht es um den Jungen Nils Holgersson, der aufgrund eines Fehlverhaltens in einen daumengroßen Wichtel verwandelt wird und anschließend Freundschaft mit Wildgänsen schließt und mit ihnen durch das Land fliegt. Auf dieser Reise bewährt er sich und wird am Ende wieder zurückverwandelt. – [4] **gravitätisch:** würdevoll

In diesem Augenblick erwacht in Nils Holgersson der Stolz, und obwohl er sich seiner Geschichte schämt, erzählt er, wer er eigentlich ist. Er nimmt den Schmerz der Erinnerung auf sich, er nimmt die Schuld an, und das ist der Anfang seiner Rückkehr unter die Menschen und seiner Heimkehr zu den Eltern.

Selma Lagerlöfs Roman ist eine große Metapher für die Notwendigkeit des Erinnerns. Er erzählt den schwedischen Kindern von ihrer Heimat, von Natur und Landschaft, und er öffnet ihnen den Blick für die Tiefe des historischen Raums. Sie sollen wissen, woher sie kommen, und sie erfahren es aus den Märchen und Sagen, aus den Fabeln und Legenden, in denen das Leid und das Glück der Ahnen aufgehoben sind.

Friedrich Schiller zeigt in seiner berühmten Rede *Was heißt und zu welchem Ende studiert man Universalgeschichte?* (26. Mai 1789 in Jena), wie wir alle auf den Schultern unserer Vorfahren stehen. „Selbst in den alltäglichsten Verrichtungen des bürgerlichen Lebens können wir es nicht vermeiden, die Schuldner vergangener Jahrhunderte zu werden." Daraus leitet er nicht allein die Notwendigkeit ab, die Geschichte zu kennen, deren vorläufiges Endprodukt wir sind, sondern auch die Verpflichtung, unseren Nachkommen diese Kenntnis zu überliefern.

Zu seinen Studenten, also zu uns, sagt Schiller: „Aus der Geschichte erst werden Sie lernen, einen Wert auf die Güter zu legen, denen Gewohnheit und unangefochtener Besitz so gern unsre Dankbarkeit rauben. Und welcher unter Ihnen könnte dieser hohen Verpflichtung eingedenk sein, ohne dass sich ein stiller Wunsch in ihm regte, an das kommende Geschlecht die Schuld zu entrichten, die er dem vergangenen nicht mehr abtragen kann? Ein edles Verlangen muss in uns entglühen, zu dem reichen Vermächtnis von Wahrheit, Sittlichkeit und Freiheit, das wir von der Vorwelt überkamen und reich vermehrt an die Folgewelt wieder abgeben müssen, auch aus unsern Mitteln einen Beitrag zu legen, und an dieser unvergänglichen Kette, die durch alle Menschengeschlechter sich windet, unser fliehendes Dasein zu befestigen."

Die wirkliche Katastrophe der gegenwärtigen, durch die PISA-Studie[1] neu entfachten Bildungsdebatte liegt darin, dass sich alle Energie auf die Steigerung von Leistung und Effizienz richtet, dergestalt, dass Fächer, die keinen unmittelbaren Nutzen für den Wirtschaftsstandort Deutschland zu haben scheinen, ins Hintertreffen geraten. Das gilt für Musik, Literatur, Kunst und Geschichte und für die alten Sprachen sowieso.

Wenn aber der Begriff Bildung überhaupt einen Sinn hat, dann verknüpft er sich mit der Idee, den ganzen Menschen in all seinen Fähigkeiten auszubilden; und dazu gehört zweifellos die Fähigkeit, Schmerz ebenso zu empfinden wie Glück; die Fähigkeit, zwischen schön und hässlich, zwischen gut und böse unterscheiden zu können; schließlich die Fähigkeit, ein gutes, ein richtiges, ein verantwortliches Leben zu führen.

Das ist nicht schwer, aber es ist nicht leicht. Denn Voraussetzung dafür ist etwas wie Selbstbewusstsein, Selbstkenntnis. Sich selber kann man nur kennen, wenn man annähernd weiß, wer man ist, wo man herkommt. Ohne die Kenntnis der Herkunft gibt es keine Zukunft, und das wiederum heißt, dass es gelingen muss, „unser fliehendes Dasein an der unvergänglichen Kette der Überlieferung zu befestigen".

Das Medium dieser Überlieferung ist die Historiografie[2], und die umfasst nicht allein die wissenschaftlichen Werke, sondern vor allem die Mythen, die Märchen, die Dramen und die Epen. Der Schriftsteller Ludwig Harig[3] hat einmal gesagt: Nur der erzählende Mensch ist ein Mensch. Und nur der erzählte Mensch ist ein Mensch. Die Literatur ist die Geschichte des erzählenden und des erzählten Menschen.

[...]

Jeder von uns sollte die Chance haben, den Reichtum des Überlieferten kennenzulernen, und jeder sollte in der Lage sein, der großen alten Akka von Kebnekajse antworten zu können, wenn sie sagt: „Du musst nicht glauben, dass wir unseren Schlafplatz mit jemandem teilen, der nicht sagen will, welcher Familie er entstammt."

(DIE ZEIT, Nr. 42, 2002)

▶ Aufgabenstellung

Analysieren Sie den argumentativen Sachtext „Die ZEIT-Schülerbibliothek" von Ulrich Greiner.

[1] **PISA-Studie:** internationale Schüler-Vergleichsstudie im Jahre 2001, bei der die deutschen Schülerinnen und Schüler im Vergleich mit anderen Ländern auffällig schlecht abschnitten – [2] **Historiografie:** Geschichtsschreibung – [3] **Ludwig Harig:** deutscher Schriftsteller (geb. 1927)

So können Sie vorgehen

1. Lesen Sie den vorliegenden Sachtext von Ulrich Greiner zunächst ein Mal durch, um einen ersten Überblick zu gewinnen. Klären Sie für sich: Was ist das Thema des Textes, was seine zentrale Aussage?

2. Um ein vollständiges Verständnis zu bekommen, klären Sie bei einem zweiten, genauen Lesen unbekannte Begriffe. Markieren Sie Ihnen zentral erscheinende Textstellen, formulieren Sie dann das Thema des Textes mit eigenen Worten.

3. Legen Sie auf einem Notizzettel eine Tabelle nach folgendem Muster an und erschließen Sie den inhaltlichen und argumentativen Aufbau des Textes, indem Sie ihn in Sinnabschnitte gliedern und den Inhalt der jeweiligen Abschnitte, deren argumentative Funktion und Auffälligkeiten zur Sprache stichpunktartig wiedergeben.

Abschnitt	Inhalt: Was wird gesagt	Aufgabe/Funktion des Abschnitts	Sprachliche Auffälligkeiten
1 (Z. 2–31)	eine Episode aus dem Buch über die Abenteuer Nils Holgerssons	direkter Einstieg in die Argumentation mit einem Beispiel für die Funktion der Literatur, Kenntnisse über die Heimat und die eigene Herkunft zu überliefern; Leserinteresse wecken	stark literarisch geprägte Sprache („Es geschieht am Abend des ersten Tages ...“, Z. 2)
2 (Z. 32–58)	...	Verweis auf Friedrich Schiller als Autorität	mehrere Zitate (vgl. 35 ff.); Gleichsetzung des Lesers mit den Studenten Schillers (Z. 43)
3	...	...	...
4	...	...	...
5	...	...	...

4. Verfassen Sie nun auf der Grundlage der Tabelle Ihre Sachtextanalyse. Nutzen Sie bei der Darstellung der Textinhalte die indirekte Rede und beachten Sie bei wörtlichen Wiedergaben die Zitierregeln (s. S. 590 f.).

5. Überarbeiten Sie abschließend Ihren Text. Achten Sie dabei auf eine sinnvolle Verknüpfung von Einleitung, Hauptteil und Schluss sowie der einzelnen Textteile. Nutzen Sie dabei auch einige der angegebenen Formulierungshilfen. Verdeutlichen Sie den inneren Aufbau Ihres Textes auch äußerlich durch Absätze.

Eine mögliche Lösung

Einleitung	In dem argumentierenden Sachtext „Die ZEIT-Schülerbibliothek. Weshalb wir einen literarischen Kanon brauchen“ aus dem Jahr 2002 begründet der Verfasser Ulrich Greiner das Vorhaben der Wochenzeitschrift „Die ZEIT“, einen literarischen Kanon für Schüler zu veröffentlichen. Sein zentrales Argument lautet, dass nur derjenige in der Lage ist, Selbstbewusstsein und Selbstkenntnis zu entwickeln, ...	*Titel, Autor, Erscheinungsort und -jahr, Thema des Textes* *zentrales Argument*

Hauptteil	Der Text lässt sich in fünf Abschnitte gliedern. Im ersten Abschnitt (Z. 2–31) verdeutlicht der Verfasser am Beispiel des schwedischen Kinderbuches „Die wunderbare Reise des Däumlings Nils Holgersson mit den Wildgänsen“ von Selma Lagerlöf, das 1906/1907 erschienen ist, den Zusammenhang von Literatur und Selbsterkenntnis. Diesen Gedanken vertieft er im zweiten Abschnitt (Z. 32–58), indem er sich auf eine Rede Friedrich Schillers bezieht ...	*Überblick über den Aufbau des Textes*
	Der erste Abschnitt übernimmt die Funktion einer Einführung in das Thema. Greiner beruft sich auf ein Kinderbuch, da er deutlich machen will, dass bereits die Kinder mithilfe der Literatur einen Einblick in ihre Herkunft gewinnen. Von besonderer Bedeutung ist dabei die Episode des Kinderbuchs, über die Greiner berichtet. Nils Holgersson wird von Akka von Kebnekajse, der Leitgans, aufgefordert, über sein Leben zu erzählen: „Du musst nicht glauben, dass wir unseren Schlafplatz mit jemandem teilen, der nicht sagen will, welcher Familie er entstammt.“ (Z. 15 ff.) Das Zitat erhält seine besondere Bedeutung noch dadurch, dass Greiner es am Ende seines Textes noch einmal aufnimmt. Auffallend an der sprachlichen Gestaltung ist, dass ... Indem Ulrich Greiner sich im zweiten Abschnitt auf Friedrich Schiller, neben Goethe der Hauptvertreter der deutschen Klassik, als Autorität bezieht, soll die Überzeugungskraft seiner Argumentation verstärkt werden ... Im dritten Abschnitt wendet sich Greiner gegen eine Interpretation der PISA-Studie, die fordert, „alle Energie auf die Steigerung von Leistung und Effizienz“ (Z. 61 f.) zu richten. Er wertet diese Interpretation stark ab, indem er sie als die „wirkliche Katastrophe“ (Z. 59) bezeichnet ...	*detaillierte Analyse der einzelnen Abschnitte*
Schluss	Ulrich Greiner fordert in seiner Argumentation eine verstärkte literarische Bildung, um dem seiner Meinung nach herrschenden Trend, Schüler allein für den „Wirtschaftsstandort Deutschland“ (Z. 63 f.) auszubilden, entgegenzuwirken. Insofern handelt es sich um einen appellativen Text. Er beruft sich dabei insbesondere auf die Funktion der Literatur, den Menschen die Kenntnis über ihre Herkunft zu vermitteln als Grundlage für die Ausbildung einer eigenen Identität. ...	*Zusammenfassung der Gesamtaussage des Textes*

▶ *Verfassen Sie eine vollständige Analyse.*

Einen informierenden Text mithilfe von Materialien verfassen

Das müssen Sie wissen

Das Sammeln, Ordnen, Vergleichen und Bewerten von Informationen aus unterschiedlichen Textarten dient dazu, sich zu einem bestimmten Thema ein Sachwissen anzueignen und dieses in einem strukturierten Text an einen möglichen Adressaten weiterzugeben. Im Gegensatz zu einer dialektischen/antithetischen Erörterung geht es hier nicht um Meinungen, sondern um die Klärung komplexer Sachverhalte für einen konkreten Adressatenkreis.

Aufbau eines informierenden Textes

Einleitung	In der Einleitung nennen Sie das zu klärende Thema, verweisen auf seine mögliche Bedeutung und ggf. auf das zugrunde liegende Material.
Hauptteil	Im Hauptteil führen Sie die einzelnen Sachaspekte, die in der Summe zu der Gesamtinformation beitragen, nacheinander auf. Sinnvoll kann es dabei sein, besonders bedeutsame Aspekte an den Schluss zu setzen, also Ihren Text nach dem Prinzip „vom weniger Wichtigen zum besonders Wichtigen" aufzubauen. Einen Sachaspekt können Sie jeweils folgendermaßen ausformulieren: Nennen Sie den Sachaspekt und erläutern Sie ihn anhand von Beispielen, Statistiken, Aussagen von Autoritäten, die Ihnen möglicherweise in den zur Verfügung gestellten Materialien vorliegen. Sie können auch persönliche Erfahrungen und persönliches Wissen heranziehen.
Schluss	Im Schlussteil fassen Sie die zentralen Ergebnisse zusammen. Sie können eventuell auch begründen, wie Sie zu der Gewichtung Ihrer Sachaspekte gelangt sind.

Ein Beispiel

▶ **Aufgabenstellung**

Verfassen Sie einen informierenden Sachtext zum Thema „Facetten der Kommunikation".
Stellen Sie sich als Adressatenkreis einen Kurs vor, der das Thema noch nicht besprochen hat.
Stützen Sie sich dabei auf die Texte auf den Seiten 36 ff. zu diesem Thema.

So können Sie vorgehen

1. Klären Sie Ihr Vorwissen zu dem Thema und legen Sie aufgrund dessen erste Sachaspekte, die Sie später ausführen wollen, fest.
2. Sichten Sie die vorliegenden Texte und überprüfen Sie, ob weitere Sachaspekte hinzukommen können oder inwieweit diese Texte zu einem differenzierten Verständnis der bereits festgelegten Sachgesichtspunkte beitragen.
3. Strukturieren Sie Ihre Informationen, indem Sie zunächst eine Mindmap erstellen, und legen Sie anschließend eine Reihenfolge fest, in der Sie die Sachgesichtspunkte ausformulieren wollen. Sie können auch eine Gliederung vornehmen:
   1 Einleitung
   2 Hauptteil/Thema
   2.1 Sachaspekt 1
   2.2 Sachaspekt 2
   2.3 …
   3 Schluss

Eine mögliche Lösung

Einleitung	Miteinander sprechen zu können ist eine Fähigkeit, die uns Menschen in besonderer Weise auszeichnet. Die dabei aber immer wieder auftretenden Probleme mit zum Teil erheblichen Konsequenzen im Umgang miteinander lassen es sinnvoll erscheinen, das große Wissensgebiet der Kommunikation detailliert zu erörtern. Ich beziehe mich dabei auf eigene Erfahrungen, aber auch auf Grundaussagen von Wissenschaftlern, wie sie in den vorliegenden Texten von Karl Bühler, Paul Watzlawick und Friedemann Schulz von Thun enthalten sind.	*Bedeutung des Themas* *Materialgrundlage*
Hauptteil	Die Grundlage für einige moderne Kommunikationsmodelle, die im weiteren Verlauf erläutert werden, sind die Ausführungen, die der Sprachwissenschaftler Karl Bühler in den 1930er-Jahren zur Funktion eines sprachlichen Zeichens gemacht hat. Karl Bühler geht davon aus, dass	*Sachaspekt 1* *Sachaspekt 2*
Schluss	Meine Ausführungen haben deutlich gemacht, dass Kommunikation ein komplexes Phänomen ist, dessen Bedeutsamkeit im alltäglichen Gebrauch manchmal unterschätzt wird ...	*Resümee*

Die textgebundene Erörterung/Die Erörterung im Anschluss an die Bearbeitung eines Sachtextes

Das müssen Sie wissen

Bei einer textgebundenen Erörterung handelt es sich um einen zweistufigen Aufgabentyp. Es geht darum, sich argumentativ mit einem Text auseinanderzusetzen, dessen Kernaussagen und dessen formaler Aufbau zu diesem Zweck zuvor erfasst und beschrieben werden müssen. Daher kann eine textgebundene Erörterung auch als eine Verbindung von Textanalyse und Erörterung beschrieben werden.
In der Aufgabenstellung wird demnach zunächst von Ihnen verlangt, einen vorgegebenen Text, in dessen Mittelpunkt häufig ein Problem oder ein strittiges Thema steht, bezüglich des Aussagegehaltes sowie der Aussageabsicht zu beschreiben. Formale Gesichtspunkte, etwa der sprachliche Stil, sollten dabei mitberücksichtigt werden. Um den Text zu erschließen, müssen Sie die Daten zum Autor, zur Entstehungssituation (Zeit, Ort, möglicher Adressatenkreis) sowie zur Textsorte nutzen, um die zugrunde liegende Kommunikationssituation und Wirkabsicht des Textes klären zu können. Die textgebundene Erörterung kann sich einerseits auf literarische Werke beziehen, andererseits aber auch auf Sachtexte zu unterschiedlichen Themen (Sprache, Sprachwandel, Gentechnologie ...).

Die textgebundene literarische Erörterung:
Dieser Aufgabentyp verlangt von Ihnen, z. B. ein bestimmtes literarisches Motiv (z. B. das Motiv der Heimkehr in Franz Kafkas Parabel „Heimkehr“ und in Lessings Drama „Nathan der Weise“) oder eine dem literarischen Text zugehörige Theorie (z. B. die Theorie des „Epischen Theaters“ Bertolt Brechts) vergleichend zu erörtern oder einen Interpretationsansatz auf der

Grundlage Ihres Wissens kritisch zu beleuchten. Die Bewältigung einer solchen Aufgabe verlangt die Kenntnis des zugrunde liegenden literarischen Textes und wird deshalb zumeist im Anschluss an die Auseinandersetzung im Unterricht mit ihm gestellt. Eine solche Aufgabenstellung könnte z. B. folgendermaßen lauten:

1. Stellen Sie die Interpretationsthesen von XY dar, die sie/er in einem Interview (Textvorlage) anlässlich ihrer/seiner Inszenierung am Stadttheater XY ausführt.
2. Überprüfen Sie mithilfe einer Analyse der Szene III, 4 aus „XY", inwieweit die in dem Interview geäußerten Thesen zutreffen.

Die Erörterung im Anschluss an eine Sachtextanalyse: Dieser Erörterungstyp bezieht sich auf einen abgeschlossenen, nichtliterarischen Text, der inhaltlich zumeist auf ein Thema bezogen ist, das kontrovers diskutiert werden kann. Von Ihnen wird zunächst verlangt, das Thema bzw. Problem und häufig auch die Art und Weise, wie es vom Autor in seinem Sachtext entfaltet wird, zu erfassen und wiederzugeben (vgl. „Den Inhalt eines Sachtextes zusammenfassen", S. 564 ff., und „Einen argumentativen Sachtext analysieren", S. 568 ff.). Anschließend geht es darum, sich nun selbst gedanklich mit der durch den Text aufgeworfenen Frage oder dem Problem abwägend-erörternd zu befassen und zu einem eigenen Urteil zu finden. Die Aufgabenstellung, die manchmal auch aus mehreren Teilaufgaben bestehen kann, gibt dabei zumeist wichtige Aspekte oder aber die Richtung vor, in welche weiter gedacht werden soll. Wichtig ist für Sie, dass in Ihrem Text ein klar erkennbarer, strukturierter Gedankengang deutlich wird, der die Grundlage dafür ist, dass der Leser Ihr abschließendes Urteil nachvollziehen und Ihnen darin möglichst auch zustimmen kann. Eine mögliche Aufgabenstellung kann folgendermaßen lauten:

Analysieren und erörtern Sie Tina Klopps Artikel „Warum das Telefongespräch verschwindet", indem Sie die beiden folgenden Teilaufgaben in einem strukturierten, zusammenhängenden Text bearbeiten.

1. Untersuchen Sie die Argumentationsweise sowie die strukturellen und sprachlichen Mittel des Textes.
2. Die Autorin wählt „Warum das Telefon verschwindet" als Überschrift für ihren Artikel. Prüfen Sie die These vom bevorstehenden „Verschwinden" des Telefons auf ihre Berechtigung, indem Sie sowohl auf die Argumentation Tina Klopps Bezug nehmen als auch Ihre eigenen Kommunikationserfahrungen berücksichtigen.

Je nach Aufgabenstellung kann es sein, dass Ihnen die einzelnen zu behandelnden Aspekte genau vorgegeben werden oder Sie Ihren Arbeitsprozess weitgehend frei strukturieren und selbst Schwerpunkte setzen sollen. Beispiele für beide Typen von möglichen Aufgabenstellungen finden Sie im Folgenden. Achten Sie genau darauf, ob von Ihnen eine vollständige Analyse des Ausgangstextes verlangt wird oder ob lediglich eine zentrale Kernaussage aus dem Text herangezogen werden soll.

Aufbau einer textgebundenen Erörterung

Einleitung	• Nennen Sie den Autor, den Titel und das Thema des Textes. • Stellen Sie heraus, was erörtert werden soll (je nach Textsorte das Thema/Problem/die strittige Fragestellung/die Meinungsäußerung).
Hauptteil	**I: Texterarbeitung** • Geben Sie zentrale Textaussagen in gegliederter Form wieder. Das Tempus ist das Präsens. Wenn Sie sehr nah wörtliche Aussagen aufführen wollen, nutzen Sie die indirekte Rede. • Verdeutlichen Sie dabei den Argumentationsgang des Textes. Bezieht sich der Autor auf ein aktuelles Problem oder rekurriert er auf einen anderen Text? Ist die Schreibintention sofort ersichtlich? Werden Gegenargumente genannt? Wenn ja, wie geht der Autor mit ihnen um? Werden die Argumente im Text schlüssig mit Belegen und Beispielen gestützt? Wie ist der Schlussteil gestaltet (Endet der Text z. B. mit einem Appell, einer Zukunftsvorstellung oder einem Fazit?)?

	• Beachten Sie die formale Gestaltung des Textes. Ist ein bestimmter Schreibstil (z. B. ironisch, sachlich, satirisch etc.) erkennbar? Welche Funktion hat die verwendete Sprache? Gibt es rhetorische Strategien, die der Autor verwendet? • Stellen Sie abschließend die Intention des Textes pointiert heraus. **II: Erörterung** • Setzen Sie sich persönlich und kritisch mit den zentralen im Text genannten Thesen auseinander. • Greifen Sie dazu Kernaussagen heraus und diskutieren Sie diese: – Machen Sie Ihre eigene Position deutlich. – Bekräftigen, ergänzen oder widerlegen Sie die im Text verwendeten Argumente. – Führen Sie eigene Argumente, Belege und Beispiele an, die geeignet sind, um Ihre Position zu stützen. – Formulieren Sie Überleitungen zwischen den einzelnen Aspekten, die Sie anführen wollen, und nutzen Sie dazu entsprechende Formulierungshilfen (einerseits ..., andererseits ...; im Gegenteil ...; obwohl ...; zwar ..., aber ...; dagegen spricht, dass ...; vor dem Hintergrund ...; daher ...; außerdem ...; zusätzlich ...; überdies ...; beachtenswert ist ...; ein anderer Grund ...; ...). – Begründen Sie Ihre eigene Meinung. • Kommen Sie schließlich zu einem abschließenden Urteil über den Text.
Schluss	• Ziehen Sie ein Fazit. • Benennen Sie ggf., worin die aktuelle Relevanz des Themas besteht. Warum ist es wichtig, sich über das Thema Gedanken zu machen und sich zu äußern? • Ggf. kann auch ein Appell an die Leser die textgebundene Erörterung abschließen.

Ein Beispiel

Jens Bisky (geb. 1966)

Das wär' doch gelollt!

Den Text finden Sie im Kapitel „‚Wir wohnen nicht in einem Land, sondern in einer Sprache' – Reflexion über Sprache" auf S. 442 f.

▶ Aufgabenstellung

Eine sehr differenzierte, aus einzelnen Teilaufgaben bestehende Aufgabenstellung kann lauten:

1. Stellen Sie Biskys Meinung zu aktuellen Tendenzen der Sprachentwicklung dar.
2. Analysieren Sie den Aufbau des Textes, indem Sie den Argumentationsgang und die vom Autor verwendeten Strategien der Meinungsbildung herausarbeiten. Achten Sie besonders auf die Art und Weise, wie die Gegenmeinung in den eigenen Text eingeflochten wird.
3. Diskutieren Sie – vor dem Hintergrund dessen, was Sie über Sprache wissen und wie Sie sie einschätzen – Biskys Forderung, jeden Menschen so reden zu lassen, „wie ihm der Schnabel gewachsen ist".

Die ersten beiden Teilaufgaben beziehen sich auf die Analyse des Textes und geben vor, welche Aspekte Sie in besonderer Weise herausarbeiten sollen. Bei der dritten Teilaufgabe handelt es sich um einen Erörterungsauftrag, denn hier ist Ihre eigene Meinung gefragt, die Sie zusammenhängend und begründet darlegen sollen.[1]

[1] Eine mögliche Aufgabenstellung, bei welcher Sie selbstständig Schwerpunkte setzen und Ihr Vorgehen organisieren müssen, könnte folgendermaßen lauten: 1. Geben Sie die Grundgedanken des Autors bezüglich der Frage, ob die deutsche Sprache einer spezifischen Pflege und eines gesetzlichen Schutzes bedarf, wieder. 2. Diskutieren Sie anschließend kritisch seine Thesen und berücksichtigen Sie dabei Ihre im Unterricht erworbenen Kenntnisse über das Phänomen „Sprache".

So können Sie vorgehen

Methodisch sollten Sie so vorgehen, dass Sie zunächst eine Vorarbeit leisten und sich anschließend am Aufbau für eine textgebundene Erörterung (s. S. 574f.) orientieren. Die Vorarbeit umfasst folgende Schritte:

- Klären Sie Ihr erstes Textverständnis.
- Beachten Sie den Kontext (Autor, Entstehungszeit, Schreibanlass, Textsorte, möglicherweise Angaben zur Wirkung des Textes) und beziehen Sie ihn in Ihre weiteren Überlegungen mit ein.
- Gliedern Sie den Text, wenn er lang oder auch zunächst schwer verständlich ist, und ordnen Sie den einzelnen Sinnabschnitten inhaltliche Aussagen zu.
- Machen Sie sich Randnotizen und Stichpunkte zu den Kernaussagen sowie zur formalen Gestaltung des Textes.
- Setzen Sie sich mit dem Text auseinander, indem Sie für sich z. B. folgende Fragen beantworten:
  - Wie stellt der Autor das Thema dar? Nimmt er eine bestimmte Wertung vor, und wenn ja, wie stellt er seine Meinung sprachlich dar? Erkennen Sie Strategien, mit deren Hilfe der Leser überzeugt werden soll?
  - Können Sie sich mit seiner Intention identifizieren oder lehnen Sie sie ab?
  - Welche Konsequenzen hat die von ihm vertretene Haltung?
  - Ist der Text überzeugend und die Argumentation schlagkräftig? Können und müssen einzelne Argumente in ihrer Schlüssigkeit infrage gestellt werden?

Eine mögliche Lösung

(orientiert an der ersten Aufgabenstellung)

Einleitung	Im vorliegenden Artikel „Das wär' doch gelollt!", der 2007 in der Süddeutschen Zeitung erschienen ist, nimmt der Autor Jens Bisky Stellung zu einer Forderung von CDU-Politikern, die deutsche Sprache in Zukunft gesetzlich vor Anglizismen zu schützen.	*Angaben zum Autor, zur Textsorte und zum Entstehungskontext*
	Dass ihm dieser Vorstoß gleichermaßen lächerlich wie undurchführbar erscheint, daran lässt der Autor keinen Zweifel. Deshalb nimmt er die gegnerischen Argumente ironisierend auf, entkräftet sie und äußert darüber hinaus Grundsätzliches über die deutsche Sprache sowie einen angemessen Umgang mit ihr.	*Nennen des Themas/der strittigen Fragestellung sowie der Meinung des Autors*
Hauptteil	Der Text lässt sich in vier Abschnitte einteilen. Im ersten Abschnitt (Z. 1–27) rekurriert Bisky auf den aktuellen Schreibanlass, eine Gesetzesvorlage zum Schutz der deutschen Sprache, und formuliert seine Position hierzu. Im zweiten Abschnitt (Z. 28–59) werden die Argumente der Gegner aufgegriffen und entkräftet. Der dritte Abschnitt (Z. 60–...) ...	*ggf. Gliederung und Inhaltsangabe*
	Jens Bisky bezeichnet bereits zu Beginn den Vorschlag der christdemokratischen Politiker als „Fanatismus von Wächtern" (Z. 9) und zieht diese damit karikierend ins Lächerliche. Zugleich wird aber auch deutlich, dass es sich auch bei ihm um einen Liebhaber der deutschen Sprache handelt, dem allerdings zu ihrer Pflege und Erhaltung andere Maßnahmen vorschweben ...	*Analyse der Argumentationsstrategie auf der Grundlage der Textgliederung unter Einbezug der sprachlich-formalen Gestaltung*

Um seine Leser zu überzeugen, verwendet Bisky neben dem satirischen Grundton rhetorische Mittel wie etwa Anspielungen auf Sprichwörter („Ein Königreich für solche Sorgen“, Z. 36 f.). ...

Diskussion der im Text aufgeworfenen Thesen/ Erörterung

a) **Stützen und Weiterführen der Meinung des Autors:**
Den abschließenden Appell des Autors, jeden so reden zu lassen, „wie ihm der Schnabel gewachsen ist“ (Z. 102 f.), halte ich für sinnvoll, denn ich teile seine Ansicht, dass die Sprache sich nicht auf bürokratischem Wege verwalten lässt und jeder Versuch in diese Richtung zum Scheitern verurteilt ist (vgl. Z. 87 f.). Als Beleg dafür lohnt sich ein Blick auf das Nachbarland Frankreich, welches vonseiten der Politik sehr viel Aufwand betreibt, das Französische möglichst „rein“ zu halten, und dennoch nicht verhindert hat, dass die meisten Franzosen im täglichen Sprachgebrauch nicht auf Anglizismen verzichten wollen und können.
Wenn man überdies genauer hinschaut, welche – heute als deutsch geltenden – Begriffe einen eigentlich „ausländischen“ Ursprung haben und somit aus dem Lateinischen oder Französischen „eingewandert“ sind, dann ...

Oder:

b) **Widerlegen bzw. Widersprechen der Meinung Biskys:**
Mir stellt sich die Frage, was geschähe, wenn man jeden tatsächlich so reden ließe, „wie ihm der Schnabel gewachsen ist“ (Z. 102 f.), und auf jegliche Maßnahmen zur Sprachkultur und Sprachpflege verzichtete. Zöge dann nicht verstärkt eine Gleichgültigkeit bezüglich der eigenen und der fremden Sprachverwendung ein? Und ist nicht gerade auch die Sprache ein kulturelles, für das Gelingen einer Gemeinschaft und die Aufrechterhaltung der Demokratie immens wichtiges Gut, das es zu schützen und zu bewahren gilt?
Im Gegensatz zu Bisky halte ich es für eine wichtige Aufgabe, immer wieder ein Augenmerk darauf zu richten, wie die Mehrheit der Bürger mit der deutschen Sprache umgeht. Gerade weil die Sprache eng mit dem Denken der Menschen zusammenhängt, kann sie auch missbraucht werden. Wo Begriffe verwendet werden, die beispielsweise gewaltverherrlichend oder menschenverachtend sind, sollte es meiner Meinung nach auch von staatlicher Seite geförderte Institutionen geben, die auf derartige Entwicklungen mit gezielter Öffentlichkeitsarbeit reagieren. Beispielsweise begrüße ich die „Aktion Unwort des Jahres“, weil durch sie vielen Menschen erst deutlich wird, wie oft auch in den Medien einzelne verabscheuungswürdige Begriffe verwendet werden, die keinesfalls in den allgemeinen Sprachgebrauch eingehen sollten. Darüber hinaus ...

Schluss	Zusammenfassend ... Abschließend ...	*Abschluss/Fazit*

▶ *Vervollständigen Sie die textgebundene Erörterung. Entscheiden Sie sich dazu für eine der beiden aufgegriffenen Positionen und formulieren Sie weitere Argumente, Belege und Beispiele sowie einen Schlussteil.*

Argumentieren – Erörtern – Ein Überblick

Das müssen Sie wissen

Bei dem Aufgabentyp „Argumentieren – Erörtern" geht es darum, ein eigenes Urteil zu einem vorgegebenen, zumeist umstrittenen Thema begründet darzulegen. Um zu einem solchen Urteil zu gelangen, müssen Sie sich zuvor intensiv und differenziert mit der Sache auseinandersetzen. Wer zeigt, dass er sich darin auskennt, kann überzeugen. Dies gilt sowohl für den mündlichen als auch für den schriftlichen Bereich. Im Mündlichen spricht man zumeist vom „Argumentieren", während die zugehörige schriftliche Aufsatzform „Erörterung" genannt wird.

Manche Themen und Problemlagen, mit denen Sie sich befassen sollen, sind Ihnen möglicherweise neu, sodass ein spontanes Urteil nicht immer sogleich erfolgen kann. Umso wichtiger ist es, eine sogenannte „Stoffsammlung" anzulegen, in welcher Sie sich Ihr Wissen und Ihre Gedanken zum Sachverhalt ins Bewusstsein rufen und anschließend systematisieren. Die Aufgabenstellung für den schriftlichen Bereich verlangt sodann von Ihnen, nach dafür vorgesehenen formalen Kriterien Argumente darzulegen, die Sie zu dem Urteil geführt haben, welches am Ende Ihres Textes steht und ihn abschließt. In jedem Fall sollte in Ihrem Aufsatz eine klar erkennbare Gliederung in Einleitung, Hauptteil und Schluss erkennbar sein. Der Hauptteil sollte weiter untergliedert sein und die Aspekte enthalten, die sich bei Ihrer Stoffsammlung als wichtig herauskristallisiert haben. Beispiele und Belege helfen dabei, die Argumente jeweils zu entfalten.

Man unterscheidet grundsätzlich zwei Typen von Erörterungen. Bei der **linearen (steigernden) Erörterung** werden jeweils nur Argumente aufgeführt, die das eigene Urteil stützen.

In diesem Fall sollten Sie nach dem Prinzip der Steigerung im Hauptteil die schwächeren Argumente zuerst nennen und zuletzt das stärkste und ausschlaggebende Argument entfalten.

Bei einer **antithetischen (auch „dialektische" oder „Pro-und-Kontra-") Erörterung** werden zwei sich widersprechende Meinungen diskutiert, indem gleichermaßen Pro- und Kontra-Argumente zum Thema aufgeführt und gegeneinander abgewogen werden.

Dies kann im Hauptteil auf zweierlei Weise erfolgen. So können Sie in einem Zuge alle Argumente für die Seite aufführen, der Sie bei Ihrem Urteil dann widersprechen wollen, um dann, nach einer Art Wendepunkt, zu den Argumenten zu kommen, die zu Ihrem Urteil führen. Wenn Sie sich für diese Form entscheiden, sollten Sie die Argumente so gewichten, dass Sie von dem stärksten zum schwächsten Gegenargument kommen und anschließend dann vom schwächsten zum stärksten der Argumente, die Ihrem persönlichen Urteil entsprechen.

These

↓

Argument der Gegenseite (stark)
Argument der Gegenseite (schwächer)
Argument der Gegenseite (schwach)

↓

Argument für die eigene Position (schwach)
Argument für die eigene Position (stärker)
Argument für die eigene Position (stark)

↓

Urteil/Schlussfolgerung

Eine zweite Möglichkeit ist, die Pro- und Kontra-Argumente im Hauptteil der antithetischen Erörterung abwechselnd aufzuführen. Damit der Leser den Überblick behält, ist es hilfreich, wenn jeweils ein Aspekt mithilfe des dazugehörigen Pro- und Kontra-Arguments von beiden Seiten betrachtet wird. Ein solches Vorgehen kann den Vorteil haben, Argumente sofort durch ein Gegenargument abzuschwächen oder zu entkräften, um dann erst zum nächsten Punkt weiter voranzuschreiten.

These ↙

Argument (plus Beispiel/Beleg) → Gegenargument (plus Beispiel/Beleg) ↙

Argument (plus Beispiel/Beleg) → Gegenargument (plus Beispiel/Beleg) ↙

Argument (plus Beispiel/Beleg) → Gegenargument (plus Beispiel/Beleg)

Urteil/Schlussfolgerung

Der Aufbau einer Erörterung

Einleitung	Stimmen Sie den Leser auf das Thema/den Sachverhalt ein, der erörtert werden soll, z. B. durch • Klären des Sachverhalts (ggf. durch Skizzieren des Hintergrundes oder durch die Erklärung eines Begriffes), • Benennen der (aktuellen) Relevanz, • Aufgreifen von Wissen dazu, z. B. in Form von statistischem Zahlenmaterial, Zitaten, eigenen Erfahrungen oder Medienberichten, • ggf. Hinweis auf die innewohnende Problematik.
Hauptteil	Führen Sie entsprechend der vorgegebenen oder von Ihnen gewählten Form Argumente zum Thema auf und entfalten Sie diese: • Stützen der Argumente durch passende Beispiele und Belege • Verwendung von Formulierungshilfen (z. B. da, weil, obwohl, damit, dadurch, während, um ... zu, ebenso, weiterhin, dazu kommt, wichtig ist, zusätzlich, allerdings, entscheidend ist, dafür/dagegen spricht, dennoch) • Abschluss durch ein besonders wichtiges Argument, das im Gedächtnis des Lesers haften bleibt und besonders ausführlich dargelegt wird
Schluss	Runden Sie Ihren Gedankengang ab, z. B. durch • Zusammenfassung wichtiger Ergebnisse, • Rückgriff auf die Einleitung (Rahmen des Aufsatzes), • Formulieren eines eigenen begründeten Urteils, • Ausweiten des Themas, z. B. durch Verweis auf noch bestehende Probleme bzw. Grenzen oder durch einen Zukunftsausblick, • Appellieren an die Leser.

Eine Rede analysieren

Das müssen Sie wissen

Bei der Analyse einer Rede kommt es darauf an, die unterschiedlichen Faktoren, die zur Wirkung beitragen, in ihrem Zusammenspiel zu untersuchen. Solche Faktoren sind: Redesituation, Redekonstellation, Redetyp, Redeaufbau, Redestrategie, Argumentationsweisen, sprachliche Gestaltung.

Der Aufbau einer Redeanalyse

Kennzeichnung der Redesituation	Beantwortung der W-Fragen: Hinweise zum historischen Hintergrund, zur Person des Redners, zum Thema und zur Rednerintention, zum Publikum und dessen Zusammensetzung und den davon abhängenden möglichen Erwartungen, zum Ort und zum Zeitpunkt. Überlegen Sie, in welcher Weise diese Angaben relevant sind für die konkrete Gestaltung der Rede.
Beschreibung der Redekonstellation	Welche **Beziehung zwischen Redner und Publikum** liegt vor? Gibt es von Beginn an eine Übereinstimmung? Lehnt das Publikum den Redner möglicherweise ab? Gibt es verschiedene Gruppierungen im Publikum, die unterschiedlich eingestellt sind? In welcher Weise beeinflusst die Redekonstellation die Gestaltung der Rede?
Inhaltsangabe und inhaltlicher Aufbau der Rede	Welche **Redeabschnitte** lassen sich bestimmen? Nach welchen Kriterien kann die Rede gegliedert werden? Worum geht es **inhaltlich** in den einzelnen Abschnitten?
Deutung der Redeabschnitte	Welche **Funktion** hat der jeweilige Abschnitt im Zusammenhang der gesamten Rede? Hier geht es auch um **Argumentationsweisen** wie Behauptung/These, Argument, Beispiel, Rückblick, Aufwertung und Abwertung oder Beschwichtigung als strukturierende Elemente der Rede. Zu fragen ist auch, ob die Rede **antithetischen Charakter** besitzt. Werden Positionen inhaltlich gegenübergestellt, die am Schluss synthetisch zusammengefügt werden? Welche **rhetorischen Mittel** verwendet der Autor? Welche Wirkung soll durch sie erzielt werden? Besitzt die Rede eine besondere **Pronomenstruktur**? Wird eine Distanz zum Publikum aufgebaut? Werden Gemeinsamkeiten zwischen Redner und Publikum behauptet?
Kennzeichnung des Redetyps	Diese Kennzeichnung können Sie auch in die Kennzeichnung der Redesituation integrieren, wenn die Darstellungsweise offensichtlich ist. Manchmal ist diese Kennzeichnung jedoch auch das Ergebnis des Analyseprozesses. Zur Kennzeichnung des Redetyps stehen Ihnen verschiedene Begriffskategorien zur Verfügung: 1. Orientierung an der **antiken Rhetorik**: **Genus iudiciale:** Gerichtsrede **Genus deliberativum:** politische Rede **Genus demonstrativum/laudativum:** Festrede Diese Begriffe gehen zurück auf typische Redeanlässe in der antiken Geschichte. 2. Orientierung an der Funktionsbeschreibung des sprachlichen Zeichens von Karl Bühler und am **Kommunikationsmodell**:

	Ausdruck: expressive Reden, in denen die Befindlichkeit des Redners im Mittelpunkt steht (Festrede, Trauerrede ...) **Darstellung:** darstellende Reden, in denen der Gegenstand im Mittelpunkt steht (wissenschaftliche Vorträge ...) **Appell:** appellative Reden, die unmittelbar an die Zuhörerschaft gerichtet sind und sie zu etwas auffordern wollen
Schluss	Wie kann die **Rednerintention zusammengefasst** werden? **Wie bewerten** Sie die Rede? Ist sie Ihrer Meinung nach **wirkungsvoll**?

Ein Beispiel

Joachim Gauck (geb. 1940)

Rede zum Amtsantritt am 23. März 2012

Nach dem Rücktritt von Christian Wulff vom Amt des Bundespräsidenten am 17.2.2012 einigten sich die im Bundestag vertretenen Parteien mit Ausnahme der LINKEN auf den Theologen und ehemaligen Bundesbeauftragten für die Stasi-Unterlagen Joachim Gauck als gemeinsamen Kandidaten. Gauck war dabei wegen verschiedener kritischer Äußerungen zu unterschiedlichen Themen nicht bei allen Abgeordneten unumstritten. Von den LINKEN, vor allem aber in den sozialen Netzwerken wurde Gauck soziale Einseitigkeit vorgeworfen: Er verwende den Freiheitsbegriff einseitig im Hinblick auf die Selbstverantwortlichkeit und sei für eine Demontage des Sozialstaats. Viele dieser Vorwürfe ließen sich nicht bestätigen. Letztlich erhielt er bei seiner Wahl durch die Bundesversammlung am 18.3.2012 991 von 1228 möglichen Stimmen und wurde so mit großer Mehrheit zum Bundespräsidenten gewählt. Die nachfolgende Rede hielt Gauck nach seiner Vereidigung vor dem deutschen Bundestag am 23.3.2012.

Herr Präsident des Deutschen Bundestages! Meine sehr verehrten Damen und Herren! Liebe verehrte Mitbürgerinnen und Mitbürger aus dem In- und Ausland!
[...]
Liebe Mitbürgerinnen und Mitbürger, wie soll es denn nun aussehen, dieses Land, zu dem unsere Kinder und Enkel einmal sagen sollen „unser Land"? Geht die Vereinzelung in diesem Land weiter? Geht die Schere zwischen Arm und Reich weiter auf? Verschlingt uns die Globalisierung? Werden Menschen sich als Verlierer fühlen, wenn sie an den Rand der Gesellschaft geraten? Schaffen ethnische oder religiöse Minderheiten in gewollter oder beklagter Isolation Gegenkulturen? Hat die europäische Idee Bestand? Droht im Nahen Osten ein neuer Krieg? Kann ein verbrecherischer Fanatismus in Deutschland wie in anderen Teilen der Welt weiter friedliche Menschen bedrohen, einschüchtern und ermorden?
Jeder Tag, jede Begegnung mit den Medien bringt eine Fülle neuer Ängste und Sorgen hervor. Manche ersinnen dann Fluchtwege, misstrauen der Zukunft, fürchten die Gegenwart. Viele fragen sich: Was ist das eigentlich für ein Leben, was ist das für eine Freiheit? Mein Lebensthema „Freiheit" ist dann für sie keine Verheißung, kein Versprechen, sondern nur Verunsicherung. Ich verstehe diese Reaktion, doch ich will ihr keinen Vorschub leisten. Ängste – so habe ich es gelernt in einem langen Leben – vermindern unseren Mut wie unser Selbstvertrauen, und manchmal so entscheidend, dass wir beides ganz und gar verlieren können, bis wir gar Feigheit für Tugend halten und Flucht für eine legitime Haltung im politischen Raum.
Stattdessen – da ich das nicht will – will ich meine Erinnerung als Kraft und Kraftquelle nutzen, mich und uns zu lehren und zu motivieren. Ich wünsche mir also eine lebendige Erinnerung auch an das, was in unserem Land nach all den Verbrechen der nationalsozialistischen Diktatur und nach den Gräueln des Krieges ge-

lungen ist. In Deutschlands Westen trug es, dieses Gelungene, als Erstes den Namen „Wirtschaftswunder". Deutschland kam wieder auf die Beine. Die Vertriebenen, gar die Ausgebombten erhielten Wohnraum. Nach Jahren der Entbehrung nahm der Durchschnittsbürger teil am wachsenden Wohlstand, freilich nicht jeder im selben Maße.

Allerdings sind für mich die Autos, die Kühlschränke und all der neue Glanz einer neuen Prosperität nicht das Wunderbare jenes Jahrzehnts. Ich empfinde mein Land vor allem als ein Land des „Demokratiewunders". Anders als es die Alliierten damals nach dem Kriege fürchteten, wurde der Revanchismus im Nachkriegsdeutschland nie mehrheitsfähig. Es gab schon ein Nachwirken nationalsozialistischer Gedanken, aber daraus wurde keine wirklich gestaltende Kraft. Es entstand stattdessen eine stabile demokratische Ordnung. Deutschland West wurde Teil der freien westlichen Welt.

Die Auseinandersetzung mit der eigenen Geschichte in dieser Zeit blieb allerdings defizitär. Die Verdrängung eigener Schuld, die fehlende Empathie mit den Opfern des Naziregimes prägten den damaligen Zeitgeist. Erst die 68er-Generation hat das nachhaltig geändert. [...]

Das entschlossene Ja der Westdeutschen zu Europa ist ein weiteres kostbares Gut der deutschen Nachkriegsgeschichte, ein Erinnerungsgut, das uns wichtig bleiben sollte. Konrad Adenauer, Kanzler des Landes, das eben noch geprägt und dann ruiniert war vom Nationalismus, wird zu einem der Gründungsväter einer zukunftsgerichteten europäischen Integration. Dankbarkeit und Freude!

So wie später – 1989 – dieser nächste Schatz in unserem Erinnerungsgut. Da waren die Ostdeutschen zu einer friedlichen Revolution imstande, zu einer friedlichen Freiheitsrevolution. Wir wurden das Volk, und wir wurden ein Volk. Und nie vergessen: Vor dem Fall der Mauer mussten sich die vielen ermächtigen. Erst wenn die Menschen aufstehen und sagen: „Wir sind das Volk", werden sie sagen können: „Wir sind ein Volk", werden die Mauern fallen.

Damals wurde auf ganz unblutige Weise auch der jahrzehntelange Ost-West-Gegensatz aus den Zeiten des Kalten Krieges gelöscht, und die aus ihr erwachsende Kriegsgefahr wurde besiegt und beseitigt. [...]

Wie soll es nun also aussehen, dieses Land, zu dem unsere Kinder und Enkel „unser Land" sagen? Es soll „unser Land" sein, weil „unser Land" soziale Gerechtigkeit, Teilhabe und Aufstiegschancen verbindet. Der Weg dazu ist nicht der einer paternalistischen Fürsorgepolitik, sondern der eines Sozialstaates, der vorsorgt und ermächtigt. Wir dürfen nicht dulden, dass Kinder ihre Talente nicht entfalten können, weil keine Chancengleichheit existiert. Wir dürfen nicht dulden, dass Menschen den Eindruck haben, Leistung lohne sich für sie nicht mehr und der Aufstieg sei ihnen selbst dann verwehrt, wenn sie sich nach Kräften bemühen. Wir dürfen nicht dulden, dass Menschen den Eindruck haben, sie seien nicht Teil unserer Gesellschaft, weil sie arm oder alt oder behindert sind.

Freiheit ist eine notwendige Bedingung von Gerechtigkeit. Denn was Gerechtigkeit – auch soziale Gerechtigkeit – bedeutet und was wir tun müssen, um ihr näherzukommen, lässt sich nicht paternalistisch anordnen, sondern nur in intensiver demokratischer Diskussion und Debatte klären. Umgekehrt ist das Bemühen um Gerechtigkeit unerlässlich für die Bewahrung der Freiheit. Wenn die Zahl der Menschen wächst, die den Eindruck haben, ihr Staat meine es mit dem Bekenntnis zu einer gerechten Ordnung in der Gesellschaft nicht ernst, sinkt das Vertrauen in die Demokratie. „Unser Land" muss also ein Land sein, das beides verbindet: Freiheit als Bedingung für Gerechtigkeit – und Gerechtigkeit als Bedingung dafür, Freiheit und Selbstverwirklichung erlebbar zu machen.

In „unserem Land" sollen auch alle zu Hause sein können, die hier leben. Wir leben inzwischen in einem Staat, in dem neben die ganz selbstverständliche deutschsprachige und christliche Tradition Religionen wie der Islam getreten sind, auch andere Sprachen, andere Traditionen und Kulturen, in einem Staat, der sich immer weniger durch nationale Zugehörigkeit seiner Bürger definieren lässt, sondern durch ihre Zugehörigkeit zu einer politischen und ethischen Wertegemeinschaft, in dem nicht ausschließlich die über lange Zeit entstandene Schicksalsgemeinschaft das Gemeinwesen bestimmt, sondern zunehmend das Streben der Unterschiedlichen nach dem Gemeinsamen: diesem unseren Staat in Europa.

Und wir finden dieses Gemeinsame in diesem unseren Staat in Europa, in dem wir in Freiheit, Frieden und in Solidarität miteinander leben wollen. [...]

Europa war für meine Generation Verheißung – aufbauend auf abendländischen Traditionen, dem antiken Erbe einer gemeinsamen Rechtsordnung, dem christlichen und jüdischen Erbe. Für meine Enkel ist Europa längst aktuelle Lebenswirklichkeit mit grenzüberschreitender Freiheit und den Chancen und Sorgen einer offenen Gesellschaft. Nicht nur für meine Enkel ist diese Lebenswirklichkeit ein wunderbarer Gewinn.

Wie kann es noch aussehen, dieses Land, zu dem unsere Kinder und Enkel „unser Land“ sagen sollen? Nicht nur bei uns, sondern auch in Europa und darüber hinaus ist die repräsentative Demokratie das einzig geeignete System, Gruppeninteressen und Gemeinwohlinteressen auszugleichen.

Das Besondere dieses Systems ist nicht seine Vollkommenheit, sondern dass es sich um ein lernfähiges System handelt.

Neben den Parteien und anderen demokratischen Institutionen existiert aber eine zweite Stütze unserer Demokratie: die aktive Bürgergesellschaft. Bürgerinitiativen, Ad-hoc-Bewegungen, auch Teile der digitalen Netzgemeinde ergänzen mit ihrem Engagement, aber auch mit ihrem Protest die parlamentarische Demokratie und gleichen Mängel aus. Und: Anders als die Demokratie von Weimar verfügt unser Land über genügend Demokraten, die dem Ungeist von Fanatikern, Terroristen und Mordgesellen wehren. Sie alle bezeugen – aus unterschiedlichen politischen oder religiösen Gründen: Wir lassen uns unsere Demokratie nicht wegnehmen, wir stehen zu diesem Land.

Wir stehen zu diesem Land, nicht weil es so vollkommen ist, sondern weil wir nie zuvor ein besseres gesehen haben.

Speziell zu den rechtsextremen Verächtern unserer Demokratie sagen wir mit aller Deutlichkeit: Euer Hass ist unser Ansporn. Wir lassen unser Land nicht im Stich. Wir schenken Euch auch nicht unsere Angst. Ihr werdet Vergangenheit sein und unsere Demokratie wird leben. [...]

Ob wir den Kindern und Enkeln dieses Landes Geld oder Gut vererben werden, das wissen wir nicht. Aber dass es möglich ist, nicht den Ängsten zu folgen, sondern den Mut zu wählen, davon haben wir nicht nur geträumt, sondern das haben wir gelebt und gezeigt. Gott und den Menschen sei Dank: Dieses Erbe dürfen sie erwarten.

▶ Aufgabenstellung

Analysieren Sie die Rede zum Amtsantritt am 23. März 2012 von Joachim Gauck.

So können Sie vorgehen

1. Lesen Sie die Rede von Joachim Gauck, um einen ersten Überblick zu gewinnen. Klären Sie für sich:
   Was ist das Thema der Rede?
   Was ist ihre zentrale Aussage?
   Welche Intention nehmen Sie wahr?
   Wie wirkt die Rede auf Sie?
2. Um ein vollständiges Verständnis zu bekommen, klären Sie bei einem zweiten, genauen Lesen unbekannte Begriffe. Markieren Sie Ihnen zentral erscheinende Textstellen und formulieren Sie nun das Thema des Textes mit eigenen Worten.
3. Fassen Sie die Redesituation und Redekonstellation zusammen. Nutzen Sie dazu auch die der Rede vorangestellten Informationen.
4. Legen Sie auf einem Notizzettel eine Tabelle nach dem folgenden Muster an und erschließen Sie auf diese Weise den inhaltlichen und argumentativen Aufbau der Rede, indem Sie
   – sie in Sinnabschnitte gliedern und den Inhalt der jeweiligen Abschnitte zusammenfassen,
   – die Funktion der Abschnitte im Redekontext benennen,
   – Auffälligkeiten zur Redestrategie und zu den sprachlichen Mitteln kennzeichnen.

Abschnitt	Inhalt: Was wird gesagt?	Funktion des Abschnitts	Redestrategie und sprachliche Besonderheiten
Z. 1–3	Anrede des Publikums	Ansprache unterschiedlicher Adressatenkreise, „Präsident für alle“	– Aufzählung, die den Konventionen folgt – formale Ansprache der Abgeordneten („meine sehr verehrten ...“) – Distanz aufhebende Anrede an die Bürgerinnen und Bürger (Attribut „liebe ...“)
Z. 4–18	Ängste und Sorgen versus Mut und Selbstvertrauen im Hinblick auf die Gestaltung der Zukunft	Nennung des Redethemas, Einstimmung darauf ...	– Aneinanderreihung von offenen Fragen, die das Publikum zum Nachdenken veranlassen sollen – Pronomen „ich“ und „wir“/„unser“ ... ...

Eine mögliche Lösung

Einleitung	Die vorliegende Rede wurde von Joachim Gauck anlässlich seiner Vereidigung zum Bundespräsidenten am 23.3.2012 im deutschen Bundestag gehalten. Thema der Rede ist ..., wobei es Gauck vor allem darum geht ... Zur Redesituation ist zu bemerken, dass Gauck hier vor einer für ihn eminent wichtigen Aufgabe stand: Seine Wahl zum Bundespräsidenten war nicht unumstritten gewesen. Zum Beispiel waren ihm eine ablehnende Haltung zum Sozialstaat sowie ein insgesamt konservativer Freiheitsbegriff unterstellt worden. Daher musste es ihm bei seiner Antrittsrede, die auf große Beachtung stoßen würde, darum gehen, sich möglichst als Präsident „aller Deutschen" zu präsentieren. Hieraus ergibt sich auch die Redesituation: Vor ihm saßen viele seiner Wähler in der Bundesversammlung, aber auch Abgeordnete, die gegen ihn gestimmt hatten ...	*W-Fragen* *Thema* *Intention* *Redesituation* *Einleitung*
Hauptteil	Der Redeauszug lässt sich in insgesamt drei größere gedankliche Abschnitte teilen. Im ersten Abschnitt (Z. 1–18) begrüßt Gauck zunächst seine Zuhörer und beginnt seine Rede dann mit der Frage, wie „unser Land" in Zukunft aussehen solle. Die Frage wird nicht direkt beantwortet, sondern durch eine Reihe weiterer Fragen konkretisiert, die jeweils die Herausforderungen verdeutlichen, vor denen die Bundesrepublik steht ... Im zweiten Abschnitt (Z. 19–130) versucht Gauck dann, die eingangs aufgeworfene Frage zu verdeutlichen ... Im dritten Abschnitt (Z. 131–176) ... Im Zentrum der Antrittsrede Joachim Gaucks steht die Betonung eines Gemeinschaftsgefühls. Dies wird bereits im ersten Abschnitt der Rede deutlich. Gauck wendet sich in seiner Begrüßung ausdrücklich nicht nur an die Abgeordneten, sondern auch an die Bürgerinnen und Bürger, die als „liebe Mitbürgerinnen und Mitbürger" (Z. 5) angesprochen werden, um erst gar keine Distanz zwischen dem neuen ersten Mann im Staate und den Bürgern aufkommen zu lassen. Auch im weiteren Verlauf ist die Pronomenstruktur auffällig: Immer wieder verwendet Gauck ... Die Rede lässt sich insgesamt als eine Mischform zwischen einer politischen Rede und einer Festrede begreifen. Einerseits weist sie Momente einer Festrede auf, indem ...	*Gliederung und Inhaltsangabe* *abschnittsweise Interpretation*
Schluss	Insgesamt gelingt es Joachim Gauck mit dieser Rede eindrucksvoll, ...	

▶ *Vervollständigen Sie die Redeanalyse.*

Rhetorische Figuren – Ein Überblick

Das müssen Sie wissen

Wenn Sie einen Text, z. B. eine Rede, einen Sachtext, eine Werbeanzeige, eine Erzählung oder ein Gedicht, analysieren wollen, kommt es auch darauf an, die sprachlichen Besonderheiten mit den entsprechenden Fachausdrücken zu kennzeichnen, um Ihre Aussagen zur Deutung informativ zu belegen.
Die folgende Liste enthält wichtige, immer wieder verwendete rhetorische Figuren. Manchmal spricht man auch von sprachlichen Mitteln, von stilistischen Mitteln oder von Stilmitteln bzw. Stilfiguren. Dass man von „rhetorischen Figuren“ spricht, hängt damit zusammen, dass diese sprachlichen Besonderheiten vielfach auf die antike Rhetorik zurückgehen.
Welche Funktion diese rhetorischen Figuren im Textzusammenhang haben, kann man nicht allgemein sagen. In jedem Fall unterstützen sie eine bestimmte Aussageabsicht, die mit dem Text verbunden ist.

Rhetorische Figur	Erklärung	Beispiel
Akkumulation, die	Eine Anhäufung von Wörtern, die dazu dienen, einen genannten oder gedachten Oberbegriff näher zu erklären	„So muss auch unser Nam, Lob, Ehr und Ruhm verschwinden.“ (Gryphius)
Allegorie, die	Die Allegorie überträgt nicht nur wie die Metapher *einen* Ausdruck, sondern ganze Sinnzusammenhänge aus ihrem ursprünglichen Bedeutungsbereich auf einen anderen, bildlich zu verstehenden Bereich (erweiterte Metapher).	Die Kanzlerin steuerte das Staatsschiff mithilfe ihrer Mannschaft durch eine stürmische See in einen sicheren Hafen.
Alliteration, die	Mehrere Wörter bzw. betonte Silben beginnen mit dem gleichen Laut. Die Wörter müssen nicht direkt aufeinanderfolgen, stehen jedoch in einem engen Zusammenhang im Text.	Milch macht müde Männer munter. „Jetzt reifen schon die roten Berberitzen, alternde Astern atmen schwach im Beet. Wer jetzt nicht reich ist, da der Sommer geht, wird immer warten und sich nie besitzen.“ (Rilke)
Anapher, die	Mehrere Sätze, Satzteile oder Verse beginnen mit dem gleichen Wort.	Geh zu den Menschen, Geh zu den Tieren, Geh zu den Pflanzen, Geh in dich.
Antithese, die	Gegensätzliche Begriffe oder Aussagen werden einander gegenübergestellt.	„Friede den Hütten! Krieg den Palästen!“ (Büchner)
Assonanz, die	Mehrere Wörter enthalten gleichklingende Vokale.	„Denn man muß dem Weisen seine Weisheit erst entreißen ...“ (Brecht)
Asyndeton, das	Wörter oder kurze Sätze stehen unverbunden nebeneinander.	Frisch, fromm, fröhlich, frei
Chiasmus, der	Jeweils zwei Wörter oder Satzglieder werden einander spiegelbildlich zugeordnet (Überkreuzstellung, nach dem griechischen Buchstaben Chi).	„[...] die Kunst ist lang/Und kurz ist unser Leben.“ (Goethe)
Correctio, die	Ein Ausdruck wird unmittelbar wieder aufgegriffen und berichtigt.	„Wir sind doch nunmehr ganz, ja mehr denn ganz verheeret.“ (Gryphius)
Ellipse, die	Teile eines Satzes, die man gedanklich leicht ergänzen kann, werden ausgelassen, sodass dieser Satz grammatisch unvollständig ist.	Ende gut, alles gut! (Sprichwort)

Rhetorische Figur	Erklärung	Beispiel
Euphemismus, der	Beschönigung: Das Negative eines Sachverhalts wird durch positive Bezeichnungen verhüllt.	„nuklearer Ernstfall“ anstelle von „Atomkrieg“
Hendiadyoin, das	Zwei fast synonyme Ausdrücke, die mit der Konjunktion *und* verbunden sind. Oft handelt es sich um feststehende Ausdrücke.	Haus und Hof Hab und Gut Bitten und Flehen
Hyperbel, die	Übertreibung: Ein Ausdruck wird so übersteigert, dass er, wörtlichen genommen, nicht mehr zutrifft.	Tausend Mal habe ich dich gefragt, tausend Mal hast du geschwiegen!
Interjektion, die	Eine Interjektion ist ein Wort, das zum Ausdruck besonderer Empfindungen (Wut, Abscheu, Trauer, Bedauern, Überraschung ...) oder zur Kontaktaufnahme verwendet wird. Auch lautmalerische Ausdrücke, die ein Geräusch nachahmen, gehören zu den Interjektionen.	Igitt! Ach! Peng! Psst! (Seid leise!) Muh Ach, (wäre es doch schon wieder Frühling!)
Inversion, die	Wörter bzw. Satzglieder stehen innerhalb eines Satzes an ungewöhnlicher Stelle.	Spät kam er wie immer.
Ironie, die	Der Sprecher meint das Gegenteil dessen, was er sagt.	Du bist wirklich ein echter Freund! Jetzt muss ich allein zurechtkommen.
Klimax, die	Eine Reihe von Ausdrücken ist steigernd angeordnet. Bei einer fallenden Anordnung spricht man von einer Antiklimax.	„Heute back' ich, morgen brau' ich, übermorgen hol ich der Königin ihr Kind.“ („Rumpelstilzchen“)
Lautmalerei, die (Onomatopoesie, die)	Die Bedeutung eines Wortes wird bereits durch den Klang ersichtlich.	knistern, knacken, grunzen „Und es wallet und siedet und brauset und zischt [...]“ (Schiller)
Litotes, die	Die Bedeutung eines Sachverhalts wird dadurch gesteigert, indem sein Gegenteil abgeschwächt oder verneint wird.	Er war nicht gerade ein Held. Wir haben nicht wenig gelacht.
Metapher, die	Ein Wort wird aus dem üblichen Sprachgebrauch gelöst und so in einen anderen Zusammenhang eingeordnet, dass es eine neue Bedeutung erhält. Die Metapher ist ein verkürzter Vergleich (ohne das Vergleichswort „wie“).	Er steht in der Blüte des Lebens. „Altdeutschland, wir weben dein Leichentuch, Wir weben hinein den dreifachen Fluch.“ (Heine)
Metonymie, die	Ein Begriff wird durch einen anderen ersetzt, der inhaltlich eng dazu in Beziehung steht.	Ich habe nur ein Glas getrunken. Das Bundeskanzleramt reagierte gelassen. Er hat seinen Goethe gelesen.
Neologismus, der	Neuschöpfung eines Wortes, das es so bisher noch nicht gab und das manchmal nur in einem bestimmten Text verwendet wird	Sie war eine herzenskluge Kollegin.
Oxymoron, das	Zwei Begriffe, die nicht zueinander passen, werden miteinander verbunden.	„Schwarze Milch der Frühe [...]“ (Celan) eine bittersüße Erfahrung
Paradoxon, das	Eine Aussage erscheint auf den ersten Blick widersinnig, weist jedoch bei genauerer Betrachtung auf eine tiefere Wahrheit hin.	„Wer sein Leben gewinnen will, der wird es verlieren.“ (Matth. 10,39) Viel ist wenig, und wenig ist viel.

Rhetorische Figur	Erklärung	Beispiel
Parallelismus, der	In aufeinanderfolgenden Sätzen werden die Satzglieder in gleicher Weise angeordnet.	„Was ist die Welt und ihr berühmtes Glänzen? Was ist die Welt und ihre ganze Pracht?" (Hofmannswaldau)
Paronomasie, die (vgl. auch Zeugma, das)	Wörter mit gleicher oder ähnlicher Bedeutung oder gleichem oder ähnlichem Klang werden so miteinander verknüpft, dass ein Wortspiel entsteht.	Ich heiße nicht nur Walburga Walter, sondern Sie auch herzlich willkommen. Der Computer war unbezahlt, aber nicht unbezahlbar.
Pars pro toto, das	Genannt wird nur ein Teil, der für das Ganze steht.	Endlich haben wir wieder ein Dach über dem Kopf.
Personifikation, die	Allgemeinen Begriffen, Gegenständen, Tieren oder Pflanzen werden Eigenschaften und Verhaltensweisen zugeordnet, die nur Menschen zukommen.	Die Liebe streichelt über seine Haut.
Rhetorische Frage, die	Es handelt sich um eine Frage, auf die keine Antwort erwartet wird, weil die Übereinstimmung des Hörers/Lesers mit dem Sprecher/Schreiber vorausgesetzt wird. Häufig enthält die rhetorische Frage einen Appell.	Sitzen wir nicht alle in einem Boot? „Sind wir denn wie leibeigene Knechte an den Boden gefesselt, den wir pflügen?" (Hölderlin)
Satzbau – parataktisch	Einfache Hauptsätze werden aneinandergereiht.	„Im düstern Auge keine Träne, Sie sitzen am Webstuhl und fletschen die Zähne: Deutschland, wir weben dein Leichentuch, Wir weben hinein den dreifachen Fluch." (Heine)
– hypotaktisch	Hierbei handelt es sich um z. T. sehr komplexe Satzgefüge (Verschachtelungen).	„In einem bei Jena liegenden Dorf, erzählte mir, auf einer Reise nach Frankfurt, der Gastwirt, dass sich mehrere Stunden nach der Schlacht, um die Zeit, da das Dorf schon ganz von der Armee des Prinzen von Hohenlohe verlassen und von Franzosen, die es für besetzt gehalten, umringt gewesen wäre, ein einzelner preußischer Reiter darin gezeigt hätte, [...]" (Kleist)
Symbol, das	Ein konkreter Gegenstand wird als Träger eines allgemeinen Sinnzusammenhangs gesetzt. Die Bedeutung kann man in der Regel nicht aus dem Gegenstand ableiten, man muss sie gelernt haben bzw. gesagt bekommen.	die Farbe Weiß als Symbol der Unschuld die Taube als Symbol des Friedens der Lorbeerkranz als Symbol des Sieges
Synästhesie, die	Verschiedene Sinnesbereiche (Geruch, Geschmack, Sehen ...) werden miteinander verschmolzen.	„Holdes Bitten, mild' Verlangen Wie es süß zum Herzen spricht." (Brentano)

Rhetorische Figur	Erklärung	Beispiel
Tautologie, die	Zwei Wörter bezeichnen denselben Sachverhalt oder es werden in beiden Wörtern Merkmale des Sachverhalts wiederholt. Eine Tautologie liegt auch vor, wenn ein Begriff durch denselben Begriff erklärt wird.	voll und ganz, einzig und allein der weiße Schimmel „Moral ist, wenn man moralisch ist.“ (Büchner)
Vergleich, der	Durch *wie*, *als ob* u. Ä. wird eine Beziehung zwischen zwei Bereichen hergestellt, zwischen denen es Gemeinsamkeiten gibt.	Sie schlief wie ein Murmeltier. „Wir schlafen ganz, wie Brutus schlief [...]“ (Heine)
Zeugma, das (vgl. auch Paronomasie, die)	Verbindung eines Satzglieds, insbesondere eines Prädikats, mit mehreren Satzgliedern, die grammatisch zwar richtig gebildet sind, aber nicht zusammenpassen	Sie schlug die Scheibe und dann den Weg nach Hause ein.

1. Kennzeichnen Sie in den folgenden Sätzen und Kurztexten die rhetorischen Figuren. Manchmal sind mehrere enthalten.

- Er war nicht gerade mit Klugheit ausgestattet.
- „Die Hütte wird durch dich ein Himmelreich.“
  (Goethe)
- Der Himmel ist blau, schwarz ist die Erde.
- „In dieser Armut welche Fülle!
  In diesem Kerker welche Seligkeit!“
  (Goethe)
- „Ein Menschenhauf – ein Schutzmann –
  und ein Karren
  Und auf dem Karren ein betrunk'nes Weib.“
  (Emil Nicolai)
- Er kam, sah, siegte.
- Anna K., die zeit ihres Lebens in einem Dorf lebte, in einem westfälischen, deren Bewohner es überwiegend mit der Landwirtschaft zu tun hatten, beschloss eines Tages, einen anderen Weg zu gehen.
- „Dicht wie Löcher eines Siebes stehn
  Fenster beieinander, drängend fassen
  Häuser sich so dicht an, dass die Straßen
  Grau geschwollen wie Gewürgte sehn.“
  (Alfred Wolfenstein)
- „Wir lernten zusammen. Wir feierten zusammen. Wir hielten zusammen. Wir waren eine echte Gemeinschaft.“
  (aus einer Abiturrede)
- Eine heiße Musik empfing ihn.
- „Es treibt vorüber mir im Meer der Stadt
  Bald der, bald jener, einer nach dem andern.“
  (Detlev von Liliencron)
- „Und meine Seele spannte
  Weit ihre Flügel aus,
  Flog durch die stillen Lande,
  Als flöge sie nach Haus.“
  (Eichendorff)
- „Ein dicker Junge spielt mit einem Teich.
  Der Wind hat sich in einem Baum gefangen.
  Der Himmel sieht verbummelt aus und bleich,
  Als wäre ihm die Schminke ausgegangen.“
  (Lichtenstein)
- „Und wenn sich dann der Steine Kräfte
  Bei euren Kindeskindern äußern:
  So lad ich über tausend tausend Jahre
  Sie wiederum vor diesen Stuhl. [...]“
  (Lessing)
- „Flieh! Auf! Hinaus ins weite Land!“
  (Goethe)
- Himmelerdewolkenselig umarmte er sie, und weiß schien das Licht auf ihr Gesicht.
- „Nur muss der eine nicht den andern mäkeln[1].
  Nur muss der Knorr den Knuppen[2] hübsch
  vertragen.
  Nur muss ein Gipfelchen[3] sich nicht vermessen,
  Dass es allein der Erde nicht entschossen.“
  (Lessing)

[1] **mäkeln:** kleinlich kritisieren – [2] **Knuppen:** knorrige Verwachsungen am Baum – [3] **Gipfelchen:** Baumwipfel

Richtig zitieren

Grundregel

Wörtliche Übernahmen (Zitate) aus Büchern, Briefen, Schriftstücken u. a. müssen durch Anführungszeichen kenntlich gemacht werden. Im Rahmen des Deutschunterrichts zitieren Sie vor allem dann, wenn Sie Aussagen zur Deutung durch den Text belegen wollen. Hinter das Zitat wird in Klammern immer die Quelle vermerkt, in der Regel handelt es sich dabei um die Zeilen- oder bei einem Gedicht um die Verszahlen.
Endet das Zitat mit einem Satzschlusszeichen, kommt hinter die schließende Klammer der Quellenangabe kein weiteres Schlusszeichen. Fehlt am Ende des Zitats ein Satzschlusszeichen, steht dieses hinter der schließenden Klammer der Quellenangabe.

Im Folgenden werden die wichtigsten Zitierweisen und weitere Besonderheiten anhand von Peter Bichsels Kurzerzählung „Colombin" erläutert.

Peter Bichsel (geb. 1935)

Colombin

Am Hofe gab es starke Leute und gescheite Leute, der König war ein König, die Frauen waren schön und die Männer mutig, der Pfarrer war fromm und die Küchenmagd fleißig – nur Colombin, Colombin war nichts. Wenn jemand sagte: „Komm, Colombin, kämpf mit mir", sagte Colombin: „Ich bin schwächer als du." Wenn jemand sagte: „Wie viel gibt zwei mal sieben?", sagte Colombin: „Ich bin dümmer als du." Wenn jemand sagte: „Getraust du dich, über den Bach zu springen?", sagte Colombin: „Nein, ich getrau mich nicht." Und wenn der König fragte: „Colombin, was willst du werden?", antwortete Colombin: „Ich will nichts werden, ich bin schon etwas, ich bin Colombin." *(1969)*

Zitierweisen

1. Zitate mit hinweisendem Begleitsatz

Steht vor, innerhalb oder hinter dem Zitat ein hinweisender Begleitsatz, erfolgt die Kennzeichnung wie bei der wörtlichen Rede. Das gilt vor allem für den Fall, dass ganze Sätze zitiert werden.

Beispiel: Die Erzählung beginnt mit folgender Beschreibung: „Am Hofe gab es starke Leute und gescheite Leute" (Z. 1 f.).
„Am Hofe gab es starke Leute und gescheite Leute" (Z. 1 f.), so beginnt die Erzählung von Peter Bichsel.
Möglich ist auch:
„Am Hofe gab es starke Leute und gescheite Leute" (Z. 1 f.). So beginnt die Erzählung von Peter Bichsel.
„Am Hofe", so beginnt Peter Bichsel seine Erzählung, „gab es starke Leute und gescheite Leute" (Z. 1 f.).

2. Eingebaute Zitate

Eleganter kann es oft sein, wenn Zitate in den eigenen Satzbau eingefügt werden. Der Doppelpunkt entfällt dann.

Beispiel: Mit der Aussage „Colombin war nichts" (Z. 6) wird zunächst der Eindruck vermittelt, der Protagonist habe gesellschaftlich keine Bedeutung.
Die Adjektive „schön" (Z. 3), „mutig" (Z. 4), „fromm" (Z. 5) und „fleißig" (Z. 5) stehen in deutlichem Kontrast zur Beschreibung Colombins, der „nichts" (Z. 6) darstellt.

Besonderheiten

1. Manchmal erfordert es der eigene Satzbau, die Endung zitierter Wörter zu verändern. In diesem Fall werden die geänderten Wortendungen in eckige Klammern gesetzt.

   Beispiel: Die Menschen am Hof werden als „stark[e]" (Z. 1) und „gescheit[e]" (Z. 2) beschrieben.

2. Wenn Teile eines zitierten Satzes ausgelassen werden, werden die Auslassungen durch drei Punkte und eine eckige Klammer gekennzeichnet.

   Beispiel: Mit der Beschreibung „Am Hofe gab es starke Leute und gescheite Leute, [...] die Frauen waren schön und die Männer mutig" (Z. 1 ff.) wird der Eindruck einer an positiven Werten orientierten Gesellschaft vermittelt.

3. Eine wörtliche Rede, ein Titel oder ein Zitat innerhalb eines Zitats werden durch halbe Anführungszeichen kenntlich gemacht.

   Beispiel: Die Rednerin begann ihren Vortrag mit der Feststellung: „Peter Bichsels Erzählung ‚Colombin' gehört zu den in der Schule eher selten behandelten Texten."
   Die Reaktion Colombins lässt auf seine Grundhaltung schließen: „Wenn jemand sagte: ‚Komm, Colombin, kämpf mit mir', sagte Colombin: ‚Ich bin schwächer als du.'" (Z. 6 ff.)

4. Wenn unmittelbar auf einen Textteil Bezug genommen, aber nicht wörtlich zitiert wird, verwendet man für die Quellenangabe die Abkürzung „vgl." (= vergleiche).

   Beispiel: Mehrfach entspricht Colombin den Erwartungen, die am Hof an ihn gestellt werden, nicht. (Vgl. Z. 6 ff.)

5. Geht ein Zitat über zwei Zeilen, können als Quelle entweder beide Zeilen angegeben werden (Z. 1–2) oder man kann mit der Abkürzung f. (für: folgende Zeile) arbeiten (Z. 1 f.). Erstreckt sich das Zitat über mehrere Zeilen, können ebenfalls die Zeilen angegeben werden (Z. 1–3) oder man kann mit der Abkürzung ff. (für: folgende Zeilen) arbeiten (Z. 1 ff.).

Einen Essay schreiben

Das müssen Sie wissen

Der Essay (frz.: *essai*, dt.: *Versuch*) beinhaltet eine oft argumentative Auseinandersetzung mit einem Thema aus dem wissenschaftlichen, politischen, kulturellen, philosophischen o. ä. Bereich. Anders als bei einer wissenschaftlichen Abhandlung steht bei einem Essay die subjektive Sicht des Verfassers in Bezug auf das Thema im Vordergrund. Er unterscheidet sich weiterhin von einer argumentativen Erörterung, indem er weniger streng formal aufgebaut ist und durchaus Gedankensprünge und individuelle (z. B. bildhafte, poetische) Darstellungsweisen zulässt. In diesem Sinne kann seine Sprache sowohl wissenschaftlich klar als auch literarisch sein.
Der Essay versucht weniger zu überzeugen, als vielmehr Gedankenanstöße für den Leser/die Leserin zu geben.

Essaythemen werden häufig in Form von Zitaten formuliert, z. B.:

- „Du sollst dir kein Bildnis machen" (Max Frisch)
- „Die Grenzen meiner Sprache bedeuten die Grenzen meiner Welt" (Ludwig Wittgenstein)

So können Sie vorgehen

1. Sammeln Sie zu Ihrem Thema zunächst ungeordnet Ideen. Greifen Sie dabei auf wissenschaftliche Erkenntnisse, aber auch auf subjektive Erfahrungen zurück.
2. Ordnen Sie Ihre Stoffsammlung, indem Sie Oberbegriffe bzw. Darstellungsbereiche festlegen und Detailinformationen zuordnen. Sie können auch eine Mindmap erstellen.
3. Legen Sie den beabsichtigten „roten Faden" für Ihren Essay fest, indem Sie die Einzelgesichtspunkte (Darstellungsbereiche) in eine Reihenfolge bringen.
4. Überlegen Sie sich eine besondere Einleitung, die das Interesse des Lesers oder der Leserin in besonderer Weise weckt.
5. Schreiben Sie nun Ihren Essay. Achten Sie bei der sprachlichen Gestaltung auf Folgendes:
   - Schreiben Sie allgemein verständlich, klar und präzise, gehen Sie zurückhaltend mit der Fachsprache um.
   - Fügen Sie gegebenenfalls Zitate, die Ihre subjektive Sicht in Bezug auf das Thema unterstützen können, in Ihren Essay ein. Achten Sie dabei auf die korrekte Wiedergabe der Zitate.
6. Überarbeiten Sie Ihren Essay im Hinblick auf inhaltliche, strukturelle (Aufbau) und sprachliche Gesichtspunkte.

Ein Beispiel

Ulrich Greiner

Die ZEIT-Schülerbibliothek.

Weshalb wir einen literarischen Kanon brauchen

Den Text finden Sie auf S. 569 f.

Sich bewerben

Das müssen Sie wissen

Ob Sie sich nun um ein Praktikum, einen Ausbildungs- oder Studienplatz bemühen: Sie müssen sich in jedem Fall bewerben. Teil einer solchen Bewerbung ist stets ein Anschreiben und ein Lebenslauf. Weitere Elemente wie Nachweise über frühere Tätigkeiten, Zertifikate usw. können noch hinzukommen.

Das Anschreiben

Das Anschreiben sollte insgesamt auf die jeweils angestrebte Stelle zugeschnitten sein, Massenbewerbungen sind demgegenüber weniger Erfolg versprechend. Machen Sie deutlich, dass Sie die geeignete Kandidatin/der geeignete Kandidat für die angestrebte Position sind. Sprechen Sie den Bewerbungsgrund und -anlass in Ihrem Schreiben an, wenn Sie den ersten Kontakt aufbauen oder verstärken. Verweisen Sie auf Ihre besondere Eignung und äußern Sie den Wunsch nach einem Vorstellungsgespräch. Am Ende sollte nicht der Eindruck entstehen, dass Sie ein toller Typ sind, sondern der geeignete Bewerber.

Armin Schmidt
Rilkeweg 18
33102 Paderborn
05251/123456
armin.schmidt@te-line.de
*
*
*
*
Trans Handelsgesellschaft
Frau Ruth Findig
Industriestraße 99
32756 Detmold

Paderborn, 17. März 20..

*
*
*

Bewerbung für ein Betriebspraktikum in Ihrem Hause
*
*
Sehr geehrte Frau Findig,
*
das Berufsorientierungsteam unserer Schule hat uns darauf hingewiesen, dass Sie in Ihrer Firma für fachlich interessierte und leistungsbereite Schülerinnen und Schüler die Möglichkeit eines Schnupperpraktikums anbieten, um den beruflichen Alltag in einer Verwaltung kennenzulernen. Dieses Angebot möchte ich gern wahrnehmen und bewerbe mich daher um eine Praktikumsstelle im Januar bzw. Februar kommenden Jahres.
*
Erste Erfahrungen im Umgang mit der Technik im Büro (Kopierer, Fax und Computer) konnte ich bereits sammeln. Auch mit der Textverarbeitungssoftware WORD bin ich – nicht zuletzt aus schulischen Zusammenhängen – gut vertraut.
*
Meine Zuverlässigkeit und mein Verantwortungsbewusstsein habe ich durch meine aktive Mitarbeit in der SV unserer Schule und als Begleiter von Sommer-Jugendfreizeiten der Kirchengemeinde unter Beweis stellen können.
*
Über eine Einladung zu einem persönlichen Vorstellungsgespräch würde ich mich sehr freuen.
*
Mit freundlichen Grüßen
*
*
Unterschrift (Vor- und Zuname)

Anlagen
Lebenslauf, Zeugniskopie

Rand:
oben, unten und rechts 2,5 cm, links 3 cm
Schriftgröße:
11 Punkt
Zeilenabstand: 1,5
* = Leerzeile

1. Suchen Sie in einem Bereich, der Sie im Hinblick auf Ihre berufliche Zukunft interessiert, ein passendes Unternehmen heraus und entwerfen Sie ein entsprechendes Bewerbungsanschreiben.

Der Lebenslauf

Auch wenn für den Lebenslauf Ähnliches gilt wie für das Anschreiben, Sie sich also auf die jeweilige Stelle mit dem Lebenslauf individuell bewerben, ist derzeit der tabellarische Lebenslauf nach Rubriken sortiert die gängigste Form. Bedenken Sie, welche Informationen für den Adressaten interessant sein könnten. Manchmal werden auch durch zunächst nebensächlich erscheinende Angaben wichtige Informationen transportiert. Beispielsweise können Angaben zu Hobbys oder zu (ehrenamtlichen) Nebentätigkeiten sehr aufschlussreich sein.

Lebenslauf

Bewerbungs-
foto

Persönliche Daten	Armin Schmidt Rilkeweg 18 33102 Paderborn Telefon: 05251 123456 E-Mail: armin.schmidt@te-line.de
Geburtsdatum, -ort	26. September 1994, Paderborn
Eltern	Ernst Schmidt, Speditionskaufmann Anna Schmidt, geb. Schlüter, Arzthelferin
Angestrebte Ausbildung	Industriekaufmann in einem exportorientierten Unternehmen
Schulbildung	2001 bis 2005: Grundschule am See seit 2005: Stadtgymnasium
Schulabschluss	Juli 2013: Allgemeine Hochschulreife
Lieblingsfächer	Mathematik, Englisch
Praktikum und schulbegleitende Tätigkeiten	August 2010: Industriepraktikum bei der InTech-AG, Sennelager Juli/August 2009: Sprachaufenthalt in Lincoln, England
Sonstige Kenntnisse	MS Office (Word, Excel, PowerPoint)
Freizeitinteressen	seit 2008: Trainer der Volleyball-Mannschaft, Sennelager

Paderborn, 17. März 20..

Unterschrift (Vor- und Zuname)

1. Suchen Sie in einem Bereich, der Sie im Hinblick auf Ihre berufliche Zukunft interessiert, ein passendes Unternehmen heraus und entwerfen Sie einen entsprechenden Lebenslauf.

Das Bewerbungsfoto

Bestandteil jeder Bewerbung ist auch ein Foto von Ihnen. Niemand erwartet, dass Sie wie ein Fotomodell aussehen, aber Sie sollten es von einem professionellen Fotografen anfertigen lassen und auf einige Aspekte auf jeden Fall achten:

Eine Facharbeit verfassen

Das müssen Sie wissen

Eine Facharbeit ist eine schriftliche Hausarbeit von größerem Umfang, die in einem begrenzten Zeitraum anzufertigen ist. Sie kann grundsätzlich in jedem Fach geschrieben werden. Die Facharbeit dient der Vorbereitung auf das wissenschaftliche Arbeiten im Studium.
Das Thema wird von Ihnen in Abstimmung mit dem Fachlehrer oder der Fachlehrerin gewählt, erarbeitet und anschließend verschriftlicht. Dabei werden von Ihnen wissenschaftliche Verfahrensweisen verwendet, Sekundärliteratur wird herangezogen, die Möglichkeiten der elektronischen Informationsrecherche und der modernen Textverarbeitung werden benutzt.
Für das Anfertigen einer Facharbeit existieren in aller Regel schulspezifische Vorgaben in schriftlicher Form.
Insgesamt wird ein stets gleicher Arbeitsprozess mit mehreren Stationen durchlaufen:

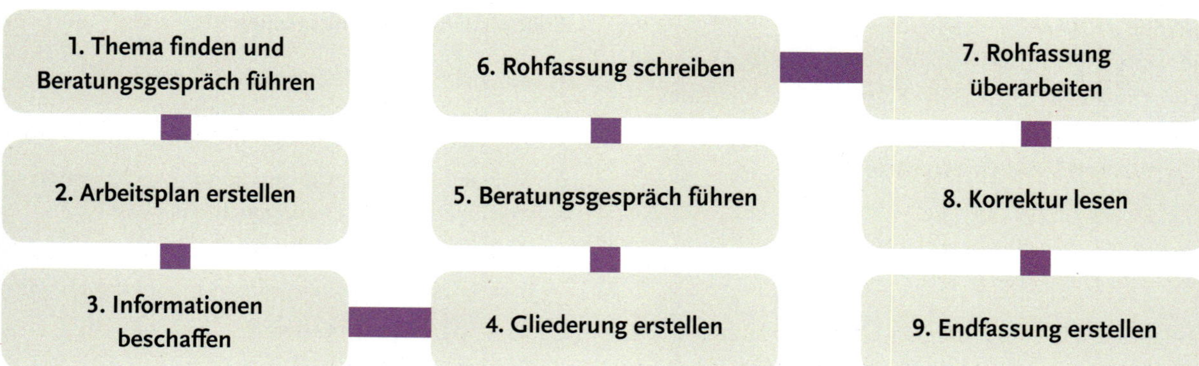

Ein Thema finden

Der Ausgangspunkt der Themenfindung ist häufig eine Vorgabe durch die Schule oder den Fachlehrer. Dabei werden in aller Regel allerdings nur Themenbereiche benannt, die den Schülerinnen und Schülern eine erste Eingrenzung ermöglichen sollen. Häufig erwachsen die Themen aus konkreten Unterrichtsgegenständen wie beispielsweise einer Lektüre.

Ist die Entscheidung für einen konkreten Unterrichtsgegenstand gefallen, gilt es nun zunächst, eine Themenfindung vorzubereiten, indem etwa eine Ideensammlung in Form eines Ideensterns, einer Mindmap oder eines Clusters erfolgt. Im gewählten Beispiel ist Heinrich von Kleists Drama „Prinz Friedrich von Homburg" der Ausgangspunkt der Überlegungen.

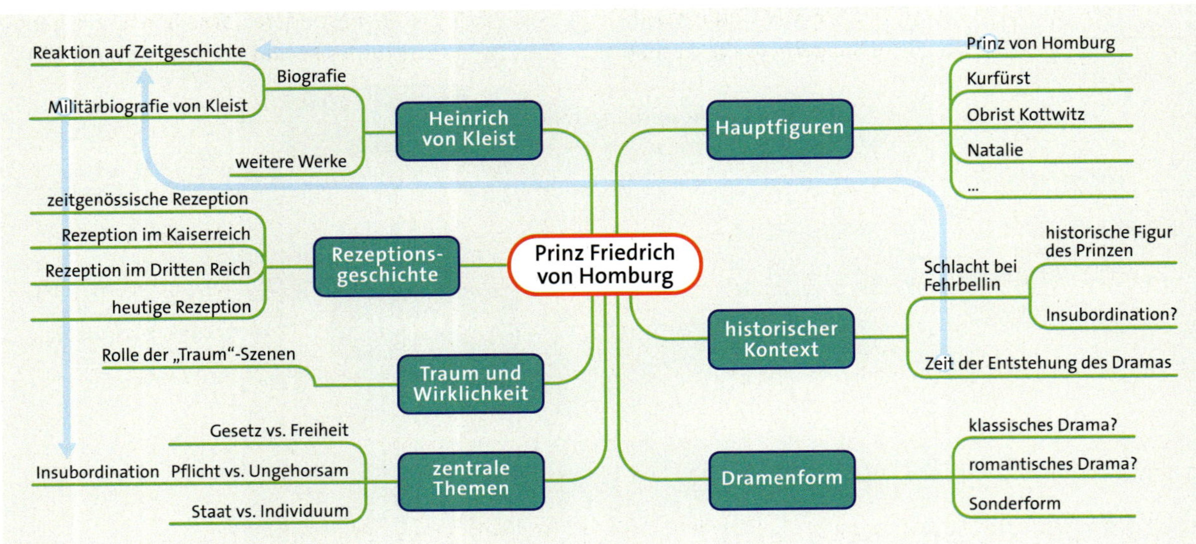

Ausgehend von der unterrichtlichen Auseinandersetzung mit dem Thema wurden mögliche Ansatzpunkte für eine Themenfindung notiert und Beziehungen hergestellt, die nun zu einer Themenstellung verdichtet werden sollen.

Die Leitfrage der Facharbeit könnte also beispielsweise lauten: „Inwiefern werden in der Person des Prinzen eigene Erfahrungen des Autors mit dem Militär verarbeitet?" Oder: „Inwiefern bezieht der Autor mit seinem Drama Stellung zu zeitgenössischen Ereignissen?" Oder: „Inwiefern werden Erfahrungen des Autors mit Insubordination im Werk thematisiert?"

Ein erstes Beratungsgespräch mit dem betreuenden Lehrer sollte an dieser Stelle Klarheit hinsichtlich der zu favorisierenden Leitfrage bringen und mit der Formulierung eines Facharbeitsthemas enden.

Das Beratungsgespräch

Das Anfertigen einer Facharbeit setzt voraus, dass Sie im Wesentlichen selbstständig das Thema erarbeiten und Ihre Ergebnisse verschriftlichen. Dessen ungeachtet empfiehlt es sich, in regelmäßigen Abständen mit dem betreuenden Lehrer Beratungsgespräche durchzuführen. Damit diese Gespräche für Sie möglichst gewinnbringend verlaufen, sollten Sie sich darauf gut vorbereiten. Die folgende Übersicht kann Ihnen dabei helfen:

Checkliste für Beratungsgespräche

a) Was habe ich bislang alles schon geschafft?
b) Was muss ich noch alles erledigen?
c) Was steht als Nächstes auf meinem Plan?
d) Wo habe ich Probleme und komme nicht weiter?
e) Welche konkreten Hilfen erwarte ich von meinem Betreuungslehrer?

Arbeitsplan erstellen

Das Anfertigen einer Facharbeit umfasst einen längeren Zeitraum, den Sie nicht ohne Weiteres überblicken können. Damit am Ende die Zeit nicht knapp wird, sollten Sie einen Zeitplan in Form einer Zeitleiste erstellen. Sie können dabei nach folgendem Muster vorgehen:

- Tragen Sie zunächst die offiziellen Termine wie Abgabe des Themas, Beratungstermine mit dem betreuenden Fachlehrer und den Abgabetermin ein.
- Ergänzen Sie dann private Termine wie Geburtstagsfeiern, Sporttermine u. a., die Sie gerne wahrnehmen möchten.
- Planen Sie nun für die einzelnen Arbeitsphasen (vgl. S. 595) den ungefähren Zeitbedarf und tragen Sie diese Zeiträume in die Zeitleiste ein.
- Achten Sie darauf, dass nicht alle Termine von Ihnen geplant und festgelegt werden können (z. B. Beratungstermine, Besuche in Archiven usw.).
- Halten Sie Pufferzeiträume frei, damit Sie auf Unwägbarkeiten und Unvorhergesehenes reagieren können.
- Bedenken Sie insbesondere, dass am Ende genug Zeit zum Korrekturlesen und Verbessern bleibt.

Beispiel:

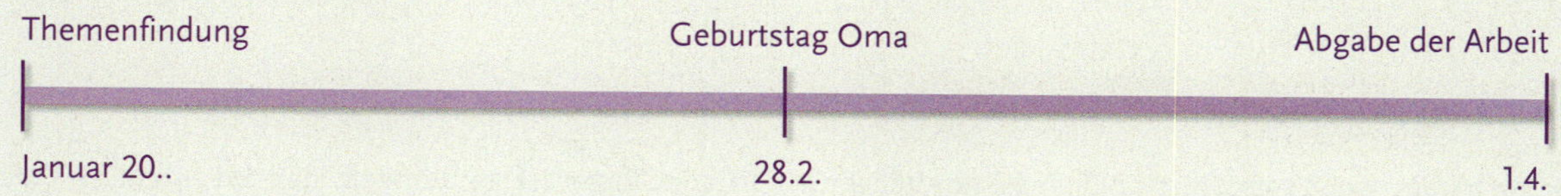

Informationen beschaffen

Die Informationsbeschaffung kann auf verschiedenen Wegen erfolgen. Damit eine Suche zielgerichtet erfolgen kann, benötigen Sie zunächst grundlegende Informationen zu Ihrem Thema. Diese erhält man am besten mithilfe von Nachschlagewerken (z. B. Literaturgeschichte). Sobald Sie einen grundlegenden Überblick gewonnen haben, können Sie sich auf die gezielte Suche nach weiteren Informationen begeben. Dabei stehen Ihnen verschiedene Wege und Informationsquellen zur Verfügung:

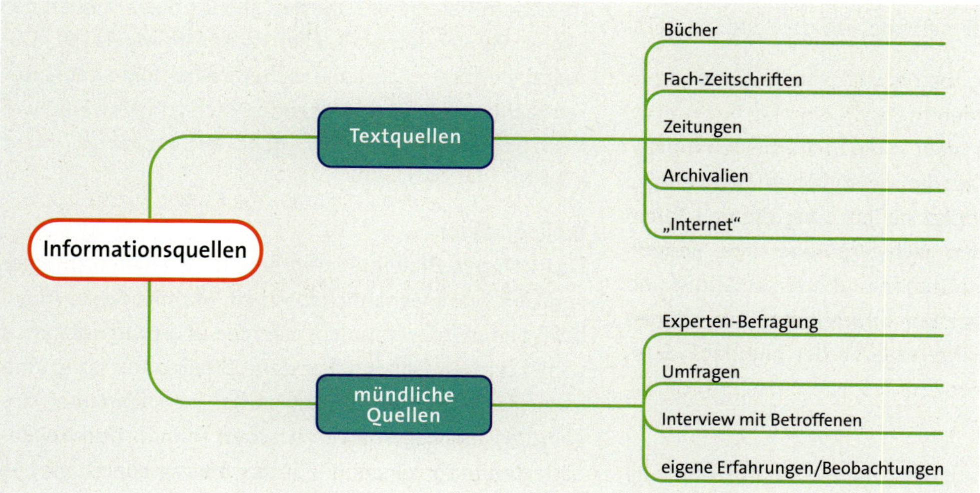

Die Suche nach Informationen sollte auf eine möglichst breite Basis gestellt werden und sich nicht nur auf die Suche im Internet beschränken. Die Wahl der Informationsquellen ist dabei sicherlich auch immer in Abhängigkeit vom gewählten Thema zu sehen.

Hinweise zur Literatursuche

a) Suchmaschinen im Internet
Der Umgang mit Suchmaschinen im Internet (www.google.de, www.fireball.de usw.) ist Ihnen sicherlich aus schulischen und privaten Zusammenhängen vertraut. Um in die zahlreichen Links, die Ihnen bei einer ersten Suche angeboten werden, mehr Struktur zu bringen, sollten Sie die Funktion „Erweiterte Suche" nutzen. Eine weitere Möglichkeit ist die Verbindung mehrerer Wörter zu einem Suchbegriff mithilfe von Anführungszeichen.

b) Kataloge und Datenbanken im Internet
Um in einer Bibliothek Bücher ausfindig zu machen, stehen in aller Regel zwei Katalogtypen zur Verfügung. Mithilfe eines **Schlagwortkatalogs** können Bücher zu einem Suchbegriff gefunden werden. Der **Verfasserkatalog** ermöglicht die Suche nach Autoren und deren Werken. Einen umfangreichen Katalog finden Sie im Internet unter der Adresse http://www.ubka.uni-karlsruhe.de/kvk.html. Die dort nachgewiesenen Bücher sind in aller Regel per Fernleihe zu bestellen.

Eine Gliederung erstellen

Jede Facharbeit weist selbstverständlich die grundlegende Gliederung in Einleitung, Hauptteil und Schluss auf. Am Anfang kommen noch das Inhaltsverzeichnis und die Gliederung hinzu; nach dem Schlussteil das Literaturverzeichnis, ggf. ein Materialanhang und die Selbstständigkeitserklärung.

Inhaltsverzeichnis/Gliederung

Das Inhaltsverzeichnis erfasst sämtliche Teile der folgenden Facharbeit – jeweils mit Seitenzahl.
Die Angabe der Gliederung in die einzelnen Abschnitte und Unterabschnitte der Facharbeit verschafft dem Leser einen Überblick und lässt ihn zugleich den „roten Faden" der Auseinandersetzung mit der leitenden Fragestellung erkennen.

Einleitung

Die Einleitung soll den Leser in die Facharbeit einführen. Dazu sollten Sie ihn über die wesentlichen Ziele, die Sie mit der Facharbeit verfolgt haben, über die von Ihnen gesetzten thematischen Schwerpunkte des wissenschaftlichen Arbeitens (Analyse und Interpretation) und das methodische Vorgehen informieren. Sie können auch Ihr persönliches Interesse an der Thematik deutlich machen.

Hauptteil

Im Hauptteil wird die ausführliche Auseinandersetzung mit der Fragestellung dokumentiert. Dazu werden die Inhalte und der Argumentationsgang dargelegt und die zugrunde liegenden Materialien, Texte, Experimente u. a. ausgewertet.

In aller Regel ist es sinnvoll, den Hauptteil in Teilabschnitte zu untergliedern, die dann auch im Inhaltsverzeichnis aufgeführt werden.

Schluss

Im Schlussteil sollten Sie die erarbeiteten Ergebnisse zusammenfassen, bewerten und Schlussfolgerungen daraus ziehen. Dabei sollten Sie auf die in der Einleitung formulierten Ziele zurückgreifen und das gewählte methodische Vorgehen einer kritischen Reflexion unterziehen.

Literaturverzeichnis

In diesem Verzeichnis werden alle für das Erstellen der Arbeit verwendeten Quellen zusammengefasst. Die Angabe erfolgt in alphabetischer Reihenfolge der Autorennachnamen. Grundlegende Nachschlagewerke wie Rechtschreibwörterbücher gehören allerdings nicht hierher.

Bibliografieren

Das korrekte Bibliografieren gehört unbedingt zu einer seriösen wissenschaftlichen Arbeit. Mithilfe dieser Angaben können Informationen jederzeit überprüft oder auch vom Leser vertieft werden. Eine Bibliografie ist grundsätzlich alphabetisch bezüglich der Familiennamen angeordnet. Bisweilen wird zwischen Primär- und Sekundärtexten unterschieden. Für das Bibliografieren gibt es verschiedene anerkannte Möglichkeiten hinsichtlich der Reihenfolge der Angaben und der Zeichensetzung. In jedem Falle sollte eine einmal gewählte Form konsequent beibehalten werden. Hier einige Beispiele:

Bücher
Name, Vorname des Autors/Herausgebers: Titel. Untertitel. Verlag, Ort, Erscheinungsjahr (ggf. Auflage), Seitenangabe.
Beispiel: [1] Pütz, Peter: Die Leistung der Form. Suhrkamp Verlag, Frankfurt am Main 1986, S. 53.

Aufsätze aus Fachzeitschriften
Name, Vorname des Autors des Beitrags: Titel des Beitrags. Untertitel. Aus: Name der Zeitschrift oder Zeitung, Nummer der Zeitschrift oder Zeitung/Erscheinungsdatum und Jahrgang, Seitenangabe.
Beispiel: [2] Enzensberger, Hans Magnus: Das digitale Evangelium. Aus: Der Spiegel, Nr. 2/8.1.2000, S. 92.

Entnahmen aus dem Internet
Name, Vorname des Autors: Titel. Aus: Internetadresse. Datum des Aufrufs.

Annotationen – Fußnoten
Alles, was Sie wörtlich oder sinngemäß aus fremden Quellen übernehmen, müssen Sie entweder durch eine Quellenangabe oder durch einen Vgl.-Hinweis belegen. Die Belege für Ihre Übernahmen werden durch eine Fußnote unten auf der Seite angegeben. Diese Fußnoten werden für die gesamte Arbeit durchnummeriert, sie können jedoch auch auf jeder Seite mit 1 beginnen. Alle gängigen Textverarbeitungsprogramme verfügen über einen Menüpunkt „Fußnote einfügen".

Materialanhang
Dieser Anhang ist nicht notwendigerweise Bestandteil einer Facharbeit. Hier können ggf. Interviewmitschriften, Versuchsprotokolle, Grafiken zu Umfrageergebnissen, zusätzliche Abbildungen u. a. beigefügt werden. Nummerieren Sie die Abbildungen durch (Abb. 1, Abb. 2 ...) und geben Sie ihnen einen Titel.

Selbstständigkeitserklärung
Mit dieser Erklärung bestätigen Sie, die Facharbeit eigenständig angefertigt und alle verwendeten Quellen angegeben zu haben.

Rohfassung schreiben

Nutzen Sie für die Erstellung der ersten schriftlichen Fassung ein Textverarbeitungssystem. Standardmäßig ist für die Schriftart „Times New Roman" 12 Punkt und ein Zeilenabstand von 1,5 vorgesehen.
Lassen Sie oben und unten einen Rand von jeweils 3 cm und links und rechts von 2,5 cm. Untergliedern Sie Ihren Text in Abschnitte, welche den inhaltlichen Aufbau deutlich machen. Gehen Sie damit jedoch nicht zu großzügig um, damit nicht zu viel Platz verschwendet wird.

Rohfassung überarbeiten

Überarbeiten Sie die erste Textfassung nach den Kriterien, die Sie im Kapitel „Einen Text überarbeiten", S. 600, finden.

Korrektur lesen

Ihre Facharbeit hat mittlerweile diverse Überarbeitungen, Änderungen und Neufassungen erfahren. Dies bleibt naturgemäß nicht ohne Folgen für den schriftsprachlichen Ausdruck. Hinzu kommen die orthografischen Fehler, die sich bei jedem Schreibprozess einschleichen.
Es ist also dringend geboten, die Facharbeit einer gründlichen Kontrolle zu unterziehen. Dies können Sie selbstverständlich in eigener Regie vornehmen. Es empfiehlt sich allerdings, eine Person Ihres Vertrauens damit zu betrauen, die über die nötigen Kenntnisse im Bereich der Orthografie und Grammatik verfügt. Dies können neben Mitschülern auch Eltern, Freunde usw. sein.

Endfassung erstellen

Zum Erstellen der Endfassung arbeiten Sie die Änderungen aus dem Korrekturlesen systematisch in Ihre Textversion ein. An dieser Stelle sind auch letzte Überarbeitungen des Layouts sinnvoll.

Einen Text überarbeiten

Das müssen Sie wissen

Das Schreiben von Texten ist immer als ein Prozess zu verstehen, der in mehreren Schritten abläuft: Zunächst wird ein (schriftlicher oder gedanklicher) Schreibplan entworfen, dieser wird anschließend in einem ersten Entwurf umgesetzt und dann mehrmals – häufig unter verschiedenen Fragestellungen – überarbeitet. Zur **Überarbeitung eines Textes** gibt es verschiedene Möglichkeiten, die man allein, zu zweit oder auch in einer Gruppe umsetzen kann.

Möglichkeiten der Textüberarbeitung

- Innerhalb einer Gruppe liest jeder seinen Text vor. Die anderen machen möglichst konkrete Vorschläge zur Verbesserung. Diese Vorschläge werden vom vorlesenden Schüler oder der vorlesenden Schülerin notiert und anschließend zur Überarbeitung genutzt.
- Eine weitere Möglichkeit besteht darin, die Texte reihum zu lesen. Dabei notiert jeder Leser am Rand Fragen, Anmerkungen, Verbesserungsvorschläge oder auch ein Lob. Der ursprüngliche Schreiber nutzt diese Anregungen zur Verbesserung des Textes.
- Sollten Texte bereits elektronisch vorliegen, kann man sie auch per Mail weiterleiten und von anderen am PC überarbeiten lassen. Mit der Funktion „Überprüfung" können die Vorschläge für den ursprünglichen Schreiber kenntlich gemacht werden. Nachdem der Schreiber den Text zurückerhalten hat, kann er sich die Vorschläge anschauen und diese ggf. übernehmen.

Aspekte der Textüberarbeitung

Generell muss zwischen den formalen, sprachlichen und inhaltlichen Aspekten einer Textüberarbeitung unterschieden werden.

Die **formalen Aspekte** sind in aller Regel allgemein bestimmbar:

- Orthografie und Zeichensetzung
- Wortwahl
- Satzbau und Grammatik
- formale Anforderungen der Textsorte (z. B. korrekte Verwendung des Konjunktivs bei Inhaltsangaben)
- ...

Die **sprachlichen Aspekte** sind im Zusammenhang mit der Textsorte zu beurteilen:

- treffende und genaue Formulierungen
- Wortwiederholungen
- angemessene Wortwahl bzgl. der Textsorte
- abwechslungsreicher und nicht zu komplexer Satzbau
- schlüssige Satzverknüpfungen
- ...

Die **inhaltlichen Aspekte** sind jeweils in Abhängigkeit von der gewählten Textsorte zu sehen:

- Schlüssigkeit der Argumentation
- Folgerichtigkeit der Gedankenführung
- sachliche Richtigkeit der Ausführungen
- Konkretisierung an Beispielen
- ...

➔ Mit fachsprachlichen Ausdrücken arbeiten, S. 612, Aufgabe 5
➔ Satzgefüge sinnvoll einsetzen, S. 629, Aufgaben 3 und 4

Arbeitsergebnisse präsentieren

Das müssen Sie wissen

Vorüberlegungen

Bevor Sie sich an die konkrete Vorbereitung einer Präsentation begeben, sollten Sie einige Punkte im Vorfeld klären. Ausgangs- und Zielpunkt Ihrer Überlegungen sollte stets der Adressat Ihrer Präsentation sein.

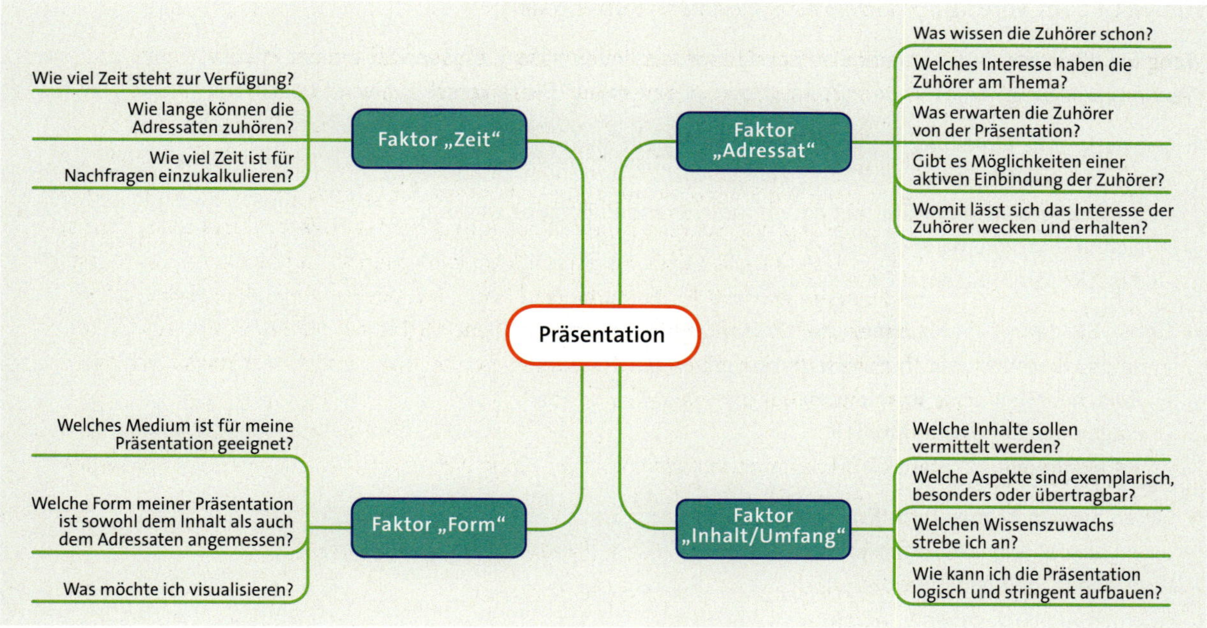

Wahl des Präsentationsmediums

Suchen Sie ein Medium aus, das zu Ihrer Präsentation passt und die räumlichen und technischen Gegebenheiten berücksichtigt. Wägen Sie dazu anhand der folgenden Übersicht ab:

	Vorteil	Nachteil
Tafel	• große Schreibfläche • immer wieder beschreibbar	• nicht archivierbar • kaum transportabel
Flipchart	• leicht transportabel • flexibel einsetzbar • Anschriebe wiederverwendbar	• wenig Platz • beim Vortrag unpraktikabel in der Handhabung
Stellwand	• gut geeignet zum Befestigen unterschiedlicher Materialien	• aufwendige Befestigung während eines Vortrags
Tageslichtschreiber	• gute Nutzbarkeit vorbereiteter Folien • Folien können abgedeckt oder übereinandergelegt werden	• Probleme bei heller Sonneneinstrahlung

	Vorteil	Nachteil
Whiteboard	• Einsatz interaktiver Medien • Vorbereitung von Schaubildern • Entwicklung der Schaubilder während der Präsentation	• noch nicht flächendeckend vorhanden • technisch aufwendig
PowerPoint-Präsentation	• einfache Bedienung beim Vortrag • viele Gestaltungsmöglichkeiten • gute Wiederverwendbarkeit	• aufwendige Erstellung • Gefahr der optischen/akustischen Überladung

Hinweise zum Vortrag

Wenn Sie die Präsentationsmedien entsprechend vorbereitet haben, müssen Sie bei der Präsentation im Wesentlichen als Moderator auftreten. Dazu sollten Sie folgende Hinweise beachten:

- Geben Sie eine ***Einleitung*** in Ihre Präsentation, indem Sie ...
  - die Zuhörer begrüßen,
  - das Interesse der Zuhörer mit einem motivierenden Einstieg wecken,
  - sich und Ihr Thema vorstellen,
  - das Ziel Ihrer Präsentation erläutern.
- Gehen Sie dann zum **Hauptteil** Ihrer Präsentation über, indem Sie ...
  - einen Überblick über Ihre Präsentation geben (Gliederung),
  - Zwischenergebnisse formulieren,
  - Fragen der Zuhörer aufgreifen,
  - auf weitergehende Aspekte/Materialien verweisen.
- Leiten Sie den ***Schluss*** Ihrer Präsentation ein, indem Sie ...
  - ein abschließendes Ergebnis formulieren,
  - offene Fragen benennen,
  - einen Ausblick geben,
  - sich für die Aufmerksamkeit bedanken.
- Achten Sie im ***Verlauf*** der Präsentation darauf, dass ...
  - Sie (Augen-)Kontakt mit den Zuhörern halten,
  - Sie die Zuhörer möglichst einbeziehen,
  - Sie möglichst frei – z. B. mithilfe von Karteikarten o. Ä. – sprechen,
  - Sie deutlich und langsam sprechen,
  - Sie möglichst einen sicheren Stand haben,
  - Sie Ihre Präsentation mit sparsamen, aber gezielt eingesetzten Gesten untermalen.

Handout

Verteilen Sie am Ende des Vortrags ein Handout, um den Zuhörern damit eine Zusammenfassung des Gehörten mit auf den Weg zu geben. Wenn Sie es allerdings vor dem Vortrag aushändigen, können die Zuhörerinnen und Zuhörer es ggf. um Aspekte ergänzen, die ihnen zusätzlich wichtig erscheinen.

Zuhören und Informationen verarbeiten – Protokollieren

Das müssen Sie wissen

Nicht nur in der Schule oder später in der Universität – aber dort ganz besonders häufig – erleben Sie Situationen, in denen es darauf ankommt, genau zuzuhören und wichtige Informationen zu notieren und weiterzuverarbeiten. Dabei gibt es verschiedene Möglichkeiten:

Informationen gezielt heraushören

Manchmal ist es so, dass Sie bereits vorher wissen, zu welchen Bereichen Sie Informationen haben möchten. Hier kommt es also darauf an, gezielt hinzuhören und stichwortartig die Informationen aufzuschreiben, die Sie benötigen. Hält z. B. eine Mitschülerin oder ein Mitschüler ein Referat zu einer bestimmten literaturgeschichtlichen Epoche, kann es für Sie wichtig sein, zuvor bestimmte Informationsbereiche zu notieren, die für Sie besonders bedeutsam sind: Zeitraum, wichtige Autoren, zentrale Werke, historischer Hintergrund, Denkweisen ... Diese Bereiche können Sie vorab notieren, um dann die gehörten Detailinformationen stichwortartig zuzuordnen.

Einen Stichwortzettel anlegen und die Informationen ordnen

Häufiger ist es so, dass Sie sehr viele Informationen präsentiert bekommen, die Sie zunächst noch ungeordnet und stichwortartig aufschreiben. Dabei können Sie mit Spiegelstrichen (– ...) und anderen grafischen Elementen arbeiten. Etwas, was Ihnen besonders wichtig erscheint, können Sie unterstreichen, farbig markieren oder mit einem Ausrufezeichen (!) versehen. Informationen, die eng zusammengehören, können Sie mit einem Pfeil (→) verbinden oder Sie können deutlich vermerken, dass Ihnen noch etwas unklar geblieben ist ?...?. Hilfreich ist es auch, wenn Sie mit Abkürzungen arbeiten (Dat. = Daten/Datierungen; Def. = Definition; w. = wichtig/wichtige Information, Zh. = Zusammenhang ...). Lassen Sie einen breiten Rand, um gegebenenfalls weitere Detailinformationen ergänzen zu können. Der Stichwortzettel hilft Ihnen jedoch nur, wenn Sie ihn anschließend weiterverarbeiten. So können Sie z. B. Oberbegriffe festlegen und diesen Oberbegriffen einzelne Informationen, die vielleicht über den Zettel verteilt sind, zuordnen. Manchmal bietet es sich auch an, eine Mindmap zu erstellen, um die Informationen schnell wieder zur Verfügung zu haben.

Ein Protokoll anfertigen

Mit einem Protokoll gibt man die wichtigen Ergebnisse oder aber auch den genauen Verlauf einer Unterrichtsstunde oder auch einer Sitzung des Vorstandes eines Sportvereins etc. wieder. In der Regel wird ein Protokoll im Präsens abgefasst. Ein Protokoll erhält immer die Unterschrift des Protokollanten/der Protokollantin und einen sogenannten Protokollkopf, der folgendermaßen gestaltet wird:

Protokoll der Deutschstunde vom 14.03.20..
Ort:
Zeit:
Anwesende:
Abwesend:
Protokollant/in:
Thema der Stunde:

1.

2.

...

Man unterscheidet zwei Protokollarten:

Das Ergebnisprotokoll
Bei einem Ergebnisprotokoll zu einer Unterrichtsstunde werden kurz der Inhalt einer Stundenphase und die wichtigsten Ergebnisse genannt. Dabei kann Ihnen z. B. auch ein Tafelbild helfen:

Ergebnisprotokoll der Deutschstunde vom 14.03.20..
Ort: Gymnasium Theodorianum Paderborn
Zeit: 8:50–9:35 Uhr
Anwesende: EF Grundkurs Deutsch, Herr Vogt
Abwesend: –
Protokollant/in: Marie Kleine
Thema der Stunde: Das Organonmodell der Sprache von Karl Bühler

1. Anhand eines verwürfelten Textblocks, der aus drei unterschiedlichen Textarten zum Thema Spanien besteht, werden folgende drei Intentionen der Verfasser herausgearbeitet:
   - Informationen über das Land (Reiseführer),
   - Appell, das Land als Tourist zu besuchen (Werbeprospekt),
   - Begeisterung für das Land (Reisetagebuch, literarischer Text).

2. Bühlers Modell der Kommunikation wird anhand eines von ihm entwickelten Schaubildes erschlossen. Demnach kann ein sprachliches Zeichen als ein Werkzeug („organum“) angesehen werden, mit dem etwas dargestellt werden kann, mit dem zu etwas aufgefordert werden kann oder mit dem ein Sprecher oder eine Schreiberin etwas über seine/ihre innere Befindlichkeit ausdrücken kann.

3. Abschließend wird Bezug genommen auf die drei eingangs bearbeiteten Texte und folgendes Schaubild erstellt:

Organonmodell am Beispiel dreier Texte über Spanien

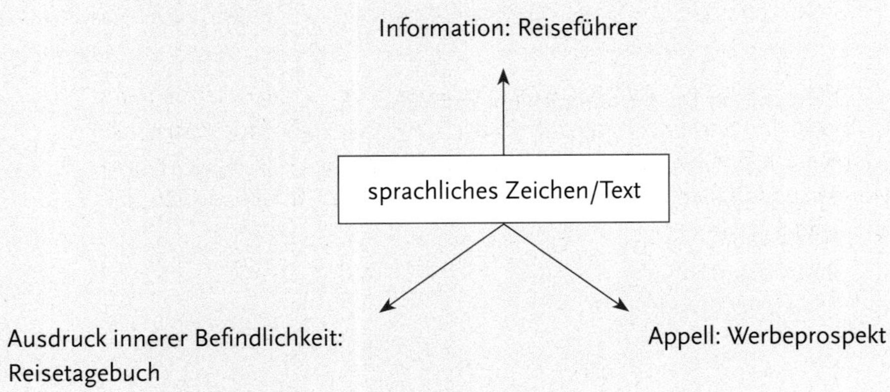

Paderborn, den 14.03.20..
Marie Kleine

Das Verlaufsprotokoll

Ein Verlaufsprotokoll ist viel ausführlicher gestaltet. Hier werden neben den Inhalten der Stundenphasen und den Ergebnissen auch einzelne Gesprächsbeiträge (auch mit Namen) wiedergegeben. Diese Wiedergabe erfolgt in der indirekten Rede. Ein Verlaufsprotokoll wird in der Regel ebenfalls im Präsens verfasst; wie bei einem Bericht kann jedoch auch das Präteritum verwendet werden.

Verlaufsprotokoll der Deutschstunde vom 14.03.20..
Ort: Gymnasium Theodorianum Paderborn
Zeit: 8:50–9:35 Uhr
Anwesende: EF Grundkurs Deutsch, Herr Vogt
Abwesend: –
Protokollant/in: Paul Werth
Thema der Stunde: Das Organonmodell der Sprache von Karl Bühler

1. In einem ersten Schritt wird zunächst ein verwürfelter Textblock, der aus drei unterschiedlichen Texten zum Thema Spanien besteht, bearbeitet. Dabei geht es um die Frage, welche unterschiedlichen Intentionen den Texten zugrunde liegen. Michael Löwe äußert zunächst die Meinung, dass die Texte nur schwer zu unterscheiden seien und deshalb keine eindeutigen Intentionen herauszulesen seien. Marie hält dem entgegen, dass bei genauem Lesen sehr wohl Unterscheidungskriterien festzustellen seien. Zum einen seien deutlich Aufforderungen zu erkennen, zum anderen ... Schließlich einigen sich die Schülerinnen und Schüler darauf, ...

2. In einem weiteren Schritt erhalten die Schülerinnen und Schüler die Aufgabe ...

...

Paderborn, den 14.03.20..
Paul Werth

Wenn Sie ein Stundenprotokoll anfertigen sollen, befragen Sie Ihren Lehrer oder Ihre Lehrerin vorab, welches Thema behandelt und wie dieses Thema in der Stunde untergliedert werden soll. Auf diesem Weg bekommen Sie gewissermaßen eine „Tagesordnung“. So eine Tagesordnung erhalten die Teilnehmerinnen und Teilnehmer von Konferenzen, die es oft auch in der Schule gibt, in der Regel vor der jeweiligen Sitzung.

2 Die Abiturprüfung

Der höchste Abschluss, den Sie am Gymnasium erreichen können, ist das Abitur und damit die Allgemeine Hochschulreife. Dabei besteht die Abiturprüfung am Ende der gymnasialen Oberstufe aus einem schriftlichen und einem mündlichen Teil.

Die schriftliche Abiturprüfung[1]

Bei der schriftlichen Abiturprüfung in den beiden Leistungskursfächern und einem Grundkursfach handelt es sich um ausführliche Klausuren, deren Aufgaben bestimmten Aufgabenarten entsprechen, welche Sie in den Jahren vorher im Unterricht eingeübt haben:

Aufgabenarten der schriftlichen Abiturprüfung im Fach Deutsch		
Aufgabenart I	Typ A	Analyse eines literarischen Textes (ggf. mit weiterführendem Schreibauftrag)
	Typ B	Vergleichende Analyse literarischer Texte
Aufgabenart II	Typ A	Analyse eines Sachtextes (ggf. mit weiterführendem Schreibauftrag)
	Typ B	Vergleichende Analyse von Sachtexten
Aufgabenart III	Typ A	Erörterung von Sachtexten
	Typ B	Erörterung von Sachtexten mit Bezug auf einen literarischen Text
Aufgabenart IV		Materialgestütztes Verfassen eines Textes mit fachspezifischem Bezug

Die von Ihnen zu bearbeitende Aufgabe umfasst Teilleistungen in insgesamt drei **Anforderungsbereichen**:

Anforderungsbereich I: Wiedergabe von Kenntnissen
- Wiedergabe von (fachbezogenen) Sachverhalten (z. B. Inhaltswiedergabe)
- Verwendung gelernter und geübter Arbeitstechniken und Verfahrensweisen (z. B. Bestimmung der Textart und der Strukturelemente eines Textes, Einbringen fachspezifischer Kenntnisse)

Anforderungsbereich II: Anwenden von Kenntnissen
- Selbstständiges Auswählen, Anordnen, Verarbeiten und Darstellen bekannter Sachverhalte (z. B. Wiedergabe umfassender fachspezifischer Sachverhalte in eigenständiger Form)
- Selbstständiges Übertragen des Gelernten auf vergleichbare neue Situationen unter veränderten Fragestellungen, in veränderten Sachzusammenhängen oder mit abgewandelten Verfahrensweisen (z. B. Untersuchung des Wortschatzes, des Satzbaus und der poetischen Mittel eines Textes auf ihre Funktion und Wirkung hin)

Anforderungsbereich III: Problemlösen und Werten
- Planmäßiges Verarbeiten komplexer Gegebenheiten, um zu selbstständigen Lösungen, Deutungen, Folgerungen, Begründungen oder Wertungen zu gelangen (z. B. Beurteilung der Wirkungsmöglichkeiten eines Textes, begründetes Schlussfolgern aus den Ergebnissen einer Textanalyse, Erörterung fachspezifischer Zusammenhänge oder argumentatives Vertreten eines Standpunktes)

Bei der Formulierung der Aufgabenstellungen werden zur Präzisierung und Vereinheitlichung der Prüfungsanforderungen bestimmte **Operatoren** verwendet, also Verben mit genau definierter Bedeutung, die Ihnen ein möglichst präzises Verständnis der gestellten Aufgabe vermitteln sollen.

➔ Übersicht über die Operatoren im Deutschunterricht, s. vordere Umschlagklappe

Die mündliche Abiturprüfung[1]

Bei der mündlichen Abiturprüfung erhalten Sie eine Aufgabe, die sich in reduzierter Form an den Aufgabenarten für die schriftliche Prüfung orientiert, wobei der zu bearbeitende Text aber kürzer und die Aufgabenstellung weniger komplex ist.

Im Fach Deutsch sind folgende Aufgabenarten für den ersten Prüfungsteil vorgesehen:		
Aufgabenart I		Analyse eines literarischen Textes (unter Nennung von Bearbeitungsschwerpunkten)
Aufgabenart II		Analyse eines Sachtextes (unter Nennung von Bearbeitungsschwerpunkten)
Aufgabenart III	Typ A	Erörterung eines Sachtextes
	Typ B	Erörterung eines Sachtextes mit Bezug auf einen literarischen Text

Während einer dreißigminütigen Vorbereitungszeit bearbeiten Sie diese Aufgabe und machen sich Notizen, auf die Sie dann während der Prüfung zurückgreifen können.
Die eigentliche Prüfung dauert zwanzig, höchstens dreißig Minuten und besteht aus zwei etwa gleich langen Teilen:
Im ersten Teil tragen Sie in einem zusammenhängenden, strukturierten Vortrag die Ergebnisse Ihrer Bearbeitung der gestellten Aufgabe vor.
Im zweiten Teil findet ein Prüfungsgespräch über größere fachliche und fachübergreifende Zusammenhänge statt, die Sie im Laufe der letzten beiden Jahre im Deutschunterricht behandelt haben. Inhaltlich schließt die Prüfung an den ersten Teil an, führt dann aber auch zu anderen Themen, die in unterschiedlichen Schulhalbjahren erarbeitet wurden. Dabei kann Ihr Prüfer oder Ihre Prüferin inhaltliche Verbindungen herstellen etwa durch vergleichbare oder kontrastierende Themen und Probleme (z. B. die Rolle der Frau, der Gegensatz von Individuum und Gesellschaft, die Bedeutung der Natur, über ähnliche Figuren, parallel verlaufende oder zeitlich aufeinander folgende Epochen, über gleiche Textarten oder literarische Gattungen etc.). Für die Bewertung Ihrer Leistung gelten in der mündlichen Prüfung prinzipiell die gleichen Grundsätze wie in der schriftlichen, allerdings ergeben sich für das Prüfungsgespräch aufgrund der Kommunikationssituation ergänzende Prüfungskriterien wie das richtige Erfassen von Fachfragen, sach- und adressatengerechtes Antworten, Erkennen und Erläutern von Schwierigkeiten, die im Gespräch auftreten, oder das Einbringen und Verarbeiten weiterführender Fragestellungen im Gesprächsverlauf.

Tipps für die mündliche Abiturprüfung

- Prüfungstext durch sinnvolle, übersichtliche Markierungen und stichwortartige Notizen vorbereiten
- den eigenen Vortrag klar strukturieren, eine angemessene Ausdrucksweise wählen und die Fachterminologie des Deutschunterrichts verwenden (z. B. Fachausdrücke der Textanalyse, korrekte Bezeichnung der Textsorten)
- auf klaren Textbezug achten, Belege anführen
- eigenständig Verbindungen herstellen zu anderen im Unterricht behandelten Gegenständen
- ...

[1] **Bitte beachten Sie ggf. abweichende Abiturvorgaben für Ihr Bundesland. Die genauen Formulierungen und Angaben stehen auf den jeweiligen Bildungsservern.**

3 Grammatisches Wissen festigen

Wortarten

Wortarten im Überblick

Man unterscheidet Wortarten, die im Satzzusammenhang ihre Form **verändern**, und solche, die sich **nicht verändern**. Man spricht auch von **flektierbaren** und **nicht flektierbaren** Wortarten.

Wortarten, die flektierbar sind	
Wortart	**Beispiel**
Verb (Zeitwort, Tätigkeitswort) • Vollverb • Hilfsverb • Modalverb	 handeln, denken, sich erinnern sein, werden, haben wollen, sollen, dürfen, können, mögen, müssen
Nomen/Substantiv (Namenwort, Hauptwort) • Konkreta • Abstrakta	 Fahrrad, Rose, Dach Dummheit, Vertrauen, Liebe
Artikel (Geschlechtswort, Begleiter) • bestimmter Artikel • unbestimmter Artikel	 der, die, das ein, eine, ein
Adjektiv (Eigenschaftswort)	laut, (ein) lautes (Geräusch), italienisch, (die) italienische (Sprache)
Pronomen (Fürwort) • Personalpronomen (persönliches Fürwort) • Possessivpronomen (besitzanzeigendes Fürwort) • Demonstrativpronomen (hinweisendes Fürwort) • Relativpronomen (bezügliches Fürwort) • Reflexivpronomen (rückbezügliches Fürwort) • Interrogativpronomen (fragendes Fürwort) • Indefinitpronomen (unbestimmtes Fürwort)	 ich, mir, du, dir, wir, uns mein, dein, unser dieser, jene, das (betont), derjenige der, welcher, was sich, mich, uns, euch wer? wessen? jemand, niemand, man, etwas[1]
Numerale (Zahlwort) • Kardinalzahlen (Grundzahlen) • Ordinalzahlen (Ordnungszahlen)	 eins, zwei, hundert, dreimal die erste, dritte, zehnte, hundertste Besucherin

1. Testen Sie Ihr Wissen. Um welche flektierbare Wortart handelt es sich bei den fettgedruckten Wörtern jeweils? Schreiben Sie die Sätze mit den Lösungen in Ihr Heft.

- Johann Wolfgang von Goethe **wurde** 1749 in Frankfurt geboren.
- **Sein** Großvater väterlicherseits kam ursprünglich aus einer **thüringischen** Familie von Bauern, Handwerkern und Gastwirten, hatte sich nach Jahren der **Wanderschaft** jedoch als Gastwirt in Frankfurt niedergelassen.

[1] Einige Indefinitpronomen wie „nichts", „man" oder „etwas" sind nicht flektierbar, ebenso einige Zahlwörter.

- Goethes Vater **lebte** im Wesentlichen von **dem beträchtlichen** Vermögen, **das ihm** sein Vater, also Goethes Großvater, vererbt hatte.
- Goethe **konnte sich** immer wieder **ausgedehnte** Bildungsreisen nach Italien oder Frankreich leisten.
- Seine Mutter stammte aus **einem südwestdeutschen** Juristen- und Gelehrtengeschlecht.
- **Welche** Einflüsse hatten die **Eltern** auf die Prägung und Entwicklung **ihres** Sohnes?
- **Das** beschreibt der Dichter in seiner Biografie „Dichtung und Wahrheit" und in **den** folgenden Versen:
- „Vom Vater hab **ich** die Statur,
Des Lebens ernstes **Führen**,
Vom Mütterchen die Frohnatur
Und Lust zu **fabulieren**."
- Aus dem **vierten** Vers geht hervor, dass Goethe seine Befähigung zum **Dichten** eher auf die Mutter **zurückführt**, während seine **ausgeprägte** Ordnungsliebe – vor allem im Alter – wohl eher auf den Vater **zurückzuführen** ist.

Goethes Geburtshaus in Frankfurt – Stich nach einer Zeichnung von Friedrich Wilhelm Delkeskamp

Wortarten, die nicht flektierbar sind	
Wortart	**Beispiel**
Adverb (Umstandswort)	
• Lokaladverb (Umstandswort des Ortes)	hier, dort, hinten, aufwärts
• Temporaladverb (Umstandswort der Zeit)	nun, erst, immer, wieder, heute
• Modaladverb (Umstandswort der Art und Weise)	gern, sehr, teilweise, vielleicht, nicht, dadurch, etwas
• Kausaladverb (Umstandswort des Grundes)	darum, deshalb, folglich, somit
• Relativadverb (Umstandswort, mit dem man eine Beziehung ausdrückt)	das Land, wo die Zitronen blühen
• Interrogativadverb (Umstandswort, mit dem man fragt)	Wo? Wohin? Warum? Wie?
Präposition (Verhältniswort)	an, auf, unter, bei, zwischen
Konjunktion (Bindewort)	
• nebenordnende Konjunktion	und, oder, sowie, sowohl – als auch
• unterordnende Konjunktion	weil, bevor, obwohl, sodass
Interjektion (Ausrufewort)	Oh! Au! Igitt!
Alle nicht flektierbaren Wortarten werden auch unter dem Begriff **Partikeln** zusammengefasst.	

2. Um welche nicht flektierbaren Wortarten geht es bei den fettgedruckten Wörtern in den folgenden Sätzen jeweils? Gehen Sie wie bei der Aufgabe 1 vor.

- **Für** Goethe war in den Jugendjahren seine Schwester Cornelia **immer** eine besondere Vertraute.

- Am besten drückt sich ihre Beziehung **vielleicht** durch die Formulierung „Zwilling“ aus, die er **in** „Dichtung und Wahrheit“ verwendet.
  So schreibt er:
- „Und so wie in den ersten Jahren Spiel und Lernen, Wachstum **und** Bildung den Geschwistern völlig gemein war, **sodass** sie sich wohl für Zwillinge halten konnten, so blieb auch **unter** ihnen diese Gemeinschaft, dieses Vertrauen bei Entwicklung physischer und moralischer Kräfte.“
- Cornelia war **sehr** sensibel. Seelische Konflikte konnte sie **oft** nur schwer verarbeiten und litt **immer wieder** darunter.
- Sie war **erst** 26 Jahre alt, **als** sie 1777 starb.
- Cornelia Goethe ist **heute etwas** in Vergessenheit geraten, **wenngleich** die Autorin **und** Literaturwissenschaftlerin Sigrid Damm eine lesenswerte Biografie **mit** dem Titel „Cornelia Goethe“ verfasst hat.

3. Um welche Wortart geht es jeweils bei den folgenden Umschreibungen?

- Mit dieser Wortart werden z. B. Adverbialsätze eingeleitet.
- Mit dieser Wortart kann man auf eine Person, einen Gegenstand oder Sachverhalt hinweisen.
- Verbindungen zwischen Wörtern, Wortgruppen oder ganzen Hauptsätzen werden mit dieser Wortart hergestellt.
- Wörter dieser Art zeigen den Besitz oder die Zugehörigkeit an.
- Mit dieser Wortart sind Aussagen über einen Zeitpunkt oder eine Zeitdauer möglich.
- Mit dieser Wortart zählt man Mengen, Strecken, Räume und Zeiten.
- Wörter dieser Art stehen für Personen oder Sachen.
- Will man die Eigenschaften von Lebewesen, Pflanzen, Gegenständen angeben, benutzt man diese Wortart.
- Diese Wortart gibt es sowohl als Konkretum als auch als Abstraktum.
- Mit dieser Wortart werden Relativsätze eingeleitet.
- Wörter dieser Art verschmelzen manchmal mit einem Artikel. Mit ihnen können räumliche, zeitliche oder ursächliche Beziehungen/Verhältnisse verdeutlicht werden.

Cornelia Schlosser, geb. Goethe

Cornelia Friederica Christiana Goethe wurde als zweites Kind der Katharina Elisabeth Textor und des Kaiserlichen Rates Johann Caspar Goethe geboren. Ihr Bruder Johann Wolfgang war 15 Monate älter als sie. Die beiden Geschwister wurden gemeinsam erzogen, was für die damalige Zeit sehr ungewöhnlich war, sollten doch die Mädchen eigentlich auf ihre Rolle als Ehefrau und Mutter vorbereitet werden. Schon mit drei Jahren wurde Cornelia in die „Spielschule“ geschickt und lernte dort bei Magdalena Hoff Lesen und Schreiben. Ab ihrem siebten Lebensjahr erhielt sie gemeinsam mit Johann Wolfgang Unterricht von einem Hauslehrer. Als Sprachen lernte sie zunächst Latein und Griechisch, zwei Jahre später begann der Unterricht in Französisch. Weitere Fächer waren Englisch, Italienisch, Rechtswissenschaft, Geografie, Mathematik und Schönschreiben, außerdem Gesangs- und Klavierunterricht und Zeichnen. Zudem lernte sie Fechten, Reiten und erhielt Lektionen in Anstandslehre und Tanz. Ihre Freizeit war äußerst streng bemessen, doch beschäftigte sie sich in dieser viel mit Literatur und diskutierte darüber mit ihrem Bruder, der für sie der wichtigste Ansprechpartner war. Trotz dieser sorgfältigen Ausbildung durfte sie als Frau nicht wie ihr Bruder studieren und blieb, als dieser 1765 in Leipzig sein Studium aufnahm, zu Hause in Frankfurt. Sie bemerkte seine veränderte Einstellung zu Frauen, hatte er sich doch in seiner Abwesenheit in die damals vorherrschende männliche Vorrangstellung eingelebt. Seine Briefe spiegeln die Unterschiede wider, die damals zwischen den Geschlechtern bestanden: Er verweist sie darin auf ihre weiblichen Pflichten wie „die Haushaltung, wie nicht weniger die Kochkunst zu studieren“. Aus dieser Zeit sind Briefe vorhanden, die sie in französischer Sprache an ihre damalige Freundin Katharina Fabricius geschrieben hat. Cornelia litt an ihrer Zurücksetzung als Frau, sah jedoch keine Alternative zur Ehe. „Es ist offensichtlich, dass ich nicht immer Mädchen bleiben kann, überdies wäre es sehr lächerlich, sich das vorzunehmen.“

Sie war zu dieser Zeit insgeheim in einen jungen Engländer verliebt, welcher sich seit 1764 in Frankfurt aufhielt, die Stadt aber 1768 verließ, ohne sich von Cornelia zu verabschieden. Während der folgenden Jahre hielt sich ihr Bruder wieder in Frankfurt auf und sie unterstützte ihn bei seiner Arbeit und ermunterte ihn unter anderem dazu, den Götz von Berlichingen zu dramatisieren.

Als Johann Wolfgang 1772 eine Anstellung am Reichskammergericht in Wetzlar annahm, blieb Cornelia in Frankfurt zurück und verlobte sich mit dem Juristen Johann Georg Schlosser, einem Freund des Bruders. Sie vermutete in ihm den gleichen Geist wie in ihrem Bruder und heiratete Schlosser am 1. November 1773. Ihr Mann erhielt eine hohe Beamtenstelle in der Markgrafschaft Baden, sodass die beiden erst nach Karlsruhe und dann nach Emmendingen zogen.

Zunächst konnte sich Cornelia Schlosser mit ihrer Rolle als Ehefrau anfreunden und schrieb am 13. Dezember 1773 aus Karlsruhe an Caroline Herder: „Alle meine Hoffnungen, alle meine Wünsche sind nicht nur erfüllt – sondern weit, weit übertroffen. Wen Gott lieb hat, dem geb er so einen Mann –."

Es stellt sich jedoch die Frage, inwieweit die stolze Cornelia zugegeben hätte, nicht aus Liebe geheiratet zu haben. Johann Georg Schlosser schrieb zu dieser Zeit in einem Brief an seinen Bruder: „Ihr ekelt vor meiner Liebe!" Und auch Goethe berichtete in einem Gespräch mit Eckermann: „Der Gedanke, sich einem Manne hinzugeben, war ihr widerwärtig, und man mag denken, dass aus dieser Eigenheit in der Ehe manche unangenehme Stunde hervorging. Frauen, die eine gleiche Abneigung haben oder ihre Männer nicht lieben, werden empfinden, was dieses sagen will. Ich konnte daher meine Schwester auch nie als verheiratet denken, vielmehr wäre sie als Äbtissin in einem Kloster recht gehalten."

Schon bald zeigte sich tatsächlich, dass die Ehe nicht glücklich war. Cornelia Schlosser vereinsamte in der kleinen Provinzstadt Emmendingen, wo ihr Mann seine religiösen Ideen durchsetzen wollte und staatsreformerisch wirkte. Johann Georg Schlosser sah in ihr nur die Hausfrau, die die gesellschaftlichen Verpflichtungen erfüllen sollte. Frauen betrachtete er als untergeordnete Geschöpfe, die jede wissenschaftliche Betätigung überfordern musste und denen deswegen nur leichte geistige Unterhaltung angeboten werden sollte. Cornelia fing an, kränklich zu werden, und führte ihren Haushalt nur widerwillig. Schlosser schrieb: „Jeder Wind, jeder Wassertropfen sperrt sie in die Stube und vor Keller und Küche fürchtet sie sich noch zu viel".

Abwechslung brachten allenfalls Begegnungen mit Persönlichkeiten, zu denen Schlosser Kontakt hatte und die ihn in Emmendingen besuchten. Auch verband sie ein inniges Verhältnis mit Jakob Michael Reinhold Lenz, der ihnen vom Bruder „in Pflege gegeben" worden war. So spricht Lenz in mehreren Dichtungen von Cornelia als seiner „Muse Urania". Sie bestimmte ihn zum Paten ihrer zweiten Tochter, der er das Gedicht „Willkommen kleine Bürgerin" zur Geburt schrieb.

Bei der Geburt der ersten Tochter Maria Anne Louise („Lulu") am 28. Oktober 1774 starb sie fast, erholte sich nur sehr langsam und lag beinahe zwei Jahre lang im Bett. Sie schrieb: „ [...] was das heißt, als Frau und Mutter zwei Jahre lang im Bette zu liegen ohne im Stand zu seyn sich selbst einen Strumpf anzuziehen [...]". 1776 wurde sie wieder schwanger und notierte in einem Brief: „Da schleiche ich denn ziemlich langsam durch die Welt, mit einem Körper, der nirgendhin als ins Grab taugt." Ihre zweite Tochter Catharina Elisabeth Julie („Juliette") wurde am 10. Mai 1777 geboren. Nur vier Wochen später starb Cornelia im Alter von 26 Jahren.

4. Übertragen Sie die folgenden Tabellen in Ihr Heft und ordnen Sie die unterstrichenen Wörter des Textes zuvor entsprechend ein. Die Zahl in den Spalten zeigt Ihnen, wie viele Wörter jeweils eingeordnet werden müssen.

Nomen	Verb	Adjektiv	Adverb	Präposition	Personalpronomen
7	7	5	8	6	6

Possessivpronomen	Demonstrativpronomen	Relativpronomen	nebenordnende Konjunktion	unterordnende Konjunktion	Numerale
3	2	4	2	3	6

5. Wenn Sie eine Analyse, also eine Beschreibung und Deutung eines Textes verfassen wollen, sollten Sie mit den korrekten fachsprachlichen Bezeichnungen für die Wortarten arbeiten. Verbessern Sie die folgenden Formulierungen entsprechend.

- Aus dem Wort „sicher“ (Z. 1) wird am Schluss ein „vielleicht“ (Z. 14), ein Ausdruck der zunehmenden Verunsicherung des Ich-Erzählers.
- Das „und“ verknüpft die jeweils ersten Verse der vier Strophen in anaphorischer Weise und verdeutlicht neben den Wörtern „gestern“ (V. 2), „heute“ (V. 6) und „übermorgen“ (V. 10) die verrinnende Zeit.
- Mehrfach wiederholt die Rednerin im ersten Abschnitt das Wort „Gemeinschaft“ (vgl. Z. 3 ff.) und versucht, auf diesem Weg ein Wir-Gefühl zu erzeugen.
- Durch das „Oh Weh!“ (Z. 16) am Ende der Parabel wird die Angst des Protagonisten in besonderer Weise hervorgehoben.
- Die Wörter „Holz“ (Z. 1) und „Hunger“ (Z. 1) bilden eine Alliteration und verdeutlichen den Zusammenhang von materieller Not und psychischer Verhärtung.
- Die Wörter „grün“ (Z. 11) und „weiß“ (Z. 21) besitzen eine symbolische Bedeutung, sie stehen für die aufkeimende Hoffnung und die Unschuld des Jungen.
- Durch die Wiederholung des „man“ (Z. 1, 7, 14, 26) wird durchweg der Eindruck großer Anonymität erweckt.

Das Verb und seine Formen

Unterschiedliche Verbarten

Regel

a) Vollverben: Vollverben können allein das Satzglied Prädikat bilden.
Beispiel: Ich **kaufe** mir einen Computer.

b) Hilfsverben: Zu ihnen zählen: **sein**, **haben**, **werden**. Im Satzzusammenhang erscheinen sie in der Regel mit einem Vollverb in der Form des Infinitivs oder Partizip II. Hilfsverben werden vor allem für die Bildung unterschiedlicher Zeitformen verwendet. Sie besitzen also eine Hilfsfunktion. Gemeinsam mit dem Vollverb bilden sie häufig eine Prädikatsklammer.
Beispiel: Ich **werde** das Buch heute noch **lesen**.
Prädikatsklammer
Das Urteil **ist** noch nicht **gesprochen worden**.
Die Protagonistin **hat** sich gegen ihre Familie **entschieden**.

c) Modalverben: Mit Modalverben kann ein Sprecher seine Aussagen verstärken oder abschwächen, man spricht auch von „färben“. Zu den Modalverben, die oft zusammen mit einem Vollverb erscheinen, gehören: **können**, **dürfen**, **mögen**, **sollen**, **müssen**, **wollen**.
Beispiel: Erst gegen Ende seines Lebens **konnte** sich Schiller ein eigenes Haus leisten.

Die **Hilfsverben** und **Modalverben** können auch als **Vollverben** verwendet werden. In diesem Fall bilden sie allein das Satzglied Prädikat.
Beispiel: Ich **habe** eine eigene Firma.
Goethe **war** nach außen ein sehr selbstsicherer Mann.

1. Welche der im folgenden Text unterstrichenen Verben werden als Vollverben verwendet, welche als Hilfsverben? Übernehmen Sie die unter dem Text stehende Tabelle in Ihr Heft und tragen Sie die Formen mit den entsprechenden Zeilenangaben ein.

Sigrid Damm (geb. 1940)

Christiane und Goethe
Auszug aus dem Klappentext

Als die 41-jährige Christiane Vulpius und der 57-jährige Johann Wolfgang von Goethe am 19. Oktober 1806 in der Sakristei der Jakobskirche zu Weimar getraut werden, leben beide schon 18 Jahre lang in freier Liebe zusammen. Christiane hat fünf außereheliche Kinder geboren, von denen allein der erstgeborene Sohn August noch lebt. Goethe hatte ihn 1801 als seinen Sohn legitimiert, nun also wird auch Christiane Goethes Namen tragen, wird sie „die Geheime Rätin“, später die „Frau Staatsministerin“ werden. Nach ihrem frühen Tod am 6. Juni 1816 wird Goethe über die achtundzwanzig gemeinsamen Jahre zeitlebens schweigen. Viele Dokumente ihrer Beziehung hatte er ohnehin schon 1797 verbrannt. Die gehässigen Urteile Dritter – die gehässigsten stammen von Goethe-Verehrern – werden das Bild Christianes mehr und mehr verzeichnen; Thomas Mann wird sie „un bel pezzo di carne“ nennen, ein schönes Stück Fleisch, „gründlich ungebildet“.

Sigrid Damm [...] fragt in diesem Roman danach, wer Christiane Vulpius, verheiratete Goethe, wirklich war und was sie Goethe als Partnerin hat bedeuten können. Nach einer aufwendigen Spurensuche, bei der sie in Nachlässen, Kirchenbüchern und amtlichen Dokumenten auf beeindruckende Zeugnisse gestoßen ist, vermittelt sie ein Bild von Christiane, von ihrer Herkunft und Kindheit, ihrem Leben an der Wende vom 18. zum 19. Jahrhundert in Weimar, von ihren gemeinsamen Jahren mit Goethe, das ausschließlich auf Tatsachen beruht.

(1998)

Verb als Vollverb	Verb als Hilfsverb
…	…

Infinite Verbformen

Regel

Ein Verb kann einerseits in **infiniten** Formen im Satzzusammenhang erscheinen, andererseits in **finiten** Formen. Infinit bedeutet wörtlich „unbestimmt“ oder „nicht eingegrenzt“. Finit besitzt somit die Bedeutung „näher bestimmt“ oder „eingegrenzt“.

Zu den **infiniten** Verbformen gehören:

a) Der Infinitiv (Grundform)
Beispiel: **leben**, **wollen**, **besitzen**

Der Infinitiv steht z. B. im Satz häufig in Verbindung mit einem Modalverb oder in verkürzten Gliedsätzen/Nebensätzen (s. S. 626). Außerdem wird er zur Bildung von Tempusformen benutzt.
Beispiel: Goethe will Christiane zunächst nicht **heiraten**.
Der Schüler hat die Absicht, sich das Buch **zu kaufen**.
Wir werden etwas später **kommen**.

b) Das Partizip I und II
Beispiel: **lebend**, **sich erinnernd**, **beruhend auf** (Partizip I)
verbrannt, **legitimiert**, **angesprochen** (Partizip II)

Partizip I und II werden im Satzzusammenhang häufig als Adjektive verwendet. Sie können auch Teil eines verkürzten Gliedsatzes/Nebensatzes sein (s. S. 626). Mit dem Partizip II werden zudem bestimmte Verbformen gebildet.

Beispiel: **Beeindruckende** Zeugnisse aus Christianes Leben hat Sigrid Damm zusammengetragen.
Die **verbrannten** Dokumente waren für immer für die Nachwelt verloren.
In Weimar **angekommen**(,) wurde Goethe schnell in die Hofgesellschaft eingeführt.
Sie hat sich die Biografie **ausgeliehen**.

1. Schreiben Sie aus dem Text zuvor jeweils ein Beispiel für einen Infinitiv, für ein Partizip I und für ein Partizip II heraus.
2. Bilden Sie zu den folgenden Infinitiven jeweils die Formen des Partizip I und II: ausruhen, feiern, erleben, zusammenfügen, verbrennen.
3. Übertragen Sie die nebenstehende Tabelle vervollständigt in Ihr Heft.

Infinitiv	Partizip I	Partizip II
		beeindruckt
	werdend	
ergänzen		
		gesichert
einholen		
	vorausschauend	

Personalform, Tempusform und Handlungsart (Genus Verbi)

Regel

Die finite Verbform drückt aus, ob der Sprechende (ich, wir), der Angesprochene (du, ihr) oder die Person oder Sache, über die gesprochen wird (er, sie, es; sie), im Mittelpunkt des Geschehens stehen. Man spricht in diesem Zusammenhang von den **Personalformen**. Außerdem wird deutlich, ob es um eine Person (Singular) oder um mehrere Personen bzw. Sachen geht (Plural). Der übergeordnete Begriff für **Singular** und **Plural** ist der **Numerus** (grammatische Zahl).
Die finite Verbform zeigt auch an, ob das Geschehen für den Sprecher oder die Sprecherin in der Gegenwart, Vergangenheit oder Zukunft abläuft. Hier geht es also um die **Tempusformen**.
Außerdem verdeutlicht die finite Verbform, ob das Geschehen aus der Sicht des Handelnden oder aus der Sicht des von der Handlung Betroffenen gesehen wird. Dementsprechend unterscheidet man zwei Handlungsarten: das **Aktiv** und das **Passiv**. Der übergeordnete lateinische Begriff dafür ist **Genus Verbi** (Plural: Genera Verbi).

Die folgende Übersicht fasst das Ganze noch einmal für die 1. Person Singular und Plural des Verbs *rufen* zusammen:

Person/Numerus	Tempus	Aktiv	Passiv
1. Person Singular	Präsens	ich rufe	ich werde gerufen
	Präteritum	ich rief	ich wurde gerufen
	Perfekt	ich habe gerufen[1]	ich bin gerufen worden
	Plusquamperfekt	ich hatte gerufen	ich war gerufen worden
	Futur I	ich werde rufen	ich werde gerufen werden
	Futur II	ich werde gerufen haben	ich werde gerufen worden sein

[1] Einige Verben bilden das Perfekt mit dem Hilfsverb sein: *Ich bin gelaufen.*

Person/Numerus	Tempus	Aktiv	Passiv
1. Person Plural	Präsens	wir rufen	wir werden gerufen
	Präteritum	wir riefen	wir wurden gerufen
	Perfekt	wir haben gerufen	wir sind gerufen worden
	Plusquamperfekt	wir hatten gerufen	wir waren gerufen worden
	Futur I	wir werden rufen	wir werden gerufen werden
	Futur II	wir werden gerufen haben	wir werden gerufen worden sein

Beim **Passiv** unterscheidet man folgende Formen:

1. **Das Vorgangspassiv**
   Dabei steht das Geschehen im Vordergrund. Der „Täter" kann, muss aber nicht genannt werden. Wird er nicht genannt, spricht man auch vom **täterlosen Passiv**.
   Beispiel: Der Text **wird** (von der Autorin) in beeindruckender Weise **vorgetragen**.
2. **Das Zustandspassiv**
   Es bezeichnet den erreichten Zustand oder das Ergebnis einer Handlung. Das Zustandspassiv gibt es nur in zwei Zeitformen (Präsens und Präteritum).
   Beispiel: Das Buch **ist** von Sigrid Damm **geschrieben**.
   Die Lesung **war** bereits **beendet**, als ich kam.

1. Überprüfen Sie Ihr Wissen. Welche Tempusform ist mit den folgenden Umschreibungen jeweils gemeint?

- Das ___ wird verwendet, wenn ein vergangenes Geschehen vor einem ebenfalls vergangenen Geschehen abgelaufen ist.
- Das ___ bezeichnet vor allem etwas, das in der Gegenwart abläuft oder jederzeit gültig ist.
- Das ___ wird verwendet, um auf ein Geschehen zu verweisen, das in der Zukunft abgeschlossen ist. Es wird nur sehr selten benutzt.
- Das ___ drückt aus, dass etwas vergangen und abgeschlossen ist.
- Das ___ bezieht sich auf ein vergangenes Geschehen, das noch in die Gegenwart hineinwirkt. In mündlichen Erzählungen wird es häufig verwendet.
- Das ___ drückt aus, dass ein Geschehen in der Zukunft abläuft.

2. Schreiben Sie die folgenden Verbformen in Ihr Heft und bestimmen Sie sie wie in dem Beispiel. Jede Zeitform kommt im Aktiv und im Passiv einmal vor.

Verbform	Bestimmung
er wird gerufen	3. Person Singular, Präsens, Passiv
sie erinnern sich	…
sie hatte vorgetragen	
wir sind gekommen	
sie wurde befragt	
sie wird lesen	
er kam	
sie wird benachrichtigt worden sein	
er wird es vergessen haben	
ihr seid erkannt worden	
wir waren gerufen worden	
sie werden angesprochen werden	

3. Bestimmen Sie wie in Aufgabe 2 alle Verbformen aus dem Klappentext zu Sigrid Damms Roman über Christiane Vulpius (s. S. 613) und die unterstrichenen Formen im folgenden Text. Setzen Sie zu diesem Zweck die Tabelle zu Aufgabe 2 fort.

Christiane Vulpius

Christianes Vorfahren väterlicherseits waren Akademiker über mehrere Generationen. Mütterlicherseits stammte sie aus einer Handwerkerfamilie. Ihr Vater, Amtsarchivar in Weimar, d. h. Aktenkopist, hatte einige Semester Rechtswissenschaften studiert, das Studium jedoch abgebrochen. Seine Stelle war schlecht bezahlt, die Familie lebte in sehr bedrängten Verhältnissen, zumal der Vater alles tat, um dem ältesten Sohn Christian August Vulpius ein Studium zu ermöglichen. Christiane war gezwungen, eine Stelle als Putzmacherin in einer kleinen Weimarer Hut-Manufaktur anzunehmen (es handelte sich hierbei um das Unternehmen von Friedrich Justin Bertuch, der nicht nur im Verlagsgeschäft tätig war). Dies war umso nötiger, als der Vater vorzeitig aus dem Dienst entlassen wurde, weil ihm eine Unregelmäßigkeit zur Last gelegt wurde.

Christiane und August von Goethe (Aquarell von Johann Heinrich Meyer, 1793)

Aufgrund verschiedener Hilfsgesuche und Anträge kannte Goethe die Lage der Familie. 1788 lernte er Christiane Vulpius selbst im Park kennen, als sie ihn ansprach, um eine Bittschrift für ihren Bruder zu überreichen. In der Tat setzte sich Goethe später mehrfach für seinen künftigen Schwager ein, der als Schriftsteller populärer Romane einige Bekanntheit in Deutschland erreichte.

Zwischen Goethe und Christiane entwickelte sich rasch ein Liebesverhältnis. Bereits ein Jahr später wurde das erste Kind, der Sohn August, geboren. Vier weitere Kinder folgten, die alle sehr früh starben. Das glückliche Leben und Lieben in dieser „Gewissensehe" regte Goethe zu seinen heitersten (und auch erotischen) Gedichten an, mit denen er Christiane besang; so auch anlässlich ihrer 25-Jahr-Feier: „Ich ging im Walde so für mich hin ...".

Goethe nahm die junge Frau in sein Haus auf. Der Weimarer Hof und die Gesellschaft lehnten jedoch die unstandesgemäße Verbindung ab, sodass sich ihr Lebensbereich anfangs vollständig auf das Haus beschränkte. Dies änderte sich nach der Eheschließung 1806. Die Kriegshandlungen dieses Jahres trafen Weimar schwer. Als die Stadt von französischen Soldaten geplündert wurde, war auch das Haus am Frauenplan bedroht. Am 14. Oktober 1806 trat Christiane energisch eindringenden Soldaten entgegen und konnte die Plünderung so lange aufhalten, bis Goethe den offiziellen Schutz des französischen Kommandanten erreicht hatte. Wenige Tage später, am 19. Oktober 1806, wurden beide in der Jakobskirche getraut.

Christianes Briefe an ihren Mann zeigen ihre Bildungslücken, aber sie hatte einen natürlichen und gesunden Menschenverstand. Lebensfroh, praktisch veranlagt und energisch nahm sie sich des umfangreichen Hausstandes an. So regelte sie etwa nach dem Tode von Goethes Mutter, Frau Aja, in Frankfurt am Main die Erbschaftsangelegenheiten. Ihre große Liebe galt dem Theater. Häufig besuchte sie die Vorstellungen in Weimar, aber auch in anderen Orten, wie z. B. Bad Lauchstädt, wo man die Sommermonate zu verbringen pflegte. Auch einem harmlosen Flirt war sie nicht abgeneigt. Der Briefwechsel mit Goethe belegt, dass sie ästhetisches Empfinden und Differenzierungsvermögen besaß. Das waren freilich Seiten, die vielen, auch engen Bekannten, verborgen blieben.

Mit zunehmendem Alter wurde Christianes Gesundheit schwankend. 1815 erlitt sie einen Schlaganfall. Im folgenden Jahr kam unter starken Schmerzen ein Versagen der Nierenfunktion hinzu. Nach einer Woche qualvollen Leidens starb sie am 6. Juni 1816. Die Beisetzung, an der Goethe nicht teilnahm, fand auf dem Jakobsfriedhof Weimar statt. Ihr Grab war lange Zeit verschollen und wurde erst 1888 wieder aufgefunden. Auf der Grabplatte stehen Goethes Abschiedsverse: „Du versuchst, o Sonne, vergebens,/ Durch die düstren Wolken zu scheinen!/ Der ganze Gewinn meines Lebens/ Ist, ihren Verlust zu beweinen."

Grab von Christiane von Goethe auf dem Jakobsfriedhof in Weimar

4. Schauen Sie sich die unterstrichenen Passivformen in dem Text zuvor noch einmal genau an. Wo wird das Zustandspassiv verwendet? Es handelt sich um eine Verbform.

5. Wird bei den Passivformen der Verursacher der Handlung jeweils genannt (1) oder handelt es sich um täterloses Passiv (2)? Schreiben Sie die entsprechende Ziffer hinter die jeweilige Verbform in der Tabelle (s. o.).

6. Biografische Texte sind häufig im Präsens abgefasst. Verändern Sie diesbezüglich den ersten Abschnitt des Textes.

7. Wandeln Sie die folgenden Passivsätze in sinnvolle und verständliche Aktivsätze um. Welche Form erscheint Ihnen geeigneter?

- Christianes Bruder wurde in besonderer Weise von ihrem Vater unterstützt.
- 1806 wurde die Stadt Weimar von französischen Soldaten geplündert.
- Von Christiane wurden sie energisch daran gehindert, das Goethe' sche Anwesen zu verwüsten.
- Angeblich als Dank wurde ihr von Goethe ein Heiratsantrag gemacht.
- Von der Weimarer Gesellschaft wurde Christiane zeit ihres Lebens ignoriert und z. T. sogar beleidigt.
- Nachdem sie gestorben war, wurde sie von Goethe nicht auf ihrem letzten Weg begleitet.

Der Modus

Regel

Die unterschiedlichen Modi (Aussageweisen)

Die Verbform drückt aus, wie ein Geschehen vom Schreiber oder Sprecher eingeschätzt wird. Wird es als **wirklich (real)**, **möglich**, **erwünscht**, **nur erdacht oder nicht wirklich (irreal)** angesehen oder ist damit eine **Aufforderung** bzw. ein **Befehl** verbunden. Man unterscheidet folgende Modi (Aussageweisen):

1. Der Indikativ

Der Indikativ drückt aus, dass das Geschriebene oder Gesagte als **tatsächlich/wirklich** angesehen wird.

Beispiel: Christiane Vulpius **war** dreiundzwanzig Jahre alt, Goethe achtunddreißg, als sich die beiden im Juli 1788 erstmals **trafen**.

2. Der Konjunktiv I

Mit dem Konjunktiv I stellt ein Sprecher oder eine Schreiberin ein Geschehen als **möglich** dar. Der Konjunktiv I wird überwiegend in der **indirekten Rede** verwendet. Dabei gibt ein Sprecher oder ein Schreiber das wieder, was er von einem anderen erfahren hat.

Beispiel: Sigrid Damm schreibt, der erste nachweisliche Vorfahre von Christiane Vulpius väterlicherseits **solle** ein 1611 in Wickerstedt an der Pest gestorbener Pastor **sein**. Es **sei** der gleiche Raum, in dem die Vorfahren Goethes gelebt **hätten**. Sie **seien** Bauern und Handwerker, Landvermesser und Branntweinbrenner **gewesen**.

3. Der Konjunktiv II

3.1 Der Konjunktiv II als Ausdruck der Nicht-Wirklichkeit

Der Konjunktiv II wird häufig verwendet, wenn eine Sprecherin oder ein Schreiber ausdrücken möchte, dass ein Geschehen **nicht wirklich (irreal)**, sondern nur **gewünscht**, **vorgestellt** oder **gedacht** ist. Häufig wird der Konjunktiv II mit „würde" umschrieben.

Beispiel: **Hätte** ich das Buch früher **bekommen**, **wäre** das Referat schon fertig.
Ich **würde** dir gern **helfen**, aber ich kenne mich nicht aus.

3.2 Der Konjunktiv II als Höflichkeitsform

Der Konjunktiv II wird häufig in **höflichen Frage- und Aussagesätzen** verwendet.

Beispiel: Ich **würde** mir gern das Buch **anschauen**. **Könnten** Sie bitte die Folie **entfernen**?

4. Der Imperativ

Mit dem Imperativ wird eine **Aufforderung** ausgedrückt. Je nachdem, mit welchem Nachdruck diese ausgesprochen wird, kann es sich dabei zum Beispiel um eine **Bitte** oder einen **Befehl** handeln. Den Imperativ gibt es nur für die 2. Person Singular und Plural.

Beispiel: **Bring** mir bitte sofort das Buch **vorbei**!
Beginnt erst mit der Arbeit, wenn ich es sage!

1. Welche Aussageweise wird in den folgenden Beispielsätzen jeweils verwendet? Schreiben Sie die Sätze ab, unterstreichen Sie die Verbformen und kennzeichnen Sie diese mit der richtigen Ziffer aus der Übersicht zuvor (1, 2, 3.1, 3.2 oder 4).

- Beeilt euch bitte etwas! (?)
- Hättest du heute etwas Zeit für mich? (?) Ich benötige deine Hilfe. (?)
- Sigrid Damm schreibt, Johann Friedrich Vulpius sei der Urgroßvater von Christiane gewesen. (?)
- Würdest du dir die Gliederung des Referats einmal anschauen? (?)
- Du musst die Gliederung unbedingt noch einmal überarbeiten. (?)
- Ich würde mir das Buch kaufen (?), wenn es eine Taschenbuchausgabe gäbe. (?)
- Sigrid Damms Roman sei eigentlich eine genau recherchierte Biografie (?), heißt es in einer Rezension. (?)
- Er fragte mich (?), ob ich ihm weiteres Material zur Verfügung stellen könne. (?)
- Würden Sie mir bitte sagen (?), wo sich die nächste Buchhandlung befindet? (?)
- Das täte ich gern. (?) Ich kenne mich hier jedoch nicht aus. (?)

Die indirekte Rede

Regel

Möchten Sie **Aussagen Dritter** wiedergeben, können Sie dieses auf zwei verschiedene Arten tun:

a) mithilfe der direkten Rede bzw. wörtlichen Wiedergabe
Beispiel: Jörg Lau äußert in seinem Artikel: „Ich gehöre, was das Internet angeht, zu den restriktiven Vätern."

b) mithilfe der indirekten Rede
Beispiel: Jörg Lau äußert in seinem Artikel, er gehöre, was das Internet angehe, zu den restriktiven Vätern.

1. Der Konjunktiv I in der indirekten Rede
In der **indirekten Rede** verwendet man in der Regel **Formen des Konjunktiv I**. Der Konjunktiv I wird aus den Indikativformen des Präsens, Perfekts und Futurs gebildet.

Beispiel:	Er sagte, dass er sofort **komme**.	(Indikativ Präsens: er kommt)
	Er sagte, dass er **gekommen sei**.	(Indikativ Perfekt: er ist gekommen)
	Er sagte, dass er mich **angerufen habe**.	(Indikativ Perfekt: er hat angerufen)
	Er sagte, dass er gleich **kommen werde**.	(Indikativ Futur: er wird kommen)

2. Der Konjunktiv II als Ersatzform in der indirekten Rede
Der Konjunktiv II wird aus den Indikativformen des Präteritums und Plusquamperfekts gebildet.

Beispiel:	Ich **hätte** gern viel mehr Zeit für mich.	(Indikativ Präteritum: ich hatte)
	Ich **wäre gekommen**, wenn du **angerufen hättest**.	(Indikativ Plusquamperfekt: ich war gekommen, du hattest angerufen.)

Formen des Konjunktiv II verwendet man dann in der indirekten Rede, wenn die Form des Konjunktiv I genauso lautet wie der Indikativ. In diesem Fall stellt der Konjunktiv II eine **Ersatzform** dar.
Beispiel: Ein Rezensent schreibt: „Viele Germanisten **müssen** dazulernen. Sie **werden** mithilfe von Sigrid Damm Dinge erfahren, die sie bisher noch nicht **wussten**." (Wörtliche Wiedergabe)
Ein Rezensent schreibt, viele Germanisten **müssten** (statt: müssen) hinzulernen. Sie **würden** (statt werden) mithilfe von Sigrid Damm Dinge erfahren, die sie bisher noch nicht gewusst **hätten** (statt haben). (Indirekte Rede)

3. Die indirekte Rede in Form von dass-Sätzen
Wenn Sie die indirekte Rede in Form eines vollständigen Nebensatzes/Gliedsatzes wiedergeben, der mit der **Konjunktion dass** eingeleitet wird, können Sie auch den **Indikativ** verwenden. In diesem Fall muss jedoch im Hauptsatz deutlich auf die Person oder Quelle hingewiesen werden, deren Aussage wiedergegeben wird.
Beispiel: Sigrid Damm schreibt, **dass** Christiane Vulpius über ein Vierteljahrhundert mit Goethe gelebt hat. (Indirekte Rede im Indikativ)
aber:
Sigrid Damm schreibt, Christiane Vulpius **habe** über ein Vierteljahrhundert mit Goethe **gelebt**. (Indirekte Rede im Konjunktiv I)

2. Geben Sie die folgenden Internetrezensionen zu Sigrid Damms Roman in Form der indirekten Rede wieder. Leiten Sie Ihre Texte folgendermaßen ein:
- Ein Rezensent vermerkt im Internet, ...
- Eine Rezensentin schreibt, ...
- Ein weiterer Rezensent meint, ...
- Eine Rezensentin äußert, ...

Verwenden Sie zur Übung für die indirekte Rede in jedem Fall die Konjunktivformen, auch wenn Sie sie mit der Konjunktion *dass* einleiten.

- „Tatsachengetreu stellt die Autorin – begleitet von vielen Hintergrundinformationen – das Leben des berühmten Mannes dar, der offensichtlich für sein Dasein das benötigte, was den meisten Männern wichtig ist: eine starke Frau im Hintergrund. Außerdem zeigt das Buch das Leben im Wohlstand und in der guten Gesellschaft vor zweihundert Jahren, das, so modern wir uns heute vorkommen, sich offenbar gar nicht so sehr von dem heutigen unterschied."

- „Durch eine sehr vorsichtige und zurückhaltende Interpretation von Briefen und Tagebuchaufzeichnungen gelingt es Sigrid Damm hervorragend, die Alltags- und Gefühlswelt von Christiane Vulpius zu rekonstruieren. Auch bekommt der Leser insgesamt einen Einblick in das Leben und Denken der Menschen in der Zeit um 1800. Obwohl der eigentliche Kern des Buches aus Zitaten besteht, wird es auf keiner Seite langweilig."

- „Es passiert nicht sehr oft, dass ein Buch mich so fesselt, dass ich es kaum aus der Hand legen mag und fast traurig bin, dass ich es zu Ende gelesen habe. Das liegt an mehreren Faktoren: Es gelingt Sigrid Damm, trotz der Fülle von Zitaten, oft in einer vielen nicht mehr leicht zugänglichen Sprache, die Alltagswelt zur Zeit Goethes in Weimar lebendig werden zu lassen. Umgekehrt sind es sicher diese vielen Dokumente im O-Ton, die die Anschaulichkeit bewirken."

- „Auch wenn Goethe hier und da nicht gut wegkam, so konnte ich mich sehr in ihn hineinversetzen. Ich mag ihn. Und Christiane kommt natürlich auch nicht zu kurz. Oft tut sie dem Leser leid, aber sie hat dieses Leben mit Goethe so gewählt und ihr eigenes Glück gefunden, bei dem heutzutage wohl viele Frauen ausgestiegen wären."

Satzglieder und Satzgliedteile

1. Aus den letzten Schuljahren wissen Sie, dass Satzglieder unterschiedliche Aufgaben übernehmen und mit bestimmten Fragen ermittelt werden können. Welche Satzglieder ermittelt man mit folgenden Fragen? Überprüfen Sie Ihr Wissen.

a) Wen oder Was?
b) Wann? Zu welchem Zeitpunkt? Wie lange? Wie oft?
c) Wem?
d) Auf welche Art und Weise? Wie?
e) Wer oder Was?
f) Wo? Wohin? Woher?
g) Mit wem? Vor wem? An wen/was?
h) Warum? Weshalb?
i) Was tut das Subjekt? Was geschieht mit dem Subjekt?
j) Mit welchem Mittel? Womit?
k) Was ist das Subjekt? Als was gilt es?

2. Bestimmen Sie in der folgenden Anekdote die unterstrichenen Satzglieder.

Rumkugeln

Goethe besuchte 1778 Gottlob Wilhelm Burmann, den Redakteur der Spener'schen Zeitung[1], der ein Verehrer von Goethes Werken war. Jedenfalls hatte er sie in seinem Blatt immer sehr anständig besprochen.
Da die beiden Männer sich zuvor noch nicht kennengelernt hatten, stellte sich Goethe in der Redaktion förmlich vor.
Burmann warf sich daraufhin Goethe zu Füßen und wälzte sich auf dem Boden. Goethe fragte entgeistert, was ihm sei.
„Nichts", erwiderte Burmann, „das kommt nur von der Freude, dass Sie mich besuchen." „Nun, wenn das so ist", meinte Goethe, „da kann ich mithalten", warf sich ebenfalls zu Boden und wälzte sich neben Burmann durch die Redaktionsstube.

[1] **Spener'sche Zeitung:** 1740 gegründete Berliner Zeitung

Satzglieder im Überblick

Sätze bestehen nicht aus aneinandergereihten Wörtern, sondern aus **Satzgliedern**, die unterschiedliche Aufgaben übernehmen. Welche Wörter allein oder zusammen ein Satzglied bilden, bekommt man durch die **Umstellprobe** heraus.
Die **Aufgaben** der einzelnen Satzglieder können **erfragt werden** (Wer oder Was? Was tut/ist? Wen oder Was? Wann? Wohin? ...).

Regel

Subjekt, Prädikat und Objekt

Ein grammatisch vollständiger Satz besteht mindestens aus einem Subjekt und einem Prädikat. Damit ein sinnvoller Satz entsteht, kommen häufig Objekte hinzu. In vielen Fällen werden diese Objekte vom Verb gefordert.

Satzglied	**Satzgliedfrage**
Subjekt	Wer oder Was?
Prädikat	Was tut das Subjekt?
Prädikativum[1]	Was ist das Subjekt? Als was gilt es?
Objekt	
• Genitivobjekt (sehr selten)	Wessen?
• Dativobjekt	Wem?
• Akkusativobjekt	Wen oder Was?
• Präpositionales Objekt[2]	Mit wem? Vor wem? An wen/was? ...

Beispiele:

Goethe	besaß	eine umfangreiche Hausbibliothek	.
Subjekt	Prädikat	Akkusativobjekt	

Er	gilt	als der berühmteste deutsche Dichter	.
Subj.	Präd.	Prädikativum	

Sein Gesamtwerk	erstreckt sich	über mehrere tausend Seiten	.
Subjekt	Prädikat	präpositionales Objekt	

Ihm und seinem Freund Friedrich Schiller	widmete	die Stadt Weimar	ein Denkmal	.
Dativobjekt	Prädikat	Subjekt	Akkusativobjekt	

1. Übertragen Sie die unter dem folgenden Text stehende Tabelle in Ihr Heft und ordnen Sie die unterstrichenen Satzglieder entsprechend ein. Die Zahl in den Spalten zeigt Ihnen, wie viele Satzglieder jeweils eingeordnet werden müssen. Tragen Sie das gesamte Satzglied ein, also alle Wörter, die bei der Umstellprobe zusammen umgestellt werden müssen. Tragen Sie bei einer Prädikatsklammer beide Teile ein, gezählt werden sie natürlich nur als *ein* Prädikat.

[1] Das Satzglied Prädikativum macht eine Aussage über das Subjekt und steht immer in Verbindung mit einem Verb wie *sein, werden, gelten als*. (Er ist **der berühmteste deutsche Dichter**.) – [2] Manche Verben sind eng mit einer Präposition verbunden. Diese Verben erfordern im Satzzusammenhang ein präpositionales Objekt. Beispiele: denken an, sich schützen vor, sich erinnern an, sich fürchten vor, sich bedanken für, berichten über, bestehen aus, anknüpfen an, aufhören mit, achten auf, arbeiten für, gehen um, sich erstrecken über, beitragen zu ...

Bettina von Arnim (1785 – 1859) – Teil 1

Jugend

Bettina von Arnim war das siebte von zwölf Kindern des Großkaufmanns Peter Anton Brentano und seiner Frau Maximiliane von La Roche. Die aus Italien stammende altadelige Familie war begütert, das später von Bettinas Brüdern geleitete *Haus zum Goldenen Kopf* die Zentrale einer blühenden Ex- und Importfirma, von der Bettina ein beträchtliches Erbe zufiel.
1793 starb Bettina von Arnims Mutter. Die Tochter wurde deswegen bis zu ihrem 13. Lebensjahr im Ursulinenkloster Fritzlar erzogen.
Ihre Schwester Kunigunde Brentano war mit Friedrich Karl von Savigny, einem Rechtsgelehrten, verheiratet und lebte in Marburg, wo Bettina einige Zeit mit ihnen lebte. 1810 folgte sie den Savignys nach Berlin.

Ehe mit Achim von Arnim

1811 heiratete Bettina Achim von Arnim, den sie bereits in Frankfurt als Freund und literarischen Arbeitskollegen ihres Bruders Clemens Brentano kennengelernt hatte. Die Arnims waren bis zu seinem plötzlichen Tod 1831 zwanzig Jahre verheiratet. Das Paar lebte überwiegend getrennt – während sie in Berlin lebte, bewirtschaftete Achim das Gut Wiepersdorf.

Soziale und literarische Arbeit

Bettina von Arnims literarisches und soziales Engagement rückte erst nach dem Tod ihres Mannes 1831, dessen Werke sie herausgab, ins Licht der Öffentlichkeit. Die neue Autonomie, die der Witwenstand ermöglichte, führte zu einer Verstärkung ihres öffentlichen Wirkens. Bei der Choleraepidemie in Berlin engagierte sie sich für soziale Hilfsmaßnahmen in den Armenvierteln und pflegte Erkrankte. Sie schrieb das sozialkritische Buch *Dies Buch gehört dem König* (1843). Das aus fiktiven Dialogen zwischen der Mutter Goethes und der Mutter des preußischen Königs bestehende Werk wurde in Bayern verboten.
In der Ernüchterung, die der gescheiterten Revolution von 1848 folgte, verfasste sie 1852 die Fortsetzung *Gespräche mit Dämonen*, in der sie für die Abschaffung der Todesstrafe und die politische Gleichstellung von Frauen und Juden eintritt. Ihre weitreichende Korrespondenz zur Ermittlung statistischer Angaben für ihr *Armenbuch* erregte großes Aufsehen, das Buch wurde bereits vor seinem Erscheinen von der preußischen Zensur verboten, da man Bettina von Arnim verdächtigte, den Weberaufstand mit angezettelt zu haben.
Sie stand den Ideen der Frühsozialisten nahe; 1842 traf sie mit Karl Marx zusammen, hielt jedoch an der Idee eines *Volkskönigs* fest. Der König sollte erster Bürger einer Gemeinschaft von Bürgern sein und mit ihnen den Staat erschaffen, in dem sie leben wollen.

Tod und Nachwirkung

1854 erlitt Bettina von Arnim einen Schlaganfall, von dem sie sich nicht mehr erholte. Sie war einseitig gelähmt und hatte sowohl das Seh- als auch das Hörvermögen verloren. Ihr Zustand besserte sich nur noch unerheblich.
Am 20. Januar 1859 starb sie im Kreise ihrer Familie. Sie wurde neben ihrem Mann an der Kirche von Wiepersdorf beigesetzt.
1985 wurde aus Anlass ihres 200. Geburtstages in Berlin die Bettina-von-Arnim-Gesellschaft gegründet. Sie hat das Ziel, Leben und Werk der Autorin einer breiteren Öffentlichkeit bekannt zu machen. Die Gesellschaft schreibt alle drei Jahre einen undotierten Forschungspreis aus und gibt das *Internationale Jahrbuch der Bettina-von-Arnim-Gesellschaft* heraus.

Subjekt	Prädikat	Prädikativum	Dativobjekt	Akkusativobjekt	präpositionales Objekt
6	7	2	4	6	3

Regel

Die adverbiale Bestimmung – das Adverbiale

Adverbiale Bestimmungen (Adverbialien) kennzeichnen als Satzglieder **die näheren Umstände** eines Geschehens genauer. Sie werden in der Regel aus einem **Adjektiv**, einem **Adverb** oder einem **Nomen mit Präposition**, zu dem weitere Wörter hinzukommen können, gebildet. Die wichtigsten Adverbialien sind:

Adverbiale/adverbiale Bestimmung	**Satzgliedfrage**
Lokaladverbiale (adv. Best. des Ortes)	Wo? Wohin? Woher?
Temporaladverbiale (adv. Best. der Zeit)	Wann? Wie lange? Seit wann? Wie oft?
Modaladverbiale (adv. Best. der Art und Weise)	Wie? Auf welche Art und Weise?
Instrumentaladverbiale (adv. Best. des Mittels)	Mit welchem Mittel? Womit?
Kausaladverbiale (adv. Best. des Grundes)	Warum? Weshalb?

Weitere Adverbialien antworten auf die Fragen:
Unter welcher Bedingung? (Konditionaladverbiale) Mit welcher Wirkung? (Konsekutivadverbiale)
Zu welchem Zweck? (Finaladverbiale) Trotz welchen Umstandes? (Konzessivadverbiale)

Beispiele:

Im Jahr 1749 wurde Goethe in Frankfurt am Main geboren.
Temporaladverbiale Lokaladverbiale

Aufgrund seiner späteren Berühmtheit standen ihm damals viele Türen offen.
Kausaladverbiale Temporaladverbiale

1. Schreiben Sie aus dem folgenden Text die umrandeten adverbialen Bestimmungen heraus und kennzeichnen Sie diese mit den richtigen Bezeichnungen.

Bettina von Arnim (1785 – 1859) – Teil 2

Goethe

1806 begann die lange währende Freundschaft Bettina von Arnims mit Goethes Mutter Katharina Elisabeth, da der Dichterfürst auf die ihm schwärmerisch erscheinenden Briefe Bettinas zunächst nicht antwortete. Doch der Weg zum Mann führte über die Mutter. So kam es, dass sie ein Jahr später in Weimar erstmals den von ihr extrem verehrten Johann Wolfgang von Goethe besuchen durfte. Es begann ein Briefwechsel zwischen den beiden, der nach Goethes Tod unter dem Titel *Goethe's Briefwechsel mit einem Kinde* berühmt wurde.

1811 kam es wegen einer öffentlichen Auseinandersetzung zwischen ihr und Goethes Ehefrau Christiane zum Bruch mit Goethe. In einer Gemäldeausstellung des Goethe-Vertrauten Johann Heinrich Meyer hatte sich Bettina von Arnim abfällig über die Werke von *Kunschtmeyer* geäußert. Christiane riss ihr daraufhin die Brille von der Nase, und Bettina nannte Christiane eine *wahnsinnige Blutwurst*. Goethe verbot Bettina von Arnim und ihrem Ehemann fortan sein Haus. Als er das Ehepaar ein Jahr später in Bad Teplitz traf, nahm er von ihnen keine Notiz und schrieb seiner Frau scheinbar erleichtert: *Ich bin sehr froh, daß ich die Tollhäusler los bin.* Wiederholte Briefe, in denen Bettina ihn verzweifelt um erneute Kontaktaufnahme bat, ließ er unbeantwortet.

Werk und Beurteilung

Bettina gab ihre Briefwechsel mit Johann Wolfgang von Goethe, Karoline von Günderode, Clemens Brentano, Philipp von Nathusius und Friedrich Wilhelm IV. von Preußen [in zum Teil sehr stark bearbeiteter Form] heraus. Diese Briefbücher, die nach den Grundsätzen der romantischen Poetik komponiert waren, wurden von den Lesern [oft] für authentische Dokumente gehalten, was zu Fälschungsvorwürfen gegen Bettina von Arnim führte.

Insbesondere das 1835 erschienene Buch *Goethe's Briefwechsel mit einem Kinde* wurde ein Verkaufserfolg und beeinflusste das Goethe-Bild der Folgezeit [stark], besonders unter den Romantikern. Die Originalbriefe wurden im Jahr 1922 publiziert. In dem Briefroman *Die Günderode* verarbeitete sie die Monate ihrer Freundschaft mit Karoline von Günderode [im Jahr 1804] und deren Freitod.

Bettina von Arnim erfuhr und erfährt sehr unterschiedliche Beurteilungen. Zeitgenossen beschrieben sie als *grillenhaftes, unbehandelbares Geschöpf*, als koboldhaftes Wesen. Man sieht sie aber auch als emanzipierte, vielbegabte und neugierige Frau, die sich [erfolgreich] für persönliche Unabhängigkeit und geistige Freiheit einsetzte, für sich wie auch für andere Menschen.

Bettina von Arnims Leben und insbesondere ihre Beziehung zu Goethe werden sehr ausführlich von Milan Kundera [in seinem Roman *Die Unsterblichkeit*] behandelt. Kundera sieht Bettina als Frau, die [zeitlebens] versuchte, durch Kontakt zu herausragenden Persönlichkeiten ihrer Zeit und der Suggestion einer tiefen emotionalen Beziehung zu ihnen eigenen Ruhm zu erwerben.

Attribute im Überblick

Regel

Attribute – Funktion und Arten

Attribute dienen dazu, im Satz ein **Nomen/Substantiv näher zu kennzeichnen**. Sie können nur gemeinsam mit ihrem **Bezugsnomen/Bezugssubstantiv** umgestellt werden und bilden deshalb kein eigenes Satzglied. Attribute sind **Satzgliedteile**, die entweder vor oder hinter dem Bezugsnomen/Bezugssubstantiv stehen. Die wichtigsten Attributarten sind:

Attributart	**Beispiel**
Adjektivattribut	die **authentische** Darstellung
Genitivattribut	die Angehörigen **der Familie**
präpositionales Attribut	der Briefverkehr **zwischen Bettina und Goethe**
Apposition	Bettina, **das siebte der zwölf Kinder**, ...
Attributsatz/Relativsatz	das Buch, **das die Frau berühmt machte**, ...

1. Im Folgenden sind noch einmal einige Sätze aus dem Text über Bettina von Arnim aufgelistet. Schreiben Sie sie in Ihr Heft, kreisen Sie die Bezugsnomen/Bezugssubstantive der unterstrichenen Attribute ein und bestimmen Sie die Attributarten.

- Bettina von Arnim war das siebte von zwölf Kindern <u>des Großkaufmanns Peter Anton Brentano</u>.
- Die aus Italien stammende altadelige Familie war begütert, das später von Bettinas Brüdern geleitete *Haus zum Goldenen Kopf* die Zentrale einer <u>blühenden</u> Ex- und Importfirma, <u>von der Bettina ein beträchtliches Erbe zufiel</u>.
- Ihre Schwester Kunigunde Brentano war mit Friedrich Karl von Savigny, <u>einem Rechtsgelehrten</u>, verheiratet.
- Nach dem Tod <u>des Vaters</u> lebte sie ab 1797 bei ihrer Großmutter Sophie von La Roche in Offenbach <u>am Main</u>, später in Frankfurt.
- Ihre <u>weitreichende</u> Korrespondenz <u>zur Ermittlung statistischer Angaben für ihr *Armenbuch*</u> erregte <u>großes</u> Aufsehen.
- Es begann ein Briefwechsel zwischen den beiden, <u>der nach Goethes Tod unter dem Titel *Goethe's Briefwechsel mit einem Kinde* berühmt wurde</u>.

- In einer Gemäldeausstellung des Goethe-Vertrauten Johann Heinrich Meyer hatte sich Bettina von Arnim abfällig über die Werke von *Kunschtmeyer* geäußert.
- Diese Briefbücher, die nach den Grundsätzen der romantischen Poetik komponiert waren, wurden von den Lesern oft für authentische Dokumente gehalten.

Vom Satzglied zum Gliedsatz/Nebensatz

Im Satzzusammenhang können Gliedsätze die Aufgabe von Satzgliedern übernehmen. Man erfragt sie in gleicher Weise wie die einfachen Satzglieder (Wer oder Was? Wen oder Was? Wann? Auf welche Art und Weise? ...). Man spricht dabei auch von Nebensätzen, weil die Gliedsätze einem Hauptsatz untergeordnet sind. Sie sind grammatikalisch vom Hauptsatz abhängig und können nicht allein stehen. Gliedsätze können vor oder hinter dem Hauptsatz stehen oder in ihn eingefügt sein. Sie werden in der Regel mit einem Relativpronomen, einer Konjunktion oder einem W-Fragewort eingeleitet. Das finite (gebeugte) Verb steht am Ende.

Gliedsätze/Nebensätze im Überblick

Art des Gliedsatzes/ Nebensatzes	Einleitungswort	Funktion
1. Adverbialsatz	Konjunktion:	Umstände des Geschehens:
• Temporalsatz	als; nachdem; bevor; wenn; seit; während; sobald	Zeitpunkt, Zeitdauer
• Kausalsatz	weil; da	Ursache, Begründung
• Konditionalsatz	wenn; falls; sofern	Bedingung, Voraussetzung
• Konsekutivsatz	sodass/so dass; so ..., dass	Folge
• Finalsatz	damit; dass; auf dass	Absicht, Zweck
• Konzessivsatz	obwohl; obgleich	Einräumung; Grund, der nicht zählt
• Modalsatz	indem; dadurch, dass	Art und Weise
• Adversativsatz	anstatt dass; während	Gegenteil
• Komparativsatz	als; wie; als ob; als wenn	Vergleich
• Lokalsatz[1]	wo, wohin, woher	Ort
2. Attributsatz/ Relativsatz	Relativpronomen: welcher, welche, welches; was; der, die, das; wo; woher	Nähere Kennzeichnung eines Nomens oder Pronomens im Hauptsatz
3. Subjektsatz	Konjunktion: dass W-Fragewort: wer, was	Handlungsträger (Subjekt)
4. Objektsatz	Konjunktion: dass, ob W-Fragewort: was; wem; wen; wann ...	die Zielrichtung der Handlung (Objekt)

[1] Der Lokalsatz, entstanden aus dem Lokaladverbiale, wird zu den Adverbialsätzen gezählt. Dem einleitenden Wort nach ist er jedoch kein Konjunktionalsatz. Er zählt zu den Relativsätzen und wird durch ein Relativadverb eingeleitet. *(Wir treffen uns dort, wo wir uns bereits in der letzten Woche getroffen haben. Wir treffen uns an dem Ort, an dem ...)*

Besonderheiten

Regel

1. Der indirekte Fragesatz

Zu den Gliedsätzen/Nebensätzen gehört auch der **indirekte Fragesatz**, der eine Frage enthält, die nicht direkt, in wörtlicher Rede ausgedrückt wird.

Beispiel: Sie will wissen, **ob ihre Daten in sozialen Netzwerken geschützt sind**.
Ich frage mich, **warum so viele so sorglos mit ihren Daten umgehen**.
Kannst du mir erklären, **wie das funktioniert**?

Der **indirekte Fragesatz** ist gleichzeitig häufig ein **Objektsatz**, weil er das Satzglied Objekt vertritt. (Wen oder was will sie wissen?)
Der indirekte Fragesatz kann auch ein Subjektsatz sein. (Es ist nicht sicher, **ob es funktioniert**.)

2. Verkürzte Gliedsätze/Nebensätze

Manchmal klingen Sätze eleganter, wenn man die Gliedsätze/Nebensätze verkürzt. Das kann z. B. bei einem Konditionalsatz geschehen, indem die Konjunktion weggelassen wird.

Beispiel: **Wenn du genügend Geld zur Verfügung hast**, solltest du dir ein besonders leistungsstarkes Netbook kaufen.
Hast du genügend Geld zur Verfügung, solltest du dir ein besonders leistungsstarkes Netbook kaufen.

Zu den verkürzten Gliedsätzen/Nebensätzen gehören auch der Infinitivsatz und der Partizipialsatz.

Beispiel: Sie bat ihn darum, **dass er ihr Geld leihe**.
Sie bat ihn darum, **ihr Geld zu leihen**. (Infinitivsatz)

Als er im Geschäft angekommen war, erkundigte er sich sofort nach einer Fachkraft.
Im Geschäft angekommen(,) erkundigte er sich sofort nach einer Fachkraft. (Partizipialsatz)

Parataxe oder Hypotaxe

Regel

Wenn Sie einen Text analysieren, kommt es häufig u. a. darauf an, den **Satzbau** genau zu untersuchen.

1. Parataktischer Satzbau

Werden Hauptsätze aneinandergereiht, spricht man von einem **parataktischen Satzbau**.

Beispiel: Jugendliche surfen besonders häufig im Internet, sie sind Mitglied in sozialen Netzwerken, viele haben mehrere Mailadressen und sie kommunizieren stundenlang und beinahe uneingeschränkt mithilfe des Computers.

2. Hypotaktischer Satzbau

Bei einer Verknüpfung von Hauptsatz und Gliedsatz (bzw. Gliedsätzen)/Nebensatz spricht man von einem **hypotaktischen Satzbau**.

Beispiel: In sozialen Netzwerken, die eine weltweite Ausstrahlung haben und jederzeit verfügbar sind, was von vielen besonders geschätzt wird, kommunizieren nicht nur Jugendliche beinahe unbegrenzt, obwohl gerade davor immer wieder gewarnt wird.

1. Gliedsätze/Nebensätze spielen eine große Rolle, wenn es darum geht, seine Meinung zu äußern und zu argumentieren. Mit ihnen können Sie begründen, Folgen aufzeigen, Bedingungen nennen etc. Vor dem Hintergrund der sogenannten Shell-Studie 2010, die das Lebensgefühl und die Wünsche junger Menschen untersuchte, stellte die Wochenzeitschrift „DIE ZEIT" auf ihrem Onlineportal jeweils drei Fragen, die von Jugendlichen begründet beantwortet werden sollten:
- Woran glaubst du?
- Wessen Meinung ist dir wichtig?
- Wo siehst du dich in zehn Jahren?

Beantworten Sie jeweils in einem kurzen Text die drei Fragen für sich persönlich. Reflektieren Sie anschließend, in welcher Weise Sie in Ihren Kurztexten mit Gliedsätzen/Nebensätzen gearbeitet haben.

2. In den folgenden Antworten von jungen Menschen auf die drei Fragen, die in Auszügen abgedruckt sind, sind einige Gliedsätze/Nebensätze unterstrichen und mit einer Ziffer versehen. Übertragen Sie die Ziffern in Ihr Heft und bestimmen Sie die Gliedsätze/Nebensätze. Machen Sie sich dabei klar, welche Funktion der jeweilige Gliedsatz hat.

Drei Fragen an Jugendliche und junge Erwachsene

Judith W., 20 Jahre

Woran glaubst du?

Ich bin seit meinem achten Lebensjahr Mitglied bei den christlichen Pfadfindern, lange als Gruppenkind, seit drei Jahren leite ich selbst eine Gruppe. Es gibt ja das Klischee von den Pfadfindern, die den ganzen Tag im Wald herumstreichen und Regenwürmer suchen (1). Natürlich lernen die Kinder bei uns, wie man ein Zelt aufbaut, wie man Knoten macht oder ein Feuer schürt (2). Aber eigentlich geht es um mehr. Als Leiterin möchte ich den Kindern Werte vermitteln, die ich selbst von den Älteren erfahren habe (3), wie Nächstenliebe oder Gewaltlosigkeit. Ich möchte ihnen den Halt geben, den sie brauchen (4), und ihnen dabei helfen, über sich und ihr alltägliches Handeln nachzudenken (5) – verantwortungsvolle Menschen zu sein, sich selbst und ihrer Umwelt gegenüber.

Wessen Meinung ist dir wichtig?

Man sollte grundsätzlich offen sein gegenüber guten Ideen. Klar sind mir die Dinge wichtig, die auch für meine Eltern, Geschwister, Verwandten und Freunde wichtig sind (6). Manchmal bekomme ich aber auch Anstöße von ganz woanders. Neulich habe ich den Dokumentarfilm „Die Bucht“ über den Delfinfang in Japan gesehen, das Leiden der Tiere hat mich sehr beeindruckt und mir gezeigt: Das dürfen wir nicht länger zulassen.

Shari H., 17 Jahre

Woran glaubst du?

Viele Jugendliche leben vor sich hin in ihrer kleinen Welt, von einem Wochenende zum nächsten. Für die große Welt um sie herum fehlt ihnen das Interesse. Ich fände es schöner, wenn sich mehr Leute für etwas begeistern könnten (1). Wie ich mich für das Filmemachen. Vor Kurzem habe ich mit dem Medienprojekt Wuppertal einen Film über Gewalt unter Jugendlichen gedreht. Ich habe das Drehbuch geschrieben, meine Freunde haben als Schauspieler mitgemacht. Die Technik, das Experimentieren mit der Kamera oder Schneiden, macht mir viel Spaß, vor allem aber möchte ich mich ausdrücken und meine Zuschauer zum Nachdenken bringen. Und dann die Teamarbeit, in der so ein Film entsteht (2): Das ist etwas anderes, als wenn ich allein für mich ein Bild male (3). Es ist einfach ein tolles Gefühl, wenn so ein Film fertig ist und man sagen kann (4): Den habe ich gemacht.

Wo siehst du dich in zehn Jahren?

Dann lebe ich in einer Großstadt, wo viel los ist (5), in Hamburg vielleicht. Auf jeden Fall weiß ich, dass ich nicht hier in Hörstel bleiben kann (6), dem kleinen Ort, in dem ich aufgewachsen bin (7). Es wird mir nicht leicht fallen, hier wegzugehen. Doch selbst wenn ich zu Besuch komme (8), wird es nicht mehr das Gleiche sein, weil dann auch meine Freunde nicht hier sind (9). Was noch? Obwohl die Konkurrenz enorm ist (10), werde ich es in zehn Jahren in die Filmhochschule geschafft, mein Regiestudium absolviert und das Filmedrehen zu meinem Beruf gemacht haben.

Pauline M., 15 Jahre

Woran glaubst du?

Seit ich denken kann (1), gehen meine Eltern mit mir in eine evangelisch-freikirchliche Gemeinde. Ich bin mit dem Glauben aufgewachsen, dass immer jemand für mich da ist, zu dem ich beten kann, wenn es mir schlecht geht (2) – aber auch, wenn es mir gut geht (3). [...]

Wo siehst du dich in zehn Jahren?

2020 habe ich gerade mein Studium beendet und stecke mitten im Referendariat. Danach würde ich mich gern als Rechtsanwältin niederlassen, am liebsten hier in Hamburg, meiner Heimatstadt, wo meine Familie und meine Freunde sind (4).

Marcel K., 21 Jahre

Wessen Meinung ist dir wichtig?

Vor allem die Meinung meiner Eltern, da sie eine Vorbildfunktion für mich besitzen und mir schon in vielen Situationen mit ihrer Lebenserfahrung geholfen haben (1). Auch was meine Schwester, meine Verwandten und meine Freunde denken, ist mir sehr wichtig. Es gibt aber auch immer wieder Politiker, deren Meinung ich gern annehme (2). [...]

Tim W., 23 Jahre

Woran glaubst du?

Ich wünsche mir, dass wir als Gesellschaft wieder zueinander finden (1). Wir wissen zu wenig übereinander, die Schichten leben nebeneinanderher. [...] Dabei kann einer nicht ohne den anderen, selbst der Multimillionär muss zum Bäcker gehen, wenn er Brot braucht (2). Aus dieser Erkenntnis heraus engagiere ich mich als Jugendvertreter in meinem Unternehmen. Für die Azubis organisieren wir zum Beispiel Fahrten, damit sie sich gegenseitig kennenlernen (3), und wir veranstalten Workshops zur deutschen Geschichte oder zu den Gemeinsamkeiten der Weltreligionen.

Wessen Meinung ist dir wichtig?

Manchmal sitzen mein Vater und ich abends zusammen [...] und reden über das Leben. Als ich mit der Schule fertig war (4), wusste ich nur, dass ich nicht studieren wollte (5), im Gegensatz zu meinen Geschwistern. Mein Vater hat das nie verurteilt, im Gegenteil. Er hat mir geholfen bei meiner Bewerbung beim Hüttenwerk und mit mir für den Einstellungstest geübt. Inzwischen habe ich meine Ausbildung als Mechatroniker fertig, und mein Vater lässt sich auch von mir Rat geben. Zunächst nur bei der Frage, welchen Fernseher er kaufen soll (6). Aber es ist ein gutes Gefühl, dass er auch auf mich hört (7).

3. Einen Gedankengang oder den Inhalt eines Textes können Sie besonders anschaulich wiedergeben, wenn Sie mit Satzgefügen arbeiten. Sie können auf diese Weise Ursachen, Folgen, zeitliche Zusammenhänge ... verdeutlichen. Überarbeiten Sie dementsprechend den folgenden Beginn einer Inhaltszusammenfassung zu dem Film „Das Leben der Anderen", der im Jahr 2006 einen Oscar für den besten fremdsprachigen Film erhielt.

Das Leben der Anderen – Inhaltsangabe

Der erfolgreiche Dramatiker Georg Dreyman (Sebastian Koch) und seine Lebensgefährtin Christa-Maria Sieland (Martina Gedeck) sind das Vorzeigepaar der Ostberliner Kulturszene im Jahre 1984. Sieland ist eine gefeierte Schauspielerin. Doch unvermittelt bricht die Macht des repressiven Staates auch in ihren Alltag ein: Kulturminister Bruno Hempf (Thomas Thieme) hat sich in die attraktive Schauspielerin verliebt und setzt die „Stasi" – in Gestalt von Oberstleutnant Anton Grubitz (Ulrich Tukur) – auf Dreyman an. Er will den unerwünschten Nebenbuhler aus dem Weg räumen.

Grubitz beauftragt seinerseits den linientreuen Stasi-Hauptmann und unerbittlichen Verhörspezialisten Gerd Wiesler (Ulrich Mühe) mit der Überwachung. Er erhofft sich von dieser Aktion einen weiteren Sprung auf der Karriereleiter. Dieser richtet sich daraufhin auf dem Dachboden über Dreymans Wohnung eine komplett ausgestattete Abhörzentrale ein. Er will fortan als ständiger unsichtbarer Zuhörer am „Leben der Anderen" teilnehmen ...

4. Manchmal kann der Satzbau, wenn er übertrieben hypotaktisch angelegt ist, auch dazu führen, dass der Informationsgehalt einer Aussage gemindert wird und der Leser eher verwirrt zurückbleibt. Überarbeiten Sie die folgende Kurzbeschreibung der Figur des Georg Dreyman so, dass der Text leichter lesbar wird.

Georg Dreyman

Georg Dreyman, der ein erfolgreicher Dramatiker ist, hat zunächst keinerlei Veranlassung, am System der DDR zu zweifeln, weil er zudem ein guter Freund von Margot Honecker, die die Frau von Erich Honecker, der Staatsratsvorsitzender der DDR ist, ist. Der linientreue Nationalpreisträger beginnt erst zu wanken, als er von der Affäre Christa-Maria Sielands, die seine Lebensgefährtin ist, mit dem Kulturminister erfährt. Als schließlich Albert Jerska, der sein Freund ist, den Freitod wählt, da dieser sein perspektivloses Dasein im repressiven DDR-Staat nicht länger erträgt, entschließt sich Dreyman zu handeln, indem er einen Artikel im „Spiegel", der in Westdeutschland erscheint, veröffentlicht.

4 Die Rechtschreibung

Auf den folgenden Seiten finden Sie in übersichtlicher Form vor allem wichtige Regeln und Übungen zur Rechtschreibung. Wählen Sie die Bereiche aus, in denen Sie sich noch unsicher fühlen.
Es macht einige Mühe, die längeren Texte abzuschreiben und die zahlreichen Lücken auszufüllen. Sie sollten sich jedoch die Zeit nehmen, da sich gerade beim sorgfältigen Abschreiben die Wörter besonders gut einprägen. Lange Texte sollten Sie in Portionen bearbeiten.

Fehlerschwerpunkte erkennen

Damit Sie gezielt an bestimmten Rechtschreibproblemen arbeiten können, ist es notwendig, **Fehlerschwerpunkte** zu **erkennen** und diese bestimmten Bereichen der Rechtschreibung zuzuordnen. Anschließend können Sie dann den entsprechenden Abschnitt in diesem Kapitel auswählen oder sich passendes Übungsmaterial besorgen und versuchen, auf diesem Weg in der Rechtschreibung sicherer zu werden.

Ruben Karschnick[1] (geb. 1992)

Echt jetzt? (Teil 1)

„Digital Natives" nennt man uns, digitale Einheimische. Ein Leben ohne Internet können wir uns nicht vorstellen. Wir chatten, statt zu lesen, lesen Nachrichten auf dem Bildschirm statt in der Zeitung und verbringen täglich unzählige Stunden auf Facebook. Wir posten unser Privatleben und googeln alles, auch uns selbst. Das alles machen wir beinahe gleichzeitig, denn wir sind Meister des Multitaskings. Wir Vernetzten, das sind 97,5 Prozent unserer Altersgruppe in Deutschland. Klingt unheimlich? Finden wir auch, wenn wir darüber nachdenken. Aber auch nur dann.
Wir sind die großen Profiteure, weil wir das Internet nutzen wie keine Generation vor uns. Alles, womit wir konfrontiert werden, recherchieren wir: Was taugt das iPhone? Wie tickt die Süße aus der Fahrschule? Welche Fragen kommen im Bewerbungsgespräch?
Schon in der Grundschule haben wir angefangen, die unzähligen Möglichkeiten des Internets zu entdecken. Später wurde es nützlich, um Schulaufgaben mit Wikipedia zu lösen. Heute ist das Internet unser Freund. Wir mögen es, weil es für uns da ist und uns hilft – zuverlässig und allzeit bereit. Ganz pragmatisch wenn wir uns Wein über die Hose gießen und uns fragen, wie der Fleck wieder rausgeht – viel mehr aber noch emotional. Im Internet können wir jederzeit verschwinden an einen Ort, der uns Sicherheit und Geborgenheit bietet. Wir vergessen die Sorgen des Alltags und klicken uns rein ins Vergnügen. Hier können wir uns austoben, Dinge tun, die wir im normalen Leben nicht wagen würden; wir werden zu Stalkern, quatschen wildfremde Menschen an und geben uns so, wie wir uns wünschen zu sein.
Es ist ein Wunderland, in dem es alles gibt: Unterhaltung, wenn es langweilig ist, Ratschläge, wenn wir Kummer haben, Kontakte, wenn wir einsam sind. Wir lieben das Gefühl, in Gesellschaft zu sein, obwohl wir in Wahrheit doch so einsam vor unseren Bildschirmen hocken.
Dies alles machen wir mit der größten Selbstverständlichkeit, wir empfinden *Online* und *Offline* nicht als

[1] Der Autor gewann den Schülerzeitungswettbewerb des Hamburger Nachrichtenmagazins „Der Spiegel" in der Kategorie Heftinhalt.

zwei Welten, sondern leben in beiden gleichzeitig. Wir wissen zwar, dass ein Gespräch etwas anderes ist als ein Chat, scheuen uns aber nicht, auch die wichtigsten Fragen des Lebens online zu klären.
Um viele Gefahren der digitalen Welt wissen wir. Dass Facebook unsere Daten verkauft und Google alles speichert, was wir je anfragen, ist uns bewusst. Sogar bewusster, als uns nachgesagt wird, aber die Risiken stehen für uns in keiner Relation zum Nutzen. Wir geben Facebook unsere Daten, Facebook gibt uns das Gefühl von Zugehörigkeit. [...]

(ZEIT MAGAZIN, Nr. 34, 19.8.2010, S. 23)

1. Übertragen Sie die folgenden Rechtschreibbereiche in Ihr Heft und ordnen Sie die unterstrichenen Wörter entsprechend zu. Einige Wörter können Sie mehrfach zuordnen.
   - Die Schreibweise lang ausgesprochener, betonter Vokale (Dehnung):
   - Die Schreibung nach kurz ausgesprochenen, betonten Vokalen (Schärfung):
   - Die Schreibung von z und k nach l, m, n, r:
   - Gleich oder ähnlich klingende Laute, Silben und Wörter (p oder b, äu oder eu, v oder f, ent- oder end-, wieder oder wider ...):
   - s-Laute:
   - das oder dass:
   - Die Groß- und Kleinschreibung:
   - Zusammen- und Getrenntschreibung:
   - Fremdwörter:
2. Lassen Sie sich, wenn möglich, die unterstrichenen Wörter im Satzzusammenhang diktieren. Haben Sie in bestimmten Bereichen der Rechtschreibung besondere Probleme?

Rechtschreibprobleme durch einfache Verfahren lösen

Regel

In vielen Fällen können Sie einfache Verfahren anwenden, wenn Sie sich bei der Schreibweise von Wörtern unsicher sind, z. B.:

- die Schreibweise durch Ableiten und Verlängern des Wortes herausfinden,
- die Bedeutung von Wörtern und Silben unterscheiden,
- deutlich sprechen und genau hinhören,
- Wortarten unterscheiden und grammatisches Wissen einsetzen,
- Merksätze anwenden wie:
  - „Nach l, m, n, r, das merke ja, steht nie tz und nie ck!"
  - „Wer nämlich mit h schreibt, ist nicht ..., hat aber einen Fehler gemacht."
  - „Gar nicht und überhaupt nicht werden gar nicht und überhaupt nicht zusammengeschrieben."
  - „Kurz, betont und einfach, macht oft den Konsonanten zweifach."
  - „Kann man *dieses*, *welches*, *jenes* einsetzen, wird *das* mit einfachem s geschrieben."
- Wenn Sie sich unsicher sind, sollten Sie in jedem Fall im Wörterbuch nachschlagen.

1. Im Folgenden ist die Fortsetzung des Textes von Ruben Karschnick abgedruckt. Es sind jedoch Fehler darin enthalten. Wählen Sie einen oder mehrere Abschnitte aus und überlegen Sie, was jeweils falsch geschrieben ist und mit welchen der oben beschriebenen Verfahren die Fehler möglicherweise vermieden werden können.
2. Schreiben Sie ausgewählte Abschnitte in der richtigen Weise in Ihr Heft.

Ruben Karschnick (geb. 1992)

Echt jetzt? (Teil 2)

[...] Die größte Gefahr des digitalen ist nur wenigen bewusst: die Gefahr, das Onlinefreundschaften verwechselt werden mit realem miteinander. Und ein Chat mit einem richtigen Gespräch. Dass nicht mehr unterschieden wird zwischen einem lächeln und einem Smiley.

„Wir haben online so viele Freunde, dass wir ein neues Wort für die echten brauchen“, heisst es in einem Werbespot der *Welt kompakt*, indem versucht wird, unsere Generation zu charackterisieren. Genau andersrum muss es sein: Wir müssen feststellen, dass wir einen neuen Ausdruck für das brauchen, was sich online Freund nennt, weil ein echter Freund so unschätzbar viel wertvoller ist als all die Facebook-Bekanndschaften zusammen.

Aber das ist schwer – haben wir doch täglig mit unseren Pseudofreunden zu tun: Wir wissen, was sie machen, wo sie sind und was sie dencken. Glauben wir zumindest. Wir mahlen uns Stück für Stück ein Bild von ihnen, bestehent aus Facebook-Beiträgen wie „Mini warten, Haus Putzen, Garage umräumen, jetzt nicht mehr motiviert, wie vorrausgesagt;) ölverschmierter Kfz-Mechaniker Look bei 38 °C ... bockt auf jeeeeden fall“.

Was kann man schliesslich nicht alles herauslesen aus so einem Beitrag: Einigermaßen fleißig ist der Pseudofreund, handwercklich geschickt, außerdem ein bisschen selbstverliebt. Rechtschreibung kann er scheinbar nicht so gut – oder sie ist ihm schlichtwech egal.

Von all diesen Schlussfolgerungen ist die Hälfte warscheinlich falsch. Das würde auch keiner bestreiten, trotzdem malen wir kontinuierlich weiter an unseren Bildern der flüchtigen Bekannten, die uns so schnell so nah erscheinen, weil sie uns Dinge miteilen, die man eigentlig nur Menschen sagt, die man gut kennt – Freunden eben.

Wir lesen jeden Beitrag, weil wir süchtig geworden sind nach Kontackten – und die Masse an kleinen Informatonen gaukelt uns eine Vertrautheit mit vielen, vielen Menschen vor. Nach der sehnen wir uns. [...]

Die Flut der Informationen wird weiter steigen, und wer weiß, welche Erfindungen noch auf uns warten: Brillen, auf denen permanend der Facebook-Stream läuft, Candle-Light-Videokonferenzen oder Sofort-Informationen über alle Personen im Umkreis mittels eines Kleinen Knopfes ihm Ohr?

Wenn unsere Welt eines tages so oder so ähnlich aussieht, können und müssen wir uns darauf besinnen, wie es ist, einfach mal zu schweigen, Abstand vom Rausch der Informationen zu nehmen. In Ruhe zu sein.

(ZEIT MAGAZIN, Nr. 34, 19.8.2010, S. 23)

Kurze Vokale – Schärfung

Regel

Regeln im Überblick

1	Folgen nach einem kurzen, betonten Vokal zwei oder mehr verschiedene Konsonanten, wird meist keiner verdoppelt.	Ra**nd**, ba**ld**, verbi**nd**en, kla**tsch**en
2	Folgt nach einem kurzen, betonten Vokal nur ein Konsonant, wird dieser fast immer verdoppelt. Die Verdopplung gilt in allen Wortformen.	Nove**ll**e, Hi**mm**el, wo**ll**en, fa**ll**en, he**ll** hi**mm**lisch, er wi**ll**, sie fä**ll**t, he**ll**blau
3	Die Laute k und z werden in Wörtern aus der deutschen Sprache nicht verdoppelt. Nach kurzem, betontem Vokal steht fast immer ck und tz.	Lü**ck**e, wa**ck**eln, le**ck**er Si**tz**, erhi**tz**en, bli**tz**end
4	Nach l, m, n, r, das merke ja, steht nie tz und nie ck!	Wa**lz**er, I**mk**er, Ta**nz**, ku**rz** Ho**lz**, de**nk**en, sta**rk**

5	In vielen Wörtern mit einem k-Laut, die einer fremden Sprache entstammen, steht nach einem kurzen, betonten Vokal ein einfaches k.	Kriti**k**, Ta**k**t, Arti**k**el, Fabri**k**, Dire**k**tor, Konta**k**t
6	In wenigen Fremdwörtern werden die Laute k und z verdoppelt.	A**kk**u, A**kk**usativ, Ma**kk**aroni Pi**zz**a, Tre**kk**ing, Ra**zz**ia

1. Der folgende Text ist ein Ausschnitt aus dem Roman „Faustinas Küsse“ von Hanns-Josef Ortheil. Darin geht es um Goethes italienische Reise. In dem Roman werden aus der Sicht des Kofferträgers Beri die Ankunft und der mehrmonatige Aufenthalt des berühmten deutschen Dichters Goethe in der Stadt Rom in z. T. sehr humorvoller Weise beschrieben. Übertragen Sie den Auszug in der richtigen Form in Ihr Heft. Schreiben Sie in die Klammern, welche der zuvor genannten Regeln sie jeweils anwenden müssen.

Hanns-Josef Ortheil (geb. 1951)

Faustinas Küsse – Kapitel 1

Der junge Beri hatte schon so viele Reisende aus dem Norden auf diesem ehrwürdigen Pla_ (?) ankommen sehen, doch noch se_en (?) hatte sich einer so me_würdig (?) benommen wie dieser stattlich gewachsene Mann in weitem Überro_ (?), dem sich jetzt eine Gru_e (?) von Wachbeamten näherte, um seinen Namen in die dafür vorgesehenen Listen einzutragen. Das Betragen des Fremden ähnelte einem Auftri_ (?) im Theater, es hatte etwas von Leidenscha_ (?) und großer A_tion (?) und doch fehlten ihm auf dem weiten Pla_ (?), der durch die Parade der Kutschen beinahe vollgestellt war, die pa_enden (?) Zuschauer. [...]

(1998)

2. Übertragen Sie auch die Fortsetzung des vorhergehenden Ausschnitts in der richtigen Form in Ihr Heft.

[...] „Mach weiter so, mach nur weiter!“, dachte Beri, insgeheim belustigt, während er mit Daumen und Zeigefinger nach den en_wischenden ölgeträn_ten Nudeln griff und sie langsam durch den über den Teller verstreuten Käse streifte. Je_t riss sich der Fremde den Überro_ vom Leib, warf den Hut auf den kleinen Ko_er, breitete die Arme aus und dehnte den gan_en Körper wie eine gespannte Feder. Beri gri_ste, vielleicht hatte man es mit einem Schauspieler zu tun! Doch das Gri_sen verschwa_d augenbli_lich, als er bemer_te, dass ihn das mer_würdige Gebaren zur Unachtsamkeit verführt hatte. Für einen Mome_t hatte sich der Teller o_ensichtlich in Schräglage befu_den, ein kleiner Haufen der köstlichen Ma_aroni lag schon auf dem Boden.

„Daran bist du schuld!“, entfuhr es Beri, der sich jedoch gleich darüber wunderte, wie brüderlich er den Fre_den insgeheim anredete. Irgendetwas Anziehendes hatte dieser Tän_er, irgendetwas, das einen noch schlu_ernden Teil seiner Seele berührte! Beri hielt den Teller für einen Augenbli_ mit der Rechten und fuhr sich mit der Li_ken durchs Gesicht. Träumte er? Hatte ihm das Glas Weißwein zugese_t, das er an diesem warmen Nachmittag getru_ken hatte?

(1998)

Lange Vokale und Doppellaute – Dehnung

Regel

Regeln im Überblick

1	Viele Wörter mit einem lang ausgesprochenen Vokal oder Umlaut (a, ö, ü) werden ohne Dehnungszeichen, also mit einfachem Vokal geschrieben. Wörter, die mit qu beginnen, werden immer mit einfachem Vokal geschrieben.	S**u**che, L**e**ser, Sch**u**le, r**u**fen, m**u**tig Qu**a**l, qu**a**ken, qu**e**r
2	Ein lang ausgesprochener Vokal kann auch mit einem Dehnungs-h gekennzeichnet werden. In manchen Wortformen können Sie das Dehnungs-h hören, wenn Sie sehr deutlich die Silben voneinander getrennt sprechen. In diesem Fall spricht man auch vom silbentrennenden h.	R**uh**m, f**üh**len, einr**ah**men, **oh**ne **Mä-h**er, **ge-h**en, sie **sa-h**en
3	In einigen Wörtern wird der lang ausgesprochene Vokal verdoppelt. Der Vokal u, die Umlaute (ä, ö, ü) und Doppellaute (äu, eu, ei, ai) werden immer nur einfach geschrieben.	S**aa**l, Sp**ee**r, Resüm**ee**, Id**ee**, Klisch**ee**, Z**oo** H**aa**r – H**ä**rchen
4	Die Wortbausteine ur-, -tum, -sam, -bar, -sal werden immer ohne Dehnungszeichen geschrieben.	**ur**gemütlich, Wachs**tum**, sonder**bar**, Schick**sal**

1. Schreiben Sie wie in dem Beispiel zu den folgenden Wörtern möglichst viele verwandte Wörter auf.
- überqueren: er überquert, Querstraße, quer, Querverbindung, Querkopf, querbeet, Querdenker, querschießen ...
- quälen:
- Klischee:
- lesen:
- einrahmen:
- malen:
- mahlen:
- sehen:
- Hörer:
- Höhle:
- mehr:
- Wahl:

2. Schreiben Sie die folgenden Sätze in der richtigen Form in Ihr Heft. Tragen Sie in die Klammern ein, welche der zuvor genannten Regeln Sie jeweils anwenden müssen. Bei den Sätzen handelt es sich um Zitate aus dem bereits erwähnten Buch von Hanns-Josef Ortheil (S. 633).

- „Was t▯t (?) er? Warum war er so außer sich? Der Fremde schien das ▯ble (?) Spiel, das er mit den beiden Wachbeamten trieb, gar nicht zu bemerken, jetzt hatten sie ihn eingeh▯lt (?), an der kleinen Wasserstelle n▯ben (?) dem Obelisken, einer von ihnen hatte ihn fest zu packen bekommen, ▯ben (?), an der Schulter, sodass er sich heftig herumdr▯te (?).“ (S. 9)
- „Was für eine N▯se (?)! Beri grinste, r▯iger (?) werdend. Was für ein unr▯iger (?)Mund, die Lippen zuckten unaufh▯rlich (?), als hätten sie sich an den heißen Würmern verbrannt. Nun hatten sie ihn also gestellt, nun würde er niemandem m▯r (?) entkommen!“ (ebd.)
- „Beri s▯ß (?) da mit offenem Mund, der l▯re (?), ölverschmierte Teller glitt ihm aus der Hand und zersprang auf dem Pflaster.“ (ebd.)
- „Der Fremde um▯rmte (?) die beiden Beamten. Er drückte sie an sich, als sei er g▯ten (?) Fr▯nden (?) beg▯gnet (?), er h▯kte (?) sich bei ihnen ein und ging mit ihnen langs▯m (?), schlendernd, als h▯be (?) er sie nie düpieren wollen, zu seinen Koffern zurück.“ (ebd.)

Der lang ausgesprochene i-Laut

Regel

Regeln im Überblick

1	Der lang ausgesprochene i-Laut wird meistens ie geschrieben. Das gilt auch für Verbindungen mit dem Baustein -ieren.	L**ie**be, s**ie** l**ie**fen, g**ie**rig, v**ie**l diskut**ieren**, dikt**ieren**, ag**ieren**
2	Vor allem in Wörtern aus anderen Sprachen wird der lang ausgesprochene i-Laut manchmal mit einfachem i geschrieben. Das gilt auch für den Wortbaustein -iv bzw. -tiv.	Masch**i**ne, B**i**bel, Kr**i**se, Apfels**i**ne, flex**i**bel akt**iv**, pass**iv**, Perspekt**iv**e
3	In wenigen Wörtern wird der lang ausgesprochene i-Laut ih (Pronomen) oder ieh geschrieben.	**ih**r, **ih**nen, **ih**re es z**ieh**t (zie-hen), sie s**ieh**t (se-hen)
4	Bei den Wörtern „wieder“ und „wider“ müssen Sie die Bedeutung unterscheiden. „Wieder“ wird verwendet, wenn es um die Bedeutung „noch einmal“ bzw. „zurück“ geht. „Wider“ hat die Bedeutung „gegen“, „entgegen“.	**Wieder**holung, **wieder**kommen **Wider**stand, **Wider**hall, **wider**sprechen, **wider**spiegeln

1. Schreiben Sie die folgenden Sätze in der richtigen Form in Ihr Heft. Tragen Sie in die Klammern ein, welche der zuvor genannten Regeln Sie jeweils anwenden müssen.

- Flex…b…l…tät (?) ist eine Eigenschaft, die in v…len (?) Berufen gefordert ist.
- Ein Biolog…studium (?) enthält neben den reinen Theor…phasen (?) auch mehrere praktische Übungen, z. B. das Sez…ren (?) von T…ren (?).
- S… (?) vertraut …m (?), weil s… (?) …n (?) schon seit langer Zeit kennt.
- W…der (?) alle Vernunft begab er sich auf d… (?) vereiste Piste.
- Die Inhaltsw…dergabe (?) eines literarischen Textes sollte möglichst sachlich erfolgen.
- Wir sollten uns zuvor genau überlegen, w… (?) wir unseren Vortrag struktur…ren (?)wollen.
- In der Beschreibung der zerstörten Landschaft sp…gelt (?) sich das Verhalten der Menschen w…der (?).
- Zu den am meisten gelesenen Büchern gehört d… (?) B…bel (?).
- Masch…nenbau (?), ein sehr anspruchsvolles Studium, wird zunehmend auch von Frauen stud…rt (?).

2. Im folgenden Textauszug erfahren Sie etwas über das erste Zusammentreffen des Kofferträgers Beri und Goethes, wie Hanns-Josef Ortheil es in seinem Roman wiedergibt. Schreiben Sie den Textauszug in der richtigen Form abschnittweise in Ihr Heft. Wenn Ihnen die Zeit dazu fehlt, können Sie sich auch auf das Aufschreiben der Wörter mit den fehlenden Buchstaben beschränken. Neben dem i-Laut sind weitere lang ausgesprochene Vokale und die entsprechenden Dehnungszeichen ausgelassen.

Hanns-Josef Ortheil

Faustinas Küsse – Kapitel 2

[...] Beri hustete. Der Teller war zersprungen, über die Nudeln machten sich die Katzen her. „Du bist mir was schuldig“, dachte er und wischte sich mit der Linken über den Mund. Dann stand er langsam auf, streckte sich, scharrte die Scherben des Tellers mit der Fußspitze zusammen und ging qu…r über den Platz, dem Fremden seine D…nste anzub…ten.
Der aber gestikul…te noch vor den Wachbeamten, als Beri sich der Gruppe mit einem der hölzernen Karren n…erte, die auf dem weiten Platz zu jedermanns Gebrauch abgestellt waren. Jetzt h…rte er den Fremden sprechen, er sprach ein f…lerhaftes, aber frisch daherfl…ßendes Italienisch, das sich aus lauter aufgeschnappten Wendungen zusammenzusetzen sch…n.

Auch auf die Beamten sch_n er einigen Eindruck zu machen, denn immerhin hatten s_ sich auf eine kurze Verhandlung darüber eingelassen, ob er den Reisew_gen w_der besteigen müsse oder den Weg zum Packhof auf eigenen Wunsch zu Fuß zurückl_gen dürfe.

Als der Mann den jungen Beri mit seinem Karren gew_r wurde, ger_t die Szene gerade zu einer kleinen Debatte. Die Wachhabenden bestanden darauf, dass er mitsamt seinem Gepäck w_der einsteigen müsse, w_rend er Beri als einen guten Geist vorstellte, der das Gepäck auf dem kleinen Karren rasch zum Packhof befördern werde.

Die W_derreden sch_nen sich immer mehr zu beschleunigen, als der Neuankömmling plötzlich r_ig wurde, sich sammelte, den Blick starr in die Richtung der langen Meile des Corso richtete und mit w_derum verblüffender Hing_be davon sprach, wie schön der Abend sei. Die Wachbeamten sch_nen sich sofort zu besinnen, sie schauten seinen Blicken hinterher, der mit einem M_le mit beredten Worten den leuchtenden Abend schilderte, die sonnt_glichen Par_defahrten der Kutschen hin zur Piazza Venezia, das Leben auf den Balk_nen, das Rufen, Winken und Plärren aus den Fenstern, alles aber so freundlich und warm, als begrüße er Sz_nen seiner Heimat. Die Wachbeamten fr_gten denn auch sofort nach, ob der Fremde Rom schon fr_er einmal besucht habe, worauf er erw_derte, mit seiner S_le habe er die Stadt bereits Hunderte von M_len in Besitz genommen, während er nun bem_t sei, auch seinem Körper die Gegenwart dieses Parad_ses zu gönnen.

Die unerwartete Erwähnung des Parad_ses („il paradiso", sagte er, mit einem solchen Nachdruck auf dem langen „i", als wollte er immerfort darin verweilen) in Verbindung mit der Stadt Rom l_ß die Wachbeamten jedoch anscheinend umdenken. Durch ein knappes Zeichen verständigten sie sich darauf, dass der Fremde den eingetroffenen Postkutschen auf dem Weg zum Packhof zu Fuß folgen dürfe. Einer von i_en setzte sich denn auch bald an die Spitze des Zuges, und so ging es den Corso hinab, die Kutschen voran, der gr_ße Mann hinterdrein und ganz am Schluss der junge Beri mit seinem Karren, auf dem man das Gepäck untergebracht hatte.

(1998)

Goethe in Rom (Aquarell von Joh. H. Wilh. Tischbein)

s-Laute

Regel

Regeln im Überblick

1	**s geschrieben**	
1.1	Der stimmhafte, gesummte s-Laut wird mit einfachem s geschrieben.	Gräser, lesen, eisig

1.2	Der stimmlose, gezischt gesprochene s-Laut wird mit einfachem s geschrieben, wenn es verwandte Wörter (Ableitungen) mit stimmhaftem s-Laut gibt.	das Gras – die Gräser sie liest – lesen der Eisberg – eisig
1.3	In Konsonantenverbindungen wie st, sk, sp wird der s-Laut mit einfachem s geschrieben.	Taste, meistens, fast (beinahe), fest, Muskel, knuspern
1.4	Wörter mit den Endungen -nis, -as und -us werden im Singular immer mit einfachem s geschrieben. Im Plural steht jedoch ss.	Erkenntnis (Erkenntnisse), Ergebnis (Ergebnisse), Erlebnis (Erlebnisse), Zirkus (Zirkusse), Atlas (Atlasse oder Atlanten)
1.5	Die Schreibweise einiger Wörter mit einfachem s kann nicht durch Regeln erklärt werden. Sie müssen sie sich einprägen.	was, aus, bis zum, des, indes, bereits, etwas, Reis, Mais …
2	**ss geschrieben** Nach kurzem, betontem Vokal wird der stimmlose s-Laut meist ss geschrieben.	Tasse, essen, essbar, er fasst an, geflossen
3	**ß geschrieben** Nach langem, betontem Vokal, Umlaut (a, ö, ü) oder Doppellaut (äu, eu, ei) wird der stimmlose s-Laut ß geschrieben, wenn es keine verwandten Wörter mit stimmhaftem s-Laut gibt (s. 1.2).	Größe, reißen, außen, genießbar

1. Der folgende Text ist eine Rezension zu Finn-Ole Heinrichs bemerkenswertem Romandebüt „Räuberhände“ aus dem Jahr 2007. Lesen Sie die Rezension und setzen Sie dabei im Kopf die fehlenden Buchstaben ein. Legen Sie anschließend eine Liste der Wörter an, die unvollständig sind. Sie können auch ausgewählte Abschnitte vollständig in Ihr Heft übertragen.

Sebastian Reier

Sind wir noch Freunde?

Ein beachtliches Romandebüt: Der Schriftsteller Finn-Ole Heinrich erzählt in „Räuberhände“ mit wunderbarer Leichtigkeit die Geschichte jugendlichen Aufruhrs und der Suche nach Identität.

Der Schriftsteller Finn-Ole Heinrich (geb. 1982)

So fühlen sich Kleinstadtsommer an: Die Welt riecht noch nach Gra_ und Sonnencreme, die Hände sind klebrig vom letzten Ei_, und alles ist möglich. Dann geht's hinaus ins Leben. Hereinspaziert in die Erwachsenenwelt! Dort lauert dann das Unheil, der Stoff, au_ dem viele junge Autoren ihre Geschichten kneten. Manche brauchen dafür Partys, Drogen und das unvermeidliche Berlin für ein Abgründchen, das sie hinterher Roman nennen.

Finn-Ole Heinrich braucht dafür nur die Kleinstadt und die Konstellation seiner zwei Hauptfiguren. Der Erzähler Janik: Lehrerkind, seine Eltern führen ein Maxmustermannleben zwischen Bioko_t und Nächstenliebe, vor dem Staketenzaun blüht der Vorgarten. Dagegen Samuel. Janiks be_ter Freund aus schwierigen Verhältni_en. Dessen Mutter beschreibt Heinrich so:

„Sie ist eine Pennerin. Nicht so richtig, weil sie nicht wirklich auf der Stra_e lebt, sondern dank Samuel noch eine Wohnung hat. Aber sie ist arbeitslos und hängt den ganzen Tag über betrunken mit den richtigen Pennern rum.“

De_wegen wohnt Samuel bei Janik, hat sein eigenes Zimmer, trägt „schei_teure Sneaker“ und legt seine Hände sauber auf den E_tisch. Er stellt seine Schuhe ordentlich vor sein Bett und saugt sein Zimmer. Auf den er_ten Blick ist auch

Samuel ein Kind aus gutem Hau_. „Es sind die Räuberhände, die ihn verraten“, hei_t es.

Im Kern seiner Geschichte steht der Wunsch der beiden nach dem Leben des anderen. Samuel sehnt sich nach Ordnung, nach Halt. Sein be_ter Freund Janik inde_ nach Chaos. Seine Mu_tereltern betrachtet er mit Ekel, macht sich lu_tig über deren Gro_herzigkeit und frisch gepre_ten Säfte. „Wenn ich ein Hund wäre, ich würd' an ihren Zaun pi_en.“

Nichts wünscht sich Janik mehr als den Zusammenbruch seiner häu_lichen Idylle. Er will Kratzer in der heilen Welt, möchte beispielswei_e mitsamt seinen Eltern an die Küchenheizung gekettet werden, auf der sie früher sa_en und Kakao tranken – nur damit mal etwas pa_iert. Weil das aber nicht pa_iert, bleibt ihm nur eins: Samuels Mutter, ein Sinnbild des Chao_. Darunter zerbricht die Freundschaft.

Die Hälfte des Buchs besteht aus Janiks Versuchen, sie wieder zu kitten. Sie rei_en nach Istanbul, suchen dort Samuels Vater, der angeblich dort leben soll. Eine Irrfahrt. Zwischen Folklore und to_enden Ba_aren verlieren sich die beiden mehr und mehr in ihrer Ein_amkeit und ihrem jugendlichen Aufruhr. Samuel wird krank, Janik kümmert sich um ihn, fa_t so, als seien sie ein Paar. Pa_agenweise wirkt es fa_t homoerotisch. Doch es ist nur Janiks schlechtes Gewi_en, das ihn wieder und wieder Samuels Kopf streicheln und ihn füttern lä_t. Coolne_ und rasche Pointen haben dazwischen keinen Platz.

Kaum ein Wort ist zu viel. Die Präzi_ion, mit der Heinrich die postpubertären Wirrungen beschreibt, ist bemerkenswert. Selten benutzt er Bilder, und wenn, dann sitzen sie: So liegt Irenes vergerbte Haut zum Bei_piel viel zu gro_ über ihr, wie „die Jacke eines gro_en Bruders“. Geschnipselt kommen die einzelnen Erzählpa_agen daher, Heinrich springt munter durch die Zeiten: Hier stehen die zwei Freunde vor dem Hau_ ihres Lehrers, dann sitzen sie vor ihrer Gartenlaube, rauchen und reden über die Liebe, die sie noch nicht gefunden haben. Plötzlich quietschen ihre Fü_e über Flughafenlinoleum, die Freundschaft ist läng_t dahin. Ra_ant kann man diese Pro_a nennen. Oder auch: schnell geschnitten. Fa_t wie ein Film.

Heinrichs Erzählwei_e hat etwas, wa_ man wenigen jungen Schriftstellern heutzutage bescheinigen kann. Sie hat einen eigenen Ton. Liegt es an der Biografie des Autors? In Cuxhaven geboren, Auftritte auf Poetry Slams, der er_te Literaturpreis für eine Kurzgeschichte, die er mit acht anderen vor drei Jahren veröffentlichte. Der Leipziger Literaturschule zog Heinrich ein Filmstudium vor. Er lie_t kaum, und das nicht aus Zeitmangel, sondern weil es ihn ablenke: „Wenn ich etwas le_e, was mir gefällt, denke ich: So was will ich lieber selbst schreiben.“ Hat sich Heinrich so seine eigene Sprache bewahrt?

Ihre Leichtigkeit ist jedenfalls erfrischend. Und das, obschon manche Stellen im Roman mit Klischees vermint scheinen. Etwa wenn Janik Irene und ihre obdachlosen Freunde drau_en vor dem Supermarkt besucht, sind Bilder von Sozialreportagen nicht weit. Doch dann ist es Heinrichs Beobachtungsgabe, die au_ alltäglichen Klischees Pro_a macht: „Ihre Sätze sind ein bi_chen wie ihr Leben: unfertig“, schreibt er. Und dann ist da noch Janiks Freundin Lina. Sie kommt aus prüden Verhältni_en, Sex gibt's keinen, manchmal Anfa_en, aber das war's dann. Janik mag sie nicht, „wenn er sie sich zwanzig Jahre älter denkt“ – und solche Sätze unterscheiden Heinrich von vielen anderen Autoren seines Alters.

Auf etwas mehr als 200 Seiten Coming-of-Age-Geschichte, die weder einen Schnodderton noch zu gro_ geratene Tragik benötigt, um das einzufangen, was jeder Jugendliche kennt: die Suche nach Identität. Heinrich begegnet ihr mit ungeheurem Einfühlungsvermögen. Vielleicht ist das altmodisch. Aber vielleicht hat genau da_ der jungen deutschen Literatur gefehlt.

(2008)

das oder dass

Regel

Regeln im Überblick

1	**„das“ geschrieben** Der Artikel und das Pronomen (Demonstrativpronomen und Relativpronomen) „das“ werden immer mit einfachem s geschrieben. Im Satzzusammenhang kann „das“ durch „dieses“, „welches“ oder „jenes“ ersetzt werden.	**Das** Referat ist fertig. (Artikel) Erstaunlich ist **das**. (Dem.-Pron.) Das Referat, **das** eine Stunde dauerte, war äußerst interessant. (Rel.-Pron.)
2	**„dass“ geschrieben** Die Konjunktionen „dass“, „sodass“ („so dass“) und „auf dass“, die einen Nebensatz/Gliedsatz einleiten, werden mit ss geschrieben.	Mich verwundert, **dass** du schon fertig bist. (Konjunktion) Sie versteckt sich, **sodass** (**so dass**) sie nicht gesehen werden kann.

1. Schreiben Sie die folgenden Sätze in Ihr Heft, tragen Sie dabei *das* oder *dass* ein und bestimmen Sie in Klammem die jeweilige Wortart (Artikel, Demonstrativpronomen, Relativpronomen oder Konjunktion). Die Sätze sind Zitate aus dem Roman von Finn-Ole Heinrich, den Sie in der Übung zuvor kennengelernt haben.

- „Wenn Samuel mich nervt, nenne ich ihn manchmal Adoptivkind, da▯ (?) ist sozusagen sein wunder Punkt.“ (S. 5)
- „Sie [Janiks Eltern] lieben Samuel, und sie haben ihn aufgenommen. Er ist ein Teil unserer Familie. Sie lieben ihn zum Beispiel dafür, da▯ (?) er nach dem Essen mit den Händen die Krumen vom Tisch fegt. ‚Da▯ (?) macht sonst keiner‘, sagen sie, wenn sie Freunden von Samuel erzählen […]“ (ebd.).
- „Unter normalen Umständen wäre da▯ (?) alles nicht passiert.“ (S. 9)
- „Im Flugzeug ist Samuel ein kleines Kind. Er sitzt am Fenster und beobachtet alles ganz genau. Er achtet darauf, nicht aufzufallen, natürlich. Keiner darf seine Aufregung, seine Neugierde entdecken. Aber ich kann sie sehen. Daran, da▯ (?) er bei aller gespielten Gelassenheit den Blick nicht von dem kleinen Fenster nehmen kann, da▯ (?) er bei jeder Durchsage erschrickt und die Sicherheitsbestimmungen wieder und wieder durchliest.“ (S. 14 f.)
- „Wir checken ein, bezahlen zweihundert Lira für die erste Woche. Ein langer Schlaks mit trüben Augen zeigt uns da▯ (?) Zimmer. Acht Betten, ein kleines Fenster mit Blick auf den zugemüllten Innenhof, an der Decke ein kleiner Ventilator, da▯ (?) Zimmer ist karg und eng und dunkel.“ (S. 17)
- „Früher habe ich mir oft gewünscht, da▯ (?) wir überfallen werden. Da▯ (?) jemand in unser Haus kommt, in unser Leben, da▯ (?) jemand diese ganze liebevolle Ordnung durchwühlt und verheddert, in unserer Privatsphäre schnüffelt und seine Spuren hinterlässt. Einer, der ihnen die Sicherheit nimmt. Ich wollte, da▯ (?) etwas passiert, damit sie sich nicht so widerlich sicher fühlen.“ (S. 19 f.)
- „Wir lachen. Ich lasse mich fallen, schüttele den Kopf und breite die Arme aus, als wollte ich diesen Tag umarmen, übermütig. Auch Samo kriegt sich ein, bleibt aber noch einen Moment stehen und sein angestrengter Blick geht auf die andere Seite des Ufers, da▯ (?) man durch den Dunst kaum erkennen kann.“ (S. 48)
- „Er wollte unbedingt ins Kino, nachdem er sich mit dem schnarchigen Schlaks aus unserem Hotel unterhalten hat. Der hatte ihm vom türkischen Filmgeschäft erzählt. Da▯ (?) soundsoviele pro Jahr gedreht werden, mit welchem Budget und so weiter. Dann meinte Samuel: ‚Wir gehen jetzt ins Kino.‘ Ich denke: vielleicht doch, vielleicht muss man sich irgendwann entscheiden für da▯ (?), was das Leben realistischerweise zu bieten hat. Die Kraft, sich auf da▯ (?) zu konzentrieren, was machbar ist.“ (S. 202)

Groß- und Kleinschreibung

Regel

Großschreibung – Regeln im Überblick

1	Nomen/Substantive schreibt man groß. Das gilt auch für Eigennamen. Alle anderen Wortarten, die ansonsten kleingeschrieben werden, schreibt man dann groß, wenn sie wie ein Nomen/Substantiv im Satzzusammenhang verwendet werden. Häufig steht ein Begleiter davor, der das Wort deutlich als Nomen/Substantiv kennzeichnet.	– **H**aus, **R**aum, **C**omputerinstallation – Das **G**ehen fällt ihr schwer. – Im **F**olgenden beschreibt er ... – Sie wünscht ihm alles **G**ute. – Des **W**eiteren erkläre ich ... – Wir stimmen ohne **W**enn und **A**ber zu.
2	Herkunfts- und Ortsbeschreibungen auf -er werden großgeschrieben. Herkunfts- und Ortsbezeichnungen auf -isch werden nur dann großgeschrieben, wenn es sich um Eigennamen handelt.	– der **H**amburger Hafen – das **P**aderborner Brot – der **P**azifische Ozean – der **T**rojanische Krieg
3	Zeitangaben in der Form eines Nomens/Substantivs schreibt man immer groß.	– des **A**bends – am **D**ienstagnachmittag – gestern **M**orgen
4	Das Wort *Mal* wird großgeschrieben, wenn es Teil einer Wortgruppe ist und als Nomen/Substantiv gebraucht wird.	– ein einziges **M**al – zum achten **M**al – jedes **M**al
5	Das höfliche Anredepronomen *Sie* und das entsprechende Possessivpronomen *Ihr* werden in allen Formen großgeschrieben.	Sie sagte: „Können **S**ie mir nicht etwas mehr Zeit geben?" Er antwortete: „Teilen **S**ie sich **I**hre Zeit doch besser ein!"

Kleinschreibung – Regeln im Überblick

6	Außer Nomen/Substantiven werden alle Wortarten kleingeschrieben.	**g**ehen, **h**eute, **g**roß, **n**icht, **h**ier
7	Adjektive, die sich auf ein vorhergehendes Nomen/Substantiv beziehen, werden kleingeschrieben.	Er ließ sich mehrere Computer zeigen, vor allem die **l**eistungsstarken interessierten ihn.
8	Die unbestimmten Zahlwörter *ein bisschen* und *ein paar* (= einige) werden immer kleingeschrieben. Das gilt auch für den Ausdruck die *beiden*, *beide*.	Hast du ein **p**aar Minuten Zeit? Darf es ein **b**isschen mehr sein? Die **b**eiden trafen sich immer wieder.
9	Die nebenstehenden Zahlwörter und Mengenangaben werden in der Regel kleingeschrieben. Werden sie wie ein Nomen/Substantiv gebraucht, kann auch großgeschrieben werden.	**v**iel, das **v**iele, **w**enig, das **w**enige, die **m**eisten, der **e**ine, die **a**ndere, nichts **a**nderes Die **M**eisten aus der Klasse entschieden sich für eine Kanutour.
10	Orts- und Herkunftsbezeichnungen auf -isch werden kleingeschrieben, wenn sie nicht Bestandteil eines Eigennamens sind.	**i**ndische Gewürze **w**estfälische Eigenarten
11	Zeitangaben in der Form eines Adverbs schreibt man klein.	**g**estern, **h**eute, **m**orgen, **d**onnerstagnachmittags

12	Wörter mit dem Wortbaustein *-mal* werden kleingeschrieben, wenn es Adverbien sind. Ein Tipp: Fast immer ist der erste Wortbestandteil betont. Soll der Bestandteil *-mal* betont werden, kann auch getrennt und großgeschrieben werden.	**e**inmal, **z**ehnmal, **n**iemals, **o**ftmals Drei **M**al hast du mich bereits versetzt.
13	Die persönlichen Anredepronomen *du* und *ihr* und die Possessivpronomen *dein* und *euer* werden in der Regel kleingeschrieben. In Briefen können Sie auch die Großschreibung wählen.	Hast **d**u die Datei auf **d**einem PC gespeichert? Liebe Jule, hast **D/d**u heute Abend Zeit? …

Groß oder klein – Regeln im Überblick

14	Die Wörter *recht/Recht* und *unrecht/Unrecht* können in Verbindung mit Verben wie *behalten, bekommen, geben, haben, tun* klein- oder großgeschrieben werden. Wird das Wort *Recht* deutlich als Nomen/Substantiv verwendet, wird es großgeschrieben.	Du willst immer **R/r**echt haben. sein **R**echt bekommen, **R**echt sprechen, im **R**echt sein
15	Feste Verbindungen aus einer Präposition und einem deklinierten (gebeugten) Adjektiv ohne vorangestellten Artikel kann man groß- oder kleinschreiben.	von **N**euem/von **n**euem von **W**eitem/von **w**eitem bis auf **W**eiteres/bis auf **w**eiteres seit **L**ängerem/seit **l**ängerem

1. Schreiben Sie die folgenden Sätze in der richtigen Form in Ihr Heft. Tragen Sie in die Klammern ein, welche der zuvor genannten Regeln Sie jeweils anwenden müssen.

- Im F/folgenden (?) soll zunächst das V/verhältnis (?) des lyrischen Sprechers zur ihn umgebenden Natur analysiert werden, um A/anschließend (?) die B/beschreibung (?) des Innenraums in den Blick zu nehmen.
- Sie bot ihm das D/du (?) an, um die D/distanz (?) aufzuheben. Ohne W/wenn (?) und A/aber (?) ließ er sich darauf ein.
- Die B/beiden (?) ließen sich noch ein B/bisschen (?) Zeit, dann versuchten sie den Aufstieg, den sie seit L/längerem (?) geplant hatten, aufs N/neue (?).
- Viele M/male (?) hatte sie ihn darum gebeten, vergebens.
- Markus verpasste H/heute (?) M/morgen (?) den Bus, weil er zu S/spät (?) aufgestanden war und erst ein P/paar (?) Minuten nach sieben Uhr aus dem Haus gegangen war.
- In einem P/paderborner (?) Café wird am M/montagnachmittag (?) eine Ausstellung eröffnet, die in den vergangenen Monaten bereits M/mehrmals (?) in anderen Räumen zu sehen war. Den Einführungsvortrag hält der B/bielefelder (?) Kunsthistoriker Wolfgang Baumann. In dem Café findet außerdem immer F/freitags (?) eine Lesung mit wechselnden Autoren statt.
- Zwei G/gesamtschüler (?) wurden G/gestern (?) M/morgen (?) von der Schulleitung ausgezeichnet, weil die B/beiden (?) sich in besonderer W/weise (?) für die Schule engagiert hatten.
- Im A/allgemeinen (?) sind die Schülerinnen und Schüler der Oberstufe mit ihren Lehrerinnen und Lehrern zufrieden, schon seit L/längerem (?) herrscht in fast allen Kursen eine gute Arbeitsatmosphäre.
- Die M/meisten (?) aus dem Kurs entschieden sich für einen Besuch der Ausstellung. Das B/besondere (?) daran war, dass die Schülerinnen und Schüler selbst A/aktiv (?) werden durften und zum eigenständigen G/gestalten (?) aufgefordert wurden.

- In dieser Stadt erlebte sie nichts U/ungewöhnliches (?); eigentlich hatte sie bereits vor dem A/abreisen (?) nichts A/anderes (?) erwartet, wollte sich jedoch selbst E/einmal (?) ein Bild von dem Ruf, der dem Ort vorauseilte, machen.
- Tiere können Töne wahrnehmen, vor allem besonders H/hohe (?), deren Existenz dem Menschen ohne W/weiteres (?) nicht erfahrbar bzw. bewusst ist.
- Weil er immer R/recht (?) bekommen will, hat er sich innerhalb der Gruppe ins A/abseits (?) manövriert. Wer nämlich immer R/recht (?) haben will, muss noch lange nicht im R/recht (?) sein.

Zusammen oder getrennt?

Regel

Grundregel

Bei der Zusammen- und Getrenntschreibung müssen Sie unterscheiden, ob es sich bei einem Ausdruck um eine **Wortgruppe**, die getrennt geschrieben wird, oder um eine **Zusammensetzung**, die zusammengeschrieben wird, handelt.

Wortgruppe:	Thomas ist ein **vom Sport begeisterter** Junge. Nach der Operation kann er **wieder sehen**. Er traute sich nicht, mit dem Wachmann **zu sprechen**.
Zusammensetzung:	Thomas ist ein **sportbegeisterter** Junge. Ich möchte ihn gern **wiedersehen**. Sie wollte ihm Mut **zusprechen**.

Bei einer Zusammensetzung liegt häufig (nicht immer!) die Betonung nur auf dem ersten Wortbestandteil. Bei einer Wortgruppe können alle Bestandteile betont sein.

1. Wortgruppe oder Zusammensetzung? Schreiben Sie die folgenden Satzpaare in der richtigen Form in Ihr Heft. Sprechen Sie die Sätze deutlich, um herauszuhören, wie die Ausdrücke betont werden.

- Als der Bohrer in den Schutzraum eingedrungen war, begannen die Verschütteten sofort ZUKLOPFEN.
  Sie trat ein, ohne ANZUKLOPFEN.
- Sollen wir ZURÜCKLAUFEN oder ZURÜCKFAHREN?
  Sie wollte noch nicht ZURÜCKFAHREN, sondern noch eine Stunde bleiben.
- SORGENVOLL verfolgte sie das Geschehen aus der Distanz.
  VOLLERSORGE um den Jungen bietet der Mann ihm etwas zum Trinken an.
- Mareike hatte MONATELANG um die Freundschaft gekämpft.
  EINIGEMONATELANG blieb sie noch, dann ging sie.
- MEHRMALS rief er an, es war jedoch immer besetzt.
  Sie besuchte ihn MEHREREMALE im Krankenhaus.
- Sie hatten FESTVEREINBART, das Treffen noch in der gleichen Woche stattfinden zu lassen.
  Ich musste FESTSTELLEN, dass ich mich geirrt hatte.
- Du solltest dir BEWUSSTMACHEN, welche Konsequenzen dein Verhalten hat.
  Hast du diese Aktion BEWUSSTGEMACHT oder ist dir das alles nur so passiert?
- Sie verließ BITTERBÖSE die Versammlung.
  Wenn etwas BITTERSCHMECKT, mag ich es nicht.
- Sollten sie noch einmal AUFEINANDERTREFFEN, wollten sie sich anders verhalten.
  Ihr müsst besser AUFEINANDERACHTEN.
- Er wollte den Stoff mit einer Schere ZUSCHNEIDEN.
  Sie versuchte, das Metall mit einer Küchenschere ZUZERSCHNEIDEN.

Regel

Verbindungen aus einem Nomen/Substantiv und einem Verb

1	Verbindungen aus einem Nomen/Substantiv und einem Verb werden in der Regel getrennt geschrieben.	**Fahrrad fahren**, **Ski laufen**, **Eis essen**
2	Wenn eine Verbindung aus einem Nomen/Substantiv und einem Verb wie ein Adjektiv gebraucht wird und z. B. als Attribut ein Nomen/Substantiv näher bestimmt, können Sie getrennt oder zusammenschreiben.	**Eis essende** Kinder/**eisessende** Kinder
3	Wird der Ausdruck insgesamt als Nomen/Substantiv gebraucht, müssen Sie groß- und -zusammenschreiben.	das **A**utofahren, beim **S**kilaufen
4	In einigen Fällen bilden ein ursprüngliches Nomen/Substantiv und ein Verb eine Zusammensetzung, weil das Nomen/Substantiv nicht mehr als eigenständiges Wort angesehen wird.	**leidtun**, **eislaufen**, **teilnehmen**, **heimkommen** Es **tut** mir **leid**.

Verbindungen mit dem Hilfsverb sein

5	Verbindungen mit dem Hilfsverb sein werden immer getrennt geschrieben.	**da sein**, **hier gewesen** Er wird um 17:00 Uhr **zurück sein**.

Verbindungen aus zwei Verben

6	Verbindungen aus zwei Verben werden in der Regel getrennt geschrieben.	**schwimmen gehen**, **lesen lernen**, (auf dem Stuhl) **sitzen bleiben**
7	Verbindungen mit den Verben *lassen* und *bleiben* können dann zusammengeschrieben werden, wenn sich eine neue, übertragene Bedeutung ergibt. Auch bei der Verbindung *kennenlernen/ kennen lernen* ist die Schreibweise freigestellt.	in der Schule **sitzenbleiben/sitzen bleiben** jemanden links **liegenlassen/ liegen lassen**

Verbindungen aus einem vorangestellten Adjektiv und einem Verb

8	Verbindungen aus einem vorangestellten Adjektiv und einem Verb werden in der Regel getrennt geschrieben.	**laut lachen**, **ruhig bleiben**, beim Referat **frei sprechen**
9	Zusammenschreiben müssen Sie dann, wenn Adjektiv und Verb eine neue, übertragene Bedeutung ergeben.	sich **kranklachen** eine Entscheidung **freistellen**
10	Verbindungen aus einem Verb und einem vorangestellten Adjektiv können sowohl getrennt als auch zusammengeschrieben werden, wenn das Adjektiv ein Ergebnis des im Verb ausgedrückten Vorgangs bezeichnet.	**kaputtmachen/kaputt machen** **kleinschneiden/klein schneiden** **blankputzen/blank putzen**

Verbindungen mit einem Adjektiv als zweitem Bestandteil

11	Gleichrangige Adjektive, die verbunden werden, werden zusammengeschrieben.	**hellrosa**, **feuchtwarm**, **süßsauer**
12	Verstärkt der erste Bestandteil die Bedeutung des Adjektivs oder schwächt er sie ab, wird ebenfalls zusammengeschrieben.	**supernervös**, **uralt**, **knallbunt**

2. Schreiben Sie die folgenden Sätze in der richtigen Form in Ihr Heft. Tragen Sie in die Klammern ein, welche der zuvor genannten Regeln Sie jeweils anwenden müssen.

- Das Angebot ist SUPERGÜNSTIG (?), Sie sollten sich jedoch GUTÜBERLEGEN (?), ob die Qualität stimmt.
- Möchtest du noch länger hier STEHENBLEIBEN (?)? Ich habe gerade jemanden KENNENGELERNT (?). Wir wollen PIZZAESSEN (?).
- KREBSERREGENDE (?) Stoffe sind seit Jahren in Lebensmitteln verboten.
- Als er endlich DAWAR (?), war die Veranstaltung bereits beendet. Deshalb wollte er sofort wieder HEIMGEHEN (?) und sich beim SKATSPIELEN (?) mit seinen Freunden entspannen.
- Manche Pädagogen befürworten, dass Kinder bereits im Kindergarten LESENLERNEN (?), und sie fordern, dass das SITZENBLEIBEN (?) in der Schule abgeschafft wird. Wenn ein Schüler nämlich SITZENBLEIBT (?), führt eine Wiederholung nur selten zu einer entscheidenden Verbesserung.
- Ihm sollte es noch LEIDTUN (?), so früh gegangen zu sein.
- Die Schreibweise von kennenlernen/kennen lernen ist FREIGESTELLT (?).
- Wenn du das Referat FREIVORTRÄGST (?), hört der Kurs dir interessierter zu.
- Der Richter hatte nicht die Absicht, den Angeklagten FREIZUSPRECHEN (?).
- Bei HOCHSOMMERLICHEN (?) Temperaturen ist unbedingt ein Sonnenschutz geboten. Das gilt vor allem auch, wenn man FAHRRADFÄHRT (?) und die gefühlte Temperatur gar nicht so hoch ist.
- Die gefalteten Seiten sollten nun mit einem SCHARFGESCHLIFFENEN (?) Messer KLEINGESCHNITTEN (?) werden.
- Über den Witz hätte er sich KRANKLACHEN (?) können.
- Wenn du noch niemals HIERGEWESEN (?)bist, erkläre ich dir alles.

Die Arbeit mit dem Wörterbuch

Wenn Sie sich bei der Rechtschreibung unsicher sind, sollten Sie immer mit einem Wörterbuch arbeiten. Dort erfahren Sie in der Regel nicht nur etwas über die Schreibweise, sondern auch etwas über

- die Aussprache (Betonung und Länge und Kürze der betonten Vokale),
- die Bildung des Genitivs,
- die Pluralform,
- die Herkunft des Wortes,
- die Wortbedeutung,
- weitere Wörter aus der Wortfamilie,
- unterschiedliche Verbformen (manchmal),
- die Steigerungsformen der Adjektive (manchmal),
- die Worttrennung.

Verben sind im Wörterbuch immer in der Form des Infinitivs eingeordnet (er liest → lesen), Adjektive in der Grundform (am besten → gut). Erlaubt das Regelwerk zwei verschiedene Schreibweisen, werden diese auch aufgeführt. Im folgenden Auszug bedeutet die gelbe Unterlegung, dass diese Schreibweise empfohlen wird.

1. Schauen Sie sich den Auszug aus einem Wörterbuch auf Seite 645 genau an und beantworten Sie schriftlich die folgenden Fragen:
   - Welche zweite Möglichkeit gibt es, das Nomen/Substantiv „Mikrofon“ zu schreiben?
   - Welche Möglichkeit wird empfohlen?
   - Wie lautet der bestimmte Artikel und damit das grammatische Geschlecht des Nomens/Substantivs „Mikrobe“?
   - Wie lautet die Pluralform zu dem Nomen/Substantiv „Mikrometer“?
   - Welche Bedeutungen hat das Nomen/Substantiv „Mikado“?
   - Wie kann man das Nomen/Substantiv „Migrant“ trennen?
   - Aus welcher Sprache stammt das Wort „Mikroorganismus“?
   - Welche Bedeutung hat das Nomen/Substantiv „Mikrotom“?
   - Wo und wie wird das Wort „Mikrozensus“ betont?

2. Welche Schreibweise ist jeweils richtig? Schauen Sie noch einmal auf der Wörterbuchseite nach.
   - Microkosmos, Mikrokosmos
   - Mikrofiche, Mikrofisch
   - Mietnommade, Mietnomade

Miet|er|trag; Miet|fi|nan|zie|rung (besondere Form des Leasings)
miet|frei; mietfrei wohnen
Miet|ge|setz; Miet|kauf
Miet|no|ma|de, der (*ugs. für* Mieter, der bewusst seine Miete prellt und erst im Zuge einer Räumungsklage auszieht); **Miet|no|ma|din**
Miet|par|tei
Miet|preis; Miet|preis|po|li|tik, die; -
Miet|recht
Miet|re|ge|lung, Mie|ten|re|ge|lung
Miets|haus; Miets|ka|ser|ne (*abwertend für* großes Mietshaus)
Miet|spie|gel (Tabelle ortsüblicher Mieten)
Miets|stei|ge|rung, Miet|stei|ge|rung
Miets|strei|tig|kei|ten, Miet|strei|tig|kei|ten *Plur.*
Mie|tung
Miet|ver|hält|nis *(Amtsspr.);* **Miet|ver|lust; Miet|ver|trag; Miet|wa|gen; Miet|woh|nung; Miet|wu|cher**
Miet|zah|lung; Miet|zins *Plur.* ...zinse (*südd., österr., schweiz. für* [1]Miete)
Miez *vgl.* Mieze; **Miez|chen** (Kätzchen); **Mie|ze,** die; -, -n (*fam. für* Katze; *ugs. für* Freundin, Mädchen)
Mie|ze|kätz|chen *(Kinderspr.);* **Mie|ze|kat|ze**
Mi|fe|gy|ne,® die; - (Medikament zur Auslösung einer Fehlgeburt)
MiG, die; -, -[s] ‹nach den Konstrukteuren Mikojan und Gurewitsch› (*Bez. für* Flugzeugtypen der Sowjetunion)
Mi|g|non [ˈmɪnjõ, *auch* mɪnˈjõ:] (w. Vorn.; Gestalt aus Goethes »Wilhelm Meister«)
Mi|g|no|nette [mɪnjoˈnɛt], die; -, -s (schmale Zwirnspitze)
Mi|g|non|fas|sung (für kleine Glühlampen)
Mi|g|rä|ne, die; -, -n ‹griech.› ([halb-, einseitiger] heftiger Kopfschmerz)
Mi|g|rant, der; -en, -en ‹lat.› (*Soziol.* Aus- od. Einwanderer); **Mi|g|ran|ten|kind; Mi|g|ran|ten|li|te|ra|tur** *Plur. selten;* **Mi|g|ran|tin**
Mi|g|ra|ti|on, die; -, -en ‹lat.› (*Biol., Soziol.* Wanderung)
Mi|g|ra|ti|ons|bei|rat *(Politik);* **Mi|g|ra|ti|ons|hin|ter|grund; mi|g|rie|ren** *(Fachspr.)*
Mi|g|ros [ˈmigro], die; - ‹franz.› (eine schweiz. Verkaufsgenossenschaft)
Mi|guel [...ˈgɛl] (m. Vorn.)
Mijn|heer [məˈne:ɐ̯], der; -s, -s ‹niederl., »mein Herr«› (*ohne Artikel:* niederl. Anrede; *auch scherzh. Bez. für* den Holländer)
[1]**Mi|ka|do,** der; -s, -s ‹jap.› (*frühere Bez. für* den jap. Kaiser); *vgl.* Tenno
[2]**Mi|ka|do,** das; -s, -s (ein Geschicklichkeitsspiel mit Holzstäbchen)
[3]**Mi|ka|do,** der; -s, -s (Hauptstäbchen im [2]Mikado)
Mike [maik] (m. Vorn.)
Mi|ko, der; -s, -s (*ugs. kurz für* Minderwertigkeitskomplex)
Mi|k|ro, das; -s, -s (*Kurzw. für* Mikrofon)
mi|k|ro... ‹griech.› (klein...)
Mi|k|ro... (Klein...; ein Millionstel einer Einheit, z. B. Mikrometer = 10^{-6} Meter; *Zeichen* μ)
Mi|k|ro|be, die; -, -n (*svw.* Mikroorganismus); **mi|k|ro|bi|ell** (*Biol.* die Mikroben betreffend, durch Mikroben)
Mi|k|ro|bio|lo|ge; Mi|k|ro|bio|lo|gie (Wissenschaft von den Mikroorganismen); **Mi|k|ro|bio|lo|gin; mi|k|ro|bio|lo|gisch**
Mi|k|ro|che|mie (Zweig der Chemie, der kleinste Mengen von Substanzen analysiert)
Mi|k|ro|chip; Mi|k|ro|com|pu|ter
Mi|k|ro|elek|t|ro|nik; mi|k|ro|elek|t|ro|nisch
Mi|k|ro|fa|rad [*auch* ˈmi:...] (ein millionstel Farad; *Zeichen* μF)
Mi|k|ro|fa|ser
Mi|k|ro|fau|na (*Biol.* Kleintierwelt)
Mi|k|ro|fiche (*svw.* [3]Fiche); **Mi|k|ro|film**
Mi|k|ro|fon, Mi|k|ro|phon, das; -s, -e (Gerät, durch das Töne, Geräusche u. Ä. auf Tonträger, über Lautsprecher u. Ä. übertragen werden können); **mi|k|ro|fo|nisch,** mi|k|ro|pho|nisch
Mi|k|ro|gramm [*auch* ˈmi:...] (ein millionstel Gramm; *Zeichen* μg)
Mi|k|ro|kli|ma (*Meteorol.* Kleinklima, Klima der bodennahen Luftschicht)
Mi|k|ro|kok|kus, der; -, ...kokken (*Biol.* Kugelbakterie)
Mi|k|ro|ko|pie (fotogr. Kleinaufnahme, meist von Buchseiten)
mi|k|ro|kos|misch [*auch* ˈmi:...]; **Mi|k|ro|kos|mos** [*auch* ˈmi:...], **Mi|k|ro|kos|mus,** der; - (Welt des Menschen als verkleinertes Abbild des Universums; *Ggs.* Makrokosmos; *Biol.* Welt der Kleinlebewesen)
[1]**Mi|k|ro|me|ter,** das; -s, - (ein Feinmessgerät)
[2]**Mi|k|ro|me|ter** [*auch* ˈmi:...], das; -s, - (ein millionstel Meter; *Zeichen* μm)
Mi|k|ron, das; -s, - (*veraltet für* [2]Mikrometer; *Kurzform* My; *Zeichen* μ)
Mi|k|ro|ne|si|en ‹»Kleininselland«› (Inselgruppe u. Staat im Pazifischen Ozean); Föderierte Staaten von Mikronesien; **Mi|k|ro|ne|si|er; Mi|k|ro|ne|si|e|rin; mi|k|ro|ne|sisch**
Mi|k|ro|or|ga|nis|mus ‹griech.› (*Biol.* kleinstes Lebewesen)
Mi|k|ro|phon *vgl.* Mikrofon; **mi|k|ro|pho|nisch** *vgl.* mikrofonisch
Mi|k|ro|phy|sik (Physik der Moleküle u. Atome)
Mi|k|ro|phyt, der; -en, -en (*Biol.* pflanzl. Mikroorganismus)
Mi|k|ro|pro|zes|sor *(EDV)*
Mi|k|ro|ra|dio|me|ter, das; -s, - (Messgerät für kleinste Strahlungsmengen)
mi|k|ro|seis|misch [*auch* ˈmi:...] (nur mit Instrumenten wahrnehmbar [von Erdbeben])
Mi|k|ro|s|kop, das; -s, -e (opt. Vergrößerungsgerät); **mi|k|ro|s|ko|pie|ren** (mit dem Mikroskop arbeiten, untersuchen); **mi|k|ro|s|ko|pisch** (verschwindend klein; mithilfe des Mikroskops durchgeführt)
Mi|k|ro|spo|re [*auch* ˈmi:...] (kleine männl. Spore einiger Farnpflanzen)
Mi|k|ro|the|ra|pie (*Med.* lokal stark eingegrenzte Behandlung od. Operation)
Mi|k|ro|tom, der *od.* das; -s, -e (Gerät zur Herstellung feinster Schnitte für mikroskop. Untersuchungen)
Mi|k|ro|wel|le (elektromagnet. Welle; *auch kurz für* Mikrowellenherd); **mi|k|ro|wel|len|ge|eig|net**
Mi|k|ro|wel|len|ge|rät
Mi|k|ro|wel|len|herd
Mi|k|ro|zen|sus ‹griech.; lat.› (jährlich durchgeführte statistische Repräsentativerhebung der Bevölkerung u. des Erwerbslebens)
mi|k|ro|ze|phal (*Med.* kleinköpfig); **Mi|k|ro|ze|pha|lie,** die; - (*Med.* Kleinköpfigkeit)
Mik|we, die; -, Mikwaot *u.* -n ‹hebr.› (jüdisches Ritualbad)

M Mikw

Duden: Die deutsche Rechtschreibung. 25. Auflage. Bibliographisches Institut & F. A. Brockhaus AG, Mannheim 2009, S. 733

5 Die Zeichensetzung – Das Komma

Kommaregeln im Überblick

Das Komma							
in Aufzählungen			bei Anreden und Ausrufen	bei Einschüben und nachgestellten Erläuterungen	bei Infinitivgruppen	in Satzgefügen	
1	2	3	4	5	6	7	8
Das Komma steht zwischen gleichrangigen, unverbundenen Wörtern und Wortgruppen.	Das Komma steht zwischen gleichrangigen, unverbundenen Sätzen (auch Nebensätzen).	Das Komma steht vor entgegensetzenden Konjunktionen.	Anreden, Ausrufe oder Ausdrücke, die eine Stellungnahme (Bedauern, Zustimmung ...) des Schreibers/der Schreiberin verdeutlichen, werden durch Komma abgetrennt.	Einschübe oder nachgestellte Erläuterungen werden durch Komma vom übrigen Satz abgetrennt.	Das Komma trennt in der Regel Infinitivgruppen vom übergeordneten Satz ab. Es muss gesetzt werden, wenn ein Wort im übergeordneten Satz auf die Infinitivgruppe hinweist. Es muss auch gesetzt werden, wenn die Infinitivgruppe mit *um zu*, *anstatt zu*, *ohne zu*, eingeleitet wird.	Das Komma steht zwischen Haupt- und Nebensatz.	Das Komma trennt Nebensätze, die voneinander abhängig sind.
• Im Regal stehen: Romane, Sachbücher, CDs. • Sie liest das Buch, schreibt eine Rezension und widmet sich dem nächsten Werk.	• Rosalie liest, Julia arbeitet, Mike schläft und Jonas kümmert sich um das Frühstück. • Ich bleibe, weil es schneit, weil kein Bus mehr fährt und weil es mir bei euch gut gefällt.	• Er kam nicht, aber er rief wenigstens an. • Ich möchte nicht nur einen Tag, sondern eine Woche bleiben.	• Paul, kommst du mit? • Mist, jetzt ist schon wieder der PC abgestürzt. • Mir fällt nichts ein, leider.	• Die Prüfung, es war meine erste, ist sehr gut verlaufen. • Ich komme bereits morgen, und zwar mit dem Fahrrad. • Sie liest fast alles, außer Fantasy-Geschichten.	• Sie erinnert ihn *daran*, die Unterlagen mitzubringen. • Die gute *Idee*, eine Arbeitsgruppe zu bilden, stammt von Saskia. • Sie geht in die Unibibliothek, *um* sich Material für das Referat *zu* besorgen.	• Ich mag dich, weil du so freundlich bist. • Paul fragte ihn, was für eine Idee er habe. • Sie weiß noch nicht, ob sie kommen kann.	• Weil ihr das Buch, das er ihr geschenkt hat, so gut gefällt, hat sie es zweimal gelesen.

1. Schauen Sie sich die Regeln zuvor genau an und schreiben Sie die folgenden Sprichwörter mit den entsprechenden Kommas in Ihr Heft. Schreiben Sie jeweils in die Klammern, welche Regeln (1–8) Sie anwenden müssen.

- Tadele nicht den Fluss wenn du ins Wasser fällst. (Indien) (?)
- Der Erwachsene achtet auf Taten das Kind achtet auf Liebe. (Indien) (?)
- Die beste Lehrerin ist die Erfahrung aber sie kommt wenn es bereits zu spät ist. (Italien) (?) (?)
- Gesundheit ist ein Schatz den niemand der ihn besitzt zu würdigen weiß. (Italien) (?) (?)
- Man lernt nicht für die Schule sondern für das Leben. (Italien) (?)
- Um einen Gauner zu erkennen braucht es anderthalb Gauner. (Italien) (?)
- Wer fragt irrt nicht. (Polen) (?)
- Tiere verständigen sich über das Riechen Menschen über die Worte. (Türkei) (?)
- Wer nie jagte und nie liebte wer nie den Duft der Blumen suchte und nie beim Klang der Musik erbebte ist kein Mensch sondern ein Esel. (Arabien) (?) (?) (?)
- Die Geduld das höchste menschlich Gut ist der Schlüssel der Freude. (Arabien) (?)
- Die Weide ist ein kleiner Baum aber sie dient dazu die anderen zu binden. (Dänemark) (?) (?)
- Fehler sind wie Berge man steht auf dem Gipfel seiner eigenen und redet über die der anderen. (Afrika) (?)
- Klage nicht darüber dass Gott den Tiger geschaffen hat sondern danke ihm dass er ihm keine Flügel gegeben hat. (Afrika) (?) (?) (?)
- Gewiss wer Fragen stellt muss auch damit rechnen Antworten zu bekommen. (Afrika) (?) (?) (?)
- Das Böse dringt unbemerkt wie ein Nadelstich ein um doch groß wie eine Eiche zu werden. (Afrika) (?)
- Es ist das erste Stadium der Narrheit sich für weise zu halten. (Bosnien) (?)

Das Komma in Aufzählungen

Regel

1. Werden einzelne Wörter, Wortgruppen oder Sätze durch eine nebenordnende Konjunktion miteinander verbunden, steht in der Regel kein Komma. Solche nebenordnenden Konjunktionen sind: **und, oder, beziehungsweise, sowie, entweder ... oder, sowohl ... als auch, weder ... noch.**

   Beispiel: Autofahrer **sowie** alle anderen motorisierten Verkehrsteilnehmer dürfen Einbahnstraßen nur in der vorgeschriebenen Richtung befahren.
   Sie war **weder** unzufrieden **noch** demotiviert.

2. Vor nebenordnenden Konjunktionen, die einen Gegensatz ausdrücken, steht ein Komma. Solche Konjunktionen sind: **aber, doch, jedoch, sondern, nicht nur ..., sondern auch.**

   Beispiel: Er will **nicht nur** Schauspieler werden, **sondern auch** Regisseur.
   Komm schnell zurück, **aber** fahre vorsichtig!

3. Werden vollständige Hauptsätze durch nebenordnende Konjunktionen miteinander verbunden, können Sie ein Komma setzen, um die Gliederung des Gesamtsatzes zu verdeutlichen oder Missverständnisse zu vermeiden.

   Beispiel: Er wollte zunächst eine Ausbildung machen(,) **und** später wollte er noch ein Studium beginnen.
   Sie war **weder** unzufrieden(,) **noch** war sie demotiviert.

4. Gleichrangige Gliedsätze/Nebensätze, die alle von *einem* Hauptsatz grammatisch abhängen, dürfen nicht durch Kommas getrennt werden, wenn sie durch eine nebenordnende Konjunktion wie **und** bzw. **oder** verbunden sind.

   Beispiel: Er fragte sich, ob die Entscheidung richtig war **oder** ob er nicht doch besser etwas anderes hätte wählen sollen.

5. Vor einer nebenordnenden Konjunktion wie **und, oder, sowie** ... steht ein Komma, wenn ein Gliedsatz vorausgeht und der Hauptsatz fortgesetzt wird.

   Beispiel: Sie macht zunächst ihre Hausaufgaben, weil sie am Abend keine Zeit dafür hat, **und** will anschließend ihren Freund besuchen.

1. Schreiben Sie die Sätze mit den entsprechenden Kommas in Ihr Heft. In einigen Fällen können Sie sich entscheiden, ein Komma zu setzen.

- Er ging in die Schule obwohl er sich krank fühlte obwohl er noch nicht mit den Hausaufgaben fertig war und obwohl mehrere Stunden ausfielen.
- Die Sprache ist ein lebendiger Organismus der sich der Zeit anpasst und deshalb muss man selbstverständlich mit Veränderungen rechnen.
- Entweder beginnen wir jetzt oder wir werden nie fertig.
- Das ist in der Vergangenheit so gewesen und es wird sich in der Zukunft fortsetzen.
- Sollen wir das Referat sofort erstellen oder sollen wir damit noch warten?
- Sie konnten sich weder treffen noch konnten sie sich eine SMS schicken.
- In Prag besichtigten die Kursteilnehmer nicht nur die Burg sondern auch eine prunkvolle Bibliothek sowie mehrere Synagogen.
- Hast du jetzt Zeit fürs Kino oder arbeitest du immer noch?
- Klausuren bzw. schriftliche Ausarbeitungen jeder Art sollten gründlich geplant und überarbeitet werden.
- Ich lade euch bestimmt ein jedoch nicht in den nächsten zwei Wochen.
- Du sagst entweder gar nichts oder du äußerst nur Kritik.
- Das Sprechen fiel ihm schwer weil er erkältet war und deshalb wollte er seine Hausaufgaben nicht vorlesen.
- Alle Freunde sowie die Verwandten kamen zur Geburtstagsparty und sie blieben bis weit in die Nacht und feierten ausgelassen.
- Nach dem Abitur will Marie entweder zunächst ein Jahr im Ausland verbringen oder in einem Verlag ein Praktikum machen und danach möchte sie ihr Studium der Germanistik beginnen.
- Lukas treibt nicht nur intensiv Sport sondern ernährt sich auch gesund und er verzichtet auf Alkohol und Nikotin.
- Ich bin sicher dass wir uns wiedersehen werden und dass wir dann alle etwas klüger reifer und gelassener sind.

Das Komma bei Einschüben und nachgestellten Erläuterungen

Regel

1. Einschübe und an das Satzende angehängte Erläuterungen werden durch Komma abgetrennt und dadurch besonders hervorgehoben. Einschübe und Nachträge lassen sich in der Regel aus einem Satz heraushören, weil sie durch Sprechpausen verdeutlicht werden.

   Beispiel: Schiller, **einer der bedeutendsten deutschen Dichter**, starb 1805 in Weimar.
   Bertolt Brecht, **1898 in Augsburg geboren**, hat eine eigene Theaterform entwickelt, **und zwar das sogenannte epische Theater**.

2. In einigen Fällen ist es Ihnen überlassen, ob Sie innerhalb eines Satzes bestimmte Teile durch Komma abtrennen und somit hervorheben möchten. Häufig ist dieses bei adverbialen Bestimmungen der Fall. Mit dieser Möglichkeit sollten Sie jedoch sparsam umgehen, weil der Lesefluss auch zu sehr unterbrochen werden kann. Steht der Ausdruck am Satzanfang, wird kein Komma gesetzt.

   Beispiel: Er hielt(,) **trotz einer starken Erkältung**(,) das Referat.
   Trotz einer starken Erkältung hielt er das Referat.

1. Schreiben Sie die Sätze mit den entsprechenden Kommas in Ihr Heft.

- Der Roman „Die Mittagsfrau“ geschrieben von Julia Franck erschien 2007 und zwar im Verlag S. Fischer.

- „Die Mittagsfrau“ erzählt die Geschichte der jungen Helene einer Frau die vor dem Hintergrund zweier Weltkriege mit ihrem Leben völlig überfordert ist.
- Kurz vor ihrer Verlobung stirbt ihre große Liebe und sie heiratet aus Verzweiflung einen anderen. Ihrem Leben als Frau und Mutter sie hat inzwischen einen Sohn bekommen ist sie kaum gewachsen. Schließlich trifft sie eine unglaubliche Entscheidung nämlich ihr Kind zu verlassen.
- Julia Franck erhielt mehrere Preise u. a. den Deutschen Buchpreis verliehen vom Börsenverein des Deutschen Buchhandels und zwar kurz vor Beginn der Frankfurter Buchmesse im Herbst 2007.
- Sie veröffentlichte bisher mehrere Bücher darunter die Erzählsammlung „Bauchlandung“.
- „Die Mittagsfrau“ es ist ihr bisher erfolgreichstes Buch wurde in zahlreiche Sprachen übersetzt.
- Viele Kinderbücher wie z. B. die von Astrid Lindgren werden immer wieder auch von Erwachsenen gern gelesen.
- Mirko arbeitet jeden Tag für das Unternehmen außer am Sonntag dem gesetzlich vorgeschriebenen Feiertag.
- Bertolt Brecht der Begründer des sogenannten epischen Theaters wurde 1898 in Augsburg geboren und starb 1956 in Berlin der heutigen Bundeshauptstadt.
- Er schrieb zahlreiche Theaterstücke wie z. B. „Leben des Galilei“ oder „Der Kaukasische Kreidekreis“.
- Einige Werke u. a. die Szene „Der Ingwertopf“ richten sich auch an Kinder.
- Die Szene „Der Ingwertopf“ ursprünglich die Grundlage für ein längeres Theaterstück verdeutlicht die zentralen Merkmale seiner Theaterkonzeption.
- Der Zuschauer soll zu dem dargestellten Geschehen eine kritische Distanz aufbauen ein bedeutsames Anliegen Brechts.
- Sogenannte Verfremdungseffekte wie z. B. das Einfügen von Songs das Heraustreten der Schauspieler aus ihrer Rolle und die direkte Ansprache des Publikums sollen diese Distanz gewährleisten.

Das Komma in Satzgefügen

Regel

1. Das Komma trennt **Haupt- und Gliedsatz/Nebensatz** voneinander (einfaches Satzgefüge). Der Nebensatz kann vor dem Komma stehen, dahinter oder in ihn eingeschoben sein.

   Beispiel: **Nachdem er sich das Buch besorgt hatte**, las er es in einem Zug durch.
   Das Land, **in dem Milch und Honig fließen**, gibt es leider nicht.
   Sie fragte sich, **ob sie nicht besser eine andere Entscheidung getroffen hätte**.

2. Das Komma steht zwischen Gliedsätzen/Nebensätzen, die **voneinander abhängig** sind (komplexes Satzgefüge).

   Beispiel: **Als sie den Computer, den sie sich gerade gekauft hatte, aus der Verpackung nahm**, stellte sie fest, **dass das Kabel, welches der Händler kostenlos hinzulegen wollte, fehlte**.

3. **Verkürzte Gliedsätze**, bei denen z. B. die Konjunktion eingespart wird, werden ebenfalls durch Komma vom Hauptsatz abgetrennt.

   Beispiel: **Hätte er besser zugehört**, wüsste er es jetzt.
   Wenn er besser zugehört hätte, wüsste er es jetzt.

   Ich hoffe, **ihr habt zugehört**.
   Ich hoffe, **dass ihr zugehört habt**.

1. Schreiben Sie die folgenden Sätze in Ihr Heft und setzen Sie die fehlenden Kommas. Als Hilfe sollten Sie im Heft die Gliedsätze/Nebensätze markieren. Die Sätze sind Zitate aus dem Buch „Die Mittagsfrau“ von Julia Franck.

- „Julia Franck erzählt in ihrem großen neuen Roman ein Leben das in die Mühlen eines furchtbaren Jahrhunderts gerät und die Geschichte einer faszinierenden Frau.“ (Klappentext)
- „Selbst nachdem im Frühjahr die Russen Stettin erobert hatten und einige der Soldaten seither in Frau Kozinskas Wohnung übernachteten hörte man sie früh am Morgen singen.“ (S. 10)
- „Peter wusste noch genau wie er mit beiden Händen von denen die eine zugleich das Messer umklammerte den Samt der schweren Überdecke genommen hatte und seine Wange an dem Stoff rieb.“ (S. 12)
- „Während er sein Gesicht an dem Kissen rieb den Kopf dabei hin und her wiegen musste knisterte etwas darunter.“ (S. 13)
- „Peter ließ den Soldaten hinter der Tür sitzen und trat ins Nebenzimmer wo seine Mutter gerade den Kleiderschrank schloss.“ (S. 21)
- „Die Mutter lief mit ihren langen Beinen so schnell dass Peter Mühe hatte, hinterherzukommen.“ (S. 21)
- „Die Menschen drängten sich an den Zug noch ehe er zum Stehen kam sie versuchten Griffe und Geländer zu packen.“ (S. 24)
- „Fast sah es aus als brächten die vielen Menschen den Zug zum Stehen als wären sie es die ihn anhielten.“ (S. 24)

2. Im folgenden Auszug aus einer Rezension zu dem Roman „Die Mittagsfrau“ fehlen die Kommas. Schreiben Sie den Text ab und setzen Sie die fehlenden Satzzeichen. Es geht um Gliedsätze/Nebensätze, um Einschübe und nachgestellte Erläuterungen und um Aufzählungen.

Matthias Wulff

Die ergreifende Geschichte der Julia Franck

„Du wartest.“ Das sind die letzten Worte die Peter von seiner Mutter hören wird. Sie verschwindet im Gewühl des Bahnhofs lässt ihren minderjährigen Sohn dort zurück. Fahrkarten will sie holen „die schönste Mutter der Welt“ wie Peter findet der sie bewundert in ihrem Bett bis in die Jugendtage schläft der ihr alles erzählen und sie vor dem Einschlafen singen hören will.

Doch die Mutter hört nicht zu singt nicht verlässt ihn. Diese böse herzlose Frau. Julia Franck hat den Köder ausgelegt. Wie wird ein Mensch so gefühlskalt? Obwohl Franck insbesondere auf den ersten 100 Seiten in ihrem neuen Roman „Die Mittagsfrau“ über so viel Grausamkeit und Herzlosigkeit berichtet dass der Leser wie im Kino die Hand über die Augen legen möchte wenn das Schlachtermesser blitzt kann man das Buch nicht zur Seite legen.

Der Jury des Deutschen Buchpreises ging es nicht anders. Auf einmal hätten sie über die Charaktere diskutiert berichtete gestern eine Jurorin und damit sei auch klar geworden dass Franck den Buchpreis gewinnen muss. Verdient hat sie ihn allemal. Und es ist insofern eine gute Entscheidung weil mit Franck gleichsam die Kunst des Erzählens ausgezeichnet wurde.

(2010)

Das Komma bei Infinitivgruppen

Regel

Unter einer **Infinitivgruppe** versteht man einen **Infinitiv mit zu**, zu dem **weitere Wörter bzw. Satzglieder** hinzukommen. Eine Infinitivgruppe hängt von einem übergeordneten Hauptsatz ab. Sie kann vor oder hinter dem Hauptsatz stehen oder darin eingefügt sein.

Beispiel: Der Junge verbirgt sein Gesicht, um seine Angst **zu verbergen**.
Um seine Angst **zu verbergen**, verbirgt der Junge sein Gesicht.
Der Junge verbirgt, **um** seine Angst **zu verbergen**, sein Gesicht.

In folgenden Fällen **muss** eine Infinitivgruppe durch Komma vom Hauptsatz **abgetrennt werden**:

1. Die Infinitivgruppe bezieht sich auf ein **Nomen/Substantiv** im übergeordneten Satz.
   Beispiel: Helene hat nicht die **Möglichkeit**, ihrem Wunsch entsprechend **zu studieren**.
2. Die Infinitivgruppe bezieht sich auf ein Wort wie **daran**, **darauf**, **dazu**, **damit**, **es** im übergeordneten Satz.
   Beispiel: Sie schafft **es** nicht, sich gegen ihre autoritäre Mutter **durchzusetzen**.
   Sie achtet **darauf**, nicht erkannt **zu werden**.
3. Die Infinitivgruppe wird mit **um (zu)**, **anstatt (zu)**, **statt (zu)**, **ohne (zu)**, **außer (zu)**, **als (zu)** eingeleitet.
   Beispiel: Sie lässt den Jungen zurück, **ohne** sich um ihn **zu kümmern**.
   Um Farben **zu kaufen**, begibt sich Sarah in eine Apotheke.

In den anderen Fällen **kann** eine Infinitivgruppe durch Komma **abgetrennt werden**.

Beispiel: Sie erwartet nicht (,) die Farben umsonst **zu erhalten**.

Ein einfacher Infinitiv mit zu kann abgetrennt werden, wenn ein Nomen/Substantiv oder ein anderes Wort im übergeordneten Satz darauf hinweist.

Beispiel: Sie hat nicht die **Absicht(,) wiederzukommen**.
Der Junge vermeidet **es(,) aufzuschauen**.

1. Übertragen Sie die folgenden Sätze in Ihr Heft und setzen Sie die fehlenden Kommas. Überlegen Sie zuvor genau, ob die Infinitivgruppe angekündigt oder eingeleitet wird und Sie ein Komma setzen müssen oder ob es freigestellt ist, dieses zu tun.

- Wenn Sie die Absicht haben nach dem Abitur ein Studium zu beginnen sollten Sie möglichst früh Ihre Interessenschwerpunkte festlegen.
- Er mochte es nicht so ausspioniert zu werden.
- Den Vorwurf unzuverlässig zu sein wollte er nicht auf sich sitzen lassen.
- Ihr Freund riet ihr sich nicht zu viele Gedanken darüber zu machen.
- Die Autorin begann eine Lesereise um ihr neues Buch vorzustellen und um mit dem Publikum ins Gespräch zu kommen.
- Sie wartete darauf Fragen gestellt zu bekommen.
- Anstatt nach dem Abitur ein Studium oder eine Ausbildung zu beginnen entscheiden sich einige Schülerinnen und Schüler dazu ein Jahr im Ausland zu verbringen um andere Kulturen kennenzulernen und ihre Sprachkenntnisse zu verbessern.
- Nach dem Essen begannen die Schülerinnen und Schüler unruhig zu werden.
- Sie bat ihn darum vorbeizukommen um die Unstimmigkeiten aus dem Weg zu räumen.
- Nach dem Gespräch blieb ihr nichts anderes übrig als sich bei ihm zu entschuldigen.

2. Im Folgenden finden Sie einige Auszüge aus Leserrezensionen zu Julia Francks Roman. Es fehlen die Kommas. Dabei geht es nicht nur um Infinitivgruppen, aber in jedem Auszug ist mindestens eine enthalten.

❶ „Für mich ist die Autorin der ‚Mittagsfrau' eine Ausnahmeautorin. Sie schreibt mitreißend aber nicht reißerisch sie erzählt plastisch und dicht rollt die Geschichte intelligent von hinten auf um den Leser dann unweigerlich und systematisch in den Bann zu ziehen. In ihrem leisen fast spröden Erzählstil gelingt es der Autorin dennoch uns zu berühren und das sehr intensiv. Eine Geschichte die tragisch und manchmal komisch ist die viele Fragen offen lässt und gleich viele beantwortet kurzum: ein wirklich guter Roman mit Tiefe und Reife."

❷ „‚Die Mittagsfrau' hat absolut literarisches Niveau doch die Erzählgeschwindigkeit fand ich manchmal etwas gewöhnungsbedürftig. Der ungeübte Leser läuft Gefahr Entscheidendes zu überlesen wenn er nicht ganz genau hinschaut. Für mich war es dennoch ein großes Leseerlebnis."

❸ „Eigentlich ein ergreifendes Buch das in schöner Sprache geschrieben ist aber es bleiben auch einige Fragen offen. Was hat die Frau denn nun genau dazu bewogen, ihr Kind einfach auf dem Bahnhof sitzen zu lassen? Dessen Trauma wird eindrucksvoll vermittelt aber die Auflösung bleibt offen schade."

❹ „An die klare manchmal nüchtern wirkende Sprache musste ich mich erst einmal gewöhnen. Auch daran dass die Autorin die wörtliche Rede in keiner Weise vom übrigen Text abhebt weder durch Gedankenstriche noch durch die konventionellen ‚Gänsefüßchen'. Doch bald schon gelang es mir in die Geschichte abzutauchen."

❺ „Selten hat mich ein Buch so beeindruckt selten wurde das Leben im Dritten Reich so realistisch nüchtern und dennoch tiefgehend beschrieben. Der Roman ist auf dem Weg ein Klassiker zu werden."

❻ „Dieses Buch ist nicht nur für Jugendliche geeignet. Auch Erwachsene kommen voll auf ihre Kosten. Vor allem dann wenn man den Nationalsozialismus aus der Sicht einer Jüdin kennenlernen möchte. Julia Franck ist es gelungen einen aufregenden Beginn mit einem unerwarteten Ende zu verbinden. Dieses Buch sollte in keinem guten Bücherregal fehlen."

Texte zum Üben

1. Im Folgenden sind zwei Auszüge aus dem Roman „Die Mittagsfrau" abgedruckt. Auf diesem Weg lernen Sie den besonderen Darstellungsstil von Julia Franck kennen. Schreiben Sie die Auszüge ab und setzen Sie die fehlenden Kommas. An wenigen Stellen können Sie sich entscheiden, ein Komma zu setzen.

Julia Franck (geb. 1970)

Die Mittagsfrau

Es sollte noch mehrere Stunden dauern bis ein Zug kam. Die Menschen drängten sich an den Zug noch ehe er zum Stehen kam sie versuchten Griffe und Geländer zu packen. Fast sah es aus als brächten die vielen Menschen den Zug zum Stehen als wären sie es die ihn anhielten. Der Zug schien nicht genügend Türen zu haben. Arme ruderten Füße traten schlugen aus und Ellenbogen boxten. Schimpfen und Pfeifen. Wer zu schwach war wurde zur Seite gedrängt blieb zurück. Peter spürte die Hand seiner Mutter in seinem Rücken wie sie ihn durch die Menge schob Peter hatte Kleiderstoffe im Gesicht Mäntel ein Koffer stieß ihm in die Rippen und schließlich packte ihn seine Mutter von hinten und stemmte ihn hoch über die Schultern der anderen Menschen. Der Schaffner pfiff. Im letzten Augenblick kämpfte sich Peters Mutter den entscheidenden Meter nach vorn sie drückte Peter schob ihn presste ihn mit aller Kraft in den Zug. Peter drehte sich um er hielt ihre Hand fest umklammerte sie der Zug ruckte setzte sich in Bewegung die Räder rollten die Mutter lief Peter hielt sich an der Tür fest hielt seine Mutter fest er würde ihr zeigen wie stark er war.

(2007)

(27 verpflichtende Kommas)

Er musste dringend und hielt Ausschau nach einer Toilette aber er wollte warten bis sie zurück war schließlich konnte man sich auf solchen Bahnhöfen leicht verlieren. Langsam ging die Sonne unter. Peters Hände waren kalt er hielt den Koffer fest und wippte mit den Knien. Kleine Farbpartikel vom Koffer klebten an seinen Händen ochsenblutrot. Immer wieder blickte er in die Richtung der Tür wo er seine Mutter zum letzten Mal gesehen hatte. Menschen strömten vorüber. Die Laternen gingen an. Irgendwann stand die Familie neben ihm von der Bank auf und andere setzten sich. Peter musste an seinen Vater denken der irgendwo in Frankfurt eine Brücke über den Main bauen würde er wusste wie er hieß Wilhelm aber nicht wo er wohnte. Sein Vater war ein Held. Und seine Mutter? Auch ihren Namen kannte er Alice. Sie hatte eine fragwürdige Herkunft. Peter schaute wieder zu der Tür die in die Bahnhofshalle führte. Sein Hals war steif geworden weil er nun schon Stunden so saß und in diese Richtung starrte.

(2007)

(15 verpflichtende Kommas)

2. Tragen Sie auch in die folgende biografische Notiz die fehlenden Kommas ein.

Julia Franck – eine biografische Notiz

Julia Franck geboren am 20.2.1970 in Ostberlin wo sie auch ihre frühe Kindheit verbrachte. 1978 siedelte die Familie nach West-Berlin über und zog 1979 nach einem Aufenthalt im Flüchtlingslager „Marienfelde" weiter nach Schleswig-Holstein. 1983 mit dreizehn Jahren verließ Julia Franck ihre Familie kehrte allein nach Berlin zurück und lebte bei Freunden. Nach dem Abitur begann sie ein Jurastudium das sie nach längeren Reisen in die USA und nach Mittelamerika aber abbrach um Altamerikanistik und Neuere deutsche Literatur an der FU Berlin zu studieren. Anschließend arbeitete sie als Hilfsschwester Kellnerin Fonotypistin. 1991/92 war sie freie Mitarbeiterin beim Berliner „Tagesspiegel" 1994–1996 Regieassistentin beim Sender Freies Berlin (Bereich Hörfunk/Feature). Journalistische Arbeiten u.a. für „Frankfurter Allgemeine Zeitung" „Süddeutsche Zeitung" „Cosmopolitan" „Brigitte" und „Merian". Julia Franck lebt mit ihren beiden Kindern in Berlin.

(2008)

(13 verpflichtende Kommas)

6 Kleines Lexikon des Literaturunterrichts

Absurdes Theater (Dramatik). Eine Form des modernen Theaters, die nach dem Zweiten Weltkrieg entstanden ist und in der vor allem die Absurdität menschlichen Handelns in einer Gesellschaft ohne ideelle Orientierung dargestellt wird. Die Figuren agieren nicht als individuelle Charaktere, sondern eher wie Marionetten. Identitätsverlust, Langeweile, Kommunikationsverlust und das Erfahren von Sinnlosigkeit prägen ihr Leben. Wichtige Autoren sind: Samuel Beckett (1906–1989), Eugène Ionesco (1909–1994), Harold Pinter (1930–2008).

Akkumulation (Rhetorische Figur/Stilfigur). Mehrere Wörter, die sich auf einen Oberbegriff beziehen und diesen näher bestimmen, werden aneinandergereiht. Die Akkumulation wird häufig in Barockgedichten verwendet.
„Ach, was ist alles dies, was wir für köstlich achten,

Als schlechte Nichtigkeit, als Schatten, Staub und Wind,
Als eine Wiesenblum, die man nicht wiederfind't!"
(Andreas Gryphius)

Akt (Dramatik). Größere Handlungseinheit in einem Drama, auch Aufzug genannt, weil ein Akt mit dem Aufziehen des Theatervorhangs eingeleitet wird. Das klassische aristotelische Drama besteht aus fünf Akten, die in Szenen oder Auftritte unterteilt sind.

Alexandriner (Lyrik). Ein sechshebiger, jambischer Vers mit einer deutlichen Mittelzäsur, die den Vers formal und häufig auch inhaltlich in zwei Hälften teilt. Der Alexandriner wird vor allem im Sonett verwandt und spielt in der Barock-Lyrik eine große Rolle.
„Was sínd wir Ménschen dóch! / Ein Wóhnhaus
grímmer Schmérzen?"
(Andreas Gryphius)

Allegorie (Rhetorische Figur/Stilfigur). Die Allegorie ist eine erweiterte Metapher. Es findet eine Übertragung eines eigentlichen Sinnzusammenhangs oder eines abstrakten Begriffs in einen anderen, bildlich zu verstehenden Sinnzusammenhang statt. Im Gegensatz zur eigentlichen Metapher, die einen Einzelbegriff darstellt, erfolgt dieses in einem ganzen Satz oder auch ganzen Text. Die Allegorie ist neben der Metapher, Personifikation, dem Symbol, der Metonymie und dem Vergleich eine weitere Möglichkeit der bildhaften Darstellung.
Die Kanzlerin steuerte das Staatsschiff mithilfe ihrer Mannschaft durch eine stürmische See in einen sicheren Hafen.
In der bildenden Kunst wird dieser Sinnzusammenhang häufig durch eine Figur dargestellt. So wird z.B. mithilfe der Justitia, einer Frauenfigur mit Augenbinde, Schwert und Waage, auf das abstrakte Prinzip der Gerechtigkeit verwiesen.

Alliteration (Rhetorische Figur/Stilfigur). Mehrere Wörter, die nicht immer unmittelbar hintereinander stehen müssen, beginnen mit demselben Anlaut.
*mit **K**ind und **K**egel; **f**ünf **f**röhliche **V**äter*
*„Die Sonne tönt nach alter **W**eise*
*In Brudersphären **W**ettgesang" (Johann Wolfgang von Goethe)*

Analytisches Drama (Dramatik). Bei einem analytischen Drama liegt ein zentrales, die Bühnenhandlung auslösendes Geschehen zeitlich vor dem gezeigten Geschehen, das der Aufdeckung (Analyse) dient. In Heinrich von Kleists berühmtem Drama „Der zerbrochene Krug" wird die Untat des Dorfrichters Adam, die er kurz zuvor begangen hat, im Verlauf des Bühnengeschehens aufgeklärt.

Anapäst (Lyrik). Versmaß mit dieser Betonungsfolge: XXX́ XXX́
Paradiés, Arrogánz, Anapäst

Anapher (Rhetorische Figur/Stilfigur). Mehrere Verse oder Sätze beginnen mit dem gleichen Wort oder der gleichen Wortgruppe.
„Die Konten reden. Die Bilanzen schweigen.
Die Menschen sperren aus. Die Menschen streiken."
(Erich Kästner)

Anekdote (Epik). Eine Anekdote ist eine kurze Erzählung, in der so von einem einzelnen Ereignis erzählt wird, dass das Typische bzw. Charakteristische einer (oft) historischen Person oder einer Zeit in kritischer oder humorvoller Absicht herausgestellt wird. Bedeutsame Anekdotendichter sind: Heinrich von Kleist (1777–1811), Johann Peter Hebel (1760–1826).

Antiklimax (Rhetorische Figur/Stilfigur). Stufenweise Abschwächung innerhalb eines Ausdrucks, im Gegensatz zur Klimax, die eine Steigerung beinhaltet.
Vor ihm standen: Großvater, Vater und Kind.

Antithese, Antitheton (Rhetorische Figur/Stilfigur). In der Argumentationslehre wird unter einer Antithese eine Gegenbehauptung zu einer zuvor geäußerten Behauptung verstanden. Als rhetorische Figur meint die Antithese bzw. das Antitheton die Gegenüberstellung gegensätzlicher Begriffe. Vor allem in lyrischen Texten werden häufig Begriffe antithetisch gegenübergestellt.
Himmel und Hölle; Laster und Tugend

Aristotelisches Drama/aristotelisches Theater (Dramatik). Eine vor allem auf den griechischen Philosophen Aristoteles (384–322 v. Chr.) zurückgehende Theaterkonzeption, wonach ein Drama (hier eine Tragödie) den Einheiten von Ort, Zeit und Handlung entsprechen sollte, also an einem Ort und über einen begrenzten Zeitraum (einen Tag) stattfinden und eine abgeschlossene, in der Regel über fünf Akte sich vollziehende Handlung haben sollte. Deshalb spricht man auch von einer geschlossenen Dramenform, im Gegensatz zur offenen Form. Ziel des Theaters sollte im Sinne Aristoteles' die sogenannte Katharsis sein: Es sollte im Zuschauer Schrecken und Jammer auslösen und ihn auf diese Weise von solchen Emotionen reinigen.

Assonanz (Rhetorische Figur, Stilfigur). Gleichklang von Vokalen in mehreren Wörtern innerhalb eines Satzes oder innerhalb eines bzw. mehrerer Verse.
*„Schw**a**rze D**a**men, schw**a**rze Herren*
***wa**ndeln durch Bologn**a**s Str**a**ßen." (Clemens Brentano)*

Asyndeton (Rhetorische Figur, Stilfigur). Wörter oder kurze Sätze stehen unverbunden, also ohne Konjunktion nebeneinander.
„Wasser, Feuer, Schere, Licht
sind für kleine Kinder nicht." (Sprichwort)

Auktoriales Erzählverhalten, auktorialer Erzähler (Epik). Der vom Autor erfundene Erzähler bewertet und kommentiert das erzählte Geschehen für den Leser, der unmittelbar angesprochen werden kann. Der Erzähler blickt zurück, schaut nach vorn, kann also souverän mit der Handlung umgehen. Er zeigt, dass er das Innenleben der Figuren kennt. Mit diesem Erzählverhalten lenkt er die Deutungen des Lesers.

Ballade (Epik, Lyrik, Dramatik). Der Dichter Johann Wolfgang von Goethe nannte die Ballade das „Ur-Ei" der deutschen Dichtung, weil diese Textform Elemente des Epischen, Lyrischen und Dramatischen in sich vereint. In Versform wird mit dramatischen Mitteln (Monolog und Dialog, dramatische Struktur) eine ungewöhnliche, häufig tragische oder geheimnisvolle Geschichte erzählt.

Bewusstseinsstrom, stream of consciousness (Epik, Erzähltechnik). Wahrnehmungen, Gedanken, Gefühle und Reflexionen einer oder mehrerer Figuren werden vor allem in der modernen Romanliteratur manchmal so wiedergegeben, wie sie sich im Bewusstsein abspielen. Dabei handelt es sich um Gedankenfetzen, die ohne syntaktische (Satzbau) Ordnung wiedergegeben werden. Nomen, Pronomen oder finite Verbformen werden häufig ausgelassen. Ein sehr bekannter Roman, in dem immer wieder die Technik des Bewusstseinsstroms verwendet wird, ist Alfred Döblins (1878–1957) „Berlin Alexanderplatz". Das gilt auch für Arthur Schnitzlers (1862–1931) Novelle „Lieutenant Gustl".

Bild/Sprachbild (Rhetorische Figur, Stilfigur). Mit einem Sprachbild werden Sachverhalte veranschaulicht, indem nicht nüchtern berichtet wird, sondern Begriffe aus anderen Bereichen herangezogen werden. Zu den Sprachbildern zählen u. a.: die Allegorie, die Chiffre, die Metapher, das Oxymoron, die Personifikation, das Symbol, die Synästhesie, der Vergleich ...

Binnenreim (Lyrik). Innerhalb eines Verses reimen sich zwei Wörter.
„Eine starke, schwarze Barke
Segelt trauervoll dahin" (Heinrich Heine)

Blankvers (Dramatik). Bei dem Blankvers handelt es sich um einen reimlosen, fünfhebigen Jambus, der im deutschen Drama im Wesentlichen seit dem 18. Jahrhundert verwendet wird. Das erste bekannte, im Blankvers verfasste Drama ist Lessings (1729–1781) „Nathan der Weise". In der Folge schreiben die deutschen Dramatiker der Klassik und des 19. Jahrhunderts (Friedrich Schiller, Johann Wolfgang von Goethe, Heinrich von Kleist, Franz Grillparzer, Friedrich Hebbel u. a.) ihre Versdramen überwiegend in Blankversen.
„Es eifre jeder seiner unbestochnen,
Von Vorurteilen freien Liebe nach!" (Gotthold Ephraim Lessing)

Botenbericht (Dramatik). Dahinter verbirgt sich eine bestimmte Darstellungstechnik im Drama. Ereignisse, die vor dem auf der Bühne dargestellten Geschehen liegen, jedoch für dessen Verständnis wichtig sind, werden von einem Rollenträger (einem „Boten") erzählt. Eine ähnliche Funktion übernimmt die „Teichoskopie" (Mauerschau). Hier spielen sich Bühnengeschehen und erzähltes Geschehen jedoch gleichzeitig ab.

Bürgerliches Trauerspiel (Dramatik). In Deutschland erlebte das bürgerliche Trauerspiel im 18. Jahrhundert zur Zeit der Aufklärung seine Blüte. Unterlagen die Dramen zuvor der Ständeklausel, die besagte, dass die Hauptfiguren ausschließlich aus dem Adel kommen sollten und nur deren Schicksal auf die Bühne gebracht werden sollte, entstanden nun Dramen, deren tragische Helden vom Adel unterdrückte Bürger waren. Berühmte Beispiele für bürgerliche Trauerspiele sind Lessings „Emilia Galotti" (1772) und Schillers „Kabale und Liebe" (1784).

Chiasmus (Rhetorische Figur, Stilfigur). Jeweils zwei Wörter oder Satzglieder werden einander spiegelbildlich zugeordnet. (Überkreuzstellung, nach dem griechischen Buchstaben Chi).
„Sein Wuchs ist lang, blond ist sein Haar."
(Theodor Fontane)

Chiffre (Rhetorische Figur, Stilfigur). Ursprünglich versteht man unter einer Chiffre ein Geheimzeichen oder eine Geheimschrift. In der Literatur spricht man von Chiffre, wenn ein sprachliches Bild nur sehr schwer zu entschlüsseln ist. Häufig muss man das Gesamtwerk des Autors kennen oder den Textzusammenhang genau untersuchen, um dieses leisten zu können. Anders als bei einer Metapher kann man die Bedeutung also nicht erschließen, wenn man den ursprünglichen Bereich, aus dem das Wort stammt, beleuchtet. Chiffren spielen besonders in der modernen Lyrik (Georg Trakl (1887–1914), Paul Celan (1920–1970), Gottfried Benn (1886–1956) ...) eine große Rolle.
„Voll Früchten der Hollunder; ruhig wohnte die Kindheit
In blauer Höhle." (Georg Trakl)

Correctio (Rhetorische Figur, Stilfigur). Selbstberichtigung eines Sprechers, um seine Gedanken zu ordnen und die Rede zu verstärken.
Wir können uns so verhalten, nein, wir müssen uns so verhalten!

Daktylus (Lyrik). Ein häufig verwendetes Versmaß mit dieser Betonungsfolge: X́XX X́XX X́XX
„Nímmer, das glaúbt mir,
Erschéinen die Götter,
Nímmer alléin." (Friedrich Schiller)

Distichon (Lyrik). Verbindung aus einem Hexameter (sechs Versfüße) und einem Pentameter (in der Antike fünf gezählte Versfüße), überwiegend aus Daktylen bestehend, zu einem Verspaar. Distichen wurden ursprünglich in der griechischen und römischen Antike verwendet, u. a. für besonders feierliche Klagelieder (Elegien). Im Deutschen wird nicht wie in der Antike nach langen und kurzen Silben unterschieden, sondern nach betonten und unbetonten. So kommt es, dass der zweite Vers wie der erste oft aus sechs betonten Silben besteht.
„Ím Hexámeter steígt des Spríngquells flǘssige Sáule,
Ím Pentámeter dráuf fállt sie melódisch heráb."
(Friedrich Schiller)

Drama (Dramatik). Das Wort kommt aus dem Griechischen und bedeutet sinngemäß übersetzt „Handlung". Im weiteren Sinne sind damit alle Texte gemeint, die von Rollenträgern auf einer Bühne vor Zuschauern gespielt werden sollen. Im Gegensatz zur Epik fehlt die Vermittlungsinstanz des Erzählers. Im modernen Drama kann diese Rolle jedoch von einem Schauspieler, der das Geschehen kommentiert und bewertet, übernommen werden (vgl. Episches Theater).

Dramatik. Neben der Epik und Lyrik eine der drei Großgattungen der Literatur, die alle Texte umfasst, die als Schauspiele für die Bühne gedacht sind und in Dialogen und Monologen verfasst sind.

Einstellungsgröße (Film). Die Wirkung von Filmbildern wird in starkem Maße dadurch erzielt, dass die Kamera mithilfe verschiedener Einstellungen unterschiedlich große Ausschnitte des Gefilmten zeigt. Besonders wichtige Kameraeinstellungen sind:
- Weit (z. B. Landschaften),
- Totale (z. B. Personen in ihrer näheren Umgebung),
- Nah (z. B. Personen, z. T. dreiviertel bis halb zu sehen),
- Groß (z. B. ein Gesicht oder ein konkreter Gegenstand),
- Detail (z. B. die Augen einer Person, eine Schraube).

Elegie (Lyrik). Eine aus der Antike stammende Gedichtform, die in Distichen verfasst wurde und von Trauer, Sehnsucht und Schwermut geprägte Themen zum Inhalt hatte. Ende des 18. Jahrhunderts, zur Zeit der Klassik, die sich an der Antike orientierte, erlebte die Elegie eine Blüte. Besonders bekannt sind Johann Wolfgang von Goethes „Römische Elegien" (1795).

Ellipse (Rhetorische Figur, Stilfigur). Teile eines Satzes, die man gedanklich leicht ergänzen kann, werden ausgelassen, sodass dieser Satz grammatisch unvollständig ist, durch die Verkürzung jedoch eine besonders eindrucksvolle Wirkung erzielt. Elliptisches Schreiben spielt z. B. in der gefühlsbetonten Literatur des Sturm und Drang oder in der Epoche des Expressionismus eine große Rolle, aber auch in unserer Alltagssprache.
„Ja, alles flieht mich nun. Auch du! Auch du!" (J. W. von Goethe)
„Zweimal Loge, bitte." (Im Kino)

Enjambement (Lyrik). Wenn ein Satz nicht am Schluss eines Verses endet, sondern in den nächsten Vers, die nächsten Verse oder die nächste Strophe „springt", spricht man von einem Zeilensprung oder Enjambement.
„Lust und Leid und Liebesklagen
kommen so verworren her
in dem linden Wellenschlagen." (Joseph von Eichendorff)

Epilog (Dramatik). Ein Epilog ist ein Nachwort und stellt in manchen Dramen die an das Publikum gewandte Schlussrede mit ermahnender, aufklärender, entschuldigender oder distanzierender Absicht dar. Epilog und Prolog (Vorwort, Vorrede) bilden häufig einen Rahmen.

Epik. Eine der drei Großgattungen der Literatur, die alle erzählenden Texte umfasst. Sprachliches Merkmal der Epik ist die Prosasprache – im Gegensatz zur Verssprache der Lyrik.

Episches Theater (Dramatik). Eine von Bertolt Brecht (1898–1956) entwickelte Theaterform, die sich vor allem gegen das aristotelische Theater wandte. Ziel sollte es sein, den Zuschauer in eine distanzierte Haltung zum Bühnengeschehen zu versetzen und anstelle einer Identifikation eine kritische Reflexion zu wecken. Dieses sollte vor allem durch sogenannte Verfremdungseffekte erreicht werden. Dazu gehörten: das Heraustreten der Schauspieler aus ihrer Rolle, um die Zuschauer anzusprechen; der Rollenwechsel; die Unterbrechung der Spielhandlung durch kommentierende Songs; der Einsatz von Spruchbändern und Filmen; die Verlagerung des Geschehens an fremde Orte und in entfernte Zeiten.

Erlebte Rede (Epik). Eine lebendige Darstellungsform in modernen epischen Texten, die eng an den inneren Monolog bzw. die direkte Rede angelehnt ist. Entscheidender Unterschied ist, dass die Gedanken einer Person nicht wörtlich, sondern in der 3. Person Indikativ wiedergegeben werden. Die erlebte Rede steht zwischen direkter und indirekter Rede.
Er dachte: „Um was muss ich mich nicht wieder alles kümmern!" (Direkte Rede)
Um was musste er sich nicht wieder alles kümmern!
(Erlebte Rede)

Erzähler (Epik). Der Erzähler ist die von einem Autor erfundene Instanz, die dem Leser das Geschehen vermittelt. Der Erzähler kann je nach Konstruktion deutlich in den Vordergrund treten – z. B. als Ich-Erzähler – und das Geschehen kommentieren, vorausblicken oder zurückschauen. Er kann sich jedoch auch neutral verhalten und im Hintergrund bleiben. In jedem Fall darf der Erzähler nicht mit dem Autor gleichgesetzt werden.

Erzählerbericht (Epik). Zum Erzählerbericht gehören alle Passagen innerhalb eines epischen Textes, in denen ein Geschehen – vermittelt durch den Erzähler – in berichtender, kommentierender oder beschreibender Weise wiedergegeben wird. Hier geht es also um die eigentlichen Erzählpassagen. Im Gegensatz zum Erzählerbericht steht die Figurenrede/Personenrede (wörtliche Rede, indirekte Rede, innerer Monolog ...), die eindeutig einer handelnden Person zugeordnet werden kann.

Erzählerstandort (Epik). Hier geht es um die Frage, welchen Standort ein vom Autor erfundener Erzähler zum Geschehen hat. Zum einen kann er aus der Distanz erzählen und zum Ausdruck bringen, dass er den Überblick über die gesamte Handlung und die Figuren hat. In diesem Fall handelt es sich um einen allwissenden oder olympischen Erzähler. Der Erzähler kann aber auch Teil der von ihm erzählten Welt sein und hat somit nur eine eingeschränkte Sicht auf das Geschehen.

Erzählform (Epik). In erzählenden Texten werden zwei Erzählformen unterschieden: die Er-/Sie-Erzählung und die Ich-Erzählung. Selten kommt auch die Du-Form vor.

Erzählhaltung (Epik). Hier geht es um die Frage, wie ein Erzähler zu dem von ihm erzählten Geschehen steht. Nimmt er eine neutrale Haltung ein, erzählt er ironisierend, satirisch, kritisch, humorvoll? Lehnt er die Figuren oder das Geschehen insgesamt ab oder stimmt er dem Ganzen bejahend zu?

Erzählperspektive (Epik). Gibt der vom Autor erfundene Erzähler nur das wieder, was er von außen wahrnehmen kann, spricht man von der Außensicht als Erzählperspektive. Sieht er in eine oder mehrere Figuren hinein und kennt deren Gedanken und Gefühle, spricht man von der Innensicht. Innerhalb einer Erzählung können beide Erzählperspektiven wechseln.

Erzählte Zeit (Epik). Gemeint ist der Zeitraum, über den sich ein erzähltes Geschehen erstreckt.

Erzählung (Epik). Eine Sammelbezeichnung für alle erzählenden Kurzformen wie Märchen, Fabel, Anekdote, Kurzgeschichte, Parabel. Gelegentlich wird der Begriff auch für alle in Prosasprache verfassten literarischen Texte verwandt.

Erzählverhalten (Epik). Der vom Autor erfundene Erzähler kann sich in seiner Rolle unterschiedlich verhalten. Man unterscheidet:
Auktoriales Erzählverhalten: Der Erzähler tritt in seiner Rolle deutlich hervor, indem er das erzählte Geschehen arrangiert, kommentiert und bewertet und die Figuren direkt charakterisiert. Er blickt voraus oder gibt Ereignisse wieder, die vor der

erzählten Handlung liegen. Der Erzähler weiß mehr als die handelnden Figuren.

Personales Erzählverhalten: Der Erzähler tritt hinter die Figuren zurück. Er beschränkt sich bei seiner Darstellung weitgehend auf das, was eine oder mehrere Figuren denken, fühlen, erleben und wissen.

Neutrales Erzählverhalten: Das Geschehen wird vom Erzähler wie von einem unbeteiligten Beobachter wiedergegeben. Erzählt wird nur das, was von außen wahrnehmbar ist. Die Darstellung erhält hierdurch den Anschein von Objektivität und Sachlichkeit.

Erzählzeit (Epik). Im Gegensatz zur erzählten Zeit meint der Begriff Erzählzeit die Zeitspanne, die das Lesen (Erzählen) eines epischen Werks in Anspruch nimmt. Stimmen Erzählzeit und erzählte Zeit überein, spricht man von Zeitdeckung. Ist die Erzählzeit – wie in vielen Romanen – kürzer als die erzählte Zeit, geht es um Zeitraffung. Zeitdehnung liegt dann vor, wenn die Erzählzeit länger ist als die erzählte Zeit.

Euphemismus (Rhetorische Figur/Stilfigur). Das Negative eines Sachverhalts wird durch positive Bezeichnungen verhüllt.
Entsorgungspark anstelle von *Mülldeponie*
heimgehen anstelle von *sterben*

Exposition (Epik, Dramatik). Unter einer Exposition versteht man ganz allgemein den ersten Teil eines Films oder literarischen Werks, in dem der Leser Zeit, Ort und Figuren vorgestellt bekommt und in die zentrale Thematik eingeführt wird. Im aristotelischen Theater geschieht dieses in der Regel im ersten Akt, der dementsprechend Exposition genannt wird.

Fabel. 1. Unter der Fabel eines in der Regel längeren literarischen Textes versteht man den inhaltlichen und thematischen Kern des Geschehens, der einem Drama, Roman oder Film zugrunde liegt. Man spricht in diesem Zusammenhang auch von „Plot".

2. Als Textart bezeichnet die Fabel eine den Leser belehrende Dichtung in Prosa oder Versform, in der vor allem Tiere, aber auch Pflanzen und Gegenstände stellvertretend für Menschen handeln. Als Begründer der Fabeldichtung gilt der später freigelassene griechische Sklave Äsop (ca. 550 v. Chr.). Fabeln haben sehr häufig eine kritische Funktion. Im 18. Jahrhundert – während der Zeit der Aufklärung – erlangte die Fabeldichtung in Deutschland eine Blüte.

Figurenrede/Personenrede (Epik). Im Gegensatz zum Erzählerbericht versteht man unter Figurenrede alle Aussagen innerhalb eines Textes, die erkennbar einer Figur zugeordnet werden können. Dazu gehören auch wiedergegebene Gedanken und Empfindungen. Folgende Formen der Figurenrede werden unterschieden: direkte Rede; indirekte Rede; erlebte Rede; innerer Monolog; Bewusstseinsstrom/stream of consciousness.

Freie Rhythmen (Lyrik). In einigen Gedichten findet man kein festgelegtes Metrum und Reimschema, und dennoch ergibt sich beim Sprechen ein bestimmter Rhythmus, der häufig dadurch entsteht, dass die Anzahl der Betonungen in den Versen gleich oder ähnlich, die Anzahl der unbetonten Silben jedoch beliebig ist. In diesem Fall spricht man von freien Rhythmen.
„Nícht in den Ózean
Der Wélten álle,
Wíll ich mich stürzen!" (Friedrich Gottlieb Klopstock)

Großgattung. Literarische Texte werden entsprechend ihrer sprachlichen Gestaltung in drei Großgattungen unterteilt: Epik (erzählende Texte), Dramatik (Texte für die Bühne) und Lyrik (Texte in Verssprache). Die den drei Großgattungen zugeordneten Formen werden als Textarten oder Textsorten bezeichnet.

Groteske (Epik, Dramatik). Eine Groteske ist in einem erzählenden oder dramatischen Text eine bestimmte Darstellungsform, bei der widersprüchliche Verhaltensweisen und Empfindungen miteinander in Beziehung gesetzt werden, z. B.: Komisches und Grauenhaftes; Banales und Ungeheuerliches. In der deutschsprachigen Literatur spielt die Groteske vor allem in den Romanen und Tragikkomödien Friedrich Dürrenmatts (1921–1990) eine große Rolle.

Hakenstil (Lyrik). Im Gegensatz zum Zeilenstil eines Gedichts, bei dem Vers- und Satzende zusammenfallen, spricht man von Hakenstil, wenn in einem Gedicht mehrfach Sätze über das Versende hinaus in den nächsten Vers springen (vgl. auch Enjambement).

Haufenreim (Lyrik). Mehr als zwei aufeinander folgende Verse reimen sich (aaaa, bbbb).
Wenn deine Gedanken
Wie Efeu und Ranken
Im Kopfe dir schwanken
[...]

Hendiadyoin (Rhetorische Figur/Stilfigur). Zwei fast synonyme Ausdrücke, die mit der Konjunktion *und* verbunden sind. Oft handelt es sich um feststehende Ausdrücke.
Haus und Hof; Hab und Gut

Hexameter (Lyrik). Ein aus der antiken Dichtung stammender sechshebiger Vers, überwiegend aus Daktylen bestehend.
„Síng, unstérbliche Séele, der sündigen Ménschen Erlösung,
Díe der Messías auf Érden ín seiner Ménschheit volléndet."
(Friedrich Gottlieb Klopstock)

Hymne (Lyrik). Eine Hymne war in der Antike ein Weihe- und Preisgesang zu Ehren eines Gottes, verfasst in Hexametern. Später löste sich diese Textform von ihrem unmittelbaren religiösen Anlass. Im 18. Jahrhundert schrieben vor allem Klopstock (1724–1803), Schiller (1759–1805) und Goethe (1749–1832) Hymnen mit z. T. enthusiastischer Naturverehrung unter Verwendung freier Rhythmen und einer sehr emotionalen, ich-betonten Sprache. Bekannte, in dieser Zeit entstandene Hymnen sind: „Mahomets Gesang", „An Schwager Kronos", „Ganymed", „Prometheus" (Johann Wolfgang von Goethe); „An die Freude" (Friedrich Schiller).

Hyperbel (Rhetorische Figur, Stilfigur). Übertreibung. Ein Ausdruck wird so übersteigert, dass er, wörtlich genommen, nicht mehr zutrifft.
Hunderttausendmal versicherte er ihr seine Liebe.

Hypotaktischer Satzbau (Rhetorische Figur, Stilfigur). Hierbei handelt es sich um z. T. sehr komplexe Satzgefüge, bestehend aus einem Hauptsatz und einem oder mehreren Gliedsätzen.

Innerer Monolog (Epik). Der innere Monolog ist eine besondere Darstellungsform in erzählenden Texten. Dabei geht es um die Wiedergabe der Gedanken, Empfindungen und Assoziationen einer Figur in der Ich-Form. Der Erzähler tritt völlig in den Hintergrund. Der innere Monolog verleiht einem Text

Lebendigkeit und Unmittelbarkeit, er lädt den Leser zur Identifikation mit der jeweiligen Figur ein. Ausschließlich in Form eines inneren Monologs verfasst ist Arthur Schnitzlers (1862–1931) Novelle „Lieutenant Gustl".

Interjektion (Rhetorische Figur, Stilfigur). Eine Interjektion ist ein Wort, mit dem eine besondere Empfindung (Wut, Abscheu, Trauer, Bedauern, Überraschung ...) zum Ausdruck gebracht wird. Auch Laute, die der Kontaktaufnahme und der lautmalerischen Wiedergabe von Geräuschen dienen, werden Interjektionen genannt.
Ach! Igitt! Psst!

Inversion (Rhetorische Figur, Stilfigur). Wörter bzw. Satzteile stehen innerhalb eines Satzes an ungewöhnlicher Stelle und werden auf diesem Weg hervorgehoben.
Spät kam er. statt *Er kam spät.*

Ironie (Rhetorische Figur, Stilfigur). Die Ironie gehört zum uneigentlichen Sprechen. Jemand meint das Gegenteil dessen, was er vordergründig sagt.
Das hat wirklich richtig gut geholfen! Jetzt bin ich erst recht krank!

Jambus (Lyrik). Ein häufig verwendetes Versmaß mit der Betonungsfolge XX́ XX́ XX́ XX́. Der Jambus wird neben dem Trochäus wegen des Wechsels von unbetonten und betonten Silben auch als alternierendes Metrum bezeichnet.
„Es wár, als hätt der Hímmel
die Érde stíll geküsst." (*Joseph von Eichendorff*)

Kadenz (Lyrik). Das Wort „Kadenz" bezeichnet die Form des Versendes. Schließt ein Vers mit einer unbetonten Silbe, spricht man von einer klingenden Kadenz. Endet er auf einer betonten Silbe, handelt es sich um eine stumpfe Kadenz.
„Zwei Ségel erhéllend (klingend)
Die tíefblaue Búcht! (stumpf)
Zwei Ségel sich schwéllend (klingend)
Zu rúhiger Flúcht!" (stumpf) (*Conrad Ferdinand Meyer*)

Kameraperspektive (Film). Unter Kameraperspektive versteht man die Position der Kamera zu den aufgenommenen Personen und Gegenständen. Man unterscheidet im Wesentlichen drei Kameraperspektiven:
- Normalsicht: Die Kamera befindet sich etwa auf Augenhöhe eines Menschen. Der Zuschauer nimmt das Geschehen aus seiner gewohnten Sicht wahr.
- Froschperspektive: Die Kamera und damit der Zuschauer blicken von unten auf die Personen bzw. auf das Geschehen.
- Vogelperspektive: Die Kamera zeigt das Geschehen von oben. Der Zuschauer sieht alles von einer erhöhten Position.

Katharsis (Dramatik). Katharsis ist ein zentraler Begriff der aristotelischen Poetik, er beschreibt die (psychosomatische) Wirkung, die eine Tragödie auf den Zuschauer haben soll. Das Mitverfolgen einer Handlung und die Identifikation mit den Figuren rufen im Zuschauer Schrecken und Jammer hervor und reinigen ihn in diesem Verständnis von derartigen Emotionen.

Kehrreim/Refrain (Lyrik). Wiederkehr bestimmter Verse meist am Schluss mehrerer Gedichtstrophen.

Klimax (Rhetorische Figur, Stilfigur). Stufenweise Steigerung eines Ausdrucks, im Gegensatz zur Antiklimax, die eine Abschwächung beinhaltet.
„Geld verloren – etwas verloren! Ehre verloren – viel verloren!
Mut verloren – alles verloren!" (*Johann Wolfgang von Goethe*)

Kreuzreim (Lyrik). Ein Reim mit der Reimfolge abab.

Kurzgeschichte (Epik). Als eigenständige Textsorte entwickelte sich die Kurzgeschichte in Deutschland unter dem Einfluss der amerikanischen „short story" nach dem Zweiten Weltkrieg, einer Zeit, in der das Bedürfnis der Menschen nach einer die unmittelbare Wirklichkeit verarbeitenden Literatur sehr groß war. Zahlreiche, z. B. im Internet organisierte Wettbewerbe verdeutlichen, dass die Kurzgeschichte bis in die unmittelbare Gegenwart als Textsorte eine große Bedeutung hat. Kurzgeschichten zeichnen sich durch folgende Merkmale aus:
- Ein wichtiges Kennzeichen ist – wie der Name schon sagt – ihre Kürze. Dabei ist nicht so sehr der tatsächliche Umfang entscheidend, sondern die Tatsache, dass sich das erzählte Geschehen auf einen kleinen Ausschnitt, auf eine Momentaufnahme beschränkt.
- Dementsprechend beginnen Kurzgeschichten meist unvermittelt, ohne Einleitung. Ebenso offen ist ihr Schluss. Die Handlung ist häufig nicht zu Ende erzählt. Der offene Schluss fordert die Aktivität des Lesers heraus, er muss sich den Fortgang der Handlung selbst ausdenken bzw. sein Blick wird auf den erzählten Augenblick und dessen Bedeutung für den Protagonisten gelenkt.
- Die in der Kurzgeschichte handelnden Personen befinden sich vielfach in einer Krisensituation. Es sind keine „Helden", sondern in der Alltäglichkeit verhaftete Menschen. In den ersten Jahren wurde vor allem das Thema Krieg thematisiert. Im weiteren Verlauf bis in die heutige Zeit sind es Themen wie Isolation, Kommunikations- und Beziehungslosigkeit, mediale Überfrachtung oder die Unverbindlichkeit des Lebens, die literarisch verarbeitet werden.
- Die Sprache der Kurzgeschichte ist oft alltäglich und damit auf den ersten Blick nüchtern und schlicht. Die einfache Sprache ist jedoch sehr verdichtet und lässt häufig einen großen Deutungsspielraum zu. Alltägliche Dinge und Vorgänge besitzen eine symbolische Bedeutung. Entscheidend ist oft, was nicht ausgesprochen wird und zwischen den Zeilen zu lesen ist. So können schon einzelne Worte, Gesten oder Gegenstände bedeutungsvoll sein.

Besonders häufig gelesene deutschsprachige Kurzgeschichtenautorinnen und -autoren sind: Wolfgang Borchert (1921–1947), Elisabeth Langgässer (1899–1950), Heinrich Böll (1917–1985), Siegfried Lenz (geb. 1926), Marie Luise Kaschnitz (1901–1974), Ilse Aichinger (geb. 1921), Rainer Brambach (1917–1983), Peter Bichsel (geb. 1935).

Lautmalerei/Klangmalerei/Onomatopoesie. Die Bedeutung eines Wortes wird bereits durch seinen Klang ersichtlich.
„Und es wallet und siedet und brauset und zischt"
(Friedrich Schiller)

Litotes (Rhetorische Figur, Stilfigur). Die Bedeutung eines Sachverhalts wird dadurch gesteigert, dass sein Gegenteil abgeschwächt oder verneint wird.
Er war nicht gerade ein Held. Statt: *Er war äußerst feige.*

Lyrik. Eine der drei Großgattungen der Literatur, die alle in Versform geschriebenen Texte umfasst.

Lyrischer Sprecher (Lyrik). Oberbegriff für den Sprecher in einem Gedicht, der sich in der Er-Form oder Ich-Form (seltener: Wir-Form) äußern kann. Wie in epischen Texten der Erzähler so ist in lyrischen Texten der Sprecher eine vom Autor erfundene Instanz und darf nicht mit diesem gleichgesetzt werden.

Lyrisches Ich (Lyrik). Wird in einem Gedicht die Ich-Form gewählt, spricht man bei der Person, die sich äußert, vom lyrischen Ich. Das lyrische Ich ist die vom Autor erfundene Vermittlungsinstanz zum Leser und nicht mit diesem gleichzusetzen.

Männlicher Reim (Lyrik). Ein einsilbiger, auf eine Betonung endender Reim. Ein zweisilbiger Reim wird weiblich genannt.
„Ich sáh des Sómmers létzte Róse stéhn, (männlich)
Sie wár, als ób sie blúten könne, rót; (männlich)
Da sprách ich scháudernd ím Vorǘbergéhn: (männlich)
So wéit im Lében, ist zu náh am Tód." (männlich)
(Friedrich Hebbel)

Märchen (Epik). Das Wort Märchen leitet sich als Verkleinerungsform aus dem mittelhochdeutschen Nomen/Substantiv „maere" ab, was so viel wie Nachricht, Bericht, Erzählung bedeutet. Das heute übliche Verständnis des Begriffs im Sinne einer Erzählung, in der Wunderbares und Reales miteinander vermischt werden und die Gesetze von Zeit und Raum aufgehoben sind, setzt sich erst zu Beginn des 19. Jahrhunderts durch, als Wilhelm (1786–1859) und Jacob (1785–1863) Grimm beginnen, diese ausschließlich mündlich überlieferten Texte, Volksmärchen genannt, aufzuschreiben. Volksmärchen zeichnen sich durch folgende Merkmale aus:
- klare Handlungsstruktur (Notsituation des Protagonisten/Bedrohung – Bewährung, u. a. mithilfe einer übersinnlichen Macht – Überwindung des Bösen/Belohnung),
- formelhafter Beginn und formelhaftes Ende, einfache Sprache, Verwendung von symbolhaften Zahlen und Farben und von formelhaften Sprüchen,
- Typisierung und Konstrastierung der z. T. irrealen Figuren als ausschließlich gut oder ausschließlich böse,
- Ansiedlung der Handlung in einem Irgendwann und Irgendwo.

Volksmärchen dienten ursprünglich der Unterhaltung, sie spiegeln die in der Realität nicht erfüllbaren Wünsche und Sehnsüchte der Menschen nach einem Leben in Wohlstand und Gerechtigkeit wider. Im Gegensatz zu den Volksmärchen besitzen Kunstmärchen einen konkreten Autor. Kunstmärchen erleben ihre Blütezeit in der Epoche der Romantik, deren Autoren auf Motive des Volksmärchens zurückgreifen, diese jedoch bewusst umgestalteten und ausarbeiteten, indem z. B. Sehnsüchte und vor allem auch Ängste der Menschen z. T. sehr künstlerisch dargestellt werden. Wichtige Verfasser von Kunstmärchen sind: Novalis (1772–1801), Ludwig Tieck (1773–1853), Clemens Brentano (1778–1842), Adelbert von Chamisso (1781–1838), Wilhelm Hauff (1802–1827) und Hans Christian Andersen (1805–1875). Zahlreiche Autorinnen und Autoren der unmittelbaren Gegenwart zeigen mit ihren vielfach verfilmten Büchern, die Märchenmotive verarbeiten und von Kindern und Erwachsenen gelesen werden, dass die Textart Märchen sich ungebrochener Beliebtheit erfreut (Joanne K. Rowling (geb. 1965), Michael Ende (1929–1995), J. R. R. Tolkien (1892–1973), Paul Maar (geb. 1937)).

Mauerschau (Dramatik). s. Teichoskopie

Metapher (Rhetorische Figur, Stilfigur). Ein Wort wird aus seinem üblichen Sprachgebrauch (Ursprungsbereich) gelöst und so in einen anderen Zusammenhang (Übertragungsbereich) eingeordnet, dass es eine neue Bedeutung erhält. Diese Übertragung setzt voraus, dass es zwischen Ursprungsbereich und Übertragungsbereich ein gemeinsames Merkmal (Tertium comparationis) gibt. Die Metapher kann auch als verkürzter Vergleich bezeichnet werden.
Er ist ein Arbeitstier. (Metapher)
Er arbeitet wie ein Tier. (Vergleich)

Metonymie (Rhetorische Figur, Stilfigur). Ein Begriff wird durch einen anderen ersetzt, der inhaltlich eng dazu in Beziehung steht.
Ich habe nur ein Glas getrunken.
Das Bundeskanzleramt reagierte gelassen.

Metrum (Lyrik). Unter dem Metrum (Versmaß) versteht man die bewusst gesetzte Abfolge betonter und unbetonter Silben. Die kleinste metrische Einheit bezeichnet man als Versfuß. Man unterscheidet zwei dreisilbige Versfüße (Daktylus und Anapäst) und zwei zweisilbige Versfüße (Jambus und Trochäus). Jambus und Trochäus bezeichnet man auch als alternierendes Metrum.

Mimesis (Dramatik). Wörtlich übersetzt heißt Mimesis „Nachahmung". Der Begriff ist wichtiger Bestandteil der aristotelischen Poetik. Demnach sollte die Kunst, um wirkungsvoll zu sein und zur Identifikation einzuladen, die Wirklichkeit nachahmen, und zwar so, dass in der Darstellung auf exemplarische Art ein allgemeiner Zusammenhang verdeutlicht wurde, der auf die Lebenswirklichkeit des Betrachters übertragbar war. In der modernen Literatur wird dieses Verständnis von Wirklichkeit und Nachahmung immer wieder infrage gestellt.

Minnelyrik/Minnesang/hohe Minne (Lyrik). Darunter versteht man die höfische Liebeslyrik des Hoch- und Spätmittelalters (12.–14. Jahrhunderts). Darin wird eine für den Sänger aufgrund ihrer hohen gesellschaftlichen Stellung unerreichbare Frau verherrlicht. Für den Sänger, der in der Regel ein Ritter war und in einem Lehnsverhältnis zu seiner Herrin stand, diente diese irreale Liebesbeziehung der Selbstdisziplinierung.

Motiv. In der Literatur ist ein Motiv ein Textelement, das sich innerhalb eines Romans oder einer Novelle oder innerhalb des Gesamtwerks eines Autors oder mehrerer Autoren häufiger wiederholt. Bekannte Motive sind z. B.: das Motiv der Augen in den Novellen E. T. A. Hoffmanns; das Motiv des Wassers in Theodor Fontanes Roman „Effi Briest"; das Motiv des Versinkens in Georg Büchners Drama „Woyzeck".

Neologismus (Rhetorische Figur, Stilfigur). Neuschöpfung eines Wortes, das es so bisher noch nicht gab und das manchmal nur in einem konkreten Textzusammenhang verwendet wird.
Sie war eine herzenskluge Kollegin.

Neutrales Erzählerverhalten (Epik). Der vom Autor konstruierte Erzähler tritt völlig hinter das Geschehen zurück. Wie bei einem Film erzählt er nur das, was von außen wahrnehmbar ist. Er verzichtet auf Kommentare, Bewertungen, Rückblicke und Voraussagen.

Novelle (Epik). Als Novelle bezeichnet man eine Erzählung mittleren Umfangs, die von einem bestimmten, herausgehobenen und ungewöhnlichen Ereignis erzählt. Dem deutschen Dichter Johann Wolfgang von Goethe (1749–1832) zufolge thematisiert die Novelle „eine unerhörte Begebenheit". Der Novellendichter bzw. die Novellendichterin konzentriert sich auf die Darstellung dieses Ereignisses/dieser Begebenheit. Die Novelle besitzt eine strenge, meist geschlossene Form, d. h., sie weist oft eine kurze Einleitung auf und führt dann gradlinig, ohne ausschweifende Erzählstränge zum Höhepunkt und zum Ende. Mit dieser typischen Struktur erinnert die Novelle an das klassische Drama. Manchmal ist das eigentliche Geschehen in eine Rahmenhandlung eingebettet. In vielen Novellen findet sich ein Leitmotiv, ein sogenanntes Dingsymbol; das ist ein äußeres, gegenständliches Zeichen, das sich durch die gesamte Novelle zieht und die Handlungsteile miteinander verknüpft (vgl. z. B. die Buche in Annette von Droste-Hülshoffs (1797–1848) Novelle „Die Judenbuche").

Ode (Lyrik). Wie die Hymne, die oft gleichbedeutend verwendet wird, stammt die Ode aus der Antike. Oden sind Gedichte, die sich durch eine besondere Feierlichkeit und Erhabenheit auszeichnen. In einer Ode findet man für gewöhnlich keinen Endreim; es handelt sich um eine in Strophen gegliederte, lange Form des Gedichtes. Eine Ode kann einem festen Metrum folgen, dieses ist aber nicht zwingend notwendig. Zur Würde und Größe des in dieser Ode behandelten Themas passend wird meist ein hoher, pathetischer Sprachstil verwendet.
(Aus: http://de.wikipedia.org/wiki/Ode)

Off-Ton (Film). Die Tonquelle befindet sich außerhalb des sichtbaren Filmbildes.

On-Ton (Film). Die Tonquelle ist im Film sichtbar.

Onomatopoesie (Rhetorische Figur, Stilfigur). s. Lautmalerei

Oxymoron (Rhetorische Figur, Stilfigur). Die Verbindung von sich widersprechenden Ausdrücken nennt man Oxymoron. Ein Oxymoron drückt häufig aus, dass sich eine Person in einer extremen, auch grotesken Lebenssituation befindet.
beredtes Schweigen
„schwarze Milch" (Paul Celan)

Paarreim (Lyrik). Ein Reim mit der Reimfolge aa bb.

Parabel (Epik). Die Parabel ist eine kurze Erzählung, meist in Prosa, manchmal in Versform oder als gesamtes Drama abgefasst. Dargestellt wird anhand eines typischen Einzelbeispiels eine menschliche Grunderfahrung bzw. eine generalisierende Aussage über den Menschen. Die Parabel beschränkt sich i. d. R. darauf, dieses Einzelbeispiel auf der Text-/Bildebene zu erzählen. Es ist Aufgabe des Lesers, herauszufinden, um welche grundsätzliche Erfahrung es auf der Sachebene, also in der Lebenswirklichkeit geht. Das Bindeglied zwischen der Bildebene und der Sachebene ist das „Tertium comparationis" (wörtlich: das Dritte des Vergleichs), ein manchmal verschlüsseltes Textsignal, das sowohl für die Bildebene als auch für die Sachebene gilt und dem Leser verdeutlichen soll, worauf er das Einzelbeispiel übertragen kann. Der Unterschied zu einer Gleichniserzählung, die eng mit der Parabel verwandt ist, besteht darin, dass bei dieser Textart dem Leser bzw. der Leserin gesagt wird, worauf das auf der Bildebene erzählte Einzelbeispiel zu übertragen ist („So, wie es hier ist, ist es auch..."). Bedeutsame Parabeldichter sind: Franz Kafka (1883–1924), Bertolt Brecht (1898–1956), Max Frisch (1911–1991).

Parallelismus (Rhetorische Figur, Stilfigur). In aufeinander folgenden Sätzen werden die Satzglieder in gleicher Weise (parallel) angeordnet.
„Ich kenne die Weise, ich kenne den Text,
Ich kenn' auch die Herren Verfasser." (Heinrich Heine)

Parataktischer Satzbau (Rhetorische Figur, Stilfigur). Hierbei handelt es sich um die Aneinanderreihung von Hauptsätzen im Gegensatz zum hypotaktischen Satzbau, der aus einem Satzgefüge (Hauptsatz und davon abhängige Nebensätze/Gliedsätze) besteht.

Parodie. Bei einer Parodie wird die literarische Form eines Textes übernommen und mit einem neuen Inhalt gefüllt, wobei der Ursprungsinhalt noch erkennbar ist. Die Parodie kann einerseits der Unterhaltung und Belustigung dienen, andererseits jedoch auch in kritischer Absicht verfasst worden sein, indem eine distanzierende Haltung zum Originaltext und den darin vertretenen Werten vom Autor oder der Autorin eingefordert wird.

Paronomasie (Rhetorische Figur, Stilfigur). Wörter mit gleicher oder ähnlicher Bedeutung oder ähnlichem Klang werden so miteinander verknüpft, dass ein Wortspiel entsteht.
„Auf, auf, auf und auf!
Lasst uns von Tonne zu Tonne eilen,
wir wollen dem Müll eine Abfuhr erteilen." (Heinz Erhardt)

Pars pro toto (Rhetorische Figur/Stilfigur). Genannt wird nur ein Teil, der für das Ganze steht (s. auch Metonymie).
Endlich haben wir wieder ein Dach über dem Kopf.

Pentameter (Lyrik). Ein aus der Antike stammender Vers, bei dem ursprünglich fünf Versfüße gezählt wurden, der im Deutschen jedoch sechshebig ist. Er besteht überwiegend aus Daktylen und besitzt in der Mitte eine Zäsur (s. auch Distichon und Hexameter).
„Séi mir, Sónne, gegrüßt, dié ihn so líeblich beschéint!"
(Friedrich Schiller)

Peripetie (Dramatik, Epik). Der Umschwung im Denken und Handeln einer literarischen Figur. Im aristotelischen Theater beschreibt die Peripetie den Wechsel von der steigenden zur fallenden Handlung und damit den Höhe- und Wendepunkt im Geschehen. Auch in epischen Texten spricht man von einer Peripetie, wenn ein deutlicher Wendepunkt erkennbar ist.

Personales Erzählverhalten, Personaler Erzähler (Epik). Der Erzähler tritt hinter die Figuren zurück. Er beschränkt sich bei seiner Darstellung weitgehend auf das, was eine oder mehrere Figuren denken, fühlen, erleben und wissen.

Personifikation (Rhetorische Figur, Stilfigur). Allgemeinen Begriffen, Gegenständen, Tieren oder Pflanzen werden Eigenschaften und Verhaltensweisen zugeordnet, die nur Menschen zukommen.
„Die Zeit fährt Auto." (Erich Kästner)

Redekonstellation (Rhetorik). Die Redekonstellation beschreibt das Verhältnis eines Redners zum Publikum. Muss er davon ausgehen, dass sein Publikum seine in der Rede dargelegte Haltung ablehnt, oder stimmt das Publikum mit ihm überein? Gibt es unterschiedliche Gruppierungen mit unterschiedlichen Einstellungen im Publikum? Verändert sich die Einstellung des Publikums unter dem Einfluss der angewandten Strategie im Verlauf einer Rede?

Redesituation (Rhetorik). Hier geht es um die Frage, in welcher konkreten historischen Situation, an welchem Ort, vor welchem Publikum und mit welchem thematischen Schwerpunkt und mit welcher grundlegenden Absicht eine Rede gehalten wird.

Redestrategie (Rhetorik). In Abhängigkeit von der Redesituation und vor allem von der Redekonstellation wählt ein Redner seine Redestrategie, um die beabsichtigte Wirkung zu erzielen.

Reicher Reim (Lyrik). Ein Reim, bei dem sich mehr als zwei Endsilben reimen.
verstehen – zergehen

Rhetorische Frage (Rhetorische Figur, Stilfigur). Es handelt sich um eine Frage, auf die keine Antwort erwartet wird, weil die Zustimmung des Hörers/Lesers vorausgesetzt wird. Häufig enthält die rhetorische Frage einen Appell.
„Wer bist du, Fürst, dass ohne Scheu
Zerrollen mich dein Wagenrad,
Zerschlagen darf dein Ross?“ (Gottfried August Bürger)

Roman (Epik). Unter einem Roman versteht man einen umfangreichen, in Prosasprache verfassten erzählenden Text. Im Gegensatz zur Novelle, die gradlinig, ohne Ausschweifungen zum Höhepunkt und zum Ende führt, besitzt ein Roman oft mehrere Erzählstränge mit entsprechenden Rückblenden und ein großes Figurenensemble. In diesem Zusammenhang spricht man auch von „epischer Breite“ als einem zentralen Merkmal des Romans.

Rückblende (Epik, Film). Die Rückblende ist ein Mittel erzählender Texte und des Films. Mithilfe des Erzählers oder in Form einer Personenrede erfährt der Leser etwas, was vor der gerade sich abspielenden Handlung geschehen ist. Im Film geschieht die Rückblende sehr häufig, indem die Gedanken einer Figur, die in die Vergangenheit zurückschweifen, blitzlichtartig oder aber auch in Form einer längeren Handlung gezeigt werden.

Sage (Epik). Die Sage gehört zu den ursprünglich überwiegend mündlich überlieferten Erzählungen. Sie trägt insofern märchenhafte Züge, als es darin um rational nicht erklärbare Ereignisse oder Personen mit übermächtigen Kräften geht, unterscheidet sich jedoch vom Märchen durch die Angabe konkreter Orte und Daten. Unterschieden werden Götter-, Helden- und Erklärungssagen. Letztere thematisieren die Entstehung geografischer Orte oder geben „Erklärungen“ für Naturphänomene wie Blitz und Donner, und zwar so, wie sie sich die Menschen erzählt haben, als es noch keine wissenschaftlichen Erklärungsmuster gab.

Satire. Die Satire ist keine eigene Textart, sie kann sich beinahe aller Textarten – auch nichtliterarischer Art – bedienen. Darin bringt ein Autor seine kritische Haltung gegenüber einem konkreten Zeitgeschehen zum Ausdruck. Die Satire zeigt auf, dass ursprünglich gültige Normen und Werte ihre Bedeutung verloren haben und in ihr Gegenteil verkehrt wurden. Sie bedient sich dabei unterschiedlicher Mittel wie der humorvollen Übertreibung, der Ironie, der Groteske und der bissigen Verspottung.

Schweifreim (Lyrik). Ein Reimschema nach folgendem Muster: aabccb
„Wie süß der Nachtwind nun die Wiese streift,
Und klingend jetzt den jungen Hain durchläuft!
Da noch der freche Tag verstummt,
Hört man der Erdenkräfte flüsterndes Gedränge,
Das aufwärts in die zärtlichen Gesänge
Der reingestimmten Lüfte summt.“ (Eduard Mörike)

Sonett (Lyrik). Eine besonders streng gegliederte und künstlerische Gedichtform, die in der deutschen Lyrik vor allem im Barock eine große Rolle spielt. Ein Sonett besteht aus zwei Quartetten (Vierzeiler) und zwei Terzetten (Dreizeiler), häufig mit folgendem Reimschema: abba abba cdc dcd oder abab cdcd efe fgg (weitere Variationen sind möglich). Die Verse des deutschen Sonetts bestehen fast immer aus einem sechshebigen Jambus mit einer Mittelzäsur (Alexandriner), besitzen also eine deutliche Zweiteilung. Eine solche Zweiteilung spiegelt sich auch in der Strophengestaltung. Die Quartette, in denen oft ein Zustand beschrieben wird, stehen den Terzetten, die eine Schlussfolgerung beinhalten, antithetisch gegenüber. Man kann den Aufbau manchmal auch mit einer Argumentation vergleichen. In diesem Sinne bilden die Quartette These und Antithese, die Terzette stellen die Synthese dar.

Soziales Drama (Dramatik). Unter einem sozialen Drama versteht man ein Schauspiel, welches unmittelbar soziale Probleme wie die Verarmung unterprivilegierter Schichten auf die Bühne bringt. Dieses ist vor allem seit dem 19. Jahrhundert der Fall, zu einer Zeit, als die industrielle Revolution mit ihren Konsequenzen für die verarmten Bevölkerungsschichten an Bedeutung gewann. Wichtige soziale Dramen sind: Gerhart Hauptmann (1862–1942): „Die Weber“, „Vor Sonnenaufgang“, „Vor Sonnenuntergang“; Georg Büchner (1813–1837): „Woyzeck“.

Ständeklausel (Dramatik). Eine bis ins 18. Jahrhundert geltende Vorgabe für Dramen, wonach der tragische Held aus dem Adel kommen musste. Sein Scheitern war mit einer großen „Fallhöhe“ verbunden und sollte das Publikum in besonderer Weise berühren. Die Ständeklausel wurde durch das bürgerliche Trauerspiel aufgehoben.

Symbol (Rhetorische Figur, Stilfigur). Ein konkreter Gegenstand wird als Träger eines allgemeinen Sinnzusammenhangs gesetzt. Die Bedeutung kann man in der Regel nicht aus dem Gegenstand ableiten, man muss sie gelernt haben bzw. gesagt bekommen oder aus einem größeren Textzusammenhang erschließen.
Die Farbe Rot als Symbol der Liebe
Die Taube als Symbol des Friedens

Synästhesie (Rhetorische Figur, Stilfigur). Verschiedene Sinnesbereiche (Geruch, Geschmack, das Sehen und Hören ...) werden miteinander verschmolzen. Synästhesien spielen vor allem in der romantischen Literatur eine große Rolle, um den Anspruch der Dichter auf eine ganzheitliche Wahrnehmung der Welt zu verdeutlichen.
Farben hören und Töne sehen
„Holdes Bitten, mild' Verlangen
Wie es süß zum Herzen spricht.“ (Clemens Brentano)

Szene (Dramatik). Die Szene ist das kleinste Bauelement in einem Drama. Man spricht auch von einem Auftritt, weil eine Szene durch das Auftreten und den Abgang der Rollenträger begrenzt wird. Im aristotelischen Drama/Theater besteht ein Akt aus einer unterschiedlichen Anzahl von Szenen bzw. Auftritten.

Tautologie (Rhetorische Figur, Stilfigur). Zwei gleichbedeutende Wörter bezeichnen denselben Begriff bzw. denselben Inhalt. Tautologisch ist eine Argumentation dann, wenn ein Begriff durch diesen selbst erklärt wird.
Jemanden hinter Schloss und Riegel bringen
„Moral ist, wenn man moralisch ist." (Georg Büchner)

Teichoskopie (Dramatik). Wörtlich übersetzt heißt Teichoskopie „Mauerschau". Dahinter verbirgt sich eine bestimmte Technik im Drama. Ereignisse, die nur schwer auf der Bühne darzustellen sind, werden von einem Rollenträger so beschrieben, als schaue er über eine Mauer und könne das Geschehen mitverfolgen.

Tertium comparationis. Wörtlich: Das Dritte eines Vergleichs. Der Vergleichspunkt. Werden verschiedene Bereiche zueinander in Beziehung gesetzt und stimmen sie in mindestens einem Punkt überein, so nennt man diesen gemeinsamen Aspekt das „Tertium comparationis". Wird z. B. bei einer Metapher ein Begriff aus einem Bereich (Ursprungsbereich) in einen anderen Bereich (Übertragungsbereich) übertragen, funktioniert dieses nur, wenn es mindestens ein gemeinsames Merkmal, ein Tertium comparationis, gibt.
Die Krone – Ursprungsbereich: Herrschaftszeichen des Königs oder Kaisers, auf dem Kopf getragen
Die Baumkrone – Übertragungsbereich: Natur, oberer Teil eines Baums
Tertium comparationis: der Ort und gegebenenfalls die Form

Trochäus (Lyrik). Ein häufig verwendetes Versmaß mit der Betonungsfolge X́X X́X X́X X́X. Der Trochäus wird neben dem Jambus wegen des Wechsels von unbetonten und betonten Silben auch als alternierendes Metrum bezeichnet.
„Dícht wie Löcher eínes Síebes stéh'n
Fénster beíeinánder, dŕangend fássen
Häuser sích so dícht an, dáss die Stráßen
Gráu geschwóllen wíe Gewürgte séhn."
(Alfred von Wolkenstein)

Umschließender Reim/Umarmender Reim (Lyrik). Ein Reimschema mit der Reimfolge abba.

Unreiner Reim (Lyrik). Bei einem unreinen Reim ist die Beziehung der „Reimwörter" zwar erkennbar, ihr Klang stimmt jedoch nicht exakt überein.
„Wie ein Gebild aus Himmelshöh'n
sieht er die Jungfrau vor sich steh'n." (Friedrich Schiller)

Vergleich (Rhetorische Figur, Stilfigur). Durch *wie*, *als ob* u. Ä. wird eine Beziehung zwischen zwei Bereichen hergestellt, zwischen denen es Gemeinsamkeiten gibt.
„Wir schlafen ganz, wie Brutus schlief [...]" (Heinrich Heine)

Vers, Verssprache (Lyrik, Dramatik). Die Verssprache, auch gebundene Sprache, steht im Gegensatz zur ungebundenen Sprache (Prosa) erzählender Texte. Die Verssprache ist gekennzeichnet durch bestimmte metrische Formen, also die bewusst gesetzte Abfolge betonter und unbetonter Silben nach einem festgelegten Schema. Es liegt auch dann ein Vers vor, wenn kein Metrum erkennbar ist, eine Zeile jedoch nicht am Seiten-ende, sondern bewusst an einer bestimmten Stelle unterbrochen und in die nächste Zeile übergeleitet wird.

Verschränkter Reim (Lyrik). Reimschema mit der Reimfolge abc(d) abc(d):
„Wozu, o Mond, mit deinem Strahlenschimmer
Hat dich ein Gott in Lüften aufgehangen,
Als dass die Lieb in deinem Licht soll wallen?
Die Liebe wallt in deinem Lichte nimmer,
Der Docht in deiner Lamp ist ausgegangen,
Und deine Scherben lass vom Himmel fallen." (Friedrich Rückert)

Versfuß (Lyrik). Wiederkehrende, kleinste Einheiten innerhalb eines Verses. Zu einem Versfuß gehören immer eine betonte Silbe und eine oder zwei unbetonte Silben. Man unterscheidet vier Versfüße: Jambus, Trochäus, Daktylus und Anapäst. Anstelle von Versfuß wird auch der Begriff „Takt" verwendet.

Waise (Lyrik). Als Waise wird ein Vers bezeichnet, der sich mit keinem anderen reimt.
„Noch einen Kuss, noch einen Druck der Hand!
Und fröhlich zieh ich dann von Land zu Land;
Lass einmal noch der schwarzen Locken Pracht
Im Winde wehn, noch einmal singe sacht
Das schönste mir von deinen schönen Liedern!" (Georg Weerth)

Wechselreim (Lyrik). s. Kreuzreim

Weiblicher Reim (Lyrik). Ein zweisilbiger, auf eine unbetonte Silbe endender Reim wird weiblich genannt, im Gegensatz zu einem einsilbigen, betonten Reim, der männlich genannt wird.
„Hör' es klágt die Flöte wíeder, (weiblich)
Únd die kühlen Brúnnen ráuschen. (weiblich)
Gólden wéh'n die Töne níeder, (weiblich)
Stílle, stílle, láss uns láuschen!" (weiblich) *(Clemens Brentano)*

Zäsur (Lyrik). Darunter versteht man in einem Gedicht eine den natürlichen Sprechfluss unterbrechende Pause innerhalb eines Verses.
„Wir sind doch nunmehr ganz/ja mehr denn ganz verheeret!"
(Andreas Gryphius)

Zeilensprung (Lyrik). s. Enjambement, Hakenstil

Zeilenstil (Lyrik). Fallen in einem Gedicht Vers- und Satzende zusammen, spricht man von Zeilenstil. Im Gegensatz dazu steht der Hakenstil bzw. Zeilensprung (das Enjambement), bei dem ein Satz mehrere Verse überspannt, also in einen folgenden oder weitere Verse springt.
„Den Straßenstrom bin ich herabgeschwommen
Und badete im Tag, der reizend rann.
Da! Schon so spät? Ich fahre aus dem Bann.
Herrgott, mein Zug! Die Stadt ist hell erglommen." (Franz Werfel)

Zeitdeckung (Epik). Stimmen Erzählzeit und erzählte Zeit überein, spricht man von Zeitdeckung. Das bedeutet, dass der Zeitraum des Lesens dem Zeitraum des dargestellten Geschehens in etwa entspricht.

Zeitdehnung (Epik). Zeitdehnung liegt dann vor, wenn die Erzählzeit länger ist als die erzählte Zeit. Das ist z. B. dann der Fall, wenn von einem kurzen Ereignis erzählt wird, jedoch viele parallel ablaufende Details oder auch eingestreute Rückblicke wiedergegeben werden.

Zeitraffung (Epik). Ist die Erzählzeit – wie in vielen Romanen – kürzer als die erzählte Zeit, spricht man von Zeitraffung. Das bedeutet, dass z. B. ein Zeitraum von mehreren Jahren auf wenigen Seiten zusammengefasst wird und das Lesen dieser Seiten nur eine kurze Zeit in Anspruch nimmt. In einem längeren Text, z. B. einer Novelle oder einem Roman, können die verschiedenen Formen der Zeitgestaltung je nach Intention des Autors oder der Autorin im Wechsel Anwendung finden.

Originalfassungen der Gedichte

Heinrich Heine (1797 – 1856)

Die blauen Veilchen der Äugelein

Die blauen Veilchen der Äugelein,
Die roten Rosen der Wängelein,
Die weißen Lilien der Händchen klein,
Die blühen und blühen noch immerfort,
Und nur das Herzchen ist verdorrt.

(1822)

(Seite 75)

Sarah Kirsch (1935 – 2013)

Dreistufige Drohung

Du willst jetzt gehen?
Das sag ich dem Mond!
Da hat sich der Mond
Im Großen Wagen verladen,
der fühlt mit mir, weißzahnig
rollt er hinter dir her!

Die Klinke drückst du?
Ich sag es dem Wind!
Er schminkt dich
Mit Ruß und Regen
Peitscht dich mit Hagelkörnern,
glasmurmelgroß.

Du musst jetzt fort?
Gut, ich sag es keinem.
Ich werde ohne Tränen und Träume schlafen;
Nichts hindert dich.

(1978)

(Aus lizenzrechtlichen Gründen ist dieser Text nicht in reformierter Rechtschreibung abgedruckt.)

(Seite 85)

Bas Böttcher (geb. 1974)

Dran glauben

Häng deine Hoffnung an ein Plastikschwein made in Taiwan
Häng deine Hoffnung an ein Pflasterstein und andern Kleinkram
Zur Show gibt es Kitsch
Zum Popstar das Image
Zur Schönheit die Bräunung
Zum Glück gibt's die Täuschung
Also:
Dran glauben!
Kram kaufen!
Augen schließen!
Den Schwindel genießen!

Häng deine Ziele an den Masterplan von Microsoft
Häng deine Ziele an die Straßenbahn zum Luxusloft
Zum Reichtum gibt's Schätze
Zum Brechen Gesetze
Zur Unschuld die Leugnung
Zum Glück gibt's die Täuschung
Also:
Dran glauben!
Kram kaufen!
Augen schließen!
Den Schwindel genießen!

Häng deine Träume an die Funknetze der Telekom
Häng deine Träume nur an Goldschätze und Pokemon
Zur Ware gibt's Werbung
Zum Blondieren die Färbung
Zum Traum gibt's die Deutung
Zum Glück gibt's die Täuschung
Also:
Dran glauben!
Kram kaufen!
Augen schließen!
Den Schwindel genießen!

Häng deine Wünsche an die Serien auf Pro Sieben
Häng deine Wünsche an die Ferien und ans Verlieben
Zur Liebe gibt's Treue
Zum Fremdgehn die Reue
Zum Schmerz die Betäubung
Zum Glück gibt's die Täuschung
Also:
Dran glauben!
Kram kaufen!
Augen schließen!
Den Schwindel genießen!

(2008)

(Seite 412)

Verzeichnis der Textarten

[1] Nicht aufgeführt sind hier die zahlreichen Kurzbiografien der Schriftsteller.

Erzählung
Epos/Kurzgeschichte/Novellenauszug/Parabel-Gleichnis/Romanauszug

Fabel

Filmstandbild/Theaterstandbild

Gedicht/lyrischer Text

Gemälde/Collagen/Skulpturen/Fotos

Karikatur

Kommunikationstheoretischer Text

Kurzgeschichte

Märchen

Medientheoretischer Text

Novellenauszug

Parabel/Gleichnis

Philosophischer Text

Plakat

Poetologischer Text

Rechtstext

Rede

Rezension

Romanauszug

Sachtext

Dramentheoretischer Text/Kommunikationstheoretischer Text/ Medientheoretischer Text/Philosophischer Text/Poetologischer Text/Rechtstext/Rede/Rezension/Sprachtheoretischer Text

Sprachtheoretischer Text

Tagebucheintrag

Stichwortregister

Textquellenverzeichnis

Bei den fett gedruckten Seitenzahlen finden Sie auch Angaben zur Biografie des Autors.

Abiturrede des Schülers Josef Kisting, gehalten um 1965 ... 478
Redner: Josef Kisting, Städtisches St.-Michael-Gymnasium, Monschau (Rechteinhaber konnte nicht ermittelt werden.)

Abiturrede von Heiner Müller, Florian Weber und anderen, gehalten 1968 ... 479
In: Meier-Siem, Martin (Hg.), Abiturientenreden. Gehalten in der Bundesrepublik, Hamburg 1969, S. 46–50 (Rechteinhaber konnten nicht ermittelt werden.)

Adorno, Theodor W.
• „Nach Auschwitz ...“ ... 366
In: Ders., Kulturkritik und Gesellschaft I, Gesammelte Werke, Bd. 10.1, Frankfurt/M. (Suhrkamp) 2003, S. 30

Albrecht von Johansdorf
• Ich vant si âne huote ... 122
In: Kasten, Ingrid (Hg.), Deutsche Lyrik des frühen und hohen Mittelalters, Frankfurt/M. (Deutscher Klassiker Verlag) 2005, S. 176–179

Anacker, Heinrich
• Deutsche Ostern 1933 ... 353
In: Schöne, Albrecht, Über politische Lyrik im 20. Jahrhundert, Göttingen (Vandenhoeck) 1965

Anders, Günther
• Welt im Bild ... 499
In: Ders., Die Antiquiertheit des Menschen, Bd. 2, Über die Zerstörung des Lebens im Zeitalter der dritten industriellen Revolution, München (C. H. Beck) 1980; zit. nach: Texte zur Medientheorie, hg. v. Günter Helmes u. Werner Köster, Stuttgart 2008, S. 293 ff.

Andres, Stefan
• El Greco malt den Großinquisitor, (Auszüge), ... **355**
Stuttgart (Reclam) 2005

Arndal, Steffen
• Das Bürgertum im aufgeklärten Absolutismus* ... 159
In: Geschichte der deutschen Literatur, Bd. I, Vom Mittelalter bis zur Romantik, hg. v. Bengt Algot Sørensen, München (Beck) 1997, S. 155–158

Arp, Hans
• Sekundenzeiger ... 297
In: Arp-Hagenbach, M./Schifferli, P. (Hg.), Hans Arp. Gesammelte Gedichte, Bd. 1, Gedichte 1903–1939, Wiesbaden (Limes) 1963

Äsop
• Der Löwe und der Esel ... 156
In: Etzel, Theodor, Fabeln und Parabeln der Weltliteratur, Eltville am Rhein (Bechtermünz Verlag) 1990, S. 40 f.

„Auf einmal flattert ein Rabe auf“ – Stimmen zum „Neopathetischen Cabaret“ ... 304
In: Stratenwerth, Irene (Hg.), All meine Pfade rangen mit der Nacht. Jakob van Hoddis 1887–1942, Frankfurt/M. (Stroemfeld Verlag) 2001, S. 77 f., 99

Bachmann, Ingeborg
• Reklame ... **382**
In: Dies., Werke, hg. v. Christine Koschel u. a., München/Zürich (Piper) 1978, S. 114

Domin, Hilde
• Unaufhaltsam ... 37
In: Dies., Sämtliche Gedichte, Frankfurt/M. (S. Fischer Verlag) 2009, S. 82

Dominguez, Stefanie
• Partnerarbeit ... 52
(Originalbeitrag)

Döring, Tilman
• Immer wenn ... **410**
In: Lange, Günther, Deutschdidaktik aktuell, Bd. 34, Poetry Slam. Unterricht, Workshops, Texte und Medien, Hohengehren (Schneider Verlag), S. 169 f.

Drei Fragen an Jugendliche und junge Erwachsene ... 627
In: http://www.zeit.de/2010/37/C-Shell-Jugendstudie; Verfasser: Jan-Martin Wiarda [letzter Zugriff: 8.5.2013]

Droste Hülshoff, Annette von
• Der Weiher ... **245**
In: Die deutsche Literatur in Text und Darstellung. Vormärz, hg. v. Florian Vaßen, Stuttgart (Reclam) 2005, S. 120

„Dû bist mîn, ich bin dîn" ... 120
In: Kasten, Ingrid (Hg.), Deutsche Lyrik des frühen und hohen Mittelalters, Frankfurt/M. (Deutscher Klassiker Verlag) 2005, S. 30

Dürrenmatt, Friedrich
• Modell Scott ... 115
In: Ders., Die Wiedertäufer, Zürich (Diogenes) 1998
• 21 Punkte zu den „Physikern" (Auszug) ... 115
In: Ders.: Die Physiker Copyright © 1986 Diogenes Verlag AG Zürich
• „Die Tragödie setzt Schuld, Not, Maß, Übersicht, Verantwortung voraus. ..." ... 115
In: Ders.: Theater. Essays, Gedichte und Reden Copyright © 1986 Diogenes Verlag AG Zürich

Edschmid, Kasimir
• Über den dichterischen Expressionismus ... 306
In: Best, Otto F. (Hg.), Theorie des Expressionismus, Stuttgart (Reclam) 1982, S. 55 ff.

Eich, Günter
• Abend im März ... **212**
In: Ders., Sämtliche Gedichte, hg. v. Jörg Drews, Frankfurt/M. (Suhrkamp) 2006
• Träume („Alles was geschieht ...") ... 365
In: Ders., Gesammelte Werke II, hg. von Karl Karst, Frankfurt/Main, 1991, S. 351
• Latrine ... **368**
In: Ders., Abgelegene Gehöfte, Frankfurt/M. (Suhrkamp) 1968
• Inventur ... 369
In: Ders., Gesammelte Werke in vier Bänden, Bd. 1, Frankfurt/M. (Suhrkamp) 1973

Eichendorff, Joseph von
• Jahrmarkt ... 74
In: Steinbach, Dietrich (Hg.), Romantik. Lyrik mit Materialien, Auswahl der Texte und Materialien von Hans-Heino Ewers, Stuttgart (Klett) 1984, S. 51 f.
• Auf meines Kindes Tod ... 138
Aus: Karl Otto Conrady (Hg.): Das Buch der Gedichte. Deutsche Lyrik von den Anfängen bis zur Gegenwart, neu herausgegeben von Hermann Korte, Berlin (Cornelsen) 2006, S. 79
• Wünschelrute ... 200
In: Frühwald, Wolfgang (Hg.), Gedichte der Romantik, Stuttgart (Reclam UB 8230) 1984, S. 142
• Aus dem Leben eines Taugenichts (Erstes Kapitel), ... **202**
Paderborn (Schöningh) 2000, S. 5 ff.
• Frische Fahrt ... 204
In: Schultz, Hartwig (Hg.), Joseph von Eichendorff, Werke in fünf Bänden, Bd. 2, Frankfurt/M. (Deutscher Klassiker Verlag) 1985, S. 185
• Die zwei Gesellen ... 205
In: Schultz, Hartwig (Hg.), a. a. O., S. 185
• Abschied ... 210
In: Echtermeyer, Theodor/von Wiese, Benno (Hg.), Deutsche Gedichte, Berlin (Cornelsen) [3]1993, S. 374
• Mondnacht ... 211
In: Echtermeyer, Theodor/von Wiese, Benno (Hg.), a. a. O., S. 379
• Sehnsucht ... 216
In: Echtermeyer, Theodor/von Wiese, Benno (Hg.), a. a. O., S. 376

Einrauch, Volker/Huntgeburth, Hermine
• Effi Briest – Drehbuchauszug ... 263
Mitschrift von Michael Fuchs; DVD „Effi Briest" © Contantin Film Verleih, München 2009

Ende, Michael
• Zettelkasten, ... 427
Skizzen & Notizen, München (Piper) 1994

Enzensberger, Hans Magnus
• „Ihrer Sprache wohnt etwas Rettendes inne. ..." ... 372
Aus: Ders., Die Steine der Freiheit; in: Merkur 13/1959; zit. nach: Kiedaisch, Petra (Hg.), Lyrik nach Auschwitz? Adorno und die Dichter, Stuttgart (Reclam) 1995, S. 73
• Ins lesebuch für die oberstufe ... 381
In: Ders., Gedichte 1955–70, Frankfurt/M. (Suhrkamp) 1971
• verteidigung der wölfe gegen die lämmer ... 381
In: Büttner, Ludwig, Von Benn zu Enzensberger. Eine Einführung in die zeitgenössische Lyrik 1945–1970, Nürnberg (Verlag Hans Carl) 1971
• „Jedem Medium folgt wie ein Schatten ..." ... 484
In: Ders., Die Elixiere der Wissenschaft, Frankfurt/M. (Suhrkamp) 2002
• Altes Medium ... 509
In: KIOSK. NEUE GEDICHTE, Frankfurt/M. (Suhrkamp) 1995

Erhaben über die Händel der gemeinen Welt ... 143
In: Henkel, Arthur/Schöne, Albrecht, Emblemata. Handbuch zur Sinnbildkunst des XVI. und XVII. Jahrhunderts, Taschenbuchausgabe, Stuttgart (Metzler) 1996, Sp. 61

Erhardt, Heinz
• „Auf, auf, auf und auf! ..." ... 660
In: Ders., Von der Pampelmuse geküsst. Gedichte – Prosa – Szenen, hg. v. Heinrich Detering, Stuttgart (Reclam) 2004, S. 43

Erste Verordnung zur Durchführung des Reichskulturkammergesetzes vom 1. November 1933 ... 352
In: Graeb-Könneker, S. (Hg.), Literatur im Dritten Reich, Stuttgart (Reclam) 2001, S. 40 f.

Estran-Goecke, Chantal
• Aphasie ... 447
In: Ackermann, Irmgard, In zwei Sprachen leben. Berichte, Erzählungen, Gedichte von Ausländern, München (dtv) 1983, S. 80

Fallada, Hans
• Kleiner Mann – was nun? (Auszug) ... 346
Berlin (Aufbau Verlag) 1995, S. 198–200

Fernsehansprachen von Bundeskanzler Kurt Georg Kiesinger (CDU) und Bundesjustizminister Gustav Heinemann (SPD) zu den Studentenunruhen von 1968 ... 472, 473
In: Bulletin des Presse- und Informationsamtes der Bundesregierung, Nr. 49 (17.4.1968)

Fleming, Paul
• An sich ... **141**
In: Echtermeyer. Deutsche Gedichte – Von den Anfängen bis zur Gegenwart, Auswahl für Schulen, hg. v. Elisabeth K. Paefgen u. Peter Geist, Berlin (Cornelsen) [19]2005, S. 86 f.

Herold, Theo/Wittenberg, Hildegard
• Die Situation des deutschen Theaters im 18. Jahrhundert ... 97
In: EinFach Deutsch, Nathan der Weise (Textausgabe), hg. v. Johannes Diekhans, Paderborn (Schöningh) 1998, S. 152 f.

Herrmann, Dietrich
• Der „Realismus" in seiner Zeit ... 253
(Originalbeitrag)
• Theodor Fontane, „Effi Briest" – Skizzierung der Figuren ... 258
(Originalbeitrag)
• Der „Realismus" in seiner weiteren Entwicklung ... 265
(Originalbeitrag)
• Was ist Naturalismus? – Eine mathematische Gleichung? ... 272
(Originalbeitrag)

Herrmann-Neisse, Max
• Nacht im Stadtpark ... **79**
In: Steinbach, Dietrich (Hg.), Expressionismus. Lyrik mit Materialien, Auswahl der Texte und Materialien von Wilhelm Große, Stuttgart (Klett) 1980, S. 48 f.

Herwegh, Georg
• Aufruf ... **234**
In: Die deutsche Literatur in Text und Darstellung. Vormärz, hg. v. Florian Vaßen, Stuttgart (Reclam) 2005, S. 154
• Wiegenlied ... 238
In: Herweghs Werke in einem Band, hg. v. H.-G. Werner, Berlin (Aufbau Verlag) 1967, S. 123 f.

Heym, Georg
• Der Gott der Stadt ... **308**
In: Ders., Der ewige Tag, Leipzig (Rowohlt) 1911
• Die Irren ... 314
In: Große, Wilhelm, Expressionistische Lyrik. Kommentare, Diskussionsaspekte und Anregungen für produktionsorientiertes Lesen, Hollfeld (Beyer Verlag), ^{2}2006, S. 69
• Tagebuch (6. Juli 1910) ... 316
In: Ders., Dichtungen und Schriften, Gesamtausgabe, hg. v. Karl L. Schneider, Bd. 3, München (C. H. Beck) ^{3}1986, S. 138 f.
• Der Krieg ... 316
In: Das neue Pathos, Jahrbuch 1914/15

Hirth, Simone
• Gustav ... **409**
In: Schulze, Tom (Hg.), Alles außer Tiernahrung. Neue politische Gedichte, Berlin (Rotbuch Verlag) 2009, S. 95

Hoddis, Jakob van
• Weltende ... **302**
In: Der Demokrat III, 2/1911
• Morgens ... 309
In: Die Aktion 4/1914

Hoffmann, E. T. A.
• Der Sandmann (Auszug), ... **218**
Paderborn (Schöningh) 2004, S. 11 f.
• Nachrichten von den neuesten Schicksalen des Hundes Berganza ... 220
In: Ders., Sämtliche Werke, hg. v. R. Schönhaar/A. Peine, Essen (Phaidon Verlag) o. J., S. 80

Hofmann von Hofmannswaldau, Christian
• Vergänglichkeit der Schönheit ... **146**
In: Conrady. Das Buch der Gedichte – Deutsche Lyrik von den Anfängen bis zur Gegenwart, neu hg. v. Hermann Korte, Berlin (Cornelsen) 2006, S. 106

Hofmannsthal, Hugo von
• Ein Brief (Brief des Lord Chandos an Francis Bacon) (Auszüge) ... **289**, 292
In: Steiner, Herbert (Hg.), Hugo von Hofmannsthal. Gesammelte Werke in Einzelausgaben, Prosa II, Frankfurt/M. (S. Fischer Verlag) 1951, S. 7–20
• Weltgeheimnis ... 291
In: Hirsch, Rudolf u. a. (Hg.), Hugo von Hofmannsthal. Sämtliche Werke, Bd. 1, Gedichte, Frankfurt/M. (S. Fischer Verlag) 1984, S. 45

Holz, Arno/Schlaf, Johannes
• Papa Hamlet ... 276
Stuttgart (Reclam) 2007, S. 59–61

Horkheimer, Max/Adorno, Theodor W.
• Dialektik der Aufklärung (Auszug) ... 173
In: Dies., Philosophische Fragmente, Frankfurt/M. (Suhrkamp) 1997, S. 19

Hornby, Nick
• „Mal ehrlich, Bücher sind besser als alles andere ..." ... 18
In: Ders., Mein Leben als Leser, übers. v. Clara Drechsler u. Harald Hellmann, Köln (Kiepenheuer & Witsch) 2005, S. 62
• Mein Leben als Leser ... 22
a. a. O., S. 41–43

Horstmann, Ulrich
• Das Untier – Konturen einer Philosophie der Menschenflucht, ... 195
Frankfurt/M. (Suhrkamp) 1985, S. 7 f.

Huch, Ricarda
• „Die blaue Blume ist aber das ..." ... 215
Aus: Dies., Gesammelte Werke, hg. von Wilhelm Emrich, Köln (Kiepenheuer & Witsch) 1966–1970

Huchel, Peter
• „Aber jeder, der schreibt ..." ... 365
Aus: Ders., Der Preisträger dankt. Rede anlässlich der Verleihung des Literaturpreises der Deutschen Freimaurer 1974 an Peter Huchel; in: Axel Vieregg (Hg.), Peter Huchel, Frankfurt/M. (Suhrkamp) 1986, S. 18 f.

„Im Anfang war das Wort ..." ... 419
In: Die Bibel. Altes und Neues Testament, Einheitsübersetzung der Heiligen Schrift, Stuttgart (Katholische Bibelanstalt) 1980, S. 1195

Internet, Ort der Einsamkeit – Interview mit William Deresiewicz ... 54
In: SZ vom 18.2.2010/Johannes Kuhn (http://tinyurl.com/a7tv7xp) [letzter Zugriff: 2.1.2012]

Internetrezensionen zu Sigrid Damms Roman ... 620
In: http://www.amazon.de/product-reviews/3458345000 [letzter Zugriff: 6.3.2013]

Jandl, Ernst
• „Alles so einfach wie möglich zu machen ..." ... 377
In: Ders., Die schöne Kunst des Schreibens, Darmstadt/Neuwied (Luchterhand) 1976, S. 50
• Das Schreiben ist für Literaten ... **379**
In: Ders., Die schöne Kunst des Schreibens, a. a. O.
• schtzngrmm ... **379**
In: Ders., Gesammelte Werke, Bd. I, hg. v. Klaus Siblewski, Darmstadt (Luchterhand) 1985, S. 125

Julia Franck – eine biografische Notiz ... **653**
In: Arnold, Heinz Ludwig (Hg.), Kritisches Lexikon zur deutschsprachigen Gegenwartsliteratur, München (Edition Text und Kritik)

Jünger, Friedrich Georg
• Im Grase ... 374
In: Ders., Sämtliche Gedichte, Frankfurt/M. (Erker) 1974, S. 323

Kafka, Franz
• „Verkehr mit Menschen ..." ... 322
• „Es ist nicht notwendig ..." ... 322
Aus: Betrachtungen über Sünde, Leid, Hoffnung und den wahren Weg; in: Ders., Hochzeitsvorbereitungen auf dem Lande und andere Prosa aus dem Nachlass, hg. v. Max Brod, Frankfurt/M. (Fischer TB) 1983, S. 30 ff.
• „ Je länger man ..." ... 322
Aus: Heimkehr; in: Hermes, Roger (Hg.), Franz Kafka. Die Erzählungen, Frankfurt/M. (S. Fischer Verlag) 1997, S. 464
• „Ein Buch muss die Axt sein ..." ... 322
Aus: Brief an Oskar Pollak, 27. Januar 1904; in: Ders., Briefe 1902–1924, Frankfurt/M. (S. Fischer Verlag), Lizenzausgabe für Europa von Schocken Books New York 1958, S. 27
• Gibs auf ... **324**
In: Ders., Sämtliche Erzählungen, Frankfurt/M. (Fischer TB) 1994, S. 358

Kriemhilds Falkentraum (Nibelungenlied, um 1200) 121
In: Das Nibelungenlied, nach der Ausgabe von Karl Bartsch, hg. v. Helmut de Boor, Wiesbaden (F. A. Brockhaus) 1963

Küchenmeister, Nadja
• nebel **408**
In: DIE ZEIT, Nr. 3, 10.1.2008
• phönix **408**
In: Dies., Alle Lichter, Frankfurt/M. (Schöffling Verlag) 2010

Kunert, Günter
• Notizen in Kreide **387**
• Meine Sprache **438**
In: Ders., Verkündigung des Wetters. Gedichte, München (Hanser) 1966, S. 7 f. u. 30 f.

Kunze, Reiner
• Die Liebe 87
In: Ders., gespräch mit der amsel, Frankfurt/M. (S. Fischer) 1984
• Ethik **391**
Aus: Kurzer Lehrgang; in: Ders., Sensible Wege. 48 Gedichte und ein Zyklus, Reinbek bei Hamburg (Rowohlt) 1976, S. 35
• Das Ende der Kunst 392
In: Ders., Gedichte, Frankfurt/M. (S. Fischer) 2001, S. 51
• Tatsachen 392
In: Ders., Gedichte, a. a. O., S. 104

Kurzweil, Ray
• Verschmelzen von Mensch und Maschine 508
Aus: Ders., Die Maschinen werden uns davon überzeugen, dass sie Menschen sind; Interview in: FAZ, 5.7.2000, S. 51 f.; zit. nach: Texte zur Medientheorie, hg. v. Günter Helmes u. Werner Köster, Stuttgart 2008

Lafleur, Stan
• tauben **409**
In: Schulze, Tom (Hg.), Alles außer Tiernahrung. Neue politische Gedichte, Berlin (Rotbuch Verlag) 2009, S. 43

Le Bon, Gustave
• „Die Massen können nur in Bildern denken ..." 485
Aus: Ders., Bilder und Einbildungen als die Masse bewegende Mächte; in: G. Helmes/W. Köster (Hg.), Texte zur Medientheorie, Stuttgart (Reclam) 2002

Leserrezensionen zu Julia Francks Roman 652
In: http://www.amazon.de/Die-Mittagsfrau-Roman-Julia-Franck/dp/3100226003 [letzter Zugriff: 23.6.2010]

Lessing, Gotthold Ephraim
• Siebzehnter Brief die neueste Literatur betreffend 101
In: Ders., Gesammelte Werke, hg. von W. Stammler, 2. Bd., München (Hanser) 1959, S. 52
• Hamburgische Dramaturgie, ... 102
14. Stück vom 16. Juni 1767; in: Lessings Werke, Vollständige Ausgabe in 25 Teilen, hg. von J. Petersen und W. v. Olshausen, Berlin/Leipzig u. a. (Deutsches Verlagshaus Bong) 1925 ff.
• Der Esel mit dem Löwen 156
In: Ders., Werke, Bd. 1, Gedichte – Fabeln – Lustspiele, München (Hanser) 1970, S. 247 f. (Interpunktion modernisiert)
• Von dem Wesen der Fabel (Auszug) 157
In: Ders., Werke, Bd. 5, Literaturkritik. Poetik und Philologie, München (Hanser) 1970, S. 285
• Der Besitzer des Bogens 157
In: Ders., Werke, Bd. 1, a. a. O., S. 259 (Interpunktion modernisiert)
• Die Esel 157
In: Ders., Werke, Bd. 1, a. a. O., S. 248 (Interpunktion modernisiert)
• Emilia Galotti (2. Aufzug, 4. Auftritt), ... 158
hg. v. Johannes Diekhans, Paderborn (Schöningh) 1998, S. 26–28
• Über die Wahrheit* 162
Auszug aus: Eine Duplik; in: Ders., Werke, Bd. 8, Theologiekritische Schriften III. Philosophische Schriften, München (Hanser) 1979, S. 32 f.
• Emilia Galotti (1. Aufzug, 8. Auftritt), ... 548
a. a. O., S. 22

Leßmöllmann, Annette
• Raus mit der Sprache! 450
In: ZEITWissen 1/2006, S. 12–24

Lichtenberg, Georg Christoph
• Aphorismen (Auszug aus den „Sudelbüchern") 154, 160
In: Ders., Schriften und Briefe, Bd. I – II, Sudelbücher, hg. v. Wolfgang Promies, München (Hanser) 1972

Lichtenstein, Alfred
• Die Dämmerung 297
In: Kanzog, Klaus (Hg.), Alfred Lichtenstein. Gesammelte Gedichte, Zürich (Arche) 1962, S. 44
• Punkt **313**
In: Die Aktion 4/1914

Lichtwer, Magnus Gottfried
• Der Hänfling 155
In: Poser, Therese (Hg.), Fabeln, Stuttgart (Reclam) 1975 (= Arbeitstexte für den Unterricht), S. 24 f.
• Das Kamel 157
In: Dithmar, Reinhard (Hg.), Fabeln, Parabeln und Gleichnisse, München (dtv) 1970, S. 179

Literarisches Erzählen als Kommunikationssituation 25
Nach: Cordula Kahrmann/Gunter Reiß/Manfred Schluchter, Erzähltextanalyse, Königstein/Ts. (Athenäum) 1986, S. 36–55

Loetscher, Hugo
• „... durchs Lesen erfährt einer von anderen Möglichkeiten ..." 18
Aus: Ders., Über das Lesen; in: Jahrbuch 1983 der Zürcherischen Gemeinde- und Schulbibliotheken, S. 8 f.; zit. nach: Bücher, nur Bücher! Texte vom Lesen und Schreiben, Zürich (Zürcher Buchhändler- und Verleger-Verein) 1991, S. 174

Logau, Friedrich von
• Des Krieges Buchstaben 137
• Abgedankte Soldaten 137
In: Ders., Sämmtliche Sinngedichte, hg. v. Gustav Eitner, Tübingen 1872, ND Hildesheim (Georg Olms Verlag) 1974

Lotz, Ernst Wilhelm
• Die Nächte explodieren in den Städten **311**
In: Vietta, Silvio (Hg.), Lyrik des Expressionismus, Tübingen (Niemeyer) [4]1999, S. 36

Luhmann, Niklas
• „Was wir über unsere Gesellschaft ..." 484
In: Ders., Die Realität der Massenmedien, Wiesbaden (Westdeutscher Verlag) 1996

Lux, Joachim
• Drei Cent pro Tag 90
In: Theater heute, Heft 4/April 2010, S. 1

Madjderey, Abdolreza
• Brief 447
In: Ackermann, Irmgard, In zwei Sprachen leben. Berichte, Erzählungen, Gedichte von Ausländern, München (dtv) 1983, S. 217

Maeterlinck, Maurice
• „Sobald wir etwas aussprechen ..." 285, 288
In: Ders., Der Schatz der Armen, übers. von Friedrich von Oppeln-bronikowski, Jena (Eugen Diederichs Verlag) 1919, S. 31
• Der Schatz der Armen (Auszug), ... **289**
übers. v. Friedrich von Oppelnbronikowski, Jena (Eugen Diederichs Verlag) 1919, S. 2 f.

Troll, Thaddäus
- Rotkäppchen 1 59
In: Hans Ritz: Die Geschichte vom Rotkäppchen, Ursprünge, Analysen, Parodien eines Märchens, 14. erweiterte Auflage, Kassel (Muriverlag) 2006

Verbot der Schriften des „Jungen Deutschland“ vom 10. Dezember 1835 235
In: Das Junge Deutschland, hg. v. Jost Hermand, Stuttgart (Reclam) 1966

Vesper, Will
- Das Neue Reich 354
In: Literatur im Dritten Reich: Texte und Dokumente, Stuttgart (Reclam) 2001

Walther von der Vogelweide
- Under der linden 126
In: Wapnewski, Peter (Hg.), Walther von der Vogelweide – Gedichte. Mittelhochdeutscher Text und Übertragung, Frankfurt (Fischer Bücherei) 1962
- Ich saz ûf eime steine 127
In: Kasten, Ingrid (Hg.), Deutsche Lyrik des frühen und hohen Mittelalters, Frankfurt/M. (Deutscher Klassiker Verlag) 2005, S. 472 ff.

Watzlawick, Paul
- Menschliche Kommunikation **40**
In: Ders. u. a., Menschliche Kommunikation. Formen – Störungen – Paradoxien, Bern/Stuttgart/Wien (Verlag Hans Huber) 1969, S. 50 ff.
- Das dritte, vierte und fünfte Axiom – Interview mit Paul Watzlawick 42
In: P. M. Perspektive, Kommunikation, Heft 12/1989, S. 53 f.

Weerth, Georg
- Die Rheinischen Weinbauern **233**
In: Ders., Ausgewählte Werke, hg. v. Bruno Kaiser, Frankfurt/M. (Insel) 1966, S. 39

Werfel, Franz
- „Den Straßenstrom ...“ 662
Aus: Deutsche Großstadtlyrik vom Naturalismus bis zur Gegenwart, hg. von Wolfgang Rothe, Stuttgart 1973, S. 185

Whorf, Benjamin L.
- Das „linguistische Relativitätsprinzip“ 428
In: Ders., Sprache – Denken – Wirklichkeit. Beiträge zur Metalinguistik und Sprachphilosophie, deutsche Übersetzung von Peter Krausser, Reinbek bei Hamburg (Rowohlt) 1963

Wiechert, Ernst
- Rede an die deutsche Jugend, gehalten am 11. November 1945 im Münchner Schauspielhaus **469**
In: http://www.ernst-wiechert.de/Ernst_Wiechert_Rede_an_die_deutsche_Jugend.htm

Wienbarg, Ludolf
- Ästhetische Feldzüge 239
In: Deutsch Oberstufe. Sprache und Literatur, hg. v. Th. Pelster u. K. Krebs, München (bsv) 1992, S. 264 ff.

Wilke, Jürgen
- Vermischung von Information und Unterhaltung* 490
Aus: Ders., Funktionen und Probleme der Medien, in: http://www.bpb.de/politik/grundfragen/deutsche-verhaeltnisse-eine-sozialkunde/139163/funktionen-und-probleme?p=0 [20.4.2013]

Wille, Friedrich u. a.
- Rotkäppchen 2 59
In: Hans Ritz, Die Geschichte vom Rotkäppchen, Ursprünge, Analysen, Parodien eines Märchens, 14. erweiterte Auflage, Kassel (Muriverlag) 2006

Winckelmann, Johann Joachim
- Gedanken über die Nachahmung der griechischen Werke in der Malerei und Bildhauerkunst, ... 185
Stuttgart (Reclam) 1977, S. 3 u. 20

Wißmann, Constantin
- Du stehst auf blonde Frauen, oder? 497
In: http://www.fluter.de/de/medienwelten/heft/7823/ 10.7.2009

Wittgenstein, Ludwig
- „Die Grenzen meiner Sprache bedeuten die Grenzen meiner Welt.“ 419, 433
In: Kenny, Anthony (Hg.), Ludwig Wittgenstein. Ein Reader, Frankfurt/M. (Suhrkamp) 1996, S. 7

Wohmann, Gabriele
- Ein netter Kerl 51
In: Dies., Habgier. Erzählungen, Reinbek bei Hamburg (Rowohlt Taschenbuch Verlag) 1978, S. 68 ff.

Wolfenstein, Alfred
- „Dicht wie Löcher eines Siebes ...“ 589
Aus: Ders., Städter; in: Großstadtlyrik, hg. v. Waltraud Wende, Stuttgart (Reclam) 1999, S. 104

Wölke, Alexandra
- Was ist Fachsprache? 58
(Originalbeitrag)
- Die Anfänge der DDR-Literatur 390
(Originalbeitrag)
- Sprachwandel 440
(Originalbeitrag)

Wondratschek, Wolf
- In den Autos **404**
In: Ders., Das leise Lachen am Ohr eines andern. Gedichte/Lieder II, München (Selbstverlag) 1976 (Vertrieb: 2001/Frankfurt/M.), S. 10

Wulff, Matthias
- Die ergreifende Geschichte der Julia Franck 651
In: http://www.welt.de/kultur/article1247144/Die_ergreifende_Geschichte_der_Julia_Franck.htm [letzter Zugriff: 23.6.2010]

Zech, Paul
- Fabrikstraße tags **310**
In: Vietta, Silvio (Hg.), Lyrik des Expressionismus, Tübingen (Niemeyer) ^{4}1999, S. 150

Zimmer, Dieter E.
- Körpersprache 46
In: ZEIT – MAGAZIN, Nr. 23/2.6.1978, S. 4–10, 38
- Wiedersehen mit Whorf **430**
In: Ders., So kommt der Mensch zur Sprache. Über Spracherwerb, Sprachentstehung, Sprache & Denken, München (Heyne) ^{2}1986, S. 230–237
- Information als Landplage 501
In: Ders., Die Bibliothek der Zukunft. Text und Schrift in den Zeiten des Internet, Hamburg (Hoffmann und Campe) 2000; zit. nach: http://www.hamburg.de/contentblob/326072/data/abitur-deutsch.pdf

Bei allen mit * gekennzeichneten Titeln handelt es sich nicht um Originalüberschriften.

Bildquellenverzeichnis

|A1PIX - Your Photo Today, Ottobrunn: Phanie 419. |action press, Hamburg: Sipa Press 424. |akg-images GmbH, Berlin: 18, 74, 88, 93, 98, 99, 104, 105, 110, 118, 119, 133, 134, 135, 135, 142, 145, 152, 153, 156, 164, 167, 174, 178, 181, 181, 182, 198, 202, 208, 213, 216, 217, 224, 225, 226, 228, 243, 250, 251, 255, 268, 269, 269, 270, 280, 280, 280, 280, 281, 282, 296, 300, 302, 309, 314, 315, 319, 326, 326, 326, 330, 332, 346, 357, 358, 388, 419, 462, 464, 542, 548, 555, 609, 622; Album 344; Album/Prisma 288; Archiv Klaus Wagenbach 323, 323, 323; Bildarchiv Pisarek 436, 470; IAM 355; Lessing, Erich 97, 161, 225, 453; Meya, Bruni 401; picture-alliance/dpa 365; © VG Bild-Kunst, Bonn 2013 501. |alamy images, Abingdon/Oxfordshire: Photo 12 525; Pictorial Press Ldt. 359. |alimdi.net, Deisenhofen: Christian Handl 188; Cornelius Paas 337. |Antiquariat Dr. H.-P. Haack, Leipzig: © Foto H.-P. Haack 334. |argum Fotojournalismus, München: Fritz Stockmeier 89. |Artothek, Spardorf: LWL-LMKuK 307. |Aufbau Verlag GmbH & Co. KG, Berlin: unter Verwendung eines Fotos von © ullstein bild 360. |Aurin, Thomas, Berlin: 117, 117. |Bauer, Jürgen (juergen-bauer.com), Leidersbach: 378. |Baumann, Susanne, Paderborn: 184, 185. |Bavaria Filmverleih- und Produktions GmbH, Geiselgasteig: 170, 171, 171, 171, 171, 172, 172, 172, 172, 172. |Becker, Markus, Duisburg: www.flusskiesel.de 441. |Beinhorn, Volker, Bremen: 108. |Bertram, Marco, Berlin: 389, 389. |Bibliographisches Institut GmbH (Duden), Berlin: (Duden), 2011 439. |bildagentur-online GmbH, Burgkunstadt: Hermera 448; McPhoto-BGF 211. |Börner, Jakob, Hamburg: www.jakobboerner.com 637. |bpk-Bildagentur, Berlin: 66, 80, 141, 232, 236, 245, 272, 274, 281, 310, 318, 322, 331, 331, 432, 469, 636; Archiv Walther 397; Braun, Lutz 225; BSB/Archiv Heinrich Hoffmann 39; Lauterwasser, Siegfried 374; Lichte, H. 268; Nationalgalerie, SMB/Anders, Jörg P. 310; Pisarek, Abraham 367; Scala 73, 419; Staatliche Kunstsammlungen Dresden/Herbert Boswank 305; Staatsbibliothek zu Berlin 161; United Archives/Grimm, Arthur 375; Wundshammer, Benno 367. |Bridgeman Images, Berlin: 92, 101, 156, 274, 454; © Charles F. Olney Fund 301; © VG Bild-Kunst, Bonn 2013 421. |bsd-photo-archiv, Berlin: Peter Homann 399, 399. |BSR Berliner Stadtreinigung, Berlin: Mit freundlicher Genehmigung der BSR (Berliner Stadtreinigung), www.BSR.de, © Berliner Stadtreinigung (2016) 441. |Burkhardt, Heiko, Berlin: Lilano.de 364. |capito - Agentur für Bildungskommunikation GmbH, Berlin: Foto: © Monia - Fotolia.com 449. |Caro Fotoagentur, Berlin: Frank Sorge 485; Oberhäuser 199; Wächter 485. |Constantin Film Verleih GmbH, München: 2009 262; 2009 / Foto: Cinetext 263. |Crystal, David, Holyhead: 427. |Dadder, Rita, Bad Berka: Erstveröffentlichung: www.weimar-lese.de 617. |ddp images GmbH, Hamburg: 285, 339; Capital Pictures 68; dapd/Lennart Preiss 504; dapd/Ronald Wittek 48; dfd/Deutscher Fotodienst 629; Koch, Jens-Ulrich 193; Senator Film 464; Warner Bros. 199. |Deresiewicz, William: 54. |Deutsche Sprachwelt, Erlangen: 445. |Deutsches Literaturarchiv Marbach, Marbach am Necker: 336. |Deutschlandstiftung Integration, Berlin: 446. |Domke, Franz-Josef, Hannover: 35, 38, 45, 93, 595, 596, 597, 601. |Döring, Tilman, Hildesheim: 410. |Duplicon Martin Mißfeldt, Panketal: "Cartoon Walter von der Vogelweide (Detail)", Gouache auf Papier, 40 x 30 xm, 2006, www.martin-missfeldt.de 127. |Edition Tintenfass, Neckarsteinach: Rudolf Post: Kleines pfälzisches Wörterbuch, Edition Tintenfass, 2007, ISBN 978-3-937467-30-6 439. |Encyclopedia of World Biography 2007: COPYRIGHT 2004 The Gale Group Inc 428. |Ernst Strüngmann Forum, Frankfurt: Foto von Uwe Dettmar bei der 3te. Ernst Strüngmann Forum (Frankfurt, 2008) 459. |Flonline, Frankfurt/M.: © Ojo Images 19. |Focus Photo- u. Presseagentur GmbH, Hamburg: Herbert List/Magnum Photos 382. |Fotoagentur SVEN SIMON, Mülheim an der Ruhr: 365. |Fotofinder GmbH, Berlin: DECLA-BIOSCOP / Kobal Collection 281; Frances 187; Kunz, Wolfgang 380; The Art Archive/Archaeological Museum Istanbul/Gianni Dagli Orti 93; Ufa/Kobal Collection 281; UIG Images/Universal History Archive 462. |fotolia.com, New York: frank peters 485; l-pics 118; lassedesignen 484; maxkabakov 484; Meyer, Carsten 210; Pavlo Vakhrushev 184; Stiefi 199; Sweet Lana 506; XtravaganT 418. |Fotostudio Henke, Paderborn: 36, 46, 46, 46, 414, 414, 482, 482, 526, 526. |Getty Images, München: Keystone 471; Time & Life Pictures 180. |Glazer-Naudé, Ludvik, Falkensee: Illustration: Schneewittchen für DIE ZEIT 440. |Goethezeitportal - www.goethezeitportal.de, München: 71. |Görig, Carsten, Hamburg: Gemeinsam einsam. Wie Facebook, Google & Co. unser Leben verändern, Orell Füssli Verlag, Zürich 2011 496. |Häberle, Eva, Hamburg: 451. |Haus der Geschichte der Bundesrepublik Deutschland, Bonn: Zeitgeschichtliches Forum Leipzig, Beck (Künstler) 393. |Horstmann, Ulrich: 195. |Huber Images, Garmisch-Partenkirchen: 200. |Ilona Grundmann Filmproduction, Wiesbaden: 508. |imagetrust GmbH & Co. KG, Koblenz: Markus Matzel 460; Robert Ellison/Black Star 385. |Imago, Berlin: gezett 404, 411; PanoramiC 47. |Interfoto, München: Alamy 146; Friedrich 295; Sammlung Rauch 308. |iStockphoto.com, Calgary: Izabela Habur 55. |Jüdisches Museum der Stadt Frankfurt am Main, Frankfurt/M.: © Ludwig Meidner-Archiv 301, 311. |juniors@wildlife Bildagentur GmbH, Hamburg: G. Delpho 78. |Kassing, Reinhild, Kassel: 37, 41, 45, 56, 424, 454, 620. |Keystone Pressedienst, Hamburg: Hedwig Roslavlev 338; Röhnert 533. |Kiwi-Taschenbuch Verlag: "Menschen im Hotel" von Vicki Baum, Kiwi-Taschenbuch, 2007 344. |Klassik Stiftung Weimar, Weimar: 195. |Klassik Stiftung Weimar (Goethe- und Schiller-Archiv), Weimar: Foto: © Björn Göttlicher/VISUM 179. |Kramzik, Olaf, Berlin: © olafkramzik.wordpress.com 418. |laif, Köln: Isolde Ohlbaum 409. |Landesarchiv Berlin, Berlin: Landesbildstelle Berlin 471. |Langenbucher, Hellmuth: Die Welt des Buches. Eine Kunde vom Buch, hg. von Hellmuth Langenbucher, Ebenhausen bei München 1938, S. 2 352. |Langenscheidt GmbH & Co. KG, München: 100% Jugendsprache 2014 439. |Laudanna, Sabatino, Berlin: 405. |Leßmöllmann, Annette: 450. |Lingua-Video.com Medien GmbH, Bonn: 87. |MIRAMAX, New York: 511, 511, 512, 513, 516, 516, 517, 518, 520, 520, 520, 520, 520, 520, 520, 520, 520; Das Leben ist schön (La vita è bella), 1997, Regie: Roberto Benigni, Schauspieler: Roberto Benigni, Nicoletta Braschi, Giorgio Cantarini u.a., Drehbuch: Vincenzo Cerami/ Roberto Benigni, Produktion: Gianluigi Braschi, Elda Ferri, John M. Davis, Musik: Nicola Piovani, Kamera: Tonino Delli Colli, Schnitt: Simona Paggi; Verleih: Universal Film, München 511, 511. |mpfs - Medienpädagogischer Forschungsverbund Südwest c/o Landesanstalt für Kommunikation Baden-Württemberg (LFK), Stuttgart: JIM-Studie 1998 487; JIM-Studie 2012 487. |Muriverlag, Kassel: Hans Ritz, Die Geschichte vom Rotkäppchen, Ursprünge, Analysen, Parodien eines Märchens, Muriverlag, Göttingen, 15., abermals erweiterte Auflage 2013 59. |Nachlass Erich Heckel, Hemmenhofen: Foto: akg-images 301. |OKAPIA KG - Michael Grzimek & Co., Frankfurt/M.: NAS/Tom McHugh 453; Rolf Schulten / imageBROKER 418; Thomas Robbin/imagebroker 89. |peitschphoto.com - Peitsch, Peter, Hamburg: 40, 394, 407. |Picture-Alliance GmbH, Frankfurt/M.: 231, 380, 381, 387, 438, 478; AKG 18; akg images 224; akg-images 61, 63, 65, 72, 95, 123, 132, 140, 145, 149, 152, 154, 155, 169, 192, 201, 202, 218, 237, 241, 273, 289, 345, 350, 364, 368, 391, 422, 455, 462; akg-images /Meya, Bruni 51; akg-images/Heine, Heiner 163; akg-images/Sorges, Jürgen 419; akg-images/Teller, Michael 436; AP/Risberg, Eric 496; APA/picturedesk.com/Lipus, Marko 406; Arco Images GmbH/Protze, O. 187; Bildagentur Huber/Stadler, O. 118; Bildagentur-online 125; Bildarchiv Monheim/Lechtape, Andreas 188; chromorange/Spremberg, Karl-Heinz 365; dpa 173, 242, 368, 370, 371, 420, 441, 472, 590, 616; dpa/Berg, Oliver 114; dpa/Bifab 158; dpa/Brakemeier, Tim 474; dpa/Burgi, Arno 401; dpa/CTK 324; dpa/dpaweb/Wagner, Ingo 85, 393; dpa/Düren, Ursula 391; dpa/Ebener, David 410; dpa/efe/Cuevas, Gustavo 60; dpa/Elsner, Erwin 32; dpa/Endig, Peter 505; dpa/epa Nordfoto 89; dpa/Försterling, Norbert 450; dpa/Hermitage Amsterdam 204; dpa/Hesse, Stefan 404; dpa/Hirschberger, Ralf 178; dpa/Hoffmann, Chris 438, 472; dpa/Hurek, Markus C. 90; dpa/Jensen, Rainer 463; dpa/Kappeler, Michael 582; dpa/Karmann, Daniel 30; dpa/Kolbe, Jörg 111, 147, 361; dpa/Langenstrassen, Wolfgang 205; dpa/Maucher, Jörg-Peter 212, 368; dpa/Nietfeld, Kay 476; dpa/östmann, Hermann 28; dpa/Pfarrhofer, Herbert 206; dpa/Roessler, Boris 121; dpa/Rtl/Menne, Stefan 491; dpa/Schleep, Beate 88; dpa/Schmidt, Hendrik 193; dpa/Schmitt, Jörg 427; dpa/Schutt, Martin 178; dpa/Steinberg, Wolfram 380; dpa/Steiner 463; dpa/Universität Ulm 449; dpa/UPI Photo/Landov/Rune Hellestad, Rune 21; dpa/UPPA/Photoshot 383; dpa/Weigel, Armin 627; dpa/Widmann, Sebastian 395; dpa/Wieseler, Heinz 366; dpa/Zucchi, Uwe 442; Eventpress Hoensch 26; Everett Collection/CPL Archives 383; Foto Wildbild 116; Imagno 61; IMAGNO/

Austrian Archives 337; JOKER/Stein, Alexander 419; Judaica-Sammlung Richter 224; KEYSTONE/Yavas, Ayse 425; KPA Copyright 89; Mary Evans Picture Library 206; maxppp/© Bianchetti/Leemage 234; Polfoto 458; prismaarchivo 120; Rech, Hans Joachim 249; Süddeutsche Zeitung Photo/Rumpf, Stephan 410; Terra Incognita e. V. 249; ZB 19; ZB/Bauer, Jan 397; ZB/Berliner Verlag/Archiv 441; ZB/Grubitzsch, Waltraud 19; ZB/Pleul, Patrick 448; ZB/Sauer, Stefan 500; ZB/Schindler, Karlheinz 174, 175; ZB/Schutt, Martin 89, 133; ZB/Stache, Soeren 398, 510; ZB/Wiedl, Hans 249; ZB/Woitas, Jan 27; Zentralbild/Universität Leipzig 100. |Piper Verlag GmbH, München: Michael Ende: Zettelkasten, Piper Verlag 2011 427. |plainpicture, Hamburg: B.O.A. 405. |Plaßmann, Thomas, Essen: 496. |Presse- und Informationsamt der Bundesregierung, Berlin: 473. |REUTERS, Berlin: MacGregor, Luke 91. |Rowohlt Verlag GmbH, Hamburg: Imre Kertesz: Roman eines Schicksallosen 525. |S. Fischer Verlag GmbH, Frankfurt/Main: Art Spiegelman: Maus, Fischer Taschenbuch 2008 525; Julia Franck: Die Mittagsfrau, Fischer Taschenbuch 2009 649; Reiner Kunze: Sensible Wege und frühe Gedichte 392; Reiner Stach: Ist das Kafka? 99 Fundstücke, 2012 335. |Scala Archives, Bagno a Ripoli/Firenze: 133. |Schaefer, A.T., Stuttgart: 114, 114, 114. |Schimpf, Hergen, Hamburg: 430. |Schönherz & Fleer GbR, Frankfurt: 294. |Schulz von Thun Institut für Kommunikation, Hamburg: 43, 43, 43, 44. |Seyerlein, Johannes, München: 347. |Shutterstock.com, New York: Podolnaya Elena 118. |Shutterstock.com (RM), New York: Granger 435; Max Munn Autrey/Chaplin/United Artists/Kobal 280; River Road/Paramount/Kobal 206; Wdr/X-Filme/Kobal 399; Wiedemann Berg/Kobal 399. |Staats- und Universitätsbibliothek Hamburg, Hamburg: Nachlass Georg Heym (Sign.: Inv.Nr. 93/4.2), Creative Commons BY-SA 4.0 Lizenz 304. |Stadt Linz, Linz: 89. |Stadtarchiv Karlsruhe, Karlsruhe: Bildarchiv Schlesiger 372. |Stadttheater Gießen, Gießen: Foto: Rolf K. Wegst 232. |Stauber, Jules, Nürnberg: 501. |Stiftung Schleswig-Holsteinische Landesmuseen, Schleswig: 132. |StockFood, München: Michael Meisen 405. |Stroemfeld Verlag Buchversand GmbH, Frankfurt / Main: Cover zu Franz Kafla. Der Prozess, Verlag Die Schmiede, Berlin, Erstausgabe von 1925 - Faksimile im Stroemfeld Verlag, Frankfurt/M. 323. |Süddeutsche Zeitung - Photo, München: 350; AP 380; AP/dpa/picture-alliance/Ut, Nick 380; Scherl 353; Vollmer, Manfred 389. |Suhrkamp Verlag AG, Berlin: Sigrid Damm: Christiane und Goethe. Eine Recherche, Insel Taschenbuch 613. |The Advertising Archives, London: 199. |The Spohr Society of the United States, Memphis: 98. |THEATERINKEMPTEN, Kempten: 91. |toonpool.com, Berlin, Castrop-Rauxel: Leopold Maurer 453; Tomaschoff 439. |Trans-Film-Vertrieb, Berlin: 42, 42. |ullstein bild, Berlin: 176, 242, 271, 280, 281, 306, 331, 337, 350, 354, 388, 388, 389, 434, 469; AKG Pressebild 376; Andree 622; AP 380, 380, 522; Archiv Gerstenberg 233; Atelier Jacobi 308; Bauer, Jürgen 539; Bild + News 284; Binz, Tita 374; Chronos Media GmbH 389; dpa 386, 470; Fotografisches Atelier Ullstein 83, 342, 559; Friedrich, B. 379, 383, 384, 402, 405; gardi 389; Hamann, Kurt 438; Heritage Images/Fine Art Images 133; Hoffmann, Heinrich 514; imagebroker.net/Falkenstein, H.-D. 162; Imagno 283; INTRO/Ausserhofer, David 448; Kunz, Wolfgang 364; Lombard 159; Photo12 466; Roger-Viollet 289; Roth, Manfred 408; Schöning 257; Süddeutsche Zeitung Photo/Scherl 337; taglichtmedia 336; Teutopress 443; ullstein bild 467; Will 305. |Ullstein Buchverlage GmbH, Berlin: Irmgard Keun: Das kunstseidene Mädchen, List Taschenbuch 2011 340. |Universitätsbibliothek Breslau: Miroslawa Czarnecka, Jolanta Szafarz (Hg.): Hochzeit als ritus und casus. Zu interkulturellen und multimedialen Präsentationsformen im Barock, Oficyna Wydawnicza ATUT - Wroclawsie Wydawnictwo Oswiatowe Wroclaw 2001 61. |vario images, Bonn: 88, 630; Baumgarten, Ulrich 651. |Verlag für Berlin-Brandenburg, Berlin: aus: Bernd W. Seiler: Fontanes Berlin. Die Hauptstadt in seinen Romanen, 3. Auflage, Berlin 2012, S. 27 248; aus: Bernd W. Seiler: Fontanes Berlin. Die Hauptstadt in seinen Romanen, 3. Auflage, Berlin 2012, S. 52 252. |Verlag Kiepenheuer & Witsch GmbH & Co. KG, Köln: Michael Kumpfmüller: Die Herrlichkeit des Lebens, 2011 335; Nick Hornby, Mein Leben als Leser, Kiepenheuer und Witsch, Köln 2005 22. |Verlagsgruppe Droemer Knaur GmbH & Co. KG, München: Manfred Spitzer: Digitale Demenz, Droemer 2012 492. |Verlagsgruppe Random House GmbH, München: Coverartwork Finn-Ole Heinrich, Räuberhände, erschienen im btb Verlag, München, in der Verlagsgruppe Random House GmbH 638; Coverartwork Hanns-Josef Ortheil, Faustinas Küsse, erschienen im btb Verlag, München, in der Verlagsgruppe Random House GmbH 633. |VG BILD-KUNST, Bonn: 2013 77; 2013, Scala Archives/ ® Digital image, The Museum of Modern Art, New York/Scala, Florence 426; 2013, © Eberhard Spangenberg 317; 2013, © Estate of George Grosz, Princeton, N.J. / Foto: ullstein bild - Alinari Archives 311; 2013, © Estate of George Grosz, Princeton, N.J./Foto: akg-images 79; 2013, © Fondation Oskar Kokoschka/Foto: akg-images 300; 2013, © Kate Rothko-Prizel & Christopher Rothko 377; 2013, © The Munch Museum / The Munch Ellingsen Group 81, 281, 307; 2013/Foto: akg-images 80, 351; 2103, © Christian Schad Stiftung Aschaffenburg/Foto: akg-images 82. |Visum Foto GmbH, München: Schoenharting, Georg 409; Zeidler, Karsten 441. |Vogdt, Michael, Salzkotten: 46, 46. |Westdeutscher Verlag, Opladen: 489. |Wiedenroth, Götz/www.wiedenroth-karikatur.de, Flensburg: 495. |wikimedia.commons: 559; aus: Adalbert Stifter, Bunte Steine, 1853 244; aus: Johann Caspar Lavater, Physiognomische Fragmente, 1775-78 67; Jastrow 94; © Abrozek 1931 432. |www.roggenthin.de, Nürnberg: Peter Roggenthin 84. |Zeitgeschichte Verlags- und Vertriebsgesellschaft, Berlin: Karl Aloys Schenzinger, Der Hitlerjunge Quex, Berlin 1934 350. |Zenodot Verlagsgesellschaft mbH, Berlin: http://www.zeno.org 313. |© Archiv Klaus Wagenbach, Berlin-Wilmersdorf: 331. |© dtv Verlagsgesellschaft mbH & Co. KG, München: Bettina von Arnim: Goethe's Briefwechsel mit einem Kinde 623; Werner König: dtv-Atlas Deutsche Sprache. Grafiken von Hans-Joachim Paul. © 1978, 1994 Deutscher Taschenbuch Verlag, München 128.